本书为北京外国语大学中华文化国际传播研究院所主持的北京外国语大学"双一流"建设重大标志性项目"文明互鉴：中国文化与世界"（2021SYLZD020）研究成果

文明互鉴
中国与世界

主编
张西平

海外中国研究中文书目
1978—2018

尹汉超　编

学苑出版社

图书在版编目（CIP）数据

海外中国研究中文书目：1978-2018 / 尹汉超编. — 北京：学苑出版社，2022.12（2025.11重印）

（文明互鉴：中国与世界 / 张西平主编）

ISBN 978-7-5077-6551-9

Ⅰ.①海… Ⅱ.①尹… Ⅲ.①汉学—研究—图书目录—国外—1978-2018 Ⅳ.①Z88：K207.8

中国版本图书馆CIP数据核字（2022）第218329号

责任编辑：王见霞 李 媛
出版发行：学苑出版社
社　　址：北京市丰台区南方庄2号院1号楼
邮政编码：100079
网　　址：www.book001.com
电子信箱：xueyuanpress@163.com
联系电话：010-67601101（销售部）、010-67603091（总编室）
印 刷 厂：北京建宏印刷有限公司
开本尺寸：787 mm×1092 mm　1/16
印　　张：48.25
字　　数：1105千字
版　　次：2022年12月第1版
印　　次：2025年11月第4次印刷
定　　价：198.00元

重印说明

拙编自 2022 年出版以后，受到学界和业界诸多前辈同仁的深切关注和广泛支持。张西平先生在拙编出版后，不遗余力地在各种会议和讲座场合进行宣传。原元兄收书之后即在自己的"丽娃河畔的域外汉学研究"微信公众号做了推荐，他还与梁怡教授、庆波兄应出版社之请为本书撰写了推荐语。顾犇研究馆员很快在《图书馆报》上发表了关于本书的第一篇书评[①]，后在其微信公众号"书蠹精"上又做了推介，对拙编给予了高度评价与鼓励。向辉兄不仅为我指出书目中存在的遗漏和错误之处，也从"三个一"[②]的角度阐述了本书作为工具书的价值和意义。业师张雄先生通过微信表达其祝贺之情，令人动容。上海大学徐有威教授在仔细阅读拙编后，不仅给予了中肯的评价，还细心地指出了书中存在的疏漏。

更令我意想不到的是，作为本书的资助方，北京外国语大学中华文化国际传播研究院张朝意院长、薛维华副院长提议要举办一场新书推介会。2023 年 5 月 29 日，《海外中国研究中文书目：1978—2018》新书推介会在北京外国语大学召开[③]。国家图书馆党委书记、副馆长陈樱，北京外国语大学党委常委、副校长赵刚均出席会议。张西平先生、任大援先生、业师张雄先生、梁怡教授、顾犇研究馆员，学苑出版社潘占伟副社长、李媛编辑，向辉兄、中国新闻社评论理论部文龙杰副主任等 30 余名专家学者参加会议。原元兄、杨慧玲教授在线上发言。领导与专家们赞誉拙编作为国内首部全面聚焦海外中国研究中文书目的工具书，不仅填补了学术领域的一项重要空白，更以其独特的视角和详尽的内容，为研究者们搭建起了一座通往海外中国研究广阔天地的桥梁。他们的高度认可，对我而言无疑是莫大的鼓励，让我深感荣幸且备受鼓舞。

武汉大学文学院李松教授、北京外国语大学英语学院房子博同学在得知本书脱销之后，都殷切希望能够继续加印，以满足更多海外中国研究学者的需求。李媛编辑积极与

[①] 顾犇：《传承和发扬：读〈海外中国研究中文书目：1978—2018〉有感》，《图书馆报》2023 年 1 月 20 日，第 7 版。

[②] 向辉：《源水看花入：读尹汉超〈海外中国研究中文书目：1978—2018〉》，《藏书报》2023 年 6 月 19 日，第 5 版。

[③] 中华文化国际传播研究院：《海外中国研究中文书目：1978—2018》新书推介会在北外召开，https://news.bfsu.edu.cn/article/298121/cate/4，最后访问日期：2024 年 7 月 21 日。

出版社相关领导和部门沟通，终于促成重印一事。

这些来自各方亦师亦友的支持与肯定，如同春风化雨，滋养着我内心对学术的热爱与追求。衷心感谢每一位给予拙编关注与支持的前辈同仁，我深感学术之路虽长且艰，但正是有了您们的鼓励、陪伴与指引，我将更加坚定地走下去，不断追求学术的真谛与卓越。

本次重印，编者着重从内容整合与准确性提升两大维度进行了修订与增补。

一是针对2022年版中出现的条目重复、不同版本图书未能归于同一条目等问题做了部分处理，删除了一条出版于2019年的条目。鉴于书目附带的人名索引与团体索引严格遵循条目编号排序，为保持编号体系的稳定性，编者在调整过程中采取了灵活策略，即在必要时新增条目而不轻易改变原有条目的编号顺序。如原书目编号53与编号1本应为同一条目，在将其归入编号1之后，增加新条目【毛主义的诞生：中国共产革命之路 / 马思乐著；温洽溢译 . 新北：卫城出版，2012，324页 .（蓝书系 . 知识共同体；5）】，力求在最小扰动原有编号体系的基础上，丰富和完善书目内容。

二是本次重印着重加强了人名索引的准确性与完整性。针对2022年版中人名的原文译名存在缺失或误译的情况，编者进行逐一核查与修正，确保人名索引准确无误地呈现，为读者在查阅时提供更为便捷与可靠的指引。

尽管本次重印已进行修改与补充，但相信缺漏和错误之处仍在所难免，恳请广大读者批评指正，让拙编不断完善，以更好地服务于学术界与读者群体。

尹汉超
写于国家图书馆总馆南区 E6-3
2024 年 7 月

编辑说明

一、本书目收录 1978—2018 年海外中国研究中文译著（包括翻译、编译、选译、摘译、译丛、译文集等），以及研究、介绍、评论海外中国研究的中文著作。本目录收录书目共计 8101 条。

二、为便于比对、甄别，重译、重印、重版、影印等状况亦尽可能列入其中。

三、本书目参考《中国图书馆分类法》（第 5 版）的分类体系进行编排，共分 21 个大类，每大类中视数量多寡再按照主题划分二级分类。

四、每一类目下先按照译著和研究著作分别排列，图书的排序原则上依次按照数字、字母、汉字的顺序进行排列，数字按照阿拉伯数字排序，字母按照英文字母顺序排序，汉字按照题名、责任者、出版者三个项目汉语拼音音序编排。为便于读者了解和掌握外文著作不同版本的中译本，本书目将最新出版的中译本作为主条目，其他译本、节译本和不同译者使用不同版本进行翻译的同一种著作，均按出版年用"➢"倒序排列。

五、同一种多册图书、以书代刊的连续出版物或国际会议论文集，如未发生题名、责任者、出版地、出版机构等变化，则按一种进行排列，如发生变化，将变化的情况按出版年用"➢"正序排列，个别出版发行信息不全的图书，放在该条目的最后。

六、著录项目及著录方式

本书目的一般著录项目为：

条目编号　题名 / 责任者 . 版本 . 出版地：出版者，出版年，册数 / 页码 .（丛书）

著录项目说明：

1. 条目编号

条目以阿拉伯数字顺序编号，序号置于图书题名前，各大类按顺序号连为一体。

2. 题名

一般采用图书上的题名，如"中国点燃义大利文艺复兴之火？"，采用"义"大利，而非"意"大利。

3. 责任者

责任者一般采用图书上的署名，如"奇石 / 彼得·海斯勒著""奇石 / 何伟著"；

为节省篇幅，对国外著者的国别及外文名称统一去除，在目录之后附有著者人名索引和团体索引，便于读者进行查询；

三个以上译者，只著录第一位，其余译者以等标记；

责任方式按题名页顺序表示，如"威廉·林赛文；张达绘；李慧婷译"。

4. 版本

版本包括再版、影印本、修订本等情况。

5. 出版地和出版社

多个出版地和出版社之间用分号分隔，如"成都：四川民族出版社；北京：中国社会科学出版社"；同一出版地多个出版社之间用冒号隔开，如"海口：海南出版社：三环出版社"。

6. 出版年

出版年统一采用公元纪年。

对于重印本，如与最初版本页码完全一致，则不将最初版本单独列出，将其最初版本年、重印年一并列出，重印年后标注重印，如"1989，1990 重印"；部分图书存在多个重印本，以编者所能查阅到的最新重印年份进行著录；如重印本与最初版本页码不一致，或增加了新的丛书项等新信息，则将最初版本单独列出。

部分图书出版年和印刷年不一致，将其出版年和印刷年一并列出，印刷年后标注"印"，如"1989，1992 印"。

跨年度出版的多卷书或连续出版物著录起讫年，均以出版时间在 1978—2018 年范围内进行收录，如：国外智库论中国与世界仅收录一、二、六册，其他分册均未收录；阎纯德主编的《汉学研究》，仅收录到总第二十五集 2018 年秋冬卷。

7. 册数和页码

（1）单册图书

如页码整体是连贯的，直接标注总页数；

如图书中分段表示的页码，则用加号相连，如 10+350 页。

（2）多册图书

如多册图书页码连续，在册数后标明总页数，如 3 册（1500 页）；

如多册图书页码不连续，在 3 册以内册数后标明分册页数，如 3 册（773；524；538 页）；

对 3 册以内页数不明或 3 册以上者只标注册数，如 2 册、4 册。

8. 丛书

为节省篇幅，丛书中去除外文名称；

丛书中所附的数字序列，用分号相连，如（华侨华人研究丛书；2），丛书责任者也一并列出。

七、著者索引

（一）著者索引仅涵盖原书著者，编者和编译者。

（二）著者索引分为人名索引和团体索引。人名索引依照英文、俄文、日文和中文进行排列，为便于读者查找，均按照原书的人名名录进行排列。英文人名名录以英文字母顺序进行排列；俄文人名名录主要指带有俄文字母名字的著者，以俄文字母顺序进行排列；日文人名名录以片假名顺序进行排列；中文人名名录主要以汉语拼音进行排序，个别条目前带有英文字母，则先按英文字母进行排序，再按照汉语拼音进行排序。团体索引按照先数字，后汉语拼音顺序进行排序。

（三）索引项后的数字是条目编号，可按此编号在书目正文中找到相应条目。

（四）著者名称在不同图书中译名或拼写方式有所不同，索引项基本采用文献原有形式，如属同一著者参见到其通用名称。

（五）译自西文、俄文文献的著者名称，在中文条目后用括号标注出其原文姓名。

（六）为区分同名同姓的著者，在著者后面用括号标注著者国别或生年。

八、书末附有"主要参考工具书"，依据出版年顺序排列，同一种书按出版年用"➤"正序排列。

九、书目浩瀚，主题繁杂，查找不易，本书目实难穷尽。亦受时间和信息源所限，部分条目或有某项内容的缺失，还望读者谅解，俟继续收集，将来另作增补。

总序：多样文明　一个世界

东西方文明的交流、互鉴与融合已经走过几千年的路程。

在东方世界的历史上，中华文明长期处于领先地位，是亚洲其他文明辐辏的一道光景。中华文明的传入，成为这些国家和地区经济社会发展与文明进步的催化剂。东亚地区的"汉字文化圈"就是一个历史的明证。

中华文明的博大与精深是在吸收其他外来文明的基础上形成的。从汉代到唐代，佛教、基督教、伊斯兰教以及祆教和摩尼教，先后经由丝绸之路传入中国。佛教文化对中国的哲学、文学和艺术都产生了广泛而深远的影响；而中国文化不仅汲取了佛教文化中的合理因素和有益成分，也对之进行了转化和创造，以丰富和发展自己，并使其熔铸为中国传统文化的一部分。

犍陀罗艺术的诞生说明了西方文明对东方艺术的影响。它是古希腊与古印度两大文明相互交融的结果，它让佛教文化获得了直接诉诸视觉的极其优美的艺术形式。

16—18世纪传入中国的基督教为中华文明输入了新的血液。中国人由此知道地球是圆的，夷夏之分的世界观顷刻瓦解，天文、数学、绘画、逻辑，一个多彩的西方立体地展现在明清士人面前。同时，亚里士多德、柏拉图的这些希腊哲学，通过对托马斯·阿奎纳的著作的翻译传入中国。

在西方世界的历史上，欧洲文明的形成与发展是在与东方文明的交流中形成的，苏美尔文化曾是希腊文明的导师，而基督教来自东方，传入欧洲后与希腊文明相融合成为西方文明的底色。中国的四大发明对西方产生了重大的影响。16世纪的英国哲学家弗朗西斯·培根曾评价说："没有一个帝国、教派和人物能比印刷术、火药、指南针这三种发明在人类事业中产生更大的力量和影响。"

在欧洲人看来，来自中国的科技发明是推动历史变革的强大杠杆，正如卡尔·马克思所说："火药、指南针、印刷术——这是预告资产阶级社会到来的三大发明。"

地处东西方之间的阿拉伯文明曾是引领世界文明的旗手。阿拉伯人聚合东西方的文明，并熔炼再生。古希腊的医学、哲学、天文学、数学典籍被翻译成阿拉伯文，柏拉图、亚里士多德、托勒密、欧几里得等人的著作都可以用阿拉伯文来阅读。大规模的翻译从9世纪持续到11世纪，形成对人类文明有深远影响的"阿拉伯翻译运动"。美国总统尼克松曾这样写道："当欧洲文艺复兴时期的伟人们把知识的边界往前开拓的时候，他们之所以能眼光看得更远,是因为他们站在穆斯林巨人的肩膀上。"

当18世纪来华的耶稣会士把中国的文明传入欧洲后,儒家思想成为启蒙运动的思想来源。作为法国启蒙运动的旗手,伏尔泰更是有着浓厚的中国情结。他曾说:"当你以哲学家身份去了解这个世界时,你首先把目光朝向东方,东方是一切艺术的摇篮,东方给了西方一切。"

19世纪是西方人独霸的世界,当西方人用刀和火耕种了这个世界后,多样文明在西方文明的高歌猛进中消亡,历史在悖论中曲折前行。

历史给人智慧。

文明是多彩的,人类文明因多样才有交流互鉴的价值。文明是平等的,人类文明因平等才有交流互鉴的前提。文明是包容的,人类文明因包容才有交流互鉴的动力。

文明因交流而多彩,文明因互鉴而丰富。文明交流互鉴,是推动人类文明进步和世界和平发展的重要动力。

莎士比亚说:"凡是过去,皆为序章。"在今天这个全球化时代,我们更为深切地感受到:

人类只有一个地球,各国共处一个世界。东海、西海乃一海,东方、西方同在一个蓝天下。和平是人类永恒的追求,学习是人类进步的永恒动力。东西方应该携起手来,让历史来启示未来,再现新时代的东西方文明的大融合,推动建设人类命运共同体。

张西平

2022年6月

序 言

清代王鸣盛云："凡读书最切要者，目录之学。目录明，方可读书，不明，终是乱读。"治国学如此，治海外汉学亦是如此。不读《考狄书目》，做不好早期西方汉学的学问，不读袁同礼《海外中国学研究书目》，做不好20世纪前半叶的西方中国学。为推动海外汉学目录学，我们出版了世界上第一个有索引的《考狄书目》，为了做好西方早期汉语研究，我和李真共同将《考狄书目》中的语言类书目全部翻译成中文，出版了《西方早期汉语研究文献目录》。为了全面调查中国典籍在域外的传播，在我的教育人文社科重大攻关项目"20世纪中国古代经典在域外的传播与影响"中，我组织了北京外国语大学的30多位老师编制了涵盖27种语言的《20世纪中国古代典籍在域外的传播编年》系列图书，以双语的形式展现了中国古代经典在45个国家的传播文献书目。

做学问并不是仅仅个人出几本书，以此传世，学问是一个整体，它需要有人去做文献，去编目录。这些工作耗时、费力，但其价值和作用绝不低于一本学术专著。文献学、目录学体现的是学问的本质：学问乃天下公器。

今天读到汉超所编辑的目录，心中十分欣喜。由中国国家图书馆海外中国问题研究资料中心来编制这样的目录，可谓权威、可信、有用。

我在国家图书馆（原北京图书馆）工作过几年，正是在这段时间我的学问由做西方当代哲学转向西方汉学史研究和中西文化交流史研究，这个一百八十度的转向，除了有任继愈先生教诲和指导以外，还因为我被国家图书馆的学术传统深深打动。最初，我借来袁同礼主政时期所出版的《北平图书馆馆刊》，我发现每一期都有西方东方学目录和书介，这才知道国家图书馆藏有不少西方汉学的书籍。后来我读到袁同礼先生说的"北平图书馆应该成为全世界研究中国书籍的中心"这样的文字，十分震动！这是一个多么大的理想和抱负啊，这或许是他后来编制《海外中国学研究书目》的初因。我在北京图书馆参考部工作期间结识了王丽娜老师，她是国内最早从事海外汉学研究的学者，那时她正在编制国家图书馆所藏海外汉学图书总目，她让我帮助她做些事，我这才开始熟悉了国家图书馆海外汉学的藏书情况，并对王先生的学术精神十分敬佩。十分遗憾，王先生的这本目录最终没有完成和出版。也就是在此期间，任先生提出出版《国际汉学》辑刊，并交给我具体负责。至今我清楚地记得，为了感谢德国汉学家弥维礼先生对《国际汉学》第一期出版的资助，任先生在图书馆的红厅亲自会见了弥维礼先生。弥维礼先生当时是我的德语老师，是我走上西方汉学研究之路的引路人。

《国际汉学》诞生于国家图书馆，我自己的学术转型完成于国家图书馆，因此，我对国家图书馆有一份特殊的感情。"从别后，忆相逢，几回魂梦与君同。"汉超这本目录的出版是国家图书馆一个伟大传统的继续，是新一代国图人开拓海外汉学文献学的又一重要成果。在此，我以老北图人的身份表示祝贺。

张西平

写于游心书屋

2022 年 6 月 11 日

前　言

一

目录学在我国已有两千多年的历史。孔子（公元前551年—公元前479年）采取"述而不作"的方法，对古代典籍做了第一次大规模整理，形成《诗》《书》《礼》《易》《乐》五部经典著作，可谓是孕育了目录学的萌芽。公元前1世纪，刘向（公元前77—公元前6年）、刘歆（约公元前50—23年）父子编制出《别录》和《七略》，第一次完成了全国综合性的分类目录，由此奠定了目录学的基础。班固（32—92年）在《汉书》中称赞他们二人的功绩时称："刘向司籍，九流以别。爰著目录，略序洪烈。"① "目"是指书的篇或卷的名称，"录"是指"叙录"，即将一书的内容、著者事迹、书的评价、校勘的经过等写成简要的文字。目录不仅包括书的篇目，也包括对全书内容的揭示记录，还包括对所收图书的分类，所以目录在一开始就含有详著篇目（目），揭示内容（录），分类编排（九流以别），以此显示图书内容学术思想性的宏深博大（略序洪烈）。

目录作为人们认识图书、指导读书入门的工具，历来为学者所重视。清代乾嘉时期，治学先治目录，读书必懂版本，已成为一种共识。金榜（1735—1801年）在同王鸣盛（1722—1798年）谈及做学问时曾言："不通《汉·艺文志》，不可以读天下书。《艺文志》者，学问之眉目，著述之门户也。"② 王鸣盛也说："目录之学，学中第一紧要，必从此问途，方能得其门而入。"③ 近代目录学家余嘉锡（1884—1955年）在谈及目录学之意义时说道："治学之士，无不先窥目录以为津逮，较其他学术，尤为重要。"④ 目录作为指示治学门径，成为学者首推读书之法。

海外中国研究最早以中国为研究对象进入专题学术领域，是以1814年法国法兰西学院设立的"汉学"研究教席为起点。伴随着19世纪客观主义史学和实证主义史学两大流派的发展，法国"汉学"在史学风潮的鼓荡之下，其版本目录之学逐渐成为谨严的问学门径。最为重要的人物首推考狄（Henri Cordier，1849—1925年），他自中年起就对目录

---

① 班固撰，颜师古注：《汉书》，北京：中华书局，2019年，第4244页。
② 王鸣盛撰，黄曙辉点校：《十七史商榷》（上），上海：上海古籍出版社，2016年，第248页。
③ 同上，第1页。
④ 余嘉锡：《目录学发微　古书通例》，北京：商务印书馆，2017年，第7页。

学特别注意，在给出版社的信中曾自称是"图书爱好者"（A Bibliomaniac），还担任过皇家亚洲文会北中国支会（The North China Branch of the Royal Asiatic Society）荣誉图书馆馆长，对收集图书与编目均有浓厚的兴趣。考狄去世之后，伯希和（Paul Pelliot, 1878—1945年）对其评价道，"考狄首先是一名目录学家和珍本收藏家。"①考狄编纂出版了西方汉学史上第一部比较完整的书目——《中国书目》②，1880年此书被授予儒莲奖（Prix Stanislas Julien）。考狄对目录学的痴迷深刻影响着伯希和。据胡适日记，1926年10月26日，伯希和在德国法兰克福讲演中国戏剧时提出，"治'中国学'须有三方面的预备：1.目录学与藏书。2.实物的收集。3.与中国学者的接近"。③这可谓是对伯希和一生汉学治学方法的极好诠释。

对于海外中国研究的成果，中国学术界晚清民初之际便加以注意。陈寅恪（1890—1969年）欧美游学归来受清华大学聘任，最初拟定在国学院开设的课程即为"西人之东方学之目录学"。袁同礼（1895—1965年）领导下的国立北平图书馆（今国家图书馆前身），更是将编制海外中国研究目录作为工作重点，他本人也在晚年编著多种海外中国研究目录，从而奠定了其中国西方汉学文献学开拓者的地位。④

由于国际局势的影响和中国国内出现的一系列变动，中国学术界在海外中国研究领域经历了相对沉寂的20年。改革开放以来，对海外中国研究的关注再次进入中国学术界的视野，研究理论和方法不断创新，研究领域不断拓展，研究活动日趋活跃，翻译著作大量涌现，科研成就硕果累累。但也应清醒地看到，学术界对此领域的成果缺少汇集整理，不能描绘出海外中国研究的全貌；一些翻译著作存在跟风出版，不能做到择优而译；一些研究著作不了解研究源流概况，从而陷入低水平的重复研究漩涡之中。

张西平曾多次撰文，强调加强海外目录学研究的重要性，并提出建立"西方汉学文献学"的观点。⑤一些中生代学者⑥也通过发文呼吁或亲自编撰书目的方式，强调海外中国研究应将目录视为治学的基础、研究的指南。一个时代有一个时代的学术，一个时代的学人也有一个时代学人的责任。文献作为海外中国研究未来发展的基础，值得我们这一代学人下功夫去整理，如果我们不及时做，随着时间的推移，数量愈来愈多，下一代人去做就面临更大的困难与挑战，甚至很难有人再去做。

---

① Paul Pelliot. Henri Cordier（1849—1925）.T'oung Pao.Second Series, Vol.24, No.1（1925—1926），p.4
② Henri Cordier. Bibliotheca sinica : dictionnaire bibliographique des ouvrages relatifs à l'Empire chinois. Paris : E. Leroux, 1878—1885.
③ 胡适：《胡适的日记》手稿本，1926年10月26日，台北：远流出版事业股份有限公司，1990年。
④ 张西平：《20世纪中国古代文化经典在域外的传播与影响研究导论》（下），郑州：大象出版社，2018年，第711—731页。
⑤ 张西平：《加强海外汉学目录学的研究》，《国际汉学》2019年增刊，郑州：大象出版社，2019年，第123—124页；张西平：《20世纪中国古代文化经典在域外的传播与影响研究导论》（上），郑州：大象出版社，2018年，前言第16页。
⑥ 吴原元：《新时代海外中国学学科发展的四重维度》，《国际汉学》2018年第4期，第13页；管永前：《当代西方中国学研究英文书目选粹》，北京：学苑出版社，2021年，第519页。

二

在学术界，有关"汉学"与"中国学"的争论由来已久，但却从未达成统一。按照学术界的习惯，"汉学"主要是指外国人对中国历史文化的研究，注重国外对历史中国的研究，属于传统人文学科（如文学、历史、哲学、宗教、艺术、考古等）。"中国学"是汉学的传承和发展，更加注重国外对当代中国的研究，属于社会科学研究（如政治、经济、外交、社会、军事、法律等）[1]。也有学者认为"汉学"和"中国学"均指代国外对中国的研究，只不过有的侧重于概念的历史传承，建议沿用"汉学"[2]；有的侧重于学术的与时俱进，建议采用"中国学"[3]。严绍璗在学术史的梳理中为了照应各种学派的观念，则采用了"国际中国学（汉学）"进行表述，尽管他也认为这显得累赘[4]。张西平在文章中也经常以海外汉学（中国学）加以表述[5]。与大陆隔海相望的台湾则更倾向于"汉学"的称谓，台湾汉学研究中心在台湾地区政府的大力支持下，在国际汉学研究交流方面取得不少成绩，他们更倾向于将中国学者对中国的研究也涵盖入汉学之内，这与大陆学界存有差异。此外，香港地区的海外中国研究以饶宗颐（1917—2018年）为代表提倡使用"华学"一词，"新汉学"一词也逐渐引起学界关注。

学术界对于"汉学""中国学"的争论也影响到图书馆界对图书分类的划分。1975年《中国图书馆图书分类法》第一版正式出版，它是以科学分类和知识分类为基础，并结合文献内容特点及其某些外表特征进行逻辑划分和系统排列的类目表。由于此时学术界尚未摆脱"文化大革命"的影响，对海外中国研究并未引起广泛注意[6]，这一学术领域并未引起图书馆界特别的关注。1980年，图书馆界再次修订《中国图书馆图书分类法》出版时，已经敏锐地捕捉到学术界对此存有争议性意见，在K207"研究、考订、评论"类别中，以备注的形式做出说明，将"论述中国学、汉学以及中国历史分期问题等的著作

---

[1] 李学勤主编：《国际汉学漫步》，石家庄：河北教育出版社，1997年，序第1页；张西平主编：《西方汉学十六讲》，北京：外语教学与研究出版社，2011年，第7页；何寅、许光华主编：《国外汉学史》，上海：上海外语教育出版社，2002年，前言第1页；侯且岸：《认知中国：文化研究的路径》，北京：北京出版社，2006年，第264页；王战、褚艳红：《世界中国学概论》，上海：上海社会科学院出版社，2021年，第13页。
[2] 阎纯德：《汉学的前世与今生》，载王宗琥、王广生主编：《国际中国学论丛》（第一辑），北京：世界图书出版有限公司北京分公司，2021年，第334页。
[3] 何培忠主编：《当代国外中国学研究》，北京：商务印书馆，2006年，第12页。
[4] 严绍璗：《中国（大陆地区）国际中国学（汉学）研究三十年》，载严绍璗主编：《国际中国文化研究年鉴：1979—2009》（上），北京：外语教学与研究出版社，2013，第1页。
[5] 张西平：《汉学（中国学）研究导论》，参见张西平：《游走于中西之间——张西平学术自选集》，郑州：大象出版社，2019年，227—241页；张西平、郭景红：《海外汉学（中国学）研究模式探究》，《国际汉学》2019年第1期，第5—12页；张西平：《改革开放以来中国海外汉学（中国学）研究的进展与展望（1978—2019）》，《国外社会科学》2020年第1期，第60—71页。
[6] 1975年在中国科学院哲学社会科学学部基础上组建的中国社会科学院，建立了情报研究所，著名经济学学者孙越生组建"国外中国学研究室"，专门从事国外中国学研究的情报搜集和再研究，以"中国学"作为名称的机构正式出现。

入此"①从而使两词首次在图书分类法中予以体现。1990年《中国图书馆图书分类法》第三版出版时,关于中国学、汉学最大的一个变化是,它从K207小类中被单独分出,以K207.8指代中国学、汉学。需要指出的是,这里的中国学、汉学收录图书与学术界的界定范围又不相同,它主要是针对某个国家和地区综合性研究专题文献而言,只有将国外对中国的学术研究成果纳入一个整体范围内才会列入此类。

尽管对两词的名实问题在学界长期争论不休,但也有学者提出应该淡化概念之争,从更加宽广的文化视野中予以研究。已故国家图书馆馆长任继愈(1916—2009年)早在21世纪初就提出,"正像当年中国学者对'西学'一样,随着研究的开展,对中国观念文化的了解越来越具体,'汉学'研究范围必将会自然解决。文学、哲学、宗教、历史学诸多领域都可以作为研究者的切入点。钻研既久,自然会得到明确的共识。"他还期待汉学建设"超出学术界研究的小范围,每个文化发达的民族都将从中受益,从而开创世界文化的新局面。"②余英时(1930—2021年)也认为:"名词之争的本身并不重要,重要的是我们今天必须面对一个不容忽视的事实:从日本、欧洲到北美,每一天都有关于中国古今各方面的研究成果问世。如果我们继续把这些成果都称之为'汉学',那么'汉学'与中国本土的'国学'已经连成一体,再也分不开了。学术和知识不分国界,这一原则今天也同样适用于一切有关中国的研究领域。"③

或许对"汉学""中国学"的争论分歧,影响到海外中国研究的中文图书成果虽然数以万计,但由于难以界定图书的具体收录范围,所以迄今为止尚未见到一本全面、系统、完整的可供查检的书目。本书之所以命名为海外中国研究中文书目,也正是因为无论学术界还是图书馆界对"汉学""中国学"的界定,都与本书所收录的范围不能完全契合。本书的主要考量是海外中国研究不是一个学科,而是多种学科结合的学术领域和文化存在,希望读者能够更全面、更系统地了解改革开放40余年海外中国研究中文图书状况,并且能够从更多角度,以更多的思维方式去寻求对"海外中国"的解读与思考。

三

学术界普遍认为对于改革开放以来海外中国研究是一个"令人关注的学术领域",已成为"显学"。其译作和著述的出版量也多冠以"繁复""著作如林""洋洋大观""成就巨大",其涉及领域多认为是"跨语种""跨学科""跨文化",但是因为缺少对此领域的

---

① 1975年版,K207"研究、考订、评论"类别只将"论述中国历史分期问题等的著作入此",参见《中国图书馆图书分类法》编辑组编:《中国图书馆图书分类法》,北京:科学技术文献出版社,1975年,第187页。
② 任继愈:《21世纪汉学展望》,任继愈主编:《国际汉学》(第十一辑),郑州:大象出版社,2004年,第3页。
③ 余英时:《图说汉学史·序》,参见刘正:《图说汉学史》,桂林:广西师范大学出版社,2005年,第3页。

文献整理，在列举这一时期研究成果时，往往只介绍一些较为权威的代表性著作，却很难说清这个富饶的学术园地中研究数量究竟有多少，究竟涉及多少学科等。

本书编纂目的之一便是全面整序1978—2018年海外中国研究的中文图书，以书目的形式力图展现40余年来海外中国研究发展总体面貌，为海外中国研究学术史提供有实用价值的检索工具书。

学术界关心海外中国研究的发展，总是希望这项研究有其光辉的前途，因此不乏学者每隔若干时间对其发展状况、具体论题、发展趋向加以梳理和总结[①]。论著目录是了解学术史的一条捷径，因此欲了解海外中国研究的发展历程，则必须编纂书目。纵观这些作品，40余年来海外中国研究的成果、发展轨迹、发展趋势以及各学科门类下的研究成果，研究特色以及学科之间的关系等斑斑可考。学术界借此可深入剖析40余年海外中国研究的全景，并做学术史的考察，揭示中国学术形成的外部机制，以世界的眼光重审中国当代学术的发展，推动海外中国研究与中国学术的互动。

本书编纂目的之二是为广大读者通过海外中国研究的视角理解中国文化提供读书参考。海外中国研究作为中外文化碰撞的产物，更多体现了"他者"如何观察、看待和理解中国文化。从直观感受而言，读者可能会认为海外对当代中国政治、经济、社会、外交等领域研究数量更多，这或许与新媒体的宣传报道有关，其实真正经得起时间检验的作品仍是对文史哲领域的翻译和研究，这部分图书占本书目收录总量的68.5%左右。

学术乃天下之公器，对中国文化的理解和阐述不应仅仅只是学者的事情，也应是每个国民应有的文化自觉。了解海外学者如何看中国，了解外国人对于中国文化的态度，无论是对是错，都会激发我们对自身文化的思考，重新审视本土文化与外来文化的关系，利用"他者"观照自身文化也必有新的视角、新的发现、新的创造，从而真正树立起国民民族自尊心和文化自信心，进而形成对振兴中华文明历史责任的认同与使命意识。

本书编纂目的之三是完善国家图书馆馆藏海外中国研究书目体系。虽然《出版管理条例》第二十二条明确规定，"出版单位应当按照国家有关规定向国家图书馆……免费送交样本。"[②]但由于种种原因，馆藏海外中国研究中文图书依然有缺藏，而且有些图书因年代久远已经很难补藏。

书目作为揭示馆藏文献的主要方式，也是整序馆藏文献的最终记录。国家图书馆作

[①] 温国强：《海外汉学研究出版物一瞥：1978—2000》，《图书馆杂志》2001年第11期，第56—58页；管永前：《对国外中国学（汉学）研究的回顾与思考》，《山西高等学校社会科学学报》，2009年第1期，第33—36页；吴原元：《改革开放以来中国的海外中国学研究》，《国际社会科学杂志（中文版）》2009年第2期，第30—32页；严绍璗：《中国（大陆地区）国际中国学（汉学）研究三十年》，严绍璗主编：《国际中国文化研究年鉴：1979—2009》（上），北京：外语教学与研究出版社，2013年，第1—18页；赖贵三：《"卅年汉学融中外，三代鸿儒贯古今"——1979—2009台湾"中国学研究"综述》，同上书，第19—30页；张西平：《改革开放以来中国海外汉学（中国学）研究的进展与展望(1978—2019)》，《国外社会科学》2020年第1期，第60—71页。

[②] 国务院. 出版管理条例 [A/OL]（2020-12-26）[2022-11-03]. http://www.gov.cn/zhengce/2020-12/26/content_5574253.htm

为海外中国研究文献的收藏机构，同时也是研究机构，确有责任①将此领域藏书弄清楚，形成书本式目录。这不仅为采访部门补藏此类图书提供参考，进一步提升此领域的藏书质量，而且有助于编纂回溯性的专题中文书目，对今后此类书目的续编奠定良好基础，同时借助编纂海外研究中国的外文书目进行补充，从而打造出在此领域的专题文献目录体系。

四

本书收录的时间起点定为1978年，主要是因为1978年底中共十一届三中全会拉开了改革开放的大幕，其时间节点更具标志性，学术界在做学术史梳理时往往以此作为重要起点②。收录的时间终点定为2018年，一是作为改革开放40周年的历史性节点，二是因为编者开始收集书目时间为2019年，考虑到当时能做的最新图书，遂将2018年定为终点。

本书收录的地域范围包括在中国内地（大陆）、港澳台地区以及其他国外出版和发行的中文图书。考察海外对中国的研究，需要考虑空间的整体性，中国大陆与港澳台地区同属中华文化，同文同种同根同源，都非常重视并且产生了一批海外对中国的研究成果，将范围投向海外对中国研究的中文图书，对于扩大研究视野，促进海内外的学术交流建设，必将产生积极推动作用。

依据文献性质，本书目收录作品每一大类包括译著和研究著作两部分。译著除包括翻译、编译、选译、摘译、译丛、译文集等，还包括外籍学者直接以中文书写的专著、外籍学者与海峡两岸暨港澳学者的编著、中外文字对照图书、大陆出版社影印的外文图书等。译著部分需要特别引起注意的是以下几点：

1. 译著不仅收录了海外学者用外文发表被翻译成中文的作品，而且也收录了国外学者直接使用中文书写的作品。由于一些国外学者对中国研究的中文已经具备较高水平，更倾向于用中文直接写作，这种做法既可以避免涉及中国的专有词汇转译成本国母语的困难，又避免难以找到高水平的译者，由此造成译作可读性的下降。

2. 译著将华人学者首次以外文发表在海外或外文出版物被翻译成中文的作品收录在内，而且将其中文书写的作品亦收录在内。袁同礼在编纂《西方文献里的中国——续考狄之〈汉学书目〉》一个重要特点就是收录了大量中国学者的西文作品，其本意是注重中

---

① 《中华人民共和国公共图书馆法》第二十二条明确规定，国家图书馆承担国家书目和联合目录编制的职能。
② 也有学者认为1975年以中国社会科学院情报研究所成立"国外中国学研究室"作为国际中国学（汉学）复兴的起点，见严绍璗：《中国（大陆地区）国际中国学（汉学）研究三十年》，载严绍璗主编：《国际中国文化研究年鉴：1979—2009》（上），北京：外语教学与研究出版社，2013年，第1—18页；管永前：《对国外中国学（汉学）研究的回顾与思考》，《山西高等学校社会科学学报》2009年第1期，第33—36页。

国学者与世界研究中国学术的交流互动。本书秉承这一学术特点，将海外华人学者的作品收录在内，所持的主要标准有二：一是凡入外国籍的华人学者，其以外文发表的作品被翻译成中文或直接以中文书写的作品均收录；二是未入外国籍的华人学者，只收录其首次以外文发表在海外或外文出版物被翻译成中文的作品，不收录其直接用中文书写的作品。

3. 译著内容以中国为主要研究对象，涉及中国的人文社会、文化艺术、历史事件、科学技术等各方面，对于不以中国为主要研究对象，但较多涉及中国（例如有较多专章）的译著，也选择性收录。值得特别说明的是，在文学大类中收录了以中国为背景或反映中华文化的有代表性的文学作品，这部分或许并不在学者研究范围之内，但考虑到文学在海外中国形象传播过程中的重要作用，单独列为一部分以资参考。

研究著作主要是指海峡两岸暨港澳学者对海外中国研究的再研究作品，其他包括海外学者主编或海内外学者合编的作品，国际性学术会议论文集、连续性的辑刊类图书等。这部分作品需要作出特别说明的有以下几点：

1. 该部分收录书目研究的角度更倾向于文化交流，尤其是中华文化在海外的传播。交流虽然是多元的（包含政治、经济、社会、文化等）、双向的，但本部分收录书目以文化为主，且侧重于中华文化在海外传播的方面。如将国外政治人物与中国的关系或西方艺术在中国的传播作为研究对象，本部分不予考虑收入。

2. 该部分将海外汉籍的调查视为重要内容进行收录。对流布在海外的中华文献典籍进行学术性追踪，其开创者即是国家图书馆的前身国立北平图书馆。20世纪30年代，袁同礼通过"交换馆员"的形式，先后派王重民、向达、孙楷第等人赴欧美日等地，查访和揭示流失海外的中华文献典籍，极大地推动了中国近现代学术领域的研究。本书继承国图先辈的学术旨趣，将海外汉籍调查研究的图书收录在内。

3. 该部分收录的国际性学术会议论文集均为正式出版图书。国际性学术会议作为吸引海外学者参与的对话平台，以中国为研究对象，体现了多元思想文化交流交融交锋，因此根据会议集结出版的论文集具有较高的学术价值。不过需要指出的是，有些论文集结集印发但未正式出版，并不在本书收录范围之内。

五

编纂目录面临的最大困难就是如何收录所应包括的研究成果，尤其是面对海外中国研究这个宏大的领域，其所涉时间跨度长、地域范围广、文献内容杂，都给文献收集工作带来很大的挑战。本书文献来源主要有以下几个方面：

一是1978—2013年的《全国总书目》。该书目是根据全国出版单位缴送的样本书按年度编辑成的全国公开出版发行的图书目录，能够较为准确地反映每年图书出版的基本情况。1978—2003年均有纸质版本，2004—2013年均为光盘版。令人非常遗憾的是，

2013年之后再也没有统一的全国总书目可供读者查找。中国版本图书馆作为新闻出版总署委托的全国出版单位出版的图书、音像和电子出版物样书（本）的接收与实物管理机构，理应担负起编纂出版国家书目的重任。

二是利用前人编制的各种专题人物工具书，收集相应的海外中国研究学者名录，依循名录对各大图书馆进行详尽的文献调查。如《美国的中国学家》《日本的中国学家》《世界中国学家名录》《欧洲中国学》①等。调查的图书馆主要有中国国家图书馆、香港公共图书馆、澳门公共图书馆、台湾"中央图书馆"等，书目收录港澳台地区的作品多来自这些图书馆的网站。

三是利用专家学者编制的专题书目。学术界虽没有以分类编目的形式全面整理海外中国研究的中文书目，但是一些学者编有一些专题性书目，这些为本书的编纂提供了有益的借鉴。如《中国学术译著总目提要：1978—1987，社会科学卷》《台湾地区汉学论著选目汇编本》《汉译日文图书总书目》②等。

四是利用专家学者在研究过程中所利用过的引文文献。海外中国研究的学者多，研究领域广，对于一些学者所述学术史中的文献也尽可能收集整理，并加以核对查找。

由于各方面的局限，编者所做的这些工作还是初步的，与最初设想存有较大差距，留有许多遗憾。

一是从目录的角度而言，本书仅能视为"目"，还未做到"录"。通过本书固然可以了解海外中国研究著作的出版情况，但对其内容梗概得失则无从窥晓。编者本意希望将原文版本信息以及此版本的中文译本情况及内容进行介绍，从而形成一部专题的译著提要，此想法未能实现此谓遗憾之一。希望学界在检阅本书目方便之余，能够广泛联合继续努力，择其精华写成提要，如作者介绍、原著出版情况、译本信息、内容简介、评论得失及其对学界之影响，并将每部著作的目次章节加以著录，若著作有人撰写书评，可将书评的作者、篇名、刊名、年月、卷期、页次予以注明，以便查阅参考，为后学提供价值更大的学术参考。

二是从收录时间而言，40余年的成果还不足以展现近代以来海外中国研究的全貌。在翻检过程中，编者也十分注意收集整理1978年之前此类中文图书的出版情况，虽数量不算太多，但因其年代跨度长，未能在本次整理中实现一次性溯源，如果想尽可能齐全，所需翻阅的参考书势必会多，整理起来恐仍需较长一段时间，此谓遗憾之二也。海外中国研究受到的关注与日俱增，2019年至今短短3年时间，出版的中文图书已过千种，因

---

① 中国科学院哲学社会科学部情报研究所编：《美国的中国学家》，北京：中国科学院哲学社会科学部情报研究所，1977年；严绍璗：《日本的中国学家》，北京：中国社会科学出版社，1980年；中国社会科学院文献信息中心、外事局编：《世界中国学家名录》，北京：社会科学文献出版社，1994年；黄长著，孙越生，王祖望主编：《欧洲中国学》，北京：社会科学文献出版社，2005年。

② 陈久仁主编：《中国学术译著总目提要：1978—1987，社会科学卷》，长春：吉林教育出版社，1994年；台北：台湾汉学研究中心：《台湾地区汉学论著选目汇编本》（1982—1991），台北：台湾汉学研究中心，1987—1992年；田雁主编：《汉译日文图书总书目》（全4册），北京：社会科学文献出版社，2015年。

此每隔5年或者10年对这一领域图书进行及时梳理确有必要。希望今后能将收录时间范围向前后延伸，形成百年海外中国研究中文书目，为建设海外中国研究学术华厦继续添砖加瓦。

三是从图书界定与分类而言，编者对海外中国研究所应收录内容绝非动手之前就已清晰明了，存在"边整理、边界定、边分类"的过程，由此造成缺漏和分类不细的情况，此谓遗憾之三也。编撰书目是一项繁难复杂的实践性工作，需要事先制定好详细的收录标准，但事实上该标准在收录之初存在不断修正的过程，鉴于出版的迫切性，所翻书目几乎均以万条计，很难回头再按新的标准重新翻查。各大网站并没有对此领域的专题分类，只能依据人名进行爬梳，这些因素都必然导致遗漏。另外，由于文献的来源渠道不一，文献出版的情况复杂，对分类体系的思考还不成熟。本次基本按照《中国图书馆分类法》（第5版）的分类体系进行，虽然它未必为读者熟知，部分分类也存有争议，但毕竟作为当今国内图书馆使用最广泛的分类法体系，已经使用近50年，有其分类的科学性。尽管本书只是给出二级分类，里面肯定会出现一些分类不当的条目。诚恳希望广大读者能够指出本书遗漏和错误，在分类体系上提出宝贵建议，以便日后能不断完善。

六

国家图书馆入藏海外中国研究文献始于20世纪20年代。袁同礼曾提出"古今名著极意搜罗，而于所谓东方学书籍之探求，尤为不遗余力，以为言边防、治国闻、留心学术者之览观焉"。这一指导方针并非简单地对图书馆采访图书的规定，而是体现出国图人对于国家前途、民族命运的关心和对学界服务的关切。在近百年艰辛而辉煌的风雨历程中，几代国图人辛勤求索，不遗余力地发扬求全求精的搜采精神，纵然经历战争烽火与社会动乱，政策几多波折，却未改变这一特色专藏的延续性，终使国家图书馆成为国内首屈一指的中国学文献收藏机构。

作为综合性研究图书馆，国家图书馆不仅拥有宏富的特色专藏，而且十分注重对文献的揭示与服务。国立北平图书馆时期就曾提倡为公众"或代编辑书目，或为搜集材料，所以减少其翻检之时间而谋其便利，而直接间接又负指导之责者也"，从那时起，编纂海外中国研究专题书目索引就成为国图优良的学术传统，也产生了许多优秀的学者与工具书，为学术界提供了俱有重要学术价值的参考资料。

自1927年至1948年，国立北平图书馆每年都编纂大量的海外中国研究书目（见表1），以便利读者及研究人员查阅和利用馆藏，这些书目至今仍具有重要参考价值。

① 袁同礼：《国立北平图书馆之使命》，载《中华图书馆协会会报》第六卷第六期，1931年6月，第3页。

表1 1927—1948年（全面抗战时期除外）平馆编纂的海外中国研究书目

时间	编纂的中国学研究书目
1927年7月至1928年6月	西译华藉书目；西译中国诗集目；关于波斯人拉斯特所著元史之译本目
1928年7月至1929年6月	关于中国交通之书目；北平各图书馆所藏关于中国问题书籍联合目录
1929年7月至1930年6月	关于满洲之中英文书目；关于蒙古之中英文书目；关于西藏之中英文书目；中诗西译要目；关于东方宗教及民俗之西文书目
1930年7月至1931年6月	关于馆藏法文东方学书目；关于沟通中西文化书籍书目；关于中国关税会议论文集目；关于中国小说西译目录；关于中国戏曲西译书目
1931年7月至1932年6月	关于满洲问题书目；关于苏俄在中国活动论文集目；关于国际法庭记载之中文论文集目；华书英译简目；德译中国经书简目；关于编制中日鲜满蒙藏文目录之论文简目
1932年7月至1933年6月	西译中国法律书目；九一八以来关于东北问题之中西文书籍及论文目录；研究西北问题之中文新书及杂志目录；研究云南之中西文目录
1933年7月至1934年6月	关于海牙国籍法庭之中国出版物目录；关于中国共产党中西文书籍及论文书目；南洋问题书目；美国汉学家恒慕义博士著述目录
1934年7月至1935年6月	西文中国边务问题书目
1935年7月至1936年6月	英译中国诗目录；民国二十三年度关于中国问题之西文论文索引；馆藏中国问题西籍分类目录（共收录书籍6000种，采用美国国会图书馆的分类法，书末附有人名和书名索引）；关于国防资源之中西文书籍及论文简目
1936年7月至1937年6月	关于回教之西文书选目；关于中国建设之西文书选目；关于国联与中国参考资料选目；关于中国茶中西文书目；中国考古学及古器物学日文书选目；中国考古学及古器物学西文书选目；关于中国陶器西文书选目；关于南京西文书目录；馆藏关于上海文献史料中西文目录；关于天津及大连之西文论文选目；关于热河之西文书及论文选目；钢和泰著述目录；继续编辑北平各机关及图书馆所藏中国问题西籍联合分类目录；编纂新疆书目解题，涉及西文书1600种，搜集关于中国边疆问题之西文书籍亦得3000余。
1945—1948年	《中国外交史书目》。全书计分数部，已完成者为：（一）《中国国际关系》凡通论、条约、史料等均属之，已收书200余种。（二）《中英外交史》，收书150余种。（三）《中俄外交史》，收书80余种。

作为国立北平图书馆实际主政的袁同礼，对海外中国研究的目录编纂具有特殊的学术情缘。他不仅参与主编和编撰了众多目录，开创了与北平高校进行联合编目的先河，而且在1948年远赴美国之后，更是将精力放在海外中国研究书目的编纂上，完成了一系列具有国际影响力的专题书目，如《西方文献里的中国——续考狄之〈汉学书目〉》[①]《中

---

① Yuan, Tongli. *China in Western Literature: A Continuation of Cordier's Bibliotheca Sinica*. New Haven: Far Eastern Publications, Yale University, 1958.

国经济社会发展史目录》①《俄文汉学书目：1918—1958》②等，在没有现代检索工具的帮助下完成如此多的工作量殊为不易，这些书目的学术价值至今看来也难以超越，为在世界范围内开展中国学术的研究提供了极大便利，也奠定了袁同礼在西方学术界尤其是海外中国研究领域的学术地位。

中华人民共和国成立后，国立北平图书馆更名为北京图书馆。为加强科研服务工作，北京图书馆编制出各种参考性与推荐性的专题书目，其中海外中国研究方面最重要的书目当属两卷本的《馆藏西文中国问题目录》③。该目录由北京图书馆参考组编纂而成，分上下两册，采用美国国会图书馆的分类法，收录了书号附有"C"（China的缩写）字的西文有关中国的图书，外文善本、普意雅藏书和穆麟德藏书中关于中国的图书，共收录5188种。该书第一次系统地对馆藏西文中国研究的图书进行了梳理，为当时的学术界与决策机构提供了重要的信息参考。

在中国学术沉寂的20年中，海外研究中国的大批研究成果源源不断地涌现，其数量之多，已远远超过国内本身的研究。但鉴于当时国内无专门出版物作比较系统的介绍，进口的外文书刊中有关研究中国的大量资料亦因缺乏检索工具书而远未充分利用。为发挥这类资料的借鉴作用，北京图书馆参考研究部与原中国社会科学院情报研究所国外中国学研究室协作，将外文书刊中有关中国研究的重要论文与书籍加以选录，编纂出版了《国外研究中国问题书目索引：1977—1978》。索引选收有关中国问题的论文和书籍均以社会科学为主，1977—1978年2年英、法、德、日、俄5个文种319种期刊的论文题录共4081条；1974—1978年5年入藏的英、法、德、日、俄5个文种的有关书目共1903条。所有论文题录和书目题名均翻译成中文，极大地便利了广大研究者，也成为图书馆与学术机构联合编撰此类目录的范例。

1989年，北京图书馆在参考研究部下设中国学文献研究室。该室的一项重要工作任务，便是编辑各种馆藏或专题中国学文献目录索引，提供更大范围、更深层次的参考服务。研究室的工作人员经过近一年半的时间，对馆藏中国学文献进行调研，最终形成《馆藏中国学文献调查概述》，对馆藏中国学文献的质量进行了初步的评估，并提出相关改进建议。在此次调查中，工作人员收集了大量的中国学文献卡片目录，在此基础上编制了馆藏西文、日文和俄文中国学文献卡片目录，这些目录本打算结集以书目的形式出版，但因人员调动、经费不足等原因最终未能付梓，实乃学界的一大损失。中国学文献研究室在1995年机构调整中也进行了裁撤，一批经验丰富、学养深厚的馆员退休，使得国图海外中国研究领域再次陷入沉寂。

---

① Yuan, Tongli. *Economic and Social Development of Modern China: A Bibliographical Guide*. New Heaven, Conn.: Human Relations Area Files, 1956.
② Yuan, Tongli. *Russian works on China, 1918—1958: A Selected Bibliography*. New Haven: Yale University Press, 1959.
③ Beijing tu shu guan. *A classified catalogue of books on China in western languages in the National Library of Peking*. Peking:［s.n.］, 1957.

2008年7月7日，国家图书馆成立海外中国学文献研究中心。2009年9月9日，国家图书馆向公众开放海外中国学文献研究中心阅览室。它的成立标志着国家图书馆的海外中国研究与服务工作进入一个新的历史发展时期。中心工作人员秉承前辈的学术传统，自2010年1月起，将每月新到室的书刊信息及时汇总，编纂成目录以文献资讯的形式向学界和读者发放，除因总馆南区装修改造和新冠肺炎疫情闭馆期以外，十余年来从未中断。中心还连续编纂出版了《国外中国研究选目提要》，为学界开展研究提供资料性成果。更需要指出的是，2018年中心对网站（http://csc.nlc.cn/）进行改版，藉此强化和丰富了海外专著、汉译书目、国内研究书目等书目数据库信息，提升了检索效能，从而扩大了服务层面，赢得专业学者的称赞。

国图的海外中国研究不仅在书目编纂中嘉惠学林，而且涌现出不少令人称道的作品。单就本书而言就收录不少国图同人的作品，这些同人中既有远赴异国的国图前辈如袁同礼、钱存训（1910—2015年）等，又有国外名作的译者，如田大畏（1931—2013年）、令恪（1928—2007年）、严向东、韩华、刘洁等，还有的著有专著，如王丽娜（1938—2018年）、周迅、陈蕊等。国家图书馆出版社（前称书目文献出版社、北京图书馆出版社），作为国家图书馆主办的出版社，在此领域也做过精心规划，本书收录了它们组织翻译和影印出版的作品80余种。这些作品如涓涓细流，一起汇入海外中国研究的江河之中。

虽然人工智能的浪潮大有席卷知识服务世界的趋势，给图书馆界服务带来巨大变化，但终究万变不离其宗，目录编纂作为文献揭示与组织的重要手段，其思想和方法仍可为文献信息数据化、知识化组织与整理提供借鉴。海外中国研究作为学术研究领域的一个分支，其发展繁盛要遵循学术规律，必定经历一个非温故而不能创新、非继承无以超越的阶段。目录作为集成前人学术成果，传承学术文脉的研究基础，有赖于我们每一代学人锲而不舍的努力。"前水复后水，古今相续流"，学术研究正是在传承的基础上才能得以真正创新与发扬。展望未来，国家图书馆的海外中国研究在国图深厚人文底蕴下，奠基于百年文献的稳实基础上，期许与学界同人一道在此领域携手并进，为厚植学术研究能量，促进中华文化繁荣发展作出积极贡献。

尹汉超
写于国家图书馆总馆南区 E6-3
2022 年 3 月 18 日

目 录

A 马克思主义、列宁主义、毛泽东思想、邓小平理论 ·················· 1

B 哲学、宗教 ·· 10
    一、哲学 ·· 10
    二、宗教 ·· 47

C 社会科学总论 ·· 84

D 政治、法律 ·· 101
    一、政治 ·· 101
    二、外交 ·· 144
    三、法律 ·· 167

E 军　事 ··· 173

F 经　济 ··· 178

G 文化、科学、教育、体育 ··· 216

H 语言、文字 ·· 233

I	文　学	252
	一、文学理论	252
	二、文学作品	310
J	艺　术	348
K	历史、地理	368
	一、通史	368
	二、汉学、中国学	394
	三、古代史	413
	四、近现代史	433
	五、民族史	479
	六、地方史	492
	七、传记	509
	八、文物考古	568
	九、风俗习惯	584
	十、地理	588
N	自然科学总论	613
O	数理科学和化学	618
P	天文学、地球科学	619
Q	生物科学	620
R	医药卫生	621
S	农业科学	630

T	工业技术	632
V	航空航天	638
X	环境科学、安全科学	639
Z	综合性图书	641

主要参考工具书 650

人名索引 654

团体索引 733

后　记 739

马克思主义、列宁主义、毛泽东思想、邓小平理论

（一）译著

1 赤潮：毛泽东与中国革命（1893—1954）/ 韩素音著，李著鹏等译．太原：山西人民出版社，1993，556页．
   - 早晨的洪流：毛泽东与中国革命：一八九三—一九五三年 / 韩素音著；韦文朔，齐力译．北京：北京出版社，1979，641页．
2 从革命到政治：长征与毛泽东的崛起：典藏本 / 杨炳章著；郭伟译．北京：中国人民大学出版社，2013，373页．（国外毛泽东研究译丛 / 石仲泉，萧延中主编；8）
   - 从革命到政治：长征与毛泽东的崛起：插图本 / 杨炳章著；郭伟译．北京：中国人民大学出版社，2006，385页．（国外毛泽东研究译丛 / 石仲泉，萧延中主编）
3 从毛泽东到邓小平 / 泰韦斯著；王红续等译．北京：中共中央党校出版社，1991，215页．
4 当代中国的掌舵人—邓小平 / 竹内实等著；张惠才编译．北京：中央文献出版社，1993，212页．
5 邓小平 / 巴拉奇·代内什著；阚思静，季叶译．北京：解放军出版社，1988，302页．
   - 邓小平传 / 巴拉奇著；阚思静，季叶译．香港：南粤出版社，1988，247页．
6 邓小平传 / 波那维亚著；黄康显译．香港：明窗出版社，1989，305页．（传记系列）
7 邓小平传 / 乌利·弗兰茨著；天力，李强译．兰州：甘肃人民出版社，1989，269页．
8 邓小平传 / 理查德·伊文思著；田山译．北京：国际文化出版公司，2014，452页．
   - 邓小平传：图文珍藏版 / 理查德·伊文思著；田山译．北京：国际文化出版公司，2013，388页．
   - 邓小平传 / 理查德·伊文思著；武市红等译．上海：上海人民出版社，1996，328页．
   - 邓小平传 / 理查·伊凡著；庄胜雄译．台北：希代书版公司，1994，356页．（名人传记；6）
9 邓小平领导下的中国 / 戴维·W.张著；喻晓译．北京：法律出版社，1991，268页．（国外研究邓小平思想理论资料丛书；1）
10 邓小平时代 / 傅高义著；冯克利译．北京：生活·读书·新知三联书店，2013，754页．

- 邓小平改变中国 / 傅高义著；冯克利，顾淑馨译.台北：天下远见出版股份有限公司，2012，1116页.（社会人文；335）
- 邓小平时代 / 傅高义著；冯克利译；香港中文大学出版社编辑部译校.香港：中文大学出版社，2012，30+818页.

11 邓小平现代化发展战略思想研究 / 李平植著.西安：陕西人民出版社，2000，402页.

12 邓小平政治评传 / 大卫·古德曼著；田酉如等译.北京：中共中央党校出版社，1995，1996重印，230页.

13 点评毛泽东：外国学者评毛泽东.第一卷，在历史的天平上 / 萧延中主编.北京：中国工人出版社，2002，30+16+216页.
- 点评毛泽东：外国学者评毛泽东.第二卷，从奠基者到"红太阳" / 萧延中主编.北京：中国工人出版社，2002，219-482页.
- 点评毛泽东：外国学者评毛泽东.第三卷，思想的永生 / 萧延中主编.北京：中国工人出版社，2002，485-747页.
- 点评毛泽东：外国学者评毛泽东.第四卷，"传说"的传说 / 萧延中主编.北京：中国工人出版社，2002，751-1108页.
- 外国学者评毛泽东.第一卷，在历史的天平上 / 萧延中主编.北京：中国工人出版社，1997，373页.
- 外国学者评毛泽东.第二卷，从奠基者到"红太阳" / 萧延中主编.北京：中国工人出版社，1997，450页.
- 外国学者评毛泽东.第三卷，思想的永生 / 萧延中主编.北京：中国工人出版社，1997，457页.
- 外国学者评毛泽东.第四卷，"传说"的传说 / 萧延中主编.北京：中国工人出版社，1997，674页.

14 国外研究毛泽东思想的四次大论战 / 中共中央文献研究室《国外研究毛泽东思想资料选辑》编辑组编译.北京：中央文献出版社，1993，417页.（国外研究毛泽东思想资料选辑 / 石仲泉主编；10）

15 海外学者论"中国道路"与毛泽东 / 李君如，张勇伟编.上海：上海社会科学院出版社，1993，328页.（海外学者论丛）

16 历史天平上的毛泽东：插图本 / 迪克·威尔逊主编；王伟丽译.北京：中国人民大学出版社，2015，291页.（国外毛泽东研究译丛 / 石仲泉，萧延中主编.第二辑）

17 历史与意志：毛泽东思想的哲学透视：典藏本 / 魏斐德著；李君如等译.北京：中国人民大学出版社，2013，401页.（国外毛泽东研究译丛 / 石仲泉，萧延中主编；4）
- 历史与意志：毛泽东思想的哲学透视 / 魏斐德著；李君如等译.北京：中国人民大学出版社，2005，13+402页.（国外毛泽东研究译丛 / 石仲泉，萧延中主编）
- 历史与意志：毛泽东思想的哲学透视 / 魏斐德著；郑大华等译.贵阳：贵州人民出版社，1994，376页.（二十世纪中国文化研究文库）

> 毛泽东思想的哲学透视：历史与意志 / 韦克曼著；中共中央文献研究室《国外研究毛泽东思想资料选辑》编辑组编译. 北京：中央文献出版社，1992，399页.（国外研究毛泽东思想资料选辑；5）

18 马克思恩格斯论中国 / 中共中央马克思恩格斯列宁斯大林著作编译局编译. 北京：人民出版社，2018，13+213页.

> 马克思恩格斯论中国 / 中共中央马克思恩格斯列宁斯大林著作编译局编译. 北京：人民出版社，2015，213页.（马列主义经典作家文库 / 韦建桦主编. 第二批. 专题选编本）

> 马克思恩格斯论中国 / 中共中央马克思恩格斯列宁斯大林著作编译局编译. 3版. 北京：人民出版社，1997，181页.

> 马克思恩格斯论中国 / 中共中央马克思恩格斯列宁斯大林著作编译局编译. 2版. 北京：人民出版社，1993，173页.

19 马克思主义、毛泽东主义与乌托邦主义：典藏本 / 莫里斯·迈斯纳著；张宁，陈铭康等译. 北京：中国人民大学出版社，2013，12+234页.（国外毛泽东研究译丛）

> 马克思主义、毛泽东主义与乌托邦主义：插图本 / 莫里斯·迈斯纳著；张宁，陈铭康等译. 北京：中国人民大学出版社，2005，2006重印，14+241页.（国外毛泽东研究译丛 / 石仲泉，萧延中主编）

20 毛泽东 / 斯图尔特·施拉姆著；王应一等译. 北京：中国人民大学出版社，2018，10+441页.（国外毛泽东研究译丛 / 石仲泉，萧延中主编. 第二辑）

> 毛泽东 / 斯图尔特·施拉姆著；中共中央文献研究室《国外研究毛泽东思想资料选辑》编辑组编译. 2版. 北京：红旗出版社，1995，369页.

> 毛泽东 / 施拉姆著；中共中央文献研究室《国外研究毛泽东思想资料选辑》编辑组编译. 北京：红旗出版社，1987，330页.

21 毛泽东：革命者与建设者 / 近藤邦康著；宋志勇等译. 北京：中国青年出版社，2004，396页.

22 毛泽东：人类智慧的遗产 / 野村浩一著；张惠才，张占斌译. 长春：时代文艺出版社，1993，300页.

23 毛泽东的中国及其后：中华人民共和国史 / 莫理斯·迈斯纳著；杜蒲译. 香港：中文大学出版社，2005，12+546页.

> 毛泽东的中国及其发展：中华人民共和国史 / 梅斯纳著；张瑛等译. 北京：社会科学文献出版社，1992，546页.

> 毛泽东的中国及后毛泽东的中国：人民共和国史 / 莫里斯·迈斯纳著；杜蒲，李玉玲译. 2版. 成都：四川人民出版社，1990，600页.

> 毛泽东的中国及后毛泽东的中国：人民共和国史 / 莫里斯·迈斯纳著；杜蒲，李玉玲译. 成都：四川人民出版社，1989，2册（600页）.

24 毛泽东的"民主新路"及其现代性困境 / 郑永年，郭为桂著. 新加坡：八方文化创作室，2009，132页．

25 毛泽东的故乡/海伦·斯诺著；安危译．北京：北京出版社，2018，214页．
> 毛泽东的故乡/海伦·斯诺著；安危译．北京：北京出版社，2015，220页．（"国际人士看中国"丛书/孙华主编）
> 毛泽东的故乡/海伦·福斯特·斯诺著；剑华，安危译．武汉：华中师范大学出版社，1993，1997重印，239页．

26 毛泽东的路/爱德华·E·赖斯著；《国外研究毛泽东思想资料选辑》编辑组编译．北京：北京出版社，1992，350页．

27 毛泽东的诗词、人生和思想：典藏本/竹内实著；张会才等译；程麻编校．北京：中国人民大学出版社，2013，560页．（国外毛泽东研究译丛/石仲泉，萧延中主编；9）
> 毛泽东的诗词、人生和思想/竹内实著；张会才等译．北京：中国人民大学出版社，2012，543页．（国外毛泽东研究译丛/石仲泉，萧延中主编．第二辑）
> 竹内实文集．第三卷，毛泽东的诗与人生/竹内实著；张会才译．北京：中国文联出版社，2002，335页．
> 诗人毛泽东/武田泰淳，竹内实著；中共中央文献研究室《国外研究毛泽东思想资料选辑》编辑组编译．北京：中央文献出版社，1993，366页．（国外研究毛泽东思想资料选辑；9）

28 毛泽东的思想：典藏本/斯图尔特·R·施拉姆著；田松年等译．北京：中国人民大学出版社，2013，13+18+339页．（国外毛泽东研究译丛/石仲泉，萧延中主编）
> 毛泽东的思想/斯图尔特·R.施拉姆著；田松年等译．北京：中国人民大学出版社，2005，14+14+342页．（国外毛泽东研究译丛/石仲泉，萧延中主编）
> 毛泽东的思想/斯图尔特·施拉姆著；刘李胜，陈建涛编译．北京：中共中央党校出版社，1992，307页．
> 毛泽东的思想/斯图尔特·施拉姆著；中共中央文献研究室《国外研究毛泽东思想资料选辑》编辑组编译．北京：中央文献出版社，1990，1991重印，266页．（国外研究毛泽东思想资料选辑；4）

29 毛泽东的政治哲学：典藏本/约翰·布莱恩·斯塔尔著；曹志为，王晴波译．北京：中国人民大学出版社，2013，303页．（国外毛泽东研究译丛/石仲泉，萧延中主编；6）
> 毛泽东的政治哲学：插图本/约翰·布莱恩·斯塔尔著；曹志为，王晴波译．北京：中国人民大学出版社，2006，330页．（国外毛泽东研究译丛/石仲泉，萧延中主编）
> 毛泽东的政治哲学/斯塔尔著；中共中央文献研究室《国外研究毛泽东思想资料选辑》编辑组编译．北京：中央文献出版社，1992，334页．（国外研究毛泽东思想资料选辑/石仲泉主编；7）

30 毛泽东和他的对手们/霍林沃思著；高湘泽等译．台北：风云时代出版公司，1993，403页．（风云名人传记系列；2）

> 毛泽东和他的分歧者 / 霍林沃思著；高湘泽等译 . 郑州：河南人民出版社，1989，319 页 .

> 直道而行为中华：毛泽东及其反对者 / 克莱尔·霍林沃丝著；张宗庆等译 . 南京：东南大学出版社，1989，1992 印，347 页 .

31 毛泽东思想的批判性透视 / 阿里夫·德里克，保罗·希利，尼克·奈特主编；张放等译 . 北京：中国人民大学出版社，2015，430 页 .（马克思主义研究论库 . 第一辑）

32 毛泽东一生 / 松本一男著 . 台北：新潮社文化事业有限公司，2011，328 页 .（人物传奇；16）

> 毛泽东传奇：毛泽东评传 / 松本一男著 . 台北：新潮社文化事业有限公司，2004，328 页 .（世界大人物系列；8）

> 毛泽东评传 / 松本一男著 . 台北：新潮社，1993，328 页 .（传记文学之旅；13）

33 毛泽东与邓小平 / 渡边利夫，小岛朋之著；刘雪卿译 . 台北：大展出版社，1995，401 页 .（精选系列；1）

34 毛泽东与斯大林赫鲁晓夫交往录 / 尼·特·费德林等著；彭卓吾译 . 北京：东方出版社，2004，359 页 .

35 毛泽东与中国革命 / 陈志让著；中共中央文献研究室《国外研究毛泽东思想资料选辑》编辑组编译 . 北京：中央文献出版社，1993，356 页 .（国外研究毛泽东思想资料选辑 / 石仲泉主编；8）

36 毛泽东早期传记 / 斯诺，萧三，萧瑜著；刘统编注 . 香港：香港中和出版有限公司，2018，13+309 页 .（20 世纪中国）

37 毛泽东政治思想的基础（1917—1935）：典藏本 / 布兰特利·沃马克著；霍伟岸，刘晨译 . 北京：中国人民大学出版社，2013，16+10+333 页 .（国外毛泽东研究译丛 / 石仲泉，萧延中主编）

> 毛泽东政治思想的基础（1917—1935）：插图本 / 布兰特利·沃马克著；霍伟岸，刘晨译 . 北京：中国人民大学出版社，2006，17+11+353 页 .（国外毛泽东研究译丛 / 石仲泉，萧延中主编）

38 毛泽东传 / 阿兰·鲁林著；穆蕾译 . 香港：香港中文大学出版社，2017，4 册 .

> 毛泽东：雄关漫道：插图本 / 阿兰·鲁林著；毕笑译 . 北京：中国人民大学出版社，2015，2 册（13+770 页）.（国外毛泽东研究译丛 / 石仲泉，萧延中主编 . 第二辑）

> 毛泽东：雄关漫道 / 阿兰·鲁林著；毕笑译 . 北京：中国人民大学出版社，2014，2 册（15+804 页）.（马克思主义研究论库 . 第一辑）

> 毛泽东：雄关漫道：典藏本 / 阿兰·鲁林著；毕笑译 . 北京：中国人民大学出版社，2014，2 册（17+886 页）.（国外毛泽东研究译丛 / 石仲泉，萧延中主编；11）

39 毛泽东传 / 迪克·威尔逊著；中共中央文献研究室《国外研究毛泽东思想资料选辑》编辑组译 . 北京：国际文化出版公司，2013，551 页 .

> 毛泽东传 / 迪克·威尔逊著；中共中央文献研究室《国外研究毛泽东思想资料选

辑》编辑组编译. 北京：国际文化出版公司，2011，429 页.

> 毛泽东：最新版插图本 / 迪克·威尔逊著；中共中央文献研究室《国外研究毛泽东思想资料选辑》编辑组编译.2 版. 北京：中央文献出版社，2008，374 页.

> 毛泽东 / 迪克·威尔逊著；中共中央文献研究室《国外研究毛泽东思想资料选辑》编辑组译. 北京：中央文献出版社，2003，419 页.

> 毛泽东 / 迪克·威尔逊著；中共中央文献研究室《国外研究毛泽东思想资料选辑》编译组编译. 北京：中央文献出版社，2000，537 页.

> 历史巨人—毛泽东 / 威尔逊著；中共中央文献研究室《国外研究毛泽东思想资料选辑》编辑组编译. 北京：中央文献出版社，1993，501 页.（国外研究毛泽东思想资料选集；6）

40 毛泽东传：典藏本 / 罗斯·特里尔著；何宇光，刘加英译. 北京：中国人民大学出版社，2013，505 页.（国外毛泽东研究译丛 / 石仲泉，萧延中主编；1）

> 毛泽东传：名著珍藏版：插图本 / 罗斯·特里尔著；何宇光，刘加英译. 北京：中国人民大学出版社，2010，545 页.（国外毛泽东研究译丛）

> 毛泽东传 /R. 特里尔著；刘路新，高庆国等译. 北京：人民出版社，2010，558 页.（人民·联盟文库. 译著类）

> 毛泽东传：图文本 /R. 特里尔著；刘路新，高庆国等译. 石家庄：河北人民出版社，2010，413 页.

> 毛泽东传：最新版全译本 / 罗斯·特里尔著；胡为雄，郑玉臣译. 北京：中国人民大学出版社，2008，2 册（555 页）.（国外毛泽东研究译丛 / 石仲泉，萧延中主编）

> 毛泽东传：最新版全译本：插图本 / 罗斯·特里尔著；胡为雄，郑玉臣译. 北京：中国人民大学出版社，2006，556 页.（国外毛泽东研究译丛 / 石仲泉，萧延中主编）

> 毛泽东传 /R·特里尔著；刘路新，高庆国等译.2 版，修订本. 石家庄：河北人民出版社，1990，2002 重印，572 页.

> 毛泽东的后半生 / 特里尔著；曾胡等译. 北京：世界知识出版社，1992，262 页.

> 毛泽东传 / 特里尔著；刘路新译. 石家庄：河北人民出版社，1991，577 页.

> 毛泽东传 /R. 特里尔著；刘路新，高庆国等译. 修订本. 石家庄：河北人民出版社，1989，1990 重印，577 页.

> 毛泽东传 / 特里尔著；刘路新等译. 石家庄：河北人民出版社，1988，569 页.

41 毛泽东传 / 菲力普·肖特著；全小秋等译.3 版，修订版. 北京：中国青年出版社，2010，552 页.

> 毛泽东传/菲力普·肖特著；全小秋等译.2 版.北京：中国青年出版社，2009，552页.

> 毛泽东传：中文版 / 菲力普·肖特著；全小秋等译. 北京：中国青年出版社，2004，2007 重印，614 页.

42 毛泽东传/瑞贝尔·卡尔著；龚格格译.长沙：湖南人民出版社，2015，11+294页.（周读书系；Vol.1）
> 毛泽东传/瑞贝卡·卡尔著；龚格格译.长沙：湖南人民出版社，2013，10+281页.

43 毛泽东传：插图本/亚历山大·潘佐夫著；卿文辉等译.北京：中国人民大学出版社，2015，2册（928页）.（国外毛泽东研究译丛/石仲泉，萧延中主编.第二辑）

44 毛泽东自传：中英文插图影印典藏版/埃德加·斯诺笔录；汪衡译.北京：中国青年出版社，2014，365页.
> 毛泽东自传：中英文插图影印典藏版/埃德加·斯诺笔录；汪衡译.3版.北京：中国青年出版社，2013，293页.
> 毛泽东自传：中英文插图影印典藏版/埃德加·斯诺笔录；汪衡译.2版.北京：中国青年出版社，2011，289页.
> 毛泽东自传：毛泽东亲笔修改的忠实记录/毛泽东口述；斯诺笔录；汪衡译.2版.台北：台湾书房出版有限公司，2010，230页.（时代人物；8N31）
> 毛泽东自传/斯诺笔录；汪衡译.北京：国际文化出版公司，2009，123+161页.
> 毛泽东自传：中英文插图影印典藏版/埃德加·斯诺笔录；汪衡译.北京：中国青年出版社，2009，295页.
> 毛泽东口述传：英汉对照版/埃德加·斯诺录；翟象俊译.上海：复旦大学出版社，2003，170页.
> 毛泽东自传/埃德加·斯诺笔录；汪衡译.青岛：青岛出版社，2003，157+41页.
> 毛泽东自传/斯诺录；汪衡译.北京：解放军文艺出版社，2001，190页.

45 毛主义的诞生：中国共产革命之路/马思乐著；温洽溢译.新北：卫城出版，2012，324页.（蓝书系.知识共同体；5）

46 毛主义的崛起：毛泽东、陈伯达及其对中国理论的探索（1935—1945）/雷蒙德·F.怀利著；杨悦译.北京：中国人民大学出版社，2014，292页.（马克思主义研究论库·第1辑）
> 毛主义的崛起：毛泽东、陈伯达及其对中国理论的探索（1935—1945）：插图本/雷蒙德·F.怀利著；杨悦译北京：中国人民大学出版社，2013，315页.（国外毛泽东研究译丛/石仲泉，萧延中主编.第二辑）
> 毛主义的崛起：毛泽东、陈伯达及其对中国理论的探索（1935—1945）：典藏本/雷蒙德·F.怀利著；杨悦译；萧延中校.北京：中国人民大学出版社，2013，317页.（国外毛泽东研究译丛/石仲泉，萧延中主编；10）

47 日本学者视野中的毛泽东思想/中共中央文献研究室《国外研究毛泽东思想资料选辑》编辑组编译.北京：中央文献出版社，1988，235页.（国外研究毛泽东思想资料选辑.二）

48 世界著名政治家、学者论邓小平/齐欣等编译.上海：上海人民出版社，1999，12+856页.

49 我和毛泽东的一段曲折经历/萧瑜著；陈重等编译.北京：昆仑出版社，1989，224页.

50 西方学者论毛泽东 / 洪峻峰编. 厦门：厦门大学出版社，1993，10+279 页.

51 西方学者论毛泽东思想 / 中共中央党史研究室第三室编译处编. 北京：中共党史出版社，1993，12+425 页.

52 小平大传：1904—1997/ 杨炳章著. 香港：时代国际出版有限公司，2004，385 页.（九思实录书系）

53 再思毛泽东：毛泽东思想的探索：插图本 / 尼克·奈特著；闫方洁等译. 北京：中国人民大学出版社，2015，272 页.（国外毛泽东研究译丛 / 石仲泉，萧延中主编. 第二辑）
   ➢ 再思毛泽东：毛泽东思想的探索 / 尼克·奈特著；闫方洁等译. 北京：中国人民大学出版社，2014，288 页.（马克思主义研究论库. 第一辑）
   ➢ 再思毛泽东：毛泽东思想的探索；典藏本 / 尼克·奈特著；闫方洁等译. 北京：中国人民大学出版社，2014，296 页.（国外毛泽东研究译丛 / 石仲泉，萧延中主编；12）

54 中国的共产主义与毛泽东的崛起 / 本杰明·I. 史华慈著；陈玮译. 北京：中国人民大学出版社，2006，298 页.（国外毛泽东研究译丛 / 石仲泉，萧延中主编）

55 中国古代哲学与毛泽东思想的渊源 / 梁再赫著；金珠英译. 北京：中央文献出版社，2000，170 页.

56 中国最后强人：邓小平的跨世纪革命 / 大卫·古德曼著；田西如等译. 台北：财讯出版社，1997，285 页.（两岸趋势；1）

57 竹内实文集. 第四卷，毛泽东传记三种 / 竹内实著；韩凤琴，张会才译. 北京：中国文联出版社，2002，318 页.

58 追寻毛泽东的革命轨迹：一个韩国人眼中的毛泽东 / 李中著；崔文哲译. 北京：人民出版社，2006，287 页.

（二）研究著作

59 比较视野下英语世界的毛泽东研究 / 杨玉英著. 成都：四川大学出版社，2012，201 页.

60 国外邓小平理论研究评析 / 马启民著. 北京：高等教育出版社，2002，338 页.
   ➢ 国外邓小平理论研究评析 / 马启民著. 济南：山东人民出版社，1999，494 页.（有中国特色社会主义论丛 / 李文海主编）

61 国外关于邓小平理论评述 / 康绍邦，余瑞先主编. 北京：中共中央党校出版社，1999，323 页.

62 国外毛泽东军事思想研究 / 张树德著. 北京：军事科学出版社，1998，220 页.

63 国外毛泽东思想研究评述 / 陈葆华等撰. 西安：陕西人民出版社，1993，11+496 页.（毛泽东思想研究丛书）

64 国外毛泽东思想研究评析 / 张广信，马启民著. 西安：陕西人民教育出版社，1993，289 页.（毛泽东思想体系丛书 / 张广信主编）

65 国外毛泽东学研究 / 尚庆飞著. 南京：江苏人民出版社，2008，498 页.（凤凰文库. 马

克思主义研究系列）

66 国外毛泽东研究评析 / 张晓峰，杜义朝著 . 西安：陕西人民出版社，2003，271 页 .

67 国外毛泽东研究述评 / 毕剑横等著 . 杭州：浙江人民出版社，1993，12+281 页 .（毛泽东研究丛书 / 邵华泽，金羽主编）

68 海外邓小平研究 / 冷溶主编 . 太原：山西经济出版社，1993，197 页 .

69 海外邓小平研究新论 / 成龙著 . 北京：北京大学出版社，2004，11+316 页 .（北京大学邓小平理论研究书系）

70 海外人士心中的邓小平 / 金羽主编 .2 版 . 北京：红旗出版社，1997，10+543 页 .
   ➢ 海外人士心中的邓小平 / 金羽等主编 . 北京：红旗出版社，1993，545 页 .

71 解谜《毛泽东自传》/ 丁晓平著 . 北京：中国青年出版社，2008，304 页 .

72 井冈山道路与毛泽东诗词：第三届毛泽东诗词国际学术研讨会论文集 / 中国毛泽东诗词研究会编 . 北京：中央文献出版社，2008，575 页 .

73 巨人中的巨人：外国名人要人笔下的毛泽东 / 张一心，王福生编 . 北京：中共中央党校出版社，1993，1996 重印，404 页 .

74 毛泽东的理想主义和邓小平的现实主义：美国学者论中国 / 王景伦著 . 北京：时事出版社，1996，10+410 页 .

75 毛泽东在海外 / 李君如等著 . 郑州：河南人民出版社，1993，244 页 .

76 毛泽东哲学思想研究在国外 / 赵永茂等著 . 北京：中共中央党校出版社，1993，361 页 .

77 西方"毛泽东学"研究 / 叶卫平著 . 福州：福建人民出版社，1993，425 页 .

78 中国出了个毛泽东：中外名人的评说 / 苏扬编 . 北京：解放军出版社，1991，403 页 .

79 中外记者笔下的毛泽东 / 王占阳，王小英编 . 沈阳：沈阳出版社，1993，412 页 .

80 中外名人看邓小平 / 袁南生，伍国用编著 .2 版（修订本）. 长沙：湖南出版社，1997，12+503 页 .
   ➢ 中外名人看邓小平 / 伍国用，袁南生编著 . 长沙：湖南出版社，1994，507 页 .

81 中外名人评说毛泽东 / 边彦军，张素华编 .2 版 . 北京：中央民族大学出版社，2005，555 页 .（伟人毛泽东丛书）
   ➢ 中外名人评说毛泽东 / 边彦军，张素华编 . 北京：中央民族大学出版社，2004，516 页 .（伟人毛泽东丛书 / 邓力群主编）
   ➢ 中外名人评说毛泽东 / 边彦军，张素华编 . 北京：中央民族大学出版社，2003，555 页 .（伟人毛泽东丛书 / 邓力群主编）

82 中外著名人士谈毛泽东 . 上下 / 余飘主编 . 北京：大众文艺出版社，1999，2009 重印，2 册（358 页）.
   ➢ 中外著名人士谈毛泽东 . 续集 / 余飘主编；中国解放区文学研究会编 . 北京：中央文献出版社，2003，2004 印，326 页 .（伟大人民领袖毛泽东丛书；1）
   ➢ 中外著名人士谈毛泽东 / 余飘主编 . 北京：大众文艺出版社，1999，340 页 .

B

哲学、宗教

一、哲学

（一）译著

83 安乐哲比较哲学著作选 / 安乐哲著；温海明编．贵阳：孔学堂书局有限公司，2018，486 页．

84 白话高岛易断 / 高岛嘉右卫门著；孙正治，孙奥麟译．北京：九州出版社，2014，2 册（27+799 页）．
- 高岛断易 / 高岛吞象著；陈雪涛增注，台北：武陵出版有限公司，2010，958 页．（周易占卜；70）
- 高岛易断占断破解 / 高岛嘉右卫门著；王治本译；曾子恒译注．北京：中央编译出版社，2010，439 页．
- 图解高岛易断：易经活解活断 500 例 / 高岛吞象著；王治本译；易简点校．西安：陕西师范大学出版社，2008，767 页．
- 高岛易断：易经活解活断 800 例 / 高岛吞象著；王治本译；孙正治点校．北京：北京图书馆出版社，1997，2 册（17+867 页）．

85 摆脱困境：新儒学与中国政治文化的演进 / 墨子刻著；颜世安等译．南京：江苏人民出版社，1990，284 页．（海外中国研究丛书）

86 北辙：薛瑄与河东学派 / 许齐雄著；叶诗诗译．杭州：浙江大学出版社，2015，10+289 页．（海外中国思想史研究前沿译丛 / 彭国翔主编）

87 本体诠释学．一 / 成中英著．北京：中国人民大学出版社，2017，12+258 页．（成中英文集；1）
- 本体诠释学．二 / 成中英著．北京：中国人民大学出版社，2017，289 页（成中英文集；2）．

  ➢ 成中英文集. 四卷, 本体诠释学 / 成中英著; 李翔海, 邓克武编. 武汉: 湖北人民出版社, 2006, 374 页. (成中英文集; 4)

88 插图本易经 / R·L·Wing 译著; 吴铮, 魏效荣编译. 西安: 陕西科学技术出版社, 1995, 183 页.

89 茶山的四书经学 / 茶山学术文化财团编; 金海鹰译. 北京: 商务印书馆国际有限公司, 2008, 364 页.

90 成功之道: 利用易经预测把握成功的人生 / 张绪通著. 北京: 北京中软电子出版社, 2002, 230 页. (生活策略丛书; 6)

91 成圣之思辨:《道德经》解读 / 丹·C·德卡罗著; 古滨河译. 北京: 中国对外翻译出版公司, 2006, 212 页.

92 成中英文集. 二卷, 儒学与新儒学 / 成中英著; 李翔海, 邓克武编. 武汉: 湖北人民出版社, 2006, 440 页. (成中英文集; 2)

93 成中英文集. 三卷, 伦理与管理 / 成中英著; 李翔海, 邓克武编. 武汉: 湖北人民出版社, 2006, 369 页. (成中英文集; 3)

94 程书分类 / 程颢, 程颐著; 朱熹编; 宋时烈分类重编; 徐大源校勘标点. 上海: 上海辞书出版社, 2006, 2 册 (925 页).

95 创造和谐 / 成中英著. 北京: 东方出版社, 2011, 336 页.

  ➢ 创造和谐 / 成中英著. 上海: 上海文艺出版社, 2002, 425 页. (学苑英华)

96 从编年史到经典: 董仲舒的春秋诠释学 / 桂思卓著; 朱腾译. 北京: 中国政法大学出版社, 2010, 19+328 页. (海外中国法研究译丛)

97 从传统中求变: 晚清思想史研究 / 汪荣祖著. 南昌: 百花洲文艺出版社, 2002, 450 页. (人文中国书系)

98 从存有到生活: 欧洲思想与中国思想的间距 / 朱利安著; 卓立译. 上海: 东方出版中心, 2018, 345 页.

99 从中西会通到本体诠释: 成中英教授访谈录 / 成中英, 杨庆中著. 北京: 中国人民大学出版社, 2013, 376 页.

100 戴震的哲学: 唯物主义与道德价值 / 村濑裕也著; 王守华等译. 济南: 山东人民出版社, 1996, 336 页.

101 淡之颂: 论中国思想与美学 / 朱利安著; 卓立译. 上海: 华东师范大学出版社, 2017, 105 页.

  ➢ 淡之颂: 论中国思想与美学 / 法兰斯瓦·余莲著; 卓立译. 台北: 桂冠图书股份有限公司, 2006, 13+150 页. (Plume; P0001)

102 当代儒家政治哲学: 进步儒学发凡 / 安靖如著; 韩华译. 南昌: 江西人民出版社, 2015, 269 页.

103 道·学·政: 儒家公共知识分子的三个面向 / 杜维明著; 钱文忠, 盛勤译. 北京: 生活·读书·新知三联书店, 2013, 10+222 页 (杜维明作品系列).

104 道不远人：比较哲学视域中的《老子》/ 安乐哲，郝大维著；何金俐译．北京：学苑出版社，2004，16+297 页．（学苑海外中国学译丛 / 邢文主编）

105 道德奠基：孟子与启蒙哲人的对话 / 弗朗索瓦·于连著；宋刚译．北京：北京大学出版社，2002，170 页．（北大学术讲演丛书；15）

106 道德镜鉴：中国叙述性图画与儒家意识形态 / 孟久丽著；何前译．北京：生活·读书·新知三联书店，2014，287 页．（开放的艺术史丛书．第二辑）

107 道德哲学与儒家传统 / 方旭东主编．上海：华东师范大学出版社，2010，388 页．（中国思想丛书．海外中国哲学论丛）

108 道家思想的新研究：以《庄子》为中心 / 池田知久著；王启发，曹峰译．郑州：中州古籍出版社，2009，2 册（14+736 页）．（中国哲学前沿丛书）

109 道家与道术：和风堂文集续编 / 柳存仁著．上海：上海古籍出版社，1999，361 页．（中华学术丛书）

110 道教与生态——宇宙景观的内在之道 / 吉瑞德，苗建时，刘笑敢编；陈霞等译．南京：江苏教育出版社，2008，20+359 页．（世界宗教与生态丛书 / 安乐哲主编）

111 道学之形成 / 土田健次郎著；朱刚译．上海：上海古籍出版社，2010，484 页．（日本宋学研究六人集．第二辑）

112 道与中国文化 / 刘达著；刘泰山，成顼译．南宁：广西人民出版社，1990，132 页．（国外汉学名著译丛）

113 德国哲学家论中国 / 秦家懿编著．台北：联经出版事业公司，1999，185 页．
  ➢ 德国哲学家论中国 / 秦家懿编译．北京：生活·读书·新知三联书店，1993，168 页．（德国文化丛书）

114 丁若镛哲学思想研究 / 白敏祯著；李永男译．苏州：苏州大学出版社，2013，224 页．

115 东方民族的思维方法：全译本．上下册 / 中村元著；林太，马小鹤译．台北：淑馨出版社，1999，2 册（378；409 页）．
  ➢ 东方民族的思维方法 / 中村元著；林太，马小鹤译．台北：淑馨出版社，1990，382 页．（世界文化丛书；1）
  ➢ 东方民族的思维方法 / 中村元著；结构群译．台北：万里书摊，1989，368 页．
  ➢ 东方民族的思维方法 / 中村元著；林太，马小鹤译．杭州：浙江人民出版社，1989，343 页．（世界文化丛书）

116 东方启蒙：东西方思想的遭遇 /J.J. 克拉克著；于闽梅，曾祥波译．上海：上海人民出版社，2011，379 页．（跨文化研究译丛 / 周宁主编）

117 东汉生死观 / 余英时著；侯旭东等译．上海：上海古籍出版社，2014，153 页（余英时英文论著汉译集）
  ➢ 东汉生死观 / 余英时著；侯旭东等译；何俊编．台北：联经出版事业股份有限公司，2008，205 页．
  ➢ 东汉生死观 / 余英时著；侯旭东等译．上海：上海古籍出版社，2005，153 页．（余

英时英文论著汉译集；1）

118 东西之道：《道德经》与西方哲学 / 汉斯—格奥尔格·梅勒著；刘增光译. 北京：北京联合出版公司，2018，226 页.

> 《道德经》的哲学：一个德国人眼中的老子 / 汉斯—格奥尔格·梅勒著；刘增光译. 北京：人民出版社，2010，222 页.

119 东亚价值与多元现代性 / 杜维明著. 北京：中国社会科学出版社，2001，216 页.（新传统主义）

120 东亚近代文明史上的梁启超 / 狭间直树主讲；高莹莹译；清华大学国学研究院主编. 上海：上海人民出版社，2016，293 页.（讲学社丛书；3）

121 东亚儒学：批判与方法 / 子安宣邦著；陈玮芬译. 台北：台湾大学出版中心，2004，221 页.（东亚文明研究丛书；12）

> 东亚儒学：批判与方法 / 子安宣邦著；陈玮芬等译. 台北：财团法人喜玛拉雅研究发展基金会，2003，225 页.（儒学与东亚文明研究丛书；12）

122 董仲舒："儒家"遗产与《春秋繁露》/ 鲁惟一著；戚轩铭等译. 香港：中华书局（香港）有限公司，2017，404 页.（饶宗颐国学院汉学译丛）

123 杜维明学术专题访谈录：宗周哲学之精神与儒家文化之未来 / 杜维明，东方朔著. 上海：复旦大学出版社，2001，342 页.

124 对话的文明：池田大作与杜维明对谈集 / 杜维明，池田大作著. 香港：商务印书馆（香港）有限公司，2008，13+254 页.

125 对话的文明：谈和平的希望哲学 / 池田大作，杜维明著；卞立强，张彩虹译. 成都：四川人民出版社，2007，253 页.

126 二十一世纪的儒学 / 杜维明著. 北京：中华书局，2014，15+282 页.

127 方以智晚节考 / 余英时著. 增订本. 北京：生活·读书·新知三联书店，2012，10+279 页.（余英时作品系列）

> 方以智晚节考 / 余英时著. 增订本. 台北：允晨文化实业股份有限公司，2011，353 页.（允晨丛刊；135）

> 方以智晚节考 / 余英时著. 增订版. 北京：生活·读书·新知三联书店，2004，279 页.（余英时作品系列）

> 方以智晚节考 / 余英时著. 增订扩大版. 台北：允晨文化公司，1986，348 页.（允晨丛刊；1）

> 方以智晚节考 / 余英时著. 台北：允晨文化公司，1986，348 页.（允晨丛刊；1）

128 伏羲：对立与统一的故事 / 崔英辰著；吴荣华，姜铁舟译. 合肥：黄山书社，2011，108 页.

> 伏羲讲的"周易"的故事 / 崔英辰著；吴荣华，姜铁舟译. 合肥：黄山书社，2010，130 页.

129 傅山的交往和应酬：艺术社会史的一项个案研究 / 白谦慎著. 增订版. 桂林：广西

师范大学出版社，2016，222 页．
> 傅山的交往和应酬：艺术社会史的一项个案研究 / 白谦慎著．上海：上海书画出版社，2003，145 页．（中国书法博导丛书）

130 公孙龙的形上实在论与"固定意指" / 冯耀明著．新加坡：东亚政治研究所，1986，29 页．

131 功过格：明清社会的道德秩序 / 包筠雅著；杜正贞，张林译．杭州：浙江人民出版社，1999，287 页．（外国学者笔下的传统中国）

132 功利主义儒家：陈亮对朱熹的挑战 / 田浩著；姜长苏译．南京：江苏人民出版社，2012，192 页．（海外中国研究丛书 / 刘东主编）
> 功利主义儒家：陈亮对朱熹的挑战 / 田浩著；姜长苏译．南京：江苏人民出版社，1997，206 页．（海外中国研究丛书）

133 功效：在中国与西方思维之间 / 朱利安著；林志明译．北京：北京大学出版社，2013，241 页．（海外中国哲学丛书）

134 构造另一个宇宙：中国人的传统时空思维 / 武田雅哉著；任钧华译．北京：中华书局，2017，249 页．

135 古代中国的思想世界 / 本杰明·史华兹著；程钢译．南京：江苏人民出版社，2014，618 页．（海外中国研究丛书精品系列 / 刘东主编．第一辑）
> 古代中国的思想世界 / 本杰明·史华兹著；程钢译．南京：江苏人民出版社，2008，618 页．（凤凰文库·海外中国研究系列）
> 古代中国的思想世界 / 本杰明·史华兹著；程钢译．南京：江苏人民出版社，2004，496 页．（海外中国研究丛书）

136 古代中国人的美意识 / 笠原仲二著；魏常海译．北京：北京大学出版社，1987，205 页．（文艺美学丛书）

137 郭店《老子》：东西方学者的对话 / 艾兰，魏克彬原编；邢文编译．北京：学苑出版社，2002，324 页．（学苑海外中国学译丛第 1 种 / 邢文主编）

138 郭店楚简先秦儒书宏微观 / 顾史考著．上海：上海古籍出版社，2018，249 页．（早期中国研究丛书）
> 郭店楚简先秦儒书宏微观 / 顾史考著．台北：台湾学生书局有限公司，2006，10+279 页．

139 郭店老子与太一生水 / 邢文编译．北京：学苑出版社，2005，10+269 页．（学苑海外中国学译丛第 5 种 / 邢文主编）

140 国尚师位：历史中的儒家释奠礼 / 柳银珠著．北京：宗教文化出版社，2013，244 页．（北京大学宗教学文库；8）

141 哈佛中国哲学课：哈佛大学正三观的公共选修课 / 迈克尔·普鸣，克里斯蒂娜·格罗斯—洛著；胡洋译．北京：中信出版集团股份有限公司，2017，16+192 页．

142 韩非子：奖励与惩罚的故事 / 林玉均著；吴荣华译．合肥：黄山书社，2011，126 页．

> 韩非子讲的"赏和罚"的故事 / 林玉均著；吴荣华译 . 合肥：黄山书社，2010，178 页 .

143 韩非子翼毳 . 上下 / 太田方撰 . 影印本 . 上海：中西书局，2014，2 册（764 页）.

144 韩国儒学史：韩国儒学的特殊性 / 尹丝淳著；邢丽菊，唐艳译 . 北京：人民出版社，2017，663 页 .（韩国名人名著汉译丛书）

145 韩国儒学思想研究 / 崔根德著 . 北京：学苑出版社，1998，454 页 .

146 韩国儒学思想研究 / 崔英辰著；邢丽菊译 . 北京：东方出版社，2008，535 页 .（韩国名人名著汉译丛书）

147 韩国儒学与现代精神 / 柳承国著；姜日天，朴光海等译 . 北京：东方出版社，2008，313 页 .（韩国名人名著汉译丛书）

148 汉代的信仰、神话的理性 / 鲁惟一著；王浩译 . 北京：北京大学出版社，2009，271 页 .（海外中国哲学丛书）

149 汉代人的死亡观 / 具圣姬著 . 北京：民族出版社，2003，226 页 .（博士论坛）

150 汉哲学思维的文化探源 / 郝大维，安乐哲著；施忠连译 . 南京：江苏人民出版社，1999，14+10+371 页 .（海外中国研究丛书）

151 合外内之道：儒家哲学论 / 成中英著 . 北京：中国社会科学出版社，2001，431 页 .（新传统主义丛书）

152 何炳棣思想制度史论 / 何炳棣著 . 北京：中华书局，2017，562 页 .

> 何炳棣思想制度史论 / 何炳棣著 . 台北：联经出版事业股份有限公司，2013，533 页 .（院士丛书）

153 和而不同：中西哲学的会通 / 安乐哲著；温海明等译 . 北京：北京大学出版社，2009，413 页 .（博雅同文馆 . 海外中国哲学丛书）

> 和而不同：比较哲学与中西会通：汤用彤学术讲座之四 / 安乐哲讲演；温海明编 . 北京：北京大学出版社，2002，286 页 .（北大学术讲演丛书；18）

154 后革命时代的中国 / 阿里夫·德里克主讲；清华大学国学研究院主编；李冠南，董一格译 . 上海：上海人民出版社，2015，382 页 .（讲学社丛书；2）

155 互照：莱布尼茨与中国 / 方岚生著；曾小五译 . 北京：北京大学出版社，2013，13+247 页 .

156 画说易经：《易经》的易象、意蕴、行动指南 / 科斯娜·白特兰著；张文智译 . 上海：上海文艺出版社，2011，231 页 .

> 画说易经：［中英文对照］/ 科斯娜·白特兰著；张文智译 . 上海：上海文艺出版社，2009，251 页 .

157 幻化之龙：两千年中国历史变迁中的孔子 / 戴梅可，魏伟森著；何剑叶译 . 香港：中文大学出版社，2016，11+346 页 .

158 黄老道探源 / 金晟焕著 . 北京：中国社会科学出版社，2008，335 页 .

159 黄老智慧：全方位的最高人生指导原理 / 张绪通著 . 北京：人民出版社，2005，359 页 .

160 价值中国：保罗访谈，潮思 / 黄保罗著 . 北京：中国友谊出版公司，2009，238 页 .

161 价值中国：保罗访谈，家情 / 黄保罗著 . 北京：中国友谊出版公司，2009，239 页 .

162 价值中国：保罗访谈，世相 / 黄保罗著 . 北京：中国友谊出版公司，2009，199 页 .

163 剑桥中国哲学导论 / 赖蕴慧著；刘梁剑译 . 北京：世界图书出版公司北京公司，2013，294 页 .

164 焦竑与晚明新儒思想的重构 / 钱新祖著；宋家复译 . 上海：东方出版中心，2017，300 页 .（中国文明研究丛书 . 甲编第一辑）
   - 焦竑与晚明新儒思想的重构 / 钱新祖著；宋家复译 . 台北：台湾大学出版中心，2014 .（钱新祖集；3）

165 解读《鹖冠子》：从论辩学的角度 / 戴卡琳著；杨民译 . 沈阳：辽宁教育出版社，2000，308 页 .（当代汉学家论著译丛）

166 进入思想之门：思维的多元性 / 朱利安著；卓立译 . 北京：北京大学出版社，2014，148 页 .（海外中国哲学丛书）

167 近代的超克 / 竹内好著；孙歌编；李冬木等译 . 2 版 . 北京：生活·读书·新知三联书店，2016，434 页 .（学术前沿）
   - 近代的超克 / 竹内好著；孙歌编；李冬木等译 . 北京：生活·读书·新知三联书店，2005，360 页 .（学术前沿）

168 近代中国与新世界：康有为变法与大同思想研究，1858—1927/ 萧公权著；汪荣祖译 . 2 版 . 南京：江苏人民出版社，2018，541 页 .（海外中国研究丛书）
   - 近代中国与新世界：康有为变法与大同思想研究，1858—1927/ 萧公权著；汪荣祖译 . 南京：江苏人民出版社，2018，541 页 .（海外中国研究丛书精品系列 / 刘东主编 . 第二辑）
   - 康有为思想研究 / 萧公权著；汪荣祖译 . 北京：中国人民大学出版社，2014，419 页 .（萧公权文集；7）
   - 近代中国与新世界：康有为变法与大同思想研究 / 萧公权著；汪荣祖译 . 南京：江苏人民出版社，2007，540 页 .（海外中国研究丛书）
   - 康有为思想研究 / 萧公权著；汪荣祖译 . 北京：新星出版社，2005，453 页 .（萧公权文集）
   - 近代中国与新世界：康有为变法与大同思想研究 / 萧公权著；汪荣祖译 . 南京：江苏人民出版社，1997，629 页 .（海外中国研究丛书）
   - 康有为思想研究 / 萧公权著；汪荣祖译 . 台北：联经出版事业公司，1988，632+22 页 .（萧公权先生全集；7）

169 近思录详注集评 / 陈荣捷著 . 上海：华东师范大学出版社，2007，343 页 .（陈荣捷朱子学论著丛刊）
   - 近思录详注集评 / 陈荣捷著 . 台北：台湾学生书局，1992，587 页 .（中国哲学丛刊；32）

170 经学史 / 诸桥辙次等讲述；林庆彰，连清吉译 . 台北：万卷楼图书有限公司，1996，310 页 .（经学类丛书；B009）

171 （经由中国）从外部反思欧洲：远西对话 / 弗朗索瓦·于连，狄艾里·马尔塞斯著；张放译 . 郑州：大象出版社，2005，12+21+374 页 .（国际汉学研究书系 . 当代海外汉学名著译丛 / 任继愈主编）

172 君子与礼：儒家美德伦理学与处理冲突的艺术 / 柯雄文著；李彦仪译 . 台北：台湾大学出版中心，2017，16+226 页 .（H&S；1）

173 康有为论 / 汪荣祖著 . 北京：中华书局，2006，195 页 .（汪荣祖人物书系）
  ➢ 康有为 / 汪荣祖著 . 台北：东大图书公司，1998，191 页 .（世界哲学家丛书）

174 康章合论 / 汪荣祖著 . 北京：中华书局，2008，148 页 .（汪荣祖人物书系）
  ➢ 康章合论 / 汪荣祖著 . 北京：新星出版社，2006，147 页 .
  ➢ 康章合论 / 汪荣祖著 . 台北：联经出版事业公司，1988，162 页 .

175 孔子 / 宇野哲人著；陈彬龢译 . 影印本 . 太原：山西人民出版社，2015，93 页 .（近代海外汉学名著丛刊 / 郑培凯主编）

176 孔子，那久远的未来之路 / 姜莹基著；强恩芳等译 . 北京：北京大学出版社，2014，285 页 .

177 孔子：即凡而圣 / 赫伯特·芬格莱特著；彭国翔，张华译 .2 版 . 南京：江苏人民出版社，2010，2016 重印，149 页 .（海外中国研究丛书）
  ➢ 孔子：即凡而圣 / 赫伯特·芬格莱特著；彭国翔，张华译 . 南京：江苏人民出版社，2002，173 页 .（海外中国研究丛书 / 刘东主编）

178 孔子：仁爱与礼仪的故事 / 李明洙著；吴荣华译 . 合肥：黄山书社，2011，135 页 .
  ➢ 孔子讲的"仁"的故事 / 李明洙著；吴荣华译 . 合肥：黄山书社，2010，175 页 .

179 孔子：喧嚣时代的孤独哲人 / 金安平著；黄煜文译 . 桂林：广西师范大学出版社，2011，260 页 .

180 孔子·老子·释迦牟尼三圣会谈：你是自己最好的老师 / 诸桥辙次著；翟四可，蔡驎译 . 北京：中信出版社，2012，19+248 页 .
  ➢ 孔子·老子·释迦牟尼"三圣会谈" / 诸桥辙次著；蔡驎，翟新译 . 北京：中国广播电视出版社，1990，219 页 .（中国学名著译丛 / 陈熙中主编）

181 孔子——人能弘道 / 倪培民著；李子华译 . 上海：上海人民出版社，2013，213 页 .

182 孔子的乐论 / 江文也著；杨儒宾译 . 上海：华东师范大学出版社，2008，137 页 .（儒学与东亚文明研究丛书；8）
  ➢ 孔子的乐论 / 江文也著；杨儒宾译 . 台北：财团法人喜玛拉雅研究发展基金会，2003，10+172 页 .（儒学与东亚文明研究丛书；9）

183 孔子的学问：日本人如何读《论语》/ 子安宣邦著；吴燕译 . 北京：生活·读书·新知三联书店，2017，276 页 .（子安宣邦作品集）

184 孔子的智慧 / 林语堂著；黄嘉德译 . 长沙：湖南文艺出版社，2016，251 页 .

- 孔子的智慧 / 林语堂著；张振玉译京：新世界出版社，2015，215 页．
- 孔子的智慧 / 林语堂著．武汉：长江文艺出版社，2015，211 页．（林语堂精品典藏书系；2）
- 孔子的智慧：精装典藏新善本 / 林语堂著．南京：江苏人民出版社，2014，220 页．（含章文库·林语堂集）
- 孔子的智慧 / 林语堂著．沈阳：万卷出版公司，2013，233 页．（含章文库·林语堂集）
- 孔子的智慧 / 林语堂著；张振玉译．北京：北京联合出版公司：群言出版社，2013，244 页．（林语堂文集）
- 孔子的智慧：最新修订精装典藏版 / 林语堂著；黄嘉德译．长沙：湖南文艺出版社，2011，251 页．
- 孔子的智慧 / 林语堂著；张振玉译．北京：群言出版社，2010，244 页．
- 孔子的智慧 / 林语堂著；张振玉译．北京：群言出版社，2009，214 页．（林语堂文集；7）
- 孔子的智慧 / 林语堂著．北京：外语教学与研究出版社，2009，231 页．（林语堂英文作品集）
- 孔子的智慧 / 林语堂著；黄嘉德译．北京：当代世界出版社，2009，171 页．
- 孔子的智慧：纪念珍藏版 / 林语堂著；黄嘉德译．南京：江苏文艺出版社，2009，217 页．
- 孔子的智慧 / 林语堂英文原著；张振玉汉译．香港：天地图书有限公司，2007，252 页．（林语堂经典选读）
- 孔子的智慧 / 林语堂著；黄嘉德译．西安：陕西师范大学出版社，2006，184 页．（林语堂文集；10）
- 孔子的智慧 / 林语堂著；黄嘉德译．西安：陕西师范大学出版社，2004，172 页．（林语堂文集；12）
- 林语堂名著全集．第二十二卷，孔子的智慧 / 林语堂著；张振玉译．长春：东北师范大学出版社，1994，185 页．
- 孔子的智慧 / 林语堂著；张振玉译．台北：金兰文化出版社，1986，240 页．（林语堂经典名著；35）

185 孔子与保罗：天道与圣言的相遇 / 杨克勤著．上海：华东师范大学出版社，2010，11+445 页．

186 孔子与中国之道 / 顾立雅著；高专诚译．修订版．郑州：大象出版社，2014，330 页．（国际汉学经典译丛）
- 孔子与中国之道 / 顾立雅著；高专诚译．郑州：大象出版社，2000，2006 重印，386 页．（大象国际汉学研究书系．当代海外汉学名著译丛 / 任继愈主编）
- 孔子与中国之道 / 顾立雅著；王正义（王西艾）译．台北：韦伯文化国际出版有

限公司，2003，292 页．(中国思想丛书；1)
- 孔子与中国之道：现代欧美人士看孔子 / 顾立雅著；高专诚译．太原：山西人民出版社，1992，467 页．

187 孔子哲学思微 / 郝大维，安乐哲著；蒋弋为，李志林译．2 版．南京：江苏人民出版社，2018，261 页．(海外中国研究丛书 / 刘东主编)
- 孔子哲学思微 / 郝大维，安乐哲著；蒋弋为，李志林译．南京：江苏人民出版社，2018，261 页．(海外中国研究丛书精品系列 / 刘东主编．第二辑)
- 孔子哲学思微 / 郝大维，安乐哲著；蒋弋为，李志林译．南京：江苏人民出版社，2012，261 页．(海外中国研究丛书 / 刘东主编)
- 通过孔子而思 / 郝大维，安乐哲著；何金俐译．北京：北京大学出版社，2005，14+445 页．(博雅同文馆．哲学)
- 孔子哲学思微 / 郝大维，安乐哲著；蒋弋为，李志林译．南京：江苏人民出版社，1996，269 页．(海外中国研究丛书．第三批)

188 孔子之路 / 乔纳森·朴赖斯著；陈东生，陈晨译．济南：齐鲁书社，2012，367 页．

189 孔子之前：中国经典诞生的研究 / 夏含夷著；黄圣松等译．台北：万卷楼图书股份有限公司，2013，12+213 页．(西方学者诠释中国经典丛书；1)

190 孔子传 / 白川静著；吴守钢译．北京：人民出版社，2014，259 页．
- 孔子 / 白川静著；韩文译．台北：联经出版事业股份有限公司，2013，16+233 页．(联经文库)

191 莱布尼兹和儒学 / 孟德卫著；张学智译．南京：江苏人民出版社，1998，134 页．(海外中国研究丛书)

192 老子：谦逊与宽容的故事 / 朴素晶著；吴荣华译．合肥：黄山书社，2011，116 页．
- 老子讲的"道"的故事 / 朴素晶著；吴荣华译．合肥：黄山书社，2010，153 页．

193 老子的密语 / 千贺一生著；陈雪译．北京：金城出版社，2011，159 页．

194 老子的智慧 / 林语堂著；黄嘉德译．长沙：湖南文艺出版社，2016，19+278 页．
- 老子的智慧 / 林语堂著；黄嘉德译．北京：新世界出版社，2015，258 页．
- 老子的智慧 / 林语堂著．武汉：长江文艺出版社，2015，250 页．(林语堂精品典藏书系；4)
- 老子的智慧：精装典藏新善本 / 林语堂著．南京：江苏人民出版社，2014，20+12+231 页．(含章文库·林语堂集)
- 老子的智慧 / 林语堂著．沈阳：万卷出版公司，2013，29+248 页．(含章文库·林语堂集)
- 老子的智慧 / 林语堂著；蔡为烨译．台北："国家"出版社，2013，332 页．("国家"文史丛书；125)
- 老子的智慧 / 林语堂著；黄嘉德译．北京：北京联合出版公司：群言出版社，2013，263 页．

> 老子的智慧：最新修订精装典藏版 / 林语堂著；黄嘉德译 . 长沙：湖南文艺出版社，2011，310 页 .

> 老子的智慧 / 林语堂著；黄嘉德译 . 北京：群言出版社，2010，36+263 页 .

> 老子的智慧 / 林语堂著；黄嘉德译 . 北京：群言出版社，2009，248 页 .

> 老子的智慧 / 林语堂著；黄嘉德译 . 北京：当代世界出版社，2009，229 页 .

> 老子的智慧 / 林语堂著；黄嘉德译 . 南京：江苏文艺出版社，2009，315 页 .

> 老子的智慧 / 林语堂著；张振玉译 . 香港：天地图书有限公司，2007，375 页 .（林语堂经典选读）

> 老子的智慧 / 林语堂著；黄嘉德译 . 西安：陕西师范大学出版社，2006，248 页 .（林语堂文集；9）

> 老子的智慧 / 林语堂著；黄嘉德译 . 西安：陕西师范大学出版社，2004，12+218 页 .（林语堂文集；13）

> 老子的智慧 / 林语堂著；金兰文化出版社编辑部译 . 台北：金兰文化出版社，1986，363 页 .（林语堂经典名著；18）

195 李达与马克思主义哲学在中国 / 尼克·奈特著；汪信砚，周可译 . 北京：人民出版社，2018，271 页 .

196 李大钊与中国马克思主义的起源 / 莫里斯·迈斯纳著；中共北京市委党史研究室编译组编译 . 北京：中共党史资料出版社，1989，286 页 .

197 李卓吾·两种阳明学 / 沟口雄三著；孙军悦，李晓东译 . 北京：生活·读书·新知三联书店，2014，10+263 页 .（沟口雄三著作集）

198 历史的崇高形象：二十世纪中国的美学与政治 / 王斑著；孟祥春译 . 上海：上海三联书店，2008，253 页 .（海外中国现代文学研究译丛）

199 历史上的理学 / 包弼德著；王昌伟译 .2 版，修订版 . 杭州：浙江大学出版社，2012，328 页 .（社会经济史译丛）

> 历史上的理学 / 包弼德著；王昌伟译 . 杭州：浙江大学出版社，2010，307 页 .（社会经济史译丛）

200 梁启超·明治日本·西方：日本京都大学人文科学研究所共同研究报告 / 狭间直树编 .2 版，修订本 . 北京：社会科学文献出版社，2012，10+467 页 .

> 梁启超·明治日本·西方：日本京都大学人文科学研究所共同研究报告 / 狭间直树编 . 北京：社会科学文献出版社，2001，10+12+501 页 .

201 梁启超与中国近代思想 / 约瑟夫·阿·勒文森著；刘伟译 . 成都：四川人民出版社，1986，314 页 .（走向未来丛书）

202 烈士精神与批判意识：谭嗣同思想的分析 / 张灏著；崔志海，葛夫平译 . 北京：中央编译出版社，2016，209 页 .

> 烈士精神与批判意识：谭嗣同思想的分析 / 张灏著；崔志海，葛夫平译 . 北京：新星出版社，2006，215-314 页 .

- 烈士精神与批判意识：谭嗣同思想的分析 / 张灏著 . 桂林：广西师范大学出版社，2004，99 页 .（思想史研究小丛书）
- 烈士精神与批判意识：谭嗣同思想的分析 / 张灏著 . 台北：联经出版事业公司，1988，1999 重印，158 页 .

203 灵根再植：八十年代儒学反思 / 杜维明著 . 北京：北京大学出版社，2016，11+324 页 .

204 六朝精神史研究 / 吉川忠夫著；王启发译 . 南京：江苏人民出版社，2012，469 页 .（海外中国研究丛书 / 刘东主编）
- 六朝精神史研究 / 吉川忠夫著；王启发译 . 南京：江苏人民出版社，2010，469 页 .（凤凰文库·海外中国研究系列）

205 陆贾《新语》序论 / 辜美高著 . 新加坡：新加坡新社，1990，103 页 .

206 伦理论辨：荀子道德认识论之研究 / 柯雄文著；赖显邦译 . 台北：黎明文化事业公司，1990，232 页 .

207 论创造性：朱熹、怀特海和南乐山的比较研究 / 白诗朗著；陈浩译 . 北京：中国社会科学出版社，2012，224 页 .（海外儒学研究前沿丛书 / 安乐哲，杜维明主编）

208 论戴震与章学诚：清代中期学术思想史研究 / 余英时著 . 2 版，修订本 . 台北：三民书局股份有限公司，2016，388 页 .（历史天空）
- 论戴震与章学诚：清代中期学术思想史研究 / 余英时著 . 增订本 . 北京：生活·读书·新知三联书店，2012，10+10+356 页 .（余英时作品系列）
- 论戴震与章学诚：清代中期学术思想史研究 / 余英时著 . 2 版 . 北京：生活·读书·新知三联书店，2005，10+356 页 .（余英时作品系列）
- 论戴震与章学诚：清代中期学术思想史研究 / 余英时著 . 北京：生活·读书·新知三联书店，2000，356 页 .（海外学人丛书）
- 论戴震与章学诚：清代中期学术思想史研究 / 余英时著 . 增订版 . 台北：东大图书公司，1996，376 页 .（沧海丛刊 . 国学）

209 论道者：中国古代哲学论辩 / 葛瑞汉著；张海晏译 . 北京：中国社会科学出版社，2003，594 页 .

210 论儒学的宗教性：对《中庸》的现代诠释 / 杜维明著；段德智译 . 武汉：武汉大学出版社，1999，241 页 .（宗教学研究系列丛书）

211 论天人之际：中国古代思想起源试探 / 余英时著 . 北京：中华书局，2014，249 页 .
- 论天人之际：中国古代思想起源试探 / 余英时著 . 台北：联经出版事业股份有限公司，2013，261 页 .

212 《论语》的哲学诠释：比较哲学的视域 / 安乐哲，罗思文著；余瑾译 . 北京：中国社会科学出版社，2003，328 页 .（新传统主义丛书）

213 《论语》和日本人 / 伊东教夫著；武萌，房迪译 . 北京：外语教学与研究出版社，2010，10+162 页 .

214 《论语》七十二谭 / 公庄博，刘宁著 . 北京：经济日报出版社，2007，242 页 .

215 论语与孔子思想 / 津田左右吉著；曹景惠译注.台北：联经出版事业股份有限公司，2015，652 页.（现代名著译丛）

216 论语总说 / 藤塚邻著；陈东译.北京：国际文化出版公司，2005，221 页.

217 论中西哲学精神 / 成中英著；李志林编.上海：东方出版中心，1991，1996 重印，402 页.（东方学术丛书）
  ➤ 成中英文集.一卷，论中西哲学精神 / 成中英著；李翔海，邓克武编.武汉：湖北人民出版社，2006，13+376 页.（成中英文集；1）

218 罗素论中西文化 / 罗素著；杨发庭等译.北京：北京出版社，2010，115 页.
  ➤ 罗素论中西文化 / 罗素著；刘福增主编；胡品清译.台北：水牛图书出版公司，1988，2000 重印，177 页.（哲学丛书；39）

219 马王堆汉墓帛书五行研究 / 池田知久著；王启发译.北京：线装书局：中国社会科学出版社，2005，516 页.（新传统主义丛书）

220 迈进"自由之门"的儒家：伯克利十年（1971—1981）/ 杜维明著.北京：北京大学出版社，2013，11+159 页.（杜维明著作系列）

221 漫画周易 / 崔英辰，李基东著；边暎雨绘；雨家编译.北京：中国广播电视出版社，1995，2 册（260；256 页）.

222 漫游易经世界 / 金谷治著；林顺隆译.台北：书泉出版社，1993，235 页.（经典书房；2）

223 美的焦虑：北宋士大夫的审美思想与追求 / 艾朗诺著；杜斐然等译.上海：上海古籍出版社，2013，316 页.（海外汉学丛书）

224 孟德斯鸠论中国 / 孟德斯鸠著；许明龙编译.北京：商务印书馆，2016，280 页.

225 孟子：行为与责任的故事 / 林玉均著；吴荣华译.合肥：黄山书社，2011，135 页.
  ➤ 孟子讲的"大丈夫"的故事 / 林玉均著；吴荣华译.合肥：黄山书社，2010，190 页.

226 孟子心性之学 / 江文思，安乐哲编；梁溪译.北京：社会科学文献出版社，2005，331 页.（喜玛拉雅学术文库·阅读中国系列）

227 墨学十讲 / 李绍崑著.台北：水牛图书出版事业公司，1990，205 页.（哲学丛书；96）

228 墨子：平等与博爱的故事 / 尹武学著；吴荣华译.合肥：黄山书社，2011，108 页.
  ➤ 墨子讲的"兼爱"的故事 / 尹武学著；吴荣华译.合肥：黄山书社，2010，129 页.

229 墨子：伟大的教育家 / 李绍崑著；张志怡译.长沙：湖南教育出版社，1986，125 页.

230 内在超越之路：余英时新儒学论著辑要 / 辛华，任菁编.北京：中国广播电视出版社，1992，592 页.（现代新儒学辑要丛书.第一辑 / 方克立主编）

231 秦家懿自选集 / 汤一介主编.济南：山东教育出版社，2005，11+423 页.（汉学名家书系）

232 旁观朱子学：略论宋代与现代的经济、教育、文化、哲学 / 田浩著.上海：华东师范大学出版社，2011，257 页.

233 否极泰来：新轴心时代的儒家资源 / 杜维明著.北京：北京大学出版社，2016，

11+336 页.

234 　普天之下：儒耶对话中的典范转化 / 白诗朗著；彭国翔译. 石家庄：河北人民出版社，2006，401 页.（文明对话丛书）

235 　期望中国：中西哲学文化比较 / 郝大维，安乐哲著；施忠连等译. 上海：学林出版社，2005，13+383 页.

236 　齐物的哲学：章太炎与中国现代思想的东亚经验 / 石井刚著. 上海：华东师范大学出版社，2016，196 页.

237 　气的思想：中国自然观与人的观念的发展 / 小野泽精一，福永光司，山井涌编；李庆译. 上海：上海人民出版社，2014，524 页.（学术译丛）
  ➢ 气的思想：中国自然观与人的观念的发展 / 小野泽精一，福永光司，山井涌编；李庆译. 上海：上海人民出版社，2007，524 页.（世纪人文系列丛书. 世纪文库）
  ➢ 气的思想：中国自然观和人的观念的发展 / 小野泽精一等著；李庆译. 上海：上海人民出版社，1990，544 页.

238 　切中伦常：《中庸》的新诠与新译 / 安乐哲，郝大维著；彭国翔译. 北京：中国社会科学出版社，2011，220 页.（海外儒学研究前沿丛书）

239 　青年王阳明：1472—1509：行动中的儒家思想 / 杜维明著；朱志方译. 北京：生活·读书·新知三联书店，2017，233 页.
  ➢ 青年王阳明：1472—1509：行动中的儒家思想 / 杜维明著；朱志方译. 北京：生活·读书·新知三联书店，2013，26+217 页.（杜维明作品系列）

240 　清朝学术源流概略 / 罗振玉述；松崎鹤雄，穆传金译注. 北京：商务印书馆，2018，15+219 页.（学术史研究丛书 / 李帆主编）

241 　清代儒家礼教主义的兴起：以伦理道德、儒学经典和宗族为切入点的考察 / 周启荣著；毛立坤译. 天津：天津人民出版社，2017，13+494 页.（国家清史编纂委员会·编译丛刊）

242 　诠释《论语》"克己复礼为仁"章方法的反思 / 杜维明著. 台北："中央研究院"中国文哲研究所，2015，89 页.

243 　人生第一等事：王阳明及其后学论"致良知" / 耿宁著；倪梁康译. 北京：商务印书馆，2014，2 册（11+1190 页）.（中国现象学文库. 现象学原典译丛）

244 　人生十论：《论语》中的处世之道 / 涩泽荣一著；王中江译. 上海：华东师范大学出版社，2012，256 页.

245 　人文与理性的中国 / 余英时著；程嫩生，罗群等译. 上海：上海古籍出版社，2014，422 页.（余英时英文论著汉译集）
  ➢ 人文与理性的中国 / 余英时著；程嫩生，罗群等译；何俊编. 台北：联经出版事业股份有限公司，2008，690 页.
  ➢ 人文与理性的中国 / 余英时著；程嫩生，罗群等译. 上海：上海古籍出版社，2007，422 页.（余英时英文论著汉译集）

246 仁与修身：儒家思想论集 / 杜维明著；胡军，于民雄译 . 北京：生活·读书·新知三联书店，2013，348 页 .（杜维明作品系列）
- ➤ 人性与自我修养 / 杜维明著 . 台北：联经出版事业公司，1992，398 页 .
- ➤ 人性与自我修养 / 杜维明著；胡军，于民雄译 . 北京：中国和平出版社，1988，268 页 .（中国文化书院文库 . 论著类，中国文化与文化中国丛书 / 庞朴主编）

247 日本人读《论语》：涩泽荣一《论语》言习录 / 涩泽荣一著；李均洋，佐藤利行译审 . 北京：中国工人出版社，2010，437 页 .

248 日本人与阳明学 / 冈田武彦等著；钱明编译 . 北京：台海出版社，2017，386 页 .

249 日本儒学思想史 / 三宅正彦著；陈化北译注 . 济南：山东大学出版社，1997，216 页 .

250 日本室町时代古钞本《论语集解》研究 / 高桥智著；杨洋译 . 北京：北京大学出版社，2013，255 页 .

251 日本学者论中国哲学史 / 铃木喜一等著；方旭东译 . 上海：华东师范大学出版社，2010，319 页 .（中国思想丛书 . 海外中国哲学论丛）

252 日本学者论中国哲学史 / 辛冠洁等编 . 北京：中华书局，1986，513 页 .

253 儒道两家关系论 / 津田左右吉著；李继煌译 . 影印本 . 太原：山西人民出版社，2015，71 页 .（近代海外汉学名著丛刊 / 郑培凯主编）
- ➤ 儒道两家观系论 / 津田左右吉著；李继煌译 . 台中：文听阁图书有限公司，2010，72 页 .

254 儒家、基督宗教与救赎 / 黄保罗著；周永译 . 北京：宗教文化出版社，2009，501 页 .（第二轴心时代文丛）

255 儒家传统与文明对话 / 杜维明著；彭国翔编译 . 北京：人民出版社；石家庄：河北人民出版社，2010，232 页 .（人民·联盟文库 . 译著类）
- ➤ 儒家传统与文明对话 / 杜维明著；彭国翔编译 . 石家庄：河北人民出版社，2006，2008 重印，271 页 .（文明对话丛书）

256 儒家的困境 / 狄百瑞著；黄水婴译 . 北京：北京大学出版社，2009，145 页 .（海外中国哲学丛书）

257 儒家角色伦理学：一套特色伦理学词汇 / 安乐哲著；孟巍隆译；田辰山等校译 . 济南：山东人民出版社，2017，299 页 .

258 儒家精神取向的当代价值：20 世纪访谈 / 杜维明著 . 北京：北京大学出版社，2016，11+309 页 .

259 儒家伦理与商人精神 / 余英时著；沈志佳编 . 2 版 . 桂林：广西师范大学出版社，2014，482 页 .（余英时文集；3）
- ➤ 儒家伦理与商人精神 / 余英时著；沈志佳编 . 桂林：广西师范大学出版社，2004，394 页 .（余英时文集；3）

260 儒家思想：以创造转化为自我认同 / 杜维明著 . 3 版 . 台北：东大图书股份有限公司，2014，209 页 .（中国哲学 . 儒家思想）

> 儒家思想：以创造转化为自我认同 / 杜维明著；曹幼华，单丁译. 北京：生活·读书·新知三联书店，2013，16+201 页. （杜维明作品系列）

> 儒家思想：以创造转化为自我认同 / 杜维明著. 台北：东大图书公司，1997，207 页. （沧海丛刊）

> 儒家思想新论：创造性转换的自我 / 杜维明著；曹幼华，单丁译. 南京：江苏人民出版社，1991，180 页. （海外中国研究丛书）

261 儒家与新儒家哲学的新向度 / 成中英著；阮航译. 北京：中国人民大学出版社，2017，407 页. （成中英文集；5）

262 儒家哲学的本体重建 / 成中英著. 北京：中国人民大学出版社，2017，281 页. （成中英文集；3）

263 儒家之道：中国哲学之探讨 / 倪德卫著；周炽成译. 南京：江苏人民出版社，2006，374 页. （海外中国研究丛书 / 刘东主编）

264 儒家自我意识的反思 / 杜维明著. 台北：联经出版事业公司，1990，272 页. （联经评论；21）

265 儒教 / 杜维明著；陈静译. 上海：上海古籍出版社，2008，155 页

> 儒教 / 杜维明著；陈静译. 台北：麦田出版社，2002，189 页. （麦田人文；67）

266 儒教三千年 / 陈舜臣著；龙利方，余晓潮译. 桂林：广西师范大学出版社，2009，292 页.

267 儒教之精神 / 武内义雄著；高明译. 台中：文听阁图书有限公司，2010，168 页.

268 儒教中国及其现代命运 / 约瑟夫·列文森著；郑大华，任菁译. 桂林：广西师范大学出版社，2009，20+373 页. （理解中国）

> 儒教中国及其现代命运 / 约瑟夫·R. 列文森著；郑大华，任菁译. 北京：中国社会科学出版社，2000，395 页. （新传统主义）

269 儒学、新儒学、新新儒学 / 成中英著. 北京：中国人民大学出版社，2017，384 页. （成中英文集；4）

270 儒学的复兴 / 李瑞智，黎华伦著；范道丰译. 北京：商务印书馆，1999，2001 重印，161 页. （商务印书馆海外汉学书系；3）

> 儒学的复兴 / 李瑞智，黎华伦著；范道丰译. 北京：商务印书馆，1999，161 页

271 儒学第三期发展的前景问题：大陆讲学、答疑和讨论 / 杜维明著. 北京：生活·读书·新知三联书店，2013，321 页. （杜维明作品系列）

272 儒学简史 / 柳无忌著；杨明辉译. 南京：江苏人民出版社，2016，200 页.

273 儒学与近代中国 / 庄士敦著；潘崇，崔萌译. 天津：天津人民出版社，2010，179 页. （国家清史编纂委员会·编译丛刊）

274 儒学与马克思主义 / 窦宗仪著；刘成有译. 兰州：兰州大学出版社，1993，209 页.

275 儒学与女性 / 罗莎莉著；丁佳伟，曹秀娟译. 南京：江苏人民出版社，2015，198 页. （凤凰文库·海外中国研究系列）

276 儒学与生态 /Mary Evelyn Tucker，John Berthrong 编；彭国翔，张容南译．南京：江苏教育出版社，2008，310 页．（世界宗教与生态丛书 / 安乐哲主编）

277 儒学与现代化——中韩日儒学比较研究 / 黄秉泰著；刘李胜等译．北京：社会科学文献出版社，1995，507 页．

278 三藏法师：行万里路取千卷经 / 中野美代子著；韩昇，翁君聪译．西安：三秦出版社，1992，177 页．

279 删论语 / 李耕著．郑州：大象出版社，2010，165 页．

280 生民之本：《孝经》的哲学诠释及英译 / 罗思文，安乐哲著；何金俐译．北京：北京大学出版社，2010，170 页．（海外中国哲学丛书）

281 圣境：宋明理学的当代意义 / 安靖如著；吴万伟译．北京：中国社会科学出版社，2017，379 页．（儒家政治哲学译丛）

282 世纪之交的抉择：论中西哲学的会通与融合 / 成中英著．北京：中国人民大学出版社，2017，324 页．（成中英文集；6）
> 世纪之交的抉择：论中西哲学的会通与融合 / 成中英著．上海：知识出版社，1991，402 页．

283 势——中国的效力观 / 余莲著；卓立译．北京：北京大学出版社，2009，252 页．（海外中国哲学丛书）

284 水之道与德之端：中国早期哲学思想的本喻 / 艾兰著；张海晏译．增订版．北京：商务印书馆，2010，11+247 页．
> 水之道与德之端：中国早期哲学思想的本喻 / 艾兰著；张海晏译．上海：上海人民出版社，2002，193 页．

285 思想的跨度与张力：中国思想史论集 / 本杰明·史华慈著；王中江编．郑州：中州古籍出版社，2009，286 页．（中国哲学前沿丛书）

286 宋代思想史论 / 田浩编；杨立华，吴艳红等译．北京：社会科学文献出版社，2003，661 页．（喜玛拉雅学术文库·阅读中国系列）

287 宋明理学与政治文化 / 余英时著；沈志佳编．2 版．桂林：广西师范大学出版社，2014，452 页．（余英时文集；10）
> 宋明理学与政治文化 / 余英时著．长春：吉林出版集团有限责任公司，2008，265 页．（当代中国学术文库）
> 宋明理学与政治文化 / 余英时著；沈志佳编．桂林：广西师范大学出版社，2006，362 页．（余英时文集；10）
> 宋明理学与政治文化 / 余英时著．台北：允晨文化实业股份有限公司，2004，407 页．（允晨丛刊；100）

288 宋明理学之概念与历史 / 陈荣捷著．台北："中央研究院"中国文哲研究所筹备处，1996，428 页．（中国文哲专刊；9）

289 宋元明清儒学年表 / 今关寿麿编撰．北京：北京图书馆出版社，2002，218 页．

290 体知儒学：儒家当代价值的九次对话 / 杜维明著 . 杭州：浙江大学出版社，2012，257 页 .

291 天下大道：道德经中的哲学与智慧 / 奥修著；谦达那译 . 西安：陕西师范大学出版社，2007，232 页 .

292 图说道德经：老子的智慧 / 查德・汉森著；杨玉娟，卢大川译 . 西安：陕西师范大学出版总社有限公司，2013，162 页 .

293 外国人眼中的中国人，朱熹 / 卜道成著；张晓霞，张洪译 . 北京：东方出版社，2014，275 页 .

294 晚明地方社会中的礼法与骚动：管志道《从先维俗议》研究 / 魏家伦著；施珊珊编；王硕，王坤利译 . 杭州：浙江大学出版社，2016，16+175 页 .（海外中国思想史研究前沿译丛 / 彭国翔主编）

295 晚清变法思想论丛 / 汪荣祖著 . 北京：新星出版社，2008，202 页 .
  ➢ 晚清变法思想论丛 / 汪荣祖著 . 台北：联经出版事业公司，1983，194 页 .

296 王弼《老子注》研究 / 瓦格纳著；杨立华译 . 南京：江苏人民出版社，2009，940 页 .（海外中国研究丛书）
  ➢ 王弼《老子注》研究 / 瓦格纳著；杨立华译 . 南京：江苏人民出版社，2008，2 册（940 页）.（凤凰文库・海外中国研究系列）

297 王守仁：修身与律己的故事 / 李钟兰著；吴荣华，朴美玉译 . 合肥：黄山书社，2011，127 页 .
  ➢ 王守仁讲的"良知"的故事 / 李钟兰著；吴荣华，朴美玉译 . 合肥：黄山书社，2010，160 页 .

298 王阳明 / 秦家懿著 .2 版 . 北京：生活・读书・新知三联书店，2017，263 页 .
  ➢ 王阳明 / 秦家懿著 .2 版 . 台北：东大图书股份有限公司，2013，261 页 .（世界哲学家丛书）
  ➢ 王阳明 / 秦家懿著 . 北京：生活・读书・新知三联书店，2011，226 页 .
  ➢ 王阳明 / 秦家懿著 . 台北：东大图书公司，1987，275 页 .（世界哲学家丛书）

299 王阳明《传习录》详注集评 / 陈荣捷著 . 重庆：重庆出版社，2017，381 页 .
  ➢ 王阳明《传习录》详注集评 / 陈荣捷著 . 上海：华东师范大学出版社，2009，282 页 .
  ➢ 王阳明《传习录》详注集评 / 陈荣捷著 . 台北：台湾学生书局，1983，472 页 .（中国哲学丛刊；4）

300 王阳明大传：知行合一的心学智慧 / 冈田武彦著；杨田等译 . 修订版 . 重庆：重庆出版社，2018，3 册（357；366；406 页）.
  ➢ 王阳明大传：知行合一的心学智慧 / 冈田武彦著；杨田，冯莹莹译 . 重庆：重庆出版社，2015，2 册（11+953 页）.
  ➢ 王阳明大传：知行合一的心学智慧 / 冈田武彦著；杨田译 . 重庆：重庆出版社，2015，3 册（303；304；345 页）.

301 王阳明详传：日本天皇老师眼中的中国圣人 / 高濑武次郎著；杨田译 . 北京：台海

出版社，2017，10+255 页．

> 知行合一：王阳明详传 / 高濑武次郎著；赵海涛，王玉华译．2 版．台北：大地出版社，2014，326 页．（History；73）

> 知行合一：王阳明详传 / 高濑武次郎著；赵海涛，王玉华译．北京：北京时代华文书局，2013，261 页．

302　王阳明与禅 / 陈荣捷著．台北：台湾学生书局，1984，268 页．（中国哲学丛刊）

303　王阳明与明末儒学 / 冈田武彦著；吴光等译．重庆：重庆出版社，2016，404 页．

> 王阳明与明末儒学 / 冈田武彦著；吴光等译．上海：上海古籍出版社，2000，418 页．

304　危机中的中国知识分子：寻求秩序与意义，1890—1911/ 张灏著；高力克，王跃译．北京：中央编译出版社，2016，249 页．

> 危机中的中国知识分子：寻求秩序与意义 / 张灏著；高力克，王跃译．北京：新星出版社，2006，226 页．（张灏合集）

> 危机中的中国知识分子：寻找秩序与意义 / 张灏著；高力克等译．太原：山西人民出版社，1988，267 页．（五四与现代中国丛书 / 张静如主编）

305　为与无为：当现代科学遇上中国智慧 / 森舸澜著；史国强译．北京：现代出版社，2018，19+270 页．

306　纬书与中国神秘思想 / 安居香山著；田人隆译．石家庄：河北人民出版社，1991，179 页．

307　文化权力与政治文化：宋金元时期的《中庸》与道统问题 / 苏费翔，田浩著；肖永明译．北京：中华书局，2018，371 页．（北京大学中国古代史研究中心丛刊 / 邓小南主编；15）

308　文化中国：扎根本土的全球思维 / 杜维明著．北京：北京大学出版社，2016，11+280 页．

309　文明对话中的儒家：21 世纪访谈 / 杜维明著．北京：北京大学出版社，2016，11+338 页．

310　闻老子之声听《道德经》解 / 崔珍晳著．济南：齐鲁书社，2013，409 页．（道教学译丛；10）

311　戊戌时期康有为议会思想研究 / 李春馥著．北京：人民出版社，2010，312 页．（国家清史编纂委员会·研究丛刊）

312　西夏文《孔子和坛记》研究 / Е·И·克恰诺夫，聂鸿音著．北京：民族出版社，2009，187 页．（西夏学译丛）

313　先秦秦汉思想史研究 / 谷中信一著；孙佩霞译．上海：上海古籍出版社，2018，456 页．（早期中国研究丛书）

> 先秦秦汉思想史研究 / 谷中信一著；孙佩霞译．上海：上海古籍出版社，2015，456 页．（早期中国研究丛书）

314　先秦阴阳五行 / 井上聪著．武汉：湖北教育出版社，1997，243 页．（中国传统文化

专题研究丛书）

315 现代精神与儒家传统 / 杜维明著 .2 版 . 新北：联经出版事业股份有限公司，2018，475 页 .
> 现代精神与儒家传统 / 杜维明著 . 北京：生活·读书·新知三联书店，2013，538 页 .（杜维明作品系列）
> 现代精神与儒家传统 / 杜维明著 . 北京：生活·读书·新知三联书店，1997，472 页 .（海外学人丛书）
> 现代精神与儒家传统 / 杜维明著 . 台北：联经出版事业公司，1996，475 页 .

316 现代儒学的回顾与展望 / 余英时著 . 北京：生活·读书·新知三联书店，2012，10+420 页 .（余英时作品系列）
> 现代儒学的回顾与展望 / 余英时著 . 北京：生活·读书·新知三联书店，2004，10+420 页 .（余英时作品系列）

317 现代儒学论 / 余英时著 .2 版 . 上海：上海人民出版社，2010，201 页 .
> 现代儒学论 / 余英时著 . 上海：上海人民出版社，1998，249 页 .
> 现代儒学论 / 余英时著 . 新泽西：八方文化企业公司，1996，179 页 .（新亚人文丛书；2）

318 现代危机与思想人物 / 余英时著 . 北京：生活·读书·新知三联书店，2012，10+578 页 .（余英时作品系列）
> 现代危机与思想人物 / 余英时著 . 北京：生活·读书·新知三联书店，2005，10+578 页 .（余英时作品系列）

319 现代学人与学术 / 余英时著；沈志佳编 .2 版 . 桂林：广西师范大学出版社，2014，580 页 .（余英时文集；5）
> 现代学人与学术 / 余英时著；沈志佳编 . 桂林：广西师范大学出版社，2006，474 页 .（余英时文集；5）

320 现龙在田：在康桥耕耘儒学论述的抉择（1983—1985）/ 杜维明著 . 北京：北京大学出版社，2013，10+244 页 .（杜维明著作系列）

321 向往心灵转化的庄子：内篇分析 / 爱莲心著；周炽成译 . 南京：江苏人民出版社，2004，191 页 .（海外中国研究丛书 / 刘东主编）

322 像中国人一样思考 / 张海花，杰夫·贝克著；胡凝，王晓波译 . 北京：中华工商联合出版社，2010，218 页 .

323 小熊维尼讲"道" / 本杰明·霍夫著；欧内斯特·H. 谢帕德插图；赵永华，王一鸣译 . 重庆：重庆大学出版社，2012，144 页 .（惠民小书屋丛书 . 哲学与生活系列）
> 小熊维尼之道 / 本杰明·霍夫著；赵永华，王一鸣译 . 重庆：重庆大学出版社，2011，187 页 .（哲学与生活丛书；9）

324 孝经孔传述议读本 / 刘炫述议；林秀一辑校；顾迁编订 . 日本：叶山小书店出版部，2015，244 页 .

325 孝经述议复原研究 / 林秀一撰；乔秀岩等编译. 武汉：崇文书局，2016，555 页.

326 新儒学论集 / 陈荣捷著. 台北："中央研究院"中国文哲研究所筹备处，1995，314 页.（中国文哲专刊；8）

327 新新儒学启思录：成中英先生的本体世界 / 成中英，麻桑著. 北京：商务印书馆，2008，192 页.

328 熊十力与新儒家哲学 / 岛田虔次著；徐水生译. 台北：明文书局，1992，127 页.（十力丛书）

329 寻求富强：严复与西方 / 史华慈著；叶凤美译. 北京：中信出版集团股份有限公司，2016，261 页.（东鉴丛书；2）
  ➢ 寻求富强：严复与西方 / 史华兹著；叶凤美译. 南京：江苏人民出版社，1989，237 页.（海外中国研究丛书 / 刘东主编）

330 荀子：善良与邪恶的故事 / 尹武学著；吴荣华，姜美子译. 合肥：黄山书社，2011，108 页.
  ➢ 荀子讲的"净心"的故事 / 尹武学著；吴荣华，姜美子译. 合肥：黄山书社，2010，131 页.

331 亚洲价值与人权：儒家社群主义的视角 / 狄百瑞著；尹钛译. 北京：社会科学文献出版社，2012，17+196 页.（政治文化研究译丛 / 丛日云，卢春龙主编）

332 严复：中国近代探寻富国强兵的启蒙思想家 / 永田圭介著；王众一译. 苏州：苏州大学出版社，2014，299 页.

333 严复与西方 / 施沃茨著；滕复等译. 北京：职工教育出版社，1990，267 页.

334 一个美国人眼中的"道" / 赫德著；伍雨钱，乔界文译. 上海：上海文化出版社，1992，181 页.

335 易经——第一号成功预测 / 克利斯朵夫·巴克特著；陈伟译. 银川：宁夏人民出版社，1989，272 页.（当代西方易学新著）

336 易经十六讲 / 钟启禄著. 北京：中国华侨出版公司，1989，195 页.

337 易学本体论 / 成中英著. 北京：北京大学出版社，2006，420 页.（爱智文丛）

338 阴阳辩证一元论 / 窦宗仪著；刘成有编译. 兰州：兰州大学出版社，1997，215 页.

339 音注孟子：外二种 / 刘玉才，住吉朋彦主编；高桥智解题. 影印本. 北京：北京大学出版社，2018，3 册（1616 页）.（日本五山版汉籍丛刊. 第一辑 / 刘玉才，住吉朋彦主编）

340 饮水思源：一个中国乡村的道德话语 / 欧爱玲著；钟晋兰，曹嘉涵译. 北京：社会科学文献出版社，2013，10+250 页.（海外客家研究译丛）

341 影印日本《论语》古钞本三种，林泰辅旧藏本《论语集解》/ 高桥智解题；沙志利校勘. 北京：北京大学出版社，2013，319 页.

342 影印日本《论语》古钞本三种，青莲院本《论语集解》/ 高桥智解题；林嵩校勘. 北京：北京大学出版社，2013，430 页.

343 影印日本《论语》古钞本三种，三十郎盛政传钞清家点本《论语集解》/ 高桥智解题；吴国武校勘 . 北京：北京大学出版社，2013，458 页 .

344 有大用的中国思想史 / 阿尔伯特·史怀哲著；常晅译 . 南京：江苏人民出版社，2018，261 页 .

345 有关《孙子》《老子》的三篇考证 / 何炳棣著 . 台北："中央研究院"近代史研究所，2002，103 页 .（"中央研究院"近代史研究所演讲集；2）

346 原道：《内业》与道家神秘主义的基础 / 罗浩著；严明等译 . 北京：学苑出版社，2009，249 页 .（学苑海外中国学译丛；4）

347 早期儒家与古以色列智慧传统比较 / 姚新中著；陈默译 . 北京：中国社会科学出版社，2013，257 页 .

348 早期中国"人"的观念 / 孟旦著；丁栋，张兴东译 . 北京：北京大学出版社，2009，239 页 .（海外中国哲学丛书）
   ➢ 早期中国"人"的观念 / 唐纳德·J·蒙罗著；庄国雄，陶黎铭译 . 上海：上海古籍出版社，1994，198 页 .（海外汉学丛书）

349 增补高岛易断 / 高岛嘉右卫门著；王治本译；郑同点校 . 北京：华龄出版社，2017，2 册（32+24+628 页）.

350 张栻年谱 / 王开埠，胡宗楙，高畑常信著 . 北京：科学出版社，2017，18+280 页 .

351 张绪通解读鬼谷子 / 张绪通著 . 北京：东方出版社，2008，162 页 .

352 张载的思想：1020—1077/ 葛艾儒著；罗立刚译 . 上海：上海古籍出版社，2015，19+195 页 .
   ➢ 张载的思想：1020—1077/ 葛艾儒著；罗立刚译 . 上海：上海古籍出版社，2010，19+195 页 .

353 章太炎的政治哲学：意识之抵抗 / 慕唯仁著；张春田等译 . 上海：华东师范大学出版社，2018，302 页 .

354 章太炎散论 / 汪荣祖著 . 北京：中华书局，2008，249 页 .（汪荣祖人物书系）

355 章太炎与明治思潮 / 小林武著；白雨田译 . 上海：上海人民出版社，2018，164 页 .（章学研究论丛）

356 章学诚的生平及其思想 / 倪德卫著；杨立华译 . 南京：江苏人民出版社，2008，276 页 .（凤凰文库·海外中国研究系列）
   ➢ 章学诚的生平及其思想 / 倪德卫著；杨立华译 . 南京：江苏人民出版社，2007，277 页 .（海外中国研究丛书）
   ➢ 章学诚的生平与思想 / 倪德卫著；杨立华译 . 台北：唐山出版社，2003，17+406 页 .（人文书会丛书；2）
   ➢ 章学诚的生平与思想：1738—1801/ 倪德卫著；王顺彬，杨金荣等译 . 北京：方志出版社，2003，271 页 .

357 章学诚的知识论：以考证学批判为中心 / 山口久和著；王标译 . 上海：上海古籍出

版社，2006，344 页．

358　知识与价值：成中英新儒学论著辑要 / 成中英著；李翔海编．北京：中国广播电视出版社，1996，550 页．(现代新儒学辑要丛书．第三辑)

359　中国"近代知识"的生成 / 高柳信夫编著；唐利国译．北京：商务印书馆，2016，364 页．

360　中国辩证法：从《易经》到马克思主义 / 田辰山著；萧延中译．北京：中国人民大学出版社，2016，176 页．(马克思主义研究译丛：典藏版 / 杨金海主编)

> 中国辩证法：从《易经》到马克思主义 / 田辰山著；萧延中译．北京：中国人民大学出版社，2008，171 页．(马克思主义研究译丛)

361　中国的"主义"之争：从"五四运动"到当代 / 王赓武，郑永年主编．新加坡：八方文化创作室，2009，381 页．

362　中国的公与私·公私 / 沟口雄三著；郑静译．北京：生活·读书·新知三联书店，2011，302 页．

363　中国的两位哲学家：二程兄弟的新儒学 / 葛瑞汉著；程德祥等译．郑州：大象出版社，2000，339 页．(国际汉学研究书第．当代海外汉学名著译丛 / 任继愈主编)

364　中国的思维世界 / 沟口雄三著；刁榴，牟坚等译．北京：生活·读书·新知三联书店，2014，12+406 页．(沟口雄三著作集)

365　中国的思维世界 / 沟口雄三，小岛毅主编；孙歌等译．南京：江苏人民出版社，2006，11+644 页．(海外中国研究丛书 / 刘东主编)

366　中国的思想 / 沟口雄三著；赵士林译．北京：中国财富出版社，2012，178 页．

> 中国的思想 / 沟口雄三著；赵士林译．北京：中国社会科学出版社，1995，130 页．

367　中国的思想与制度 / 费正清编；郭晓兵等译．北京：世界知识出版社，2008，48+489 页．(费正清文集)

368　中国的自由传统 / 狄百瑞著；李弘祺译．北京：中华书局，2016，11+138 页．(钱宾四先生学术文化讲座)

> 中国的自由传统 / 狄培理著；李弘祺译．台北：联经出版事业股份有限公司，2016，197 页．(文化丛刊)

> 中国的自由传统 / 狄百瑞著；李弘祺译．台北：联经出版公司，1983，145 页．

> 中国的自由传统 / 狄百瑞著；李弘祺译．5 版．香港：中文大学出版社，1983，145 页．

369　中国对法国哲学思想形成的影响 / 维吉尔·毕诺著；耿昇译．北京：商务印书馆，2013，14+757 页．(商务印书馆海外汉学书系)

> 中国对法国哲学思想形成的影响 / 维吉尔·毕诺著；耿昇译．北京：商务印书馆，2000，735 页．

370　中国儿童眼中的政治 / 威尔逊著；朱云汉，丁庭宇译．3 版．台北：桂冠图书公司，1986，218 页．(桂冠心理学丛书．心理学术系列；4)

371 中国古代的统治艺术：《淮南子·主术》研究 / 安乐哲著；滕复译. 南京：江苏凤凰文艺出版社，2018，15+343 页.

372 中国古代宇宙观与政治文化 / 王爱和著；金蕾，徐峰译. 上海：上海古籍出版社，2018，266 页.（早期中国研究丛书）
- 中国古代宇宙观与政治文化 / 王爱和著；金蕾，徐峰译. 上海：上海古籍出版社，2011，266 页（早期中国研究丛书）

373 中国近代思维的挫折 / 岛田虔次著；甘万萍译. 南京：江苏人民出版社，2018，230 页.（海外中国研究丛书精品系列 / 刘东主编. 第二辑）
- 中国近代思维的挫折 / 岛田虔次著；甘万萍译. 南京：江苏人民出版社，2008，231 页.（凤凰文库·海外中国研究系列）
- 中国近代思维的挫折 / 岛田虔次著；甘万萍译. 南京：江苏人民出版社，2005，249 页.（海外中国研究丛书 / 刘东主编）

374 中国历代伟人家训集 / 守屋洋著；钟宪译. 台北：世潮出版公司，1994，195 页.（中国历代人间学系列；4）

375 中国美学问题 / 苏源熙著；卞东波译. 南京：江苏人民出版社，2011，31+282 页.（海外中国研究丛书）
- 中国美学问题 / 苏源熙著；卞东波译. 南京：江苏人民出版社，2009，31+282 页.（凤凰文库·海外中国研究系列）

376 中国前近代思想的屈折与展开 / 沟口雄三著；龚颖译. 北京：生活·读书·新知三联书店，2011，469 页.
- 中国前近代思想的演变 / 沟口雄三著；索介然，龚颖译. 2 版. 北京：中华书局，2005，530 页.（世界汉学论丛）
- 中国前近代思想的演变 / 沟口雄三著；索介然，龚颖译. 北京：中华书局，1997，488 页.
- 中国前近代思想之曲折与展开 / 沟口雄三著；陈耀文译. 上海：上海人民出版社，1997，349 页.

377 中国人的生活智慧 / 卫礼贤著；蒋锐译. 济南：山东大学出版社，2010，344 页.

378 中国人的思维模式 / 中野美代子著；北雪译. 北京：中国广播电视出版社，1992，203 页.（中国学名著译丛 / 陈熙中，张品兴主编）

379 中国人的心灵：中国哲学与文化要义 / 方东美等著；东海大学哲学系编译. 台北：联经出版事业公司，1984，259 页.

380 中国人的幸福观 / 鲍吾刚著；严蓓雯等译. 南京：江苏人民出版社，2009，10+517 页.（凤凰文库·海外中国研究系列）
- 中国人的幸福观 / 鲍吾刚著；严蓓雯等译. 南京：江苏人民出版社，2004，10+561 页.（海外中国研究丛书 / 刘东主编）

381 中国人的智慧 / 谢和耐著；何高济译. 上海：上海古籍出版社，2013，210 页.（海

外汉学丛书）
- 中国人的智慧 / 谢和耐著；何高济译．上海：上海古籍出版社，2004，210页．（域外汉学名著译丛）

382 中国人实践哲学演讲 / 沃尔夫著；李鹃译．上海：华东师范大学出版社，2016，52+209页．

383 中国人之思维方法 诗的原理 / 中村元著；徐复观译．北京：九州出版社，2014，327页．
- 中国人之思维方法 / 中村元著；徐复观译．台北：台湾学生书局，1991，200页．（文化哲学丛刊；5）

384 中国善书研究：增补版 / 酒井忠夫著；刘岳兵，何英莺译．增订本南京：江苏人民出版社，2010，2册（840页）．（凤凰文库·海外中国研究系列）

385 中国思想传统的现代诠释 / 余英时著．2版．新北：联经出版事业股份有限公司，2018，574页．
- 中国思想传统的现代诠释 / 余英时著．台北：联经出版事业公司，1987，1992重印，574页．
- 中国思想传统的现代诠释 / 余英时著．南京：江苏人民出版社，1989，368页．（海外中国研究丛书 / 李泽厚，庞朴主编）

386 中国思想传统及其现代变迁 / 余英时著；沈志佳编．2版．桂林：广西师范大学出版社，2014，426页．（余英时文集；2）
- 中国思想传统及其现代变迁 / 余英时著；沈志佳编．桂林：广西师范大学出版社，2004，347页．（余英时文集；2）

387 中国思想的两种理性：占卜与表意 / 汪德迈著；金丝燕译．北京：北京大学出版社，2017，156页．（跨文化对话平台丛书 / 乐黛云，金丝燕，董晓萍主编）

388 中国思想简史 / 武内义雄著；汪馥泉译．北京：北京联合出版公司，2018，266页．
- 中国哲学思想史 / 武内义雄著；汪馥泉译．香港：香港中和出版有限公司，2018，286页．
- 中国哲学小史 / 武内义雄著；汪馥泉译．北京：民主与建设出版社有限责任公司，2017，244页．

389 中国思想史 / 阿尔伯特·史怀哲著；常暄译．北京：社会科学文献出版社，2009，245页．

390 中国思想史 / 程艾蓝著；冬一，戎恒颖译．郑州：河南大学出版社，2018，850页．（人文科学译丛 / 汪民安，张云鹏主编）

391 中国思想史——宋代至近代 / 沟口雄三著；龚颖，赵士林等译．北京：生活·读书·新知三联书店，2014，12+347页．（包含《儒教史》和《中国的思想》）（沟口雄三著作集）

392 中国思想史研究 / 岛田虔次著；邓红译．上海：上海古籍出版社，2009，18+465

页.（日本中国史研究译丛）

393 　中国思想之渊源/牟复礼著；王重阳译.2版.北京：北京大学出版社，2016，24+241页.（星空丛书）
  ➢ 中国思想之渊源/牟复礼著；王立刚译.北京：北京大学出版社，2009，142页.（海外中国哲学丛书）

394 　中国文化的现代化与世界化/成中英著.北京：中国和平出版社，1988，285页.（中国文化书院文库.论著类.中国文化与文化中国丛书）

395 　中国现代化的哲学省思："传统"与"现代"理性的结合/成中英著.台北：东大图书股份有限公司，1991，185页.（沧海丛刊.哲学）

396 　中国现代思想中的唯科学主义：1900—1950/郭颖颐著；雷颐译.南京：江苏人民出版社，1990，2005重印，147页.（海外中国研究丛书/刘东主编）
  ➢ 中国现代思想中的唯科学主义：1900—1950/郭颖颐著；雷颐译.南京：江苏人民出版社，1989，172页.（海外中国研究丛书/李泽厚，庞朴主编）

397 　中国新儒家/贝淡宁著；吴万伟译.上海：上海三联书店，2010，11+205页.

398 　中国意识的危机："五四"时期激烈的反传统主义/林毓生著；穆善培译.增订本.贵阳：贵州人民出版社，1988，437页.（传统与变革丛书/王润生主编）
  ➢ 中国意识的危机："五四"时期激烈的反传统主义/林毓生著；穆善培译.贵阳：贵州人民出版社，1986，272页.（传统与变革丛书）

399 　中国印度之智慧，中国的智慧/林语堂著；杨彩霞译.长沙：湖南文艺出版社，2016，359页.
  ➢ 中国印度之智慧，中国的智慧：精装典藏新善本/林语堂著.南京：江苏人民出版社，2014，11+312页.
  ➢ 中国印度之智慧，中国的智慧/林语堂著.沈阳：万卷出版公司，2013，269页.（含章文库.林语堂著）
  ➢ 中国印度之智慧，中国的智慧/林语堂著.修订版.长沙：湖南文艺出版社，2012，10+359页.
  ➢ 中国印度之智慧，中国卷/林语堂著；杨彩霞译.西安：陕西师范大学出版社，2006，359页.

400 　中国哲人的智慧/林语堂著.北京：中国广播电视出版社，1991，415页.

401 　中国哲学的发展道路：本体学思想访谈/成中英，漆思，张斯珉著.北京：中国社会科学出版社，2015，276页.（终南文化书院中华文化传承学术丛书/漆思主编）

402 　中国哲学的现代化与世界化/成中英著.台北：联经出版事业公司，1989，352页.（联经评论；15）

403 　中国哲学精神及其发展/方东美著；孙智燊译.北京：中华书局，2012，2册（536页）.
  ➢ 中国哲学之精神及其发展/方东美著；匡钊译.郑州：中州古籍出版社，2009，373页.（中国哲学前沿丛书）

> 中国哲学精神及其发展.上下册/方东美著；孙智燊译.台北：黎明文化事业股份有限公司，2005，2册（487；299页）.（方东美全集）

> 中国哲学精神及其发展.上册/方东美著；孙智燊译.台北：成均出版社，1984，293页.

404 中国哲学论集/陈荣捷著.台北："中央研究院"中国文哲研究所，1994，2004重印，364页.（中国文哲专刊；6）

405 中国哲学思想论集，清代篇/余英时等著.再版.台北：水牛出版社，1988，342页.（哲学丛书；77）

406 中国哲学思想史/武内义雄著；贺自昭译.台北：仰哲出版社，1982，290页.

407 中国哲学文献选编/陈荣捷编著；杨儒宾等译.北京：北京联合出版公司，2018，17+519页.

> 中国哲学文献选编/陈荣捷编著；杨儒宾等译.南京：江苏教育出版社，2006，20+676页.（国学书库.哲学类丛）

> 中国哲学文献选编/陈荣捷编著.台北：巨流图书公司，1993，2册.

408 中国哲学与世界哲学/成中英著.北京：中国人民大学出版社，2017，362页.（成中英文集；7）

409 中国哲学与中国文化/成中英著.3版.台北：三民书局，1985，233页.（三民文库；188）

410 中国哲学之悦乐精神：中英对照/吴经熊著；朱秉义译.台北：上智出版社，1999，73页.

411 中国之孝道/桑原骘藏著；宋念慈译.台北：台湾中华书局，1980，122页.

412 中国之智慧：孔子学术思想/吉川幸次郎著；吴锦裳译.台北：协志工业丛书出版公司，1979，119页.（协志工业丛书；45）

413 中江丑吉在中国/傅佛果著；邓伟权，石井知章译.北京：商务印书馆，2011，281页.

414 中欧思想的碰撞：从弗朗索瓦·于连的研究说开去/皮埃尔·夏蒂埃，梯叶里·马尔歇兹主编；闫素伟，董斌孜孜译.北京：中国人民大学出版社，2011，14+288页.

415 中庸：论儒学的宗教性/杜维明著；段德智译.北京：生活·读书·新知三联书店，2013，154页.（杜维明作品系列）

416 中庸辩证法/陈慰中著.北京：学苑出版社，1989，183页.

417 周敦颐：宇宙与人类的故事/李明洙著；吴荣华译.合肥：黄山书社，2011，120页.

> 周敦颐讲的"太极"的故事/李明洙著；吴荣华译.合肥：黄山书社，2010，143页.

418 轴心时期的儒家伦理/罗哲海著；陈咏明，瞿德瑜译.郑州：大象出版社，2009，400页.（当代海外汉学名著译丛/任继愈主编）

419 朱熹/陈荣捷著.北京：生活·读书·新知三联书店，2012，278页.

> 朱熹 / 陈荣捷著 . 台北：东大图书公司，1990，343 页 .（世界哲学家丛书）

420 朱熹《家礼》实证研究 / 吾妻重二著；吴震等译 . 上海：华东师范大学出版社，2012，420 页 .

421 朱熹的思维世界 / 田浩著 . 南京：江苏人民出版社，2011，376 页 .（海外中国研究丛书）

> 朱熹的思维世界 / 田浩著 . 增订版 . 南京：江苏人民出版社，2009，376 页 .（凤凰文库·海外中国研究系列）

> 朱熹的思维世界 / 田浩著 . 西安：陕西师范大学出版社，2002，358 页 .（学术名著文库）

> 朱熹的思维世界 / 田浩著 . 台北：允晨文化事业公司，1996，429 页 .（允晨丛刊；62）

422 朱熹的自然哲学 / 金永植著；潘文国译 . 上海：华东师范大学出版社，2003，409 页 .

423 朱熹的宗教思想 / 秦家懿著；曹剑波译 . 厦门：厦门大学出版社，2010，418 页 .（厦门大学国学研究院资助出版丛书；15）

424 朱熹和他的前辈们：朱熹与宋代新儒学导论 / 卜道成著；谢晓东译 . 厦门：厦门大学出版社，2010，227 页 .（厦门大学国学研究院资助出版丛书；14）

425 朱学论集 / 陈荣捷著 . 上海：华东师范大学出版社，2007，355 页 .（陈荣捷朱子学论著丛刊）

> 朱学论集 / 陈荣捷著 . 台北：台湾学生书局，1982，459 页 .

426 朱子门人 / 陈荣捷著 . 上海：华东师范大学出版社，2007，266 页 .（陈荣捷朱子学论著丛刊）

> 朱子门人 / 陈荣捷著 . 台北：台湾学生书局，1982，378 页 .

427 朱子新探索 / 陈荣捷著 . 上海：华东师范大学出版社，2007，583 页 .（陈荣捷朱子学论著丛刊）

> 朱子新探索 / 陈荣捷著 . 台北：台湾学生书局，1988，840 页 .

428 朱子学的新研究：近世士大夫思想的展开 / 吾妻重二著；傅锡洪等译 . 北京：商务印书馆，2017，398 页 .（朱子学文库；5/ 朱人求主编）

429 朱子学与阳明学 / 岛田虔次著；蒋国保译 . 西安：陕西师范大学出版社，1986，135 页 .

430 朱子早年思想的历程 / 刘承相著 . 上海：华东师范大学出版社，2010，313 页 .

431 竹简学：中国古代思想的探究 / 汤浅邦弘著；白雨田译 . 上海：东方出版中心，2017，19+285 页 .（中国文明研究丛书 . 甲编第一辑）

432 庄子：古代中国的存在主义 / 福永光司著；陈冠学译 . 台北：三民书局，1985，182 页 .（三民文库；35）

433 庄子：专一与忘我的故事 / 朴素晶著；吴荣华译 . 合肥：黄山书社，2011，128 页 .

> 庄子讲的"达人"的故事 / 朴素晶著；吴荣华译 . 合肥：黄山书社，2010，171 页 .

434 庄子四讲 / 毕来德著；宋刚译 . 台北：联经出版事业股份有限公司，2011，113 页 . （文化丛刊）
  ➢ 庄子四讲 / 毕来德著；宋刚译 . 北京：中华书局，2009，135 页 .
435 庄子与雅各：隐喻生命、遨游天恩 / 杨克勤著 . 上海：华东师范大学出版社，2012，448 页 .
436 自我的圆成：中西互镜下的古典儒学与道家 / 安乐哲著；彭国翔编译 . 石家庄：河北人民出版社，2006，10+648 页 . （文明对话丛书）
437 左手孔子右手老子 / 林语堂著 . 西安：陕西师范大学出版社，2007，232 页 .

（二）研究著作

438 '93 严复国际学术研讨会论文集 / 福建省严复研究会编 . 福州：海峡文艺出版社，1995，609 页 .
439 爱默生和中国：对个人主义的反思 / 钱满素著 . 修订本 . 北京：东方出版社，2018，289 页 .
  ➢ 爱默生和中国：对个人主义的反思 / 钱满素著 . 北京：生活·读书·新知三联书店，1996，257 页 . （三联·哈佛燕京学术丛书 . 第三辑）
440 安乐哲比较哲学评论与研究 / 温海明主编；董学美，寇哲明编 . 贵阳：孔学堂书局有限公司，2018，20+428 页 .
441 百年中国哲学经典，新文化运动时期卷：1915—1928/ 汤一介，杜维明主编 . 深圳：海天出版社，1998，13+460 页 .
  ➢ 百年中国哲学经典，三四十年代卷：1928—1949/ 汤一介，杜维明主编 . 深圳：海天出版社，1998，13+637 页 .
  ➢ 百年中国哲学经典，五十年代后卷：1949—1978/ 汤一介，杜维明主编 . 深圳：海天出版社，1998，713 页 .
  ➢ 百年中国哲学经典，八十年代以来卷：1978—1997/ 汤一介，杜维明主编 . 深圳：海天出版社，1998，13+707 页 .
442 本体诠释学 / 成中英主编 . 北京：北京大学出版社，2002，370 页 .
443 本体与诠释——贺成中英先生 70 寿诞论文专辑 / 潘德荣主编 . 上海：上海社会科学院出版社，2005，31+534 页 . （本体与诠释；5）
444 波士顿的儒家 / 哈佛燕京学社主编 . 南京：江苏教育出版社，2009，282 页 . （哈佛燕京学术系列）
445 朝鲜儒者对儒家传统的解释 / 黄俊杰编 . 台北：台湾大学出版中心，2012，432 页 . （东亚儒学研究丛书；15）
446 陈荣捷与美国的中国哲学研究 / 崔玉军著 . 北京：社会科学文献出版社，2010，439 页 .

447 传统儒学的现代诠释 / 狄百瑞等著；周博裕主编. 台北：文津出版社，1994，236 页.（鹅湖学术丛刊.26. 第二届当代新儒学国际学术会议论文集；4）

448 从轴心文明到对话文明：嵩山论坛文集·2012/ 杜维明主编. 北京：光明日报出版社，2013，423 页.

> 人文精神与生态意识：嵩山论坛 2013 论文集 / 杜维明，张广智主编. 北京：光明日报出版社，2015，443 页.

> 天人合一与文明多样性：嵩山论坛文集·2014/ 杜维明，张广智主编. 北京：光明日报出版社，2015，683 页.

> 转化与创新：迈向对话的文明 2016 嵩山论坛文集 / 杜维明，张广智主编. 北京：华文出版社，2017，365 页.

449 当代儒学与西方文化，会通与转化 / 李明辉，林维杰主编. 台北："中央研究院"中国文哲研究所，2007，560 页.（当代儒学研究丛刊；19）

450 当代儒学与西方文化，哲学篇 / 李明辉，陈玮芬主编. 台北："中央研究院"中国文哲研究所，2004，226 页.（当代儒学研究丛刊；16）

451 道家思想在日本的传播和影响 / 张谷著. 北京：人民出版社，2013，327 页.

452 德川日本《论语》诠释史论 / 黄俊杰著. 2 版. 台北：台湾大学出版中心，2009，422 页.（东亚文明研究丛书；59）

> 德川日本《论语》诠释史论 / 黄俊杰著. 上海：上海古籍出版社，2008，330 页.（中日文化研究文库）

> 德川日本《论语》诠释史论 / 黄俊杰著. 台北：台湾大学出版中心，2006，13+378 页.（东亚文明研究丛书；59）

453 第二届周秦伦理文化与现代道德价值国际学术研讨会论文集 / 王兴尚主编. 西安：陕西人民出版社，2012，419 页.（周秦伦理文化论丛；2）

454 第一届台湾儒学研究国际学术研讨会论文集 / 台湾成功大学中国文学系主编. 台北："国史馆"，1997，455 页.

455 东亚论语学，中国篇 / 黄俊杰编. 上海：华东师范大学出版社，2012，411 页.（儒学与东亚文明研究丛书. 第二辑）

> 东亚论语学，中国篇 / 黄俊杰编. 台北：台湾大学出版中心，2009，28+615 页.（东亚儒学研究丛书；1）

456 东亚儒者的《四书》诠释 / 黄俊杰编. 上海：华东师范大学出版社，2008，14+261 页.（儒学与东亚文明研究丛书；21）

> 东亚儒者的四书诠释 / 黄俊杰编. 台北：台湾大学出版中心，2005，15+304 页.（东亚文明研究丛书；32）

457 东亚视域中的茶山学与朝鲜儒学 / 黄俊杰编. 台北：台湾大学出版中心，2006，15+328 页.（东亚文明研究丛书；60）

458 东亚文化交流中的儒家经典与理念：互动、转化与融合 / 黄俊杰著. 修订版. 台北：

台湾大学出版中心，2016，182 页.（东亚儒学研究丛书；8）
- 东亚文化交流中的儒家经典与理念：互动、转化与融合 / 黄俊杰著. 上海：华东师范大学出版社，2012，130 页.（儒学与东亚文明研究丛书. 第二辑）
- 东亚文化交流中的儒家经典与理念：互动、转化与融合 / 黄俊杰著. 台北：台湾大学出版中心，2010，184 页.（东亚儒学研究丛书；8）

459 东亚朱子学的同调与异趣 / 黄俊杰，林维杰编. 台北：台湾大学出版中心，2006，25+388 页.（东亚文明研究丛书；65）

460 东亚朱子学的诠释与发展 / 蔡振丰编. 上海：华东师范大学出版社，2012，214 页.（儒学与东亚文明研究丛书. 第二辑；3）
- 东亚朱子学的诠释与发展 / 蔡振丰编. 台北：台湾大学出版中心，2009，12+287 页.（东亚儒学研究丛书；3）

461 董仲舒与儒学论丛：董仲舒学术思想国际研讨会文集 / 河北省董仲舒研讨会编. 石家庄：河北人民出版社，1996，440 页.

462 二十一世纪当代儒学论文集. I，儒学之国际展望 / 李瑞全，杨祖汉主编；杜维明等著. 桃园：台湾"中央大学"儒学研究中心，2015，804 页.
- 二十一世纪当代儒学论文集. II，儒学的全球在地化与当代文明 / 李瑞全，杨祖汉主编. 桃园：台湾"中央大学"儒学研究中心，2018，722 页.

463 法兰克福学派在中国 / 阿梅龙，狄安涅，刘森林主编. 北京：社会科学文献出版社，2011，254 页.

464 冯友兰研究. 第一辑：纪念冯友兰先生诞辰一百周年国际学术讨论会论文选 / 蔡仲德编. 北京：国际文化出版公司，1997，893 页.

465 伏尔泰与孔子 / 孟华著. 北京：中国书籍出版社，2016，208 页.（《中国文化经纬》系列丛书. 第二辑 / 王守常主编）
- 伏尔泰与孔子 / 孟华著. 北京：中国书籍出版社，2015，202 页.（《中国文化经纬》系列丛书. 第二辑 / 王守常主编）
- 伏尔泰与孔子 / 孟华著. 北京：新华出版社，1993，160 页.（神州文化集成丛书 / 季羡林等主编）

466 高桥亨与韩国儒学研究 / 林月惠，李明辉编. 台北：台湾大学出版中心，2015，29+577 页.（东亚儒学研究丛书；21）

467 国际孔学会议论文集 / 国际孔学会议大会秘书处编辑. 台北：国际孔学会议大会秘书处，1988，1828 页.

468 国际儒学研究. 第一辑 / 国际儒学联合会编. 北京：人民出版社，1995，354 页.
- 国际儒学研究. 第二辑—第五辑 / 国际儒学联合会编. 北京：中国社会科学出版社，1996—1998，4 册.
- 国际儒学研究. 第六辑，儒家人论国际学术研讨会论文专集 / 国际儒学联合会编. 北京：中国社会科学出版社，1999，452 页.

- 国际儒学研究. 第七辑—第十一辑 / 国际儒学联合会编. 北京：国际文化出版公司，1999—2001，5 册.
- 国际儒学研究. 第十二辑 / 国际儒学联合会编. 北京：九州出版社，2002，247 页.
- 国际儒学研究. 第十三辑 / 国际儒学联合会编. 成都：成都时代出版社，2004，338 页.
- 国际儒学研究. 第十四辑：2005 年国际儒学高峰论坛专集 / 单纯主编；国际儒学联合会编. 北京：九州出版社，2006，495 页.
- 国际儒学研究. 第十五辑—第十六辑 / 单纯主编；国际儒学联合会编. 北京：九州出版社，2007—2008，2 册.
- 国际儒学研究. 第十七辑：海峡两岸儒学交流研讨会文集 / 单纯主编；国际儒学联合会编. 北京：九州出版社，2010，547 页.
- 国际儒学研究. 第十八辑—第十九辑 / 单纯主编；国际儒学联合会编. 北京：九州出版社，2011—2012，2 册.
- 国际儒学研究. 第二十辑—第二十二辑 / 单纯，于建福主编；国际儒学联合会编. 北京：九州出版社，2012—2014，3 册.
- 国际儒学研究. 第二十三辑—第二十六辑 / 于建福，于述胜主编；国际儒学联合会编. 北京：华文出版社，2016—2017，4 册.

469 国际儒学研究通讯：创刊号—第二辑 / 滕文生主编. 北京：生活·读书·新知三联书店，2015—2016，2 册.
- 国际儒学研究通讯. 第三辑 / 滕文生主编. 北京：学苑出版社，2018，277 页.

470 国际儒学研究文萃 / 国际儒学联合会编. 北京：人民出版社，2014，501 页.

471 国际阳明学研究. 第壹卷 / 张海晏，熊培军主编. 北京：中国社会科学出版社，2011，312 页.
- 国际阳明学研究. 第贰卷 / 张海晏，熊培军主编. 上海：上海古籍出版社，2012，382 页.
- 国际阳明学研究. 第叁卷—第肆卷 / 张海晏，李岳定主编. 上海：上海古籍出版社，2013—2014，2 册（489；314 页）.

472 国际易学研究. 第一辑—第九辑 / 朱伯崑主编. 北京：华夏出版社，1996—2007，9 册.
- 国际易学研究. 第十辑 / 丘亮辉主编. 北京：中国戏剧出版社，2008，422 页.
- 国际易学研究. 第十一辑 / 丘亮辉主编. 北京：线装书局，2011，548 页.
- 国际易学研究. 第十二辑 / 丘亮辉主编. 北京：中国书籍出版社，2012，533 页.

473 海外宋学的多维发展：以美国为中心的考察 / 卢睿蓉著. 北京：中国广播电视出版社，2012，288 页.

474 韩国江华阳明学研究论集 / 郑仁在，黄俊杰编. 上海：华东师范大学出版社，2008，18+353 页.（儒学与东亚文明研究丛书；31）
- 韩国江华阳明学研究论集 / 郑仁在，黄俊杰编. 台北：台湾大学出版中心，2005，

24+562 页.（东亚文明研究丛书；50）

475　汉学家《论语》英译研究 / 张德福著. 北京：中国社会科学出版社，2018，282 页.

476　黄梨洲三百年祭：祭文·笔谈·论述·佚著——纪念黄宗羲逝世三百周年国际学术研讨会文集 / 吴光等主编；浙江省社会科学院等编. 北京：当代中国出版社，1997，333 页.

477　和而不同：安乐哲儒学典籍英译研究 / 谭晓丽著. 北京：中央编译出版社，2012，206 页.

478　和谐世界以道相通：国际道德经论坛论文集·上、下、续卷 / 本书编委会编. 北京：宗教文化出版社，2007，3 册（1367 页）.

479　极高明而道中庸：四书的思想世界 / 成中英，梁涛主编. 北京：中国社会科学出版社，2016，401 页.（大国学研究文库）

480　基于孟子的跨文化对话 / 臧克和，舒忠，顾彬主编. 济南：山东画报出版社，2015，354 页.（孟子研究系列文丛. 第二辑）

481　近百年来日本学者《三礼》之研究 / 工藤卓司著. 台北：万卷楼图书股份有限公司，2016，361 页.（经学研究丛书. 经学史研究丛刊）

482　近代东西思想交流中的跨文化现象 / 陈玮芬主编. 台北："中央研究院"中国文哲研究所，2018，311 页.（当代儒学研究丛刊；37）

483　近代日本《论语》诠解流变 / 金培懿著. 台北：万卷楼图书股份有限公司，2017，545 页.（汉学研究丛书. 日韩儒学研究丛刊）

484　江户时代日本儒学研究 / 王中田著. 北京：中国社会科学出版社，1994，144 页.（东方历史学术文库）

485　近代东亚变局中的李春生 / 李明辉编. 台北：台湾大学出版中心，2010，308 页.（东亚文明研究丛书；88）

486　近代日本汉学的"关键词"研究：儒学及相关概念的嬗变 / 陈玮芬著. 上海：华东师范大学出版社，2008，316 页.（儒学与东亚文明研究丛书）

　　➢ 近代日本汉学的"关键词"研究：儒学及相关概念的嬗变 / 陈玮芬著. 台北：台湾大学出版中心，2005，11+479 页.（东亚文明研究丛书；28）

487　孔孟荀之比较：中、日、韩、越学者论儒学 / 中国孔子基金会编. 北京：社会科学文献出版社，1994，427 页.

488　孔子文化奖学术精粹丛书，安乐哲卷 / 杨朝明主编；田辰山编选. 北京：华夏出版社，2015，14+409 页.

489　孔子西游记：中西人格研究方法之比较 / 张平著. 南京：江苏教育出版社，1998，169 页.

490　"孔子与当代"国际学术会议论文集 / 张立文主编. 保定：河北大学出版社，2005，18+327 页.（中国人民大学孔子研究院文库）

491　跨文化哲学中的当代儒学，与京都学派哲学的对话 / 陈玮芬，廖钦彬主编. 台北：

"中央研究院"中国文哲研究所,2015,197页.(当代儒学研究丛刊;33)

492 莱布尼茨二进制与伏羲八卦图考/胡阳,李长铎著.上海:上海人民出版社,2006,156页.(人文社科新著丛书)

493 莱布尼茨思想中的中国元素/张西平主编.郑州:大象出版社,2010,21+437页.(大象国际汉学研究书系)

494 李泽厚与儒学哲学/安乐哲,贾晋华编.上海:上海人民出版社,2017,369页.

495 李贽学术国际研讨会论文集/张建业主编;首都师范大学李贽研究中心编.北京:首都师范大学出版社,1994,376页.

496 鹿鸣呦呦:新加坡国立大学中文系研究生论儒家文化/劳悦强编.新加坡:新加坡青年书局,2007,274页.(再出发文化丛书;9)

497 论语会笺/竹添光鸿笺注.影印本.南京:凤凰出版社,2012,2册(1216页).

498 《论语》英译比较研究/王东波著.桂林:广西师范大学出版社,2012,296页.

499 《论语》英译的转喻视角研究/王勇著.上海:上海交通大学出版社,2011,189页.(当代语言学研究文库)

500 《论语》英译之跨文化阐释:以理雅各、辜鸿铭为例/金学勤著.成都:四川大学出版社,2009,19+322页.(四川大学外国语学院学术文丛)

501 《论语》与近代日本/刘萍著.北京:中国青年出版社,2015,260页.

502 罗素:唤起少年中国/秦悦主编.上海:上海辞书出版社,2014,179页.(亲历中国丛书/康桥,秦悦主编)

503 罗素谈中国/沈益洪编.杭州:浙江文艺出版社,2001,432页.(世纪回声书系)

504 罗素与中国:西方思想在中国的一次经历/冯崇义著.台北:稻禾出版社,1996,238页.

> 罗素与中国:西方思想在中国的一次经历/冯崇义著.北京:生活·读书·新知三联书店,1994,238页.(三联·哈佛燕京学术丛书)

505 罗素与中华文化:东西方思想的一场直接对话/丁子江著.北京:北京大学出版社,2015,353页.

506 孟子研究新视野/臧克和,顾彬,舒忠主编.北京:华龄出版社,2013,404页.(《孟子研究》系列文丛.第一辑)

507 日本的古学及阳明学/朱谦之编著.北京:人民出版社,2000,22+392页.(哲学史家文库)

508 日本的阳明学与中国研究/邓红著.桂林:广西师范大学出版社,2018,314页.(海外中国学丛书/李焯然主编)

509 日本的朱子学/朱谦之著.北京:人民出版社,2000,541页.(哲学史家文库)

510 日本韩国的儒学研究/刘厚琴主编.北京:中华书局,2003,10+834页.(20世纪儒学研究大系;19)

511 日本江户后期以来的庄子研究/连清吉著.台北:台湾学生书局,1998,328页.(日

本汉学丛刊）

512　日本江户时代儒家易学研究 / 陈威瑨著 . 台北：政大出版社，2015，464 页 .

513　日本近代儒学研究 / 刘岳兵著 . 北京：商务印书馆，2003，341 页 .

514　日本儒学与思想史研究：王家骅先生纪念专辑 / 刘岳兵主编 . 天津：天津人民出版社，2016，12+336 页 .（日本思想文化史研究）

515　日本先秦两汉诸子研究文献汇编 . 第 1—5 辑 / 石立善，周斌主编 . 影印本 . 上海：上海社会科学院出版社，2017，30 册 .

516　日本现代老子研究 / 刘韶军著 . 福州：福建人民出版社，2006，609 页 .

517　荣格与中国文化 / 申荷永，高岚著 . 北京：首都师范大学出版社，2018，347 页 .（中学西渐丛书 . 第二辑）

518　儒家传统的现代转化：杜维明新儒学论著辑要 / 杜维明著；岳华编 . 北京：中国广播电视出版社，1992，607 页 .（现代化新儒学辑要丛书 . 第一辑 / 方克立主编）

519　儒学概念早期西译初探：以《中国哲学家孔子·中庸》为中心 / 罗莹著 . 北京：外语教学与研究出版社，2014.

520　儒学在欧洲：1500—1840/ 张成权，詹向红著 . 合肥：安徽大学出版社，2010，311 页 .

521　儒家思想与社会正义：中美儒学论坛 2012/ 山东大学儒学高等研究院，中国孔子基金会，夏威夷大学中国研究中心编 . 济南：山东人民出版社，2013，266 页 .

522　儒家文化与现代文明：国际学术讨论会论文集 / 李绍庚主编 . 长春：吉林人民出版社，1992，215 页 .

523　儒学：世界和平与发展：纪念孔子诞辰 2565 周年国际学术研讨会论文集 / 国际儒学联合会主编 . 北京：九州出版社，2015，4 册 .

　　➢ 儒学与当代文明：纪念孔子诞生 2555 周年国际学术研讨会论文集 / 国际儒学联合会编 . 北京：九州出版社，2005，4 册（1983 页）．

　　➢ 纪念孔子诞辰 2550 周年国际学术讨论会论文集 / 国际儒学联合会编 . 北京：国际文化出版公司，2000，3 册（1829 页）．

　　➢ 儒学与二十一世纪：纪念孔子诞辰 2545 周年暨国际儒学讨论会会议文集 / 中国孔子基金会编 . 北京：华夏出版社，1995，1996 印，2 册（1607 页）．

524　儒学的现代意义与汉字文化圈的复兴 / 朴银姬主编 . 北京：商务印书馆，2018，229 页 .（东北亚儒学研究丛书 . 第一辑）

525　儒学典籍四书在欧洲的译介与研究 / 华少庠等著 . 成都：四川大学出版社，2015，204 页 .

526　儒学发展的宏观透视：新加坡 1998 年儒学群英会纪实 / 杜维明主编 . 台湾：正中书局，1997，863 页 .

527　儒学国际传播 / 朱仁夫，魏维贤，王立礼著 . 北京：中国社会科学出版社，2004，21+383 页 .

528　儒学国际学术讨论会论文集 / 中国孔子基金会，新加坡东亚哲学研究所编 . 济南：

齐鲁书社，1989，2 册（1438 页）.

529 儒学西传欧洲研究导论：16—18 世纪中学西传的轨迹与影响 / 张西平著 . 北京：北京大学出版社，2016，301 页 .

530 儒学与现代化：儒学及其现代意义国际学术研讨会论文集 / 中华孔子学会编 . 北京：人民教育出版社，1994，565 页 .

531 儒学与中国文化现代化 / 方立天，薛君度主编 . 北京：中国人民大学出版社，1998，294 页 .

532 儒学在国外的传播与影响 / 姜林祥编著 . 济南：齐鲁书社，2003，386 页 .

533 儒学在日本历史上的文化命运：神体儒用的辨析 / 王健著 .2 版 . 郑州：大象出版社，2006，15+241 页 .（国际汉学研究书系 . 海外汉学研究丛书 / 任继愈主编）
> "神体儒用"的辨析：儒学在日本历史上的文化命运 / 王健著 . 郑州：大象出版社，2002，15+241 页 .（国际汉学研究书系 . 海外汉学研究丛书）

534 史家之哲思：张荫麟哲学文存 / 陈润成，李欣荣编 . 北京：北京大学出版社，2018，385 页 .

535 思想・文献・历史：思孟学派新探 / 杜维明主编 . 北京：北京大学出版社，2008，344 页 .（爱智文丛）

536 思想与文献：日本学者宋明儒学研究 / 吴震，吾妻重二主编 . 上海：华东师范大学出版社，2010，440 页 .

537 宋代哲学与中华文化：国际学术研讨会论文集 / 李书增等主编 . 开封：河南大学出版社，1996，345 页 .

538 他乡有夫子：西方《孟子》研究与儒家伦理建构 / 韩振华著 . 北京：中国社会科学出版社，2017，347 页 .

539 天与人——儒学走向世界的前瞻：杜维明范曾对话 / 薛晓源编 . 北京：北京大学出版社，2010，10+203 页 .（《中华文明大讲堂》系列丛书）

540 托尔斯泰和中国古典文化思想 / 吴泽霖著 . 北京：生活・读书・新知三联书店，2017，15+426 页 .（国际儒学研究丛书）
> 托尔斯泰和中国古典文化思想 / 吴泽霖著 . 北京：北京师范大学出版社，2000，16+363 页 .

541 土田健次郎对儒家思想的研究与传播 / 史少博著 . 哈尔滨：黑龙江人民出版社，2012，387 页 .

542 退溪学在儒学中的地位：第十一届退溪学国际学术会议论文集 / 中国人民大学，国际退溪学会编 . 北京：中国人民大学出版社，1993，611 页 .

543 晚明中西性伦理的相遇：以利玛窦《天主实义》和庞迪我《七克》为中心 / 林中泽著 . 广州：广东教育出版社，2003，343 页 .

544 王阳明国际学术讨论会论文集：［1996：贵阳］/ 蒋希文，吴雁南总编 . 贵阳：贵州教育出版社，1997，693 页 .

545 现代儒家与东亚文明. 地域与发展 / 李明辉, 陈玮芬主编. 台北: "中央研究院" 中国文哲研究所, 2002, 470 页. (当代儒学研究丛刊; 13)

546 现代新儒学在美国 / 施忠连著. 沈阳: 辽宁大学出版社, 1994, 366 页. (现代新儒学研究丛书 / 方克立, 李锦全主编)

547 学术思潮与日本近代论语学 / 张士杰著. 北京: 北京语言大学出版社, 2015, 203 页.

548 阳明学汉学研究论集 / 戴瑞坤著. 台北: 台湾学生书局, 1988, 434 页. (中国哲学丛刊; 17)

549 英语世界的《易经》研究 / 李伟荣著. 北京: 中国社会科学出版社, 2018, 404 页. (英语世界中国文学的译介与研究丛书 / 曹顺庆主编)

550 英语世界的《易经》译介研究 / 朱睿达著. 北京: 学苑出版社, 2018, 16+166 页. (列国汉学史书系. 第二辑 / 阎纯德, 吴志良主编)

551 英语世界的早期中国哲学研究 / 丁四新等著. 杭州: 浙江大学出版社, 2017, 347 页.

552 英语世界的庄子主体形象构建研究 / 王泉著. 北京: 中国社会科学出版社, 2017, 262 页. (21 世纪北美中国文学研究著译丛书 / 张健, 刘洪涛, 石江山主编)

553 英语世界中的中国哲学 / 姜新艳主编. 北京: 中国人民大学出版社, 2009, 17+628 页. (跨文化思想者文库)

554 在宗教与世俗之间: 基督教新教传教士在华南沿海的早期活动研究 / 吴义雄著. 广州: 广东教育出版社, 2000, 569 页. (荒原学术文丛)

555 在世俗与宗教之间走钢丝: 析近代传教士对儒家经典的翻译与诠释 / 岳峰等著. 厦门: 厦门大学出版社, 2014, 303 页.

556 中国古代思维模式与阴阳五行说探源 / 艾兰等主编. 南京: 江苏古籍出版社, 1998, 453 页.

557 中国思想对于欧洲文化之影响 / 朱谦之著. 影印本. 太原: 山西人民出版社, 2014, 23+406+11 页. (近代名家散佚学术著作丛刊. 宗教与哲学 / 许嘉璐总主编)

> 中国哲学对欧洲的影响 / 朱谦之著. 上海: 上海人民出版社, 2006, 371 页. (世纪人文系列丛书. 世纪文库)

> 中国哲学对欧洲的影响 / 朱谦之著. 石家庄: 河北人民出版社, 1999, 15+13+380 页. (东学西渐丛书)

> 中国哲学对于欧洲的影响 / 朱谦之著. 福州: 福建人民出版社, 1985, 391 页.

558 中日价值哲学新探 / 王玉樑, 岩崎允胤主编. 西安: 陕西人民出版社, 2004, 623 页.

559 中日《四书》诠释传统初探 / 黄俊杰编. 上海: 华东师范大学出版社, 2008, 14+454 页. (儒学与东亚文明研究丛书; 11)

> 中日《四书》诠释传统初探 / 黄俊杰编. 2 版. 台北: 台湾大学出版中心, 2008, 626 页. (东亚文明研究丛书; 14)

> 中日《四书》诠释传统初探. 上下册 / 黄俊杰编. 台北: 台湾大学出版中心, 2004, 2 册 (626 页). (东亚文明研究丛书; 14)

560 中日文化交流的伟大使者：朱舜水研究 / 张立文，町田三郎主编. 北京：人民出版社，1998，275 页.

561 中外儒学比较研究 / 张立文，李甦平主编. 北京：东方出版社，1998，377 页.（哥伦布学术文库）

562 中外哲学交流史 / 楼宇烈，张西平主编. 长沙：湖南教育出版社，1998，578 页.（百科史苑. 中外文化交流史丛书）

563 中西比较 / 成中英主编. 上海：上海社会科学院出版社，2003，15+413 页.（本体与诠释；3）

564 中西文化交流视域下的《论语》英译研究 / 杨平著. 北京：光明日报出版社，2011，255 页.（光明学术文库. 当代浙江学术文丛）

565 中西哲学的会面与对话 / 成中英等著. 台北：文津出版社，1994，292 页.（鹅湖学术丛刊. 25. 第二届当代新儒学国际学术会议论文集；3）

566 朱舜水与德川光国：儒学在日本的传播及其影响 / 林和生，李心纯编著. 太原：山西教育出版社，2012，329 页.

567 朱舜水与日本文化 / 町田三郎，潘富恩主编. 北京：人民出版社，2003，247 页.

568 朱子家礼与韩国之礼学 / 卢仁淑著. 北京：人民文学出版社，2000，192 页.

569 朱子学对日本的影响 / 陈弘昌著. 新北：花木兰文化出版社，2011，317 页.（中国学术思想研究辑刊. 十一编；30）

570 朱子学与 21 世纪国际学术研讨会论文集 / 武夷山朱熹研究中心编. 西安：三秦出版社，2001，750 页.

571 走向世界的陆象山心学 / 张立文，福田殖主编. 北京：人民出版社，2008，675 页.

二、宗教

（一）译著

572 16—20 世纪入华天主教传教士列传 / 荣振华等著；耿昇译. 桂林：广西师范大学出版社，2010，1068 页.

573 白云观访信录 / 吉冈义丰著；汪帅东译. 北京：北京联合出版公司，2016，17+302 页.（日文北京文史资料翻译丛刊）

574 北上天津北京远征随行记（1858—1859）：英文 / 卫三畏著；宫泽真一等转写、整理. 郑州：大象出版社，2014，2 册（788 页）.（卫三畏文集）

575 北宗禅与早期禅宗的形成 / 马克瑞著；韩传强译. 上海：上海古籍出版社，2015，15+294 页.（觉群佛学译丛）

576 苯教古文献《黑头凡人的起源》之汉译及其研究 / 金东柱著 . 西宁：青海民族出版社，2013，16+383 页 .

577 变迁之神：南宋时期的民间信仰，1127—1276/ 韩森著；包伟民译 . 上海：中西书局，2016，213 页 .（中西学术文丛 . 乙种 . 第二辑）
  ➢ 变迁之神：南宋时期的民间信仰 / 韩森著；包伟民译 . 杭州：浙江人民出版社，1999，15+217 页 .（外国学者笔下的传统中国）

578 不老不死的欲求：三浦国雄道教论集 / 三浦国雄著；王标译 . 成都：四川人民出版社，2017，420 页 .

579 禅的故事 / 保罗·李普士编著；叶青编译 . 长春：吉林出版集团有限责任公司，2009，156 页 .
  ➢ 禅的故事 / 李普士原著；唐汶编译 . 海口：海南出版社；三环出版社，2004，328 页 .
  ➢ 禅的故事 / 李普士著 . 哈尔滨：北方文艺出版社，1987，188 页 .（写作参考丛书）
  ➢ 禅的故事 / 李普士编；徐进夫译 . 再版 . 台北：志文出版社，1987，248 页 .（新潮文库；236）

580 禅的黄金时代 / 吴经熊著；吴怡译 . 海口：海南出版社，2014，229 页 .
  ➢ 禅学的黄金时代 / 吴经熊著；吴怡译 . 海口：海南出版社，2009，229 页 .

581 禅的行囊 / 比尔·波特著；叶南译 . 海口：南海出版社，2010，335 页 .

582 禅风禅骨 / 铃木大拙著；耿仁秋译 . 北京：中国青年出版社，1989，302 页 .

583 禅门公案秘传：只手之声 / 霍夫曼著；徐进夫译 . 再版 . 台北：志文出版社，1985 年，354 页 .（新潮文库；286）
  ➢ 禅门公案秘传：只手之声 / 霍夫曼著；徐进夫译 . 台北：志文出版社，1983 年，354 页 .（新潮文库；286）

584 禅僧的生涯 / 有马赖底著；刘建译 . 北京：中国社会科学出版社，2000，172 页 .

585 禅史 / 顾毓琇著；陈人哲等译 . 上海：上海古籍出版社，2009，226 页 .

586 禅思想史讲义 / 小川隆著；彭丹译 . 上海：复旦大学出版社有限公司，2017，200 页 .（日本汉学家"近世"中国研究丛书 / 朱刚，李贵主编）

587 禅学思想史 .2，中国部 .1/ 忽滑谷快天著；郭敏俊译 . 台北：大千出版社，2003，221-487 页 .（禅学思想；Z9202）
  ➢ 禅学思想史 .3，中国部 .2/ 忽滑谷快天著；郭敏俊译 . 台北：大千出版社，2003，491-950 页 .（禅学思想；Z9203）
  ➢ 禅学思想史 .4，中国部 .3/ 忽滑谷快天著；郭敏俊译 . 台北：大千出版社，2003，953-1364 页 .（禅学思想；Z9204）
  ➢ 禅学思想史 .5，中国部 .4/ 忽滑谷快天著；郭敏俊译 . 台北：大千出版社，2003，1367-1880 页 .（禅学思想；Z9205）

588 禅与生活 / 铃木大拙著；刘大悲译 . 上海：上海三联书店，2013，236 页 .
  ➢ 禅与生活 / 铃木大拙著；刘大悲，孟祥森译 . 合肥：黄山书社，2010，334 页 .

- 禅与生活 / 铃木大拙著；刘大悲译. 北京：光明日报出版社，1988，232页.
- 禅与生活 / 铃木大拙著；刘大悲译. 台北：志文出版社，1984，249页.（新潮文库；62）

589 禅与西方思想 / 阿部正雄；王雷泉，张汝伦译. 上海：上海译文出版社，1989，315页.（当代学术思潮译丛 / 汤永宽主编）

590 禅与心理分析 / 铃木大拙，弗洛姆，马蒂诺著；孟祥森译. 海口：海南出版社，2012，2017重印，203页.
- 禅与心理分析 / 铃木大拙，弗洛姆，马蒂诺著；孟祥森译. 海口：海南出版社，2012，275+12页.
- 禅与心理分析 / 铃木大拙，弗洛姆著；孟祥森译. 影印本. 北京：中国民间文艺出版社，1986，249页.（民间文化研究参考丛书）
- 禅与心理分析 / 铃木大拙，佛洛姆著；孟祥森译.3版. 台北：志文出版社，1985，249页.（新潮文库；61）
- 心理分析与禅 / 佛洛姆，铃木大拙著；徐进夫译.4版. 台北：幼狮文化事业公司，1983，271页.（幼狮月刊丛书；B107）

591 禅与中国 / 柳田圣山著；毛丹青译. 台北：桂冠图书公司，1992，166页.（桂冠新知丛书；41）
- 禅与中国 / 柳田圣山著；毛丹青译. 北京：生活·读书·新知三联书店，1988，220页.（文化：中国与世界系列丛书. 新知文库；73）

592 禅者的思索 / 铃木大拙著；未也译. 北京：中国青年出版社，1989，228页.

593 禅宗论集 / 宇井柏寿等著；王进瑞等译. 中国佛教史论集 / 镰田茂雄等著；隆藏等译. 贵阳：贵州大学出版社，2013，318页.（现代世界佛学文库）

594 禅宗论集：华严学论集 / 宇井伯寿等著；王进瑞等译. 台北：华宇出版社，1988，379页.（世界佛学名著译丛；61）

595 禅宗思想与文献丛考 / 衣川贤次著. 上海：复旦大学出版社有限公司，2017，246页.（日本汉学家"近世"中国研究丛书）

596 禅宗与精神分析 / 弗洛姆等著；王雷泉，冯川译.2版. 贵阳：贵州人民出版社，1998，203页.（现代社会与人：名著译丛）
- 禅宗与精神分析 / 佛洛姆等著；王雷泉，冯川译. 台北：远流出版事业公司，1990，209页.（人与社会名著译丛；7）
- 禅宗与精神分析 / 弗洛姆等著；王雷泉，冯川译. 贵阳：贵州人民出版社，1988，232页.（《现代社会与人》名著译丛）
- 禅宗与精神分析 / 铃木大拙等著；洪修平译. 沈阳：辽宁教育出版社，1988，205页.（当代大学书林. 哲学书系 / 贾非贤主编）

597 朝觐东方：理雅各评传 / 吉瑞德著；段怀清，周俐玲译. 桂林：广西师范大学出版社，2011，656页.（来华基督教传教士传记丛书）

598 传教士韩宁镐与近代中国 / 赫尔曼·费希尔著；雷立柏编译.北京：新星出版社，2015，405 页.

599 传教士新闻工作者在中国：林乐知和他的杂志（1860—1883）/ 贝奈特著；金莹译.桂林：广西师范大学出版社，2014，313 页.（来华基督教传教士传记丛书 / 周振鹤主编）

600 从地狱到仙境——汉人民间信仰的多元面貌 / 康豹著.台北：博扬文化事业有限公司，2009，401 页.（宗教学者经典；7）

601 从今以后我叫"丁"/ 阿纳托尔·盖斯丹著；赵淑美，张洪竹译.北京：法律出版社，2012，212 页.

602 从利玛窦到汤若望 / 邓恩著；余三乐，石蓉译.上海：上海古籍出版社，2003，2008 重印，20+13+354 页.（城外汉学名著者译丛）

603 大道 / 张绪通著；李刚等译.成都：巴蜀书社，1994，411 页.

604 大国学视野中的汉语学术圣经学 / 黄保罗著；北京：民族出版社，2012，11+418 页.（学术神学丛书 / 卓新平主编）

> 大国学视野中的汉语学术对话神学 / 黄保罗著；北京：民族出版社，2011，351 页.（学术神学丛书 / 卓新平主编）

605 大藏经的成立与变迁 / 小川贯壹著；世界佛学名著译丛编委员会译.大正大藏经解题.上册 / 大藏经学术研究会著；世界佛学名著译丛编委会译.台北：华宇出版社，1984，438 页.（世界佛学名著译丛；25）

606 大中国志 / 曾德昭著.沙哈鲁遣使中国记 / 火者·盖耶速丁著；何高济译.北京：商务印书馆：中国旅游出版社，2017，10+43+366 页.（世界著名游记丛书.第三辑）

> 大中国志 / 曾德昭著；何高济译.北京：商务印书馆，2012，347 页.

> 大中国志 / 曾德昭著；何高济译.2 版.台北：台湾书房出版有限公司，2010，309 页.（域外丛书；5）

> 大中国志 / 曾德昭著；何高济译.台北：台湾古籍出版有限公司，2003，309 页.（域外丛书）

> 大中国志 / 曾德昭著；何高济译.上海：上海古籍出版社，1998，301 页.

607 道藏选录佛学思想研究资料 / 镰田茂雄编撰.台北：新文丰出版公司，1997，466 页.

608 道家·道教史的研究 / 酒井忠夫著；曾金兰译.济南：齐鲁书社，2017，12+332 页.（道教学译丛；19/ 朱越利主编）

609 道家思想与佛教 / 蜂屋邦夫著；隽雪艳等译.沈阳：辽宁教育出版社，2000，394 页.（当代汉学家论著译丛）

610 道教.全三卷 / 福井康顺等监修；朱越利译.上海：上海古籍出版社，1990—1992，3 册.（海外汉学丛书 / 王元化主编）

611 道教史 / 窪德忠著；萧坤华译.上海：上海译文出版社，1987，327 页.

612 道教史探源：汤用彤学术讲座之二 / 柳存仁讲演.北京：北京大学出版社，2000，

289 页 .（北大学术讲演丛书；12）

613 道教文化探秘丛书 / 窪德忠著；萧坤华译 . 成都：四川人民出版社，1996，3 册（196；180；235 页）.

614 道教研究论集 / 柏夷著；孙齐等译 . 上海：中西书局，2015，283 页 .（国际佛教与中国宗教研究丛书 / 孙英刚主编）

615 道教诸神说 / 窪德忠著；巫凡哲译 . 台北：益群书店股份有限公司，1991，315 页 .（佛密道禅丛书；9）
- 道教诸神 / 窪德忠著；萧坤华译 . 成都：四川人民出版社，1989，241 页 .

616 道与庶道：宋代以来的道教、民间信仰和神灵模式 / 韩明士著；皮庆生译 . 南京：江苏人民出版社，2007，364 页 .（海外中国研究丛书）

617 狄考文传：一位在中国山东生活了四十五年的传教士 / 丹尼尔·W. 费舍著；关志远等译 . 桂林：广西师范大学出版社，2009，238 页 .（来华基督教传教士传记丛书）

618 帝国的隐喻：中国民间宗教 / 王斯福著；赵旭东译 .2 版 . 南京：江苏人民出版社，2018，395 页 .（海外中国研究丛书 . 海外学子系列）
- 帝国的隐喻：中国民间宗教 / 王斯福著；赵旭东译 . 南京：江苏人民出版社，2018，395 页 .（海外中国研究丛书精品系列 / 刘东主编 . 第二辑）
- 帝国的隐喻：中国民间宗教 / 王斯福著；赵旭东译 . 南京：江苏人民出版社，2009，395 页 .（海外中国研究丛书 . 海外学子系列）
- 帝国的隐喻：中国民间宗教 / 王斯福著；赵旭东译 . 南京：江苏人民出版社，2008，395 页 .（凤凰文库·海外中国研究系列）

619 东方社会之风水思想 / 渡边欣雄著；杨昭译 . 台北：地景企业公司，1999，183 页 .

620 东方之旅：1579—1724 耶稣会传教团在中国 / 柏理安著；毛瑞方译 . 南京：江苏人民出版社，2017，457 页 .（凤凰文库·海外中国研究系列）

621 东正教在华两百年史 / 尼古拉·阿多拉茨基著；阎国栋，肖玉秋译 . 广州：广东人民出版社，2007，320 页 .（国家清史编纂委员会·编译丛刊）

622 杜光庭《道德真经广圣义》的道教哲学研究 / 金兑勇著 . 成都：巴蜀书社，2005，223 页 .（儒道释博士论文丛书）

623 顿与渐：中国思想中通往觉悟的不同法门 / 彼得·N. 格里高瑞编；冯焕珍等译 . 上海：上海古籍出版社，2010，392 页 .（觉群佛学译丛）

624 多面相的神仙：永乐宫的吕洞宾信仰 / 康豹著；吴光正，刘玮译 . 济南：齐鲁书社，2010，335 页 .（道教学译丛；5）

625 多重视野下的西方全真教研究 / 张广保编；宋学立译 . 济南：齐鲁书社，2013，13+634 页 .（道教学译丛；8）

626 《法显传》考证 / 足立喜六著；何健民，张小柳译 . 贵阳：贵州大学出版社，2014，238 页 .

627 梵天佛地 . 第一卷，西北印度和西藏西部的塔和擦擦：试论藏族宗教艺术及其意义 / 图

- 齐著；魏正中，萨尔吉主编．上海：上海古籍出版社，2018，166 页．（亚欧丛书；1）
- 梵天佛地．第二卷，仁钦桑波及公元 1000 年左右藏传佛教的复兴／图齐著；魏正中，萨尔吉主编．上海：上海古籍出版社，2018，162 页．（亚欧丛书；1）
- 梵天佛地．第三卷，西藏西部的寺院及其艺术象征．第一册，斯比蒂与库那瓦／图齐著；魏正中，萨尔吉主编．上海：上海古籍出版社，2018，256+92 页．（亚欧丛书；1）
- 梵天佛地．第三卷，西藏西部的寺院及其艺术象征．第二册，扎布让／图齐著；魏正中，萨尔吉主编．上海：上海古籍出版社，2018，270+152 页．（亚欧丛书；1）
- 梵天佛地．第四卷，江孜及其寺院．第一册，佛寺总论／图齐著；魏正中，萨尔吉主编．影印本．上海：上海古籍出版社，2018，295 页．（亚欧丛书；1）
- 梵天佛地．第四卷，江孜及其寺院．第二册，题记／图齐著；魏正中，萨尔吉主编．上海：上海古籍出版社，2018，437 页．（亚欧丛书；1）
- 梵天佛地．第四卷，江孜及其寺院．第三册，图版／图齐著；魏正中，萨尔吉主编．上海：上海古籍出版社，2018，399 页．（亚欧丛书；1）
- 梵天佛地，索引及译名对照表／图齐著；魏正中，萨尔吉主编．上海：上海古籍出版社，2018，304 页．（亚欧丛书；1）
- 梵天佛地．第一卷，西北印度和西藏西部的塔和擦擦：试论藏族宗教艺术及其意义／图齐著；魏正中，萨尔吉主编．上海：上海古籍出版社，2009，166 页．（亚欧丛书）
- 梵天佛地．第二卷，仁钦桑波及公元 1000 年左右藏传佛教的复兴／图齐著；魏正中，萨尔吉主编．上海：上海古籍出版社，2009，162 页．（亚欧丛书）
- 梵天佛地．第三卷，西藏西部的寺院及其艺术象征．第一册，斯比蒂与库那瓦／图齐著；魏正中，萨尔吉主编．上海：上海古籍出版社，2009，256 页．（亚欧丛书）
- 梵天佛地．第三卷，西藏西部的寺院及其艺术象征．第二册，扎布让／图齐著；魏正中，萨尔吉主编．上海：上海古籍出版社，2009，270 页．（亚欧丛书）
- 梵天佛地．第四卷，江孜及其寺院．第一册，佛寺总论／图齐著；魏正中，萨尔吉主编．上海：上海古籍出版社，2009，295 页．（亚欧丛书）
- 梵天佛地．第四卷，江孜及其寺院．第二册，题记／图齐著；魏正中，萨尔吉主编．上海：上海古籍出版社，2009，437 页．（亚欧丛书）
- 梵天佛地．第四卷，江孜及其寺院．第三册，图版／图齐著；魏正中，萨尔吉主编．上海：上海古籍出版社，2009，399 页．（亚欧丛书）
- 梵天佛地，索引及译名对照表／图齐著；魏正中，萨尔吉主编．上海：上海古籍出版社，2009，304 页．（亚欧丛书）

628 房山云居寺研究／塚本善隆，长广敏雄等著；汪帅东译．北京：北京联合出版公司，2016，501 页．（日文北京文史资料翻译丛刊）

629 飞鸾：中国民间教派面面观 / 焦大卫，欧大年著；周育民译 . 香港：中文大学出版社，2005，32+295 页 .

630 佛法 · 西与东 / 池田大作著；王健译 . 成都：四川人民出版社，1996，169 页 .（宗教与世界丛书）

631 佛教对中国物质文化的影响 / 柯嘉豪著；赵悠等译 . 上海：中西书局，2015，316 页 .（国际佛教与中国宗教研究丛书）

632 佛教思想 . 二，在中国的开展 / 玉城康四郎主编；许洋主译 . 再版 . 台北：幼狮文化事业公司，1987，255 页 .
  ➢ 佛教思想 . 二，在中国的开展 / 玉城康四郎主编；许洋主译 . 台北：幼狮文化事业公司，1985，255 页 .

633 佛教与回鹘社会 / 茨默著；桂林，杨富学译 . 北京：民族出版社，2007，228 页 .（敦煌学研究文库）

634 佛教与儒教 / 荒木见悟著；廖肇亨译注 . 2 版 . 台北：联经出版事业股份有限公司，2017，25+543 页 .
  ➢ 佛教与儒教 / 荒木见悟著；廖肇亨译注 . 台北：联经出版事业股份有限公司，2008，543 页 .
  ➢ 佛教与儒教 / 荒木见悟著；杜勤，舒志田等译 . 郑州：中州古籍出版社，2005，324 页 .（中国哲学前沿丛书 / 王中江主编）

635 佛教哲学：一个历史的分析 / 加鲁帕赫那著；陈铫鸿译 . 观音：半个亚洲的信仰 / 郑僧一著；郑振煌译 . 贵阳：贵州大学出版社，2013，221 页 .（现代世界佛学文库）

636 佛教征服中国：佛教在中国中古早期的传播与适应 / 许理和著；李四龙等译 . 南京：江苏人民出版社，2018，564 页 .（海外中国研究丛书精品系列 / 刘东主编 . 第二辑）
  ➢ 佛教征服中国：佛教在中国中古早期的传播与适应 / 许理和著；李四龙等译 . 2 版 . 南京：江苏人民出版社，2017，562 页 .（海外中国研究丛书）
  ➢ 佛教征服中国：佛教在中国中古早期的传播与适应 / 许里和著；李四龙等译 . 南京：江苏人民出版社，2005，486 页 .（海外中国研究丛书 / 刘东主编）
  ➢ 佛教征服中国 / 许里和著；李四龙等译 . 南京：江苏人民出版社，1998，631 页 .（海外中国研究丛书）

637 佛经汉译之路：《长阿含 · 大本经》对勘研究：中古汉土的期待视野 / 金丝燕，法宝著 . 北京：北京大学出版社，2016，172 页 .（跨文化对话平台丛书 / 乐黛云，金丝燕，董晓萍主编）

638 革命之火的洗礼：美国社会福音与中国基督教青年会：1919—1937/ 邢军著；赵晓阳译 . 上海：上海古籍出版社，2006，228 页 .（基督教与中国研究书系）

639 古巫医与"六诗"考：中国浪漫文学探源 / 周策纵著 . 上海：上海古籍出版社，2009，183 页 .
  ➢ 古巫医与'六诗'考：中国浪漫文学探源 / 周策纵著 . 台北：联经出版公司，

1986，364 页．

640 观世音菩萨本事 / 后藤大用著；黄任馨译．3 版．台北：天华出版事业公司，1989，284 页．（天华佛学丛刊；14）

> 观世音菩萨本事 / 后藤大用著；黄任馨译．再版．台北：天华出版事业公司，1987，284 页．（天华佛学丛刊；14）

> 观世音菩萨本事 / 后藤大用著；黄任馨译．台北：天华出版事业公司，1982，284 页．（天华佛学丛刊；14）

641 观音：菩萨中国化的演变 / 于君方著；陈怀宇等译．北京：商务印书馆，2012，574 页．

> 观音——菩萨中国化的演变 / 于君方著；陈怀宇等译．台北：法鼓文化事业股份有限公司，2009，634 页．（大视野；2）

642 皈信·同化·叠合身份认同：北美华人基督徒研究 / 杨凤岗著；默言译．北京：民族出版社，2008，324 页．

643 鬼魂：中国民间神秘信仰 / 查尔斯著；沈其新译．长沙：湖南文艺出版社，1991，190 页．

644 华西教会新闻：1899—1943/ 陶维新夫人等主编．影印本．北京：国家图书馆出版社，2013，32 册．

645 汉传佛教高僧 / 高照民著．北京：宗教文化出版社，2018，250 页．

646 汉文佛教文献研究 / 那体慧著；纪赟译．桂林：广西师范大学出版社，2018，10+229 页．（佛教文献译丛．一）

647 汉学先驱巴耶尔 / 龙伯格著；王丽虹译．郑州：大象出版社，2017，229 页．（著名汉学家研究丛书）

648 汉语神学术语辞典：拉丁—英—汉语并列 / 雷立柏编．北京：宗教文化出版社，2007，419 页．（宗教研究辞典丛书）

649 汉语学术神学：作为学科体系的基督教研究 / 黄保罗著．北京：宗教文化出版社，2008，17+563 页．（基督教文化丛书 / 卓新平主编）

650 汉字文化圈的思想与宗教：儒教、佛教、道教 / 福井文雅著；徐水生，张谷译．武汉：武汉大学出版社，2010，291 页．（东亚文化研究书系）

651 汉族的民俗宗教：社会人类学的研究 / 渡边欣雄著；周星译．台北：地景企业股份有限公司，2000，16+264 页．

> 汉族的民俗宗教：社会人类学研究 / 渡边欣雄著；周星译．天津：天津人民出版社，1998，327 页．（社会学人类学论丛）

652 何谓禅 / 镰田茂雄著；昱均译．台北：东大图书股份有限公司，2003，166 页．（宗教文库）

653 河南传教廿五年 / 尹兹谋著；李国庆整理．影印本．桂林：广西师范大学出版社，2013，319 页．（"中国研究"外文旧籍汇刊·中国记录．第四辑；9/ 李国庆，何林

夏主编）

654 胡若望的疑问 / 史景迁著；陈信宏译 . 桂林：广西师范大学出版社，2014，14+205 页 .（史景迁作品）
  ➢ 胡若望的疑问 / 史景迁著；陈信宏译 . 台北：时报文化出版企业股份有限公司，2011，230 页 .（历史与现场；200）
  ➢ 胡若望的困惑之旅：18 世纪中国天主教徒法国蒙难记 / 史景迁著；吕玉新译 . 上海：上海远东出版社，2006，211 页 .（美国史学大师史景迁中国研究系列）

655 花甲忆记：一位美国传教士眼中的晚清帝国 / 丁韪良著；沈弘等译 . 桂林：广西师范大学出版社，2004，330 页 .（基督教传教士传记丛书 / 周振鹤主编）

656 华严学 / 龟川教信著；印海译 . 北京：东方出版社，2018，15+326 页 .（中国佛学经典宝藏）
  ➢ 华严学 / 龟川教信著；印海译 . 再版 . 高雄：佛光文化事业有限公司，2013，345 页 .（中国佛教经典宝藏精选白话版 . 华严类）

657 慧萼传考：南神宗在日本的初传 / 镰田茂雄著；方普儿译 . 影印本 . 舟山：普陀山风景名胜区管理委员会，2007，63 页 .

658 基督教、儒教与现代中国革命精神 / 顾彬等著 . 香港：汉语基督教文化研究所，1999，192 页 .（汉语基督教文化研究所丛刊；2）

659 基督教新教传教士在华名录 / 伟烈亚力著；赵康英译 . 天津：天津人民出版社，2013，14+422 页 .（国家清史编纂委员会 · 编译丛刊）
  ➢ 1867 年以前来华基督教传教士列传及著作目录 / 伟烈亚力原著；倪文君译 . 桂林：广西师范大学出版社，2011，12+379 页 .（来华基督教传教士传记丛书）

660 基督教在华传教史 / 赖德烈著；雷立伯等译 . 香港：道风书社，2009，712 页 .（道风译丛；15）

661 简明中国佛教史 / 镰田茂雄著；郑彭年译 . 上海：上海译文出版社，1986，1990 重印，327 页 .
  ➢ 简明中国佛教史 / 镰田茂雄著；郑彭年译 . 台北：华宇出版社，1988，367 页 .（世界佛学名著译丛；42）
  ➢ 中国佛教史 / 镰田茂雄著；关世谦译 . 台北：新文丰出版公司，1982，289 页 .

662 江边对话：一位无神论者和一位基督徒的友好交流 / 赵启正，路易 · 帕罗著 . 北京：新世界出版社，2006，141 页 .

663 讲故事：中国历史上的巫术与替罪 / 田海著；赵凌云等译 . 上海：中西书局，2017，358 页 .（国际佛教与中国宗教研究丛书 / 孙英刚主编）

664 叫魂：1768 年中国妖术大恐慌 / 孔飞力著；陈兼，刘昶译 . 上海：上海三联书店，2014，368 页 .
  ➢ 叫魂：1768 年中国妖术大恐慌 / 孔飞力著；陈兼，刘昶译 . 北京：生活 · 读书 · 新知三联店；上海：上海三联书店，2012，368 页 .

> 叫魂：乾隆盛世的妖术大恐慌 / 孔复礼著；陈兼，刘昶译 . 台北：时英出版社，2000，332 页 .（说古论今）

> 叫魂：1768 年中国妖术大恐慌 / 孔飞力著；陈兼，刘昶译 . 上海：上海三联书店，1999，334 页 .（上海三联文库 . 海外中国学研究系列）

665 金代道教研究：王重阳与马丹阳 / 蜂屋邦夫著；钦伟刚译 . 北京：中国社会科学出版社，2007，22+797 页 .（海外道教学译丛）

666 金元时代的道教：七真研究 . 上下 / 蜂屋邦夫著；金铁成等译 . 济南：齐鲁书社，2014，2 册（12+20+1021 页）.（道教学译丛；13）

667 近代中国的佛教制度 / 唯慈著；包可华，阿含译 . 台北：华宇出版社，1988，2 册（351；339 页）.（世界佛学名著译丛；82-83）

668 近代中国人的宗教信仰——安庆的寺庙及其崇拜 / J.K. 施赖奥克著；程曦译 . 合肥：安徽大学出版社，2008，182 页 .

669 李提摩太在中国 / 苏慧廉著；关志远等译 . 桂林：广西师范大学出版社，2007，326 页 .（基督教传教士传记丛书）

670 历史上北京的俄国东正教使团 / 阿夫拉阿米神父辑；柳若梅译 . 郑州：大象出版社，2016，259 页 .（国际汉学经典译丛）

671 利玛窦：紫禁城里的耶稣会士 / 夏伯嘉著；向红艳，李春园译 . 上海：上海古籍出版社，2012，326 页 .（复旦文史丛刊）

672 利玛窦的记忆宫殿 / 史景迁著；章可译 . 桂林：广西师范大学出版社，2015，378 页 .（史景迁作品）

> 利玛窦传：利玛窦的记忆秘宫 / 史景迁著；王改华译 .2 版 . 西安：陕西人民出版社，2011，390 页 .

> 利玛窦的记忆之宫：当西方遇到东方 / 史景迁著；陈恒，梅义征译 . 上海：上海远东出版社，2005，406 页 .（美国史学大师史景迁中国研究系列）

> 利玛窦的记忆宫殿 / 史景迁著；陈恒，梅义征译 . 台北：麦田出版社，2007，421 页 .（麦田人文；114）

673 利玛窦——凤凰阁 / 菲利浦·米尼尼著；王苏娜译 . 郑州：大象出版社，2012，307 页 .（大象国际汉学研究书系 . 当代海外汉学名著译丛）

674 利玛窦全集 .1—2, 利玛窦中国传教史 / 利玛窦著；王玉川，刘俊余译 . 台北：光启出版社，1986，2 册（580 页）.

675 利玛窦评传 / 裴化行著；管震湖译 . 北京：商务印书馆，1993，2 册（655 页）.

676 利玛窦入华及其他 / 张错著 . 合肥：黄山书社，2017，214 页 .

677 利玛窦书信集 / 利玛窦著；文铮译 . 北京：商务印书馆，2018，361 页 .

> 利玛窦书信集 / 利玛窦著；罗渔译 . 台湾：光启出版社，1986，2 册 .

678 利玛窦中国书札 / 利玛窦著；芸娸译 . 北京：宗教文化出版社，2006，196 页 .

679 利玛窦中国札记 / 利玛窦，金尼阁著；何高济等译 . 北京：商务印书馆：中国旅游

出版社，2017，2册（10+43+325；369页）.（世界著名游记丛书/李金早主编.第三辑）

- 利玛窦中国札记/利玛窦，金尼阁著；何高济等译.北京：中华书局，2010，42+739页.
- 利玛窦中国札记：传教士利玛窦神父的远征中国史/利玛窦，金尼阁著；何高济等译.桂林：广西师范大学出版社，2001，27+495页.（世界名著译丛）
- 利玛窦中国札记：1583—1610/利玛窦，金尼阁著；何高济等译.北京：中华书局，1983，1990重印，739页.（中外关系史名著译丛）
- 利玛窦中国札记/利玛窦，金尼阁著；何高济等译.北京：中华书局，1983，705页.（中外关系史名著译丛）

680 利玛窦传/平川祐弘著；刘岸伟，徐一平译.北京：光明日报出版社，1999，343页.

681 料事如神：易经占卜/狄蒙古霍著；毕馨云等译.北京：文化艺术出版社，2004，10+367页.

682 灵与肉：山东的天主教，1650—1785/孟德卫著；潘琳译.郑州：大象出版社，2009，195页.（国家清史编纂委员会·编译丛刊）

683 铃木大拙禅论集：历史发展/铃木大拙著，徐进夫译.台北：志文出版社，1986，352页.（新潮文库；319）

684 铃木大拙禅学入门/铃木大拙著；林宏涛译.海口：海南出版社，2012，2018重印，183页.

- 铃木大拙禅学入门/铃木大拙著；林宏涛译.海口：海南出版社，2012，221页.
- 铃木大拙禅学入门：铃木大拙——当代最伟大的佛教哲学权威/铃木大拙著；林宏涛译.台北：商周出版，2009，221页.（人与宗教；32）
- 禅学入门/铃木大拙著；谢思炜译.北京：生活·读书·新知三联书店，1988，157页.（新知文库；47）

685 另一个中国：一个天主教主教的天朝帝国札记/赵保禄著；李国庆整理.影印本.桂林：广西师范大学出版社，2012，2017重印，117页.（"中国研究"外文旧籍汇刊·中国记录.第三辑；3/李国庆，何林夏主编）

686 六朝道教史研究/小林正美著；李庆译.成都：四川人民出版社，2001，11+537页.

687 六朝佛教思想研究/小林正美著；王皓月译.济南：齐鲁书社，2013，314页.

688 六祖坛经解读/比尔·波特著；吕长清译.海口：南海出版公司，2012，295页.

689 马礼逊回忆录/艾莉莎·马礼逊编.影印版.郑州：大象出版社，2008，2册.

- 马礼逊回忆录：中文版/艾莉莎·马礼逊编；北京外国语大学中国海外汉学研究中心翻译组翻译.郑州：大象出版社，2008，2册（17+284+368页）.
- 马礼逊回忆录：他的生平与事工/未亡人（马礼逊夫人艾思庄）编；邓肇明译.香港：基督教文艺出版社，2008，646页.
- 马礼逊回忆录/马礼逊夫人编；顾长声译.桂林：广西师范大学出版社，2004，

320页.（基督教传教士传记丛书）

690 马礼逊——在华传教士的先驱/汤森著；王振华译.郑州：大象出版社，2002，224页.（国际汉学研究书系.当代海外汉学名著译丛）

691 满洲传教记/罗约翰著；李国庆整理.影印本.桂林：广西师范大学出版社，2013，263页.（"中国研究"外文旧籍汇刊·中国记录.第四辑；4/李国庆，何林夏主编）

692 美国爱默蕾大学图书馆藏来华传教士档案使用指南/爱默蕾大学图书馆善本部整理；王国华编译.桂林：广西师范大学出版社，2008，239页.

693 美国母女中国情：一个传教士家族的山东记忆/安娜·普鲁伊特，艾达·普鲁伊特著；程麻等译.北京：中国文史出版社，2011，322页.

694 蒙古的宗教/海西希著；耿昇译.北京：中国藏学出版社，2016，163页.

695 民间信仰与社会生活/酒井忠夫，胡小伟等著.上海：上海人民出版社，2011，438页.（民间信仰与中国社会研究系列/路遥主编）

696 明末奉使罗马教廷耶稣会士卜弥格传/沙不烈撰；冯承钧译.附：卜弥格传补正/伯希和撰；冯承钧译.上海：上海古籍出版社，2014，180页.（冯承钧译著集）

697 明末清初的思想与佛教/荒木见悟著；廖肇亨译.上海：上海古籍出版社，2010，209页.（觉群佛学译丛）
  ➢ 明末清初的思想与佛教/荒木见悟著；廖肇亨译.台北：联经出版事业股份有限公司，2006，318页.

698 明末中国佛教之研究/圣严法师著；释会靖译.台北：法鼓文化事业股份有限公司，2009，595页.（智慧海；51）
  ➢ 明末中国佛教之研究/圣严法师著；关世谦译.台北：学生书局，1988，21+484页.（宗教丛书；5）

699 明清间入华耶稣会士和中西文化交流/安田朴，谢和耐等著；耿昇译.成都：巴蜀书社，1993，311页.

700 明清间耶稣会士入华与中西汇通/谢和耐，戴密微等著；耿昇译.北京：东方出版社，2011，21+592页.

701 明清之际藏传佛教在蒙古地区的传播/金成修著.北京：社会科学文献出版社，2006，341页.（东方历史学术文库）

702 摩尼教流行中国考/伯希和，沙畹撰；冯承钧译.上海：上海古籍出版社，2014，37-85页.

703 南传大藏经解题/高楠顺次郎，平川彰著；释显如，李凤媚译.贵阳：贵州大学出版社，2013，208页.
  ➢ 南传大藏经解题/高楠顺次郎等著；世界佛学名著译丛编译委员会译.台北：华宇出版社，1984，1册.（世界佛学名著译丛；24）

704 菩萨思想的研究.上下册/神林隆净著；许洋主译.台北：华宇出版社，1984，2册（567页）.（世界佛学名著译丛；65-66）

705 奇异的国度：耶稣会适应政策及汉学的起源 / 孟德卫著；陈怡译 . 郑州：大象出版社，2010，12+442 页 .（大象国际汉学研究书系 . 当代海外汉学名著译丛）

706 千禧年的感召：美国第一位来华新教传教士裨治文传 / 雷孜智著；尹文涓译 . 桂林：广西师范大学出版社，2008，365 页 .（基督教传教士传记丛书）

707 清初耶稣会士鲁日满常熟账本及灵修笔记研究 / 高华士著；赵殿红译 . 郑州：大象出版社，2007，605 页 .（国家清史编纂委员会·编译丛刊）

708 清代来华传教士马若瑟研究 / 龙伯格著；李真，骆洁译 . 郑州：大象出版社，2009，12+278 页 .（国家清史编纂委员会·编译丛刊）

709 清宫洋画家 / 伯德莱著；耿昇译 . 广州：广东人民出版社，2016，10+259 页 .

> 清宫洋画家 / 伯德莱著；耿昇译 . 济南：山东画报出版社，2002，249 页 .（西方发现中国丛书）

710 清廷十三年：马国贤在华回忆录 / 马国贤著；李天纲译 . 上海：上海古籍出版社，2013，40+171 页 .（海外汉学丛书）

> 清廷十三年：马国贤在华回忆录 / 马国贤著；李天纲译 . 上海：上海古籍出版社，2004，171 页 .（域外汉学名著丛书）

711 日本密教与中国文化 / 静慈圆著；刘建英，韩昇译 .2 版 . 上海：文汇出版社，2010，17+373 页 .

712 日中佛教友好二千年史 / 道端良秀著；徐明，何燕生译 . 北京：商务印书馆，1992，22 页 .

713 儒教与道教 / 马克斯·韦伯著；洪天富译 .2 版 . 南京：江苏人民出版社，2010，2018 重印，256 页 .（海外中国研究丛书）

> 儒教与道教：世界宗教的经济伦理 / 马克斯·韦伯著；王容芬译 .2 版 . 北京：中央编译出版社，2018，370 页 .

> 世界宗教的经济伦理·儒教与道教 / 马克斯·韦伯著；王容芬译 . 修订版 . 北京：中央编译出版社，2012，361 页 .

> 儒教与道教 / 马克斯·韦伯著；富强译 . 合肥：安徽人民出版社，2012，358 页 .

> 儒教与道教 / 马克斯·韦伯著 . 西安：陕西师范大学出版社，2010，282 页 .

> 儒教与道教 / 马克斯·韦伯著；洪天富译 . 南京：江苏人民出版社，2008，256 页 .（凤凰文库·海外中国研究系列）

> 世界宗教的经济伦理·儒教与道教 / 马克斯·韦伯著；王容芬译 . 修订版 . 桂林：广西师范大学出版社，2008，44+322 页 .

> 儒教与道教：全译彩图本 / 马克斯·韦伯著；张登泰，张恩富编译 . 北京：人民日报出版社，2007，230 页 .（文化伟人代表作图释书系）

> 儒教与道教 / 马克斯·韦伯著；王容芬译 . 北京：商务印书馆，1995，1999 重印，341 页 .（汉译世界学术名著丛书）

> 儒教与道教 / 韦伯著；洪天富译 . 南京：江苏人民出版社，1993，279 页 .（海外

中国研究丛书.第二批)
> 中国的宗教：儒教与道教/韦伯著；简惠美译.台北：远流出版事业公司，1989，426页.（新桥译丛；1）

714 入唐求法巡礼行记/圆仁著；广西师范大学出版社编.桂林：广西师范大学出版社，2007，177页.
> 入唐求法巡礼行记校注/圆仁原著；小野胜年校注；白化文，李鼎霞，许德楠修订校注.石家庄：花山文艺出版社，2007，12+57页.（日本入华求法僧人行记校注丛刊；1）
> 入唐求法巡礼行记校注/圆仁原著；小野胜年校注；白化文等修订校注.石家庄：花山文艺出版社，1992，590+78页.
> 入唐求法巡礼行记/圆仁撰；顾承甫，何泉达点校.上海：上海古籍出版社，1986，212页.
> 大藏经补编.18，入唐求法巡礼行记等/蓝吉富主编；圆仁等撰.影印本.台北：华宇出版社，1985，736页.

715 芮陶庵中国生活回忆录：英文/芮陶庵著.南京：南京大学出版社，2017，348页.

716 萨满教：古老的入迷术/米尔恰·伊利亚德著；段满福译.北京：社会科学文献出版社，2018，10+593页.（内蒙古民族文化通鉴.翻译系列）

717 山西省大同武州山石窟寺记/陈垣，伊东忠太等撰.台北：成文出版社有限公司，2018，97页.（中国方志丛书.华北地方）

718 善与恶：天台佛教思想中的遍中整体论、交互主体性与价值吊诡/任博克著；吴忠伟译.上海：上海古籍出版社，2006，391页.（觉群佛学译丛）

719 上帝许给的土地—闵明我行记和礼仪之争/闵明我著；何高济，吴翙楣译.郑州：大象出版社，2009，319页.（西方早期汉学经典译丛）

720 少林寺：历史、宗教与武术/夏维明著；赵殿红译.北京：宗教文化出版社，2016，206页.

721 神境中的过客：从曹主信仰象征的变迁看岭南客家文化的形成与传承/黄韧著.北京：中国社会科学出版社，2015，311页.（客家研究新视野丛书/曾志刚主编）

722 圣公会浙江传教记事/慕雅德著；李国庆整理.影印本.桂林：广西师范大学出版社，2013，202页.（"中国研究"外文旧籍汇刊·中国记录.第四辑；3/李国庆，何林夏主编）

723 圣经故事——从夏娃到女娲/雷立柏著.北京：中国书籍出版社，2012，29+11+179页.

724 圣经与枪炮：基督教与潮州社会（1860—1900）/李榭熙著；雷春芳译.北京：社会科学文献出版社，2010，317页.（国家清史编纂委员会·编译丛刊）

725 圣者箴言：和平·和谐·慈悲·博爱——第十一世班禅额尔德尼对龙安志如是说：英、汉、藏/龙安志著；窦岩摄影.北京：中国藏学出版社，2008，208页.

726 《十王经》与中国中世纪佛教冥界的形成/太史文著；张煜译.上海：上海古籍出版

社，2016，45+335 页.（觉群佛学译丛）

727 说狐 / 康笑菲著；姚政志译. 杭州：浙江大学出版社，2011，254 页.（社会经济史译丛）
> 狐仙 / 康笑菲著；姚政志译. 台北：博雅书屋有限公司，2009，303 页.（历史回廊；12）

728 丝路佛教 / 水谷幸正等著；余万居译. 台北：华宇出版社，1985，372 页.（世界佛学名著译丛；55）

729 丝路与佛教文化 / 冈崎敬等著；张桐生译. 贵阳：贵州大学出版社，2013，196 页.
> 丝路与佛教文化 / 冈崎敬等著；张桐生译. 台北：业强出版社，1987，238 页.（新知丛刊；1020）
> 丝路与佛教文化 / 冈崎敬等著；张桐生译. 台北：华宇出版社，1986，312 页.（世界佛学名著译丛；58）

730 宋代佛教史研究：中国佛教史论集 / 高雄义坚等著；陈季菁译. 台北：华宇出版社，1987，331 页.（世界佛学名著译丛；47）

731 隋唐佛教文化 / 砺波护著；韩昇等译. 上海：上海古籍出版社，2004，208 页.（觉群佛学译丛）

732 汤若望传. 第一册 / 魏特著；杨丙辰译. 北京：知识产权出版社，2015，184 页.（民国文存. 第一辑；79）
> 汤若望传. 第二册 / 魏特著；杨丙辰译. 北京：知识产权出版社，2015，216 页.（民国文存. 第一辑；80）

733 唐大和上东征传 / 真人元开著；汪向荣校注. 日本考 / 李言恭，郝杰著；汪向荣，严大中校注. 北京：中华书局，2000，131+266 页.（中外交通史籍丛刊；15）
> 唐大和尚东征传 / 真人元开著；汪向荣校注. 北京：中华书局，1979，131 页.（中外交通史籍丛刊）

734 唐代长安镇墓石研究：死者的再生与昆仑山升仙 / 加地有定著；翁建文，徐璐译. 西安：三秦出版社，2012，10+215 页.（长安文化国际研究译丛 / 高兵兵主编）

735 唐代道教：中国历史上黄金时期的宗教与帝国 / 巴瑞特著；曾维加译. 济南：齐鲁书社，2012，2013 重印，185 页.（道教学译丛；10）

736 唐代的道教与天师道 / 小林正美著；王皓月，李之美译. 济南：齐鲁书社，2013，223 页.（道教学译丛；12）

737 唐代佛教 / 斯坦利·威斯坦因著；张煜译. 上海：上海古籍出版社，2015，19+211 页.
> 唐代佛教/斯坦利·威斯坦因著；张煜译.上海：上海古籍出版社，2010，11+211 页.
> 唐代佛教：王法与佛法 / 史丹利·外因斯坦著；释依法译. 台北：佛光文化事业有限公司，1999，293 页.（史传丛书；3001）

738 唐代密宗 / 周一良著；钱文忠译. 2 版. 上海：上海远东出版社，2012，326 页.（远东精选）

> 唐代密宗 / 周一良著；钱文忠译 . 上海：上海远东出版社，1996，326 页 .（学术集林丛书）

739 唐代文学与佛教 / 平野显照著；张桐生译 . 台北：华宇出版社，1986，436 页 .（世界佛学名著译丛；92）

740 天台思想 / 田村芳朗，梅原猛著；释慧岳译 . 贵阳：贵州大学出版社，2013，16+214 页 .
> 天台思想 / 田村芳朗等著；慧岳译 . 台北：华宇出版社，1988，322 页 .（世界佛学名著译丛；60）

741 天台哲学的基础：二谛论在中国佛教中的成熟 / 保罗·L. 史万森著；史文，罗同兵译 . 上海：上海古籍出版社，2009，205 页 .（觉群佛学译丛）

742 天主教东传文献 / 利马窦等著 . 再版，影印本 . 台北：台湾学生书局，1982，691 页 .（中国史学丛书；24）

743 天主教在台开教记：道明会士的百年耕耘 / 费尔南德斯著；黄德宽译 . 台北：光启出版社，1991，230 页 .

744 通向禅学之路 / 铃木大拙著；葛兆光译 . 上海：上海古籍出版社，1989，117 页 .（海外汉学丛书 / 王元化主编）

745 "通玄教师"汤若望 / 斯托莫著；达素彬，张晓虎译 . 北京：中国人民大学出版社，1989，120 页 .（清史知识丛书 / 罗明主编）

746 吐蕃僧诤记 / 戴密微著；耿昇译 . 北京：中国藏学出版社，2013，525 页 .
> 吐蕃僧诤记 / 戴密微著；耿昇译 . 拉萨：西藏人民出版社，2001，499 页 .
> 吐蕃僧诤记 / 戴密微著；耿昇译 . 台北：商鼎文化出版社，1994，473 页 .（佛学名著；3）
> 吐蕃僧诤记 / 戴密微著；耿昇译 . 兰州：甘肃人民出版社，1984，549 页 .（敦煌吐鲁蕃学译丛）

747 晚明基督论 / 柯毅霖著；王志成等译 . 成都：四川人民出版社，1999，11+420 页 .（宗教与世界丛书）

748 王玄策使印度记 / 烈维等著；冯承钧译 . 北京：中国国际广播出版社，2013，178 页 .（西北史地丛书）

749 王阳明与禅学 / 忽滑谷快天著；李庆保译 . 长春：时代文艺出版社，2018，237 页 .

750 往日琐事：一位美国女传教士的中国记忆 / 安娜·西沃德·普鲁伊特著；程麻译 . 济南：山东画报出版社，2010，179 页 .

751 为权力祈祷：佛教与晚明中国士绅社会的形成 / 卜正民著；张华译 . 南京：江苏人民出版社，2008，391 页 .（凤凰文库·海外中国研究系列）
> 为权力祈祷：佛教与晚明中国士绅社会的形成 / 卜正民著；张华译 . 南京：江苏人民出版社，2005，379 页 .（海外中国研究丛书）

752 卫三畏生平与书信 / 卫斐列著 . 影印本 . 郑州：大象出版社，2013，490 页 .（卫三畏文集）

> 卫三畏生平及书信：一位美国来华传教士的心路历程 / 卫斐列著；顾钧，江莉译．桂林：广西师范大学出版社，2004，315页．（基督教传教士传记丛书）

753 我的天台观 / 池田大作著；卞立强译．香港：牛津大学出版社，2009，17+217页．
> 我的天台观 / 池田大作著；卞立强译．2版．成都：四川人民出版社，2001，282页．（池田大作佛教对话丛书）
> 我的天台观 / 池田大作著；卞立强译．成都：四川人民出版社，1999，227页．（宗教与世界丛书）

754 五代宗教史年表 / 牧田谛亮著．贵阳：贵州大学出版社，2016，172页．（现代世界佛学文库）

755 武士的宗教：中国与日本的禅学 / 忽滑谷快天著；林铮顗译．新北：暖暖书屋文化事业股份有限公司，2018，303页．

756 西方道教研究编年史：1950—1990/ 索安著；吕鹏志，陈平等译．北京：中华书局，2002，2008重印，19+291页．（世界汉学论丛）

757 西方道教研究史 / 安娜·塞德尔著；蒋见元，刘凌译．上海：上海古籍出版社，2000，169页．

758 西来的喇嘛 / 雅克玲·泰夫奈著；耿昇译．广州：广东人民出版社，2017，243页．
> 西来的喇嘛 / 雅克玲·泰夫奈著；耿昇译．济南：山东画报出版社，2003，274页．（西方发现中国丛书）

759 西南传教士档案揭秘 / 张道惠等著；东人达翻译 / 注释．昆明：云南民族出版社，2011，298页．

760 西洋汉学家佛学论集 / 列维等著；冯承钧等译．台北：华宇出版社，1985，378页．（世界佛学名著译丛；59）

761 西域之佛教 / 羽溪了谛著；贺昌群译．北京：商务印书馆，1999，10+256页．（宗教文化丛书．第一辑）

762 西藏大藏经总目录．上下册：德格版 / 宇井伯寿等编；世界佛学名著译丛编委会译．台北：华宇出版社，1985，2册（701页）．（世界佛学名著译丛；29-30）

763 西藏的佛教 / 山口瑞凤等著；许详主译．台北：法尔出版社，1991，291页．（法雨丛刊；C11）

764 西藏的历代达赖喇嘛 / 马利克著；尹建新等译．北京：中国藏学出版社，1991，168页．

765 西藏佛教密宗 / 约翰·布洛菲尔德著；耿昇译．2版．北京：中国藏学出版社，2012，216页．（西藏文明之旅）
> 西藏佛教密宗 / 约翰·布洛菲尔德著；耿昇译．2版．北京：中国藏学出版社，2005，216页．（西藏文明之旅书系）
> 西藏佛教密宗 / 布洛菲尔德著；耿昇译，2版，拉萨：西藏人民出版社，1992，262页．

> 西藏佛教密宗 / 布洛菲尔德著；耿昇译 . 拉萨：西藏人民出版社，1990，249 页 .

766 西藏佛教史考 / 矢崎正见著；石硕，张建世译 . 拉萨：西藏人民出版社，1990，146 页 .

> 西藏佛教史 / 矢崎正见著；陈季菁译 . 台北：文殊出版社，1986，159 页 .（西藏学丛书；1）

767 西藏和蒙古的宗教 / 图齐，海西希著；耿昇译 . 天津：天津古籍出版社，1989，619 页 .（西藏学参考丛书 . 第二辑；3/ 陈家璡主编）

768 西藏密教研究 / 日本种智院大学密教学会编；世界佛学名著译丛编委会译 . 台北：华宇出版社，1988，353 页 .（世界佛学名著译丛；75）

769 西藏学与西藏佛学 / 山口瑞凤等著；许明银译 . 台北：文殊出版社，1986，309 页 .（西藏学丛书；2）

770 西藏宗教之旅 / 图齐著；耿昇译 .2 版 . 北京：中国藏学出版社，2012，17+289 页 .（西藏文明之旅）

> 西藏宗教之旅 / 图齐著；耿昇译 .2 版 . 北京：中国藏学出版社，2005，17+289 页 .（西藏文明之旅书系）

> 西藏宗教之旅 / 图齐著；耿昇译 . 北京：中国藏学出版社，1999，394 页 .（发现西藏书系 / 班果主编）

771 喜马拉雅的社会与宗教 / 石泰安著；耿昇译 . 北京：中国藏学出版社，2017，578 页 .（西藏文明之旅书系）

772 现代中国的宗教趋势 / 陈荣捷著；廖世德译 . 台北：文殊出版社，1987，335 页 .

773 新范式道教史的构建 / 小林正美著；王皓月译 . 济南：齐鲁书社，2014，14+256 页 .

774 新疆穆斯林研究 / 佐口透著；章莹译 . 乌鲁木齐：新疆人民出版社，2012，309 页 .（《新疆通史》翻译丛书）

775 新教在华传教前十年回顾：中文版 / 米怜著；北京外国语大学中国海外汉学研究中心翻译组译 . 郑州：河南教育出版社，2008，17+176 页 .

776 新校参天台五台山记 / 成寻著；王丽萍校点 . 上海：上海古籍出版社，2009，36+10+844 页 .

> 参天台五台山记 / 成寻原著；白化文，李鼎霞校点 . 石家庄：花山文艺出版社，2008，314 页 .（日本入华求法僧人行记校注丛刊；3）

777 《修真图》——道教与人体 / 戴思博著；李国强译 . 济南：齐鲁书社，2012，2013 重印，193 页 .（道教学译丛；9）

778 续·我的佛教观 / 池田大作著；卞立强译 . 成都：四川人民出版社，1998，228 页 .（宗教与世界丛书）

779 杨格非：晚清五十年 / 罗夫·华德罗·汤普森著；赵欣，刘斌斌译 . 天津：天津人民出版社，2012，371 页 .

780 杨廷筠——明末天主教儒者 / 钟鸣旦著；圣神研究中心译 . 北京：社会科学文献出

版社，2002，322 页 .（汉语基督教文化理论系列）
- 杨廷筠：明末天主教儒者 / 钟鸣旦著；圣神研究中心译 . 香港：鲁汶大学中国欧洲研究中心圣神研究中心，1987，307 页 .

781 耶稣会士白晋的生平与著作 / 柯兰霓著；李岩译 . 郑州：大象出版社，2009，23+272 页 .（国家清史编纂委员会·编译丛刊）

782 耶稣会士傅圣泽神甫传：索隐派思想在中国及欧洲 / 魏若望著；吴莉苇译 . 郑州：大象出版社，2006，467 页 .（国家清史编纂委员会·编译丛刊）

783 耶稣会士张诚：路易十四派往中国的五位数学家之一 / 伊夫斯·德·托玛斯·德·博西耶尔夫人著；辛岩译 . 郑州：大象出版社，2009，185 页 .（国家清史编纂委员会·编译丛刊）

784 耶稣会士中国书简集：中国回忆录 . 上卷 / 杜赫德编；郑德弟等译 . 郑州：大象出版社，2005，28+342 页 .（西方早期汉学经典译丛）
- 耶稣会士中国书简集：中国回忆录 . 中卷 / 杜赫德编；朱静，耿昇译 . 郑州：大象出版社，2005，408 页 .（西方早期汉学经典译丛）
- 耶稣会士中国书简集：中国回忆录 . 下卷 / 杜赫德编；吕一民等译 . 郑州：大象出版社，2005，248 页 .（西方早期汉学经典译丛）
- 耶稣会士中国书简集：中国回忆录 .IV/ 杜赫德编；耿昇译 . 郑州：大象出版社，2005，408 页 .（国际汉学研究书系 . 西方早期汉学经典译丛）
- 耶稣会士中国书简集：中国回忆录 .V/ 杜赫德编；吕一民等译 . 郑州：大象出版社，2005，265 页 .（国际汉学研究书系 . 西方早期汉学经典译丛）
- 耶稣会士中国书简集：中国回忆录 .VI/ 杜赫德编；郑德弟译 . 郑州：大象出版社，2005，248 页 .（国际汉学研究书系 . 西方早期汉学经典译丛）
- 耶稣会士中国书简集：中国回忆录 / 杜赫德编；郑德弟等译 . 郑州：大象出版社，2001，3 册 .（国际汉学研究书系 . 西方早期汉学经典译丛）

785 耶稣会与天主教进入中国史 / 利玛窦著；文铮译 . 北京：商务印书馆，2014，523 页 .

786 叶牧师一家在中国 / 玛丽亚著；赵斌译 . 北京：团结出版社，1994，38 页 .

787 一代巨人：明末耶稣会士在中国的故事 / 邓恩著；余三乐，石蓉译 . 北京：社会科学文献出版社，2014，23+15+394 页 .

788 一个典型的传教团在中国 / 苏慧廉著；李国庆整理 . 影印本 . 桂林：广西师范大学出版社，2012，2017 重印，308 页 .（"中国研究"外文旧籍汇刊·中国记录 . 第三辑；8/ 李国庆，何林夏主编）

789 一个美国人的少林之道：西方人对东方文化的感悟 / 史蒂夫·德玛斯科著；胡江波，郭建译 . 北京：当代中国出版社，2007，197 页 .

790 一五五〇年前的中国基督教史 / 阿·克·穆尔著；郝镇华译 . 北京：中华书局，1984，387 页 .（中外关系史名著译丛）

791 易的占筮与义理 / 金谷治著；于时化译 . 济南：齐鲁书社，1990，173 页 .

792 印度—西藏的佛教密宗 / 罗伯尔·萨耶著；耿昇译. 北京：中国藏学出版社，2016，261 页.

> 印度—西藏的佛教密宗 / 罗伯尔·萨耶著；耿昇译.2 版. 北京：中国藏学出版社，2013，329 页.

> 印度—西藏的佛教密宗 / 罗伯尔·萨耶著；耿昇译. 北京：中国藏学出版社，2000，329 页.（发现西藏书系）

793 雍和宫：北京藏传佛教寺院文化探究 / 费迪南德 D·莱辛著；向红笳译. 北京：中国藏学出版社，2007，12+248 页.（雍和宫藏传佛教艺术博物馆丛书）

794 优雅的福音：20 世纪初的在华美国女传教士 / 简·亨特著；李娟译. 北京：生活·读书·新知三联书店，2014，309 页.

795 幽灵的节日：中国中世纪的信仰与生活 / 太史文著；侯旭东译. 杭州：浙江人民出版社，1999，256 页.（外国学者笔下的传统中国）

796 语录的思想史：解析中国禅 / 小川隆著；何燕生译. 上海：复旦大学出版社，2015，316 页.（亚洲艺术、宗教与历史研究丛书）

797 在华传教士出版简史 / 金多士著；王海译. 北京：中央编译出版社，2017，158 页.（报史报人译介丛书 / 董广安主编）

798 在华天主教报刊 / 罗文达著；王海译. 广州：暨南大学出版社，2013，218 页.（经典新闻学译丛）

799 在华宗教报刊 / 罗文达著；王海译. 北京：中央编译出版社，2017，420 页.（报史报人译介丛书 / 董广安主编）

> 中国三大宗教报刊 / 罗文达，陈鸿舜著；王海等译. 北京：中央编译出版社，2017，280 页.（报史报人译介丛书 / 董广安主编）

800 在华耶稣会士列传及书目 / 费赖之著；冯承钧译. 北京：中华书局，1995，2 册（11+1213 页）.（中外关系史名著译丛）

> 在华耶稣会士列传及书目补编 / 荣振华著；耿昇译. 北京：中华书局，1995，2 册（59+1011 页）.

801 在上帝面具的背后：儒道与基督教 / 南乐山著；辛岩，李然译.2 版. 北京：社会科学文献出版社，1999，193 页.

> 在上帝面具的背后：儒道与基督教 / 南乐山著；辛岩，李然译. 北京：社会科学文献出版社，1997，181 页.

802 在未知的中国 / 柏格理等著；东人达，东旻翻译 / 注释. 昆明：云南民族出版社，2002，10+806 页.

803 藏传佛教本尊大全 / 马丁·布劳恩，马丁·威尔森著；罗伯特·比尔白描；彼得·内贝尔摄影；张彦译. 西安：陕西师范大学出版社，2010，544 页.

804 藏传佛教本尊大全艺术鉴赏图典 / 马丁·布劳恩，马丁·威尔森著；罗伯特·比尔白描；彼得·内贝尔摄影；张彦译. 兰州：甘肃人民美术出版社，2014，544 页.

805 藏传佛教象征符号与器物图解：十周年纪念版 / 罗伯特·比尔著 / 绘；向红笳译. 2 版. 台北：时报文化出版企业股份有限公司，2017，303 页.（知识丛书；1055）

> 藏传佛教象征符号与器物图解 / 罗伯特·比尔著；向红笳译. 2 版. 北京：中国藏学出版社，2014，274 页.

> 藏传佛教象征符号与器物图解 / 罗伯特·比尔著；向红笳译. 北京：中国藏学出版社，2007，274 页.

> 藏传佛教象征符号与器物图解 / 罗伯特·比尔著 / 绘；向红笳译. 台北：时报文化出版企业股份有限公司，2007，303 页.（知识丛书；1020）

806 藏传佛教中观哲学 / 伊丽莎白·纳珀著；刘宇光译. 北京：中国人民大学出版社，2006，25+251 页.（宗教学译丛）

807 藏文文法三种 /H. A. Jäschke 等著；张次瑶译. 西藏宗教研究文献目录 / 贞兼绫子编. 台北：华宇出版社，1985，445 页.（世界佛学名著译丛；8）

808 早期道教的混沌神话及其象征意义 / 吉瑞德著；蔡觉敏译. 济南：齐鲁书社，2017，10+485 页.（青松观文库）

809 真诰校注 / 吉川忠夫，麦谷邦夫编；朱越利译. 北京：中国社会科学出版社，2006，660 页.（海外道教学译丛）

810 正统性的意欲：北宗禅之批判系谱 / 伯兰特·佛尔著；蒋海怒译. 上海：上海古籍出版社，2010，14+303 页.（觉群佛学译丛）

811 知识与解脱：促成宗教转依体验的藏传佛教知识论 / 安妮·克莱因著；刘宇光译注. 上海：上海古籍出版社，2012，223 页.（觉群佛学译丛）

> 知识与解脱：促成宗教转化之体验的藏传佛教知识论 / 安妮·克莱因著；刘宇光译. 台北：法鼓文化事业股份有限公司，2012，383 页.（法鼓佛教学院译丛；1）

812 中国 5—10 世纪的寺院经济 / 谢和耐著；耿昇译. 上海：上海古籍出版社，2004，44+384 页.（觉群佛学译丛）

> 中国五—十世纪的寺院经济 / 谢和耐著；耿昇译. 台北：商鼎文化出版社，1994，419 页.（佛学名著；4）

> 中国五—十世纪的寺院经济 / 谢和耐著；耿昇译. 兰州：甘肃人民出版社，1987，382 页.（敦煌吐鲁番学院研究译丛）

813 中国北方农村社会的民间信仰 / 范丽珠，欧大年著. 上海：上海人民出版社，2013，225 页.

814 中国禅 / 镰田茂雄著；关世谦译. 4 版. 高雄：佛光出版社，1991，248 页.（佛光史传丛书；3300）

815 中国禅思想史 / 柳田圣山著；吴汝钧译. 2 版. 台北：台湾商务印书馆，1983，144 页.（人人文库；2503—2504）

> 中国禅思想史 / 柳田圣山著；吴汝钧译. 台北：台湾商务印书馆，1982，144 页.（人人文库；2503—2504）

816 中国禅学思想史 / 忽滑谷快天著；朱谦之译. 郑州：大象出版社，2017，2 册.
- 中国禅学思想史 / 忽滑谷快天撰；朱谦之译；杨曾文导读. 2 版，新 1 版. 上海：上海古籍出版社，2002，2 册（23+890 页）.
- 中国禅学思想史 / 忽滑谷快天著；朱谦之译. 上海：上海古籍出版社，1994，23+890 页.

817 中国禅宗史 / 阿部肇一著，关世谦译. 3 版. 台北：东大图书公司，1994，846 页.（沧海丛刊）
- 中国禅宗史：南宗禅成立以后的政治社会史的考证 / 阿部肇一著，关世谦译. 台北：东大图书公司，1988，23+846 页.（沧海丛刊，佛教）

818 中国禅宗史：英汉对照 / 顾毓琇著；陈人哲，谈谷铮译. 北京：外语教学与研究出版社，2017，23+237 页.

819 中国传承曼荼罗：中国神话传说的世界 / 百田弥荣子著；范禹译. 北京：民族出版社，2005，339 页.（外国学者中国民族研究文库）

820 中国大众宗教 / 韦思谛编；陈仲丹译. 南京：江苏人民出版社，2006，12+299 页.（海外中国研究丛书 / 刘东主编）

821 中国的道教 / 小林正美著；王皓月译. 济南：齐鲁书社，2010，273 页.（道教学译丛；4）

822 中国的千年王国 / 三石善吉著；李遇玫译. 上海：上海三联书店，1997，213 页.（三联文库. 海外中国学研究系列）

823 中国的使臣——卜弥格 / 爱德华·卡伊丹斯基著；张振辉译. 郑州：大象出版社，2001，16+343 页.（当代海外汉学名著译丛）

824 中国的文化与宗教 / 斯图尔特著；闵甲等译. 长春：吉林文史出版社，1991，245 页.（文化：宗教与人系列论丛 / 方立天主编）

825 中国的宗教精神 / 乔基姆著；王平等译. 北京：中国华侨出版社，1991，254 页.（蓝眼睛—从外部看中国译丛）

826 中国的宗教系统及其古代形式、变迁、历史及现状. 第一卷 / 高延著；林艾岺译. 广州：花城出版社，2018，311 页.
- 中国的宗教系统及其古代形式、变迁、历史及现状. 第二卷 / 高延著；王樾译. 广州：花城出版社，2018，314-599 页.
- 中国的宗教系统及其古代形式、变迁、历史及现状. 第三卷 / 高延著；邵小龙等译. 广州：花城出版社，2018，602-998 页.
- 中国的宗教系统及其古代形式、变迁、历史及现状. 第四卷 / 高延著；邓菲，董少新译. 广州：花城出版社，2018，1001-1300 页.
- 中国的宗教系统及其古代形式、变迁、历史及现状. 第五卷 / 高延著；孙英刚译. 广州：花城出版社，2018，1302-1588 页.
- 中国的宗教系统及其古代形式、变迁、历史及现状. 第六卷 / 高延著；芮传明译.广州：花城出版社，2018，1590-1905 页.

827 中国的宗族与戏剧 / 田仲一成著；钱杭，任余白译.上海：上海古籍出版社，1992，438 页.（海外汉学丛书 / 王元化主编）

828 中国佛教的复兴 / 霍姆斯·维慈著；王雷泉等译.上海：上海古籍出版社，2006，250 页.（觉群佛学译丛）

829 中国佛教发展史 / 中村元等著；余万居译.台北：天华出版事业公司，1984，3 册（1626 页）.（天华佛学丛刊；18）

830 中国佛教泛论 / 陈观胜等著；古鼎仪等译.台北：华宇出版社，1986，371 页.（世界佛学名著译丛；48）

831 中国佛教史 / 道端良秀作；释大品主译.台北：光德寺，2018.

832 中国佛教史.上册 / 藤田恭俊，盐入良道著；余万居译.台北：华宇出版社，1985，394 页.（世界佛学名著译丛；44）

> 五代宗教史年表：中国佛教史.下册 / 牧田谛亮著；余万居译.台北：华宇出版社，1985，208 页.（世界佛学名著译丛；45）

833 中国佛教史迹 / 常盘大定著；廖伊庄译.北京：中国画报出版社，2017，318 页.（近代以来海外涉华艺文图志系列丛书 / 张明杰主编）

834 中国佛教通史.第一卷 / 镰田茂雄著；关世谦译.2 版.高雄：佛光文化事业有限公司，2010，448+13 页.（佛光史传丛书）

> 中国佛教通史.第二卷 / 镰田茂雄著；关世谦译.2 版.高雄：佛光文化事业有限公司，2011，461+14 页.（佛光史传丛书）

> 中国佛教通史.第三卷 / 镰田茂雄著；关世谦译.2 版.高雄：佛光文化事业有限公司，2010，568+18 页.

> 中国佛教通史.第四卷 / 镰田茂雄著；周净仪译.2 版.高雄：佛光文化事业有限公司，2011，472+17 页.（佛光史传丛书；3005A）

> 中国佛教通史.第五卷 / 镰田茂雄著；赖昱均译.高雄：佛光文化事业有限公司，2012，634+17 页.（佛光史传丛书）

> 中国佛教通史.第六卷 / 镰田茂雄著；小林静乃译.高雄：佛光文化事业有限公司，2012，874+38 页.（佛光史传丛书）

> 中国佛教通史 / 镰田茂雄著；关世谦译.高雄：佛光出版社，1990，4 册.（佛光史传丛书）

835 中国佛教文学 / 加地哲定著；刘卫星译.高雄：佛光出版社，1993，355 页.（佛光丛书；2102）

> 中国佛教文学 / 加地哲定著；刘卫星译.北京：今日中国出版社，1990，282 页.（宗教文化丛书.第一辑 / 王志远主编）

836 中国佛教与社会福利事业 / 道端良秀著；关世谦译.再版.高雄：佛光出版社，1986，160 页.（佛光丛书；6500）

837　中国古代社会的巫觋 / 文镛盛著 . 北京：华文出版社，1999，231 页 .

838　中国和日本 / 怀礼著；李国庆整理 . 影印本 . 桂林：广西师范大学出版社，2014，518 页 .（"中国研究"外文旧籍汇刊·中国记录 . 第六辑；5/ 李国庆，何林夏主编）

839　中国基督徒史 / 沙百里著；耿昇，郑德弟译 . 台北：光启文化事业，2005，479 页 .（怀仁丛书；3）

　　➢ 中国基督徒史 / 沙百里著；耿昇，郑德弟译 . 北京：中国社会科学出版社，1998，414 页 .

840　中国近世佛教史研究 / 牧田谛亮等著；索文林等译 . 台北：华宇出版社，1985，413 页 .（世界佛学名著译丛；46）

841　中国近世道教的形成：净明道的基础研究 / 秋月观暎著；丁培仁译 . 北京：中国社会科学出版社，2005，397 页 .（海外道教学译丛）

842　中国净土教理史 / 望月信亨著；印海译 . 台北：华宇出版社，1987，374 页 .（世界佛学名著译丛；51）

843　中国净土思想的黎明：净影慧远的《观经义疏》/ 肯尼斯·K·田中著；冯焕珍，宋婕译 . 上海：上海古籍出版社，2008，165 页 .（觉群佛学译丛）

844　中国来信：1716—1735/ 严嘉乐著；丛林，李梅译 . 郑州：大象出版社，2002，237 页 .（西方早期汉学经典译丛）

845　中国礼仪之争西文文献一百篇：1645—1941/ 苏尔，诺尔编；沈保义等译 . 上海：上海古籍出版社，2001，178 页 .

846　中国历史上的白莲教 / 田海著；刘平，王蕊译 . 北京：商务印书馆，2017，17+368 页 .（中国秘密社会研究文丛 / 刘平，裴宜理主编）

847　中国历史中的佛教 / 芮沃寿著；常蕾译 . 北京：北京大学出版社，2017，157 页 .

　　➢ 中国历史中的佛教 / 芮沃寿著；常蕾译 . 北京：北京大学出版社，2009，122 页 .（海外中国哲学丛书）

848　中国六世纪的心识哲学：真谛的《转识论》/ 蒂安娜·保尔著；秦瑜，庞玮译 . 上海：上海古籍出版社，2011，173 页 .（觉群佛学译丛）

849　中国民间崇拜 . 第一卷，婚丧习俗 / 禄是遒著；高洪兴译 . 上海：上海科学技术文献出版社，2014，120 页 .（徐家汇藏书楼汉学经典译丛）

　　➢ 中国民间崇拜 . 第二卷，咒术概观 / 禄是遒著；程群译 . 上海：上海科学技术文献出版社，2014，10+148 页 .（徐家汇藏书楼汉学经典译丛）

　　➢ 中国民间崇拜 . 第三卷，符咒说文 / 禄是遒著；张旭虹译 . 上海：上海科学技术文献出版社，2014，10+184 页 .（徐家汇藏书楼汉学经典译丛）

　　➢ 中国民间崇拜 . 第四卷，命相占卜 / 禄是遒著；陈海燕译 . 上海：上海科学技术文献出版社，2014，16+20+100 页 .（徐家汇藏书楼汉学经典译丛）

　　➢ 中国民间崇拜 . 第五卷，岁时习俗 / 禄是遒著；沈婕，单雪译 . 上海：上海科学技术文献出版社，2014，11+48+160 页 .（徐家汇藏书楼汉学经典译丛）

- 中国民间崇拜. 第六卷, 中国众神 / 禄是遒著; 王定安译. 上海: 上海科学技术文献出版社, 2014, 17+36+142 页. (徐家汇藏书楼汉学经典译丛)
- 中国民间崇拜. 第七卷, 佛教传说 / 禄是遒著; 邬锐译. 上海: 上海科学技术文献出版社, 2014, 10+64+140 页. (徐家汇藏书楼汉学经典译丛)
- 中国民间崇拜. 第八卷, 佛界神祇 / 禄是遒著; 王定安译. 上海: 上海科学技术文献出版社, 2014, 10+32+120 页. (徐家汇藏书楼汉学经典译丛)
- 中国民间崇拜. 第九卷, 道界神祇 / 禄是遒著; 李信之译. 上海: 上海科学技术文献出版社, 2014, 10+72+136 页. (徐家汇藏书楼汉学经典译丛)
- 中国民间崇拜. 第十卷, 道教仙话 / 禄是遒著; 王惠庆译. 上海: 上海科学技术文献出版社, 2014, 10+36+131 页. (徐家汇藏书楼汉学经典译丛)
- 中国民间崇拜, 婚丧习俗 / 禄是遒著; 高洪兴译. 上海: 上海科学技术文献出版社, 2009, 10+36+120 页. (徐家汇藏书楼文献译丛)
- 中国民间崇拜, 咒术概观 / 禄是遒著; 程群译. 上海: 上海科学技术文献出版社, 2009, 10+148 页. (徐家汇藏书楼文献译丛)
- 中国民间崇拜, 符咒说文 / 禄是遒著; 张旭虹译. 上海: 上海科学技术文献出版社, 2009, 10+184 页. (徐家汇藏书楼文献译丛)
- 中国民间崇拜, 命相占卜 / 禄是遒著; 陈海燕译. 上海: 上海科学技术文献出版社, 2009, 100 页. (徐家汇藏书楼文献译丛)
- 中国民间崇拜, 岁时习俗 / 禄是遒著; 沈婕, 单雪译. 上海: 上海科学技术文献出版社, 2009, 10+11+160 页. (徐家汇藏书楼文献译丛)
- 中国民间崇拜, 中国众神 / 禄是遒著; 王定安译. 上海: 上海科学技术文献出版社, 2009, 142 页. (徐家汇藏书楼文献译丛)
- 中国民间崇拜, 佛教传说 / 禄是遒著; 邬锐译. 上海: 上海科学技术文献出版社, 2009, 10+140 页. (徐家汇藏书楼文献译丛)
- 中国民间崇拜, 佛界神祇 / 禄是遒著; 王定安译. 上海: 上海科学技术文献出版社, 2009, 10+120 页. (徐家汇藏书楼文献译丛)
- 中国民间崇拜, 道界神祇 / 禄是遒著; 李信之译. 上海: 上海科学技术文献出版社, 2009, 136 页. (徐家汇藏书楼文献译丛)
- 中国民间崇拜, 道教仙话 / 禄是遒著; 王惠庆译. 上海: 上海科学技术文献出版社, 2009, 10+36+131 页. (徐家汇藏书楼文献译丛)

850 中国民间宗教概说 / 吉冈义丰著; 余万居译. 台北: 华宇出版社, 1985, 359 页. (世界佛学名著译丛; 50)

851 中国民间宗教教派研究 / 欧大年著; 刘心勇等译. 上海: 上海古籍出版社, 1993, 287 页. (海外汉学丛书 / 王元化主编)

852 中国清真女寺史 / 水镜君, 玛利亚·雅绍克著. 北京: 生活·读书·新知三联书店, 2002, 448 页. (三联·哈佛燕京学术丛书)

853 中国人的信仰 / 葛兰言著；汪润译.哈尔滨：哈尔滨出版社，2012，146页.

854 中国社会和历史中的道教仪式 / 劳格文著；蔡林波译.济南：齐鲁书社，2017，10+416页.（道教学译丛；20）

855 中国社会中的宗教：宗教的现代社会功能与其历史因素之研究 / 杨庆堃著；范丽珠译.修订版.成都：四川人民出版社，2016，320页.
- 中国社会中的宗教：宗教的现代社会功能与其历史因素之研究 / 杨庆堃著；范丽珠等译.上海：上海人民出版社，2007，358页.

856 中国社会中的宗教与仪式 / 武雅士著；彭泽安，邵铁峰译.南京：江苏人民出版社，2014，383页.（凤凰文库·海外中国研究系列）

857 中国神话故事论集 / 李福清著；马昌仪编.北京：中国民间文艺出版社，1988，19+311页.

858 中国天主教历史译文集 / 鄢华阳等著；顾卫民译.桂林：广西师范大学出版社，2010，150页.
- 中国天主教历史译文集 / 鄢华阳等著；顾卫民译.台北：财团法人基督教宇宙光全人关怀机构，2006，2007重印，203页.（马礼逊入华宣教200年纪念文集.论文；30）

859 中国乡村的基督教：1860—1900年江西省的冲突和适应 / 史维东著；吴薇译.南京：江苏人民出版社，2013，227页.（凤凰文库·海外中国研究系列）

860 中国与基督教：中西文化的首次撞击 / 谢和耐著；耿昇译.北京：商务印书馆，2013，50+19+496页.（商务印书馆海外汉学书系）
- 中国与基督教：中西文化的首次撞击 / 谢和耐著；耿昇译.2版.增补本.上海：上海古籍出版社，2003，383页.（域外汉学名著译丛）
- 中国和基督教—中国和欧洲文化之比较 / 谢和耐著；耿昇译.上海：上海古籍出版社，1991，370页.（海外汉学丛书 / 王元化主编）
- 中国文化与基督教的冲撞 / 谢和耐著；于硕等译.沈阳：辽宁人民出版社，1989，347页.（中国学汉译名著丛书 / 邓正来，群懿主编）

861 中国占星术的世界 / 桥本敬造著；王仲涛译.北京：商务印书馆，2012，198页.

862 中国志怪世界研究 / 竹田晃著；孙中家译.哈尔滨：黑龙江人民出版社，1990，141页.

863 中国中世纪的鬼节 / 太史文著；侯旭东译.上海：上海人民出版社，2016，238页.（中古中国研究书系）

864 中国宗教及其现代命运 / 康豹著；陈亭佑译.新北：博扬文化事业有限公司，2017，148页.（中国民间信仰系列；17）

865 中国宗教与基督教 / 秦家懿，孔汉思著；吴华译.2版.北京：生活·读书·新知三联书店，1997，254页.（海外学人丛书）
- 中国宗教与基督教 / 秦家懿，孔汉思著；吴华译.北京：生活·读书·新知三联

书店，1990，267 页.（海外学人丛书）

> 中国宗教与基督教 / 秦家懿，孔汉思著；吴华译.香港：三联书店（香港）公司，1989，263 页.（三联精选；4）

866 中国宗教与西方神学 / 秦家懿，孔汉思撰；吴华译.台北：联经出版事业公司，1989，302 页.

867 中日佛教交流史：战后五十年 / 额贺章友著；刘建译.北京：宗教文化出版社，2007，394 页.

868 中日交通史：节选 / 木宫泰彦著；陈捷译.贵阳：贵州大学出版社，2014，268 页.

> 中日佛教交通史 / 木宫泰彦著；陈捷译.台北：华宇出版社，1985，382 页.（世界佛学名著译丛；49）

869 中印佛教思想史 / 宇井伯寿等著；印海译.般若思想史 / 山口益著；肖平，杨金萍译.贵阳：贵州大学出版社，2013，10+350 页.

> 中印佛教思想史 / 宇井伯寿等著；印海译.台北：华宇出版社，1987，303 页.（世界佛学名著译丛；31）

870 《周氏冥通记》研究：译注篇 / 麦谷邦夫，吉川忠夫编；刘雄峰译.济南：齐鲁书社，2010，389 页.（道教学译丛；6）

871 走进中国佛教：《宝藏论》解读 / 罗伯特·沙夫著；夏志前，夏少伟译.上海：上海古籍出版社，2009，379 页.（觉群佛学译丛）

872 走近中国基督教徒 / 罗杰·艾切卡雷著；裴晓亮译.北京：宗教文化出版社，2008，96 页.

873 左道：中国宗教文化中的神与魔 / 万志英著；廖涵缤译.北京：社会科学文献出版社，2018，429 页.

（二）研究著作

874 '98 法门寺唐文化国际学术讨论会论文集 / 韩金科主编.西安：陕西人民出版社，2001，14+1033 页.（法门寺文化丛书；12）

875 把中国介绍给世界：卫匡国研究 / 张西平，马西尼，斯卡尔德志尼主编.上海：华东师范大学出版社，2012，18+387 页.

876 北美的中国基督教史研究述论 / 王德硕著.上海：上海人民出版社，2016，21+397 页.（宗教与当代国际关系论丛 / 徐以骅主编）

877 裨治文与早期中美文化交流 / 张施娟著.杭州：浙江大学出版社，2010，17+136 页.

878 成寻《参天台五台山记》研究 / 王丽萍著.上海：上海人民出版社，2017，370 页.（国家哲学社会科学成果文库）

879 传播学视角中的艾儒略与《口铎日抄》研究 / 罗群著.上海：上海古籍出版社，2012，238 页.（基督教与中国研究书系）

880 传播与植根：基督教与中西文化交流论集 / 章开沅著 . 广州：广东人民出版社，2005，325 页 .（基督教与中西文化交流丛书）

881 传教士・科学家・工程师・外交家南怀仁（1623—1688）：鲁汶国际学术研讨会论文集 / 魏若望编 . 北京：社会科学文献出版社，2001，639 页 .

882 传教士汉文小说研究 / 宋莉华著 . 上海：上海古籍出版社，2010，375 页 .（海外汉文小说研究丛书）

883 传教士与近代中国 / 顾长声著 .4 版 . 上海：上海人民出版社，2013，430 页 .
  ➢ 传教士与近代中国 / 顾长声著 .3 版 . 上海：上海人民出版社，2004，470 页 .
  ➢ 传教士与近代中国 / 顾长声著 .2 版（增补本）. 上海：上海人民出版社，1991，491 页 .
  ➢ 传教士与近代中国 / 顾长声著 . 上海：上海人民出版社，1981，455 页 .

884 传教士与近代中国社会变革：李提摩太在华宗教与社会实践研究（1870—1916）/ 何菊著 . 北京：中国社会科学出版社，2014，220 页 .

885 传教士与晚清口岸文人 / 段怀清著 . 广州：广东人民出版社，2007，315 页 .（基督教与中西文化交流丛书）

886 传教士与西学东渐 / 尚智丛著 .3 版 . 太原：山西教育出版社，2012，233 页 .
  ➢ 传教士与西学东渐 / 尚智丛著 .2 版 . 太原：山西教育出版社，2008，233 页 .
  ➢ 传教士与西学东渐 / 尚智丛著 . 太原：山西教育出版社，2008，233 页 .

887 传教士与中外文化交流：李明《中国近事报道》研究 / 周燕著 . 杭州：浙江大学出版社，2012，247 页 .

888 传教士与中西文化交流 / 谭树林著 . 北京：生活・读书・新知三联书店，2013，316 页 .（南京大学史学丛书）

889 传教士中文报刊译述中的汉语变迁及影响：1815—1907/ 尹延安著 . 上海：上海交通大学出版社，2013，189 页 .

890 从利玛窦到海德格尔 / 沈清松著 . 上海：华东师范大学出版社，2016，261 页 .
  ➢ 从利玛窦到海德格：跨文化脉络下的中西哲学互动 / 沈清松著 . 台北：台湾商务印书馆股份有限公司，2014，14+329 页 .（中西对话）

891 从马礼逊到司徒雷登：来华新教传教士评传 / 顾长声著 . 上海：上海人民出版社，1985，486 页 .

892 从中西初识到礼仪之争：明清传教士与中西文化交流 / 张国刚著 . 北京：人民出版社，2003，556 页 .

893 道家与道教：第二届国际学术研讨会论文集，道家卷 / 陈鼓应，冯达文主编 . 广州：广东人民出版社，2001，635 页 .（古典思想研究丛书）

894 道家与道教：第二届国际学术研讨会论文集，道教卷 / 陈鼓应，冯达文主编 . 广州：广东人民出版社，2001，595 页 .（古典思想研究丛书）

895 道教教义与现代社会：国际学术研讨会论文集 / 郭武主编 . 上海：上海古籍出版社，

2003，597 页．

896 道教在海外 / 陈耀庭著．福州：福建人民出版社，2000，288 页．
897 "地方道教仪式实地调查比较研究"国际学术研讨会论文集 / 吕鹏志，劳格文主编．台北：新文丰出版股份有限公司，2013，22+551 页．
898 第二届全真道与老庄学国际学术研讨会论文集 / 熊铁基，梁发主编．武汉：华中师范大学出版社，2013，2 册（1038 页）．（华大博雅学术文库）
899 第二届宗教实践与文学创作暨《中国宗教文学史》编撰国际学术研讨会论文集．上，佛教文学研究 / 吴光正，妙凡法师主编．高雄：佛光文化事业有限公司，2018，779 页．
> 第二届宗教实践与文学创作暨《中国宗教文学史》编撰国际学术研讨会论文集．中，星云大师文学创作研究 / 吴光正，妙凡法师主编．高雄：佛光文化事业有限公司，2018，732 页．
> 第二届宗教实践与文学创作暨《中国宗教文学史》编撰国际学术研讨会论文集．下，道教、基督教、伊斯兰教文学研究 / 吴光正，妙凡法师主编．高雄：佛光文化事业有限公司，2018，552 页．
900 第三届"利玛窦与中西文化交流"国际学术研讨会论文集 / 赵克生主编．广州：中山大学出版社，2015，262 页．
901 第三届玄奘国际学术研讨会论文集 / 黄心川，释大恩主编；成都大慈寺慈氏学研究会编．成都：四川辞书出版社，2008，810 页．
902 丁韪良与近代中西文化交流 / 傅德元著．台北：台湾大学出版中心，2013，586 页．（基督宗教与东亚研究丛书）
903 丁韪良与中国 / 王文兵著．北京：外语教学与研究出版社，2008，10+530 页．
904 东土西儒：沟通中西文化第一人利玛窦 / 林雄主编．广州：南方日报出版社，2007，186 页．（肇庆人文丛书）
905 东西方之间：中外学者论卫礼贤 / 孙立新，蒋锐主编．济南：山东大学出版社，2004，257 页．
906 东正教和东正教在中国 / 张绥著．上海：学林出版社，1986，345 页．（青年学者丛书）
907 俄国传教团与清代中俄文化交流 / 肖玉秋著．天津：天津人民出版社，2009，310 页．
908 法国国家图书馆明清天主教文献．第 1 册—第 26 册 / 钟鸣旦，杜鼎克，蒙曦主编．台北：台北利氏学社，2009，26 册．
909 风云岁月：传教士与徐家汇天文台 / 王钱国忠著．上海：上海科学普及出版社，2012，202 页．
910 福建省建阳市闾山派科仪本汇编 / 叶明生，劳格文编著．台北：新文丰出版股份有限公司，2007，13+12+1027 页．（中国传统科仪本汇编；10）
911 高丽大藏经初刻本辑刊 / 中国社科院历史研究所编纂．影印本．重庆：西南师范大学出版社；北京：人民出版社，2012，81 册．（域外汉籍珍本文库）

912 高一志与明末西学东传研究 / 金文兵著. 厦门：厦门大学出版社，2015，249 页.（国学新视界学术丛书）

913 沟通中西天文学的汤若望 / 陈亚兰著. 北京：科学出版社，2000，110 页.（西学东传人物丛书）

914 海内外学者论玉皇文化 / 金文亨，孟建煌主编. 厦门：鹭江出版社，2012，456 页.（玉皇文化研究丛书 / 金文亨，孟建煌主编）

915 海外及港台藏历代佛像——珍品纪年图鉴 / 金申编著. 太原：山西人民出版社，2007，617 页.

916 回鹘佛教文献：佛典总论及巴黎所藏敦煌回鹘文佛教文献 / 牛汝极著. 乌鲁木齐：新疆大学出版社，2000，424 页.

917 基督教与近代中国人物 / 李志刚著. 桂林：广西师范大学出版社，2012，178 页.
> 基督教与近代中国人物 / 李志刚著. 台北：财团法人基督教宇宙光全人关怀机构，2006，2007 重印，231 页.（马礼逊入华宣教 200. 论文；9）

918 基督教与近代中国社会 / 顾卫民著. 上海：上海人民出版社，2010，435 页.
> 基督教与近代中国社会 / 顾卫民著. 上海：上海人民出版社，1996，1998 重印，558 页.（近代中国社会史丛书）

919 基督教与新加坡华人：1819—1846/ 苏精著. 新竹：台湾清华大学出版社，2010，279 页.（历史系列；2）

920 基督教与云南少数民族 / 韩军学著. 昆明：云南人民出版社，2000，241 页.（云南宗教文化研究丛书）

921 基督教与中国社会研究入门 / 陶飞亚，杨卫华著. 上海：复旦大学出版社，2009，297 页.

922 基督教与中国文化 / 吴雷川著. 上海：上海古籍出版社，2008，38+183 页.（基督教与中国研究书系）

923 基督宗教与近代中国 / 古伟瀛，赵晓阳主编；中国社会科学院近代史研究所，比利时鲁汶大学南怀仁研究中心编. 北京：社会科学文献出版社，2011，639 页.

924 基督宗教与中国文化：关于中国处境神学的中国—北欧会议论文集：2003 年 8 月 13-17 日，拉普兰，芬兰 / 罗明嘉，黄保罗主编. 北京：中国社会科学出版社，2004，426 页.

925 基督宗教在西南民族地区的传播史 / 秦和平著. 成都：四川民族出版社，2003，10+504 页.（教育部人文社会科学重点研究基地中央民族大学中国少数民族研究中心丛书）

926 纪念利玛窦来华四百周年中西文化交流国际学术会议 / 利玛窦国际学术会议秘书处编辑. 台北：辅仁大学出版社，1983，960 页.

927 加拿大传教士在中国 / 宋家珩主编. 北京：东方出版社，1995，295 页.

928 架起东西方交流的桥梁：纪念马礼逊来华 200 周年学术研讨会论文集 / 张西平，吴志良，彭仁贤编 . 北京：外语教学与研究出版社，2011，17+385 页 .

929 教牧关怀在中国：神学基础与实践 / 杜艾文，陈心洁主编 . 北京：宗教文化出版社，2013，407 页 .

930 近代基督教在华西地区文字事工研究 / 陈建明著 . 成都：巴蜀书社，2013，10+600 页 .

931 近代来粤传教士评传 / 雷雨田主编 . 上海：百家出版社，2004，17+384 页 .（历史文化书系）（宗教与社会研究丛书）

932 近代中国的宗教 / 康豹主编 . 台北：新文丰出版股份有限公司，2018，476 页 .

933 口述历史分析：中国近代史上的美国传教士 / 齐小新著 . 北京：北京大学出版社，2003，204 页 .

934 跨文化视野下的东亚宗教传统，当代新儒学与京都学派 / 吴汝钧，陈玮芬主编 . 台北："中央研究院"中国文哲研究所，2011，341 页 .（当代儒学研究丛刊；27）

935 近代传教士出版研究 / 胡国祥著 . 武汉：华中师范大学出版社，2013，173 页 .（出版学建设丛书）

936 近世基督教和儒教的接触 / 龚道运著 . 上海：上海人民出版社，2009，270 页 .

937 李佳白与清末民初的中国社会 / 胡素萍著 . 广州：中山大学出版社，2009，188 页 .

938 利玛窦：中西数学文化交流的使者 / 曾峥，孙宇锋编著 . 广州：暨南大学出版社，2015，208 页 .（岭南文化书系 . 韶文化研究丛书）

939 利玛窦明清中文文献资料汇释 / 汤开建汇释 / 校注 . 澳门：澳门特别行政区政府文化局；上海：上海古籍出版社，2017，19+573 页 .

940 利玛窦行旅中国记 / 陈燮君主编；上海博物馆编 . 北京：北京大学出版社，2010，235 页 .

941 利玛窦与徐光启 / 孙尚扬著 . 北京：中国书籍出版社，2015，198 页 .（《中国文化经纬》系列丛书 . 第二辑 / 王守常主编）

> 利玛窦与徐光启 / 孙尚扬著 . 北京：中国国际广播出版社，2009，188 页 .

> 利玛窦与徐光启 / 孙尚扬著 . 北京：新华出版社，1993，152 页 .（神州文化集成丛书 / 季羡林等主编）

942 利玛窦与中国 / 林金水著 . 北京：中国社会科学出版社，1996，350 页 .（东方历史学术文库）

943 利玛窦与中西文化交流 / 蒋栋元著 . 徐州：中国矿业大学出版社，2008，216 页 .

944 利玛窦传 / 罗光著 . 第 3 版 . 台北：辅仁大学出版社，1982，235 页 .（辅仁大学丛书；7）

945 梁高僧传索引 / 牧田谛亮编 . 台北：宗青图书出版公司，1986，390 页 .（汉学索引集成）

946 林乐知在华事业与《万国公报》/ 梁元生著 . 香港：中文大学出版社，1978，166 页 .

947 马礼逊与中文印刷出版 / 苏精著 . 台北：台湾学生书局，2000，341 页 .（文献学丛刊）

948 马礼逊与中西文化交流 / 谭树林著 . 杭州：中国美术学院出版社，2004，336 页 .（学

术史丛书）

949 美国传教士伯驾在华活动研究：1834—1857/ 谭树林著．北京：群言出版社，2010，328 页．

950 美国传教士卢公明与晚清福州社会 / 林立强著．福州：福建教育出版社，2005，281 页．

951 美国传教士与晚清中国现代化：近代基督新教传教士在华社会、文化与教育活动研究 / 王立新著．2 版，修订本．天津：天津人民出版社，2008，361 页．
   ➢ 美国传教士与晚清中国现代化：近代基督新教传教士在华社会文化和教育活动研究 / 王立新著．天津：天津人民出版社，1997，548 页．

952 美国汉学家卫三畏研究/黄涛著．北京：学苑出版社，2018，2 册（16+783 页）．（列国汉学史书系．第二辑 / 阎纯德，吴志良主编）

953 美国人的泰州故乡 / 季拜华著．南京：凤凰出版社，2012，208 页．

954 美国耶鲁大学图书馆藏卫三畏未刊往来书信集/顾钧，宫泽真一主编．影印本．桂林：广西师范大学出版社，2012，23 册．

955 明末清初天主教史文献新编 / 周岩编校．北京：国家图书馆出版社，2013，3 册（2182 页）．

956 明末清初西方传教士与中国 / 刘敏元著．台北：文史哲出版社，2013，160 页．

957 明清传教士与欧洲汉学 / 张国刚等著．北京：中国社会科学出版社，2001，473 页．（中国社会历史研究丛书．第一辑）

958 明清间耶稣会士译著提要 / 徐宗泽著．上海：上海书店出版社，2010，366 页．（世纪人文系列丛书．世纪文库）
   ➢ 明清间耶稣会士译著提要 / 徐宗泽著．上海：上海书店出版社，2006，370 页．
   ➢ 明清间耶稣会士译著提要 / 徐宗泽编著．影印本．北京：中华书局，1989，482 页．

959 明清间在华的天主教耶稣会士 / 江文汉著．上海：知识出版社，1987，144 页．

960 明清时期西方传教士中国儒道释典籍之翻译与诠释 / 李新德著．北京：商务印书馆，2015，522 页．

961 明清天主教史论稿初编：从澳门出发 / 汤开建著．澳门：澳门大学，2012，366 页．（澳门学研究丛书）

962 明清天主教史论稿二编：圣教在中土．上下 / 汤开建著．澳门：澳门大学，2014，2 册（322；332 页）．（澳门学研究丛书）

963 明清之际西班牙方济会在华传教研究：1579—1732/ 崔维孝著．北京：中华书局，2006，13+514 页．

964 明清之际西方传教士汉籍丛刊．第一辑．1，天主宝录盛世刍荛（外九种）/ 周振鹤主编；倪文君，张晓川校点．南京：凤凰出版社，2013，19+16+603 页．
   ➢ 明清之际西方传教士汉籍丛刊．第一辑．2，七克 譬学（外三种）/ 周振鹤主编；姚大勇等校点．南京：凤凰出版社，2013，583 页．

- 明清之际西方传教士汉籍丛刊.第一辑.3,口铎日抄 三山论学记(外三种)/周振鹤主编;肖清和,黄振萍等校点.南京:凤凰出版社,2013,684页.
- 明清之际西方传教士汉籍丛刊.第一辑.4,同文算指 几何原本/周振鹤主编;纪志刚等校点.南京:凤凰出版社,2013,840页.
- 明清之际西方传教士汉籍丛刊.第一辑.5,泰西人身说概 寰有诠(外二种)/周振鹤主编;董少新,邓可卉校点.南京:凤凰出版社,2013,14+600页.
- 明清之际西方传教士汉籍丛刊.第一辑.6,天步真原 浑盖通宪图说(外一种)/周振鹤主编;邓可卉校点.南京:凤凰出版社,2013,830页.
- 明清之际西方传教士汉籍丛刊.第二辑.1—3,超性学要/周振鹤主编;肖清和,郭建斌校点.南京:凤凰出版社,2017,3册(19+47+1535页).
- 明清之际西方传教士汉籍丛刊.第二辑.4,形神实义天主实义天主实义续篇/周振鹤主编;代国庆,郭隆岸,王化文校点.南京:凤凰出版社,2017,12+408页.
- 明清之际西方传教士汉籍丛刊.第二辑.5,名理探/周振鹤主编;姚大勇,胡沈含校点.南京:凤凰出版社,2017,14+589页.
- 明清之际西方传教士汉籍丛刊.第二辑.6,天主圣教圣人行实天主降生言行纪略/周振鹤主编;张晓川校点.南京:凤凰出版社,2017,18+493页.
- 明清之际西方传教士汉籍丛刊.第二辑.7,主教缘起真福训诠总论(外六种)/周振鹤主编;纪建勋等校点.南京:凤凰出版社,2017,13+547页.
- 明清之际西方传教士汉籍丛刊.第二辑.8,御制律吕正义续编坤舆格致(外六种)/周振鹤主编;曾美月等校点.南京:凤凰出版社,2017,17+591页.

965 明中后期中日葡外交使者陆若汉研究/刘小珊,陈曦子,陈访泽著.北京:商务印书馆,2015,490页.

966 南怀仁逝世三百周年国际学术讨论会/辅仁大学主办.台北:辅仁大学,1987,5+279页.

967 内炼密诀/柳华阳原著;伊藤光远改著;殷师竹译述;太一山人增订.重订本.北京:中国人民大学出版社,1988,10+237页.(东方修道文库;2/徐兆仁主编)

968 欧洲所藏雍正乾隆朝天主教文献汇编/吴旻,韩琦编校.上海:上海人民出版社,2008,10+291页.(中西交流史料与研究丛书)

969 庞迪我与中国:耶稣会"适应"策略研究/张铠著.郑州:大象出版社,2009,11+416页.(大象学术书坊)
- 庞迪我与中国:耶稣会"适应"策略研究/张铠著.北京:北京图书馆出版社,1997,466页.

970 葡萄牙耶稣会士何大化在中国/董少新著.北京:社会科学文献出版社,2017,256页.(澳门文化丛书)

971 勤敏之士——南怀仁/王冰著.北京:科学出版社,2000,157页.(西学东传人物

丛书）

972 青石存史："利玛窦和外国传教士墓地"的四百年沧桑 / 北京行政学院著 . 北京：北京出版社，2011，247 页 .

973 清代中叶巴黎外方传教会在川活动研究 / 郭丽娜著 . 北京：学苑出版社，2012，317 页 .

974 清中前期西洋天主教在华活动档案史料 / 邹爱莲，吴小新主编；中国第一历史档案馆编 . 北京：中华书局，2003，4 册 .

975 诠释的圆环：明末清初传教士对儒家经典的解释及其本土回应 / 刘耘华著 . 北京：北京大学出版社，2005，452 页 .（北京大学比较文学学术文库）

976 上帝的人马：十九世纪在华传教士的作为 / 苏精著 . 香港：基督教中国宗教文化研究社，2006，280 页 .

977 圣号论衡：晚清《万国公报》基督教"圣号论争"文献汇编 / 李炽昌主编 . 上海：上海古籍出版社，2008，20+305 页 .（基督教与中国研究书系）

978 十六世纪西方传教士对于中国的两种不同的传教方式 / 顾卫民著 . 香港：香港中文大学崇基学院：宗教与中国社会研究中心，2005，45 页 .（宗教与中国社会研究中心专文报告系列；18）

979 十七、十八世纪天主教在江南的传播 / 周萍萍著 . 北京：社会科学文献出版社，2007，297 页 .（社会史研究文库）

980 使徒足迹：基督宗教传华全史图集 / 顾卫民，胡毅华编著 . 台北：辅仁大学出版社，1995，349 页 .（辅仁大学研究丛书；102）

981 丝绸之路中国与欧洲宗教哲学交流研究 / 张西平著 . 乌鲁木齐：新疆人民出版社，2010，10+351 页 .（丝绸之路研究丛书）

982 宋高僧传索引 / 牧田谛亮等编 . 影印本 . 台北：宗青图书出版公司，1986，3 册 .（汉学索引集成）

983 泰西儒士利玛窦 / 林金水，邹萍著 . 北京：国际文化出版公司，2000，254 页 .（中外关系史知识丛书）

984 汤若望传 / 李兰琴著 . 北京：东方出版社，1995，193 页 .

985 唐高僧传索引 / 牧田谛亮等编 . 影印本 . 台北：宗青图书出版公司，1986，3 册 .（汉学索引集成）

986 田野归来：中国宗教与社会研究 . 上，理论与实际 / 杨凤岗，高师宁，李向平主编 . 新北：台湾基督教文艺出版社有限公司，2015，10+372 页 .（基督教学术丛书 . 研究系列；11）

> 田野归来：中国宗教与社会研究 . 中，传播与流动 / 杨凤岗，高师宁，李向平主编 . 新北：台湾基督教文艺出版社有限公司，2015，10+369 页 .（基督教学术丛书 . 研究系列；12）

> 田野归来：中国宗教与社会研究 . 下，道德与社会 / 杨凤岗，高师宁，李向平主编 . 新北：台湾基督教文艺出版社有限公司，2015，10+412 页 .（基督教学

术丛书 . 研究系列；13）

987 外国传教士与中国近代图书馆事业 / 齐诚，马楠著 . 北京：光明日报出版社，2017，200 页 .

988 晚清寓华传教士的跨文化传播 / 周德波，叶立群著 . 沈阳：辽宁教育出版社，2013，10+446 页 .

989 晚清中美关系与社会变革：晚清美国传教士在华活动的历史考察 / 何大进著 . 南昌：江西人民出版社，1998，366 页 .

990 委曲求传：早期来华新教传教士汉英翻译史论 1807—1850/ 邓联健著 . 北京：清华大学出版社，2015，26+242 页 .（翻译与跨学科学术研究丛书）

991 卫三畏在东亚：美日所藏资料选编 / 陶德民编 . 郑州：大象出版社，2016，2 册（12+918 页）.

992 文明互鉴：利玛窦与中西文化交流 / 鄂振辉，张西平主编 . 北京：人民出版社，2017，2 册（12+636 页）.

993 文化与宗教的碰撞：纪念圣方济各·沙勿略诞辰 500 周年国际学术研讨会论文集 / 澳门理工学院中西文化研究所主编；黄雁鸿编辑 . 澳门：澳门理工学院，2007，234 页 .

994 西学东传第一师——利玛窦 / 汪前进著 . 北京：科学出版社，2000，149 页 .（西学东传人物丛书）

995 西洋传教士汉语方言学著作书目考述 / 游汝杰著 . 哈尔滨：黑龙江教育出版社，2002，236 页 .（语言研究新思维丛书）

996 寻访利玛窦的足迹 / 余三乐著 . 广州：世界图书出版广东有限公司，2016，394 页 .

997 徐光启与利玛窦 / 余三乐著 . 香港：香港中和出版有限公司，2011，110 页 .（文史中国 . 世界的中国）

> 徐光启与利玛窦 / 余三乐著 . 北京：中华书局；上海：上海古籍出版社，2010，93 页 .（《文史中国》丛书）

998 鸦片战争前传教士眼中的中国：两位早期来华新教传教士的浙江沿海之行 / 俞强著 . 济南：山东大学出版社，2010，179 页 .

999 言犹未尽利玛窦 / 黎玉琴主编 . 广州：世界图书出版广东有限公司，2013，169 页 .

1000 耶稣会罗马档案馆明清天主教文献 . 第一册—第十二册 / 钟鸣旦，杜鼎克主编 . 台北：台北利氏学社，2002，12 册 .

1001 耶稣会士与中国科学 / 樊洪业著 . 北京：中国人民大学出版社，1992，12+253 页 .

1002 耶稣会与明清之际中西文化交流 / 朱雁冰著 . 杭州：浙江大学出版社，2014，352 页 .

1003 犹太教与中国开封犹太人 / 张绥著 . 上海：上海三联书店，1990，187 页 .（希伯莱文化与中国犹太人；2）

1004 早期传教士进藏活动史 / 伍昆明著 . 北京：中国藏学出版社，1992，11+671 页 .

1005 早期西方传教士与北京 / 余三乐著 . 北京：北京出版社，2001，11+400 页 .（北京学研究书系）

1006 中国，开门！马礼逊及其相关人物研究 / 苏精著. 香港：基督教中国宗教文化研究社，2005，320 页.

1007 中国道教经籍在十九世纪英语世界的译介研究 / 俞森林著. 成都：巴蜀书社，2015，305 页.（儒道释博士论文丛书）

1008 中国基督宗教史辞典 / 卓新平主编；雷立柏编. 北京：宗教文化出版社，2013，545 页.（宗教研究辞典丛书）

1009 中国礼仪之争：历史·文献和意义 / 李天纲著. 上海：上海古籍出版社，1998，12+389 页.

1010 中国礼仪之争：文明的张力与权力的较量 / 吴莉苇著. 上海：上海古籍出版社，2007，135 页.（历史聚焦）

1011 中国南北朝佛教研究 / 张风雷，金天鹤，竹村牧男主编. 北京：宗教文化出版社，,2014，286 页.

1012 中国天主教编年史 / 顾卫民著. 上海：上海书店出版社，2003，534 页.

1013 中国天主教传教史概论 / 徐宗泽著. 北京：商务印书馆，2017，12+276 页.（中华现代学术名著丛书：纪念版）
  ➢ 中国天主教传教史概论 / 徐宗泽著. 北京：商务印书馆，2015，12+276 页.（中华现代学术名著丛书）
  ➢ 中国天主教传教史概论 / 徐宗泽著. 上海：上海书店出版社，2010，222 页.（世纪人文系列丛书.世纪文库）
  ➢ 中国天主教传教史概论 / 徐宗泽著. 影印本. 上海：上海书店出版社，1990，10+368 页.

1014 中国天主教史人物传 / 方豪著. 北京：宗教文化出版社，2007，698 页.
  ➢ 中国天主教史人物传 / 方豪著. 影印本. 北京：中华书局，1988，3 册（320；360；356）.

1015 中国乡村与墟镇神圣空间的建构 / 劳格文，科大卫编. 北京：社会科学文献出版社，2014，270 页.

1016 中国与欧洲早期宗教和哲学交流史 / 张西平著. 北京：东方出版社，2001，11+522 页.（大航海时代）

1017 中国宗教：过去与现在：北京国际宗教会议论文集 / 汤一介主编. 北京：北京大学出版社，1992，293 页.

1018 中韩佛教关系一千年 / 陈景富著. 北京：宗教文化出版社，1999，649 页.

1019 中日佛教学术会议论文集：1985—1995/ 杨曾文，镰田茂雄编. 北京：中国社会科学出版社，1997，489 页.

1020 中日友好的先驱日本著名高僧空海 / 黄道立编著. 北京：商务印书馆，1984，37 页.（外国历史小丛书）

1021 中外宗教交流史 / 楼宇烈，张志刚主编. 长沙：湖南教育出版社，1998，516

页．（中外文化交流史丛书）

1022 中西科学交流的功臣——伟烈亚力 / 汪晓勤著．北京：科学出版社，2000，161页．（西学东传人物丛书）

1023 中西文化交流：回顾与展望：纪念马礼逊来华两百周年国际学术研讨会论文集 / 李灵，尤西林，谢文郁主编．上海：上海人民出版社，2009，13+466 页．

1024 中西文化交流的历史见证：明末清初北京天主教堂 / 余三乐著．广州：广东人民出版社，2006，368 页．

1025 中西文化天使——利玛窦 / 刘恩铭著．郑州：河南文艺出版社，2000，383 页．

1026 铸以代刻：传教士与中文印刷变局 / 苏精著．台北：台湾大学出版中心，2014，16+595 页．（史学丛书；5）

C

社会科学总论

（一）译著

1027　1368—1953 中国人口研究 / 何炳棣著；葛剑雄译 . 上海：上海古籍出版社，1989，392 页 .（海外汉学丛书 / 王元化主编）

1028　C 理论：中国管理哲学 / 成中英著 . 北京：中国人民大学出版社，2017，12+29+310 页 .（成中英文集；8）
  ➢ C 理论：易经管理哲学 / 成中英著 . 2 版 . 台北：东大图书股份有限公司，2016，376 页 .（中国哲学 . 文化思想）
  ➢ C 理论：中国管理哲学 / 成中英著 . 北京：东方出版社，2011，356 页 .
  ➢ C 理论：中国管理哲学 / 成中英著 . 北京：中国人民大学出版社，2006，381 页 .（朗朗书房）
  ➢ C 理论：中国管理哲学 / 成中英著 . 上海：学林出版社，1999，458 页 .
  ➢ C 理论：易经管理哲学 / 成中英著 . 台北：东大图书公司，1995，370 页 .

1029　采铜于山：马泰来文史论集 / 马泰来著 . 北京：国家图书馆出版社，2017，400 页 .

1030　陈香梅全集 . 卷一，时论集（中国卷）/ 陈香梅著；杨汝戬，沈威主编 . 石家庄：河北人民出版社，2000，390 页 .

1031　陈香梅全集 . 卷八，译著（《我与中国》）/ 陈香梅著；杨汝戬，沈威主编 . 石家庄：河北人民出版社，2000，441 页 .

1032　成吉思汗的领导艺术 / 约翰 • 曼著；陈一鸣译 . 呼和浩特：内蒙古人民出版社，2014，149 页 .

1033　从历史看管理 / 许倬云著 . 北京：新星出版社，2017，258 页 .（许倬云看历史）
  ➢ 从历史看管理 / 许倬云著；北京大学光华管理学院整理 . 2 版 . 桂林：广西师范大学出版社，2011，275 页 .（许倬云历史智慧丛书）
  ➢ 从历史看管理 / 许倬云讲演；北京大学光华管理学院整理 . 桂林：广西师范大学出版社，2005，191 页 .（许倬云作品）

1034　大地之子：澳门土生葡人研究 / 阿马罗著；金国平译 . 澳门：澳门文化司署，

1993，132 页 .（澳门文化丛书；5）

1035 单位的前世今生：中国城市的社会空间与治理 / 薄大伟著；柴彦威等译 . 南京：东南大学出版社，2014，237 页 .（城市·空间·行为·规划丛书 / 柴彦威主编）

1036 道学的管理要旨：人生的智慧与成功的大道 / 张绪通著；王虎，王金顺译 . 成都：四川大学出版社，1992，1993 重印，326 页 .

1037 德鲁克看中国与日本：德鲁克对话"日本商业圣手"中内功 / 彼得·德鲁克，中内功著；闫佳译 . 北京：机械工业出版社，2014，206 页 .

> 德鲁克看中国与日本 / 彼得·F. 德鲁克，中内功著；林克译 . 北京：东方出版社，2009，188 页 .

1038 杜维明：文明的冲突与对话 / 杜维明著；朱汉民，肖永明编选 . 长沙：湖南大学出版社，2001，239 页 .（岳麓书院千年论坛丛书）

1039 杜维明文集 / 杜维明著；郭齐勇，郑文龙编 . 武汉：武汉出版社，2002，5 册 .

1040 杜维明学术文化随笔 / 杜维明著；郑文龙编 . 北京：中国青年出版社，1999，337 页 .（二十世纪中国学术文化随笔大系 . 第二辑）

1041 多面中国人 / 麦高温著；贾宁译 . 南京：译林出版社，2016，287 页 .

> 多面中国人 / 麦高温著；贾宁译 . 南京：译林出版社，2014，287 页 .

> 华人生活的光和影 / 麦嘉温著；吴宪整理 . 影印本 . 桂林：广西师范大学出版社，2014，336 页 .（"中国研究"外文旧籍汇刊·中国记录 . 第七辑；6/ 李国庆，何林夏主编）

> 多面中国人 / 麦高温著；张程译 . 合肥：黄山书社，2011，241 页 .

> 中国人生活的明与暗 / 麦高温著；朱涛，倪静译 . 北京：中华书局，2006，322 页 .（西方的中国形象）

> 中国人生活的明与暗 / 麦高温著；朱涛，倪静译 . 北京：时事出版社，1998，378 页 .（五谷田文化译丛 . 西方视野里的中国形象）

1042 风雨江山：许倬云的天下事 / 许倬云著 . 台北：天下文化出版公司，1991，343 页 .（社会人文；14）

1043 关系千万重 / 黄仁宇著 . 北京：生活·读书·新知三联书店，2015，215 页 .（黄仁宇作品系列）

> 关系千万重 / 黄仁宇著 .2 版 . 北京：九州出版社，2012，185 页 .（黄仁宇全集；9）

> 关系千万重 / 黄仁宇著 .2 版 . 北京：生活·读书·新知三联书店，2007，215 页 .（黄仁宇作品系列）

> 关系千万重 / 黄仁宇著 . 北京：生活·读书·新知三联书店，2001，196 页 .（黄仁宇作品系列）

> 关系千万重 / 黄仁宇著 . 台北：时报文化出版企业公司，1998，284 页 .（历史与现场；103）

1044 关心集 / 许倬云著 . 台北：时报文化出版事业公司，1982，392 页 .（时报书系；380）

1045 国家与社会 / 卜正民，傅尧乐编；张晓涵译 . 北京：中央编译出版社，2014，246 页 .

1046 和风堂新文集 / 柳存仁著 . 台北：新文丰出版公司，1997，2 册（972 页）.

1047 和风堂文集 / 柳存仁著 . 上海：上海古籍出版社，1991，3 册（1804 页）.（中华学术丛书）

1048 黄老管理：人生的智慧与成功方略 / 张绪通著 . 北京：东方出版社，2006，207 页 .

1049 黄土高原的村庄：声音·空间·社会 / 深尾叶子，井口淳子，栗原伸治著；林琦译 . 北京：民族出版社，2007，183 页 .（东瀛采石译丛；4）

1050 回顾集：钱存训世纪文选 / 钱存训著；潘铭燊主编 . 桂林：广西师范大学出版社，2012，10+365 页 .

1051 回应革命与改革：皖北李村的社会变迁与延续 / 韩敏著；陆益龙，徐新玉译 . 南京：江苏人民出版社，2007，313 页 .（海外中国研究 . 海外学子系列 / 刘东主编）

1052 活中国的姿态 / 内山完造著；尤炳圻译 . 兰州：敦煌文艺出版社，1995，163 页 .（外国人的中国观）

1053 加藤看中国：贝与羊的中国人 / 加藤彻著；王超伟译 . 青岛：青岛出版社，2014，191 页 .

1054 江口望海潮 / 许倬云著 . 台北：三民书局股份有限公司，2008，2 册（562 页）.（许倬云著作集）
   ➢ 江渚候潮汐 / 许倬云著 . 台北：三民书局股份有限公司，2004，2 册（596 页）.（许倬云著作集）

1055 阶层：中国人的格调与阶层品味分析 / 陈少琪著 . 北京：大众文艺出版社，1999，291 页 .（情趣丛书 1）

1056 近代中国的乡土意识：清末民初江南的地方精英与地域社会 / 佐藤仁史著 . 北京：北京师范大学出版社，2017，418 页 .（新史学译丛）

1057 近代中国的学术与藏书 / 高田时雄著 . 北京：中华书局，2018，405 页 .

1058 近代中国人的生活掠影 / 约翰·麦高恩著；李征，吕琴译 . 南京：南京出版社，2009，215 页 .（"西方人看中国"文化游记丛书）

1059 近代中国之种族观念 / 冯客著；杨立华译 . 南京：江苏人民出版社，1999，229 页 .（海外中国研究丛书）

1060 精神分析与中国人的心理世界 / 博拉斯著；李明译 . 北京：中国轻工业出版社，2015，178 页 .

1061 九六文录：中国人文探索 / 许倬云著 . 台北：台湾书店，1998，274 页 .（中山学术文化基金会中山文库 . 人文系列）

1062 孔子论领导力：孔子的思想如何让你成为一名更好的领导者 / 约翰·阿代尔著；茅慧，金芳译 . 北京：金城出版社，2015，165 页 .

1063 礼物、关系学与国家：中国人际关系与主体性建构 / 杨美惠著；赵旭东，孙珉合

译．南京：江苏人民出版社，2009，348 页．（凤凰文库·海外中国研究系列）
> 礼物、关系学与国家：中国人际关系与主体性建构 / 杨美惠著；赵旭东，孙珉译．南京：江苏人民出版社，2009，342 页．（海外中国研究丛书 / 刘东主编）

1064 李华伟文集 / 李华伟著．广州：中山大学出版社，2011，2 册（1565 页）．（图书馆学家文库 / 谭祥金主编）

1065 流动中国：迁移、国家和家庭 / 范芝芬著；邱幼云，黄河译．北京：社会科学文献出版社，2013，270 页．（城市学编译丛刊）

1066 论学会友 / 余英时著；沈志佳编．桂林：广西师范大学出版社，2014，326 页．（余英时文集；11）

1067 美国的中国形象：1931—1949/T. 克里斯托弗·杰斯普森著；姜智芹译．南京：江苏人民出版社，2010，282 页．（凤凰文库·海外中国研究系列 / 刘东主编）
> 美国的中国形象：1931—1949：特别版 /T. 克里斯托弗·杰斯普森著；姜智芹译．南京：江苏人民出版社，2010，282 页．（海外中国研究丛书）

1068 明初以降人口及其相关问题：1368—1953/ 何炳棣著；葛剑雄译．北京：中华书局，2017，420 页．（何炳棣著作集）
> 明初以降人口及其相关问题：1368—1953/ 何炳棣著；葛剑雄译．北京：生活·读书·新知三联书店，2000，407 页．（海外学人丛书）

1069 男性特质论：中国的社会与性别 / 雷金庆著；刘婷译．南京：江苏人民出版社，2012，274 页．（凤凰文库·海外中国研究系列）

1070 难以捉摸的中国人：中国人心理剖析 / 彭迈克著；杨德译．沈阳：辽宁教育出版社，1997，132 页．（新世纪万有文库．外国文化书系）
> 难以捉摸的中国人：中国人心理剖析 / 彭迈克著．香港：牛津大学出版社，1993，139 页．

1071 内部多元主义与中国新型智库建设 / 郑永年等著．北京：东方出版社，2016，268 页．

1072 弃园内外 / 周策纵著．广州：广东人民出版社，2017，340 页．

1073 弃园文粹 / 周策纵著；钱文忠编．上海：上海文艺出版社，1997，458 页．（学苑英华）

1074 钱存训文集 / 钱存训著；国家图书馆编．北京：国家图书馆出版社，2012，3 册（456；522；393 页）．

1075 人间学读本：中国式的人际关系艺术 / 寺尾善雄著；陈秋月译．台北：远流出版事业股份有限公司，1991，265 页．（实用历史丛书；19）

1076 人类的四分之一：马尔萨斯的神话与中国的现实：1700—2000/ 李中清，王丰著；陈卫，姚远译．北京：生活·读书·新知三联书店，2000，297 页．（三联·哈佛燕京学术丛书．第六辑）

1077 人文·民主·思想 / 余英时著．北京：海豚出版社，2013，93 页．
> 人文·民主·思想 / 余英时著．北京：海豚出版社，2011，93 页．

1078　三国人性格 / 金文学著 . 北京：中国友谊出版公司，2010，196 页 .

1079　三国智典 100：识人的、统帅的、机智的、识见的、志趣的 / 松本一男著；廖为智译 . 台北：远流出版事业公司，1990，196 页 .（实用历史丛书；12）

1080　实践与理论：中国社会、经济与法律的历史与现实研究 / 黄宗智著 . 北京：法律出版社，2015，692 页 .

1081　史学与文学 / 唐德刚著 . 上海：华东师范大学出版社，1999，427 页 .（唐德刚作品珍藏本系列）

1082　书缘与人缘 / 唐德刚著 . 桂林：广西师范大学出版社，2015，288 页 .（中国近代口述史学会丛书）

- 书缘与人缘 / 唐德刚著 . 2 版 . 台北：远流出版事业股份有限公司，2013，361 页 .（唐德刚作品集）

- 书缘与人缘 / 唐德刚著 . 桂林：广西师范大学出版社，2006，279 页 .（唐德刚作品集）

- 书缘与人缘 / 唐德刚著 . 沈阳：辽宁教育出版社，1998，192 页 .（新世纪万有文库 . 近世文化书系）

- 书缘与人缘 / 唐德刚著 . 台北：传记文学出版社，1991，333 页 .（传记文学丛刊；128）

1083　宋子选集 / 宋时烈著；韦旭昇主编；胡双宝，韦旭昇整理 . 北京：中华书局，1999，11+526 页 .

1084　饕餮之欲：当代中国的食与色 / 冯珠娣著；郭乙瑶等译 . 南京：江苏人民出版社，2009，292 页 .（海外中国研究丛书 / 刘东主编）

1085　体验中国：在中国经商形成的感触 / 田中则明著；徐静波译 . 上海：上海画报出版社，2001，165 页 .

1086　文化·伦理与管理 / 成中英著 . 北京：东方出版社，2011，272 页 .

- 文化·伦理与管理：中国现代化的哲学省思 / 成中英著 . 贵阳：贵州人民出版社，1991，272 页 .

1087　文明的滴定：东西方的科学与社会 / 李约瑟著；张卜天译 . 北京：商务印书馆，2018，319 页 .（汉译世界学术名著丛书）

- 文明的滴定：东西方的科学与社会 / 李约瑟著；张卜天译 . 北京：商务印书馆，2017，319 页 .（汉译世界学术名著丛书：120 年纪念版 . 分科本 . 哲学）

- 文明的滴定：东西方的科学与社会 / 李约瑟著；张卜天译 . 北京：商务印书馆，2016，12+319 页 .（科学史译丛）

1088　文史传统与文化重建 / 余英时著 . 北京：生活·读书·新知三联书店，2012，10+544 页 .（余英时作品系列）

1089　文史杂谈 / 周策纵著 . 北京：世界图书出版公司北京公司，2014，272 页 .

1090　我看新中国 / 陈香梅著；郭友中，李建丰主编 . 武汉：武汉出版社，2001，470 页 .

> 我看新中国 / 陈香梅著 . 合肥：安徽文艺出版社，1997，360 页 .

1091 无用术：古文的智慧和力量 / 加藤彻著；雍德文译 . 北京：东方出版社，2005，209 页 .（大智慧系列）

1092 吾国与吾民 / 林语堂著；黄嘉德译 . 长沙：湖南文艺出版社，2018，304 页 .

> 吾国与吾民：中英双语独家珍藏版 / 林语堂著；黄嘉德译 . 长沙：湖南文艺出版社，2017，2 册（12+682 页）.

> 吾国与吾民 / 林语堂著；黄嘉德译 . 长沙：湖南文艺出版社，2016，304 页 .

> 吾国与吾民 / 林语堂著；黄嘉德译 . 北京：新世界出版社，2015，21+353 页 .

> 吾国与吾民 / 林语堂著 . 武汉：长江文艺出版社，2015，289 页 .

> 吾国与吾民 / 林语堂著 . 北京：北京联合出版公司，2014，314 页 .（新课标必读丛书）

> 吾国与吾民：精装典藏新善本 / 林语堂著 . 南京：江苏人民出版社，2014，306 页 .

> 中国人 / 林语堂著 . 北京：北京联合出版公司，2014，16+297 页 .（中小学生必读丛书）

> 吾国与吾民 / 林语堂著 . 北京：北京联合出版公司：群言出版社，2013，18+314 页 .

> 吾国与吾民 / 林语堂著 . 沈阳：万卷出版公司，2013，290 页 .

> 吾国与吾民：最新修订精装典藏版 / 林语堂著 . 长沙：湖南文艺出版社，2012，304 页 .

> 吾国与吾民 / 林语堂著；黄嘉德译 . 北京：群言出版社，2010，18+314 页 .

> 吾国与吾民 / 林语堂著 . 南京：江苏文艺出版社，2010，331 页 .

> 吾国与吾民 / 林语堂著 . 北京：外语教学与研究出版社，2009，354 页 .（林语堂英文作品集）

> 吾国与吾民 / 林语堂著；黄嘉德译 . 武汉：长江文艺出版社，2009，289 页 .

> 中国人 / 林语堂著 . 北京：群言出版社，2009，16+296 页 .

> 吾国与吾民：英汉对照 / 林语堂著；黄嘉德译 . 西安：陕西师范大学出版社，2008，493 页 .

> 吾国与吾民 / 林语堂著 . 北京：外语教学与研究出版社，2000，2008 重印，343 页 .

> 中国人：全译本 / 林语堂著；郝志东，沈益洪译 . 上海：学林出版社，2007，353 页 .

> 吾国与吾民 / 林语堂著；黄嘉德译 . 西安：陕西师范大学出版社，2006，20+326 页 .（林语堂文集；3）

> 吾国与吾民 / 林语堂著 . 修订版 . 台北：远景出版事业有限公司，2005，346 页 .（林语堂作品集；2）

> 吾国与吾民 / 林语堂著；黄嘉德译 . 2 版 . 西安：陕西师范大学出版社，2003，

258 页.

> 吾国与吾民 / 林语堂著. 西安：陕西师范大学出版社，2002，334 页.

> 中国人 / 林语堂著；郝志东，沈益洪译. 2 版. 上海：学林出版社，2001，460 页.

> 中国人：全译本 / 林语堂著；易坤译. 南宁：广西民族出版社，2001，419 页.

> 吾国与吾民 / 林语堂著. 长沙：岳麓书社，2000，300 页.（旧籍新刊）

> 中国人：全译本 / 林语堂著；郝志东，沈益洪译. 2 版. 上海：学林出版社，2000，460 页.

> 吾国吾民 八十自叙 / 林语堂著；张振玉等译. 北京：作家出版社，1995，391 页.（林语堂文集；第八卷）

> 吾国与吾民 / 林语堂著. 北京：华龄出版社，1995，352 页.

> 中国人：全译本 / 林语堂著；郝志东，沈益洪译. 上海：学林出版社，1994，1995 重印，460 页.

> 吾国与吾民 / 林语堂著. 新 1 版. 北京：中国戏剧出版社，1990，1991 重印，323 页.

> 吾国与吾民 / 林语堂著. 北京：宝文堂书店，1988，323 页.

> 中国人 / 林语堂著；郝志东，沈益洪译. 杭州：浙江人民出版社，1988，10+370 页.

> 吾国吾民 / 林语堂著；金兰文化出版社编辑部译. 台北：金兰文化出版社编辑部，1986，319 页.（林语堂经典名著；2）

1093 五书中国人 / 史密斯等著；王续然，张晗译. 2 版. 哈尔滨：哈尔滨出版社，2016，388 页.

> 五书中国人 / 阿瑟·史密斯等著；王续然，张晗译. 哈尔滨：哈尔滨出版社，2009，388 页.

1094 香港重庆大厦：世界中心的边缘地带 / 麦高登著；杨玚译. 上海：华东师范大学出版社，2015，308 页.

1095 心路历程 / 许倬云著. 台北：传记文学出版社，1979，168 页.（传记文学丛书；90）

1096 许倬云文集，文化之侧：刹那与永恒 / 许倬云著. 台北：时报文化出版公司，1988，315 页.（文化丛书；79）

1097 学思答问：余英时访谈集 / 彭国翔编. 北京：北京大学出版社，2013，199 页.（余英时作品系列）

1098 杨联陞论文集 / 杨联陞著. 北京：中国社会科学出版社，1992，247 页.

1099 一本书看懂中国人 / 阿瑟·史密斯，桑原骘藏，辜鸿铭著；轶男译. 北京：新世界出版社，2009，292 页.

1100 一个日本人的中国观 / 内山完造著；尤炳圻译. 北京：新星出版社，2015，163 页.（好书不老书系；4）

1101 一阳来复 / 杜维明著；陈引驰编. 上海：上海文艺出版社，1997，441 页.（学苑英华）

1102 以竹为生：一个四川手工造纸村的20世纪社会史 1920—2000/ 艾约博著；韩巍译．南京：江苏人民出版社，2016，270页．（凤凰文库·海外中国研究系列）

1103 忆己怀人 / 周策纵著．北京：世界图书出版公司，2014，20+197页．

1104 余英时文集 / 余英时著．桂林：广西师范大学出版社，2004，4册．

1105 远嫁中国与远离中国：关于东西方女人的故事 / 毛珍妮等著．北京：中国社会出版社，1991，175页．（两人世界丛书 / 谢丽华主编）

1106 在中国做田野调查 / 玛丽亚·海默，曹诗弟主编；于忠江，赵晗译．重庆：重庆大学出版社，2012，152页．（万卷方法）

1107 张灏自选集 / 张灏著．上海：上海教育出版社，2002，341页．（学人文丛）

1108 真实的中国人 / 李太郭著；李国庆整理．影印本．桂林：广西师范大学出版社，2009，354页．（"中国研究"外文旧籍汇刊·中国记录．第一辑；1/ 李国庆，何林夏主编）

1109 真正的中国问题 / 何天爵著；李国庆整理．影印本．桂林：广西师范大学出版社，2017，13+408页．（"中国研究"外文旧籍汇刊·中国记录．第九辑；7/ 李国庆，何林夏主编）
   ➢ 真实的中国问题 / 何天爵著；卢彦名译．南京：南京出版社，2009，165页．（"西方人看中国"文化游记丛书）

1110 中国，我误解你了吗 / 加藤嘉一著．香港：中华书局（香港）有限公司，2011，197页．
   ➢ 中国，我误解你了吗？/ 加藤嘉一著．北京：华文出版社，2010，196页．

1111 中国传统的创造性转化 / 林毓生著．增订本．北京：生活·读书·新知三联书店，2011，581页．
   ➢ 中国传统的创造性转化 / 林毓生著．北京：生活·读书·新知三联书店，1988，408页．（海外学人丛书）

1112 中国大陆人口增长的多重危机 / 程超泽著．台北：时报文化出版公司，1995，396页．

1113 中国的女性与性相：1949年以来的性别话语 / 艾华著；施施译．南京：江苏人民出版社，2008，239页．（海外中国研究丛书 / 刘东主编）

1114 中国的乡村生活：社会学的研究 / 明恩溥著；陈午晴，唐军译．北京：电子工业出版社，2016，285页．（寻路中国系列）
   ➢ 中国的乡村生活 / 明恩溥著；陈午晴，唐军译．北京：电子工业出版社，2012，10+230页．（寻路中国系列）
   ➢ 中国乡村生活 / 明恩溥著；陈午晴，唐军译．北京：中华书局，2006，278页．（西方的中国形象）
   ➢ 中国乡村生活 / 明恩溥著；午晴，唐军译．新竹：理艺出版社，2005，317页．（西方视野里的中国形象）
   ➢ 中国乡村生活 / 明恩溥著；午晴，唐军译．北京：时事出版社，1998，347

页.（五谷田文化译丛.西方视野里的中国形象）

1115 中国东南的宗族组织/莫里斯·弗里德曼著；刘晓春译.上海：上海人民出版社，2000，193页.（社会与文化丛书.中国人类学田野考察系列）

1116 中国古典人际学/守屋洋著；李岩译.台北：新潮社文化事业公司，1989，223页.（现代经典；7）
  ➢ 中国古典人际学.续篇/守屋洋著；李岩译.台北：新潮社文化事业公司，1989，223页.（现代经典；7）

1117 中国和中国人：一个外国人眼中的传奇/翟理思著；罗丹等译.北京：金城出版社，2015，351页.
  ➢ 中国和中国人/翟理思著；罗丹等译.北京：金城出版社，2011，351页.

1118 中国历代人际谋略学宝典/守屋洋著；钟宪译.台北：世潮出版公司，1994，448页.（中国历代人间学系列；2）

1119 中国人的本色/何天爵著；周德喜译.北京：北京出版社，2018，205页.（国际名人看中国）
  ➢ 本色中国人/何天爵著；冯岩译.南京：译林出版社，2016，251页.（西方视野里的中国）
  ➢ 本色中国人/何天爵著；冯岩译.南京：译林出版社，2014，251页.（寻路中国系列）
  ➢ 华游志略/何天爵著；吴宪整理.影印本.桂林：广西师范大学出版社，2014，13+343页.（"中国研究"外文旧籍汇刊·中国记录.第七辑；4/李国庆，何林夏主编）
  ➢ 中国人的德行/切斯特·何尔康比著；王剑译.北京：北京联合出版公司，2014，217页.
  ➢ 中国人本色/何天爵著；晓敏译.北京：中国法制出版社，2014，247页.
  ➢ 中国人的本色/何天爵著；徐惠敏译.北京：人民日报出版社，2013，232页.
  ➢ 中国人的本色/何天爵著；周德喜译.北京：文津出版社，2013，225页.
  ➢ 中国人的本色/何天爵著；谢旻译.哈尔滨：哈尔滨出版社，2012，207页.（知己文库）
  ➢ 中国人本色/何天爵编著；张程，唐琳娜译.北京：大众文艺出版社，2010，223页.
  ➢ 中国人的德性：西方学者眼中的中国镜像/切斯特·何尔康比著.西安：陕西师范大学出版社，2007，234页.
  ➢ 中国人本色/何天爵著；张程，唐琳娜译.北京：中国言实出版社，2006，219页.
  ➢ 真正的中国佬/何天爵著；鞠方安译.北京：中华书局，2006，278页.（西方的中国形象）
  ➢ 真正的中国佬/何天爵著；鞠方安译.北京：光明日报出版社，1998，254

页．（五谷田文化译丛．"西方人眼中的中国"名著译丛）

1120 中国人的精神 / 辜鸿铭著．北京：北京出版社，2018，11+179 页．（国际名人看中国）

> 中国人的精神 / 辜鸿铭著；李晨曦译．南京：译林出版社，2017，136 页．
> 中国人的精神 / 辜鸿铭著；李静译．天津：天津人民出版社，2016，233 页．
> 中国人的精神 / 辜鸿铭著；王晋华，黄永华注译．北京：北京理工大学出版社有限责任公司，2016，140 页．（民国大师经典书系）
> 中国人的精神 / 辜鸿铭著；张帆译．郑州：河南文艺出版社，2014，181 页．
> 中国人的精神 / 辜鸿铭著．北京：北京联合出版公司，2013，316 页．（大家写给大家．第 2 辑）
> 中国人的精神 / 辜鸿铭著；吴成柱编译．武汉：华中师范大学出版社，2013，274 页．
> 中国人的精神 / 辜鸿铭著；张恒译．北京：文津出版社，2013，204 页．
> 中国人的精神 / 辜鸿铭著；李晨曦译．南京：译林出版社，2012，136 页．
> 中国人的精神 / 辜鸿铭著；田率译．哈尔滨：哈尔滨出版社，2012，141 页．
> 中国人的精神 / 辜鸿铭著；李若华译．北京：中国画报出版社，2012，198 页．
> 中国人的精神 / 辜鸿铭著；何叶译．合肥：安徽文艺出版社，2011，254 页．（理想图文藏书·人生文库）
> 中国人的精神 / 辜鸿铭著；刘永成译．北京：线装书局，2011，120 页．（社科文献论丛．第 34 辑）
> 中国人的精神 / 辜鸿铭著；黄兴涛，宋小庆译．北京：人民出版社，2010，264 页．（人民·联盟文库．译著类）
> 中国人的精神 / 辜鸿铭著；李晨曦译．北京：北京理工大学出版社，2010，115 页．
> 中国人的精神：［中英文本］/ 辜鸿铭著；李晨曦译．上海：上海三联书店，2010，2 册（115；117 页）．（一力文库；39）
> 春秋大义：中华文明之精神：［中英文本］/ 辜鸿铭著；颜林海译．成都：四川文艺出版社，2009，151 页．
> 中国人的精神：双语图文版 / 辜鸿铭著；黄兴涛，宋小庆译．苏州：古吴轩出版社，2009，350 页．
> 中国人的精神：中英对照 / 辜鸿铭著．北京：北京燕山出版社，2009，187 页．
> 中国人的精神：英汉双语 / 辜鸿铭著；秦海霞等译．北京：中国城市出版社，2008，273 页．（英汉双语·经典译丛）
> 中国人的精神 / 辜鸿铭著；黄兴涛，宋小庆译．修订版．海口：海南出版社，2007，265 页．
> 中国人的精神：全集 / 辜鸿铭著；陈高华等译．西安：陕西师范大学出版社，

2007，3 册（228；228；227 页）.
- 中国人的精神：汉英双语版 / 辜鸿铭著；杨华青译. 天津：天津教育出版社，2007，196 页.
- 中国人的精神. 贰 / 辜鸿铭著；杜川译. 西安：陕西师范大学出版社，2006，266 页.
- 中国人的精神：经典译著·中英对照 / 辜鸿铭著；陈高华译. 西安：陕西师范大学出版社，2006，26+258 页.
- 中国人的精神 / 辜鸿铭著；黄兴涛，宋小庆译.2 版. 桂林：广西师范大学出版社，2001，272 页.（烛焰丛书. 第一辑；3）
- 中国人的精神 / 辜鸿铭著. 台北：稻田出版公司，1999，349 页.（大众知识丛刊；PK16）
- 中国人的精神 / 辜鸿铭著. 北京：外语教学与研究出版社，1998，1999 重印，143 页.
- 中国人的精神 / 辜鸿铭著；黄兴涛，宋小庆译. 海口：海南出版社，1996，323 页.

1121 中国人的精神生活 / 许倬云著. 新北：联经出版事业股份有限公司，2017，317 页.

1122 中国人的快乐 / 陈季同著；韩一宇译. 桂林：广西师范大学出版社，2006，177 页.（陈季同法文著作译丛）

1123 中国人的劣根和优根：日本人眼中的近代中国 / 内山完造，渡边秀方，原惣兵卫著；尤炳圻等译. 南昌：江西人民出版社，2009，291 页.

1124 中国人的时间图像 / 埃里希·蒂斯著；马绎，刘媛译. 上海：同济大学出版社，2018，80 页.

1125 中国人的素质 / 明恩溥著；董秀菊译. 北京：北京出版社，2018，229 页.（国际名人看中国）
- 中国人的素质 / 亚瑟·史密斯著；梁根顺，杨达夏译. 西安：太白文艺出版社，2018，195 页.
- 中国人的性格 / 明恩溥著；陶林，韩利利译. 南京：江苏凤凰文艺出版社，2018，254 页.（"新历中国"系列）
- 话说中国人 / 明恩溥著；吴彬译. 北京：新世界出版社，2016，284 页.
- 中国人的德行 / 阿瑟·史密斯著；朱建国译. 南京：译林出版社，2016，297 页.（西方视野里的中国）
- 中国人的气质 / 明恩溥著；刘文飞，刘晓旸译. 南京：译林出版社，2016，278 页.（西方视野里的中国）
- 中国人的气质 / 明恩溥著；王怡翾译. 北京：电子工业出版社，2015，276 页.（寻路中国系列）
- 中国人的性情 / 阿瑟·史密斯著；晓敏译.3 版. 北京：中国法制出版社，2015，

271 页.

- 大国与小民：外国人眼中的中国范儿 / 明恩溥著；安娜译. 苏州：古吴轩出版社，2014，276 页.
- 华人特征 / 明恩溥著；吴宪整理. 影印本. 桂林：广西师范大学出版社，2014，10+359 页.（"中国研究"外文旧籍汇刊·中国记录. 第七辑；2/ 李国庆，何林夏主编）
- 外国人眼中的中国性格 / 阿瑟·亨德森·史密斯著；张睿君译. 广州：广东旅游出版社，2014，213 页.
- 中国人的德行 / 阿瑟·史密斯著；朱建国译. 南京：译林出版社，2014，297 页.（西方视野里的中国）
- 中国人的脸谱 / 亚瑟·亨·史密斯著；李楠译. 北京：北京联合出版公司，2014，229 页.
- 中国人的国民性 / 亚瑟·史密斯著；张梦阳，王丽娟译. 北京：中国长安出版社，2014，267 页.
- 中国人的文明与陋习 / 明恩溥著；李向晨，成江译. 西安：陕西人民出版社，2014，228 页.
- 中国人的气质：英文 / 明恩溥著. 南京：译林出版社，2014，273 页.（字里行间英文经典）
- 中国人的性格 / 阿瑟·史密斯著；鹤泉译. 北京：中国华侨出版社，2014，215 页.
- 中国人的气质 / 明恩溥著；刘文飞，刘晓旸译. 北京：东方出版社，2014，306 页.（学而丛书）
- 中国人的气质 / 明恩溥著；刘文飞，刘晓旸译. 南京：译林出版社，2014，280 页（汉译经典）
- 中国人的性情：最新最全译本 / 阿瑟·史密斯著；晓敏译. 2 版. 北京：中国法制出版社，2014，261 页.
- 中国人的气质 / 明恩溥著；刘文飞，刘晓旸译. 北京：北京联合出版公司，2013，306 页.（汉译文库）
- 中国人的素质 / 明恩溥著；董秀菊译. 北京：文津出版社，2013，263 页.
- 中国人的性情：最新最全译本 / 阿瑟·史密斯著；晓敏译. 北京：中国法制出版社，2013，261 页.
- 中国人的德行 / 明恩溥著；杜颖达译. 哈尔滨：哈尔滨出版社，2012，235 页.（知己文库）
- 中国人的脸谱 / 亚瑟·史密斯著；龙婧译. 合肥：安徽人民出版社，2012，257 页.（时代阅读经典文库）
- 中国人的气质：英汉对照 / 明恩溥著；刘文飞，刘晓旸译. 南京：译林出版社，2012，252 页.（双语译林. 壹力方库）

- 中国人的气质 / 明恩溥著；刘文飞，刘晓旸译. 南京：译林出版社，2011，306页.（汉译经典）
- 中国人的特性 / 明恩溥著；戴欢，代诗圆译. 武汉：长江文艺出版社，2011，229页.
- 中国人的性格 / 阿瑟·亨德森·史密斯著；姚锦镕译. 北京：中国华侨出版社，2011，248页.
- 中国人的气质 / 明恩溥著；刘文飞，刘晓旸译. 北京：北京理工大学出版社，2010，263页.（典藏书架）
- 中国人的气质 / 明恩溥著；刘文飞，刘晓旸译. 上海：文汇出版社，2010，332页.
- 中国人的性格 / 雅瑟·亨·史密斯著；李明良译. 西安：陕西师范大学出版社，2010，249页.
- 中国人的性格/阿瑟·史密斯著；徐晓敏译.北京：人民日报出版社，2010，275页.
- 中国人气质 / 明恩溥著；张梦阳，王丽娟译. 保定：河北大学出版社，2010，265页.（西方人看中国）
- 中国人的性情 / 阿瑟·史密斯著；王续然译. 北京：长征出版社，2009，253页.（图注经典·西方人之中国印象）
- 中国人的德行 / 亚瑟·亨·史密斯著；陈新峰译.2版. 北京：金城出版社，2008，289页.
- 中国人的脸谱：第三只眼睛看中国 / 亚瑟·亨·史密斯著；龙婧译. 西安：陕西师范大学出版社，2007，280页.
- 中国人的气质 / 明恩溥著；刘文飞，刘晓旸译. 上海：上海三联书店，2007，263页.（闲读世界人文书系 / 叶渭梁主编）
- 中国人的素质/亚瑟·史密斯著；梁根顺译.西安：太白文艺出版社，2007，255页.
- 中国人德行 / 亚瑟·史密斯著；张梦阳，王丽娟译. 台北：泰电电业股份有限公司，2006，359页.（谷雨；1）
- 中国人的气质 / 明恩溥著；佚名译. 北京：中华书局，2006，49+248页.（西方的中国形象）
- 中国人的人性 / 阿瑟·亨德森·史密斯著；姚锦镕译. 北京：中国和平出版社，2006，217页.
- 中国人德行 / 亚瑟·史密斯著；张梦阳，王丽娟译. 北京：新世界出版社，2005，249页.
- 中国人的德行/亚瑟·亨·史密斯著；陈新峰译.北京：金城出版社，2005，363页.
- 文明与陋习 / 明恩溥著；舒扬等译. 太原：书海出版社，2004，240页.
- 中国人的素质 / 明恩溥著；林欣译. 北京：京华出版社，2002，339页.（精神收藏丛书）

- 中国人的素质 / 明恩溥著；秦悦译 . 2 版 . 上海：学林出版社，2001，332 页 .
- 中国人的性格 / 亚瑟·亨·史密斯著；乐爱国，张华玉译 . 香港：三联书店（香港）公司，2000，223 页 .
- 中国人的素质 / 明恩溥著；秦悦译 . 上海：学林出版社，1999，332 页 .
- 中国人的特性：全译本 / 明恩溥著；匡雁鹏译 . 北京：光明日报出版社，1998，429 页 .（五谷田文化译丛 . "西方人眼中的中国"名著译丛）
- 中国人的性格 / 亚瑟·亨·史密斯著；乐爱国，张华玉译 . 北京：学苑出版社，1998，11+284 页 .
- 中国人气质：外国人的中国观 / 亚瑟·亨·史密斯著；张梦阳，王丽娟译 . 兰州：敦煌文艺出版社，1995，309 页 .
- 中国人的性格 / 阿瑟·亨德森·史密斯著；吴湘川，王清淮译 . 延吉：延边大学出版社，1991，258 页 .

1126 中国人的心理 / 邦德主编；张世富等译 . 昆明：云南人民出版社，1990，292 页 .（社会心理学丛书 / 陈元晖主编）

1127 中国人的性格 / 罗素著；王正平译 . 北京：中国工人出版社，1993，199 页 .（罗素人文译丛）

1128 中国人的性格秘密 / 阿瑟·史密斯，辜鸿铭，桑原骘藏等著 . 北京：新世界出版社，2012，2 册（238；241 页）.
- 中国人三书 / 阿瑟·史密斯，桑原骘藏，辜鸿铭著 . 哈尔滨：北京文艺出版社，2006，323 页 .

1129 中国人美国人日本人 / 山本凯梅尔著；王超伟译 . 青岛：青岛出版社，2012，146 页 .

1130 中国人心理学：近代中国人的心路，走向现代文明坦途 / 彭迈克著 . 台北：顶渊文化事业公司，1988，208 页 .（精选文刊；33）

1131 中国人自画像 / 陈季同著；陈豪译 . 北京：金城出版社，2010，267 页 .
- 中国人自画像 / 陈季同著；段映虹译 . 桂林：广西师范大学出版社，2006，180 页 .（陈季同法文著作译丛）
- 中国人自画像 / 陈季同著；黄兴涛等译 . 贵阳：贵州人民出版社，1998，308 页 .

1132 中国社会的个体化 / 阎云翔著；陆洋等译 . 上海：上海译文出版社，2016，353 页 .
- 中国社会的个体化 / 阎云翔著；陆洋等译 . 上海：上海译文出版社，2012，386 页 .（复旦—哈佛当代人类学丛书）

1133 中国社会思想史：儒家思想、儒家式社会与马克思主义的中国化 / 宋荣培著 . 修订版 . 郑州：大象出版社，2016，372 页 .（国际汉学经典译丛）
- 中国社会思想史：儒家思想、儒家式社会与马克思主义的中国化 / 宋荣培著 . 北京：中国社会科学出版社，2003，457 页 .

1134 中国十亿城民：人类历史上最大规模人口流动背后的故事 / 汤姆·米勒著；李雪顺

译.厦门:鹭江出版社,2014,218页.

1135 中国文化基因库:汤用彤学术讲座之三/施舟人讲演.北京:北京大学出版社,2002,169页.(北大学术讲演丛书;17)

1136 中国乡村,社会主义国家/弗里曼,毕克伟,塞尔登等著;陶鹤山译.北京:社会科学文献出版社,2002,410页.(喜玛拉雅学术文库·阅读中国系列)

1137 中国与中国人:图文版/倪维思著;张勇译.北京:新华出版社,2014,244页.(新华史海镜鉴丛书)
   ➢ 中国和中国人/倪维思等著;崔丽芳译.北京:中华书局,2011,11+400页.(西方的中国形象)

1138 中国族产制度考/清水盛光著;宋念慈译.台北:中国文化大学出版部,1986,205页.

1139 "自我"中国:现代中国社会中个体的崛起/贺美德,鲁纳编著;许烨芳等译.上海:上海译文出版社,2011,297页.(复旦—哈佛当代人类学丛书)

(二)研究著作

1140 超越时空的管理智慧之光:中国管理哲学的现代应用.第三辑/成中英,周瀚光主编.上海:中国纺织大学出版社,1999,10+157页.
   ➢ 超越时空的管理智慧之光:中国管理哲学的现代应用.第二辑/成中英,周瀚光主编.上海:中国纺织大学出版社,1998,198页.
   ➢ 超越时空的管理智慧之光:中国管理哲学的现代应用/成中英,周瀚光主编.上海:中国纺织大学出版社,1997,166页.

1141 从敦煌学到域外汉文学/王昆吾著.北京:商务印书馆,2003,376页.(新清华文丛)

1142 从外部世界看中国:positions杂志20年精粹/白露,方红,周宪主编.南京:南京大学出版社,2016,254页.

1143 大中华帝国/周宁著/编注.北京:学苑出版社,2004,462页.(中国形象:西方的学说与传说;2)

1144 第二人类/周宁著/编注.北京:学苑出版社,2004,599页.(中国形象:西方的学说与传说;7)

1145 孔教乌托邦/周宁著/编注.北京:学苑出版社,2004,716页.(中国形象:西方的学说与传说;6)

1146 理性、学术和道德的知识传统/李弘祺编.台北:喜玛拉雅研究发展基金会,2003,82+634页.(中华文明二十一世纪新意义系列丛书;3)

1147 历史的沉船/周宁著/编注.北京:学苑出版社,2004,428页.(中国形象:西方的学说与传说;5)

1148 龙的幻象 / 周宁著 / 编注 . 北京：学苑出版社，2004，2 册（1015 页）.（中国形象：西方的学说与传说；8）

1149 凝视中国：外国人眼里的中国人 / 解本亮著 . 北京：民族出版社，2004，261 页 .

1150 契丹传奇 / 周宁著 / 编注 . 北京：学苑出版社，2004，441 页 .（中国形象：西方的学说与传说；1）

1151 巧权力视阈下的西方涉华舆论研究：基于传播学的思考 / 武闽著 . 北京：世界知识出版社，2013，291 页 .

1152 入江昭对世界与中国的中间主义立场：一种多元身份的知识视野 / 刘克伦，石之瑜著 . 台北：台湾大学政治学系中国大陆暨两岸关系教学与研究中心，2010，294 页 .（中国学的知识社群欧美系列；6）

1153 世纪中国潮 / 周宁著 / 编注 . 北京：学苑出版社，2004，537 页 .（中国形象：西方的学说与传说；3）

1154 天禄论丛：北美华人东亚图书馆员文集 .2009/ 李国庆，邵东方主编 . 桂林：广西师范大学出版社，2009，238 页 .

> 天禄论丛：北美华人东亚图书馆员文集 .2010/ 李国庆，邵东方主编 . 桂林：广西师范大学出版社，2010，259 页 .

> 天禄论丛：中国研究图书馆员学会学刊 . 第 1 卷 2011 年 3 月 / 李国庆，徐鸿主编 . 桂林：广西师范大学出版社，2011，131 页 .

> 天禄论丛：中国研究图书馆员学会学刊 . 第 2 卷 2012 年 3 月 / 徐鸿，马小鹤主编 . 桂林：广西师范大学出版社，2012，227 页 .

> 天禄论丛：中国研究图书馆员学会学刊 . 第 3 卷 2013 年 3 月 / 马小鹤，蒋树勇主编 . 桂林：广西师范大学出版社，2013，162 页 .

> 天禄论丛：中国研究图书馆员学会学刊 . 第 4 卷 2014 年 3 月 / 蒋树勇，郑力人主编 . 桂林：广西师范大学出版社，2014，204 页 .

> 天禄论丛：中国研究图书馆员学会学刊 . 第 5 卷 2015 年 3 月 / 郑力人，杨涛主编 . 桂林：广西师范大学出版社，2015，252 页 .

> 天禄论丛：中国研究图书馆员学会学刊 . 第 6 卷 2016 年 3 月 / 杨涛，李国庆主编 . 桂林：广西师范大学出版社，2016，155 页 .

> 天禄论丛：中国研究图书馆员学会学刊 . 第 7 卷 2017 年 3 月 / 李国庆，徐鸿主编 . 桂林：广西师范大学出版社，2017，226 页 .

> 天禄论丛：中国研究图书馆员学会学刊 . 第 8 卷 2018 年 3 月 / 徐鸿，郑力人主编 . 桂林：广西师范大学出版社，2018，274 页 .

1155 外国人看中国人 100 年 / 沙莲香主编 . 太原：山西教育出版社，1999，507 页 .

1156 外国人心目中的中华民族 / 孔庆峰，刘鹏主编 . 青岛：青岛海洋大学出版社，1994，251 页 .（爱国主义丛书 / 张开城主编）

> 外国人心目中的中华民族 / 孔庆峰，刘鹏主编 . 青岛：青岛海洋大学出版社，

1993，248 页．（爱国主义丛书/张开城主编）

1157 万国公报文选/李天纲编校．上海：中西书局，2012，10+36+655 页．（中国近代学术名著/钱锺书主编）

> 万国公报文选/李天纲编校．北京：生活·读书·新知三联书店，1998，10+751 页．（中国近代学术名著）

> 万国公报文选/李天纲编校．香港：三联书店（香港）公司，1998，751 页．（中国近代学术名著丛书）

1158 鸦片帝国/周宁著/编注．北京：学苑出版社，2004，601 页．（中国形象：西方的学说与传说；4）

1159 易经管理哲学基础/成中英编著．南京：江苏人民出版社，2015，11+414 页．

1160 永远的乌托邦：西方的中国形象/周宁著．武汉：湖北教育出版社，2000，277 页．（六洲歌头·当代文化批评丛书）

1161 余英时学术思想文选/何俊编．上海：上海古籍出版社，2010，573 页．

1162 战争灾害与社会变迁：腾冲抗战的社会人类学研究/荻野昌弘，李永祥主编．昆明：云南美术出版社，2012，2013 印，262 页．

1163 张荫麟全集/陈润成，李欣荣编．北京：清华大学出版社，2013，3 册（36+1924 页）．

1164 中国东南地区人才问题国际研讨会论文集：中国东南地区人才的历史、现状、未来与振兴对策（1992 年 11 月 3 日至 6 日，杭州—湖州）/缪进鸿，郑云山主编．杭州：浙江大学出版社，1993，401 页．

1165 中国近代城市文化的动态发展：人文空间的新视野/苏基朗主编．杭州：浙江大学出版社，2012，201 页．

1166 中国社会科学全球化：费孝通 105 周年诞辰纪念文集．第一卷/王斯福，常向群，周大鸣主编．北京：新世界出版社，2016，175 页．（读懂中国与世界系列丛书；2/郑杭生，常向群主编）

1167 中国人类学．第一辑/周永明主编．北京：商务印书馆，2015，333 页．

1168 中国现代学术经典，洪业杨联陞卷/刘梦溪主编；王钟翰，姚念兹，达力扎布编校．石家庄：河北教育出版社，1996，76+933 页．

1169 中国现代学术经典，赵元任卷/刘梦溪主编；胡明扬，王启龙编校．石家庄：河北教育出版社，1996，76+905 页．

1170 中日家族研究/首藤明和，王向华，宋金文编．杭州：浙江大学出版社，2013，456 页．

D

政治、法律

一、政治

（一）译著

1171 1898：一个英国女人眼中的中国 / 伊莎贝拉·伯德著；卓廉士，黄刚译 . 武汉：湖北人民出版社，2007，371 页 .

1172 18 世纪末吧达维亚唐人社会：吧城公馆档案研究 / 包乐史，吴凤斌著 . 厦门：厦门大学出版社，2002，409 页 .（厦门大学东南亚研究中心系列丛书 . 东南亚与华侨华人研究系列；1）

1173 1927—1937 年的上海：市政权、地方性和现代化 / 安克强著；张培德等译 . 上海：上海古籍出版社，2004，211 页 .（上海史研究译丛）

1174 1949 年以来中国在西方的形象 / 马克林著；张勇先，吴迪译 . 香港：香港中和出版有限公司，2013，268 页 .（20 世纪中国）
  ➢ 我看中国：1949 年以来中国在西方的形象 / 马克林著；张勇先，吴迪译 . 北京：中国人民大学出版社，2013，216 页 .

1175 1976—1980 年我在中国当大使：前联邦德国驻中国大使的回忆 / 魏克德著；祖卫等译 . 北京：中国华侨出版公司，1989，383 页 .（蓝眼睛—从外部看中国译丛）

1176 20 年后，中国和世界 / 皮埃尔·皮卡尔著；陈昊源译 . 南京：江苏人民出版社，2012，257 页 .

1177 20 世纪 20 年代苏联情报机关在中国 / 维克托·乌索夫著；赖铭传重译；焦广田，冯炜初译 . 北京：解放军出版社，2007，307 页 .

1178 20 世纪 30—40 年代中国的农村生活：对云南高峣的社区研究 / 科尼利尔斯·奥斯古德著；何国强译 . 上海：复旦大学出版社，2017，374 页 .

1179 20 世纪 30 年代的中国政治史：中国共产党的危机与再生 / 田中仁著；赵永东等译

校.天津：天津社会科学院出版社，2007，313页.

1180 20世纪30年代苏联情报机关在中国/维克托·乌索夫著；赖铭传译.北京：解放军出版社，2013，573页.

1181 20世纪中国禁毒史：民族主义、历史和国家建构/周永明著；石琳译.北京：商务印书馆，2016，247页.

1182 埃及人眼中的中国/穆罕默德·努曼·贾拉勒主编；王有勇译.上海：上海外语教育出版社，2006，243页.

1183 爱国贼/加藤嘉一著.台北：大块文化出版股份有限公司，2011，313页.（From；73）

1184 澳大利亚华人史：1800—1888/艾瑞克·罗斯著；张威译.广州：中山大学出版社，2017，16+418页.

> 澳大利亚华人史：1888—1995/艾瑞克·罗斯著；张威译.广州：中山大学出版社，2009，497页.

1185 八十年代的台湾政治：外国人眼中的观点/高立夫等著；刘寿琦等译.台北：洞察出版社，1986，180页.（风云政治；2）

1186 巴布亚新几内亚华人百年史：1880—1908/吴燕和著；王维兰译.台北：正中书局，1985，208页.（海外华人社会研究丛书；7）

1187 白俄罗斯人看中国/托济克·阿纳托利·阿法纳西耶维奇等著；王宗琥等译.北京：世界知识出版社，2014，335页.

1188 百年沧桑：移民美国史画/张哲瑞联合律师事务所编著.北京：中央编译出版社，2004，231页.

1189 百年前的中国：美国作家笔下的南国纪行/哈利·弗兰克著；符金宇译.成都：四川人民出版社，2018，628页.

1190 北京的社会调查/西德尼·D.甘博著；陈愉秉等译.北京：中国书店，2010，2册（692页）.

1191 北宋版通典/杜佑著；长泽规矩也，尾崎康校；韩昇译.影印本.上海：上海人民出版社，2008，9册.

1192 比较视野中的中国社会团体与地方治理/辻中丰编著；黄媚译.北京：社会科学文献出版社，2016，251页.

1193 秘鲁的中国移民研究：考古、历史及社会/理查德·楚伟，李静娜，安东尼奥·科埃略编；何美兰等译.天津：天津古籍出版社，2015，10+553页.（河北师范大学秘鲁研究中心丛书/戴建兵主编）

1194 秘鲁华奴/瓦特·斯图尔特著；倪润浩译.重庆：新华出版社，1986，190页.

> 秘鲁华工史：1849—1874/瓦特·斯图尔特著；张铠，沈桓译.北京：海洋出版社，1985，234页.

1195 变革之声：参与式监测与评估在中国的实践/罗尼·魏努力，孙秋，许建初原编著；周丕文等译. 昆明：云南科技出版社，2005，14+102 页.

1196 变化中的中国人 / 爱德华·阿尔斯沃斯·罗斯著；李国庆整理. 桂林：广西师范大学出版社，2017，372 页.

> 19—20 世纪之交的中国 /E.A. 罗斯著；张彩虹译. 北京：中央编译出版社，2016，350 页.

> 变化中的中国人 /E.A. 罗斯著；李上译. 北京：电子工业出版社，2016，229 页.（寻路中国系列）（寻路中国系列）

> 变化中的中国人 /E.A. 罗斯著；何蕊译. 南京：译林出版社，2016，184 页.（西方视野里的中国）

> 变化中的中国人 /E.A. 罗斯著；何蕊译. 南京：译林出版社，2015，184 页.（西方视野里的中国）

> 变化中的中国人 /E.A. 罗斯著；李上译. 北京：电子工业出版社，2012，190 页.（寻路中国系列）

> 变化中的中国人 /E.A. 罗斯著；公茂虹，张皓译. 北京：中华书局，2006，209 页.（西方的中国形象）

> 病痛时代：19—20 世纪之交的中国 /E.A. 罗斯著；张彩虹译. 北京：中央编译出版社，2005，255 页.

> E.A. 罗斯眼中的中国 /E.A. 罗斯著；晓凯译. 重庆：重庆出版社，2004，230 页.

> 变化中的中国人 /E.A. 罗斯著；公茂虹，张皓译. 北京：时事出版社，1998，320 页.（五谷田文化译丛. 西方视野里的中国形象）

1197 "不死的中国人"：他们干活，挣钱，改变着意大利，因此令当地人害怕 / 拉菲尔—欧利阿尼，李卡多—斯达亚诺著；邓京红译. 北京：社会科学文献出版社，2011，221+28 页.（当代中国研究译丛）

1198 茶馆：成都的公共生活和微观世界，1900—1950/ 王笛著译. 北京：社会科学文献出版社，2015，15+431 页.（社科文献精品译库）

> 茶馆：成都的公共生活和微观世界，1900—1950/ 王笛著译. 北京：社会科学文献出版社，2010，18+507 页.

1199 城市里的陌生人：中国流动人口的空间、权力与社会网络的重构 / 张鹂著；袁长庚译. 南京：江苏人民出版社，2014，254 页.（凤凰文库·海外中国研究系列）

1200 传统中国的内发性发展 / 三石善吉著；余项科译. 北京：中央编译出版社，1999，216 页.（发现中国丛书）

1201 重返中国 / 海伦·福斯特·斯诺著. 北京：中国发展出版社，1991，470 页.（国际友人丛书）

1202 重访中国 / 蒋彝著；殷志鹏，廖慈节同译. 香港：生活·读书·新知三联书店香港分店，1980，186 页.

1203 重建中国社会 / 郑永年著. 北京：东方出版社，2016，178 页.

1204 垂虹问俗：田野中的近现代江南社会与文化 / 佐藤仁史等著 . 广州：广东人民出版社，2018，16+317 页 .

1205 从苦力到主人翁：纪念华人到古巴 150 周年 / 梅塞德斯·克雷斯波·德格拉著；刘真理，王树雄译 . 北京：世界知识出版社，1997，74 页 .

1206 从历史角度看海外华人社会变革 / 颜清湟著 . 新加坡：新加坡青年书局，2007，504 页 .（南洋大学学术论丛；5）

1207 从群众到公民：中国的政治参与 / 托马斯·海贝勒，君特·舒耕德著；张文红译 . 北京：中央编译出版社，2009，262 页 .（中国民主治理研究丛书 / 俞可平主编）

1208 从世界窗口看神州返老还童 / 谭中著 . 新加坡：新加坡青年书局，2008，211 页 .（再出发文化丛书；10）

1209 从中国到加拿大 / 魏安国等著；许步曾译 . 上海：上海社会科学院出版社，1988，507 页 .

1210 大格局：中国崛起应该超越情感和意识形态 / 郑永年著 . 北京：东方出版社，2014，214 页 .（IPP 文库 . 中国研究书丛）

1211 大国复兴：中国道路为什么如此成功 / 熊玠著；李芳译 . 武汉：湖北教育出版社，2016，247 页 .

1212 大国海盗 / 雪珥著 . 台北：远流出版事业股份有限公司，2013，16+307 页 .（实用历史丛书）

> 大国海盗 / 雪珥著 . 太原：山西人民出版社，2011，11+10+208 页 .

1213 大开放：美国人亲历中国改革开放 40 年 / 龙安志著；蒲昳林译 . 北京：中华工商联合出版社有限责任公司，2018，216 页 .

1214 大唐六典 / 李隆基撰；李林甫注；广池千九郎校注；内田智雄补订 . 影印本 . 西安：三秦出版社，1991，535 页 .

1215 当代中国政治研究：新材料、新方法和实地调查的新途径 / 寇艾伦等主编；许安结等译 . 北京：中国社会科学出版社，2014，12+290 页 .

1216 第三只眼睛看台湾 / 李桦著 . 北京：中国社会出版社，1997，525 页 .

1217 第三只眼睛看中国 / 洛伊宁格尔著；王山译 . 太原：山西人民出版社，1994，268 页 .

1218 第三只眼睛看中国 / 王山著 . 香港：明报出版社，1994，295 页 .（焦点文库）

1219 顶起大半边天：纽约市的华人服装女工：1948—1992/ 鲍晓兰著；马元曦译 . 天津：天津人民出版社，2010，13+390 页 .（妇女与社会性别学书系）

1220 东方：第二次世界大战时期在新加坡以及后来在新中国的经历 / 汉森著；孙宛裳译 . 北京：国际文化出版公司，1985，163 页 .

1221 东方与西方：彭定康治港经验 / 彭定康著；蔡维先，杜默译 . 台北：时报文化出版企业公司，1998，423 页 .（历史与现场；102）

1222 东南亚—海外故乡 / 沈已尧著 . 北京：中国友谊出版公司，1985，119 页 .

1223 东南亚华侨经济简论 / 游仲勋著；郭梁，刘晓民译 . 厦门：厦门大学出版社，

1987，166 页 .（华侨、华人研究丛书）

1224 东南亚华人之研究 / 颜清湟著 . 香港：香港社会科学出版社有限公司，2008，401 页 .（北京大学华侨华人研究中心丛书；43）

1225 东亚海域与台湾的海盗 / 松浦章著；卞凤奎译 . 台北：博扬文化事业有限公司，2008，251 页 .（人文；20）

1226 都市里的农家女：性别、流动与社会变迁 / 杰华著；吴小英译 . 南京：江苏人民出版社，2006，332 页 .（海外中国研究丛书·女性系列）

1227 读懂中国改革 .2，寻找改革突破口 / 厉以宁，周其仁，郑永年等著 .2 版 . 北京：中信出版集团股份有限公司，2017，14+376 页 .

> 读懂中国改革 .2，寻找改革突破口 / 吴敬琏，周其仁，郑永年等著 . 北京：中信出版社，2014，14+324 页 .

1228 对话：中国模式 / 赵启正，约翰·奈斯比特，多丽丝·奈斯比特著 . 北京：新世界出版社，2010，231 页 .（新世界文库）

1229 对中国及中国人的观察 / 士觅威著；李国庆整理 . 影印本 . 桂林：广西师范大学出版社，2009，213 页 .（"中国研究"外文旧籍汇刊·中国记录 . 第一辑；2/ 李国庆，何林夏主编）

1230 俄国熊看中国龙：17—20 世纪中国在俄罗斯的形象：简缩本 / 亚·弗·卢金著；刘卓星等译 . 重庆：重庆出版社，2007，23+354 页 .（《俄罗斯进行曲》丛书）

1231 俄罗斯友人看中国 / 谢尔盖·列昂尼德维奇·齐赫文斯基等著；王宗琥等译 . 北京：世界知识出版社，2013，243 页 .

1232 二十世纪初期中国社会之演变：国家与河南地方精英，1900—1937/ 张信著；岳谦厚，张玮译 . 北京：中华书局，2004，373 页 .（世界汉学论丛）

1233 二十世纪的中国社会 / 森时彦主编；袁广泉译 . 北京：社会科学文献出版社，2011，2 册（699 页）.

1234 二十世纪华北农村社会经济研究 / 内山雅生著；李恩民，邢丽荃译 . 北京：中国社会科学出版社，2001，335 页 .

1235 二十世纪中国政治：从宏观历史与微观行动角度看 / 邹谠著 . 香港：牛津大学出版社，2017，307 页 .

> 二十世纪中国政治：从宏观历史与微观行动的角度看 / 邹谠著 . 香港：牛津大学出版社，2012，308 页 .

1236 发现中国：传统与现代 / 卜松山著；张伟译 . 北京：社会科学文献出版社，2016，13+211 页 .

1237 飞虎队员眼中的中国：1944—1945/ 艾伦·拉森图 / 文；比尔·迪柏图；严湛，严菡子翻译 . 上海：上海锦绣文章出版社，2010，228 页 .

1238 富态：腰围改变中国 / 保罗·弗伦奇，马修·格莱博著；贾蓓妮，关永强译 . 杭州：浙江大学出版社，2012，272 页 .

1239 改革都有红利吗？：一台国家机器的顶层设计与技术操盘 / 雪珥著 . 南京：江苏文艺出版社，2013，319 页 .

1240 改革及其敌人 / 郑永年著；黄彦杰编 . 杭州：浙江人民出版社，2011，289 页 .（郑永年看中国）

1241 甘蔗收割者：圭亚那契约华工史 / 特里夫 · 苏阿冠著；戴宁译 . 广州：广东人民出版社，2018，399 页 .（广东华侨史文库 / 张应龙主编）

1242 感受中国：20 世纪最后十年我的所见所闻 / 李莎 · 卡尔杜齐著；应远马译 . 北京：新世界出版社，2001，264 页 .

1243 隔岸观潮：外国政要眼中的中国 / 牟卫民主编 . 北京：中国社会出版社，2000，396 页 .

1244 根系神州：沈已尧言论选 / 沈已尧著；陈应良主编 . 香港：经济与法律出版社，1999，257 页 .（经济与法律丛书；9）

1245 共产国际、斯大林与中国革命 / 克劳丁原著；廖东，王宁编主译 . 北京：求实出版社，1982，164 页 .

1246 共产国际有关中国革命的文献资料 . 第三辑：1936—1943：1921—1936 补编 / 中国社会科学院近代史研究所翻译室编译 . 北京：中国社会科学出版社，1990，364 页 .

> 共产国际有关中国革命的文献 . 第二辑，1929—1936/ 中国社会科学院近代史研究所翻译室编译 . 北京：中国社会科学出版社，1982，481 页 .

> 共产国际有关中国革命的文献资料：1919—1928. 第一辑 / 中国社会科学院近代史研究所翻译室编译 . 北京：中国社会科学出版社，1981，610 页 .

1247 共产主义运动在中国 / 陈公博著；韦慕庭编；中国社会科学院近代史研究所翻译室译 . 北京：中国社会科学出版社，1982，157 页 .

1248 构想帝国：古代中国与古罗马比较研究 / 穆启乐，闵道安主编；李荣庆等译 . 上海：复旦大学出版社，2013，406 页 .

1249 关键时刻：中国改革何处去 / 郑永年著 . 北京：东方出版社，2014，284 页 .（IPP 文库 . 中国研究书丛）

1250 闺塾师：明末清初江南的才女文化 / 高彦颐著；李志生译 . 南京：江苏人民出版社，2005，420 页 .（海外中国研究丛书 · 女性系列）

1251 国家 · 独生子女 · 儿童观：对北京市儿童生活的调查研究 / 林光江著 . 北京：新华出版社，2009，313 页 .

1252 国旗 · 国歌 · 国庆：近代中国的国族主义与国家象征 / 小野寺史郎著；周俊宇译 . 北京：社会科学文献出版社，2014，335 页 .（日本京都大学中国研究系列；4）

1253 国外著名学者、政要论中国崛起 / 宿景祥，齐琳主编 . 北京：中央党校出版社，2007，406 页 .（中国和平发展道路丛书）

1254 国运 1909：晚清帝国的改革突围 / 雪珥著 . 北京：中国青年出版社，2017，19+487 页 .（雪珥—中国改革史系列 . 年代卷）

> 国运 1909：清帝国的改革突围 / 雪珥著 . 西安：陕西师范大学出版社，2010，317 页 .

1255 "故乡"与"他乡"：广东归侨的多元社区、文化适应 / 奈仓京子著 . 北京：社会科学文献出版社，2010，17+294 页 .（民族与社会丛书）

1256 哈佛看中国，政治与历史卷：全球顶级中国问题专家谈中国问题 / 张冠梓主编 . 北京：人民出版社，2010，323 页 .
> 哈佛看中国：全球顶级中国问题专家谈中国问题，经济与社会卷 / 张冠梓主编 . 北京：人民出版社，2010，289 页 .
> 哈佛看中国：全球顶级中国问题专家谈中国问题，文化与学术卷 / 张冠梓主编 . 北京：人民出版社，2010，300 页 .

1257 哈萨克斯坦人看中国 / 苏尔丹诺夫·库阿内什·苏尔丹诺维奇等著；王宗琥等译 . 北京：世界知识出版社，2013，225 页 .

1258 嗨，上海：1978—2009 百姓生活史 / 杨晓能著；龚建华摄 . 上海：上海锦绣文章出版社，2010，320 页 .

1259 孩提时代：两个传教士眼中的中国儿童生活 / 泰勒·何德兰，坎贝尔·布朗士著；王鸿涓译 . 北京：金城出版社，2011，238 页 .

1260 海上风云：南中国海的海盗及其不法活动 / 安乐博著；张兰馨译 . 北京：中国社会科学出版社，2013，243 页 .

1261 海外报刊谈中国 / 卫广益主编；冯大富，张瑛编 . 北京：新华出版社，1992，228 页 .

1262 海外华人的传统与现代化 / 颜清湟著 . 新加坡：南洋理工大学中华语言文化中心：八方文化创作室，2010，357 页 .（南洋人文丛书 . 华人研究；3）

1263 海外华人的社会变革与商业成长 / 颜清湟著 . 厦门：厦门大学出版社，2005，270 页 .（厦门大学东南亚研究中心系列丛书 . 东南亚与华侨华人研究系列；12）

1264 海外华人世界：族群、人物与政治 / 颜清湟著 . 新加坡：新加坡国立大学中文系：八方文化创作室，2017，260 页 .（东南亚华人研究丛书；14）

1265 海外华人与东南亚的经济发展 / 吴元黎，吴春熙著；陈永燡，杨保安译 . 台北：正中书局，1985，172 页 .（海外华人社会研究丛书；6）

1266 海外排华百年史 / 沈已尧著 . 4 版 . 台北：海峡学术出版社，1993，230 页 .（帝国主义批判丛书；2）
> 海外排华百年史 / 沈已尧著 . 增订版 . 北京：中国社会科学出版社，1980，217 页 .

1267 海外望神州：外国人眼中的中国改革开放 / 袁殿池编选 . 北京：人民文学出版社，2008，218 页 .

1268 海外学者论中国 / 张劲夫主编 . 北京：华夏出版社，1994，506 页 .

1269 汉代郡县制的展开 / 纸屋正和著；朱海滨译 . 上海：复旦大学出版社，2016，606 页 .（日本学者古代中国研究丛刊 / 徐冲主编）

1270 汉帝国的日常生活：公元前 202 年至公元 220 年 / 鲁惟一著；刘洁，余霄译 . 南京：

江苏人民出版社，2018，158 页.（凤凰文库·海外中国研究系列）

1271 汉人：中国人的生活和传教工作的故事 / 伯纳德·阿普沃德著；李国庆整理. 影印本. 桂林：广西师范大学出版社，2012，2017 重印，194 页.（"中国研究"外文旧籍汇刊·中国记录. 第三辑；9/ 李国庆，何林夏主编）

> 汉人：中国人的生活和我们的传教故事 / 余恩思著；邹秀英，徐鸿译. 北京：国家图书馆出版社，2013，173 页.（亲历中国丛书）

1272 何以为家：全球化时期华人的流散与播迁 / 胡其瑜著；周琳译. 杭州：浙江大学出版社，2015，250 页.（社会经济史译丛）

1273 荷兰文苏里南粤籍华侨史料编译 / 徐晓东编译. 广州：广东人民出版社，2016，446 页.（广东华侨史文库 / 张应龙主编）

1274 赫尔利将军与中国 /Russell Buhite 主讲；武竞时译. 台北：淡江大学出版部，1984，96 页.

1275 黑着：在美国的中国非法移民 / 彼得·邝著；王冰等译. 北京：世界知识出版社，2001，12+252 页.

1276 横贯大陆铁路的无名建设者 / 赵耀贵著；生键红译. 上海：百家出版社，2008，116 页.

1277 红色中国的两位天真汉 / 杰克·赫贝尔，皮埃尔·艾略特·特鲁多著；袁筱一，夏灵译. 上海：上海人民出版社，2005，197 页.

1278 红天鹅：中国独特的治理和制度创新 / 韩博天著；石磊译. 北京：中信出版集团股份有限公司，2018，217 页.

1279 红星照耀上海城：共产党对市政警察的改造：1942—1952/ 魏斐德著；梁禾译. 北京：人民出版社，2011，12+207 页.

1280 胡适与中国的文艺复兴：中国革命中的自由主义（1917—1937）/ 格里德著；鲁奇译.2 版. 南京：江苏人民出版社，2010，314 页.（海外中国研究丛书 / 刘东主编）

> 胡适与中国的文艺复兴：中国革命中的自由主义（1917—1937）/ 格里德著；鲁奇译. 南京：江苏人民出版社，1993，2005 重印，309 页.（海外中国研究丛书 / 刘东主编）

> 胡适与中国的文艺复兴：中国革命中的自由主义：1917—1950/ 格里德著；鲁译. 南京：江苏人民出版社，1989，389 页.（海外中国研究丛书）

1281 华北村治：晚清和民国时期的国家与乡村 / 李怀印著；岁有生，王士皓译. 北京：中华书局，2008，392 页.（中国乡村社会研究丛书）

1282 华北的饥荒：国家、市场与环境退化：1690—1949/ 李明珠著；石涛等译. 北京：人民出版社，2016，14+15+547 页.

1283 华南海盗：1790—1810/ 穆黛安著；刘平译. 北京：中国社会科学出版社，1997，259 页.

1284 华人与中国：王赓武自选集 / 王赓武著. 上海：上海人民出版社，2013，15+376 页.

1285 华人在蔗糖之国—古巴 / 梅塞德斯·克雷斯波·比利亚特著；刘真理译. 上海：复

旦大学出版社，1998，140 页．

1286 唤醒中国：国民革命中的政治、文化与阶级 / 费约翰著；李恭忠等译．北京：生活·读书·新知三联书店，2004，588 页．

1287 皇帝和祖宗：华南的国家与宗族 / 科大卫著；卜永坚译．香港：商务印书馆（香港）有限公司，2017，470 页．
> 皇帝和祖宗：华南的国家与宗族 / 科大卫著；卜永坚译．南京：江苏人民出版社，2010，466 页．（凤凰文库·海外中国研究系列）
> 皇帝和祖宗：华南的国家与宗族 / 科大卫著；卜永坚译．南京：江苏人民出版社，2009，466 页．（海外中国研究丛书 / 刘东主编）

1288 "黄祸论"历史资料选辑 / 吕浦等编译．北京：中国社会科学出版社，1979，396 页．

1289 灰色上海，1937—1945：中国文人的隐退、反抗与合作 / 傅葆石著；张霖译．2 版，修订版．北京：生活·读书·新知三联书店，2014，237 页．
> 灰色上海，1937—1945：中国文人的隐退、反抗与合作 / 傅葆石著；张霖译．北京：生活·读书·新知三联书店，2012，237 页．

1290 毁灭的种子：战争与革命中的国民党中国（1937—1949）/ 易劳逸著；王建朗等译．南京：江苏人民出版社，2014，262 页．（海外中国研究丛书精品系列 / 刘东主编．第一辑）
> 毁灭的种子：战争与革命中的国民党中国 / 易劳逸著；王建朗等译．南京：江苏人民出版社，2010，253 页．（凤凰文库·海外中国研究系列）
> 毁灭的种子：战争与革命中的国民党中国（1937—1949）/ 易劳逸著；王建朗等译．南京：江苏人民出版社，2009，262 页．（海外中国研究丛书）
> 蒋介石与蒋经国：1937—1949/ 易劳逸著；王建朗，王贤知译．北京：中国青年出版社，1989，293 页．

1291 基督徒心灵与华人精神：香港的一个客家社区 / 郭思嘉著；谢胜利译．北京：社会科学文献出版社，2013，239 页．（海外客家研究译丛）

1292 极左思潮与中国：1958—1981/ 约瑟夫著；夏军等译．南京：东南大学出版社，1989，296 页．

1293 记忆的性别：农村妇女和中国集体化历史 / 贺萧著；张赟译．北京：人民出版社，2017，439 页．

1294 技术、性别、历史：重新审视帝制中国的大转型 / 白馥兰著；吴秀杰，白岚玲译．南京：江苏人民出版社，2017，322 页．（凤凰文库·海外中国研究系列）

1295 技术赋权：中国的互联网、国家与社会 / 郑永年著；邱道隆译．北京：东方出版社，2014，30+247 页．（IPP 文库·中国研究译丛）

1296 技术与性别：晚期帝制中国的权力经纬 / 白馥兰著；江湄，邓京力译．南京：江苏人民出版社，2006，430 页．（海外中国研究丛书 / 刘东主编）

1297 加藤嘉一的留言：其实离不开 / 加藤嘉一著；张舒鹏译．北京：东方出版社，

2014，188 页．

1298 假想的"满大人"：同情、现代性与中国疼痛/韩瑞著；袁剑译．南京：江苏人民出版社，2013，352 页．（凤凰文库·海外中国研究系列）

1299 见证罪恶：日本的"我的奋斗"/欧文·华莱士著；王金铃译．济南：济南出版社，2005，198 页．

1300 叫街者：中国乞丐文化史/卢汉超著．北京：社会科学文献出版社，2012，310 页．

1301 觉醒后的中国/姆巴·阿苏梅著；罗汉苏译．北京：世界知识出版社，2003，138 页．（中国—非洲丛书）

1302 教养身体的政治：中国国民党的新生活运动/深町英夫著/译．北京：生活·读书·新知三联书店，2017，296 页．

1303 姐妹们与陌生人：上海棉纱厂女工，1919—1949/艾米莉·洪尼格著；韩慈译．南京：江苏人民出版社，2011，255 页．（凤凰文库·海外中国研究系列）

1304 金翼：中国家族制度的社会学研究/林耀华著．北京：商务印书馆，2015，244 页．（中华现代学术名著丛书）
  ➢ 金翼：一个中国家族的史记/林耀华著；庄孔韶，方静文译．北京：生活·读书·新知三联书店，2015，211 页．
  ➢ 金翅：传统中国家庭的社会化过程/林耀华著；宋和译．3 版，修订本．苗栗：桂冠图书股份有限公司，2012，16+283 页．（桂冠新知系列丛书）
  ➢ 金翼：中国家族制度的社会学研究/林耀华著；庄孔韶，林宗成译．2 版．北京：生活·读书·新知三联书店，2008，228 页．（中国经验丛书）
  ➢ 金翼：中国家族制度的社会学研究/林耀华著；庄孔韶，林宗成译．香港：三联书店（香港）公司，1990，207 页．（三联精选；5）
  ➢ 金翼：中国家族制度的社会学研究/林耀华著；庄孔韶，林宗成译．北京：生活·读书·新知三联书店，1989，214 页．
  ➢ 金翅：传统中国家庭的社会化过程/林耀华著；宋和译．2 版，修订本．台北：桂冠图书公司，1989，290 页．（桂冠社会学丛书；7）
  ➢ 金翅：传统中国家庭的社会化过程/林耀华著；宋和译．修订本．台北：桂冠图书公司，1986，290 页．（桂冠社会学丛书；14）

1305 金山路漫漫/麦美玲，迟进之著；崔树芝译．北京：新华出版社，1987，228 页．

1306 金山谣：美国华裔妇女史/令狐萍著．增订版．台北：秀威资讯科技股份有限公司，2015，398 页．（秀威文哲丛书；8）
  ➢ 金山谣：美国华裔妇女史/令狐萍著．北京：中国社会科学出版社，1999，288 页．（中华美国学丛书）

1307 近代广东的政党·社会·国家：中国国民党及其党国体制的形成过程/深町英夫著．北京：社会科学文献出版社，2003，358 页．（海外中国近代史研究文库）

1308 近代日本政军关系研究：日本发动侵华战争的历史渊源/纐纈厚著；顾令仪等

译 . 北京：社会科学文献出版社，2012，10+389 页 .（中日历史问题译丛）

1309　近代上海日侨社会史 / 高纲博文著；陈祖恩译 . 上海：上海人民出版社，2014，345 页 .

1310　近代中国的知识分子与文明 / 佐藤慎一著；刘岳兵译 . 南京：江苏人民出版社，2014，280 页 .（海外中国研究丛书精品系列 / 刘东主编 . 第一辑）
- ➤ 近代中国的知识分子与文明 / 佐藤慎一著；刘岳兵译 . 南京：江苏人民出版社，2008，292 页 .（凤凰文库·海外中国研究系列）
- ➤ 近代中国的知识分子与文明 / 佐藤慎一著；刘岳兵译 . 南京：江苏人民出版社，2006，280 页 .（海外中国研究丛书）

1311　近代中国妇女史日文资料目录 / 藤井志津枝主编 . 台北："中央研究院"近代史研究所，1995，1 册 .（"中央研究院"近代史研究所目录汇编；7）

1312　近代中国思想人物论：自由主义 / 史华慈等著 . 台北：时报文化出版公司，1985，456 页 .（学术丛书；27）

1313　经学、政治和宗族：中华帝国晚期常州今文学派研究 / 艾尔曼著；赵刚译 . 南京：江苏人民出版社，1998，2005 重印，19+266 页 .（海外中国研究丛书 / 刘东主编）
- ➤ 经学、政治和宗族：中华帝国晚期常州今文学派研究 / 艾尔曼著；赵刚译 . 南京：江苏人民出版社，1998，20+291 页 .（海外中国研究丛书）

1314　九品官人法研究：科举前史 / 宫崎市定著；韩昇，刘建英译 . 北京：中华书局，2008，20+449 页 .（日本学者中国史研究丛刊）

1315　救亡与传统：五四思想形成之内在逻辑 / 近藤邦康著；丁晓强等译 . 太原：山西人民出版社，1988，263 页 .（五四与现代中国丛书 / 张静如主编）

1316　君主与大臣：清中期的军机处 1723—1820/ 白彬菊著；董建中译 . 北京：中国人民大学出版社，2018，576 页 .（海外中国研究文库 . 一力馆 / 董建中主编）
- ➤ 君主与大臣：清中期的军机处（1723—1820）/ 白彬菊著；董建中译 . 北京：中国人民大学出版社，2017，13+435 页 .（国家清史编纂委员会·编译丛刊）

1317　抗日战争时期的中国民众：饥饿、社会改革和民族主义 / 石岛纪之著；李秉奎等译 . 北京：中国社会科学出版社，2016，246 页 .（鼓楼史学丛书海外中国研究系列）

1318　科举 / 宫崎市定著；宋宇航译 . 杭州：浙江大学出版社，2018，159 页 .（启真·文史中国）

1319　口述：最早发现北美洲的中国移民 / 保罗·夏亚松著；暴永宁译 . 北京：生活·读书·新知三联书店，2009，332 页 .（新知文库；18）

1320　苦海求生：抗战时期的中国难民 / 萧邦齐著；易丙兰译 . 太原：山西人民出版社，2016，331 页 .（汉唐阳光 / 汉译经典系列）

1321　跨域史学：近代中国与南洋华人研究的新视野 / 黄贤强著 . 台北：龙视界，2015，317 页 .（时间长河系列；VHC02）

> 跨域史学：近代中国与南洋华人研究的新视野 / 黄贤强著. 厦门：厦门大学出版社，2008，290 页.（厦门大学国学研究院资助出版丛书；4）

1322　来自美国的中国秘密：美国国会对华政治经济军事形势的剖析 / 美国国会技术评估办公室主编，克里格·阿伦，马修·丁·布里扎著；陈明等编译. 成都：四川人民出版社，1989，324 页.

1323　劳作的女人：20 世纪初北京的城市空间和底层女性的日常生活 / 程为坤著；杨可译. 北京：生活·读书·新知三联书店，2015，256 页.

1324　李光耀论中国与世界 / 李光耀口述；格雷厄姆·艾利森，罗伯特·D·布莱克威尔，阿里·温尼编；蒋宗强译. 北京：中信出版社，2013，28+216 页.

1325　李鸿章政改笔记 / 雪珥著. 北京：线装书局，2013，276 页.

1326　理解农民中国：社会科学哲学的案例研究 / 李丹著；张天虹等译. 南京：江苏人民出版社，2009，401 页.（海外中国研究丛书. 海外学子系列）

> 理解农民中国：社会科学哲学的案例研究 / 李丹著；张天虹等译. 南京：江苏人民出版社，2008，401 页.（凤凰文库·海外中国研究系列）

1327　理解中国：对话德国前总理施密特 / 赫尔穆特·施密特，弗朗克·西伦著；梅兆荣等译. 海口：海南出版社，2009，247 页.

1328　历史宝筏：过去、西方与中国妇女问题 / 季家珍著；杨可译. 南京：江苏人民出版社，2011，319 页.（凤凰文库·海外中国研究系列）

1329　历史大变局下的中国战略定位 / 周力农著. 北京：九州出版社，2011，317 页.

1330　林村的故事：一九四九年后的中国农村变革 / 黄树民著；素兰，纳日碧力戈译. 北京：生活·读书·新知三联书店，2002，23+275 页.（中国经验）

> 林村的故事：一九四九后的中国农村变革 / 黄树民著；素兰译. 台北：张老师出版社，1994，320 页.（文化显影系列；16）

1331　另类的现代性：改革开放时代中国性别化的渴望 / 罗丽莎著；黄新译. 南京：江苏人民出版社，2006，331 页.（海外中国研究丛书·女性系列）

1332　留法勤工俭学运动小史 / 森时彦著；史会来，尚信译. 郑州：河南人民出版社，1985，238 页.

1333　龙行天下：海外华人的巨大影响力 / 斯特林·西格雷夫著；林文集，真如译. 海口：海南出版社，1999，273 页.

> 龙的帝国：华人在太平洋区的巨大影响力 / 斯特林·席格烈夫著；林文集，真如译. 台北：智库公司，1996，337 页.（智库；10）

1334　龙象之争：中国、印度与世界新秩序 / 戴维·史密斯著；丁德良译. 北京：当代中国出版社，2007，215 页.（读书人三新系列：新视野·新体验·新问题）

> 中国龙与印度象：改变新世界经济的十大威胁 / 大卫·史密斯著；罗耀宗译. 台北：知识流出版股份有限公司，2007，263 页.（经济新思潮；4）

1335　龙与鹰：中美政治的文化比较 / 罗素·邓肯著；胡宗锋译. 西安：陕西师范大学出

版总社，2014，204 页．

1336 论现代与传统的理性的结合：三民主义的中西哲学基础 / 成中英著．台北："中央研究院"三民主义研究所，1984，84 页．（"中央研究院"三民主义研究所丛刊；15）

1337 论中央地方关系：中国制度转型中的一个轴心问题 / 吴国光，郑永年著．香港：牛津大学出版社，1995，209 页．（社会与思想丛书）

1338 洛克菲勒基金会与协和模式 / 玛丽·布朗·布洛克著；张力军，魏柯玲译．北京：中国协和医科大学出版社，2014，272 页．（美国中华医学基金会百年译丛）

1339 马来西亚华人延伸、独有及融合的中华文化 / 李灵窗著．福州：海峡文艺出版社，2004，181 页．

1340 满与汉：清末民初的族群关系与政治权力（1861—1928）/ 路康乐著；王琴，刘润堂译．北京：中国人民大学出版社，2010，441 页．（国家清史编纂委员会·编译丛刊）

1341 漫步中国 / 费兰控著；曾建华等译．武汉：长江文艺出版社，2002，303 页．（往事中国丛书）

1342 漫长的革命 / 埃德加·斯诺著；贺和风译．北京：东方出版社，2005，238 页．
  ➢ 漫长的革命：紫禁城上话中国 / 埃德加·斯诺著；胡为雄译．乌鲁木齐：新疆大学出版社，1994，369 页．
  ➢ 漫长的革命 / 斯诺著；东方极译．北京：农村读物出版社，1989，182 页．

1343 毛泽东与红卫兵 / 陈佩华著．修订版．新北：新潮社文化事业有限公司，2011，282 页．（人物传奇；19）
  ➢ 毛泽东与红卫兵的故事 / 陈佩华著．台北：新潮社文化事业有限公司，2007，282 页．（智典传记系列；9）
  ➢ 毛主席的孩子们：红卫兵一代的成长和经历 / 陈佩华著．台北：桂冠图书公司，1997，272 页．
  ➢ 毛主席的孩子们：红卫兵一代的成长与经历 / 阿妮达·陈著；史继平译．天津：渤海湾出版公司，1988，281 页．

1344 毛泽东最后的革命 / 罗德里克·麦克法夸尔，沈迈克著；关心译．台北：左岸文化，2009，654 页．（左岸历史；124）

1345 矛与盾的共存：明清时期江西社会研究 / 吴金成著；崔荣根译．南京：江苏人民出版社，2018，391 页．（凤凰文库·海外中国研究系列）

1346 美国的中国形象 / 哈罗德·伊罗生著；于殿利，陆日宇译．北京：中华书局，2006，31+281 页．（西方的中国形象）
  ➢ 美国的中国形象 / 哈罗德·伊萨克斯著；于殿利，陆日宇译．新竹：花神出版社，2005，328 页．（西方视野里的中国形象）
  ➢ 美国的中国形象 / 哈罗德·伊萨克斯著；于殿利，陆日宇译．北京：时事出版

社，1999，358 页.（西方视野里的中国形象）

1347　美国华人经济现况 / 吴元黎主编；广树诚译 . 台北：正中书局，1985，192 页.（海外华人社会研究丛书；4）

1348　美国华人社会的变迁 / 周敏著；郭南审译 . 上海：上海三联书店，2006，396 页.（当代女学者论丛）

1349　美国华人史 / 陈依范著；韩有毅等译 . 北京：世界知识出版社，1987，325 页.
> 美国华人 / 陈依范著；郁苓，郁怡民译 . 北京：工人出版社，1985，314 页.

1350　美国华人史：十九世纪至二十一世纪初，一百五十年华人史诗 / 张纯如著；陈荣彬译 . 新北：远足文化事业股份有限公司，2018，519 页.（远足新书；10）

1351　美国梦的挑战：在美国的华人 / 许烺光著；单德兴译 . 台北：南天书局，1997，186 页.（许烺光著作集；7）

1352　美国能向中国学什么 / 李淯著；章晓英译 . 北京：红旗出版社，2012，14+212 页.（解读中国书系）

1353　美国女学者眼里的中国女性 / 艾米莉·韩尼格，盖尔·贺肖著；陈山等译 . 西安：陕西人民出版社，1999，15+288 页.

1354　美国人与中国共产党人 / 休梅克著；郑志宁等译 . 长春：吉林文史出版社，1989，315 页.

1355　美国学者解读中国安全 / 迈克尔·皮尔斯伯里著；肖欢容，张梅译 . 北京：新华出版社，2001，16+351 页.（国际问题参考译丛）

1356　美国政治中的"院外援华集团" / 凯恩著；张晓贝译 . 北京：商务印书馆，1984，298 页.

1357　美国智库眼中的中国崛起 / 战略与国际研究中心，彼得森国际经济研究所著；曹洪洋译 . 北京：中国发展出版社，2011，22+321 页.

1358　魅力攻势：看中国的软实力如何改变世界 / 约书亚·科兰兹克著；陈平译 . 北京：中央编译出版社，2014，203 页.

1359　蒙古马政史：外一种 / 吉原公平，羽田亨著 . 影印本 . 呼和浩特：内蒙古大学出版社，2017，253 页.（内蒙古外文历史文献丛书 . 第十九辑 . 历史系列 . 四；13/ 内蒙古大学内蒙古近现代史研究所，内蒙古自治区图书馆学会主编）

1360　蒙古政治史 / 后藤富男著 . 影印本 . 呼和浩特：内蒙古大学出版社，2017，346 页.（内蒙古外文历史文献丛书 . 第十九辑 . 历史系列 . 四；19/ 内蒙古大学内蒙古近现代史研究所，内蒙古自治区图书馆学会主编）

1361　蒙元入侵前夜的中国日常生活：1250—1276：插图本 / 谢和耐著；刘东译 . 北京：北京大学出版社，2008，252 页.（悦读时光·图史系列）
> 蒙元入侵前夜的中国日常生活 / 谢和耐著；刘东译 . 南京：江苏人民出版社，1995，201 页.（海外中国研究丛书）

1362　秘密结社与中国革命 / 三谷孝著；李恩民等译 . 北京：中国社会科学出版社，

2002，392 页．

1363 密西西比的华人 / 楼文著；何翠萍译．台北：正中书局，1985，224 页．（海外华人社会研究丛书；13）

1364 民国时期的土匪 / 贝思飞著；徐有威等译．2 版，修订版．上海：上海人民出版社，2010，390 页．
   ➢ 民国时期的土匪 / 贝思飞著；徐有威等译．上海：上海人民出版社，1992，379 页．
   ➢ 民国时期的土匪 / 比林斯利著；王贤知等译．北京：中国青年出版社，1991，517 页．

1365 民国知识人：历程与图谱 / 叶文心著．北京：生活·读书·新知三联书店，2015，152 页．（复旦大学光华人文杰出学者讲座丛书）

1366 民主，中国如何选择 / 郑永年著．增订版．杭州：浙江人民出版社，2017，12+327 页．（爱思客系列丛书）
   ➢ 民主，中国如何选择 / 郑永年著．杭州：浙江人民出版社，2015，12+278 页．

1367 民主的长征：海外学者论中国政治发展 / 吕增奎主编．北京：中央编译出版社，2011，13+357 页．（海外当代中国研究丛书 / 魏海生主编）

1368 民主先生在中国：东方与西方的人权与民主对话 / 贝淡宁著；孔新峰，张言亮译．台北：左岸文化事业有限公司，2009，390 页．（左岸政治；119）

1369 明代的社会与国家 / 卜正民著；陈时龙译．北京：商务印书馆，2014，327 页．
   ➢ 明代的社会与国家 / 卜正民著；陈时龙译．合肥：黄山书社，2009，327 页．

1370 明代地方官吏及文官制度：关于陕西和西安府的研究 / 让·德·米里拜尔著；郭太初等译．西安：陕西人民出版社，1994，456 页．

1371 明清江南农村社会与民间信仰 / 滨岛敦俊著；朱海滨译．厦门：厦门大学出版社，2008，332 页．（厦门大学国学研究院资助出版丛书；1）

1372 南宋初期政治史研究 / 寺地遵著；蒋蓓译．上海：华东师范大学出版社，2018，363 页．（学术文库）
   ➢ 南宋初期政治史研究 / 寺地遵著；刘静贞，李今芸译．上海：复旦大学出版社，2016，410 页．（日本学者古代中国研究丛刊 / 徐冲主编）
   ➢ 南宋初期政治史研究 / 寺地遵著；刘静贞，李今芸译．台北：稻禾出版社，1995，533 页．（史学丛书系列；3）

1373 南宋社会生活史 / 谢和耐著；马德程译．台北：文化大学出版部，1982，227 页．（华冈丛书）

1374 南中国海海盗风云 / 安乐博编著；张兰馨译．香港：三联书店（香港）有限公司，2014，290 页．

1375 内闱：宋代的婚姻和妇女生活 / 伊沛霞著；胡志宏译．南京：江苏人民出版社，2004，17+318 页．（海外中国研究丛书·女性系列）

1376 霓虹灯外：20 世纪初日常生活中的上海 / 卢汉超著；段炼等译. 太原：山西人民出版社，2018，452 页.
> 霓虹灯外：20 世纪初日常生活中的上海 / 卢汉超著；段炼等译. 上海：上海古籍出版社，2004，346 页.（上海史研究译丛）

1377 纽约唐人街：劳工和政治 1930—1950 年 / 邝治中著；杨万译. 上海：上海译文出版社，1982，195 页.

1378 朋友·客人·同事：晚清的幕府制度 /K.E. 福尔索姆著；刘悦斌，刘兰芝译. 台北：知书房出版社，2003，283 页.（中国史研究丛书；18）
> 朋友·客人·同事：晚清的幕府制度 /K.E. 福尔索姆著；刘悦斌，刘兰芝译. 北京：中国社会科学出版社，2002，220 页.（中国近代史研究译丛）

1379 奇迹的建构：海外学者论中国模式 / 王新颖主编. 北京：中央编译出版社，2011，16+346 页.（海外当代中国研究丛书 / 魏海生主编）

1380 迁徙、家乡与认同：文化比较视野下的海外华人研究 / 陈志明著；段颖，巫达译. 北京：商务印书馆，2012，318 页.（社会图像丛书）

1381 清代地方政府：修订译本 / 瞿同祖著；范忠信等译.2 版，修订本. 北京：法律出版社，2011，21+402 页.
> 清代地方政府 / 瞿同祖著；范忠信，晏锋译. 北京：法律出版社，2003，418 页.（法学研究生精读书系）

1382 清代宫廷社会史 / 罗友枝著；周卫平译. 北京：中国人民大学出版社，2009，478 页.（国家清史编纂委员会·编译丛刊）

1383 清国奴隶妇人：中国妇女生活故事 / 约翰·戴维斯著；吴宪整理. 影印本. 桂林：广西师范大学出版社，2013，399 页.（"中国研究"外文旧籍汇刊·中国记录. 第五辑；4/ 李国庆，何林夏主编）

1384 清末民初政情内幕：《泰晤士报》驻北京记者、袁世凯政治顾问乔·尼·莫理循书信集. 上卷：1895—1912/ 骆惠敏编；刘桂梁译. 上海：知识出版社，1986，986 页.
> 清末民初政情内幕：《泰晤士报》驻北京记者、袁世凯政治顾问乔·尼·莫理循书信集. 下卷：1912—1920/ 骆惠敏编；陈霞飞译. 上海：知识出版社，1986，905 页.

1385 权力关系：宋代中国的家族、地位与国家 / 柏文莉著；刘云军译. 南京：江苏人民出版社，2015，332 页.（凤凰文库·海外中国研究系列）

1386 人权与中国思想：一种跨文化的探索 / 安靖如著；黄金荣，黄斌译. 北京：中国人民大学出版社，2012，337 页.（政治哲学丛书 / 万俊人主编）

1387 认识中国 / 邹至庄著；廖美香译. 新泽西：八方文化创作室，2004，10+229 页.（透视中国系列丛书；3）

1388 认识中国：从丝绸之路到《共产党宣言》/ 彼得·诺兰著；温威译. 香港：香港中和出版有限公司，2018，16+252 页.（焦点）

> 认识中国：从丝绸之路到《共产党宣言》/ 彼得·诺兰著；温威译. 北京：中信出版集团股份有限公司，2017，14+265 页.

1389 日本客家研究的视角与方法：百年的轨迹 / 河合洋尚主编. 北京：社会科学文献出版社，2013，13+190 页.（海外客家研究译丛）

1390 日本人眼里的中国 / 天儿慧著；范力译. 北京：社会科学文献出版社，2006，266 页.

1391 日本人眼中的中国：过去与现在 / 尾形勇等著；陈柏杰译. 新北：台湾商务印书馆股份有限公司，2017，429 页.（中国·历史的长河；12）

1392 日本视野中的中国农村精英：关系、团结、三农政治 / 田原史起著. 济南：山东人民出版社，2012，274 页.

1393 日本在华的间谍活动 / 万斯白著；文缘社，康狄译. 香港：香港中和出版有限公司，2015，316 页.（20 世纪中国）

> 日本在华的间谍活动：1932—1936/ 万斯白著；文缘社，康狄译. 重庆：重庆出版社，2014，280 页.

> 日本的间谍 / 范士白自述；尊闻译. 北京：生活·读书·新知三联书店，2014，304 页.（三联经典文库；121）

> 日本的间谍 / 范士白著；赵京华整理. 北京：中国青年出版社，2012，12+197 页.（20 世纪人文地理纪实. 第一辑 / 杨镰主编）

> 揭开大秘密：日本在华间谍 / 万斯白著. 哈尔滨：黑龙江人民出版社，1990，214 页.

1394 日本政界的"台湾帮" / 本泽二郎著；吴寄南译. 上海：上海译文出版社，2000，239 页.

1395 日中两国现代化比较研究 / 依田憙家著；卞立强等译. 北京：北京大学出版社，1997，344 页.（世界现代化进程研究丛书）

1396 荣誉至上：南非华人身份认同研究 / 朴尹正著；吕云芳译. 广州：广东人民出版社，2014，194 页.（广东华侨史文库 / 张应龙主编）

1397 三只眼睛看中国：日本人的评说 / 内山完造等著；肖孟，林力译编. 北京：中国社会出版社，1997，302 页.

1398 砂捞越华人史 / 陈约翰著；梁元生译. 台北：正中书局，1985，134 页.（海外华人社会研究丛书；9）

1399 上海罢工：中国工人政治研究 / 裴宜理著；刘平译. 北京：商务印书馆，2018，13+312 页.（中国秘密社会研究文丛 / 刘平，裴宜理主编）

> 上海罢工 / 裴宜理著；刘平译. 南京：江苏人民出版社，2012，309 页.（海外中国研究丛书 / 刘东主编）

> 上海罢工：中国工人政治研究 / 裴宜理著；刘平译. 南京：江苏人民出版社，2001，365 页.（海外中国研究丛书）

1400 上海妓女：19—20世纪中国的卖淫与性 / 安克强著；袁燮铭，夏俊霞译 . 上海：上海古籍出版社，2004，450 页 .（上海史研究译丛）

1401 上海青帮 / 布赖恩·马丁著；周育民等译 . 上海：上海三联书店，2002，280 页 .

1402 上海资本家与国民政府：1927—1937/ 帕克斯·M. 小科布尔著；蔡静仪译 . 北京：世界图书出版公司北京公司，2015，21+276 页 .
  ➢ 上海资本家与国民政府：1927—1937/ 小科布尔著；杨希孟，武莲珍译 . 北京：中国社会科学出版社，1988，321 页 .

1403 生活在高墙外：普拉托华人研究 / 格雷姆·约翰森，罗素·史密斯，丽贝卡·弗雷齐主编；温州市世界温州人研究中心，温州大学浙江省温州人经济研究中心译 . 北京：中国社会科学出版社，2013，280 页 .（世界温州人研究丛书）

1404 生活在中国人中间 / 麦利和著；吴宪整理 . 影印本 . 桂林：广西师范大学出版社，2013，387 页 .（"中国研究"外文旧籍汇刊·中国记录 . 第五辑；2/ 李国庆，何林夏主编）

1405 盛世危言：远观中国大战略 / 薛理泰著 . 北京：东方出版社，2014，227 页 .

1406 剩女时代 / 洪理达著；李雪顺译 . 福州：鹭江出版社，2016，17+200 页 .

1407 失落的一代：中国的上山下乡运动（1968—1980）/ 潘鸣啸著；欧阳因译 .2 版 . 北京：中国大百科全书出版社，2013，2017 重印，454 页 .
  ➢ 失落的一代：中国的上山下乡运动（1968—1980）/ 潘鸣啸著；欧阳因译 .2 版 . 北京：中国大百科全书出版社，2013，469 页 .
  ➢ 失落的一代：中国的上山下乡运动（1968—1980）/ 潘鸣啸著；欧阳因译 . 北京：中国大百科全书出版社，2010，454 页 .
  ➢ 失落的一代：中国的上山下乡运动：1968—1980/ 潘鸣啸著；欧阳因译 . 香港：中文大学出版社，2009，468 页 .

1408 施拉姆集 / 燕青山，易飞先编译 . 天津：天津人民出版社，1992，560 页 .（现代世界社会科学名家学术丛书 . 中国研究系列）

1409 十八世纪中国的官僚制度与荒政 / 魏丕信著；徐建青译 .2 版 . 南京：江苏人民出版社，2006，17+340 页 .（海外中国研究丛书 / 刘东主编）
  ➢ 18 世纪中国的官僚制度与荒政 / 魏丕信著；徐建青译 . 南京：江苏人民出版社，2003，19+364 页 .（海外中国研究丛书）

1410 时空上下：中国的乞丐次文化 / 卢汉超著 . 新北：稻乡出版社，2012，293 页 .

1411 矢志不渝：明清时期的贞女现象 / 卢苇菁著；秦立彦译 . 南京：江苏人民出版社，2012，282 页 .（海外中国研究丛书 / 刘东主编）
  ➢ 矢志不渝：明清时期的贞女现象 / 卢苇菁著；秦立彦译 . 南京：江苏人民出版社，2010，282 页 .（凤凰文库·海外中国研究系列）

1412 世纪之交的台海危机：世界看"中国威协论"/ 安德烈·平可夫著 . 香港：天地图书公司，1998，307 页 .

1413 世界范围内的反现代化思潮——论文化守成主义 / 艾恺著 . 贵阳：贵州人民出版社，1991，216 页 .

> 文化守成主义论：反现代思潮的剖析 / 艾恺著 . 台北：时报文化出版公司，1986，263 页 .（学术丛书；36）

1414 世界之书：中国之旅 / 巴斯卡尔·贝科洛·贝科洛著；胡平等译 . 北京：世界知识出版社，2001，115 页 .（中国—非洲丛书）

1415 世袭与禅让：古代中国的王朝更替传说：新译本 / 艾兰著；余佳译 . 北京：商务印书馆，2010，230 页 .（艾兰文集）

> 世袭与禅让：古代中国的王朝更替传说 / 艾兰著；孙心菲，周言译 . 北京：北京大学出版社，2002，116 页 .（艺术与思想史丛书）

1416 熟悉的中国：我所见到的中国人 / 立德夫人著；吴宪整理 . 影印本 . 桂林：广西师范大学出版社，2013，12+603 页 .（"中国研究"外文旧籍汇刊·中国记录·第五辑；7/ 李国庆，何林夏主编）

1417 谁背叛了中国：中国与一战 / 吴芳思，克里斯托弗·阿南德尔著；张宇扬译 . 南京：江苏人民出版社，2018，15+208 页 .

1418 谁是亚洲领袖：中国还是日本？/ 克劳德·迈耶著；潘革平译 . 北京：社会科学文献出版社，2011，235 页 .（当代中国研究译丛）

1419 私人生活的变革：一个中国村庄里的爱情、家庭与亲密关系（1949—1999）/ 阎云翔著；龚小夏译 . 上海：上海人民出版社，2017，286 页 .

> 私人生活的变革：一个中国村庄里的爱情、家庭与亲密关系 / 阎云翔著；龚小夏译 . 上海：上海书店出版社，2009，283 页 .

> 私人生活的变革：一个中国村庄里的爱情、家庭与亲密关系（1949—1999）/ 阎云翔著；龚小夏译 . 上海：上海书店出版社，2006，15+283 页 .（中国乡村研究专著系列）

1420 斯文：唐宋思想的转型 / 包弼德著；刘宁译 . 南京：江苏人民出版社，2017，10+554 页 .（凤凰文库·海外中国研究系列）

> 斯文：唐宋思想的转型 / 包弼德著；刘宁译 . 南京：江苏人民出版社，2001，600 页 .（海外中国研究丛书）

1421 四川军阀与国民政府 / 柯白著；殷钟崃，李惟健译 . 成都：四川人民出版社，1985，193 页 .

1422 四邑淘金工在澳洲 / 亨利·简斯顿著；杨于军译 . 北京：中国华侨出版社，2010，2 册（12+165；235 页）.（侨乡研究丛书）

1423 宋代科举 / 贾志扬著 . 台北：东大图书公司，1995，341 页 .（沧海丛刊）

1424 宋代政治结构研究 / 平田茂树著；林松涛等译 . 上海：上海古籍出版社，2010，372 页 .（日本宋学研究六人集·第二辑）

1425 苏北人在上海，1850—1980/ 韩起澜著；卢明华译 . 上海：上海古籍出版社：上海

远东出版社，2004，139 页 .（上海史研究译丛）

1426　孙逸仙在伦敦：1896—1897：三民主义思想探源 / 黄宇和著 . 台北：联经出版事业股份有限公司，2007，15+598 页 .

1427　孙中山与"科学的时代"/ 武上真理子著；袁广泉译 . 北京：社会科学文献出版社，2016，300 页 .（日本京都大学中国研究系列；7）

1428　他者中的华人：中国近现代移民史 / 孔飞力著；李明欢译 . 南京：江苏人民出版社，2018，463 页 .（海外中国研究丛书精品系列 / 刘东主编 . 第二辑）

➢ 他者中的华人：中国近现代移民史 / 孔飞力著；李明欢译 . 南京：江苏人民出版社，2018，449 页 .（海外中国研究丛书）

➢ 他者中的华人：中国近现代移民史 / 孔飞力著；李明欢译 . 南京：江苏人民出版社，2016，450 页 .（凤凰文库·海外中国研究系列）

1429　台海危机：过去、现在、未来 / 詹姆斯·利雷，楚克·唐斯主编；华宏勋译 . 北京：新华出版社，2000，350 页 .（两岸关系研究参考丛书）

1430　台湾：分裂国家与民主化 / 若林正丈著；许佩贤，洪金珠译 .3 版 . 台北：新自然主义股份有限公司，2009，294 页 .（东亚国家与社会）

1431　台湾十年大变局：野岛刚观察的日中台新框架 / 野岛刚著；芦荻译 . 台北：联经出版事业股份有限公司，2017，253 页 .（联经文库）

1432　泰国华人面面观 / 王伟民编译 . 昆明：云南大学出版社，1993，268 页 .

1433　泰国华人社会：历史的分析 / 施坚雅著；许华等译 . 厦门：厦门大学出版社，2010，390 页 .（厦门大学苏式东南亚研究中心系列丛书 . 东南亚与华侨华人研究系列；2）

1434　唐代的社会与性别文化 / 姚平著 . 北京：北京大学出版社，2018，295 页 .（博雅史学论丛 . 中国史系列）

1435　唐代妇女的生命历程 / 姚平著 . 上海：上海古籍出版社，2004，367 页 .

1436　唐人街：毛岛往事 / 帕斯卡尔·修著；苏玮东等译 . 广州：广东人民出版社，2018，215 页 .（广东华侨史文库 / 张应龙主编）

1437　唐人街：深具社会经济潜质的华人社区 / 周敏著；鲍霭斌译 . 北京：商务印书馆，1995，304 页 .

1438　唐宋时期的名分秩序 / 许倬云，张广达主编；许倬云等著 . 台北：政大出版社，2015，317 页 .（政大人文系列丛书）

1439　腾飞的龙 / 金夏中著 . 北京：世界知识出版社，2002，12+245 页 .

1440　天安门：中国的知识分子与革命 / 史景迁著；温洽溢译 . 台北：时报文化出版企业股份有限公司，2007，2008 重印，585 页 .（历史与现场；170）

➢ 天安门：知识分子与中国革命 / 史景迁著；尹庆军等译 . 北京：中央编译出版社，1998，377 页 .

1441　天潢贵胄：宋代宗室史 / 贾志扬著；赵冬梅译 . 南京：江苏人民出版社，2005，346 页 .（海外中国研究丛书 / 刘东主编）

1442 天下华人 / 王赓武著 . 广州：广东人民出版社，2016，275 页 .

1443 天子脚下：晚清政局与天津特区对外开放 / 雪珥著 . 北京：中国青年出版社，2018，407 页 .（雪珥—中国改革史系列 . 地域卷）

1444 挑战与更新：许倬云文集，政论之册 / 许倬云著 . 台北：时报文化出版企业公司，1988，412 页 .（文化丛书；78）

1445 通往大国之路：中国与世界秩序的重塑 / 郑永年著 . 北京：东方出版社，2011，232 页 .

1446 同盟会：其领导 . 组织与财务 / 郑宪著；陈孟坚译 . 台北：近代中国出版社，1985，395 页 .

1447 透过迷雾看中国：外国记者见闻录 / 萨布伦著；王林加等译 . 北京：中国广播电视出版社，1991，346 页 .

1448 托洛茨基论中国革命：1925—1927/ 托洛斯基著；施用勤译 . 西安：陕西人民出版社，2011，424 页 .

1449 外国记者眼中的中国共产党人 / 朱纪华主编；上海市档案馆编 . 上海：上海锦绣文章出版社，2015，327 页 .

1450 外国领导人看中国 / 盖兆泉编译 . 北京：外语教学与研究出版社，2001，457 页 .（英汉对照外国人看中国丛书）

1451 外国名人政要评说中国 / 吴一夫，赵括主编 . 北京：中国经济出版社，1998，510 页 .

1452 外国人看中国：法汉对照 / 李莎著；应远马译 . 北京：外文出版社，2005，328 页 .

1453 外国人看中国改革开放 20 年 / 李仁臣主编 . 武汉：湖北人民出版社，1999，556 页 .

1454 外国人眼中的新中国 / 张首映，戴莉莉编 . 北京：人民出版社，2009，14+381 页 .（辉煌历程——庆祝新中国成立 60 周年重点书系）

1455 外国人这样看中国 / 白若德，包凡一主编 . 北京：新华出版社，2009，236 页 .

1456 晚清政治思想研究 / 小野川秀美著；林明德，黄福庆同译 . 台北：时报文化出版事业公司，1982，392 页 .（时报书系；389）

1457 危险的愉悦：20 世纪上海的娼妓问题与现代性 / 贺萧著；韩敏中，盛宁译 . 南京：江苏人民出版社，2018，675 页 .（海外中国研究丛书精品系列 / 刘东主编 . 第二辑）
  ➢ 危险的愉悦：20 世纪上海的娼妓问题与现代性 / 贺萧著；韩敏中，盛宁译 . 2 版 . 南京：江苏人民出版社，2010，2017 重印，612 页 .（海外中国研究丛书）
  ➢ 危险的逸乐：二十世纪上海的娼妓与现代性 . 上下册 / 贺萧著；韩敏中，盛宁译 . 台北：时英出版社，2005，2 册（13+865 页）.
  ➢ 危险的愉悦：20 世纪上海的娼妓问题与现代性 / 贺萧著；韩敏中，盛宁译 . 南京：江苏人民出版社，2003，612 页 .（海外中国研究丛书·女性系列）

1458 唯一的希望：在中国独生子女政策下成年 / 冯文著；常姝译 . 南京：江苏人民出版社，2018，238 页 .（凤凰文库·海外中国研究系列）

1459 为中国辩护 / 郑永年著 . 杭州：浙江人民出版社，2012，2014 重印，235 页 .（郑

永年看中国）

1460 未来中国的变与不变：新秩序如何影响我们的生活？/ 孙立平，郑永年，华生等著 . 南京：江苏文艺出版社，2014，361 页 .

1461 魏晋南北朝官僚制研究 / 窪添庆文著；赵立新等译 . 上海：复旦大学出版社有限公司，2017，482 页 .（日本学者古代中国研究丛刊 / 徐冲主编）

> 魏晋南北朝官僚制研究 / 窪添庆文著 . 台北：台湾大学出版中心，2015.

1462 文化、权力与国家：1900—1942 年的华北农村 / 杜赞奇著；王福明译 .3 版 . 南京：江苏人民出版社，2018，233 页 .（海外中国研究丛书 / 刘东主编）

> 文化、权力与国家：1900—1942 年的华北农村 / 杜赞奇著；王福明译 .2 版 . 南京：江苏人民出版社，2010，233 页 .（海外中国研究丛书 / 刘东主编）

> 文化、权力与国家：1900—1942 年的华北农村 / 杜赞奇著；王福明译 . 南京：江苏人民出版社，2008，233 页 .（凤凰文库·海外中国研究系列）

> 文化、权力与国家：1900—1942 年的华北农村 / 杜赞奇著；王福明译 .2 版 . 南京：江苏人民出版社，2003，203 页 .（海外中国研究丛书 / 刘东主编）

> 文化、权力与国家：1900—1942 年的华北农村 / 杜赞奇著；王福明译 . 南京：江苏人民出版社，1994，264 页 .（海外中国研究丛书）

1463 文化大革命的起源 . 第二卷，大跃进：1958—1960/ 麦克法夸尔著；魏海生等译 . 北京：求实出版社，1990，381 页 .

> 文化大革命的起源 . 第一卷，人民内部矛盾：1956—1957/ 麦克法夸尔著；魏海生等译 . 北京：求实出版社，1989，372 页 .

> 文化大革命的起源 . 第二卷，大跃进：1958—1960/ 麦克法夸尔著；文化大革命的起源翻译组译 . 石家庄：河北人民出版社，1989，536 页 .

> 文化大革命的起源 . 第一卷：人民内部矛盾：1956—1957/ 麦克法夸尔著；文化大革命的起源翻译组译 . 石家庄：河北人民出版社，1989，542 页 .

1464 文明的追随：中国的崛起与阿拉伯人的未来 / 萨米尔·艾哈迈德著；刘欣路，吴晓琴译 . 北京：北京师范大学出版社，2014，191 页 .

1465 我的中国观 / 池田大作著；卞立强等译 . 成都：四川人民出版社，2009，297 页 .

1466 我的中国故事 / 马克·力文著；方红等译 . 北京：新世界出版社，2016，218 页 .

1467 我的中国故事：海外汉学家视野里的中国 / 伊维德等著；《我的中国故事》编委会编 . 北京：北京时代华文书局，2018，321 页 .

1468 我看中国：美国学者在中国西部的百姓生活札记 / 唐兴著；寿国薇译 . 南宁：广西教育出版社，2000，204 页 .

1469 我眼中的中国政要：一位驻京外交官评议中国政治 / 雷兹·马利列著；王洪起译 . 北京：当代世界出版社，1999，326 页 .

1470 我在中国做外教 / 乔纳森·哈根著；邱谊萌，刘敏译 . 沈阳：辽宁教育出版社，2006，350 页 .

1471 五代时期北方中国的权力结构 / 王赓武著;胡耀飞,尹承译.上海:中西书局,2014,251 页.(中西学术文丛.乙种.第一辑)

1472 西方人看中国 / 麦卡林著;何吉贤等译.北京:中国广播电视出版社,1992,346 页.

1473 西方学者中国中古贵族制论集 / 范兆飞编译.北京:生活·读书·新知三联书店,2018,355 页.

1474 西楼望月:外国学者眼中的中国 / 牟卫民主编.北京:中国社会出版社,2000,406 页.

1475 西行之路:对意大利中国移民的观察 / 瓦伦蒂娜·佩多内著;陈翊,吴海蓉译.杭州:浙江大学出版社,2015,116 页.(温州人经济研究丛书)

1476 西藏的贵族和政府:1728—1959 / 毕达克著;沈卫荣,宋黎明译.北京:中国藏学出版社,2008,20+335 页.

> 西藏的贵族和政府:1728—1959 / 毕达克著;沈卫荣,宋黎明译.北京:中国藏学出版社,1990,445 页.(汉译国外藏学名著丛书)

1477 "西藏问题"国际纷争的背景、流变及视域 / 阿尔伯特·艾廷格著;周健等译.北京:五洲传播出版社,2018,284 页.

1478 西藏问题探索 / 沈已尧著.广州:中山大学亚太研究中心,2002,65 页.

1479 西周的政体:中国早期的官僚制度和国家 / 李峰著;吴敏娜等译.北京:生活·读书·新知三联书店,2010,381 页

1480 下一个经济强国的崛起:中国的世纪 / 龙安志编著.香港:香港中华文化出版社,2001,525 页.

1481 夏威夷的华裔移民 / 格利克著;吴燕和,王维兰译.台北:正中书局,1985,104 页.(海外华人社会研究丛书;12)

1482 先贤的民主:杜威、孔子与中国民主之希望 / 郝大维,安乐哲著;何刚强译.南京:江苏人民出版社,2004,241 页.(海外中国研究丛书 / 刘东主编)

1483 贤能政治:为什么尚贤制比选举民主制更适合中国 / 贝淡宁著;吴万伟译.北京:中信出版社,2016,40+419 页.

1484 现代中国的思想冲突:民主主义与权威主义 / 纪文勋著;程农,许剑波译.太原:山西人民出版社,1989,319 页.(五四与现代中国丛书 / 张静如主编)

1485 香港:中国面临的挑战 / 迈克尔·雅胡达著;郭瑞,曹卫国译.北京:新华出版社,1998,225 页.

1486 香港大视野:亚洲网络中心 / 滨下武志著;马宋芝译.香港:商务印书馆(香港)公司,1997,204 页.

1487 香港公务员:人事政策与实践 / 斯科特,伯恩斯主编;陆仁译.上海:上海翻译出版公司,1990,340 页.(香港问题丛书)

1488 小康梦寻:一个英籍华人谈中国改革 / 潘林著;黄渊等译.北京:中国人民大学出版社,1992,221 页.

1489 新加坡华人的家庭与婚姻 / 傅利曼著；郭振羽, 罗伊菲译. 台北：正中书局, 1985, 275 页.（海外华人社会研究丛书；11）

1490 新金山：澳大利亚华人1901—1921年 / 杨进发著；姚楠, 陈立贵译. 上海：上海译文出版社, 1988, 363 页.（中国华侨历史学会译著丛书）

1491 新马华人社会史 / 颜清湟著；粟明鲜等译. 北京：中国华侨出版公司, 1991, 521 页.（华侨华人史丛书）

1492 新唐人街 / 邝治中著；杨立新, 寿进文译. 香港：中华书局香港公司, 1989, 195 页.（城市文库）

1493 星马华人社会党的研究 / 麦留芳著；张清江译. 台北：正中书局, 1985, 224 页.（海外华人社会研究丛书；8）

1494 星马华人与辛亥革命 / 颜清湟著；李恩涵译. 台北：联经出版事业公司, 1982, 465 页.

1495 行善的艺术：晚明中国的慈善事业 / 韩德林著；吴士勇等译. 南京：江苏人民出版社, 2015, 15+380 页.（凤凰文库·海外中国研究系列）

1496 兴隆场：抗战时期四川农民生活调查（1940—1942）/ 伊莎白, 俞锡玑著；邵达译. 北京：中华书局, 2013, 11+11+383 页.（西方的中国形象 / 黄兴涛, 杨念群主编）

1497 性别、政治与民主：近代中国的妇女参政 / 李木兰著；方小平译. 南京：江苏人民出版社, 2014, 313 页.（凤凰文库·海外中国研究系列）

1498 兄弟并不平等：华南的阶级和亲族关系 / 鲁比·沃森著；时丽娜译. 上海：上海译文出版社, 2008, 255 页.（复旦—哈佛当代人类学丛书）

1499 血汗和麻将：一个海外华人社区的家庭与企业 / 欧爱玲著；吴元珍译. 北京：社会科学文献出版社, 2013, 231 页.（海外客家研究译丛 / 邱国锋主编）

1500 寻求中国民主 / 冯兆基著；刘悦斌, 徐硙译. 南京：江苏人民出版社, 2012, 335 页.（凤凰文库·海外中国研究系列）

1501 烟火接续：明清的收继与亲族关系 / 安·沃特纳著；曹南来译. 杭州：浙江人民出版社, 1999, 215 页.（外国学者笔下的传统中国）

1502 烟与火：蒙特利尔的华人 / 陈国贲著；王业龙, 王毅译. 北京：北京大学出版社, 1996, 370 页.

1503 湮没的思想：出土竹简中的禅让传说与理想政制 / 艾兰著；蔡雨钱译. 北京：商务印书馆, 2016, 396 页.（艾兰文集；5）

1504 一个日本人眼中的中国（续集）/ 池上正治著；王保畬编；陈刚, 王文译. 武汉：武汉出版社, 2001, 285 页.

> 一个日本人眼中的中国 / 池上正治原著；王保畬主编；王文, 陈刚译. 武汉：武汉出版社, 1998, 11+284 页.

1505 一个意大利记者眼中的北京：1976—2008/ 阿德里亚诺·马达罗著/摄；陆辛译. 北

京：人民出版社，2008，195 页．

1506 一个中国村庄：山东台头 / 杨懋春著；张雄等译 .2 版 . 南京：江苏人民出版社，2012，257 页．（海外中国研究丛书）
　　➤ 一个中国村庄：山东台头 / 杨懋春著；张雄等译 . 南京：江苏人民出版社，2001，13+289 页．（海外中国研究丛书）

1507 一九〇七年以前中国的社会主义思潮 / 伯纳尔著；丘权政，符致兴译 . 福州：福建人民出版社，1985，230 页．（中国近代史译丛）

1508 一九一二年中国之政党结社 / 宗方小太郎著；冯正宝译 . 北京：中华书局，2007，103-247 页．

1509 一位葡萄牙汉学家眼中的中国 / 路易·贾博乐著；孙琳译；孙智和摄影 . 长沙：湖南美术出版社，2014，151 页．

1510 一战华工在法国 / 马骊编著；莫旭强译 . 长春：吉林出版集团有限责任公司，2015，474+28 页．（中法文化之旅丛书）

1511 移民的秩序：清代四川地域社会史研究 / 山田贤著；曲建文译 . 北京：中央编译出版社，2011，322 页．（国家清史编纂委员会·编译丛刊）

1512 移民与兴起的中国 / 王赓武著 . 新加坡：八方文化创作室，2005，303 页．

1513 意大利人眼中的中国 / 张礼洪，西尔维奥·贝雷塔主编；张礼洪译 . 北京：中国政法大学出版社，2012，53+197 页．

1514 义旨之争：南宋科举规范之折冲 / 魏希德著；胡永光译 . 杭州：浙江大学出版社，2015，368 页．（海外中国思想史研究前沿译丛 / 彭国翔主编）

1515 幽暗意识与民主传统 / 张灏著 . 成都：四川教育出版社，2013，186 页．（东亚人文 100 丛书 / 东亚出版人会议编选）
　　➤ 幽暗意识与民主传统 / 张灏著 .2 版 . 北京：新星出版社，2010，327 页．（大端文库）
　　➤ 幽暗意识与民主传统 / 张灏著 . 北京：新星出版社，2006，324 页．

1516 幽暗意识与时代探索 / 张灏著 . 广州：广东人民出版社，2016，265 页．

1517 再塑意识形态 / 郑永年著 . 北京：东方出版社，2016，161 页．

1518 在传统与现代性之间：王韬与晚清改革 / 柯文著；雷颐，罗检秋译 . 北京：中信出版集团股份有限公司，2016，305 页．（东鉴丛书；3）
　　➤ 在传统与现代性之间：王韬与晚清改革 / 柯文著；雷颐，罗检秋译 . 南京：江苏人民出版社，1994，255 页．（海外中国研究丛书）

1519 在汉帝国的阴影下：南朝初期的士人思想和社会 / 何肯著；卢康华译 . 上海：中西书局，2018，189 页．（中国中古学术思想书系 . 第一辑 / 童岭主编）

1520 在汉人中间：中国各地六年生活笔记 / 许妥玛夫人著；吴宪整理 . 影印本 . 桂林：广西师范大学出版社，2013，328 页．（"中国研究"外文旧籍汇刊·中国记录 . 第五辑；5/ 李国庆，何林夏主编）

1521 在中国的生活和户外运动 / 烈悌著；李国庆整理 . 影印本 . 桂林：广西师范大学出版社，2012，2017重印，260页 . ("中国研究"外文旧籍汇刊·中国记录 . 第三辑；6/ 李国庆，何林夏主编）

1522 在中国城市中争取公民权 / 苏黛瑞著；王春光，单丽卿译 . 杭州：浙江人民出版社，2009，392页 . （政治与社会译丛）

1523 展望永恒帝国：战国时代的中国政治思想 / 尤锐著；孙英刚译 . 上海：上海古籍出版社，2018，321页 . （早期中国研究丛书）

> 展望永恒帝国：战国时代的中国政治思想 / 尤锐著；孙英刚译 . 上海：上海古籍出版社，2013，321页 . （早期中国研究丛书）

1524 战国楚简与秦简之思想史研究 / 汤浅邦弘著；佐藤将之监译 . 台北：万卷楼图书股份有限公司，2006，276页 . （出土文献译注研析丛书；P024）

1525 战时中国农村的风习、改造与抵拒：兴隆场：1940—1941/ 伊莎白，柯临清著；贺萧，韩起澜编；邵达译 . 北京：外语教学与研究出版社，2018，30+321页 .

1526 战争与国家形成：春秋战国与近代早期欧洲之比较 / 许田波著；徐进译 . 上海：上海人民出版社，2018，20+293页 . （东方编译所译丛）

> 战争与国家形成：春秋战国与近代早期欧洲之比较 / 许田波著；徐进译 . 上海：上海人民出版社，2009，20+293页 . （东方编译所译丛）

1527 站在历史的转捩点上：李登辉先生政策理念之探析 / 许倬云等著 . 台北：正中书局，1990，271页 .

1528 张门才女 / 曼素恩著；罗晓翔译 . 北京：北京大学出版社，2015，282页 . （博雅史学论丛·海外中国史研究）

1529 账簿中国：美国智库透视中国崛起 / 战略与国际研究中心，彼得森国际经济研究所著；隆国强等译 . 北京：中国发展出版社，2008，10+223页 .

1530 爪哇土生华人政治：1917—1942/ 苏里亚迪纳达著；李学民，陈巽华译 . 北京：中国友谊出版公司，1986，229页 .

> 爪哇土生华人的政治活动：1917—1942/ 廖建裕著；崔贵强译 . 台北：正中书局，1985，178页 . （海外华人社会研究丛书；10）

1531 政论家的矜持：章士钊、张东荪政治思想研究 / 森川裕贯著；袁广泉译 . 北京：社会科学文献出版社，2017，262页 . （日本京都大学中国研究系列；8）

1532 芝加哥的华人：1870年以来的种族、跨国移民和社区 / 令狐萍著；何家伟等译 . 广州：世界图书出版公司，2015，306页 . （海外华人华侨研究译丛）

1533 知识分子与现代中国：他们与国家关系的历史叙述 / 格里德尔著；单正平译 . 桂林：广西师范大学出版社，2010，327页 . （理解中国）

> 知识分子与现代中国 / 杰罗姆 B. 格里德尔著；单正平译 . 天津：南开大学出版社，2002，444页 .

1534 知识人与中国文化的价值 / 余英时著 . 台北：时报文化出版企业股份有限公司，

2007, 307 页.(文化丛书;176)

1535 执政的转型:海外学者论中国共产党的建设 / 吕增奎主编.北京:中央编译出版社, 2011, 15+348 页.(海外当代中国研究丛书 / 魏海生主编)

1536 职业代表制:近代中国的民主遗产 / 柳镛泰著译.北京:社会科学文献出版社, 2017, 375 页.

1537 制造中国:消费文化与民族国家的创建 / 葛凯著;黄振萍译.2 版.北京:北京大学出版社, 2016, 421 页.(博雅史学论丛·海外中国史研究)
  ➢ 制造中国:消费文化与民族国家的创建 / 葛凯著;黄振萍译.北京:北京大学出版社, 2007, 442 页.(博雅同文馆.社会文化史译丛)

1538 治理中国:从革命到改革 / 李侃如著;胡国成,赵梅译.北京:中国社会科学出版社, 2010, 402 页.

1539 智慧治理:21 世纪东西方之间的中庸之道 / 尼古拉斯·伯格鲁恩,内森·加德尔斯著;朱新伟等译.上海:格致出版社:上海人民出版社, 2013, 182 页.

1540 "中产"中国:超越经济转型的新兴中国中产阶级 / 李成编著;许效礼,王祥钢译.上海:上海译文出版社, 2013, 364 页.(大学译丛)

1541 中古中国的寡头政治 / 姜士彬著;范兆飞,秦伊译.上海:中西书局, 2016, 286 页.(中西学术文丛.乙种.第二辑)

1542 中国,我能对你说不吗? / 金宰贤著.北京:新星出版社, 2012, 235 页.

1543 中国 30 年:人类社会的一次伟大变迁 / 罗伯特·劳伦斯·库恩著;吕鹏等译.上海:上海人民出版社, 2008, 486 页.

1544 中国傲慢? 来自《世界报》前社长的"盛世危言" / 埃里克·伊兹拉勒维奇著;范吉宏译.北京:中央编译出版社, 2014, 10+174 页.(海外当代中国研究译丛)

1545 中国北方村落的社会性别与权力 / 朱爱岚著;胡玉坤译.南京:江苏人民出版社, 2004, 248 页.(海外中国研究丛书·女性系列)

1546 中国变色龙:对于欧洲中国文明观的分析 / 雷蒙·道森著;常绍民,明毅译.北京:中华书局, 2006, 299 页.(西方的中国形象 / 黄兴涛,杨念群主编)
  ➢ 中国变色龙 / 雷蒙·道森著;常绍民,明毅译.新竹:理艺出版社, 2005, 317 页.(西方视野里的中国形象)
  ➢ 中国变色龙:对于欧洲中国文明观的分析 / 雷蒙·道森著;常绍民,明毅译.北京:时事出版社, 1999, 334 页.(西方视野里的中国形象)

1547 中国不笑世界会哭 / 若泽·弗雷什著;王忠菊译.北京:人民日报出版社, 2008, 12+160 页.

1548 中国不一样 / 方绍伟著.北京:中国发展出版社, 2013, 288 页.

1549 中国残疾人史 / 陆德阳,稻森信昭著.上海:学林出版社, 1996, 446 页.

1550 中国城乡生活 / 艾弥尔·伯德著;特威切尔英译;李国庆整理.影印本.桂林:广西师范大学出版社, 2009, 316 页.("中国研究"外文旧籍汇刊·中国记录.第一

辑；8/ 李国庆，何林夏主编）

1551　中国大趋势，新社会的八大支柱：扩容升级版 / 约翰·奈斯比特，多丽丝·奈斯比特著；魏平译 .2 版 . 北京：中华工商联合出版社，2011，221 页 .

> 中国大趋势：新社会的八大支柱：精装签名珍藏版 / 约翰·奈斯比特，多丽丝·奈斯比特著；魏平译 . 北京：中华工商联合出版社，2011，221 页 .

> 中国大趋势：新社会的八大支柱 / 约翰·奈斯比特，多丽丝·奈斯比特著；魏平译 . 长春：吉林出版集团；北京：中华工商联合出版社，2009，221 页 .

1552　中国大战略与国际安全 / 金骏远著；王军，林民旺译 . 北京：社会科学文献出版社，2008，284 页 .（当代中国研究译丛）

1553　中国道路：一位西方学者眼中的中国模式 / 洛丽塔·纳波利奥尼著；孙豫宁译 . 香港：中华书局（香港）有限公司，2014，259 页 .

> 中国道路：一位西方学者眼中的中国模式 / 洛丽塔·纳波利奥尼著；孙豫宁译 . 北京：中信出版社，2013，14+298 页 .

1554　中国的船屋时光 / 濮兰德著；李国庆整理 . 影印本 . 桂林：广西师范大学出版社，2012，2017 重印，299 页 .（"中国研究"外文旧籍汇刊·中国记录 . 第三辑；10/ 李国庆，何林夏主编）

1555　中国的大饥荒：1959—1961：对人口和社会的影响 / 凯恩著；郑文鑫等译 . 北京：中国社会科学出版社，1993，206 页 .

1556　中国的反右运动 / 纳拉纳拉杨·达斯著；欣文，唐明译 . 西安：华岳文艺出版社，1989，247 页 .

1557　中国的海贼 / 松浦章著；谢跃译 . 北京：商务印书馆，2011，199 页 .

1558　中国的和平崛起与南亚 / 马克博尔·A. 巴蒂著；陈继东等译 . 成都：巴蜀书社，2012，91 页 .（巴基斯坦研究丛书 / 陈继东，晏世经主编）

1559　中国的黄金时代：唐朝的日常生活 / 查尔斯·本著；姚文静译 . 北京：经济科学出版社，2012，277 页 .

1560　中国的捐纳制度与社会 / 伍跃著 . 南京：江苏人民出版社，2013，630 页 .（凤凰文库·海外中国研究系列）

1561　中国的崛起与亚洲的势力均衡 / 威廉·W. 凯勒，托马斯·G. 罗斯基编；刘江译 . 上海：上海人民出版社，2010，272 页 .（北京大学国际战略研究丛书）

1562　中国的逻辑 / 加藤嘉一著 . 香港：中华书局（香港）有限公司，2012，360 页 .

> 中国的逻辑：一个日本青年所看到的中国 / 加藤嘉一著 . 昆明：云南人民出版社，2011，221 页 .

1563　中国的魅力：趋之若鹜的西方作家与收藏家 / 吴芳思著；方永德等译 . 上海：东方出版中心，2009，283 页 .

> 中国的魅力：趋之若鹜的西方作家与收藏家 / 吴芳思著；方永德等译 . 香港：三联书店（香港）有限公司，2009，283 页 .（梓夷丛书）

1564 中国的民主 / 黎安友著；姜敬宽译 . 台北：五南图书出版公司，1984，323 页 .（21世纪大中华丛书；2）

1565 中国的启示 / 安娜—玛丽·拉法兰，让—皮埃尔·拉法兰著；阚四进，范瑜瑜译 . 北京：世界知识出版社，2010，12+79 页 .

1566 中国的强国战略：日本人解读中国 2050/ 尾崎春生著；喻海翔译 . 北京：东方出版社，2012，191 页 .

1567 中国的社会 / 道格思著；吴宪整理 . 影印本 . 桂林：广西师范大学出版社，2013，13+452 页 .（"中国研究"外文旧籍汇刊·中国记录 . 第五辑；6/ 李国庆，何林夏主编）

1568 中国的挑战：调整与改革 / 古德曼等编著；俞晓秋；尹铁钢译 . 北京：中国华侨出版公司，1990，131 页 .（蓝眼睛—从外部看中国译丛 / 冷溶，王浦劬主编）

1569 中国的文明复兴 / 郑永年著 . 北京：东方出版社，2018，45 页 .

1570 中国的现代化 / 吉尔伯特·罗兹曼主编；国家社会科学基金"比较现代化"课题组译 . 南京：江苏人民出版社，2014，508 页 .（海外中国研究丛书精品系列 / 刘东主编 . 第一辑）

> 中国的现代化 / 吉尔伯特·罗兹曼主编；国家社会科学基金"比较现代化"课题组译 .1 版 . 南京：江苏人民出版社，2003，510 页 .（海外中国研究丛书 / 刘东主编）

> 中国的现代化 / 吉尔伯特·罗兹曼主编；陶骅等译 . 上海：上海人民出版社，1989，681 页

> 中国的现代化 / 吉尔伯特·罗兹曼主编；国家社会科学基金"比较现代化"课题组译 . 南京：江苏人民出版社，1988，741 页 .（海外中国研究丛书）

1571 中国的政治发展：中美学者的视角 / 俞可平，李侃如等著 . 北京：社会科学文献出版社，2013，404 页 .（中国发展道路研究丛书·当代中国研究译丛）

1572 中国第一：一个美国作者谈中国的现状和未来 / 龙安志著；斯人译 . 北京：企业管理出版社，1997，213 页 .

1573 中国的"行为联邦制"：中央—地方关系的变革与动力 / 郑永年著；邱道隆译 . 北京：东方出版社，2013，35+389 页 .

1574 中国第一个民主体系：中华民国的政治历程 / 蔡玲，马若孟著；罗珞珈译 . 台北：三民书局，1998，399 页 .

1575 中国妇女 / 朱丽娅·克里斯蒂娃著；赵靓译 . 上海：同济大学出版社，2010，201 页 .（同济·欧洲文化丛书 . 法兰西文化系列）

1576 中国妇女与农村发展：云南禄村六十年的变迁 / 宝森著；胡宝坤译 . 南京：江苏人民出版社，2004，470 页 .（海外中国研究丛书·女性系列）

1577 中国改革路线图 / 郑永年著 . 北京：东方出版社，2016，258 页 .

1578 中国改革三步走 / 郑永年著 . 北京：东方出版社，2012，225 页 .

1579 中国改革与世界前景/现代国际关系研究所选编.北京：时事出版社，1989，276页.（现代译丛）

1580 中国革命再阐释/邹谠著.台北：牛津大学出版社，2017，422页.

1581 中国革命中的无政府主义/阿里夫·德里克著；孙宜学译.桂林：广西师范大学出版社，2006，297页.

1582 中国共产党：收缩与调适/沈大伟著；吕增奎，王新颖译.北京：中央编译出版社，2011，250页.

1583 中国共产党成立史/石川祯浩著；袁广泉译.北京：中国社会科学出版社，2006，15+417页.

1584 中国古代的"家"与国家/尾形勇著；张鹤泉译.北京：中华书局，2010，258页.（日本学者中国史研究丛刊）
> 中国古代的"家"与国家/尾形勇著；张鹤泉译.长春：吉林文史出版社，1993，317页.

1585 中国古代的聚落与地方行政/池田雄一著；郑威译.上海：复旦大学出版社有限公司，2017，650页.（日本学者古代中国研究丛刊/徐冲主编）

1586 中国古代的王权与天下秩序：从日中比较史的视角出发/渡边信一郎著；徐冲译.北京：中华书局，2008，224页.（日本学者中国史研究丛刊）

1587 中国古代帝国的形成与结构：二十等爵制研究/西嶋定生著；武尚清译.北京：中华书局，2004，21+573页.（世界汉学论丛）
> 二十等爵制/西嶋定生著；武尚清译.北京：国际文化出版公司，1992，411页.

1588 中国古代房内考：中国古代的性与社会/高罗佩著；李零等译.北京：商务印书馆，2007，12+439页.
> 中国古代房内考：中国古代的性与社会/高罗佩著；李零等译.上海：上海人民出版社，1990，558页.

1589 中国古代官名辞典：英文影印版/贺凯著.影印版.北京：北京大学出版社，2008，676页.（北京大学西学影印丛书.历史学）

1590 中国古代籍帐研究/池田温著；龚泽铣译.北京：中华书局，2007，196+21+523页.（世界汉学论丛）
> 中国古代籍帐研究/池田温著；龚泽铣译.北京：中华书局，1984，392页.

1591 中国观察：欧洲、日本与美国的视角/罗伯特·艾什，沈大伟，高木诚一郎主编；黄彦杰译.杭州：浙江人民出版社，2013，315页.（政治与社会译丛）

1592 中国何去何从：海外学者的反思/王赓武等著.新泽西：八方文化企业公司，1990，163页.

1593 中国化与中国崛起：超越东西方的文明进程/彼得·J.卡赞斯坦主编；魏玲等译.上海：上海人民出版社，2018，294页.

1594 中国会馆史论/何炳棣著.北京：中华书局，2017，142页.

1595 中国纪事 / 奥托·布劳恩著；李逵六等译. 北京：东方出版社，2004，340 页.（现代稀见史料书系）

1596 中国家庭一瞥 / 伊丽莎白·耶茨著；李国庆整理. 影印本. 桂林：广西师范大学出版社，2012，2017 重印，136 页.（"中国研究"外文旧籍汇刊·中国记录. 第三辑；1/ 李国庆，何林夏主编）

1597 中国家庭中的儿童生活 / 玛丽·伊莎贝拉·布莱森著；邹秀英译. 北京：国家图书馆出版社，2015，222 页.（亲历中国丛书）

1598 中国金：在蒙特里湾区的中国人 / 桑迪·莱登著；尚玉明译. 广州：花城出版社，2013，10+400 页.（尘封的历史书系）

1599 中国经济转型与女性经济学 / 冈扎利·别瑞克，董晓媛，格尔·萨玛费尔德主编. 北京：经济科学出版社，2009，267 页.

1600 中国崛起：重估亚洲价值观 / 郑永年著. 北京：东方出版社，2016，175 页.

1601 中国崛起不可承受之错 / 郑永年，杨丽君著. 北京：中信出版集团股份有限公司，2016，294 页.（国际观察丛书）

1602 中国力量的三面：军力、财力和智力 / 戴维·蓝普顿著；姚芸竹译. 北京：新华出版社，2009，230 页.

1603 中国历代职官辞典 / 日本日中民族科学研究所编；向以鲜，郑天刚译. 郑州：中州古籍出版社，1987，1988 重印，47+211 页.
  ➢ 中国历代职官辞典 / 日本日中民族科学研究所编；向以鲜，郑天刚译. 郑州：中州古籍出版社，1987，211 页.

1604 中国历史转型时期的知识分子 / 余英时等著. 台北：联经出版事业公司，1992，138 页.

1605 中国梦：全球最大的中产阶级的崛起及其影响 / 艾伦著；孙雪，李敏译. 上海：文汇出版社，2011，126 页.

1606 中国秘密结社真相 / 山田贤著；王在琦译. 台北：台湾实业文化，2002，293 页.（奇闻小馆；105）

1607 中国秘密社会史 / 平山周著. 修订本. 北京：商务印书馆，2017，27+203 页.
  ➢ 中国秘密社会史 / 平山周著. 影印本. 上海：上海三联书店，2014，169 页.（民国沪上初版书·复制版）
  ➢ 中国秘密社会史 / 平山周著. 北京：商务印书馆，2011，27+198 页.
  ➢ 中国秘密社会史 / 平山周著. 北京：东方出版社，2010，179 页.
  ➢ 中国秘密社会史 / 平山周著. 影印本. 上海：上海书店，1992，169 页.（民国丛书. 第四编. 社会科学总类；18）
  ➢ 中国秘密社会史 / 平山周编著. 影印本. 石家庄：河北人民出版社，1990，180 页.（民间秘密结社与宗教丛书）

1608 中国密码 / 弗郎克·泽林著；强朝晖译. 贵阳：贵州人民出版社，2010，244 页.

➢ 中国密码：中国崛起对西方的影响 / 弗郎克·泽林著；强朝晖译. 贵阳：贵州人民出版社，2009，203 页.

1609 中国民意与公民社会 / 唐著；胡赣栋，张东锋译. 广州：中山大学出版社，2008，222 页.（海外杰出华裔政治学人学术译丛）

1610 中国民众政治支持的测量与分析 / 陈捷著；安佳译. 广州：中山大学出版社，2011，254 页.（海外杰出华人学者论丛）

1611 中国民族政策之研究：以清末至 1945 年的"民族论"为中心 / 松本真澄著；鲁忠慧译. 北京：民族出版社，2003，297 页.

1612 中国民族主义的复兴：民族国家向何处去 / 郑永年著. 北京：东方出版社，2016，251 页.

➢ 中国民族主义的复兴：民族国家向何处去？/ 郑永年著. 香港：三联书店（香港）公司，1998，261 页.

1613 中国模式：经验与挑战 / 郑永年著. 全新修订版. 北京：中信出版社，2016，27+297 页.（国际观察丛书）

➢ 中国模式及其未来 / 郑永年著. 新加坡：八方文化创作室，2011，12+424 页.

➢ 中国模式：经验与困局 / 郑永年著. 新北：扬智文化事业股份有限公司，2011，322 页.

➢ 中国模式：经验与困局 / 郑永年著. 杭州：浙江人民出版社，2010，249 页.

1614 中国女性史 / 山川丽著；高大伦，范勇译. 西安：三秦出版社，1987，111 页.

➢ 中国女性史：1815—1958/ 高大伦，范勇编译. 成都：四川大学出版社，1987，297 页.（四川大学博物馆译丛）

1615 中国"女权"概念的变迁：清末民初的人权和社会性别 / 须藤瑞代著；须藤瑞代，姚毅译. 北京：社会科学文献出版社，2010，277 页.（喜玛拉雅学术文库·阅读中国系列）

1616 中国女性主义思想史中的妇女问题 / 汤尼·白露著；沈齐齐译. 上海：上海人民出版社，2012，510 页.

1617 中国缺什么日本缺什么 / 近藤大介著；泓冰译. 南京：江苏文艺出版社，2013，216 页.

1618 中国热：世界的下一个超级大国 / 方绍伟著；柯雄译. 北京：新华出版社，2009，298 页.

1619 中国人的家庭生活 / 伊萨克·泰勒·何德兰著；李国庆整理. 影印本. 桂林：广西师范大学出版社，2015，361 页.（"中国研究"外文旧籍汇刊·中国记录. 第八辑；8/ 李国庆. 何林夏主编）

1620 中国人的社会生活 / 卢公明著；吴宪整理. 影印本. 桂林：广西师范大学出版社，2013，14+654 页.（"中国研究"外文旧籍汇刊·中国记录. 第五辑；3/ 李国庆，何林夏主编）

> 中国人的社会生活：一个美国传教士的晚清福州见闻录 / 卢公明著；陈泽平译. 福州：福建人民出版社，2009，434 页.

1621 中国人的生活方式 / 麦嘉湖著；秦传安译. 北京：电子工业出版社，2015，326 页.
> 中国人的生活方式 / 麦嘉湖著；秦传安译. 北京：电子工业出版社，2012，266 页.（寻路中国系列）

1622 中国人非规则移民北美历程揭秘 / 田广著；王天津，古丽布斯坦译. 北京：商务印书馆，2013，237 页.（中山大学人类学文库）

1623 中国人在海参崴：符拉迪沃斯托克的历史篇章：1870—1938 年 / 聂丽·米兹，德米特里·安洽著；胡昊等译. 北京：社会科学文献出版社，2016，362 页.

1624 中国人在美国的发财史：170 年的漂泊、隐忍、碰撞及正在发生的故事 / 彼得·邝，杜桑卡·米赛耶维奇著；谭启龙译. 南京：江苏人民出版社，2012，10+445 页.

1625 中国日记：1988—2009/ 保罗·怀特著；徐林，王际洲译. 北京：新世界出版社，2011，264 页.

1626 中国软实力：谁在害怕中国 / 迈克尔·巴尔著；石竹芳译. 北京：中信出版社，2013，41+164 页.

1627 中国善会善堂史研究 / 夫马进著；伍跃等译. 北京：商务印书馆，2005，804 页.（商务印书馆海外汉学书系）

1628 中国绅士 / 费孝通著；惠海鸣译. 北京：中国社会科学出版社，2006，135 页.

1629 中国剩女：性别歧视与财富分配不均的权力游戏 / 洪理达著；陈瑄译. 新北：八旗文化：远足文化事业股份有限公司，2015，221 页.（中国观察；29）

1630 中国网络政治的历史考察：电报与清末时政 / 周永明著；尹松波，石琳译. 北京：商务印书馆，2013，17+205 页.（媒体人类学译丛）

1631 中国为何不会统治世界 / 孔诰烽著；沈莉译. 北京：中信出版集团股份有限公司，2016，29+256 页.

1632 中国为何反日？：中日对立五百年的深层结构 / 冈本隆司著；陈心慧译. 新北：八旗文化，2017，256 页.

1633 中国问题 / 伯特兰·罗素著；秦悦译. 北京：经济科学出版社，2013，11+206 页.
> 中国问题 / 伯特兰·罗素著；秦悦译. 上海：学林出版社，1996，1997 重印，205 页.
> 中国问题 / 罗素著；秦悦译. 上海：学林出版社，1996，207 页.

1634 中国西部四十年 /A.D. 鲍大可著；孙英春等译. 北京：东方出版社，1998，610 页.

1635 中国现代化的哲学省思 / 成中英著. 台北：东大图书公司，1988，185 页.（沧海丛刊. 哲学）

1636 中国乡村：19 世纪的帝国控制 / 萧公权著；张皓，张升译. 北京：九州出版社，2018，698 页.
> 中国乡村：论 19 世纪的帝国控制 / 萧公权著；张皓，张升译. 台北：联经出版事业股份有限公司，2014，2016 重印，19+703 页.（萧公权全集；6）

1637 中国心灵 / 卫礼贤著；王宇洁等译.北京：国际文化出版公司，1998，2005 重印，364 页.（西方视野中的中国；1）

1638 中国形象：外国学者眼里的中国 / 乔舒亚·库珀·雷默等著；沈晓雷等译.2 版.北京：社会科学文献出版社，2008，282 页.（当代中国研究译丛）
> 中国形象：外国学者眼里的中国 / 乔舒亚·库珀·雷默等著；沈晓雷等译.北京：社会科学文献出版社，2006，344 页.（当代中国研究译丛）

1639 中国一隅：在中国人之间生活的考察 / 菲尔德著；李国庆整理.影印本.桂林：广西师范大学出版社，2012，2017 重印，309 页.（"中国研究"外文旧籍汇刊·中国记录.第三辑；2/ 李国庆，何林夏主编）

1640 中国与海外华人 / 王赓武著.香港：商务印书馆（香港）公司，1994，366 页.

1641 中国与历史资本主义：汉学知识的系谱学 / 卜正民，格力高利·布鲁主编；古伟瀛等译.北京：新星出版社，2005，408 页.
> 中国与历史资本主义：汉学知识的系谱学 / 卜正民，Gregory Blue 主编；古伟瀛等译.台北：巨流图书公司，2004，419 页.

1642 中国政治 / 詹姆斯·R.汤森，布莱特利·沃马克著；顾速，董方译.2 版.南京：江苏人民出版社，2010，2016 重印，275 页.（海外中国研究丛书）
> 中国政治 / 詹姆斯·R·汤森，布兰特利·沃马克著；顾速，董方译.南京：江苏人民出版社，1994，363 页.（海外中国研究丛书）

1643 中国之惑新编 / 唐德刚著；中国近代口述史学会编.台北：远流出版事业股份有限公司，2013，312 页.（唐德刚作品集）

1644 中国之旅 / 拉吉布·班纳著；蔡伟良，陈杰译.上海：上海外语教育出版社，2003，10+167 页.

1645 中国知识分子论 / 余英时著.郑州：河南人民出版社，1997，216 页.（中国知识分子丛书）

1646 中国知识人之史的考察 / 余英时著；沈志佳编.2 版.桂林：广西师范大学出版社，2014，622 页.（余英时文集；4）
> 中国知识人之史的考察 / 余英时著；沈志佳编.桂林：广西师范大学出版社，2004，508 页.（余英时文集；4）

1647 中国制度史研究 / 杨联陞著；彭刚，程钢译.2 版.南京：江苏人民出版社，2007，189 页.（海外中国研究丛书）
> 中国制度史研究 / 杨联陞著；彭刚，程钢译.南京：江苏人民出版社，1998，208 页.（海外中国研究丛书）

1648 中国转型：和谐与冲突 / 郑永年著；杨丽君编.新加坡：八方文化创作室，2007，10+309 页.（透视中国系列丛书；6）

1649 中葡澳门谈判：1986—1999/ 卡门·曼德思著；臧小华译.北京：社会科学文献出版社，2018，186 页.（澳门研究丛书）

1650 中正之笔：颜真卿书法与宋代文人政治 / 倪雅梅著；杨简茹译 . 南京：江苏人民出版社，2018，293 页 .（凤凰文库·海外中国研究系列）

1651 朱熹的历史世界：宋代士大夫政治文化的研究 / 余英时著 . 北京：生活·读书·新知三联书店，2011，15+922 页 .

> 朱熹的历史世界：宋代士大夫政治文化的研究 / 余英时著 . 北京：生活·读书·新知三联书店，2004，2 册（10+15+928 页）.（余英时作品系列）

> 朱熹的历史世界：宋代士大夫政治文化的研究 . 上下篇 / 余英时著 . 台北：允晨文化实业股份有限公司，2003，2 册（510；601 页）.（允晨丛刊；96）

1652 朱元璋的政权及统治哲学：专制与合法性 / 马骊著；莫旭强译 . 长春：吉林出版集团股份有限公司，2018，260 页 .（中法文化之旅丛书）

1653 竹内实文集 . 第六卷，文化大革命观察 / 竹内实著；程麻译 . 北京：中国文联出版社，2005，357 页 .

1654 竹内实文集 . 第七卷，中国改革开放进程追踪 / 竹内实著；程麻译 . 北京：中国文联出版社，2006，378 页 .

1655 主术：中国古代政治艺术之研究 / 安乐哲著；滕复译 . 北京：北京大学出版社，1995，244 页 .

1656 转型时代与幽暗意识：张灏自选集 / 张灏著；任锋编校 . 上海：上海人民出版社，2018，397 页 .

1657 追寻富强：中国现代国家的建构，1850—1949/ 斯蒂芬·哈尔西著；赵莹译 . 北京：中信出版集团股份有限公司，2018，389 页 .

1658 缀珍录：十八世纪及其前后的中国妇女 / 曼素恩著；定宜庄，颜宜葳译 . 南京：江苏人民出版社，2004，325 页 .（海外中国研究丛书·女性系列）

1659 走向"最后关头"：中国民族国家构建中的日本因素：1931—1937/ 柯博文著；马俊亚译 . 北京：社会科学文献出版社，2004，454 页 .（海外中国近代史研究文库）

1660 最后的皇族：满洲统治者视角下的清宫廷 / 罗友枝著；周卫平译 . 新北：八旗文化出版社，2017，477 页 .（新清史）

1661 最早发现北美洲的中国移民 / 保罗·夏亚松著；暴永宁译 . 北京：生活·读书·新知三联书店，2018，306 页 .（新知文库；18）

1662 作为战略群体的企业家：中国私营企业家的社会与政治功能研究 / 托马斯·海贝勒著；吴志成等译 . 北京：中央编译出版社，2003，427 页 .（海外邓小平理论和中国改革开放研究丛书）

（二）研究著作

1663 13—18 世纪西方中国形象演变 / 邹雅艳著 . 天津：南开大学出版社，2016，326 页 .（南开大学汉语言文化学院博士文库）

1664 21世纪的中国边疆治理与发展：第二届西南论坛论文集 / 郑永年，林文勋主编．北京：社会科学文献出版社，2013，362页．

1665 阿拉伯的中国形象 / 李荣建著．北京：人民出版社，2010，32+288页．（世界的中国形象丛书）

1666 百名中外人士评说十一届三中全会 / 海清文编著．北京：改革出版社，1998，422页．

1667 百年后的日本与中国：孙中山的梦想与现在 / 辛亥革命百周年纪念活动日本执行委员会编．北京：社会科学文献出版社，2012，245页．

1668 泊客中国 / 尹畅，龙安志编著．北京：五洲传播出版社，2009，213页．

1669 不可思议的中国人：二十世纪来华外国人对华印象 / 王正和编著．广州：花城出版社，2001，552页．

1670 不是东方：日本中国认识中的自我与欧洲性 / 黄佳宁，石之瑜著．台北：台湾大学政治学系中国大陆暨两岸关系教学与研究中心，2009，225页．（中国学的知识社群研究系列；17）

1671 城市知识分子的二重世界：中国现代性的历史视域 / 高瑞泉，山口久和主编．上海：上海古籍出版社，2005，10+308页．

1672 城乡公民参与和政治合法性 / 何增科，托马斯·海贝勒，根特·舒伯特主编．北京：中央编译出版社，2007，349页．（中国民主治理研究丛书 / 俞可平主编）

1673 从城市看中国的现代性 / 巫仁恕，康豹，林美莉主编．台北："中央研究院"近代史研究所，2010，15+401页．

1674 从哈佛看中国：中国问题学术演讲集 / 许宝友，常欣欣主编．北京：人民出版社，2010，465页．

1675 从宗亲到移民？：邝治中对华人身分意识的研究 / 赖春杏著．台北：台湾大学政治学系中国大陆暨两岸关系教学与研究中心，2018，116页．（中国学的知识社群欧美系列；28）

1676 当代中国政治研究：新材料、新方法和实地调查的新途径 / 寇艾伦等主编；许安结等译．北京：中国社会科学出版社，2014，12+290页．

1677 东南亚的福建人 / 林忠强等主编．厦门：厦门大学出版社，2006，282页．（厦门大学东南亚研究中心系列丛书．东南亚与华侨华人研究系列；15）

1678 东南亚的中国形象 / 张旭东著．北京：人民出版社，2010，261页．（世界的中国形象丛书）

1679 东亚社会价值的趋同与冲突：中日韩青年社会意识比较 / 君塚大学等主编．北京：社会科学文献出版社，2001，368页．

1680 俄罗斯的中国形象 / 孙芳，陈金鹏等著．北京：人民出版社，2010，32+268页．（世界的中国形象丛书）

1681 俄罗斯人眼中的中国形象 / 李玮等著．北京：北京大学出版社，2016，312页．（中国对外传播文化软实力研究丛书）

1682 二战后美国对华安全战略变迁与对华认识之演进：1949—1971/ 程诣证，张登及著．台北：台湾大学政治学系中国大陆暨两岸关系教学与研究中心，2011，187页．（中国学的知识社群欧美系列；9）

1683 法兰西学院汉学研究所藏清代殿试卷 / 法兰西学院汉学研究所编．影印版．北京：中华书局，2015，2 册（30+598 页）．

1684 非英语国家主流媒体中的中国形象 / 顾洁著．北京：中国广播影视出版社，2018，236 页．

1685 非洲的中国形象 / 胡锦山著．北京：人民出版社，2010，32+324 页．（世界的中国形象丛书）

1686 俯视到平视：外国媒体上的中国镜像 / 刘笑盈，贺文发等著．北京：中国传媒大学出版社，2009，288 页．（21 世纪媒介理论丛书）

1687 改革：困境与出路 / 郑永年，莫道明，刘骥主编．北京：东方出版社，2015，301 页．（IPP 文库．公共政策丛书）

1688 改革共识与中国未来 / 吴敬琏，俞可平，芮效俭等著．北京：中央编译出版社，2013，233 页．

1689 共产国际、苏联与中国革命关系研究述评 / 郭德宏主编；中共中央党史研究室第一研究部编．北京：中共党史出版社，1996，454 页．

1690 共和国内参：第三只眼睛看中国 / 毕玉杰主编．北京：中国检察出版社，1999，3 册（2313 页）．

1691 国外马克思主义中国化研究概述 / 文晓明，杨建新著．北京：中央文献出版社，2010，414 页．（马克思主义中国化研究丛书）

1692 国外马克思主义中国化研究评析 / 梁怡主编．北京：学习出版社，2014，521 页．

1693 国外中国女性研究：文献与数据分析 / 刘霓，黄育馥著．北京：中国社会科学出版社，2009，352 页．

1694 过程·空间：宋代政治史再探研 / 邓小南主编．北京：北京大学出版社，2017，467 页．（未名中国史丛刊 / 邓小南主编；12）

1695 哈佛大学的中国共产党研究 / 路克利著．济南：山东大学出版社，2012，176 页．

1696 海外赤子眼中的新中国 /《中流》月刊编辑部选编．北京：当代中国出版社，1996，377 页．

1697 海外人看中国 / 吴强编著．北京：中国档案出版社，1998，78 页．（雏鹰文库—学生成长百卷读本．环球新视野；100）

1698 海外马克思主义中国化理论研究 / 成龙著．广州：广东人民出版社，2009，640 页．

1699 海外马克思主义中国化研究 / 路克利著．北京：人民出版社，2016，319 页．

1700 海外学者视野中的当代中国核心价值观研究 / 祝大勇著．北京：国家行政学院出版社，2017，193 页．

1701 海外舆论谈北京风波 / 辛砚主编．北京：新华出版社，1989，193 页．

1702 海外中共研究著作要览 / 潘世伟,徐觉哉主编. 上海:上海人民出版社,2012,16+572 页.

1703 海外中国观察 / 潘世伟,黄仁伟主编. 北京:中共中央党校出版社,2014,266 页.

1704 海外中国问题研究:来自哈佛学者的启示 / 黄伟等著. 西安:陕西人民出版社,2014,96 页.

1705 韩国人心目中的中国形象 / 董向荣,王晓玲,李永春著. 北京:社会科学文献出版社,2012,230 页.(世界看中国系列)

1706 吉田松阴与近代中国 / 郭连友著. 北京:中国社会科学出版社,2007,272 页.

1707 解读中国民主:西方中国学家的视角 / 徐浩然著. 北京:中国社会科学出版社,2013,313 页.(《解读中国》丛书 / 景跃进,张小劲主编)

1708 解码中国形象:《纽约时报》和《泰晤士报》中国报道比较(1993—2002)/ 孙有中著. 北京:世界知识出版社,2009,350 页.

1709 近代以来日本的中国观. 第一卷,总论 / 杨栋梁主编;杨栋梁著. 南京:江苏人民出版社,2012,399 页.(凤凰文库. 历史研究系列)

> 近代以来日本的中国观. 第二卷:1603—1840/ 杨栋梁主编;赵德宇,向卿,郭丽著. 南京:江苏人民出版社,2012,263 页.(凤凰文库. 历史研究系列)

> 近代以来日本的中国观. 第三卷,1840—1895/ 杨栋梁主编;刘岳兵著. 南京:江苏人民出版社,2012,506 页.(凤凰文库. 历史研究系列)

> 近代以来日本的中国观. 第四卷,1895—1945/ 杨栋梁主编;王美平,宋志勇著. 南京:江苏人民出版社,2012,342 页.(凤凰文库. 历史研究系列)

> 近代以来日本的中国观. 第五卷,1945—1972/ 杨栋梁主编;王振锁,乔林生,乌兰图雅著. 南京:江苏人民出版社,2012,311 页.(凤凰文库. 历史研究系列)

> 近代以来日本的中国观. 第六卷,1972—2010/ 杨栋梁主编;田庆立,程永明著. 南京:江苏人民出版社,2012,381 页.(凤凰文库. 历史研究系列)

1710 近代中国社会生活与观念变迁 / 薛君度,刘志琴主编. 北京:中国社会科学出版社,2001,423 页.

1711 镜像与自我:史景迁的中国形象建构研究 / 谭旭虎著. 上海:上海人民出版社,2017,273 页.

1712 镜像中国:世界主流媒体中的中国形象 / 刘继南,何辉等著. 北京:中国传媒大学出版社,2006,309 页.(国际传播与国家形象)

1713 聚焦中国:海外论十八大以来中国之发展 / 中央编译局海外当代中国学研究中心编著. 北京:经济科学出版社,2017,211 页.(中国道路·世界对中国道路评价卷)

1714 拉美民意看中国 / 李守石,雷叙川等著. 北京:人民出版社,2018,17+304 页.(中国的国家形象丛书 / 刘康主编)

1715 黎安友中国民主研究:认识与主张 / 李崇恺著. 台北:台湾大学政治学系中国大陆暨两岸关系教学与研究中心,2017,114 页.(中国学的知识社群欧美系列;24)

1716 美国大报之中国形象的语料库语言学方法辅助下的批评话语分析 / 唐丽萍著. 北京：高等教育出版社，2016，270 页.

1717 美国的中国形象 / 姜智芹著. 北京：人民出版社，2010，32+11+334 页.（世界的中国形象丛书）

1718 美国华侨华人姓名、团体名称中英文对照表 / 麦礼谦编；石坚平，陈婷整理. 广州：广东人民出版社，2018，263 页.（广东华侨史文库 / 张应龙主编）

1719 美国教科书里的中国 / 李毅著. 广州：广东教育出版社，2006，329 页.

1720 美国人眼中的国共内战：美国参谋首长联席会议对华主张之分析（1947—1950）/ 吴昆财著. 北京：九州出版社，2012，241 页.

1721 美国人眼中的中国形象 / 王丽雅著. 北京：北京大学出版社，2018，182 页.（中国对外传播文化软实力研究丛书）

1722 美国政府对中国国家形象的认知 / 杜雁芸著. 北京：时事出版社，2013，308 页.

1723 面向二十一世纪的中国周边形势 / 薛君度，陆忠伟主编. 北京：时事出版社，1995，440 页.

1724 民国时期留美生的中国问题研究：以留美生博士论文为中心的考察 / 元青等著. 天津：南开大学出版社，2017，359 页.

1725 明清时期——欧洲人眼中的中国 / 吴孟雪著. 北京：中华书局，2000，321 页.（文史知识文库）

1726 闹剧式悲剧：论 Maurice Meisner 眼中的中国 / 许韦婷，张登及著. 台北：台湾大学政治学系中国大陆暨两岸关系教学与研究中心，2011，130 页.（中国学的知识社群欧美系列；10）

1727 内山完造谈中国 / 沈益洪编. 杭州：浙江文艺出版社，2001，140 页.（世纪回声书系）

1728 女权主义在中国的翻译历程 / 王政，高彦颐主编. 上海：复旦大学出版社有限公司，2016，13+251 页.（社会性别研究译丛）

1729 全球视野下的中国形象：英国电视对华报道话语分析 / 曹青著. 天津：南开大学出版社，2013，224 页.（《南开话语研究》系列丛书 / 田海龙，丁建新总主编）

1730 人类文明往何处去？：詹鹡论革命、国家与中国 / 王良能著. 台北：台湾大学政治学系中国大陆暨两岸关系教学与研究中心，2015，128 页.（中国学的知识社群欧美系列；19）

1731 日本报纸中的中国形象：以《朝日新闻》和《读卖新闻》为例 / 张玉著. 北京：中国传媒大学出版社，2012，220 页.（传媒研究新视野丛书）

1732 日本大众媒体中的中国形象 / 刘林利著. 北京：中国传媒大学出版社，2007，299 页.（国际关系学书系）

1733 日本的中国形象 / 吴光辉著. 北京：人民出版社，2010，32+237 页.（世界的中国形象丛书）

1734 日本教科书的中国形象研究 / 谭建川著 . 北京：北京大学出版社，2014，335 页 .

1735 日本近代知识分子的中国观：中国通代表人物的思想轨迹 / 刘家鑫著 . 天津：南开大学出版社，2007，12+314 页 .

1736 日本侨民在上海：1870—1945 / 高纲博文，陈祖恩主编 . 上海：上海辞书出版社，2000，89 页 .

1737 日本人眼中的中国形象 / 王秀丽，梁云祥著 . 北京：北京大学出版社，2016，180 页 .（中国对外传播文化软实力研究丛书）

1738 儒家宪政与中国未来：我们是谁？我们向何处去？ / 范瑞平，贝淡宁，洪秀平主编 . 上海：华东师范大学出版社，2012，274 页 .

1739 儒家与宪政论集 / 杜维明，姚中秋，任锋等著；任锋，顾家宁编 . 北京：中央编译出版社，2015，453 页；（北航高研院·治道文丛）

1740 儒学与社会现代化 / 姜林祥，薛君度主编 . 广州：广东教育出版社，2004，2 册（624+634 页）.

1741 萨特和波伏娃：对新中国的观感 / 秦悦主编 . 上海：上海辞书出版社，2014，240 页 .（亲历中国丛书 / 康桥，秦悦主编）
   ➢ 萨特和波娃谈中国 / 沈益洪编 . 杭州：浙江文艺出版社，2001，252 页 .（世纪回声书系）

1742 社会分层与流动：国外学者对中国研究的新进展 / 边燕杰，吴晓刚，李路路主编 . 北京：中国人民大学出版社，2008，375 页 .（社会学前沿论丛）

1743 世界之中国：域外中国形象研究 / 周宁编 . 南京：南京大学出版社，2007，13+404 页 .（文本与文化 / 跨语际研究）

1744 "孙中山思想与当代中国社会"国际学术研讨会论文集 / 李广良主编；中国国民党革命委员会云南省委员会理论政策研究委员会，中国国民党革命委员会云南省委员会孙中山研究会编 . 昆明：云南大学出版社，2007，327 页 .

1745 台湾原住民政策变迁与社会发展 / 黄树民，章英华主编 . 台北："中央研究院"民族学研究所，2010，13+678 页 .

1746 外国人看中国 / 贾兆平等编写 . 北京：中国少年儿童出版社，1998，147 页 .（爱国主义教育文库：中国与世界卷）

1747 外国人看中国 / 余心言编 . 北京：中国少年儿童出版社，1997，157 页 .（特价版少年精品书库 . 爱国英雄篇）
   ➢ 外国人看中国 / 余心言编著 . 北京：中国少年儿童出版社，1989，1990 重印，157 页 .

1748 外国人眼里的中国 . 第一集 / 施友义主编 . 北京：华艺出版社，1991，229 页 .
   ➢ 外国人眼里的中国 . 第二集 / 施友义主编 . 北京：华艺出版社，1993，195 页 .
   ➢ 外国人眼里的中国 . 第三集 / 施友义主编 . 福州：海风出版社，1995，291 页 .

1749 外国人眼中的中国 . 第一卷，外国人眼中的中国社会，外国人眼中的中国历史 / 张鸣，吴静妍主编 . 长春：吉林摄影出版社，2000，496 页 .

- 外国人眼中的中国．第二卷，外国人眼中的中国国民性，外国人眼中的中国历史名人 / 张鸣，吴静妍主编．长春：吉林摄影出版社，2000，528 页．
- 外国人眼中的中国．第三卷，外国人眼中的中国共产党人 / 张鸣，吴静妍主编．长春：吉林摄影出版社，2000，2 册（984 页）．
- 外国人眼中的中国．第四卷，外国人眼中的中国老百姓，外国人眼中的中国风土人情 / 张鸣，吴静妍主编．长春：吉林摄影出版社，2000，2 册（1150 页）．
- 外国人眼中的中国．第五卷，外国人眼中的中国国民党人，外国人眼中的中国抗战 / 张鸣，吴静妍主编．长春：吉林摄影出版社，2000，552 页．
- 外国人眼中的中国．第六卷，外国人眼中的中国革命，外国人眼中的中国未来 / 张鸣，吴静妍主编．长春：吉林摄影出版社，2000，502 页．
- 外国人眼中的中国．第七卷，外国人眼中的中国文化 / 张鸣，吴静妍主编．长春：吉林摄影出版社，2000，499 页．
- 外国人眼中的中国．第八卷，外国人眼中的中国改革开放 / 张鸣，吴静妍主编．长春：吉林摄影出版社，2000，576 页．

1750 外国人眼中的中国形象及华人形象研究 / 朱小雪主编．北京：旅游教育出版社，2011，194 页．

1751 外国首脑论中国 / 王根礼，周天珍编著．北京：红旗出版社，1998，2 册（13+760 页）．

1752 外国要人名人看中国：1989—1992/ 刘洪潮，蔡光荣主编．北京：中共中央党校出版社，1993，341 页．

1753 魏源与近代中国改革开放——纪念魏源 200 周年诞辰国际学术研讨会论文集 / 刘泱泱等编．长沙：湖南师范大学出版社，1995，568 页．

1754 文明与国际政治：中国学者评亨廷顿的文明冲突论 / 王缉思主编．上海：上海人民出版社，1995，394 页．（当代国际政治丛书）

1755 文书·政令·信息沟通：以唐宋时期为主 / 邓小南，曹家齐，平田茂树主编．北京：北京大学出版社，2012，2 册（725 页）．（未名中国史丛刊 / 邓小南主编）

1756 西藏历史地位辨：评夏格巴《藏区政治史》和范普拉赫《西藏的地位》/ 王贵等著．北京：民族出版社，1995，1997 重印，746 页．

1757 西方的中国形象 / 王寅生编订．北京：团结出版社，2015，2 册（13+754 页）．

1758 西方人看中国 / 张占荣主编．西安：西北工业大学出版社，1998，281 页．

1759 西欧的中国形象 / 李勇著．北京：人民出版社，2010，32+342 页．（世界的中国形象丛书）

1760 现代中国变动与东亚新格局．第一辑 / 田中仁，江沛，许育铭主编．北京：社会科学文献出版社，2012，575 页．

1761 消失的中国：Mark Selden 和 Carl Riskin 视野中的社会主义道路 / 庄容著．台北：台湾大学政治学系中国大陆暨两岸关系教学与研究中心，2014，166 页．（中国学的知识社群欧美系列；16）

1762 萧伯纳谈中国/沈益洪编.杭州：浙江文艺出版社，2001，130页.（世纪回声书系）

1763 萧公权学记/汪荣祖，黄俊杰编.台北：台湾大学出版中心，2009，10+323页.（东亚文明研究资料丛刊；8）

1764 性别平等与中国经济转型：非正规就业与家族照料/董晓媛，沙林主编.北京：经济科学出版社，2010，284页.

1765 选边：澳裔美籍作家谭若思的中国观及其变迁/曾敬豪著.台北：台湾大学政治学系中国大陆暨两岸关系教学与研究中心，2016，206页.（中国学的知识社群欧美系列；21）

1766 洋票与绑匪：外国人眼中的民国社会/徐有威，贝思飞主编.上海：上海古籍出版社，1998，14+650页.

1767 一位实践型的蓝队学者：金德芳中国研究的阶段性演进/赵子勋著.台北：台湾大学政治学系中国大陆暨两岸关系教学与研究中心，2018，184页.（中国学的知识社群欧美系列；29）

1768 印度的中国形象/尹锡南著.北京：人民出版社，2010，32+220页.（世界的中国形象丛书）

1769 映入西方的近代中国：《纽约时报》驻华首席记者哈雷特·阿班中国报道研究（1927—1940）/李莉著.北京：中国社会科学出版社，2015，269页.

1770 战后东南亚华人社会变迁/薛君度，曹云华主编.北京：中国华侨出版社，1999，378页.

1771 战后海外华人变化：国际学术研讨会论文集：中英文论文/郭梁主编.北京：中国华侨出版公司，1990，487页.

> 战后海外华人变化：国际学术研讨会论文集：中文论文/郭梁主编.北京：中国华侨出版公司，1990，262页.

1772 战后日本的主要社会思潮与中日关系：复旦大学日本研究中心第十二届国际学术研讨会论文集/徐静波，胡令远编.上海：上海财经大学出版社，2003，304页.（日本研究丛书）

1773 真的是红队吗？：从沈大伟的中国研究论区分红蓝队学者之妥适性/张峻维著.台北：台湾大学政治学系中国大陆暨两岸关系教学与研究中心，2018，160页.（中国学的知识社群欧美系列；26）

1774 挣脱枷锁：加拿大华人反对种族主义百年史/陈国贲，丹尼丝·赫丽编.北京：中国社会科学出版社，1997，278页.

1775 知识台湾：台湾理论的可能性/史书美等主编；陈瑞麟等著.台北：麦田出版社，2016，468页.（麦田人文；160）

1776 中德人权发展与社会经济文化：[中德文本]/中国人权发展基金会，德国艾伯特基金会主编.北京：新星出版社，2000，221页.

1777 中共的治理与适应：比较的视野/俞可平，托马斯·海贝勒，安晓波主编.北京：

中央编译出版社，2015，23+418 页．

1778 中国·日本社会保障制度的比较与借鉴 / 广井良典，沈洁主编．北京：中国劳动社会保障出版社，2009，298 页．

1779 中国道路的西方视角：20 世纪西方思想家的中国观研究 / 马丽雅著．上海：学林出版社，2018，390 页．（中国马克思主义研究丛书）

1780 中国唱不衰：由海外版《中国即将崩溃》引发的对话 / 杨再平，向东著．北京：经济科学出版社，2003，385 页．

1781 中国的教育与科举 / 李弘祺编．台北：财团法人喜玛拉雅研究发展基金会，2006，42+458 页．（中国与东亚的教育传统；1）

1782 中国的现代性与城市知识分子 / 高瑞泉，山口久和主编．上海：上海古籍出版社，2004，249 页．

1783 中国公共管理评论（CPAR）：公共管理的机遇与挑战：[中英文本] / 张梦中等主编．广州：中山大学出版社，2004，389 页．（中国公共管理论坛；3）

> 中国公共管理评论（CPAR）：[中英文本]，全球经济一体化与中国公共行政对策 / 张梦中，马克·霍哲主编．广州：中山大学出版社，2003，361 页．（中国公共管理论坛；2）

> 探索中的中国公共管理：[中英文本] / 张梦中，马克·霍哲主编．广州：中山大学出版社，2002，13+471 页．（中国公共管理论坛；1）

1784 中国共产党转型与中国的变迁：海外学者视角评析 / 闫健著．北京：中央编译出版社，2013，289 页．

1785 中国近代政教关系国际学术研讨会论文集 / 李齐芳主编．台北：淡江大学出版社，1987，16+442 页．

1786 中国近世文化思潮 / 艾华编著．合肥：安徽大学出版社，2008，213 页．

1787 中国侨民在南美 / 朱彭年编．北京：文化艺术出版社，1990，339 页．

1788 中国向何处去：海内外学者看中国改革 / 章玖编．长沙：湖南人民出版社，1989，305 页．

1789 中国语言文化在海外华侨华人社会中的传播研究：基于对意大利华侨华人社会的考察 / 严晓鹏，郑婷等著．杭州：浙江工商大学出版社，2018，161 页．（改革开放 40 周年丛书）

1790 中国治理评论．2012 第 1 辑（总第 1 辑）/ 俞可平主编．北京：中央编译出版社，2012，280 页．

1791 中国"走出去"背景下外译的传播学路径研究：以《习近平谈治国理政》为例 / 梁林歆著．武汉：武汉大学出版社，2018，196 页．（中外语言文化比较研究丛书 / 许明武，谭渊主编）

1792 中国走向市场经济中的社会保障制度改革：中国社会保障与经济改革国际研讨会文集 / 中国（海南）改革发展研究院编．北京：民主与建设出版社，1995，358 页．

1793 中外记者笔下的第一代中共领袖 / 王占阳等主编 . 长春：时代文艺出版社，1992，724 页 .

1794 中外名人看中国 / 余顺标主编 . 香港：香港新世纪出版社，1997，280 页 .

1795 "主动的"地方政治：作为战略群体的县乡干部 / 托马斯·海贝勒，舒耕德，杨雪冬主编 . 北京：中央编译出版社，2013，452 页 .（当代中国治理研究书系）

1796 追踪革命脉络：裴宜理论当代中国的国家与社会 / 黄宛婷著 . 台北：台湾大学政治学系中国大陆暨两岸关系教学与研究中心，2018，159 页 .（中国学的知识社群欧美系列；27）

1797 走进东方的梦：美国的中国观 / 王景伦著 . 北京：时事出版社，1994，432 页 .

二、外交

（一）译著

1798 1800 年以来的中英碰撞：战争、贸易、科学及治理 / 王赓武著；金明，王之光译 . 增订版 . 杭州：浙江人民出版社，2018，201 页 .
   ➢ 十九世纪以来的中英相遇：战争·贸易·科学与管治 / 王赓武著；金明，王之光译 . 香港：商务印书馆（香港）有限公司，2016，155 页 .
   ➢ 1800 年以来的中英碰撞：战争、贸易、科学及治理 / 王赓武著；金明，王之光译 . 杭州：浙江人民出版社，2015，174 页 .

1799 1844 年法国使华团外交活动日记 / 加略利著；谢海涛译 . 桂林：广西师范大学出版社，2013，374 页 .（晚清稀见中外关系史料丛书 / 周振鹤主编）

1800 1898—1903 年美国对满洲的政策与"门户开放"主义 /C.B. 戈列里克著；高鸿志译 . 哈尔滨：黑龙江教育出版社，1991，170 页 .（边疆史地丛书 / 中国社会科学院中国边疆史地研究中心主编）

1801 1901 年美国对华外交档案：有关义和团运动暨辛丑条约谈判的文件 / 天津社会科学院历史研究所编；刘心显，刘海岩译 . 济南：齐鲁书社，1984，494 页 .

1802 1945 年的历史认识：围绕"终战"的中日对话尝试 / 刘杰，川岛真编；王俊等译 . 北京：社会科学文献出版社，2010，311 页 .

1803 19 世纪俄中关系：资料与文献 . 第 1 卷：1803—1807. 上中下 /B.C. 米亚斯尼科夫主编；徐昌翰等译 . 广州：广东人民出版社，2012，3 册（1925 页）.（国家清史编纂委员会·编译丛刊）

1804 2050 年：中国—俄罗斯共同发展战略 / Б.Н. 库济克，М.Л. 季塔连科著；冯育民等译 . 北京：社会科学文献出版社，2007，357 页 .

1805 阿美士德使团出使中国日志 / 亨利·埃利斯著；刘天路，刘甜甜译. 北京：商务印书馆，2013，430 页.（国家清史编纂委员会·编译丛刊）

1806 爱尔兰人与中国 / 杰鲁莎·麦科马克主编；王展鹏等译. 北京：人民出版社，2010，166 页.

1807 奥巴马执政后的中美关系应对共同挑战 / 约翰·米勒—怀特，戴敏著；邢爱芬译. 北京：中共中央党校出版社，2009，372 页.（美中伙伴关系系列丛书）

1808 奥中友谊史 / 卡明斯基，翁特里德著；包克伦译. 北京：世界知识出版社，1986，378 页.

1809 澳中关系史 / 安德鲁斯著；高亮等译. 厦门：厦门大学出版社，1992，282 页.

1810 巴西与中国—世界秩序变动中的双边关系 / 雅尼丝，伊利克主编；张宝宇等译. 北京：世界知识出版社，2001，210 页.

1811 被遗忘的大使：司徒雷登驻华报告：1946—1949/ 肯尼斯·雷，约翰布鲁尔编；尤存，牛军译. 南京：江苏人民出版社，1990，316 页.

1812 彼得大帝时期的俄中关系史 / 加斯东·加恩著；江载华，郑永泰译. 北京：商务印书馆，1980，420 页.

1813 长城与空城计：中国寻求安全的战略 / 黎安友，陆伯彬著；何大明译. 台北：麦田出版公司，1998，359 页.

> 长城与空城计：中国对安全的寻求 / 安德鲁·内森，罗伯特·罗斯著；柯雄等译. 北京：新华出版社，1997，249 页.（国际问题参考译丛）

1814 朝鲜燕行使与朝鲜通信使：使节视野中的中国·日本 / 夫马进著；伍跃译. 上海：上海古籍出版社，2010，10+370 页.（复旦文史丛刊）

1815 重光葵外交回忆录 / 重光葵口述；天津市政协编译委员会译. 北京：知识出版社，1982，202 页.

1816 出国华工与清朝官员：晚清时期中国对海外华人的保护：1851—1911 年 / 颜清湟著；粟明鲜，贺跃夫译. 北京：中国友谊出版公司，1990，466 页.

1817 传教士教育家大使——司徒雷登与中美关系 / 邵玉铭著；马凯南，汤丽明译. 台北：九歌出版社有限公司，2003，342 页.（九歌文库；957）

1818 从"笔谈外交"到"以史为鉴"：中日近代关系史探研 / 伊原泽周著. 北京：中华书局，2003，587 页.

1819 从东瀛皇居到紫禁城：晚清中日关系史上的重要事件与人物 / 孔祥吉，村田雄二男著. 广州：广东人民出版社，2011，422 页.

1820 从舞台边缘走向中央：美国在中国抗战初期外交视野中的转变：1937—1941/ 齐锡生著. 北京：社会科学文献出版社 2018，538 页.

1821 大国冲突的逻辑：中美之间如何避免战争 / 克里斯托弗·科克尔著；卿松竹译. 北京：新华出版社，2016，12+214 页.

1822 大国责任：转型中的中国国际战略 / 郑永年著. 新加坡：八方文化创作室，2004，

205 页.（中国外交系列；1）

1823 大洋彼岸的中国幻梦：美国"精英"的中国观 / 托马斯·博克，丁伯成著.北京：外文出版社，2000，265 页.

1824 大转向：谁将推动新一波全球化？ / 王辉耀，苗绿著.北京：东方出版社，2017，220 页.（CCG 智库文库丛书）

1825 当代世界与中国 / 现代国际关系研究所选编.北京：时事出版社，1988，273 页.（现代译丛）

1826 德国外交档案：1928—1938 年之中德关系 / 郭恒钰，罗梅君主编；许琳菲，孙善豪译.台北："中央研究院"近代史研究所，1991，190 页.（"中央研究院"近代史研究所史料丛刊；11）

1827 德国与中华民国 / 柯伟林著；陈谦平等译.南京：江苏人民出版社，2006，356 页.（海外中国研究丛书 / 刘东主编）
 ➢ 蒋介石政府与纳粹德国 / 柯伟林著；陈谦平等译.北京：中国青年出版社，1994，449 页.

1828 钓鱼岛的历史与主权 / 井上清著；贾俊琪，于伟译.北京：新星出版社，2013，204 页.
 ➢ 钓鱼岛：历史与主权 / 井上清著；贾俊琪，于伟译.北京：中国社会科学出版社，1997，151 页.
 ➢ 钓鱼列岛的历史和主权问题 / 井上清著；英慧译.香港：天地图书公司，1990，144 页.

1829 钓鱼岛冲突的起点：冲绳返还 / 矢吹晋著；张小苑等译.北京：社会科学文献出版社，2016，228 页.（中日历史问题译丛）

1830 钓鱼岛问题的核心：日中关系的走向 / 矢吹晋著；马俊威等译.北京：社会科学文献出版社，2015，211 页.（中日历史问题译丛）

1831 东南亚与华人：王赓武教授论文选集 / 王赓武著；姚楠编.北京：中国友谊出版公司，1987，267 页.

1832 东洋的朴素主义民族与文明主义社会 / 宫崎市定著；张学锋译.上海：上海古籍出版社，2018，162 页.（宫崎市定亚洲史论考）

1833 东印度航海记 / 威·伊·邦特库著；姚楠译.北京：中华书局，1982，2001 重印，145 页.（中外关系史名著译丛）

1834 对手与盟友 / 高沃龙著；刘戟锋等译.北京：社会科学文献出版社，1992，333 页.

1835 俄国·蒙古·中国 / 巴德利著；吴持哲，吴有刚译.北京：商务印书馆，1981，4 册.

1836 俄国使团使华笔记 / 伊台斯，勃兰德著；北京师范学院俄语翻译组译.北京：商务印书馆，1980，351 页.

1837 俄国外交文书选译：关于蒙古问题 / 陈春华编译.2 版.哈尔滨：黑龙江教育出版社，2013，56+704 页.（中国边疆研究文库.二编：当代学人边疆研究名著.北部边疆卷 / 厉声主编）

> 俄国外交文书选译：关于蒙古问题 / 陈春华译. 哈尔滨：黑龙江教育出版社，1991，462 页.（边疆史地丛书 / 中国社会科学院中国边疆史地研究中心主编）

1838 俄国外交文书选译：有关中国部分 1911.5—1912.5/ 陈春华等译. 北京：中华书局，1988，458 页.

1839 俄国与西藏：俄国档案文件汇编（1893~1914）/E.A. 别洛夫主编；陈春华编译；俄罗斯科学院东方学研究所，俄罗斯科学院远东研究所编. 北京：社会科学文献出版社，2017，347 页.

1840 俄国在满洲：1892—1906/ 鲍里斯·罗曼诺夫著；陶文钊译. 北京：商务印书馆，1980，529 页.

1841 俄罗斯、中国与世界秩序 / 米·季塔连科，弗·彼得罗夫斯基著；粟瑞雪译. 北京：人民出版社，2018，327 页.

1842 俄罗斯的亚洲战略 / 米·列·季塔连科著；李薔薇等译. 北京：中国社会科学出版社，2014，365 页.（世界智库译丛）

1843 俄罗斯—中国：走向战略协作伙伴关系的曲折之路 / 叶·彼·巴扎诺夫著；广宁，张歆等译. 哈尔滨：黑龙江人民出版社，2010，200 页.

1844 俄中两国外交文献汇编：1619—1792/ 尼古拉·班特什—卡缅斯基著；中国人民大学俄语教研室译. 北京：商务印书馆，1982，560 页.

1845 俄中战争：义和团运动时期沙俄侵占中国东北战争 / 乔治·亚历山大·伦森著；陈芳芝译. 北京：商务印书馆，1982，197 页.

1846 二十世纪的美国与中国 / 麦克尔·沙勒著；王扬子，刘湖译. 北京：光明日报出版社，1985，209 页.

> 二十世纪的美国与中国 / 迈克尔·谢勒著；徐泽荣译. 北京：生活·读书·新知三联书店，1985，271 页.

1847 法国在广州湾：广州湾综合文献选. 第一卷 / 王钦峰选编；解华等译. 广州：暨南大学出版社，2018，265 页.（法国租借地广州湾学术译丛 / 王钦峰，余伟民主编）

1848 法国——中国：两个世界的碰撞 / 缪里尔·德特里著；余磊，朱志平译. 上海：上海译文出版社，2004，130 页.（发现之旅；78）

1849 法兰西在中国 300 年：从路易十四到戴高乐 / 贝尔纳·布里赛著；王嵋等译. 上海：上海远东出版社，2014，425 页.

1850 费德林回忆录：我所接触的中苏领导人 / 尼·费德林著；周爱琦译. 北京：新华出版社，1995，187 页.

1851 费正清集 / 费正清著；陶文钊编选；林海等译. 天津：天津人民出版社，1992，476 页.（现代世界社会科学名家学术丛书. 中国研究系列）

1852 费正清看中国 / 保罗·埃文斯著；陈同等译. 上海：上海人民出版社，1995，417 页.

1853 风云变幻的美中关系：1969—1989：在谈判中合作 / 罗伯特·S. 罗斯著；丛凤辉等译. 北京：中央编译出版社，1998，346 页.

1854 改变中国 / 史景迁著；温洽溢译 . 2 版 . 台北：时报文化出版企业股份有限公司，2015，399 页 .（史景迁作品集；3）
  - 改变中国：在中国的西方顾问，1620—1960/ 史景迁著；温洽溢译 . 桂林：广西师范大学出版社，2014，14+330 页 .（史景迁作品）
  - 改变中国：1620—1960/ 史景迁著；温洽溢译 . 台北：时报文化出版企业股份有限公司，2005，382 页 .（历史与现场；165）
  - 改变中国 / 乔纳森·潘塞著；曹德骏等译 . 北京：生活·读书·新知三联书店，1990，295 页 .

1855 工部局董事会会议录：［中英文本］.1854—1943/ 上海市档案馆编；陆森年等译 . 上海：上海古籍出版社，2001，28 册 .

1856 构建健全的中日关系：面向历史转折期的思考 / 天儿慧编；黄伟修译 . 北京：社会科学文献出版社，2016，269 页 .

1857 古代中非关系研究 / 朱凡著 . 广州：花城出版社，2010，142 页 .

1858 顾维钧回忆录 / 中国社会科学院近代史研究所译 . 北京：中华书局，2013，13 册 .（中国社会科学院近代史研究所·民国文献丛刊）
  - 顾维钧回忆录：缩编 / 顾维钧著；天津编译中心编 . 北京：中华书局，1997，2 册（15+1441 页）.
  - 顾维钧回忆录 / 顾维钧著；中国社会科学院近代史研究所译 . 北京：中华书局，1983—1994，13 册 .

1859 观察中国：费正清看中国 / 费正清著；唐吉洪等译 . 长春：吉林出版集团有限责任公司，2013，157 页 .（汉阅学术文库）
  - 观察中国 / 费正清著；傅光明译 . 北京：世界知识出版社，2001，2008 重印，292 页 .（费正清文集）
  - 眺望中国 / 费正清著；傅光明等译 . 北京：中国广播电视出版社，1992，194 页 .

1860 广州湾租借地：法国在东亚的殖民困境 . 上下卷 / 安托万·瓦尼亚尔著；郭丽娜，王钦峰译 . 广州：暨南大学出版社，2016，2 册（294；419 页）.（法国租借地广州湾学术译丛 / 王钦峰，余伟民主编）

1861 国共内战与中美关系：马歇尔使华秘密报告 / 乔治·卡特莱特·马歇尔著；中国社会科学院近代史研究所翻译室译 . 台北：致知学术出版社，2013，519 页 .（当代国际关系研究；5）
  - 国共内战与中美关系：马歇尔使华秘密报告 / 中国社会科学院近代史研究所翻译室译 . 北京：华文出版社，2012，398 页 .
  - 马歇尔使华：美国特使马歇尔出使中国报告书 / 中国社会科学院近代史研究所翻译室译 . 北京：中华书局，1981，503 页 .（中华民国史资料丛稿）
  - 中华民国史资料丛稿，译稿 . 第十辑，马歇尔使华 . 二，马歇尔出使中国报告书：征求意见稿 / 中国社会科学院近代史研究所翻译室译 . 北京：中华书局，

1980，206 页．

> 中华民国史资料丛稿：译稿：马歇尔使华．一，马歇尔出使中国报告书/中国社会科学院近代史研究所翻译室译．北京：中华书局，1979，150 页．

1862 国际政治中的知识、欲望与权力：中国崛起的西方叙事/潘成鑫著；张旗译．北京：社会科学文献出版社，2016，10+330 页．

1863 还有一个没回来/阿巴斯著；令恪译．太原：山西人民出版社，1982，94 页．

1864 海路·移民·遗民社会：以明清之际中朝交往为中心/吴一焕著．天津：天津古籍出版社，2007，267 页．

1865 罕为人知的中日结盟及其他：晚清中日关系史新探/孔祥吉，村田雄二郎著．成都：巴蜀书社，2004，374 页．（国家清史编纂委员会·研究丛刊）

1866 《荷使初访中国记》研究/约翰·尼霍夫原著；包乐史，庄国土著．厦门：厦门大学出版社，1989，129 页．

1867 赫德与中国海关/魏尔特著；陈敉才等译．厦门：厦门大学出版社，1993，1997 印，2 册（10+581；607 页）．

1868 黑龙江问题/彼·伊·卡巴诺夫著；姜延柞译．哈尔滨：黑龙江人民出版社，1983，362 页．

1869 虎口拔牙/唐纳德·斯·洛佩兹著；何继善译．北京：解放军出版社，2008，310 页．

1870 华工出国史料．第二辑，英国议会文件选译/陈翰笙主编．北京：中华书局，1980，505 页．

> 华工出国史料．第三辑，美国外交和国会文件选译/陈翰笙主编．北京：中华书局，1981，314 页．

> 华工出国史料．第四辑，关于华工出国的中外综合性著作/陈翰笙主编．北京：中华书局，1981，650 页．

1871 怀柔远人：马嘎尔尼使华的中英礼仪冲突/何伟亚著；邓常春译．北京：社会科学文献出版社，2015，229 页．（社科文献精品译库）

> 怀柔远人：马嘎尔尼使华的中英礼仪冲突/何伟亚著；邓常春译．北京：社会科学文献出版社，2002，309 页．（喜玛拉雅学术文库．阅读中国系列）

1872 即将到来的美中冲突/理查德·伯恩斯坦，罗斯·芒罗著；隋丽君等译．北京：新华出版社，1997，11+212 页．（国际问题参考译丛）

> 即将到来的中美冲突/白礼博，孟儒著；许绶南译．台北：麦田出版公司，1997，270 页．

1873 继往开来的中国与巴基斯坦友好关系/哈立德·拉赫曼，伊尔凡·沙赫扎德等著；陈继东等译．昆明：云南大学出版社，2014，167 页．（巴基斯坦研究文库/陈继东，晏世经主编）

1874 寄语可爱的日本和中国/中田庆雄著．上海：复旦大学出版社，1992，239 页．

1875 艰难的抉择：美国在承认新中国问题上的争论（1949—1950）/唐耐心著；朱立

人，刘永涛译. 上海：复旦大学出版社，2000，607 页.（中美关系研究丛书；20）

1876 蹇蹇录：甲午战争外交秘录 / 陆奥宗光著；徐静波译. 上海：上海人民出版社，2018，12+262 页.

> 蹇蹇录：甲午战争外交秘录 / 陆奥宗光著；中塚明校注；赵戈非，王宗瑜译. 北京：生活·读书·新知三联书店，2018，251 页.（世界）

> 蹇蹇录：甲午战争秘录 / 陆奥宗光著；徐静波译. 上海：上海人民出版社，2015，12+10+262 页.

> 蹇蹇录：甲午战争外交秘录 / 陆奥宗光著；徐静波译. 香港：香港中和出版有限公司，2014，14+344 页.

1877 江户时代日中秘话 / 大庭修著；徐世虹译. 北京：中华书局，1997，191 页.

1878 觉醒中的巨人：一个外国人看新中国前三十年的外交政策 / 卡普尔著；彭致斌译. 北京：国际文化出版公司，1987，335 页.

1879 近百年来中日关系 / 陈鹏仁编译. 台北：水牛出版社，1987，221 页.（文史丛书；54）

1880 近代朝鲜的开港：以中美日三国关系为中心 / 伊原泽周著. 北京：社会科学文献出版社，2008，409 页.（海外中国近代史研究文库）

1881 近代日本的中国认识 / 野村浩一著；张学锋译. 南京：江苏人民出版社，2014，238 页.（凤凰文库·海外中国研究系列）

> 近代日本的中国认识：走向亚洲的航踪 / 野村浩一著；张学锋译. 北京：中央编译出版社，1999，300 页.（发现中国丛书）

1882 近代日中交涉史研究 / 佐藤三郎著；徐静波，李建云译. 上海：上海人民出版社，2013，280 页.（复旦日本研究丛书）

1883 近代中日关系史研究入门 / 山根幸夫等编；周启乾译. 台北：金禾出版社，1995，488 页.（国际视野丛书；13）

> 近代日中关系史研究指南 / 山根幸夫等编著；曹志勃等编译. 哈尔滨：哈尔滨船舶工程学院出版社，1992，470 页.

1884 近代中日关系史源起：1871—74 年台湾事件 / 藤井志津枝著. 台北：金禾出版社，1992，234 页.（国际视野丛书；6）

1885 纠缠的大国：中美关系的未来 / 沈大伟主编；丁超等译. 北京：新华出版社，2015，361 页.

1886 巨龙—中国对全球政商经济的影响 / 伯斯坦，凯泽著；应小端，黄秀媛译. 台北：天下远见出版公司，1999，505 页.（天下文化财经企管；194）

> 巨龙：商业、经济和全球秩序中的中国未来 / 丹尼尔·伯斯坦，阿恩·德凯基泽著；孙英春等译. 北京：东方出版社，1998，13+410 页.

1887 抉择与分歧：英美对共产党在中国胜利的反应 / 埃德温·W. 马丁著；姜中才，于占杰译. 北京：社会科学文献出版社，2016，365 页.

1888 君子之交：中国与日本如何共同成为世界的典范 / 宫本雄二著；林铮顗译 . 北京：群言出版社，2017，252 页 .

1889 卡尔逊与罗斯福谈中国：1937—1945/ 吕彤邻主编；武云编 . 影印本 . 上海：上海世纪出版股份有限公司远东出版社，2017，220 页 .

1890 开放中的中国：国外专家对我外交政策调整的分析 / 哈里什·卡普尔著；光楚等译 . 北京：国际文化出版公司，1988，307 页 .

1891 看东方：1905 年美国政府代表团访华之行揭秘 / 马戈·塔夫脱·斯蒂弗，沈弘，詹姆斯·塔夫脱·斯蒂弗著 . 杭州：浙江大学出版社，2012，20+273 页 .

1892 考克斯报告：关于美国国家安全以及对华军事及商业关系的报告 / 美国众议院特别委员会编著；王振西等译 . 北京：新华出版社，1999，33+22+666 页 .（国际问题参考译丛）

1893 口岸往事：海外侨民在中国的迷梦与生活 1843—1943/ 吴芳思著；柯卉译 . 北京：新星出版社，2018，12+430 页 .

1894 跨时代的证言：中日民间友好运动的一幕 / 坂田辉昭著；合声译 . 北京：世界知识出版社，2010，13+294 页 .

1895 扩大中的鸿沟：亚洲民族主义和美国政策 / 塞里格·哈里逊著；徐孝骞等译 . 北京：中国社会科学出版社，1985，236 页 .

1896 冷战后的中日安全关系 / 杜浩著；陈来胜译 . 北京：世界知识出版社，2004，324 页 .（国际问题文丛）

1897 冷战与革命：苏美冲突与中国内战的起源 / 文安立著；陈之宏，陈兼译 . 桂林：广西师范大学出版社，2002，249 页 .（冷战年代的中国与世界）

1898 李泰国与中英关系：1854—1864/ 葛松著；中国海关史研究中心译 . 厦门：厦门大学出版社，1991，377 页 .（中国海关史研究中心译著；2）

1899 理解 CHINDIA：关于中国与印度的思考 / 杰伦·兰密施著；蔡枫，董方峰译 . 银川：宁夏人民出版社，2006，10+180 页 .（中印研究丛书）

1900 力量与克制：中美关系的共同愿景 / 理查德·罗斯克兰斯，顾国良主编；中美交流基金会组织翻译 . 北京：社会科学文献出版社，2010，207 页 .（美国研究译丛）

1901 两大领袖：斯大林与毛泽东 / 尤·米·加列诺维奇著；部彦秀，张瑞璇译 . 成都：四川人民出版社，1999，485 页 .（20 世纪的俄罗斯与中国·两大民族及其领袖们）

1902 两大元帅：斯大林与蒋介石 / 尤·米哈伊洛维奇·加列诺维奇著；侯成德译 . 成都：四川人民出版社，1999，21+287 页 .（20 世纪的俄罗斯与中国·两大民族及其领袖）

1903 两个一把手：赫鲁晓夫与毛泽东 / 尤·米哈伊洛维奇·加列诺维奇著；飞舟等译 . 成都：四川人民出版社，1999，21+294 页 .（20 世纪的俄罗斯与中国·两大民族及其领袖）

1904 领土问题和历史认识：中日韩三国为何不能携起手来？ / 纐缬厚著；申荷丽译 . 上

　　　　海：上海三联书店，2014，126 页.

> 领土问题和历史认识：中日韩三国为何不能携起手来？/ 纐缬厚著；申荷丽译. 台北：秋水堂文化事业股份有限公司，2014，165 页.

1905 龙的礼物：中国在非洲的真实故事 / 黛博拉·布罗蒂加姆著；沈晓雷，高明秀译. 北京：社会科学文献出版社，2012，21+302 页.（中国发展道路研究丛书. 当代中国研究译丛）

1906 龙与熊：中苏争端始末 /A.D. 洛乌著；南生等译. 北京：兵器工业出版社，1989，296 页.

1907 论中国 / 亨利·基辛格著；胡利平等译.2 版. 北京：中信出版集团股份有限公司，2015，13+617 页.

> 论中国 / 亨利·基辛格著；胡利平等译. 北京：中信出版社，2012，2013 重印，617 页.

1908 马戛尔尼使团使华观感 / 乔治·马戛尔尼，约翰·巴罗著；何高济，何毓宁译. 北京：商务印书馆，2017，506 页.（汉译世界学术名著丛书：120 年纪念版. 分科本. 历史）

> 马戛尔尼使团使华观感 / 乔治·马戛尔尼，约翰·巴罗著；何高济，何毓宁译. 北京：商务印书馆：中国旅游出版社，2017，10+43+482 页.（世界著名游记丛书 / 李金早主编. 第三辑）

> 马戛尔尼使团使华观感 / 乔治·马戛尔尼，约翰·巴罗著；何高济，何毓宁译. 北京：商务印书馆，2013，487 页.（国家清史编纂委员会·编译丛刊）

> 乾隆英使觐见记：插图本 / 马戛尔尼著；刘半农译；李广生整理. 天津：百花文艺出版社，2010，213 页.

> 1793 乾隆英使觐见记：白话译解图本 / 马戛尔尼著；刘半农译. 重庆：重庆出版社，2008，232 页.

> 一七九三乾隆英使觐见记 / 马戛尔尼著；刘半农译；林延清解读. 天津：天津人民出版社，2006，271 页.

1909 马歇尔使华报告书笺注 / 梁敬錞译注. 台北："中央研究院"近代史研究所，1994，668 页.（"中央研究院"近代史研究所史料丛刊；22）

1910 毛泽东的胜利与美国外交官的悲剧：美国对华外交秘录 / 伊利·雅克·卡恩著；徐隋林，刘润生编译. 北京：群众出版社，1990，282 页.

1911 美国对华政策：1944—1945：《美亚文件》和美中关系史上的若干问题 / 谢伟思著；王益，王昭明译. 北京：中国社会科学出版社，1989，306 页.

1912 美国对华政策背景资料 / 辛华编. 北京：新华出版社，1998，79 页.（国际问题参考译丛）

1913 美国对华政策文件选编：从鸦片战争到第一次世界大战：1842—1918/ 阎广耀，方生选译. 北京：人民出版社，1990，528 页.

1914 美国对中国的反应：中美关系的历史剖析 / 孔华润著；张静尔译 . 2 版 . 上海：复旦大学出版社，1997，234 页 .（中美关系研究丛书；第 4 辑 / 汪熙主编）
- ➢ 美国对中国的反应：中美关系的历史剖析 / 孔华润著；张静尔译 . 上海：复旦大学出版社，1989，277 页 .（中美关系研究丛书；第 4 辑 / 汪熙主编）

1915 美国和中国最初的相遇：航海时代奇异的中美关系史 / 埃里克·杰·多林著；朱颖译 . 北京：社会科学文献出版社，2014，414 页 .

1916 美国十字军在中国（1938—1945 年）/ 迈克尔·沙勒著；郭济祖译 . 北京：商务印书馆，1982，318 页 .

1917 美国与中国 / 费正清著；张理京译 . 台北：左岸文化出版社，2003，34+454 页 .（人类的经典：20 世纪）
- ➢ 美国与中国 / 费正清著；张理京译 . 北京：世界知识出版社，1999，473 页 .（费正清文集）
- ➢ 美国与中国 / 费正清著；张理京译 . 北京：商务印书馆，1987，354 页 .

1918 美国与中国：财政和外交研究：1906—1913/ 查尔斯·威维尔著；张玮瑛，李丹阳译 . 北京：社会科学文献出版社，1990，186 页 .

1919 美国在中国的失败：1941—1950 年 / 邹谠著；王宁，周先进译 . 修订本 . 上海：上海人民出版社，2016，471 页 .（东方编译所译丛）
- ➢ 美国在中国的失败：1941—1950/ 邹谠著；王宁，周先进译 . 2 版 . 上海：上海人民出版社，2012，471 页 .（东方编译所译丛）
- ➢ 美国在中国的失败，1941—1950 年 / 邹谠著；王宁，周先进译 . 2 版 . 上海：上海人民出版社，1997，551 页 .

1920 美籍华人与中美关系 / 孔秉德，尹晓煌主编；余宁平等译 . 北京：新华出版社，2004，310 页 .（聚焦中美关系丛书）

1921 美中关系史论：兼论美国与亚洲其它国家的关系 / 欧内斯特·梅著，小詹姆斯·涛姆逊编；齐文颖译 . 北京：中国社会科学出版社，1991，429 页 .

1922 美中关系未来十年：美国大西洋理事会对华政策论文集（1983—1993）/ 中国社会科学院美国研究所编译组编 . 北京：中国社会科学出版社，1984，561 页 .

1923 美中建交前后一卡特、布热津斯基和万斯的回忆 / 现代国际关系研究所编 . 北京：时事出版社，1984，125 页 .（现代国际关系译丛）

1924 蒙古与教廷 / 伯希和撰；冯承钧译 . 2 版 . 北京：中华书局，2008，223 页 .（中外关系史名著译丛）
- ➢ 蒙古与教廷 / 伯希和撰；冯承钧译 . 北京：中华书局，1994，251 页 .（中外关系史名著译丛）

1925 秘而不宣的使命：乌梁海纪行 / 明茨洛夫著；马曼丽译 . 北京：商务印书馆，1982，266 页 .

1926 明治前期日中关系史研究 / 安冈昭男著；胡连成译 . 福州：福建人民出版社，

2007，247 页 .（国家清史编纂委员会 · 编译丛刊）

1927　目标中国：华盛顿的"屠龙"战略 / 威廉 · 恩道尔著；戴健，顾秀林，朱宪超译 . 北京：中国民主法制出版社，2013，220 页 .

1928　尼泊尔与中国 / 尼兰詹 · 巴塔拉伊著；刘建等译 . 天津：天津人民出版社，2007，205 页 .

1929　尼古拉与慈禧列宁与孙中山 / 尤 . 米 . 加列诺维奇著；周绍珩译 . 成都：四川人民出版社，1999，21+243 页 .（20 世纪的俄罗斯与中国 · 两大民族及其领袖们）

1930　尼日利亚同中国的外交关系：1960—1999/ 维克托 · 恩瓦奥齐奇 · 戚本杜著；张世华，张琳译 . 北京：世界知识出版社，2002，12+119 页 .（中国—非洲丛书）

1931　欧洲联盟与中国：1949—2008：基本文件与评注 . 上下册 / 弗朗西斯 · 斯奈德编著；李靖堃等译 . 北京：社会科学文献出版社，2013，2 册（1055 页）.

1932　欧洲与中国 /G.F. 赫德逊著；李申等译 .2 版 . 台北：台湾书房出版有限公司，2010，15+267 页 .（域外丛书；6）

  ➢ 欧洲与中国 /G.F. 赫德逊著；李申等译 .2 版 . 北京：中华书局，2004，16+278 页 .（中外关系史名著译丛）

  ➢ 欧洲与中国 /G.F. 赫德逊著；李申等译 . 台北：台湾古籍出版有限公司，2003，15+267 页 .（域外丛书）

  ➢ 欧洲与中国 /G.F. 赫德逊著；王遵仲等译 . 北京：中华书局，1995，18+303 页 .（中外关系史名著译丛）

1933　朋友还是敌人？：1948—1972 年的美国、中国和苏联 / 张少书著；顾宁等译 . 北京：中央编译出版社，2014，322 页 .

  ➢ 敌呼？友呼？：美国分化中苏联盟内幕：中美苏关系探微（1948—1972）/ 张少书著；梅寅生译 . 台北：金禾出版社有限公司，1992，312 页 .（国际视野丛书；1）

1934　秦代初平南越考 / 鄂卢梭撰 . 占婆史 / 马伯乐撰 . 附：古城史料补遗 . 鄂卢梭撰；冯承钧译 . 上海：上海古籍出版社，2014，213 页 .（冯承钧译著集）

1935　清帝逊位与列强：第一次世界大战前的一段外交插曲（1908—1912）/ 李约翰著；孙瑞芹，陈泽宪译 . 南京：江苏教育出版社，2006，11+470 页 .（清史别丛）

  ➢ 清帝逊位与列强：1908—1912 第一次世界大战前的一段外交插曲 / 李约翰著；孙瑞芹，陈泽宪译 . 北京：中华书局，1982，548 页 .

1936　清末中琉日关系史研究 / 西里喜行著；胡连成等译 . 北京：社会科学文献出版社，2010，2 册（10+819 页）.（国家清史编纂委员会 · 编译丛刊）

1937　日本窃取钓鱼岛始末：史料与考证 / 村田忠禧著；胡连成译 . 北京：社会科学文献出版社 · 近代史编辑室，2018，201 页 .（中日历史问题译丛）

1938　日华"和平工作"秘史 / 西义显著；任常毅译 . 南京：江苏古籍出版社，1992，297 页 .（民国春秋丛书）

1939 日中关系 40 年史：1972—2012. Ⅰ，政治卷 / 高原明生，服部龙二主编；欧文东等译. 北京：社会科学文献出版社，2014，340 页.
- 日中关系 40 年史：1972—2012. Ⅱ，经济卷 / 服部健治，丸川知雄主编；张季风，叶琳译. 北京：社会科学文献出版社，2014，281 页.
- 日中关系 40 年史：1972—2012. Ⅲ，社会·文化卷 / 园田茂人主编；马静等译. 北京：社会科学文献出版社，2014，264 页.
- 日中关系 40 年史：1972—2012. Ⅳ，民间卷 / 园田茂人主编；王禹，韦平和译. 北京：社会科学文献出版社，2014，192 页.

1940 日中恢复邦交秘话：池田大作与日中友好 / 卞立强编译. 北京：经济日报出版社，1998，142 页.

1941 日中建交谈判记实 / 永野信利著；顾汝钰译. 北京：时事出版社，1989，251 页.

1942 日中交流二千年 / 藤家礼之助著；张俊彦，卞立强译. 北京：北京大学出版社，1982，210 页.

1943 日中两千年：人物往来与文化交流 / 中村新太郎著；张柏霞译. 长春：吉林人民出版社，1980，272 页.

1944 日中领土争端的起源：从历史档案看钓鱼岛问题 / 村田忠禧著；韦平和等译. 北京：社会科学文献出版社，2013，251 页.（中日历史问题译丛）

1945 日中青年友好五十年 / 辻一彦著；沈德余译. 北京：中国青年出版社，2006，202 页.

1946 上海法租界史 / 梅朋，傅立德著；倪静兰译. 上海：上海社会科学院出版社，2007，402 页.
- 上海法租界史 / 梅朋，傅立德著；倪静兰译. 上海：上海译文出版社，1983，592 页.

1947 上海公共租界与华人 / 郭泰纳夫著；朱华译. 上海：上海书店出版社，2017，418 页.

1948 上海会审公堂与工部局 / 郭泰纳夫著；朱华译. 上海：上海书店出版社，2016，370 页.

1949 舌战中国：21 世纪属于中国吗？/ 亨利·基辛格等著；蒋宗强译. 北京：中信出版社，2012，182 页.

1950 十七世纪俄中关系. 第一卷 / 苏联科学院远东研究所编；厦门大学外文系《十七世纪俄中关系》第一卷翻译小组译. 北京：商务印书馆，1978，3 册（963 页）.

1951 使华记：1893—1897 / 施阿兰著；袁传璋，郑永慧译. 北京：商务印书馆，1990，223 页.

1952 世纪之交的俄罗斯与中国 / 尤·米·加列诺维奇著；刘朝平等译. 成都：四川人民出版社，1999，21+338 页.（20 世纪的俄罗斯与中国·两大民族及其领袖们）

1953 世界历史中的中国 / S.A.M. 艾兹赫德著；姜智芹译. 上海：上海人民出版社，2009，10+466 页.（跨文化研究译丛）

1954 首脑外交：以中日关系为研究视角 / 林振江著. 北京：新华出版社，2008，183 页.

1955 首脑之间：中美建交中的巴基斯坦秘密渠道 / F.S. 艾贾祖丁著；唐俊译. 北京：世界知识出版社，2018，22+122 页.

1956 属国与自主之间：近代中朝关系与东亚的命运/冈本隆司著；黄荣光译.北京：生活·读书·新知三联书店，2012，495页.

1957 谁在包围中国：中国崛起中的美国因素/程超泽著.北京：新世界出版社，2013，237页.

1958 谁之过？：中美战时外交关系探源——自珍珠港事变至马歇尔调处/菲斯著；梅寅生译.新竹：枫城出版社，1981，473页.（枫城丛书；34）

1959 斯大林与中国/A.M.列多夫斯基著；陈春华等译.北京：新华出版社，2001，402页.

1960 四个时期的中缅关系/戚基耶基纽著；李秉年，南珍译；德宏州经济研究所编.芒市：德宏民族出版社，1995，264页.

1961 隋唐帝国与东亚/堀敏一著；韩昇编；韩昇，刘建英译.昆明：云南人民出版社，2002，12+163页.（欧亚历史文化名著译丛）
> 隋唐帝国与东亚/堀敏一著；韩昇，刘建英编译.兰州：兰州大学出版社，2010，11+175页.（欧亚历史文化文库）

1962 台湾大学图书馆典藏琉球关系史料集成.第一卷/高良仓吉，赤岭守，丰见山和行主编.台北：台湾大学图书馆，2013，34+480+12页.（台湾大学典藏全文刊本；3）
> 台湾大学图书馆典藏琉球关系史料集成.第二卷/西里喜行，赤岭守，丰见山和行主编.台北：台湾大学图书馆，2014，30+523+14页.（台湾大学典藏全文刊本；4）
> 台湾大学图书馆典藏琉球关系史料集成.第三卷/西里喜行，赤岭守，丰见山和行主编；赤岭守等译.台北：台湾大学图书馆，2016，39+592页.（台湾大学典藏全文刊本；5）
> 台湾大学图书馆典藏琉球关系史料集成.第四卷/西里喜行，赤岭守，丰见山和行主编；赤岭守等译.台北：台湾大学图书馆，2017，37+321+10页.（台湾大学典藏全文刊本；6）
> 台湾大学图书馆典藏琉球关系史料集成.第五卷/西里喜行，赤岭守，丰见山和行主编；赤岭守等译.台北：台湾大学图书馆，2018，25+514+12页.（台湾大学典藏全文刊本；3）

1963 台湾关系法析论/杜南著；翟国瑾译.台北：黎明文化事业公司，1981，134页.

1964 唐代中国与大食穆斯林/张日铭著；姚继德，沙德珍译.银川：宁夏人民出版社，2002，249页.

1965 停滞的帝国：一次高傲的相遇，200年世界霸权的消长/阿朗·佩雷菲特著；王国卿等译.2版.新北：野人文化股份有限公司，2018，572页.（地球观；29）
> 停滞的帝国：一次高傲的相遇，两百年世界霸权的消长/阿朗·佩雷菲特著；王国卿等译.新北：野人文化股份有限公司，2015，556页.（地球观；29）
> 停滞的帝国：两个世界的撞击/佩雷菲特著；王国卿等译.4版.北京：生活·读书·新知三联书店，2013，11+502页.

> 停滞的帝国：两个世界的撞击 / 佩雷菲特著；王国卿等译 . 3 版 . 北京：生活·读书·新知三联书店，2007，11+14+502 页 .

> 停滞的帝国：两个世界的撞击 / 阿兰·佩雷菲特著；王国卿等译 . 2 版 . 北京：生活·读书·新知三联书店，1995，1998 重印，662 页 .

> 停滞的帝国 . 上下，两个世界的撞击 / 佩雷菲特著 . 台北：风云时代出版公司，1995，2 册 .（风云历史经典系列 / 陈晓林主编；1）

> 停滞的帝国：两个世界的撞击 / 佩雷菲特著；王国卿等译 . 北京：生活·读书·新知三联书店，1993，649 页 .

1966 同床异梦：处理 1989 至 2000 年之中美外交 / 大卫·蓝普顿著；计秋枫译 . 香港：中文大学出版社，2003，28+551 页 .

1967 外交与威慑：美国对华战略 / 吉姆·赫尔姆斯，詹姆斯·普里斯特主编；张林宏等译 . 北京：新华出版社，1998，218 页 .（国际问题参考译丛）

1968 我的一生与中国：30—90 年代 / 谢·列·齐赫文斯基著；陈之骅等译 . 北京：社会科学文献，1994，121 页 .

1969 我眼中的中国 / 河野洋平著；靳成译 . 北京：外文出版社有限责任公司，2018，149 页 .（读懂中国丛书）

1970 我眼中的中韩关系 / 金胜一著；王琳译 . 北京：中国人民大学出版社，2018，199 页 .（"认识中国·了解中国"书系）

1971 西伯利亚的征服和早期俄中交往、战争和商业史 / G·F·米勒，彼得·西蒙·帕拉斯著；李雨时译 . 北京：商务印书馆，1979，68 页 .

1972 西方澳门史料选萃：15—16 世纪 / 金国平编译 . 广州：广东人民出版社，2005，15+292 页 .（澳门丛书）

1973 西力东渐：中葡早期接触追昔 / 金国平著译 . 澳门：澳门基金会，2000，320 页 .（濠海丛刊）

1974 下一次大战？："一战"的根源及对中美关系的启示 / 理查德·罗斯克兰斯，史蒂文·米勒主编；陈鑫，程旸译 . 北京：新华出版社，2016，339 页 .

1975 新开端：加拿大与中华人民共和国：1949—1970 / 包义文，傅尧乐编；天津师大加拿大研究中心译 . 郑州：河南人民出版社，1995，373 页 .

1976 悬崖勒马：美国对台政策与中美关系 / 艾伦·D. 龙伯格著；贾宗宜，武文巧译 . 北京：新华出版社，2007，255 页 .

1977 寻求安全感的中国：从中国人的角度看中国的对外关系 / 黎安友，施道安著；何大明译 . 新北：左岸文化事业有限公司，2013，509 页 .（左岸政治；187）

1978 延安精神：战时中美友好篇章 / 高林著；孙振皋译 . 北京：华艺出版社，1992，187 页 .（国际友人丛书 . 第三辑 / 爱泼斯坦，高梁主编）

1979 延安使命：美军观察组延安 963 天：1944—1947/ 卡萝尔·卡特著；陈发兵译 . 北京：世界知识出版社，2004，16+317 页 .（国际友人丛书）

1980 一八五七——一八六〇年俄国在远东的扩张 / 奎斯特德著；陈霞飞译. 北京：商务印书馆，1979，298 页.

1981 一个美国外交官使华记 / 保罗·芮恩施著；李国庆整理. 影印本. 桂林：广西师范大学出版社，2015，410 页.（中国研究"外文旧籍汇刊·中国记录. 第八辑；10/ 李国庆，何林夏主编）
> 一个美国外交官使华记 / 保罗·S. 芮恩施著；李抱宏，盛震溯译. 北京：文化艺术出版社，2010，340 页.
> 一个美国外交官使华记：1913—1919 年美国驻华公使回忆录 / 芮恩施著；李抱宏，盛震溯译. 北京：商务印书馆，1982，306 页.

1982 一个印度侵华将军的自白 / 普拉沙德著；汇苓译. 北京：世界知识出版社，1984，168 页.

1983 一种特殊关系的形成：1914 年前的美国与中国 / 韩德著；项立岭，林勇军译. 上海：复旦大学出版社，1993，529 页.（中美关系研究丛书. 第 10 辑 / 汪熙主编）

1984 以谁为师？：一个日本 80 后对中日关系的观察与思考 / 加藤嘉一著. 北京：东方出版社，2009，12+278 页.

1985 意大利与中国 / 白佐良，马西尼著；萧晓玲，白玉崑译. 北京：商务印书馆，2002，329 页.（商务印书馆海外汉学书系）

1986 阴谋·暗杀·军刀 / 森岛守人著；陈鹏仁译. 增订版. 台北：民国史料研究中心，1996，166 页.
> 阴谋·暗杀·军刀：一个外交官回忆 / 森岛守人著；赵连泰译. 哈尔滨：黑龙江人民出版社，1980，163 页.

1987 印度中国如何改变世界 / 卡尔·皮尔尼著；陈黎译. 北京：国际文化出版公司，2008，228 页.

1988 英国对华外交：1880—1885 年 / 季南著；许步曾译. 北京：商务印书馆，1984，343 页.

1989 英国对华政策：1895—1902 / 杨国伦著；刘存宽，张俊义译. 北京：中国社会科学出版社，1991，375 页.（中国近代史研究译丛）

1990 英使谒见乾隆纪实 / 乔治·斯当东著；钱丽译. 北京：电子工业出版社，2016，423 页.
> 英使谒见乾隆纪实 / 斯当东著；叶笃义译. 北京：群言出版社，2014，654 页.
> 英使谒见乾隆纪实 / 斯当东著；叶笃义译. 上海：上海书店出版社，2005，18+556 页.
> 英使谒见乾隆纪实 / 斯当东著；叶笃义译. 上海：上海书店出版社，1997，571 页.

1991 有趣的时代：美国应如何处理中美关系 / 傅立民著；王柏松，王在亮译. 北京：社会科学文献出版社，2018，367 页.

1992 与中国共处：21 世纪的美中关系 / 埃兹拉·沃格尔主编；田斌译. 北京：新华出版社，1998，276 页.（国际问题参考译丛）

1993 与中国接触：应对一个崛起的大国 / 阿拉斯泰尔·伊恩·约翰斯顿，罗伯特·罗斯主编；黎晓蕾，袁征译．北京：新华出版社，2001，379 页．

1994 元明文献中的忽鲁谟斯 / 廉亚明，葡萄鬼著；姚继德译．银川：宁夏人民出版社，2007，2008 印，131 页．（中国伊朗学译丛）

1995 远东国际关系史 / 马士，宓亨利著；姚曾廙等译．上海：上海书店出版社，1998，816 页．

1996 院外集团与美国东亚政策：30 年代美国白银集团的活动 / 罗素著．上海：复旦大学出版社，1992，214 页．（中美关系研究丛书．第 8 辑 / 汪熙主编）

1997 越中情义深 / 黄文欢著．北京：人民出版社，1990，74 页．

1998 越中友好与黎笋的背叛 / 黄文欢著．北京：人民出版社，1982，76 页．

1999 越中战斗友谊的事实不容歪曲 / 黄文欢著．北京：人民出版社，1979，20 页．

2000 在华俄国外交使者：1618—1658/ 娜·费·杰米多娃，弗·斯·米亚斯尼科夫著；黄玫译．北京：社会科学文献出版社，2010，171 页．（国家清史编纂委员会·编译丛刊）

2001 在中国失掉的机会：美国前驻华外交官约翰·S·谢伟思第二次世界大战时期的报告 / 埃谢里克编著；罗清，赵仲强译．北京：国际文化出版公司，1989，365 页．

2002 战后日本人的中国观：从日本战败到中日复交 / 马场公彦著；苑崇利等译．北京：社会科学文献出版社，2015，2 册（780 页）．（阅读日本书系）

2003 战后日中关系 50 年：1945—1994/ 岛田政雄著，田家农著译．南昌：江西教育出版社，1998，535 页．（国际友人丛书）

2004 张作霖与日本 / 陈鹏仁编译．再版．台北：水牛图书公司，1988，223 页．（文史丛书；58）

2005 正常化：1945 年以来美中外交关系 / 约翰·H.霍尔德里奇著；杨立义，林均红译．上海：上海译文出版社，1997，351 页．

2006 支援中国 / 阿瑟·克莱格著；舒暲译．北京：北京出版社，2016，195 页．（国际名人看中国 / 孙华主编）

> 支援中国：1937—1949 回忆一次被遗忘了的英国人民援华运动：英汉双语版 / 阿瑟·克莱格著；舒暲译．北京：北京出版社，2016，497 页．

2007 中岛雄其人与《往复文信目录》：日本公使馆与总理衙门通信目录（1874—1899）/ 孔祥吉，村田雄二郎编著．北京：国家图书馆出版社，2009，89+758 页．

2008 中德关系史译文集 / 刘善章，周荃主编．青岛：青岛出版社，1992，432 页．

2009 中国、非洲和离散非洲人 / 沙伦·T.弗里曼主编；苏世军，苏京京译．北京：社会科学文献出版社，2013，13+465 页．（中国发展道路研究丛书．当代中国研究译丛）

2010 中国、欧盟在非洲：欧中关系中的非洲因素 / 门镜，本杰明·巴顿主编；李靖堃译．北京：社会科学文献出版社，2011，375 页．（中国发展道路研究丛书）

2011 中国崛起：和谐世界与大国竞争 / 郑永年著；杨丽君编. 新加坡：八方文化创作室，2007，291 页.（中国外交系列；2）

2012 中国：我们的敌人？——一位（美国）将军的故事 / 伯恩·勒夫克，马克·勒夫克著；高亚萍，翟象俊译. 上海：复旦大学出版社，2015，259 页.

2013 中国 1945：中国革命与美国的抉择 / 理查德·伯恩斯坦著；季大方译. 北京：社会科学文献出版社，2017，468 页.

2014 中国参与世界 / 伊莉莎白·埃克诺米，米歇尔·奥克森伯格主编；华宏勋等译. 北京：新华出版社，2001，351 页.（国际问题参考译丛）

2015 中国冲击：看中国如何改变世界 / 弗朗克·泽林著；强朝晖译. 北京：社会科学文献出版社，2013，412 页.

2016 中国的不平等条约：国耻与民族历史叙述 / 王栋著；王栋，龚志伟译. 上海：复旦大学出版社，2011，202 页.（中美关系研究丛书；24）

2017 中国的冲击 / 沟口雄三著；王瑞根译. 北京：生活·读书·新知三联书店，2011，258 页.

2018 中国的大警告 / 本泽二郎著；袁蕴华等译. 北京：中国社会科学出版社，1997，305 页.

2019 中国的纠葛：从珍珠港事变到马歇尔使华美国在中国的努力 / 菲斯著；林海等译. 北京：北京大学出版社，1989，496 页.（中美关系史丛书译丛）

2020 中国的崛起：美国未来的竞争与挑战 / 加里·J·斯密特主编；韩凝等译. 北京：新华出版社，2016，198 页.（新华国际政治精品文库）

2021 中国的全球战略：走向一个多极世界 / 珍妮·克莱格著；葛雪蕾等译. 北京：新华出版社，2010，18+248 页.（新华国际政治精品文库）

2022 中国的世界秩序：传统中国的对外关系 / 费正清编；杜继东译. 北京：中国社会科学出版社，2010，317 页.（文明·秩序·边疆丛书）

2023 中国的威胁？ / 魏柳南著；王宝泉，叶寅晶译. 北京：人民日报出版社，2009，10+221 页.

2024 中国的新外交战略和韩中关系 / 李映周著. 北京：时事出版社，1997，222 页.

2025 中国对非洲的援助与软实力：以教育和培训为例 / 肯尼斯·金著；刘爱生，彭利平译. 杭州：浙江大学出版社，2015，16+233 页.（非洲教育译丛）

2026 中国革命与苏联顾问 / M.C. 贾比才著；张静译. 北京：中国社会科学出版社，1981，167 页.

2027 中国国际命运 / 郑永年著；黄彦杰编. 杭州：浙江人民出版社，2011，257 页.（郑永年看中国）

2028 中国进入国际大家庭：1858—1880 年间的外交 / 徐中约著；屈文生译. 北京：商务印书馆，2018，10+452 页.

2029 中国近代外交的形成 / 川岛真著；田建国译. 北京：北京大学出版社，2012，566 页.（博雅史学论丛. 海外中国史研究）

2030 中国抉择：美国为什么应与中国分享权力 / 休·怀特著；樊犇译. 北京：世界知识出版社，2013，251 页.

2031 中国葡萄牙：外交关系史（1721—1725）/ 若奥·德·德乌斯·拉莫斯著；范维信译. 澳门：澳门文化司署，1998，165 页.（澳门文化丛书；8）

2032 中国人对非洲的发现 / 戴闻达著；胡国强，覃锦显译. 北京：商务印书馆，1983，49 页.

2033 中国人与美国人：从同舟共济到竞争对决，一段被忽视的共有历史 / 徐国琦著；钟沛君译. 台北：猫头鹰出版社，2018，432 页.（猫头鹰书房；442）

2034 中国通：美国一代外交官的悲剧 / 伊·卡恩著；陈亮译. 北京：新华出版社，1980，392 页.

2035 中国"现代化"的幻想：从新的角度看日中关系 / 长谷川庆太郎著；王宗林译. 北京：生活·读书·新知三联书店，1981，114 页.

2036 中国以色列建交亲历记 / 泽夫·苏赋特著；高秋福译. 北京：新华出版社，2000，236 页.（国际问题参考译丛）

2037 中国应该对美国说"不" / 程超泽著. 北京：中国广播电视出版社，2012，299 页.

2038 中国与俄罗斯：竞争与合作 / 戴维·J. 罗杰森编；夏庆宇译. 北京：社会科学文献出版社，2016，194 页.

2039 中国与世界 / 费思檋著；郑强译. 北京：商务印书馆，1980，100 页.

2040 中国与亚太地区变化中的政治经济关系 / 黄朝翰著；张乃坚等译. 广州：暨南大学出版社，1990，243 页.（亚太研究丛书 / 陈乔之主编）

2041 中国与犹太—以色列关系 100 年，1903—2003/ 高斯坦主编；肖宪等译. 北京：中国社会科学出版社，2006，265 页.

2042 中国正在改变世界 / 弗郎克·泽林著；强朝晖译. 香港：明镜出版社，2010，440 页.（《中国局势》系列；63）

2043 中国之治终结西方时代 / 奥利弗·施廷克尔著；宋伟译. 北京：中国友谊出版公司，2017，22+217 页

2044 中韩关系史论集 / 全海宗著；金善姬译. 北京：中国社会科学出版社，1997，445 页.（韩国研究丛书；11）

2045 中华帝国对外关系史 / 马士著；张汇文等译. 上海：上海书店出版社，2006，3 册（773；524；538 页）.（世纪文人系列丛书. 世纪文库）
  ➢ 中华帝国对外关系史. 第一卷，一八三四—一八六〇年冲突时期 / 马士著；张汇文等译. 上海：上海书店出版社，2000，13+802 页.
  ➢ 中华帝国对外关系史. 第二卷，一八六一—一八九三年屈从时期 / 马士著；张汇文等译. 上海：上海书店出版社，2000，16+546 页.
  ➢ 中华帝国对外关系史. 第三卷，一八九四—一九一一年被制服时期 / 马士著；张汇文等译. 上海：上海书店出版社，2000，540 页.

2046 中罗两国的桥梁：罗马尼亚前驻华大使罗明和汉学家萨安娜口述 / 孔寒冰编著. 北京：北京大学出版社，2016，285 页.（北京大学新中国留华校友口述实录丛书. 第一辑 / 夏红卫，孔寒冰主编）

2047 中美关系新战略：跨越零和博弈的中美双赢之路 / 约翰·米勒—怀特，戴敏著. 北京：中信出版社，2008，21+308 页.

2048 中美日关系的黄金时代：1972—1992/ 傅高义，袁明，田中明彦主编；归永涛译. 重庆：重庆出版社，2009，11+184 页.

2049 中美亚洲大博弈 / 阿伦·弗里德伯格著；洪漫等译. 北京：新华出版社，2012，226 页.

2050 中欧关系：观念、政策与前景 / 沈大伟，艾伯哈德·桑德施耐德，周弘主编；李靖堃等译. 北京：社会科学文献出版社，2010，309 页.（欧洲研究丛书. 参考系列）

2051 中日关系出了什么问题：吴学文卓南生对谈录 / 吴学文，卓南生著. 北京：北京大学出版社，2005，196 页.

2052 中日关系——从战后走向新时代 / 毛里和子著；徐显芬译. 北京：社会科学文献出版社，2009，19+237 页.（中日历史问题译丛）

2053 中日关系史：1912—1926/ 臼井胜美著；陈鹏仁译. 台北：水牛图书出版事业有限公司，1990，385 页.（文史丛书；70）

2054 中苏关系内幕纪实：1949—1984/ 彼得·琼斯，西安·凯维尔著；郭学德等译. 北京：中国经济出版社，1994，313 页.

2055 中苏走向联盟的艰难历程：1945—1950/ 迪特·海茵茨希著；张文武等译. 北京：新华出版社，2001，735 页.

2056 中外关系史译丛. 第一辑—第五辑 / 中国中外关系史学会编. 上海：上海译文出版社，1984—1991，5 册.

2057 中印边界秘史 / 卡·古普塔著；王宏纬，王至亭译. 北京：中国藏学出版社，1990，248 页.（西藏学参考丛书；第 2 辑）

2058 中印涉藏关系史：1904—1914：以"麦克马洪线"问题为中心 / 阿拉斯泰尔·兰姆著；梁俊艳译. 北京：社会科学文献出版社，2017，634 页.

2059 中印涉藏关系史（1914—1950）：以英帝国外交史为中心 / 阿拉斯泰尔·兰姆著；梁俊艳译. 北京：社会科学文献出版社，2017，11+669 页.

2060 周恩来的大外交 / 罗纳德·C.基思著；封长虹译. 北京：国际文化出版公司，2013，335 页.

> 周恩来的外交生涯 / 罗纳德·C.基思著；封长虹译. 北京：中共中央党校出版社，1992，202 页.

> 周恩来的外交 / 柯让著；汪永红译. 北京：东方出版社，1992，262 页.

2061 周恩来的决断：日中邦交正常化的来龙去脉 / 日本 NHK 采访组著；肖红译. 北京：中国青年，1994，171 页.

2062 竹内实文集. 第五卷，日中关系研究 / 竹内实著；程麻译. 北京：中国文联出版社，

2004，440 页．

2063 走向平等：战时重庆的外交界与中国现代外交的黎明曙光：1938—1946/ 周勇，张克雷著．重庆：重庆出版社，2017，38+732 页．（中国抗战大后方历史文化丛书 / 章开沅总主编）

2064 租界研究新动态：历史·建筑 / 大里浩秋，孙安石编著．上海：上海人民出版社，2011，209 页．

（二）研究著作

2065 1955—1971 年的中美关系：缓和之前：冷战冲突与克制的再探讨 / 姜长斌，罗伯特·罗斯主编．北京：世界知识出版社，1998，19+333 页．

2066 21 世纪中国与日本：国际学术讨论会论文集 / 李玉，汤重南主编．北京：北京大学出版社，1996，364 页．

2067 WTO 后的中美关系：与美国学者对话 / 张向晨，孙亮著．广州：广东人民出版社，2002，204 页．（专家眼光与国际热点丛书）

2068 超越国境的历史认识：来自日本学者及海外中国学者的视角 / 刘杰，三谷博，杨大庆等著．北京：社会科学文献出版社，2006，10+383 页．

2069 池田大作与中国 / 李锦坤，刘玉珊编著．香港：香港公开大学出版社，2009，366 页．
  ➤ 池田大作与中国 / 李锦坤，刘玉珊编著．北京：中央文献出版社，2008，363 页．

2070 从对峙走向缓和：冷战时期中美关系再探讨 / 姜长斌，罗伯特·罗斯主编．北京：世界知识出版社，2000，718 页．

2071 第一届中琉历史关系国际学术会议论文集 / 中琉文化经济协会主编．台北：联合报文化基金会国学文献馆，1987，639 页．
  ➤ 第三届中琉历史关系国际学术会议论文集 / 中琉文化经济协会主编．台北：中琉文化经济协会，1991，12+1090 页．（中琉丛书；5）
  ➤ 第四届中琉历史关系国际学术会议中琉历史关系论文集 / 中琉文化经济协会主编．台北：中琉文化经济协会，1994，333 页．（中琉丛书；6）
  ➤ 第五届中琉历史关系学术会议论文集 / 第五届中琉历史关系学术会议筹备委员会编．福州：福建教育出版社，1996，1076 页．
  ➤ 第七届中琉历史关系国际学术会议中琉历史关系论文集 / 中琉文化经济协会主编．台北：中琉文化经济协会，1999，13+998 页．（中琉丛书；11）
  ➤ 第九届中琉历史关系国际学术会议论文集 / 福建师范大学中琉关系研究所编．北京：海洋出版社，2005，389 页．

2072 对抗·博弈·合作：中美安全危机管理案例分析 / 张沱生，史文主编．北京：世界知识出版社，2007，10+321 页．（中国国际战略研究基金会战略研究丛书）

2073 俄国来华使团研究：1618—1807/ 叶柏川著．北京：社会科学文献出版社，2010，

457 页.

2074 俄罗斯馆纪事 / 蔡鸿生著. 增订本. 北京：中华书局, 2006, 251 页.（中外交流历史文丛）

> 俄罗斯馆纪事 / 蔡鸿生著. 广州：广东人民出版社, 1994, 245 页.

2075 俄中关系：世纪之交时的求索 / 李学君, A. 季卡廖夫主编. 北京：民族出版社, 2001, 315 页.（中国—俄罗斯交流丛书）

2076 风月同天：中国与东亚 / 张伯伟, 卞东波著. 南京：江苏人民出版社, 2018, 255 页.（中国文化二十四品 / 陈洪, 徐兴无主编）

> 风月同天：中国与东亚 / 张伯伟, 卞东波著. 南京：江苏人民出版社, 2017, 255 页.

2077 高丽史中中韩关系史料汇编 / 金渭显编著. 台北：食货出版社, 1983, 2 册.

2078 古代中国与罗马之关系 / 刘增泉著. 台北：文史哲出版社, 1995, 192 页.（文史哲学集成；343）

2079 赫德与晚清中英外交 / 张志勇著. 上海：上海书店出版社, 2012, 324 页.（中国社会科学院近代史研究所专刊）

2080 甲午战前钓鱼列屿归属考：兼质日本奥原敏雄诸教授 / 吴天颖著. 北京：社会科学文献出版社, 1994, 135 页.

2081 解说插图中西关系史年表 / 黄时鉴主编. 杭州：浙江人民出版社, 1994, 528 页.

2082 巨大的转变：美国与东亚：1931—1949 / 入江昭, 孔华润编. 2 版. 上海：复旦大学出版社, 1997, 270 页.（中美关系研究丛书；7）

> 巨大的转变：美国与东亚：1931—1949 / 入江昭等编. 上海：复旦大学出版社, 1991, 275 页.（中美关系研究丛书 / 汪熙主编）

2083 美国对华情报解密档案：1948—1976. 壹—捌 / 沈志华, 杨奎松主编. 上海：东方出版中心, 2009, 8 册.

2084 美国思想库及其对华倾向 / 袁鹏, 傅梦孜主编；中国现代国际关系研究所编. 北京：时事出版社, 2003, 512 页.

2085 美中苏三角关系：70—80 年代 / 倪孝铨, 罗斯主编. 北京：人民出版社, 1993, 346 页.

2086 面向 21 世纪的中国东北与日本国际学术研讨会论文集 / 崔新京主编；辽宁大学日本研究所编. 沈阳：辽宁大学出版社, 2000, 605 页.

2087 面向 21 世纪的中欧关系 / 薛君度, 周荣耀主编. 北京：中国社会科学出版社, 2000, 305 页.

2088 葡萄牙外交部藏葡国驻广州总领事馆档案, 清代部分·中文 / 吴志良等主编；澳门基金会等编. 影印本. 广州：广东教育出版社, 2009, 16 册.（国家清史编纂委员会·档案丛刊）

2089 葡中关系史资料汇编. 第一卷, 钦差大臣吐唎威啦边哆与钦差大臣耆英谈判文件

（1843—1846）/ 萨安东主编 . 澳门：澳门基金会等，1997，384 页 .

➢ 葡中关系史资料汇编 . 第二卷，《中葡和好通商条约》及其换文谈判文件：1853—1873. 第一部分 / 萨安东主编 . 澳门：澳门基金会等，1997，539 页 .

➢ 葡中关系史资料汇编 . 第三卷，《中葡和好通商条约》及其换文的谈判条件：1853—1873. 第二部分 / 萨安东主编 . 澳门：澳门基金会等，1997，517 页 .

➢ 葡中关系史资料汇编 . 第四卷，一八八七年葡中条约谈判前期文件：1876—1886/ 萨安东主编 . 澳门：澳门基金会等，1997，453 页 .

➢ 葡中关系史数据汇编 . 第五卷，葡京草约及一八八七年葡中友好通商条约谈判文件：1886—1888. 第一部分 / 萨安东主编 . 澳门：澳门基金会等，2000，634 页 .

➢ 葡中关系史资料汇编 . 第六卷，葡京草约及一八八七年葡中友好通商条约谈判文件：1886—1888. 第二部分 / 萨安东主编 . 澳门：澳门基金会等，2000，639-1323 页 .

2090 葡中关系史资料汇编 . 专题系列第一卷 . 第一次鸦片战争期间葡萄牙中立问题文件1839—1842/ 萨安东主编 . 澳门：澳门基金会等，1998，378 页 .

➢ 葡中关系史资料汇编 . 专题系列第二卷，太平天国起义及新鸦片战争期间葡萄牙中立问题文件 1850—1860/ 萨安东主编 . 澳门：澳门基金会等，1998，305 页 .

➢ 葡中关系史资料汇编 . 专题系列第三卷，澳门问题备忘录 . 属务部外交司署内部发行版据一九二一年版影印 / 萨安东主编 . 澳门：澳门基金会等，1998，532 页 .

➢ 葡中关系史资料汇编 . 专题系列第四卷，省港罢工及其在澳门之影响 1922—1927/ 萨安东主编 . 澳门：澳门基金会等，1998，559 页 .

2091 清代中朝使者往来研究 / 刘为著 . 哈尔滨：黑龙江教育出版社，2002，10+259 页 .（边疆史地丛书）

2092 上海合作组织：新型国家关系的典范：国外智库论中国与世界（之一）/ 王灵桂主编 . 北京：社会科学文献出版社·当代世界出版分社，2018，16+286 页 .

2093 炎凤朔龙记：大唐帝国与东亚的中世 / 童岭著 . 北京：商务印书馆，2014，148 页 .（丝瓷之路博览 / 余太山，李锦绣主编）

2094 一个特殊时期的英人评华：1790—1820/ 张顺洪著 . 北京：中国社会科学出版社，2011，322 页 .

2095 英美学者对中国外交研究的信息源分析 / 严丹著 . 北京：社会科学文献出版社，2017，220 页 .（丝路学研究·国别和区域丛书 / 马丽蓉主编）

2096 英使马戛尔尼访华档案史料汇编 / 中国第一历史档案馆编 . 北京：国际文化出版公司，1996，644 页 .

2097 影响白宫对华政策的"中国通"：一个前外交官的采访手记 / 金先宏著 . 北京：时事出版社，2003，460 页 .

2098 在华英文报刊与近代早期的中西关系 / 吴义雄著 . 北京：社会科学文献出版社，2012，474 页 .

2099 战时日本外务省涉华密档：一九三一年—一九四五年 / 金成民主编 . 影印本 . 北京：

线装书局，2013，173 册．（附目录索引）
- 战时日本外务省涉华密档补编．一．/ 金成民主编．影印本．北京：线装书局，2014，68 册．（附目录索引）
- 战时日本外务省涉华密档补编．二．/ 金成民主编．影印本．北京：线装书局，2015，104 册．（附总目录和目录索引）

2100 中德外交密档：1927 年—1947 年 / 中国第二历史档案馆编．桂林：广西师范大学出版社，1994，522 页．（中华民国史档案资料丛刊）

2101 中梵外交关系史国际学术研讨会论文集 / 天主教辅仁大学历史学系编辑．台北：天主教辅仁大学历史学系，2002，388 页．

2102 中国崛起：理论与政策的视角 / 朱锋，罗伯特·罗斯主编．上海：上海人民出版社，2008，16+419 页．（北京大学国际战略研究丛书）

2103 中国外交新论 / 刘山，薛君度主编．北京：世界知识出版社，1998，24+512 页．

2104 中国与罗马：汉代中西关系研究 / 丘进著．合肥：黄山书社，2008，243 页．

2105 中国与罗马教廷关系史略 / 顾卫民著．北京：东方出版社，2000，217 页．（大航海时代）

2106 中国与日本的他者认识：中日学者的共同探讨 / 中国社会科学研究会编．北京：社会科学文献出版社，2004，330 页．（东瀛求索）

2107 中国与世界的互动：国际化、内化与外化 / 柯伟林，牛大勇主编．郑州：河南人民出版社，2007，557 页．

2108 中国与中亚 / 薛君度，邢广程主编．北京：社会科学文献出版社，1999，275 页．（国际政治论坛）

2109 中国在非洲：话语与现实 / 严海蓉，沙伯力著．北京：社会科学文献出版社，2017，396 页．（非洲研究丛书）

2110 中韩关系史国际研讨会论文集：960—1949/ 台湾韩国研究学会编．台北：台湾韩国研究学会，1983，532 页．

2111 中美长期对话：1986—2001/ 陶美心，赵梅主编．北京：中国社会科学出版社，2001，150 页．

2112 中美关系的新思想和新概念 / 丁幸豪，托马斯·罗宾逊主编．上海：上海教育出版社，1995，275 页．

2113 中美关系史上沉重的一页 / 袁明，哈里·哈丁主编．北京：北京大学出版社，1989，473 页．

2114 中美欧关系：构建新的世界秩序 / 陆伯彬，奥斯汀·腾斯强，张沱生主编．北京：世界知识出版社，2012，330 页．（中国国际战略研究基金会战略研究丛书）

2115 中美往来照会集：1846—1931/ 广西师范大学出版社编．影印本．桂林：广西师范大学出版社，2006，19 册．

2116 中美战略互疑：解析与应对 / 王缉思，李侃如著．北京：社会科学文献出版社，

2013，184 页．（博源文库．现代性与中国社会转型丛书）

2117 中葡澳门交涉史料．1—2/ 黄鸿钊著．澳门：澳门基金会，1998，2 册（374 页；398 页）．（濠海丛刊）

2118 中葡关系档案史料汇编 / 中国第一历史档案馆编．北京：中国档案出版社，2000，2 册（51+510；437 页）．

2119 中葡早期关系史 / 万明著．北京：社会科学文献出版社，2001，338 页．（明清史研究丛书）

2120 中日关系 20 年："90 年代中日关系的课题"国际学术讨论会文集 / 中华日本学会，中日友好协会编．北京：航空工业出版社，1992，259 页．

2121 中日关系研究的新思考：中国东北与日本国际学术研讨会论文集 / 马兴国主编．沈阳：辽宁大学出版社，1993，473 页．

2122 中日现代化·21 世纪展望：中日青年学者论坛 / 李廷江，国分良成主编．北京：中国社会科学出版社，1990，229 页．

2123 中日战争国际共同研究．第三卷，国际关系 / 杨天石，傅高义主编．北京：社会科学文献出版社，2015，768-1288 页．

2124 中外交流史事考述 / 蔡鸿生著．郑州：大象出版社，2007，441 页．（大象学术书坊）

2125 中外关系史论文集 / 朱杰勤著．郑州：河南人民出版社，1984，600 页．

2126 中西初识二编 / 中国中外关系史学会编．郑州：大象出版社，2002，320 页．
  ➢ 中西初识 / 谢方主编；中国中外关系史学会编．郑州：大象出版社，1999，305 页．

2127 中西最初的遭遇与冲突 / 周宁著．北京：学苑出版社，2000，448 页．

2128 中印大同：理想与现实 / 谭中主编．银川：宁夏人民出版社，2007，18+473 页．（中印研究丛书）

三、法律

（一）译著

2129 传统中国法的精神 / 马若斐著；陈煜译．北京：中国政法大学出版社，2013，25+273 页．（海外中国法研究译丛 / 朱勇，张中秋，朱腾总主编）

2130 敦煌西域出土的古藏文契约文书 / 武内绍人著；杨铭，杨公卫译．乌鲁木齐：新疆人民出版社，2016，429 页．(《新疆通史》翻译丛书)

2131 法典、习俗与司法实践：清代与民国的比较 / 黄宗智著．北京：法律出版社，2014，201 页．（清代以来民事法律的表达与实践：历史、理论与现实；2）
  ➢ 法典、习俗与司法实践：清代与民国的比较 / 黄宗智著．上海：上海书店出版

社，2003，238页.（中国的法律、社会与文化系列丛书）

2132 公案簿.第一辑—第十五辑.1791—1920年3月20日/包乐史，聂德宁，吴凤斌等校注.厦门：厦门大学出版社，2002—2017，15册.（吧城华人公馆（吧国公堂）档案丛书）

2133 过去和现在：中国民事法律实践的探索/黄宗智著.北京：法律出版社，2014，339页.（清代以来民事法律的表达与实践：历史、理论与现实；3）
  ➤ 过去和现在：中国民事法律实践的探索/黄宗智著.北京：法律出版社，2009，285页.（中国法律：历史和现实/黄宗智主编）

2134 过失杀人、市场与道德经济：18世纪中国财产权的暴力纠纷/步德茂著；张世明译.北京：社会科学文献出版社，2008，320页.（国家清史编纂委员会·编译丛刊）

2135 祭祀公业与台湾特殊法律的研究/姊齿松平著.台北：众文图书公司，1991，417页.

2136 近代中国的犯罪、惩罚与监狱/冯客著；徐有威等译.南京：江苏人民出版社，2008，409页.（海外中国研究丛书/刘东主编）

2137 经验与理论：中国社会、经济与法律的实践历史研究/黄宗智著.北京：中国人民大学出版社，2007，10+551页.

2138 蓝鼎元判案/蓝鼎元著；旷敏本评，宫崎市定释，周逸鸣译.台北：金文图书公司，1984，257页.（中国智慧丛书；2）

2139 历史社会法学：中国的实践法史与法理/黄宗智，尤陈俊著.北京：法律出版社，2014，431页.（实践法史与法理丛书/黄宗智主编）

2140 民事审判与民间调解：清代的表达与实践/黄宗智著.北京：中国社会科学出版社，1998，248页.

2141 明代乡村纠纷与秩序：以徽州文书为中心/中岛乐章著；郭万平，高飞译.2版.南京：江苏人民出版社，2012，308页.（凤凰文库·海外中国研究系列）
  ➤ 明代乡村纠纷与秩序：以徽州文书为中心/中岛乐章著；郭万平，高飞译.南京：江苏人民出版社，2010，308页.（凤凰文库·海外中国研究系列）

2142 明清时期的民事审判与民间契约/滋贺秀三等著；王亚新等编译.北京：法律出版社，1998，464页.

2143 秦汉法制史论考/堀毅著；萧红燕等译.北京：法律出版社，1988，495页.

2144 秦汉法制史研究/大庭修著；徐世虹等译.上海：中西书局，2017，18+579页.
  ➤ 秦汉法制史研究/大庭修著；林剑鸣等译.上海：上海人民出版社，1991，583页.

2145 秦汉刑罚制度研究/冨谷至著；柴生芳，朱恒晔译；谢桂华册主编.桂林：广西师范大学出版社，2006，285页.（简帛研究丛书）

2146 清代的法律、社会与文化：民法的表达与实践/黄宗智著.北京：法律出版社，2014，18+10+227页.（清代以来民事法律的表达与实践：历史、理论与现实；1）
  ➤ 清代的法律、社会与文化：民法的表达与实践/黄宗智著.上海：上海书店出

版社，2007，16+226 页．（中国的法律、社会与文化系列丛书）

> 清代的法律、社会与文化：民法的表达与实践 / 黄宗智著．上海：上海书店出版社，2001，17+263 页．（中国的法律、社会与文化系列丛书）

2147 清国行政法 / 织田万撰；李秀清，王沛点校．北京：中国政法大学出版社，2003，13+13+507 页．（中国近代法学译丛）

2148 权利与冤抑：寺田浩明中国法史论集 / 寺田浩明著；王亚新等译．北京：清华大学出版社，2012，449 页．

2149 日本学者中国法论著选译．上下 / 中国政法大学法律史学研究院编．北京：中国政法大学出版社，2012，2 册（674 页）．（海外中国法研究译丛 / 朱勇，张中秋，朱腾总主编）

2150 日本学者中国法制史论著选，先秦秦汉卷 / 杨一凡，寺田浩明主编．北京：中华书局，2016，546 页．

> 日本学者中国法制史论著选，魏晋隋唐卷 / 杨一凡，寺田浩明主编．北京：中华书局，2016，617 页．

> 日本学者中国法制史论著选，宋辽金元卷 / 杨一凡，寺田浩明主编．北京：中华书局，2016，479 页．

> 日本学者中国法制史论著选，明清卷 / 杨一凡，寺田浩明主编．北京：中华书局，2016，496 页．

> 中国法制史考证．丙编．第一卷，日本学者考证中国法制史重要成果选译，通代先秦秦汉卷 / 杨一凡总主编；寺田浩明编主编；籾山明卷主编；徐世虹卷译．北京：中国社会科学出版社，2003，599 页．

> 中国法制史考证．丙编．第二卷，日本学者考证中国法制史重要成果选译，魏晋南北朝隋唐卷 / 杨一凡总主编；寺田浩明编主编；冈野诚卷主编；程维荣等卷译．北京：中国社会科学出版社，2003，688 页．

> 中国法制史考证．丙编．第三卷，日本学者考证中国法制史重要成果选译，宋辽西夏元卷 / 杨一凡总主编；寺田浩明编主编；川村康卷主编；姚荣涛卷译．北京：中国社会科学出版社，2003，477 页．

> 中国法制史考证．丙编．第四卷，日本学者考证中国法制史重要成果选译，明清卷 / 杨一凡总主编；寺田浩明编主编；郑民钦卷译．北京：中国社会科学出版社，2003，736 页．

2151 日据初期司法制度档案 / 刘宁颜主编；陈锦荣编译．台中：台湾省文献委员会，1982，1164 页．

2152 日据时期祭祀公业及在台湾特殊法律之研究 / 姊齿松平著；程大学等编译．改订版．台中：台湾省文献委员会，1983，256 页．

2153 杀千刀：中西视野下的凌迟处死 / 卜正民，巩涛，格力高利·布鲁著；张光润等译．北京：商务印书馆，2013，333 页．

2154 上天·审判：中国与欧洲司法观念历史的初步比较 / 罗伯特·雅各布著；李滨译.上海：上海交通大学出版社，2013，200 页.（法社会学文库·研究前沿 / 季卫东主编）

2155 宋代的法律与秩序 / 马伯良著；杨昂，胡雯姬译.北京：中国政法大学出版社，2010，477 页.

2156 宋至清代身分法研究 / 高桥芳郎著；李冰逆译.上海：上海古籍出版社，2015，227 页.（海外汉学丛书）

2157 唐令拾遗 / 仁井田陞著；栗劲等编译.长春：长春出版社，1989，926 页.

2158 唐宋法制史研究 / 苏基朗著.香港：中文大学出版社，1996，218 页.

2159 现代中国的纠纷与法 / 高见泽磨著；何勤华等译.北京：法律出版社，2003，224 页.（南京大学亚太法研究所丛书）

2160 远东国际军事法庭判决书 / 张效林节译；向隆万，徐小冰等补校译.上海：上海交通大学出版社，2015，684 页.（东京审判研究丛书；17）

> 远东国际军事法庭判决书：中英文版 / 远东国际军事法庭编；张效林译.北京：国家图书馆出版社，2014，3 册（612；766；702 页）.

> 远东国际军事法庭判决书 / 张效林译.北京：群众出版社，1986，612 页.

2161 早期近代中国的契约与产权 / 曾小萍，欧中坦，加德拉编；李超等译.杭州：浙江大学出版社，2011，350 页.（社会经济史译丛）

2162 中非争议解决：仲裁的法律、经济和文化分析 / 翁·基达尼著；朱伟东译.北京：中国社会科学出版社，2017，543 页.

2163 中国的妇女与财产：960—1949 / 白凯著.上海：上海书店出版社，2007，188 页.（中国的法律、社会与文化系列）

> 中国的妇女与财产：960—1949 年 / 白凯著.上海：上海书店出版社，2003，218 页.（中国的法律、社会与文化系列丛书）

2164 中国的规制与惩罚：从父权本位到人民本位 / 迈克尔·R.达顿著；郝方昉，崔洁译.北京：清华大学出版社，2009，19+488 页.

2165 中国法典编纂沿革史 / 浅井虎夫著；陈重民译；李孝猛点校.北京：中国政法大学出版社，2007，273 页.（中国近代法学译丛）

2166 中国法律传统论文集 / 孔杰荣，爱德华，陈张富美编；中国政法大学法律史学研究院组译.北京：中国政法大学出版社，2015，23+385 页.（海外中国法研究译丛）

2167 中国法律形象的一面：外国人眼中的中国法 / 张中秋编.北京：中国政法大学出版社，2012，398 页.（海外中国法研究译丛 / 朱勇，张中秋，朱腾总主编）

> 中国法律形象的一面：外国人眼中的中国法 / 张中秋编.北京：法律出版社，2002，339 页.（南京大学亚太法研究所丛书）

2168 中国法制史 / 仁井田陞著；牟发松译.上海：上海古籍出版社，2018，358 页.（海

外汉学丛书）

> 中国法制史 / 仁井田陞著；牟发松译. 上海：上海古籍出版社，2011，344页.（日本中国史研究译丛）

2169 中国古代诉讼制度研究 / 籾山明著；李力译. 上海：上海古籍出版社，2009，2018重印，328页.（早期中国研究丛书）

2170 中国古代刑制史研究 / 宫宅洁著；杨振红等译. 桂林：广西师范大学出版社，2016，336页.（简帛研究文库）

2171 中国家族法原理 / 滋贺秀三著；张建国，李力译. 北京：商务印书馆，2017，685页.（汉译世界学术名著丛书：分科本. 政法）

> 中国家族法原理 / 滋贺秀三著；张建国，李力译. 北京：商务印书馆，2013，12+685页.（汉译世界学术名著丛书）

> 中国家族法原理 / 滋贺秀三著；张建国，李力译. 北京：法律出版社，2003，538页.（法学研究生精读书系）

2172 中国民法债编总则论 / 我妻荣著；洪锡恒译. 北京：中国政法大学出版社，2003，10+338页.（中国近代法学译丛）

2173 中国侵权责任法学者建议稿及其立法理由 / 布吕格迈耶尔，朱岩著. 北京：北京大学出版社，2009，52+323页.（比较侵权责任法丛书）

2174 中国入世后的欧共体贸易法 / 霍根马滕斯著；孔庆江等译. 杭州：浙江人民出版社，2008，190页.

2175 中国涉外经济法制：进展与挑战 / 皮特曼·B.彭德著；马勤，马强译. 北京：社会科学文献出版社，1995，194页.

2176 中国土地制度的研究 / 长野郎著；强我译；袁兆春点校. 北京：中国政法大学出版社，2004，330页.（中国近代法学译丛）

2177 中国刑法史研究 / 西田太一郎著；段秋关译. 北京：北京大学出版社，1985，203页.

2178 中国与西方的法律观念 / 金勇义著；陈国平等译. 沈阳：辽宁人民出版社，1989，181页.（中国学汉译名著丛书 / 邓正来，群懿主编）

2179 中华帝国的法律 / 卜德，克拉伦斯·莫里斯著；朱勇译. 北京：中信出版集团股份有限公司，2016，14+558页.（东鉴丛书；1）

> 中华帝国的法律 / 德克·布迪，克拉伦斯·莫里斯著；朱勇译. 南京：江苏人民出版社，2008，473页.（凤凰文库·海外中国研究系列）

> 中华帝国的法律 /D·布迪，C·莫里斯著；朱勇译.1版. 南京：江苏人民出版社，2003，381页.（海外中国研究丛书 / 刘东主编）

> 中华帝国的法律 / 布迪，莫里斯著；朱勇译. 南京：江苏人民出版社，1993，491页.（海外中国研究丛书）

2180 中日法制比较研究 / 吕世辰，山野一美著. 北京：中国书籍出版社，2004，469页.

（二）研究著作

2181　2012年上海航运政策与法律发展白皮书/林江，彼得·马瑞，王亚男编著.上海：上海浦江教育出版社，2013，567页.（国际航运中心建设前沿丛书/於世成主编）

2182　从诉讼档案出发：中国的法律、社会与文化/黄宗智，尤陈俊主编.北京：法律出版社，2009，524页.（中国法律：历史与现实/黄宗智主编）

2183　法制现代化与中国经济发展/薛君度，公丕祥主编.南京：南京师范大学出版社，1997，515页.

2184　罗马法·中国法与民法法典化（文选）：从罗马法到中国法：权利与救济/费安玲，桑德罗·斯奇巴尼主编.北京：中国政法大学出版社，2016，579页.

> 罗马法、中国法与民法法典化（文选）从古代罗马法、中华法系到现代法：历史与现实的对话/S.斯奇巴尼，朱勇主编.北京：中国政法大学出版社，2011，488页.

> 罗马法、中国法与民法法典化（文选）：罗马法与物权法、侵权行为法及商法之研究/江平，S·斯奇巴尼主编.北京：中国政法大学出版社，2008，490页.

2185　世界学者论中国传统法律文化：1644—1911/张世明，步德茂，娜鹤雅主编.北京：法律出版社，2009，502页.

2186　"选择性适用"的假设与中国的法治实践/彭德，顾肖荣主编.上海：上海社会科学院出版社，2009，263页.

2187　中国传统法律文化对东南亚之影响/李永强，马慧玥著.北京：中国人民大学出版社，2013，160页.

2188　中国对非投资法律环境研究/沙尔瓦托·曼库索，洪永红主编.湘潭：湘潭大学出版社，2009，235页.（非洲法研究丛书）

2189　中国法律史国际学术讨论会论文集/《法律史研究》编委会编.西安：陕西人民出版社，1990，544页.（法律史研究丛书.第一辑/杨一凡主编）

2190　中国法律文化对东南亚的影响：以雅加达华人社区为对象/马慧玥著.北京：法律出版社，2012，135页.（比较法文丛；15）

2191　中国法律文化对西方的影响/史彤彪著.石家庄：河北人民出版社，1999，365页.（东学西渐丛书）

2192　中国法律在东亚诸国之影响/杨鸿烈著.北京：中国政法大学出版社，1999，551页.（二十世纪中华法学文丛；14）

2193　中美死刑制度现状与改革比较研究/Jerome A.Cohen，赵秉志主编.北京：中国人民公安大学出版社，2007，341页.（京师刑事法文库.促进死刑改革系列；8）

2194　中日公司法比较研究：中日会社法比较研究：［中日文本］/黄来纪等主编.上海：上海社会科学院出版社，2004，390页.（《公司法研究》丛书；3）

军 事

（一）译著

2195　21世纪中国海军战略/詹姆斯·R·霍尔姆斯，吉原俊井著；闫峰译.上海：上海交通大学出版社，2015，244页.

2196　兵法三十六计/守屋洋著.台北：满庭芳出版社，1992，240页.（商战丛书）

2197　彻底图解孙子兵法：彩色版/榎本秋著；庄伟甫译.新北：枫树林出版事业有限公司，2012，186页.

2198　关东军秘史/楳本捨三著；高书全，袁韶莹译.上海：上海译文出版社，1992，302页.

2199　剑拔弩张的盟友：太平洋战争期间的中美军事合作关系：1941—1945/齐锡生著.2版，修订本.台北：联经出版事业股份有限公司，2012，616页.（"中央研究院"丛书）

> 剑拔弩张的盟友：太平洋战争期间的中美军事合作关系（1941—1945）/齐锡生著.北京：社会科学文献出版社，2012，2册（808页）.（中国社会科学院近代史研究所·民国研究丛刊）

2200　军事近代化与中国革命/冯兆基著；郭太风译.上海：上海人民出版社，1994，350页.

2201　军事思想史入门：近代西方与中国/浅野祐吾著；赵志民，李苑译.北京：解放军出版社，1988，258页.

2202　军统对日密码战/赫伯特·雅德礼著；巩予炎，罗荔丹译.北京：团结出版社，2015，248页.

> 中国黑室：谍海奇遇/雅德利著；张永编译.哈尔滨：哈尔滨出版社，2013，236页.（美国"密码之父"雅德利黑室系列丛书）

> 中国黑室/赫伯特·雅德利著；严冬冬译.长春：吉林文史出版社，2011，244页.

> 民国密码战：美国破译之父在华历险记/赫伯特·雅德礼著；巩予炎，罗荔丹译.桂林：广西师范大学出版社，2009，247页.（温故书坊）

> 中国密室：美国"密码之父"在中国的历险记/赫伯特·O.亚德利著；白崐荣

译．长沙：湖南文艺出版社，1986，247 页．

➢ 中国黑室——谍海奇遇 / 亚德利著；建东等译．北京：军事译文出版社，1985，240 页．

2203 辽金糺军及金代兵制考 / 箭内亘著；陈捷，陈清泉译．影印本．太原：山西人民出版社，2015，129 页．（近代海外汉学名著丛刊 / 郑培凯主编）

2204 龙威：中国的核力量与核战略 / 林中斌著；刘戟锋等译．长沙：湖南出版社，1992，288 页．（科学与和平丛书 / 陈能宽主编）

2205 美军眼里的中国军队：美国陆军战争学院研究报告 / 甘浩森，赖大卫，施道安编；郭拓荒等译．北京：世界知识出版社，2015，12+322 页．（北京大学战争与战略研究丛书 / 梁守德，王缉思主编）

2206 缅甸战役：从灾难走向胜利（1942—1945）/ 弗兰克·麦克林恩著；章启晔译．上海：上海三联书店，2013，15+574 页．

2207 内战结束的前夜：美国《生活》杂志记者镜头下的中国 / 杰克·伯恩斯摄影；吴呵融译．桂林：广西师范大学出版社，2005，126 页．（影像阅读）

2208 日本对华战争指导史 / 堀场一雄著；王培岚等译．北京：世界知识出版社，2017，522 页．（北京大学战争与战略研究丛书 / 梁守德，王辑思主编）

2209 日本关东军覆灭记 / 岛田俊彦著；李汝松译．沈阳：辽宁教育出版社，1991，134 页．

2210 日本陆军与中国："支那通"折射的梦想和挫折 / 户部良一著；金昌吉等译．北京：社会科学文献出版社，2015，323 页．（阅读日本书系）

2211 三国志战略年代记：关键战役全记录 / 立间祥介著；谷井建三，古桥义文插画．台北：枫书坊文化出版社，2006，159 页．（历史群像系列）

2212 十九世纪中国的常胜军：外国雇佣兵与清帝国官员 /R.J. 史密斯著；汝企和译．北京：中国社会科学出版社，2003，270 页．（中国近代史研究译丛）

2213 孙子兵法：美国人的解读 / 塞缪尔·B. 格里菲思著；育委译．北京：学苑出版社，2003，360 页．

2214 孙子兵法新校 / 服部千春著．沈阳：白山出版社，1997，12+475 页．

➢ 孙子兵法校解 / 服部千春著．北京：军事科学出版社，1987，1 册．

2215 《孙子兵法》新解：王阳明兵学智慧的源头 / 冈田武彦著；钱明，徐修竹译．重庆：重庆出版社，2017，289 页．

2216 孙子研究在日本 / 佐藤坚司著；高殿芳等译．北京：军事科学出版社，1993，172 页．

2217 唐代军事财政与礼制 / 丸桥充拓著；张桦译．西安：西北大学出版社，2018，362 页．（海外中国研究书系 / 李浩、松原朗主编．日本学人唐代文史研究八人集）

2218 图解孙子兵法：世界第一兵书：人类史上应用最广泛的谋略圣经 / 是本信义著；赵琪译．台北：大众国际书局，2007，268 页．（古典文库；6）

➢ 图解孙子兵法 / 是本信义著；赵琪译．台北：典藏阁，2006，268 页．（古典文库；9）

> 图解孙子兵法：天下第一武学奇书：让华人引以为傲的 MBA 教材 / 是本信义著；赵琪译. 台北：华文网出版公司, 2005, 268 页. (智略人生；10)

> 图解孙子兵法完全攻略手册 / 是本信义著；赵琪译. 台北：华文网公司, 2001, 231 页. (趋势丛书；1)

> 孙子兵法 / 是本信义著；秋同译. 北京：中信出版社, 2001, 11+242 页. (2 小时通图解系列)

> 21 世纪孙子兵法新解：战略学的传世圣经 / 是本信义著. 台北：笙易公司文化事业部, 2000, 235 页. (智库精品丛书；1)

2219 图说孙子兵法：战争的艺术 / 塞缪尔 B. 格里菲斯著；刘剑芳, 李莉译. 西安：陕西师范大学出版总社有限公司, 2012, 186 页.

2220 中国、美国与 21 世纪海权 / 安德鲁·S. 埃里克森, 莱尔·J. 戈尔茨坦, 李楠主编；徐胜等译. 北京：海洋出版社, 2014, 391 页. (海洋战略与海洋强国论丛)

2221 中国大战略 / 迈克尔·斯温, 阿什利·特利斯著；洪允息, 蔡焰译. 北京：新华出版社, 2001, 10+238 页.

2222 中国的民族主义和战争：1925—1945/ 方德万著；胡允桓译. 北京：生活·读书·新知三联书店, 2007, 484 页.

2223 中国的战争行为 / 弗兰克·基尔曼, 费正清著；门洪华等译. 北京：人民出版社, 2016, 286 页. (中国战略传统丛书 / 门洪华主编)

2224 中国军事力量的兴起：1895—1912 年 / 拉尔夫·尔·鲍威尔著；陈泽宪, 陈霞飞译. 北京：中国社会科学出版社, 1979, 331 页.

> 中华民国史资料丛稿：译稿. 第一辑, 1895—1912 年中国军事力量的兴起 / 鲍威尔著；陈泽宪等译. 北京：中华书局, 1978, 217 页.

2225 中国军事决策机制及台海冲突 / 约翰·W. 刘易斯, 薛理泰著；薛理泰编译. 纽约：明镜出版社, 2007, 468 页. (《中国局势》系列；47)

2226 中国未来核潜艇力量 / 安德鲁·S. 埃里克森等主编；刘宏伟译. 北京：海洋出版社, 2015, 337 页. (海洋战略与海洋强国论丛)

2227 中国武将智略 / 守屋洋著；刘华亭译. 台北：星光出版社, 1987, 282 页. (双子星丛书；496)

2228 中国现代军事史 / 刘馥著；梅寅生译. 台北：东大图书公司, 1986, 316 页. (沧海丛刊. 军事)

2229 中国战车模型涂装技术指南 / 斯文·弗里斯, 奥斯卡·埃伯利, 亚当·瓦尔德等著；王颂译. 北京：机械工业出版社, 2018, 235 页.

2230 中华民国史资料丛稿, 译稿, 长沙作战 / 日本防卫厅防卫研究所战史室著；天津市政协编译委员会译. 北京：中华书局, 1985, 215 页.

2231 中华民国史资料丛稿, 译稿. 第五辑, 中国事变陆军作战史. 第一卷. 第一分册：征求意见稿 / 日本防卫厅防卫研究所战史室著；田琪之译. 北京：中华书局,

1979，238 页.

> 中华民国史资料丛稿.译稿.中国事变陆军作战史.第一卷.第二分册/日本防卫厅防卫研究所战史室著；齐福霖译.北京：中华书局，1981，169 页.

> 中华民国史资料丛稿.译稿.中国事变陆军作战史.第二卷.第一分册/日本防卫厅防卫研究所战史室著；田琪之译.北京：中华书局，1979，224 页.

> 中华民国史资料丛稿，译稿.第十一辑，中国事变陆军作战史.第二卷.第二分册/日本防卫厅防卫研究所战史室著；田琪之译.北京：中华书局，1980，203 页.

> 中华民国史资料丛稿，译稿，中国事变陆军作战史.第三卷.第一分册：征求意见稿/日本防卫厅防卫研究所战史室著；田琪之译.北京：中华书局，1981，145 页.

> 中华民国史资料丛稿，译稿，中国事变陆军作战史.第三卷.第二分册：征求意见稿/日本防卫厅防卫研究所战史室著；田琪之，齐福霖译.北京：中华书局，1983，236 页.

2232 中华民国史资料丛稿，译稿，关于东北抗日联军的资料.第一分册—第二分册/李铸，贾玉芹，高书全等译.北京：中华书局，1982，2 册（258；447 页）.

2233 1 中华民国史资料丛稿，译稿.满州事变作战经过概要.第一卷/日本政府参谋本部编；田琪之译.北京：中华书局，1981，179 页.

> 中华民国史资料丛稿，译稿，满洲事变作战经过概要.第二卷/日本政府参谋本部编；田琪之译.北京：中华书局，1982，124 页.

2234 中华民国史资料丛稿，译稿，缅甸作战.上下/日本防卫厅防卫研究所战史室著；天津市政协编译委员会译.北京：中华书局，1987，2 册（183；217 页）.

2235 中华民国史资料丛稿，译稿，香港作战/日本防卫厅防卫研究所战史室著；天津市政协编译委员会译.北京：中华书局，1985，242 页.

2236 中华民国史资料丛稿，译稿，一号作战之一，河南会战.上：征求意见稿/日本防卫厅防卫研究所战史室著；天津市政协编译委员会译.北京：中华书局，1982，190 页.

> 中华民国史资料丛稿，一号作战之一，河南会战.下：译稿/日本防卫厅防卫研究所战史室著；天津市政协编译委员会译.北京：中华书局，1982，174 页.

> 中华民国史资料丛稿，译稿，一号作战之二，湖南会战.上下册/日本防卫厅防卫研究所战史室著；天津市政协编译委员会译.北京：中华书局，1984，2 册（161；170 页）.

> 中华民国史资料丛稿，译稿.一号作战之三，广西会战.上下册/日本防卫厅防卫研究所战史室著；天津市政协编译委员会译.北京：中华书局，1985，2 册（158；225 页）.

2237 中华民国史资料丛稿，译稿，昭和十七、八（1942、1943）年的中国派遣军.上/日本政府防卫厅防卫研究所战史室，吉林省社会科学院日本问题研究所著；贾玉芹译.北京：中华书局，1984，190 页.
- 中华民国史资料丛稿，译稿，昭和十七、八（1942、1943）年的中国派遣军.下/日本政府防卫厅防卫研究所战史室，吉林省社会科学院日本问题研究所著；高书全译.北京：中华书局，1984，200 页.
- 中华民国史资料丛稿，译稿，昭和二十（1945）年的中国派遣军.第一卷.第一分册：征求意见稿/日本防卫厅防卫研究所战史室著；天津市政协编译委员会译.北京：中华书局，1982，146 页.
- 中华民国史资料丛稿，译稿，昭和二十（1945）年的中国派遣军.第一卷.第二分册/日本防卫厅防卫研究所战史室著；天津市政协编译委员会译.北京：中华书局，1983，114 页.
- 中华民国史资料丛稿，译稿，昭和二十（1945）年的中国派遣军.第二卷.第一分册：征求意见稿/日本防卫厅防卫研究所战史室著；天津市政协编译委员会译.北京：中华书局，1982，151 页.
- 中华民国史资料丛稿，译稿，昭和二十（1945）年的中国派遣军.第二卷.第二分册/日本防卫厅防卫研究所战史室著；天津市政协编译委员会译.北京：中华书局，1984，97 页.

2238 中印海洋大战略/雷嘉·莫汉著；朱宪超，张玉梅译.北京：中国民主法制出版社，2014，294 页.

（二）研究著作

2239 佛郎机铳在中国/周维强著.澳门：澳门特别行政区政府文化局；北京：社会科学文献出版社，2013，226 页.（澳门文化丛书）

2240 《孙子兵法》英译的文化研究/黄海翔著.广州：暨南大学出版社，2018，296 页.

2241 孙子兵法与和平合作发展：第九届孙子兵法国际研讨会论文集/中国孙子兵法研究会编.北京：军事科学出版社，2015，726 页.

2242 《孙子兵法》在英语世界的传播与接受研究/杨玉英著.北京：学苑出版社，2017，14+451 页.（列国汉学史书系.第二辑/阎纯德，吴志良主编）

2243 英语世界的《孙子兵法》英译研究/杨玉英著.成都：四川大学出版社，2012，201 页.

2244 中国军事科学的西传及其影响/王兆春等著.石家庄：河北人民出版社，1999，369 页.（东学西渐丛书）

2245 中外孙子兵学博硕论文备要/孙远方，苏桂亮编.沈阳：白山出版社，2014，14+391 页.

经 济

（一）译著

2246　Chinamerica：看中美竞合关系如何改变世界 / 韩德尔·琼斯著；陈仪译．台北：美商麦格罗希尔国际股份有限公司台湾分公司，2010，341 页．（全球趋势；GT007）

2247　八十年代中国经济的战略重点 / 小林实著；张连绂等译．北京：中国社会科学出版社，1981，92 页．

2248　巴达维亚华人与中荷贸易 / L. 包乐史著；庄国土等译．南宁：广西人民出版社，1997，344 页．（东南亚文丛）

2249　白银资本：重视经济全球化中的东方 / 贡德·弗兰克著；刘北成译．成都：四川人民出版社，2017，413 页．

　　➢ 白银资本：重视经济全球化中的东方 / 贡德·弗兰克著；刘北成译．2版．北京：中央编译出版社，2008，370 页．

　　➢ 白银资本：重视经济全球化中的东方 / 安德烈·贡德·弗兰克著；刘北成译．北京：中央编译出版社，2000，27+509 页．（新世纪学术译丛）

2250　保持港元币值 / 罗伯特·H. 斯各特著；杨小佛译．上海：上海翻译出版公司，1987，84 页．（香港问题丛书）

2251　北京的行会 / 步济时著；赵晓阳译．北京：清华大学出版社，2011，238 页．

2252　被监押的帝国主义：英法在华企业的命运 / 谢艾伦著；张平等译．北京：中国社会科学出版社，2004，191 页．（中国近代史研究译丛）

2253　变革中国：市场经济的中国之路 / 罗纳德·哈里·科斯，王宁著；徐尧，李哲民译．北京：中信出版社，2013，295 页．

2254　变速！中国：汽车、能源、环境与创新 / 凯丽·西蒙斯·盖勒格著；程健等译．北京：清华大学出版社，2007，162 页．

2255　别误读中国经济 / 罗思义著．天津：天津人民出版社，2018，320 页．（人大重阳智库作品系列）

2256　不确定的未来：如何将改革进行下去 / 郑永年著．北京：中信出版社，2014，

10+326 页.

2257 茶叶·香蕉·鲣节：日治时期台湾农水产品的海外输出 / 松浦章著；年旭译. 新北：博扬文化事业有限公司，2018，340 页.（博扬文化·人文；74）

2258 长江三角洲小农家庭与乡村发展 / 黄宗智著. 北京：中华书局，2000，458 页.（中国乡村社会研究丛书）
  ➢ 长江三角洲小农家庭与乡村发展 / 黄宗智著. 香港：牛津大学出版社，1994，425 页.（社会与思想丛书）
  ➢ 长江三角洲小农家庭与乡村发展 / 黄宗智著. 北京：中华书局，1992，411 页.

2259 长江下游地区的地租、赋税与农民的反抗斗争：1840—1950/ 白凯著；林枫译. 上海：上海书店出版社，2005，393 页.（中国乡村研究专著系列）

2260 超融合：中美经济合体如何决定世界繁荣 / 扎克利·卡拉贝尔著；杜默译. 台北：麦田出版社，2010，349 页.（麦田丛书；58）

2261 超越后进发展：台湾的产业升级策略 / 爱丽丝·H. 安士敦，瞿宛文著；朱道凯译. 北京：北京大学出版社，2016，195 页.（同文馆·社会科学经典译丛）
  ➢ 超越后进发展：台湾的产业升级策略 / 瞿宛文，安士敦著；朱道凯译. 台北：联经出版事业股份有限公司，2003，12+247 页.（联经学术丛书）

2262 成都调查 / 约翰·奈斯比特，多丽丝·奈斯比特著；魏平，毕香玲译. 长春：吉林出版集团；北京：中华工商联合出版社，2011，240 页.

2263 城镇化与中国财政改革：汉英对照 / 罗伊·鲍尔，吴卓瑾，乔宝云著；刘乐峥译. 北京：中国财政经济出版社，2014，151+168 页.

2264 传统中国日常生活中的协商：中古契约研究 / 韩森著；鲁西奇译. 南京：江苏人民出版社，2009，241 页.（海外中国研究丛书·海外学子系列）
  ➢ 传统中国日常生活中的协商：中古契约研究 / 韩森著；鲁西奇译. 南京：江苏人民出版社，2008，241 页.（凤凰文库·海外中国研究系列）

2265 创新的国度：从追赶到超越看当代中国创新者如何改变世界 / 陈映岚著；陈丽芳译. 北京：中国电力出版社，2013，266 页.（创新必读书系）

2266 创新驱动中国：中国经济转型升级的新引擎 / 叶恩华，布鲁斯·马科恩著；陈召强，段莉译. 北京：中信出版集团股份有限公司，2016，394 页.

2267 刺桐梦华录：近世前期闽南的市场经济（946—1368）/ 苏基朗著；李润强译. 杭州：浙江大学出版社，2012，408 页.（社会经济史译丛）

2268 从"广东制造"到"广东创造" / 大卫·弗格森著；王永秋等译. 北京：外文出版社，2012，229 页.

2269 从北京回望曼彻斯特：英国、工业革命和中国 / 皮尔·弗里斯著；苗婧译. 杭州：浙江大学出版社，2009，143 页.（社会经济史译丛）

2270 从历史看领导 / 许倬云著. 北京：新星出版社，2017，179 页.
  ➢ 从历史看领导：在台湾洪建全基金会文经学苑上的讲演 / 许倬云著. 2 版. 桂林：

广西师范大学出版社，2011，191 页.（许倬云历史智慧丛书）
- 从历史看领导：在台湾洪建全基金会文经学苑上的讲演 / 许倬云讲演. 桂林：广西师范大学出版社，2006，143 页.（许倬云作品）
- 从历史看领导 / 许倬云著. 北京：生活·读书·新知三联书店，1994，142 页.（经营智慧丛书）

2271 从小众到主流：谁是中国未来消费主力 / 金兰都，田美永，金瑞荣著；路冉译. 南宁：广西科学技术出版社，2013，243 页.

2272 从中国制造到中国创造：中国如何成为全球创新者 / 乔治·豪尔，马克斯·冯·泽德维茨著；许佳译. 北京：中信出版集团，2017，211 页.

2273 大分流：欧洲、中国及现代世界经济的发展 / 彭慕兰著；史建云译.2 版. 南京：江苏人民出版社，2010，2016 重印，11+488 页.（海外中国研究丛书 / 刘东主编）
- 大分流：欧洲、中国及现代世界经济的发展 / 彭慕兰著；史建云译. 南京：江苏人民出版社，2014，11+488 页.（海外中国研究丛书精品系列 / 刘东主编. 第一辑）
- 大分流：欧洲、中国及现代世界经济的发展 / 彭慕兰著；史建云译. 南京：江苏人民出版社，2008，11+488 页.（凤凰文库·海外中国研究系列）
- 大分流：中国、欧洲与现代世界经济的形成 / 彭慕兰著；邱澎生等译. 台北：巨流图书公司，2004，22+588 页.
- 大分流：欧洲、中国及现代世界经济的发展 / 彭慕兰著；史建云译. 南京：江苏人民出版社，2003，393 页.（海外中国研究丛书 / 刘东主编）

2274 大分流之外：中国和欧洲经济变迁的政治 / 王国斌，罗森塔尔著；周琳译. 南京：江苏人民出版社，2018，283 页.（凤凰文库·海外中国研究系列）

2275 大公司与关系网：中国境内的西方、日本和华商大企业：1880—1937/ 高家龙著；程麟荪译. 上海：上海社会科学院出版社，2002，271 页.（社会科学文库·译丛；1）

2276 大国雄心：一个永不褪色的大国梦 / 马丁·雅克著；孙豫宁等译. 北京：中信出版集团，2016，515 页.
- 当中国统治世界：中国的崛起和西方世界的衰落 / 马丁·雅克著；张莉，刘曲译. 北京：中信出版社，2010，26+352 页.（世界大趋势必读书；4）

2277 大失衡：贸易、冲突和世界经济的危险前路 / 迈克尔·佩蒂斯著；王璟译. 南京：译林出版社，2014，172 页.（凤凰文库·中国经济问题研究系列 / 吴敬琏主编）

2278 大萧条时期的中国：市场、国家与世界经济 / 城山智子著；孟凡礼，尚国敏译. 南京：江苏人民出版社，2010，250 页.（海外中国研究丛书 / 刘东主编）
- 大萧条时期的中国：市场、国家与世界经济（1929—1937）/ 城山智子著；孟凡礼，尚国敏译. 南京：江苏人民出版社，2010，250 页.（凤凰文库·海外中国研究系列）

2279 大预测：未来20年，中国怎么样，美国又如何？/ 阿文德·萨勃拉曼尼亚著；倪颖，曹槟译. 北京：中信出版社，2012，270页.

2280 大秩序：2015年后的中国格局与世界新趋势 / 林毅夫，俞可平，郑永年等著. 南京：江苏凤凰文艺出版社，2014，254页.

2281 大中华区的创新探索 / 罗文等编；刘峰等译. 北京：北京出版社，2012，341页.

2282 当中国改变世界 / 埃里克·伊兹拉莱维奇著；姚海星，斐晓亮译. 台北：英属维京群岛商高宝国际有限公司台湾分公司，2006，320页.（致富馆；101）
  ➤ 当中国改变世界 / 埃里克·伊兹拉莱维奇著；姚海星，斐晓亮译. 北京：中信出版社，2005，11+234页.

2283 得中国者得天下 / 周政毅主编；北京富欧睿汽车咨询有限公司译. 北京：机械工业出版社，2010，227页.

2284 德国克虏伯与中国的近代化 / 乔伟等著. 天津：天津古籍出版社，2001，375页.（学者文丛）

2285 德纳罗密档：1877年中国海关筹印邮票之秘辛 / 赵岳译著. 北京：中华书局，2018，448页.

2286 滇越铁路：来自法国的解密文件 / 皮埃尔·伊勃著；许涛，刘春艳译. 昆明：云南人民出版社，2013，143页.

2287 滇越铁路：一个法国家庭在中国的经历 / 皮埃尔·妈尔薄特著；许涛，聂云梅译. 2版. 昆明：云南美术出版社，2011，173页.
  ➤ 滇越铁路：一个法国家庭在中国的经历 / 皮埃尔·妈尔薄特著；许涛译. 昆明：云南美术出版社有限责任公司，2010，170页.

2288 电商如何改变中国 / 马尔科·杰尔瓦西著；高尚平译. 北京：中信出版集团股份有限公司，2016，15+224页.

2289 盯上中国的资本大盗：汇丰在中国150年 / 郭晓明，卢国俊著. 北京：中国友谊出版公司，2013，243页.

2290 东北大振兴：长春崛起 / 远藤誉著；丁红卫译. 长春：吉林文史出版社，2005，160页.

2291 东亚近代经济的历史结构：东亚近代经济形成史（二）/ 中村哲主编；王玉茹监译. 北京：人民出版社，2007，436页.
  ➤ 近代东亚经济的历史结构 / 中村哲主编；林满红监译. 台北："中央研究院"人文社会科学研究中心：亚太区域研究专题中心，2007，487页.

2292 东亚近代经济的形成与发展 / 中村哲主编；王玉茹，林满红监译. 台北："中央研究院"人文社会科学研究中心：亚太区域研究专题中心，2005，382页.
  ➤ 东亚近代经济的形成与发展：东亚近代经济形成史（一）/ 中村哲主编；王玉茹监译. 北京：人民出版社，2005，325页.

2293 东亚模式的启示：亚洲四小龙政治经济发展研究 / 戴约等著；王浦劬译. 北京：中国广播电视出版社，1992，262页.（国情与世界研究丛书 / 赵宝煦主编）

2294 东印度公司对华贸易编年史：一六三五—一八三四年/马士著；区宗华译.广州：广东人民出版社，2016，5册.（岭南文库）

> 东印度公司对华贸易编年史：1635—1834年.第一卷——第五卷/马士著；区宗华译；中国海关史研究中心组译.广州：中山大学出版社，1991，3册（777；404；643页）.

2295 赌注中国：谁在做空中国概念股/罗伯特·W.科普著；施轶译.合肥：安徽人民出版社，2013，12+245页.

2296 敦煌的借贷：中国中古时代的物质生活与社会/童丕著；余欣，陈建伟译.北京：中华书局，2003，18+281页.（法国西域敦煌学名著译丛）

2297 俄国各民族与中国贸易经济关系史：1917年以前/米·约·斯拉德科夫斯基著；宿丰林译.北京：社会科学文献出版社，2008，526页.（国家清史编纂委员会·编译丛刊）

2298 俄罗斯东部自由经济区与中国的经验/C.A.杜德尼克，B.A.乌瓦罗夫著；王昌宾等译.北京：时事出版社，1998，160页.

2299 俄中商贸关系史述/阿·科尔萨克著；米镇波译.北京：社会科学文献出版社，2010，306页.

2300 非洲将养活中国吗？：破解中非农业合作的迷思/黛博拉·布罗蒂加姆著；孙晓萌，沈晓雷译.北京：社会科学文献出版社，2017，275页.（亚非译丛）

2301 非洲自由铁路：中国的发展项目如何改变/孟洁梅著；胡凌鹊译.北京：民主与建设出版社，2015，19+267页.（非洲译丛.第一辑）

2302 费拉尔手稿：清代邮政、邮票、明信片备忘录：英汉对照/费拉尔著.北京：中国人民邮电出版社，1991，76页.

2303 分割与分层：改革时期中国城市的不平等/王丰著；马磊译.杭州：浙江人民出版社，2013，219页.（政治与社会译丛）

2304 丰田在中国的求索：奥田硕与朱建荣对话录/奥田硕，朱建荣著；陈鸿斌译.上海：上海人民出版社，2012，173页.

2305 给中国企管的反腐合规指引/艾伦·墨菲著；周颖编译.北京：机械工业出版社，2015，212页.

2306 关·系：跨国CEO的中国经验/胡安·安东尼奥·费尔南德斯，劳里·安德伍德著；孙达译.南京：译林出版社，2010，232页.

2307 关内外铁路/皮特·柯睿思著；王书民译.北京：新华出版社，2013，159页.

2308 关于中国与世界的五大神话/胡祖六，约翰·安德森著；潘功胜等译.北京：中国金融出版社，2003，179页.

2309 广州贸易：中国沿海的生活与事业：1700—1845/范岱克著；江滢河，黄超译.北京：社会科学文献出版社，2018，324页.

2310 广州十三行：中国外销画中的外商（1700—1900）/孔佩特著；于毅颖译.北京：

商务印书馆，2014，13+294 页 .（银川当代美术馆·文明的维度丛书 / 吕澎主编）

2311 广州现代化历程：《粤海关十年报告（1882—1941 年）》译编 / 张富强等译编 . 广州：广州出版社，1993，258 页 .

2312 共创财富：韩国要素与中国的市场 / 李圣权编著 . 北京：经济科学出版社，2009，299 页 .

2313 国家、经济与大分流：17 世纪 80 年代到 19 世纪 50 年代的英国和中国 / 皮尔·弗里斯著；郭金兴译 . 北京：中信出版集团股份有限公司，2018，12+587 页 .（比较译丛 / 钱颖主编）

2314 国外经济学者论中国及发展中国家经济 /《经济研究》编辑部编 . 北京：中国财政经济出版社，1981，176 页 .

2315 国外专家谈中国经济问题 / 陈永全，萧崴主编 . 北京：经济日报出版社，2000，211 页 .

2316 海外学者论浦东开发开放 / 俞可平，田赛男主编 . 北京：中央编译出版社，2002，15+376 页 .（海外邓小平理论和中国改革开放研究丛书）

2317 海外学者论中国经济改革 / 俞可平主编 . 北京：中央编译出版社，1997，228 页 .

2318 海外学者论中国经济特区 / 莫里斯·迈斯纳，傅高义等著 . 北京：中央编译出版社，2000，289 页 .

2319 汉代贸易与扩张 / 余英时著；邬文玲等译 . 上海：上海古籍出版社，2014，283 页 .（余英时英文论著汉译集）

> 汉代贸易与扩张：胡汉经济关系的研究 / 余英时著；邬文玲等译；何俊编 . 台北：联经出版事业股份有限公司，2008，16+354 页 .

> 汉代贸易与扩张：汉胡经济关系结构研究 / 余英时著；邬文玲等译 . 上海：上海古籍出版社，2005，283 页 .（余英时英文论著汉译集丛书；2）

2320 汉代农业：早期中国农业经济的形成 / 许倬云著；程农，张鸣译 . 南京：江苏人民出版社，2012，202 页 .（海外中国研究丛书 / 刘东主编）

> 汉代农业：中国农业经济的起源及特性 / 许倬云著；王勇译 . 桂林：广西师范大学出版社，2005，11+10+334 页 .（许倬云作品）

> 汉代农业：早期中国农业经济的形成 / 许倬云著；程农，张鸣译 . 南京：江苏人民出版社，1998，220 页 .（海外中国研究丛书）

2321 航向珠江：荷兰人在华南（1600—2000 年）：[中英文本] / 蔡鸿生，包乐史等著 . 广州：广州出版社，2004，119 页 .

2322 荷兰时代台湾的经济·土地与税务 / 韩家宝著；郑维中译 . 台北：播种者文化有限公司，2002，203 页 .

2323 荷属东印度华人的经济地位 / W.J. 凯特著；王云翔等译 . 厦门：厦门大学出版社，1988，298 页 .（华侨华人研究丛书；2）

2324 黑龙江水稻生产与风险经营 / 中本和夫，李宁辉，矫江等著 . 北京：中国农业科学技术出版社，2007，227 页 .

2325 红筹股与中国企业的现代化 / 查尔斯·迪钱克，Simon Cartledge，Anil Daswani 著；吴国钦译 . 台北：寰宇出版公司，1999，206 页 .（寰宇商业；9）

2326 红色资本：中国的非凡崛起与脆弱的金融基础 / 卡尔·沃尔特，弗雷泽·豪伊著；祝捷，刘骏译 . 上海：东方出版中心，2013，252 页 .

2327 后街金融：中国的私营企业主 / 蔡欣怡著；何大明，湾志宏译 . 杭州：浙江人民出版社，2013，288 页 .（政治与社会译丛）
   - 后街金融：中国的私营企业主 / 蔡欣怡著；何大明译 . 台北：巨流图书股份有限公司，2007，24+408 页 .（当代中国丛书）

2328 华北的小农经济与社会变迁 / 黄宗智著 . 北京：中华书局，2000，2009重印，423 页 .
   - 华北的小农经济与社会变迁 / 黄宗智著 . 北京：中华书局，2000，373 页 .（中国乡村社会研究丛书）
   - 华北的小农经济与社会变迁 / 黄宗智著 . 香港：牛津大学出版社，1994，372 页 .（社会与思想丛书）
   - 华北的小农经济与社会变迁 / 黄宗智著 . 北京：中华书局，1986，372 页 .

2329 华侨资本的形成和发展 / 李国卿著；郭梁，金永勋译 . 福州：福建人民出版社，1985，281 页 .

2330 华人在东南亚经济发展中的作用 / 吴元黎等著；汪慕恒，薛学丁译 . 厦门：厦门大学出版社，1989，292 页 .（华侨华人研究丛书；3）

2331 华人资本主义精神 / S. 戈登·雷丁著；谢婉莹译 . 上海：格致出版社：上海人民出版社，2009，261 页 .（经济与社会译丛）

2332 华商：族裔资源与商业谋略 / 陈国贲著 . 香港：中华书局（香港）有限公司，2010，274 页 .

2333 黄金圈住地：广州的美国商人群体与美国对华政策的形成，1784—1844/ 雅克·当斯著；周湘，江滢河译 . 广州：广东人民出版社，2015，605 页 .（国家清史编纂委员会·编译丛刊）

2334 慧眼看中国：米尔顿·科特勒营销文丛：英汉对照本 / 科特勒著；范子盛译 . 北京：中国人民大学出版社，2003，267 页 .

2335 货币帝国 / 弗朗克·泽林著；陈瑛译 . 北京：中国青年出版社，2015，200 页 .（国际热点丛书）

2336 技术发展的政治经济背景：中日技术现代化比较研究 / 星野芳郎等著；刘玉劲等译 . 北京：中共中央党校出版社：中国对外经济贸易出版社，1995，401 页 .

2337 技术—能源—环境—健康链在中国：一个炼焦业的实证研究 / 普可仁著；李景华，许健主译 . 北京：高等教育出版社，2006，10+184 页 .

2338 价值投资的中国式守望 / 程超泽著 . 北京：电子工业出版社，2010，268 页 .

2339 剑桥中国经济史：古代到19世纪 / 万志英著；崔传刚译 . 北京：中国人民大学出版社，2018，372 页 .

2340 江浙财阀与国民政府：1927—1937年 / 帕克斯·M.小科布尔著；蔡静仪译. 天津：南开大学出版社，1987，255页.

2341 觉醒的泥足巨人：中印经济崛起评估 / 普拉纳布·巴丹著；陈青蓝等译. 北京：中信出版社，2012，152页.（CIDEG文库）

2342 解读中国经济指标：在数字中锁定投资机会 / 欧乐鹰著；史静译. 北京：中国经济出版社，2012，278页.

2343 金融风暴会否登陆中国 / 华言编著. 北京：龙门书局，1998，256页.

2344 近代东亚经济的发展和世界市场 / 中村哲著；吕永和，陈成译. 北京：商务印书馆，1994，252页.

2345 近代广州口岸经济社会概况：粤海关报告汇集 / 广州市地方志编纂委员会办公室，广州海关志编纂委员会编译. 广州：暨南大学出版社，1995，1996印，1159页.（广州史志丛书）

2346 近代上海的百货公司与都市文化 / 菊池敏夫著；陈祖恩译. 上海：上海人民出版社，2012，281页.

2347 近代中国蚕丝业及外销：1842—1937年 / 李明珠著；徐秀丽译. 上海：上海社会科学院出版社，1996，266页.（学者书库.译丛）

2348 近代中国的国际契机：朝贡贸易体系与近代亚洲经济圈 / 滨下武志著；朱荫贵，欧阳菲译. 北京：中国社会科学出版社，1999，11+402页.（中国近代史研究译丛；7）

2349 近代中国的条约港经济：制度变迁与经济表现的实证研究 / 苏基朗，马若孟编；成一农，田欢译. 杭州：浙江大学出版社，2013，12+278页.（社会经济史译丛）

2350 近代中国的渔业战争和环境变化 / 穆盛博著；胡文亮译. 南京：江苏人民出版社，2015，218页.（凤凰文库·海外中国研究系列）

2351 近代中国商业的发展 / 科大卫著；周琳，李旭佳译. 杭州：浙江大学出版社，2010，222页.（社会经济史译丛）

2352 经济改革中的争议性问题：来自国外经济学家的论述 / 周小川编译. 北京：中国对外经济贸易出版社，1990，274页.

2353 警惕！中国股市虚拟大崩盘 / 程超泽著. 北京：北京大学出版社，2007，195页.

2354 鹫与龙：跨国公司战略与华人创新网络 / 蔡林海著；李旭光等译. 青岛：青岛出版社，2002，254页.

2355 绝版长江：1910年代的铁路营造与沿途风物 / G.A.凯尔等著；龚格格，张春颖译. 桂林：广西师范大学出版社，2007，149页.（温故影像）

2356 均田制研究 / 堀敏一著. 台北：弘文馆出版社，1986，478页.
> 均田制的研究 / 堀敏一著；韩国磐等译. 福州：福建人民出版社，1984，460页.

2357 看得见的城市：全球史视野下的广州、长崎与巴达维亚 / 包乐史著；赖钰匀，彭昉译. 台北：蔚蓝文化出版股份有限公司，2015，261页.（大众史丛书；2）

2358 孔门理财学 / 陈焕章著；韩华译. 北京：商务印书馆，2017，605 页.（中华现代学术名著丛书：120 年纪念版）
- ➢ 孔门理财学：英文 / 陈焕章著. 北京：商务印书馆，2015，605 页.（中华现代学术名著丛书. 英文本）
- ➢ 孔门理财学 / 陈焕章著；韩华译. 北京：中华书局，2010，478 页.
- ➢ 孔门理财学 / 陈焕章著；宋明礼译. 北京：中国发展出版社，2009，423 页.
- ➢ 孔门理财学：孔子及其学派的经济思想 / 陈焕章著；翟玉忠译；陆寿筠校. 北京：中央编译出版社，2009，454 页.

2359 跨国公司与中国企业跨国经营 / 徐康宁，陈万华著. 南京：东南大学出版社，1995，386 页.

2360 李鸿章与中国军事工业近代化 / 康念德著；杨天宏等译. 成都：四川大学出版社，1992，194 页.

2361 力用中国 / 大前研一著；张新琦译. 台北：天下杂志股份有限公司，2003，212 页.（天下财经系列；37）

2362 凉山彝族企业家：社会和制度变迁的承载者 / 托马斯·海贝勒等著；于长江译. 北京：民族出版社，2005，434 页.（社会学人类学论丛）

2363 裂缝：中国经济面临的八大敌人 / 小查尔斯·沃尔夫等著；徐静译. 北京：新华出版社，2005，15+226 页.

2364 刘广京论招商局 / 刘广京著. 北京：社会科学文献出版社，2012，340 页.（招商局文库·研究丛刊）

2365 龙的经济：首席经济学家的中国思路 / 乔纳森·安德森著；余江，黄志强译. 台北：御书房出版有限公司，2007，343 页.（精读趋势系列；11）
- ➢ 走出神话：中国不会改变世界的七个理由 / 乔纳森·安德森著；余江，黄志强译. 北京：中信出版社，2006，242 页.

2366 龙廷洋大臣：海关税务司包腊父子与近代中国（1863—1923）/ 查尔斯·德雷格著；潘一宁，戴宁译. 桂林：广西师范大学出版社，2018，422 页.（海关洋员传记丛书 / 李爱丽主编）

2367 龙与牛仔：美国人眼中的中国商人 / 查尔斯·李著；于凤霞译. 北京：中国海关出版社，2004，247 页.

2368 龙之翼：中国航空公司和中国商业航空的发展 / 利里著；徐克继译. 北京：科学技术文献出版社，1990，229 页.（民航经济与技术丛书）

2369 论语与算盘 / 涩泽荣一著；刘唤译. 沈阳：沈阳出版社，2017，205 页.
- ➢ 论语与算盘 / 涩泽荣一著；高望译. 上海：上海社会科学院出版社，2016，263 页.
- ➢ 论语与算盘：精明算计与仁义道德"和"而为一 / 涩泽荣一著；卜可译. 北京：新世界出版社，2016，283 页.（思想者书系；13）

- 论语与算盘 / 涩泽荣一著；范薇等译. 北京：中国友谊出版公司，2014，285页.（蓝狮子财经丛书）
- 左手论语，右手算盘："日本企业之父"涩泽荣一一生信奉的经营哲学 / 涩泽荣一著；李建忠译. 北京：九州出版社，2013，227页.
- 论语与算盘 / 涩泽荣一著；余贝译. 北京：九州出版社，2012，230页.
- 当论语遇上算盘：日本企业之父的经营之道 / 涩泽荣一著；蔡飞飞译. 北京：中国华侨出版社，2012，14+248页.
- 论语和算盘 / 涩泽荣一著；李政译. 南昌：江西美术出版社，2011，176页.
- 论语与算盘 / 涩泽荣一著；蔡哲茂，吴璧雍译. 台北：允晨文化实业股份有限公司，2010，325页.（当代丛书；30）
- 论语与算盘 / 涩泽荣一著；李建忠译. 武汉：武汉出版社，2009，230页.
- 论语与算盘：一手论语，一手算盘"义利合一"才是做人处事与企业经营的最高准则 / 涩泽荣一著；刘唤编译. 台北：海鸽文化出版图书有限公司，2009，335页.（古学·今用；43）
- 论语与算盘 / 涩泽荣一著；刘唤译. 哈尔滨：哈尔滨出版社，2007，214页.
- 论语与算盘：人生·道德·财富 / 涩泽荣一编著；王中江译. 南昌：江西人民出版社，2007，166页.（东方文化丛书）
- 右手论语左手算盘：日本历史上最伟大的儒商 / 涩泽荣一著；戴璐璐译. 北京：中国言实出版社，2007，180页.
- 论语与算盘：人生·道德·财富 / 涩泽荣一著；王中江译. 北京：中国青年出版社，1996，214页.（开卷有益）
- 商务圣经：《论语》与算盘 / 涩泽荣一著；宋文，永庆译. 北京：九洲图书出版社，1994，225页.
- 论语与算盘 / 涩泽荣一著；洪墩谟译. 台北：正中书局，1988，286页.
- 论语与算盘 / 涩泽荣一著；吴璧雍译. 台北：允晨文化实业公司，1987，303页.（掌舵者；4）

2370 论中国经济发展之关键 / 小林实著；李建国，张尽平译. 北京：中国对外经济贸易出版社，1987，285页.

2371 迈向科技化、制度化与国际化：中国台湾地区经济发展策略之研究 / 吴元黎著；刘荣主等译. 台北：时报文化出版事业公司，1985，136页.（财经丛书；9）

2372 毛主席以后的中国经济 / 美国国会联合经济委员会编；上海市对外贸易国际贸易研究室译. 北京：中国财政经济出版社，1980，2册.

2373 茅台酒里的智慧：跨文化管理的成功之道 / 安德鲁·卡卡巴德斯，娜达·卡卡巴德斯著；刘霞译. 上海：上海远东出版社，2012，184页.

2374 美国对华贸易史：1784—1923 / 潘序伦著；李湖生译. 上海：立信会计出版社，2013，298页.

2375 美丽中国创新发展：中国的商业机遇与成功秘诀 / 和田修倖著；邢勇平译 . 西安：陕西师范大学出版社，2008，121 页 .

2376 梦想长青：西方专家眼中的百位企业家梦想 / 史蒂夫·塔平，周宝林著 . 北京：北京大学出版社，2012，193 页 .

2377 面向 21 世纪中日经济发展与金融改革比较研究 / 建部正义等著 . 北京：经济科学出版社，2000，137 页

2378 民营化在中国：证券市场及其在企业改革中的角色 / 霍康，侯伟著；张怡，游莉译 . 北京：经济科学出版社，2005，16+310 页 .

2379 民有民享：中国私营经济的崛起 / 尼古拉斯·拉迪著；郑小希译 . 北京：中国发展出版社，2015，10+195 页 .

2380 明代的漕运 / 黄仁宇著；张皓，张升译 . 福州：鹭江出版社，2015，288 页 .
   - 明代的漕运：1368—1644/ 黄仁宇著；张皓，张升译 . 台北：联经出版事业股份有限公司，2013，239 页 .
   - 明代的漕运 / 黄仁宇著；张皓，张升译 .2 版 . 北京：九州出版社，2012，233 页 .（黄仁宇全集；1）
   - 明代的漕运 / 黄仁宇著；张皓，张升译 . 北京：九州出版社，2007，202 页 .（黄仁宇全集；1）
   - 明代的漕运 / 黄仁宇著；张皓，张升译 . 北京：新星出版社，2005，270 页 .

2381 明代江南土地制度研究 / 森正夫著；伍跃，张学锋译 . 南京：江苏人民出版社，2014，521 页 .（凤凰文库·海外中国研究系列）

2382 明清以来的乡村社会经济变迁：历史、理论与现实 . 卷一，华北的小农经济与社会变迁 / 黄宗智著 . 北京：法律出版社，2014，17+328 页 .
   - 明清以来的乡村社会经济变迁：历史、理论与现实 . 卷二，长江三角洲的小农家庭与乡村发展 / 黄宗智著 . 北京：法律出版社，2014，412 页 .
   - 明清以来的乡村社会经济变迁：历史、理论与现实 . 卷三，超越左右：从实践历史探寻中国农村发展出路 / 黄宗智著 . 北京：法律出版社，2014，503 页 .

2383 木村一三文选 / 中国亚洲太平洋地区经济研究所编译 . 北京：中国对外经济贸易出版社，1991，227 页 .

2384 南海贸易与南洋华人 / 王赓武著；姚楠译 . 香港：中华书局香港分局，1988，295 页 .（中华学术系列）

2385 能源：中国发展的瓶颈 / 迈克尔·伊科诺米迪斯，谢西娜著；陈卫东，孟凡奇译 . 北京：石油工业出版社，2016，166 页 .（读点石油财经丛书 / 王国樑主编）

2386 你所不知道的华人首富家族：500 年财富王朝的秘密 / 罗伯特·徐著 . 上海：复旦大学出版社，2012，204 页 .

2387 你我的城市：中国城市化与我们的生活 / 饶及人著 . 北京：中国经济出版社，2012，13+317 页 .

2388 农民工改变中国农村 / 瑞雪·墨菲著;黄涛,王静译.杭州:浙江人民出版社,2009,253 页.(政治与社会译丛)

2389 欧盟对中国的直接投资 / 威廉·韦著;王耀东译著.上海:上海三联书店,2012,301 页.

2390 培训在向中国转让技术中的作用 / 约恩·德尔曼著著;乡人译.北京:社会科学文献出版社,1989,49 页.

2391 品牌新中国:广告、媒介与商业文化 / 王瑾著;何朝阳,韦琳译.北京:北京大学出版社,2012,302 页.(培文·媒介与文化译丛)

2392 前进中国市场:八百伴百货成功经验 / 和田一夫著;中国生产力中心编译.台北:中国生产力中心,1995,175 页.(决策者丛书;27)

2393 强国不强?:中国国力与经济成长的极限 / 瑞吉娜·艾布拉米,柯伟林,沃伦·麦克法兰著;林添贵译.台北:远见天下文化出版股份有限公司,2016,356 页.(社会人文;431)

2394 侨汇:现代中国经济分析 / 山岸猛著;刘晓民译.厦门:厦门大学出版社,2013,322 页.(厦门大学东南亚研究中心系列丛书.东南亚研究名著译介系列;6)

2395 清代帆船东亚航运史料汇编 / 松浦章编著;卞凤奎编译.台北:乐学书局有限公司,2007,320 页.(关西大学亚洲文化交流研究中心海外论丛)

2396 清代海外贸易史研究 / 松浦章著;李小林译,天津:天津人民出版社,2016,2 册(691 页).(国家清史编纂委员会·编译丛刊)

2397 清代华南帆船航运与经济交流 / 松浦章著;杨蕾等译.厦门:厦门大学出版社,2017,231 页.(海上丝绸之路研究丛书 / 王日根主编)

2398 清代内河水运史研究 / 松浦章著;董科译.南京:江苏人民出版社,2010,438 页.(凤凰文库·海外中国研究系列)

2399 清代森林与土地管理 / 孟泽思著;赵珍译.北京:中国人民大学出版社,2009,253 页.(国家清史编纂委员会·编译丛刊)

2400 清代上海沙船航运业史研究 / 松浦章著;杨蕾等译.南京:江苏人民出版社,2012,17+531 页.(凤凰文库·海外中国研究系列)

2401 清代社会经济史 / 山本进著;李继锋,李天逸译.济南:山东画报出版社,2012,144 页.(国家清史编纂委员会·编译丛刊)

2402 清代田赋刍论:1750—1911/ 王业键著;高风等译.北京:人民出版社,2008,197 页.(国家清史编纂委员会·编译丛刊)

2403 清代中国的物价与经济波动 / 岸本美绪著;刘迪瑞译.北京:社会科学文献出版社,2010,501 页.(国家清史编纂委员会·编译丛刊)

2404 清末现代企业与官商关系 / 陈锦江著;王笛,张箭译.北京:中国社会科学出版社,2010,269 页.(中国近代史研究译丛)

➢ 清末现代企业与官商关系 / 陈锦江著;王笛,张箭译.北京:中国社会科学出

版社，1997，291页.（中国近代史研究译丛）

2405 全球化时代的中日经济文化比较 / 川西重忠著；修斌，胡燃译.北京：大众文艺出版社，2005，152页.（聊斋文库）

2406 全球化与中国国家转型 / 郑永年著；郁建兴，何子英译.杭州：浙江人民出版社，2009，239页.（政治与社会译丛）

2407 全球化与中国劳工政治 / 玛丽·E.加拉格尔著；郁建兴，肖扬东译.杭州：浙江人民出版社，2010，214页.（政治与社会译丛）

2408 全球贸易中的中国角色 / 罗伯特·芬斯特拉，魏尚进主编；鞠建东，余淼杰主译.北京：北京大学出版社，2013，499页.

2409 全球思维：中国专业人才如何成长为全球型领导者 / 高润至著；孙伟译.北京：电子工业出版社，2013，18+222页.

2410 泉州农业经济史 / 费梅儿，林仁川著.厦门：厦门大学出版社，1998，153页.

2411 绕过民主：当代中国私营企业主的身份与策略 / 蔡欣怡著；黄涛，何大明译.杭州：浙江人民出版社，2013，246页.（政治与社会译丛）

2412 人民币的崛起：国际地位及影响 / 罗伯特·米尼肯，刘健恒著.北京：中信出版社，2013，2014印，17+193页.

2413 人民币的崛起：全球货币新体系的兴起 / 欧纬伦，马国南，罗祥国著；李巍，苏晗译.上海：格致出版社：上海人民出版社，2016，222页.

2414 日本的反省：只有中国才能拯救日本经济 / 和中清著；房恩，范丽艳译.北京：东方出版社，2013，154页.

2415 日本对华贸易指南 / 系贺了编著；董镛，朱正明译.成都：四川大学出版社，1987，354页.

2416 日本经济高速增长时期的金融政策和对中国的建议 / 伊藤正则著.北京：中国经济出版社，1985，142页.

2417 日本经济新论：日中比较的视点 / 加藤弘之，丁红卫著.北京：中国市场出版社，2008，11+272页.

2418 日本资本主义与台湾·朝鲜：帝国主义下的经济变动 / 堀和生，中村哲编著.台北：博扬文化事业有限公司，2010，20+384页.（台湾经典；2）

2419 日治时期台湾海运发展史 / 松浦章著；卞凤奎译.台北：博扬文化事业有限公司，2004，271页.（人文；8）

> 清代台湾海运发展史 / 松浦章著；卞凤奎译.台北：博扬文化事业有限公司，2002，309页.（人文；6）

2420 融资：奔向香港交易所 / 安迪·樊著.北京：石油工业出版社，2013，237页.

2421 融资：奔向中国创业板 / 安迪·樊著.北京：石油工业出版社，2011，12+268页.

2422 儒教文化圈的伦理秩序与经济：儒教文化与现代化 / 金日坤著；邢东田等译.北京：中国人民大学出版社，1991，159页.

2423 入世后的中国 / 龙安志编著；王恩冕等译．北京：五洲传播出版社，2003，279 页．

2424 撒马尔罕的金桃：唐代舶来品研究 / 薛爱华著；吴玉贵译．北京：社会科学文献出版社，2016，768 页．

2425 山西商人研究 / 寺田隆信著；张正明等译．太原：山西人民出版社，1986，384 页．

2426 山寨中国的终结：创造力、创新力与个人主义在亚洲的崛起 / 雷小山著；吴怡瑶译．上海：上海译文出版社，2016，237 页．

2427 上海 2020/ 凯利·布朗著；何芳，姜晓宁译．北京：外文出版社，2013，207 页．

2428 上海繁华：都会经济伦理与近代中国 / 叶文心著．台北：时报文化出版企业股份有限公司，2010，338 页．（历史与现场；188）

2429 上海近代贸易经济发展概况：1854—1898 年：英国驻上海领事贸易报告汇编 / 李必樟译编．上海：上海社会科学院出版社，1993，953 页．

2430 上海近代社会经济发展概况：1882—1931：《海关十所报告》译编 / 徐雪筠等译编．上海：上海社会科学院出版社，1985，382 页．

2431 上海网络与近代东亚：19 世纪后半期东亚的贸易与交流 / 古田和子著；王小嘉译．北京：中国社会科学出版社，2009，253 页．（中国近代史研究译丛）

2432 上海新城：追寻蔓延都市里的社区和身份 / 哈利·邓·哈托格主编；李等译．上海：同济大学出版社，2013，312 页．

2433 奢侈中国 / 米歇尔·谢瓦利埃，卢晓著；徐邵敏译．北京：国际文化出版公司，2010，201 页．

2434 失衡：后经济危机时代的再平衡 / 史蒂芬·罗奇著；易聪等译．北京：中信出版社，2014，30+273 页．

➢ 失衡的经济：美中"再平衡"战略大蓝图！/ 史蒂芬·罗奇著；洪世民译．台北：日月文化出版股份有限公司，2015，409 页．（视野；71）

2435 失宠的美元本位制：从布雷顿森林体系到中国崛起 / 罗纳德·麦金农著；李远芳等译．北京：中国金融出版社，2013，170 页．

2436 十九世纪的中国买办—东西间桥梁 / 郝延平著；李荣昌等译．上海：上海社会科学院出版社，1988，290 页．（中国近代经济史译丛）

2437 十六世纪明代中国之财政与税收 / 黄仁宇著；阿风等译．北京：生活·读书·新知三联书店，2015，499 页．（黄仁宇作品系列）

➢ 十六世纪明代中国之财政与税收 / 黄仁宇著；阿风等译．2 版．北京：九州出版社，2012，424 页．（黄仁宇全集；2）

➢ 十六世纪明代中国之财政与税收 / 黄仁宇著；阿风等译．北京：九州出版社，2007，361 页．（黄仁宇全集；2）

➢ 十六世纪明代中国之财政与税收 / 黄仁宇著；阿风等译．北京：生活·读书·新知三联书店，2001，459 页．（黄仁宇作品系列）

➢ 十六世纪明代中国之财政与税收 / 黄仁宇著；阿风等译．台北：联经出版事业公司，2001，410 页．

2438 石油大棋局：下一个目标中国 / 威廉·恩道尔著；戴健等译．北京：中国民主法制出版社，2011，250 页．

2439 世纪竞争：中国和印度 / 吉尔伯特·艾蒂安著；许铁兵，刘军译．北京：新华出版社，2000，249 页．（国际问题参考译丛）

2440 世界的未来：中国模式对全球新格局的重塑 / 龙安志著；石盼盼译．北京：中国人民大学出版社，2017，202 页．

2441 世界经济复苏与中国的作用 / 傅晓岚编；蔡悦等译．南京：译林出版社，2013，328 页．（凤凰文库．中国经济问题研究系列）

2442 世界贸易体制下的中国 / 弗里德里克·M·艾博特主编；李居迁译．北京：法律出版社，2001，195 页．

2443 世界新趋势："一带一路"重塑全球化新格局 / 多丽丝·奈斯比特，约翰·奈斯比特，龙安志著；张岩译．香港：香港中和出版有限公司，2018，229 页．（焦点）
  > 世界新趋势："一带一路"重塑全球化新格局 / 多丽丝·奈斯比特，约翰·奈斯比特，龙安志著；张岩译．北京：中华工商联合出版社有限责任公司，2017，214 页．

2444 适合中国机械制造企业的德国企业产品计划制定 / 汉斯·约阿西姆·绍尔曼著；邓新译．青岛：中国海洋大学出版社，2003，119 页．

2445 适合中国企业的德国企业管理模型 / 汉斯·约阿西姆·绍尔曼著；《适合中国企业的德国企业管理模型》编译组译．青岛：中国海洋大学出版社，2003，144 页．

2446 双重悖论：腐败如何影响中国的经济增长 / 魏德安著；蒋宗强译．北京：中信出版社，2014，11+259 页．

2447 谁能供得起中国所需的粮食 / 莱斯特·R. 布朗著；陈同斌等译．北京：科学技术文献出版社，1998，11+98 页．（贵耳丛书）

2448 谁是中国土地的拥有者：制度变迁、产权和社会冲突 / 何·皮特著；林韵然译．2 版．北京：社会科学文献出版社，2014，40+304 页．
  > 谁是中国土地的拥有者？：制度变迁、产权和社会冲突 / 何·皮特著；林韵然译．北京：社会科学文献出版社，2008，316 页．

2449 四小龙经济奇迹 / 傅高义著．香港：博益出版集团公司，1993，188 页．（博益财经商管系列；97）
  > 亚洲四小龙腾飞之谜 / 傅高义著；陈振声译．北京：中国政法大学出版社，1993，133 页．
  > 四小龙的工业化 / 傅高义著；凌可丰译．广州：广东人民出版社，1992，141 页．
  > 跃升中的四小龙 / 傅高义著；贾士蘅译．台北：天下文化出版公司，1992，187 页．（天下文化．财经企管；90）

2450 宋代江南经济史研究 / 斯波义信著；方健，何忠礼译．南京：江苏人民出版社，

2012，605 页．（海外中国研究丛书／刘东主编）

> 宋代江南经济史研究／斯波义信著；方健，何忠礼译．南京：江苏人民出版社，2001，646 页．（海外中国研究丛书／刘东主编）

2451 宋代商业史研究／斯波义信著；庄景辉译．台北：稻乡出版社，1997，529 页．（史学丛书系列；4）

2452 宋代之市舶司与市舶条例／藤田丰八著；魏重庆译．影印本．太原：山西人民出版社，2015，136 页．（近代海外汉学名著丛刊．中外交通与边疆史）

2453 宋金元货币史研究：元朝货币政策之形成过程／高桥弘臣著；林松涛译．上海：上海古籍出版社，2010，330 页．（日本宋学研究六人集．第二辑）

2454 孙子兵法的销售智慧／杰拉德·A.迈克尔森，斯蒂芬·W.迈克尔森著；贾良定，唐翌译．北京：高等教育出版社，2005，10+228 页．

> 孙子兵法的营销智慧／杰拉德·A.迈克尔森，斯蒂芬·W.迈克尔森著；贾良定，唐翌译．北京：高等教育出版社，2005，16+207 页．

> 孙子兵法与现代商战谋略／杰拉尔德A·麦克尔森著；郑颖译．上海：汉语大词典出版社，2003，202 页．

2455 孙子兵法的经营智慧图解：导向胜利的经营法则／西村克己，武田镜村著，江裕真译．台北：商周出版社，2003，261 页．（经典一日通；4）

2456 台湾：走向工业化社会／吴元黎著．南京：江苏人民出版社，1989，151 页．（海外中国研究丛书／李泽厚，庞朴主编）

2457 台湾的货币政策／蒋硕杰撰；吴惠林译．台北：中华经济研究院，1984，21 页．（财团法人中华经济研究院经济专论；50）

2458 台湾的经济发展：1860—1970 年／何保山著；上海市政协编译工作委员会译．上海：上海译文出版社，1981，296 页．

2459 台湾股市大泡沫／江平著；兴业全球基金管理有限公司译．北京：中信出版社，2009，15+186 页．

2460 台湾经济发展的成就与问题：新兴工业化经济群体的典型分析／隅谷三喜男等著；汪慕恒，陈大冰译．厦门：厦门大学出版社，1996，419 页．

2461 台湾经济发展的启示：稳定中的成长／蒋硕杰著．台北：经济与生活出版事业公司，1985，339 页．（天下丛书；36）

2462 台湾经济史概说／东嘉生著；周宪文译．台北：帕米尔书店，1985，215 页．（帕米尔文丛；11）

2463 台湾铁路史．上卷／江庆林译．台中：台湾省文献委员会，1990，10+260 页．

2464 太阳经济：日中共同开创世界未来／山崎养世著；王智新，吴广义译．北京：东方出版社，2010，140 页．

2465 《唐船图》考证／佚名绘；大庭修著；朱家骏译．中国船／V.A.索高罗夫著；陈经华译．中国木帆船／I.A.唐涅利著；陈经华译．北京：海洋出版社，2013，256 页．（海

交史研究丛书 / 王连茂，丁毓玲，陈丽华主编；1）

2466 唐代财政 / 杜希德著；丁俊译. 上海：中西书局，2016，24+368 页.（中西学术文丛. 乙种. 第一辑）

2467 唐代均田制研究选译 / 铃木俊等著；姜镇庆等译. 兰州：甘肃教育出版社，1992，444 页.（敦煌吐鲁番学研究译丛 / 中国敦煌吐鲁番学会主编）

2468 唐宋贸易港研究 / 桑原骘藏著；杨鍊译. 影印本. 太原：山西人民出版社，2015，154 页.（近代海外汉学名著丛刊 / 郑培凯主编）

2469 唐宋时代金银之研究：以金银之货币机能为中心 / 加藤繁著. 北京：中华书局，2006，593 页.

2470 唐宋元时代中西通商史 / 桑原骘藏著；冯攸译述. 影印本. 郑州：河南人民出版社，2018，16+226 页.（专题史丛书 / 周蓓主编）

2471 陶朱公商训：中国古代商人的大智慧：理财致富十二则 / 松本一男著；林庆旺译. 台北：远流出版事业公司，1988，224 页.（实战智慧丛书；29）

2472 同床异梦：中华懋业银行的历史：1919—1937/ 蒲嘉锡著；赵真华，陈佳琪译. 北京：北京大学出版社，2014，272 页.（博雅史学论丛. 海外中国史研究）

2473 透视两岸三地经贸交流：世界中的台湾 / 渡边利夫编著；简水聪译. 台北：实联文化事业公司，1994，120 页.（透视中国系列；4）

2474 透视中国经济指标：看懂数字真实内涵，抓住未来成长机会 / 欧乐鹰著；董佩琪译. 台北：财信出版有限公司，2012，330 页.（财经趋势；52）

2475 外国人看中韩经济 / 西村敏夫著；丁祖威译. 台北：经济日报社，1983，246 页.（经济日报丛书）

> 外国人看中韩经济 / 西村敏夫著；刘华亭译. 台北：大展出版社，1983，366 页.（经营管理；18）

2476 危机或重生？：全球化时代的中国命运 / 郑永年著. 杭州：浙江人民出版社，2013，256 页.

2477 伟大的中国经济转型 / 劳伦·勃兰特，托马斯·罗斯基编；方颖，赵扬等译. 上海：格致出版社：上海人民出版社，2016，754 页.

> 伟大的中国经济转型 / 劳伦·勃兰特，托马斯·罗斯基编；方颖，赵扬等译. 上海：格致出版社：上海人民出版社，2009，754 页.

2478 伟大投资时代的价值守望：翻寻中国伟大的蓝筹股 / 程超泽著. 深圳：海天出版社，2008，222 页.

2479 为什么是中国：诺贝尔经济学大师眼中的中国与中国经济 / 高小勇主编. 贵阳：贵州人民出版社，2017，10+328 页.

2480 未来三十年，新时代的改革关键问题 / 郑永年著.2 版，修订版. 北京：中信出版集团股份有限公司，2018，11+345 页.（国际观察丛书）

> 未来三十年：改革新常态下的关键问题 / 郑永年著. 北京：中信出版集团，

2016，11+284 页 .（国际观察丛书）

2481 未来三十年 .2，新变局下的风险与机遇 / 郑永年著 . 北京：中信出版集团股份有限公司，2017，12+274 页 .（国际观察丛书）

2482 温州海上交通史研究 / 松浦章著；杨蕾等译 . 北京：人民出版社，2016，361 页 .（《温州通史》专题史丛书）

2483 文化贸易：清代至民国时期四堡的书籍交易 / 包筠雅著；刘永华等译 . 北京：北京大学出版社，2015，512 页 .（博雅史学论丛 . 海外中国史研究）

2484 我眼中的中国第一首席执行官：挖掘张瑞敏的管理圣经 / 迈克尔·D. 波顿著；文岗译 . 北京：民主与建设出版社，2002，436 页 .

2485 吾民无地：城市化、土地制度与户籍制度的内在逻辑 / 文贯中著 . 北京：东方出版社，2014，261 页 .

2486 西藏的黄金和银币：历史、传说与演变 / 布尔努瓦著；耿昇译 .2 版 . 北京：中国藏学出版社，2015，315 页 .（西藏文明之旅书系）
  ➢ 西藏的黄金和银币：历史、传说与演变 /L. 布尔努瓦著；耿昇译 . 北京：中国藏学出版社，1999，397 页 .（发现西藏书系 / 班果主编）

2487 先行一步：改革中的广东 / 傅高义著；凌可丰，丁安华译 .2 版 . 广州：广东人民出版社，2008，389 页 .（傅高义中国研究译丛）
  ➢ 先行一步：改革中的广东 / 傅高义著；凌可丰，丁安华译 . 广州：广东人民出版社，1991，484 页 .
  ➢ 广东改革——中国大陆跨出的第一步 / 傅高义著；徐泽荣译 . 台北：天下文化出版公司，1989，408 页 .（财经企管；73）

2488 现代中国经济：日中的比较分析 / 小宫隆太郎著；北京大学现代日本研究班译 . 北京：商务印书馆，1993，232 页 .

2489 乡村中国的权力与财富：制度变迁的政治经济学 / 白苏珊著；郎友兴，方小平译 . 杭州：浙江人民出版社，2009，16+263 页 .（政治与社会译丛）

2490 乡村中国纪事：集体化和改革的微观历程 / 李怀印著 . 北京：法律出版社，2010，326 页 .

2491 香港经济与未来 / 威廉·比瑟著；何伟文译 . 北京：中国财政经济出版社，1982，192 页 .

2492 香港物业管理 / 卢国礼著；翁虹宇译 . 广州：中山大学出版社，1998，132 页 .（高等教育自学考试物业管理专业专科系列教材）

2493 香港优势 / 米高·恩莱特等著；曾宪冠译 . 北京：商务印书馆，1999，344 页 .
  ➢ 香港优势 / 恩莱特，司各特，杜大伟著；曾宪冠译 . 香港：牛津大学出版社，1997，316 页 .

2494 香港邮学及邮政历史暨中国及日本商埠邮政历史 / 法兰西斯·威利·韦伯著；陈达文译 . 香港：香港邮学研究社：邮政历史学会，2000，400 页 .

2495 香港住房政策：基于社会公平视角的案例研究 / 容乐著；陈立中译 . 北京：中国建筑工业出版社，2012，13+158 页 .（住房政策法规文库；8）

2496 向四个现代化前进的中国 . 第一卷 . 上下册 / 美国国会联合经济委员会编著；郭忠言等译 . 北京：中国对外经济贸易出版社，1985—1986，2 册（403；441 页）.

2497 写给中国经理人的市场营销学 / 诺埃尔·凯普，柏唯良，郑毓煌著；刘红艳等译 . 北京：中国青年出版社，2012，336 页 .

2498 辛丑和约订立以后的商约谈判 / 中国近代经济史资料丛刊编辑委员会主编；中华人民共和国海关总署研究室编译 . 北京：中华书局，1994，342 页 .（帝国主义与中国海关资料丛书；11）

2499 新加坡华人企业集团 / 岩崎育夫著；刘晓民译 . 厦门：厦门大学出版社，2001，183 页 .（东南亚与华人华侨研究丛书；3）

2500 新中国：中国大陆、台湾、香港经济发展之比较 / 拉布什卡著；郑功，季谷编译 . 台北：五南图书出版公司，1992，312 页 .（21 世纪大中华丛书；6）

2501 信赖农园物语：日本邮购帝国缔造者启示录 / 矢崎胜彦著；茹杨译 . 北京：中国发展出版社，2012，153 页 .（公共幸福系列 . 树农篇）

2502 鸦片在中国：1750—1950：全景插图版 / 包利威著；袁俊生译 . 北京：中国画报出版社，2017，10+292 页 .

2503 鸦片政权：中国、英国和日本，1839—1952 年 / 卜正民，若林正编著；弘侠译 . 合肥：黄山书社，2009，492 页 .

2504 亚当·斯密在北京：21 世纪的谱系 / 乔万尼·阿里吉著；路爱国等译 . 北京：社会科学文献出版社，2009，411 页 .（当代中国研究译丛）

2505 亚洲的地中海：13—21 世纪中国、日本、东南亚商埠与贸易圈 / 弗朗索瓦·吉普鲁著；龚华燕，龙雪飞译 . 广州：新世纪出版社，2014，340 页 .

2506 亚洲价值、秩序与中国的未来：后国家时代之亚洲研究 / 滨下武志著 . 台北："中央研究院"东北亚区域研究，2000，2001 重印，43 页 .（"中央研究院"东北亚区域研究演讲系列；1）

2507 亚洲新时代的日本企业：在中国大展鸿图的企业 / 关满博著；陈大江译 . 上海：上海译文出版社，2001，176 页 .

2508 一九二七至一九三七年中国财政经济情况 / 阿瑟·恩·杨格著；陈泽宪，陈霞飞译 . 北京：中国社会科学出版社，1981，602 页 .

2509 一盘大棋？：中国新命运解析 / 罗思义著 . 南京：江苏凤凰文艺出版社，2016，14+364 页 .（大人重阳智库作品系列）

2510 移民企业家：香港的上海工业家 / 黄绍伦著；张秀莉译 . 上海：上海古籍出版社，2003，202 页 .（上海史研究译丛）

2511 以日本和中国实证研究为根据的货币均衡新说 / 郭福敏著；俞一其，郭福敏译 . 保定：河北大学出版社，2003，298 页 .

2512 以色列与中国：从丝绸之路到创新高速 / 莱昂内尔·弗里德费尔德，马飞聂著；彭德智译．北京：人民出版社，2016，224 页．

2513 银轮巨人：挑战颠峰的捷安特精神 / 野岛刚著；林懿晨译．台北：天下杂志股份有限公司，2013，223 页．（天下财经；236）

2514 银线：十九世纪的世界与中国 / 林满红著；林满红等译．2 版．台北：台湾大学出版中心，2016，34+330 页．（台大出版中心二十周年纪念选辑；6）
> 银线：19 世纪的世界与中国，1808—1856/ 林满红著；詹庆华等译．南京：江苏人民出版社，2012，318 页．（凤凰文库·海外中国研究系列）
> 银线：十九世纪的世界与中国 / 林满红著；林满红等译．台北：台湾大学出版中心，2011，374 页．（人文研究丛书；4）

2515 英帝国在华利益之基石：近代中国海关（1854—1949 年）/ 布鲁诺著；黄胜强等译．北京：中国海关出版社，2012，10+201 页．

2516 英美航运势力在华的竞争：1862—1874/ 刘广京著；邱锡鏐，曹铁珊译．上海：上海社会科学院出版社，1988，223 页．（中国近代经济史译丛）

2517 应对城市化：中国城市管理与财政的战略选择 / 爱德华·李孟，张如飞著；邹立文等译．北京：中国财政经济出版社，2003，177 页．

2518 应对中国：日本经济对策 / 大前研一著；郑礼琼译．青岛：青岛出版社，2011，146 页．

2519 应对中国挑战：企业如何在中国获得成功 / 李侃如著；魏星等译．北京：中国社会科学出版社，2014，146 页．

2520 与中国打交道：亲历一个经济大国的崛起 / 亨利·保尔森著；王宇光等译．香港：中文大学出版社，2016，17+424 页．

2521 源码中国：全球 IT 外包新原点 / 埃尔钦汗著；高博等译．北京：机械工业出版社，2011，26+224 页．

2522 再平衡：新大国时代，中美自由贸易何去何从 /C. 弗雷格·伯格斯滕，加里·克莱德·赫夫鲍尔，肖恩·麦纳著；丁振辉，张慧敏译．北京：机械工业出版社，2016，355 页．

2523 在崛起与衰退之间：一个日本学者对中国改革开放的思考 / 堀悦夫著；林新奇译．上海：复旦大学出版社，2007，167 页．（复旦博学 21 世纪人力资源管理译丛）

2524 在中国：投资指南 / 弗朗西斯科·索勒编；郭成钢，厉静译．北京：五洲传播出版社，2013，253 页．

2525 在中国制造 / 玛黑特·里，瑞格荷德·路德，歌德·霍普斯登·汉森主编；朱善杰等译．上海：上海人民出版社，2013，179 页．

2526 增长的迷思：海外学者论中国经济发展 / 周艳辉主编．北京：中央编译出版社，2011，339 页．（海外当代中国研究丛书 / 魏海生主编）

2527 战后日中贸易史 / 白根滋郎著；方桂芝译．沈阳：辽宁人民出版社，1988，226 页．

2528 战前中国经济的增长 / 托马斯·罗斯基著；唐巧天等译. 杭州：浙江大学出版社，2009，442 页.（社会经济史译丛）

2529 真知灼见：透视中国农业 2050/ 左天觉，何康主编；朱亮等译. 北京：中国农业大学出版社，2004，416 页.

2530 职场孙子兵法 / 商业兵法研究会著；萧云菁译. 北京：中国人民大学出版社，2010，176 页.

2531 制度变迁的逻辑：中国现代国营企业制度之形成 / 卞历南著 / 译. 杭州：浙江大学出版社，2011，307 页.（社会经济史译丛）

2532 中俄油气合作：现状与启示 / 白根旭著；丁晖等译. 北京：石油工业出版社，2013，421 页.（读点石油财经丛书）

2533 中港徘徊：香港流动巡回企业家的故事 / 陈国贲，陈惠云著. 香港：中华书局（香港）有限公司，2007，286 页.

2534 中共国际经济政策："现代化"和"开放"的探索 / 吴元黎著. 台北：幼狮文化事业公司，1987，170 页.

2535 中国，出租中 / 大前研一著；许晓平译. 台北：天下杂志公司，2002，282 页.（天下财经系列；28）

2536 中国、东亚与全球经济：区域和历史的视角 / 滨下武志著；王玉茹等译. 北京：社会科学文献出版社，2009，275 页.（当代中国研究译丛）

2537 中国、石油与全球政治 / 菲利普·安德鲁斯—斯皮德，罗兰德·丹罗伊特著；张素芳，何永秀译. 北京：社会科学文献出版社，2014，225 页.

2538 中国：90 年代的扶贫战略 / 高鸿宾等译. 北京：中国财政经济出版社，1993，133 页.（世界银行对中国经济考察研究丛书）

2539 中国：社会主义经济发展 / 世界银行经济考察团编著；财政部外事财务司组织译校. 北京：中国财政经济出版社，1983，271 页.

2540 中国：糖与社会：农民、技术和世界市场 / 穆素洁著；叶篱译. 广州：广东人民出版社，2009，692 页.（国家清史编纂委员会·编译丛刊）

2541 中国：亚洲的下一个经济大国 / 珀金斯著；金志有译. 上海：学林出版社，1992，74 页.

2542 中国 80 后是日本经济的救世主 / 原田曜平，余莲著；赵怡凡译. 西安：陕西师范大学出版总社有限公司，2012，15+208 页.

2543 中国比较优势的变化：对食品、饲料与纤维市场的影响 / 安德森著；经济合作与发展组织发展中心，中国国家计委技术经济研究所译. 北京：经济科学出版社，1992，155 页.

2544 中国超级经济 / 殷敬棠著. 北京：中央编译出版社，2013，335 页.

2545 中国成长的烦恼 / 程超泽著. 北京：中国言实出版社，2012，199 页.

2546 中国城市的消费革命 / 戴慧思，卢汉龙译著. 上海：上海社会科学院出版社，

2003，403 页．（社会科学文库．论丛）

2547 中国冲击力 / 柴田聪著；王小燕译．北京：世界知识出版社，2013，13+267 页．

2548 中国重塑世贸：WTO 总干事解读入世 / 素帕猜·巴尼巴滴，马克·L. 克利福德著；刘崇献，王红利译．北京：机械工业出版社，2002，16+233 页．

2549 中国创新之路 / 傅晓岚著；李纪珍译．北京：清华大学出版社，2017，20+367 页．（清华创新经典丛书）

2550 中国大趋势，成都模式 / 约翰·奈斯比特，多丽丝·奈斯比特著；魏平，毕香玲译．北京：中华工商联合出版社，2011，183 页．

2551 中国道路：超越资本主义与帝制传统 / 白果，米歇尔·阿格列塔著；李陈华，许敏兰译．上海：格致出版社：上海人民出版社，2016，332 页．

2552 中国的畜牧业及其相关的种植业——2025 年的预测 / 辛普森·吉姆斯，程序，宫崎昭著；孟兆华，苏克敏等译．北京：北京农业大学出版社，1997，405 页．

2553 中国的大企业：烟草工业中的中外竞争（1890—1930）/ 高家龙著；樊书华，程麟荪译．北京：商务印书馆，2001，406 页．（商务印书馆海外汉学书系；8）

2554 中国的非洲：中国正在征服黑色大陆 / 塞尔日·米歇尔，米歇尔·伯雷著；孙中旭，王迪译．北京：中信出版社，2009，14+226 页．

2555 中国的服务经济 / 立石昌广著．北京：中国广播电视出版社，1991，224 页．

2556 中国的改革能继续下去吗？/ 德怀特·H. 伯金斯著；俞晓秋，尹铁钢译．北京：中国华侨出版公司，1989，129 页．（《蓝眼睛—从外部看中国》译丛）

2557 中国的工业改革——过去的成绩和未来的前景 / 大塚启二郎，刘德强，村上直树著．上海：上海人民出版社，2000，23+344 页．（当代经济学系列丛书 / 陈昕主编）

2558 中国的经济发展 / 克莱门德·蒂斯坦尔著；杨瑞龙等译．北京：中国发展出版社，1995，246 页．（发展文库．第一辑）

2559 中国的经济发展与日本的比较 / 南亮进著；景文学等译．北京：经济管理出版社，1991，303 页．

2560 中国的经济革命：二十世纪的乡村工业 / 顾琳著；王玉茹等译．南京：江苏人民出版社，2010，311 页．（凤凰文库·海外中国研究系列）

> 中国的经济革命：二十世纪的乡村工业 / 顾琳著；王玉茹等译．南京：江苏人民出版社，2009，311 页．（海外中国研究丛书 / 刘东主编）

2561 中国的崛起：经济改革正在如何造就一个新的超级强国 / 威廉·奥弗霍尔特著；达洲译．北京：中央编译出版社，1996，313 页．

2562 中国的崛起与俄罗斯的衰落：市场化转型中的政治、经济与计划 / 彼得·罗澜著；隋福民译．杭州：浙江大学出版社，2012，369 页．（社会经济史译丛）

2563 中国的开放经济 / 大卫·沃尔著；姜建强等译．上海：上海财经大学出版社，2002，436 页．（中外经济专家论坛）

2564 中国的全球化革命 / 韩德尔·琼斯，张臣雄著．北京：机械工业出版社，2014，334 页．

2565 中国的世纪：全球景气与和平的最后倚仗/龙安志编著；刘世平译.台北：商周出版社，2002，525 页.（前进大陆；8）

2566 中国的世纪：下一个经济强国的崛起/龙安志编著；莫德蓉等译.北京：五洲传播出版社，2001，425 页.

2567 中国的世纪：中国将改变21世纪的商业规则？/奥戴德·申卡尔著；金永红，奚玉芹译.北京：中国人民大学出版社，2005，195 页.

2568 中国的土地和劳动/理查德·H.托尼著；安佳译.北京：商务印书馆，2014，12+228 页.

2569 中国的隐性农业革命/黄宗智著.北京：法律出版社，2010，268 页.

2570 中国的增长：中国经济的前30年与后30年/琳达·岳著；鲁冬旭译.北京：中信出版集团股份有限公司，2015，10+441 页.

2571 中国都市消费革命/戴慧思主编；黄菡等译.北京：社会科学文献出版社，2006，409 页.（当代中国研究译丛）

2572 中国纺织建设公司研究：1945—1950/金志焕著.上海：复旦大学出版社，2006，343 页.（中国经济与社会变迁研究系列）

2573 中国钢铁工业的现状与发展趋势/W.T.霍根著；吕惠生等译.北京：冶金工业出版社，2000，67 页.

2574 中国工业发展报告/赵龙跃等译.北京：中国金融出版社，1993，213 页.

2575 中国工业化与产业技术进步/丸山伸郎著；高志前等译.北京：中国人民大学出版社，1992，244 页.

2576 中国公司：下一个超级大国的崛起如何挑战美国和世界/泰德·C.费晓闻著；韩伟等译.北京：中央编译出版社，2007，306 页

2577 中国古今土地数字的考释和评价/何炳棣著.北京：中国社会科学出版社，1988，126 页.

2578 中国股市：玩家、制度与未来/斯蒂芬·格林著；郑建明译.北京：东方出版社，2004，252 页.（《经济学人》杂志系列丛书）

2579 中国国际旅游发展战略研究：日本客源市场/德村志成著.北京：中国旅游出版社，2002，293 页.

2580 中国海关与贸易统计：1859—1948/托马斯·莱昂斯著；毛立坤等译.杭州：浙江大学出版社，2009，164 页.（社会经济史译丛）

2581 中国海洋渔业经济可持续发展的经济组织制度/高健，长谷川健二著.上海：上海科学普及出版社，2006，155 页.（中国渔业经营与管理研究论丛）

2582 中国好，世界就好？：一个牛津大学教授对中国消费的25年深度观察/葛凯著；陈琇玲译.台北：英属维京群岛商高宝国际有限公司台湾分公司，2011，272 页.（致富馆；241）

2583 中国皇后号/菲利普·查德威克·福斯特·史密斯编著；《广州日报》国际新闻部、法律室译.广州：广州出版社，2007，12+286 页.

2584 中国货币和外汇体制改革：一种渐进主义的试验 / 哈萨纳里·梅赫恩等著；康以同，仲雨虹译.北京：中国金融出版社，1997，89页.

2585 中国近代财政史研究 / 岩井茂树著；付勇译.北京：社会科学文献出版社，2011，438页.（国家清史编纂委员会·编译丛刊）

2586 中国近代经济史论著选译 / 张仲礼主编.上海：上海社会科学院出版社，1987，455页.

2587 中国近代经济史研究：清末海关财政与通商口岸市场圈 / 滨下武志著；高淑娟，孙彬译.南京：江苏人民出版社，2008，2册（1083页）.（凤凰文库·海外中国研究系列）
- 中国近代经济史研究：清末海关财政与通商口岸市场圈 / 滨下武志著；高淑娟，孙彬译.南京：江苏人民出版社，2006，852页.（海外中国研究丛书 / 刘东主编）

2588 中国近代棉纺织业史研究 / 森时彦著；袁广泉译.北京：社会科学文献出版社，2010，488页.（日本京都大学中国研究系列；1）

2589 中国近代商业革命 / 郝延平著；陈潮，陈任译.上海：上海人民出版社，1991，455页.

2590 中国近世宗教伦理与商人精神 / 余英时著.3版，增订版.新北：联经出版事业股份有限公司，2018，77+248页.（清华文史讲座）
- 中国近世宗教伦理与商人精神 / 余英时著.增订版.北京：九州出版社，2014，348页.
- 中国近世宗教伦理与商人精神 / 余英时著.2版.台北：联经出版事业公司，2004，248页.
- 中国近世宗教伦理与商人精神 / 余英时著.合肥：安徽教育出版社，2001，281页.
- 中国近世宗教伦理与商人精神 / 余英时著.台北：联经出版事业公司，1987，173页.（清华文史讲座）

2591 中国经济 / 邹至庄著.天津：南开大学出版社，1984，416页.

2592 中国经济：崩溃还是成长 / 程超泽著.南京：江苏文艺出版社，2002，370页.

2593 中国经济：增长的极限：世界话题 / 程超泽著.南京：江苏文艺出版社，2002，322页.

2594 中国经济：转型与增长 / 巴里·诺顿著；安佳译.上海：上海人民出版社，2016，11+488页.（世纪中国论坛典藏文库）
- 中国经济：转型与增长 / 巴里·诺顿著；安佳译.上海：上海人民出版社，2010，11+488页.

2595 中国经济成长之谜 / 程超泽著.上海：上海交通大学出版社，2004，296页.

2596 中国经济存在软肋吗：国家资本结构陷阱与金融危机 / 迈克尔·佩蒂斯著；沈超，袁驰译.北京：清华大学出版社，2003，10+244页.

2597 中国经济的复兴/迪利普·K.达斯著；吕增奎等译.北京：人民出版社，2013，275页.

2598 中国经济的长期表现：公元960—2030年/安格斯·麦迪森著；伍晓鹰，马德斌译.3版（修订本）.上海：上海人民出版社，2016，220页.（世纪中国论坛典藏文库）

> 中国经济的长期表现：公元960—2030年/安格斯·麦迪森著；伍晓鹰，马德斌译.2版，修订版.上海：上海人民出版社，2011，220页.

> 中国经济的长期表现：公元960—2030年/安格斯·麦迪森著；伍晓鹰，马德斌译.上海：上海人民出版社，2008，209页.

> 中国经济的长远未来/安格斯·麦迪森著；楚序平，吴湘松译.北京：新华出版社，1999，322页.

2599 中国经济的中长期展望/日中经济协会著；沈希红等译.北京：经济科学出版社，1988，342页.（现代经济发展研究丛书）

2600 中国经济的转折点：与东亚的比较/南亮进，牧野文夫，郝仁平编；景文学监译.北京：社会科学文献出版社，2014，253页.

2601 中国经济发展的必经之路：转型中的中国/林华生编著.北京：世界知识出版社，2012，334页.

2602 中国经济改革的新阶段/曾旺达等著；彭刚等译.北京：中国金融出版社，1995，81页.

2603 中国经济和金融：一个美国人的印象/托马斯·威尔森著；黄立锋译.北京：中国社会科学出版社，2008，215页.

2604 中国经济入门/南亮进，牧野文夫编；关权校译.北京：中国水利水电出版社，2007，242页.

2605 中国经济社会史概说/加藤繁著；杜正胜，萧正谊译.台北：华世出版社，1978，173页.（华世译丛；2）

2606 中国经济史考证/加藤繁著；吴杰译.北京：中华书局，2012，2册（16+1052页）.（日本学者中国史研究丛刊）

> 中国经济史考证/加藤繁著.新版.台北：华世出版社，1981，2册（864页）.（华世译丛；3）

2607 中国经济史研究/西嶋定生著；冯佐哲译.北京：农业出版社，1984，684页.

2608 中国经济思想史论/桑田幸三著；沈佩林等译.北京：北京大学出版社，1991，238页.

2609 中国经济随笔/邹至庄著.北京：中信出版社，2010，207页.

2610 中国经济特区：从深圳到上海的特区政策变迁与现代化新路径/刘海善著；陈薇译.上海：上海人民出版社，2008，250页.

2611 中国经济新转型/青木昌彦，吴敬琏编；姚志敏等译.南京：译林出版社，2014，284页.（凤凰文库.中国经济问题研究系列）

2612 中国经济研究 / 周著；史殿荣，韩万军译 . 乌鲁木齐：新疆青少年出版社，1993，395 页 .

2613 中国经济隐忧：论持续发展的制约因素及相应对策 / 程超泽著 . 北京：外文出版社，1999，352 页 .
> 中国经济隐忧：论持续发展的制约因素及相应对策 / 程超泽著 . 香港：中华书局（香港）公司，1998，350 页 .

2614 中国经济增长，靠什么 / 尼古拉斯·拉迪著；熊祥译 . 北京：中信出版社，2012，21+214 页 .

2615 中国经济增长新论：投资、融资与改革：[中英文本] /James Riedel，金菁，高坚著 . 北京：北京大学出版社，2007，367 页 .

2616 中国经济中长期发展和转型：国际视角的思考与建议 / 林重庚，迈克尔·斯宾塞编著；余江等译 . 北京：中信出版社，2011，11+698 页 .
> 中国经济中长期发展和转型：国际视角的思考与建议：中英文精华版 / 林重庚，迈克尔·斯宾塞编著；余江等译 . 北京：中信出版社，2011，11+266 页 .

2617 中国经济转型 / 邹至庄著；徐晓云等译 . 北京：电子工业出版社，2017，13+426 页 .
> 中国经济转型 / 邹至庄著；曹祖平等译 . 北京：中国人民大学出版社，2005，10+10+463 页 .

2618 中国境外投资实务指南 / 邬枫主编；沈陵译 . 北京：中国财政经济出版社，2012，17+17+831 页 .

2619 中国居民收入分配研究 .IV：中国收入差距变动分析 / 李实，佐藤宏，史泰丽等著 . 北京：人民出版社，2013，629 页 .

2620 中国崛起：日本该做些什么？/ 津上俊哉著；李琳译 . 北京：社会科学文献出版社，2006，241 页 .

2621 中国崛起与全球大宗商品定价：全球资源体系的重构 / 马苏玛·法如奇，拉斐尔·凯普林斯基著；冯超译 . 上海：上海社会科学院出版社，2015，203 页 .

2622 中国历代土地数字考实 / 何炳棣著 . 北京：中华书局，2017，174 页 .
> 中国历代土地数字考实 / 何炳棣著 . 台北：联经出版事业公司，1995，155 页 .

2623 中国旅游的国际营销 / 阿拉斯塔·莫里森著；邵隽译 . 北京：中国建筑工业出版社，2012，190 页 .

2624 中国模式：阿里巴巴、吉利、联想、万科等中国财富自造者如何创造财富与全球影响力 / 麦克·尤辛等著；李芳龄译 . 台北：远见天下文化出版股份有限公司，2017，350 页 .（企管财经；BCB630）

2625 中国能不能"购买"世界？/ 彼得·诺兰著；姚明雷译 . 北京：红旗出版社，2014，178 页 .（解读中国书系）

2626 中国能否赶超日本：日本人眼中的中日差距 / 唐津一著；徐朝龙译 . 北京：中国社会科学出版社，2006，207 页 .

2627 中国能源治理 / 菲利普·安德鲁斯—斯皮德著；张素芳等译. 北京：中国经济出版社，2015，277 页.

2628 中国牛市 / 吉姆·罗杰斯著；张俊生，曾亚敏译. 北京：中信出版社，2008，20+217 页.

2629 中国农村的过密化与现代化：规范认识危机及出路 / 黄宗智著. 上海：上海社会科学院出版社，1992，181 页.（海外学者论丛）

2630 中国农村的市场和社会结构 / 施坚雅著；史建云，徐秀丽译. 北京：中国社会科学出版社，1998，197 页.（中国近代史研究译丛）

2631 中国农村经济研究 / 马札亚尔著；陈代青，彭桂秋译. 影印本. 太原：山西人民出版社，2015，3 册（583 页）.（近代海外汉学名著丛刊 / 郑培凯主编）

2632 中国农民经济：河北和山东的农民发展，1890—1949/ 马若孟著；史建云译 .2版. 南京：江苏人民出版社，2013，410 页.（海外中国研究丛书 / 刘东主编）
   ➢ 中国农民经济：河北和山东的农民发展，1890—1949/ 马若孟著；史建云译. 南京：江苏人民出版社，1999，445 页.（海外中国研究丛书 / 刘东主编）

2633 中国农业产供销体系改革：羊毛案例研究 / 约翰·W. 朗沃斯，科林·G. 布朗著；刘玉满等译. 太原：山西经济出版社，1997，310 页.

2634 中国农业的发展（1368—1968 年）/ 德环特·希尔德·珀金斯著；宋海文等译. 上海：上海译文出版社，1984，529 页

2635 中国农业的结构与变动 / 田岛俊雄著；李毅，杨林译. 北京：经济科学出版社，1998，396 页.

2636 中国农业经济问题 / 伦道夫·巴克等著；裴长洪，孙祥剑译. 福州：福建人民出版社，1985，286 页.

2637 中国品牌大赢家 / 菲欧娜·吉尔摩，杜孟著；孙祝旻，李晓鹏译. 北京：中信出版社，2003，77+261 页.
   ➢ 中国品牌大赢家 / 菲欧娜·吉尔摩，杜孟著；李晓鹏，杨坚译 .2 版. 北京：中信出版社，2003，50+213 页.

2638 中国企业改革：所有制、转轨及经营业绩 / 加利·H. 杰弗逊，英德杰特·辛格主编；朱挺军译. 北京：中国财政经济出版社，2000，327 页.

2639 中国企业国际融资 / 詹姆斯·赵著. 北京：中国商业出版社，2003，234 页.

2640 中国悄悄占领全世界 / 胡安·巴勃罗·贾勒德纳，埃里韦托·阿拉伍侯著；谭家瑜译. 台北：联经出版事业股份有限公司，2013，348 页.（全球视野；63）

2641 中国人的经济智慧/ 钱法仁著；黄胜强，曹韫陶译. 上海：上海社会科学院出版社，2012，214 页.

2642 中国融入全球经济 / 尼古拉斯·R. 拉迪著；隆国强等译校. 北京：经济科学出版社，2002，230 页.

2643 中国肉牛业的商务机遇与挑战 / 约翰·W. 朗沃斯等著；刘玉满主译. 北京：中国

农业出版社，2003，372 页．

2644 中国商规启示录：全球 40 位创业先锋的真言 / 胡安·安东尼奥·费尔南德斯，劳丽·安德伍德著；文殇译．北京：科学出版社，2010，242 页．

2645 中国商业领导力：融合东方智慧和西方文化的实践 / 高润至著；高晓燕，冯坚译．北京：电子工业出版社，2011，24+253 页．

2646 中国社会与经济 / 韩格理著；张维安等译．台北：联经出版事业公司，1990，396 页．

2647 中国绅士研究 / 张仲礼著；李荣昌等译．上海：上海人民出版社，2008，507 页．
> 中国绅士：关于其在 19 世纪中国社会中作用的研究 / 张仲礼著；李荣昌译．上海：上海社会科学院出版社，1991，249 页．（学者书库．史丛）
> 中国绅士的收入：中国绅士续篇 / 张仲礼著；费成康，王寅通译．上海：上海社会科学院出版社，2001，357 页．（学者书库．史丛）

2648 中国试验：从地方创新到全国改革 / 安·弗洛里妮，赖海榕，陈业灵著；冯瑾，张志超译．北京：中央编译出版社，2013，208 页．（海外当代中国研究译丛）

2649 中国水泥业的发展：产业组织与结构变化 / 田岛俊雄，朱荫贵，加岛润编著．北京：中国社会科学出版社，2011，295 页．

2650 中国铁路：金融与外交：1860—1914/ 约瑟夫·马纪樵著；许峻峰译．北京：中国铁道出版社，2009，275 页．

2651 中国通商口岸：贸易与最早的条约港 / 廖乐柏著；李筱译．上海：东方出版中心，2010，271 页．

2652 中国未来 30 年．Ⅲ：重塑梦想与现实之维 / 迈克尔·赫德森等著．北京：中央编译出版社，2013，235 页．

2653 中国未完成的经济改革 / 尼古拉斯·R. 拉迪著；隆国强等译．北京：中国发展出版社，1999，272 页．（发展译丛）

2654 中国西部草原可持续发展研究：管理牧区人口、草场和牲畜系统 /Colin G.Brown，Scott A.Waldron，John W.Longworth 著；赵玉田，王欧主译．北京：中国农业出版社，2009，230 页．

2655 中国现阶段经济分析：来自日本的观察与评价 / 佐佐木信彰主编；刘书瀚译．长春：吉林人民出版社，1999，270 页．

2656 中国乡镇企业的历史性崛起：结构、发展与改革 / 林青松，威廉·伯德编．香港：牛津大学出版社，1994，622 页．（社会与思想丛书）

2657 中国—向高速经济增长挑战 / 小林实，吴敬琏编著；孔凡静，孔军译．北京：中国计划出版社，1995，264 页．

2658 中国消费的崛起 / 葛凯著；曹槟译．北京：中信出版社，2011，194 页．

2659 中国幸福消费新势力：迎接中国第二波内需大商机，30 件该做和不该做的事 / 雷小山著；高兹郁译．台北：时报文化出版企业股份有限公司，2013，295 页．（BIG 丛书；232）

2660 中国烟草史 / 班凯乐著；皇甫秋实译 . 北京：北京大学出版社，2018，370 页 .（先声文丛）

2661 中国研究的规范认识危机：论社会经济史中的悖论现象 / 黄宗智著 . 香港：牛津大学出版社，1994，91 页 .（社会与思想丛书）

2662 中国养老保险制度改革借鉴：美国企业年金制度和金融机构的实践 / 柯杰瑞等著 . 北京：企业管理出版社，2012，419 页 .

2663 中国——一个世界强国的复兴 / 康拉德·赛茨著；许文敏，李卡宁译 . 北京：国际文化出版公司，2007，322 页 .

2664 中国与 WTO：入世、政策改革与减贫战略 / 巴塔萨里，李善同，马丁著；国务院发展研究中心发展战略和区域经济研究部主译 . 北京：中国财政经济出版社，2004，280 页 .

2665 中国与知识经济：把握 21 世纪 / 卡尔·J. 达尔曼，让—艾立克·奥波特著；熊义志等译 . 北京：北京大学出版社，2001，172 页 .

2666 中国预言：2020 年及以后的中央王国 / 埃里克·安德森著；葛雪蕾等译 . 北京：新华出版社，2011，192 页 .（新华国际政治精品文库）

2667 中国在市场经济的门槛上 / 迈克尔·贝尔等著；朱忠等译 . 北京：中国金融出版社，1994，77 页 .

2668 中国早期工业化：盛宣怀（1844—1916）和官督商办企业 / 费维恺著；虞和平译 . 北京：中国社会科学出版社，1990，363 页 .（中国近代史研究译丛 / 王庆成主编）

2669 中国之翼：行在战争、谎言、罗曼史和大冒险的黄金时代 / 格雷戈里·克劳奇著；陈安琪译 . 北京：社会科学文献出版社，2015，600 页 .

2670 中国制造业的崛起与东亚的回应：超越"中国威胁论" / 渡边利夫主编；日本总合经济所环太平洋研究中心著；倪月菊等译 . 北京：经济管理出版社，2003，168 页 .

2671 中国中小企业金融制度报告 / 中国人民银行研究局，日本国际协力机构（JICA）著 . 北京：中信出版社，2005，410 页 .

2672 中国资本主义发达史 / 长野朗著；胡雪译 . 影印本 . 太原：山西人民出版社，2015，2 册（360 页）.（近代海外汉学名著丛刊 / 郑培凯主编）

2673 中国走向开放经济的万里长征：经济合作与发展组织发展中心研究报告 / 深作喜一郎，华大伟著；吴明远译 . 北京：改革出版社，1995，137 页 .

2674 中韩企业丝绸之路：中韩乡村企业发展与合作 / 李圣权著 . 北京：机械工业出版社，2006，15+224 页 .

2675 中华帝国的专制制度 / 魁奈著；谈敏译 . 北京：商务印书馆，2018，158 页 .（经济学名著译丛 . 第四辑）

> 中华帝国的专制制度 / 魁奈著；谈敏译 . 北京：商务印书馆，1992，140 页 .

2676 中华民国史资料丛稿 . 译稿 . 汇丰—香港上海银行：汇丰银行百年史 / 毛里斯·柯里斯著；中国人民银行总行金融研究所等译 . 北京：中华书局，1979，174 页 .

2677 中华名物考 / 青木正儿著;杨晓钟,戚硚婉琛译.西安:陕西人民出版社,2017,220页.

> 中华名物考(外一种)/ 青木正儿著;范建明译.北京:中华书局,2005,11+369页.(日本中国学文萃 / 王晓平主编)

2678 中华药商:中国和东南亚的消费文化 / 高家龙著;褚艳红等译.上海:上海辞书出版社,2013,224页.(海外中国学史研究丛书)

2679 中美国:从激烈对抗到超级融合 / 扎卡里·卡拉贝尔著;王吉美等译.北京:中信出版社,2010,281页.

2680 中美商务新战略:开创中美商务双赢的未来 / 约翰·米勒—怀特等著.北京:中信出版社,2008,14+217页.

2681 中葡通商研究 / 张天泽著;王顺彬,王志邦译.北京:华文出版社,2000,125页.

2682 中葡早期通商史 / 张天泽著;姚楠,钱江译.香港:中华书局香港公司,1988,228页.(中华学术系列)

2683 中日会诊台湾:转型期的经济 / 若林正丈编;陈艳红译.台北:故乡出版公司,1988,261页.(日本文摘书选;29)

2684 中英鸦片贸易英文资料选译 / 睢萌萌译.北京:新华出版社,2013,282页.

2685 中庸经济学 / 陈慰中著.北京:中国财政经济出版社,1997,311页.

2686 州县官的银两:18世纪中国的合理化财政改革 / 曾小萍著;董建中译.北京:中国人民大学出版社,2005,299页.(国家清史编纂委员会·编译丛刊)

2687 转化的艺术:美国学者看中国涉外投资 / 迪米克著;潘兴惠,陈伟译.武汉:武汉大学出版社,2009,150+208页.

2688 转型:中国国有企业民营化 / 尤素夫等著;王世华等译.北京:中国财政经济出版社,2006,214页.(世界银行东亚研究丛书)

2689 转型时期中国的工业化和劳动市场:发自日本的研究 / 南亮进,牧野文夫著;郝仁平监译.北京:中国水利水电出版社,2005,282页.

2690 追龙:印度能否赶超中国 / 莫汉·古鲁斯瓦米,左拉瓦·多利特·辛格著;王耀东等译.北京:时事出版社,2010,210页.

2691 自贡商人:近代早期中国的企业家 / 曾小萍著;董建中译.南京:江苏人民出版社,2014,404页.(凤凰文库·海外中国研究系列)

2692 自下而上的变革:中国的市场化转型 / 倪志伟,欧索菲著;阎海峰,尤树洋译.北京:北京大学出版社,2016,390页.(IACMR 组织与管理书系 / 徐淑英主编)

2693 自主创新与全球化:中国标准化战略所面临的挑战 / 迪特·恩斯特著;张磊,于洋等译.北京:对外经济贸易大学出版社,2012,136页.

2694 纵乐的困惑:明代的商业与文化 / 卜正民著;方骏等译.桂林:广西师范大学出版社,2016,22+353页.

> 纵乐的困惑:明代的商业与文化 / 卜正民著;方骏等译.北京:生活·读书·新

知三联书店，2004，332 页 .

> 纵乐的困惑：明朝的商业与文化 / 卜正民著；方骏等译 . 台北：联经出版事业股份有限公司，2004，16+388 页 .

2695　邹至庄解说中国经济 / 邹至庄著 . 北京：中信出版集团股份有限公司，2017，144 页 .

2696　邹至庄论中国经济 / 邹至庄著 . 上海：格致出版社：上海人民出版社，2012，147 页 .

2697　邹至庄论中国经济与社会问题 / 邹至庄著 . 北京：清华大学出版社，2014，179 页 .

2698　走出山坳的中国 / 程超泽著 . 深圳：海天出版社，1995，458 页 .

2699　走向 21 世纪：中国经济的现状、问题和前景 / 帕金斯等著；陈志标译 . 南京：江苏人民出版社，1992，296 页 .（海外中国研究丛书）

2700　走向自立之路：两次世界大战之间中国的关税通货政策和经济发展 / 久保亨著；王小嘉译 . 北京：中国社会科学出版社，2004，361 页 .（中国近代史研究译丛）

（二）研究著作

2701　2004 中日经济高级论坛：金融改革与发展 / 单忠东，中井德太郎主编 . 北京：经济科学出版社，2004，101+126 页 .

2702　'94 中日《市场经济与文化》学术研讨会论文集 /'94 中日《市场经济与文化》学术研讨会论文集编委会编 . 北京：中国经济出版社，1995，192+227 页 .

2703　FDI 与经济增长：中欧双向"走出去"战略比较研究：中文版 / 罗红波，保罗·圭雷利，焦瓦尼·法雷塞主编 . 北京：社会科学文献出版社，2013，82 页 .（当代意大利经济论丛）

2704　TPP 为什么陨落：全球战略智库论 TPP、"一带一路"和亚投行 / 王灵桂著 . 北京：社会科学文献出版社，2017，10+280 页 .

2705　卜凯视野中的中国近代农业 / 盛邦跃著 . 北京：社会科学文献出版社，2008，270 页 .

2706　城市化与区域经济发展研究 / 加藤弘之，吴柏均主编 . 上海：华东理工大学出版社，2011，477 页 .

2707　稻作陶器和城市的起源 / 严文明，安田喜宪主编 . 北京：文物出版社，2000，197 页 .

2708　第二届汉冶萍国际学术研讨会论文集：中国·武汉 / 尚平，张强主编 . 武汉：武汉出版社，2018，549 页 .（汉冶萍文库 . 研究系列 .2）

2709　第三只眼睛看河北：河北省经济发展战略研究 / 亚洲开发银行技术援助项目 3970 咨询专家组编 . 北京：中国财政经济出版社，2005，461 页 .

2710　东北经济掠夺 / 中央档案馆等编 . 北京：中华书局，1991，986 页 .（日本帝国主义侵华档案资料选编）

2711　东盟、日本与中国人地区经贸合作 / 林华生，饶美蛟主编 . 新加坡：世界科技出版公司，2003，16+638 页 .

2712　读懂供给侧改革 / 吴敬琏，厉以宁，郑永年等著 . 北京：中信出版集团股份有限公司，2016，14+264 页.

2713 读懂一带一路 / 厉以宁，林毅夫，郑永年等著.香港：中华书局（香港）有限公司，2017，412 页.（当代中国名家谈）
> 读懂一带一路 / 厉以宁，林毅夫，郑永年等著.北京：中信出版社，2015，11+332 页.

2714 俄罗斯东部与中国东北的互动发展及能源合作研究 / 朱显平，季塔连科主编.长春：长春出版社，2013，293 页.

2715 法国重农学派学说的中国渊源 / 谈敏著.上海：上海人民出版社，2014，352 页.（上海市学术著作出版基金 25 周年精选丛书）
> 法国重农学派学说的中国渊源 / 谈敏著.上海：上海人民出版社，1992，386 页.

2716 国外媒体看"一带一路"（2016）/ 王辉，贾文娟主编.北京：社会科学文献出版社，2016，10+293 页.（媒体与"一带一路"丛书）
> 国外媒体看"一带一路".2017/ 王辉，贾文娟主编.北京：社会科学文献出版社，2017，334 页.（媒体与"一带一路"丛书）

2717 海外中国研究报告.2014/ 赖海榕主编.北京：中央编译出版社，2014，403 页.（海外当代中国研究丛书 / 魏海生主编）

2718 加入 WTO 与中国经济前景 / 李雪松，阿杨·雷炯主编.北京：中国金融出版社，2002，237 页.

2719 艰难的历程：世贸组织与中国 / 刘振亚，柯林义编著.北京：经济科学出版社，1998，296 页.

2720 近代旅日华侨与东亚沿海地区交易圈：长崎华商"泰益号"文书研究 / 市川信爱，戴一峰主编.厦门：厦门大学出版社，1994，417 页.

2721 经济转型的代价：中国城市失业、贫困、收入差距的经验分析 / 李实，佐藤宏主编.北京：中国财政经济出版社，2004，413 页.

2722 巨龙与大象：中国和印度农业农村改革的比较研究 / A.古拉蒂，樊胜根主编.北京：科学出版社，2009，360 页.

2723 崛起的中国：全球机遇与挑战 / 戈雷，宋立刚主编.北京：社会科学文献出版社，2012，346 页.（"中国经济前沿"丛书）

2724 崛起中的中国花都汽车产业基地——广东省广州市花都区的发展战略 / 关满博主编.广州：广东科技出版社，2008，300 页.

2725 跨国公司与中国的开放政策 / 王念祖，腾维藻主编.天津：南开大学出版社，1990，293 页.

2726 快速增长没有终结：中外专家看中国经济增长潜力 / 李善同主编.北京：中国财政经济出版社，2001，198 页.

2727 澜湄合作新机遇与中国—东盟关系新篇章：第七届西南论坛暨澜湄合作智库论坛论文集 / 林文勋，郑永年主编.北京：社会科学文献出版社，2017，273 页.

2728 论东亚经济的现代化 / 中村哲等著；北京市中日文化交流史研究会编.北京：东方

出版社，1998，317页.（世界现代化进程研究丛书）

2729 美国人眼中的中国经济/林汊奎著.北京：中国广播电视出版社，2013，229页.

2730 农村工业化与民间金融：温州的经验/王晓毅，蔡欣怡，李人庆著.太原：山西经济出版社，2004，210页.

2731 农村振兴和小城镇问题：中日学者共同研究/朱通华，宇野重昭主编；费孝通等著.南京：江苏人民出版社，1991，376页.

2732 全球化与中国的经济政策/陈建，岩田胜雄主编.北京：中国人民大学出版社，2006，265页.

2733 全球化与中国内陆区域经济发展论文集/加藤弘之，郭晓鸣主编.成都：四川人民出版社，2005，473页.

2734 全球视角下的"一带一路"/王灵桂，赵江林主编.北京：社会科学文献出版社，2017，213页.

2735 全球战略观察报告，国外智库看TPP.Ⅱ/王灵桂主编.北京：中国社会科学出版社，2017，15+292页.（智库丛书）
   ➢ 全球战略观察报告，国外智库看TPP/王灵桂主编.北京：中国社会科学出版社，2016，201页.

2736 全球战略观察报告，国外智库看"亚投行".Ⅱ/王灵桂主编.北京：中国社会科学出版社，2017，274页.（智库丛书）
   ➢ 全球战略观察报告，国外智库看"亚投行"/王灵桂主编.北京：中国社会科学出版社，2016，295页.
   ➢ 国外智库看"亚投行"/王灵桂主编.北京：社会科学文献出版社，2015，10+26+468页.（全球智库论中国书系；2）

2737 全球战略观察报告，国外智库看"一带一路".Ⅰ/王灵桂主编.北京：中国社会科学出版社，2016，236页.
   ➢ 全球战略观察报告，国外智库看"一带一路".Ⅱ/王灵桂主编.北京：中国社会科学出版社，2016，111页.
   ➢ 全球战略观察报告，国外智库看"一带一路".Ⅲ/王灵桂主编.北京：中国社会科学出版社，2017，300页.（智库丛书）
   ➢ 国外智库看"一带一路"/王灵桂主编.北京：社会科学文献出版社，2015，10+13+473页.（全球智库论中国书系；1）
   ➢ 国外智库看"一带一路".Ⅱ/王灵桂主编.北京：社会科学文献出版社，2015，10+31+445页.（全球智库论中国书系；3）

2738 潜龙在渊·蓄势待发：中外记者看安徽/窦永记主编.合肥：安徽人民出版社，1994，513页.

2739 日本在华中经济掠夺史料：1937—1945/上海市档案馆编.上海：上海书店出版社，2005，540页.（上海档案史料丛编）

2740 日本中小企业诊断师北京企业诊断十年 / 坂本晃主编；首都社会经济发展研究所，日本经营管理教育协会编 . 北京：同心出版社，2007，149 页 .

2741 食货志汇编 / 松崎鹤雄编 . 影印本 . 北京：国家图书馆出版社，2008，2 册（1141 页）.（民国文献资料丛编）

2742 市场经济与中国农业：问题与前景 / 汪熙，段志煌主编 . 上海：复旦大学出版社，1998，321 页 .（中美关系研究丛书；17）

2743 体制转换中的中国工业生产率 / 郑玉歆，罗斯基主编 . 北京：社会科学文献出版社，1993，445 页 .

2744 通往和谐发展之路：国民利益政策报告 / 汤姆·帕尔默，冯兴元，毛寿龙编 . 北京：电子工业出版社，2012，770 页 .

2745 西部开发及其社会经济变迁：中加比较研究 / 彭德，杜发春主编 . 北京：知识产权出版社，2010，311 页 .

2746 新常态改变中国 .3，全球企业领袖看中国大趋势 / 比尔·盖茨等口述；胡舒立编 . 香港：香港中和出版有限公司，2016，391 页 .（焦点）
> 新常态改变中国 3.0：世界经济与中国机会 / 比尔·盖茨等著；胡舒立编 . 北京：中国文史出版社，2015，11+424 页 .（财新丛书）
> 新常态改变中国 2.0：全球走势与中国机遇 / 希拉里，基辛格，保尔森等口述；胡舒立，王烁，黄山等编 . 北京：中国文史出版社，2015，334 页 .（财新丛书）
> 新常态改变中国 .2，全球走势与中国机遇 / 胡舒立，王烁，黄山等编；希拉里，基辛格，保尔森等口述 . 香港：香港中和出版有限公司，2015，334 页 .（焦点）

2747 演变中的食物消费：中国典型地区分析：[中英文本] / 中国农业科学院农业自然资源和农业区划研究所，日本国际农林水产业研究中心编著 . 北京：气象出版社，2000，181 页 .

2748 "一带一路"：从大写意到工笔画：国外智库论中国与世界（之六）/ 王灵桂主编 . 北京：社会科学文献出版社，2018，15+292 页 .

2749 "一带一路"：当中国和欧洲邂逅在波罗的海 / 让·保罗·拉尔松，李东红主编 . 北京：清华大学出版社，2017，16+218 页 .（清华全球产业研究系列丛书）

2750 "一带一路"：顺应经济全球化潮流的最广泛国际合作平台：国外智库论中国与世界（之二）/ 王灵桂主编 . 北京：社会科学文献出版社·当代世界出版分社，2018，299 页 .

2751 "一带一路"战略与西南边疆的开放、稳定与发展：中国社会科学论坛（2015）暨第六届西南论坛论文集 / 林文勋，郑永年主编 . 北京：社会科学文献出版社，2017，266 页 .

2752 英国人眼中的三水：三水海关税务司纪事（1897—1938 年）/ 佛山市三水区人民政府地方志办公室，佛山市三水区档案局，《南方日报》佛山新闻部编 . 广州：广东人民出版社，2016，13+164 页 .

2753 影子里的中国：即将到来的社会危机与应对之策 / 吴敬琏，郑永年，亨利·基辛格等著. 南京：江苏文艺出版社，2013，343 页.

2754 用文化凝聚企业之魂：内蒙古伊泰集团企业成长模式研究报告 / 苏珊，于得润主编. 北京：光明日报出版社，2008，129 页.（华点通文化产业战略咨询书系）

2755 再创中国经济奇迹：国际学术会议论文集 / 胡耀苏，刘美珣主编；香港树仁学院当代中国研究中心，清华大学经济学研究所编. 北京：中国社会科学出版社，2000，361 页.

2756 展望中国：未来十年经济转型和社会变迁的挑战 / 黄朝翰，杨沐主编. 北京：经济管理出版社，2008，12+228 页.

2757 中俄经贸关系 / 薛君度，陆南泉主编. 北京：中国社会科学出版社，1999，286 页.

2758 中国：长期发展的问题和方案：主报告 / 世界银行经济考察团编. 北京：中国财政经济出版社，1985，240 页.

> 中国：长期发展的问题和方案：附件. 一，教育问题和前景 / 世界银行 1984 年经济考察团撰. 北京：中国财政经济出版社，1987，64 页.

> 中国：长期发展的问题和方案：附件. 二，从现在起到 2000 年的农业 / 世界银行 1984 年经济考察团撰. 北京：中国财政经济出版社，1987，111 页.

> 中国：长期发展的问题和方案. 附件三. 能源问题 / 世界银行 1984 年经济考察团编. 北京：中国财政经济出版社，1987，150 页.

> 中国：长期发展的问题和方案：附件. 四，经济模型和预测 / 世界银行 1984 年经济考察团编. 北京：中国财政经济出版社，1987，49 页.

> 中国：长期发展的问题和方案：附件. 五，从国际角度来看中国的经济体制 / 世界银行 1984 年考察团撰. 北京：中国财政经济出版社，1987，76 页.

> 中国：长期发展的问题和方案. 附件六. 运输问题 / 世界银行 1984 年经济考察团编. 北京：中国财政经济出版社，1987，96 页.

2759 中国：喷薄欲出的世界性领导力量：国外战略智库纵论中国的前进步伐（之一）/ 王灵桂主编. 北京：社会科学文献出版社，2017，13+339 页.

> 中国：引领包容性世界经济增长潮流：国外战略智库纵论中国的前进步伐（之二）/ 王灵桂主编. 北京：社会科学文献出版社，2017，340 页.

> 中国：自信坚定地走近世界舞台中央：国外战略智库纵论中国的前进步伐（之三）/ 王灵桂主编. 北京：社会科学文献出版社，2017，13+280 页.

> 中国：将对世界做出更大贡献：国外战略智库纵论中国的前进步伐（之四）/ 王灵桂主编. 北京：社会科学文献出版社，2017，289 页.

> 中国：推动金砖国家合作第二个黄金十年：国外战略智库纵论中国的前进步伐（之五）/ 王灵桂主编. 北京：社会科学文献出版社，2017 年，277 页.

> 中国："一带一路"将带来包容性全球化：国外战略智库纵论中国的前进步伐（之六）/ 王灵桂主编. 北京：社会科学文献出版社当代世界出版分社，2017，

10+291 页.

- 中国：在新一轮全球化中的使命与担当：国外战略智库纵论中国的前进步伐（之七）/ 王灵桂主编. 北京：社会科学文献出版社当代世界出版分社，2017，289 页.

- 中国：让国际社会的共同合作成果惠及各国民众：国外战略智库纵论中国的前进步伐（之八）/ 王灵桂主编. 北京：社会科学文献出版社·当代世界出版分社，2017，13+271 页.

- 中国：拓展发展中国家的现代化途径：国外战略智库纵论中国的前进步伐（之九）/ 王灵桂主编. 北京：社会科学文献出版社当代世界出版分社，2018，11+283 页.

- 中国：实现社会主义现代化和中华民族伟大复兴：国外战略智库纵论中国的前进步伐（之十）/ 王灵桂主编. 北京：社会科学文献出版社当代世界出版分社，2018，303 页.

2760　中国产业民主：兼论德国、韩国与越南 / 鲁道夫·特劳普—梅茨，岳经纶编. 北京：中国社会科学出版社，2012，275 页.

2761　中国成老大，世界会怎样 / 田广，戴琴琴编著. 北京：中国财富出版社，2014，16+246 页.

2762　中国传统伦理与近代资本主义：兼评韦伯《中国的宗教》/ 杜恂诚著. 上海：上海社会科学院出版社，1993，212 页.（学者书库. 论丛）

2763　中国创新的挑战：跨越中等收入陷阱 / 乐文睿，马丁·肯尼，约翰·彼得·穆尔曼主编. 北京：北京大学出版社，2016，12+364 页.

2764　中国的森林——有全球意义的市场改革经验 / 海德，贝尔彻，徐晋涛主编. 北京：中国林业出版社，2005，182 页.

2765　中国—东盟自由贸易区与中国—东盟博览会国际学术研讨会论文集 / 张雪主编. 南宁：广西民族出版社，2004，356 页.

2766　中国海关密档：赫德、金登干函电汇编：1874—1907. 第一卷—第九卷 / 陈霞飞主编；中国第二历史档案馆，中国社会科学院近代史研究所编. 北京：中华书局，1990—1996，9 册.

2767　中国海外企业国有资产管理探索：'94 年中国海外企业国有资产管理国际研讨会资料汇编 / 国家国有资产管理局外经领导小组编. 北京：经济科学出版社，1995，160 页.

2768　中国近现代行业文化研究：技艺和专业知识的传承与功能 / 蓝克利主编. 北京：国家图书馆出版社，2010，14+363 页.

2769　中国经济改革：问题与前景 / 汪熙，杜恩主编. 上海：复旦大学出版社，1994，308 页.（中美关系研究丛书；13）

2770　中国经济改革与社会结构调整：国际学术研讨会论集 / 胡耀苏，陆学艺主编；香港树仁学院当代中国研究中心，中国社会科学院社会学研究所编.北京：社会科学文献出版社，2000，556页.

2771 中国经济区域间投入产出表/市村真一，王慧炯主编.北京：化学工业出版社，2007，226页.

2772 中国经济再平衡与可持续增长/麦凯，宋立刚主编.北京：社会科学文献出版社，2013，329页.（"中国经济前沿"丛书）

2773 中国经济增长与环境：中国留美经济学会2009年国际研讨会论文集/王红，黄少敏，关锋主编.上海：格致出版社：上海人民出版社，2011，337页.

2774 中国经济展望/佐佐木信彰主编.长春：长春出版社，2002，205页.

2775 中国居民收入分配研究/赵人伟，格里芬主编.北京：中国社会科学出版社，1994，456页.

2776 中国跨国企业研究/拉尔松，赵纯均主编.北京：机械工业出版社，2009，27+259页.

2777 中国模式——海外看中国崛起/王辉耀主编.南京：凤凰出版社，2010，10+295页.（"海外看中国"丛书）

2778 中国农村工业：结构、发展与改革/林青松，伯德主编.北京：经济科学出版社，1989，548页.

2779 中国肉牛业的效益探讨：中澳研讨会论文集/张存根，约翰·朗沃斯编.北京：中国农业科技出版社，2000，48+52页.

2780 中国市场化与经济增长/Ross Garnaut，宋立刚主编.北京：社会科学文献出版社，2007，376页.（"中国经济前沿"丛书）

2781 中国特色的经济转型/Arthur Sweetman，张军编.上海：复旦大学出版社，2010，353页.

2782 中国土地资源及其农业利用/唐华俊，伊·范朗斯特主编.北京：气象出版社，2004，380页.

2783 中国向西开放：历史与现实的考察：第四届西南论坛论文集/林文勋，郑永年主编.北京：社会科学文献出版社，2014，299页.

2784 中国与东盟国家经济关系现状和发展趋势/程毕凡，谢陈秀瑜编.北京：中国社会科学出版社，1988，230页.

2785 中国长三角与日本东海地区的产业经济发展/刘志彪，多和田真主编.北京：中国财政经济出版社，2007，402页.

> 中国长三角与日本东海地区的产业经济发展.第二辑/姜宁，李晓春，多和田真主编.北京：中国财政经济出版社，2010，11+379页.

> 中国长三角与日本东海地区的产业经济发展.第三辑/李晓春，姜宁，多和田真主编.北京：中国财政经济出版社，2010，379页.

2786 中国走向市场经济中的证券市场：中国证券市场发展国际研讨会文集/中国（海南）改革发展研究院编.北京：民主与建设出版社，1995，277页.

2787　中美经济关系：现状与前景/汪熙，霍尔顿主编.上海：复旦大学出版社，1989，402页.（中美关系研究丛书；5）

2788　中美专家论国有企业改革/张信传等编.北京：中国人民公安大学出版社，1995，366页.（企业研究丛书）

2789　中欧案例经典：中国商业精英的实战点评/佩德罗·雷诺，朱晓明主编.上海：上海远东出版社，2011，423页.

2790　中日管理比较研究：中日管理比较研究国际会议论文集/毛蕴诗，万成博主编.广州：中山大学出版社，1995，431页.

2791　中日合作东亚经济白皮书/黄范章，弘中喜捷主编.北京：中国计划出版社，1996，374页.

2792　中日金融制度比较研究/张亦春，建部正义主编.厦门：厦门大学出版社，2008，498页.

2793　中日经济及其比较研究/柚木学，池元吉编.长春：吉林大学出版社，1992，341页.

2794　中日经济论丛：1994—1996/杭州大学东亚经济研究所，神奈川大学经济贸易研究所编.杭州：杭州大学出版社，1997，178页.

2795　中日经济统计评论/纪宏，大西广主编.北京：首都经济贸易大学出版社，2011，409页.

2796　中日经济主体行为方式比较研究/周彦文，藤村俊郎主编.武汉：湖北人民出版社，1998，324页.

2797　中日粮食经济和技术问题探讨/丁声俊，横川洋主编.北京：中国农业出版社，1998，346页.

2798　中日苹果产业技术研究/王振兴，神田健策主编.北京：中国农业科学技术出版社，2007，174页.

2799　中外学者论农村/农业部农村经济研究中心，中国农村发展信托投资公司编.北京：华夏出版社，1994，11+591页.

2800　转型·创新与科学发展：《大连振兴的轨迹》（日文版）出版纪念研讨会文集/李才，慈道裕治主编.沈阳：辽宁人民出版社，2012，237页.

2801　转型期中日经济发展比较/杨国昌，狩野博主编.北京：经济科学出版社，2002，292页.

2802　走进西部：海外学者对西部大开发的几点思考/全日本在职中国留学人员联谊会编.北京：华文出版社，2000，306页.

G

文化、科学、教育、体育

（一）译著

2803 1907，北京—巴黎汽车拉力赛/吕吉·巴津尼著；沈弘，邱丽媛译.北京：中国画报出版社，2015，167页.（东方历史评论·影像.第二辑）

2804 八段锦与24式太极拳/杨名时主编；铃木孝雄，佐藤佳代子编著；周鹏飞译著.上海：东华大学出版社，2004，135页.（养生系列丛书）

2805 百年前邮政明信片上的中国/Г.П.图尔莫夫著；张艳玲译.哈尔滨：哈尔滨工业大学出版社，2006，318页.

2806 茶事遍路/陈舜臣著；余晓潮，龙利方译.2版.桂林：广西师范大学出版社，2012，295页.（陈舜臣作品）
  ➢ 茶事遍路/陈舜臣著；许贤瑶，林惠莺译.台北：茶学研究小组，1991，210页.

2807 超越东西方的心灵家园：汉英对照/雷立柏著.北京：中国书籍出版社，2012，29+123页.（画说经典：西方人眼中的中国文化）

2808 呈现意义：晚清中国新学领域.上下/朗宓榭，费南山主编；李永胜，李增田译.天津：天津人民出版社，2014，2册（712页）.（国家清史编纂委员会·编译丛刊）

2809 重写中国古代文献/夏含夷著；周博群等译.上海：上海古籍出版社，2012，232页.（早期中国研究丛书）

2810 创新中国教育/江学勤著.北京：中央编译出版社，2014，187页.

2811 从歌德、尼采到里尔克：中德跨文化交流研究/马立安·高利克著；刘燕主编.福州：福建教育出版社，2017，17+372页.（中德文化丛书/叶隽主编）

2812 从价值系统看中国文化的现代意义：中国文化与现代生活总论/余英时著.3版.台北：时报文化出版企业公司，1997，135页.（文化丛书；7）
  ➢ 从价值系统看中国文化的现代意义：中国文化与现代生活总论/余英时著.2版.台北：时报文化出版企业公司，1989，135页.（文化丛书；7）
  ➢ 从价值系统看中国文化的现代意义：中国文化与现代生活总论/余英时著.台北：时报文化出版公司，1985，116页.（时报书系；506）

2813 从中西互释中挺立：中国哲学与中国文化的新定位 / 成中英著．北京：中国人民大学出版社，2005，329 页．（朗朗书房．文化要义丛书；7）

2814 德国思想家论中国 / 夏瑞春编；陈爱政等译．南京：江苏人民出版社，1989，283 页．（海外中国研究丛书）

2815 东方学研究所圣彼得堡分所收藏哈喇浩特及西域出土中世纪蒙古文文献研究 / G. 卡拉著；敖特根译．北京：民族出版社，2006，168 页．

2816 东西方大学与文化 / 露丝·海荷主编；赵曙明主译．武汉：湖北教育出版社，1996，357 页．

2817 东西文化交流论丛 / 钱存训著．北京：商务印书馆，2009，345 页．
> 中美书缘 / 钱存训著．台北：文华图书馆管理资讯公司，1998，284 页．

2818 东亚同文书院中国调查资料选译 / 冯天瑜，刘柏林，李少军选编；李少军等译．北京：社会科学文献出版社，2012，3 册（11+1649 页）．（中国社会科学院中日历史研究中心文库）

2819 斗鸡与中国文化 / 高德耀著；张振军，孔旭荣等译．北京：中华书局，2005，10+212 页．（世界汉学论丛）

2820 窦娥与安提戈涅、苏撒纳：汉英对照 / 雷立柏著．北京：中国书籍出版社，2012，29+92 页．（画说经典：西方人眼中的中国文化）

2821 反离散：华语语系研究论 / 史书美著．台北：联经出版事业股份有限公司，2017，327 页．（联经文库．人文）

2822 非洲人在中国：社会文化研究及其对非洲—中国关系的影响 / 博艾敦著；李安山等译．北京：社会科学文献出版社，2018，196 页．（非洲研究丛书）

2823 告语人民 / 晏阳初，赛珍珠著；宋恩荣编．桂林：广西师范大学出版社，2003，10+388 页．

2824 故宫博物院掌故 / 古屋奎二著；陈苍杰编译．台北：益群书店，1989，248 页．（锦秀中华采风录；4）

2825 故宫物语 / 野岛刚著；张惠君译．上海：上海译文出版社有限公司，2018，373 页．（译文纪实）
> 故宫 90 话：文化的政治力，从理解故宫开始 / 野岛刚著；张惠君译．台北：典藏艺术家庭股份有限公司，2016，465 页．（ESSAI；21）
> 两个故宫的离合：历史翻弄下两岸故宫的命运 / 野岛刚著；张惠君译．上海：上海译文出版社，2014，234 页．（译文纪实）
> 两个故宫的离合：历史翻弄下两岸故宫的命运 / 野岛刚著；张惠君译．台北：联经出版事业股份有限公司，2012，274 页．（联经文库）

2826 韩国外交官谈中韩文化交流 / 金翼兼著．北京：世界图书出版公司北京公司，2012，215 页．

2827 汉籍东渐及日藏古文献论考稿 / 静永健，陈翀著．北京：中华书局，2011，330

页.（域外汉籍研究丛书.第二辑）

2828 皇帝与恺撒：汉英对照/雷立柏著.北京：中国书籍出版社，2012，29+137页.（画说经典：西方人眼中的中国文化）

2829 基于五套汉语教材自建语料库的缅甸小学本土化汉语教材建设研究/黄金英著.北京：中央民族大学出版社，2013，14+544页.（汉语国际传播与国际汉语教学研究丛书/吴应辉总主编）

2830 简明思想史——从柏拉图到鲁迅：汉英对照/雷立柏著.北京：中国书籍出版社，2012，29+108页.（画说经典：西方人眼中的中国文化）

2831 近代之挫折：东亚社会与西方文明的碰撞/高坂史朗著；吴光辉译.石家庄：河北人民出版社，2006，270页.（文明对话丛书）

2832 近现代中日留学生史研究新动态/大里浩秋，孙安石编著.上海：上海人民出版社，2014，264页.

2833 静庵汉籍解题长编/长泽规矩也编著.上海：上海远东出版社，2015，2册（1336页）.

2834 旧京书影/仓石武四郎编拍；北平图书馆善本书目：一九三三年/赵万里撰集.影印本.北京：人民文学出版社，2011，987页.

2835 卷里营营：历史、教育与文化演讲集/李弘祺著.台北：允晨文化实业股份有限公司，2012，246页.（允晨丛刊；136）

2836 孔子与马可·奥勒留：汉英对照/雷立柏著.北京：中国书籍出版社，2012，29+122页.（画说经典：西方人眼中的中国文化）

2837 跨文化汉语教育学/白乐桑著.北京：中国大百科全书出版社，2018，107页.（"跨文化研究"丛书.第三辑/金丝燕，董晓萍主编）

2838 跨文化视角下的北美与中国文化：中英文版/李盈，王健著.北京：高等教育出版社，2014，120页.

2839 梁启超与中国思想的过渡：1890—1907/张灏著；崔志海，葛夫平译.北京：中央编译出版社，2016，235页.

> 梁启超与中国思想的过渡（1890—1907）/张灏著；崔志海，葛夫平译.北京：新星出版社，2006，1-214页.

> 梁启超与中国思想的过渡/张灏著；崔志海，葛夫平译.南京：江苏人民出版社，1995，2005重印，183页.（海外中国研究丛书）

> 梁启超与中国思想的过渡：1890—1907/张灏著；崔志海，葛夫平译.南京：江苏人民出版社，1993，218页.（海外中国研究丛书.第二批）

2840 两岸故宫的世纪传奇：1925—2015/马克·奥尼尔著；张琨译.香港：三联书店（香港）有限公司，2015，413页.

2841 刘备与奥德修斯、摩西：汉英对照/雷立柏著.北京：中国书籍出版社，2012，29+141页.（画说经典：西方人眼中的中国文化）

2842 美国人与中国人/许烺光著；沈彩艺译.杭州：浙江人民出版社，2017，455页.

> 美国人与中国人：两种生活方式比较/许烺光著；彭凯平，刘文静等译. 北京：华夏出版社，1989，1990重印，376页.

> 中国人与美国人/许琅光著；徐隆德译. 台北：巨流图书公司，1988，618页.

2843 米兰昂布罗修图书馆与中西文化交流/傅马利著. 杭州：浙江大学出版社，2008，159页.

2844 秘门螳螂拳/松田隆智编著；周钧等编译. 北京：北京体育学院出版社，1991，238页.（秘门绝技丛书）

> 秘门螳螂拳入门/松田隆智著；萧文忠编译. 台南：综合出版社，1986，255页.

2845 秘戏图考：附论汉代至清代的中国性生活（公元前二〇六年—公元一六四四年）/高罗佩著；杨权译. 2版，修订版. 广州：广东人民出版社，2005，24+18+358页.

> 秘戏图考：附论汉代至清代的中国性生活（公元前206年—公元1644年）/高罗佩著；杨权译. 广州：广东人民出版社，1992，447页.

2846 民国时期大学校园文化：1919—1937/叶文心著；冯夏根等译. 北京：中国人民大学出版社，2012，418页.（海外中国研究文库）

2847 明末江南的出版文化/大木康著；周保雄译. 上海：上海古籍出版社，2014，189页.（复旦文史丛刊）

2848 潘懋元：一位中国高等教育学科的创始人/阿里·谢沃著；高晓杰等译. 北京：高等教育出版社，2006，194页.

2849 七巧板：中国古老的拼板游戏/约斯特·埃尔费尔斯等著；蔡锡明译. 北京：北京出版社，1984，257页.

2850 七日谈：来自民间的中日对话录/山奇，加藤嘉一著. 北京：新华出版社，2007，164页.（走近日本读本系列）

2851 七星螳螂拳/松田隆智，大柳胜著；倪平译. 台北：益群书店，1984，222页.（图解中国拳法；11）

2852 清国留学生法政速成科纪事/日本法政大学大学史资料委员会编；裴敬伟译. 桂林：广西师范大学出版社，2015，12+11+281页.

2853 屈原与科学的突破：汉英对照/雷立柏著. 北京：中国书籍出版社，2012，29+100页.（画说经典：西方人眼中的中国文化）

2854 权力源自地位：北京大学、知识分子与中国政治文化，1898—1929/魏定熙著；张蒙译. 南京：江苏人民出版社，2018，312页.（海外中国研究丛书精品系列/刘东主编. 第二辑）

> 权力源自地位：北京大学、知识分子与中国政治文化，1898—1929/魏定熙著；张蒙译. 南京：江苏人民出版社，2015，304页.（凤凰文库·海外中国研究系列）

2855 全球化阴影下的历史与记忆/王斑著. 南京：南京大学出版社，2006，11+218页.（海外华人学者论丛）

2856 日本人与中国人 / 陈舜臣著；刘玮译.2版.台北：五南图书出版股份有限公司，2013，340页.（博雅文库；16）
  - 日本人与中国人 / 陈舜臣著；刘玮译，台北：博雅书屋有限公司，2012，340页.（万国志；5）
  - 日本人与中国人 / 陈舜臣著；刘玮译.桂林：广西师范大学出版社，2009，285页.
  - 日本人与中国人："同文同种"观的危险 / 陈舜臣著；李道荣，林文锜译.福州：福建人民出版社，1989，146页.
  - 日本人与中国人 / 陈舜臣著；张宪生译.广州：花城出版社，1988，191页.

2857 日本人与中国人 / 松本一男著；黄爱平，李玉芬译.台北：锦绣出版事业公司，1994，226页.（企业人必读100.跨世纪宏观系列；38）
  - 中国人与日本人 / 松本一男著；欧阳文译.修订版.台北：新潮社文化事业公司，1992，270页.（新潮文库；7）
  - 中国人和日本人 / 松本一男著；王枝忠译.银川：宁夏人民出版社，1989，189页.
  - 中国人与日本人 / 松本一男著；欧阳文译.台北：新潮社，1988，255页.（现代文库；8）
  - 中国人与日本人 / 松本一男著；周维宏，祝乘风译.天津：渤海湾出版公司，1988，195页.（日本人与日本文化丛书）

2858 日本人与中国人 / 西条正著.重庆：重庆出版社，1994，179页.

2859 日本学人中国访书记 / 内藤湖南，长泽规矩也等著；钱婉约，宋炎辑译.北京：中华书局，2006，29+297页.

2860 日本中国语教育史研究 / 六角恒广著；王洪顺译.北京：北京语言学院出版社，1992，299页.

2861 瑞士与中国：渐行渐近的文化进程：瑞士在中国的经济和文化活动 / 戴尚贤著；马洁宁译.上海：华东师范大学出版社，2016，59+84页.

2862 上海·爱：名妓、知识分子和娱乐文化：1850—1910/ 叶凯蒂著；杨可译.2版.北京：生活·读书·新知三联书店，2014，427页.
  - 上海·爱：名妓、洋场才子和娱乐文化：1850—1910/ 叶凯蒂著；杨可译.香港：三联书店（香港）有限公司，2013，449页.
  - 上海·爱：名妓、知识分子和娱乐文化：1850—1910：1850—1910/ 叶凯蒂著；杨可译.北京：生活·读书·新知三联书店，2012，427页.

2863 上海东亚同文书院大旅行记录 / 沪友会编；杨华等译.北京：商务印书馆，2000，472页.（近代日本人禹域踏查书系）

2864 书于竹帛：中国古代的文字记录 / 钱存训著.上海：上海书店出版社，2006，185页.（世纪人文系列丛书.世纪文库）

- 书于竹帛：中国古代的文字记录 / 钱存训著.上海：上海书店出版社，2004，212+28 页.（世纪文库）
- 书于竹帛：中国古代的文字记录 / 钱存训著.第 4 次增订本.上海：上海书店出版社，2002，236 页.
- 书于竹帛：中国古代书史 / 钱存训著.增订本.台北：汉美图书有限公司，1996，26+246 页.
- 印刷发明前的中国书和文字记录 / 钱存训著；郑如斯增订.北京：印刷工业出版社，1988，180 页.

2865 硕博中国 / 阿德莱克·奥拉达波·班沃著.镇江：江苏大学出版社，2018，175 页.

2866 四海之内：东方和西方的对话 / 李约瑟著；劳陇译.北京：生活·读书·新知三联书店，1987，1992 重印，187 页.（文化生活译丛）

2867 松山芭蕾舞白毛女：日中友好之桥 / 清水正夫著；王北成，前民译.北京：国际文化出版司，1985，170 页.

2868 宋代官学教育与科举 / 李弘祺著.台北：联经出版事业公司，1994，353 页.

2869 塔吉克斯坦与中国：文化的对话：汉俄对照 / 拉希德·阿利莫夫著；吴喜菊译.北京：民族出版社，2012，198 页.

2870 天 / 汤一介，汪德迈著；岳瑞译.北京：北京大学出版社，2011，90 页.（远近丛书）

2871 天才的棋谱：吴清源的世界 / 吴清源，田川五郎著；陈宝莲，陈宪辉译.台北：故乡出版社，1987，204 页.（日本文摘书选；8）
- 吴清源—天才的棋谱 / 吴清源，田川五郎著；廖八鸣译.成都：蜀蓉棋艺出版社，1987，188 页.

2872 通往大国之路：中国的知识重建和文明复兴 / 郑永年著.北京：东方出版社，2012，262 页.

2873 为中国寻找现代之路：中国留学生在美国（1900—1927）/ 叶维丽著；周子平译.2 版.北京：北京大学出版社，2017，293 页.（博雅史学论丛.海外中国史研究）
- 为中国寻找现代之路：中国留学生在美国（1900—1927）/ 叶维丽著；周子平译.北京：北京大学出版社，2012，241 页.（留学史丛书）

2874 未来属于中国：汤因比的中国观 / 山本新等著；吴栓友译.北京：世界知识出版社，2018，223 页.
- 未来，属于中国：汤因比论中国传统文化 / 山本新，秀村欣二编；杨栋梁，赵德宇译.西安：陕西人民出版社，1989，220 页.
- 中国文明与世界：汤因比的中国观 / 山本新，秀村欣二编；周颂伦等译.北京：东方出版社，1988，291 页.（现代思想文化译丛）

2875 文化类同与文化利用 / 史景迁讲演；廖世奇，彭小樵译.2 版.北京：北京大学出版社，1997，221 页.（北大学术讲演丛书；5）
- 文化类同与文化利用：世界文化总体对话中的中国形象 / 史景迁讲演；廖世奇，

彭小樵译.北京：北京大学出版社，1990，173 页.（北京大学比较文学研究丛书）

2876 文化评论与中国情怀.上/余英时著；沈志佳编.2 版.桂林：广西师范大学出版社，2014，370 页.（余英时文集；7）

> 文化评论与中国情怀.下/余英时著；沈志佳编.2 版.桂林：广西师范大学出版社，2014，400 页.（余英时文集；8）

> 文化评论与中国情怀/余英时著.增订版.台北：允晨文化实业股份有限公司，2011，384 页.（允晨丛刊；132）

> 文化评论与中国情怀.上/余英时著；沈志佳编.桂林：广西师范大学出版社，2006，303 页.（余英时文集；7）

> 文化评论与中国情怀.下/余英时著；沈志佳编.2 版.桂林：广西师范大学出版社，2014，327 页.（余英时文集；8）

2877 文化县：从山东邹平的乡村学校看二十世纪的中国/曹诗弟著；泥安儒译.济南：山东大学出版社，2005，323 页.

2878 文化转场：中国与他者/金丝燕著.北京：中国大百科全书出版社，2016，25+160 页.（"跨文化研究"丛书.第一辑/金丝燕，董晓萍主编）

2879 文选诸本之研究/斯波六郎著；黄锦鋐，陈淑女译.台北：法严出版社，2003，388 页.（法严国学丛书）

2880 西方经学史概论/韩大伟著.上海：华东师范大学出版社，2012，226 页.

2881 西中文明比照/布莱尔，麦克考迈克编著.4 版.上海：复旦大学出版社有限公司，2018，550 页.

> 西中文明比照/布莱尔，麦克考迈克编著.3 版.上海：复旦大学出版社，2010，13+622 页.（1、2 版均为英文版）

2882 先知灵感与《猫城记》：汉英对照/雷立柏著.北京：中国书籍出版社，2012，29+99 页.（画说经典：西方学者眼中的中西文化）

2883 向前走：一个外国专家眼中的中国教育/李莎编著.北京：五洲传播出版社，2012，190 页.

2884 小道有理：中西比较新视阈/朗宓榭编；金雯，王红妍译.北京：生活·读书·新知三联书店，2018，163 页.（复旦大学光华人文杰出学者讲座丛书）

2885 新汉文化圈/汪德迈著；陈彦译.2 版.南昌：江西人民出版社，2007，168 页.（东方文化丛书）

> 新汉文化圈/汪德迈著；陈彦译.南昌：江西人民出版社，1993，161 页.（东方文化丛书）

2886 幸运的孩子：中国第一批留美学生/里尔·莱博维茨，马修·米勒著；贾士蘅译.台北：时报文化出版企业股份有限公司，2011，263 页.（历史与现场；199）

2887 学以为己：传统中国的教育/李弘祺著.上海：华东师范大学出版社，2017，2 册

（15+685 页）.

> 学以为己：传统中国的教育 / 李弘祺著.香港：中文大学出版社，2012，15+724 页.

2888 寻回香港文化 / 李欧梵著.增订版.香港：牛津大学出版社，2015，14+259 页.

> 寻回香港文化 / 李欧梵著.桂林：广西师范大学出版社，2003，165 页.（时代思想与艺术丛书）

> 寻回香港文化 / 李欧梵著.香港：牛津大学出版社，2002，14+186 页.

2889 耶鲁中国缘：跨越三个世纪的耶鲁大学与中国关系史（1850—2013）/ 王芳著.北京：新星出版社，2013，345 页.

2890 印刷与政治：《时报》与晚清中国的改革文化 / 季家珍著；王樊一婧译.桂林：广西师范大学出版社，2015，315 页.

2891 印象中国：43 位外国文化名人谈中国文化 / 中共中央宣传部《党建》杂志社策划并采写.北京：红旗出版社，2012，213 页.

2892 迂回与进入 / 弗朗索瓦·朱利安著；杜小真译.北京：商务印书馆，2017，369 页.（当代法国思想文化译丛.第二辑 / 杜小真，高丙中主编）

> 迂回与进入 / 弗朗索瓦·于连著；杜小真译.北京：生活·读书·新知三联书店，1998，388 页.（法兰西思想文化丛书）

2893 与中国作跨文化对话：增订本 / 卜松山著；刘慧儒等译.2 版.北京：中华书局，2003，271 页.（世界汉学论丛）

> 与中国作跨文化对话 / 卜松山著；刘慧儒等译.北京：中华书局，2000，233 页.（世界汉学论丛）

2894 阅读的回响：汪荣祖书评选集 / 汪荣祖著.上海：文汇出版社，2017，294 页.

2895 再次聆听大洋两岸的共鸣：回顾跨越太平洋的文化科学交流 / 李约瑟，鲁桂珍著；王渝生主译.新泽西：八方文化企业公司，1991，115 页.

2896 正史宋元版之研究 / 尾崎康著；乔秀岩，王铿编译.北京：中华书局，2018，11+725 页.

> 以正史为中心的宋元版本研究 / 尾崎康著；陈捷译.北京：北京大学出版社，1993，115 页.

2897 中国报纸：1800—1912/ 白瑞华著；王海译.广州：暨南大学出版社，2011，199 页.（经典新闻学译丛）

2898 中国博物馆手册 / 米里亚姆·克利福德，凯西·詹格兰德，安东尼·怀特著；黄静雅等译.南京：译林出版社，2011，410 页.

2899 中国出版文化史 / 井上进著；李俄宪译.武汉：华中师范大学出版社，2015，244 页.（出版学建设丛书）

2900 中国大学：1895—1995 一个文化冲突的世纪 / 许美德著；许洁英主译.北京：教育科学出版社，2000，319 页.

2901 中国的教育与经济发展 / 南亮进，牧野文夫，罗欢镇著；关权译. 北京：社会科学文献出版社，2012，252 页.（中国发展道路研究丛书. 当代中国研究译丛）

2902 中国的知识重建 / 郑永年著. 北京：东方出版社，2018，262 页.

2903 中国古代书籍纸墨及印刷术 / 钱存训著. 北京：北京图书馆出版社，2002，12+361 页.
  ➢ 中国书籍、纸墨及印刷史论文集 / 钱存训著. 香港：中文大学出版社，1992，326 页.

2904 中国皇家收藏传奇 / 珍妮特·埃利奥特，沈大伟著；潘利侠，刘继月译. 北京：当代中国出版社，2007，219 页.

2905 中国教会大学史：1850—1950/ 卢茨著；曾钜生译. 杭州：浙江教育出版社，1988，517 页.

2906 中国近代报刊史：1800—1912/ 白瑞华著；苏世军译. 北京：中央编译出版社，2013，308 页.

2907 中国近代报业发展史：1815—1874/ 卓南生著. 2 版（增订本）. 北京：中国社会科学出版社，2015，44+448 页.（北京大学新闻学研究会学术文库；8）
  ➢ 中国近代报业发展史：1815—1874/ 卓南生著. 增订版. 北京：中国社会科学出版社，2002，13+422 页.
  ➢ 中国近代报业发展史：1815—1874/ 卓南生著. 台北：正中书局，1998，286 页.（大众传播学丛书）

2908 中国科技崛起的人才优势 / 斯丹凝，曹聪著；梁平译. 北京：科学出版社，2012，26+272 页.

2909 中国留美学生史 / 史黛西·比勒著；张艳译. 北京：生活·读书·新知三联书店，2010，21+442 页.

2910 "中国佬"信札：西方文明之东方观 /G.L. 狄更生著；卢彦名，王玉括译. 南京：南京出版社，2008，157 页.（"西方人看中国"文化游记丛书）

2911 中国拳法入门：图解中国拳法. 6/ 松田隆智著；高全编译. 台北：益群书店，1983，222 页.

2912 中国人留学日本史 / 实藤惠秀著；谭汝谦，林启彦译. 修订译本. 北京：北京大学出版社，2012，12+424 页.（留学史丛书）
  ➢ 中国人留学日本史 / 实藤惠秀著；谭汝谦，林启彦译. 北京：生活·读书·新知三联书店，1983，490 页.
  ➢ 中国人留学日本史 / 实藤惠秀著；谭汝谦，林启彦译. 香港：中文大学出版社，1982，353 页.

2913 中国书画·日本收藏：关西百年收藏记事 / 关西中国书画收藏研究会编著；曾布川宽等著；苏玲怡等译. 台北：典藏艺术家庭股份有限公司，2015，191 页.（Treasure；65）

2914 中国图书文史论集 / 马泰来等著. 台北：正中书局，1991，374 页.

2915 中国文化产业综述 / 米格尔·萨撒托尼尔，玛丽亚·克鲁斯·阿伦索著；王留栓，徐玲玲译.上海：复旦大学出版社，2011，178 页.

2916 中国文化的深层结构 / 孙隆基著.北京：中信出版社，2015，12+417 页.

> 中国文化的深层结构 / 孙隆基著.2 版.桂林：广西师范大学出版社，2011，462 页.

> 中国文化的深层结构 / 孙隆基著.桂林：广西师范大学出版社，2004，457 页.

> 中国文化的"深层结构"/ 孙隆基著.西安：华岳文艺出版社，1988，2 册（538 页）.

> 中国文化的"深层结构"/ 孙隆基著.2 版.香港：集贤社，1987，449 页.

2917 中国文化的危机与展望：当代研究与趋向 / 杜维明等著.台北：时报文化出版事业公司，1981，488 页.（学术丛书；29.文化中国系列）

2918 中国文化的重建 / 余英时著.北京：中信出版社，2011，239 页.

2919 中国文化入门 / 狄亚尼，任编著.北京：商务印书馆，2009，180 页.

2920 中国文化象征词典 / 爱伯哈德著；陈建宪译.长沙：湖南文艺出版社，1990，370 页.

2921 中国文化与现代变迁 / 余英时著.2 版.台北：三民书局股份有限公司，2015，268 页.（三民丛刊；52）

> 中国文化与现代变迁 / 余英时著.台北：三民书局，1992，268 页.（三民丛刊；52）

2922 中国文献史 / 瓦西里·帕夫洛维奇·瓦西里耶夫著；赵春梅译.郑州：大象出版社，2014，15+168 页.（国际汉学经典译丛）

2923 中国武术史略 / 松田隆智著；吕彦，阎海译.成都：四川科学技术出版社，1984，266 页.

2924 中国新闻舆论史 / 林语堂著；王海译.广州：暨南大学出版社，2011，194 页.（经典新闻学译丛）

> 中国新闻舆论史 / 林语堂著；王海，何洪亮主译.北京：中国人民大学出版社，2008，163 页.（当代世界学术名著.新闻与传播学译丛·大师经典系列）

> 中国新闻舆论史 / 林语堂著；刘小磊译.上海：上海人民出版社，2008，191 页.

2925 中国印象：外国名人论中国文化 / 何兆武，柳卸林主编.北京：中国人民大学出版社，2011，646 页.（海外中国研究文库）

> 中国印象：世界名人论中国文化 / 黑格尔等著；何兆武，柳卸林主编.桂林：广西师范大学出版社，2001，2 册（343；438）页.（雅典娜思想译丛.第二辑；11）

2926 中国与欧盟的相互认知：媒体的视角 / 门镜，薇罗妮卡·奥尔贝特索娃主编；李靖堃译.北京：社会科学文献出版社，2017，210 页.（国际政治论坛）

2927 中国知识分子与西方留学生与近代中国：1872—1949/ 汪一驹著；梅寅生译.台北：台湾枫城出版社，1978，310 页.（枫城丛书；28）

2928 中国纸和印刷文化史 / 钱存训著；郑如斯编订.桂林：广西师范大学出版社，

2004，10+442 页.
- 造纸及印刷 / 钱存训著；刘拓，汪刘次昕译. 台北：台湾商务印书馆，1995，610 页.（中国之科学与文明；13）

2929 中韩文化谈 / 金惠媛著. 北京：北京大学出版社，2013，202 页.

2930 中美基础教育大碰撞：美国教育专家跨国调研实录 / 南茜·派恩著；刘静菲译. 北京：新华出版社，2015，212 页.

2931 中外比较教育史 / 许美德等著；朱维铮等译. 上海：上海人民出版社，1990，456 页.（中国文化史丛书 / 周谷城主编）

2932 中心与边缘：东亚文明的互动与传播 / 李焯然著. 桂林：广西师范大学出版社，2015，309 页.（海外中国学丛书 / 李焯然主编）

2933 终身学习与中国竞争力 / 卡尔·达尔曼，曾智华，王水林著；窦现金译. 北京：高等教育出版社，2007，241 页.

2934 竹内实文集. 第十卷，中国文化传统探究 / 竹内实著；程麻译. 北京：中国文联出版社，2006，416 页.

（二）研究著作

2935 20 世纪中国古代文化经典在域外的传播与影响研究 / 张西平等著. 北京：经济科学出版社，2015，21+581 页.

2936 20 世纪中国古代文化经典在域外的传播与影响研究导论 / 张西平著. 郑州：大象出版社，2018，2 册（23+25+950 页）.（20 世纪中国古代文化经典域外传播研究书系 / 张西平总主编）
- 20 世纪中国古代文化经典在东南亚的传播编年 / 苏莹莹主编. 郑州：大象出版社，2018，23+13+526 页.（20 世纪中国古代文化经典域外传播研究书系 / 张西平总主编）
- 20 世纪中国古代文化经典在东南亚的传播与影响 / 白淳主编. 郑州：大象出版社，2017，23+276 页.（20 世纪中国古代文化经典域外传播研究书系 / 张西平总主编）
- 20 世纪中国古代文化经典在法国的传播编年 / 安必诺等编著. 郑州：大象出版社，2018，23+460 页.（20 世纪中国古代文化经典域外传播研究书系 / 张西平总主编）
- 20 世纪中国古代文化经典在美国的传播编年 / 顾钧，陶欣尤编著. 郑州：大象出版社，2017，23+15+257 页.（20 世纪中国古代文化经典域外传播研究书系 / 张西平总主编）
- 20 世纪中国古代文化经典在日本的传播编年 / 严绍璗，王广生编著. 郑州：大象出版社，2018 年，387 页.（20 世纪中国古代文化经典域外传播研究书系 /

张西平总主编）

- 20 世纪中国古代文化经典在意大利的传播编年 / 王苏娜编著. 郑州：大象出版社，2017，23+32+428 页.（20 世纪中国古代文化经典域外传播研究书系 / 张西平总主编）

- 20 世纪中国古代文化经典在英国的传播编年 / 李真编著. 郑州：大象出版社，2017，23+25+218 页.（20 世纪中国古代文化经典域外传播研究书系 / 张西平总主编）

2937　21 世纪中国大学肖像：向大众化高等教育的转型 / 许美德等著. 桂林：广西师范大学出版社，2015，347 页.

2938　澳门圣保禄学院研究：兼谈耶稣会在东方的教育机构 / 戚印平著. 澳门：澳门特别行政区政府文化局；北京：社会科学文献出版社，2013，301 页.（澳门文化丛书）

2939　比较文学与跨文化研究. 第一辑 / 张西平，顾钧主编. 上海：华东师范大学出版社，2015，244 页.

- 比较文学与跨文化研究. 第二辑 / 张西平，顾钧主编. 上海：华东师范大学出版社，2016，175 页.

2940　不同的"超越性"与"内在性"：从社会学观点论牟宗三以及郝大维和安乐哲在中西文化类型学术论述上之差异 / 黄华彦，林端著. 台北：台湾大学政治学系中国大陆暨两岸关系教学与研究中心，2016，258 页.（中国学的知识社群欧美系列；22）

2941　传承与展望：东南亚的中国文化研究 / 张西平，管永前主编. 北京：学苑出版社，2018，313 页.（中国文化在世界书系 / 张西平主编）

2942　传统文化与中日两国社会经济发展 / 李玉，严绍璗主编. 北京：北京大学出版社，2000，536 页.

2943　狄考文和司徒雷登在华的教育活动 / 史静寰著. 台北：文津出版社，1991，282 页.（大陆地区博士论文丛刊；5）

2944　第二届地方文献国际学术研讨会论文集 / 苏品红，王珊主编；国家图书馆古籍馆编. 北京：国家图书馆出版社，2009，480 页.

2945　第一届中国古籍数字化国际学术研讨会论文集 / 尹小林主编. 北京：五洲传播出版社，2009，175 页.

- 第二届中国古籍数字化国际学术研讨会论文集 / 尹小林主编. 北京：五洲传播出版社，2011，291 页.

2946　东西方文化交流：国际学术研讨会论文选 / 吴志良主编. 澳门：澳门基金会，1994，614 页.（澳门论丛特刊）

2947　东西方文化交流与高等教育 / 许美德，潘乃容主编. 南京：南京师范大学出版社，2003，22+412 页.

2948　东西方文化研究. 创刊号—第四辑 / 钟敬文，何兹全主编. 郑州：河南人民出版社，

1986—1990，4 册．

2949 东西交流论谭 / 黄时鉴主编．上海：上海文艺出版社，1998，502 页．
  ➢ 东西交流论谭．第二集 / 黄时鉴主编．上海：上海文艺出版社，2001，498 页．

2950 东亚的书院传统与近代教育的转折 / 李弘祺著．台北：财团法人喜玛拉雅研究发展基金会，2006，42+548 页．(中国与东亚的教育传统；2)

2951 东亚汉籍研究论集 / 张伯伟著．台北：台湾大学出版中心，2007，493 页．(东亚文明研究丛书；64)

2952 东亚汉籍与越南汉喃古辞书研究 / 何华珍，阮俊强主编．北京：中国社会科学出版社，2017，471 页．

2953 独角兽与龙：在寻找中西文化普遍性中的误读 / 乐黛云，勒·比松主编．北京：北京大学出版社，1995，1997 重印，230 页．(北京大学比较文学研究丛书)

2954 风起云扬：首届南京大学域外汉籍研究国际学术研讨会论文集 / 张伯伟编．北京：中华书局，2009，789 页．

2955 港台及海外学者论传统文化与现代化 / 姜义华等编．重庆：重庆出版社，1988，606 页．

2956 海外华人华侨对中华文化的传承与传播 / 刘琛，王丹丹，宋泽宁等著．北京：北京大学出版社，2018，210 页．(传播学论丛)

2957 海外中国现代文化研究文选 / 郭冰茹主编．上海：复旦大学出版社，2013，357 页．(苏州大学海外汉学研究丛书)

2958 汉籍在日本的流布研究 / 严绍璗著．南京：江苏古籍出版社，1992，340 页．(中国古文献研究丛书 / 金开诚主编)

2959 汉文化在亚洲 / 李全编写．北京：中国少年儿童出版社，1998，118 页．(爱国主义教育文库．中国与世界卷)

2960 汉学家的摇篮：澳门圣保禄学院研究 / 李向玉著．北京：中华书局，2006，31+276 页．

2961 和而不同：中法文化对话集 / 钱林森著．南京：南京大学出版社，2009，486 页．

2962 近代日人在华报业活动 / 周佳荣著．长沙：岳麓书社，2012，300 页．
  ➢ 近代日人在华报业活动 / 周佳荣著．香港：三联书店（香港）有限公司，2007，279 页．

2963 近世中国之传统与蜕变：刘广京院士七十五岁祝寿论文集 / 郝延平，魏秀梅主编．台北："中央研究院"近代史研究所，1998，2 册．("中央研究院"近代史研究所特刊；5)

2964 巨龙崛起的威胁？：评美国媒体在 2008 年金融海啸后的中国形象 / 刘庭豪著．台北：台湾大学政治学系中国大陆暨两岸关系教学与研究中心，2013，135 页．(中国学的知识社群欧美系列；15)

2965 跨文化视角下的中国人：交际与传播 / 顾力行，麦克·H. 普罗斯主编．上海：上海外语教育出版社，2007，38+382 页，(跨文化研究；1)

2966 跨越东西方的思考：世界语境下的中国文化研究/李雪涛，柳若梅，顾钧编.北京：外语教学与研究出版社，2010，12+569页.

2967 莱布尼茨与中国文化/孙小礼著.北京：首都师范大学出版社，2006，213页.（中学西渐丛书）

2968 留学生与中国文化的海外传播：以20世纪上半期为中心的考察/元青等著.天津：南开大学出版社，2014，204页.

2969 六朝隋唐汉籍旧钞本研究/童岭著.北京：中华书局，2017，405页.（域外汉籍研究丛书.第三辑）

2970 龙影朦胧：中国文化在俄罗斯/刘亚丁著.北京：北京大学出版社，2018，293页.（国际中国文化研究丛书/张西平主编）

2971 龙游四海：中国文化影响西方/杨江柱，余启新著.北京：中国工人出版社，1998，316页.

2972 马来西亚华文教育发展简史/郑良树著.北京：外语教学与研究出版社，2007，129页.（世界汉语教育丛书）

2973 美国媒体中的中国文化形象建构/杨松芳著.北京：北京师范大学出版社，2011，226页.

2974 美国图书馆藏宋元版汉籍研究/卢伟著.北京：北京大学出版社，2013，226页.

2975 梦想跨越太平洋：我在中国做外教/李宁玉编.北京：五洲传播出版社，2008，137页.

2976 《密勒氏评论报》：美国在华专业报人与报格：1917—1953/郑保国著.北京：北京大学出版社，2018，303页.（未名社科·新闻与传播研究丛书）

2977 明末清初中外科技交流研究/张承友，张普，王淑华著.北京：学苑出版社，2000，278页.

2978 宁树藩文集/卓南生，程曼丽编.增订版.北京：清华大学出版社，2017，632页.（北大新闻学研究会学术文库；13/程曼丽主编）

2979 纽带：东学西鉴四百年/纪录片《纽带》团队著.北京：中信出版集团股份有限公司，2016，13+230页.

2980 人物往来与书籍流转/陈捷著.北京：中华书局，2012，511页.（域外汉籍研究丛书.第二辑）

2981 日本藏汉籍珍本追踪纪实：严绍璗海外访书志/严绍璗著.上海：上海古籍出版社，2005，16+507页.（中日文化研究文库）

2982 日本汉籍图录/沈津，卞东波编著.影印本.桂林：广西师范大学出版社，2014，9册.

2983 日本汉语教育史研究：江户时代唐话五种/鲁宝元，吴丽君编.北京：外语教学与研究出版社，2009，11+479页.（世界汉语教育丛书）

2984 日本天皇年号与中国古典文献关系之研究/李寅生著.南京：凤凰出版社，2018，

375 页.

2985 日藏汉籍研究：以宋元版为中心 / 黄华珍著. 北京：中华书局，2013，326 页.

2986 赛珍珠、布克与宿州：皖北大地中美文化交流的百年印记 / 鄢化志主撰；宿州市档案局（馆），宿州市地方志办公室编. 合肥：合肥工业大学出版社，2017，290 页.（宿州历史文化丛书）

2987 斯科特中国邮票目录 / 人民邮电出版社，斯科特出版公司编. 北京：人民邮电出版社，1997，169 页.

2988 台湾的现代化和文化认同 / 卢汉超主编. 新泽西：八方文化企业公司，2001，15+301 页.

2989 陶然士的四川史书写与传教士的中国书写传统 / 薛玉楠著. 成都：四川大学出版社，2017，268 页.

2990 外国人看中国教育 / 张秀琴主编. 北京：高等教育出版社，2012，389 页.（中国教育改革发展丛书. 国际评论系列）

2991 《万国公报》与近代科技文化传播 / 邓绍根著. 新北：花木兰文化出版社，2016，13+226 页.（中国新闻史研究辑刊. 三编；6）

2992 《万国公报》与晚清中西文化交流 / 杨代春著. 长沙：湖南人民出版社，2002，11+248 页.

2993 文化：中西对话中的差异与共存 / 钱林森等主编. 南京：南京大学出版社，1999，210 页.

2994 文化相聚：美国作家、学者和艺术家在中国 / 张子清等主编. 桂林：广西师范大学出版社，2003，18+317 页.

2995 物尽其用：老百姓的当代艺术 / 巫鸿编著. 上海：上海人民出版社，2011，288 页.

2996 西学东渐与东学西渐 / 刘登阁，周云芳著. 北京：中国社会科学出版社，2000，87 页.（百年冲突回眸. 文化卷）

2997 寻踪古今问学中西：张西平教授七十华诞颂寿文集 / 杨慧玲，李真主编. 北京：学苑出版社，2018，32+346 页.

2998 印度尼西亚华文教育发展史 / 黄昆章著. 北京：外语教学与研究出版社，2007，305 页.（世界汉语教育丛书）

2999 印刷出版与知识环流：十六世纪以后的东亚 / 关西大学文化交涉学教育研究中心，出版博物馆编. 上海：上海人民出版社，2011，18+498 页.（出版博物馆·研究）

3000 迎接新的文化转型时期：《跨文化对话》丛刊（1—16 辑）选编 / 乐黛云，钱林森，金丝燕主编. 上海：上海文化出版社，2006，2 册（785 页）.

3001 域外汉籍丛考 / 金程宇著. 北京：中华书局，2007，342 页.（域外汉籍研究丛书）

3002 越南汉籍文献述论 / 陈益源著. 北京：中华书局，2011，392 页.（域外汉籍研究丛书. 第二辑）

3003 越南汉喃古籍的文献学研究 / 刘玉珺著. 北京：中华书局，2007，500 页.（域外

汉籍研究丛书）

3004 中德跨文化交际与管理/舒雨等编.北京：商务印书馆，2011，222 页.

3005 中法教育合作事业研究：1912—1949/ 葛夫平著.上海：上海书店出版社，2011，367 页.（国家哲学社会科学成果文库）
> 中法文化教育合作事业研究：1912—1949/ 葛夫平著.上海：上海书店出版社，2010，411 页.

3006 中国成人高等教育/张向东，斯蒂芬斯主编.济南：山东教育出版社，1992，287 页.

3007 中国传统文化海外传播研究/杜晓燕，丁云，徐晓慧著.哈尔滨：哈尔滨地图出版社，2015，87 页.

3008 中国的信息革命：推动经济和社会转型/世界银行编.北京：经济科学出版社，2007，14+128 页.

3009 中国独生子女研究/范丹妮主编.上海：华东师范大学出版社，1996，303 页.（中国人口研究丛书）

3010 中国高等教育国际化：中外合作办学的挑战/周洁，科林·科拉克主编.沈阳：辽宁大学出版社，2011，360 页.

3011 中国古代文学文献学国际学术研讨会论文集/程章灿编.南京：凤凰出版社，2006，757 页.

3012 中国教育史英文著作评介/李弘祺编.台北：台湾大学出版中心，2005，476 页.（东亚文明研究丛书；44）

3013 中国近代基督教大学外籍校长办学活动研究：1892—1947/ 谢竹艳著.福州：福建教育出版社，2015，345 页.（中国近现代高等教育研究丛书）

3014 中国书院：[图集]/朱汉民等主编；李弘祺英文撰稿.上海：上海教育出版社，2002，228 页.

3015 中国文化"走出去"年度研究报告.2015 卷/张西平主编.北京：北京大学出版社，2016，12+518 页.（中国文化"走出去"研究丛书/张西平总主编）
> 中国文化走出去年度研究报告.2012 卷/张西平主编.郑州：大象出版社，2012，288 页.

3016 中国文化"走出去"研究总论/张西平，管永前主编.北京：北京大学出版社，2016，12+436 页.（中国文化"走出去"研究丛书/张西平总主编）

3017 中国文化与世界.第一辑/耿龙明，江文琦主编；上海对外文化交流研究中心编.上海：上海外语教育出版社，1993，439 页.
> 中国文化与世界.第二辑—第五辑/耿龙明，何寅主编.上海：上海外语教育，1994—1997，4 册.
> 中国文化与世界.第六辑/何寅主编.上海：上海外语教育出版社，1998，434 页.

3018 中国文化与世界：论文集/耿龙明，何寅主编.上海：上海外语教育出版社，1992，562 页.

3019　中国印度尼西亚文化交流 / 孔远志著 . 北京：北京大学出版社，1999，331 页 .

3020　中国哲学与日本文化 / 徐水生著 . 北京：中华书局，2012，399 页 .

3021　中华文化海外传播研究 . 二〇一八年第二辑 / 刘宏，张恒军，唐润华主编 . 北京：社会科学文献出版社，2018，342 页 .

3022　中华文化与域外文化的互动与融合 . 一 / 黄俊杰编 . 台北：喜玛拉雅研究发展基金会，2006，40+598 页 .（中华文明二十一世纪新意义系列丛书；4）

3023　中华文献外译与西传研究 / 岳峰等著 . 厦门：厦门大学出版社，2018，401 页 .

3024　中美文化的互动与关联：中国哈佛—燕京学者第一届学术研讨会论文选编 / 刘海平编 . 上海：上海外语教育出版社，1997，10+305 页 .

> 世纪之交的中国与美国：中国哈佛·燕京学者第二届学术研讨会论文选编 / 刘海平主编 . 上海：上海外语教育出版社，2000，10+24 页 .

3025　中美文化交流论集 / 陶文钊，陈永祥主编 . 北京：中国社会科学出版社，1999，265 页 .（中华美国学丛书）

3026　中日文化集刊 . 第一集 / 浙江大学日本文化研究所，静冈大学人文学部编 . 杭州：杭州大学出版社，1999，291 页 .

3027　中日文化交流的历史记忆及其展望 / 侯甬坚，江村治树编 . 西安：陕西师范大学出版社，2008，397 页 .

3028　中外科学技术交流史论 / 潘吉星著 . 北京：中国社会科学出版社，2012，15+911 页 .（华夏英才基金学术文库）

3029　中西交流对话中的审美与艺术教育 / 曾繁仁主编 . 济南：山东大学出版社，2003，508 页 .

3030　中西文化的碰撞与融合 / 吴蕴昆，倪勇著 . 青岛：青岛出版社，2000，253 页 .

3031　中西文化与教会大学：首届中国教会大学史学术研讨会论文集 / 章开沅，林蔚主编 . 武汉：湖北教育出版社，1991，473 页 .

语言、文字

（一）译著

3032 阿尔泰语系语言及其研究 /H.A. 巴斯卡科夫著；陈伟，周建奇译．呼和浩特：内蒙古教育出版社，2004，14+181 页．（阿尔泰学丛书）

3033 阿尔泰语言学导论 /N. 鲍培著；周建奇译．呼和浩特：内蒙古教育出版社，2004，10+280 页．（阿尔泰学丛书）

3034 阿尔泰语言学导论 /G.J. 兰司铁著；周建奇译．呼和浩特：内蒙古教育出版社，2004，10+170 页．（阿尔泰学丛书）

> 阿尔泰语言学导论（形态学）/ 兰司铁著；陈伟，沈成明译．北京：中国社会科学出版社，1981，375 页．

3035 阿尔泰语言学译文集 / 陈伟编．北京：社会科学文献出版社，2011，296 页．（中国社会科学院老年学者文库）

3036 阿尔泰诸语言研究 /W. 科特维奇著；哈斯译．呼和浩特：内蒙古教育出版社，2004，10+345 页．（阿尔泰学丛书）

3037 白川静文字学的精华 / 白川静著；张莉译．天津：天津人民出版社，2012，225 页．

3038 百年华语 / 市川勘，小松岚著．上海：上海教育出版社，2008，253 页．

3039 北京官话初阶 / 微席叶编著．影印本．北京：北京大学出版社，2017，192 页．（早期北京话珍本典籍校释与研究．早期北京话珍稀文献集成．三．西人北京话教科书汇编 / 王洪君，郭锐，刘云总主编）

3040 北京话语音读本 / 高本汉编著．北京：北京大学出版社，2017，1 册．（早期北京话珍本典籍校释与研究．早期北京话珍稀文献集成．三．西人北京话教科书汇编 / 王洪君，郭锐，刘云总主编）

3041 常用字解 / 白川静著；蘇冰译．北京：九州出版社，2010，15+482 页．

3042 传世文献与出土文献的历时句法研究 / 徐丹著．北京：商务印书馆，2018，345 页．（中国语言学书院语言学研究与探索文库）

3043 从篇章语法到修辞解释 / 屈承熹著．台北：文鹤出版有限公司，2016，264 页．（华

语文教学丛书；6）

3044 对日汉语语音教学法：怎样教日本人汉语语音 / 古川裕，刘富华主编；刘富华，吕文杰，东孝拓著. 北京：北京语言大学出版社，2014，160 页.
  ➤ 对日汉语语法教学法：怎样教日本人汉语语法 / 刘富华，古川裕主编；古川裕，黄晓颖编著. 北京：北京语言大学出版社，2013，165 页.

3045 法国汉语教育研究 / 白乐桑著. 北京：北京语言大学出版社，2018，150 页.（孔子学院汉语教育与海外语言教育体系研究书系 / 李宇明主编）

3046 改正增补汉语独学 / 宋宪奭著；朴在渊，金雅瑛校注. 北京：北京大学出版社，2017，49+110 页.（早期北京话珍本典籍校释与研究. 早期北京话珍稀文献集成. 二. 朝鲜日据时期汉语会话书汇编 / 王洪君，郭锐，刘云总主编）

3047 高等官话华语精选 / 高永完著；朴在渊，金雅瑛校注. 北京：北京大学出版社，2017，115+288 页.（早期北京话珍本典籍校释与研究. 早期北京话珍稀文献集成. 二. 朝鲜日据时期汉语会话书汇编 / 王洪君，郭锐，刘云总主编）

3048 古代汉语音系的构拟 / 斯·阿·斯塔罗斯金著；林海鹰，王冲译. 上海：上海教育出版社，2010，374 页.（国际汉藏语研究译丛）

3049 古典诗歌吟诵九讲 / 叶嘉莹著. 桂林：广西师范大学出版社，2014，199 页.

3050 古汉语语法纲要 / 蒲立本著；孙景涛译. 北京：语文出版社，2006，230 页.

3051 官话标准：短期速修中国语自通 / 文世荣著；朴在渊，金雅瑛校注. 北京：北京大学出版社，2018，2 册（137+478）页.（早期北京话珍本典籍校释与研究. 早期北京话珍稀文献集成. 二. 朝鲜日据时期汉语会话书汇编 / 朴在渊，金雅瑛卷主编）

3052 官话华语教范 / 李起馨著；朴在渊，金雅瑛校注. 北京：北京大学出版社，2017，81+180 页.（早期北京话珍本典籍校释与研究. 早期北京话珍稀文献集成. 二. 朝鲜日据时期汉语会话书汇编 / 朴在渊，金雅瑛卷主编）

3053 官话类编. 上下 / 狄考文编著. 影印本. 北京：北京大学出版社，2017，2 册（22+55+781 页）.（早期北京话珍本典籍校释与研究. 早期北京话珍稀文献集成. 三. 西人北京话教科书汇编 / 翟赟，郭利霞，陈颖卷主编）

3054 官话指南·改订官话指南 / 吴启太，郑永邦编著；孙文访校注. 北京：北京大学出版社，2018，313 页.（早期北京话珍本典籍校释与研究. 早期北京话珍稀文献集成. 一. 日本北京话教科书汇编 / 陈颖，陈晓卷主编）

3055 古今韵会举要 / 刘玉才，住吉朋彦主编；住吉朋彦解题. 影印本. 北京：北京大学出版社，2018，3 册（2001 页）.（日本五山版汉籍丛刊. 第一辑 / 刘玉才，住吉朋彦主编）

3056 韩城方言调查研究 / 秋谷裕幸，徐朋彪著. 北京：中华书局，2016，445 页.

3057 韩文的创制与易学 / 李正浩著；洪军译. 石家庄：河北人民出版社，2006，181 页.（文明对话丛书）

3058 汉简语汇考证 / 冨谷至编；张西艳译. 上海：中西书局，2018，285 页.（中国中

古学术思想书系.第一辑/童岭主编）

3059　汉日定语比较研究/山田留里子著.北京：北京大学出版社，1999，154页.

3060　汉诗英译研究：理雅各、翟理斯、韦利、庞德/吴伏生著.北京：学苑出版社，2012，16+452页.

3061　汉文典/高本汉著；潘悟云等编译.修订版.上海：上海辞书出版社，1997，725页.

3062　汉文经纬/甲柏连孜著；蔡剑锋等编；姚小平译.北京：外语教学与研究出版社，2015，20+15+957页.（海外汉语研究丛书）

3063　汉英北京官话词汇/傅多玛编著.北京：北京大学出版社，2017，14+215+24页.（早期北京话珍本典籍校释与研究.早期北京话珍稀文献集成.三.西人北京话教科书汇编/翟赟，郭利霞，陈颖卷主编）

3064　汉英韵府/卫三畏编著.郑州：大象出版社，2016，2册（1338页）.（卫三畏文集）

3065　汉语词类/高本汉著；张世禄译.影印本.太原：山西人民出版社，2015，15+259页.（近代海外汉学名著丛刊/郑培凯主编）

3066　汉语的本质和历史/高本汉著；聂鸿飞译.北京：商务印书馆，2017，103页.（汉译世界学术名著丛书：120年纪念版·珍藏本）

> 汉语的本质和历史/高本汉著；聂鸿飞译.北京：商务印书馆，2017，103页.（汉译世界学术名著丛书120年纪念版，分科本.语言学）

> 汉语的本质和历史/高本汉著；聂鸿飞译.北京：商务印书馆，2011，103页.（汉译世界学术名著丛书：分科本.语言）

> 汉语的本质和历史/高本汉著；聂鸿飞译.北京：商务印书馆，2010，15+91页.

> 汉语的本质和历史/高本汉著；聂鸿飞译.北京：商务印书馆，2010，103页.（汉译世界学术名著丛书）

3067　汉语的祖先/王士元主编；李葆嘉主译.北京：中华书局，2005，681页.

3068　汉语方言地理学/贺登崧著；石汝杰，岩田礼译.上海：上海教育出版社有限公司，2018，154页.（语言学经典文丛）

> 汉语方言地理学/贺登崧著；石汝杰，岩田礼译.上海：上海教育出版社，2012，208页.（世纪人文系列丛书.世纪文库）

> 汉语方言地理学/贺登崧著；石汝杰，岩田礼译.上海：上海教育出版社，2003，176页.

3069　汉语方言分区的理论与实践：以江淮官话与吴语的分区为例/史皓元著；顾黔译.北京：中华书局，2011，361页.

3070　汉语官话口语语法/约瑟夫·艾约瑟著；董方峰，杨洋译.北京：外语教学与研究出版社，2015，14+298页.（海外汉语研究丛书）

3071　汉语句法的类型转变：英文/徐丹著.影印本.北京：世界图书出版公司，2014，26+259页.（西方语言学与应用语言学视野：西方语言学视野）

3072　汉语句法学/黄正德，李艳慧，李亚非著；张和友译.北京：世界图书出版公司北京公司，2013，19+371 页.

3073 汉语口语初级读本北京儿歌 / 威达雷编著. 影印本. 北京：北京大学出版社，2017，1 册.（早期北京话珍本典籍校释与研究. 早期北京话珍稀文献集成. 三. 西人北京话教科书汇编 / 翟赟，郭利霞，陈颖卷主编）

3074 汉语口语语法 / 赵元任著；吕叔湘译. 北京：商务印书馆，1979，2010 重印，382 页.
  ➢ 汉语口语语法 / 赵元任著；吕叔湘译. 北京：商务印书馆，1979，2001 重印，380 页.

3075 汉语流行口语宝典 / 朴美暻著. 北京：外语教学与研究出版社，2005，227 页.（流行口语宝典系列）

3076 汉语篇章语法 / 屈承熹著；潘文国等译. 北京：北京语言大学出版社，2006，12+350 页.

3077 汉语认知功能语法 / 屈承熹著. 哈尔滨：黑龙江人民出版社，2005，380 页.

3078 汉语史论集 / 谢·叶·雅洪托夫著；唐作藩，胡双宝选编. 北京：北京大学出版社，1986，224 页.

3079 汉语史通考 / 太田辰夫著；江蓝生，白维国译. 重庆：重庆出版社，1991，352 页.

3080 汉语音韵史论文集 / 张琨著. 武汉：华中工学院出版社，1987，254 页.
  ➢ 汉语音韵史论文集 / 张琨著；张贤豹译. 台北：联经出版公司，1987，253 页.

3081 汉语音韵史十讲 / 薛凤生著；耿振生，杨亦鸣选编. 北京：华语教学出版社，1999，12+188 页.

3082 汉语语音史探索 / 平山久雄著. 北京：北京大学出版社，2012，13+252 页.

3083 汉字百话 / 白川静著；郑威译. 2 版. 新北：大家出版社，2016，350 页.（Common；31）
  ➢ 汉字与英语的幽秘心灵. 上下 / 白川静，亨利·希金斯著. 新北：大家出版社，2016，2 册.
  ➢ 汉字百话 / 白川静著；郑威译. 北京：中信出版社，2014，11+272 页.
  ➢ 汉字百话 / 白川静著；郑威译. 新北：大家出版社，2010，2012 重印，350 页.（Common；9）

3084 汉字的华丽转身：汉字的源流、演进与未来的生命 / 王明嘉，李宗焜，李欧梵等著. 台北：台北市政府文化局，2018，238 页.（catch；240）

3085 汉字的世界. 上, 中国文化的原点 / 白川静著；陈强译. 成都：四川人民出版社，2018，272 页.

3086 汉字的文化史 / 藤枝晃著；李运博译. 北京：新星出版社，2005，208 页.
  ➢ 汉字的文化史 / 藤枝晃著；李运博译. 香港：中华书局（香港）有限公司，2005，241 页.
  ➢ 汉字的文化史 / 藤枝晃著；翟德芳，孙晓林译. 北京：知识出版社，1991，242 页.

3087 汉字王国 / 林西莉著；李之义译 .2 版 .北京：生活·读书·新知三联书店，2017，401 页 .（中学图书馆文库）
- 给孩子的汉字王国 / 林西莉著；李之义译 .北京：中信出版社，2016，296 页 .
- 汉字的故事：畅销十周年纪念版 / 林西莉著；李之义译 .2 版 .台北：猫头鹰出版社，2016，319 页 .（猫头鹰书房；26）
- 汉字王国：讲述中国人和他们的汉字的故事 / 林西莉著；李之义译 .北京：人民美术出版社，2015，421 页 .
- 汉字王国：小型 / 林西莉著；李之义译 .北京：人民美术出版社，2015，373 页 .
- 汉字王国 / 林西莉著；李之义译 .北京：生活·读书·新知三联书店，2008，401 页 .
- 汉字王国：讲述中国人和他们的汉字的故事 / 林西莉著；李之义译 .北京：生活·读书·新知三联书店，2007，357 页 .
- 汉字的故事 / 林西莉著；李之义译 .台北：猫头鹰出版社，2006，319 页 .（猫头鹰书房；26）
- 汉字王国：讲述中国人和他们的汉字的故事 / 林西莉著；李之义译 .济南：山东画报出版社，1998，350+31 页 .

3088 华英文义津逮 / 禧在明编著 .影印本 .北京：北京大学出版社，2017，12+297 页 .（早期北京话珍本典籍校释与研究 .早期北京话珍稀文献集成 .三 .西人北京话教科书汇编 / 王洪君，郭锐，刘云总主编）

3089 华英字典 / 马礼逊著 .影印版 .郑州：大象出版社，2008，6 册 .

3090 华语官话语法 / 弗朗西斯科·瓦罗著；姚小平，马又清译 .北京：外语教学与研究出版社，2003，68+205 页 .（海外汉语研究丛书）

3091 华语跬步 / 御幡雅文编著；徐毅发校注 .北京：北京大学出版社，2018，254 页 .（早期北京话珍本典籍校释与研究 .早期北京话珍稀文献集成 .一 .日本北京话教科书汇编 / 王洪君，郭锐，刘云总主编）

3092 华语入门：英文版 / 吴索福著 .北京：北京大学出版社，2017，14+353 册 .（早期北京话珍本典籍校释与研究 .早期北京话珍稀文献集成 .三 .西人北京话教科书汇编 / 王洪君，郭锐，刘云总主编）
- 华语入门：中文版 / 吴索福著 .北京：北京大学出版社，2017，1 册 .（早期北京话珍本典籍校释与研究 .早期北京话珍稀文献集成 .三 .西人北京话教科书汇编 / 王洪君，郭锐，刘云总主编）

3093 嘉绒语研究 / 向柏霖著 .北京：民族出版社，2008，472 页 .（中国新发现语言研究丛书）

3094 江淮官话与吴语边界的方言地理学研究 / 史皓元，石汝杰，顾黔著 .上海：上海教育出版社，2006，338 页 .

3095 角川汉和新辞典：改订版：原新字源 / 小川环树，西田太一郎，赤塚忠编 .台北：鸿儒堂出版社，1995，2004 重印，1342 页 .

3096 教汉语教文化：美国幼儿园至八年级汉语及中国文化课程设计 / 柯雪润主编；柯雪润，田凤英，郑莉玲著；王海颖等译 . 北京：北京大学出版社，2013，434 页 .

3097 近代东亚翻译概念的发生与传播 / 狭间直树，石川祯浩主编；袁广泉等译 . 北京：社会科学文献出版社，2015，10+416 页 .（日本京都大学中国研究系列；5）

3098 经典训诂 / 周策纵著 . 北京：世界图书出版公司，2014，247 页 .

3099 拉丁成语辞典：拉丁—英—汉语并列 / 雷立柏编 . 北京：宗教文化出版社，2006，442 页 .（宗教研究辞典丛书）

3100 拉丁语汉语简明词典 / 雷立柏著 . 北京：世界图书出版公司北京公司，2011，19+309 页 .

3101 拉丁语桥：拉丁语—英语—汉语修辞学词典 / 雷立柏，王丹编 . 北京：中国书籍出版社，2012，2014 重印，254 页 .

3102 拉—英—德—汉法律格言辞典 / 雷立柏编；袁雪石，徐国堂校 . 北京：宗教文化出版社，2008，370 页 .（宗教研究辞典丛书）

3103 历史语法学理论与汉语历史语法 / 屈承熹著；朱文俊译 . 北京：北京语言学院出版社，1993，175 页 .（国外汉语研究丛书 / 吕必松主编）

3104 论语英译今译 / 丘文明等译选著 . 北京：世界知识出版社，1997，407 页 .

3105 满汉成语对待 / 刘顺编著；竹越孝，陈晓校注 . 北京：北京大学出版社，2018，3 册（28+1263 页）.（早期北京话珍本典籍校释与研究 . 早期北京话珍稀文献集成 . 四 . 清代满汉合璧文献萃编 / 王洪君，郭锐，刘云总主编）

3106 满和辞典 / 羽田亨编 .2 版 . 高雄：学海出版社，2011，478 页 .

3107 蒙古人的文字与书籍 / Д·卡拉著；范丽君译 . 呼和浩特：内蒙古人民出版社，2004，15+241 页 .（蒙古历史文化文库）

3108 蒙古书面语与喀尔喀方言比较语法 / 符拉基米尔佐夫著；陈伟，陈鹏译 . 西宁：青海人民出版社，1988，431 页 .

3109 《蒙古字韵》研究：训民正音与八思巴文字关系探析 / 郑光著；曹瑞炯译 . 北京：民族出版社，2013，12+369 页 .

3110 民国四川话英语教科书：英汉对照 / 启尔德著 .2 版，影印版 . 成都：四川人民出版社，2018，295 页 .

> 民国四川话英语教科书 / 启尔德编著 . 影印版 . 成都：四川人民出版社，2015，295 页 .

3111 闽北区三县市方言研究 / 秋谷裕幸著 . 台北："中央研究院"语言学研究所，2008，422 页 .（《语言暨语言学》专刊甲种；12/2）

3112 闽东区福宁片四县市方言音韵研究 / 秋谷裕幸著 . 福州：福建人民出版社，2010，251 页 .（爱媛大学综合政策研究丛书；5）

3113 闽东区古田方言研究 / 秋谷裕幸，陈泽平著 . 福州：福建人民出版社，2012，286 页 .

3114 明清俗语辞书集成 / 长泽规矩也编 . 影印本 . 上海：上海古籍出版社，1989，3 册 .

3115 "内鲜满"最速成中国语自通 / 金松圭编著；朴在渊，金雅瑛校注 . 北京：北京大学出版社，2017，57+160 页 . (早期北京话珍本典籍校释与研究 . 早期北京话珍稀文献集成 . 二 . 朝鲜日据时期汉语会话书汇编 / 王洪君，郭锐，刘云总主编)

3116 宁波方言字语汇解 / 睦礼逊编著；朱音尔，姚喜明，杨文波校注 . 上海：上海大学出版社，2016，559 页 . (20 世纪西方传教士编汉语方言词典 / 姚小平，姚喜明主编)

3117 庞德与中国文化 / 陶乃侃著 . 北京：首都师范大学出版社，2006，216 页 . (中学西渐丛书)

3118 弃园古今语言文字考论集 / 周策纵著 . 台北：万卷楼图书股份有限公司，2006，255 页 . (语文类；14)

3119 钱钟书诗文丛说：钱钟书教授百岁纪念国际学术研讨会论文集 / 汪荣祖主编 . 桃园：台湾"中央大学"出版中心，2011，12+419 页 . (中央大学人文研究中心丛刊；1)

3120 清文指要 / 竹越孝，陈晓校注 . 北京：北京大学出版社，2018，2 册（28+491 页）. (早期北京话珍本典籍校释与研究 . 早期北京话珍稀文献集成 . 四 . 清代满汉合璧文献萃编 / 王洪君，郭锐，刘云总主编)

> 续编兼汉清文指要 / 陈晓，竹越孝校注 . 北京：北京大学出版社，2018，415 页 . (早期北京话珍本典籍校释与研究 . 早期北京话珍稀文献集成 . 四 . 清代满汉合璧文献萃编 / 王洪君，郭锐，刘云总主编)

3121 日本汉语语法研究史 / 牛岛德次著；甄岳刚编译 . 北京：北京语言学院出版社，1993，156 页 . (国外汉语研究丛书 / 吕必松，鲁健骥主编)

3122 日本近、现代汉语研究论文选 / 大河内康宪主编；靳卫卫译 . 北京：北京语言学院出版社，1993，448 页 . (国外汉语研究丛书 / 吕必松主编)

3123 日本中国语教学书志 / 六角恒广著；王顺洪译 . 北京：北京语言文化大学出版社，2000，253 页 .

3124 上古汉语词根 / 沙加尔著；龚群虎译 . 上海：上海教育出版社，2004，327 页 . (国际汉藏语研究译丛)

3125 上古汉语的辅音系统 / 蒲立本著；潘悟云，徐文堪译 . 北京：中华书局，1999，230 页 . (世界汉学论丛)

3126 上海方言词汇集 / 艾约瑟编著；杨文波，姚喜明，胡炜栋校注 . 上海：上海大学出版社，2016，151 页 . (20 世纪西方传教士编汉语方言词典 / 姚小平，姚喜明主编)

3127 上海方言口语语法 / 艾约瑟著；蔡剑峰等编；钱乃荣，田佳佳译 . 北京：外语教学与研究出版社，2011，10+313 页 . (海外汉语研究丛书)

3128 深入中国：中级汉语教程 / 王海龙著 . 北京：北京大学出版社，2011，336 页 .

3129 神秘的汉字 .1—2/ 小山铁郎著；白川静监修；刘名扬译 . 重庆：重庆出版社，2018，171+301 页 .

3130 速修汉语大成 / 李源生编著；朴在渊，金雅瑛校注 . 影印本 . 北京：北京大学出版社，2017，74+159 页．（早期北京话珍本典籍校释与研究．早期北京话珍稀文献集成．二．朝鲜日据时期汉语会话书汇编 / 王洪君，郭锐，刘云总主编）

3131 速修汉语自通 / 宋宪奭编著；朴在渊，金雅瑛校注．影印本．北京：北京大学出版社，2017，15+72+142 页．（早期北京话珍本典籍校释与研究．早期北京话珍稀文献集成．二．朝鲜日据时期汉语会话书汇编 / 王洪君，郭锐，刘云总主编）

3132 泰国"汉语能力标准"研究 / 龙伟华著．北京：中央民族大学出版社，2013，14+213 页．（汉语国际传播与国际汉语教学研究丛书 / 吴应辉总主编）

3133 泰国中小学汉语课程大纲研究 / 潘素英著．北京：中央民族大学出版社，2013，14+253 页．（汉语国际传播与国际汉语教学研究丛书 / 吴应辉总主编）

3134 唐代长安方言考 / 马伯乐著；聂鸿音译．北京：中华书局，2005，204 页．（世界汉学论丛）

3135 唐汪话研究 / 徐丹著．北京：民族出版社，2014，472 页．（中国新发现语言研究丛书）

3136 通用汉言之法 / 罗伯特·马礼逊著；李焱译．厦门：厦门大学出版社，2018，258 页．

3137 通用汉言之法英吉利文话之凡例 / 马礼逊著．影印版．郑州：大象出版社，2008，17+378 页．

3138 突厥语言研究导论 / 埃·捷尼舍夫著；陈鹏译．北京：中国社会科学出版社，1981，620 页．

3139 吐火罗语考 / 伯希和，列维著；冯承钧译．北京：中华书局，2004，43-174 页．

3140 文化制度和汉语史 / 平田昌司著．北京：北京大学出版社，2016，324 页．（学术史丛书）

3141 我的第一本中文词汇书：汉西版全彩书 / 琳达·甘著．北京：外文出版社，2011，168 页．

> 我的第一本中文词汇书 / 琳达·甘著．北京：外文出版社，2009，168 页．

3142 无先生速修中国语自通 / 白松溪著；朴在渊，金雅瑛校注．北京：北京大学出版社，2017，61+103 页．（早期北京话珍本典籍校释与研究．早期北京话珍稀文献集成．二．朝鲜日据时期汉语会话书汇编 / 王洪君，郭锐，刘云总主编）

3143 西方人看汉字的奥妙：汉英对照 / 雷立柏著．北京：中国书籍出版社，2012，29+136 页．（画说经典：西方学者眼中的中西文化）

3144 西蜀方言 / 钟秀芝编著；杨文波等校注．上海：上海大学出版社，2017，803 页．（19 世纪西方传教士编汉语方言词典 / 姚小平，姚喜明主编）

3145 西夏文字解读 / 西田龙雄著；陈健铃译著主编．银川：宁夏人民出版社，1998，178 页．

3146 现代汉语词汇的形成：十九世纪汉语外来词研究 / 马西尼著；黄河清译．上海：汉语大词典出版社，1997，11+348 页．

3147 现代汉语基本助动词语义研究 / 鲁晓琨著．北京：中国社会科学出版社，2004，

282 页 .

3148 现代汉语句法结构：生成语法 / 桥本·安妮著；侯方译 . 哈尔滨：黑龙江人民出版社，1982，122 页 .

3149 现代汉语情态动词否定研究 / 宋永圭著 . 北京：中国社会科学出版社，2007，275 页 .（语言与认知文库）

3150 现代汉语修辞学 / 郭列洛夫著；王德春译 . 南京：江苏教育出版社，1987，173 页 .

3151 现代中国语方向动词 / 山田留里子著 . 北京：北京大学出版社，2003，130 页 .

3152 现代中国语史新编 / 市川勘，小松岚著 . 南京：南京大学出版社，2012，344 页 .

3153 新词语新概念：西学译介与晚清汉语词汇之变迁 / 郎宓榭，阿梅龙，顾有信著；赵兴胜等译 . 济南：山东画报出版社，2012，494 页 .（国家清史编纂委员会·编译丛刊）

3154 修正独习汉语指南 / 柳廷烈著；朴在渊，金雅瑛校注 . 北京：北京大学出版社，2018，150 页 .（早期北京话珍本典籍校释与研究 . 早期北京话珍稀文献集成 . 二 . 朝鲜日据时期汉语会话书汇编 / 王洪君，郭锐，刘云总主编）

3155 寻津录 / 威妥玛编著 . 北京：北京大学出版社，2017，1 册 .（早期北京话珍本典籍校释与研究 . 早期北京话珍稀文献集成 . 三 . 西人北京话教科书汇编 / 王洪君，郭锐，刘云总主编）

3156 亚细亚言语集 / 广部精编著；翟赟校注 . 北京：北京大学出版社，2018，302 页 .（早期北京话珍本典籍校释与研究 . 早期北京话珍稀文献集成 . 一 . 日本北京话教科书汇编 / 王洪君，郭锐，刘云总主编）

3157 《燕京妇语》等八种 / 北边白血等编著；陈颖，翟赟校注 . 北京：北京大学出版社，2018，436 页 .（早期北京话珍本典籍校释与研究 . 早期北京话珍稀文献集成 . 一 . 日本北京话教科书汇编 / 王洪君，郭锐，刘云总主编）

3158 岩波日中词典 / 仓石武四郎，折敷濑兴编 .2 版 . 北京：商务印书馆；东京：岩波书店，2003，1332 页 .

➢ 岩波日中辞典 / 仓石武四郎，折敷濑兴编 . 北京：商务印书馆，1986，1250 页 .

➢ 岩波日中辞典 / 仓石武四郎，折敷濑兴编 . 东京：株式会社岩波书店，1983，1250 页 .

3159 言语声片 / 爱德华·丹尼森·罗斯主编；老舍等编著 . 北京：北京大学出版社，2017，2 册 .（早期北京话珍本典籍校释与研究 . 早期北京话珍稀文献集成 . 三 . 西人北京话教科书汇编 / 王洪君，郭锐，刘云总主编）

3160 一百条 / 智信编著；竹越孝，陈晓校注 . 清语易言 / 博赫编著；竹越孝，陈晓校注 . 北京：北京大学出版社，2018，3 册（28+920 页）.（早期北京话珍本典籍校释与研究 . 早期北京话珍稀文献集成 . 四 . 清代满汉合璧文献萃编 / 王洪君，郭锐，刘云总主编）

3161 伊能嘉矩蕃语调查手册 / 伊能嘉矩著；森口恒一编，张曦译 . 台北：南天书局，

1998，228 页 .（台湾原住民研究资料丛书；3）

3162 伊苏普喻言　今古奇观　搜奇新编 / 中田敬义等编著；陈颖，侯瑞芬校注 . 北京：北京大学出版社，2018，267 页 .（早期北京话珍本典籍校释与研究 . 早期北京话珍稀文献集成 . 一 . 日本北京话教科书汇编 / 王洪君，郭锐，刘云总主编）

3163 彝语支源流 / 布莱德雷著；乐赛月等译 . 成都：四川民族出版社，1992，506 页 .

3164 殷墟文字丙编研究 . 上册，解说·隶定·英译 / 高嶋谦一，司礼义编译 . 台北："中央研究院"历史语言研究所，2010，26+817 页 .（"中央研究院"历史语言研究所专刊；107A）

> 殷墟文字丙编研究 . 下册，注释·古文字语言学新探 / 高嶋谦一著 . 台北："中央研究院"历史语言研究所，2010，734 页 .（"中央研究院"历史语言研究所专刊；107B）

3165 英格里希绝配百年四川话：1917·华西第一年学生用中文教材新解 / 启尔德编著；张世光等译注 . 成都：天地出版社，2016，21+319 页 .

3166 英语世界的陶渊明研究 / 吴伏生著 . 北京：学苑出版社，2013，16+248 页 .

3167 语言自迩集：19 世纪中期的北京话 / 威妥玛著；张卫东译 . 2 版 . 北京：北京大学出版社，2018，3 册（10+62+1023 页）.（早期北京话珍本典籍校释与研究 . 早期北京话研究书系 / 王洪君，郭锐，刘云总主编）

> 语言自迩集 / 翟赟，郭利霞，陈颖卷主编；威妥玛编著 . 北京：北京大学出版社，2017，3 册 .（早期北京话珍本典籍校释与研究 . 早期北京话珍稀文献集成 . 1-3. 西人北京话教科书汇编 / 王洪君，郭锐，刘云总主编）

> 语言自迩集 / 威妥玛编著 . 影印本 . 北京：北京大学出版社，2017，2 册 .（早期北京话珍本典籍校释与研究 . 早期北京话珍稀文献集成 . 三 . 西人北京话教科书汇编 / 王洪君，郭锐，刘云总主编）

> 语言自迩集：19 世纪中期的北京话 / 威妥玛著；张卫东译 . 北京：北京大学出版社，2002，523 页 .

3168 原始汉语与汉藏语 / 包拟古著；潘悟云，冯蒸译 . 2 版 . 北京：中华书局，2009，307 页 .（世界汉学论丛）

> 原始汉语与汉藏语 / 包拟古著；潘悟云，冯蒸译 . 北京：中华书局，1995，286 页 .

3169 韵府群玉 . 上中下 / 住吉朋彦解题 . 影印本 . 北京：北京大学出版社，2018，3 册（2226 页）.（日本五山版汉籍丛刊 . 第一辑 / 刘玉才，住吉朋彦主编）

3170 藏语中的借词 / 劳费尔著；赵衍荪译 . 北京：中国社会科学院民族研究所少数民族语言研究室，1981，117 页 .

3171 赵元任全集 . 第 1 卷 / 赵元任著 . 北京：商务印书馆，2002，15+760 页 .

> 赵元任全集 . 第 3 卷 / 赵元任著；北京：商务印书馆，2004，14+10+1137 页 .

> 赵元任全集 . 第 4 卷 / 赵元任著；北京：商务印书馆，2012，2 册（22+979）页 .

3172 赵元任语言学论文集 / 赵元任著；吴宗济，赵新那编 . 北京：商务印书馆，2006，1077 页 .
  ➢ 赵元任语言学论文集 / 赵元任著；吴宗济，赵新那编 . 北京：商务印书馆，2002，910 页 .
  ➢ 中国现代语言学的开拓和发展：赵元任语言学论文选 / 赵元任著；袁毓林主编 . 北京：清华大学出版社，1992，291 页 .（清华文丛；4）
  ➢ 赵元任语言学论文选 / 赵元任著；叶蜚声译 . 北京：中国科学出版社，1985，109 页 .
3173 中国的文字改革 / 藤井明，姜焕柱著 . 保定：河北大学出版社，2000，73 页 .
3174 中国的语言及方言的分类 / 邓晓华，王士元著 . 北京：中华书局，2009，270 页 .
3175 中国古代的语言和逻辑 / 陈汉生著；周云之等译 . 北京：社会科学文献出版社，1998，229 页 .
3176 中国古典名言集 / 诸桥辙次编；冯作民译述 . 长沙：岳麓书社，1989，558 页 .
3177 中国古文字学导论 / 夏含夷主编；本书翻译组译 . 上海：中西书局，2013，342 页 .
3178 中国和英语国家非语言交际对比 / 布罗斯纳安著；毕继万译 . 北京：北京语言学院出版社，1991，223 页 .
3179 中国话的文法 / 赵元任著；丁邦新译 . 香港：中文大学出版社，1980，459 页 .
3180 中国近现代汉语发展史论著选译 / 克留科夫，杰里·诺曼著；黄尚军，王跃译著 . 成都：天地出版社，2007，166 页 .
3181 中国名言典故 365：中国经世智慧名言集 .2/ 松本一男著；廖为智译 . 台北：远流出版事业公司，1993，268 页 .（实用历史丛书；50）
3182 中国文法 / 卫匡国著；白佐良意大利文翻译；白桦中文翻译 . 上海：华东师范大学出版社，2011，15+176 页 .
3183 中国文字学 / 武内义雄著 . 语文论文集 / 许地山著 . 中国文字学形篇义篇 / 容庚著 . 台中：文听阁图书有限公司，2009，52+54+316 页 .（民国时期语言文字学丛书 . 第一编；58）
3184 中国音韵学研究 / 高本汉著；赵元任，罗常培，李方桂译 . 影印本 . 台中：文听阁图书有限公司，2009，2 册（731 页）.（民国时期语言文字学丛书 . 第一编；95-96）
  ➢ 中国音韵学研究 / 高本汉著；赵元任，罗常培，李方桂译；吴宗济，林焘主编 . 影印本 . 北京：清华大学出版社，2007，25+731 页 .（李方桂全集；12）
  ➢ 中国音韵学研究 / 高本汉著；赵元任等译 . 北京：商务印书馆，1994，1995 印，43+748 页 .
3185 中国语 / 田中则明著 . 上海：上海科学技术文献出版社，1997，1998 重印，81 页 .
3186 中国语的文法 / 池泽肇著；王兴阁校 . 沈阳：辽宁教育出版社，1992，180 页 .
3187 中国语历史文法 / 太田辰夫著；蒋绍愚，徐昌华译 .2 版 . 修订译本 . 北京：北京大学出版社，2003，10+406 页 .（未名译库 . 语言与文字系列）
  ➢ 中国语历史文法 / 太田辰夫著；蒋绍愚，徐昌华译 . 北京：北京大学出版社，

1987，415 页．

3188 　中国语书简文表现辞典 / 大河内康宪著．东京：燎原书店，1985，639 页．

3189 　中国语文札记 / 杨联陞著．北京：中国人民大学出版社，2011，282 页．
> 中国语文札记：杨联陞论文集 / 杨联陞著．北京：中国人民大学出版社，2006，279 页．（朗朗书房）

3190 　中国语言学史 / 李炳官等著；雷汉卿，胡翠月译．成都：巴蜀书社，2014，10+752 页．（汉语史与中国古典文献学研究丛书）

3191 　中国语言学研究 / 高本汉著；贺昌群译．影印本．太原：山西人民出版社，2015，190 页．（近代海外汉学名著丛刊 / 郑培凯主编）

3192 　中国语与近代日本 / 安藤彦太郎著；卞立强译．北京：北京大学出版社，1991，164 页．（北京大学日本研究丛书 / 北京大学日本研究中心编）
> 中国语和近代日本 / 安藤彦太郎著；张威忠译．济南：济南出版社，1989，153 页．

3193 　中国语与中国文 / 高本汉著；张世禄译．影印本．太原：山西人民出版社，2015，27+150 页．（近代海外汉学名著丛刊 / 郑培凯主编）
> 中国语与中国文 / 高本汉著；张世禄译．台北：文史哲出版社，1985，150 页．（中外学术名著丛刊；2）

3194 　中国杂记：中国文字、文学与中欧文化交流史 / 马礼逊著；韩凌编译．北京：旅游教育出版社，2018，173 页．

3195 　中国中世语法史研究 / 志村良治著；江蓝生，白维国译．北京：中华书局，1995，457 页．

3196 　中美混合修辞的崛起：兼读中式签语饼 / 毛履鸣著；汪建峰译．上海：复旦大学出版社，2013，207 页．

3197 　中日韩同字异义小辞书 / 佐藤贡悦，严锡仁著．北京：人民日报出版社，2013，23+229 页．

3198 　中上古汉语音韵纲要 / 高本汉著；聂鸿音译．济南：齐鲁书社，1987，267 页．

3199 　中世纪蒙古语诸形态研究 / 小泽重男著；呼格吉勒图等译．呼和浩特：内蒙古教育出版社，2004，10+347 页．（阿尔泰学丛书）

3200 　中语大全 / 李祖宪著；朴在渊，金雅瑛校注．影印本．北京：北京大学出版社，2017，354 页．（早期北京话珍本典籍校释与研究.早期北京话珍稀文献集成.二.朝鲜日据时期汉语会话书汇编 / 王洪君，郭锐，刘云总主编）

3201 　中原音韵音位系统 / 薛凤生著；鲁国尧，侍建国译．北京：北京语言学院出版社，1990，175 页．

（二）研究著作

3202 　16—19 世纪西方人的汉语研究 / 张西平，内田庆市，柳若梅编．北京：外语教学

与研究出版社，2013，11+246 页．（世界汉语教育丛书）

3203　16 世纪至 19 世纪初西人汉语研究 / 董海樱著．北京：商务印书馆，2011，27+340 页．（国际汉语教育史研究丛书）

3204　19 世纪汉英词典传统：马礼逊、卫三畏、翟理斯汉英词典的谱系研究 / 杨慧玲著．北京：商务印书馆，2012，27+371 页．（国际汉语教育史研究丛书）

3205　安徽大学汉语言文字研究丛书，高岛谦一卷 / 黄德宽主编．合肥：安徽大学出版社，2013，473 页．

3206　德国中学生中文课上的汉语过渡语分析及相关教学策略研究 / 张杨著．成都：四川大学出版社，2018，274 页．（博士文库）

3207　第二届国际粤方言研讨会论文集 / 詹伯惠主编；广东省中国语言学会，暨南大学中文系汉语方言研究室编．广州：暨南大学出版社，1990，237 页．

> 第五届国际粤方言研讨会论文集 / 詹伯慧主编．广州：暨南大学出版社，1997，236 页．

> 第七届国际粤方言研讨会论文集：《方言》增刊 / 单周尧，陆镜光主编．北京：商务印书馆，2000，510 页．

> 第八届国际粤方言研讨会论文集 / 詹伯慧主编．北京：中国社会科学出版社，2003，704 页．

> 第九届国际粤方言研讨会论文集 / 邓景滨，汤翠兰主编．澳门：澳门中国语文学会，2005，370 页．（澳门中国语文学会丛书；7）

> 第十届国际粤方言研讨会论文集 / 张洪年，张双庆，陈雄根主编．北京：中国社会科学出版社，2007，549 页．

> 第十一届国际粤方言研讨会论文集 / 林亦，余瑾主编．南宁：广西人民出版社，2007，396 页．

> 第十八届国际粤方言研讨会论文集 / 孙景涛，姚玉敏主编．广州：暨南大学出版社，2015，298 页．

3208　第二届汉语国际传播学术研讨会论文集 / 吴应辉，刘玉萍主编．北京：中央民族大学出版社，2013，155 页．（汉语国际传播与国际汉语教学研究丛书 / 吴应辉总主编）

3209　第二十二届中国文字学国际学术研讨会会后论文集 / 逢甲大学中国文学系，中国文字学会编辑．新北：圣环图书股份有限公司，2011，432 页．（三石文库；14）

> 第二十三届中国文字学国际学术研讨会会后论文集：2012/ 静宜大学中国文学系，静宜大学汉字研究中心，中国文字学会主编．新北：圣环图书股份有限公司，2013，588 页．（三石文库；18）

3210　第十四届国际汉藏语言学会论文集 / 屈承熹等编辑．台北：台湾学生书局，1983，399 页．（现代语言学论丛；乙 1）

3211　第四届国际闽方言研讨会论文集 / 詹伯慧等编．汕头：汕头大学出版社，1996，

349页.

> 第十一届闽方言国际学术研讨会论文集/张嘉星主编.厦门：厦门大学出版社，2013，242页.（闽南文化研究院学术文库）

3212 第一届国际汉语教学讨论会文选/国际汉语教学讨论会编.北京：北京语言学院出版社，1986，598页.

> 第二届国际汉语教学讨论会，世界汉语教学学会成立大会纪念/世界汉语教学学会秘书处编.北京：北京语言学院出版社，1987，48页.

> 第二届国际汉语教学讨论会论文选/第二届国际汉语教学讨论会组织委员会编.北京：北京语言学院出版社，1988，660页.

> 第三届国际汉语教学讨论会论文选/第三届国际汉语教学讨论会会务工作委员会主编.北京：北京语言学院出版社，1991，625页.

> 第四届国际汉语教学讨论世界汉语教学学会成立六周年纪念/本书编辑委员会编.北京：北京语言学院出版社，1994，40页.

> 第四届国际汉语教学讨论会论文选/《第四届国际汉语教学讨论会论文选》编辑委员会编.北京：北京语言学院出版社，1995，607页.

> 第五届国际汉语教学讨论会论文选/《第五届国际汉语教学讨论会论文选》编辑委员会编.北京：北京大学出版社，1997，685页.

> 第五届国际汉语教学学术研讨会论文集/朱永生，姚道中主编.北京：世界图书出版公司，2007，294页.

> 第六届国际汉语教学讨论会论文选/《第六届国际汉语教学讨论会论文选》编辑委员会编.北京：北京大学出版社，2000，777页.

> 第七届国际汉语教学讨论会论文选/《第七届国际汉语教学讨论会论文选》编辑委员会编.北京：北京大学出版社，2004，755页.

> 第八届国际汉语教学讨论会论文选/陆俭明主编；《第八届国际汉语教学讨论会论文选》编辑委员会编.北京：高等教育出版社，2007，837页.

> 第九届国际汉语教学研讨会论文选/许嘉璐主编；《第九届国际汉语教学研讨会论文选》编辑委员会编.北京：高等教育出版社，2010，12+1006页.

> 第十届国际汉语教学研讨会论文选/《第十届国际汉语教学研讨会论文选》编辑委员会编.沈阳：万卷出版公司，2012，645页.

> 第十一届国际汉语教学研讨会论文选/世界汉语教学学会秘书处编.北京：高等教育出版社，2013，10+654页.

> 第十二届国际汉语教学研讨会论文选/世界汉语教学学会秘书处编.北京：外语教学与研究出版社，2016，362页.

3213 第一届国际先秦汉语语法研讨会论文集/高思曼主编.长沙：岳麓书社，1994，574页.

3214 东亚视阈汉语史论/李无未著.厦门：厦门大学出版社，2014，383页.（东亚汉语史书系/李无未主编）

3215 对外汉语学习词典学国际研讨会论文集. 二：北京 2006 年 / 郑定欧，李禄兴，蔡永强主编. 北京：中国社会科学出版社，2006，407 页.

> 对外汉语学习词典学国际研讨会论文集. 三：南京 2007 年 / 郑定欧主编. 北京：中国社会科学出版社，2008，421 页.

3216 对外汉语研究的跨学科探索：汉语学习与认知国际学术研讨会论文集 / 赵金铭主编. 北京：北京语言大学出版社，2003，424 页.（北京语言大学对外汉语研究中心书系）

3217 俄罗斯推广中国语言文化国际研讨会论文集 / 季塔连科，朱显平主编. 长春：长春出版社，2011，236 页.（汉语推广与国情研究丛书）

3218 高本汉《北京话语音读本》整理与研究 / 艾溢芳著. 北京：北京大学出版社，2016，11+230 页.（早期北京话研究书系 / 郭锐主编）

3219 功能主义与汉语语法 / 戴浩一，薛凤生主编. 北京：北京语言学院出版社，1994，308 页.（国外汉语研究丛书 / 吕必松主编）

3220 古代汉语汉字对外传播史 / 董明著. 北京：中国大百科全书出版社，2002，12+643 页.

3221 古文字与汉语历史比较音韵学 / 朴慧莉，程少轩编. 上海：复旦大学出版社有限公司，2017，308 页.

3222 滚雪球学汉语，中级版 / 白乐桑，刘嘉陵编著. 北京：华语教学出版社，2009，127 页.

3223 国际汉语教学动态与研究. 第 1—4 辑 / 北京外国语大学国际汉语教学信息中心编. 北京：外语教学与研究出版社，2005—2006，4 册.

> 国际汉语教学动态与研究.2006 年. 第 1—4 辑 / 张西平，张晓慧主编；北京外国语大学国际汉语教学信息中心编. 北京：外语教学与研究出版社，2006—2007，4 册.

> 国际汉语教学动态与研究.2007. 第 1—3 辑 / 北京外国语大学国际汉语教学信息中心编. 北京：外语教学与研究出版社，2007，3 册.

> 国际汉语教学动态与研究.2008. 第 1—4 辑 / 北京外国语大学国际汉语教学信息中心编. 北京：外语教学与研究出版社，2008，4 册.

3224 国际汉语教育史研究 / 张西平，柳若梅编. 北京：商务印书馆，2014，378 页.（国际汉语教育史研究丛书）

3225 国际汉语研究论丛. 一 / 吴平主编. 北京：世界图书出版公司北京公司，2012，251 页.

> 国际汉语研究论丛. 二 / 吴平主编. 北京：世界图书出版公司北京公司，2014，248 页.

> 国际汉语研究论丛. 三 / 潘先军，于淼主编. 北京：北京语言大学出版社，2017，315 页.

3226 海外中国语言学研究 / 石锋编. 北京：语文出版社，1994，246 页.

3227 汉籍外译史 / 马祖毅，任荣珍著 .2 版（修订本）. 武汉：湖北教育出版社，2003，727 页 .（中华翻译研究丛书）

　　➢ 汉籍外译史 / 马祖毅，任荣珍著 . 武汉：湖北教育出版社，1997，720 页 .（中华翻译研究丛书；3）

3228 汉学家理雅各《中国经典》深度翻译模式研究 / 尹延安著 . 广州：世界图书出版广东有限公司，2017，292 页 .（中国当代语言学文库）

3229 汉学与汉语言文学文献研究 / 胡继明主编 . 成都：西南交通大学出版社，2008，397 页 .

3230 汉语方言词汇调查手册 /Richard Van Ness Simmons，顾黔，石汝杰编著 . 北京：中华书局，2006，196 页 .

3231 汉语国际传播研究论丛 .2012，中外学者同济大学演讲录 / 陈强，孙宜学主编 . 上海：上海三联书店，2012，438 页 .

3232 汉语拼音教学国际研讨会论文集 / 教育部语言文字应用管理司编 . 北京：语文出版社，2010，340 页 .

3233 汉语拼音入门 / 沈禾玲，蔡真慧，周虞农编著 . 北京：北京语言大学出版社，2006，125 页 .

3234 汉语语言文字启蒙 . Ⅰ—Ⅱ / 若埃尔·白乐桑，张朋朋编，北京：华语教学出版社，1997，2 册（276；337 页）.

3235 汉字传播史 / 陆锡兴著 . 北京：商务印书馆，2018，547 页 .

　　➢ 汉字传播史 / 陆锡兴著 . 北京：语文出版社，2002，432 页 .

3236 互动式汉语口语，入门 / 砂冈和子，孙琦编著 . 北京：外语教学与研究出版社，2008，266 页 .

　　➢ 互动式汉语口语，基础 / 砂冈和子等编著 . 北京：外语教学与研究出版社，2007，260 页 .

3237 近代澳门翻译史稿 / 李长森著 . 澳门：澳门特别行政区政府文化局；北京：社会科学文献出版社，2016，313 页 .（澳门文化丛书）

3238 近代西方汉语研究论集 / 张西平，杨慧玲编 . 北京：商务印书馆，2013，386 页 .（国际汉语教育史研究丛书）

3239 境外汉语历史语法研究文选 / 吴福祥编 . 上海：上海教育出版社，2013，538 页 .（国际汉藏语研究译丛）

3240 境外汉语音韵学论文选 / 潘悟云编 . 上海：上海教育出版社，2010，380 页 .（国际汉藏语研究译丛）

3241 马若瑟《汉语札记》研究 / 李真著 . 北京：商务印书馆，2014，376 页 .（国际汉语教育史研究丛书）

3242 马若瑟《汉语札记》与《马氏文通》文言虚字对比研究 / 刘亚辉著 . 北京：语文出版社，2016，293 页 .（语言接触与汉语研究丛书）

3243 美国华裔批评家刘禾"新翻译理论"研究/费小平著.北京:中国社会科学出版社,2017,331页.

3244 面临新世纪挑战的现代汉语语法研究:'98现代汉语语法学国际学术会议论文集/陆俭明主编.济南:山东教育出版社,2000,911页.

3245 明清吴语词典/石汝杰,宫田一郎主编.上海:上海辞书出版社,2005,915页.

3246 母语的消失与存留:第三届中国云南濒危语言遗产保护国际学术研讨会论文集/白碧波,大卫·布莱德雷主编.北京:民族出版社,2011,10+417页.

3247 女书的历史与现状:解析女书的新视点/远藤织枝,黄雪贞主编.北京:中国社会科学出版社,2005,196页.

3248 葡汉辞典/魏若望主编.澳门:葡萄牙国家图书馆:东方葡萄牙学会:利玛窦中西文化历史研究所(旧金山大学),2001,535页.

3249 全球化时代的中文系/王润华主编.台北:文史哲出版社,2006,179页.(元智大学中国语文学系学术研究丛书)

3250 日本汉语教科书汇刊.第一册—第五十八册/李无未主编.影印本.北京:中华书局,2015,58册.
> 日本汉语教科书汇刊(江户明治编)总目提要/李无未等著.北京:中华书局,2015,17+318页.

3251 日本汉语教学历史研究/刘海燕著.北京:中国传媒大学出版社,2017,225页.(日本语言·文化·传播丛书.第2辑)

3252 日本汉语音韵学史/李无未著.北京:商务印书馆,2011,453页.

3253 日本近现代汉语语法学史/李无未著.北京:商务印书馆,2018,28+384页.

3254 日藏宋本庄子音义/陆德明撰;黄华珍编校.影印本.上海:上海古籍出版社,1996,339+15页.(海外珍藏善本丛书)

3255 日中医学会话/中村公辉,陈确编著.沈阳:沈阳出版社,1988,137页.

3256 十九世纪中国文化典籍英译史/赵长江著.上海:上海外语教育出版社,2017,28+314页.(外教社博学文库)

3257 实用汉日会话/高桥弥守彦编.北京:科学普及出版社,1986,70页.

3258 世界汉语教育史/张西平主编.北京:商务印书馆,2009,449页.

3259 世界汉语教育史研究:第一届世界汉语教育史国际学术研讨会论文集/李向玉,张西平,赵永新主编.澳门:澳门理工学院,2005,407页.

3260 首届汉语中介语语料库建设与应用国际学术讨论会论文选集/肖奚强,张旺熹主编.北京:世界图书出版公司北京公司,2011,363页.
> 第二届汉语中介语语料库建设与应用国际学术讨论会论文选集/崔希亮,张宝林主编.北京:北京语言大学出版社,2013,2014印,416页.
> 第三届汉语中介语语料库建设与应用国际学术讨论会论文选集/林新年,肖奚强,张宝林主编.北京:世界图书出版公司北京公司,2016,464页.

> 第四届汉语中介语语料库建设与应用国际学术讨论会论文选集 / 张亚军等主编 . 北京：世界图书出版有限公司北京分公司，2018，436 页 .

3261 说字解词 / 白乐桑主编 . 北京：北京大学出版社，2002，24+397 页 .

3262 晚清来华西方人汉语学习与研究 / 卞浩宇著 . 长春：吉林人民出版社，2017，294 页 .

3263 卫礼贤之名：对一个边际文化符号的考察 / 范劲著 . 上海：华东师范大学出版社，2011，20+467 页 .

3264 文化翻译视域下的中国典籍英译研究 / 魏倩倩著 . 北京：九州出版社，2018，214 页 .

3265 吴语婺州方言研究 / 曹志耘，秋谷裕幸主编；曹志耘等著 . 北京：商务印书馆，2016，660 页 .

3266 吴语研究：第二届国际吴方言学术研讨会论文集 / 上海市语文学会，香港中国语文学会编 . 上海：上海教育出版社，2003，368 页 .

> 吴语研究：第三届国际吴方言学术研讨会论文集 / 上海市语文学会，香港中国语文学会合编 . 上海：上海教育出版社，2005，417 页 .

> 吴语研究：第四届国际吴方言学术研讨会论文集 / 上海市语文学会，香港中国语文学会合编 . 上海：上海教育出版社，2008，286 页 .

> 吴语研究：第六届国际吴方言学术研讨会论文集 / 游汝杰，丁治民，葛爱萍主编 . 上海：上海教育出版社，2011，371 页 .

> 吴语研究：第七届国际吴方言学术研讨会论文集 / 游汝杰，王洪钟，陈轶亚主编 . 上海：上海教育出版社，2014，441 页 .

> 吴语研究：第八届国际吴方言学术研讨会论文集 / 陈忠敏主编 . 上海：上海教育出版社，2016，404 页 .

> 吴语研究 . 第九辑，第九届国际吴方言学术研讨会论文集 / 陈忠敏，陆道平主编 . 上海：上海教育出版社有限公司，2018，389 页 .

3267 西方人早期汉语学习史调查 / 张西平等编著 . 北京：中国大百科全书出版社，2003，2 册（18+1062 页）.

3268 像中国人那样说中文：日本人学中文惯用语、俗语、成语、歇后语 / 乐靖，河原睦美编 . 大连：辽宁师范大学出版社，2007，282 页 .

3269 雅学文献学研究 / 窦秀艳著 . 北京：中国社会科学出版社，2015，237 页 .（东亚文学与文化研究丛书 . 第一辑）

3270 宇文所安的翻译诗学 / 裔传萍著 . 南京：江苏人民出版社，2016，274 页 .（解放军国际关系学院纵横博士文库）

3271 中国白族白文文献释读 / 张锡禄，甲斐胜二主编 . 桂林：广西师范大学出版社，2011，16+10+714 页 .

3272 中国境内语言的空间表达——跨语言、共时和历时视角：英文 / 徐丹主编 . 北京：世界图书出版公司北京公司，2013，340 页 .（西方语言学与应用语言学视野 . 西方语言学视野）

3273 中国少数民族语言汉语借词的历史层次/向柏霖，蓝庆元主编.北京：商务印书馆，2013，231页.

3274 中国文化典籍英译/王宏印编著.北京：外语教学与研究出版社，2009，337页.

3275 中国文化典籍英译研究/符晓晓著.长春：吉林大学出版社，2016，150页.

3276 中西文献交流史/潘玉田，陈永刚著.北京：北京图书馆出版社，1999，16+283页.

I

文　学

一、文学理论

（一）译著

3277 《阿Q正传》郑笺/郑子瑜著.北京：中国社会出版社，1998，182页.
   ➢ 《阿Q正传》郑笺/郑子瑜著.北京：中国和平出版社，1993，179页.（海外中国学丛书）

3278 巴金的生活和著作/明兴礼著；王继文译.上海：上海书店，1986，212页.

3279 巴金的世界：两个日本人论巴金/山口守，坂井洋史著.北京：东方出版社，1996，362页.

3280 巴金论集/坂井洋史著.上海：复旦大学出版社，2013，271页.（巴金研究丛书；6）

3281 白居易写讽谕诗的前前后后/静永健著；刘维治译.北京：中华书局，2007，267页.（日本中国学文萃/王晓平主编）

3282 宝卷：十六至十七世纪中国宗教经卷导论/欧大年著；马睿译.北京：中央编译出版社，2012，12+431页.（国家清史编纂委员会·编译丛刊）

3283 北美中国古典文学研究名家十年文选/乐黛云，陈珏编选.南京：江苏人民出版社，1996，693页.（海外中国研究丛书）

3284 北宋六大词家：晏殊、欧阳修、柳永、秦观、苏轼、周邦彦（公元九六〇—一一二六）/刘若愚著；王贵苓译.台北：幼狮文化事业公司，1986，195页.

3285 北宋名家词选讲/叶嘉莹著.北京：北京大学出版社，2007，383页.（迦陵讲演集）

3286 被压抑的现代性：晚清小说新论/王德威著；宋伟杰译.北京：北京大学出版社，2005，426页.（文学史研究丛书）
   ➢ 被压抑的现代性：晚清小说新论/王德威著；宋伟杰译.台北：麦田出版社，

2003，465 页 .（麦田人文；60）

3287 才女之累：李清照及其接受史 / 艾朗诺著；夏丽丽，赵惠俊译 . 上海：上海古籍出版社，2017，363 页 .（海外汉学丛书）

3288 曹雪芹与红楼梦 / 余英时，周策纵等著 . 台北：里仁书局，1985，762 页 .

3289 朝鲜汉文学史 / 金台俊著；张琏瑰译 . 北京：社会科学文献出版社，1996，174 页 .（北京大学韩国学研究中心韩国学丛书）

3290 尘几录：陶渊明与手抄本文化研究 / 田晓菲著 . 北京：中华书局，2007，341 页 .

3291 陈寅恪晚年诗文释证 / 余英时著 .2 版 . 台北：东大图书股份有限公司，2011，358 页 .

> 陈寅恪晚年诗文释证 / 余英时著 . 台北：东大图书股份有限公司，1998，2008 重印，377 页 .（文苑）

> 陈寅恪晚年诗文释证：兼论他的学术精神和晚年心境 / 余英时著 . 台北：时报文化出版事业公司，1984，179 页 .（时报书系；526）

3292 耻辱与恢复：《呐喊》与《野草》/ 丸尾常喜著；秦弓，孙丽华编译 . 北京：北京大学出版社，2009，439 页 .（文学史研究丛书）

3293 重读石头记：《红楼梦》里的情欲与虚构 / 余国藩著；李奭学译 . 台北：城邦文化事业股份有限公司，2004，431 页 .（麦田人文；74）

3294 初唐诗 / 宇文所安著；贾晋华译 . 北京：生活·读书·新知三联书店，2014，351 页 .（宇文所安作品系列）

> 初唐诗 / 宇文所安著；贾晋华译 . 台北：联经出版事业股份有限公司，2007，18+453 页 .

> 初唐诗 / 宇文所安著；贾晋华译 . 北京：生活·读书·新知三联书店，2004，335 页 .（宇文所安作品系列）

> 初唐诗 / 欧文著；贾晋华译 . 南宁：广西人民出版社，1987，267 页 .

3295 传媒与真相：苏轼及其周围士大夫的文学 / 内山精也著 . 上海：上海古籍出版社，2013，11+535 页 .（日本宋学研究六人集 / 王水照主编）

> 传媒与真相：苏轼及其周围士大夫的文学 / 内山精也著；朱刚等译 . 上海：上海古籍出版社，2005，11+535 页 .（日本宋学研究六人集 / 王水照主编）

3296 创造李渔 / 韩南著；杨光辉译 . 上海：上海教育出版社，2010，200 页 .（韩南汉学研究译丛）

3297 词学古今谈 / 缪钺，叶嘉莹著 . 长沙：岳麓书社，1993，384 页 .

3298 词学新诠 / 叶嘉莹著 .2 版 . 北京：北京大学出版社，2014，10+216 页 .（迦陵著作集）

> 词学新诠 / 叶嘉莹著 . 北京：北京大学出版社，2008，217 页 .

> 词学新诠 / 叶嘉莹著 . 台北：桂冠图书公司，2000，213 页 .（叶嘉莹作品集 . 诗词论丛）

3299 词与文类研究 / 孙康宜著；李奭学译. 北京：北京大学出版社，2004，216 页.（文学史研究丛书）

3300 词之美感特质的形成与演进 / 叶嘉莹著. 北京：北京大学出版社，2007，209 页.（迦陵讲演集）

3301 从《非攻》到《墨攻》：鲁迅史实文本辨正及其现实意义探微 / 张钊贻著. 桂林：广西师范大学出版社，2017，356 页.（海外中国学丛书 / 李焯然主编）

3302 从爱的理论评价《红楼梦》/ 何炳棣著. 台北："中央研究院"中山人文社会科学研究所，1994，37 页.（论文重刊）

3303 从传承到文学的飞跃：《竹取物语》和《斑竹姑娘》/ 野口元大著；斯英琦译. 上海：少年儿童出版社，1983，129 页.

3304 从史实性到虚构性：中国叙事诗学 / 鲁晓鹏著；王玮译；冯雪峰校. 北京：北京大学出版社，2012，187 页.（文艺学与文化研究丛书）

3305 从司空图到沈从文 / 王润华著. 上海：学林出版社，1989，182 页.

3306 从小说看中国人的思考样式 / 中野美代子著；若竹译. 北京：北京十月文艺出版社，1989，131 页.

3307 当代中华诗词名家精品集，叶嘉莹卷 / 中华诗词研究院编. 北京：中国青年出版社，2015，102 页.

3308 到民间去：中国知识分子与民间文学，1918—1937：新译本 / 洪长泰著；董晓萍译. 北京：中国人民大学出版社，2015，10+317 页.（海外中国研究文库）
  ➢ 到民间去：1918—1937 年的中国知识分子与民间文学运动 / 洪长泰著；董晓萍译. 上海：上海文艺出版社，1993，303 页.（域内外民俗学丛刊）

3309 缔造选本：《花间集》的文化语境与诗学实践 / 田安著；马强才译. 南京：江苏人民出版社，2016，314 页.（凤凰文库·海外中国研究系列）

3310 丁玲的小说 / 梅仪慈著；沈昭铿，严锵译. 厦门：厦门大学出版社，1992，232 页.（丁玲研究丛书）

3311 东北藏古代民间文学 / 托玛斯著；李有义，王青山译. 成都：四川民族出版社，1986，146 页.

3312 东洋文论：日本现代中国文学论 / 吴俊编译. 杭州：浙江人民出版社，1998，588 页.

3313 独陪明月看荷花：叶嘉莹诗词选译 / 叶嘉莹著；陶永强译；谢琰书法. 北京：外语教学与研究出版社，2017，37+155 页.

3314 读杜札记 / 吉川幸次郎著；李寅生译. 南京：凤凰出版社，2011，273 页.

3315 杜甫农业诗研究：八世纪中国农事与生活之歌 / 古川末喜著；董璐译. 西安：西北大学出版社，2018，301 页.（海外中国研究书系·日本学人唐代文史研究入人集 / 李浩，松原朗主编）

3316 杜甫秋兴八首集说 / 叶嘉莹著. 2 版. 北京：北京大学出版社，2014，10+55+414

页．（迦陵著作集）

- 杜甫秋兴八首集说 / 叶嘉莹著．台北：大块文化出版股份有限公司，2012，508 页．（叶嘉莹作品集；9）
- 杜甫秋兴八首集说 / 叶嘉莹著．北京：北京大学出版社，2008，10+414 页．
- 杜甫秋兴八首集说 / 叶嘉莹著．2 版．石家庄：河北教育出版社，2000，51+371 页．（迦陵著作集）
- 杜甫秋兴八首集说 / 叶嘉莹著．石家庄：河北教育出版社，1997，62+443 页．
- 杜甫秋兴八首集说 / 叶嘉莹著．台北：桂冠图书公司，1994，632 页．（桂冠丛刊；41）
- 杜甫秋兴八首集说 / 叶嘉莹撰．上海：上海古籍出版社，1988，575 页．

3317 对中国文化の乡愁：日本著名学者看中国 / 青木正儿，吉川幸次郎等著；戴燕，贺圣遂编译．香港：香港中和出版有限公司，2014，300 页．

- 对中国的乡愁 / 青木正儿，吉川幸次郎等著；戴燕，贺圣遂选译．上海：复旦大学出版社，2012，258 页．
- 对中国文化的乡愁 / 青木正儿，吉川幸次郎等著；戴燕，贺圣遂选译．上海：复旦大学出版社，2005，272 页．

3318 敦煌变文写本的研究 / 荒见泰史著．北京：中华书局，2010，321 页．（华林博士文库 / 季羡林，饶示颐主编；9）

3319 敦煌讲唱文学写本研究 / 荒见泰史著．北京：中华书局，2010，242 页．（浙江大学古籍研究所中国古典文献学研究丛书）

3320 多面折射的光影：叶嘉莹自选集 / 叶嘉莹著．天津：南开大学出版社，2013，394 页．（南开跨文化交流研究丛书）

- 多面折射的光影：叶嘉莹自选集 / 叶嘉莹著．天津：南开大学出版社，2004，447 页．（南开大学文学院学者文丛）

3321 铎尔孟的红楼梦 / 郑碧贤著．北京：商务印书馆，2017，290 页．

3322 二十世纪中国文学史 / 顾彬著；范劲等译．上海：华东师范大学出版社，2008，422 页．（中国文学史 / 顾彬主编；7）

3323 法国汉学家论中国文学，现当代文学 / 钱林森编．北京：外语教学与研究出版社，2009，14+18+408 页．（国际汉学研究丛书 / 郝平，张西平主编）

3324 法国汉学家论中国文学：古典诗词 / 钱林森编．北京：外语教学与研究出版社，2007，14+15+427 页．（国际汉学研究丛书 / 郝平，张西平主编）

- 牧女与蚕娘：法国汉学家论中国古诗 / 钱林森编．上海：上海古籍出版社，1990，383 页．（南京大学古典文献研究所专刊）

3325 翻译的传说：中国新女性的形成（1898—1918）/ 胡缨著；龙瑜宬，彭姗姗译．南京：江苏人民出版社，2009，259 页．（凤凰文库·海外中国研究系列）

3326 翻译与影响：《圣经》与中国现代文学 / 马立安·高利克著；刘燕编译．北京：社会科学文献出版社·当代世界出版分社，2018，14+30+353 页．

3327 费德林集 / 费德林著；赵永穆等译．天津：天津人民出版社，1995，377 页．（现代世界社会科学名家学术丛书．中国研究系列）

3328 风景旧曾谙：叶嘉莹谈诗论词 / 叶嘉莹著．桂林：广西师范大学出版社，2008，348 页．

> 风景旧曾谙：叶嘉莹说诗谈词 / 叶嘉莹著．香港：香港城市大学出版社，2004，21+312 页．（中国文化中心讲座系列）

3329 风与云：中国诗文论集 / 小川环树著；周先民译．北京：中华书局，2005，307 页．（日本中国学文萃 / 王晓平主编）

3330 烽火与流星：萧梁王朝的文学与文化 / 田晓菲著．北京：中华书局，2010，12+359 页．

> 烽火与流星：萧梁王朝的文学与文化 / 田晓菲著．台北：清华大学出版社，2009，352 页．（文学系列；1）

3331 冯梦龙《山歌》研究 / 大木康著．上海：复旦大学出版社有限公司，2017，247 页．（日本汉学家"近世"中国研究丛书 / 朱刚，李贵主编）

3332 妇女与中国现代性：西方与东方之间的阅读政治 / 周蕾著；蔡青松译．上海：上海三联书店，2008，11+261 页．（海外中国现代文学研究译丛·第一辑 / 季进，王尧主编）

3333 复古与创新：欧阳修散文与古文复兴 / 东英寿著；王振宇等译．上海：上海古籍出版社，2013，11+303 页．（日本宋学研究六人集 / 王水照主编）

> 复古与创新：欧阳修散文与古文复兴 / 东英寿著；王振宇等译．上海：上海古籍出版社，2005，11+303 页．（日本宋学研究六人集 / 王水照主编）

3334 赋史大要 / 铃木虎雄著；殷石臞译．影印本．太原：山西人民出版社，2015，2 册（18+318 页）．（近代海外汉学名著丛刊 / 郑培凯主编）

3335 高本汉诗经注释．上下 / 高本汉著；董同龢译．上海：中西书局，2012，2 册（22+1166）页．（中西学术文丛）

3336 哥伦比亚中国文学史．上下卷 / 梅维恒主编；马小悟等译．北京：新星出版社，2016，15+1521 页．

3337 革命与情爱：二十世纪中国小说史中的女性身体与主题重述 / 刘剑梅著；郭冰茹译．上海：上海三联书店，2009，345 页．（海外中国现代文学研究译丛．第一辑）

3338 给孩子的古诗词：讲诵版 / 叶嘉莹编著．台北：大块文化出版股份有限公司，2017，341 页．

> 给孩子的古诗词：讲诵版 / 叶嘉莹编著；张静整理．北京：中信出版集团股份有限公司，2016，292 页．

> 给孩子的古诗词 / 叶嘉莹选编；张静整理．北京：中信出版集团股份有限公司，2015，240 页．

> 给孩子的诗词 / 叶嘉莹选编；张静整理. 香港：牛津大学出版社，2015，234 页.

3339 给孩子们的诗园，古诗卷 / 叶嘉莹主编；高昌赏析. 北京：天天出版社有限责任公司，2017，125 页.

3340 宫崎市定说水浒：虚构的好汉与掩藏的历史 / 宫崎市定著；赵翻，杨晓钟译. 西安：陕西人民出版社，2008，176 页.

3341 古代中国的节庆与歌谣 / 葛兰言著；赵丙祥，张宏明译. 桂林：广西师范大学出版社，2005，255 页. （现代人类学经典译丛）

3342 古典南戏研究：乡村、宗族、市场之中的剧本变异 / 田仲一成著；吴真校. 北京：中国社会科学出版社，2012，280 页. （中国社会科学院民俗学研究书系. 民俗学研究丛书）

3343 古典诗词讲演集 / 叶嘉莹著. 石家庄：河北教育出版社，1997，423 页.

3344 古典小说与传说：李福清汉学论集 / 李福清著；李明滨编选. 北京：中华书局，2003，15+470 页. （世界汉学论丛）

3345 古绘诗经名物 / 渊在宽绘画；萧旅编著. 武汉：武汉大学出版社，2011，359 页.

3346 古老心灵的回音：中国古典小说的文化—心理学阐释 / 胡邦炜，冈崎由美著. 成都：四川文艺出版社，1991，345 页.

3347 古诗词课 / 叶嘉莹著. 北京：生活·读书·新知三联书店，2018，12+12+402 页.

3348 古中国的爱情与战争：《诗经》的回响 / 王士元著；罗静译. 北京：生活·读书·新知三联书店，2018，221 页.

3349 关公传说与三国演义 / 李福清著. 台北：汉忠文化事业公司，1997，366 页.

3350 关于"异"的研究 / 顾彬讲演；曹卫东编译. 北京：北京大学出版社，1997，221 页. （北大学术讲演丛书；9）

3351 《管锥编》与杜甫新解 / 莫芝宜佳著；马树德译. 石家庄：河北教育出版社，1998，315 页. （钱钟书研究丛书. 第二辑）

3352 国际金瓶梅研究集刊. 第一集 / 王利器主编. 成都：成都出版社，1991，322 页.

3353 国外学者看中国文学 / 台湾中华文化复兴运动推行委员会主编. 台北："中央"文物供应社，1982，230 页. （中华文化丛书）

3354 哈佛遗墨 / 杨联陞著. 修订本. 北京：商务印书馆，2013，11+352 页.

> 哈佛遗墨：杨联陞诗文简 / 杨联陞著；蒋力编. 北京：商务印书馆，2004，13+479 页.

3355 海外红学论集 / 胡文彬，周雷编. 上海：上海古籍出版社，1982，482 页.

3356 海外晚清文学研究文选：英文 / 李欧梵，季进选编. 上海：复旦大学出版社，2016，412 页. （苏州大学海外汉学研究丛书 / 王尧，季进主编）

3357 海外文艺漫谈 / 木令耆著. 西安：陕西师范大学出版社，1986，260 页.

3358 海外新诗钞 / 周策纵，心笛，王润华编；徐訏等著. 台北：新地文化艺术有限公司，2010，23+356 页.

3359 海外学者论曹禺 / 田本相，邹红主编 . 桂林：广西师范大学出版社，2014，392 页 .

3360 海外学者评中国古典文学 / 王守元，黄清源主编 . 济南：济南出版社，1991，229 页 .

3361 海外中国现代文学研究文选：英文 / 孔海立，王尧选编 . 上海：复旦大学出版社，2014，342 页 .（苏州大学海外汉学研究丛书 / 王尧，季进主编）

3362 韩国汉文学史 / 李家源著；赵季，刘畅译 . 南京：凤凰出版社，2012，476 页 .

3363 韩国所藏中国通俗小说版本目录 / 闵宽东，陈文新，张守连著 . 武汉：武汉大学出版社，2015，632 页 .

3364 韩国所藏中国文言小说版本目录 / 闵宽东，陈文新，刘僖俊著 . 武汉：武汉大学出版社，2015，12+12+639 页 .（武汉大学学术丛书）

3365 韩国所见中国古代小说史料 / 陈文新，闵宽东合著 . 武汉：武汉大学出版社，2011，530 页 .（武汉大学学术丛书）

3366 韩柳文学论 / 松本肇著；孙险峰译 . 北京：中华书局，2014，143 页 .（日本唐代文学研究十家 / 蒋寅主编）

3367 韩南中国小说论集 / 韩南著；王秋桂等译 . 北京：北京大学出版社，2008，382 页 .（文学史研究丛书 / 陈平原主编）

3368 韩愈和孟郊的诗歌 / 斯蒂芬·欧文著；田欣欣译 . 天津：天津教育出版社，2004，265 页 .

3369 汉唐诗经学研究 / 田中和夫著；李寅生译 . 南京：凤凰出版社，2013，311 页 .

3370 汉魏六朝的思想和文学 / 冈村繁著；陆晓光译；华东师范大学东方文化研究中心编译 . 上海：上海古籍出版社，2002，600 页 .（冈村繁全集；3）

3371 汉魏六朝诗讲录 / 叶嘉莹著 . 台北：大块文化出版股份有限公司，2012，533 页 .（叶嘉莹作品集；3）

> 汉魏六朝诗讲录 . 上下 / 叶嘉莹著；台北：桂冠图书公司，2000，742 页 .（叶嘉莹作品集 . 诗词讲录）

> 汉魏六朝诗讲录 / 叶嘉莹著 . 2 版 . 石家庄：河北教育出版社，2000，472 页 .（迦陵著作集）

> 汉魏六朝诗讲录 / 叶嘉莹著 . 石家庄：河北教育出版社，1997，569 页 .

3372 汉文古小说论衡 / 李福清著；陈周昌选编 . 南京：江苏古籍出版社，1992，354 页 .

3373 汉学视域：中西比较诗学要籍六讲 / 吴伏生著 . 北京：学苑出版社，2016，14+217 页 .（列国汉学史书系 . 第二辑 / 阎纯德，吴志良主编）

3374 好诗共欣赏：陶渊明、杜甫、李商隐三家诗讲录 / 叶嘉莹著 . 北京：生活·读书·新知三联书店，2016，149 页 .

> 好诗共欣赏：陶渊明、杜甫、李商隐三家诗讲录 / 叶嘉莹著 . 2 版 . 台北：三民书局股份有限公司，2013，204 页 .（三民丛刊；171）

> 好诗共欣赏：叶嘉莹说陶渊明杜甫李商隐三家诗 / 叶嘉莹著 . 北京：中华书局，2007，139 页 .（迦陵说诗）

> 好诗共欣赏：陶渊明、杜甫、李商隐三家诗讲录 / 叶嘉莹著 . 台北：三民书局，1998，204 页 .（三民丛刊；171）

3375 红楼梦：爱的寓言 / 裔锦声著 . 北京：北京大学出版社，2000，242 页 .（文学论丛）

3376 《红楼梦》、《西游记》与其他：余国藩论学文选 / 余国藩著；李奭学编译 . 北京：生活·读书·新知三联书店，2006，10+515 页 .

3377 黑塞之中国 / 赫尔曼·黑塞著；孚克·米谢尔斯编选；谢莹莹译 . 北京：人民文学出版社，2011，20+166 页 .

3378 红楼梦案：周策纵论红楼梦 / 周策纵著 . 北京：文化艺术出版社，2005，378 页 .（名家解读红楼梦）

3379 红楼梦案：弃园红学论文集 / 周策纵著 . 香港：中文大学出版社，2000，360 页 .

3380 《红楼梦》大观 / 周策纵著 . 北京：世界图书出版公司北京公司，2014，212 页 .

3381 红楼梦的两个世界 / 余英时著 .2 版 . 台北：联经出版事业股份有限公司，2017，304 页 .

> 红楼梦的两个世界 / 余英时著 . 上海：上海社会科学院出版社，2006，229 页 .

> 红楼梦的两个世界：中英文本 / 余英时著 . 上海：上海社会科学院出版社，2002，256 页 .

> 红楼梦的两个世界 / 余英时著 .2 版（增订本）. 台北：联经出版事业公司，1981，304 页 .

3382 红楼梦批语偏全 / 浦安迪编释 . 北京：北京大学出版社，2003，40+623 页 .（文学论丛）

> 红楼梦批语偏全 / 浦安迪编释 . 台北：南天书局，1997，678 页 .

3383 《红楼梦》的原型与寓意 / 浦安迪著；夏薇译 . 北京：生活·读书·新知三联书店，2018，335 页 .（三联精选 . 第二辑）

3384 《红楼梦》在法兰西的命运 / 郑碧贤著 . 北京：新星出版社，2005，221 页 .

3385 《红楼梦》在韩国的传播与翻译 / 崔溶澈著；肖大平译 . 北京：中华书局，2018，14+392 页 .（域外汉籍研究丛书 . 第三辑）

3386 胡说草：周策纵新诗全集 / 王润华，周策纵，吴南华编 . 台北：文史哲出版社，2008，334 页 .（文史哲诗丛；83）

3387 花开并蒂 / 周策纵等著 . 台北：万卷楼图书股份有限公司，2009，378 页 .（文学类；I107）

3388 华北民间文化 / 董晓萍，欧达伟著 . 石家庄：河北教育出版社，1995，132 页 .

3389 华风现影 .15—16，诗馨篇 / 叶嘉莹著 . 台北：书泉出版社，1993，2 册 .

3390 华文后殖民文学：本土多元文化的思考 / 王润华著 . 台北：文史哲出版社，2001，226 页 .（现代文学研究丛刊；8）

3391 华语圈文学史 / 藤井省三著；贺昌盛译 . 南京：南京大学出版社，2014，222 页 .（中国新文学研究丛书）

3392 黄帝的传说：中国古代神话研究 / 森安太郎著；王孝廉译 . 台北：时报文化出版企业公司，1988，384 页 .（文化丛书；71）

3393 会友集：余英时序文集 . 上下 / 余英时著；彭国翔编 . 增订版 . 台北：三民书局股份有限公司，2010，2 册（24+544 页）.（世纪文库 . 文学；25）

3394 绘画与表演：中国绘画叙事及其起源研究 / 梅维恒著；王邦维等译 . 上海：中西书局，2011，303 页 .

3395 绘画与表演：中国的看图讲故事和它的印度起源 / 梅维恒著；王邦维等译 . 北京：北京燕山出版社，2000，297 页 .

3396 迦陵词稿注 / 叶嘉莹著；程滨注 . 上海：华东师范大学出版社，2014，272 页 .

3397 迦陵存稿 / 叶嘉莹著 .2 版 . 台北：台湾商务印书馆，1982，74+3 页 .（人人文库；1256）

3398 迦陵论词丛稿 / 叶嘉莹著 .2 版 . 北京：北京大学出版社，2014，10+253 页 .（迦陵著作集）

> 迦陵论词丛稿 / 叶嘉莹著 . 北京：北京大学出版社，2008，10+19+253 页 .

3399 迦陵论词丛稿 / 叶嘉莹著 .2 版 . 石家庄：河北教育出版社，2000，17+277 页 .（迦陵著作集）

> 迦陵论词丛稿：修订本 / 叶嘉莹著 . 石家庄：河北教育出版社，1997，20+332 页 .
> 迦陵论词丛稿 / 叶嘉莹著 . 上海：上海古籍出版社，1980，376 页 .

3400 迦陵论词绝句五十首 / 叶嘉莹撰；周东芬书 . 南昌：二十一世纪出版社集团，2017，107 页 .

3401 迦陵论诗丛稿 / 叶嘉莹著 .2 版 . 北京：北京大学出版社，2014，10+386 页 .（迦陵著作集）

> 迦陵论诗丛稿 / 叶嘉莹著 . 台北：大块文化出版股份有限公司，2012，432 页 .（叶嘉莹作品集；1）
> 迦陵论诗丛稿 / 叶嘉莹著 . 北京：北京大学出版社，2008，387 页 .
> 迦陵论诗丛稿 / 叶嘉莹著 . 北京：中华书局，2007，10+373 页 .（中国文库 . 文学类）
> 迦陵论诗丛稿 / 叶嘉莹著 . 北京：中华书局，2005，10+373 页 .（中华学术精品）

3402 迦陵论诗丛稿 / 叶嘉莹著 .2 版 . 石家庄：河北教育出版社，2000，274 页 .（迦陵著作集）

> 迦陵论诗丛稿：修订本 / 叶嘉莹著 . 石家庄：河北教育出版社，1997，10+332 页 .
> 迦陵论诗丛稿 / 叶嘉莹著 . 北京：中华书局，1984，385 页 .

3403 迦陵诗词稿 / 叶嘉莹著 . 北京：中华书局，2014，72 页 .

> 迦陵诗词稿 / 叶嘉莹著 . 台北：大块文化出版股份有限公司，2013，252 页 .（叶嘉莹作品集；16）
> 迦陵诗词稿 / 叶嘉莹著 .2 版，增订版 . 北京：中华书局，2008，18+10+288 页 .

> 迦陵诗词稿 / 叶嘉莹著 . 北京：中华书局，2007，16+10+281 页 .

3404 迦陵诗词稿 / 叶嘉莹著 . 石家庄：河北教育出版社，2000，15+20+195 页 .
> 迦陵诗词稿 / 叶嘉莹著 . 台北：桂冠图书公司，2000，166 页 .（叶嘉莹作品集 . 创作集）

3405 迦陵诗词讲稿选辑 / 叶嘉莹著 . 天津：南开大学出版社，2013，340 页 .（南开跨文化交流研究丛书

3406 迦陵诗词曲联选集 / 叶嘉莹著；中华诗词研究院编 . 北京：线装书局，2012，50 页 .

3407 迦陵诗词曲选 / 叶嘉莹著 . 北京：作家出版社，2015，191 页 .

3408 迦陵说词讲稿 / 叶嘉莹著 . 台北：大块文化出版股份有限公司，2013，385 页 .（叶嘉莹作品集；10）
> 迦陵说词讲稿 / 叶嘉莹著 . 北京：北京大学出版社，2007，361 页 .（迦陵讲演集）
> 迦陵说词讲稿 . 上下 / 叶嘉莹著；台北：桂冠图书公司，2000，2 册（330；391 页）.（叶嘉莹作品集）

3409 迦陵说诗讲稿 / 叶嘉莹著 . 台北：大块文化出版股份有限公司，2012，284 页 .（叶嘉莹作品集；1）
> 迦陵说诗讲稿 / 叶嘉莹著 . 台北：桂冠图书公司，2000，313 页 .（叶嘉莹作品集）

3410 迦陵谈词 / 叶嘉莹著 . 北京：生活·读书·新知三联书店，2015，238 页 .
> 迦陵谈词 / 叶嘉莹著 . 北京：生活·读书·新知三联书店，2014，272 页 .

3411 迦陵谈诗 / 叶嘉莹著 . 北京：生活·读书·新知三联书店，2016，328 页 .
> 迦陵谈诗 / 叶嘉莹著 .3 版 . 台北：三民书局股份有限公司，2010，324 页 .（三民丛刊；301）
> 迦陵谈诗 / 叶嘉莹著 .5 版 . 台北：三民书局，1984，326 页 .（三民文库；87）

3412 迦陵谈诗二集 / 叶嘉莹著 . 北京：生活·读书·新知三联书店，2016，228 页 .
> 迦陵谈诗二集 / 叶嘉莹著 .2 版 . 台北：三民书局股份有限公司，2010，232 页 .（三民丛刊；302）
> 迦陵谈诗二集 / 叶嘉莹著 . 台北：东大图书公司，1985，216 页 .（沧海丛刊）

3413 迦陵学诗笔记 . 上册，诗学 / 叶嘉莹著 . 台北：大块文化出版股份有限公司，2013，460 页 .（叶嘉莹作品集；18）
> 迦陵学诗笔记 . 下册，词曲 / 叶嘉莹著 . 台北：大块文化出版股份有限公司，2013，533 页 .（叶嘉莹作品集；19）

3414 迦陵杂文集 / 叶嘉莹著 .2 版 . 北京：北京大学出版社，2014，10+532 页 .（迦陵著作集）
> 迦陵杂文集 / 叶嘉莹著 . 台北：大块文化出版股份有限公司，2013，552 页 .（叶嘉莹作品集；15）

> 迦陵杂文集 / 叶嘉莹著．北京：北京大学出版社，2008，10+532 页．

3415 剑桥中国文学史．卷上，1375 年之前 / 孙康宜，宇文所安主编；宇文所安编；孙康宜等著；王国军等译．台北：联经出版事业股份有限公司，2016，670 页．

> 剑桥中国文学史．卷下，1375 年之后 / 孙康宜，宇文所安主编；孙康宜编；孙康宜等著；王国军等译．台北：联经出版事业股份有限公司，2017，758 页．

> 剑桥中国文学史．上卷，1375 年之前 / 孙康宜，宇文所安主编；刘倩等译；宇文所安主编．北京：生活·读书·新知三联书店，2013，742 页．

> 剑桥中国文学史．下卷，1375—1949/ 孙康宜，宇文所安主编；刘倩等译；孙康宜主编．北京：生活·读书·新知三联书店，2013，724 页．

3416 江户时代的诗风诗论：兼论明清三大诗论及其影响 / 松下忠著；范建明译．北京：学苑出版社，2008，906 页．

3417 节奏的美学：日中诗歌论 / 松浦友久著；石观海等译．沈阳：辽宁大学出版社，1995，18+265 页．

3418 金瓶梅西方论文集 / 徐朔方编选；沈亨寿译．上海：上海古籍出版社，1987，319 页．

3419 京剧大观 / 波多野乾一著；卢茂君译．北京：北京联合出版公司，2018，19+437 页．

3420 精编美国华裔文学史：中文版 / 尹晓煌著；徐颖果主译．天津：南开大学出版社，2016，13+346 页．（南开版精编国别文学史系列）

3421 精神与金钱时代的中国诗歌：从 1980 年代到 21 世纪初 / 柯雷著；张晓红译．北京：北京大学出版社，2017，472 页．（新诗研究丛书 / 洪子诚主编）

3422 竞争的话语：明清小说中的正统性、本真性及所生成之意义 / 艾梅兰著；罗琳译．南京：江苏人民出版社，2004，381 页．（海外中国研究丛书．女性系列 / 刘东主编）

3423 旧殖民地文学的研究 / 尾崎秀树著；陆平舟，间ふさ子译．台北：人间出版社，2004，398 页．（台湾新文学史论丛刊；8）

3424 距离与想象：中国诗学的唐宋转型 / 浅见洋二著；金程宇，冈田千穗译．上海：上海古籍出版社，2013，11+507 页．（日本宋学研究六人集 / 王水照主编）

> 距离与想象：中国诗学的唐宋转型 / 浅见洋二著；金程宇，冈田千穗译．上海：上海古籍出版社，2005，11+507 页．（日本宋学研究六人集）

3425 康达维自选集：汉代宫廷文学与文化之探微 / 康达维著；苏瑞隆译．上海：上海译文出版社，2013，310 页．（欧美汉学家自选集）

3426 科举与诗艺：宋代文学与士人社会 / 高津孝著；潘世圣等译．上海：上海古籍出版社，2013，11+215 页．（日本宋学研究六人集 / 王水照主编）

> 科举与诗艺：宋代文学与士人社会 / 高津孝著；潘世圣等译．上海：上海古籍出版社，2005，11+215 页．（日本宋学研究六人集 / 王水照主编）

3427 跨世纪的流离：白先勇的文学与艺术国际学术研讨会论文集 / 白睿文等著；陈芳明，范铭如主编．台北：INK 印刻文学生活杂志出版有限公司，2009，327 页．（文

学丛书；230）

3428 跨文化的想象主体性：台湾后殖民/女性研究论述/邱子修主编/译；杜维明等著.台北：台湾大学出版中心，2012，383页.（镜像·台湾台湾文史研究译丛；8）

3429 跨越闺门：明清女性作家论/方秀洁，魏爱莲编.北京：北京大学出版社，2014，384页.（文学史研究丛书）

3430 困惑与冲突：当代中韩女性小说之比较/陈铉美著.南昌：百花洲文艺出版社，2002，276页.（灯下学术文丛）

3431 老舍的早期创作与中国社会/安基波夫斯基著；宋永毅译.长沙：湖南文艺出版社，1987，242页.

3432 黎明的文学：中国现实主义作家茅盾/松井博光著；高鹏译.新1版.杭州：浙江人民出版社，1984，254页.

➤ 黎明的文学：中国现实主义作家茅盾/松井博光著；高鹏译.杭州：浙江人民出版社，1982，254页.

3433 李白：诗歌及其内在心象/松浦友久著；张守惠译.西安：陕西人民出版社，1983，207页.

3434 李白诗歌抒情艺术研究/松浦友久著；刘维治译.上海：上海古籍出版社，1996，285页.（海外汉学丛书）

3435 李白与中古宗教文学研究/柯睿著；白照杰译；徐盈盈校.济南：齐鲁书社，2017，317页.（青松观文库）

3436 李朝后期社会汉诗研究/陈在教著；李学堂译.济南：山东大学出版社，2013，354页.

3437 李福清论中国古典小说/李福清著.台北：洪叶文化事业公司，1997，336页.（国学精粹丛书；48）

3438 李欧梵论中国现代文学/李欧梵著；季进编.上海：上海三联书店，2009，223页.（海外中国现代文学研究译丛）

3439 丽莉·布瑞斯珂的中国眼睛/帕特丽卡·劳伦斯著；万江波等译.上海：上海书店出版社，2008，609页.

3440 莲生书简/杨联陞著；蒋力编.北京：商务印书馆，2017，478页.（碎金文丛）

3441 莲与荷的文化史：古典诗歌中的植物名研究/市川桃子著；蒋寅等译.北京：中华书局，2014，472页.（日本唐代文学研究十家/蒋寅主编）

3442 两个世界的回忆：个人生命的旁白/福兰阁著；欧阳甦译.北京：社会科学文献出版社，2014，248页.

3443 聊斋志异与蒲松龄/辜美高著.天津：天津古籍出版社，1988，439页.

3444 林纾冤案事件簿/樽本照雄著；李艳丽译.北京：商务印书馆，2018，468页.（商务印书馆海外汉学书系）

3445 吝啬鬼、泼妇、一夫多妻者：十八世纪中国小说中的性与男女关系/马克梦著；

王维东，杨彩霞译.北京：人民文学出版社，2001，385 页.

3446 灵犀诗论：哲理析诗选粹 / 王福民著.北京：中国社会科学出版社，1997，238 页.
  ➤ 灵犀诗论 / 王福民著.台北：文史哲出版社，1993，208 页.（文史哲学集成；270）

3447 灵溪词说 / 缪钺，叶嘉莹著.台北：正中书局，1993，598 页.（中国古典文学系列）
  ➤ 灵溪词说 / 缪钺，叶嘉莹撰.上海：上海古籍出版社，1987，598 页.

3448 灵谿词说正续编 / 缪钺，叶嘉莹著.北京：北京大学出版社，2014，807 页.

3449 留白：秋水堂论中西文学 / 田晓菲著.天津：天津人民出版社，2014，253 页.（蚂蚁书架·文学系；6）
  ➤ 留白：写在《秋水堂论金瓶梅》之后 / 田晓菲著.天津：天津人民出版社，2009，319 页.

3450 柳永·周邦彦 / 叶嘉莹著.台北：大安出版社，2000，192 页.（唐宋名家词赏析；4）
  ➤ 柳永·周邦彦 / 叶嘉莹著.台北：大安出版社，1988，192 页.（唐宋名家词赏析；3）

3451 柳永论稿：词的源流与创新 / 宇野直人著；张海鸥，羊昭红译.上海：上海古籍出版社，1998，330 页.（海外汉学丛书）

3452 六朝文学论稿 / 兴膳宏著；彭恩华译.长沙：岳麓书社，1986，413 页.（凤凰丛书）

3453 六朝文学论文集 / 清水凯夫著；韩基国译.重庆：重庆出版社，1989，390 页.

3454 龙鹰之旅：从哈佛回归东海的认同和感悟（1966—1970）/ 杜维明著.北京：北京大学出版社，2013，233 页.（杜维明著作系列）

3455 鲁迅、创造社与日本文学：中日近现代比较文学初探 / 伊藤虎丸著；孙猛等译.2 版.北京：北京大学出版社，2005，285 页.（文学史研究丛书）
  ➤ 鲁迅、创造社与日本文学：中日近现代比较文学初探 / 伊藤虎丸著；孙猛等译.北京：北京大学出版社，1995，356 页.

3456 鲁迅 / 竹内好著；李心峰译.杭州：浙江文艺出版社，1986，179 页.（国外鲁迅研究资料丛书）

3457 鲁迅：中国"温和"的尼采 / 张钊贻著.北京：北京大学出版社，2011，501 页.（文学史研究丛书）

3458 鲁迅《故乡》阅读史：现代中国的文学空间 / 藤井省三著；董炳月译.南京：南京大学出版社，2013，235 页.（中国新文学研究丛书.鲁迅研究系列）
  ➤ 鲁迅《故乡》阅读史：近代中国的文学空间 / 藤井省三著；董炳月译.北京：新世界出版社，2002，11+255 页.

3459 鲁迅《野草》全释 / 片山智行著；李冬木译.长春：吉林大学出版社，1993，155 页.

3460 鲁迅·革命·历史：丸山升现代中国文学论集 / 丸山升著；王俊文译.北京：北京大学出版社，2005，409 页.（文学史研究丛书）

3461 鲁迅·增田涉师弟答问集 / 伊藤煴平，中岛利郎编；杨国华译.上海：华东师范大学出版社，1989，152 页．

3462 鲁迅比较研究 / 藤井省三著；陈福康编译．上海：上海外语教育出版社，1997，22+279 页．

3463 鲁迅和他的前驱 / 谢曼诺夫著；李明滨译．长沙：湖南文艺出版社，1987，174 页．

3464 鲁迅世界 / 山田敬三著；韩贞全，武殿勋译．济南：山东人民出版社，1983，286 页．

3465 鲁迅探索 / 中井政喜著；卢茂君，郑民钦译．北京：知识产权出版社，2017，398 页．

3466 鲁迅与日本人：亚洲的近代与"个"的思想 / 伊藤虎丸著；李冬木译．石家庄：河北教育出版社，2000，16+189 页．（回望鲁迅．论文专著部分）

3467 鲁迅越界跨国新解读 / 王润华著．台北：文史哲出版社，2006，254 页．

3468 鲁迅纵横观 / 谢马诺夫著；王富仁，吴三元译．杭州：浙江文艺出版社，1988，227 页．（国外鲁迅研究资料丛书 / 戈宝权，黄源主编）

3469 乱世书写：张爱玲与沦陷时期上海文学及通俗文化 / 黄心村著；胡静译．上海：上海三联书店，2010，314 页．（海外中国现代文学研究译丛）

3470 论王国维人间词 / 周策纵著．台北：时报文化出版事业公司，1981，59 页．（时报书系；347）

3471 论中国诗：重排本 / 小川环树著；谭汝谦编；谭汝谦等译．香港：中文大学出版社，1986，2018 重印，22+327 页．（钱宾四先生学术文化讲座系列）

> 论中国诗 / 小川环树著；谭汝谦编；谭汝谦等译．北京：中华书局，2017，339 页．（钱宾四先生学术文化讲座）

> 论中国诗 / 小川环树著；谭汝谦编；谭汝谦等合译．贵阳：贵州人民出版社，2009，287 页．

> 论中国诗 / 小川环树著；谭汝谦等译．香港：中文大学出版社，1986，305 页．

3472 论中国文学：葛浩文文集 / 葛浩文著；史国强总编辑；闫怡恂总翻译．北京：现代出版社，2016，236 页．

> 论中国文学：葛浩文文集 / 葛浩文著；史国强总编辑；闫怡恂总翻译．北京：现代出版社，2014，236 页．

3473 骆博凯家书 / 骆博凯著；郑寿康翻译．南京：南京出版社，2016，355 页．（南京稀见文献丛刊．第十一辑）

3474 毛诗品物图考 / 冈元凤纂；艺文类聚编．杭州：浙江人民美术出版社，2017，401 页．

> 毛诗品物图考 / 冈元凤著．杭州：浙江人民美术出版社，2017，238 页．（古刻新韵．八辑）

> 毛诗品物图考 / 冈元凤纂辑；王承略点校解说．济南：山东画报出版社，2002，257 页．

3475 毛诗正义注疏选笺：外二种 / 冈村繁著；俞慰慈等译．上海：上海古籍出版社，2009，713 页．（冈村繁全集；8）

3476 梅花与宫闱佳丽：中国诗选译随谈 / 傅汉思著；王蓓译．北京：生活・读书・新知三联书店，2010，475 页.

3477 美典：中国文学研究论集 / 高友工著. 北京：生活·读书·新知三联书店，2008，398 页.

3478 美国华裔文学史：中译本 / 尹晓煌著；徐颖果译. 天津：南开大学出版社，2006，13+345 页.（南开 21 世纪华裔文学丛书）

3479 美国学者论唐代文学 / 倪豪士编选；黄宝华等译. 上海：上海古籍出版社，1994，337 页.（海外汉学丛书）

3480 美籍华人学者夏志清评中国古典长篇小说 / 夏志清评. 海口：海南国际新闻出版中心，1996，6 册.

3481 美人与书：19 世纪中国的女性与小说 / 魏爱莲著；马勤勤译. 北京：北京大学出版社，2015，273 页.（文学史研究丛书）

3482 门阀乱：且说魏晋南北朝 / 陈舜臣著；廖为智译. 北京：新星出版社，2008，389 页.

3483 门林集 / 薛君度著. 北京：中国友谊出版公司，1990，290 页.

3484 迷楼：诗与欲望的迷宫 / 宇文所安著；程章灿译. 北京：生活·读书·新知三联书店，2014，345 页.（宇文所安作品系列）
  ➢ 迷楼：诗与欲望的迷宫 / 宇文所安著；程章灿译. 台北：联经出版事业股份有限公司，2006，412 页.
  ➢ 迷楼：诗与欲望的迷宫 / 宇文所安著；程章灿译. 北京：生活·读书·新知三联书店，2003，302 页.（宇文所安作品系列）

3485 迷人的诗谜：李商隐诗 / 李商隐原著；叶嘉莹导读；阮筠庭绘图. 北京：文化艺术出版社，2010，107 页.
  ➢ 迷人的诗谜：李商隐诗 / 李商隐原著；叶嘉莹导读；阮筠庭绘图. 台北：大块文化出版股份有限公司，2010，107 页.（经典 3.0；4）

3486 庙堂与江湖：宋代诗学的空间 / 内山精也著；朱刚等译. 上海：复旦大学出版社有限公司，2017，309 页.（日本汉学家"近世"中国研究丛书 / 朱刚，李贵主编）

3487 名家品诗坊，唐五代词 / 叶嘉莹等编著；上海辞书出版社文学鉴赏辞典编纂中心编. 上海：上海辞书出版社，2004，257 页.（文学鉴赏辞典精品集萃）

3488 名篇词例选说 / 叶嘉莹著. 2 版. 北京：北京出版社，2016，244 页.（大家小书）
  ➢ 名篇词例选说 / 叶嘉莹著. 北京：北京出版社，2016，255 页.（大家小书）
  ➢ 名篇词例选说 / 叶嘉莹著. 北京：北京出版社，2014，244 页.（大家诗苑）
  ➢ 名篇词例选说 / 叶嘉莹著. 台北：大块文化出版股份有限公司，2013，207 页.（叶嘉莹作品集；11）
  ➢ 名篇词例选说 / 叶嘉莹著. 北京：北京出版社，2012，244 页.（大家小书）
  ➢ 名篇词例选说 / 叶嘉莹著. 天津：南开大学出版社，2006，169 页.
  ➢ 名篇词例选说 / 叶嘉莹著. 台北：桂冠图书公司，2000，215 页.（叶嘉莹作品集. 诗词论丛）

3489 明代小说四大奇书 / 浦安迪著；沈亨寿译. 北京：生活·读书·新知三联书店，2015，556 页.
   ➢ 明代小说四大奇书 / 浦安迪著；沈亨寿译. 北京：生活·读书·新知三联书店，2006，558 页.
   ➢ 明代小说四大奇书 / 浦安迪著；沈亨寿译. 北京：中国和平出版社，1993，463 页.（海外中国学丛书）

3490 明清文人的小品世界 / 大木康著；王言译. 上海：复旦大学出版社，2015，209 页.

3491 明清文学作品中的情感、心境词语研究 /P. 史华罗著；庄国土，丁隽译. 北京：中国大百科全书出版社，2000，277 页.

3492 明清小说研究集丛 / 辜美高著. 上海：汉语大词典出版社，1997，232 页.

3493 明清小说与中国文化丛论 / 辜美高著. 新加坡：新加坡青年书局，2009，406 页.（南洋大学学术论丛第二系列. 辜美高卷）

3494 摩罗诗力说材源考 / 北冈正子著；何乃英译. 北京：北京师范大学出版社，1983，233 页.

3495 南北戏曲源流考 / 青木正儿著；江侠庵译. 影印版. 北京：中国戏剧出版社，2015，145-263 页.（中国戏曲艺术大系. 史论卷 / 苏移主编）

3496 南朝的门阀贵族与文学研究 / 佐藤正光著；李寅生译. 西安：三秦出版社，2012，230 页.

3497 南宋名家词讲录 / 叶嘉莹著. 台北：清华大学出版社，2010，450 页.
   ➢ 南宋名家词选讲 / 叶嘉莹著. 北京：北京大学出版社，2007，22+272 页.（迦陵讲演集）
   ➢ 南宋名家词讲录 / 叶嘉莹著. 天津：天津古籍出版社，2005，244 页.

3498 内线号手：七月派的战时文学活动 / 舒允中著. 上海：上海三联书店，2010，206 页.（海外中国现代文学研究译丛）

3499 尼采及鲁迅思想发展 / 张钊贻著. 台北：青文书屋，1987，144 页.

3500 欧阳修散文研究 / 黄一权著. 上海：华东师范大学出版社，2003，258 页.

3501 浦安迪自选集 / 浦安迪著；刘倩等译. 北京：生活·读书·新知三联书店，2011，471 页.

3502 普实克中国现代文学论文集 / 普实克著；李燕乔等译. 长沙：湖南文艺出版社，1987，253 页.（比较文学丛书）

3503 气与士风：唐宋古文的进程与背景 / 副岛一郎著；王宜瑗译. 上海：上海古籍出版社，2013，11+247 页.（日本宋学研究六人集 / 王水照主编）

3504 弃园诗话 / 周策纵著. 北京：世界图书出版公司北京公司，2014，288 页.

3505 前苏联学者论中国现代文学 / 费德林等著；宋绍香译. 北京：新华出版社，1994，323 页.

3506 钱钟书 / 胡志德著；张晨等译. 北京：中国广播电视出版社，1990，252 页.（中

国学名著译丛）

3507 钱钟书和他的《围城》：美国学者论钱钟书 / 张泉编；舒明等译校．北京：中国和平出版社，1991，349 页．（海外中国学丛书）

3508 清词丛论 / 叶嘉莹著．2 版．北京：北京大学出版社，2014，10+362 页．（迦陵著作集）
> 清词丛论 / 叶嘉莹著．北京：北京大学出版社，2008，10+362 页．
> 清词丛论 / 叶嘉莹著．2 版．石家庄：河北教育出版社，2000，269 页．（迦陵著作集）
> 清词丛论 / 叶嘉莹著．石家庄：河北教育出版社，1997，323 页．

3509 清词名家论集 / 叶嘉莹，陈邦炎著．台北："中央研究院"中国文哲研究所筹备处，1996，372 页．（中国文哲专刊；12）

3510 清词散论 / 叶嘉莹著．台北：桂冠图书公司，2000，443 页．（叶嘉莹作品集．诗词论丛）

3511 清词选讲 / 叶嘉莹著．北京：生活·读书·新知三联书店，2016，220 页．
> 清词选讲 / 叶嘉莹著．台北：三民书局股份有限公司，1996，2006 重印，10+257 页．（三民丛刊；137）

3512 清代名家词选讲 / 叶嘉莹著．北京：北京大学出版社，2007，224 页．（迦陵讲演集）

3513 清代文学评论史 / 青木正儿著；陈淑女译．台北：台湾开明书店，1991，229 页．
> 清代文学评论史 / 青木正儿著；杨铁婴译．北京：中国社会科学出版社，1988，243 页．

3514 清代中国的男性与女性：《红楼梦》中的性别 / 李木兰著；聂友军译．北京：北京大学出版社，2014，202 页．（东亚文明丛书 / 王向华总主编）

3515 清末小说研究集稿 / 樽本照雄著；陈薇监译．济南：齐鲁书社，2006，240 页．

3516 情与忠：陈子龙、柳如是诗词因缘 / 孙康宜著；李奭学译．北京：北京大学出版社，2012，222 页．（文学史研究丛书）
> 陈子龙柳如是诗词情缘 / 孙康宜著；李奭学译．增订本．西安：陕西师范大学出版社，1998，245 页．（学术名著文库）
> 陈子龙柳如是诗词情缘 / 孙康宜著．台北：允晨文化实业公司，1992，365 页．（允晨丛刊；35）

3517 秋水堂论金瓶梅：典藏本 / 田晓菲著．天津：天津人民出版社，2014，14+318 页．（蚂蚁书架·文学系；5）
> 秋水堂论金瓶梅 / 田晓菲著．2 版，修订版．天津：天津人民出版社，2005，13+10+317 页．
> 秋水堂论金瓶梅 / 田晓菲著．天津：天津人民出版社，2003，13+10+317 页．

3518 屈赋与日本公元前史 / 大宫真人著；任大海，宋力译．海口：海南出版社，1994，240 页．

3519 人的文学 / 夏志清著 . 福州：福建教育出版社，2010，230 页 .
  ➢ 人的文学 / 夏志清著 . 沈阳：辽宁教育出版社，1998，194 页 .（新世纪万有文库 . 近世文化书系）

3520 人歌人哭大旗前：毛泽东时代的旧体诗 / 木山英雄著；赵京华译 . 北京：生活·读书·新知三联书店，2016，12+280 页 .

3521 人间词话七讲 / 叶嘉莹著 . 台北：大块文化出版股份有限公司，2015，245 页 .（叶嘉莹作品集；21）
  ➢ 人间词话七讲 / 叶嘉莹著 . 北京：北京大学出版社，2014，203 页 .

3522 人间的命运：致巴金 / 芹泽光治良著；加藤嘉一译 . 北京：东方出版社，2018，212 页 .

3523 人物、角色与心灵：《牡丹亭》与《桃花扇》中的身份认同 / 吕立亭著；白华山译 . 南京：江苏人民出版社，2014，397 页 .（凤凰文库·海外中国研究系列）

3524 "人"与"鬼"的纠葛：鲁迅小说论析 / 丸尾常喜著；秦弓译 . 北京：人民文学出版社，1995，2010 印，382 页 .（猫头鹰学术文丛精选）
  ➢ "人"与"鬼"的纠葛：鲁迅小说论析 / 丸尾常喜著；秦弓译 . 北京：人民文学出版社，2006，382 页 .（猫头鹰学术文丛）
  ➢ "人"与"鬼"的纠葛：鲁迅小说论析 / 丸尾常喜著；秦弓译 . 北京：人民文学出版社，1995，319 页 .

3525 日本白居易研究论文选 / 马歌东译 . 西安：三秦出版社，1995，219 页 .

3526 日本的赤壁会和寿苏会 / 池泽滋子著 . 上海：上海人民出版社，2006，247 页 .（人文社科新著丛书）

3527 日本古代汉文学与中国文学 / 後藤昭雄著；高兵兵译 . 北京：中华书局，2006，211 页 .（日本中国学文萃 / 王晓平主编）

3528 日本俳句与中国诗歌：关于松尾芭蕉文学比较研究 / 关森胜夫，陆坚著 . 杭州：杭州大学出版社，1996，21+361 页 .

3529 日本学者论中国古典文学：村山吉广教授古稀纪念集 / 增野弘幸等著；李寅生译 . 成都：巴蜀书社，2005，412 页 .

3530 日本学者中国词学论文集 / 王水照，保腾佳昭编选；邵毅平译 . 上海：上海古籍出版社，1991，444 页 .

3531 日本学者中国诗学论集 / 蒋寅编译 . 南京：凤凰出版社，2008，277 页 .

3532 日本学者中国文学研究译丛 . 第一辑 / 刘柏青等编 . 长春：吉林教育出版社，1986，278 页 .
  ➢ 日本学者中国文学研究译丛 . 第二辑 / 刘柏青等主编 . 长春：吉林教育出版社，1987，287 页 .
  ➢ 日本学者中国文学研究译丛 . 第三辑 / 刘柏青等主编 . 长春：吉林教育出版社，1990，277 页 .

> 日本学者中国文学研究译丛.第四辑：现代文学专辑/刘柏青等主编.长春：吉林教育出版社，1990，272页.

> 日本学者中国文学研究译丛.第五辑：古典文学专辑/刘柏青等主编.长春：吉林教育出版社，1990，289页.

> 日本学者中国文学研究译丛.第六辑，新时期文学专辑/刘柏青等主编；山田敬三，靳丛林编.长春：吉林教育出版社，1993，305页.

3533 日本研究《金瓶梅》论文集/黄霖，王国安编译.济南：齐鲁书社，1989，355页.

3534 日本研究《文心雕龙》论文集/王元化编.济南：齐鲁书社，1983，308页.

3535 日中诗歌比较丛稿：从《万叶集》的书名谈起/松浦友久著；加藤阿幸，陆庆和译.北京：民族出版社，2002，183页.

3536 孺子歌图：汉英对照/何德兰编著；徐晓东译.杭州：浙江人民美术出版社，2017，157页.

3537 阮籍咏怀诗讲录/叶嘉莹著.台北：大块文化出版股份有限公司，2012，227页.（叶嘉莹作品集；4）

3538 阮籍咏怀诗讲录/叶嘉莹著.台北：桂冠图书公司，2000，243页.（叶嘉莹作品集.诗词讲录）

> 阮籍咏怀诗讲录/叶嘉莹主讲；刘志刚整理.天津：天津教育出版社，1997，202页.

3539 三国演义的世界/金文京著；邱岭，吴芳玲译.北京：商务印书馆，2010，274页.

3540 三国演义与民间文学传统/李福清著.尹锡康，田大畏译.上海：上海古籍出版社，1997，15+445页.（海外汉学丛书）

3541 三国英雄足智多谋的智慧/守屋洋著；宁粤译.台北：台湾实业文化，2003，221页.（藏书阁；3）

3542 《三国志演义》版本研究/中川谕著；林妙燕译.上海：上海古籍出版社，2010，277页.（光华文史文献研究丛书）

3543 三十年代上海/尾崎秀树著；赖育芳译.南京：译林出版社，1992，129页.

3544 莎士比亚在中国：中国人的莎士比亚接受史/濑户宏著；陈凌虹译.广州：广东人民出版社，2017，377页.

3545 《山海经》中的鬼神世界/伊藤清司著；刘晔原译.北京：中国民间文艺出版社，1990，163页.

3546 上古秦汉文学史/柳存仁著.影印本.郑州：河南人民出版社，2016，2017印，171页.（民国专题史丛书）

> 上古秦汉文学史/柳存仁著.长沙：岳麓书社，2011，143页.（民国学术文化名著）

> 上古秦汉文学史/柳存仁著.影印本.上海：上海书店，1996，171页.（民国丛书.第五编.文学类；48）

3547 上海摩登：一种新都市文化在中国（1930—1945）/ 李欧梵著；毛尖译. 修订版. 杭州：浙江大学出版社，2017，10+476 页.
> 上海摩登：一种新都市文化在中国 1930—1945/ 李欧梵著；毛尖译. 修订版. 北京：人民文学出版社，2010，368 页.
> 上海摩登：一种新都市文化在中国 1930—1945/ 李欧梵著；毛尖译. 修订版. 上海：上海三联书店，2008，368 页.
> 上海摩登：一种新都市文化在中国 1930—1945/ 李欧梵著；毛尖译. 增订版. 香港：牛津大学（香港）出版社，2000，2006 重印，15+379 页.
> 上海摩登：一种新都市文化在中国（1930—1945）/ 李欧梵著；毛尖译. 北京：北京大学出版社，2001，353 页.（文学史研究丛书）

3548 神话与鬼话：台湾原住民神话故事比较研究 / 李福清著. 增订本. 北京：社会科学文献出版社，2001，410 页.（文学人类学论丛）
> 从神话到鬼话：台湾原住民神话故事比较研究 / 李福清著. 台中：晨星出版社，1998，1999 重印，362 页.（台湾原住民系列；26）

3549 神猴：印度"哈奴曼"和中国"孙悟空"的故事在泰国的传播 / 谢玉冰著. 北京：社会科学文献出版社，2017，265 页.（亚洲研究丛书. 北京外国语大学世界亚洲研究信息中心系列 / 郭棲庆，赵宗锋主编）

3550 神秘之光：百年中国道观生活亲历记 / 顾彼得著；和晓丹译. 昆明：云南人民出版社，2002，214 页.

3551 神女：唐代文学中的龙女与雨女 / 薛爱华著；程章灿译. 北京：生活·读书·新知三联书店，2014，2015 重印，21+221 页.（薛爱华作品）

3552 神女之探寻：英美学者论中国古典诗歌 / 莫砺锋编. 上海：上海古籍出版社，1994，312 页.

3553 神游：早期中古时代与十九世纪中国的行旅写作 / 田晓菲著. 北京：生活·读书·新知三联书店，2015，288 页.

3554 沈从文笔下的中国社会与文化 / 金介甫著；虞建华，邵华强译. 上海：华东师范大学社，1994，297 页.

3555 沈从文小说理论与作品新论：沈从文小说理论、批评代表作的新解读 / 王润华著. 台北：文史哲出版社，1998，225 页.（现代文学研究丛刊；2）

3556 沈从文小说新论 / 王润华著. 上海：学林出版社，1998，223 页.

3557 盛唐诗 / 宇文所安著；贾晋华译. 北京：生活·读书·新知三联书店，2014，369 页.（宇文所安作品系列）
> 盛唐诗 / 宇文所安著；贾晋华译. 台北：联经出版事业股份有限公司，2007，13+473 页.
> 盛唐诗 / 宇文所安著；贾晋华译. 北京：生活·读书·新知三联书店，2004，361 页.（宇文所安作品系列）

> 盛唐诗/欧文著；贾晋华译.哈尔滨：黑龙江人民出版社，1992，1994印，307页.

3558 诗歌三国志/松浦友久著；加藤阿幸，金中译.西安：西安交通大学出版社，2005，16+208页.

3559 诗海捞月：唐代宗教文学论集/深泽一幸著；王兰，蒋寅译.北京：中华书局，2014，280页.（日本唐代文学研究十家/蒋寅主编）

3560 诗经的世界/白川静著；杜正胜译.2版，增订本.台北：东大图书股份有限公司，2009，333页.（经典）

> 诗经的世界/白川静著；杜正胜译.台北：东大图书公司，2001，333页.（沧海丛刊.社会科学类）

3561 《诗经》原意研究/家井真著；陆越译.2版.南京：江苏人民出版社，2012，381页.（凤凰文库·海外中国研究系列）

> 《诗经》原意研究/家井真著；陆越译.南京：江苏人民出版社，2011，381页.（凤凰文库·海外中国研究系列）

3562 诗情史意/汪荣祖著.南京：江苏教育出版社，2006，328页.（汪荣祖作品系列）

> 诗情史意/汪荣祖著.台北：麦田出版社，2005，348页.（历史与文化丛书；32）

3563 诗人郑珍与中国现代性的崛起/施吉瑞著；王立译.郑州：河南大学出版社，2017，20+548页.（上河·中国研究译丛.第一辑/张云鹏主编）

3564 诗僧苏曼殊/中薗英助著；甄西译.太原：山西教育出版社，1999，313页.

3565 诗馨篇/叶嘉莹著.北京：中国青年出版社，1991，2册（322；222页）.（中华文化集萃丛书）

3566 十二生肖的故事/诸桥辙次著；程曦译.台北：星光出版社，1986，210页.（双子星丛书；405）

3567 史学与红学/唐德刚著.2版.桂林：广西师范大学出版社，2015，265页.（中国近代口述史学会丛书）

> 史学与红学/唐德刚著.2版.台北：远流出版事业股份有限公司，2013，365页.（唐德刚作品集）

> 史学与红学/唐德刚著.台北：传记文学出版社，1991，327页.（传记文学丛刊；127）

3568 世纪转折时期的中国小说/维林吉诺娃主编；胡亚敏，张方译.武汉：华中师范大学出版社，1990，212页.（桂苑书丛）

3569 书斋闲话/幸田露伴著；陈德文译.北京：中华书局，2008，338页.（日本中国学文萃）

3570 抒情与描写：六朝诗歌概论/孙康宜著；钟振振译.上海：上海三联书店，2006，234页.（当代女学者论丛）

> 抒情与描写：六朝诗歌概论/孙康宜著；钟振振译.台北：允晨文化实业公司，

2001，223 页 .（允晨丛刊；88）

3571 抒情与史诗：现代中国文学论集 / 亚罗斯拉夫·普实克著；李欧梵编；郭建玲译 . 上海：上海三联书店，2010，271 页 .（海外中国现代文学研究译丛）

3572 水边的婚恋：万叶集与中国文学 / 中西进著；王晓平译 . 成都：四川人民出版社，1995，383 页 .

3573 私人领域的变形：唐宋诗歌中的园林与玩好 / 杨晓山著；文韬译 . 南京：江苏人民出版社，2009，254 页 .（海外中国研究丛书 . 海外学子系列）
  ➢ 私人领域的变形：唐宋诗歌中的园林与玩好 / 杨晓山著；文韬译 . 南京：江苏人民出版社，2008，254 页 .（凤凰文库·海外中国研究系列）

3574 思想的时差：海外学者论中国当代文学 / 张柠，董外平编 . 北京：北京大学出版社，2013，11+461 页 .（中国文学海外传播研究书系）

3575 宋词研究 / 村上哲见著；杨铁婴等译 . 上海：上海古籍出版社，2012，597 页 .

3576 宋诗概说 / 吉川幸次郎著；郑清茂译 . 台北：联经出版事业股份有限公司，2012，248 页 .
  ➢ 宋诗概说 / 吉川幸次郎著；郑清茂译 . 台北：联经出版事业公司，1983，288 页 .

3577 宋元明诗概说 / 吉川幸次郎著；李庆等译 . 上海：复旦大学出版社，2012，255 页 .
  ➢ 宋元明诗概说 / 吉川幸次郎著；李庆等译 . 郑州：中州古籍出版社，1987，1999 重印，294 页 .

3578 宋元文学名作欣赏 / 叶嘉莹，袁行霈等著 . 北京：北京大学出版社，2012，216 页 .

3579 苏词研究 / 保苅佳昭著 . 北京：线装书局，2001，11+306 页 .（宋代文化研究丛书）

3580 苏联时代的中国文学研究：波兹涅耶娃汉学论集 / 柳·波兹涅耶娃著；李明滨编选 . 郑州：大象出版社，2016，214 页 .（国际汉学经典译丛）

3581 苏轼"和陶诗"考论：兼及韩国"和陶诗" / 金甫暻著 . 上海：复旦大学出版社，2013，475 页 .（复旦宋代文学研究书系 / 王水照主编）

3582 隋唐五代文学名作欣赏 / 叶嘉莹等著 . 北京：北京大学出版社，2017，404 页 .
  ➢ 隋唐五代文学名作欣赏 / 周汝昌，叶嘉莹等著 . 北京：北京大学出版社，2012，216 页 .

3583 隋唐小说研究 / 内山知也著；查屏球编；益西拉姆等译 . 上海：复旦大学出版社，2010，476 页 .

3584 孙康宜文集 . 卷一，中西文学论述 / 孙康宜著 . 台北：秀威资讯科技股份有限公司，2018，526 页 .（语言文学类；PG1373）
  ➢ 孙康宜文集 . 卷二，文化散文、随笔 / 孙康宜著 . 台北：秀威资讯科技股份有限公司，2018，488 页 .（语言文学类；PG1370）
  ➢ 孙康宜文集 . 卷三，自传、性别研究、及其他 / 孙康宜著 . 台北：秀威资讯科技股份有限公司，2018，546 页 .（语言文学类；PG1371）
  ➢ 孙康宜文集 . 卷四，汉学研究专辑 .I/ 孙康宜著 . 台北：秀威资讯科技股份有限

公司，2018，534 页.（语言文学类；PG1372）
> 孙康宜文集.卷五，汉学研究专辑.II/ 孙康宜著.台北：秀威资讯科技股份有限公司，2018，500 页.（语言文学类；PG1374）

3585 孙康宜中国文学研究中的"女性"与中国 / 黄星桦著.台北：台湾大学政治学系中国大陆暨两岸关系教学与研究中心，2017，169 页.（中国学的知识社群欧美系列；23）

3586 孙康宜自选集：古典文学的现代观 / 孙康宜著.上海：上海译文出版社，2013，358 页.

3587 他山的石头记：宇文所安自选集 / 宇文所安著；田晓菲译.2 版.南京：江苏人民出版社，2006，295 页.（海外中国研究丛书 / 刘东主编）
> 他山的石头记：宇文所安自选集 / 宇文所安著；田晓菲译.南京：江苏人民出版社，2003，353 页.（海外中国研究丛书 / 刘东主编）

3588 台湾文学的感觉结构：跨国流动与地方感国际研讨会论文集 / 白睿文等著.南投：暨南国际大学中国语文学系，2015，435 页.

3589 台湾文学史纲：日译注解版 / 叶石涛著；中岛利郎，泽井律之，彭萱注解；彭萱译.高雄：春晖出版社，2010，339 页.

3590 台湾文学这一百年 / 藤井省三著；张季琳译.台北：一方出版有限公司，2004，330 页.（麦田人文；88）

3591 台湾作家全集：别集，周金波集 / 周金波著；中岛利郎，周振英编著；詹秀娟等译.台北：前卫出版社，2002，396 页.

3592 泰戈尔与中国 / 泰戈尔著；白开元译.桂林：漓江出版社，2016，272 页.

3593 探访《西游记》的计谋世界 / 中野美代子著；王秀文，孙文译.北京：世界知识出版社，2014，231 页.

3594 唐代变文：佛教对中国白话小说及戏曲产生的贡献之研究 / 梅维恒著；杨继东，陈引驰译.上海：中西书局，2011，309 页.（中西学术文丛.乙种.第一辑）
> 唐代变文：佛教对中国白话小说及戏曲产生的贡献之研究.上下 / 梅维恒著；杨继东，陈引驰译.香港：中国佛教文化出版公司，1999，2 册（267；241 页）.（佛学论著）

3595 唐代传奇小说论 / 小南一郎著；童岭译.北京：北京大学出版社，2015，202 页.（文学史研究丛书 / 陈平原主编）

3596 唐代的诗人们 / 前野直彬著；洪顺隆译.台北：幼狮文化事业公司，1978，325 页.

3597 唐代岭南文学与石刻考 / 户崎哲彦著.北京：中华书局，2014，417 页.（日本唐代文学研究十家 / 蒋寅主编）

3598 唐代文化与诗人之心 / 丸山茂著；张剑译.北京：中华书局，2014，283 页.（日本唐代文学研究十家 / 蒋寅主编）

3599 唐代文艺论 / 冈村繁著；张寅彭译，华东师范大学东方文化研究中心编译.上海：

上海古籍出版社，2002，374 页.（冈村繁全集；5）

3600 唐人小说《玄怪录》研究 / 宋伦美著.北京：北京大学出版社，2005，290 页.

3601 唐诗三论：诗歌的结构主义批评 / 高友工，梅祖麟著；李世跃译.北京：商务印书馆，2013，237 页.

> 唐诗的魅力：诗语的结构主义批评 / 高友工，梅祖麟著；李世耀译.上海：上海古籍出版社，1989，195 页.（海外汉学丛书 / 王之化主编）

3602 唐诗四季 / 吴经熊著；徐诚斌译.2 版.台北：洪范书店有限公司，2003，10+222 页.（洪范文学丛书；54）

> 唐诗四季 / 吴经熊著；徐诚斌译.唐诗概论 / 苏雪林著.沈阳：辽宁教育出版社，1997，（114；130 页）.（新世纪万有文库·近世文化书系）

> 唐诗四季 / 吴经熊著；徐诚斌译.台北：洪范书店有限公司，1980，12+222 页.（洪范文学丛书；54）

3603 唐诗西传史论：以唐诗在英美的传播为中心 / 江岚著.2 版.北京：学苑出版社，2013，16+323 页.（列国汉学史书系 / 阎纯德，吴志良主编）

> 唐诗西传史论：以唐诗在英美的传播为中心 / 江岚著.北京：学苑出版社，2009，16+325 页.（列国汉学史书系 / 阎纯德，吴志良主编）

3604 唐诗语汇意象论 / 松浦友久著；陈植锷，王晓平译.北京：中华书局，1992，203 页.

3605 唐宋词名家论稿 / 叶嘉莹著.2 版.北京：北京大学出版社，2014，10+302 页.（迦陵著作集）

> 唐宋词名家论稿 / 叶嘉莹著.台北：大块文化出版股份有限公司，2013，356 页.（叶嘉莹作品集；13）

> 唐宋词名家论稿 / 叶嘉莹著.北京：北京大学出版社，2008，10+13+303 页.

> 唐宋词名家论集 / 叶嘉莹著.台北：正中书局，2000，464 页.

> 唐宋词名家论稿 / 叶嘉莹著.石家庄：河北教育出版社，1997，14+336 页.

3606 唐宋词十七讲 / 叶嘉莹著.北京：北京大学出版社，2017，19+523 页.

> 唐宋词十七讲 / 叶嘉莹著.台北：大块文化出版股份有限公司，2013，505 页.（叶嘉莹作品集；12）

> 唐宋词十七讲 / 叶嘉莹著.北京：北京大学出版社，2007，21+502 页.（迦陵讲演集）

> 唐宋词十七讲.上下 / 叶嘉莹著.2 版.台北：桂冠图书公司，2000，2 册（662 页）.（叶嘉莹作品集）

> 唐宋词十七讲 / 叶嘉莹著.石家庄：河北教育出版社，1997，2000 重印，12+518 页.（迦陵著作集）

> 唐宋词十七讲 / 叶嘉莹著.长沙：岳麓书社出版社，1989，515 页.

3607 唐宋名家词赏析 / 叶嘉莹著.2 版.天津：南开大学出版社，2015，340 页.（南开

跨文化交流研究丛书）
- 唐宋名家词赏析 / 叶嘉莹著. 天津：南开大学出版社，2013，340 页.（南开跨文化交流研究丛书）
- 唐宋名家词赏析 / 叶嘉莹著. 天津：南开大学出版社，2006，2 册（195；209 页）.

3608 苏轼 / 叶嘉莹著.2 版. 台北：大安出版社，2000，143 页.（唐宋名家词赏析；4）
- 温庭筠、韦庄、冯延巳、李煜 / 叶嘉莹著.2 版. 台北：大安出版社，1999，177 页.（唐宋名家词赏析；1）
- 晏殊、欧阳修、秦观 / 叶嘉莹著. 台北：大安出版社，1999，148 页.（唐宋名家词赏析；2）
- 苏轼 / 叶嘉莹著.2 版. 台北：大安出版社，1991，143 页.（唐宋名家词赏析；4）
- 温庭筠、韦庄、冯延巳、李煜 / 叶嘉莹著. 台北：大安出版社，1988，177 页.（唐宋名家词赏析；1）
- 晏殊、欧阳修、秦观 / 叶嘉莹著. 台北：大安出版社，1988，148 页.（唐宋名家词赏析；2）

3609 唐宋诗文的艺术世界 / 筧文生，筧久美子著；卢盛江译. 北京：中华书局，2007，322 页.（日本中国学文萃 / 王晓平主编）

3610 唐五代北宋词研究 / 村上哲见著；杨铁婴译. 西安：陕西人民出版社，1987，475 页.

3611 唐五代名家词选讲 / 叶嘉莹著. 新竹：清华大学出版社，2011，323 页.（迦陵讲著丛稿）
- 唐五代名家词选讲 / 叶嘉莹著. 北京：北京大学出版社，2007，201 页.（迦陵讲演集）

3612 陶渊明、李白新论 / 冈村繁著；陆晓光译；华东师范大学东方文化研究中心编译. 上海：上海古籍出版社，2002，432 页.（冈村繁全集；4）

3613 陶渊明·陆放翁·河上肇 / 一海知义著；彭佳红译，北京：中华书局，2008，197 页.（日本中国学文萃 / 王晓平主编）

3614 陶渊明饮酒及拟古诗讲录 / 叶嘉莹著. 台北：大块文化出版股份有限公司，2012，316 页.（叶嘉莹作品集；5）

3615 陶渊明饮酒诗讲录 / 叶嘉莹著. 台北：桂冠图书公司，2000，233 页.（叶嘉莹作品集. 诗词讲解）

3616 天、人和王充文学思想：以王充文学思想同天人关系思想的联系为中心 / 金钟美著. 北京：社会科学文献出版社，1994，227 页.

3617 铁屋中的呐喊 / 李欧梵著；尹慧珉译. 杭州：浙江大学出版社，2016，276 页.
- 铁屋中的呐喊 / 李欧梵著；尹慧珉译. 北京：人民文学出版社，2010，241 页.
- 铁屋中的呐喊 / 李欧梵著；尹慧珉译. 石家庄：河北教育出版社，2000，223 页.（回望鲁迅. 论文专著部分）

> 铁屋中的呐喊 / 李欧梵著；尹慧珉译 . 长沙：岳麓书社，1999，276 页 .（海外名家名作）

> 铁屋中的呐喊：鲁迅研究 / 李欧梵著；尹慧珉译 . 香港：三联书店香港分店，1991，261 页 .（三联精选；8）

3618 突厥语民族口头史诗：传统、形式和诗歌结构 / 卡尔·赖希尔著；阿地里·居玛吐尔地译 . 北京：中国社会科学出版社，2011，447 页 .（中国社会科学院民俗学研究书系 . 民俗学译丛）

3619 晚明以降才女的书写、阅读与旅行 / 魏爱莲著；赵颖之译 . 上海：复旦大学出版社，2016，337 页 .

3620 晚唐：九世纪中叶的中国诗歌（827—860）/ 宇文所安著；贾晋华，钱彦译 . 北京：生活·读书·新知三联书店，2014，556 页 .（宇文所安作品系列）

> 晚唐：九世纪中叶的中国诗歌（827—860）/ 宇文所安著；贾晋华，钱彦译 . 北京：生活·读书·新知三联书店，2011，556 页 .（宇文所安作品系列）

3621 晚唐迄北宋词体演进与词人风格 / 孙康宜著；李奭学译 . 2 版 . 台北：联经出版事业股份有限公司，2018，312 页 .

> 晚唐迄北宋词体演进与词人风格 / 孙康宜著；李奭学译 . 台北：联经出版事业公司，1994，312 页 .

3622 晚唐诗之摇篮：张籍·姚合·贾岛论 / 松原朗著；张渭涛译 . 西安：西北大学出版社，2018，359 页 .（海外中国研究书系·日本学人唐代文史研究入人集 / 李治，松原朗主编）

3623 《万叶集》与中国文化 / 中西进著；刘雨珍，勾艳军译 . 北京：中华书局，2007，314 页 .（日本中国学文萃）

3624 万叶集与中国文学 / 辰巳正明著；石观海译 . 武汉：武汉出版社，1997，492 页 .（中日文化丛书）

3625 王国维词新释辑评 / 叶嘉莹，安易编著 . 北京：中国书店，2006，530 页 .（历代名家词新释辑评丛书）

3626 王国维及其文学批评 / 叶嘉莹著 . 2 版 . 北京：北京大学出版社，2014，10+330 页 .（迦陵著作集）

> 王国维及其文学批评 . 上下 / 叶嘉莹著 . 新竹：清华大学出版社，2011，2 册（12+507 页）.

> 王国维及其文学批评 / 叶嘉莹著 . 北京：北京大学出版社，2008，10+331 页 .

> 王国维及其文学批评 . 上下 / 叶嘉莹著；2 版 . 台北：桂冠图书公司，2000，2 册（618 页）.（叶嘉莹作品集 . 诗词专著）

> 王国维及其文学批评 / 叶嘉莹著 . 石家庄：河北教育出版社，1997，495 页 .

> 王国维及其文学批评 / 叶嘉莹著 . 广州：广东人民出版社，1982，490 页 .

3627 伪满洲国的汉语作家和汉语文学 / 大久保明男著 . 哈尔滨：北方文艺出版社，

2017，21+195 页．(伪满时期文学资料整理与研究．研究卷 / 刘晓丽主编)

3628 伪满洲国文学·续 / 冈田英树著；邓丽霞译．哈尔滨：北方文艺出版社，2017，21+389 页．(伪满时期文学资料整理与研究．研究卷 / 刘晓丽主编)

> 伪满洲国文学 / 冈田英树著；靳丛林译．长春：吉林大学出版社，2001，318 页．

3629 伪满洲国文学研究在日本 / 大久保明男，冈田英树，代珂编．哈尔滨：北方文艺出版社，2017，21+240 页．(伪满时期文学资料整理与研究．研究卷 / 刘晓丽主编)

3630 魏晋四言诗研究 / 崔宇锡著．成都：巴蜀书社，2006，268 页．

3631 文本的密码：社会语境中的宋代文学 / 浅见洋二著；李贵等译．上海：复旦大学出版社有限公司，2017，311 页．(日本汉学家"近世"中国研究丛书 / 朱刚，李贵主编)

3632 文镜秘府论 / 弘法大师撰；陈文华整理．济南：山东画报出版社，2004，17+156 页．

> 文镜秘府论 / 遍照金刚著；简恩定撰述．台北：金枫出版公司，1987，275 页．(经典；49)

3633 文镜秘府论汇校汇考 / 遍照金刚撰；卢盛江校考．修订本．北京：中华书局，2015，3 册(2018 页)．

> 文镜秘府论汇校汇考 / 遍照金刚撰；卢盛江校考．北京：中华书局，2006，4 册．

3634 文镜秘府论校注 / 遍照金刚；王利器校注．北京：中国社会科学出版社，1983，650 页．

3635 文体问题：现代中国的文学社团和文学杂志(1911—1937) / 贺麦晓著；陈太胜译．北京：北京大学出版社，2016，314 页．(文学史研究丛书 / 陈平原主编)

3636 文心雕龙索引 / 冈村繁编撰；华东师范大学东方文化研究中心编译．上海：上海古籍出版社，2010，13+447+112 页．(冈村繁全集；别卷)

3637 文心雕龙研究 / 户田浩晓著；曹旭译．上海：上海古籍出版社，1992，296 页．

3638 文选索引 / 斯波六郎编；李庆译．上海：上海古籍出版社，1997，3 册(141；1975；158 页)．(唐代研究指南．特集)

3639 文选之研究 / 冈村繁著；陆晓光译．上海：上海古籍出版社，2002，422 页．(冈村繁全集；2)

3640 文学的前途 / 夏志清著．北京：生活·读书·新知三联书店，2002，261 页．(三联精选)

3641 文学的声音 / 孙康宜著．台北：三民书局，2001，327 页．(三民丛刊；238)

3642 文学复古与文学革命：木山英雄中国现代文学思想论集 / 木山英雄著；赵京华编译．北京：北京大学出版社，2004，411 页．(文学史研究丛书)

3643 文字觑天巧：中晚唐诗新论 / 斋藤茂著；王宜瑗，韩艳玲译．北京：中华书局，2014，270 页．(日本唐代文学研究十家 / 蒋寅主编)

3644 我的诗词道路 / 叶嘉莹著．台北：大块文化出版份有限公司，2013，367 页．(叶嘉莹作品集；14)

> 我的诗词道路 / 叶嘉莹著 . 2 版 . 石家庄：河北教育出版社，2000，18+252 页 . （迦陵著作集）

> 我的诗词道路 / 叶嘉莹著 . 台北：桂冠图书公司，2000，249 页 . （叶嘉莹作品集 . 创作集）

> 我的诗词道路 / 叶嘉莹著 . 石家庄：河北教育出版社，1997，22+301 页 .

3645 巫系文学论 / 藤野岩友著；韩基国编译 . 重庆：重庆出版社，2005，518 页 .

3646 吴越钱氏文人群体研究 / 池泽滋子著 . 上海：上海人民出版社，2006，261 页 . （人文社科新著丛书）

3647 西方人笔下的中国鬼神故事二种 / 拉夫卡迪奥·赫恩，诺曼·欣斯代尔·彼特曼著；毕旭玲译 . 上海：上海社会科学院出版社，2014，204 页 .

3648 西晋文学研究 / 佐藤利行著；周延良译 . 北京：中国社会科学出版社，2004，338 页 .

3649 西门庆与潘金莲：《金瓶梅词话》主人公及其他 / 刘烈著 . 哈尔滨：黑龙江教育出版社，1989，148 页 . （开放丛书 . 思想文化系列）

3650 西游记的秘密（外二种）/ 中野美代子著；王秀文等译 . 北京：中华书局，2002，599 页 . （世界汉学论丛）

3651 西游记研究 / 太田辰夫著；王言译 . 上海：复旦大学出版社有限公司，2017，303 页 . （日本汉学家"近世"中国研究丛书 / 朱刚，李贵主编）

3652 西藏史诗和说唱艺人 / 石泰安著；耿昇译 . 2 版 . 北京：中国藏学出版社，2012，11+640 页 . （西藏文明之旅）

> 西藏史诗和说唱艺人 / 石泰安著；耿昇译 . 北京：中国藏学出版社，2005，640 页 . （西藏文明之旅书系）

> 西藏史诗与说唱艺人的研究 / 石泰安著；耿昇译 . 拉萨：西藏人民出版社，1993，1994 印，925 页 .

3653 夏目漱石汉诗文集 / 夏目漱石撰；殷旭民点校 . 上海：华东师范大学出版社，2009，89 页 . （日本汉文著作丛书）

3654 夏志清论中国文学 / 夏志清著；万芷均等译 . 香港：中文大学出版社，2017，391 页 .

3655 现代的诱惑：书写半殖民地中国的现代主义（1917—1937）/ 史书美著；何恬译 . 南京：江苏人民出版社，2007，474 页 . （海外中国研究丛书 / 刘东主编）

3656 现代汉诗：一九一七年以来的理论与实践 / 奚密著；奚密，宋炳辉译 . 上海：上海三联书店，2008，203 页 . （海外中国现代文学研究译丛 / 季进，王尧主编）

3657 现实主义的限制：革命时代的中国小说 / 安敏成著；姜涛译 . 南京：江苏人民出版社，2011，187 页 . （海外中国研究丛书 / 刘东主编）

> 现实主义的限制：革命时代的中国小说 / 安敏成著；姜涛译 . 南京：江苏人民出版社，2001，220 页 . （海外中国研究丛书）

3658 小词大雅：叶嘉莹说词的修养与境界 / 叶嘉莹著 . 北京：北京大学出版社，2015，163 页 .（迦陵讲演集）

3659 小泉八云与近代中国 / 刘岸伟著；盛莉译 . 武汉：武汉大学出版社，2007，210 页 .（东亚文化研究书系）

3660 小说的读法：铃木阳一文论集 / 铃木阳一著 . 北京：中国文联出版社，2002，375 页 .（桂雨文丛）

3661 新加坡华文文学五十年：1965—2015/ 王润华等主编 . 新加坡：八方文化创作室，2015，409 页 .（新加坡建国五十年系列）

3662 新世纪国外中国文学译介与研究文情报告，韩国卷：2001—2005/ 文大一编著 . 北京：中国社会科学出版社，2013，444 页 .（中国文学海外传播工程甲种丛书）

3663 新文学的传统 / 夏志清著 .2 版 . 北京：新星出版社，2010，278 页 .（大端文库）
  ➢ 新文学的传统 / 夏志清著 . 北京：新星出版社，2005，276 页 .

3664 新兴与传统：苏轼词论述 / 保苅佳昭著 . 上海：上海古籍出版社，2013，11+277 页 .（日本宋学研究六人集 / 王水照主编）
  ➢ 新兴与传统：苏轼词论述 / 保苅佳昭著 . 上海：上海古籍出版社，2005，11+277 页 .（日本宋学研究六人集）

3665 兴膳宏《文心雕龙》论文集 / 兴膳宏著；彭恩华译 . 济南：齐鲁书社，1984，202 页 .

3666 寻找张爱玲及其他 / 张错著 . 台北：时报文化出版企业股份有限公司，2004，189 页 .

3667 学林漫步：谈艺辑、书后辑、随想辑、人影辑 / 汪荣祖著 . 南京：江苏教育出版社，2005，362 页 .（汪荣祖作品系列）
  ➢ 学林漫步 / 汪荣祖著 . 天津：百花文艺出版社，1998，223 页 .（说文谈史丛书）

3668 扬州评话探讨 / 易德波著；米锋，易德波译 . 南京：江苏人民出版社，2016，508 页 .（凤凰文库·海外中国研究系列）

3669 叶嘉莹：爱上古诗词的九堂课 / 叶嘉莹著 .2 版 . 桂林：广西师范大学出版社，2018，261 页 .

3670 叶嘉莹诗文选集 / 叶嘉莹著；中华诗词学会图书编著中心，北京中华典籍图书编著中心编 . 北京：中国文联出版社，2010，14+225 页 .（中华诗词文库 . 第四辑）

3671 叶嘉莹说初盛唐诗 / 叶嘉莹著 . 北京：中华书局，2018，281 页 .（迦陵说诗）
  ➢ 叶嘉莹说初盛唐诗 / 叶嘉莹著 . 北京：中华书局，2015，277 页 .（迦陵说诗）
  ➢ 叶嘉莹说初盛唐诗 / 叶嘉莹著 . 台北：大块文化出版股份有限公司，2012，348 页 .（叶嘉莹作品集；6）
  ➢ 叶嘉莹说初盛唐诗 / 叶嘉莹著 . 北京：中华书局，2008，349 页 .（迦陵说诗）

3672 叶嘉莹说词 / 叶嘉莹撰 . 上海：上海古籍出版社，1999，254 页 .（名家说—"上古"学术萃编）

3673 叶嘉莹说杜甫诗 / 叶嘉莹著 . 北京：中华书局，2018，239 页 .（迦陵说诗）
  ➢ 叶嘉莹说杜甫诗 / 叶嘉莹著 . 北京：中华书局，2015，239 页 .（迦陵说诗）

> 叶嘉莹说杜甫诗 / 叶嘉莹著. 台北：大块文化出版股份有限公司，2012，294页.（叶嘉莹作品集；8）

> 叶嘉莹说杜甫诗 / 叶嘉莹著. 北京：中华书局，2008，282页.（迦陵说诗）

3674 叶嘉莹说汉魏六朝诗 / 叶嘉莹著. 北京：中华书局，2018，486页.（迦陵说诗）

> 叶嘉莹说汉魏六朝诗 / 叶嘉莹著. 北京：中华书局，2015，488页.（迦陵说诗）

> 叶嘉莹说汉魏六朝诗 / 叶嘉莹著. 北京：中华书局，2007，481页.（迦陵说诗）

3675 叶嘉莹说阮籍咏怀诗 / 叶嘉莹著. 北京：中华书局，2018，182页.（迦陵说诗）

> 叶嘉莹说阮籍咏怀诗 / 叶嘉莹著. 北京：中华书局，2017，182页.

> 叶嘉莹说阮籍咏怀诗 / 叶嘉莹著. 北京：中华书局，2007，197页.（迦陵说诗）

3676 叶嘉莹说诗讲稿 / 叶嘉莹著. 北京：中华书局，2018，232页.（迦陵说诗）

> 叶嘉莹说诗讲稿 / 叶嘉莹著. 北京：中华书局，2015，232页.（迦陵说诗）

> 叶嘉莹说诗讲稿 / 叶嘉莹著. 北京：中华书局，2008，285页.（迦陵说诗）

3677 叶嘉莹说陶渊明饮酒及拟古诗 / 叶嘉莹著. 北京：中华书局，2018，262页.（迦陵说诗）

> 叶嘉莹说陶渊明饮酒及拟古诗 / 叶嘉莹著. 北京：中华书局，2015，262页.（迦陵说诗）

> 叶嘉莹说陶渊明饮酒及拟古诗 / 叶嘉莹著. 北京：中华书局，2007，324页.（迦陵说诗）

3678 叶嘉莹说中晚唐诗 / 叶嘉莹著. 北京：中华书局，2018，159页.（迦陵说诗）

> 叶嘉莹说中晚唐诗 / 叶嘉莹著. 北京：中华书局，2015，157页.（迦陵说诗）

> 叶嘉莹说中晚唐诗 / 叶嘉莹著. 台北：大块文化出版股份有限公司，2012，215页.（叶嘉莹作品集；7）

> 叶嘉莹说中晚唐诗 / 叶嘉莹著. 北京：中华书局，2008，195页.（迦陵说诗）

3679 叶嘉莹谈词 / 叶嘉莹著. 2版. 天津：南开大学出版社，2015，242页.（南开跨文化交流研究丛书）

> 叶嘉莹谈词 / 叶嘉莹著. 天津：南开大学出版社，2013，242页.（南开跨文化交流研究丛书）

> 叶嘉莹谈词 / 叶嘉莹著. 天津：南开大学出版社，2010，277页.（"大家谈"丛书）

3680 叶嘉莹自选集 / 汤一介主编. 济南：山东教育出版社，2005，11+21+515页.（汉学名家书系）

3681 一个中国人的文学观：周作人的文艺思想 / 卜立德著；陈广宏译. 上海：复旦大学出版社，2001，10+202页.

3682 异域之眼：兴膳宏中国古典论集 / 兴膳宏著；戴燕选译. 上海：复旦大学出版社，2006，16+395页.

3683 逸步追风：西方学者论中国文学 / 李华元主编. 北京：学苑出版社，2008，304

页.(学苑海外中国学译丛；6)

3684 吟哦中的沉思：从中国古诗名句观照有情人生 / 村上哲见著；钟宪译. 台北：远流出版事业公司，1992，196 页.（励志馆；29）

3685 英雄魅力学：从人性角度透视曹操、孙权、刘备与三国群英 / 松本一男著；廖为智译. 台北：远流出版事业公司，1982，264 页.（实用历史丛书；42）

3686 英语世界的汤显祖研究论著选译 / 徐永明，陈靝沅主编. 杭州：浙江古籍出版社，2013，14+362 页.

3687 有狼的风景：读八十年代中国文学 / 近藤直子著；廖金球译. 北京：人民文学出版社，2001，267 页.（猫头鹰学术文丛）

3688 余国藩西游记论集 / 余国藩著；李奭学编译. 台北：联经出版事业公司，1989，298 页.

3689 鱼尾狮、榴莲、铁船与橡胶树：新加坡华人本土幻想 / 华语 / 文化 / 文学的重构神化 / 王润华著. 台北：文史哲出版社，2007，260 页.（文史哲学集成；536）

3690 与古诗交朋友：叶嘉莹诵读吟唱版 / 田师善编注；叶嘉莹校订. 2 版. 桂林：广西师范大学出版社，2018，24+205 页.

3691 与诗书在一起 / 叶嘉莹著. 2 版. 北京：生活·读书·新知三联书店，2018，229 页.
   ➢ 与诗书在一起 / 叶嘉莹著. 北京：生活·读书·新知三联书店，2016，229 页.

3692 玉米地里的作家：赵树理评传 / 釜屋修著；梅娘译. 太原：北岳文艺出版社，2000，122 页.

3693 《玉支矶》校记 / 辜美高著. 新加坡：新加坡国立大学，1997，70 页.

3694 御制避暑山庄诗：美藏本 / 圣祖玄烨撰；揆叙等注；沈喻绘图；汪荣祖点评. 重庆：西南师范大学出版社，2016，197 页.（域外汉籍珍本文库）

3695 元明诗概说 / 吉川幸次郎著；郑清茂译. 台北：联经出版事业股份有限公司，2012，296 页.
   ➢ 元明诗概说 / 吉川幸次郎著；郑清茂译. 台北：幼狮文化事业有限公司，1986，10+321 页.

3696 元杂剧研究 / 吉川幸次郎著；郑清茂译. 台北：艺文出版社，1981，15+310 页.

3697 源氏物语与白乐天 / 中西进著；马兴国，孙浩译. 北京：中央编译出版社，2001，348 页.

3698 源氏物语与白氏文集 / 丸山清子著；申非译. 北京：国际文化出版公司，1985，208 页.

3699 远航：魏斐德演讲访谈录 / 魏斐德著；梁禾编. 北京：新星出版社，2018，295 页.

3700 照花前后镜：词之美感特质的形成与演进 / 叶嘉莹著. 新竹：清华大学出版社，2007，271 页.（迦陵讲著丛稿）

3701 智水仁山：中日诗歌自然意象对谈录 / 中西进，王晓平著. 北京：中华书局，1995，15+313 页.

3702 中国白话小说史 / 韩南著；尹慧珉译．杭州：浙江古籍出版社，1989，229 页．

3703 中国传统诗歌与诗学：世界的征象 / 宇文所安著；陈小亮译．北京：中国社会科学出版社，2013，189 页．

3704 中国传统小说在亚洲 / 克劳婷·苏尔梦编著；颜保等译．北京：国际文化出版公司，1989，472 页．（北京大学比较文学研究丛书）

3705 中国词学的现代观 / 叶嘉莹著．长沙：岳麓书社，1990，118 页．
> 中国词学的现代观 / 叶嘉莹著．台北：大安出版社，1988，136 页．

3706 中国的恋歌：从《诗经》到李商隐 / 川合康三著；郭晏如译．上海：复旦大学出版社，2017，200 页．（复旦小文库）

3707 中国的美学和文学理论：从传统到现代 / 卜松山著；向开译．上海：华东师范大学出版社，2010，374 页．

3708 中国的神话传说与古小说 / 小南一郎著；孙昌武译．2 版．北京：中华书局，2006，442 页．（世界汉学论丛）
> 中国的神话传说与古小说 / 小南一郎著；孙昌武译．北京：中华书局，1993，395 页．

3709 中国的自传文学 / 川合康三著；蔡毅译．北京：中央编译出版社，1999，215 页．（发现中国丛书）

3710 中国古代文学：从神话到楚辞 / 白川静著；国久健太，崔倩倩译．成都：四川人民出版社，2018，285 页．

3711 中国古代文学：从《史记》到陶渊明 / 白川静著；曹珺红，赵霞译．成都：四川人民出版社，2018，306 页．

3712 中国古代文艺论史：全 2 卷 / 铃木虎雄著；孙俍工译．郑州：河南人民出版社，2016，2017 印，2 册（6+140；173 页）．（民国专题史丛书 / 郑培凯主编）
> 中国古代文艺论史 / 铃木虎雄著；孙俍工译．影印本．太原：山西人民出版社，2015，2 册（140；174 页）．（近代海外汉学名著丛刊 / 周蓓主编）
> 中国古代文艺论史 / 铃木虎雄著；孙俍工译．影印本．台中：文听阁图书有限公司，2011，327 页．

3713 中国古代文艺思潮 / 青木正儿著；王俊谕译．台北：文镜出版社，1985，151 页．（文镜文库；60）

3714 中国古代小说在韩国研究之综考 / 闵宽东著；李英月译．武汉：武汉大学出版社，2016，330 页．

3715 中国古典散文：从中世纪到近代的散文、游记、笔记和书信 / 顾彬等著；周克骏，李双志译．上海：华东师范大学出版社，2008，301 页．（中国文学史 / 顾彬主编；4）

3716 中国古典诗词论：谢列布里亚科夫汉学论集 / E.A. 谢列布里亚科夫著；李明滨，张冰编选．北京：北京大学出版社，2018，221 页．（俄罗斯汉学文库 / 李明滨，孙

玉华主编）

3717 中国古典诗歌的美感特质与吟诵/叶嘉莹著.台北：大块文化出版股份有限公司，2013，98页.（叶嘉莹作品集；17）

3718 中国古典诗歌评论集/叶嘉莹著.广州：广东人民出版社，1982，235页.

3719 中国古典文学研究的新视镜：晚近北美汉学论文选译/卞东波编译.合肥：安徽教育出版社，2016，386页.

3720 中国古典文学研究在苏联：小说、戏曲/李福清著；田大畏译.台北：台湾学生书局，1991，162页.（中国文学研究丛刊；30）
  ➢ 中国古典文学研究在苏联：小说·戏曲/李福清著；田大畏译.北京：书目文献出版社，1987，156页.

3721 中国古典小说/夏志清著；何欣等译.香港：中文大学出版社，2016，288页.
  ➢ 中国古典小说/夏志清.南京：江苏文艺出版社，2008，328页.（北斗丛书）
  ➢ 中国古典小说史论/夏志清著；胡益民等译.南昌：江西人民出版社，2001，350页.
  ➢ 中国古典小说导论/夏志清著；胡益民等译.合肥：安徽文艺出版社，1988，379页.

3722 中国古典小说在韩国的研究/闵宽东著.上海：学林出版社，2010，12+289页.

3723 中国古典小说在韩国之传播/闵宽东著.上海：学林出版社，1998，24+442页.

3724 中国古诗名篇鉴赏辞典/前野直彬，石川忠久编；杨松涛译.南京：江苏古籍出社，1987，513页.

3725 中国古诗评析/刘若愚著；王周若龄，周领顺译.开封：河南大学出版社，1989，163页.

3726 中国后现代：先锋小说中的精神创伤与反讽/杨小滨著；愚人译.上海：上海三联书店，2013，279页.（海外中国现代文学研究译丛）

3727 中国幻想故事漫谈/井波律子著；孙立春译.杭州：浙江工商大学出版社，2012，185页.

3728 中国近代白话短篇小说研究/小野四平著；施小炜等译.上海：上海古籍出版社，1997，272页.（海外汉学丛书）

3729 中国近代小说的兴起/韩南著；徐侠译.上海：上海教育出版社，2010，243页.（韩南汉学研究译丛）
  ➢ 中国近代小说的兴起/韩南著；徐侠译.上海：上海教育出版社，2004，250页.

3730 中国经典：英汉对照/理雅各著.上海：华东师范大学出版社，2011，5册.

3731 中国科学幻想文学史.上下卷/武田雅哉，林久之著；李重民译.杭州：浙江大学出版社，2017，2册（316；322页）.

3732 中国离别诗形成论考/松原朗著；李寅生译.北京：中华书局，2014，330页.（日本唐代文学研究十家/蒋寅主编）

3733 中国历史中的情感文化：对明清文献的跨学科文本研究/史华罗著；林舒俐等译.北京：商务印书馆，2009，12+682页.（商务印书馆海外汉学书系；10）

3734 中国美典与文学研究论集 / 高友工著 . 3 版 . 台北：台湾大学出版中心，2016，350 页 .
- 中国美典与文学研究论集 / 高友工著 . 再版 . 台北：台湾大学出版中心，2011，370 页 .（中国文学研究丛书；1）

3735 中国民间故事类型 / 艾伯华著；王燕生，周祖生译 . 修订版 . 北京：商务印书馆，2017，25+573 页 .（"跨文化研究"丛书 . 第三辑 / 金丝燕，董晓萍主编）
- 中国民间故事类型 / 艾伯华著；王燕生，周祖生译 . 北京：商务印书馆，1999，534 页 .（中国民间文化探索丛书）

3736 中国人的机智：以《世说新语》为中心 / 井波律子著；李庆，张荣湄译 . 上海：学林出版社，1998，161 页 .

3737 中国人的生活风景：内山完造漫语 / 内山完造著；吕莉译 . 北京：现代出版社，2017，11+273 页 .
- 中国人的生活风景：内山完造漫语 / 内山完造著；吕莉译 . 北京：现代出版社，2015，11+273 页 .（中·日·韩三国文化系列）
- 隔壁的中国人：内山完造眼中的中国生活风景 / 内山完造著；赵贺译 . 北京：世界图书出版公司，2015，180 页 .

3738 中国、日本民间文学比较研究：在华学术报告集 / 伊藤清司著 . 沈阳：辽宁大学科研处，1983，87 页 .

3739 中国少数民族文化中的史诗与英雄：[中英文对照] / 米尼克·希珀，尹虎彬主编 . 桂林：广西师范大学出版社，2004，464 页 .

3740 中国神话 / 白川静著；王孝廉译 . 台北：长安出版社，1983，238 页 .

3741 中国神话的构造 / 百田弥荣子著；胡婉如译 . 上海：上海文艺出版社，2017，236 页 .（非物质文化遗产研究丛书）

3742 中国神话故事论集 / 李福清著；马昌仪编 . 台北：台湾学生书局，1991，362 页 .
- 中国神话故事论集 / 李福清著；马昌仪编 . 北京：中国民间文艺出版社，1988，12+19+311 页 .

3743 中国诗歌史：从起始到皇朝的终结 / 顾彬著；刁承俊译 . 上海：华东师范大学出版社，2013，413 页 .（中国文学史 / 顾彬主编；1）

3744 中国诗歌原理 / 松甫友久著；孙昌武，郑天刚译 . 台北：洪叶文化事业公司，1993，321 页 .（国学精粹丛书；12）
- 中国诗歌原理 / 松浦友久著；孙昌武，郑天刚译 . 沈阳：辽宁教育出版社，1990，311 页 .

3745 中国诗画语言研究 / 程抱一著；涂卫群译 . 台北：典藏艺术家庭股份有限公司，2011，301+192 页 .（东西美学艺术学对话系列；4）
- 中国诗画语言研究 / 程抱一著；涂卫群译 . 南京：江苏人民出版社，2006，13+403 页 .（海外中国研究丛书 / 刘东主编）

3746 中国诗论史 / 铃木虎雄著；许总译 . 南宁：广西人民出版社，1989，249 页 .（国

外汉学名著译丛）
- ➢ 中国诗论史 / 铃木虎雄著；洪顺隆译 . 台北：台湾商务印书馆，1979，213页 .（人人文库；特 215）

3747 中国诗学 / 刘若愚著；韩铁椿，蒋小雯译 . 武汉：长江文艺出版社，1991，201页 .（文艺美学书系）

3748 中国诗学 / 叶维廉著 . 增订版 . 合肥：黄山书社，2016，384 页 .（99 经典文库）
- ➢ 中国诗学 / 叶维廉著 . 台北：台湾大学出版中心，2014，18+404 页 .（中国文学研究丛书；6）
- ➢ 中国诗学 / 叶维廉著 . 增订版 . 北京：人民文学出版社，2006，386 页 .
- ➢ 中国诗学 / 叶维廉著 . 北京：生活·读书·新知三联书店，1992，1994 重印，304 页 .（海外学人丛书）

3749 中国诗史 / 吉川幸次郎著；章培恒等译 .2 版 . 上海：复旦大学出版社，2012，339 页 .
- ➢ 中国诗史 / 吉川幸次郎著；章培恒等译 . 上海：复旦大学出版社，2001，378 页 .
- ➢ 中国诗史 / 吉川幸次郎著，高桥和已编；蔡靖泉等译 . 太原：山西人民出版社，1989，546 页 .
- ➢ 中国诗史 / 吉川幸次郎著，高桥和已编；章培恒等译 . 合肥：安徽文艺出版社，1986，378 页 .
- ➢ 中国诗史 / 吉川幸次郎著；刘向仁译 . 台北：明文书局，1983，501 页 .

3750 中国抒情传统的转变：姜夔与南宋词 / 林顺夫著；张宏生译 . 上海：上海古籍出版社，2005，15+212 页 .

3751 中国说话文学之诞生 / 高桥稔著；申荷丽译 . 北京：商务印书馆，2013，217 页 .（世说中国书系）

3752 中国文论：英译与评论 / 宇文所安著；王柏华，陶庆梅译 . 上海：上海社会科学院出版社，2003，697 页 .

3753 中国文人的自然观 / 顾彬著；马树德译 . 上海：上海人民出版社，1990，235 页 .（中国文化史丛书 / 周谷城主编）

3754 中国文学的对句艺术 / 古田敬一著；李淼译 . 长春：吉林文史出版社，1989，330 页 .

3755 中国文学的世界 / 前野直彬著；龚霓馨译 . 台北：台湾学生书局，1989，236 页 .（中国文学研究丛刊；23）

3756 中国文学发凡 / 青木正儿著；郭虚中译 . 影印本 . 太原：山西人民出版社，2015，192 页 .（近代海外汉学名著丛刊 / 郑培凯主编）
- ➢ 中国文学发凡 / 青木正儿著；郭虚中译 . 影印本 . 台中：文听阁图书有限公司，2011，1 册 .（民国时期文学研究丛书 . 第一编；42）

3757 中国文学概说 / 青木正儿著；隋树森译 . 重庆：重庆出版社，1982，182 页 .
- ➢ 中国文学概说 / 青木正儿著；隋树森译 . 台北：庄严出版社，1981，212 页 .（古典新刊；58）

> 中国文学概说 / 青木正儿撰 . 影印本 . 台北：盘庚出版社, 1978, 199 页 .（文史丛刊；1）

3758 中国文学理论 / 刘若愚著；杜国清译 . 南京：江苏教育出版社, 2006, 263 页 .（西方现代批评经典译丛）

> 中国文学理论 / 刘若愚著；杜国清译 . 台北：联经出版事业股份有限公司, 1981, 2005 重印, 334+44 页 .

> 中国的文学理论 / 刘若愚著；田守赳, 饶暑光译 . 成都：四川人民出版社, 1987, 292 页 .

> 中国的文学理论 / 刘若愚著；赵帆声译 . 郑州：中州古籍出版社, 1986, 192 页 .

3759 中国文学理论 / 兴膳宏著；萧燕婉译注 . 台北：联经出版事业股份有限公司, 2014, 542 页 .（现代名著译丛）

3760 中国文学论集 / 铃木虎雄著；汪馥泉译 . 文学概论讲话 / 谭正璧编 . 影印本 . 台中：文听阁图书有限公司, 2011, 213 页 .（民国时期文学研究丛书 . 第一编；50）

3761 中国文学论略 / 陈彬龢著 . 中国古代文艺论史 / 铃木虎雄著；孙俍工译 . 影印本 . 台中：文听阁图书有限公司, 2011, 327 页 .（民国时期文学研究丛书 . 第一编；49）

3762 中国文学名家与基督教 / 区应毓等著 . 北京：九州出版社, 2011, 313 页 .

3763 中国文学史 / 吉川幸次郎著；陈顺智, 徐少舟译 . 成都：四川人民出版社, 1987, 251 页 .

3764 中国文学史 / 前野直彬主编；骆玉明, 贺圣遂等译 . 上海：复旦大学出版社, 2012, 248 页 .

> 中国文学史 / 前野直彬主编；骆玉明等译 . 上海：上海古籍出版社, 1995, 309 页 .

> 中国文学史 / 前野直彬主编；连秀华、何寄澎译 . 台北：长安出版社, 1979, 380 页 .

3765 中国文学史 / 翟理斯著；刘帅译 . 北京：首都师范大学出版社, 2017, 318 页 .（晚清稀有西方汉学文化名著丛书）

3766 中国文学史纲要 / 王西里著；阎国栋译 . 北京：中央编译出版社, 2016, 215+210 页 .

3767 中国文学思想史 / 青木正儿著；孟庆文译 . 沈阳：春风文艺出版社, 1985, 278 页 .

3768 中国文学思想史纲 / 青木正儿著；汪馥泉译 . 影印本 . 太原：山西人民出版社, 2015, 150 页 .（近代海外汉学名著丛刊 / 郑培凯主编）

> 中国文学思想史纲 / 青木正儿著；汪馥泉译 . 中国文学史大纲 / 容肇祖著 . 中国文学发展史大纲引论 / 李华卿著 . 影印本 . 台中：文听阁图书有限公司, 2011,（150；270；80 页）.（民国时期文学研究丛书 . 第一编；97）

3769 中国文学新论 / 柳无忌著；倪庆饩译 . 北京：中国人民大学出版社, 1993, 274 页 .

3770 中国文学研究译丛 / 青木正儿等著；汪馥泉译 . 上海：上海文艺出版社, 1992,

279 页 .

3771 中国文学艺术精华 / 刘若愚著；王镇远译 . 合肥：黄山书社，1989，158 页 .

3772 中国文学与日本文学 / 铃木修次著；吉林大学日本研究所文学研究室译 . 福州：海峡文艺出版社，1989，205 页 .

3773 中国文学中所表现的自然与自然观：以魏晋南北朝文学为中心 / 小尾郊一著；邵毅平译 .2 版 . 上海：上海古籍出版社，2014，10+364 页 .（海外汉学丛书）

> 中国文学中所表现的自然与自然观：以魏晋南北朝文学为中心 / 小尾郊一著；邵毅平译 . 上海：上海古籍出版社，1989，417 页 .（海外汉学丛书）

3774 中国文学专题三讲 / 冈村繁主讲；刘三富译 . 台北：淡江大学出版社，1984，62 页 .（淡江讲座丛书；57）

3775 中国文章论 / 佐藤一郎著；赵善嘉译 . 上海：上海古籍出版社，1996，306 页 .（海外汉学丛书）

3776 中国戏剧的黄金时代：元杂剧 / 时钟雯著；萧善因，王红箫译 . 太原：山西人民出版社，1991，173 页 .

3777 中国现代文学批评发生史：1917—1930/ 玛利安·高利克著；陈圣生等译 . 北京：社会科学文献出版社，1997，376 页 .

3778 中国现代文学图志 / 杨义，中井政喜，张中良合著 . 北京：生活·读书·新知三联书店，2009，600 页 .

> 杨义文存 . 第三卷，中国新文学图志 . 上下卷 / 杨义主笔；中井政喜，张中良合著 . 北京：人民出版社，1998，2 册（656 页）.

> 中国新文学图志 / 杨义主笔；中井政喜，张中良著 . 北京：人民文学出版社，1996，2 册（10+661 页）.

3779 中国现代小说的风貌 / 叶维廉著 . 增订版 . 台北：台湾大学出版中心，2010，245 页 .（现代主义文学论丛；6）

3780 中国现代小说史 / 夏志清著 . 杭州：浙江人民出版社，2016，614 页 .

> 中国现代小说史 / 夏志清著；刘绍铭等译 .2 版 . 香港：中文大学出版社，2015，521 页 .

> 中国现代小说史 / 夏志清著；刘绍铭等译 . 桂林：广西师范大学出版社，2014，391 页 .

> 中国现代小说史 / 夏志清著；刘绍铭等译 . 香港：中文大学出版社，2001，2010 重印，562 页 .

> 中国现代小说史 / 夏志清著；刘绍铭等译 . 上海：复旦大学出版社，2005，504 页 .

> 中国现代小说史 / 夏志清著；刘绍铭编译 . 再版 . 香港：友联出版社，1982，562 页 .

> 中国现代小说史 / 夏志清著；刘绍铭编译 . 台北：传记文学出版社，1979，576

页 .（传记文学丛书；49）

3781 中国现代作家的浪漫一代 / 李欧梵著；王宏志等译 . 2 版 . 北京：新星出版社，2010，309 页 .（大端文库）

> 中国现代作家的浪漫一代 / 李欧梵著；王宏志等译 . 北京：新星出版社，2005，303 页 .

3782 中国现当代文学中的跨文化书写 / 藤田梨那著 . 北京：中央编译出版社，2013，303 页 .（比较文学研究学术丛书 . 第一辑 / 张晓希主编）

3783 中国小说世界 / 内田道夫编；李庆译 . 上海：上海古籍出版社，1992，367 页 .（海外汉学丛书 / 王元化主编）

3784 中国小说戏曲史 / 狩野直喜著；张真译 . 南京：江苏人民出版社，2017，30+229 页 .（凤凰文库·海外中国研究系列）

3785 中国叙事学 / 浦安迪著 . 2 版 . 北京：北京大学出版社，2018，281 页 .

> 中国叙事学 / 浦安迪讲演 . 北京：北京大学出版社，1996，219 页 .（北大学术讲演丛书；2）

3786 中国艳情：中国古代的性与社会 / 高罗佩著；吴岳添译 . 台北：风云时代出版公司，1994，467 页 .（东方爱典；1）

3787 中国游吟俳句集：宇咲冬男暨"明天"志友作品精选 / 宇咲冬男著；李芒译 . 南京：译林出版社，1997，143 页 .（和歌俳句丛书）

3788 中国韵文史 / 泽田总清原著 . 北京：商务印书馆，1937，1998 重印，2 册（544 页）.（中国文化史丛书）

> 中国韵文史 / 泽田总清著；王鹤仪译 . 上海：上海书店，1984，1987 重印，2 册 .（中国文化史丛书）

> 中国韵文史 / 泽田总清著；王鹤仪编译 . 影印本 . 上海：上海书店，1985，2 册（544 页）.（中国文化史丛书；第 2 辑）

> 中国韵文史 / 泽田总清著；王鹤仪编译 . 4 版 . 台北：台湾商务印书馆，1984，544 页 .（中国文化史丛书）

3789 中国早期古典诗歌的生成 / 宇文所安著；胡秋蕾等译 . 北京：生活·读书·新知三联书店，2014，402 页 .（宇文所安作品系列）

> 中国早期古典诗歌的生成 / 宇文所安著；胡秋蕾等译 . 北京：生活·读书·新知三联书店，2012，402 页 .（宇文所安作品系列）

3790 中国之爱情：对中华帝国数百年来文学作品中爱情问题的研究 / 史华罗著；王军，王苏娜译 . 北京：中国社会科学出版社，2012，367 页 .

3791 中国中短篇叙事文学史：从古代到近代 / 莫宜佳著；韦凌译 . 上海：华东师范大学出版社，2008，333 页 .（中国文学史 / 顾彬主编；3）

3792 中国"中世纪"的终结：中唐文学文化论集 / 宇文所安著；陈引驰，陈磊译 . 北京：生活·读书·新知三联书店，2014，166 页 .（宇文所安作品系列）

> 中国"中世纪"的终结：中唐文学文化论集/宇文所安著；陈引驰，陈磊译．台北：联经出版事业股份有限公司，2007，198页．

> 中国"中世纪"的终结：中唐文学文化论集/宇文所安著；陈引驰，陈磊译．北京：生活·读书·新知三联书店，2006，156页．（宇文所安作品系列）

3793 中华帝国晚期的欲望与小说叙述/黄卫总著；张蕴爽译．南京：江苏人民出版社，2012，315页．（凤凰文库·海外中国研究系列）

> 中华帝国晚期的欲望与小说叙述/黄卫总著；张蕴爽译．南京：江苏人民出版社，2010，315页．（凤凰文库·海外中国研究系列）

3794 中日历代名诗选，中华篇/宇野直人，李寅生编著．上海：上海古籍出版社，2016，17+672页．

3795 中唐文学研究论集/下定雅弘著．北京：中华书局，2014，225页．（日本唐代文学研究十家/蒋寅主编）

3796 中外比较文学译文集/周发祥编．北京：中国文联出版公司，1988，349页．

3797 中西比较文学理论/迪尼著；刘介民编译．北京：学苑出版社，1990，445页．

3798 中西文学关系的里程碑/高利克著；伍晓明等译．北京：北京大学出版社，1990，347页．（北京大学比较文学研究丛书）

3799 中英参照迦陵诗词论稿/叶嘉莹著．天津：南开大学出版社，2014，2册（959页）．

> 中英参照迦陵诗词论稿/叶嘉莹著．天津：南开大学出版社，2013，28+462页．（南开跨文化交流研究丛书）

3800 终南山的变容：中唐文学论集/川合康三著；刘维治等译．上海：上海古籍出版社，2013，394页．（海外汉学丛书）

> 终南山的变容：中唐文学论集/川合康三著；刘维治，张剑等译．上海：上海古籍出版社，2007，394页．（域外汉学名著译丛）

3801 周汉文学史考/冈村繁著；陆晓光译．上海：上海古籍出版社，2002，326页．（冈村繁全集；1）

3802 朱熹与李退溪诗比较研究/李秀雄著．北京：北京大学出版社，1991，260页．

3803 竹内实文集．第八卷，比较文学与文化研究/竹内实著；程麻译．北京：中国文联出版社，2006，386页．

3804 竹内实文集．第二卷，中国现代文学评说/竹内实著；程麻译．北京：中国文联出版社，2002，422页．

3805 追寻圆仁的足迹：在当代中国重走日本高僧入唐求法之路/阿南史代撰文/摄影；雷格，潘岳译．北京：五洲传播出版社，2007，213页．

3806 追忆：中国古典文学中的往事再现/宇文所安著；郑学勤译．北京：生活·读书·新知三联书店，2014，174页．（宇文所安作品系列）

> 追忆：中国古典文学中的往事再现/宇文所安著；郑学勤译．台北：联经出版事业股份有限公司，2006，203页．

- ➢ 追忆：中国古典文学中的往事再现 / 宇文所安著；郑学勤译.北京：生活·读书·新知三联书店，2004，166 页.（宇文所安作品系列）
- ➢ 追忆：中国古典文学中的往事再现 / 欧文著；郑学勤译.上海：上海古籍出版社，1990，170 页.（海外汉学丛书 / 王元化主编）

3807 传记与小说：唐代文学比较论集 / 倪豪士著.北京：中华书局，2007，275 页.（世界汉学论丛）
- ➢ 传记与小说：唐代文学比较论集 / 倪豪士著.台北：南天书局，1995，214 页.

3808 左翼文学的时代：日本"中国三十年代文学研究会"论文选 / 王风，白井重范编.北京：北京大学出版社，2011，376 页.（文学史研究丛书）

3809 《左传》与传统小说论集 / 王靖宇著.北京：北京大学出版社，1989，191 页.

（二）研究著作

3810 2000'北京金庸小说国际研讨会论文集 / 吴晓东，计璧瑞编.北京：北京大学出版社，2002，12+687 页.

3811 2005 明代文学国际学术研讨会论文集 / 左东岭主编.北京：学苑出版社，2005，711 页.
- ➢ 明代文学研究国际学术研讨会论文集 / 罗宗强，陈洪主编.天津：南开大学出版社，2006，815 页.
- ➢ 2013 年明代文学国际学术研讨会论文集 / 黄霖，陈广宏，郑利华主编.南京：凤凰出版社，2015，1113 页.

3812 2012 台湾金瓶梅国际学术研讨会论文集 / 陈益源主编.台北：里仁书局，2013，734 页.

3813 20 世纪韩国关于韩国文学对中国古典文学接受情况的研究 / 李丽秋著.郑州：大象出版社，2017，23+320 页.（20 世纪中国古代文化经典域外传播研究书系 / 张西平总主编）

3814 20 世纪永恒的红星：纪念《西行漫记》发表 60 周年国际学术研讨会论文集 / 尹均生主编.武汉：华中师范大学出版社，1998，438 页.

3815 20 世纪中国古代文学国外传播与研究 / 顾伟列主编.上海：华东师范大学出版社，2011，10+336 页.

3816 '93 中国古代小说国际研讨会论文集 / '93 中国古代小说国际研讨会学术委员会编.北京：开明出版社，1996，560 页.

3817 阿诗玛国际学术研讨会论文集 / 赵德光主编.昆明：云南民族出版社，2006，648 页.（阿诗玛文化丛书）

3818 《阿诗玛》英译研究 / 崔晓霞著.北京：民族出版社，2013，15+257 页.（民族典籍翻译研究丛书）

3819 艾青作品国际研讨会论文集 / 花山文艺出版社编 . 石家庄：花山文艺出版社，1992，901 页 .

3820 巴金研究在国外 / 张立慧，李今编 . 长沙：湖南文艺出版社，1986，689 页 .

3821 巴金与中西文化：巴金国际学术探讨会论文集 / 谭洛非主编 . 成都：四川大学出版社，1992，513 页 .

3822 半岛唐风：朝韩作家与中国文化 / 刘顺利著 . 银川：宁夏人民出版社，2004，24+429 页 .（跨文化丛书：外国作家与中国文化 . 朝韩卷）

3823 北美汉学界的中国文学思想研究 / 王晓路主编 . 成都：巴蜀书社，2008，755 页 .（比较文学与文艺学丛书）

3824 北美学者中国古代诗学研究 / 徐志啸著 . 上海：上海古籍出版社，2011，283 页 .

3825 北美中国古代文论研究的汉学形态 / 徐宝锋著 . 长春：吉林大学出版社，2014，259 页 .（中国文化与诗学丛书 . 第一辑）

3826 比较诗学视阈下的宇文所安唐诗研究 / 苏芹著 . 北京：中国文联出版社，2016，292 页 .

3827 比较视野中的传统与现代 / 孙康宜，孟华主编 . 北京：北京大学出版社，2007，602 页 .

3828 比较文学的新视野 / 张西平，顾钧主编 . 上海：华东师范大学出版社，2012，275 页 .

3829 比较文学视阈中的中国古典文学 / 魏崇新著 . 北京：外语教学与研究出版社，2009，14+211 页 .（国际汉学研究丛书）

3830 朝鲜诗学对中国江西诗派的接受：以高丽后期至李朝前期朝鲜诗话为中心 / 马金科著 . 北京：民族出版社，2006，219 页 .

3831 朝鲜时代三唐诗人研究 / 曹永任著 . 沈阳：辽宁民族出版社，2009，198 页 .

3832 朝鲜所刊中国珍本小说丛刊 .1，三国志传通俗演义（铜活字本）三国志传通俗演义 . 上 / 孙逊，朴在渊，潘建国主编 . 影印版 . 上海：上海古籍出版社，2014，174+527 页 .

> 朝鲜所刊中国珍本小说丛刊 .2，三国志传通俗演义 . 中 / 孙逊，朴在渊，潘建国主编 . 影印版 . 上海：上海古籍出版社，2014，529-1309 页 .

> 朝鲜所刊中国珍本小说丛刊 .3，三国志传通俗演义 . 下 / 孙逊，朴在渊，潘建国主编 . 影印版 . 上海：上海古籍出版社，2014，1311-2006 页 .

> 朝鲜所刊中国珍本小说丛刊 .4，太平广记详节 . 上 / 孙逊，朴在渊，潘建国主编 . 影印版 . 上海：上海古籍出版社，2014，610 页 .

> 朝鲜所刊中国珍本小说丛刊 .5，太平广记详节 . 下 / 孙逊，朴在渊，潘建国主编 . 影印版 . 上海：上海古籍出版社，2014，611-1244 页 .

> 朝鲜所刊中国珍本小说丛刊 .6，太平通载附太平通载抄 / 孙逊，朴在渊，潘建国主编 . 影印版 . 上海：上海古籍出版社，2014，786+120 页 .

> 朝鲜所刊中国珍本小说丛刊 .7，酉阳杂俎剪灯新话句解 / 孙逊，朴在渊，潘建国主编 . 影印版 . 上海：上海古籍出版社，2014，466+312 页 .

> 朝鲜所刊中国珍本小说丛刊.8,删补文苑楂橘效颦集花影集钟离葫芦/孙逊,朴在渊,潘建国主编.影印版.上海:上海古籍出版社,2014,1册.

> 朝鲜所刊中国珍本小说丛刊.9,附编:新增九云楼/孙逊,朴在渊,潘建国主编.影印版.上海:上海古籍出版社,2014,641页.

3833 朝鲜文学的发展与中国文学/金柄珉,金宽雄主编.2版.延吉:延边大学出版社,2003,375页.

> 朝鲜文学的发展与中国文学/金柄珉,金宽雄主编.延吉:延边大学出版社,1994,375页.

3834 陈香梅散文评论集/山西省社会科学院,山西省女作家联谊会编.太原:北岳文艺出版社,1998,214页.

3835 程抱一的唐诗翻译和唐诗研究/蒋向艳著.上海:华东师范大学出版社,2008,281页.(华东师大青年学术著作基金)

3836 程抱一研究论文集/褚孝泉主编.上海:复旦大学出版社,2013,229页.

3837 重返现代:白先勇、《现代文学》与现代主义/白睿文,蔡建鑫主编.台北:麦田出版社,2016,469页.(麦田文学;290)

3838 楚辞研究成功之路:海内外楚辞专家自述/黄中模,王雍刚主编.重庆:重庆出版社,2000,345页.(三峡经济文化丛书)

3839 楚辞研究与中外比较/徐志啸著.上海:上海古籍出版社,2014,376页.(复旦大学中文系教授荣休纪念文丛.徐志啸卷)

3840 《楚辞》在英语世界的译介与研究/郭晓春著.北京:中国社会科学出版社,2018,262页.(英语世界中国文学的译介与研究丛书/曹顺庆主编)

3841 传承与拓展:菲律宾华文文学国际学术研讨会论文集/福建省台湾香港澳门暨海外华文文学研究会编.福州:海峡文艺出版社,2002,470页.

3842 传统与现代:第一届台湾竹堑学国际学术研讨会论文集/陈惠龄主编;李欧梵等著.台北:万卷楼图书股份有限公司,2015,30+615页.(学术论文集丛书;1500002)

3843 从跨文化操纵到文化和合:《聊斋志异》英译研究/李海军著.上海:上海交通大学出版社,2014,171页.(当代语言学研究文库)

3844 从窈窕到苗条:汉学巨擘与诗经楚辞的变译/洪涛著.南京:凤凰出版社,2013,453页.

3845 当代中国文学思想的政治脉络:夏志清、李欧梵与王德威之间的传承与变迁/张毓纯著.台北:台湾大学政治学系中国大陆暨两岸关系教学与研究中心,2013,120页.(中国学的知识社群欧美系列;12)

3846 当东方与西方相遇:比较文学专题研究/姜智芹著.济南:齐鲁书社,2008,380页.

3847 德国汉学视野下中国当代文学的译介与研究/谢淼著.南京:南京大学出版社,2016,14+226页.

3848 德国文学中的中国女性形象/谭渊著.武汉:武汉大学出版社,2017,300页.(中

外语言文化比较研究丛书 / 许明武,谭渊主编)

3849 第二届诗经国际学术研讨会论文集 / 中国诗经学会编.北京:语文出版社,1996,824 页.
- 第六届诗经国际学术研讨会论文集 / 中国诗经学会编.北京:学苑出版社,2005,928 页.

3850 第二届宋代文学国际研讨会论文集 / 莫砺锋编.南京:江苏教育出版社,2003,894 页.
- 第三届宋代文学国际研讨会论文集 / 张廷杰编.银川:宁夏人民出版社,2005,741 页.
- 第四届宋代文学国际研讨会论文集 / 沈松勤主编.杭州:浙江大学出版社,2006,666 页.
- 第五届宋代文学国际研讨会论文集 / 邓乔彬编.广州:暨南大学出版社,2009,726 页.
- 第六届宋代文学国际研讨会论文集 / 周裕锴编.成都:巴蜀书社,2011,653 页.
- 第七届宋代文学国际研讨会论文集 / 杨国安,吴河清主编.开封:河南大学出版社,2013,621 页.
- 第八届宋代文学国际研讨会论文集 / 王利民,武海军主编.广州:中山大学出版社,2015,699 页.
- 第九届宋代文学国际研讨会论文集 / 沈松勤,马强才编.杭州:浙江大学出版社,2017,551 页.

3851 丁玲与延安:第八次丁玲文学创作国际研讨会论文集 /《丁玲与延安》选编小组编.西安:陕西人民教育出版社,2001,479 页.

3852 丁若镛的汉诗与清代文化之关联研究 / 李永男著.沈阳:辽宁民族出版社,2009,210 页.

3853 东北沦陷时期文学国际学术研讨会论文集 / 冯为群等编.沈阳:沈阳出版社,1992,426 页.

3854 东亚汉文学研究的方法与实践 / 张伯伟著.北京:中华书局,2017,17+367 页.(域外汉籍研究丛书.第三辑 / 张伯伟主编)

3855 东方之诗与他者之思:海外中国文学研究 / 陈倩著.北京:北京大学出版社,2017,398 页.(比较文学基本范畴与经典文献丛书 / 高旭东主编)

3856 东方主义视域下美国华裔文学中华人形象建构的流变 / 郑海霞著.北京:中国水利水电出版社,2015,177 页.

3857 东亚汉诗的诗学构架与时空景观 / 严明著.台北:圣环图书出版社,2004,628 页.(三石文库;2)

3858 东亚汉诗史论 / 严明著.新北:圣环图书股份有限公司,2011,508 页.(三石文库;15)

3859 东亚汉诗研究 / 严明著 . 北京：中国书籍出版社，2013，286 页 .

3860 东瀛论西厢：《西厢记》流变丛考 / 黄冬柏著 . 北京：商务印书馆，2018，353 页 .

3861 多元文化共建的世界华文文学：第十六届世界华文文学国际学术研讨会论文集 / 胡德才主编 . 北京：中国华侨出版社，2011，620 页 .

3862 俄罗斯文学中的中国形象研究 / 孙丽珍著 . 哈尔滨：黑龙江人民出版社，2017，225 页 .

3863 二十世纪法国文学在中国的译介与接受 / 许钧，宋学智著 . 增订本 . 南京：译林出版社，2018，526 页 .

3864 二十世纪国外中国文学研究 / 夏康达，王晓平等著 . 北京：学苑出版社，2016，14+447 页 .（列国汉学史书系 . 第二辑 / 阎纯德，吴志良主编）

> 二十世纪国外中国文学研究 / 夏康达，王晓平主编 . 天津：天津人民出版社，2000，469 页 .

3865 翻译建构当代中国形象：澳大利亚现当代中国文学翻译研究 / 陈吉荣著 . 北京：中国社会科学出版社，2012，249 页 .

3866 翻译与文化身份：美国华裔文学翻译研究 / 刘芳著 . 上海：上海交通大学出版社，2010，167 页 .（当代语言学研究文库）

3867 反思与超越：20 世纪中国文学与理论批评国际学术研讨会论文集 / 黄曼君主编 . 武汉：华中理工大学出版社，2000，18+424 页 .

3868 梵典与华章：印度作家与中国文化 / 郁龙余等著 . 银川：宁夏人民出版社，2004，24+532 页 .（跨文化丛书：外国作家与中国文化 . 印度卷）

3869 《福乐智慧》英译研究 / 李宁著 . 北京：民族出版社，2010，26+305 页 .（民族典籍翻译研究丛书）

3870 港台·国外：谈中国现代文学作家 / 程新编；林语堂等著 . 成都：四川文艺出版社，1986，239 页 .

3871 歌德与中国：新版插图增订本 / 杨武能，莫光华著 . 成都：四川人民出版社，2017，415 页 .

3872 古代文论研究的回顾与前瞻：复旦大学 2000 年国际学术会议论文集 / 复旦大学中国语言文学研究所主编 . 上海：复旦大学出版社，2002，574 页 .

3873 古典小说英译与中国传统文化传承：《儒林外史》汉英语篇对比与翻译研究 / 徐珺著 . 长春：吉林出版集团责任有限公司，2005，221 页 .

3874 光自东方来：法国作家与中国文化 / 钱林森著 . 银川：宁夏人民出版社，2004，24+568 页 .（跨文化丛书：外国作家与中国文化 . 法国卷）

> 法国作家与中国 / 钱林森著 . 福州：福建教育出版社，1995，11+704 页 .（南京大学比较文学丛书）

3875 郭沫若在英语世界的传播与接收研究 / 杨玉英著 . 北京：学苑出版社，2015，14+514 页 .（列国汉学史书系 / 阎纯德，吴志良主编）

> 英语世界的郭沫若研究 / 杨玉英著. 上海：复旦大学出版社，2011，413 页.

3876 国际聊斋论文集 / 辜美高，王枝忠主编. 北京：北京师范学院出版社，1992，298 页.

3877 国际蒙古学者畅游成吉思汗八白室记 / 哲·彻彻旺等著. 呼伦贝尔：内蒙古文化出版社，2012，312 页.

3878 国外中国古典文论研究 / 王晓平等著. 南京：江苏教育出版社，1998，490 页.（中国古典文学走向世界丛书）

3879 国外中国古典戏曲研究 / 孙歌等著. 南京：江苏教育出版社，2000，14+418 页.（中国古典文学走向世界丛书）

3880 国外中国文学研究论丛：中国现代文学专辑 / 中国社会科学院文学研究所，国外中国学（文学）研究组编. 北京：中国文联出版公司，1985，518 页.

3881 海外孤本晚明戏剧选集三种 / 李福清，李平编. 影印本. 上海：上海古籍出版社，1993，644 页.（海外珍藏善本丛书）

3882 海外汉学与中国文论，英美卷 / 黄卓越主编. 北京：北京师范大学出版社，2018，15+649 页.（海外中国研究系列 / 黄卓越主编）

3883 海外奇葩：海外华文文学论文集 / 暨南大学台港暨海外华文文学研究中心主编；潘亚暾等著. 广州：暨南大学出版社，1994，428 页.

3884 海外中国古典文学研究 / 中国社会科学院文学研究所编. 北京：社会科学文献出版社，2016，353 页.（中国社会科学院文学研究所学术专辑）

3885 韩国诗话探珍录 / 邝健行著. 北京：学苑出版社，2013，334 页.

3886 寒山诗日本古注本丛刊 / 卞东波编. 影印本. 南京：凤凰出版社，2017，2 册（30+1512 页）.

3887 汉诗英译的比较诗学研究 / 魏家海著. 北京：中国社会科学出版社，2017，364 页

3888 汉语古诗英译比读与研究 / 毛华奋著. 上海：上海社会科学院出版社，2007，235 页.（比较文学与文化丛书）

3889 汉学家的中国文学英译历程 / 朱振武等著. 上海：华东理工大学出版社，2017，340 页.

3890 《红楼梦》与国际汉学：第六届《红楼梦》国际学术研讨会论文集 / 张丽珍，潘碧华著. 马来西亚：马来亚大学中文系：马大中文系毕业生协会，2009，374 页.（马来亚大学中文系学丛；3）

3891 《红楼梦》在德国的传播与翻译 / 姚军玲著. 郑州：大象出版社，2018，23+258 页.（20 世纪中国古代文化经典域外传播研究书系 / 张西平总主编）

3892 《红楼梦》在国外 / 胡文彬著. 北京：中华书局，1993，180 页.（文史知识文库）

3893 花鸟风月的绝唱：日本汉诗中的四季歌咏 / 严明著. 银川：宁夏人民出版社，2006，251 页.（人文日本新书）

3894 华裔汉学家叶嘉莹与中西诗学 / 徐志啸著. 北京：学苑出版社，2009，16+194 页.（列国汉学史书系 / 阎纯德，吴志良主编）

3895 华裔美国作家研究 / 吴冰,王立礼主编. 天津:南开大学出版社,2009,624 页.(南开 21 世纪华人文学丛书)

3896 疾首蹙额的旅行者:解读芥川龙之介的中国之行及其《中国游记》:[中日对照] / 高洁著. 上海:华东理工大学出版社,2010,234 页.

3897 集体记忆的千年传唱:《格萨尔》翻译与传播研究 / 王治国著. 北京:民族出版社,2018,13+372 页.(民族典籍翻译研究丛书)

3898 纪念曹雪芹逝世 240 周年:2004 扬州国际红楼梦学术研讨会论文集 / 中国《红楼梦》学会秘书处编. 北京:文化艺术出版社,2004,556 页.

3899 菅茶山・赖山阳汉诗研究 / 李均洋,赵敏俐,佐藤利行主编. 北京:商务印书馆,2018,377 页.

3900 芥川龙之介与中国 / 王书玮著. 北京:新世界出版社,2013,518 页.

3901 芥川龙之介与中国:芥川人生艺术与风格的研究 / 孙延永著. 天津:天津科学技术出版社,2015,147 页.

3902 《金瓶梅》传播史话:一部奇书在全世界的奇遇 / 何香久著. 北京:中国文联出版公司,1998,518 页.

3903 金瓶梅研究. 第四辑,第二届国际《金瓶梅》研讨会专辑 / 中国金瓶梅学会编. 南京:江苏古籍出版社,1993,274 页.
  ➢ 《金瓶梅》与临清:第六届国际《金瓶梅》学术讨论会论文集 / 黄霖,杜明德主编. 济南:齐鲁书社,2008,10+619 页.
  ➢ 金瓶梅研究. 第十一辑:第十届(兰陵)国际《金瓶梅》学术讨论会专辑 / 中国《金瓶梅》研究会(筹)编. 上海:复旦大学出版社,2015,514 页.
  ➢ 金瓶梅研究. 第十二辑:第十一届(徐州)国际《金瓶梅》学术讨论会专辑 / 中国《金瓶梅》研究会(筹)编. 郑州:中州古籍出版社,2016,350 页.
  ➢ 第十二届国际《金瓶梅》学术研讨会论文集 / 黄霖,史小军编. 北京:国家图书馆出版社,2017,2 册(836 页).

3904 金庸小说国际学术研讨会论文集 / 王秋桂主编. 台北:远流出版事业公司,1999,640 页.(金庸茶馆:别册)

3905 近代上海英文出版与中国古典文学的跨文化传播:1867—1941 / 孙轶旻著. 上海:上海古籍出版社,2014,23+418 页.(中西文学文化关系研究丛书 / 孙逊主编)

3906 近世东亚汉诗流变 / 严明著. 南京:凤凰出版社,2018,2 册(1093 页).

3907 近现代来华传教士与中国文学研究 / 刘丽霞著. 北京:中国社会科学出版社,2017,249 页.

3908 井上靖中国题材历史小说研究 / 王燕,卢茂君著. 北京:九州出版社,2010,213 页.
  ➢ 井上靖中国题材历史小说研究 / 卢茂君著. 台北:万卷楼图书股份有限公司,2017.

3909 镜像后的文化冲突与文化认同:英美文学中的中国形象 / 姜智芹著. 北京:中华书

局，2008，20+418 页．

3910 橘与枳：日本汉诗的文体学研究 / 吴雨平著．北京：中国社会科学出版社，2008，242 页．

3911 卡夫卡与中国文化 / 曾艳兵著．北京：首都师范大学出版社，2006，181 页．（中学西渐丛书）

3912 跨世纪的文学对话：江苏省比较文学学会成立 25 周年纪念文集（1985—2010）/ 钱林森，汪介之主编．南京：译林出版社，2011，621 页．

3913 跨文化民俗体裁学：新疆史诗故事群研究 / 董晓萍著．北京：中国大百科全书出版社，2018，581 页．（"跨文化研究"丛书．第三辑 / 金丝燕，董晓萍主编）

3914 跨越闺门：明清女性作家论 / 方秀洁，魏爱莲编．北京：北京大学出版社，2014，384 页．（文学史研究丛书）

3915 跨越太平洋的雨虹：美国作家与中国文化 / 张弘等著．银川：宁夏人民出版社，2002，26+437 页．（跨文化丛书：外国作家与中国文化．美国卷）

3916 老作家书简 / 冈田英树，刘晓丽，诺曼·史密斯编著．哈尔滨：北方文艺出版社，2017，21+227 页．（伪满时期文学资料整理与研究．史料卷 / 刘晓丽主编）

3917 李白的作品 / 李白著；平冈武夫编．影印本．上海：上海古籍出版社，1989，1 册．（唐代研究指南；9/ 平冈武夫编）

3918 李白歌诗索引 / 花房英树编．影印本．上海：上海古籍出版社，1991，500 页．（唐代研究指南；8/ 平冈武夫主编）

3919 李植杜诗批解研究/ 左江著．北京：中华书局，2007，375 页．（域外汉籍研究丛书）

3920 理雅各《诗经》翻译与儒教阐释 / 姜燕著．济南：山东大学出版社，2013，206 页．（宗教对话与比较研究丛书）

3921 《聊斋志异》的创作发生及其在英语世界的传播 / 朱振武著．上海：学林出版社，2017，270 页．

3922 林语堂论中西文化 / 万平近编．上海：上海社会科学院出版社，1989，333 页．

3923 刘若愚跨文化诗学思想研究 / 纪燕著．北京：中国社会科学出版社，2017，192 页．

3924 刘若愚融合中西诗学之路 / 詹杭伦著．北京：文津出版社，2005，283 页．（跨文化沟通个案研究丛书）

3925 柳宗元国际学术研讨会论文集 / 蔡自新主编．长沙：湖南人民出版社，2010，317 页．（中国古代文学与文化论丛 / 翟满桂主编）

3926 论宇文所安的唐代诗歌史研究 / 陈小亮著．北京：中国社会科学出版社，2010，257 页．

3927 马尔罗与中国：国际学术研讨会论文集 / 秦海鹰等著．上海：上海人民出版社，2008，308 页．

3928 《玛纳斯》翻译传播研究 / 梁真惠著．北京：民族出版社，2015，17+316 页．（民族典籍翻译研究丛书）

3929 梅红樱粉：日本作家与中国文化 / 王晓平著 . 银川：宁夏人民出版社, 2002, 26+437 页 . （跨文化丛书：外国作家与中国文化 . 日本卷）

3930 美国的明清小说研究 / 邹颖著 . 南京：南京大学出版社, 2016, 440 页 .

3931 美国东方主义的"中国话语"：赛珍珠中美跨国书写研究 / 朱骅著 . 上海：复旦大学出版社, 2012, 18+394 页 .

3932 美国哈佛大学哈佛燕京图书馆藏明清妇女著述汇刊 / 方秀洁, 伊维德主编 . 影印版 . 桂林：广西师范大学出版社, 2009, 5 册 . （哈佛燕京图书馆文献丛刊第四种）

3933 美国汉学界的苏轼研究 / 万燚著 . 北京：中国社会科学出版社, 2018, 253 页 . （英语世界中国文学的译介与研究丛书 / 曹顺庆主编）

3934 美国华裔英语文学中的中国形象 / 王曦, 谢婷, 王俊英著 . 北京：现代出版社, 2016, 185 页 .

3935 美国华裔英语叙事文本中的中国形象 / 詹乔著 . 广州：暨南大学出版社, 2016, 216 页 . （暨南外语博士文库 / 宫齐主编）

3936 美国诗与中国梦：美国现代诗里的中国文化模式 / 钟玲著 . 桂林：广西师范大学出版社, 2003, 211 页 . （贝贝特人文馆）
> 美国诗与中国梦：美国现代诗里的中国文化模式 / 钟玲著 . 台北：麦田出版公司, 1996, 290 页 . （麦田人文；13）

3937 美国早期戏剧与电影中的中国人形象 / 李琤著 . 上海：上海交通大学出版社, 2009, 199 页 .

3938 明代文学与科举文化国际学术研讨会论文集 / 陈文新, 余来明主编 . 武汉：武汉大学出版社, 2010, 660 页 .

3939 明代小说面面观 / 辜美高, 黄霖主编 . 上海：学林出版社, 2002, 424 页 .

3940 明清文人清言集 / 合山究编选；陈熙中, 张明高注释 . 上海：上海科学技术文献出版社, 2018, 292 页 .
> 明清文人清言集 / 合山究选编；陈西中, 张明高注释 . 北京：中国广播电视出版社, 1991, 200 页 .

3941 南戏国际学术研讨会论文集 / 温州市文化局编 . 北京：中华书局, 2001, 424 页 .

3942 内藤湖南汉诗酬唱墨迹辑释：日本关西大学图书馆内藤文库藏品集 / 钱婉约, 陶德民编著 . 北京：国家图书馆出版社, 2016, 283 页 . （近代中日文化交流史料丛刊）

3943 内藤湖南汉诗文集 / 印晓峰点校 . 桂林：广西师范大学出版社, 2009, 25+478 页 . （日本汉文著作丛书）

3944 欧美红学 / 姜其煌著 . 郑州：大象出版社, 2005, 17+227 页 . （国际汉学研究书系 . 海外汉学研究丛书 / 任继愈主编）

3945 欧洲中国古典文学研究名家十年文选 / 乐黛云等编选 . 南京：江苏人民出版社, 1998, 473 页 . （海外中国研究丛书）

3946 普希金与中国 / 张铁夫主编 . 长沙：岳麓书社，2000，410 页 .

3947 清代诗话东传略论稿 / 张伯伟著 . 北京：中华书局，2007，313 页 .（域外汉籍研究丛书）

3948 《热河日记》研究 / 张丽娜著 . 北京：中央民族大学出版社，2015，349 页 .（中央民族大学优秀博士论文文库）

3949 日本楚辞研究论纲 / 徐志啸著 . 福州：福建人民出版社，2015，260 页 .

3950 日本读本小说与明清小说：中日文化交流史的透视 / 李树果著 . 天津：天津人民出版社，1998，391 页（南开日本研究丛书）

3951 日本古代汉文学与中国文学比较研究 / 于永梅著 . 沈阳：辽宁大学出版社，2010，155 页 .

3952 日本汉诗发展史 . 第一卷 / 肖瑞峰著 . 长春：吉林大学出版社，1992，410 页 .

3953 日本汉诗论稿 / 蔡毅著 . 北京：中华书局，2007，325 页 .（域外汉籍研究丛书）

3954 日本汉诗溯源比较研究 / 马歌东著 . 北京：商务印书馆，2011，475 页 .
➢ 日本汉诗溯源比较研究 / 马歌东著 . 北京：中国社会科学出版社，2004，357 页 .

3955 日本汉诗研究论文选 / 刘怀荣，孙丽选编 . 北京：中国社会科学出版社，2017，375 页 .（东亚文学与文化研究丛书 . 第一辑）

3956 日本汉诗与中国历史人物典故 / 王福祥编著 . 北京：外语教学与研究出版社，1997，27+736 页 .

3957 日本汉文小说研究 / 孙虎堂著 . 上海：上海古籍出版社，2010，311 页 .（海外汉文小说研究丛书）

3958 日本江户汉诗对明代诗歌的接受研究 / 刘芳亮著 . 济南：山东大学出版社，2013，288 页 .

3959 日本近代汉文学 / 高文汉著 . 银川：宁夏人民出版社，2005，194 页 .（人文日本新书）

3960 日本近现代作家与中国社会和文学之关系研究 / 黄华莉等著 . 成都：四川大学出版社，2015，229 页 .

3961 日本明治时期刊行的中国文学史研究 / 赵苗著 . 郑州：大象出版社，2018，23+236 页 .（20 世纪中国古代文化经典域外传播研究书系 / 张西平总主编）

3962 日本僧侣汉诗与杜甫 / 刘丹著 . 沈阳：辽宁大学出版社，1994，87 页 .

3963 日本诗话中的中国古代诗学研究 / 孙立著 . 北京：北京大学出版社，2012，307 页 .（中国古代文体学研究丛书；2）

3964 "日本视角"与中国现代文学研究：以竹内好、伊藤虎丸、木山英雄为中心 / 刘伟著 . 北京：人民出版社，2011，401 页 .（科学与人文研究丛书）

3965 日本诗经学史 / 王晓平著 . 北京：学苑出版社，2009，16+548 页 .（列国汉学史书系 / 阎纯德，吴学良主编）

3966 日本诗经学文献考释 / 王晓平著 . 北京：中华书局，2012，509 页 .（域外汉籍研

究丛书）

3967 日本所藏稀见中国戏曲文献丛刊．第一辑．第一册—十八册 / 黄仕忠，金文京，乔秀岩．影印本．桂林：广西师范大学出版社，2006，18册．

3968 日本学者研究中国现代文学论文选粹 / 伊藤虎丸等编．长春：吉林大学出版社，1987，442页．

3969 日藏中国戏曲文献综录 / 黄仕忠著．桂林：广西师范大学出版社，2010，80+476页．（中国俗文学研究目录丛刊第一种）

3970 如何译介，怎样研究：中国古典词在英语世界 / 涂慧著．北京：中国社会科学出版社，2014，335页．（21世纪北美中国文学研究著译丛书 / 张健，刘洪涛，石江山主编）

3971 赛珍珠"中国小说"文本研究 / 黄剑著．南昌：江西人民出版社，2015，227页．

3972 三国演义在日本 / 邱岭，吴芳龄著．银川：宁夏人民出版社，2006，224页．（人文日本新书）

3973 《三国演义》在日本的译介与研究 / 赵莹著．天津：南开大学出版社，2014，238页．

3974 三毛，我们想念你：海内外名士谈三毛并精品欣赏 / 刘浪等编．北京：中国国际广播出版社，1991，197页．

3975 神奇的想象：南北欧作家与中国文化 / 王宁，葛桂录等著．银川：宁夏人民出版社，2005，24+287页．（跨文化丛书：外国作家与中国文化．南北欧卷）

3976 《诗经》翻译探微 / 李玉良著．北京：商务印书馆，2017，10+407页．

3977 《诗经》英译研究 / 李玉良著．济南：齐鲁书社，2007，20+396页．

3978 诗神远游：中国如何改变了美国现代诗 / 赵毅衡著．成都：四川文艺出版社，2013，329页．

> 诗神远游：中国如何改变了美国现代诗 / 赵毅衡著．上海：上海译文出版社，2003，335页．

> 远游的诗神：中国古典诗歌对美国新诗运动的影响 / 赵毅衡著．成都：四川人民出版社，1985，325页．

3979 十六和十七世纪伊比利亚文学视野里的中国景观 / 澳门《文化杂志》编．郑州：大象出版社，2003，283页．（国际汉学研究书系．西方早期汉学经典译丛）

3980 十七、十八世纪欧洲文献档案之福尔摩莎文学考 / 李加展编撰．台北：唐山出版社，2007，397页．

3981 史耐德与中国文化 / 钟玲著．北京：首都师范大学出版社，2006，264页．（中学西渐丛书）

3982 世界华文微型小说论：首届世界华文微型小说研讨会论文集 / 王润华，黄孟文主编．新加坡：UniPress，1996，301页．

3983 世界华文文学的多元审视：第七届世界华文文学国际学术研讨会论文集 / 杨振昆等主编．昆明：云南大学出版社，1996，624页．

3984 世界鲁迅与鲁迅世界：媒介、翻译与现代性书写 / 张鸿声，朴宰雨主编. 北京：中国传媒大学出版社，2014，355 页.

3985 首届国际"红楼梦"研讨会论文集 / 周策纵编. 香港：香港中文大学出版社，1983，263 页.

3986 首届明代文学国际研讨会论文集 / 何永康，陈书录主编. 南京：南京师范大学出版社，2004，841 页.

3987 首届宋代文学国际研讨会论文集 / 王水照等编. 上海：复旦大学出版社，2001，712 页.

3988 首届元曲国际研讨会论文集 / 首届元曲国际研讨会组委会编. 石家庄：河北教育出版社，1994，2 册（718 页）.

3989 首届中国近代文学国际学术研讨会论文集 / 熊向东等编选. 南昌：百花洲文艺出版社，1994，752 页.

3990 丝路驿花：阿拉伯波斯作家与中国文化 / 孟昭毅著. 银川：宁夏人民出版社，2002，26+329 页.（跨文化丛书：外国作家与中国文化. 阿拉伯卷）

3991 抒情传统与维新时代：辛亥前后的文人、文学、文化 / 吴盛青，高嘉谦主编. 上海：上海文艺出版社，2012，28+676 页.

3992 四海红楼 / 余英时，周策纵，周汝昌等著. 北京：作家出版社，2006，2 册（661 页）.（"明月"四十年精品文丛）

3993 他乡的石头记：《红楼梦》百年英译史研究 / 江帆著. 天津：南开大学出版社，2014，22+279 页.（"中国文化走出去：理论与实践"丛书 / 谢天振总主编）

3994 "他者"的眼光：论北美汉学家关于"诗言志""言意关系"的研究 / 冯若春著. 成都：巴蜀书社，2008，304 页.（比较文学与文艺学丛书）

3995 他者的眼光：中英文学关系论稿 / 葛桂录著. 银川：宁夏人民教育出版社，2003，297 页.

3996 台港及海外的中国现代文学史编撰研究 / 张军著. 北京：中国社会科学出版社，2016，552 页.

3997 台湾·香港·海外学者论中国近代小说 / 王继权，周榕芳编选. 南昌：百花洲文艺出版社，1991，410 页.

3998 台湾文学的感觉结构：跨国流动与地方感国际研讨会论文集 / 白睿文等著. 南投：暨南国际大学中国语文学系，2015，435 页.

3999 台湾新文学与鲁迅 / 中岛利郎编. 台北：前卫出版社，2000，14+240 页.（台湾文学研究系列；13）

4000 泰戈尔与上海 / 朱纪华主编；上海市档案馆，印度驻上海总领事馆编. 上海：中西书局，2012，129 页.

4001 泰戈尔与中国 / 王邦维，谭中主编. 北京：中央编译出版社，2011，265+289 页.

4002 唐代的散文作家 / 平冈武夫，今井清编. 影印本. 上海：上海古籍出版社，1990，

116 页.（唐代研究指南；3/ 平冈武夫主编）

4003　唐代的散文作品 / 平冈武夫等编.影印本.上海：上海古籍出版社，1989，887 页.（唐代研究指南；10/ 平冈武夫主编）

4004　唐代的诗篇 / 平冈武夫等著.影印本.上海：上海古籍出版社，1991，2 册（1822 页）.（唐代研究指南；11，12/ 平冈武夫主编）

4005　唐代的诗人 / 平冈武夫，市原亨吉编.影印本.上海：上海古籍出版社，1991，178 页.（唐代研究指南；4/ 平冈武夫主编）

4006　唐代女诗人薛涛在美国的译介 / 周彦著.北京：学苑出版社，2016，195 页.

4007　唐诗在法国的译介和研究 / 蒋向艳著.北京：学苑出版社，2016，14+10+261 页.（列国汉学史书系 / 阎纯德，吴志良主编）

4008　唐土的种粒：日本传衍的敦煌故事 / 王晓平著.银川：宁夏人民出版社，2005，221 页.（人文日本新书）

4009　田汉在日本 / 小谷一郎，刘平编.北京：人民文学出版社，1997，14+558 页.

4010　外遇中国："中国域外汉文小说国际学术研讨会"论文集 / 台湾中正大学中文系、语言与文学研究中心主编.台北：台湾学生书局，2001，578 页.（中国文学研究丛刊）

4011　晚清至现代中国文学的对外译介研究：一段隐形的翻译史 / 耿强著.广州：世界图书出版广东有限公司，2015，274 页.

4012　万叶和歌新探：汉文虚词在万叶和歌中的受容及其训读意义 / 梁继国著.苏州：苏州大学社，1994，375 页.（海外博士论丛）

4013　王维研究.第四辑：中国·鞍山王维国际学术研讨会暨中国王维研究会第四届年会论文集 / 刘刚，师长泰主编；《王维研究》编辑部编.沈阳：辽海出版社，2003，424 页.

> 王维研究.第五辑，王维·辋川国际学术研讨会暨中国王维研究会第五届年会论文集 / 师长泰主编；梁瑜霞，师长泰［辑］主编.镇江：江苏大学出版社，2011，319 页.

4014　伪满洲国的文学杂志 / 刘晓丽，大久保明男编著.哈尔滨：北方文艺出版社，2017，21+19+676 页.（"伪满时期文学资料整理与研究"丛书.史料卷 / 刘晓丽主编）

4015　文本的跨文化重生：葛浩文英译莫言小说研究 / 贾燕芹著.北京：中国社会科学出版社，2016，251 页.（21 世纪北美中国文学研究著译丛书 / 张健，刘洪涛，石江山主编）

4016　文心同雕集 / 户田浩晓等著；曹顺庆编.成都：成都出版社，1990，319 页.

4017　文学交流中的大卫·霍克思 / 王丽耘著.秦皇岛：燕山大学出版社，2013，13+318 页.

4018　文学想象与文化利用：英国文学中的中国形象 / 姜智芹著.北京：中国社会科学出版社，2005，269 页.

4019　文学行旅与世界想象 / 王德威，季进主编.南京：江苏教育出版社，2007，261 页.

4020 五代诗话 / 王士禛原编；郑方坤删补；李珍华点校.北京：书目文献出版社，1989，374 页.

4021 雾外的远音：英国作家与中国文化 / 葛桂录著.银川：宁夏人民出版社，2002，26+422 页.（跨文化丛书：外国作家与中国文化.英国卷）

4022 西方汉学家的中国文学观研究：一次后殖民理论分析实践 / 胡淼森著.北京：光明日报出版社，2015，331 页.

> 西方汉学家的中国文学观研究：一次后殖民理论分析实践.上下 / 胡淼森著.新北：花木兰文化出版社，2015，2 册（350 页）.（古典文学研究辑刊·十一编；2）

4023 西方汉学界的中国文论研究 / 王晓路著.成都：巴蜀书社，2003，405 页.

4024 西方人眼中的东方文学艺术 / 李平著.上海：上海教育出版社，2004，11+274 页.（东方美学对西方的影响丛书）

4025 西方文论与中国文学 / 周发祥著.南京：江苏教育出版社，1997，10+464 页.（中国古典文学走向世界丛书）

4026 西方语境的中国故事 / 卫景宜著.杭州：中国美术学院出版社，2002，194 页.（比较文艺学丛书）

4027 西镜东像：姜智芹教授讲中西文学形象学 / 姜智芹著.北京：中央编译出版社，2014，12+314 页.（比较文学与世界文学名家讲堂 / 王向远主编）

4028 西南诸民族典籍翻译研究：她们从远古的歌谣中走来 / 刘雪芹著.大连：大连海事大学出版社，2016，12+401 页.

4029 现代中西比较文学研究.第一册 / 迪尼著；刘介民主编.成都：四川人民出版社，1988，490 页.

> 现代中西比较文学研究.第二册 / 迪尼，刘介民主编.成都：四川人民出版社，1988，4+910 页.

4030 谢灵运诗歌在英语世界的译介及研究 / 黄莉著.北京：中国社会科学出版社，2018，248 页.（英语世界中国文学的译介与研究丛书 / 曹顺庆主编）

4031 新世纪国外中国文学译介与研究文情报告，北美卷：2001—2003/ 刘洪涛，黄承元主编.北京：中国社会科学出版社，2012，424 页.（中国文学海外传播工程甲种丛书）

> 新世纪国外中国文学译介与研究文情报告，北美卷：2004—2006/ 刘洪涛，黄承元主编.北京：中国社会科学出版社，2014，393 页.（中国文学海外传播工程甲种丛书）

4032 新世纪国外中国文学译介与研究文情报告，韩国卷：2001—2005/ 文大一编著.北京：中国社会科学出版社，2013，444 页.（中国文学海外传播工程甲种丛书）

4033 新世纪国外中国文学译介与研究文情报告，日本卷：2001—2003/ 卢茂君编著.北京：中国社会科学出版社，2013，483 页.（中国文学海外传播工程甲种丛书）

4034 新世纪韩国的中国现当代文学研究 / 林春城，王光东编 . 上海：复旦大学出版社，2013，330 页 .

4035 新世纪美国洛杉矶华文作家作品选 / 朱文斌，叶周，北奥主编 . 合肥：安徽文艺出版社，2018，10+498 页 .

4036 修辞立其诚：周策纵访谈集 / 王润华，黎汉杰编 . 香港：初文出版社有限公司，2018，412 页 .

4037 亚洲汉文学 / 王晓平著 .2 版 . 天津：天津人民出版社，2009，11+364 页 .
> 亚洲汉文学 / 王晓平著 . 天津：天津人民出版社，2001，11+564 页 .（东方文化集成 . 东方文化综合研究篇）

4038 洋人在中国：中外文化的交融与碰撞 / 李海燕著 . 北京：中国友谊出版公司，2002，320 页 .

4039 叶嘉莹教授八十华诞暨国际词学研讨会纪念文集 / 张红主编 . 天津：南开大学出版社，2005，741 页 .

4040 一九三〇年代台湾乡土文学论战资料汇编 / 中岛利郎编 . 高雄：春晖出版社，2003，525 页 .（文学台湾丛刊；21）

4041 异域的召唤：德国作家与中国文化 / 卫茂平等著 . 银川：宁夏人民出版社，2002，26+404 页 .（跨文化丛书：外国作家与中国文化 . 德国卷）

4042 英美汉学中的白居易研究 / 莫丽芸著 . 郑州：大象出版社，2018，23+249 页 .（20 世纪中国古代文化经典域外传播研究书系 / 张西平总主编）

4043 英诗中国形象的客体输入与反观 / 曾繁健，李萍，陈二春著 . 北京：冶金工业出版社，2013，2+247 页 .

4044 英译唐人绝句百首 / 吕叔湘编注 . 长沙：湖南人民出版社，1980，132 页 .

4045 英语世界的《水浒传》研究 / 谢春平著 . 北京：中国社会科学出版社，2018，340 页 .（英语世界中国文学的译介与研究丛书 / 曹顺庆主编）

4046 英语世界的唐诗翻译：文本行旅与诗学再识 / 王凯凤著 . 北京：中国社会科学出版社，2018，293 页 .（英语世界中国文学的译介与研究丛书 / 曹顺庆主编）

4047 英语世界的元杂剧研究 / 李安光著 . 北京：中国社会科学出版社，2017，330 页 .（21 世纪北美中国文学研究著译丛书 / 张健，刘洪涛，石江山主编）

4048 英语世界的中国传统戏剧研究与翻译 / 曹广涛著 .2 版 . 广州：广东高等教育出版社，2011，529 页 .（广东中华文化王季思学术基金·黄天骥学术基金丛书；16）
> 英语世界的中国传统戏剧研究与翻译 / 曹广涛著 . 广州：广东高等教育出版社，2009，529 页 .（广东中华文化王季思学术基金·黄天骥学术基金丛书；16）

4049 英语世界清小说研究 / 何敏著 . 成都：西南交通大学出版社，2017，348 页 .

4050 英语世界中国古典文学之传播 / 黄鸣奋著 . 上海：学林出版社，1997，285 页 .

4051 英语世界中国现代文学研究综论 / 季进，余夏云著 . 北京：北京大学出版社，2017，12+429 页 .（国际中国文化研究丛书 / 张西平主编）

4052 悠远的回响：俄罗斯作家与中国文化/汪介之，陈建华著.银川：宁夏人民出版社，2002，26+406页.（跨文化丛书：外国作家与中国文化.俄罗斯卷）

4053 与日本学者讨论屈原问题/黄中模著.武汉：华中理工大学出版社，1990，333页.

4054 域外汉籍与宋代文学研究/卞东波著.北京：中华书局，2017，429页.（域外汉籍研究丛书.第三辑/张伯伟主编）

4055 域外汉文小说论究/中国古典文学会编.台北：台湾学生书局，1989，186页.（中国小说研究丛刊；10）

4056 远传的衣钵：日本传衍的敦煌佛教文学/王晓平著.银川：宁夏人民出版社，2005，209页.（人文日本新书）

4057 远扬的风华：在北美涵泳中华文化的精采人物/赵俊迈著.台北：台湾商务印书馆股份有限公司，2014，10+280页.（新万有文库）

4058 远游在东方的缪斯：外籍来华诗人与中国文学的互动影响研究/龚敏律著.长沙：湖南师范大学出版社，2018，232页.

4059 《昭明文选》与中国传统文化：第四届文选学国际学术研讨会论文集/赵福海等主编.长春：吉林文史出版社，2001，614页.（吉林文史出版社学术研究文库）

4060 赵淑敏作品国际研讨会论文集/赵淑敏作品国际研讨会组委会编.郑州：文心出版社，1996，468页.

4061 中国·文学·美国/宋伟杰著.广州：花城出版社，2003，513页.（中国文学在国外丛书）

4062 中国禅与美国文学/钟玲著.北京：首都师范大学出版社，2009，457页.（中学西渐丛书）

4063 中国当代文学海外传播研究/姚建彬主编.北京：北京大学出版社，2016，12+437页.（中国文化"走出去"研究丛书/张西平总主编）

4064 中国对德国文学影响史述/卫茂平著.上海：上海外语教育出版社，1999，560页.
➤ 中国对德国文学影响史述/卫茂平著.上海：上海外语教育出版社，1996，560页.

4065 中国古代文学与海外汉学史论/王庆云著.北京：中国社会科学出版社，2017，320页.

4066 中国古代文学在欧洲/徐志啸主编.石家庄：河北教育出版社，2013，299页.

4067 中国古典诗歌在东瀛的衍生与流变研究/肖瑞峰著.杭州：浙江大学出版社，2012，10+289页.

4068 中国古典文学的英国之旅：英国三大汉学家年谱：翟理斯、韦利、霍克思/葛桂录主编.郑州：大象出版社，2017，23+483页.（20世纪中国古代文化经典域外传播研究书系/张西平总主编）

4069 中国古典文学海外珍稀本（孤本）文库/于润琦主编.北京：中国文联出版社，2004，10册.

4070　中国古典文学在国外 / 宋柏年主编 . 北京：北京语言学院出版社，1994，600 页 .

4071　中国古典小说戏曲名著在国外 / 王丽娜编著 . 上海：学林出版社，1988，577 页 .

4072　中国古典小说在俄罗斯的翻译和研究 / 高玉海著 . 长春：吉林大学出版社，2015，239 页 .

4073　中国李白研究：中国首届李白研究国际学术讨论会专辑：一九九一集 / 中国李白研究会，马鞍山《中国李白研究》编辑部编 . 南京：江苏古籍出版社，1993，434 页 .

4074　《中国评论》与晚清中英文学交流 / 段怀清，周俐玲编著 . 广州：广东人民出版社，2006，410 页 .（基督教与中西文化交流丛书）

4075　中国首届唐宋诗词国际学术讨论会论文集 / 南京师范大学中文系编 . 南京：江苏教育出版社，1994，686 页 .

4076　中国题材日本文学史 / 王向远著 . 银川：宁夏人民出版社，2007，12+10+438 页 .
　➢ 中国题材日本文学史 / 王向远著 . 上海：上海古籍出版社，2007，12+438 页 .（中日文化研究文库）

4077　中国文化对美国文学的影响 / 刘岩著 . 石家庄：河北人民出版社，1999，308 页 .（东学西渐丛书）

4078　中国文化与海外华文文学 / 彭志恒著 . 北京：中国文联出版社，2000，11+26+268 页 .（中国语言文学学科学术丛书）

4079　中国文学翻译与研究在俄罗斯 / 宋绍香编译 . 北京：学苑出版社，2018，16+305 页 .（列国汉学史书系 . 第二辑 / 阎纯德，吴志良主编）

4080　中国文学在朝鲜 / 韦旭枡著 . 广州：花城出版社，1990，377 页 .（中国文学在国外丛书 / 乐黛云主编）

4081　中国文学在德国 / 曹卫东著 . 广州：花城出版社，2002，461 页 .（中国文学在国外丛书 / 乐黛云主编）

4082　中国文学在日本 / 严绍璗，王晓平著 . 广州：花城出版社，1990，490 页 .（中国文学在国外丛书 / 乐黛云主编）

4083　中国文学在世界的传播与影响 / 施建业著 . 济南：黄河出版社，1993，193 页 .

4084　中国文学在英国 / 张弘著 . 广州：花城出版社，1992，12+421 页 .（中国文学在国外丛书 / 乐黛云主编）

4085　中国小说与传说在日本的传播与再创 / 吴伟明主编 . 上海：上海交通大学出版社，2018，14+144 页 .（东亚学书系）

4086　中国戏曲在法国的翻译与接受：1789—1870/ 李声凤著 . 北京：北京大学出版社，2015，245 页 .（中法文学关系研究丛书 . 第二辑）

4087　中国"现代派"诗人在英语世界的接受研究 / 王树文著 . 北京：中国社会科学出版社，2018，274 页 .（英语世界中国文学的译介与研究丛书 / 曹顺庆主编）

4088　中国现代作家研究在韩国 / 魏韶华，韩相德著 . 北京：中国社会科学出版社，

2016，205 页.（东亚文学与文化研究丛书.第一辑）

4089　中国新时期文学在国外的传播与研究 / 姜智芹著.济南：齐鲁书社，2011，310 页.

4090　中国新文学 20 世纪域外传播与研究 / 宋绍香著.北京：学苑出版社，2012，16+281 页.（列国汉学史书系.第二辑 / 阎纯德，吴志良主编）

4091　中国新文学俄苏传播与研究史稿 / 宋绍香著.北京：学苑出版社，2017，14+338 页.（列国汉学史书系.第二辑 / 阎纯德，吴志良主编）

4092　中国怎么样：驻华外国记者如何讲述中国故事 / 张志安，叶柳著.广州：南方日报出版社，2009，149 页.

4093　中国中古文学研究：中国中古（汉—唐）文学国际学术研讨会论文集 / 赵敏俐，佐藤利行主编.北京：学苑出版社，2005，932 页.

4094　中罗文学关系史探 / 丁超著.北京：人民文学出版社，2008，290 页.

4095　中美诗缘 / 朱徽著.成都：四川人民出版社，2002，610 页.

4096　中日古代文学交流史稿 / 严绍璗著.福州：福建教育出版社，2016，390 页.（比较文学名家经典文库 / 杨乃乔主编）
　　　➢ 中日古代文学关系史稿 / 严绍璗著.长沙：湖南文艺出版社，1987，379 页.（比较文学丛书）
　　　➢ 中日古代文学关系史稿 / 严绍璗著.香港：中华书局（香港）公司，1987，379 页.（比较文学丛书）

4097　中日学者屈原问题论争集 / 黄中模编.济南：山东教育出版社，1990，338 页.

4098　中日友好千家诗 / 王元明，增田朋洲主编.上海：学林出版社，1993，1095 页.

4099　中日战争与文学：中日现代文学的比较研究 / 山田敬三，吕元明主编.长春：东北师范大学出版社，1992，536 页.

4100　中诗英译比录 / 吕叔湘编.北京：中华书局，2002，286 页.
　　　➢ 中诗英译比录 / 吕叔湘，许渊冲编著.香港：三联书店香港公司，1988，397 页.
　　　➢ 中诗英译比录 / 吕叔湘编.上海：外语教育出版社，1980，214 页.

4101　中外文学交流史，中国—阿拉伯卷 / 钱林森，周宁主编；郅溥浩，丁淑红，宗笑飞著.济南：山东教育出版社，2015，13+11+483 页.

4102　中外文学交流史，中国—北欧卷 / 钱林森，周宁主编；叶隽著.济南：山东教育出版社，2015，25+235 页.

4103　中外文学交流史，中国—朝韩卷 / 钱林森，周宁主编；刘顺利著.济南：山东教育出版社，2015，13+393 页.

4104　中外文学交流史，中国—德国卷 / 钱林森，周宁主编；卫茂平，陈虹嫣等著.济南：山东教育出版社，2015，13+24+351 页.

4105　中外文学交流史，中国—东南亚卷 / 钱林森，周宁主编；郭惠芬著.济南：山东教育出版社，2015，13+499 页.

4106　中外文学交流史，中国—俄苏卷 / 钱林森，周宁主编；李明滨，查晓燕著.济南：

山东教育出版社，2015，13+15+309 页．

4107　中外文学交流史，中国—法国卷 / 钱林森，周宁主编；钱林森著．济南：山东教育出版社，2015，13+15+553 页．

4108　中外文学交流史，中国—加拿大卷 / 钱林森，周宁主编；梁丽芳，马佳卷主编；梁丽芳等著．济南：山东教育出版社，2015，13+475 页．

4109　中外文学交流史，中国—美国卷 / 钱林森，周宁主编；周宁等著．济南：山东教育出版社，2015，13+11+441 页．

4110　中外文学交流史，中国—葡萄牙卷 / 钱林森，周宁主编；姚风著．济南：山东教育出版社，2015，13+277 页．

4111　中外文学交流史，中国—日本卷 / 钱林森，周宁主编；王晓平著．济南：山东教育出版社，2015，13+727 页．

4112　中外文学交流史，中国—西班牙语国家卷 / 钱林森，周宁主编；赵振江，滕威著．济南：山东教育出版社，2015，13+341 页．

4113　中外文学交流史，中国—希腊、希伯来卷 / 钱林森，周宁主编；齐宏伟，杜心源，杨巧著．济南：山东教育出版社，2015，13+255 页．

4114　中外文学交流史，中国—意大利卷 / 钱林森，周宁主编；张西平，马西尼卷主编．济南：山东教育出版社，2015，13+381 页．

4115　中外文学交流史，中国—印度卷 / 钱林森，周宁主编；郁龙余，刘朝华著．济南：山东教育出版社，2015，13+18+611 页．

4116　中外文学交流史，中国—英国卷 / 钱林森，周宁主编；葛桂录著．济南：山东教育出版社，2015，13+18+509 页．

4117　中外文学交流史，中国—中东欧卷 / 钱林森，周宁主编；丁超，宋炳辉著．济南：山东教育出版社，2015，13+499 页．

4118　中外文学交流史 / 周发祥，李岫主编．长沙：湖南教育出版社，1999，531 页．（百科史苑）

4119　中外学者论曹禺 / 田本相，刘家鸣主编．天津：南开大学出版社，1992，337 页．

4120　中外学者论红楼：哈尔滨国际红楼蒙研讨会论文选 / 张锦池，邹进先编．哈尔滨：北方文艺出版社，1989，911 页．

4121　中外学者文选学论集 / 俞绍初，许逸民主编；郑州大学古籍所编．北京：中华书局，1998，2 册（1187 页）．

4122　中西比较诗学史 / 曹顺庆主编．成都：巴蜀书社，2008，590 页．（比较文学与文艺学丛书）

4123　中西比较视域下的刘若愚及其研究 / 邱霞著．北京：知识产权出版社，2012，304 页．

4124　"中学西传"与中国古典小说的早期翻译（1735—1911）：以英语世界为中心 / 宋丽娟著．上海：上海古籍出版社，2017，761 页．（中西文学文化关系研究丛书 /

孙逊主编）

4125 中印文学比较研究 / 薛克翘著. 北京：昆仑出版社，2003，39+337 页.（东方文化集成. 中华文化编）

4126 中英文学关系编年史 / 葛桂录著. 上海：上海三联书店，2004，348 页.（当代学人论丛）

4127 诸子散文在英语世界的译介与传播 / 戴俊霞著. 合肥：安徽大学出版社，2014，345 页.（博学文库）

4128 竹内好的鲁迅研究 / 靳丛林著. 北京：北京大学出版社，2012，247 页.（培文书系. 文学与当代史丛书）

4129 注石门文字禅 / 释惠洪著；释廊门贯徹注；张伯伟等点校. 北京：中华书局，2012，2 册（1730 页）.（日本宋代文学研究丛刊）

4130 走向世界的客家文学 / 徐肖南著. 广州：华南理工大学出版社，2001，327 页.（客家研究文丛. 第一辑）

4131 走向世界的中国与世界主义的赛珍珠：文化动线视角下的赛珍珠现象研究 / 董晨鹏著. 上海：上海文艺出版社，2013，11+391 页.

4132 最美丽的彩虹：一位日本老人和中国青少年的通信往来 / 塚本幸司等著；钟兆云编. 北京：中国青年出版社，2008，357 页.

4133 昨日黄花依旧香 / 高登·怀特主编；尚晓媛，易木执行主编. 成都：四川人民出版社，1996，219 页.（当代国民心态访谈录丛）

二、文学作品

4134 50 万年的死角："北京人"奇案追踪记 / 伴野朗著；丹东译. 北京：世界知识出版社，1984，205 页.

> 五十万年的死角 / 伴野朗著；谈建浩，陆荷芬译. 昆明：云南人民出版社，1982，240 页.

4135 艾黎诗选 / 艾黎著；王央乐译. 北京：人民文学出版社，1984，265 页.

4136 爱泼斯坦新闻作品选 / 伊斯雷尔·爱泼斯坦著. 北京：今日中国出版社，1995，420 页.

4137 爱情三部曲 / 鲁晓鹏著. 北京：中国华侨出版社，2015，313 页.

4138 白蛇传奇：中国的魔法世界：汉英对照 / Helmut Matt, Linda Marie Matt；刘达，邓晓菁译. 北京：外语教学与研究出版社，2012，173 页.

> 白蛇传奇：中国的魔法世界：中德对照 / 赫尔姆特·马特著；刘达，邓晓菁译. 北京：外语教学与研究出版社，2009，175 页.

4139 "北京人"下落不明 / 塔什德简著；杨照明，贾淑勤译. 北京：北京出版社，1982，

249 页.

4140 北京悠悠馆 / 陈舜臣著；关燕军，王执芳译. 广州：广东人民出版社，1985，274 页.

4141 汴京残梦 / 黄仁宇著. 北京：生活·读书·新知三联书店，2018，267 页.
- 汴京残梦 / 黄仁宇著. 厦门：鹭江出版社，2017，217 页.
- 汴京残梦 / 黄仁宇绘著. 3 版. 新北：联经出版事业股份有限公司，2017，292 页.（当代名家·黄仁宇作品）
- 汴京残梦 / 黄仁宇著. 2 版. 北京：九州出版社，2012，195 页.（黄仁宇全集；13）
- 汴京残梦 / 黄仁宇绘著. 2 版. 台北：联经出版事业股份有限公司，2011，292 页.（当代名家·黄仁宇作品）
- 汴京残梦 / 黄仁宇著. 北京：九州出版社，2007，168 页.（黄仁宇全集；13）
- 汴京残梦 / 黄仁宇著. 北京：新星出版社，2005，232 页.

4142 苍狼 / 井上靖著；陈德文译. 上海：上海译文出版社，2016，281 页.
- 苍狼 / 井上靖著；冯朝阳，赖育芳译. 北京：人民文学出版社，2002，422 页.（井上靖中国古代历史小说选）
- 成吉思汗传 / 井上靖著；陈德文译. 合肥：安徽文艺出版社，1998，255 页.
- 苍狼 / 井上靖著；林水福译. 新版. 台北：远流出版事业公司，1994，318 页.（小说历史；10）
- 苍狼 / 井上靖著；林水福译. 台北：远流出版事业公司，1989，1990 重印，318 页.（小说历史；10）
- 苍狼 / 井上靖著；冯朝阳译. 北京：世界知识出版社，1987，248 页.
- 苍狼 / 井上靖著；张利，晓明译. 呼和浩特：内蒙古人民出版社，1986，238 页.
- 一代天骄 / 井上靖著；陈德文译. 长沙：湖南人民出版社，1985，281 页.

4143 曹操残梦 / 陈舜臣著；荆莹，王成武译. 北京：北京出版社，2017，262 页.
- 曹操 / 陈舜臣著；张力薇译. 福州：福建人民出版社，2010，308 页.
- 曹操 / 陈舜臣著；许锡庆译. 北京：国际文化出版公司，2005，317 页.
- 曹操：曹魏一族. 上下 / 陈舜臣著；许锡庆译. 台北：远流出版事业公司，1999，2 册（551 页）.（陈舜臣作品集；12-13）

4144 长安日记：贺望东探案集 / 陈舜臣著；祖秉和，金慕篯译. 北京：群众出版社，1985，177 页.

4145 长安之梦 / 陈舜臣著；陈巍译. 桂林：漓江出版社，2012，202 页.

4146 长乐路 / 史明智著；王笑月译. 上海：上海译文出版社有限公司，2018，301 页.（译文纪实）

4147 长沙白茉莉 / 黄仁宇著；宋碧云译. 2 版. 北京：九州出版社，2012，264 页.（黄仁宇全集；14）
- 长沙白茉莉 / 黄仁宇著；宋碧云译. 北京：九州出版社，2009，274 页.

> 长沙白茉莉 / 李尉昂著；宋碧云译 . 台北：台湾商务印书馆，1998，308 页 .（Open；3/9）

4148 朝云观奇案 / 高罗佩著；薛璇子译 . 太原：北岳文艺出版社，2018，18+157 页 .

> 朝云观奇案 / 高罗佩著；印永清译 . 台北：脸谱出版社，2001，278 页 .（狄公案作品系列：大唐一代名相狄仁杰；4）

4149 陈舜臣十八史略，大风起兮：西汉—东汉 / 陈舜臣著；廖为智译 . 桂林：广西师范大学出版社，2013，489 页 .

> 陈舜臣十八史略，文治时代：五代十国——两宋 / 陈舜臣著；廖为智译 . 桂林：广西师范大学出版社，2013，333 页 .

4150 陈香梅自选集 / 陈香梅著 . 台北：黎明文化事业股份有限公司，1980，2011 重印，268 页 .（语言文学）

> 陈香梅自选集 / 陈香梅著 . 台北：黎明文化事业公司，1980，268 页 .（中国新文学丛刊；83）

4151 晨猴·暮虎 / 高罗佩著；徐裴译 . 太原：北岳文艺出版社，2018，18+121 页 .

4152 成功之路：日本企业家在中国 / 正木义也著；王屏，陶冶译 . 北京：经济科学出版社，1995，151 页 .

4153 成吉思汗：十三世纪的冒险之王 / 陈舜臣著；易爱华译 .2 版 . 北京：新星出版社，2013，824 页 .

> 成吉思汗：十三世纪的冒险之王 / 陈舜臣著；易爱华译 . 北京：新星出版社，2009，2 册（849 页）.

> 草原的霸主 / 陈舜臣著；姚巧梅译 . 台北：远流出版事业股份有限公司，2008，13+365 页 .（成吉思汗一族；1）

> 征服中原 / 陈舜臣著；姚巧梅译 . 台北：远流出版事业股份有限公司，2008，369-730 页 .（成吉思汗一族；2）

> 往沧海之道 / 陈舜臣著；姚巧梅译 . 台北：远流出版事业股份有限公司，2008，733-1109 页 .（成吉思汗一族；3）

> 斜阳万里 / 陈舜臣著；姚巧梅译 . 台北：远流出版事业股份有限公司，2008，1113-1501 页 .（成吉思汗一族；4）

4154 赤子情思录 / 翁绍裘编著 . 南京：江苏人民出版社，1992，434 页 .

4155 重见玉岭 / 陈舜臣著；卞立强译 . 北京：中国友谊出版公司，1985，162 页 .

4156 重庆往事：1940—1951：一个犹太人的晚年回忆 / 沃尔夫冈·卡佛岗著；董经绚译 . 西安：陕西人民出版社，2014，189 页 .

4157 春秋霸主一重耳恩仇记 / 宫城谷昌光著；东正德译 . 上海：上海文化出版社，1998，662 页 .（中外人物传奇书系）

4158 春秋战国：戈马钟鼓杀与盟 / 陈舜臣著；廖为智译 . 北京：新星出版社，2008，305 页 .

4159 慈禧传 / 德龄著. 北京：中国工人出版社，2017，648 页.
- 清宫秘史：小说慈禧. 卷一，游园惊梦 / 德龄郡主著. 台北：大众读物出版社，1992，329 页.（大众读物丛书；17）
- 清宫秘史：小说慈禧. 卷二，滚滚红尘 / 德龄郡主著. 台北：大众读物出版社，1992，391 页.（大众读物丛书；18）
- 清宫秘史：小说慈禧. 卷三，浮云宫殿 / 德龄郡主著. 台北：大众读物出版社，1992，418 页.（大众读物丛书；19）

4160 慈禧御前女官德龄回忆录 / 德龄著，顾秋心译. 哈尔滨：黑龙江人民出版社，1988，364 页.

4161 慈禧御苑外史 / 德龄著；顾秋心译. 北京：中国人民大学出版社，2012，277 页.
- 慈禧御苑外史 / 德龄著；顾秋心等译. 南京：江苏教育出版社，2006，251 页.（清史别丛. 德龄公主文集）
- 大清日落：老佛爷与光绪 / 德龄著；荷莎，舒彦译. 北京：团结出版社，2008，334 页.（明清以来的政治与人物丛书）
- 魂在紫禁城：慈禧御前女侍官德龄见闻录：原版 / 德龄著；顾秋心等译；谈宝森主编. 北京：大众文艺出版社，2003，2 册（1356 页）.
- 德龄忆慈禧 / 德龄著；顾秋心等译；邓梅校. 北京：中国广播电视出版社，1996，292 页.
- 慈禧野史 / 德龄著. 台北：建宏出版社，1995，437 页.（古道系列；69）
- 慈禧恋爱纪实 / 德龄著；李葆真译. 北京：作家出版社，1989，185 页.（通俗小说文库）
- 慈禧外传：揭发慈禧太后私生活秘史 / 德龄著. 台北：金逸图书公司，1986，317 页.（生活丛书；17）

4162 刺客列传：秦乱纪 / 马巨著. 北京：台海出版社，2017，291 页.

4163 从赤脚医生到美国大夫：一个美国医学专家的半生自述 / 刘钟毅著. 上海：上海人民出版社，1994，202 页.

4164 从童工到经理：一个旅日华侨的自述 / 郭光甲著. 长春：北方妇女儿童出版社，1985，128 页.

4165 从一个美国企业家到中国学者 / 晓石著. 北京：中国文联出版公司，1994，134 页.

4166 从伊豆到北京有多远 / 加藤嘉一著. 新北：INK 印刻文学生活杂志出版有限公司，2012，273 页.（文学丛书；322）
- 从伊豆到北京有多远 / 加藤嘉一著. 南京：江苏文艺出版社，2010，217 页.

4167 村上春树心底的中国 / 藤井省三著；张明敏译. 台北：时报文化出版企业股份有限公司，2008，269 页.（蓝小说；113）

4168 打工女孩：从乡村到城市的变动中国 / 张彤禾著；张坤，吴怡瑶译. 上海：上海译文出版社，2013，348 页.（译文纪实）

> 工厂女孩 / 张彤禾著 . 台北：乐果文化事业有限公司，2012，439 页 .（乐故事；7）

4169 大地 / 赛珍珠著；彭玲娴译 . 台北：时报文化出版企业股份有限公司，2017，293 页 .（大师名作坊；156）

> 儿子们 / 赛珍珠著；彭玲娴译 . 台北：时报文化出版企业股份有限公司，2017，359 页 .（大师名作坊；157）

> 分家 / 赛珍珠著；彭玲娴译 . 台北：时报文化出版企业股份有限公司，2017，303 页 .（大师名作坊；158）

> 大地 / 赛珍珠著；林德娜改写 . 上海：上海文艺出版社，2013，223 页 .（世界文学名著青少版 . 经典名著；84）

> 大地三部曲 / 赛珍珠著；王逢振等译 . 北京：人民文学出版社，2010，26+710 页 .

> 大地：插图本 / 赛珍珠著；王逢振译 . 南昌：江西美术出版社，2008，212 页 .

> 大地 / 赛珍珠著；王逢振，马传禧译 . 上海：上海译文出版社，2002，257 页 .（世界文学名著普及本）

> 大地 / 赛珍珠著；王逢振等译 . 桂林：漓江出版社，2002，3 册（40+976 页）.（诺贝尔文学奖作品畅销榜文库）

> 大地 / 赛珍珠著；王逢振等译 . 桂林：漓江出版社，2001，3 册（40+976 页）.（诺贝尔文学奖精品典藏文库）

> 大地三部曲 / 赛珍珠著；王逢振等译 . 桂林：漓江出版社，1998，40+976 页 .（赛珍珠作品选集）

> 大地 / 赛珍珠著；施以明改写 . 台北：汉艺色研文化事业公司，1993，180 页 .（青少年必读世界文学名著；6）

> 儿子们 / 赛珍珠著；钟文译 .8 版 . 台北：远景出版事业公司，1992，264 页 .（世界文学全集；45）

> 大地 / 赛珍珠著；王逢振等译 . 桂林：漓江出版社，1988，1106 页 .（获诺贝尔文学奖作家丛书；第三辑）

> 分家 / 赛珍珠著 .6 版 . 台北：远景出版事业公司，1988，274 页 .（世界文学全集；14）

> 分家 / 赛珍珠著 . 再版 . 台北：远景出版事业公司，1983，1 册 .（诺贝尔文学奖全集；23）

> 大地 儿子们 分家 / 赛珍珠著 . 再版 . 台北：远景出版事业公司，1981，1 册 .（诺贝尔文学奖全集；23）

4170 大都 / 柳存仁著 . 天津：百花文艺出版社，1996，647 页 .

4171 大若天下 / 李莎·卡尔杜齐著；孙桂荣，逸风译 . 北京：五洲传播出版社，2003，181 页 .

4172 大唐狄公案 . 湖滨案 / 高罗佩著；王正一译 . 南京：江苏凤凰文艺出版社，2017，

186 页.

> 大唐狄公案, 迷宫案 / 高罗佩著; 王正一译. 南京: 江苏凤凰文艺出版社, 2017, 286 页.

> 大唐狄公案, 四漆屏 / 高罗佩著; 王正一译. 南京: 江苏凤凰文艺出版社, 2017, 190 页.

4173 大唐狄公案.壹 / 高罗佩著; 陈海东等译. 北京: 北京联合出版公司, 2018, 330 页.（包括黄金奇案；漆画屏风奇案；五朵祥云；红丝黑箭；雨师秘踪）

> 大唐狄公案.贰 / 高罗佩著; 季振东等译. 北京: 北京联合出版公司, 2018, 353 页.（包括湖滨奇案；朝云观奇案；断指疑云；莲池蛙声）

> 大唐狄公案.叁 / 高罗佩著; 姜逸青等译. 北京: 北京联合出版公司, 2018, 332 页.（包括铜钟奇案；御珠奇案；真假宝剑；跛腿乞丐）

> 大唐狄公案.肆 / 高罗佩著; 金昭敏等译. 北京: 北京联合出版公司, 2018, 345 页.（包括玉珠串奇案；红阁子奇案；黑狐奇案）

> 大唐狄公案.伍 / 高罗佩著; 姜汉森等译. 北京: 北京联合出版公司, 2018, 367 页.（包括迷宫奇案；紫云寺奇案；除夕血疑；太子棺椁）

> 大唐狄公案.陆 / 高罗佩著; 张宏等译. 北京: 北京联合出版公司, 2018, 442 页.（包括铁针奇案；柳园图奇案；广州奇案；还魂秘影）

4174 大唐狄公案全集 / 高罗佩著; 陈来元等译; 陈来元译注. 天津: 天津人民出版社, 2018, 5 册（22+1644 页）.

4175 大唐狄公案.壹, 断指记: 全译注释修订本 / 高罗佩著; 陈来元等译. 海口: 海南出版社, 2015, 199 页.

> 大唐狄公案.贰, 四漆屏: 全译注释修订本 / 高罗佩著; 陈来元, 胡明译. 海口: 海南出版社, 2015, 291 页.

> 大唐狄公案.叁, 铜钟案: 全译注释修订本 / 高罗佩著; 陈来元, 胡明译. 海口: 海南出版社, 2015, 250 页.

> 大唐狄公案.肆, 黑狐狸: 全译注释修订本 / 高罗佩著; 陈来元, 胡明译. 海口: 海南出版社, 2015, 252 页.

> 大唐狄公案.伍, 玉珠串: 全译注释修订本 / 高罗佩著; 陈来元, 胡明译. 海口: 海南出版社, 2015, 252 页.

> 大唐狄公案.陆, 迷宫案: 全译注释修订本 / 高罗佩著; 陈来元译. 海口: 海南出版社, 2015, 275 页.

> 大唐狄公案.柒, 铁钉案: 全译注释修订本 / 高罗佩著; 陈来元, 胡明译. 海口: 海南出版社, 2015, 262 页.

> 大唐狄公案.捌, 广州案: 全译注释修订本 / 高罗佩著; 陈来元等译. 海口: 海南出版社, 2015, 277 页.

4176 大唐狄公案.一, 四漆屏: 全译注释修订本 / 高罗佩著; 陈来元等译. 海口: 海南出版社，2013，33+373 页．

> 大唐狄公案．二，铜钟案：全译注释修订本 / 高罗佩著；陈来元等译．海口：海南出版社，2013，379 页．

> 大唐狄公案．三，迷宫案：全译注释修订本 / 高罗佩著；陈来元等译．海口：海南出版社，2013，400 页．

> 大唐狄公案．四，铁钉案：全译注释修订本 / 高罗佩著；陈来元等译．海口：海南出版社，2013，418 页．

4177 大唐狄公案：全译注释修订本．1，断指记 / 高罗佩著；陈来元等译．海口：海南出版社，2011，48+225 页．

> 大唐狄公案：全译注释修订本．2，四漆屏 / 高罗佩著；陈来元，胡明译．海口：海南出版社，2011，324 页．

> 大唐狄公案：全译注释修订本．3，铜钟案 / 高罗佩著；陈来元，胡明译．海口：海南出版社，2011，275 页．

> 大唐狄公案：全译注释修订本．4，黑狐狸 / 高罗佩著；陈来元，胡明译．海口：海南出版社，2011，282 页．

> 大唐狄公案：全译注释修订本．5，玉珠串 / 高罗佩著；陈来元，胡明译．海口：海南出版社，2011，279 页．

> 大唐狄公案：全译注释修订本．6，迷宫案 / 高罗佩著；陈来元译．海口：海南出版社，2011，301 页．

> 大唐狄公案：全译注释修订本．7，铁钉案 / 高罗佩著；陈来元，胡明译．海口：海南出版社，2011，292 页．

> 大唐狄公案：全译注释修订本．8，广州案 / 高罗佩著；陈来元等译．海口：海南出版社，2011，305 页．

4178 大唐狄公案：全译注释本 / 高罗佩著；陈来元等译．典藏版．海口：海南出版社，2008，2 册（24+622；682 页）．

4179 大唐狄公案：全译本．一，四漆屏 / 高罗佩著；陈来元等译．海口：海南出版社：三环出版社，2006，33+442 页．（高罗佩文集；1）

> 大唐狄公案：全译本．二，淫僧记 / 高罗佩著；陈来元等译．海口：海南出版社：三环出版社，2006，457 页．（高罗佩文集；2）

> 大唐狄公案：全译本．三，跛腿乞丐 / 高罗佩著；陈来元等译．海口：海南出版社：三环出版社，2006，460 页．（高罗佩文集；3）

> 大唐狄公案：全译本．四，太子棺 / 高罗佩著；陈来元等译．海口：海南出版社：三环出版社，2006，495 页．（高罗佩文集；4）

4180 大唐狄公案全集 / 高罗佩著；陈来元等译；陈来元译注．天津：天津人民出版社，2018，5 册（22+1644 页）．

4181 大唐狄仁杰断案传奇．上中下 / 高罗佩著；陈来元等译．兰州：甘肃人民出版社，

1986，3 册（514；579；689 页）.

4182 待到黎明时 / 韩素音著．澹泊等译．重庆：重庆出版社，1993，756 页.
➢ 等到早晨来临 / 韩素音著．陈明肇译．长春：北方妇女儿童出版社，1989，721 页.
➢ 盼到黎明 / 韩素音著．黄爱译．北京：人民文学出版社，1987，768 页.

4183 狄公案 / 高罗佩著．贵阳：贵州大学出版社，2009，204 页.

4184 狄公案：湖滨案、断指记、御珠案 / 古利克著；陈来元，胡明译．太原：北岳文艺出版社，1989，511 页.

4185 狄公断狱大观 / 罗伯特·梵·古利克著；陈来元，胡明译．太原：北岳文艺出版社，1986，3 册.

4186 狄公探案选．上中下卷 / 罗伯特·梵·古利克著；陈来元等译．长春：北方妇女儿童出版社，1986，3 册（278；306；334 页）.

4187 狄梁公四大奇案 / 秩名编撰；赵冬蓓，赵冬蕾校点．狄仁杰奇案 / 高罗佩著；王筱云校点．北京：群众出版社，2000，520 页.（古代公案小说丛书）

4188 狄仁杰断案全集 / 高罗佩著；陈来元，胡明译．长春：时代文艺出版社，1999，4 册.

4189 帝国的软肋：大汉王朝四百年 / 陈舜臣著；廖为智译．北京：新星出版社，2008，521 页.

4190 帝王女人：中国最后一位皇后的故事 / 赛珍珠著；王逢振，王予霞译．上海：东方出版中心，2010，359 页.

4191 第二个女儿 / 奎因著；刘兴安，张镜译．北京：作家出版社，1987，284 页.

4192 东北游记 / 迈克尔·麦尔著；何雨珈译．上海：上海译文出版社，2017，361 页.（译文纪实）

4193 东方与西方：赛珍珠短篇小说选 / 赛珍珠著；何慧玲译．台南：金川出版社，1984，189 页.

4194 东风·西风 / 赛珍珠著；林三等译．桂林：漓江出版社，1998，44+525 页.（赛珍珠作品选集）

4195 东归向着太阳升起的地方 / W.L. 芮弗著；凌颂纯，王嘉琳译．北京：外文出版社，2005，359 页.（汗血马）
➢ 土尔扈特：长篇历史小说 / 芮弗著；凌颂纯，王嘉琳译．乌鲁木齐：新疆人民出版社，1988，455 页.

4196 东海有蓬莱：徐福传奇 / 田中博著；包容译；里美画．太原：北岳文艺出版社，1992，468 页.

4197 独自在13亿人中：一次横跨中国的旅行 / 柯立思著；龚迎新译．北京：中央编译出版社，2010，242 页.

4198 独自走过中国的哈佛女孩 / 多明尼卡·芭兰著；刘轩译．桂林：漓江出版社，2002，192 页.

4199 杜兰朵：中国的公主：悲喜传奇剧 / 席勒编译；张威廉译 . 南京：江苏人民出版社，1983，154 页 .

4200 断指奇案 / 高罗佩著；徐斐译 . 台北：脸谱出版社，2002，154 页 .（狄公案作品系列：大唐一代名相狄仁杰；15）
- 断指记 / 罗伯特·梵·古利克著；李惠芳，胡明译 . 兰州：甘肃人民出版社，1982，94 页 .

4201 敦煌 / 井上靖著；刘慕沙译 .2 版 . 北京：北京十月文艺出版社，2014，184 页 .（新经典文库 . 井上靖作品；2）
- 敦煌 / 井上靖著；刘慕沙译 . 北京：北京十月文艺出版社，2010，184 页 .（新经典文库 . 井上靖作品；2）
- 敦煌 / 井上靖著；董学昌等译 . 北京：人民文学出版社，2002，560 页 .（井上靖中国古代历史小说选）
- 敦煌 / 井上靖著；刘慕沙译 . 台北：远流出版事业公司，1988，223 页 .（小说历史；5）
- 小说《敦煌》/ 井上靖著；刘兴尧译 . 台北：书评书目出版社，1987，222 页 .
- 敦煌 / 井上靖著；龚益善译 . 北京：新华出版社，1986，218 页 .
- 敦煌 / 井上靖著；董学昌译 . 太原：山西人民出版社，1982，238 页 .

4202 敦煌之旅 / 陈舜臣著；余晓潮译 . 桂林：广西师范大学出版社，2010，243 页 .

4203 恶魔的饱食：日本 731 细菌战部队揭秘 / 森村诚一著；骆为龙，陈耐轩译 . 北京：学苑出版社，2007，2014 重印，3 册（269；247；249 页）.
- 恶魔的饱食：日本细菌战部队揭秘 / 森村诚一著；骆为龙，陈耐轩译 . 修订版 . 北京：学苑出版社，2003，275 页 .（中国日本问题研究丛书）
- 恶魔的饱食：日本细菌战部队揭秘 / 森村诚一著；骆为龙译 . 修订本 . 北京：机械工业出版社，2003，275 页 .
- 恶魔的饱食 . 第三集 / 森村诚一著；成宰等译 . 长春：吉林人民出版社，1985，189 页 .（日本文学丛书）
- 食人魔窟 . 第三部 / 森村诚一著；祖秉和，李丹译 . 北京：群众出版社，1985，196 页 .
- 魔鬼的乐园：第三部 / 森村诚一著；关成和，徐明勋译 . 哈尔滨：黑龙江人民出版社，1984，240 页 .
- 魔鬼的乐园：续篇：关东军细菌战部队战后秘史 / 森村诚一著；关成和，徐明勋译 . 哈尔滨：黑龙江人民出版社，1984，256 页 .
- 食人魔窟 . 第二部，日本关东军细菌战部队的战后秘史 / 森村诚一著；唐亚明，李丹译 . 北京：群众出版社，1983，208 页 .
- 魔鬼的乐园：关东军细菌战部队恐怖的真相 / 森村诚一著；关成和，徐明勋译 . 哈尔滨：黑龙江人民出版社，1983，284 页 .

> 恶魔的饱食:续集 / 森村诚一著;正路译.长春:吉林人民出版社,1983,212 页.(日本文学丛书)

> 食人魔窟:日本关东军细菌战部队的恐怖内幕 / 森村诚一著;祖秉和,唐亚明译.北京:群众出版社,1982,244 页.

4204 反战士兵手记 / 水野靖夫著;巩长金译.北京:解放军出版社,2015,198 页.(反战斗争史话丛书)

> 反战士兵手记 / 水野靖夫著;巩长金译.北京:解放军出版社,1985,199 页.

4205 范蠡外传 / 村石利夫著;苍溪译.上海:上海文艺出版社,1996,174 页.

4206 沸腾的中国:一位韩国诗人的中国万里行 / 赵哲镐著;沈胜哲译.沈阳:辽宁民族出版社,2011,186 页.

4207 风云儿郑成功 / 陈舜臣著;卞立强译.重庆:重庆出版社,2008,2 册(224;236 页).

> 旋风儿:小说郑成功.壹,风驰之卷 / 陈舜臣著;孙蓉萍,王秀美译.台北:远流出版事业公司,1994,353 页(实用历史丛书;69)

> 旋风儿:小说郑成功.贰,浪滔之卷 / 陈舜臣著;孙蓉萍,王秀美译.台北:远流出版事业公司,1994,357-708 页.(实用历史丛书;70)

> 郑成功 / 陈舜臣著;卞立强译.贵阳:贵州人民出版社,1981,1983 重印,2 册.

4208 感时忧国 / 夏志清著.广州:广东人民出版社,2015,306 页.

4209 革命浪人:滔天与孙文 / 三好彻著;任余白译.上海:学林出版社,1997,371 页.

4210 革命时期的中国人 / 史沫特莱著;麦金农编.北京:中国展望出版社,1984,213 页.

4211 葛浩文随笔 / 葛浩文著;闫怡恂译.北京:现代出版社,2016,266 页.(葛浩文文集 / 史国强主编)

> 葛浩文随笔 / 葛浩文著;史国强总编辑;闫怡恂总翻译.北京:现代出版社,2014,266 页.

4212 故乡童年往事的回忆:20 世纪 50 年代笔者童年生活纪事与北京小胡同里的变迁 1947—1965/ 博尔济吉特·白莹著.堪培拉:澳大利亚堪培拉中华文化协会,2014,217 页.

4213 光绪泣血记 / 德龄著;顾秋心等译.北京:中国人民大学出版社,2012,179 页.

> 光绪泣血记 / 德龄著;顾秋心等译.南京:江苏教育出版社,2006,198 页.(清史别丛.德龄公主文集)

> 清宫遗恨话光绪:光绪与珍妃的人生悲剧·皇朝末日的时代悲歌 / 德龄郡主原著.台南:世一文化事业股份有限公司,2002,377 页.(风云人物传奇)

> 血泣紫禁城:光绪帝毕生血泪史 / 裕德龄著.台北:慧明文化事业公司,2002,419 页.(创造丛书;4)

> 德龄话光绪 / 德龄著;顾秋心等译.北京:中国广播电视出版社,1996,183 页.

> 光绪皇帝血泪秘史 / 德龄著.海口:海南出版社,1993,378 页.

> 光绪秘史 / 德龄著 . 香港：时代图书公司，1981，260 页 .

4214　广州谜案 / 高罗佩著；韩忠华译 . 太原：北岳文艺出版社，2018，18+222 页 .
> 广州奇案 / 高罗佩著；韩忠华译 . 台北：脸谱出版社，2002，305 页 .（狄公案作品系列：大唐一代名相狄仁杰；14）

4215　哈尔滨：鲜为人知的故事 / 叶莲娜·塔斯金娜著；吉宇嘉译 . 哈尔滨：哈尔滨出版社，2018，15+223 页 .（"哈尔滨记忆"系列丛书）

4216　海外华人作家散文选 / 木令耆编 . 广州：花城出版社；香港：生活·读书·新知三联书店香港分店，1983，289 页 .（海外文丛）

4217　海外华文女作家自选集 / 戴小华主编 . 北京：中国妇女出版社，1993，299 页 .

4218　韩素音的月亮 / 茅野裕城子著；王中忱等译 . 北京：作家出版社，1998，156 页 .

4219　汉武大帝 / 吉川幸次郎著；王维坤译 . 西安：三秦出版社，2012，178 页 .（长安文化国际研究译丛 / 高兵兵主编）

4220　汉武帝和太史公 / 魏克德著；张玉书，冯国庆译 . 北京：外国文学出版社，1989，86 页 .

4221　豪门 / 林语堂著；劳陇，劳力译 . 北京：中国青年出版社，1991，410 页 .

4222　和妈妈一起度过的900天旅行 / 王一民，俞贤民著 . 台北：汉宇国际文化有限公司，2008，213 页 .（生活工厂；8）

4223　黑狐奇案 / 高罗佩著；金昭敏译 . 太原：北岳文艺出版社，2018，18+170 页 .
> 黑狐奇案 / 高罗佩著；陆钰明译 . 台北：脸谱出版社，2001，238 页 .（狄公案作品系列；FR1107）
> 黑狐狸 / 古利克著；陈来元，胡明译 . 兰州：甘肃人民出版社，1982，100 页 .

4224　黑龙江之行 / 高野悦子著；于维汉，王琳德译 . 哈尔滨：北方文艺出版社，1989，265 页 .

4225　黑色春秋—夏姬情史 / 宫城谷昌光著；孙智龄译 . 上海：上海文化出版社，1998，418 页 .（中外人物传奇书系）

4226　横跨中国大陆：游蜀杂俎 / 中野孤山著；郭举昆译 . 北京：中华书局，2007，214 页 .（近代日本人中国游记）

4227　红尘岁月 / 裘小龙著；胡承伟译 . 香港：中文大学出版社，2009，13+187 页 .

4228　红阁子奇案 / 高罗佩著；梁甦，王仁芳译 . 太原：北岳文艺出版社，2018，18+177 页 .
> 红阁子奇案 / 高罗佩著；梁苏，王仁芳译 . 台北：脸谱出版社，2001，252 页 .（狄公案作品系列：大唐一代名相狄仁杰；6）
> 红阁跛丐 / 高罗佩著绘；陈来元，胡明译作 . 北京：中国电影出版社，1993，389 页 .（大唐狄公全传；3）

4229　红旗袍 / 裘小龙著；鲁创创译 . 北京：新星出版社，2012，324 页 .（午夜文库）

4230　红睡衣：海那边寻梦的中国女子 / 裔锦声著 . 太原：北岳文艺出版社，2003，208 页 .

4231　红英之死 / 裘小龙著；俞雷译 . 上海：上海文艺出版社，2003，449 页 .

4232 候鸟·紫系中国 / 布莱恩·卡斯特罗著；李尧译. 青岛：青岛出版社，2018，348 页.（李尧译文集；6）

4233 湖滨谜案 / 高罗佩著；任钧，朱良译. 太原：北岳文艺出版社，2018，18+240 页.
  ➢ 湖滨奇案 / 高罗佩著；季振东，康美君译. 台北：脸谱出版社，2001，342 页.（狄公案作品系列：大唐一代名相狄仁杰；3）

4234 皇后泪：婉容自白 / 入江曜子著；陈喜儒译. 长春：吉林人民出版社，1991，320 页.

4235 皇皇盛世：隋唐 / 陈舜臣；廖为智译. 桂林：广西师范大学出版社，2013，415 页.

4236 黄河之旅 / 比尔·波特著；曾少立译. 3版. 成都：四川文艺出版社，2018，280 页.
  ➢ 黄河之旅：追溯五千年中华文明之源 / 比尔·波特著；曾少立译. 2版. 成都：四川文艺出版社，2017，212 页.
  ➢ 黄河之旅 / 比尔·波特著；曾少立译. 成都：四川文艺出版社，2014，280 页.
  ➢ 黄河之旅 / 比尔·波特著；曾少立译. 海口：南海出版公司，2012，280 页.

4237 黄金谜案 / 高罗佩著；陈海东译. 太原：北岳文艺出版社，2018，18+224 页.

4238 黄金奇案 / 高罗佩著；陈海东译. 台北：脸谱出版社，2000，305 页.（狄公案作品系列：大唐一代名相狄仁杰；1）

4239 黄衫客传奇 / 陈季同著；李华川译. 北京：人民文学出版社，2010，289 页.

4240 活着的士兵 / 石川达三著；唐卉译. 北京：中国广播电视出版社，2008，161 页.
  ➢ 活着的士兵 / 石川达三著；钟庆安，欧希林译. 北京：昆仑出版社，1987，123 页.（外国军事文学译丛）

4241 甲骨文：流离时空里的新生中国 / 彼得·海斯勒著；卢秋莹译. 台北：久周出版文化事业有限公司，2007，15+505 页.（探索生命；17）

4242 甲午战争 / 陈舜臣著；李长声译. 北京：文化发展出版社，2018，438 页.
  ➢ 甲午战争 / 陈舜臣著；李翟译. 重庆：重庆出版社，2009，484 页.
  ➢ 大江不流 / 陈舜臣著；李翟译. 北京：中国文联出版公司，1987，558 页.
  ➢ 小说甲午战争. 壹，风起云涌之卷 / 陈舜臣著；谢文文，蔡宗明译. 台北：远流出版事业公司，1994，326 页.（实用历史丛书；83）
  ➢ 小说甲午战争. 贰，山雨欲来之卷 / 陈舜臣著；谢文文，蔡宗明译. 台北：远流出版事业公司，1994，635 页.（实用历史丛书；84）
  ➢ 小说甲午战争. 叁，春帆楼之卷 / 陈舜臣著；谢文文，蔡宗明译. 台北：远流出版事业公司，1994，955 页.（实用历史丛书；85）

4243 江城 / 彼得·海斯勒著；李雪顺译. 上海：上海译文出版社，2012，446 页.
  ➢ 消失中的江城 / 何伟著；吴美真译. 新北：八旗文化出版社，2012，490 页.（中国观察；11）
  ➢ 消失中的江城：一位西方作家在长江古城探索中国 / 彼得·海斯勒著；吴美真译. 台北：久周出版文化事业有限公司，2006，27+463 页.（探索生命；13）

4244 江南之旅 / 比尔·波特著；朱钦芦译. 成都：四川文艺出版社，2017，258 页.

4245　蒋介石的黄金 / 伴野朗著；侯仁锋译 . 西安：华岳文艺出版社，1988，348 页 .

4246　金凤 / 德龄著；顾秋心，邓樱译 . 北京：中国人民大学出版社，2012，151 页 .
　　➢ 金凤 / 德龄著；顾秋心，邓樱译 . 南京：江苏教育出版社，2006，176 页 .（清史别丛 . 德龄公主文集）

4247　金戒妖狐 / 高罗佩著绘；陈来元，胡明译 . 北京：中国电影出版社，1993，362 页 .（大唐狄公全传；2）

4248　金山华人 / 金斯敦著；李美华译 . 长春：吉林人民出版社，1985，295 页 .
　　➢ 中国佬 / 汤亭亭著；肖锁章译 . 南京：译林出版社，2000，28+333 页 .（华裔美国文学丛书）

4249　井上靖西域小说选 / 井上靖著；耿金声，王庆江译 . 乌鲁木齐：新疆人民出版社，1984，585 页 .

4250　军阀 / 麦尔考姆·波希著；王勇等译 . 上海：上海文艺出版社，1991，683 页 .

4251　康熙大帝 / 长与善郎著；张靖晗译 . 北京：海豚出版社，2016，158 页 .（海豚启蒙丛书 .12）

4252　孔子 / 井上靖著；刘慕沙译 .2 版 . 北京：北京十月文艺出版社，2014，289 页 .（新经典文库 . 井上靖作品；1）
　　➢ 孔子 / 井上靖著；刘慕沙译 . 北京：北京十月文艺出版社，2010，289 页 .（新经典文库 . 井上靖作品；1）
　　➢ 孔子 / 井上靖著；包容，林怀秋译 . 北京：人民文学出版社，2002，447 页 .（井上靖中国古代历史小说选）
　　➢ 孔子传：儒学始祖千古楷模 / 井上靖著；郑民钦译 . 合肥：安徽文艺出版社，1998，206 页 .
　　➢ 孔子 / 井上靖原著；林音等译 . 西安：三秦出版社，1992，238 页 .
　　➢ 孔子 / 井上靖著；王玉玲等译 . 沈阳：春风文艺出版社，1991，256 页 .
　　➢ 孔子 / 井上靖著；刘慕沙译 . 台北：时报文化出版企业公司，1990，349 页 .（大师名作坊；6）
　　➢ 孔子 / 井上靖著；郑民钦译 . 北京：人民日报出版社，1990，229 页 .

4253　孔子世家 / 马巨著 . 北京：台海出版社，2017，289 页 .

4254　苦海沉浮：挣脱十年浩劫的中国 / 巴特菲尔德著；张久安等译 . 成都：四川文艺出版社，1989，551 页 .

4255　苦乐人生 / 格尔德·卡明斯基著；杜文棠，胡欣译 . 北京：旅游教育出版社，1998，172 页 .

4256　跨越中国 / 彼特·真克英斯著；冀开运等译 . 西安：陕西师范大学出版社，1992，243 页 .

4257　老兵长存：美国海军陆战队在中国 /E.B. 斯莱奇著；朱超译 . 北京：新华出版社，2014，170 页 .（新华军事文库）

4258 丽莉·布瑞斯珂的中国眼睛 / 帕特丽卡·劳伦斯著；万江波等译 . 上海：上海书店出版社，2008，609 页 .

4259 两个人的长征 / 李爱德，马普安著；姜忠译 . 武汉：长江文艺出版社，2005，239 页 .
- 新长征——384 天历史之旅 / 李爱德，马普安著 . 香港：星岛出版有限公司，2005，239 页 .（黄金人生系列）

4260 两宋王朝：奢华帝国的无奈 / 陈舜臣著；廖为智译 . 北京：新星出版社，2008，258 页 .

4261 领事先生 / 吕西安·博达尔著；陈寒，沈珂译 . 上海：上海人民出版社，2007，420 页 .

4262 领事之子 / 吕西安·博达尔著；王殿忠译 . 上海：上海人民出版社，2007，398 页 .

4263 琉球之风 . 壹，疾风之卷 / 陈舜臣著；许锡庆译 . 台北：远流出版事业公司，1994，364 页 .（实用历史丛书；65）
- 琉球之风 . 贰，雷雨之卷 / 陈舜臣著；许锡庆译 . 台北：远流出版事业公司，1994，364-735 页 .（实用历史丛书；66）

4264 柳园图奇案 / 高罗佩著；徐蔚译 . 太原：北岳文艺出版社，2018，18+177 页 .
- 柳园图奇案 / 高罗佩著；金迪，李振宇译 . 台北：脸谱出版社，2002，246 页 .（狄公案作品系列：大唐一代名相狄仁杰；13）
- 柳园飞虎 / 高罗佩著绘；陈来元，胡明译 . 北京：中国电影出版社，1993，345 页 .（大唐狄公全传；5）
- 柳园图 / 古利克著；赵振宇，胡明译 . 兰州：甘肃人民出版社，1982，103 页 .

4265 龙凤之国 / 陈舜臣著；曹志伟，华原月薇译 . 西安：陕西人民出版社，2010，221 页 .

4266 龙虎风云 . 壹，风之卷 / 陈舜臣著；张正薇译 . 台北：远流出版事业公司，1994，317 页 .（实用历史丛书；67）
- 龙虎风云 . 贰，云之卷 / 陈舜臣著；张正薇译 . 台北：远流出版事业公司，1994，317-643 页 .（实用历史丛书；68）

4267 龙子 / 赛珍珠著；丁国华等译 . 桂林：漓江出版社，1998，53+331 页 .（赛珍珠作品选集）

4268 楼兰 / 井上靖著；赵峻译 . 北京：北京十月文艺出版社，2013，210 页 .（新经典文库 . 井上靖作品；4）
- 楼兰 / 井上靖著；刘慕沙译 . 台北：远流出版事业公司，1991，191 页 .（小说地图 . 日本名家系列；1）

4269 乱世奇才—伊尹传奇 / 宫城谷昌光著；东正德译 . 上海：上海文化出版社，1998，524 页 .（中外人物传奇书系）

4270 吕不韦，春风之卷 / 宫城谷昌光著；许锡庆译 . 台北：实学社出版公司，2001，277 页 .（小说人物；137）

4271 旅华抒怀/绪方义勋著.上海：上海古籍出版社，1998，286页.

4272 旅华岁月：海伦·斯诺回忆录/海伦·斯诺著；华谊译.北京：世界知识出版社，1985，322页.

4273 旅华杂咏/奥克兰著；碧桃译.北京：国际文化出版社，1986，52页.

4274 旅顺大屠杀/井上晴树著；朴龙根译.新1版.大连：大连出版社，2001，14+249页.

4275 马帮旅行/埃德加·斯诺著；李希文等译.昆明：云南人民出版社，2002，143页.（旧版书系）

4276 马可·波罗/陈舜臣著；卞立强译.贵阳：贵州人民出版社，1982，265页.

4277 马可·波罗/什克洛夫斯基著；杨玉波译.成都：四川人民出版社，2016，10+210页.

4278 马可·波罗传奇/迈尔斯，勃特勒著；张培均等译.桂林：漓江出版社，1992，479页.

> 马可·波罗/戴维·巴特勒，基思·迈尔斯著；钱新哲，夏培静译.北京：中国文联出版公司，1986，508页.

4279 马燕日记/马燕著.南京：江苏凤凰文艺出版社，2016，13+326页.

> 马燕日记/马燕，韩石著；王征摄影.增订版.天津：天津教育出版社，2006，12+235页.

> 马燕日记：一个感动世界的现代童话/马燕，韩石著.北京：华夏出版社，2003，312页.

4280 慢船到中国/葛文·杨著；何佩桦译.重庆：重庆出版社，2006，557页.（旅行与探险经典文库）

4281 毛泽东的囚徒/鲍若望，鲁道尔夫·切尔敏斯基著；田国良等译.天津：求实出版社，1989，314页.

4282 梅琳：我的中国/多丽丝·奈斯比特著；潘岳译；菜心插画.北京：中信出版社，2010，235页.

4283 每个人的中国：1964—1965/卡特琳·文慕贝著；彭怡译.北京：社会科学文献出版社，2013，200页.

4284 美风华韵：美中生活文化漫笔/良人著.上海：东方出版中心，2014，307页.

4285 美风华雨：美中生活文化漫笔/良人著.上海：上海人民出版社，2005，234页.

4286 美国大学课堂里的中国：旅美学者自述/王斑，钟雪萍编.南京：南京大学出版社，2006，137页.（海外华人学者论丛）

4287 美国护照中国心/张士梅著.北京：外语教学与研究出版社，1998，187页.

4288 美国医生看旧重庆/贝西尔著；钱士，汪宏声译.重庆：重庆出版社，1989，240页.（中国现代掌故丛书/杨本泉主编）

4289 蒙古帝国西征.2，征战俄罗斯：拔都汗/瓦西里·扬著；陈弘法译.北京：中国书店，2013，296页.

- 外国人眼中的中国人，拔都汗 / 瓦西里·扬著；李飞，甄正译. 北京：东方出版社，2013，334 页.
- 《蒙古人的入侵》三部曲之拔都汗 / 瓦西里·扬著；陈弘法译. 中国：中国书店，2012，311 页.
- 拔都汗 / 瓦西里·扬著；陈弘法译. 北京：外文出版社，2006，363 页.（汗血马系列丛书）
- 拔都汗 / 华·扬契维茨基著；乌恩奇译. 北京：人民文学出版社，2005，378 页.
- 拔都汗 / 华·扬契维茨基著；乌恩奇译. 呼和浩特：内蒙古人民出版社，1983，378 页.

4290 "梦"大地中国 / 青木丽子著；胡晓丁译. 北京：新世界出版社，2004，117 页.

4291 梦断巴蜀：竹川藤太郎和他的《重庆日报》/ 加藤雅彦著；向蜀珍等译. 成都：四川人民出版社，1995，270 页.

4292 梦墙·北京海棠街 / 加藤幸子著；彤彤译. 北京：东方出版社，2012，311 页.

4293 梦中的家园：一个瑞士妇女看上海 / 胡艾雯著；曹乃云译. 上海：上海三联书店，1997，124 页.

4294 迷宫奇案 / 高罗佩著；姜汉森，姜汉椿译. 太原：北岳文艺出版社，2018，18+283 页.
- 迷宫奇案 / 高罗佩著；姜汉森，姜汉椿译. 台北：脸谱出版社，2002，376 页.（狄公案作品系列：大唐一代名相狄仁杰；10）
- 迷宫紫光 / 高罗佩著绘；陈来元，胡明译. 北京：中国电影出版社，1993，360 页.（大唐狄公全传；4）
- 迷宫案 / 罗伯特·梵·古利克著；陈来元译. 郑州：中原农民出版社，1985，270 页.

4295 秘本三国志 / 陈舜臣著；崔学森等译. 北京：新星出版社，2010，2 册（789 页）.
- 秘本三国志. 上中下 / 陈舜臣著；崔学森等译. 香港：中华书局（香港）有限公司，2010，3 册（361；336；344 页）.

4296 秘密的中国 / 基希著；周立波译. 上海：东方出版中心，2001，211 页.（走向中国丛书）
- 秘密的中国 / 基希著；周立波译. 北京：群众出版社，1981，200 页.

4297 缅北之战 / 黄仁宇著. 2 版. 新北：联经出版事业股份有限公司，2018，195 页.
- 缅北之战 / 黄仁宇著. 2 版. 北京：九州出版社，2012，126 页.（黄仁宇全集；12）
- 缅北之战 / 黄仁宇著. 2 版. 北京：新星出版社，2008，192 页.
- 缅北之战 / 黄仁宇著. 北京：九州出版社，2007，112 页.（黄仁宇全集；12）
- 缅北之战 / 黄仁宇著. 北京：新星出版社，2007，240 页.
- 缅北之战 / 黄仁宇著. 台北：联经出版事业股份有限公司，2006，195 页.

4298 名门 / 谢福芸著；左如科译. 北京：东方出版社，2018，388 页.

4299 魔都 / 村松梢风著；徐静波译. 上海：上海人民出版社，2018，256页.

4300 魔鬼的盛宴：侵华日军731部队罪证纪实. 全三部 / 森村诚一著；关成和，徐明恳译. 哈尔滨：黑龙江人民出版社，1991，（284；256；240页）.
> 恶魔的盛宴 / 森村诚一著；胡浩，黄纲纪译. 福州：福建人民出版社，1983，248页.

4301 魔窟：日本细菌部队的可怕真相 / 森村诚一著；郑民钦译. 北京：群众出版社，2004，3册（218；174；182页）.

4302 母亲 / 赛珍珠著；万绮年原译；夏尚澄编译. 上海：东方出版中心，2010，226页.

4303 你好，中国：一个美国商业顾问的中国见闻录 / 戴布诺·莱恩·丽爱特著；侯萍译. 南京：译林出版社，2012，273页.

4304 朋友要交中国人 / 筱原令著；宫薇译. 台北：商周出版社，2004，221页.（前进大陆；1014）
> 娶太太还是韩国人好，找朋友还是中国人好 / 筱原令著；宫薇，李芳译. 上海：上海文艺出版社，2003，219页.
> 娶太太还是韩国人为好！？ / 筱原令著；李芳译. 台北：INK印刻出版有限公司，2002，205页.（Point；4）

4305 蓬莱曲 / 北村透谷著；兰明译. 上海：上海译文出版社，1985，164页.

4306 七十年代西行漫记 / 海伦·斯诺著；安危译. 北京：北京出版社，2018，115页.
> 七十年代西行漫记 / 海伦·斯诺著；安危译. 北京：北京出版社，2015，116页.（"国际人士看中国"丛书 / 孙华主编）
> 七十年代西行漫记 / 海伦·福斯特·斯诺著；安危，剑华译. 西安：陕西人民出版社，1981，132页.

4307 漆画屏风奇案 / 高罗佩著；黄禄善译. 太原：北岳文艺出版社，2018，18+175页.
> 漆画屏风奇案 / 高罗佩著；黄禄善译. 台北：脸谱出版社，2001，250页.（狄公案作品系列：大唐一代名相狄仁杰；2）

4308 奇石 / 彼得·海斯勒著；李雪顺译. 上海：上海译文出版社，2014，485页.（译文纪实）
> 奇石：从城市到荒野的另类纪实 / 何伟著；吴美真译. 新北：八旗文化出版社，2013，383页.（中国观察；21）

4309 起来！：一个医生于1939—1945在中国的经历 / 富华德著；张至善译. 中国胜利了 / 严斐德；王燕生等译. 北京：北京师范大学社，1994，418页.（国际友人丛书）

4310 潜龙潭：北平新事 / 谢福芸著；房莹译. 北京：东方出版社，2018，295页.

4311 秦淮之夜 / 谷崎润一郎著；徐静波译. 杭州：浙江文艺出版社，2018，16+160页.（东瀛文人·印象中国）

4312 情断北京城 / 赛珍珠著；陈义和译. 台北：业强出版社，1992，256页.（文学风情；39）

4313 情怀中国：余英时自选集 / 余英时著. 香港：天地图书有限公司，2010，245 页.（当代散文典藏）

4314 清末政局回忆录清宫二年记 / 德龄著；顾秋心译. 珠海：珠海出版社，1994，210+191 页.（清宫秘闻纪实丛书）
  ➢ 清末政局回忆录 / 德龄著. 海口：三环出版社，1992，198 页.

4315 囚魂的苏醒：日本战犯在中国收容所的六年轨迹 / 北冈信夫著；包容译. 北京：人民文学出版社，2005，205 页.

4316 去中国的小船 / 村上春树著；林少华译. 上海：上海译文出版社，2008，17+193 页.
  ➢ 去中国的小船 / 村上春树著；林少华译. 上海：上海译文出版社，2004，36+186 页.（村上春树文集）
  ➢ 去中国的小船 / 村上春树著；林少华译. 上海：上海译文出版社，2002，36+186 页.（村上春树文集）
  ➢ 开往中国的慢船 / 村上春树著；雪蕻译. 桂林：漓江出版社，2001，317 页.（村上春树作品精选集）
  ➢ 开往中国的 Slow Boaf：短篇小说集 / 村上春树著；赖明珠译. 香港：博益出版集团公司，1995，227 页.（博益日本畅销小说精选. 村上春树作品；7）

4317 群芳亭 / 赛珍珠著；刘海平等译. 桂林：漓江出版社，1998，53+332 页.（赛珍珠作品选集）

4318 饶说 / 饶及人著. 北京：新华出版社，2017，20+750 页.

4319 《热河日记》纪行 / 金在原著；唐艳译. 上海：复旦大学出版社，2016，477 页.（复旦大学亚洲研究中心译丛）

4320 人的境遇 / 安德烈·马尔罗著；丁世中译. 北京：人民文学出版社，1988，2018 印，444 页.（蜂鸟文丛. 第三辑）
  ➢ 人的境遇 / 马尔罗著；丁世中译. 北京：人民文学出版社，1998，2009 重印，280 页.（二十世纪外国文学丛书）
  ➢ 人的境遇 / 马尔罗著；龙建伟译. 北京：印刷工业出版社，2001，313 页.（当代世界金榜畅销名著）
  ➢ 人的状况—中国：1927 风云 / 马尔罗著；杨元良，于耀南译. 桂林：漓江出版社，1990，370 页.（法国廿世纪文学丛书 / 柳鸣九主编）
  ➢ 人的命运 / 马尔罗著；李忆民，陈积盛译. 北京：作家出版社，1988，349 页.

4321 仁慈为本：康德黎夫妇的生平 / 简·康德黎·斯图尔特著；施美华，李东译. 北京：世界知识出版社，1996，358 页.

4322 日本老兵忏悔录 / 星彻著；叶世纯等译. 银川：宁夏人民出版社，2005，22+250 页.

4323 日本人和中国人 / 陈舜臣著；邱岭译. 北京：文化艺术出版社，1990，126 页.（五色土丛书）

4324 融入美国：一个留学生的奇遇 / 罗其华著；蒋见元译. 海口：南海出版公司，

1993，207 页．

4325 赛金花：戏梦红尘的传奇女子 / 赵淑侠著．台北：酿出版，2014，522 页．（酿小说；48）
- 赛金花 / 赵淑侠著．南京：江苏文艺出版社，2010，399 页．（港台暨海外华人作家经典丛书）
- 赛金花 / 赵淑侠著；金宏达，于青编．合肥：安徽文艺出版社，1997，10+468 页．（赵淑侠文集）
- 赛金花 / 赵淑侠著．北京：北京十月文艺出版社，1990，455 页．
- 赛金花 / 赵淑侠著．台北：九歌出版社，1990，2 册（717 页）．（九歌文库；285）

4326 赛珍珠 / 保罗·A. 多伊尔著；张晓胜等译．沈阳：春风文艺出版社，1991，226 页．

4327 三国.1，桃园卷 / 吉川英治著；葛奇蹊译．北京：东方出版社，2015，279 页．
- 三国.2，群星卷 / 吉川英治著；李凡荣译．北京：东方出版社，2015，277 页．
- 三国.3，草莽卷 / 吉川英治著；张永译．北京：东方出版社，2015，283 页．
- 三国.4，臣道卷 / 吉川英治著；葛奇蹊译．北京：东方出版社，2015，267 页．

4328 三国.第一部，桃园结义 / 吉川英治著；田建国译．重庆：重庆出版社，2011，337 页．
- 三国.第二部，龙争虎斗 / 吉川英治著；徐明中，田建国译．重庆：重庆出版社，2012，371 页．
- 三国.第三部，孔明出山 / 吉川英治著；徐明中，陆求实译．重庆：重庆出版社，2012，399 页．
- 三国.第四部，刘备入川 / 吉川英治著；陆求实，高培明译．重庆：重庆出版社，2012，379 页．
- 三国.第五部，出师北伐 / 吉川英治著；高培明译．重庆：重庆出版社，2012，395 页．

4329 三国志：决定版．上下 / 吉川英治原作；竹川弘太郎编剧；麦庐宝全译．新北：枫树林出版事业有限公司，2014，2 册（542；537 页）．

4330 上海，远在何方？/ 乌尔苏拉·克莱谢尔著；韩瑞祥译．北京：人民文学出版社，2013，2015 印，346 页．（二战记忆丛书）
- 上海，远在何方？/ 乌尔苏拉·克莱谢尔著；韩瑞祥译．北京：人民文学出版社，2013，346 页．

4331 上海故事 / 横光利一著；八木泉解说；滕忠汉等译．沈阳：辽宁教育出版社，1993，220 页．

4332 上海间谍战 / 伴野朗著；金中译．南京：江苏古籍出版社，1990，245 页．

4333 上海漫步 / 杉浦爽著；杨珍珍译．合肥：黄山书社，2012，143 页．（花生文库）

4334 上海——冒险家的乐园 / 爱狄密勒著；阿雪译．北京：生活·读书·新知三联书店，2012，369 页．（三联经典文库；39）

> 上海——冒险家的乐园 / 爱狄密勒著；包玉珂编译. 上海：上海文化出版社，1982，255 页.

4335 上海往事：1923—1949：犹太少女的中国岁月 / 瑞那·克拉斯诺著；雷格译. 北京：五洲传播出版社，2008，153 页.

4336 上海月亮 / 井上厦著；张立波译. 桂林：广西师范大学出版社，2012，162 页.

4337 少林很忙：和尚，飞踢与铁裆功：一个美国人在新中国的奥德赛 / 马修·波利著；陈元飞译. 上海：上海译文出版社，2014，439 页.

4338 生死在上海 / 郑念著；方耀先等译. 上海：百家出版社，1989，628 页.
> 上海生死劫 / 郑念；程乃珊，潘佐君译. 杭州：浙江文艺出版社，1988，562 页.
> 上海生与死 / 郑念著；孙小安，曾国清译. 台北：新陆书局，1987，665 页.
> 上海生与死 / 郑念著；梁馥云译. 中和：龙和出版公司，1986，497 页.

4339 生于中国 / 乔恩·赫德著. 北京：外文出版社，2014，206 页.

4340 师友记往：余英时怀旧集 / 彭国翔编. 北京：北京大学出版社，2013，177 页.（余英时作品系列）

4341 石库门骊歌 / 裘小龙著；叶旭军译. 上海：上海文艺出版社，2005，258 页.（裘小龙侦破推理小说系列）

4342 史沫特莱文集.1，中国的战歌 / 史沫特莱著；袁文等译. 北京：新华出版社，1985，464 页.
> 史沫特莱文集.2，中国红军在前进，大地的女儿 / 史沫特莱著；袁文等译. 北京：新华出版社，1985，507 页.
> 史沫特莱文集.3，伟大的道路·朱德的生平和时代 / 史沫特莱著；梅念译. 北京：新华出版社，1985，545 页.
> 史沫特莱文集.4，中国在反击，中国人的命运 / 史沫特莱著；陈文炳等译. 北京：新华出版社，1985，569 页.

4343 世界帝国的往事：大元王朝与耶律楚材 / 陈舜臣著；赵晴译. 桂林：广西师范大学出版社，2014，342 页.

4344 书窗梦笔 / 汪荣祖著. 北京：中国人民大学出版社，2007，176 页.（朗朗书房）
> 书窗梦笔 / 汪荣祖著. 台北：麦田出版社，2006，174 页.（汪荣祖作品集；1）

4345 水浒英雄传，风云篇 / 柴田炼三郎著；徐建雄译. 海口：南海出版公司，2011，290 页.（新经典文库；487）
> 水浒英雄传，疾风篇 / 柴田炼三郎著；徐建雄译. 海口：南海出版公司，2011，322 页.（新经典文库；512）
> 水浒英雄传，激斗篇 / 柴田炼三郎著；徐建雄译. 海口：南海出版公司，2011，216 页.（新经典文库；513）

4346 丝绸路上的外国魔鬼 / 彼得·霍普科克著；杨汉章译. 兰州：甘肃人民出版社，1983，1995 重印，229 页.（敦煌研究译丛）

> 丝绸路上的外国魔鬼 / 彼得·霍普科克著；杨汉章译. 兰州：甘肃人民出版社，1983，242 页.

4347 丝绸之路 / 比尔·波特著；马宏伟，吕长清译. 3 版. 成都：四川文艺出版社，2018，320 页.

> 丝绸之路 / 比尔·波特著；马宏伟，吕长清译. 2 版. 成都：四川文艺出版社，2017，259 页.

> 丝绸之路 / 比尔·波特著；马宏伟，吕长清译. 成都：四川文艺出版社，2013，320 页.

4348 丝绸之路：我所走过的丝绸之路 / 醍醐钦治著；曲凯等译. 北京：社会科学文献出版社，1997，360 页.

4349 斯诺通讯特写选 / 斯诺著；洪允息译；刘力群选编. 北京：新华出版社，1985，170 页.

4350 斯诺文集. 第一卷，复始之旅 / 斯诺著；宋久译. 北京：新华出版社，1984，486 页.

> 斯诺文集. 第二卷，红星照耀中国 / 斯诺著；董乐山译. 北京：新华出版社，1984，424 页.

> 斯诺文集. 第三卷，为亚洲而战 / 斯诺著. 北京：新华出版社，1984，412 页.

> 斯诺文集. 第四卷，大河彼岸 / 斯诺著；新民节译. 北京：新华出版社，1984，480 页.

4351 斯特朗文集. 1，换了人间 / 斯特朗著；朱荣根等译. 北京：新华出版社，1988，466 页.

> 斯特朗文集. 2，千千万万中国人　我为什么七十二岁到中国 / 斯特朗著；郭鸿等译. 北京：新华出版社，1988，462 页.

> 斯特朗文集. 3，人类的五分之一　中国人征服中国 / 斯特朗著；傅丰豪等译. 北京：新华出版社，1988，478 页.

4352 斯特朗在中国 / 李寿葆，施如璋主编；李寿葆等译. 北京：生活·读书·新知三联书店，1985，342 页.

4353 四川好人 / 贝尔托·布莱希特著；王正浩，汪春花译；杨舒蕙绘. 北京：光明日报出版社，2013，197 页.

> 四川好人 / 贝托尔特·布莱希特著；丁扬忠译. 上海：上海译文出版社，2012，183 页.

> 四川好人 / 布莱希特著；吴麟绶注释. 北京：外语教学与研究出版社，1997，181 页.（德语文学名著丛书）

> 四川好人：高加索灰阑记 / 布雷希特著；彭镜禧，郑芳雄译. 台北：联经出版事业股份有限公司，2005，57+321 页.（联经经典）

> 四川一好人 / 布莱希特著；黄永凡译. 北京：中国戏剧出版社，1985，153 页.

4354 四漆屏 / 罗伯特·梵·古利克著；陈来元，胡明译. 兰州：甘肃人民出版社，1982，159 页.

4355 孙中山与康德黎 / 尼基伏洛夫著；温家琦译 . 北京：华艺出版社，1988，91 页 .

4356 孙中山与梅屋庄吉：推动辛亥革命的日本人 / 小坂文乃著；吴艳译 . 北京：世界知识出版社，2011，263 页 .

4357 孙子兵法演义 / 郑飞石著；陈和章译 .2 版 . 长春：吉林人民出版社，1992，543 页 .
 - 孙子兵法演义 / 郑飞石著 . 长春：吉林人民出版社，1991，2 册（740 页）.
 - 孙子兵法演义 / 郑飞石著；陈和章译 . 北京：中国青年出版社，1988，2 册（587 页）.
 - 孙子兵法演义 / 郑飞石著；陈和章译 . 台北：暖流出版社，1987，2 册 .（畅销系列；7）

4358 太公望 . 上卷：打造明日世界的革命领袖 / 宫城谷昌光著；孙智龄译 . 台北：实学社出版公司，2000，472 页 .（小说人物；72）
 - 太公望 . 中卷：打造明日世界的革命领袖 / 宫城谷昌光著；许锡庆译 . 台北：实学社出版公司，2000，474 页 .（小说人物；73）
 - 太公望 . 下卷：打造明日世界的革命领袖 / 宫城谷昌光著；林玉佩译 . 台北：实学社出版公司，2000，476 页 .（小说人物；74）

4359 太平天国兴亡录 / 陈舜臣著；刘小霞译 . 北京：红旗出版社，2017，444 页 .
 - 太平天国 / 陈舜臣著；卞立强译 . 重庆：重庆出版社，2009，703 页 .
 - 太平天国 / 陈舜臣著；姚巧梅译 . 北京：中国友谊出版公司，1998，2 册（830 页）.
 - 太平天国 . 壹，金田起义 / 陈舜臣著；姚巧梅译 . 台北：远流出版事业公司，1996，312 页（实用历史丛书；110）
 - 太平天国 . 贰，打江山 / 陈舜臣著；姚巧梅译 . 台北：远流文化事业公司，1996，312-590 页 .（实用历史丛书；111）
 - 太平天国 . 叁，江水东流 / 陈舜臣著；姚巧梅译 . 台北：远流文化事业公司，1996，590-895 页 .（实用历史丛书；112）
 - 太平天国 . 肆，天京梦断 / 陈舜臣著；姚巧梅译 . 台北：远流出版事业公司，1996，895-1228 页 .（实用历史丛书；113）
 - 太平天国 . 下册 / 陈舜臣著；卞立强译 . 北京：作家出版社，1986，448 页 .
 - 太平天国 . 上册 / 陈舜臣著；卞立强译 . 北京：作家出版社，1985，442 页 .

4360 太平洋线上的中国女人 / 黎丽安・西格勒著；王炳东译 . 广州：花城出版社，1998，197 页 .

4361 太阳王・汉武帝 / 伴野朗著；张哲译 . 武汉：长江文艺出版社，2001，236 页 .

4362 太子棺奇案 / 高罗佩著；胡洋译 . 太原：北岳文艺出版社，2018，18+229 页 .
 - 太子棺奇案 / 高罗佩著；胡洋译 . 台北：脸谱出版社，2002，287 页 .（狄公案作品系列：大唐一代名相狄仁杰；16）

4363 唐朝那些事儿 / 辻原登著；谢志宇，文渝译 . 海口：南海出版公司，2008，410 页 .

4364 唐人街 / 罗宾逊著；李跃译 . 西安：陕西人民出版社，1992，490 页 .

4365 唐三彩之谜 / 石泽英太郎著；于振洲译. 长春：吉林人民出版社，1986，255页.

4366 逃往中国：1939—1948/ 安娜·林肯著；徐展农译. 广州：新世纪文艺出版社，1986，241页.

4367 天可汗：唐太宗李世民 / 熊存瑞著；毛蕾，黄维玮译. 北京：华文出版社，2018，280页.

4368 天平之甍 / 井上靖著；谢鲜声译.2版. 海口：南海出版公司，2015，177页.（新经典文库. 井上靖作品；3）
  - 天平之甍 / 井上靖著；谢鲜声译. 海口：南海出版公司，2013，198页.（新经典文库. 井上靖作品；2）
  - 天平之甍 / 井上靖著；陈雅文译. 台北：久大文化公司，1992，228页.（日本文学；40）
  - 天平之甍 / 井上靖著；刘少玲译. 台北：星光出版社，1985，150页.（双子星丛书；372）
  - 天平之甍 / 井上靖著；楼适夷译. 北京：人民文学出版社，1980，115页.

4369 天平之梦：历史剧 / 依田义贤，河原崎长十郎改编；陈德文译. 南京：江苏人民出版社，1978，88页.

4370 铁木真和他的伙伴 / 阿·盖达尔著；任溶溶译. 成都：四川文艺出版社，1989，84页.

4371 铁幕名相—晏子世家 / 宫城谷昌光著；黄玉燕译. 上海：上海文化出版社，1998，727页.（中外人物传奇书系）

4372 铁针谜案 / 高罗佩著；张宏译. 太原：北岳文艺出版社，2018，18+209页.
  - 铁针奇案 / 高罗佩著；张宏译. 台北：脸谱出版社，2002，268页.（狄公案作品系列：大唐一代名相狄仁杰；12）
  - 铁钉案：狄仁杰故事集 / 罗伯特·梵·古利克著；陈来元，胡明译. 兰州：甘肃人民出版社，1985，119页.

4373 庭院中的女人 / 赛珍珠著；黄昱宁译. 郑州：河南大学出版社，2014，13+467页.
  - 庭院中的女人 / 赛珍珠著；黄昱宁译. 上海：上海译文出版社，2003，394页.（译文新流行. 电影小说）
  - 庭园里女人 / 赛珍珠原著；罗燕，Paul R.Collins 编剧. 北京：现代出版社，2001，303页.（现代影坊）

4374 通往唐招提寺之路 / 东山魁夷著；许金龙译. 石家庄：花山文艺出版社：河北教育出版社，2001，201页.（东山魁夷的世界）
  - 唐招提寺之路 / 东山魁夷著；林少华译. 桂林：漓江出版社，1999，174页.（东山魁夷美文）

4375 同胞 / 赛珍珠著；吴克明等译. 桂林：漓江出版社，1998，53+383页.（赛珍珠作品选集）

4376 铜钟谜案 / 高罗佩著；姜逸青，申霞译 . 太原：北岳文艺出版社，2018，18+258 页 .
- 铜钟奇案 / 高罗佩著；申霞，姜逸青译 . 台北：脸谱出版社，2001，364 页 .（狄公案作品系列：大唐一代名相狄仁杰；5）

4377 痛苦的中国人 / 彼得·汉德克著；韩瑞祥主编；刘学慧，张帆译 . 上海：上海人民出版社，2016，11+327 页 .

4378 突破封锁访延安：1944年的通讯和家书 / 伊斯雷尔·爱泼斯坦著；张扬等译 . 北京：人民日报出版社，1995，151 页 .（国际友人丛书 . 第四辑）

4379 徒步中国：爱与和平的信仰征途 / 麦克·贝茨勋爵著；李雪琳·贝茨勋爵夫人等译 . 北京：新世界出版社，2016，388 页 .

4380 徒步中国：用脚步丈量魅力中国 / 罗布·利尔沃著；粟志敏译 . 北京：中国人民大学出版社，2017，12+248 页 .

4381 外国人看北京 / 北京日报总编室编 . 北京：北京日报出版社，1988，249 页 .

4382 外媒看海南 / 刘文品主编 . 海口：海南出版社，2013，203 页 .

4383 外媒看江西 / 吴跃军主编 . 南昌：江西人民出版社，2016，240 页 .

4384 外媒看江西：2014/ 刘士安主编 . 南昌：江西人民出版社，2015，184 页 .

4385 外国人眼中的中国人，成吉思汗 / 瓦西里·扬著；李秀峰，卢浩文译 . 北京：东方出版社，2014，291 页 .
- 蒙古帝国西征 .1，成吉思汗 / 瓦西里·扬著；陈弘法译 . 北京：中国书店，2013，296 页 .
- 《蒙古人的入侵》三部曲之成吉思汗 / 瓦西里·扬著；陈弘法译 . 北京：中国书店，2012，247 页 .
- 成吉思汗 / 瓦西里·扬著；陈弘法译 . 北京：外文出版社，2005，328 页 .（汗血马系列丛书）
- 成吉思汗 / 扬著；陈弘法译 . 呼和浩特：内蒙古人民出版社，1987，384 页 .

4386 外国人眼中的中国人，成吉思汗后世子孙 / 瓦西里·扬著；王冠辉，黄慧婷译 . 北京：东方出版社，2014，272 页 .
- 蒙古帝国西征 .3，征战欧洲：走向最后的海洋 / 瓦西里·扬著；陈弘法译 . 北京：中国书店，2013，296 页 .
- 《蒙古人的入侵》三部曲之走向"最后的海洋" / 瓦西里·扬著；陈弘法译 . 中国：中国书店，2012，247 页 .
- 走向"最后的海洋" / 瓦西里·扬著；陈弘法译 . 北京：外文出版社，2006，314 页 .（汗血马系列丛书）
- 走向"最后的海洋" / 扬著；陈弘法译 . 呼和浩特：内蒙古人民出版社，1985，350 页 .

4387 外国人，中国情 / 李莎·卡尔杜齐著；于岚译 . 北京：五洲传播出版社，2013，165 页 .

4388 外滩花园 / 裘小龙著；匡咏梅译 . 上海：上海文艺出版社，2005，333 页 .（裘小

龙侦破推理系列）

4389 万绿丛中：某部文艺演出队生活回忆：1972—1977/博尔济吉特·白莹著；堪培拉：澳大利亚中华文化协会，2015，162页.（朦胧的路；2）

> 我的"插青"生活回忆：1968—1971/博尔济吉特·白莹著；堪培拉：澳大利亚中华文化协会，2015，141页.（朦胧的路；1）

4390 往事知多少/陈香梅著；蔡晓妮编.南京：江苏文艺出版社，2010，285页.（百合文丛）

> 往事知多少/陈香梅著.武汉：武汉出版社，1992，289页.（陈香梅的书香世界/郭友中，李建丰主编；1）

> 往事知多少/陈香梅著.19版.香港：时报文化出版事业公司，1984，584页.（时报书系；150）

> 往事知多少/陈香梅著.16版.台北：时报文化出版事业有限公司，1981，584页.（时报书系；150）

4391 望乡诗：阿培仲麻吕与唐代诗人/依田义贤著；李正伦译.北京：人民文学出版社，1979，65页.

4392 文人的另一面：民国风景之一种/温梓川著；钦鸿编.桂林：广西师范大学出版社，2004，401页.（温故书坊）

4393 我曾当过小八路：一位日本老人的传奇经历/山口盈文著；山口盈文画；陈晓润译.济南：明天出版社，2008，202页.

4394 我的"七〇"印迹/白乐桑著.郑州：大象出版社，2014，130页.（巴黎文丛/阎纯德主编）

> 再见了，中国：我的"七零"印迹/白乐桑著.北京：东方出版社，2007，12+155页.

4395 我的父母：两个中共地下党员的故事/倪培民著.上海：上海人民出版社，2010，202页.

4396 我的国家控告我：李文和自述/李文和著；谢汉兰执笔；祁阿红译.南京：译林出版社，2003，13+318页.（传记文学译丛）

4397 我的留学记/吉川幸次郎著；钱婉约译.北京：中华书局，2008，261页.（近代日本人中国游记）

> 我的留学记/吉川幸次郎著；钱婉约译.北京：光明日报出版社，1999，223页.（日本人眼中的近代中国）

4398 我的香格里拉：一位美国女摄影师与香格里拉的心灵对话：[中英文本]/小梅图/文；戈叔亚译.西安：陕西师范大学出版社，2004，167页.（读行天下.香格里拉丛书）

4399 我的中国商旅日记/增田英树著；李惠春译.北京：朝华出版社，2001，205页.

4400 我访问延安：1944年的通讯和家书/伊斯雷尔·爱泼斯坦著；张扬等译.北京：新星出版社，2015，217页.

4401 我和慈禧太后 / 德龄著；富强译 . 南京：译林出版社，2016，341 页 .
- 我和慈禧太后 / 德龄著；富强译 . 南京：译林出版社，2014，341 页 .
- 皇室烟云 / 德龄著；顾秋心，邓伟霖译 . 北京：中国人民大学出版社，2012，189 页 .
- 我和慈禧太后 / 德龄著；富强译 . 北京：九州出版社，2007，312 页 .
- 正说慈禧 / 德龄著；秦瘦鸥译述 . 北京：文化艺术出版社，2007，287 页 .
- 慈禧太后私生活秘史 / 德龄原著；孙和改编 . 北京：中国文联出版社，2006，282 页 .
- 帘幕后的慈禧：德龄公主贴身揭密 / 裕德龄原著 . 台北：泰电电业股份有限公司，2006，401 页 .（谷雨；7）
- 皇室烟云 / 德龄著；顾秋心，邓伟霖译 . 南京：江苏教育出版社，2006，210 页 .（清史别丛 . 德龄公主文集）
- 慈禧后宫实录 / 德龄著；沈紫，林清译 . 上海：学林出版社，2002，340 页 .
- 进出紫禁城：慈禧后私生活实录 / 裕德龄著 . 台北：慧明文化事业公司，2002，412 页 .（创造丛书；3）
- 慈禧太后私生活实录 / 德龄著 . 海口：海南出版社，1993，366 页 .

4402 我们在满洲做了什么：侵华日本战犯忏悔录 / 岛村三郎等著；公文逸编 . 北京：群众出版社，2016，2017 重印，315 页 .

4403 我们在中国干了些什么：原日本战犯改造回忆录 / 日本中国归还者联络会编；吴浩然，李锡弼译 . 北京：中国人民公安大学出版社，1989，214 页 .

4404 我替华人打官司 / 郑碧贤著 . 北京：现代出版社，2006，227 页 .

4405 我眼中的中国 / 罗伯特·斯坦利著；鄂文静等译 . 北京：新华出版社，2017，401 页 .

4406 我眼中的中国：2017 北京大学留学生演讲文集 / 北京大学对外汉语教育学院，北京大学汉语国际推广工作办公室编 . 北京：外语教学与研究出版社，2018，197 页 .

4407 我要陪你去西藏：和母亲的最后约定 / 王一民，俞贤民著；沈胜哲译 . 北京：中信出版社，2008，192 页 .

4408 我与凤凰卫视的缘分：美国人·马一龙幽默随笔 / 马一龙著 . 北京：世界知识出版社，2005，251 页 .

4409 我与日本帝国的战争：二战美军特工在华救助飞行员的故事 / 理查德·维能·希尔著；陈守仁等译 . 北京：中国文史出版社，2015，435 页 .

4410 我与中国 / 罗斯·特里尔著；刘庆军，许道芝译 . 北京：中国人民大学出版社，2010，356 页 .（明德书系·特里尔作品系列）

4411 我在慈禧身边的两年 / 德龄公主著；许海峰，陶林译 . 南京：江苏凤凰文艺出版社，2018，257 页 .
- 慈禧传 / 德龄公主著；高山译 . 北京：新世界出版社，2017，210 页 .
- 慈禧私生活回忆录：我在太后身边的两年 / 裕德龄著；郝金茹译 . 哈尔滨：哈尔滨出版社，2013，228 页 .

- 慈禧全传.第二部,我在慈禧身边的两年/裕德龄著;郝金茹译.北京:新世界出版社,2013,204页.
- 清宫二年记/德龄著;顾秋心译.北京:中国人民大学出版社,2012,189页.
- 紫禁城的黄昏:德龄公主回忆录/德龄公主著;秦传安译.2版.北京:中央编译出版社,2010,233页.
- 我在慈禧身边的两年:中英双语版/德龄著;宋云嘉译.北京:中国书籍出版社,2006,284页.
- 清宫二年记/德龄著;顾秋心译.南京:江苏教育出版社,2006,210页.(清史别丛.德龄公主文集)
- 紫禁城的黄昏:德龄公主回忆录/德龄公主著;秦传安译.北京:中央编译出版社,2004,271页.
- 在慈禧太后身边的日子/德龄公主著;刘雪芹译.武汉:长江文艺出版社,2001,246页.(往事中国丛书)
- 清宫中的生活写照/德龄著.天津:天津古籍出版社,1999,230页.(晚清宫闱秘闻丛书)
- 清宫二年记:清宫中的生活写照/德龄著;顾秋心译述.2版.昆明:云南人民出版社,1994,198页.(清宫秘闻丛书)
- 清宫二年编:清宫中的生活写照/德龄原著;顾秋心译述.昆明:云南人民出版社,1981,198页.

4412 我在旧金山四十年/翁绍裘著.上海:上海人民出版社,1988,425页.

4413 我在美国当律师:一个华人青年进入美国主流社会的历程/张晓武,李忠效著.北京:中国电影出版社,2007,315页.
- 我在美国当律师/张晓武,李忠效著.北京:北京出版社,1994,354页.

4414 我在中国的十九年:世界桥牌皇后自述/杨小燕,奎恩著;陈厚铭,杨慧林译.北京:文化艺术出版社,1987,220页.

4415 我在中国的岁月/C.P.菲茨杰拉尔德著;李尧译.青岛:青岛出版社,2018,312页.(李尧译文集;9)

4416 我在中国的岁月/海伦·斯诺著;安危译.北京:北京出版社,2018,360页.
- 我在中国的岁月/海伦·斯诺著;安危译.北京:北京出版社,2015,370页.("国际人士看中国"丛书/孙华主编)
- 我在中国的岁月/海伦·斯诺著;安危,杜夏译.北京:中国新闻出版社,1986年,383页.

4417 我在中国的童年/李恩富著;刘畅译.福州:福建教育出版社,2013,199页.

4418 五十年代的尘埃/唐德刚著.桂林:广西师范大学出版社,2015,163页.(中国近代口述史学会丛书)
- 五十年代的尘埃/唐德刚著.北京:中国工人出版社,2008,255页.

> 五十年代底尘埃 / 唐德刚著 . 台北：传记文学出版社，1981，162 页 .（传记文学丛刊；59）

4419 物语北京 / 小林小百合著；田建国，裴立杰译 . 北京：五洲传播出版社，2008，136 页 .

4420 西湖的故事［英汉对照］/ 霍尔瓦特·伊莎贝拉编译 . 杭州：西泠印社出版社，2009，141+113 页 .

4421 西域小说集 / 井上靖著；郭来舜译 . 兰州：甘肃人民出版社，1985，253 页 .

> 西域的故事 / 井上靖著；李永炽译 . 台北：国语日报附设出版部，1982，145 页 .

4422 西域余闻：丝绸之路的奇闻逸事 / 陈舜臣著；吴菲译 . 桂林：广西师范大学出版社，2009，300 页 .

4423 香巴拉经文 / 龙安志著 . 北京：五洲传播出版社，2014，203 页 .

> 香巴拉之路 / 龙安志著；孟黎莎译 . 北京：新世界出版社，2008，189 页 .

> 现代经文：香巴拉宫随笔之二 / 龙安志著；柳晓青，孟黎莎译 . 北京：中国藏学出版社，2006，162 页 .

4424 项链·葫芦 / 高罗佩著；陆钰明译 . 太原：北岳文艺出版社，2018，18+154 页 .

4425 项羽与刘邦 / 司马辽太郎著；王学东译 . 海口：南海出版公司，2009，2 册（255；259 页）.

> 项羽对刘邦：楚汉双雄争霸史 . 上下册 / 司马辽太郎著；钟宪译 .2 版 . 台北：远流出版事业股份有限公司，2005，2006 重印，2 册（1089 页）.（实用历史丛书）

> 项羽与刘邦 / 司马辽太郎著；赵德远译 . 海口：南海出版公司，2006，2 册（742 页）.（新经典文库 . 历史小说馆；2）

4426 小白龙传奇：一个日本浪人在中国大陆的经历 / 朽木寒三著；袁韶莹等译 . 长春：吉林文史出版社，1991，364 页 .

4427 小说十八史略，春秋战国 / 陈舜臣著；廖为智译 . 北京：新星出版社，2010，305 页 .

> 小说十八史略，大汉王朝 / 陈舜臣著；廖为智译 . 北京：新星出版社，2010，553 页 .

> 小说十八史略，魏晋南北朝 / 陈舜臣著；廖为智译 . 北京：新星出版社，2010，389 页 .

> 小说十八史略，大唐帝国 / 陈舜臣著；廖为智译 . 北京：新星出版社，2010，390 页 .

> 小说十八史略，两宋王朝 / 陈舜臣著；廖为智译 . 北京：新星出版社，2010，258 页 .

> 小说十八史略 . 壹，倾国倾城：传说时代—战国 / 陈舜臣著；廖为智译 . 台北：远流出版事业公司，1994，317 页 .（实用历史丛书；71）

> 小说十八史略 . 贰，易水悲歌：战国—秦 / 陈舜臣著；廖为智译 . 台北：远流出

> 版事业公司，1994，312-637 页．（实用历史丛书；72）

> 小说十八史略．叁，楚风汉雨：秦—前汉 / 陈舜臣著；廖为智译．台北：远流出版事业公司，1994，641-923 页．（实用历史丛书；73）

> 小说十八史略．肆，大汉天威：前汉 / 陈舜臣著；廖为智译．台北：远流出版事业公司，1994，927-1222 页．（实用历史丛书；74）

> 小说十八史略．伍，遍地皆皇帝：后汉 / 陈舜臣著；廖为智译．台北：远流出版事业公司，1994，1225-1549 页．（实用历史丛书；75）

> 小说十八史略．陆，三国群英：后汉—晋 / 陈舜臣著；廖为智译．台北：远流出版事业公司，1994，1553-1867 页．（实用历史丛书；76）

> 小说十八史略．柒，江南风波恶：晋—隋唐 / 陈舜臣著；廖为智译．台北：远流出版事业公司，1994，1871-2170 页．（实用历史丛书；77）

> 小说十八史略．捌，日月临空：唐 / 陈舜臣著；廖为智译．台北：远流出版事业公司，1994，2173-2489 页．（实用历史丛书；78）

> 小说十八史略．玖，陈桥立万岁：唐—宋 / 陈舜臣著；廖为智译．台北：远流出版事业公司，1994，2493-2802 页．（实用历史丛书；79）

> 小说十八史略．拾，草原风暴：宋 / 陈舜臣著；廖为智译．台北：远流出版事业公司，1994，2805-3134 页．（实用历史丛书；80）

4428 筱原令看中国 / 筱原令著；杨锡坤译．上海：学林出版社，2013，10+174 页．

4429 心路历程 / 许倬云著．厦门：厦门大学出版社，2015，11+196 页．

> 心路历程 / 许倬云著．台北：传记文学出版社，1979，168 页．（传记文学丛书；90）

4430 心向中国：斯特朗六次访华 / 斯特朗，凯瑟著；王松涛译．北京：解放军出版社，1986，179 页．（中国革命纪实译丛）

4431 新水浒传 / 吉川英治著；潘越等译．长春：时代文艺出版社，2016，2 册（724 页）．

4432 新西游记 / 陈舜臣著；卞立强译．长沙：湖南人民出版社，1981，419 页．

4433 新译帝国旅人佐藤春夫行脚台湾：收录〈女诫扇绮谭〉一个台南府城的奇幻传说 / 佐藤春夫著；詹慕如译．新北：红通通文化出版社，2016，158 页．（掌上小剧场；6）

4434 醒着的梦：光怪陆离的巴黎华人 / 郑碧贤著．北京：中国华侨出版社，1996，162 页．

4435 兴亡无常：魏晋南北朝 / 陈舜臣著；廖为智译．桂林：广西师范大学出版社，2013，397 页．

4436 许倬云问学记 / 许倬云著．桂林：广西师范大学出版社，2008，276 页．（许倬云作品）

4437 玄武门实录 / 马巨著．北京：台海出版社，2017，181 页．

4438 学做中国人：法兰西女孩的中国梦 / 白露娜著；甄权铨译．北京：中译出版社，2018，265 页．（外国人写作中国计划丛书）

4439 寻路中国：长城乡村工厂一段见证与观察的纪程 / 何伟著；赖芳译 .2 版 . 新北：八旗文化出版社，2013，463 页 .（中国观察；20）
- 寻路中国：从乡村到工厂的自驾之旅 / 彼得·海斯勒著；李雪顺译 . 上海：上海译文出版社，2011，426 页 .
- 寻路中国 / 何伟著；赖芳译 . 新北：八旗文化出版社，2011，555 页 .（中国观察；5）

4440 寻人不遇 / 比尔·波特著；曾少立，赵晓芳译 .2 版 . 成都：四川文艺出版社，2018，327 页 .
- 寻人不遇：对中国古代诗人的朝圣之旅 / 比尔·波特著；曾少立，赵晓芳译 . 成都：四川文艺出版社，2016，380 页 .

4441 寻味中国 / 林留清怡著；胡韵涵译 . 重庆：重庆大学出版社，2014，264 页 .（时尚文化丛书）

4442 寻找香格里拉 / 龙安志著 . 北京：五洲传播出版社，2014，216 页 .
- 寻找香格里拉：中国西部之行 / 龙安志著；梁心刚，艾昕译 . 北京：新世界出版社，2008，197 页 .
- 寻找香格里拉：香巴拉宫随笔之一 / 龙安志著；庄细荣译 . 北京：中国藏学出版社，2006，187 页 .
- 寻找香格里拉：现代经文游记 / 龙安志著；庄细荣译 . 北京：高等教育出版社，2004，172 页 .

4443 鸦片战争 . 上，新时代的来临 / 陈舜臣著；卞立强译 . 台北：五南图书出版股份有限公司，2015，518 页 .（博雅文库；123）
- 鸦片战争 . 中，发端信号的引爆 / 陈舜臣著；卞立强译 . 台北：五南图书出版股份有限公司，2015，530 页 .（博雅文库；126）
- 鸦片战争 . 下，旧时代崩溃 / 陈舜臣著；卞立强译 . 台北：五南图书出版股份有限公司，2015，493 页 .（博雅文库；127）
- 鸦片战争 . 上卷，沧海篇 / 陈舜臣著；卞立强译 . 上海：上海古籍出版社，2008，257 页 .
- 鸦片战争 . 中卷，风雷篇 / 陈舜臣著；卞立强译 . 上海：上海古籍出版社，2008，265 页 .
- 鸦片战争 . 下卷，天涯篇 / 陈舜臣著；卞立强译 . 上海：上海古籍出版社，2008，254 页 .
- 鸦片战争 / 陈舜臣著；萧志强译 . 海口：海南出版社，1996，3 册（1408 页）.
- 鸦片战争 . 壹，沧海孤舟 / 陈舜臣著；萧志强译 . 台北：远流出版事业公司，1995，367 页 .（实用历史丛书；95）
- 鸦片战争 . 贰，巨变家国 / 陈舜臣著；萧志强译 . 台北：远流出版事业公司，1995，371-653 页 .（实用历史丛书；96）

- 鸦片战争.叁,罂粟悲歌/陈舜臣著;萧志强译.台北:远流出版事业公司,1995,657-1061页.(实用历史丛书;97)
- 鸦片战争.肆,血染海棠/陈舜臣著;萧志强译.台北:远流出版事业公司,1995,1065-1359页.(实用历史丛书;98)
- 鸦片战争.伍,大国英魂/陈舜臣著;萧志强译.台北:远流出版事业公司,1995,1363-1752页.(实用历史丛书;99)
- 鸦片战争.陆,百年沧桑/陈舜臣著;萧志强译.台北:远流出版事业公司,1995,1755-2063页.(实用历史丛书;100)
- 鸦片战争.上卷,沧海篇/陈舜臣著;卞立强译.贵阳:贵州人民出版社,1985,426页.
- 鸦片战争.中卷,风雷篇/陈舜臣著;卞立强译.贵阳:贵州人民出版社,1987,446页.
- 鸦片战争.下卷,天涯篇/陈舜臣著;卞立强译.贵阳:贵州人民出版社,1987,436页.

4444 延安采访录/海伦·斯诺著;安危译.北京:北京出版社,2018,377页.(国际名人看中国/孙华主编)
- 延安采访录/海伦·斯诺著;安危译.北京:北京出版社,2015,352页.("国际人士看中国"丛书/孙华主编)
- 延安采访录/斯诺著;安危译.贵阳:贵州人民出版社,1989,500页.

4445 延安情:燕京大学英国教授林迈可及其夫人李效黎的抗日传奇/李效黎著;肃宜译.上海:上海远东出版社,2015,290页.
- 延安情/李效黎著;肃宜译.上海:上海远东出版社,1991,237页.

4446 雁栖塞北:来自黄土高原的报告/高见邦雄著;李建华,王黎杰译.北京:国际文化出版公司,2005,324页.

4447 燕山楚水/内藤湖南著;吴卫峰译.北京:中华书局,2007,226页.(近代日本人中国游记)

4448 杨贵妃/井上靖著;林怀秋译.杭州:浙江文艺出版社,2018,263页.
- 杨贵妃传:国色天香红颜命薄/井上靖著;林怀秋译.合肥:安徽文艺出版社,1998,202页.
- 杨贵妃传/井上靖著;江静芳译.台北:远流出版事业公司,1992,237页.(小说历史;30)
- 杨贵妃传/井上靖著;郝迟,颜廷超译.哈尔滨:黑龙江人民出版社,1985,214页.
- 杨贵妃传/井上靖著;周祺等译.郑州:中州古籍出版社,1985,218页.
- 杨贵妃传/井上靖著;林怀秋译.西安:陕西人民出版社,1984,226页.
- 杨贵妃传/井上靖著;文兰译.天津:百花文艺出版社,1984,219页.

4449 杨贵妃复活秘史 / 渡边龙策著；阎肃译. 石家庄：河北人民出版社，1987，182 页.
> 杨贵妃外传 / 渡边龙策著；阎肃译. 台北：汉欣文化事业公司，1986，235 页.（中国文学系列；5）

4450 姚明行动 / 布鲁克·拉尔默著；杨铭宇译. 北京：中国广播电视出版社，2007，284 页.

4451 耶律楚材. 壹, 草原之梦 / 陈舜臣著；许锡庆译. 台北：远流出版事业公司，1994，255 页.（实用历史丛书；81）
> 耶律楚材. 贰, 无弦之曲 / 陈舜臣著；许锡庆译. 台北：远流出版事业公司，1994，530 页.（实用历史丛书；82）

4452 一个德国音乐家给中国女友的信和信封 / 格兰钦编绘. 南京：译林出版社，2008，105 页.

4453 一个日本歌人的中国之旅 / 近藤芳美著；人民中国杂志社翻译部译. 上海：上海文艺出版社，1985，224 页.

4454 一个日本老兵对侵华战争的反思 / 河村太美雄著；屈连璧，丁大等译. 北京：东方出版社，2003，12+432 页.

4455 一个日本人眼中的新旧中国：北京三十五年 / 山本市朗著；胡传德，郑泰宪译. 北京：光明日报出版社，1985，261 页.

4456 一个西方艺人的东方印象 / 路易斯·乔丹·米恩著；王鹏译. 南京：南京出版社，2009，135 页.（"西方人看中国"文化游记丛书）

4457 一个英国艺术家的远东之旅 / 伊丽莎白·基思著；赵省伟编译. 北京：台海出版社，2017，10+161 页.

4458 一个中国的海 / 叶维廉著. 台北：东大图书公司，1987，215 页.（沧海丛刊. 文学）

4459 一个中国人在美国 / 马克·吐温著；张友松译. 北京：人民文学出版社，1987，133 页.（中学生文学选读. 佳作丛书）

4460 一千个春天：陈香梅自传 / 陈香梅著. 南京：江苏文艺出版社，2011，204 页.（现代文化名人自传丛书）
> 一千个春天：婚姻的自述 / 陈香梅著. 上海：文汇出版社，2008，243 页.（文汇·传记文学丛刊）
> 一千个春天：陈香梅婚恋自述 / 陈香梅著；陈力克，王湄译. 太原：书海出版社，1993，255 页.
> 一千个春天：婚姻的自述 / 陈香梅著. 北京：中国文联出版公司，1988，198 页.
> 一千个春天：婚姻的自述 / 陈香梅著. 再版. 台北：传记文学出版社，1983，235 页.

4461 一位美国人嫁与一位中国人的自述 / 麦葛莱著；邹恩润译述. 北京：生活·读书·新知三联书店，2012，208 页.（三联经典文库；88）
> 一位美国人嫁与一位中国人的自述 / 佚名著. 台北：龙文出版社，1994，152 页.（中国现代自传丛书. 第四辑 / 张玉法，张瑞德主编；6）

4462 一只中国瓷茶壶 / 詹·卡莱·艾恩著 / 绘；张舒涵译. 北京：北京理工大学出版社，2017.

4463 艺苑结友录 / 郭光甲著. 北京：中国友谊出版公司，1987，67 页.

4464 易水悲歌：神话时代——秦 / 陈舜臣著；廖为智译. 桂林：广西师范大学出版社，2013，363 页.

4465 永远的忏悔：归国日本战犯的后半生 / 日本中国归还者联络会编；周维宏等编译. 北京：解放军出版社，1999，402 页.（共和国改造战犯纪实丛书）

4466 永远的祈祷：两个从死亡边缘上生还的日军老兵的真诚告白 / 北冈信夫著；包容译. 北京：人民文学出版社，2001，270 页.

4467 永远的异乡客：战时上海的一个犹太家庭 / 瑞娜·克拉斯诺著；王一凡译. 上海：上海三联书店，2007，229 页.

4468 悠悠长江行：前日军战俘重访旧地纪实 / 木下博民著；夏文宝译. 合肥：安徽人民出版社，1994，264 页.

4469 与神山对话 / 龙安志著. 北京：五洲传播出版社，2014，192 页.
  ➤ 与神山对话：云南茶马古道之行 / 龙安志著；张晓梅译. 北京：新世界出版社，2008，183 页.

4470 雨师黑箭 / 高罗佩著绘；陈来元，胡明译. 北京：中国电影出版社，1993，389 页.（大唐狄公全传；1）

4471 禹域鸿爪 / 内藤湖南著；李振声译. 杭州：浙江文艺出版社，2018，294 页.（东瀛文人·印象中国）

4472 御珠奇案 / 高罗佩著；蔡丹丹译. 太原：北岳文艺出版社，2018，18+157 页.
  ➤ 御珠奇案 / 高罗佩著；朱振武译. 台北：脸谱出版社，2002，235 页.（狄公案作品系列：大唐一代名相狄仁杰；9）
  ➤ 御珠案，狄仁杰故事集 / 罗伯特·梵·古利克著；胡明译. 兰州：甘肃人民出版社，1982，1985 重印，153 页.

4473 玉珠串奇案 / 高罗佩著；金昭敏译. 台北：脸谱出版社，2001，209 页.（狄公案作品系列：大唐一代名相狄仁杰；8）

4474 再会，老北京：一座转型的城，一段正在消逝的老街生活 / 迈克尔·麦尔著；何雨珈译. 上海：上海译文出版社，2013，392 页.（译文纪实）

4475 在中国的六个美国人 / 艾黎著；徐存尧译. 北京：新华出版社，1985，209 页.

4476 在中国屏风上 / 威廉·萨默塞特·毛姆著；盛世教育西方名著翻译委员会译. 上海：上海世界图书出版公司，2018，288 页.
  ➤ 中国幕 / 毛姆著；王改华译. 西安：陕西人民出版社，2017，205 页.
  ➤ 映象中国 / 威廉·萨默塞特·毛姆著；李通和绘；詹红丹译. 沈阳：万卷出版公司，2017，234 页.
  ➤ 在中国屏风上 / 毛姆著；唐建清译. 上海：上海译文出版社，2013，177 页.

> 在中国屏风上 / 萨默塞特·毛姆著；唐建清译. 南京：江苏人民出版社，2006，174 页.（汉译精品）

> 在中国屏风上 / 毛姆著；陈寿庚译. 长沙：湖南人民出版社，1987，235 页.

4477 崭新中国 / 谢福芸著；程锦译. 北京：东方出版社，2018，335 页.

4478 栈云峡雨日记并诗草 / 竹添进一郎著；周勇，黄晓东，惠科整理. 重庆：重庆出版社，2018，2 册（121；282 页）.（全球视野下的近代重庆丛书 / 周勇，程武彦主编）

> 日本藏巴蜀珍稀文献汇刊. 第二辑. 第十册 / 李勇先，高志刚主编. 影印本. 成都：巴蜀书社，2017，491 页.

> 栈云峡雨日记 / 竹添进一郎著；张明杰整理. 苇杭游记 / 股野琢著；张明杰整理. 北京：中华书局，2007，167 页.（近代日本人中国游记）

> 栈云峡雨稿 / 竹添井井著；冯岁平点校. 西安：三秦出版社，2006，301 页.

4479 战国巨星—孟尝君传 / 宫城谷昌光著；萧志强译. 上海：上海文化出版社，1998，2 册（963 页）.（中外人物传奇书系）

4480 战略三国志 / 城野宏著；林怀秋译. 长沙：湖南文艺出版社，1992，549 页.

4481 战争与爱情 / 唐德刚著. 桂林：广西师范大学出版社，2015，2 册（828 页）.（中国近代口述史学会丛书）

> 战争与爱情. 上篇，往事知多少 / 唐德刚著. 2 版. 台北：远流出版事业股份有限公司，2010，471 页.（唐德刚作品集）

> 战争与爱情. 下篇，昨夜梦魂中 / 唐德刚著. 2 版. 台北：远流出版事业股份有限公司，2010，588 页.（唐德刚作品集）

> 战争与爱情 / 唐德刚著. 上海：华东师范大学出版社，1999，2 册（823 页）.（唐德刚作品珍藏本系列）

> 战争与爱情 / 唐德刚著. 北京：人民文学出版社，1991，2 册（1005 页）.（海内外文学丛书）

> 战争与爱情 / 唐德刚著. 香港：天地图书公司，1988，2 册（1047 页）.

> 战争与爱情 / 唐德刚著. 台北：远流出版事业公司，1988，2 册（30+1074 页）.

4482 中国 / 亨利·阿瑟·布莱克，莫提玛·卢丁顿·曼培斯著；李国庆，邓赛整理. 影印本. 桂林：广西师范大学出版社，2018，179 页.（"中国研究"外文旧籍汇刊·中国记录. 第十辑；6/ 李国庆，何林夏主编）

4483 中国：她的奇迹和神话 / 托马斯·霍奇森·利德尔著；李国庆，邓赛整理. 影印本. 桂林：广西师范大学出版社，2018，299 页.（"中国研究"外文旧籍汇刊·中国记录. 第十辑；7/ 李国庆，何林夏主编）

4484 中国传奇 / 林语堂著；张振玉译. 北京：北京联合出版公司：群言出版社，2012，278 页.

> 中国传奇 / 林语堂著；张振玉译. 北京：群言出版社，2010，278 页.

- 中国传奇 / 林语堂著；黄嘉德译. 香港：天地图书有限公司，2008，311页.（林语堂经典选读）
- 中国传奇 / 林语堂著；张振玉译. 西安：陕西师范大学出版社，2007，246页.（林语堂文集；14）
- 中国传奇：古典名篇品读 / 林语堂著；张振玉译. 西安：陕西师范大学出版社，2003，308页.（林语堂文集；6）
- 中国传奇小说 / 林语堂著；张振玉译. 上海：上海书店，1989，334页.（林语堂小说集）
- 中国传奇 / 林语堂著；张振玉译. 长沙：岳麓书社，1989，271页.
- 中国传奇小说 / 林语堂著；张振玉译. 台北：金兰文化出版社，1986，334页.（林语堂经典名著；5）

4485 中国大河之旅 / 井上谦著；井上聪等译. 上海：上海社会科学院出版社，1989，138页.

4486 中国的第一幕——西安事变秘闻 / 詹姆斯·门罗·贝特兰著；牛玉林译. 2版. 西安：陕西人民出版社，2007，276页.
- 一个西方记者眼中的西安事变 / J.M.贝特兰著；林淡秋译. 上海：东方出版中心，2000，213页.（走向中国丛书）
- 中国的第一幕——西安事变秘闻 / 詹姆斯·门罗·贝特兰著；牛玉林译. 西安：陕西人民出版社，1989，318页.

4487 中国的面容：一个英国女画家尘封百年的记忆 / 艾米丽·乔治亚娜·坎普著；晏方译. 北京：中国工人出版社，2009，209页.

4488 中国的战歌 / 艾格尼丝·史沫特莱著；江枫译. 北京：北京出版社，2018，499页.
- 中国的战歌 / 艾格尼丝·史沫特莱著；江枫译. 北京：北京出版社，2017，514页.
- 中国的战歌 / 史沫特莱著；江枫译. 北京：作家出版社，1986，536页.

4489 中国风情：风土 / 莫理循著；张皓译. 北京：国际文化出版公司，1998，285页.（认识中国系列）

4490 中国革命中的女人 / A.史沫特莱著；万高潮，魏明康译. 济南：济南出版社，2006，184页.（第三只眼睛看中国）
- 中国革命中的妇女 / 史沫特莱著；万高潮译. 北京：解放军出版社，1985，162页.（中国革命纪实译丛）

4491 中国皇妃秘传 / 驹田信二著；林怀秋译. 长沙：湖南大学出版社，1989，194页.
- 七大名妃轶事 / 驹田信二著；董玉书，郭继光译. 北京：昆仑出版社，1988，174页.

4492 中国纪行：水墨画的世界 / 东山魁夷著；叶渭渠译. 石家庄：花山文艺出版社：河北教育出版社，2001，174页.（东山魁夷的世界）

4493 中国解放区文学书系，外国人士作品 / 林默涵总主编；爱泼斯坦，高梁主编. 重庆：重庆出版社，1992，2册（1368页）.

4494 中国佬约翰在老家：中国的人民、风俗和事物概述 / 爱德华·约翰·哈代著；李国庆整理．影印本．桂林：广西师范大学出版社，2015，15+406 页．("中国研究"外文旧籍汇刊·中国记录．第八辑；7/ 李国庆，何林夏主编）

4495 中国女皇—武则天传奇 / 原百代著；谭继山译．广州：新世纪出版社，1989，293 页．
- 武则天传 / 原百代著；伟君节译．西安：陕西人民出版社，1986，2 册（761 页）．
- 武则天 / 原百代著；谭继山译．北京：中国友谊出版公司，1985，5 册．
- 武则天 / 原百代著；谭继山译．台北：万盛出版公司，1983，5 册．（中国古典文学名著）

4496 中国情人：一个外国女人在北京 / 苏珊娜·贝尔纳著；尹兵译．郑州：河南人民出版社，2003，200 页．

4497 中国人信札 / 布瓦耶·德·阿尔让著；邵立群，王馨颐译．北京：中央编译出版社，2013，275 页．

4498 中国任侠传 / 陈舜臣著；冯宇宁译．福州：福建人民出版社，2011，311 页．

4499 中国色彩 / 村松梢风著；徐静波译．杭州：浙江文艺出版社，2018，14+214 页．（东瀛文人·印象中国）

4500 中国淑女 / 谢福芸著；龚燕灵译．北京：东方出版社，2018，516 页．

4501 中国随想 / 陈舜臣著；曹志伟，陈晏译．西安：陕西人民出版社，2011，186 页．

4502 中国通 / 提姆·克里索德著；张桦译．上海：上海三联书店，2005，291 页．

4503 中国万花筒 / 松本盛雄著；田建国，董燕译．北京：五洲传播出版社，2006，196 页．（This is China 系列丛书）

4504 中国往事 / 顾彬著；朱谅谅译．北京：中译出版社，2017，288 页．（外国人写作中国计划丛书）

4505 中国文明记 / 宇野哲人著；张学锋译．北京：中华书局，2008，247 页．（近代日本人中国游记）
- 中国文明记 / 宇野哲人著；张学锋译．北京：光明日报出版社，1999，218 页．（日本人眼中的近代中国）

4506 中国我的姐妹 / 雅罗斯拉夫·普实克著；丛林等译．北京：外语教学与研究出版社，2005，429 页．

4507 中国我心脏跳动的地方 / 裔锦声著．北京：作家出版社，2000，241 页．

4508 中国相思录 / 菲奥雷著；赵泮仲，贾镛新译．北京：国际文化出版公司，1990，1992 重印，294 页．
- 中国相思录 / 菲奥雷著；赵泮仲，贾镛新译．北京：国际文化出版公司，1990，294 页．

4509 中国行日记 / 罗兰·巴尔特著；安娜·埃施伯格·皮埃罗整理、注释；怀宇译．北京：中国人民大学出版社，2012，355 页．（明德书系．文化译品园）

4510 中国印象 / 安格尔著；荒芜译．台北：林白出版社，1986，221 页．（岛屿文库；

31）

> 中国印象 / 安格尔著；荒芜译 . 香港：生活·读书·新知三联书店香港分店，1981，118 页 .

> 中国印象 /P. 安格尔著；荒芜译 . 福州：福建人民出版社，1981，106 页 .

4511 中国印象记 / 小林爱雄著；李炜译 . 满韩漫游 / 夏目漱石著；王成译 . 北京：中华书局，2007，10+252 页 .（近代日本人中国游记）

4512 中国游记 / 芥川龙之介著；施小炜译 . 杭州：浙江文艺出版社，2018，16+205 页 .（东瀛文人·印象中国）

> 中国游记 / 芥川龙之介著；陈豪译 . 北京：新世界出版社，2011，209 页 .

> 中国游记 / 芥川龙之介著；秦刚译 . 北京：中华书局，2007，194 页 .（近代日本人中国游记）

> 中国游记 / 芥川龙之介著；陈生保，张青平译 . 北京：北京十月文艺出版社，2006，24+202 页 .（大家小书·洋经典）

4513 中国在反击 / 艾格尼丝·史沫特莱著；江枫译 . 京：北京出版社，2018，213 页 .（国际名人看中国 / 孙华主编）

> 中国在反击 / 艾格尼丝·史沫特莱著；江枫译 . 北京：北京出版社，2017，220 页 .

> 中国在反击：一个美国女人和八路军在一起 / 史沫特莱著；江枫译 . 长沙：湖南人民出版社，1987，255 页 .

4514 中国之门：上海 / 埃泽利诺·玛依著；史提法诺等译 . 上海：上海书店出版社，2013，48+163 页 .

4515 中国之梦：一个犹太女孩在天津的成长（1929—1948）/ 伊莎贝尔·齐默尔曼·梅纳德著；张喆译 . 天津：天津人民出版社，2017，173 页 .（天津通史编译丛书 / 万新平主编）

4516 中华旅吟 / 石川忠久著；李寅生编译 . 北京：中国青年出版社，2014，235 页 .

4517 中华童谣 / 何德兰编译 . 北京：新星出版社，2014，191 页 .

4518 中华文化美国行：新闻报道集 / 国务院新闻办公室编 . 北京：五洲传播出版社，2001，263 页 .

4519 中外记者看宁夏，海外卷 / 王正伟主编 . 银川：宁夏人民出版社，2001，11+608 页 .

> 中外记者看宁夏，经济卷 / 王正伟主编 . 银川：宁夏人民出版社，2001，13+546 页 .

> 中外记者看宁夏，文化卷 / 王正伟主编 . 银川：宁夏人民出版社，2001，12+534 页 .

> 中外记者看宁夏，综合卷 / 王正伟主编 . 银川：宁夏人民出版社，2001，12+558 页 .

4520 中印情缘 / 狄伯杰著；张雅欣等译 . 北京：中译出版社，2017，336 页 .（外国人写作中国计划丛书）

4521 诸葛孔明 / 陈舜臣著；东正德译 . 福州：福建人民出版社，2010，404 页 .

> 诸葛孔明 / 陈舜臣著；东正德译 . 北京：北京图书馆出版社，2005，658 页 .

> 诸葛孔明 / 陈舜臣著；东正德译 .2 版 . 台北：远流出版事业股份有限公司，

2002，2005 重印，662 页.（实用历史丛书）
- ➢ 诸葛孔明 / 陈舜臣著；东正德译.北京：中国友谊出版公司，1998，500 页.

4522 竹林引幻 / 木令耆著.武汉：长江文艺出版社，1983，140 页.

4523 紫云寺奇案 / 高罗佩著；颜朝霞译.太原：北岳文艺出版社，2018，18+199 页.
- ➢ 紫云寺奇案 / 高罗佩著；张弘译.台北：脸谱出版社，2002，289 页.（狄公案作品系列：大唐一代名相狄仁杰；11）

4524 走出白色恐怖 / 孙康宜著.增订版.北京：生活·读书·新知三联书店，2012，11+229 页.
- ➢ 走出白色恐怖 / 孙康宜著.台北：允晨文化实业股份有限公司，2003，250 页.（允晨丛刊；94）

4525 走过凯旋门：一个华裔法国人的故事 / 勒内·韩著；王文融，李巧燕译.北京：中国文学出版社，1996，361 页.

4526 祖国行长歌 / 叶嘉莹撰；周东芬书.南昌：二十一世纪出版社集团，2017，1 册.

4527 最后一个太监：长篇纪实文学 / 凌海成，余斌华著；李洁，孙明德译.长春：吉林文史出版社，1991，392 页.

J

艺 术

（一）译著

4528　20世纪中国艺术与艺术家．上下/迈克尔·苏立文著；陈卫和，钱岗南译．上海：上海人民出版社，2013，2册（530页）．（苏立文作品集）

4529　《白毛女》在日本/山田晃三著．北京：文化艺术出版社，2007，10+213页．

4530　白谦慎书法论文选/白谦慎著．北京：荣宝斋出版社，2010，309页．（当代书法理论文集系列）

4531　百年踅音：田边尚雄台厦音乐踏查记/田边尚雄著；李毓芳，刘麟玉，王樱芬译．台北：台湾大学出版中心，2017，41+301页．

4532　本色中国/南希·布朗文图；秦镝译．北京：中国民族摄影艺术出版社，2011，289页．

4533　标准三体字典/吉川蕉仙编；陈晓梅译．天津：天津人民美术出版社，2005，263页．
　　➢ 标准三体字典/吉川蕉仙编．南宁：广西民族出版社，1993，313页．

4534　不朽的林泉：中国古代园林绘画/高居翰，黄晓，刘珊珊著．北京：生活·读书·新知三联书店，2012，2014重印，316页．（文化艺术）

4535　长物：早期现代中国的物质文化与社会状况/柯律格著；高昕丹，陈恒译．北京：生活·读书·新知三联书店，2015，192页．（开放的艺术史丛书）

4536　成吉思汗/长泽和俊监修；古城武司漫画；三上修平脚本；滕永红译．北京：科学出版社，2009，141页．

4537　重屏：中国绘画中的媒材与再现/巫鸿著；文丹译．上海：上海世纪出版股份有限公司，2017，277页．
　　➢ 重屏：中国绘画中的媒材与再现/巫鸿著；文丹译．上海：上海人民出版社，2009，265页．

4538　重塑中国：一代电影人和他们的电影/保罗·克拉克著；卢玉等译．郑州：河南大学出版社，2014，297页．

4539　从寓言民族到类型共和：中国通俗剧电影的缘起与转变：1897—1937/马宁著．上海：上海三联书店，2012，472页．（跨国华语电影研究文丛）

4540 大象无形：或论绘画之非客体 / 朱利安著；张颖译. 郑州：河南大学出版社，2017，488页. (人文科学译丛 / 汪民安，张云鹏主编)

4541 道德镜鉴：中国叙述性图画与儒家意识形态 / 孟久丽著；何前译. 北京：生活·读书·新知三联书店，2014，287页. (开放的艺术史丛书. 第二辑)

4542 电影的世纪末怀旧：好莱坞·老上海·新台北 / 张英进著. 长沙：湖南美术出版社，2006，220页. (影像阅读丛书)

4543 东西方艺术的交会 / 迈克尔·苏立文著；赵潇译. 上海：上海人民出版社，2014，312页. (苏立文作品集)

4544 读李安 / 罗伯特·阿普，亚当·巴克曼，詹姆斯·麦克雷编著；邵文实译. 2版. 哈尔滨：黑龙江教育出版社，2016，438页.

4545 杜琪峰与香港动作电影 / 张建德著；黄渊译. 上海：复旦大学出版社，2013，301页.

4546 段建宇——想象颂 / 莫妮卡·德玛黛著；黄一译. 长沙：湖南美术出版社，2011，90页. (解离丛书（第三届艺术长沙）/ 吕澎主编)

4547 多元中国：电影与文化论集 / 张英进著. 南京：南京大学出版社，2012，10+404页.

4548 儿童绘画与中国神话世界 / 李复华著；邢飞校注 / 整理. 成都：西南交通大学出版社，2017，10+198页.

4549 发光体3号：亲历中国当代艺术现场 / 凯伦·史密斯著；徐江玲译. 北京：世界图书出版公司北京公司，2015，221页.

> 发光体2号：亲历中国当代艺术现场 / 凯伦·史密斯著；白冰译. 北京：世界图书出版公司北京公司，2013，219页.

> 发光体1号：亲历中国当代艺术现场 / 凯伦·史密斯著；白冰译. 北京：世界图书出版公司北京公司，2012，235页.

4550 藩屏：明代中国的皇家艺术与权力 / 柯律格著；黄晓鹃译. 郑州：河南大学出版社，2016，234页. (上河·中国研究译丛. 第一辑 / 张云鹏主编)

4551 废墟的故事：中国美术和视觉文化中的"在场"与"缺席" / 巫鸿著；肖铁译. 上海：上海世纪出版股份有限公司，2017，329页.

> 废墟的故事：中国美术和视觉文化中的"在场"与"缺席" / 巫鸿著；肖铁译. 上海：上海人民出版社，2012，302页.

4552 逢场作戏 / 庄雪婵著；曾年摄影；全志钢译. 南京：南京大学出版社，2009，251页.

4553 浮世绘三国演义 / 葛饰北斋绘；罗贯中原著. 沈阳：辽宁教育出版社，2012，415页.

> 三国演义 / 罗贯中著；葛饰北斋绘. 长春：吉林出版集团有限责任公司，2012，3册（949页）.

> 浮世绘三国演义 / 葛饰戴斗编绘；罗贯中著. 沈阳：万卷出版公司，2007，2册（416页）.

4554 浮世绘水浒传 / 葛饰北斋绘；施耐庵原著. 沈阳：辽宁教育出版社，2012，301页.

> 水浒传 / 施耐庵著；葛饰北斋绘. 长春：吉林出版集团有限责任公司，2012，3

册（1117页）.
> 浮世绘水浒传/葛饰戴斗编绘；施耐庵著.沈阳：万卷出版公司，2007，302页.

4555 浮世绘水浒人物/歌川国芳，葛饰北斋等绘；周殿富编著.合肥：安徽人民出版社，2013，653页.

4556 浮世绘西游记/吴承恩原著；葛饰北斋绘.沈阳：辽宁教育出版社，2012，241页.
> 西游记/吴承恩著；葛饰北斋绘.长春：吉林出版集团有限责任公司，2012，3册（977）页.

4557 福开森与中国艺术/聂婷著；郑涛译.上海：上海书画出版社，2017，276页.

4558 傅山的世界：十七世纪中国书法的嬗变（中译增订版）/白谦慎著；孙静如，张佳杰译.北京：生活·读书·新知三联书店，2015，352页.（开放的艺术史丛书/尹吉男主编）
> 傅山的世界：十七世纪中国书法的嬗变/白谦慎著；孙静如，张佳杰译.北京：生活·读书·新知三联书店，2006，352页.（开放的艺术史丛书/尹吉男主编）
> 傅山的世界：十七世纪中国书法的嬗变/白谦慎著.增订版.台北：石头出版股份有限公司，2005，382页.

4559 "鬼"之来路：中国的假面与祭仪/广田律子著；王汝澜，安小铁译.北京：中华书局，2005，253页.（日本中国学文萃/王晓平主编）

4560 隔江山色：元代绘画（1279—1368）/高居翰著；宋伟航等译.再版.台北：石头出版股份有限公司，2013，231页.
> 隔江山色：元代绘画（1279—1368）/高居翰著；宋伟航等译.北京：三联书店，2009，13+207页.（高居翰作品系列）
> 隔江山色：元代绘画：一二七九——一三六八/高居翰著；王季文译.台北：石头出版公司，1994，239页.

4561 隔空观影：藤井省三华语电影评论集/藤井省三著；叶雨译.北京：世界图书出版公司北京公司，2014，247页.

4562 功夫偶像：从李小龙到《卧虎藏龙》/里昂·汉特著；余琼译.北京：北京大学出版社，2010，296页.（明星研究丛书）

4563 古琴/林西莉著；许岚，熊彪译.北京：中华书局，2017，253页.
> 古琴：瑞典汉学家林西莉邂逅我们的三千年文化：畅销九周年纪念版/林西莉著；许岚，熊彪译.2版.台北：猫头鹰出版社，2015，288页.（猫头鹰书房；38）
> 古琴/林西莉著；许岚，熊彪译.北京：生活·读书·新知三联书店，2009，326页.

4564 光影言语：当代华语片导演访谈录/白睿文著；罗祖珍等译/整理.桂林：广西师范大学出版社，2008，491页.
> 光影言语：当代华语片导演访谈录/白睿文著；罗祖珍等译.台北：麦田出版

社，2007，482 页.（麦田文学；214）

4565 广州制作：欧美藏十九世纪中国通纸画 / 伊凡·威廉斯著；程美宝译编. 广州：岭南美术出版社，2014，11+376 页.

4566 海内外中国戏剧史家自选集，福满正博冈崎由美卷 / 康保成主编；福满正博，冈崎由美著. 郑州：大象出版社，2018，309 页.

4567 海内外中国戏剧史家自选集，容世诚卷 / 康保成主编；容世诚著. 郑州：大象出版社，2018，10+370 页.

4568 海内外中国戏剧史家自选集，吴秀卿卷 / 康保成主编；吴秀卿著. 郑州：大象出版社，2018，378 页.

4569 海内外中国戏剧史家自选集，奚如谷卷 / 康保成主编；奚如谷著. 郑州：大象出版社，2018，17+361 页.

4570 海内外中国戏剧史家自选集，伊维德卷 / 康保成主编；伊维德著. 郑州：大象出版社，2018，316 页.

4571 海内外中国戏剧史家自选集，郑元祉梁会锡李昌淑卷 / 康保成主编；郑元祉，梁会锡，李昌淑著. 郑州：大象出版社，2018，399 页.

4572 海内外中国戏剧史家自选集，竹村则行井上泰山小松谦卷 / 康保成主编；竹村则行，井上泰山，小松谦著. 郑州：大象出版社，2018，318 页.

4573 海外中国画研究文选：1950—1987/ 洪再辛选编. 上海：上海人民美术出版社，1992，418 页.

4574 黑鹰骑士 / 扬契维茨基原著；鲁钝改编；郑家声绘画. 上海：上海人民美术出版社，2009，83 页.

4575 嗨，澳门：图文版 / 村里叔叔著. 北京：人民邮电出版社，2013，169 页.

4576 胡金铨武侠电影作法 / 胡金铨述；山田宏一，宇田川幸洋著；厉河，马宋芝译. 北京：北京联合出版公司，2015，353 页.

4577 胡金铨与《侠女》/ 张建德著；张汉辉译. 上海：复旦大学出版社，2014，226 页.（胡金铃作品与系列）

4578 沪剧：现代上海的传统戏曲 / 施祥生著；赵玥译. 上海：上海音乐学院出版社，2017，18+241 页.（音乐上海丛书 / 洛秦主编）

> 沪剧：现代上海的传统戏曲 / 施祥生著；赵玥译. 上海：上海音东学院出版社，2009，289 页.（上海城市音乐文化研究丛书）

4579 华乐西传法兰西 / 陈艳霞著；耿昇译. 北京：商务印书馆，2013，240 页.（商务印书馆海外汉学书系）

> 华乐西传法兰西 / 陈艳霞著；耿昇译. 北京：商务印书馆，1998，255 页.

4580 画说十八史 .01，三皇五帝到西周 / 高羽荣编绘；千日译. 北京：中国画报出版社，2006，256 页.

> 画说十八史 .02，春秋时期 / 高羽荣编绘；千日译. 北京：中国画报出版社，

> 2006，256 页．

> 画说十八史.03，战国时期 / 高羽荣编绘；千日译．北京：中国画报出版社，2006，256 页．

> 画说十八史.04，秦始皇的天下一统 / 高羽荣编绘；千日译．北京：中国画报出版社，2006，256 页．

> 画说十八史.05，楚汉争霸 / 高羽荣编绘；千日译．北京：中国画报出版社，2006，256 页．

> 画说十八史.06，两汉时期 / 高羽荣编绘；千日译．北京：中国画报出版社，2006，256 页．

> 画说十八史.07，三国时期 / 高羽荣编绘；千日译．北京：中国画报出版社，2006，256 页．

> 画说十八史.08，两晋南北朝隋朝时期 / 高羽荣编绘；千日译．北京：中国画报出版社，2006，256 页．

> 画说十八史.09，唐的兴亡 / 高羽荣编绘；千日译．北京：中国画报出版社，2006，256 页．

> 画说十八史.10，五代十国宋朝时期 / 高羽荣编绘；千日译．北京：中国画报出版社，2006，256 页．

4581 画中人：佛利尔的 59 幅中国人物画 / 罗覃著；洪凯伦，陆梦娇译．上海：上海书画出版社，2017，227 页．

4582 欢娱的巅峰：唐代教坊考 / 王立著．北京：新星出版社，2015，332 页．（新人文丛书；32/ 王晓纯，吴晚云主编）

4583 回眸历史：20 世纪初一个美国人镜头中的成都 / 路得·那爱德摄影．2 版．北京：中国旅游出版社，2013，119 页．

> 回眸历史：二十世纪初一个美国人镜头中的成都 / 路得·那爱德摄影．北京：中国旅游出版社，2002，120 页．

4584 绘本通俗三国志 / 葛饰戴斗编绘．上海：上海书店出版社，2003，2 册（29+418 页）．

4585 家住长江 / 艾瑞克·瓦利摄影；许倬云著．北京：北京美术摄影出版社，2015，239 页．

4586 江岸送别：明代初期与中期绘画（1368—1580）/ 高居翰著；夏春梅等译．再版．台北：石头出版股份有限公司，2013，319 页．

> 江岸送别：明代初期与中期绘画（1368—1580）/ 高居翰著；夏春梅等译．北京：生活·读书·新知三联书店，2009，308 页．（高居翰作品系列）

> 江岸送别：明代初期与中期绘画（一三六八——一五八〇）/ 高居翰著．台北：石头出版公司，1997，337 页．

4587 晋唐书法考：德国学者谈中国书法 / 雷德侯著；张观教译．北京：人民美术出版社，1990，86 页．（世纪美术文库 / 刘玉山等主编）

4588 京剧音韵探究 / 稻叶志郎著．上海：学林出版社，1988，118 页．

4589 菊谱翻新调：百年前日本人眼中的中国戏曲/辻听花著．杭州：浙江古籍出版社，2011，204页．

4590 聚焦：摄影在中国/巫鸿著．北京：中国民族摄影艺术出版社，2018，421页．

4591 阚萱：大谷子堆/史密斯著；杜可可译．西安：世界图书出版公司北京公司，2013，1086页．

4592 枯树赋：行书/冈本白涛编；蒋京蓉，易见译．长沙：湖南美术出版社，2008，88页．（书法技法讲座）

4593 郎世宁/郎世宁绘；聂崇正编著．北京：人民美术出版社，1984，37页．

4594 郎世宁画集/郎世宁绘．天津：天津人民美术出版社，1998，153页．

4595 礼仪中的美术：巫鸿中国古代美术史文编/巫鸿著；郑岩，王睿编；郑岩等译．北京：生活·读书·新知三联书店，2016，719页．（开放的艺术史丛书）

4596 李安哲学/罗伯特·阿普，亚当·巴克曼，詹姆斯·麦克雷编著；邵文实译．哈尔滨：黑龙江教育出版社，2015，438页．

4597 李福清中国民间年画论集/冯骥才，阎国栋主编．北京：中国戏剧出版社，2012，513页．（北洋人文丛书）

4598 历代名画记译注/冈村繁译注；俞慰刚译．上海：上海古籍出版社，2002，495页．（冈村繁全集；6）

4599 流动的图像：当代中国视觉文化再解读/唐小兵著．上海：复旦大学出版社有限公司，2018，382页．

4600 流动的音乐思维：先秦诸子音乐论新探/朴素晶著．北京：中国人民大学出版社，2016，107页．（国学研究文库）

4601 鲁迅与木刻/内山嘉吉，奈良和夫著；韩宗畸译．北京：人民美术出版社，1985，222页．

4602 马克·吕布：东方印象，中国：1957/马克·吕布著；王文佳译．北京：北京美术摄影出版社，2012，57页．

4603 马骁的艺术：中国艺术专辑/马骁绘．北京：人民美术出版社，1994，1册．

4604 "满映"电影研究/古市雅子著．北京：九州出版社，2010，228页．

4605 曼涅海姆1906—1908年亚洲之旅摄影集/曼涅海姆著；杨恕译．兰州：兰州大学出版社，2003，145页．

4606 毛以后的中国：1976—1983：普及本/刘香成著．北京：世界图书出版公司北京公司，2011，220页．
  ➢ 中国：1976—1983/刘香成著．北京：世界图书出版公司北京公司，2010，187页．

4607 魅惑的表面：明清的玩好之物/乔迅著；刘芝华，方慧译．北京：中央编译出版社，2017，440页．

4608 谜一样的清明上河图/野岛刚著；张惠君译．北京：社会科学文献出版社，2014，213页．

> 谜样的清明上河图 / 野岛刚著；张惠君译．台北：联经出版事业股份有限公司，2013，207 页．（联经文库．人文；9）

4609 米芾与中国书法的古典传统 / 雷德侯著；许亚民译．杭州：中国美术学院出版社，2008，16+282 页．（艺术史研究丛书）

4610 民国京昆史料丛书．第三辑 / 学苑出版社编．影印版．北京：学苑出版社，2008，462 页．（京剧二百年之历史 / 波多野乾一著；鹿原学人译）

4611 民国时期的上海电影与城市文化 / 张英进主编；苏涛译．北京：北京大学出版社，2011，267 页．（光影论丛）

4612 明代的图像与视觉性 / 柯律格著；黄晓鹃译．北京：北京大学出版社，2011，240 页．

4613 明清的戏曲：江南宗族社会的表象 / 田仲一成著；云贵彬，王文勋译．北京：北京广播学院出版社，2004，338 页．（戏剧戏曲学书系）

4614 墨梅 / 毕嘉珍著；陆敏珍译．南京：江苏人民出版社，2012，461 页．（海外中国研究丛书 / 刘东主编）

> 文人墨梅 / 毕嘉珍著；孙红编译．杭州：中国美术学院出版社，2010，179 页．

4615 炮声中的电影：中日电影前史 / 佐藤忠男著；岳远坤译．北京：世界图书出版公司北京公司，2016，331 页．

4616 品梅记 / 青木正儿等著；李玲译．北京：文化艺术出版社，2015，180 页．（京剧艺术大师梅兰芳研究丛书 / 王文章主编）

4617 气势撼人：十七世纪中国绘画中的自然与风格 / 高居翰著；李佩桦等译．再版．台北：石头出版股份有限公司，2013，307 页．

> 气势撼人：十七世纪中国绘画中的自然与风格 / 高居翰著；李佩桦等译．北京：生活·读书·新知三联书店，2009，13+301 页．（高居翰作品系列）

> 气势撼人：17 世纪中国绘画中的自然与风格 / 高居翰著；李佩桦等译．上海：上海书画出版社，2003，146 页．

> 气势撼人：十七世纪中国绘画中的自然与风格 / 高居翰著；李佩桦译．台北：石头出版公司，1994，327 页．

4618 琴道（珍藏版）/ 高罗佩著；宋慧文等译．上海：中西书局，2015，2018 重印，268 页．（高罗佩学术著作集）

> 琴道：中国古琴的学问：论古琴思想体系 / 高罗佩著；李美燕译．台北：联经出版事业股份有限公司，2015，271 页．（联经文库．人文；26）

> 琴道 / 高罗佩著；宋慧文等译．上海：中西书局，2013，2014 重印，268 页．（高罗佩学术著作集）

4619 清代京剧百年史：一七七〇——一八七〇 / 葛林·马克拉斯著；马德程译．台北：中国文化大学出版部，1989，340 页．

4620 清人篆书三种：篆书 / 小林斗盦编；邱旻，陈月吾译．长沙：湖南美术出版社，

2008，92页.（书法技法讲座）

4621　取景中国：跟着电影去旅行/坂和章平著；王淑敏译.上海：上海锦绣文章出版社，2009，222页.

4622　全球景观中的中国古代艺术/巫鸿著.北京：生活·读书·新知三联书店，2017，293页.（复旦大学光华人文杰出学者讲座丛书）

4623　鹊华秋色：赵孟頫的生平与画艺/李铸晋著.北京：生活·读书·新知三联书店，2008，320页.

4624　荣荣的东村：中国实验艺术的瞬间/巫鸿著；毛卫东译.上海：上海人民出版社，2014，279页.

4625　如何读中国画：大都会艺术博物馆藏中国书画精品导览/何慕文著；石静译.北京：北京大学出版社，2015，173页.

4626　山川悠远：中国山水画艺术：珍藏本/迈珂·苏立文著；洪再新译.上海：上海书画出版社，2015，232页.

4627　山外山：晚明绘画（一五七〇—一六四四）/高居翰著；王嘉骥译.再版.台北：石头出版股份有限公司，2013，367页.
  ➢ 山外山：晚明绘画（1570—1644）/高居翰著；王嘉骥译.北京：生活·读书·新知三联书店，2009，13+368页.（高居翰作品系列）
  ➢ 山外山：晚明绘画（1570—1644）/高居翰著；王嘉骥译.上海：上海书画出版社，2003，228页.
  ➢ 山外山：晚明绘画（一五七〇—一六四四）/高居翰著.台北：石头出版公司，1997，399页.

4628　杉谷隆志中国百景画集/杉谷隆志绘.上海：上海人民出版社，1998，103页.

4629　上海风情：冈田文夫摄影集：［中英文本］/冈田文夫著.上海：上海人民美术出版社，2003，128页.

4630　上海租界与兰心大戏院：东西艺术融合交汇的剧场空间/大桥毅彦等编.上海：上海人民出版社，2015，336页.

4631　沈铨研究/周积寅，近藤秀实著.南京：江苏美术出版社，1997，10+324页.

4632　审视中国：从学科史的角度观察中国电影与文学研究/张英进著.南京：南京大学出版社，2006，289页.（海外华人学者论丛）

4633　诗之旅：中国与日本的诗意绘画/高居翰著；洪再新等译.北京：生活·读书·新知三联书店，2012，191页.（高居翰作品系列）

4634　十九世纪东方音乐文化/罗伯特·京特著；金经言译.台北：丹青图书公司，1987，205页.（丹青艺术丛书；55）
  ➢ 十九世纪东方音乐文化/罗伯特·京特编；金经言译.北京：中国文联出版公司，1985，196页.

4635　十七帖：草书/村上三岛编；蒋京蓉，易见译.长沙：湖南美术出版社，2008，96

页.(书法技法讲座)

4636 石涛：清初中国的绘画与现代性/乔迅著；邱士华等译.2版.北京：生活·读书·新知三联书店，2016，24+494 页.(开放的艺术史丛书/尹吉男主编)

> 石涛：清初中国的绘画与现代性/乔迅著；邱士华等译.北京：生活·读书·新知三联书店，2010，24+494 页.(开放的艺术史丛书.第一辑/尹吉男主编)

> 石涛：清初中国的绘画与现代性/乔迅著；邱士华等译.台北：石头出版股份有限公司，2008，28+555 页.

4637 时空中的美术：巫鸿中国美术史文编二集/巫鸿著；梅玫等译.北京：生活·读书·新知三联书店，2016，387 页.(开放的艺术史丛书)

> 时空中的美术：巫鸿中国美术史文编二集/巫鸿著；梅玫等译.北京：生活·读书·新知三联书店，2009，2010 重印，386 页.(开放的艺术史)

4638 书法大字典/伏见冲敬编著.北京：华夏出版社，2001，2004 印，2 册（10+2746 页）.

4639 书法与古籍/牟复礼，朱鸿林合著；毕斐译.杭州：中国美术学院出版社，2010，20+270 页.(艺术史研究丛书)

4640 双城故事：中国早期电影的文化政治/傅葆石著.北京：北京大学出版社，2008，245 页.

4641 水墨北京/乔得龙著；Lisa Carducci 英译；陈静中译.北京：中信出版社，2013，216 页.

4642 水墨中国/乔得龙著；David Ferguson 英译；陈静中译.北京：中信出版社，2013，166 页.

4643 水墨紫禁城/乔得龙著；Lisa Carducci 英译；陈静中译.北京：中信出版社，2013，193 页.

4644 苏联藏中国民间年画珍品集/王树村等编选；王树村，李福清图版说明；佟景韩译.北京：中国人民美术出版社；列宁格勒：苏联阿芙乐尔出版社，1990，206 页.

4645 苏州风光：田中芳雄画集：[中英日文本]/田中芳雄绘.苏州：古吴轩出版社，2002，52 页.

4646 天人诞生图研究：东亚佛教美术史论文集/吉村怜著；卞立强译.上海：上海古籍出版社，2009，552 页.(域外汉学名著译丛)

> 天人诞生图研究：东亚佛教美术史论文集/吉村怜著；卞立强，赵琼译.北京：中国文联出版社，2002，366 页.

4647 听戏：京剧的声音天地/伊丽莎白·魏莉莎著；耿红梅译.上海：上海音乐学院出版社，2008，322 页.(西方文化视角中的中国传统音乐研究系列)

4648 蓪草与画布：19 世纪外贸画与中国画派/张错著.台北：艺术家出版社，2017，191 页.

4649 同舟共济：《清明上河图》与北宋社会的冲突妥协/曹星原著.杭州：浙江大学出版社，2012，227 页.(启真论丛)

> 同舟共济:《清明上河图》与北宋社会的冲突妥协 / 曹星原著 . 台北:石头出版股份有限公司,2011,231 页 .

4650 图说中国绘画史 / 高居翰著;李渝译 . 北京:生活·读书·新知三联书店,2014,13+254 页 .

4651 外国学者论中国画 / 扎瓦茨卡娅著;高名潞译 . 长沙:湖南美术出版社,1986,216 页 .

4652 万物:中国艺术中的模件化和规模化生产 / 雷德侯著;张总等译 .2 版 . 北京:生活·读书·新知三联书店,2012,344 页 .(开放的艺术史丛书)

> 万物:中国艺术中的模件化和规模化生产 / 雷德侯著;张总等译 . 北京:生活·读书·新知三联书店,2005,344 页 .(开放的艺术史丛书)

4653 王铎字典 / 伊藤松涛编;周培彦译 . 天津:天津人民美术出版社,2004,766 页 .

4654 王羲之尺牍:草书 / 安藤拓石编;蒋京蓉,易见译 . 长沙:湖南美术出版社,2008,92 页 .(书法技法讲座)

4655 王羲之书法字典 / 杭迫柏树编;周培彦译 . 天津:天津人民美术出版社,2004,18+636 页 .

> 王羲之书法字典 / 杭迫柏树编 . 北京:中国青年出版社,1992,636 页 .

4656 文化中的政治:戏曲表演与清都社会,1770—1900/ 郭安瑞著;朱星威译 . 北京:社会科学文献出版社,2018,357 页 .

4657 我爱中国电影:日汉对照 / 水野卫子著;王众一等译 . 北京:外文出版社,2008,227 页 .

4658 五代宋元绘画 / 詹姆森·卡希尔著;王栋译 . 石家庄:河北美术出版社,2008,108 页 .

4659 西藏绘画史 / 大卫·杰克逊著;向红笳等译 . 济南:明天出版社拉萨:西藏人民出版社,2001,461 页 .

4660 西方音乐家的上海梦:工部局乐队传奇 / 榎本泰子著;赵怡译 . 上海:上海辞书出版社,2009,212 页 .(海外中国城市史研究译丛)

4661 西湖边我书我画 / 玫瑰著 . 杭州:中国美术学院出版社,2006,124 页 .

4662 西域出土晋代墨迹的书法史研究 / 西川宁著;姚宇亮译 . 北京:人民美术出版社,2015,344 页 .

4663 乡村戏曲表演与中国现代民众 / 董晓萍,欧达伟著 . 北京:北京师范学院出版社,2000,512 页 .(中国民间文化探索丛书)

4664 乡关何处:贾樟柯的故乡三部曲/白睿文著;连城译.桂林:广西师范大学出版社,2010,185 页 .

4665 香港电影:额外的维度 / 张建德著;苏涛译 . 香港:香港中和出版有限公司,2018,367 页 .

> 香港电影 / 张建德著;苏涛译 . 北京:北京大学出版社,2017,324 页 .

4666 香港电影的秘密：娱乐的艺术/大卫·波德威尔著；何慧玲译.海口：海南出版社，2003，345页.（春暖花开书坊）

4667 写给大家的中国书法史/石川九杨著；傅彦瑶译.长沙：湖南美术出版社，2018，253页.

4668 心画：中国文人画五百年：典藏版/卜寿珊著；皮佳佳译.北京：北京大学出版社，2018，276页.（艺术史丛书）
> 心画：中国文人画五百年/卜寿珊著；皮佳佳译.北京：北京大学出版社，2017，319页.（艺术史丛书）

4669 新编水浒画传/葛饰戴斗编绘.上海：上海书店出版社，2004，332页.

4670 新疆佛教艺术/阿尔伯特·冯·勒柯克，恩斯特·瓦尔德施密特著；管平，巫新华译.乌鲁木齐：新疆教育出版社，2006，2册（21+717页）.

4671 新中国出土书迹/西林昭一，陈松长著.北京：文物出版社，2009，330页.
> 中国新发现的书迹/西林昭一著；温淑惠译.台北：蕙风堂笔墨有限公司出版部，2003，261页.（书论系列）
> 新出土中国历代书法/西林昭一编；陈滞冬译.成都：成都出版社，1990，215页.

4672 行到水穷处：班宗华画史论集/班宗华著；白谦慎编；刘晞仪等译.北京：生活·读书·新知三联书店，2018，10+371页.（开放的艺术史丛书/尹吉男主编）

4673 行动中的绘画：刘小东笔记（1998—2014）/巫鸿编著.上海：上海人民出版社，2014，423页.

4674 兴福寺断碑：行书/本村知石编；金涛译.长沙：湖南美术出版社，2008，92页.（书法技法讲座）

4675 虚拟的殿堂：南宋画院之省舍职制与后世想象/彭慧萍著.北京：北京大学出版社，2018，303页.（艺术史丛书）

4676 雅债：文徵明的社交性艺术/柯律格著；刘宇珍等译.北京：生活·读书·新知三联书店，2012，19+297页.（开放的艺术史丛书.第二辑/尹吉南主编）
> 雅债：文征明的社交性艺术/柯律格著；邱士华等译.台北：石头出版股份有限公司，2009，311页.

4677 演义三国志图鉴/葛饰北斋绘；徐英东，田葳译.哈尔滨：北方文艺出版社，2017，261页.

4678 砚史书画说铃/高罗佩著；黄义军译.上海：中西书局，2016，160页.

4679 杨德昌/约翰·安德森著；侯弋飏译.上海：复旦大学出版社，2013，218页.

4680 杨德昌的电影世界/让—米歇尔·付东著；杨海帝，冯寿农译.北京：商务印书馆，2012，219页.
> 杨德昌的电影世界：从《光阴的故事》到《一一》/尚·米榭尔·弗东著；杨海帝，冯寿农译.台北：时周文化事业股份有限公司，2012，294页.

4681 一个英国风光摄影大师镜头下的中国/唐纳德·曼尼著；彭金枝，栾晓敏译.广州：

广东人民出版社，2018，318 页．（西洋镜）

4682 艺术为证之古代中国 / 戴尔·安德森著；袁颖译．天津：天津教育出版社，2011，47 页．

4683 银幕上的新台湾：新世纪台湾电影中的台湾新形象 / 野岛刚著；张雅婷译．台北：联经出版事业股份有限公司，2015，329 页．（联经文库）

4684 影像·文学·理论重新审视中国现代性 / 鲁晓鹏著．北京：中国文联出版社，2016，313 页．

4685 影像中国：当代中国电影的批评重构及跨国想象 / 张英进著；胡静译．上海：上海三联书店，2008，480 页．（海外中国现代文学研究译丛 / 季进，王尧主编）

4686 映像：中国艺术现状 / 罗伯特 C.摩根著；朱春杭译．石家庄：河北教育出版社，2013，117 页．

4687 与古为徒和娟娟发屋：关于书法经典问题的思考 / 白谦慎著．桂林：广西师范大学出版社，2016，306 页．
> 与古为徒和娟娟发屋：关于书法经典问题的思考 / 白谦慎著．北京：荣宝斋出版社，2009，231 页．

4688 禹域出土墨宝书法源流考 / 中村不折著；李德范译．北京：中华书局，2003，13+174 页．（世界汉学论丛）

4689 元人杂剧序说 / 青木正儿著；隋树森译．影印本．太原：山西人民出版社，2015，190 页．（近代海外汉学名著丛刊 / 郑培凯主编）
> 元人杂剧序 / 青木正儿著，隋树森译．台北：长安出版社，1981，190 页．

4690 乐人之都——上海：西洋音乐在近代中国的发轫 / 榎本泰子著；彭瑾译．上海：上海音乐出版社，2003，302 页．

4691 乐毅论：东晋——王羲之楷书 / 青木香流编；陈月吾，邱旻译．长沙：湖南美术出版社，2008，92 页．（书法技法讲座）

4692 在娱乐与革命之间：留声机、唱片和上海音乐工业的初期（1878—1937）/ 史通文著；王维江，吕澍译．上海：上海辞书出版社，2015，573 页．（海外中国城市史研究译丛）

4693 早期汉藏艺术 / 海瑟·噶尔美著；熊文彬译．石家庄：河北教育出版社，2001，222 页．（西藏艺术研究系列）
> 早期汉藏艺术 / 海瑟·噶尔美著；熊文彬译．北京：中国藏学出版社，1994，260 页．

4694 张洹工作室：艺术与劳动 / 巫鸿著．桂林：广西师范大学出版社，2009，325 页．

4695 赵孟頫《鹊华秋色图》/ 李铸晋著．北京：人民美术出版社，1989，118 页．（世纪美术文库）

4696 浙江画派 / 冯慧芬著；长春：吉林美术出版社，2003，170 页．（中国画派研究丛书）

4697 智永千字文：草书 / 近藤摄南编；邱旻，陈月吾译 . 长沙：湖南美术出版社，2008，96 页 .（书法技法讲座）

4698 中国 / 迈克尔·肯纳摄影；顾铮文；陈泳思译 . 北京：人民邮电出版社，2014，85 页 .

4699 中国：水木火土金 / 龙安志著；王文亮，李荣译 . 北京：五洲传播出版社，2008，237 页 .
  ➢ 中国：水木火土金 / 龙安志编著；江亚平译 . 北京：五洲传播出版社，2002，203 页 .

4700 中国北方农村的口传文化：说唱的书、文本、表演 / 井口淳子著；林琦译 . 厦门：厦门大学出版社，2003，237 页 .

4701 中国传统戏剧 / 顾彬著；黄明嘉译 . 上海：华东师范大学出版社，2012，263 页 .（中国文学史 / 顾彬主编；6）

4702 中国的美术及其他 / 冈仓天心著；蔡春华译 . 北京：中华书局，2009，15+278 页 .（日本中国学文萃 / 王晓平主编）

4703 中国电影百年 / 佐藤忠男著；钱杭译 . 上海：上海书店出版社，2005，244 页 .

4704 中国儿童：［中英文本］/ 卢卡·左尔丹摄；阿莉西亚·戈尔德编；教贤译 . 北京：五洲传播出版社，2008，191 页 .
  ➢ 中国儿童：［中英文本］/ 卢卡·左尔丹摄；阿莉西亚·戈尔德文 . 北京：五洲传播出版社，2007，140 页 .

4705 中国风：贸易风动·千帆东来 / 张错著 . 台北：艺术家出版社，2014，191 页 .

4706 中国古代的艺术与文化 / 罗森著；孙心菲等译 . 北京：北京大学出版社，2002，439 页 .（艺术与思想史丛书）

4707 中国古代绘画美学问题 / 查瓦茨卡娅著；陈训明译 . 长沙：湖南美术出版社，1987，277 页 .

4708 中国古代著名画家落款印谱 / 斋藤谦编纂 . 北京：北京图书馆出版社，2003，43+428 页 .

4709 中国古典书法理论：现代书法教育的资源 / 宋明信著 . 厦门：厦门大学出版社，2005，279 页 .

4710 中国画的起源 / 詹姆森·卡希尔著；陈可译 . 石家庄：河北美术出版社，2008，108 页 .

4711 中国画家与赞助人：中国绘画中的社会及经济因素 / 李铸晋编；石莉译 . 天津：天津人民美术出版社，2013，225 页 .（海外中国美术研究丛书）

4712 中国画三千年 . 明清绘画 / 詹姆森·卡希尔著；徐熊译 . 石家庄：河北美术出版社，2008，108 页 .

4713 中国画三千年 . 五代宋元绘画 / 詹姆森·卡希尔著；王栋译 . 石家庄：河北美术出版社，2008，108 页 .

4714 中国话剧成立史研究 / 濑户宏著；陈凌虹译 . 厦门：厦门大学出版社，2015，401 页 .（厦门大学戏剧影视丛书）

4715 中国绘画三千年 / 杨新，班宗华著 . 北京：外文出版社；纽黑文：美国耶鲁大学出版社，1997，402 页 .（中国文化与文明）

> 中国绘画三千年 / 杨新等著 . 台北：联经出版事业公司，1999，402 页 .

4716　中国绘画史 / 高居翰著；李渝译 .2 版 . 台北：雄狮图书股份有限公司，1985，179 页 .
> 中国绘画史 / 高居翰著；李渝译 . 台北：雄狮图书股份有限公司，1984，179 页 .

4717　中国绘画史 / 内藤湖南著；栾殿武译 . 北京：中华书局，2008，218 页 .（日本中国学文萃 / 王晓平主编）

4718　中国绘画史 / 中村不折，小鹿青云著；郭虚中译 . 杭州：浙江人民美术出版社，2013，160 页 .

4719　中国祭祀戏剧研究 / 田仲一成著；布和译 . 北京：北京大学出版社，2008，349 页 .（文学史研究丛书 / 陈平原主编）

4720　中国近世戏曲史 / 青木正儿著；王古鲁译 . 北京：中华书局，2010，18+598 页 .
> 中国近世戏曲史 / 青木正儿著；王古鲁译 . 台 1 版 . 台北：台湾商务印书馆，1965，1996 重印，2 册 .（大学丛书）

4721　中国抗日漫画史：中国漫画家十五年的抗日斗争历程 / 森哲郎编著；于钦德，鲍文雄译 . 济南：山东画报出版社，1999，232 页 .

4722　中国篮子 / 劳佛尔著；叶胜男，郑晨译 . 杭州：西泠印社出版社，2014，83 页 .

4723　中国历代书法 / 伏见冲敬著；陈志东译 . 成都：四川美术出版社，1987，198 页 .

4724　中国美术 / 波西尔著；戴嶽译 . 杭州：浙江人民美术出版社，2014，2 册（487 页）.

4725　中国梦 / 刘香成著 . 北京：世界图书出版公司北京公司，2013，32+121 页 .
> 中国梦 / 刘香成著 . 北京：世界图书出版公司，2013，21+132 页 .
> 中国梦 / 刘香成著 . 香港：商务印书馆（香港）有限公司，2013，121 页 .

4726　中国名画集萃 / 卡希尔著；朱雍译 . 成都：四川美术出版社，1988，122+36 页 .

4727　中国人的戏剧 / 陈季同著；李华川，凌敏译 . 桂林：广西师范大学出版社，2006，170 页 .（陈季同法文著作译丛）

4728　中国人民的戏剧 / 奥布拉兹卓夫著；林耘译 . 北京：中国戏剧出版社，1985，197 页 .

4729　中国日 / 斯蒂芬·斯彭德，大卫·霍克尼著；李博文译 . 杭州：浙江人民美术出版社，2017，200 页 .

4730　中国少数民族舞蹈的采集、保护与传播：20 世纪 80 年代初期的一项社会人类学调研 / 费鹤立著；何国强，许韶明译 . 昆明：云南大学出版社，2010，163 页 .（21 世纪人类学文库）

4731　中国摄影史，中国摄影师：1844—1879/ 泰瑞·贝内特著；徐婷婷译 . 北京：中国摄影出版社，2014，397 页 .（"中国摄影史"系列丛书）
> 中国摄影史，西方摄影师：1861—1879/ 泰瑞·贝内特著；徐婷婷译 . 北京：中国摄影出版社，2013，12+420 页 .（"中国摄影史"系列丛书）
> 中国摄影史：1842—1860/ 泰瑞·贝内特著；徐婷婷译 . 北京：中国摄影出版社，2011，243 页 .

4732　中国书道史之旅：专题、特写、导游 / 宇野雪村编撰；洪顺隆译 . 台北：故乡出版社，1986，285 页．

4733 中国书法：英汉对照 / 蒋彝著．北京：外语教学与研究出版社，2018，21+320 页．
> 中国书法 / 蒋彝著．上海：上海书画出版社，1986，198 页．

4734 中国书法理论史 / 中田勇次郎著；卢永璘译．天津：天津古籍出版社，1987，182 页．

4735 中国书法史 / 伏见冲敬著；窦金兰译．天津：天津人民美术出版社，2000，206 页．

4736 中国书法史 / 真田但马，宇野雪村著；瀛生，吴绪彬译．北京：人民美术出版社，1998，2 册（147+233；103 页）．

4737 中国纹样 / 欧文·琼斯著；侯晓莉译．上海：上海古籍出版社，2016，205 页．

4738 中国玺印类编 / 小林斗盦编；周培彦译．天津：天津人民美术出版社，2004，517 页．

4739 中国戏剧史 / 田仲一成著．布和译．北京：北京大学出版社，2011，479 页．（文学史研究丛书）
> 中国戏剧史 / 田仲一成著；云贵彬，于允译．北京：北京广播学院出版社，2003，484 页．（戏剧戏曲学书系）

4740 中国戏曲跨文化再研究 / 孙玫著．台北：文津出版社有限公司，2012，216 页．（文史哲大系；251）
> 中国戏曲跨文化研究 / 孙玫著．北京：中华书局，2006，201 页．

4741 中国现代绘画史．第一卷：1840 至 1911 年 / 李铸晋，万青力著．杭州：浙江大学出版社，2012，200 页．
> 中国现代绘画史．第二卷：1912 至 1949 年 / 李铸晋，万青力著．杭州：浙江大学出版社，2012，204 页．
> 中国现代绘画史．第三卷：1950 至 2000 年 / 李铸晋，万青力著．杭州：浙江大学出版社，2012，163 页．
> 中国现代绘画史，当代之部 / 李铸晋，万青力著．上海：文汇出版社，2004，259 页．（大艺术书房）
> 中国现代绘画史，民国之部 / 李铸晋，万青力著．上海：文汇出版社，2003，288 页．（大艺术书房丛书：新版）
> 中国现代绘画史，晚清之部 / 李铸晋，万青力著．上海：文汇出版社，2003，253 页．（大艺术书房丛书：新版）
> 中国现代绘画史，民初之部（一九一二至一九四九）/ 李铸晋，万青力著．台北：石头出版股份有限公司，2001，203 页．
> 中国现代绘画史：晚清之部（一八四〇至一九一一）/ 李铸晋，万青力著．台北：石头出版公司，1997，207 页．

4742 中国现代文学与电影中的城市：空间、时间与性别构形 / 张英进著；秦立彦译．南京：江苏人民出版社，2007，320 页．（海外中国研究丛书 / 刘东主编）

4743 中国现代艺术展 / 侯瀚如译．南宁：广西人民出版社，1989，1 册．

4744 中国学术文艺史讲话 / 长泽规矩也著；胡锡年译．影印本．太原：山西人民出版社，

2015，208 页.（近代海外汉学名著丛刊 / 郑培凯主编）

4745　中国艺术 / 柯律格著；刘颖译.上海：上海人民出版社，2013，265 页.（牛津艺术史第一辑 / 易英主编）

4746　中国艺术 / 普拉特等著；吴蕾译.北京：人民美术出版社，2015，350 页.

4747　中国艺术概览 / 福开森著；李宁译.长春：吉林大学出版社，2014，170 页.

4748　中国艺术讲演录 / 福开森著；张郁乎译.北京：北京大学出版社，2015，193 页.（沙发图书馆·星经典；6）

4749　中国艺术史：中文国际版 / 苏立文著；曾堉，王宝连编译.台北：南天书局有限公司，2017，331 页.

　　➢ 中国艺术史 / 迈克尔·苏立文著；徐坚译.上海：上海人民出版社，2014，350 页.（苏立文作品集）

　　➢ 中国艺术史 / 苏立文著；曾堉，王宝连编译.台北：南天书局，1985，331 页.

4750　中国艺术与文化 / 杜朴，文以诚著；张欣译.北京：北京联合出版公司，2014，32+411 页.

　　➢ 中国艺术与文化 / 杜朴，文以诚著；张欣译.北京：世界图书出版公司北京公司，2011，32+411 页.

4751　中国音乐史 / 田边尚雄著；陈清泉译.影印本.太原：山西人民出版社，2015，241 页.（近代海外汉学名著丛刊 / 郑培凯主编）

　　➢ 中国音乐史 / 田边尚雄著；陈清泉译.北京：商务印书馆，1937，1998 重印，241 页.（中国文化史丛书）

　　➢ 中国音乐史 / 田边尚雄著；陈清泉译.7 版，影印本.台北：台湾商务印书馆，1988，241 页.（中国文化史丛书）

　　➢ 中国音乐史 / 田边尚雄著；陈清泉译.影印本.上海：上海书店，1984，241 页.（中国文化史丛书.第二辑；15）

4752　中国制造的蒙娜丽莎微笑 / 安东涅塔·皮尼亚泰利·帕拉迪诺著；刘湃等译.北京：中国国际广播出版社，2015，253 页.

4753　煮海时光：侯孝贤的光影记忆 / 白睿文编访；朱天文校订.桂林：广西师范大学出版社，2015，589 页.

　　➢ 煮海时光：侯孝贤的光影记忆 / 白睿文编访.新北：INK 印刻文学生活杂志出版有限公司，2014，397 页.（印刻文学；392）

4754　自我的界限：1600—1900 年的中国肖像画 / 文以诚著；郭伟其译.北京：北京大学出版社，2017，12+315 页.（艺术史丛书）

（二）研究著作

4755　18 世纪法国戏剧中的中国形象研究 / 罗湉著.北京：北京大学出版社，2014，310

页.(中法文学关系研究丛书.第一辑)

4756 2012巴厘岛对话：收藏家与美术馆：上海余德耀美术馆筹备专辑/巫鸿主编.广州：岭南美术出版社，2013，143页.

4757 柏克莱加州大学东亚图书馆藏碑帖.上册，图录/周欣平主编；柏克莱加州大学东亚图书馆编.上海：上海古籍出版社，2008，299页.

> 柏克莱加州大学东亚图书馆藏碑帖.下册，总目/周欣平主编；柏克莱加州大学东亚图书馆编.上海：上海古籍出版社，2008，508页.

4758 大化无垠：中国艺术的海外传播及其文化影响/蔡子谔，陈旭霞著.石家庄：花山文艺出版社，2011，2册（10+684；578页）.

4759 大英图书馆特藏中国清代外销画精华/王次澄等编著.广州：广东人民出版社，2011，8册.

4760 第六届国际木卡姆研讨会论文集/研讨会中方筹备组编.北京：中央音乐学院出版社，2007，346页.

4761 东京国立博物馆藏西川宁书法艺术展/西川宁著；陈燮君，汪庆正主编.上海：上海人民美术出版社，2003，155页.

4762 法藏敦煌书苑精华/饶宗颐编.影印本.广州：广东人民出版社，1993，8册.

4763 古丝绸之路乐舞文化交流史/金秋著.上海：上海音乐出版社，2002，307页.

4764 顾廷龙书题留影/顾诵芬，沈津，高桥智辑.上海：上海古籍出版社，2004，134页.

4765 国际中国美术史研究第1期/陈履生主编；中国人民美术出版社古典美术编辑室编辑.北京：人民美术出版社，1994，31页.

> 国际中国美术史研究.2/陈履生主编.北京：人民美术出版社，1994，31页.

4766 国外汉学家对中国文人画的研究：以卜寿珊为中心/叶天露，金永平，杨茜著.成都：四川大学出版社，2013，151页.

4767 海外珍藏中国名画，晋唐五代至明代/陈传席编著.天津：天津人民美术出版社，2010，334页.

> 海外珍藏中国名画，明代至清代/陈传席编著.天津：天津人民美术出版社，2010，302页.

4768 汉唐之间的视觉文化与物质文化/巫鸿主编.北京：文物出版社，2003，12+635页.

4769 汉唐之间的宗教艺术与考古/巫鸿主编.北京：文物出版社，2000，566页.

4770 汉唐之间文化艺术的互动与交融：[中英文本]/巫鸿主编.北京：文物出版社，2001，577页.

4771 黄宾虹与现代艺术思想史国际学术研讨会文集：2012'杭州/孔令伟，尤莉主编.杭州：中国美术学院出版社，2014，278页.

4772 夹染彩缬出：夹缬的中日研究/郑巨欣，石塚广编著.济南：山东画报出版社，2017，355页.

4773 荆浩国际学术论坛文献集·论文集/张晓凌主编；中国国家画院，中共河南省委宣

传部编 . 北京：文化艺术出版社，2013，273 页 .

4774 来华西人与中西音乐交流 / 宫宏宇著 . 杭州：浙江大学出版社，2017，322 页 .（"互联网语境中中外音乐交互影响研究"丛书 / 喻辉主编）

4775 另眼相看：海外学者评当代中国纪录片 / 平杰编 . 上海：文汇出版社，2006，204 页 .（大艺术书房 / 萧关鸿主编）

4776 另眼相看：马达罗先生镜头下的杭州与绍兴 / 浙江省博物馆，绍兴博物馆编 . 北京：文物出版社，2015，218 页 .
> 另眼相看：马达罗先生镜头下的杭州与绍兴 / 乐俏俏主编；浙江省博物馆，绍兴博物馆编 . 北京：中国书店，2015，51 页 .

4777 流失海外中国佛教造像 / 吴晓丁编著 . 天津：天津人民美术出版社，2001，62 页 .

4778 美国电影里的中国形象及其影响研究 / 周文萍著 . 广州：世界图书出版广东有限公司，2015，206 页 .

4779 美国电影塑造的中国女性形象：1990—2001/ 杨静著 . 上海：上海外语教育出版社，2012，254 页 .（全球化背景下的外国语言文学研究丛书 / 徐真华主编）

4780 美国哥伦比亚大学史带东亚图书馆藏门神纸马图录 / 美国哥伦比亚大学史带东亚图书馆编 . 北京：中华书局，2018，235 页 .（海外所藏中国珍稀文献丛刊）

4781 明代浙派绘画国际学术研讨会论文集 / 浙江省博物馆编 . 杭州：浙江人民美术出版社，2012，322 页 .

4782 明清间的中西音乐交流 / 陶亚兵著 . 北京：东方出版社，2001，11+232 页 .（大航海时代）

4783 南辕北辙：杨福东 / 巫鸿编 . 上海：上海书店出版社，2015，185 页 .

4784 内藤湖南学术视野中的中国美术史研究 / 董双叶著 . 南宁：广西人民出版社，2012，216 页 .

4785 日本明治大正年间的中国戏曲研究 / 仝婉澄著 . 南京：凤凰出版社，2016，200 页 .

4786 "沙孟海论坛"暨中国书法史学国际学术研讨会论文集 / 赵雁君主编；浙江省书法家协会编 . 杭州：浙江古籍出版社，2010，349 页 .

4787 十七至十八世纪欧洲的中国风设计 / 袁宣萍著 . 北京：文物出版社，2006，308 页 .（考古新视野丛书）

4788 宋四家书法字典 / 东南光编 .2 版 . 北京：中国青年出版社，1999，26+827 页 .
> 宋四家书法字典 / 东南光编 . 北京：中国青年出版社，1992，827 页 .

4789 岁月中国 1965：斋藤康一摄影作品精选 / 秦风老照片馆编 . 济南：山东画报出版社，2018，219 页 .

4790 泰国华文铭刻汇编 / 傅吾康主编 . 台北：新文丰出版公司，1998，23+786 页 .

4791 外国人拍摄的中国影像：1844—1949/ 张明编著 . 北京：中国摄影出版社，2018，503 页 .
> 外国人拍摄的中国影像：1844—1949/ 张明编著 . 北京：中国摄影出版社，2008，

212 页.

4792 王铎书法字典 / 王铎书；伊藤松涛编. 北京：中国青年出版社，1992，746 页.

4793 王羲之书法字典 / 杭迫柏树编. 北京：中国青年出版社，1992，636 页.

4794 文人画与南北宗论文汇编 / 张连，古原宏伸编. 上海：上海书画出版社，1989，841 页.

4795 吴昌硕书法字典 / 松清秀仙编. 天津：天津人民美术出版社，2004，658 页.
  ➢ 吴昌硕书法字典 / 吴昌硕书；松清秀仙编. 北京：中国青年出版社，1992，635 页.

4796 西方人笔下的中国风情画 / 王鹤鸣，马远良主编. 上海：上海画报出版社，1997，151 页.

4797 西方人看中国戏剧 / 施叔青著. 北京：人民文学出版社，1988，279 页.

4798 西方人眼里的中国情调［中英文本］/ 陈玉环主编；中山大学历史系，广州博物馆编. 北京：中华书局，2001，212 页.

4799 西方新媒体里的中国电影形象研究：2002—2011 / 刘景福著. 上海：学林出版社，2016，310 页.（新媒体艺术研究博士论丛 / 黄鸣奋主编）

4800 新书道字典 / 藤原鹤来编. 天津：天津人民美术出版社，2005，1105 页.
  ➢ 新书道字典：《书源》普及版 / 藤原鹤来编. 南宁：广西美术出版社，1994，1067 页.

4801 影响世界的中国乐舞 / 资华筠主编. 北京：文化艺术出版社，2003，274 页.

4802 宇宙心印：刘国松一甲子学术论坛：［中英文本］/ 李铸晋，张颂仁主编；故宫博物院编. 北京：紫禁城出版社，2009，295 页.

4803 张大力：恒久与无常 / 巫鸿编. 北京：中国民族摄影艺术出版社，2017，249 页.

4804 中国碑帖与书法国际研讨会论文集 / 游学华，陈娟安编辑. 香港：香港中文大学文物馆，2001，345 页.（文物馆专刊；10）

4805 中国插花日本花道：摄影集中日文本 / 山本玉岭，蔡仲娟主编. 上海：上海科学技术文献出版社，1995，113 页.

4806 中国传统音乐在海外的传播与变迁：以马来西亚为例 / 王静怡著. 北京：人民出版社，2009，292 页.（山东省社会科学规划研究项目文丛·青年项目）

4807 中国生态电影论集 / 龚浩敏，鲁晓鹏编著. 武汉：武汉大学出版社，2017，248 页.

4808 中国书法国际学术研讨会：纪念颜真卿逝世一千二百年 / 台湾"行政院"文化建设委员会编辑. 台北："行政院"文化建设委员会，1987，477 页.

4809 中国书法史学国际学术研讨会论文集 / 浙江省博物馆编. 杭州：西泠印社，2000，451 页.
  ➢ 第五届中国书法史论国际研讨会论文集 / 文物出版社编. 北京：文物出版社，2002，526 页.
  ➢ 第六届中国书法史论国际研讨会论文集 / 文物出版社编. 北京：文物出版社，2007，552 页.
  ➢ 第七届中国书法史论国际研讨会论文集 / 文物出版社编. 北京：文物出版社，

2009，599 页 .
- 第八届中国书法史论国际研讨会论文集 / 湖南大学岳麓书院，西安碑林博物馆编 . 北京：文物出版社，2011，344 页 .

4810 中国艺术海外认知研究 / 王廷信主编 . 北京：中国文联出版社，2016，399 页 .（中国艺术学文库·艺术传播学文丛 / 仲呈祥主编）

4811 中国艺术在世界的传播与影响 / 施建业著 . 济南：黄河出版社，1993，340 页 .

4812 中国篆刻丛刊 . 第三十一卷，清 25：昆玉·胡钁·黄土陵·他 / 小林斗盦编 . 东京：株式会社二玄社，1984，206 页 .

4813 中外美术交流史 / 王镛主编 . 长沙：湖南教育出版社，1998，379 页 .（中外文化交流史丛书）

4814 中西音乐交流史稿 / 陶亚兵著 . 北京：中国大百科全书出版社，1994，334 页 .

K

历史、地理

一、通史

（一）译著

4815 1434：一支庞大的中国舰队抵达意大利并点燃文艺复兴之火 / 加文·孟席斯著；宋丽萍，杨立新译 . 北京：人民文学出版社，2012，415 页 .
- ➢ 1434：中国点燃义大利文艺复兴之火？/ 孟席斯著；洪山高译 . 台北：远流出版事业股份有限公司，2011，490+17 页 .（实用历史丛书）

4816 1688 年，当中国走向世界 / 小约翰·威尔斯著；文昊等译 . 北京：新世界出版社，2013，277 页 .（人文经典书系；2）
- ➢ 1688 年的全球史：一个非凡年代里的中国和世界 / 小约翰·威尔斯著；赵辉译 . 海口：海南出版社，2004，444 页 .（谷神人文精选）

4817 21 世纪与中国文化 / 加藤周一著；彭佳红译 . 北京：中华书局，2007，331 页 .（日本中国学文萃 / 王晓平主编）

4818 I 服了 YOU：中国商业游戏与我的美国规则 / 丹尼尔·约瑟夫著；曹杉译 . 北京：中国友谊出版公司，2002，380 页 .

4819 阿拉伯波斯突厥人远东文献辑注 / 费琅编；耿昇，穆根来译 . 北京：中国藏学出版社，2018，777 页 .（西域文明书系）
- ➢ 阿拉伯波斯突厥人东方文献辑注 / 费琅辑注；耿昇，穆根来译 . 北京：中华书局，1989，2 册（908 页）.（中外关系史名著译丛）

4820 鲍威尔对华回忆录 / 鲍威尔著；邢建榕等译 . 上海：知识出版社，1994，427 页 .

4821 畅谈东方智慧：季羡林、池田大作、蒋忠新对谈录 / 季羡林，池田大作，蒋忠新著；卞立强译 . 北京：人民日报出版社，2011，230 页 .（人民日报名家长篇对谈录系列：我的历史就是中国历史）

> 畅谈东方智慧：季羡林、蒋忠新与池田大作鼎谈集 / 季羡林等著. 香港：商务印书馆（香港）有限公司，2004，20+252 页.

4822 扯下对中国人的偏见：中、英、西班牙文对照 / 米格尔·萨撒托尼尔，玛丽亚·克鲁兹·阿伦所著. 上海：上海文化出版社，2018，319 页.

4823 穿越中国与希腊文化：［英汉对照］/ 伊安尼斯编著；周运畴译. 广州：广东教育出版社，2007，109 页.

4824 从历史看人物：在台湾洪建全基金会敏隆讲座上的讲演 / 许倬云著. 桂林：广西师范大学出版社，2007，196 页.（许倬云作品）

4825 从历史看时代转移：在台湾洪建全基金会文经学苑上的讲演 / 许倬云著. 2 版. 桂林：广西师范大学出版社，2011，184 页.（许倬云历史智慧丛书）
> 从历史看时代转移：在台湾洪建全基金会的系列演讲 / 许倬云著. 桂林：广西师范大学出版社，2007，138 页.（许倬云作品）
> 从历史看时代转移 / 许倬云著. 台北：财团法人洪建全教育基金会，2000，259 页.（人文丛书）

4826 从罗马到中国：凯撒大帝时代的丝绸之路 / 让—诺埃尔·罗伯特著；马军，宋敏生译. 桂林：广西师范大学出版社，2005，267 页.（西方文明溯源丛书）

4827 从希腊到中国 / 格鲁塞著；常书鸿译. 杭州：浙江人民美术出版社，1985，137 页.

4828 大汗之国：西方眼中的中国 / 史景迁著；林熙强译. 2 版. 新北：台湾商务印书馆股份有限公司，2018，463 页.（历史. 中国史）
> 大汗之国：西方眼中的中国 / 史景迁著；阮叔梅译. 桂林：广西师范大学出版社，2013，14+304 页.（史景迁作品）
> 大汗之国：西方眼中的中国 / 史景迁著；阮叔梅译. 台北：台湾商务印书馆，2000，312 页.（Open；1/19）

4829 大历史不会萎缩 / 黄仁宇著. 增订版. 北京：中信出版集团股份有限公司，2016，456 页.
> 大历史不会萎缩 / 黄仁宇著. 2 版. 北京：九州出版社，2012，262 页.（黄仁宇全集；11）
> 大历史不会萎缩 / 黄仁宇著. 2 版. 桂林：广西师范大学出版社，2011，301 页.
> 大历史不会萎缩 / 黄仁宇著. 北京：九州出版社，2007，226 页.（黄仁宇全集；11）
> 大历史不会萎缩 / 黄仁宇著. 桂林：广西师范大学出版社，2004，318 页.
> 大历史不会萎缩 / 黄仁宇著. 台北：联经出版事业股份有限公司，2004，474 页.

4830 大秦国全录 / 夏德著；朱杰勤译. 郑州：大象出版社，2009，13+125 页.（大象学术译丛. 西方现代史学经典）

4831 东方的文明 / 勒内·格鲁塞著；常任侠，袁音译. 北京：商务印书馆，2017，2 册（775 页）.（汉译世界学术名著丛书）
> 东方的文明 / 雷奈·格鲁塞著；常任侠，袁音译. 北京：中华书局，1999，2 册

（733 页）．

4832 东方的文明 / 维尔·杜伦著；李一平等译．西宁：青海人民出版社，1998，2 册（63+24+1164 页）．

4833 东方之光：卫礼贤论中国文化 / 蒋锐编译．北京：外语教学与研究出版社，2007，261 页．(中国与世界：16—19 世纪 / 郝平，张西平主编)

4834 东欧亚海域史列传 / 上田信著；寇淑婷译．厦门：厦门大学出版社，2018，189 页．(海上丝绸之路研究丛书 / 王日根主编)

4835 东亚文明：五个阶段的对话 / 狄百瑞著；何兆武，何冰译．南京：江苏人民出版社，2012，135 页．(海外中国研究丛书 / 刘东主编)
- 东亚文明——五个阶段的对话 / 狄百瑞著；何兆武，何冰译．南京：江苏人民出版社，1996，155 页．(海外中国研究丛书)

4836 东亚文明论 / 赵东一著；李丽秋译．北京：社会科学文献出版社，2013，207 页．(亚洲研究丛书．北京外国语大学世界亚洲研究信息中心系列)

4837 东洋史说苑 / 桑原骘藏著；钱婉约，王广生译．北京：中华书局，2005，285 页．(日本中国学文萃 / 王晓平主编)

4838 东洋文化史研究 / 内藤湖南著；林晓光译．上海：复旦大学出版社，2016，266 页．(日本学者古代中国研究丛刊 / 徐冲主编)

4839 东域纪程录丛：古代中国闻见录 / 裕尔撰；考迪埃修订；张绪山译．北京：中华书局，2008，14+351 页．(中外关系史名著译丛)
- 东域纪程录丛 / H. 裕尔撰；H. 考迪埃修订；张绪山译．昆明：云南人民出版社，2002，13+341 页．(欧亚历史文化名著译丛)

4840 多元现代性的反思：欧洲、中国及其他的阐释 / 多明尼克·萨赫森迈尔，任斯·理德尔，S.N. 艾森斯塔德编著；郭少棠，王为理译．北京：商务印书馆，2017，15+414 页．(文明与世界译丛 / 刘新成，刘文明主编)
- 多元现代性的反思：欧洲、中国及其他的阐释 / 多明尼克·萨赫森迈尔，任斯·理德尔，施缪尔·艾森斯塔德编著；郭少棠，王为理译．香港：中文大学出版社，2009，12+304 页．

4841 发现中国 / 雅克·布罗斯著；耿昇译．广州：广东人民出版社，2016，236 页．
- 发现中国 / 雅克·布罗斯著；耿昇译．济南：山东画报出版社，2002，256 页．(西方发现中国丛书)

4842 放宽历史的视界 / 黄仁宇著．北京：生活·读书·新知三联书店，2015，325 页．(黄仁宇作品系列)
- 放宽历史的视界 / 黄仁宇著．2 版．北京：九州出版社，2012，321 页．(黄仁宇全集；7)
- 放宽历史的视界 / 黄仁宇著．北京：九州出版社，2007，232 页．(黄仁宇全集；7)

- 放宽历史的视界 / 黄仁宇著 . 2 版 . 北京：生活·读书·新知三联书店，2007，325 页 . （黄仁宇作品系列）
- 放宽历史的视界 / 黄仁宇著 . 北京：生活·读书·新知三联书店，2001，296 页 . （黄仁宇作品系列）
- 放宽历史的视界 / 黄仁宇著 . 增订一版 . 台北：允晨文化实业公司，1999，380 页 . （允晨丛刊；19）
- 放宽历史的视界 / 黄仁宇著 . 台北：允晨文化实业公司，1988，294 页 . （允晨丛刊；19）

4843 费正清中国史：典藏插图定本 / 费正清著；张沛等译 . 长春：吉林出版集团有限责任公司，2015，554 页 .

4844 傅钟回响：许倬云先生台大讲学集 / 许倬云主讲 . 台北：台湾大学出版中心，2008，287 页 . （教育丛书）

4845 革命与历史：中国马克思主义历史学的起源，1919—1937 / 阿里夫·德里克著；翁贺凯译 . 2 版 . 南京：江苏人民出版社，2018，248 页 . （海外中国研究丛书 / 刘东主编）

- 革命与历史：中国马克思主义历史学的起源，1919—1937 / 阿里夫·德里克著；翁贺凯译 . 南京：江苏人民出版社，2018，248 页 . （海外中国研究丛书精品系列 / 刘东主编 . 第二辑）
- 革命与历史：中国马克思主义历史学的起源，1919—1937 / 德里克著；翁贺凯译 . 南京：江苏人民出版社，2008，250 页 . （凤凰文库·海外中国研究系列）
- 革命与历史：中国马克思主义历史学的起源，1919—1937 / 阿里夫·德里克著；翁贺凯译 . 南京：江苏人民出版社，2004，242 页 . （海外中国研究丛书 / 刘东主编）

4846 更新中国：国家与新全球史 / 王赓武著；黄涛译 . 增订版 . 杭州：浙江人民出版社，2018，207 页 .

- 更新中国：国家与新全球史 / 王赓武著；黄涛译 . 杭州：浙江人民出版社，2016，169 页 .

4847 宫崎市定亚洲史论考 . 上，概论编 / 宫崎市定著；张学锋等译 . 上海：上海古籍出版社，2017，516 页 . （日本中国史研究译丛）

- 宫崎市定亚洲史论考 . 中，古代·中世编 / 宫崎市定著；张学锋等译 . 上海：上海古籍出版社，2017，520-956 页 . （日本中国史研究译丛）
- 宫崎市定亚洲史论考 . 下，近世编 / 宫崎市定著；张学锋等译 . 上海：上海古籍出版社，2017，960-1432 页 . （日本中国史研究译丛）

4848 宫崎市定亚洲史论考杂纂 / 宫崎市定著；马云超，张学锋译 . 上海：上海古籍出版社，2018，148 页 .

4849 宫崎市定中国史 / 宫崎市定著；焦堃，瞿柘如译 . 香港：商务印书馆（香港）有限公司，2018，473 页．

> 宫崎市定中国史 / 宫崎市定著；焦堃，瞿柘如译．杭州：浙江人民出版社，2015，12+367 页．

4850 古代希腊罗马和古代中国史学：比较视野下的探究 / 穆启乐著；黄洋编校．北京：北京大学出版社，2018，200 页．（西方古典学研究．第二辑 / 黄洋，高峰枫主编）

4851 顾颉刚与中国新史学：民族主义与取代中国传统方案的探索 / 施耐德著；梅寅生译．台北：世华出版社，1984，356 页．（世华译丛；5）

4852 国家与社会革命：对法国、俄国和中国的比较分析 / 西达·斯考切波著；何俊志，王学东译．3 版．上海：上海人民出版社，2015，23+389 页．（东方编译所译丛）

> 国家与社会革命：对法国、俄国和中国的比较分析 / 西达·斯考切波著；何俊志，王学东译．2 版．上海：上海人民出版社，2013，23+389 页．（东方编译所译丛）

> 国家与社会革命：对法国、俄国和中国的比较分析 / 西达·斯考切波著；何俊志，王学东译．上海：上海人民出版社，2007，23+389 页．（东方编译所译丛）

> 国家与社会革命 / 斯科克波著；刘北成译．台北：桂冠图书公司，1998，510 页．（当代思潮系列丛书；99）

4853 国史探微：宏观视野下的微观考察 / 杨联陞著．北京：中信出版集团股份有限公司，2015，288 页．

> 国史探微 / 杨联陞著．北京：新星出版社，2005，270 页．

> 国史探微 / 杨联陞著．沈阳：辽宁教育出版社，1998，293 页．（新世纪万有文库．近世文化书系）

> 国史探微 / 杨联陞著．再版．台北：联经出版事业公司，1984，391 页．

4854 哈佛极简中国史：从文明起源到 20 世纪 / 阿尔伯特·克雷格著；李阳译．北京：中信出版集团股份有限公司，2016，270 页．

4855 海上丝绸之路与亚洲海域交流：15 世纪末—20 世纪初 / 松浦章著；孔颖编译．郑州：大象出版社，2018，378 页．（全球史与中国丛书）

4856 海市蜃楼中的帝国：丝绸之路上的人神与神话 / F·-B·于格，E·于格著；耿昇译．北京：中国藏学出版社，2013，506 页．

> 海市蜃楼中的帝国：丝绸之路上的人，神与神话 / F.-B. 于格，E. 于格著；耿昇译．喀什：喀什维吾尔文出版社，2004，2005 印，400 页．

4857 海洋史上的近代中国：福建人的活动与英国、清朝的因应 / 村上卫著；王诗伦译．北京：社会科学文献出版社，2016，671 页．（日本京都大学中国研究系列；6）

4858 华夏 / 贺东劢著；刘卫平译．上海：上海文化出版社，2016，256 页．

4859 华夏论述：一个复杂共同体的变化 / 许倬云著．台北：远见天下文化出版股份有限公司，2015，327 页．（社会人文；GB393）

4860 话语的长城：文化中国探险记 / 苏源熙著；盛珂译．南京：江苏人民出版社，

2018，272 页．（凤凰文库·海外中国研究系列）

4861 黄金草原 / 马苏第著；耿昇译．北京：人民出版社，2013，2 册（10+910 页）．（人民·联盟文库．第三辑．译著类）
> 黄金草原 / 马苏第著；耿昇译．北京：中国藏学出版社，2013，793 页．
> 黄金草原．一、二卷 / 马苏第著；耿昇译．西宁：青海人民出版社，1998，2 册（18+937 页）．

4862 极简中国史：法国东方史学泰斗眼中的中国历史 / 勒内·格鲁塞著；秦传安译．南京：江苏人民出版社，2014，347 页．

4863 剑桥插图中国史 / 伊沛霞著；赵世瑜等译．2 版．长沙：湖南人民出版社，2018，10+434 页．
> 剑桥插图中国史 / 伊佩霞著；赵世瑜等译．台北：果实出版，2005，330 页．
> 剑桥插图中国史 / 伊佩霞著；赵世瑜等译．济南：山东画报出版社，2002，293 页．
> 剑桥插图中国史 / 伊佩霞著；赵世瑜等译．济南：山东画报出版社，2001，293 页．

4864 江户时代中国典籍流播日本之研究 / 大庭修著；戚印平等译．杭州：杭州大学出版社，1998，620 页．（日本文化研究丛书）

4865 讲述中国历史 / 魏斐德著；梁禾主编．北京：人民出版社，2013，2 册（11+831 页）．
> 讲述中国历史 / 魏斐德著；梁禾主编．北京：东方出版社，2008，2 册（11+915 页）．

4866 金花的秘密：《太乙金华宗旨》《慧命经》原文及其英译 / 卫礼贤，荣格著；邓小松译．北京：中央编译出版社，2016，244 页．
> 金花的秘密：中国的生命之书 / 荣格，卫礼贤著；张卜天译．北京：商务印书馆，2016，129 页．
> 金花的秘密：中国生命之书 / 卫礼贤，荣格著；邓小松译．合肥：黄山书社，2011，215 页．

4867 近代日本与中国日本的近代化：与中国的比较 / 依田憙家著；卞立强等译．上海：上海远东出版社，2004，428 页．（依田憙家著作集；3）

4868 空谷幽兰 / 比尔·波特著；明洁译．3 版．成都：四川文艺出版社，2018，293 页．
> 空谷幽兰：寻访中国现代隐士 / 比尔·波特著；史蒂芬·约翰逊摄；明洁译．2 版．成都：四川文艺出版社，2017，234 页．
> 空谷幽兰 / 比尔·波特著；明洁译．成都：四川文艺出版社，2014，293 页．
> 空谷幽兰 / 比尔·波特著；明洁译．2 版．海口：南海出版公司，2010，293 页．
> 空谷幽兰 / 比尔·波特著；史蒂芬·R.约翰逊摄影；明洁译．海口：南海出版公司，2009，292 页．
> 空谷幽兰：寻访当代隐士 / 比尔·波特著；明洁译．台北：法鼓文化事业股份有限公司，2007，345 页．（大自在；7）

➢ 空谷幽兰：寻访当代中国隐士 / 比尔·波特著；明洁译. 北京：当代中国出版社，2006，286页.

➢ 空谷幽兰：寻找现代中国隐士 / 比尔·波特著；R. 约翰逊摄影；明洁译. 北京：民族出版社，2001，11+229页.

4869 莱布尼茨与中国：《中国近事》发表300周年国际学术讨论会论文集 / 李文潮，H. 波塞尔编；李文潮等译. 北京：科学出版社，2002，365页.

4870 离乡别土：境外看中华 / 王赓武著. 台北："中央研究院"历史语言研究所，2007，86页.

4871 历史大脉络 / 许倬云著. 桂林：广西师范大学出版社，2009，412页.（许倬云作品）

4872 历史分光镜 / 许倬云著；陈宁，邵东方编. 北京：中华书局，2015，365页.

➢ 历史分光镜 / 许倬云著；陈宁，邵东方编. 上海：上海文艺出版社，1998，385页.（学苑英华）

4873 历史人物与文化危机 / 余英时著. 2版. 台北：三民书局股份有限公司，2004，225页.

➢ 历史人物与文化危机 / 余英时著. 台北：东大图书公司，1995，260页.（沧海丛刊；历史）

4874 历史学家的经线 / 孙隆基著. 北京：中信出版集团股份有限公司，2015，354页.

➢ 历史学家的经线：历史心理文集 / 孙隆基著. 桂林：广西师范大学出版社，2004，356页.

4875 历史意识与国族认同：杜赞奇读本：汉英对照 / 张颂仁，陈光兴，高士明主编. 上海：上海人民出版社，2013，17+296页.（从西天到中土：印度当代新思潮读本）

➢ 杜赞奇读本 / 张颂仁，陈光兴，高士明主编. 广州：南方日报出版社，2010，294页.

4876 历史与思想 / 余英时著. 2版. 台北：联经出版事业股份有限公司，2014，2015重印，478页.

4877 临近又遥远的世界：俄罗斯作家笔下的中国 / А. Д. 罗曼年科主编；朱达秋译. 北京：北京大学出版社，2011，10+291页.（他者的眼光丛书 / 张旭春主编）

4878 龙与鹰的帝国：秦汉与罗马的兴衰，怎样影响了今天的世界？ / 欧阳莹之著. 台北：风格司艺术创作坊，2018，567页.（历史群像；33）

➢ 龙与鹰的帝国：秦汉与罗马的兴衰，怎样影响了今天的世界？ / 欧阳莹之著. 香港：三联书店（香港）有限公司，2018，567页.

➢ 龙与鹰的帝国：秦汉与罗马的兴衰，怎样影响了今天的世界？ / 欧阳莹之作品. 北京：中华书局，2016，573页.

4879 论士衡史 / 余英时著. 上海：上海文艺出版社，1999，471页.（学苑英华）

4880 罗马与中国：比较视野下的古代世界帝国 / 沃尔特·施德勒主编；李平译. 南京：江苏人民出版社，2018，263页.（凤凰文库·海外中国研究系列）

4881 罗马与中国：历史事件的关系研究 / 弗雷德里克·J. 梯加特著；丘进译. 郑州：大象出版社，2009，11+177 页.（大象学术译丛）
  ➢ 罗马与中国：历史事件的关系研究 / 弗雷德里克·J. 梯加特著；丘进译. 北京：人民交通出版社，1994，254 页.

4882 漫画世界史. 二，从中国的春秋时期到罗马的衰落 / 拉里·戈尼克著；吴晓红，赵康英译. 沈阳：辽宁教育出版社，2002，306 页.

4883 美国学者论中国文化 / 罗溥洛主编；包伟民，陈晓燕译. 北京：中国广播电视出版社，1994，14+324 页.（中国学名著译丛）

4884 琴棋书画 / 青木正儿著；卢燕平译注. 北京：中华书局，2008，235 页.（日本中国学文萃 / 王晓平主编）

4885 清洁的精神：文化名家谈历史 / 黄仁宇等著；陈武选编. 扬州：广陵书社，2018，216 页.（名人与生活文丛 / 王干主编）

4886 请中国作证：杜赫德的《中华帝国全志》/ 蓝莉著；许明龙译. 北京：商务印书馆，2015，427 页.

4887 日本的近代化—与中国的比较 / 依田憙家著；卞立强译. 北京：中国国际广播出版社，1991，140 页.

4888 日中两国近代化比较研究 / 依田憙家著；卞立强等译. 上海：上海远东出版社，2004，324 页.（依田憙家著作集；4）
  ➢ 日中两国近代化比较研究：增订本 / 依田憙家著；卞立强译. 北京：北京大学出版社，1991，219 页.（北京大学日本研究丛书 / 北京大学日本中心主编）
  ➢ 中日近代化比较研究 / 依田憙家著；孙志民，翟新编译. 上海：上海三联书店，1988，171 页.

4889 日中两国近代化中经济论之比较 / 依田憙家著；叶坦，蒋松岩译. 北京：中国社会科学出版社，1994，144 页.（经济文化丛书）

4890 日中文化比较论 / 尾藤正英等著；王家骅译. 杭州：浙江人民出版社，1992，326 页.（比较文化丛书）

4891 日中文化交流史 / 木宫泰彦著；胡锡年译. 北京：商务印书馆，1980，808 页.

4892 十字路口的中国史学 / 余英时著；李彤译. 上海：上海古籍出版社，2014，97 页.（余英时英文论著汉译集）
  ➢ 十字路口的中国史学 / 余英时著；李彤译. 上海：上海古籍出版社，2004，97 页.（余英时英文论著汉译集）
  ➢ 十字路口的中国史学 / 余英时著；李彤译. 台北：联经出版事业股份有限公司，2008，126 页.

4893 史传通说：中西史学之比较 / 汪荣祖著. 新 1 版. 北京：中华书局，2003，319 页.（中华学术精品）
  ➢ 史传通说：中西史学之比较 / 汪荣祖著. 北京：中华书局，1989，375 页.

> 史传通说 / 汪荣祖著. 台北：联经出版事业公司，1988，375 页.

4894 史海巡航：历史问学周记. 上 / 许倬云著. 台北：三民书局股份有限公司，2007，189 页.（许倬云著作集）

> 史海巡航：历史问学周记. 下 / 许倬云著. 台北：三民书局股份有限公司，2008，188 页.（许倬云著作集）

4895 史学、史家与时代 / 余英时著；沈志佳编. 2 版. 桂林：广西师范大学出版社，2014，456 页.（余英时文集；1）

> 史学、史家与时代 / 余英时著；沈志佳编. 桂林：广西师范大学出版社，2004，369 页.（余英时文集；1）

4896 史学研究经验谈 / 余英时著；邵东方编. 上海：上海文艺出版社，2010，249 页.

4897 史学与传统 / 余英时著. 2 版. 台北：时报文化出版企业有限公司，1994，299 页.（文化丛书；5）

> 史学与传统 / 余英时著. 台北：时报文化出版企业有限公司，1982，1988 六印，299 页.（文化丛书；5）

4898 史学与红学 / 唐德刚著. 2 版. 桂林：广西师范大学出版社，2008，261 页.（唐德刚作品集）

> 史学与红学 / 唐德刚著. 桂林：广西师范大学出版社，2006，261 页.（唐德刚作品集）

> 史学与红学 / 唐德刚著. 台北：远流出版事业出版发行有限公司，2003，365 页.（唐德刚作品集）

4899 士与中国文化 / 余英时著. 2 版. 上海：上海人民出版社，2013，620 页.

> 士与中国文化 / 余英时著. 上海：上海人民出版社，2003，2006 重印，620 页.

> 士与中国文化 / 余英时著. 上海：上海人民出版社，1987，1996 重印，11+579 页.（中国文化史丛书）

> 士与中国文化 / 余英时著. 上海：上海人民出版社，1987，579 页.（中国文化史丛书 / 周谷城主编）

4900 世鉴：中国传统史学 / 伍安祖，王晴佳著；孙卫国，秦丽译. 北京：中国人民大学出版社，2014，17+308 页.（海外中国研究文库）

4901 世界、华夏、台湾：平行、交缠和分合的过程 / 许倬云著. 2 版，增订本. 台北：三民书局股份有限公司，2018，401 页.（品味经典）

4902 世界史の诞生：蒙古帝国与东西洋史观的终结 / 冈田英弘著；陈心慧译. 新北：八旗文化出版社，2016，301 页.（另眼看历史）

4903 世界史的诞生：蒙古的发展与传统 / 冈田英弘著；陈心慧译. 新北：广场出版社，2013，236 页.（全球纪行；24）

4904 世界史的诞生：蒙古帝国的文明意义 / 冈田英弘著；陈心慧译. 北京：北京出版社，2016，219 页.

4905 世界文明史 .4，中国与远东 / 杜兰著；幼狮翻译中心编译 .5 版 . 台北：幼狮文化事业公司，1978，422 页 .（幼狮译丛）

4906 世界征服者史 / 志费尼著；J.A. 波伊勒英译；何高济译 . 北京：商务印书馆，2017，2 册（40+847 页）.（汉译世界学术名著丛书：120 年纪念版 . 分科本 . 历史）
- 世界征服者史 / 志费尼著；何高济译 . 北京：中国人民大学出版社，2012，44+710 页 .（学术思想丛书）
- 世界征服者史 / 志费尼著；J.A. 波伊勒英译；何高济译 . 北京：商务印书馆，2011，2 册（40+847 页）.（汉译世界学术名著丛书：分科本 . 历史）
- 世界征服者史 / 志费尼著；J.A. 波伊勒英译；何高济译 . 北京：商务印书馆，2009，2 册（847 页）.（汉译世界学术名著丛书：珍藏本）
- 世界征服者史 / 志费尼著；波伊勒英译；何高济译 . 南京：江苏教育出版社，2005，2 册（713 页）.（西方文库 . 学术译丛）
- 世界征服者史 / 志费尼著；J.A. 波伊勒英译；何高济译 . 北京：商务印书馆，2004，2 册（39+847 页）.（汉译世界学术名著丛书）
- 世界征服者史 / 志费尼著；何高济译 . 呼和浩特：内蒙古人民出版社，1980，1999 重印，2 册（70+1024 页）.
- 世界征服者史 / 志费尼著；何高济译 . 呼和浩特：内蒙古人民出版社，1980，2 册（1024 页）.

4907 视觉与认同：跨太平洋华语语系表述 · 呈现 / 史书美著；杨华庆译 . 台北：联经出版事业股份有限公司，2013，278 页 .（联经文库 . 人文；8）

4908 说中国：一个不断变化的复杂共同体 / 许倬云著 . 桂林：广西师范大学出版社，2015，257 页 .

4909 丝绸古道上的文化 / 克林凯特著；赵崇民译 . 乌鲁木齐：新疆美术摄影出版社，1994，231 页 .（敦煌研究院资料中心丛书）

4910 丝绸之路 / 布尔努瓦著；耿昇译 . 北京：中国藏学出版社，2016，249 页 .（西域文明书系）
- 丝绸之路：神祇、军士与商贾 /L. 布尔努娃著；耿昇译 . 昆明：云南人民出版社，2015，418 页 .（行走中国丛书 / 张昌山，耿昇主编）
- 丝绸之路 / 布尔努瓦著；耿昇译 . 济南：山东画报出版社，2001，287 页 .（西方发现中国丛书）
- 丝绸之路 / 布尔努瓦著；耿昇译 . 乌鲁木齐：新疆人民出版社，1984，332 页 .

4911 丝绸之路 / 米华健著；马睿译 . 南京：译林出版社，2017，147+137 页 .（牛津通识读本）

4912 丝绸之路：一部全新的世界史 / 彼得 · 弗兰科潘著；邵旭东，孙芳译 . 杭州：浙江大学出版社，2016，13+551 页 .

4913 丝绸之路：中国—波斯文化交流史 / 阿里 · 玛扎海里著；耿昇译 . 北京：中国藏学

出版社，2014，569 页.

- 丝绸之路：中国—波斯文化交流史 / 阿里·玛扎海里著；耿昇译. 乌鲁木齐：新疆人民出版社，2006，10+473 页.（中亚历史文化翻译丛书）
- 丝绸之路：中国—波斯文化交流史 / 玛扎海里著；耿昇译. 北京：中华书局，1993，590 页.（法国西域敦煌学名著译丛 / 王炳华，樊锦诗主编）

4914 丝绸之路2000年 / 吴芳思著；赵学工译. 修订版. 上海：上海辞书出版社，2016，256 页.

- 丝绸之路2000年 / 吴芳思著；赵学工译. 济南：山东画报出版社，2008，242 页.

4915 丝绸之路史研究 / 长泽和俊著；钟美珠译. 天津：天津古籍出版社，1990，662 页.

4916 丝绸之路新史 / 芮乐伟·韩森著；张湛译. 北京：北京联合出版公司，2015，311 页.

4917 丝路探险记 / 大谷光瑞等著；章莹译. 2 版. 乌鲁木齐：新疆人民出版社，2001，314 页.（亚洲探险之旅）

- 丝路探险记 / 大谷光瑞等著；章莹译. 乌鲁木齐：新疆人民出版社，1998，314 页.（亚洲探险之旅）

4918 丝路新史：一个已经逝去但曾经兼容并蓄的世界 / 芮乐伟·韩森著；吴国圣等译. 台北：麦田出版社，2015，374 页.（历史选书；61）

4919 隋唐时代西域人华化考 / 桑原骘藏著；何健民译. 台北：新文丰出版公司，1979，194 页.（零玉碎金集刊；38. 历史丛书）

4920 斯里兰卡与古代中国的文化交流：以出土中国陶瓷器为中心的研究 / 贾兴和著. 广州：中山大学出版社，2016，176 页.（海上丝绸之路研究丛书）

4921 探究中国 / 罗宾·吉尔班克著；胡宗锋译. 北京：中译出版社，2018，202 页.（外国人写作中国计划丛书）

4922 探求一个灿烂的世纪：金庸 / 池田大作对话录 / 金庸，池田大作著. 北京：北京大学出版社，1998，10+332 页.

- 探求一个灿烂的世纪 / 池田大作，金庸著；黄白露编辑. 香港：明河出版公司，1998，475 页.

4923 陶瓷之路 / 三上次男著；李锡经，高喜美译. 北京：文物出版社，1984，160 页.

- 陶瓷之路：东西文明接触点的探索 / 三上次男著；胡德芬译. 天津：天津人民出版社，1983，257 页.

4924 天朝掠影：西方人眼中的中国 / 詹尼·瓜达卢皮著；何高济，何正译. 北京：商务印书馆，2018，513 页.

4925 万古江河：中国历史文化的转折与开展 / 许倬云著. 长沙：湖南人民出版社，2017，540 页.

- 万古江河：中国历史文化的转折与开展 / 许倬云著. 上海：上海文艺出版社，2006，356 页.（话说中国）

4926 王赓武自选集 / 王赓武著 . 上海：上海教育出版社，2002，325 页 .（学人文丛）

4927 伟大的历史：中华民族五千年的兴盛与辉煌 / 勒内·格鲁塞著；秦传安译 . 南京：江苏人民出版社，2015，347 页 .
> 伟大的历史：5000 年中央帝国的兴盛 / 勒内·格鲁塞著；秦传安译 . 北京：新世界出版社，2008，347 页 .

4928 倭族之源—云南 / 鸟越宪三郎著；段晓明译 . 昆明：云南人民出版社，1985，200 页 .

4929 我相信中国的前途 / 黄仁宇著 . 北京：中华书局，2015，290 页 .

4930 吾国 / 陈季同著；李华川译 . 桂林：广西师范大学出版社，2006，170 页 .（陈季同法文著作译丛）

4931 西学东渐与中国事情 / 增田涉著；由其民，周启乾译 . 南京：江苏人民出版社，2011，250 页 .（凤凰文库·海外中国研究系列）
> 西学东渐与中国事情 / 增田涉著；由其民，周启乾译 . 南京：江苏人民出版社，2010，250 页 .（海外中国研究丛书）
> 西学东渐与中日文化交流 / 增田涉著；由其民，周启乾译 . 天津：天津社会科学院出版社，1993，261 页 .

4932 希腊拉丁作家远东古文献辑录 / 戈岱司编；耿昇译 . 北京：中国藏学出版社，2017，168 页 .（西域文明书系）
> 希腊拉丁作家远东古文献辑录 / 戈岱司编；耿昇译 . 北京：中华书局，1987，170 页 .（中外关系史名著译丛）

4933 希罗多德：历史第一、三、四卷与中国古典和犹太圣经的对证 / 朱学渊新译注疏 . 新北：致知学术出版社，2018，399 页 .（历史哲学系列；1）

4934 现代中国的历程 / 黄仁宇著 . 北京：中华书局，2011，270 页 .

4935 新觉醒时代：论中国文化之再创造 / 成中英著 . 北京：中央编译出版社，2014，505 页 .

4936 新近海外中国社会史论文选译 / 张国刚，余新忠主编 . 天津：天津古籍出版社，2010，323 页 .

4937 新时代的历史观：西学为体，中学为用 / 黄仁宇著 . 台北：台湾商务印书馆，1998，100 页 .（Open；114）

4938 行万里路：宋代的旅行与文化 / 张聪著；李文锋译 . 杭州：浙江大学出版社，2015，326 页 .（新史学译丛 / 蒋竹山主编）

4939 醒来的巨人——中国 / 张瑞夫著 . 成都：四川人民出版社，2001，214 页 .

4940 许倬云观世变 / 许倬云著 . 桂林：广西师范大学出版社，2008，367 页 .（许倬云作品）

4941 许倬云说历史：现代文明的成坏 / 许倬云著 . 上海：上海文艺出版社，2012，225 页 .

4942 许倬云自选集 / 许倬云著 . 济南：山东教育出版社，2009，337 页 .（汉学名家书系）

4943 岩穴之士：中国早期隐逸传统 / 文青云著；徐克谦译 . 济南：山东画报出版社，

2009，291 页．

4944 一念桃花源：苏东坡与陶渊明的灵魂对话 / 比尔·波特著；李昕译．北京：中信出版集团股份有限公司，2018，272 页．

4945 印度与中国 / 师觉月著；姜景奎等译．北京：中国大百科全书出版社，2018，24+288 页．
- 印度与中国：千年文化关系 / 师觉月著；姜景奎等译．北京：北京大学出版社，2014，10+206 页．（海外中国学丛书）

4946 印度与中国：两大文明的交往和激荡 / 谭中，耿引曾著．北京：商务印书馆，2006，536 页．

4947 油王：洛克菲勒在中国 / 玛丽·布朗·布洛克著；韩邦凯，魏柯玲译．北京：商务印书馆，2014，266 页．（美国中华医学基金会百年译丛）

4948 战争·科学·人 / 田中正俊著；韩一德译．哈尔滨：黑龙江人民出版社，1990，86 页．

4949 真理与历史：傅斯年、陈寅恪的史学思想与民族认同 / 施耐德著；关山，李貌华译．北京：社会科学文献出版社，2008，318 页．（喜玛拉雅学术文库·阅读中国系列）

4950 知识分子历史与未来：许倬云讲演录 / 许倬云著．桂林：广西师范大学出版社，2011，187 页．

4951 中国，我的红颜知己 / 丹·特罗特著；胡明志，田广译．北京：中国财富出版社，2015，226 页．

4952 中国：传统与变革 / 费正清，赖肖尔主编；陈仲丹等译．南京：江苏人民出版社，2014，518 页．（海外中国研究丛书精品系列 / 刘东主编．第一辑）
- 中国：传统与变迁：费正清中国通史 / 费正清著；张沛等译．长春：吉林出版集团有限责任公司，2013，497 页．（汉阅学术文库）
- 中国传统与变革 / 费正清，赖肖尔主编；陈仲丹等译．南京：江苏人民出版社，2012，518 页．（海外中国研究丛书）
- 中国：传统与变迁 / 费正清著；张沛译．北京：世界知识出版社，2002，661 页．（费正清文集）
- 中国：传统与变革 / 费正清，赖肖尔著；陈仲丹等译．南京：江苏人民出版社，1992，601 页．（海外中国研究丛书）

4953 中国传统文化在日本 / 蔡毅编译．北京：中华书局，2002，269 页．（文史知识文库）

4954 中国大历史 / 黄仁宇著．北京：生活·读书·新知三联书店，2015，350 页．（黄仁宇作品系列）
- 中国大历史 / 黄仁宇著．北京：九州出版社，2015，317 页．（黄仁宇全集）
- 中国大历史 / 黄仁宇著．北京：生活·读书·新知三联书店，2014，11+431 页．（图书馆经典文库）
- 中国大历史 / 黄仁宇著．2 版．北京：九州出版社，2012，348 页．（黄仁宇全

集；5）
- 中国大历史 / 黄仁宇著 . 北京：生活·读书·新知三联书店，2008，10+398 页 .（中学图书馆文库）
- 中国大历史 / 黄仁宇著 . 2版 . 北京：生活·读书·新知三联书店，2007，350 页 .（黄仁宇作品系列）
- 中国大历史 / 黄仁宇著 . 北京：九州出版社，2007，249 页 .（黄仁宇全集；5）
- 中国大历史 / 黄仁宇著 . 北京：生活·读书·新知三联书店，1997，317 页 .（黄仁宇作品系列）
- 中国大历史 / 黄仁宇著 . 台北：联经出版事业公司，1993，368 页 .

4955 中国大历史：从三皇五帝到大清王朝 / 勒内·格鲁塞著；秦传安译 . 哈尔滨：哈尔滨出版社，2011，347 页 .

4956 中国的历史 . 第一卷，从神话到历史中华的摇篮 / 陈舜臣著；郑民钦译 . 福州：福建人民出版社，2013，310 页 .
- 中国的历史 . 第二卷，大统一时代汉王朝的光和影 / 陈舜臣著；郑民钦译 . 福州：福建人民出版社，2013，331 页 .
- 中国的历史 . 第三卷，动乱的群像走向世界帝国 / 陈舜臣著；郑民钦译 . 福州：福建人民出版社，2013，346 页 .
- 中国的历史 . 第四卷，隋唐的兴亡宋朝及其周边 / 陈舜臣著；郑民钦译 . 福州：福建人民出版社，2013，331 页 .
- 中国的历史 . 第五卷，草原疾风复兴与明暗 / 陈舜臣著；郑民钦译 . 福州：福建人民出版社，2013，298 页 .
- 中国的历史 . 第六卷，从明朝到清朝清朝二百余年 / 陈舜臣著；郑民钦译 . 福州：福建人民出版社，2013，316 页 .
- 中国的历史 . 第七卷，斜阳和黎明中华的飞跃 / 陈舜臣著；郑民钦译 . 福州：福建人民出版社，2013，316 页 .

4957 中国的历史脉动 / 沟口雄三著；乔志航，龚颖等译 . 北京：生活·读书·新知三联书店，2014，12+380 页 .

4958 中国的历史思想：宫崎市定论中国史 / 宫崎市定著；张学锋等译 . 上海：上海古籍出版社，2018，339 页 .（宫崎市定亚洲史论考）

4959 中国的文化和科学 / 默逊编著；庄锡昌，冒景珮译 . 杭州：浙江人民出版社，1988，245 页 .（世界文化丛书）

4960 中国的文明：西方人眼中的中华文明五千年 / 勒内·格鲁塞著；吴青山译 . 北京：新世界出版社，2014，290 页 .（人文经典书系；16）
- 中国的文明 / 格鲁塞著；常任侠，袁学礼译 . 合肥：黄山出版社，1991，169 页 .

4961 中国的妖怪 / 中野美代子著；何彬译 . 郑州：黄河文艺出版社，1989，131 页 .

4962 中国的犹太人：18世纪入华耶稣会士未刊书简 / 荣振华，李渡南等编著；耿昇

译．郑州：大象出版社，2005，474 页．（海外汉学名著译丛）

> 中国的犹太人 / 荣振华，莱斯利著；耿昇译．郑州：中州古籍出版社，1992，230 页．

4963 中国风：遗失在西方 800 年的中国元素 / 休·昂纳著；刘爱英，秦红译．北京：北京大学出版社，2014，304 页．

4964 中国古代文化 / 白川静著；加地伸行，范月娇译．台北：文津出版社，1983，264 页．

4965 中国古代文化的特质 / 许倬云著．北京：新星出版社，2006，141 页．

> 中国古代文化的特质 / 许倬云著．台北：联经出版事业公司，1988，155 页．

4966 中国古代文化与日本：伊藤清司学术论文自选集 / 伊藤清司著；张正军译．昆明：云南大学出版社，1997，11+586 页．（云南大学中国西南边疆民族经济文化研究丛书）

4967 中国古代文艺思潮论 / 青木正儿著；王俊瑜译．影印本．太原：山西人民出版社，2015，159 页．（近代海外汉学名著丛刊 / 郑培凯主编）

4968 中国古代犹太人——中国学者研究文集点评 / 沙博理编著．北京：新世界出版社，2008，266 页．（华夏英才基金学术文库）

4969 中国化的日本：日中"文明冲突"千年史 / 兴那霸润著；何晓毅译．桂林：广西师范大学出版社，2013，315 页．

4970 中国简史 / 勒内·格鲁塞著；吴青山译．北京：新世界出版社，2016，348 页．（思想者书系；9）

> 中国简史 / 勒内·格鲁塞著；赵晓鹏译．北京：九州出版社，2016，276 页．

4971 中国近事：为了照亮我们这个时代的历史 / G.G. 莱布尼茨著；梅谦立，杨保筠译．郑州：大象出版社，2005，233 页．（国际汉学研究书系．西方早期汉学经典译丛 / 任继愈主编）

4972 中国历史风云录 / 陈舜臣著；陈亚坤译．桂林：广西师范大学出版社，2009，396 页．

4973 中国历史教程 / 佐野袈裟美著；刘惠之，刘希宁译．影印本．郑州：河南人民出版社，2016，2017 印，364 页．（民国专题史丛书 / 周蓓主编）

> 中国历史教程 / 佐野袈裟美著；刘惠之，刘希宁译．影印本．太原：山西人民出版社，2015，2 册（364 页）．（近代海外汉学名著丛刊 / 郑培凯主编）

4974 中国历史论文集 / 许倬云等著．台北：台湾商务印书馆，1986，687 页．

4975 中国历史研究手册．上中下 / 魏根深著．北京：北京大学出版社，2016，3 册（12+1868 页）．

4976 中国历史与文化入门：插图第 4 版 / 斯科特·摩顿，卢其敦著；陈西帆，顾歆悦译．北京：世界图书出版公司，2010，22+254 页．

4977 中国历史之旅 / 陈舜臣著；靳卫卫，魏大海译．桂林：漓江出版社，2012，251 页．

4978 中国社会史 / 谢和耐著；黄建华，黄迅余译 . 南京：江苏人民出版社，2014，13+644 页 .（海外中国研究丛书精品系列 / 刘东主编 . 第一辑）
  ➢ 中国社会史 / 谢和耐著；黄建华，黄迅余译 . 北京：人民出版社，2010，18+700 页 .（人民·联盟文库 . 译著类）
  ➢ 中国社会史 / 谢和耐著；黄建华，黄迅余译 . 南京：江苏人民出版社，2010，644 页 .（海外中国研究丛书 / 刘东主编）
  ➢ 中国社会史 / 谢和耐著；黄建华，黄迅余译 . 南京：江苏人民出版社，2008，13+644 页 .（凤凰文库·海外中国研究系列）
  ➢ 中国社会史 / 谢和耐著；耿昇译 . 北京：中国藏学出版社，2006，51+34+703 页 .
  ➢ 中国社会史 / 谢和耐著；耿昇译 . 南京：江苏人民出版社，1995，2005 重印，17+654 页 .（海外中国研究丛书 / 刘东主编）
  ➢ 中国社会史 / 谢和耐著；耿昇译 . 南京：江苏人民出版社，1995，12+692 页 .（海外中国研究丛书 . 第二批）
  ➢ 中国社会文化史 / 谢和耐著；黄建华，黄迅余译 . 长沙：湖南教育出版社，1994，608 页 .

4979 中国史通论：典藏版 / 内藤湖南著；夏应元等译 . 北京：九州出版社，2018，805 页 .
  ➢ 中国史通论：内藤湖南博士中国史学著作选译 / 内藤湖南著；夏应元选编并监译 . 北京：社会科学文献出版社，2004，2 册（753 页）.

4980 中日交通史 / 木宫泰彦著；陈捷译 . 影印本 . 太原：山西人民出版社，2015，7 册 .（近代海外汉学名著丛刊 / 郑培凯主编）

4981 中国史学史 / 内藤湖南著；马彪译 . 上海：上海古籍出版社，2017，455 页 .（海外汉学丛书）
  ➢ 中国史学史 / 内藤湖南著；马彪译 . 上海：上海古籍出版社，2008，455 页 .（日本中国史研究译丛）

4982 中国史研究入门 / 山根幸夫主编；田人隆等译 . 2 版，增订本 . 北京：社会科学文献出版社，2000，2 册（11+1319 页）.（学科入门丛书）
  ➢ 中国史研究入门 / 山根幸夫编；田人隆等译 . 北京：社会科学文献出版社，1994，2 册（896 页）.

4983 中国通史 / 艾伯华著；王志超，武婵译 . 北京：金城出版社，2012，311 页 .

4984 中国通史 / 伊藤道治等著；吴密察等译 . 台北：稻禾出版社，1997，21+665 页 .（史学丛书系列；1）

4985 中国通史：问题史试探 / 堀敏一著；邹双双译 . 北京：社会科学文献出版社，2015，352 页 .（鲤译丛）

4986 中国文化的发展过程 / 许倬云著 . 北京：中华书局，2017，108 页 .
  ➢ 中国文化的发展过程 / 许倬云著 . 贵阳：贵州人民出版社，2009，124 页 .
  ➢ 中国文化的发展过程 / 许倬云著 . 香港：中文大学出版社，1992，113 页 .

4987 中国文化的精神 / 许倬云著 . 北京：九州出版社，2018，282 页 .

4988 中国文化史 / 高桑驹吉著；李继煌译述 . 影印本 . 郑州：河南人民出版社，2016，2017 印，526 页 .（民国专题史丛书 / 周蓓主编）

4989 中国文化史迹：全译本 / 常盘大定，关野贞著；李星明主编；复旦大学文史研究院编 . 上海：上海辞书出版社，2017，13 册 .

4990 中国文化史迹，甘博摄影集 . 卷一——卷十五 / 甘博著 . 杭州：浙江人民美术出版社，2018，15 册 .

4991 中国文化史通释 / 余英时著 . 北京：生活·读书·新知三联书店，2012，341 页 .
> 中国文化史通释 / 余英时著 . 北京：生活·读书·新知三联书店，2011，341 页 .（余英时作品系列）
> 中国文化史通释 / 余英时著 . 香港：牛津大学出版社，2010，299 页 .

4992 中国文化思想研究 / 汪德迈著 . 北京：中国大百科全书出版社，2016，105 页 .（"跨文化研究"丛书 . 第一辑 / 金丝燕，董晓萍主编）

4993 中国文化西传欧洲史 / 安田朴著；耿昇译 . 北京：商务印书馆，2013，922 页 .（商务印书馆海外汉学书系）
> 中国之欧洲：修订全译本 / 艾田蒲著；许钧，钱林森译 . 郑州：河南人民出版社，2008，2 册（325；337 页）.（学术文库·汉学名著）
> 中国文化西传欧洲史 / 安田朴著；耿昇译 . 北京：商务印书馆，2000，844 页 .（商务印书馆海外汉学书系）
> 中国之欧洲 . 下 / 艾田蒲著；许钧，钱林森译 . 郑州：河南人民出版社，1994，513 页 .（南京大学比较文学丛书）
> 中国之欧洲 . 上 / 艾田蒲著；许钧，钱林森译 . 郑州：河南人民出版社，1992，452 页 .（南京大学比较文学丛书）

4994 中国文化中"报""保""包"之意义 / 杨联陞著 . 北京：中华书局，2016，138 页 .
> 中国文化中"报""保""包"之意义 / 杨联陞著 . 贵阳：贵州人民出版社，2009，167 页 .
> 中国文化中"报"·"保"·"包"之意义：钱宾四先生学术文化讲座 / 杨联陞著 . 香港：中文大学出版社，1987，129 页 .

4995 中国文明 / 葛兰言著；杨英译 . 北京：中国人民大学出版社，2012，453 页 .（海外中国研究文库）

4996 中国文明の历史：非汉中心史观的建构 / 冈田英弘著；陈心慧译 . 新北：八旗文化出版社，2017，2018 重印，252 页 .（另眼看历史）

4997 中国文明史 / 康拉德·希诺考尔，米兰达·布朗著；袁德良译 . 2 版 . 北京：群言出版社，2008，312 页

4998 中国新史：外两种 / 安文思，利类思，许理和著；何高济译 . 郑州：大象出版社，2016，207 页 .（国际汉学经典译丛）

> 中国新史/安文思著；何高济，李申译.郑州：大象出版社，2004，247 页.（国家清史编纂委员会·编译丛刊）

4999 中国伊朗编：英文/劳费尔著.影印本.上海：中西书局，2017，446 页.（寰宇文献）

> 中国伊朗编：中国对古代伊朗文明史的贡献着重于栽培植物及产品之历史/劳费尔著；林筠因译.北京：商务印书馆，2017，491 页.（汉译世界学术名著丛书：120 年纪念版.分科本.历史、地理类）

> 中国伊朗编/劳费尔著；林筠因译.北京：商务印书馆，2015，12+491 页.（汉译世界学术名著丛书）

> 中国伊朗编：中国对古代伊朗文明史的贡献：着重于栽培植物及产品之历史/劳费尔著；林筠因译.北京：商务印书馆，1964，2001 重印，452 页.（商务印书馆海外汉学书系）

5000 中国在世界历史之中：公元前 200 年—公元 1976 年/阿谢德著；任菁等译.石家庄：河北教育出版社，1993，413 页.

5001 中国知识阶层史论，古代篇/余英时著.再版.台北：联经出版事业公司，1984，372 页.

5002 中华帝国的文明/莱芒·道逊著；金星男译.上海：上海古籍出版社，1994，348 页.（海外汉学丛书）

5003 中亚古国史/W.M. 麦高文著；章巽译.北京：中华书局，2004，364 页.（世界汉学论丛）

5004 竹内实文集.第九卷，中国历史与社会评论/竹内实著；程麻译.北京：中国文联出版社，2006，357 页.

5005 转变的中国：历史变迁与欧洲经验的局限/王国斌著；李伯重，连玲玲译.南京：江苏人民出版社，2018，277 页.（海外中国研究丛书）

> 转变的中国：历史变迁与欧洲经验的局限/王国斌著；李伯重，连玲玲译.南京：江苏人民出版社，2014，277 页.（海外中国研究丛书精品系列/刘东主编.第一辑）

> 转变的中国：历史变迁与欧洲经验的局限/王国斌著；李伯重，连玲玲译.2 版.南京：江苏人民出版社，2010，2013 重印，277 页.（海外中国研究丛书）

> 转变的中国：历史变迁与欧洲经验的局限/王国斌著；李伯重，连玲玲译.南京：江苏人民出版社，2008，277 页.（凤凰文库·海外中国研究系列）

> 转变的中国：历史变迁与欧洲经验的局限/王国斌著；李伯重，连玲玲译.南京：江苏人民出版社，1998，2005 重印，276 页.（海外中国研究丛书/刘东主编）

> 转变的中国：历史变迁与欧洲经验的局限/王国斌著；李伯重，连玲玲译.南京：江苏人民出版社，1998，292 页.（海外中国研究丛书）

5006 追寻现代中国.上,最后的王朝/史景迁著;温洽溢译.台北:时报文化出版企业股份有限公司,2001,2009重印,25+329页.(历史与现场;133)

> 追寻现代中国.中,革命与战争/史景迁著;温洽溢译.台北:时报文化出版企业股份有限公司,2001,2009重印,354-680页.(历史与现场;133)

> 追寻现代中国.下,从共产主义到市场经济/史景迁著;温洽溢译.台北:时报文化出版企业股份有限公司,2001,2008重印,697-1063页.(历史与现场;134)

> 追寻现代中国:1600—1912年的中国历史/史景迁著;黄纯艳译.上海:上海远东出版社,2005,319页.(美国史学大师史景迁中国研究系列)

(二)研究著作

5007 10—13世纪宋丽日文化交流研究/李梅花著.北京:华龄出版社,2005,266页.(当代学者人文论丛)

5008 2000年西方看中国/周宁编著.北京:团结出版社,1999,2册(11+1270页).

5009 比较文化:中国与日本:中西进教授退官纪念文集/严绍璗等著.长春:吉林大学出版社,1996,313页.

5010 草原丝绸之路与中亚文明/张志尧主编.乌鲁木齐:新疆美术摄影出版社,1994,361页.

5011 长安都市文化与朝鲜·日本/李浩,矢野建一主编.西安:三秦出版社,2006,282页.

5012 朝鲜—韩国文化与中国文化/郑判龙,李钟殷主编.北京:中国社会科学出版社,1995,414页.(朝鲜学—韩国学丛书)

5013 传统文化与东亚社会/张立文,町田三郎主编.北京:中国人民大学出版社,1992,179页.

5014 从螺旋史观看中日文化的发展/连清吉著.台北:台湾学生书局,2002,232页.(日本汉学丛刊)

5015 东传西渐:中西文化交流史散论/许明龙著.北京:中国社会科学出版社,2015,417页.(中国社会科学院老学者文库)

5016 东方文化与现代化国际学术讨论会论文选/杨正光主编;中国中日关系史学会编.北京:时事出版社,1992,567页.(中日关系史丛书;一/杨正光主编)

5017 东海西海——东西文化交流史:大航海时代以来/黄时鉴著.上海:上海百家出版社,2011,368页.

5018 东西方文化研究.创刊号/钟敬文,何兹全主编.郑州:河南人民出版社,1986,225页.

> 东西方文化研究:1987年第一辑(总第二辑)/钟敬文等编.郑州:河南人民

出版社，1987，218 页．

> 东西方文化研究．1987 年第二辑（总第三辑）/ 钟敬文，何兹全主编．郑州：河南人民出版社，1987，10+170 页．

> 东西方文化研究．1989 年．第一辑（总第四辑）/ 钟敬文，何兹全主编．郑州：河南人民出版社，1990，207 页．

5019　东西交流史论稿 / 黄时鉴著．上海：上海古籍出版社，1998，432 页．

5020　东亚文化的探索：近代文化的动向 / 黄俊杰，福田殖主编．台初版．台北：正中书局，1996，300 页．

5021　东亚与欧洲文化的早期相遇：东西文化交流史论 / 张西平，罗莹主编．上海：华东师范大学出版社，2012，19+645 页．

5022　东瀛遗墨：近代中日文化交流稀见史料辑注 / 李庆编著．上海：上海人民出版社，1999，242 页．

5023　读史的乐趣 / 李弘祺著．台北：允晨文化实业公司，1991，401 页．（允晨丛刊；39）

5024　傅满洲与陈查理：美国大众文化中的中国形象 / 姜智芹著．南京：南京大学出版社，2007，13+240 页．（文本与文化 / 跨语际研究）

5025　港台及海外学者论中国文化 / 姜义华等编．上海：上海人民出版社，1988，2 册（625；666 页）．

> 港台及海外学者论近代中国文化 / 姜义华等编．重庆：重庆出版社，1987，610 页．

5026　跟随利玛窦到中国 / 张西平著．北京：五洲传播出版社，2006，179 页．

5027　古代中国：东亚世界的内在交流 / 韩昇主编．上海：复旦大学出版社，2005，433 页．（复旦史学专刊）

5028　古代中国与海外 / 陶雪，金之平著．济南：山东教育出版社，1991，152 页．（中国文化史知识丛书 / 王绍曾，罗青主编）

5029　古代中西文化交流史话 / 何芳川，万明著．北京：中国国际广播出版社，2010，132 页．（中国读本）

> 古代中西文化交流史话 / 何芳川，万明著．增订版．北京：商务印书馆，1998，165 页．（中国文化史知识丛书）

5030　关西中日交流史探访 / 崔万哲著．北京：中国文联出版社，2001，200 页．

5031　国际中国文化研究年鉴：1979—2009/ 严绍璗主编．北京：外语教学与研究出版社，2013，2 册（942 页）．

5032　海上丝绸之路与中外文化交流 / 陈炎著．2 版．增订本．北京：北京大学出版社，2002，14+481 页．

> 海上丝绸之路与中外文化交流 / 陈炎著．北京：北京大学出版社，1996，13+340 页．（泰国研究学会丛书；2）

5033 海外"中华之光"/ 毛建华编著.成都:四川少年儿童出版社,1992,1997重印,183页.(大世界小窗口丛书)

5034 韩山拾得:韩国古代文化与中国的影响:以神话、诗、文、乐、舞为例 / 高伟浓著.北京:中国华侨出版社,2002,351页.

5035 汉学名家论集:吴德耀文化讲座演讲录 / 黄贤强主编.新加坡:八方文化创作室,2011,10+251页.

5036 近代中日文化交流史 / 王晓秋著.北京:中华书局,2000,562页.(中华近代文化史丛书)

> 近代中日文化交流史 / 王晓秋著.北京:中华书局,1992,562页.(中华近代文化史丛书)

5037 近代中日文化交流史人物研究 / 王晓秋著.北京:昆仑出版社,2015,12+296页.(东方文化集成.日本文化编)

5038 近代中外文化交流史 / 张海林编著.南京:南京大学出版社,2003,385页.

5039 近代中西文化交流史论 / 于语和,庾良辰主编.太原:山西教育出版社,1997,279页.

5040 跨越空间的文化:16—19世纪中西文化的相遇与调适 / 复旦大学历史地理研究中心编.上海:东方出版中心,2010,621页.

5041 历史上中外文化的和谐与共生:中国中外关系史学会2013年学术研讨会论文集 / 耿昇,戴建兵主编.兰州:甘肃人民出版社,2014,321页.(中外关系史论丛.第21辑)

5042 论中国文化的世界性意义:全国高校国际汉学(中国学)学术研讨会论文集 / 张西平,李彦姝主编.北京:学苑出版社,2018,307页.(中国文化在世界书系 / 张西平主编)

5043 绵延千载的中外文化交流 / 沈立新著.北京:中国青年出版社,1999,385页.(精粹世界史)

5044 明代中日文化交流史研究 / 陈小法著.北京:商务印书馆,2011,459页.(中日文化交流新视域丛书)

5045 明清时期中日文化交流研究 / 张升余著.西安:陕西人民出版社,2008,192页.

5046 欧洲十八世纪中国热 / 许明龙著.北京:外语教学与研究出版社,2007,14+272页.(国际汉学研究丛书)

> 欧洲18世纪"中国热"/ 许明龙著.太原:山西教育出版社,1999,364页.

5047 欧洲大地的中国风 / 刘海翔著.深圳:海天出版社,2005,211页.

5048 区域中国与文化中国:文明对话中的施坚雅模式 / 陈倩著.北京:人民出版社,2013,217页.(青年学术丛书·文化)

5049 全球史与中国.01/ 第一辑 / 李雪涛,顾彬主编.郑州:大象出版社,2017,207页.

5050 日本中国文化摄取史 / 郑彭年著.杭州:杭州大学出版社,1999,316页.

5051 少数民族文化艺术国际研讨会论文集 / 中国文学艺术界联合会,云南省文学艺术

界联合会编 . 昆明：云南民族出版社，1993，186 页 .

5052 神道与中日文化交流 / 王守华，王蓉著 . 石家庄：河北人民出版社，2010，403 页 .（文明对话丛书）

5053 十世纪前的丝绸之路和东西文化交流：沙漠路线考察乌鲁木齐国际讨论会（1990年8月19—21日）/ 联合国教科文组织，中国社会科学院考古研究所编 . 北京：新世界出版社，1996，645 页 .

5054 文明的互动：汉唐间丝绸之路与中外交流论稿 / 石云涛著 . 兰州：兰州大学出版社，2014，601 页 .（欧亚历史文化文库）

5055 五千年中外文化交流史 / 李喜所主编 . 北京：世界知识出版社，2002，5 册 .

5056 西方文化与近代中国 / 胡滨主编；曹静等编撰 . 长春：吉林文史出版社，1995，448 页 .

5057 西学东渐：中日近代化比较研究 / 渡边与五郎等著 . 北京：中国社会科学出版社，2008，290 页 .（世界史学术书系）

5058 鲜卑·三国·古坟：中国朝鲜日本古代的文化交流 / 徐秉琨著 . 沈阳：辽宁古籍出版社，1996，32+203 页 .

5059 现代中外文化交流史略 / 陈辛仁主编 . 北京：中国书籍出版社，1997，524 页 .

5060 域外文献里的中国 / 复旦大学古籍整理研究所，章培恒先生学术基金编 . 上海：上海文艺出版社，2014，203 页 .（章培恒讲座丛书）

5061 远迹心契——中外文化交流史：迄于蒙元时代 / 黄时鉴著 . 上海：上海百家出版社，2011，358 页 .

5062 宅兹中国：重建有关"中国"的历史论述 / 葛兆光著 . 北京：中华书局，2011，330 页 .
    ➢ 宅兹中国：重建有关"中国"的历史论述 / 葛兆光著 . 台北：联经出版事业股份有限公司，2011，10+339 页 .

5063 中层理论：东西方思想会通下的中国史研究 / 杨念群著 . 增订本 . 北京：北京师范大学出版社，2016，20+262 页 .（新史学 & 多元对话系列）
    ➢ 中层理论：东西方思想会通下的中国史研究 / 杨念群著 . 南昌：江西教育出版社，2001，287 页 .（鹅湖学术丛书）

5064 中俄文化交流史，清代民国卷 / 肖玉秋主编；肖玉秋，阎国栋，陈金鹏著 . 天津：天津人民出版社，2016，2018 重印，566 页 .

5065 中法文化交流史 / 耿昇著 . 昆明：云南人民出版社，2013，748 页 .

5066 中古中国与外来文明 / 荣新江著 . 修订版 . 北京：生活·读书·新知三联书店，2014，443 页 .（三联·哈佛燕京学术丛书 . 第七辑）
    ➢ 中古中国与外来文明 / 荣新江著 . 北京：生活·读书·新知三联书店，2001，490 页 .（三联·哈佛燕京学术丛书 . 第七辑）

5067 中国典籍在日本的流传与影响 / 陆坚，王勇主编 . 杭州：杭州大学出版社，1990，12+347 页 .（日本文化研究丛书）

5068 中国古代文明与世界 / 韦黎明编 . 北京：新星出版社，2001，63 页 .

5069 中国人的观念与行为第四届现代化与中国文化国际研讨会论文集 / 乔健，潘乃谷主编 . 天津：天津人民出版社，1995，456 页 .

5070 中国史学史研讨会：从比较观点出发论文集 / 魏格林，施耐德主编 . 台北：稻乡出版社，1999，398 页（史学丛书系列；38）

5071 中国文化的域外解读 / 张西平，顾钧主编 . 上海：华东师范大学出版社，2013，214 页 .

5072 中国文化对欧洲的影响 / 王宁等著 . 石家庄：河北人民出版社，1999，221 页 .（东学西渐丛书）

5073 中国文化与世界 / 刘程远著 . 台南：复文书局，1983，371 页 .

5074 中国文化与世界：论文集 / 耿龙明，何寅主编 . 上海：上海外语教育出版社，1992，562 页 .

5075 中国文化与亚洲的价值 / 张西平，管永前主编 . 北京：学苑出版社，2018，378 页 .（中国文化在世界书系 / 张西平主编）

5076 中国文化在东南亚 / 杨保筠著；北京大学中国传统文化研究中心主编 . 2 版 . 郑州：大象出版社，2009，157 页 .（中国历史文化知识丛书）
   ➢ 中国文化在东南亚 / 杨保筠著 . 郑州：大象出版社，1997，164 页 .（中国历史文化知识丛书）

5077 中国文化在东欧：传播与接受研究 / 张西平，郝清新编 . 北京：外语教学与研究出版社，2013，16+454 页 .（国际汉学研究丛书）

5078 中国文化在俄罗斯 / 李明滨著 . 北京：中国国际广播出版社，2012，248 页 .
   ➢ 中国文化在俄罗斯 / 李明滨著 . 北京：新华出版社，1993，160 页 .（神州文化集成丛书 / 季羡林等主编）

5079 中国文化在启蒙时期的英国 / 范存忠著 . 南京：译林出版社，2010，253 页 .
   ➢ 中国文化在启蒙时期的英国 / 范存忠著 . 上海：上海外语教育出版社，1991，216 页 .

5080 中国文化在日本 / 严绍璗著 . 北京：新华出版社，1993，144 页 .（神州文化集成丛书 / 季羡林等主编）

5081 中国现代化对西方的影响 / 孙津著 . 石家庄：河北人民出版社，1999，329 页 .（东学西渐丛书）

5082 中国与东北亚文化交流志 / 严绍璗，刘渤著 . 北京：北京大学出版社，2016，348 页 .（东方文化集成 . 东方文化综合编）
   ➢ 中国与东北亚文化交流志 / 严绍璗，刘渤撰；中华文化通志编委会编 . 2 版 . 上海：上海人民出版社，2010，440 页 .（中华文化通志 . 第 10 典 . 中外文化交流；91）
   ➢ 中国与东北亚文化交流志 / 严绍璗，刘渤撰 . 上海：上海人民出版社，1999，440 页 .（中华文化通志 . 第 10 典 . 中外文化交流；91）

5083 中国与俄苏文化交流志 / 李明滨撰；中华文化通志编委会编 . 2 版 . 上海：上海人民出版社，2010，385 页 .（中华文化通志 . 第 10 典 . 中外文化交流；97）

> 中国与俄苏文化交流志 / 李明滨撰 . 上海：上海人民出版社，1998，385 页 .（中华文化通志 . 第 10 典 . 中外文化交流；97）

5084 中国与海上丝绸之路：联合国教科文组织海上丝绸之路综合考察泉州国际学术讨论会论文集 / 联合国教科文组织海上丝绸之路综合考察泉州国际学术讨论会组织委员会编 . 福州：福建人民出版社，1991，496 页 .

> 中国与海上丝绸之路：联合国教科文组织海上丝绸之路综合考察泉州国际学术讨论会（1991.2.17-20）论文集（续集）/ 联合国教科文组织海上丝绸之路综合考察泉州国际学术讨论会组织委员会编 . 福州：福建人民出版社，1994，168 页 .

5085 中国与亚洲诸国交流史论集 / 林正秋主编 . 北京：中国国际广播出版社，1998，207 页 .

5086 中韩交流三千年 / 陈尚胜著 . 北京：中华书局，1997，257 页 .（文史知识文库）

5087 中华文化概览：汉韩双语 / 郑铁生，金灿花编著 . 天津：天津教育出版社：天津外语音像出版社，2012，419 页 .

5088 中华文化海外传播史 / 武斌著 . 西安：陕西人民出版社，1998，3 册（26+15+2494 页）.

5089 中华文化在海外的传播 / 武斌著 . 沈阳：辽宁教育出版社，1993，1995 重印，331 页 .（爱国主义教育丛书 / 沈国经主编）

5090 中华文明的历史与未来国际学术研讨会论文集 / 姜锡东，丁建军主编 . 保定：河北大学出版社，2010，323 页 .

5091 中日社会文化发展比较研究 / 中村哲夫，唐元虎主编 . 上海：上海交通大学出版社，1994，164 页 .

5092 中日文化交流两千年：回顾与展望 / 徐勇，王晓秋主编 . 北京：社会科学文献出版社，2013，452 页 .

5093 中日文化交流史 / 王建民主编 . 北京：外语教学与研究出版社，2007，2010 重印，210 页 .

5094 中日文化交流史：考察与研究 / 滕军等编著 . 北京：北京大学出版社，2011，14+386 页 .

5095 中日文化交流史大系 .1，历史卷 / 王晓秋，大庭修主编 . 杭州：浙江人民出版社，1996，385 页 .

> 中日文化交流史大系 .2，法制卷 / 刘俊文，池田温主编 . 杭州：浙江人民出版社，1996，310 页 .

> 中日文化交流史大系 .3，思想卷 / 严绍璗，源了圆主编 . 杭州：浙江人民出版社，1996，457 页 .

> 中日文化交流史大系 .4，宗教卷 / 杨曾文，源了圆主编 . 杭州：浙江人民出版社，1996，392 页 .

> 中日文化交流史大系 .5，民俗卷 / 马兴国，宫田登主编 . 杭州：浙江人民出版社，1996，451 页 .

> 中日文化交流史大系 .6，文学卷 / 严绍璗，中西进主编 . 杭州：浙江人民出版社，1996，437 页 .

> 中日文化交流史大系 .7，艺术卷 / 王勇，上原昭一主编 . 杭州：浙江人民出版社，1996，363 页 .

> 中日文化交流史大系 .8，科技卷 / 李廷举，吉田忠主编 . 杭州：浙江人民出版社，1996，393 页 .

> 中日文化交流史大系 .9，典籍卷 / 王勇，大庭修主编 . 杭州：浙江人民出版社，1996，405 页 .

> 中日文化交流史大系 .10，人物卷 / 王勇，中西进主编 . 杭州：浙江人民出版社，1996，399 页 .

5096　中日文化交流史导论 / 黄爱民著 . 北京：光明日报出版社，2014，236 页 .

5097　中日文化交流史话 / 冯佐哲著 . 北京：社会科学文献出版社，2011，191 页 .（中国史话 . 交通与交流系列）

> 中日文化交流史话 / 冯佐哲著 . 北京：中国大百科全书出版社，2000，190 页 .（中华文明史话）

5098　中日文化交流史话 / 李威周，刘志义著 . 济南：山东教育出版社，1988，144 页 .（中国吴化史知识丛书 / 王绍曾，罗青主编）

5099　中日文化交流史话 / 王晓秋著 . 增订版 . 北京：商务印书馆，1996，243 页 .（中国文化史知识丛书）

> 中日文化交流史话 / 王晓秋著 . 台北：台湾商务印书馆，1994，1995 重印，146 页 .（中国文化史知识丛书；90）

> 中日文化交流史话 / 王晓秋编著 . 济南：山东教育出版社，1991，128 页 .（中国文化史知识丛书 / 任继愈主编）

5100　中日文化交流史论集：户川芳郎先生古稀纪念 / 户川芳郎先生古稀纪念论文集编辑委员会编 . 北京：中华书局，2002，10+334 页 .

5101　中日文化交流史论文集 / 北京市中日文化交流史研究会编 . 北京：人民出版社，1982，476 页 .

5102　中日文化交流研究 / 王秀文，关捷主编 . 北京：世界知识出版社，2002，325 页 .（东方文化论丛；1）

5103　中日文化论丛 .1993/ 杭州大学日本文化研究中心，日本神奈川大学人文学研究所编 . 杭州：杭州大学出版社，1995，210 页 .

> 中日文化论丛 .1994/ 杭州大学日本文化研究所，日本神奈川大学人文学研究所编 . 杭州：杭州大学出版社，1996，225 页 .

> 中日文化论丛 .1995/ 杭州大学日本文化研究中心，日本神奈川大学人文学研究

所编.杭州：杭州大学出版社，1996，234 页.

> 中日文化论丛 .1996/ 杭州大学日本文化研究所，日本神奈川大学人文学研究所编.杭州：杭州大学出版社，1997，305 页.

> 中日文化论丛：1997/ 杭州大学日本文化研究所，日本神奈川大学人文学研究所编.杭州：杭州大学出版社，1999，260 页.

> 中日文化论丛：1998/ 杭州大学日本文化研究所，日本神奈川大学人文学研究所编.杭州：浙江大学出版社，2000，228 页.

> 中日文化论丛 .1999/ 浙江大学日本文化研究所，日本神奈川大学人文学研究所编.北京：北京图书馆出版社，2001，288 页.

5104 中日文史交流论集：佐藤保先生古稀纪念 / 佐藤保先生古稀纪念论文集编辑委员会编.上海：上海辞书出版社，2005，232 页.

5105 中泰文化交流 / 施荣华著.昆明：云南美术出版社，1997，164 页.（云南师大地方文化研究所牛虎丛书）

5106 中外文化交流史 / 周思源主编；马树德编著.北京：北京语言文化大学出版社，2000，331 页.（文化书系）

5107 中外文化交流史 / 周一良主编.郑州：河南人民出版社，1987，866 页.

5108 中西文化的初识：北京与罗马 / 张西平著.上海：华东师范大学出版社，2012，285 页.（国际文化交流文库.中意文化交流史）

5109 中西文化关系史 / 李云泉主编.济南：泰山出版社，1997，408 页.

5110 中西文化关系史 / 张国刚，吴莉苇著.2 版.北京：高等教育出版社，2013，427 页.

> 中西文化关系史 / 张国刚，吴莉苇著.北京：高等教育出版社，2006，14+581 页.

5111 中西文化交流史 / 沈福伟著.上海：上海人民出版社，2017，10+570 页.

> 中西文化交流史 / 沈福伟著.上海：上海人民出版社，2014，10+570 页.（名家名著）

> 中西文化交流史：文化史 / 沈福伟著.2 版.上海：上海人民出版社，2006，570 页.

> 中西文化交流史 / 沈福伟著.上海：上海人民出版社，1985，469 页.（中国文化史丛书）

5112 中西文化交流史论 / 何兆武著.武汉：湖北人民出版社，2007，301 页.（何兆武文集）

> 中西文化交流史论 / 何兆武著.北京：中国青年出版社，2001，301 页.（幼狮文化书系）

5113 中西文明的碰撞 / 张国刚著.广州：广东人民出版社；北京：华夏出版社，1996，148 页.（历史爱好者丛书）

5114 中印文化交流百科全书：详编 /《中印文化交流百科全书》（详编）编辑委员会编.北京：中国大百科全书出版社，2015，2 册（20+28+1291 页）.

> 中印文化交流百科全书 / 中印联合编审委员会编 . 北京：中国大百科全书出版社，2014，18+11+583 页 .

5115 中印文化交流史 / 薛克翘著 . 北京：中国大百科全书出版社，2017，19+390 页 .（南亚研究丛书 . 薛克翘文集；3/ 薛克翘主编）

> 中印文化交流史话 / 薛克翘著 . 北京：中国国际广播出版社，2010，166 页 .

> 中印文化交流史话 / 薛克翘著 . 增订版 . 北京：商务印书馆，1998，173 页 .（中国文化史知识丛书）

5116 中越文化交流史论 / 刘志强著 . 北京：商务印书馆，2013，11+261 页 .

5117 早期中西交通与交流史稿 / 石云涛著 .2 版 . 北京：学苑出版社，2004，529 页 .

5118 作为方法的汉文化圈 / 张伯伟著 . 北京：中华书局，2011，434 页 .（域外汉籍研究丛书 . 第二辑）

二、汉学、中国学

（一）译著

5119 当代西方汉学研究集萃，上古史卷 / 伊沛霞，姚平主编；陈致卷主编 . 上海：上海古籍出版社，2016，18+462 页 .

> 当代西方汉学研究集萃，中古史卷 / 伊沛霞，姚平主编；单国钺卷主编 . 上海：上海古籍出版社，2016，14+448 页 .

> 当代西方汉学研究集萃，妇女史卷 / 伊沛霞，姚平主编；姚平卷主编 . 上海：上海古籍出版社，2016，18+364 页 .

> 当代西方汉学研究集萃，思想文化史卷 / 伊沛霞，姚平主编；张聪，姚平卷主编 . 上海：上海古籍出版社，2016，19+446 页 .

> 当代西方汉学研究集萃，宗教史卷 / 伊沛霞，姚平主编；姚平卷主编 . 上海：上海古籍出版社，2016，26+358 页 .

> 当代西方汉学研究集萃，上古史卷 / 伊沛霞，姚平主编；陈致卷主编 . 上海：上海古籍出版社，2012，18+466 页 .

> 当代西方汉学研究集萃，中古史卷 / 伊沛霞，姚平主编；单国钺卷主编 . 上海：上海古籍出版社，2012，14+452 页 .

> 当代西方汉学研究集萃，妇女史卷 / 伊沛霞，姚平主编；姚平卷主编 . 上海：上海古籍出版社，2012，18+368 页 .

> 当代西方汉学研究集萃，思想文化史卷 / 伊沛霞，姚平主编；张聪，姚平卷主编 . 上海：上海古籍出版社，2012，19+450 页 .

➢ 当代西方汉学研究集萃，宗教史卷 / 伊沛霞，姚平主编；姚平卷主编.上海：上海古籍出版社，2012，26+362 页.

5120 德国汉学：历史、发展、人物与视角 / 马汉茂等主编；李雪涛等译.郑州：大象出版社，2005，41+691 页.（国际汉学研究书系.当代海外汉学名著译丛 / 任继愈主编）

5121 德国与中国：历史中的相遇 / 顾彬著；李雪涛，张欣编.桂林：广西师范大学出版社，2015，326 页.（听顾彬讲汉学 / 李雪涛主编）

5122 俄罗斯汉学的基本方向及其问题 / Н.Л. 玛玛耶娃主编；李志强等译.北京：北京大学出版社，2018，375 页.（俄罗斯汉学文库 / 李明滨，孙玉华主编）

5123 俄罗斯汉学史 / П.Е. 斯卡奇科夫著；В.С. 米亚斯尼科夫编；柳若梅译.北京：社会科学文献出版社，2011，595 页.（国家清史编纂委员会·编译丛刊）

5124 法国当代中国学 / 戴仁主编；耿昇译.北京：中国社会科学出版社，1998，614 页.

5125 法国中国学的历史与现状 / 戴仁编；耿昇译.上海：上海辞书出版社，2010，742 页.（海外中国学史研究丛书）

5126 国外中国学研究译丛.1 / 李范文主编.西宁：青海人民出版社，1986，654 页.
➢ 国外中国学研究译丛.2 / 李范文等主编.西宁：青海人民出版社，1988，534 页.

5127 哈佛大学费正清中心 50 年史 / 薛龙著；路克利译.北京：新星出版社，2012，261 页.

5128 汉学传统与东亚文明关系论：季塔连科汉学论集 / 米·列·季塔连科著；李明滨，刘宏编选.北京：北京大学出版社，2018，23+403 页.（俄罗斯汉学文库 / 李明滨，孙玉华主编）

5129 汉学菁华：中国人的精神世界及其影响力 / 丁韪良著；沈弘等译.北京：世界图书出版公司北京公司，2010，12+333 页.
➢ 汉学菁华 / 丁韪良著；沈弘等译.香港：中华书局（香港）有限公司，2007，390 页.

5130 汉学书评 / 杨联陞著.北京：商务印书馆，2016，11+467 页.

5131 汉学研究新视野 / 顾彬著；李雪涛，熊英整理.桂林：广西师范大学出版社，2013，220 页.（听顾彬讲汉学 / 李雪涛主编）

5132 汉学主义：东方主义与后殖民主义的替代理论 / 顾明栋著；张强等译.北京：商务印书馆，2015，339 页.

5133 华裔汉学家周策纵的汉学研究 / 王润华著.北京：学苑出版社，2011，136 页.（列国汉学史书系 / 阎纯德，吴志良主编）

5134 捷克和斯洛伐克汉学研究 / 马立安·高利克著；李玲等译.北京：学苑出版社，2009，16+250 页.（列国汉学史书系 / 阎纯德，吴志良主编）

5135 近代日本汉学家：东洋学的系谱.第一集 / 江上波夫编著；林庆彰译.台北：万卷楼图书股份有限公司，2015，2016 重印，207 页.（汉学研究丛书.日韩儒学研究丛刊）

5136 跨文化中国学 / 汪德迈著.北京：中国大百科全书出版社，2018，132 页.（"跨文

化研究"丛书.第三辑/金丝燕,董晓萍主编)

5137 朗宓榭汉学文集/徐艳主编.上海:复旦大学出版社,2013,362页.

5138 马伯乐汉学论著选译/马伯乐著;伭晓笛等译.北京:中华书局,2014,30+553页.

5139 清水茂汉学论集/清水茂著;蔡毅译.北京:中华书局,2003,568页.(世界汉学论丛)

5140 日本汉文学论考/冈村繁著;俞慰慈等译.上海:上海古籍出版社,2009,899页.(冈村繁全集;7)

5141 日本人视野中的中国学/沟口雄三著;李甦平等译.北京:中国人民大学出版社,1996,213页.

5142 日本学者研究中国史论著选译.第一卷,通论/刘俊文主编;黄约瑟译.北京:中华书局,1992,242页.

> 日本学者研究中国史论著选译.第二卷,专论/刘俊文主编;高明士等译.北京:中华书局,1993,508页.

> 日本学者研究中国史论著选译.第三卷,上古秦汉/刘俊文主编;黄金山等译.北京:中华书局,1993,766页.

> 日本学者研究中国史论著选译.第四卷,六朝隋唐/刘俊文主编;夏日新等译.北京:中华书局,1992,720页.

> 日本学者研究中国史论著选译.第五卷,五代宋元/刘俊文主编;索介然译.北京:中华书局,1993,679页.

> 日本学者研究中国史论著选译.第六卷,明清/刘俊文主编;栾成显,南炳文译.北京:中华书局,1993,587页.

> 日本学者研究中国史论著选译.第七卷,思想宗教/刘俊文主编;许洋主等译.北京:中华书局,1993,542页.

> 日本学者研究中国史论著选译.第八卷,法律制度/刘俊文主编;姚荣涛,徐世虹译.北京:中华书局,1992,546页.

> 日本学者研究中国史论著选译.第九卷,民族交通/刘俊文主编;辛德勇等译.北京:中华书局,1993,730页.

> 日本学者研究中国史论著选译.第十卷,科学技术/刘俊文主编;杜石然等译.北京:中华书局,1992,331页.

5143 日本中国学之发展/仓石武四郎讲述;杜轶文译.北京:北京大学出版社,2013,14+16+270页.

5144 沙畹汉学论著选译/沙畹著;邢克超选编;邢克超等译.北京:中华书局,2014,438页.

5145 神话与民间文学:李福清汉学论集/李福清著;张冰选编.北京:北京大学出版社,2017,23+269页.(俄罗斯汉学文库/李明滨,孙玉华主编)

5146 十六世纪欧洲人研究中国/徐均平编译.兰州:兰州大学出版社,1992,136页.

5147 托马斯·海贝勒中国研究文选 / 托马斯·海贝勒著；郁建兴等译. 杭州：浙江大学出版社，2017，26+421 页.

5148 野蛮人来临：汉学何去何从？/ 顾彬著；曹娟主编. 北京：北京出版社，2017，12+387 页.（大家小书. 译馆）

5149 早稻田大学与中国：架起通向未来之桥 / 安藤彦太郎著；李国胜，徐水生译. 武汉：武汉大学出版社，2010，246 页.

5150 战后日本的中国现代史研究综述 / 国际历史学会议日本国内委员会编；官长为等译. 延吉：延边大学出版社，1988，168 页.

5151 中国学研究法 / 武内义雄著；吴鹏译. 台北：台湾学生书局有限公司，2016，206 页.（日本汉学丛刊）

5152 中国纵横：一个汉学家的学术探索之旅 / 史景迁著；夏俊霞等译. 上海：上海远东出版社，2005，415 页.（美国史学大师史景迁中国研究系列）

5153 周策纵自选集 / 周策纵著. 济南：山东教育出版社，2005，11+495 页.（汉学名家书系）

5154 竹内实文集. 第一卷，回忆与思考 / 竹内实著；程麻译. 北京：中国文联出版社，2002，461 页.

（二）研究著作

5155 2002 年汉学研究国际学术研讨会论文集 / 郑定国主编. 云林：云林科技大学，2003，534 页.

5156 阿瑟·韦利汉学研究策略考辨 / 冀爱莲著. 北京：人民出版社，2018，394 页.

5157 巴拉第的汉学研究 / 陈开科著. 北京：学苑出版社，2007，16+300 页.（列国汉学史书系 / 阎纯德，吴志良主编）

5158 百年汉学论集 / 郑良树著. 台北：台湾学生书局有限公司，2007，569 页.（国学研究丛书）

5159 北美中国学的历史与现状 / 朱政惠，崔丕主编. 上海：上海辞书出版社，2013，653 页.（海外中国学史研究丛书）

5160 北美中国学——研究概述与文献资源 / 张海惠主编. 北京：中华书局，2010，1000 页.

5161 比较、争论与诠释：理雅各牛津时代思想研究 / 潘琳著. 郑州：大象出版社，2017，23+312 页.（20 世纪中国古代文化经典域外传播研究书系 / 张西平总主编）

5162 长城外的记忆，万里寻古：从安卡拉大学汉学系看土耳其汉学研究 / 吕承璁著. 台北：台湾大学政治学系中国大陆暨两岸关系教学与研究中心，2015，176 页.（中国学的知识社群欧美系列；20）

5163 朝鲜半岛汉学史 / 刘顺利著. 北京：学苑出版社，2009，16+205 页.（列国汉学史书系 / 阎纯德，吴志良主编）

5164 传教士汉学研究 / 张西平著. 郑州：大象出版社，2005，349 页.（海外汉学研究丛书）

5165 传教士与法国早期汉学 / 阎宗临著；阎守诚编. 郑州：大象出版社，2003，310 页.（国际汉学研究书系，海外汉学研究丛书 / 任继愈主编）

5166 从汉学到中国学：近代日本的中国研究 / 钱婉约著. 北京：中华书局，2007，251 页.

5167 从红色憧憬到田野现实：王海与德国中国研究的转型 / 洪雅筠著. 台北：台湾大学政治学系中国大陆暨两岸关系教学与研究中心，2013，190 页.（中国学的知识社群欧美系列；11）

5168 从孙中山到摩根索：德国学者金德曼研究中国的学思历程 / 黄靖容，许惠贞著. 台北：台湾大学政治学系中国大陆暨两岸关系教学与研究中心，2014，165 页.（中国学的知识社群欧美系列；18）

5169 大洋彼岸的回声：美国中国史研究历史考察 / 陈君静著. 北京：中国社会科学出版社，2003，346 页.

5170 当代俄罗斯中国学家访谈录. 一 / 何培忠等编. 北京：中国社会科学出版社，2015，339 页.（国外中国学研究丛书 / 何培忠主编）

5171 当代国外中国学研究 / 何培忠主编. 北京：商务印书馆，2006，551 页.

5172 当代海外汉学研究 / 许惟贤，王相宝主编. 南京：江苏人民出版社，1997，544 页.

5173 当代海外中国研究. 第一辑 / 程洪，马小鹤主编. 上海：上海社会科学院出版社，2010，350 页.

> 当代海外中国研究二集 / 程洪，张海惠主编. 上海：华东师范大学出版社，2013，268 页.

> 当代海外中国研究三集 / 程洪，薛昭慧主编. 上海：华东师范大学出版社，2014，294 页.

5174 当代美国的"显学"：美国现代中国学研究 / 侯且岸著. 北京：人民出版社，1995，216 页.

5175 当代欧美汉学要著研读 / 宋莉华编著. 上海：上海教育出版社，2010，302 页.

5176 当代日本中国学家治学历程：中国学家采访录（一）/ 何培忠，石之瑜编. 北京：中国社会科学出版社，2011，327 页.（国外中国学研究丛书 / 何培忠主编）

5177 德国的汉学研究 / 张国刚著. 北京：中华书局，1994，233 页.（文史知识文库）

5178 德国汉学的回顾与前瞻：德国汉学史研究论集 / 张西平，朗宓榭编. 北京：外语教学与研究出版社，2013，14+228 页.（国际汉学研究丛书）

5179 德国汉学家福兰阁论中国 / 黄怡容著. 北京：中国社会科学出版社，2017，242 页.（鼓楼史学丛书·海外中国研究系列）

5180 德国汉学起源：17 至 19 世纪德国汉学研究 / 许杜美著. 北京：中国社会出版社，2013，254 页.

5181 第二届中国社会经济史研讨会论文集 / 许倬云等主编. 台北：汉学研究资料及服务

中心，1983，399 页（汉学研究资料及服务中心丛刊.论著类；1）

5182　第六届世界中国学论坛实录 / 上海社会科学院世界中国学研究所编.上海：上海社会科学院出版社，2018，368 页.

5183　第三届国际汉学会议论文集历史组：法制与礼俗 / 刘增贵主编.台北："中央研究院"历史语言研究所，2002，308 页.

> 第三届国际汉学会议论文集历史组：汉文化与周边民族 / 陈国栋主编.台北："中央研究院"历史语言研究所，2003，196 页.

> 第三届国际汉学会议论文集历史组：经济史、都市文化与物质文化 / 刘翠溶，石守谦主编.台北："中央研究院"历史语言研究所，2002，508 页.

> 第三届国际汉学会议论文集历史组：军事组织与战争 / 黄克武主编.台北："中央研究院"近代史研究所，2002，310 页.

> 第三届国际汉学会议论文集历史组：史前与古典文明 / 臧振华主编.台北："中央研究院"历史语言研究所，2003，220 页.

> 第三届国际汉学会议论文集历史组：性别与医疗 / 黄克武主编.台北："中央研究院"近代史研究所，2002，283 页.

> 第三届国际汉学会议论文集历史组：中世纪以前的地域文化、宗教与艺术 / 邢义田主编.台北："中央研究院"历史语言研究所，2002，419 页.

> 第三届国际汉学会议论文集人类学组：国家、市场与脉络化族群 / 蒋斌，何翠萍主编.台北："中央研究院"民族学研究所，2003，517 页.

> 第三届国际汉学会议论文集人类学组：信仰、仪式与社会 / 林美容主编.台北："中央研究院"民族学研究所，2003，581 页.

> 第三届国际汉学会议论文集思想组：中国思潮与外来文化 / 刘述先主编.台北："中央研究院"中国文哲研究所，2002，489 页.

> 第三届国际汉学会议论文集文学组：文学、文化与世变 / 李丰楙主编.台北："中央研究院"中国文哲研究所，2002，708 页.

> 第三届国际汉学会议论文集文字学组：古文字与商周文明 / 钟柏生主编.台北："中央研究院"历史语言研究所，2002，236 页.

> 第三届国际汉学会议论文集语言组：南北是非：汉语方言的差异与变化 / 何大安主编.台北："中央研究院"语言学研究所筹备处，2002，245 页.

5184　东方研究史 / 莫东寅著.北京：知识产权出版社，2014，194 页.（民国文存）

5185　东西流水终相逢 / 张西平著.北京：生活·读书·新知三联书店，2010，376 页.

5186　多元视野下的中国：首届世界中国学论坛 / 王荣华主编.上海：学林出版社，2006，701 页.

5187　"夺取汉学中心"的理念与实践：以《辅仁学志》为中心 / 汪润著.北京：学苑出版社，2018，294 页.

5188　俄国汉学史：迄于 1917 年 / 阎国栋著.北京：人民出版社，2006，731 页.

5189 俄罗斯的汉学与中国研究：口述知识史．一 / 石之瑜等编．台北：台湾大学政治学系中国大陆暨两岸关系教学与研究中心，2013，370 页．（中国学的知识社群欧美系列；13）

5190 俄罗斯汉学三百年 / 阎国栋著．北京：学苑出版社，2007，16+220 页．（列国汉学史书系 / 阎纯德，吴志良主编）

5191 俄罗斯汉学史 / 李明滨著．郑州：大象出版社，2008，276 页．（海外汉学研究丛书）

5192 俄罗斯中国学 / 李小桃，谢周主编．重庆：重庆出版社，2011，528 页．

5193 法国汉学．第一辑 / 龙巴尔，李学勤主编．北京：清华大学出版社，1996，339 页．
   - 法国汉学．第二辑 /《法国汉学》丛书编辑委员会编．北京：清华大学出版社，1997，367 页．
   - 法国汉学．第三辑 /《法国汉学》丛书编辑委员会编．北京：清华大学出版社，1998，348 页．
   - 法国汉学．第四辑 /《法国汉学》丛书编辑委员会编．北京：中华书局，1999，389 页．
   - 法国汉学．第五辑，敦煌学专号 /《法国汉学》丛书编辑委员会编．北京：中华书局，2000，399 页．
   - 法国汉学．第六辑，科技史专号 /《法国汉学》丛书编辑委员会编．北京：中华书局，2002，605 页．
   - 法国汉学．第七辑，宗教史专号 /《法国汉学》丛书编辑委员会编．北京：中华书局，2002，656 页．
   - 法国汉学．第八辑，教育史专号 /《法国汉学》丛书编辑委员会编．北京：中华书局，2003，531 页．
   - 法国汉学．第九辑，人居环境建设史专号 /《法国汉学》丛书编辑委员会编．北京：中华书局，2004，480 页．
   - 法国汉学．第十辑，粟特人在中国：历史、考古、语言的新探索 / 荣新江，华澜，张志清主编；《法国汉学》丛书编辑委员会编．北京：中华书局，2005，502 页．
   - 法国汉学．第十一辑，考古发掘与历史复原 / 陈星灿，米盖拉主编；《法国汉学》丛书编辑委员会编．北京：中华书局，2006，404 页．
   - 法国汉学．第十二辑，边臣与疆吏 / 柯兰，谷岚，李国强主编；《法国汉学》丛书编辑委员会编．北京：中华书局，2007，425 页．
   - 法国汉学．第十三辑，徽州：书业与地域文化 / 米盖拉，朱万曙主编；《法国汉学》丛书编辑委员会编．北京：中华书局，2010，711 页．
   - 法国汉学．第十四辑，古罗马和秦汉中国——风马牛不相及乎 / 马克，邓文宽，吕敏主编；《法国汉学》丛书编辑委员会编．北京：中华书局，2011，457 页．
   - 法国汉学．第十五辑，文明的记忆符号—文字与墓葬 / 杜德兰，风仪诚，邓文宽主编；《法国汉学》丛书编辑委员会编．北京：中华书局，2013，17+313+18 页．

> 法国汉学.第十六辑,罪与罚:中欧法制史研究的对话/陆康,孙家红,柴剑虹主编;《法国汉学》丛书编辑委员会编.北京:中华书局,2014,325页.

> 法国汉学.第十七辑,权力与占卜/陆康,张巍主编;《法国汉学》丛书编辑委员会编.北京:中华书局,2016,338+18页.

> 法国汉学.第十八辑,旧学新知:中欧知识与技术之演变/陆康,张柏春主编;《法国汉学》丛书编辑委员会编.北京:中华书局,2018,246页.

5194 法国汉学史/许光华著.北京:学苑出版社,2009,16+335页.(列国汉学史书系/阎纯德,吴志良主编)

5195 法国汉学史论/耿昇著.北京:学苑出版社,2015,2册(14+825页).(列国汉学史书系.第二辑/阎纯德,吴志良主编)

5196 福特基金会与美国的中国学:1950—1979年/韩铁著.北京:中国社会科学出版社,2004,408页.(中华美国学丛书)

5197 辅仁大学第六届汉学国际研讨会:"西方早期(1552—1814年间)汉语学习和研究"论文集/魏思齐编辑.新北:辅仁大学出版社,2011,694页.(辅仁大学华裔学志丛书系列;10)

5198 复旦汉学论丛.第九辑/吴中伟主编.上海:复旦大学出版社,2015,158页.

5199 隔绝对峙时期的美国中国学:1949—1972/吴原元著.上海:上海辞书出版社,2008,232页.(海外中国学史研究丛书)

5200 沟通中俄文化的桥梁:俄罗斯汉学史上的院士汉学家/柳若梅等著.北京:外语教学与研究出版社,2010,396页.(国际汉学研究丛书)

5201 国际汉学.第一期/《国际汉学》编委会编.北京:商务印书馆,1995,546页

> 国际汉学.第二辑—第十五辑/任继愈主编.郑州:大象出版社,1998—2006,14册.

> 国际汉学.第十六辑—第二十六辑/张西平主编.郑州:大象出版社,2007—2014,11册.

5202 国际汉学集刊.1/陈学超主编;陕西师范大学国际汉学院,陕西师范大学汉学研究所编.北京:中国社会科学出版社,2004,417页.

> 国际汉学集刊.2/陈学超主编;陕西师范大学国际汉学院,陕西师范大学汉学研究所编.北京:中国社会科学出版社,2008,375页.

> 国际汉学集刊.3/陈学超主编;陕西师范大学国际汉学院,陕西师范大学汉学研究所编.北京:中国社会科学出版社,2015,302页.

5203 国际汉学论丛.第一辑/林庆彰主编;陈恒嵩,黄智信编辑.台北:乐学书局有限公司,1999,362页.

> 国际汉学论丛.第二辑/林庆彰主编;何淑苹,萧开元编辑.台北:乐学书局有限公司,2005,414页.

> 国际汉学论丛.第三辑/林庆彰主编;叶纯芳,黄智信编辑.台北:乐学书局有限公司,2007,409页.

> 国际汉学论丛. 第四辑 / 林庆彰主编；庄兵等著. 新北：华艺学术出版社，2014，269 页.

5204 国际汉学论坛. 卷一——卷二 / 陈学超主编；西北大学国际文化交流学院，西北大学汉学研究所编. 西安：西北大学社，1994—1995，2 册（492；689 页）.

5205 国际汉学漫步 / 李学勤主编. 石家庄：河北教育出版社，1997，2 册（885 页）.

5206 国际汉学研究趋势：郑清茂教授八秩华诞祝寿论文集. 上下册 / 林文月等著. 花莲：东华大学；新北：华艺学术出版社，2013，2 册（236；286 页）.

5207 国际汉学研究数位资源选介. 2007 年 / 汉学研究中心编. 台北：汉学研究中心，2007，138 页.

5208 国际汉学研究通讯. 第一期（2010.3）/ 刘玉才主编. 北京：中华书局，2010，385 页.

> 国际汉学研究通讯. 第二期（2010.10）/ 刘玉才主编. 北京：中华书局，2011，370 页.

> 国际汉学研究通讯. 第三期（2011.6）/ 刘玉才主编. 北京：北京大学出版社，2011，466 页.

> 国际汉学研究通讯. 第四期—第十二期 / 刘玉才主编；北京大学国际汉学家研修基地编. 北京：北京大学出版社，2011—2016，9 册.

> 国际汉学研究通讯. 第十三、十四期（2016.12）/ 北京大学国际汉学家研修基地编. 北京：北京大学出版社，2017，419 页.

> 国际汉学研究通讯. 第十五期—第十六期 / 北京大学国际汉学家研修基地编. 北京：北京大学出版社，2017—2018，2 册.

5209 国际视野中的中国研究：历史与现在 / 何培忠主编. 北京：中国社会科学出版社，2013，10+305 页.（国外中国学研究丛书 / 何培忠主编）

5210 国外汉学史 / 何寅，许光华编著. 上海：上海外语教育出版社，2002，675 页.

5211 国外中国学研究. 第一辑 / 张良春主编. 桂林：漓江出版社，1991，355 页.

5212 国外中国学研究前沿 / 黄仁伟主编. 上海：上海社会科学院出版社，2010，406 页.

5213 国学与汉学：近代中外学界交往录 / 桑兵著. 北京：中国人民大学出版社，2010，292 页.（当代中国人文大系）

> 国学与汉学：近代中外学界交往录 / 桑兵著. 杭州：浙江人民出版社，1999，335 页.（20 世纪学术大师交往系列）

5214 海外典籍与日本汉学论丛 / 李庆著. 北京：中华书局，2011，483 页.（域外汉籍研究丛书. 第二辑）

5215 海外汉学研究：汉学在 20 世纪东西方各国研究和发展的历史 / 刘正著. 武汉：武汉大学出版社，2002，255 页.（武汉大学学术丛书）

5216 海外汉学资源调查录 / 汪雁秋编. 台北：汉学研究资料暨服务中心，1982，521 页.

5217 海外中国学理论前沿：中国与世界 / 乔兆红编著. 上海：上海社会科学院出版社，2017，299 页.（上海社会科学院哲学社会科学创新工程国际理论前沿丛书. 第一

辑/黄仁伟，张兆安主编）

5218 海外中国学评论．第1辑/朱政惠主编．上海：上海古籍出版社，2006，324页．
- 海外中国学评论．第2辑/朱政惠主编．上海：上海古籍出版社，2007，370页．
- 海外中国学评论．第3辑/朱政惠主编．上海：上海辞书出版社，2008，385页．
- 海外中国学评论．第4辑/朱政惠主编．上海：上海辞书出版社，2012，393页．
- 海外中国学评论．第5辑/朱政惠主编．上海：上海辞书出版社，2015，321页．

5219 海外中国学研究．第一辑/韩强，梁怡主编．北京：知识产权出版社，2014，275页．
- 海外中国学研究．第二辑/韩强，梁怡主编．北京：知识产权出版社，2015，234页．
- 海外中国学研究．第三辑/韩强，梁怡主编．北京：知识产权出版社有限责任公司，2018，245页．

5220 韩国的中国史研究成果与展望/朴元熇主编．北京：中国社会科学出版社，2015，260页．

5221 汉·全世界做朋友：汉学研究中心三十周年特刊/耿立群主编．台北：汉学研究中心，2011，75页．

5222 汉风．第01辑（2016）/黄卓越主编．北京：五洲传播出版社，2017，224页．
- 汉风．第02辑（2017）/黄卓越主编．北京：五洲传播出版社，2018，212页．

5223 汉学发达史/莫东寅著．郑州：大象出版社，2006，129页．（海外汉学研究丛书）
- 汉学发达史/莫东寅著．影印本．上海：上海书店，1989，169页．

5224 汉学范例：郑子瑜学术研究/毛策著．上海：上海三联书店，2004，249页．

5225 汉学研究．第一集/阎纯德主编．北京：中国和平出版社，1996，537页．（中国文化研究汉学书系）
- 汉学研究．第二集/阎纯德主编．北京：中国和平出版社，1997，546页．（中国文化研究汉学书系）
- 汉学研究．第三集/阎纯德主编．北京：中国和平出版社，1999，579页．（中国文化研究汉学书系）
- 汉学研究．第四集/阎纯德主编．北京：中华书局，2000，597页．（中国文化研究汉学书系）
- 汉学研究．第五集/阎纯德主编．北京：中华书局，2000，578页．（中国文化研究汉学书系）
- 汉学研究．第六集/阎纯德主编．北京：中华书局，2002，587页．（中国文化研究汉学书系）
- 汉学研究．第七集/阎纯德主编．北京：中华书局，2003，730页．（中国文化研究汉学书系）
- 汉学研究．第八集/阎纯德主编．北京：中华书局，2004，741页．（中国文化研究汉学书系）
- 汉学研究．第九集/阎纯德主编．北京：中华书局，2006，13+434页．

> 汉学研究.第十集/阎纯德主编.北京：学苑出版社，2007，430页.

> 汉学研究.第十一集/阎纯德主编.北京：学苑出版社，2008，455页.

> 汉学研究.第十二集/阎纯德主编.北京：学苑出版社，2010，499页.

> 汉学研究.第十三集/阎纯德主编.北京：学苑出版社，2011，472页.

> 汉学研究.第十四集/阎纯德主编.北京：学苑出版社，2012，446页.

> 汉学研究.第十五集/阎纯德主编.北京：学苑出版社，2013，458页.

> 汉学研究.总第十六集2014年春夏卷—总第二十五集2018年秋冬卷/阎纯德主编.北京：学苑出版社，2014—2018，10册.

5226 汉学研究通讯：第1-20卷总目录：1982—2001/《汉学研究通讯》编辑部编辑.台北：汉学研究中心，2002，280页.

5227 汉学研究与中国社会科学的推进：国际学术研讨会论文集.上下卷/连晓鸣，庞学铨主编.北京：中国社会科学出版社，2012，2册（1381页）.

5228 汉学研究之回顾与前瞻：新加坡国立大学中文系主办国际汉学会议论文选集/林徐典编.北京：中华书局，1995，2册（511+421页）.

5229 "汉学主义"论争集萃/顾明栋，周宪主编.北京：中国社会科学出版社，2017，337页.

5230 荷兰汉学史/熊文华著.北京：学苑出版社，2012，16+320页.（列国汉学史书系/阎纯德，吴志良主编）

5231 华学.第一期/饶宗颐主编.广州：中山大学出版社，1995，272页.

> 华学.第二辑/《华学》编辑委员会.广州：中山大学出版社，1996，373页.

> 华学.第三辑/饶宗颐主编.北京：紫禁城出版社，1998，348页.

> 华学.第四辑/饶宗颐主编.北京：紫禁城出版社，2000，327页.

> 华学.第五辑/饶宗颐主编.广州：中山大学出版社，2001，318页.

> 华学.第六辑/饶宗颐主编.北京：紫禁城出版社，2003，365页.

> 华学.第七辑/饶宗颐主编；"华学"编辑委员会编.广州：中山大学出版社，2004，332页.

> 华学.第八辑/饶宗颐主编.北京：紫禁城出版社，2006，311页.

> 华学.第九—十辑/饶宗颐主编.上海：上海古籍出版社，2008，6册（2420页）.

> 华学.第十一辑/饶宗颐主编.广州：中山大学出版社，2014，211页.

> 华学.第十二辑，饶宗颐教授百岁华诞庆贺专号/"华学"编辑委员会编.广州：中山大学出版社，2017，319页.

5232 皇家亚洲文会北中国支会研究/王毅著.上海：上海书店出版社，2005，415页.

5233 皇家亚洲文会北华支会会刊：1858—1948/上海图书馆整理.影印本.上海：上海科学技术文献出版社，2013，35册.

> 皇家亚洲文会北华支会会刊：1858—1948：导论·索引·附录/上海图书馆编.上海：上海科学技术文献出版社，2013，514页.

5234　黄嘉略与早期法国汉学 / 许明龙著 . 修订本 . 北京：商务印书馆，2014，486 页 .
　　▷ 黄嘉略与早期法国汉学 / 许明龙著 . 北京：中华书局，2004，359 页 .
5235　交错的文化史：早期传教士汉学研究史稿 / 张西平著 . 北京：学苑出版社，2017，14+474 页 .（列国汉学史书系 . 第二辑 / 阎纯德，吴志良主编）
5236　近代中国学者论日本汉学 / 贾菁菁编校 . 上海：上海古籍出版社，2018，540 页 .（中国近代史学文献丛刊 / 王东，李孝迁主编）
5237　近代中国域外汉学评论萃编 / 李孝迁编校 . 上海：上海古籍出版社，2014，574 页 .
5238　近三十年国外"中国"学工具书简介 / 冯蒸编著 . 北京：中华书局，1981，358 页 .
5239　孔飞力中国学研究 / 龚咏梅著 . 上海：上海辞书出版社，2008，352 页 .（海外中国学史研究丛书）
5240　赖德烈的中国学 / 王思聪著 . 北京：知识产权出版社，2015，206 页 .
5241　另一种声音：海外汉学访谈录 / 季进著 . 上海：复旦大学出版社，2011，213 页 .（苏州大学海外汉学研究丛书）
5242　马立安·高利克的汉学研究 / 杨玉英著 . 北京：学苑出版社，2015，14+489 页 .（列国汉学史书系 . 第二辑 / 阎纯德，吴志良主编）
5243　美国的中国学研究 / 仇华飞著 . 北京：中国社会科学出版社，2011，441 页 .
5244　美国汉学史 / 熊文华著 . 北京：学苑出版社，2015，2 册（14+627 页）.（列国汉学史书系 . 第二辑 / 阎纯德，吴志良主编）
5245　美国汉学纵横谈 / 顾钧著 . 上海：华东师范大学出版社，2016，251 页 .
5246　美国学者论美国中国学 / 朱政惠编 . 上海：上海辞书出版社，2009，347 页 .（海外中国学史研究丛书）
5247　美国战后中国学 / 王建平，曾华著 . 沈阳：东北大学出版社，2003，155 页 .
5248　美国中国学发展史：以历史学为中心 / 朱政惠著 . 上海：中西书局，2014，750 页 .
5249　美国中国学史研究：海外中国学探索的理论与实践 / 朱政惠著 . 上海：上海古籍出版社，2004，347 页 .
5250　美国中国学手册：增订本 / 孙越生，陈书梅主编；中国社会科学院文献情报中心编 . 北京：中国社会科学出版社，1993，731 页 .（国外研究中国丛书）
　　▷ 美国中国学手册 / 中国社会科学院情报研究所编 . 北京：中国社会科学出版社，1981，699 页 .（国外研究中国丛书）
5251　美国中国学研究：以施坚雅模式社会科学化取向为中心的考察 / 刘招成著 . 上海：上海人民出版社，2009，276 页 .（华东政法大学政治理论部学术研究丛书）
5252　民国时期的德国汉学：文献与研究 / 李雪涛编 . 北京：外语教学与研究出版社，2013，484 页 .
5253　明代欧洲汉学史 / 吴孟雪，曾丽雅著 . 北京：东方出版社，2000，11+11+229 页 .（大航海时代 / 张西平，方鸣主编）
5254　明清时期中国史学对朝鲜的影响：兼论两国学术交流与海外汉学 / 孙卫国著 . 上海：

上海辞书出版社，2009，316 页 .（海外中国学史研究丛书）

5255 尼·雅·比丘林及其汉学研究 / 李伟丽著 . 北京：学苑出版社，2007，16+179 页 .（列国汉学史书系 / 阎纯德，吴志良主编）

5256 欧美汉学研究的历史与现状 / 张西平编 . 郑州：大象出版社，2006，448 页 .（海外汉学研究丛书 / 任继愈主编）

5257 欧洲早期汉学史：中西文化交流与西方汉学的兴起 / 张西平著 . 北京：中华书局，2009，710 页 .

5258 欧洲中国学 / 黄长著，孙越生，王祖望主编 . 北京：社会科学文献出版社，2005，1211 页 .

5259 启蒙时代欧洲的中国观：一个历史的巡礼与反思 / 张国刚，吴莉苇著 . 上海：上海古籍出版社，2006，454 页 .（社会·经济·观念史丛书）

5260 青年汉学家研修计划论文集 . 2016，北京 / 文化部对外文化联络局，中外文化交流中心编 . 北京：中国社会科学出版社，2017，524 页 .

5261 清华汉学研究 . 第一辑 / 葛兆光主编 . 北京：清华大学出版社，1994，344 页 .
- 清华汉学研究 . 第二辑 / 葛兆光主编 . 北京：清华大学出版社，1997，355 页 .
- 清华汉学研究 . 第三辑 / 葛兆光主编 . 北京：清华大学出版社，2000，288 页 .

5262 庆祝莆田黄锦鋐教授八秩日本町田三郎教授七秩嵩寿论文集 / 庆祝莆田黄锦鋐教授八秩日本町田三郎教授七秩嵩寿论文集编委会编 . 台北：文史哲出版社，2001，594 页 .

5263 全球视野下的史学：区域性与国际性 / 朱政惠，胡逢祥主编 . 上海：上海辞书出版社，2011，11+775 页 .（海外中国学史研究丛书）

5264 日本东方学 . 第一辑 / 日本京都大学人文科学研究所主编 . 北京：中华书局，2007，375 页 .
- 日本东方学 . 第二辑 / 日本京都大学人文科学研究所主编 . 北京：中华书局，2012，216 页 .

5265 日本汉学史 . 第一部，起源和确立：1868—1918/ 李庆著 . 2 版，修订本 . 上海：上海人民出版社，2016，16+503 页 .
- 日本汉学史 . 第二部，成熟和迷途：1919—1945/ 李庆著 . 2 版，修订本 . 上海：上海人民出版社，2016，478 页 .
- 日本汉学史 . 第三部，转折和发展：1945—1971/ 李庆著 . 2 版，修订本 . 上海：上海人民出版社，2016，693 页 .
- 日本汉学史 . 第四部，新的繁盛：1972—1988/ 李庆著 . 2 版，修订本 . 上海：上海人民出版社，2016，628 页 .
- 日本汉学史 . 第五部，变迁和展望：1989—/ 李庆著 . 2 版，修订本 . 上海：上海人民出版社，2016，529 页 .
- 日本汉学史 . 第一部，起源和确立：1868—1918/ 李庆著 . 上海：上海人民出版

> 社，2010，493 页．
> 日本汉学史．第二部，成熟和迷途：1919—1945/ 李庆著．上海：上海人民出版社，2010，465 页．
> 日本汉学史．第三部，转折和发展：1945—1971/ 李庆著．上海：上海人民出版社，2010，669 页．
> 日本汉学史．第四部，新的繁盛：1972—1988/ 李庆著．上海：上海人民出版社，2010，602 页．
> 日本汉学史．第五部，变迁和展望：1989—/ 李庆著．上海：上海人民出版社，2010，508 页．
> 日本汉学史．第一部，起源和确立/ 李庆著．上海：上海外语教育出版社，2002，20+608 页．（中国文化与世界）
> 日本汉学史．第二部，成熟和迷途：1919—1945/ 李庆著．上海：上海外语教育出版社，2004，583 页．（中国文化与世界）
> 日本汉学史．第三部，转折和发展：1945—1971/ 李庆著．上海：上海外语教育出版社，2004，837 页．（中国文化与世界）

5266 日本汉学研究初探/ 张宝三，杨儒宾编．上海：华东师范大学出版社，2008，329 页．（儒学与东亚文明研究丛书；5）
> 日本汉学研究续探，思想文化篇/ 张宝三，杨儒宾编．上海：华东师范大学出版社，2008，275 页．（儒学与东亚文明研究丛书；26）
> 日本汉学研究续探，文学篇/ 叶国良，陈明姿编．上海：华东师范大学出版社，2008，186 页．（儒学与东亚文明研究丛书；27）
> 日本汉学研究续探，思想文化篇/ 张宝三，杨儒宾编．台北：台湾大学出版中心，2005，12+388 页．（东亚文明研究丛书；39）
> 日本汉学研究续探，文学篇/ 叶国良，陈明姿编．台北：台湾大学出版中心，2005，265 页．（东亚文明研究丛书；40）

5267 日本京都中国学与东亚文化/ 连清吉著．台北：台湾学生书局有限公司，2010，318 页．

5268 日本江户时代的考证学家及其学问/ 连清吉著．台北：台湾学生书局，1998，216 页．（日本汉学丛刊）

5269 日本中国史研究年刊：2006 年度—2010 年度/《日本中国史研究年刊》刊行会编．上海：上海古籍出版社，2008—2013，5 册．

5270 日本中国学史．第一卷：19 世纪 60 年代—20 世纪 40 年代中期/ 严绍璗著．南昌：江西人民出版社，1991，626 页．（东方文化丛书/ 季羡林等主编）

5271 日本中国学史稿/ 严绍璗著．北京：学苑出版社，2009，16+614 页．（列国汉学史书系/ 阎纯德，吴志良主编）

5272 日本中国学述闻/ 王晓平著．北京：中华书局，2008，10+484 页．

5273 日耳曼学术谱系中的汉学：德国汉学之研究 / 李雪涛著 . 北京：外语教学与研究出版社，2008，16+17+255 页 .（国际汉学研究丛书）

5274 瑞典汉学史 / 张静河著 . 合肥：安徽文艺出版社，1995，326 页 .

5275 十七世纪中期汉学著作研究——以曾德昭《大中国志》和安文思《中国新志》为中心 / 计翔翔著 . 上海：上海古籍出版社，2002，332 页 .（浙江大学人文学术丛书）

5276 史华慈论中国 / 许纪霖，宋宏编 . 北京：新星出版社，2006，571 页 .

5277 史华慈与中国 / 许纪霖，朱政惠编 . 长春：吉林出版集团有限责任公司，2008，674 页 .

5278 史记学与世界汉学论集 / 李纪祥主编 . 台北：唐山出版社，2011，394 页 .（人文书会丛书；9）

  ➢ 史记学与世界汉学论集 . 续编 / 柯马丁，李纪祥主编 . 台北：唐山出版社，2016，294 页 .（人文书会丛书；11）

5279 史景迁的中国历史叙事：在宏观与微观之间 / 李庭甫著 . 台北：台湾大学政治学系中国大陆暨两岸关系教学与研究中心，2017，89 页 .（中国学的知识社群欧美系列；25）

5280 史与物：中国学者与法国汉学家论学书札辑注 / 祖艳馥，达西娅·维埃荷－罗斯编著 . 北京：商务印书馆，2015，45+224 页 .

5281 世界的中国观：近二千年来世界对中国的认识史纲 / 忻剑飞著 . 上海：学林出版社，2013，378 页 .（时代之思·中国研究丛书）

  ➢ 世界的中国观 / 忻剑飞著 . 台北：博远出版有限公司，1993，463 页 .（学者丛书）

  ➢ 世界的中国观：近二千年来世界对中国的认识史纲 / 忻剑飞著 . 上海：学林出版社，1991，407 页 .

  ➢ 世界的中国观：近二千年世界对中国的认识史纲 / 忻剑飞著 . 香港：三联书店（香港）公司，1991，414 页 .（三联精选；9）

5282 世界汉学 .2009·秋季号 / 杨煦生，孙郁，耿幼壮主编 . 北京：中国人民大学出版社，2009，203 页 .

  ➢ 世界汉学 .2010·春季号 / 耿幼壮，杨慧林主编 . 北京：中国人民大学出版社，2010，172 页 .

  ➢ 世界汉学 . 第 7 卷—第 14 卷 / 耿幼壮，杨慧林主编 . 北京：中国人民大学出版社，2011—2014，6 册 .

  ➢ 世界汉学 . 第 15 卷 / 耿幼壮，杨慧林主编 . 北京：中国人民大学出版社，2015，204 页 .

  ➢ 世界汉学 . 第 16 卷 / 耿幼壮，杨慧林主编 . 北京：中国人民大学出版社，2016，192 页 .

5283 世界中国学理论前沿 / 上海社会科学院世界中国研究所编 . 上海：上海社会科学院出版社，2016，317 页 .（上海社会科学院哲学社会科学创新工程学术前沿丛

书. 第一辑 / 黄仁伟，叶青主编）

5284 谁的中国？谁的模式？普遍性与特殊性之辩 / 李梅玲，石之瑜著. 台北：台湾大学政治学系中国大陆暨两岸关系教学与研究中心，2014，170 页.（中国学的知识社群欧美系列；17）

5285 苏联解体之后的俄罗斯中国学研究 / 朱达秋，江宏伟，华莉著. 哈尔滨：黑龙江大学出版社，2013，13+239 页.

5286 他乡有夫子：汉学研究导论 / 张西平编. 北京：外语教学与研究出版社，2005，2 册（22+682 页）.（北京外国语大学比较文学研究丛书）

5287 台湾汉学研究数位资源选介 / 耿立群主编. 台北：汉学研究中心，2012，47 页.

5288 唐代经学及日本近代京都学派中国学研究论集 / 张宝三著. 台北：里仁书局，1998，372 页.

5289 图说汉学史 / 刘正著. 桂林：广西师范大学出版社，2005，310 页.

5290 瓦西里耶夫与中国 / 赵春梅著. 北京：学苑出版社，2007，16+219 页.（列国汉学史书系 / 阎纯德，吴志良主编）

5291 卫礼贤与汉学：首届青岛德华论坛文集 / 余明锋，张振华编. 北京：商务印书馆，2017，202 页.（欧洲文化丛书 / 孙周兴，冯俊主编）

5292 卫三畏与美国汉学研究 / 孔陈焱著. 上海：上海辞书出版社，2010，282 页.

5293 卫三畏与美国早期汉学 / 顾钧著. 北京：学苑出版社，2018，16+195 页.（列国汉学史书系. 第二辑 / 阎纯德，吴志良主编）
- ➢ 卫三畏与美国早期汉学 / 顾钧著. 北京：外语教学与研究出版社，2009，14+162 页.（国际汉学研究丛书）

5294 文化的馈赠：汉学研究国际会议论文集，史学卷 / 北京大学中国传统文化研究中心编. 北京：北京大学出版社，2000，347 页.
- ➢ 文化的馈赠：汉学研究国际会议论文集，考古学卷 / 北京大学中国传统文化研究中心编. 北京：北京大学出版社，2000，348 页.
- ➢ 文化的馈赠：汉学研究国际会议论文集，语言文学卷 / 北京大学中国传统文化研究中心编. 北京：北京大学出版社，2000，521 页.
- ➢ 文化的馈赠：汉学研究国际会议论文集，哲学卷 / 北京大学中国传统文化研究中心编. 北京：北京大学出版社，2000，293 页.

5295 问学于中西之间 / 张西平著. 北京：外语教学与研究出版社，2013，307 页.

5296 误解的对话：德国汉学家的中国记忆 / 李雪涛著. 北京：新星出版社，2014，42+375 页.（新人文丛书 / 王晓纯，吴晚云主编；17）

5297 西班牙的汉学研究：1552—2016 / 张铠著. 北京：中国社会科学出版社，2017，15+564 页.

5298 西方汉学十六讲 / 张西平主编. 北京：外语教学与研究出版社，2011，428 页.

5299 西方中国古代史研究导论 / 胡志宏著. 郑州：大象出版社，2002，368 页.（国际

汉学研究书系.海外汉学研究丛书／任继愈主编）

5300 下江南：苏州大学海外汉学演讲录／王尧，季进编.上海：复旦大学出版社，2011，327页.

5301 醒客的中国观——近百多年世界思想大师的中国观感概述／忻剑飞著.上海：学林出版社，2013，10+444页.（时代之思·中国研究丛书.第四辑）

5302 一个所谓红队学者，蓝普顿的中国认识／钟宜铮著.台北：台湾大学政治学系中国大陆暨两岸关系教学与研究中心，2013，133页.（中国学的知识社群欧美系列；14）

5303 意大利汉学史／张永奋，白桦著.北京：学苑出版社，2016，14+319页.（列国汉学史书系.第二辑／阎纯德，吴志良主编）

5304 英国19世纪的汉学史研究／胡优静著.北京：学苑出版社，2009，171页.（列国汉学史书系／阎纯德，吴志良主编）

5305 英国汉学史／熊文华著.北京：学苑出版社，2007，16+294页.（列国汉学史书系／阎纯德，吴志良主编）

5306 域外汉籍研究集刊.第一辑—第七辑／张伯伟编.北京：中华书局，2005—2011，7册.
- 域外汉籍研究集刊.第八辑／张伯伟编.北京：中华书局，2013，422页.
- 域外汉籍研究集刊.第九辑／张伯伟编.北京：中华书局，2013，496页.
- 域外汉籍研究集刊.第十辑／张伯伟编.北京：中华书局，2014，524页.
- 域外汉籍研究集刊.第十一辑／张伯伟编.北京：中华书局，2015，530页.
- 域外汉籍研究集刊.第十二辑／张伯伟编.北京：中华书局，2015，466页.
- 域外汉籍研究集刊.第十三辑／张伯伟编.北京：中华书局，2016，570页.
- 域外汉籍研究集刊.第十四辑／张伯伟编.北京：中华书局，2016，408页.
- 域外汉籍研究集刊.第十五辑／张伯伟编.北京：中华书局，2017，468页.
- 域外汉籍研究集刊.第十六辑／张伯伟编.北京：中华书局，2018，520页.
- 域外汉籍研究集刊.第十七辑／张伯伟编.北京：中华书局，2018，502页.

5307 域外汉学与中国现代史学／李孝迁著.上海：上海古籍出版社，2014，436页.

5308 域外中国学十论／葛兆光著.上海：复旦大学出版社，2002，11+191页.（名家专题精讲）

5309 展现中华文化的世界意义：北京外国语大学中国海外汉学研究中心学术文集／张西平编.北京：外语教学与研究出版社，2013，20+687页.（北京外国语大学70周年校庆学术成果系列）

5310 战后日本的中国史研究／高明士著.4版，修订版.台北：文海学术思想研究发展文教基金会，1996，444页.（文海历史丛刊；4）
- 战后日本的中国史研究／高明士著.3版，增订.台北：明文书局，1986，417页.
- 战后日本的中国史研究／高明士著.再版.台北：东升出版事业公司，1982，320页.

5311 战后日本的中国研究——口述知识史 / 石之瑜等编 . 台北：台湾大学政治学系中国大陆暨两岸关系教学与研究中心，2011，414 页 .（中国学的知识社群研究系列；22）

> 战后日本的中国研究——口述知识史 . 第二册 / 邵轩磊，石之瑜，何培忠编 . 台北：台湾大学政治学系中国大陆暨两岸关系教学与研究中心，2013，323 页 .（中国学的知识社群研究系列；25）

> 战后日本的中国研究——口述知识史 . 第三册 / 邵轩磊，石之瑜，何培忠编 . 台北：台湾大学政治学系中国大陆暨两岸关系教学与研究中心，2013，240 页 .（中国学的知识社群研究系列；26）

5312 中国 21.1998/ 爱知大学现代中国学会编 . 北京：中国社会科学出版社，1999，452 页 .

> 中国 21.1999/ 爱知大学现代中国学会编 . 北京：中国社会科学出版社，2001，571 页 .

> 中国 21. 第 3 号 / 爱知大学现代中国学会编 . 北京：中国社会科学出版社，2005，414 页 .

5313 中国的日本认识·日本的中国认识 / 复旦大学文史研究院编 . 北京：中华书局，2015，165 页 .（复旦文史专刊之九）

5314 《中国评论》（1872—1901）与西方汉学 / 王国强著 . 上海：上海书店出版社，2010，797 页 .（博士文库）

5315 中国学 / 鲁曙明主编 . 北京：中国人民大学出版社，2012，435 页 .（西方人文社科前沿述评）

5316 中国学 . 第一辑 / 世界中国学论坛，上海社会科学院世界中国学研究所编 . 上海：上海人民出版社，2012，515 页 .

> 中国学 . 第二辑 / 潘世伟，黄仁伟，周武编 . 上海：上海人民出版社，2012，567 页 .

> 中国学 . 第三辑 / 潘世伟，黄仁伟，乔兆红编 . 上海：上海人民出版社，2013，355 页 .

> 中国学 . 第四辑 / 潘世伟，黄仁伟，乔兆红编 . 上海：上海人民出版社，2014，362 页 .

> 中国学 . 第五辑 / 潘世伟，黄仁伟，乔兆红编 . 上海：上海人民出版社，2014，336 页 .

> 中国学 . 第六辑 / 潘世伟，黄仁伟，乔兆红编 . 上海：上海人民出版社，2015，347 页 .

> 中国学 . 第七辑 / 王战，黄仁伟，乔兆红编 . 上海：上海人民出版社，2017，278 页 .

5317 中国学研究 . 第一辑 / 吴兆路，金伯昀主编 . 北京：中国书籍出版社，1997，234 页 .

> 中国学研究 . 第四辑—第七辑 / 吴兆路等主编 . 济南：济南出版社，2001—2005，4 册 .

> 中国学研究 . 第八辑—第九辑 / 吴兆路，甲斐胜二，林俊相主编 . 济南：济南出版社，2006，2 册（458；436 页）.

> 中国学研究 . 第十辑—第十六辑 / 吴兆路，甲斐胜二，林俊相主编 . 济南：济南出版社，2007—2013，7 册 .

> 中国学研究 . 第十七辑—第十八辑 / 吴兆路，甲斐胜二，林俊相主编 . 济南：济南出版社，2015—2016，2 册（277；279 页）.

5318 中国学研究：现状、趋势与意义 / 王荣华，黄仁伟主编 . 上海：学林出版社，2007，32+456 页 .

5319 中国学者论美国中国学 / 朱政惠编 . 上海：上海辞书出版社，2008，431 页 .（海外中国学史研究丛书）

5320 中国研究的范式问题讨论 / 黄宗智主编 . 北京：社会科学文献出版社，2003，318 页 .（喜玛拉雅学术文库·阅读中国系列）

5321 中国与世界：和谐和平：第二届世界中国学论坛，经济社会卷 / 王荣华主编 . 上海：学林出版社，2008，590 页 .

> 中国与世界：和谐和平：第二届世界中国学论坛，国际政治与经济关系卷 / 王荣华主编 . 上海：学林出版社，2008，815 页 .

> 中国与世界：和谐和平：第二届世界中国学论坛，文史哲卷 / 王荣华主编 . 上海：学林出版社，2008，648 页 .

5322 中国域外汉籍国际学术会议论文集 / 联合报文化基金会国学文献馆编 . 台北：联合报文化基金会国学文献馆，1987，1149 页 .

> 第二届中国域外汉籍国际学术会议论文集 / 联合报文化基金会国学文献馆主编 . 台北：联合报文化基金会国学文献馆，1989，1137 页 .

> 第三届中国域外汉籍国际学术会议论文集 / 联合报文化基金会国学文献馆编 . 台北：联合报文化基金会国学文献馆，1990，536 页 .

> 第四届中国域外汉籍国际学术会议论文集 / 联合报文化基金会国学文献馆编 . 台北：联合报文化基金会国学文献馆，1991，466+26 页 .

> 第五届中国域外汉籍国际学术会议论文集 / 联合报文化基金会国学文献馆编 . 台北：联合报文化基金会国学文献馆编，1991，498+13 页 .

> 第六届中国域外汉籍国际学术会议论文集 / 联合报文化基金会国学文献馆编 . 台北：联合报文化基金会国学文献馆，1993，802+42 页 .

> 第七、八届中国域外汉籍国际学术会议论文集合刊 / 联合报文化基金会国学文献馆编 . 台北：联合报文化基金会国学文献馆，1995，800 页 .

> 第十届中国域外汉籍国际学术会议论文集 / 陈捷先主编 . 台北：联合报系文化基金会，1999，802 页 .

5323 中日学者中国学论文集：中岛敏夫教授汉学研究五十年志念文集 / 刘柏林，胡令远编 . 上海：复旦大学出版社，2006，834 页 .

5324 "中央研究院"第二届国际汉学会议论文集 / "中央研究院"第二届国际汉学会议论文集编辑委员会编辑 . 台北："中央研究院"，1989，10 册 .

5325 "中央研究院"国际汉学会议论文集 / "中央研究院"院国际汉学会议论文集编辑委员会编辑 . 台北："中央研究院"，1981，10 册 .

5326 走进他者的汉学世界：美国的中国研究及其学术史探研 / 吴原元著 . 上海：上海人民出版社，2016，13+223 页 .

三、古代史

（一）译著

5327　1421：中国发现世界 / 孟席斯著；鲍家庆译.2 版.台北：远流出版事业股份有限公司，2011，487+36 页.

> 1421：中国发现世界 / 加文·孟席斯著；师研群译.北京：京华出版社，2005，12+350 页.

> 1421：中国发现世界 / 孟西士著；鲍家庆译.台北：远流出版事业股份有限公司，2003，487+36 页.（实用历史丛书）

5328　1500—1800 中西方的伟大相遇 / 孟德卫著；江文君等译.北京：新星出版社，2007，214 页.

5329　18 世纪法国视野里的中国 / 亨利·柯蒂埃著；唐玉清译.上海：上海书店出版社，2010，192 页.（"走近中国"文化译丛）

> 18 世纪法国视野里的中国 / 亨利·柯蒂埃著；唐玉清译.上海：上海书店出版社，2006，192 页.（"走近中国"文化译丛）

5330　34 位三国志军师小事典 / 渡边义浩原著；林文娟译.台北：商周出版社，2010，330 页.（经典一日通；34）

5331　安禄山叛乱的背景 / 蒲立本著；丁俊译.上海：中西书局，2018，320 页.（中西学术文丛.乙种.第一辑）

5332　白话秦汉史：秦汉帝国的兴衰 / 西嶋定生著；黄耀能译.台北：文史哲出版社，2008，16+10+385 页.

5333　百年前的中国：19 世纪大英皇家建筑师 Thomas Allom 笔下的中国画卷 / 托马斯·阿罗姆著；宗端华，黄曦译.北京：中国青年出版社，2016，232 页.

5334　彻底图解三国志：三国乱世中的英雄故事：彩色版 / 榎本秋著；麦卢宝全译.新北：枫树林出版事业有限公司，2014，191 页.

5335　陈舜臣说《史记》：帝王业与百姓家 / 陈舜臣著；黄悦生译.北京：北京联合出版社，2017，190 页.

5336　成吉思汗帝国史 / 巴克霍森著；林孟工译.影印本.上海：上海社会科学院出版社，2016，280 页.（民国西学要籍汉译文献 / 李天纲主编.历史学）

> 成吉思汗及其黄金帝国的崛起 / 约文西摩·巴克霍森著；陈文景译.北京：新世界出版社，2009，216 页.

> 成吉思汗帝国史 / 巴克霍森著；林孟工译.天津：天津古籍出版社，1987，3 册.（蒙古学史料丛编.初集 / 民族图书馆古籍组辑）

5337 楚国狂人屈原与中国政治神话 / 施奈德著；张啸虎，蔡靖泉译. 武汉：湖北教育出版社，1990，235 页.

5338 传统中国的完成：明·清 / 岩见宏，谷口规矩雄著；刘静贞译. 台北：稻乡出版社，1998，160 页.（史学丛书系列；33）

5339 从部曲到佃户：唐宋间社会变革的一个侧面 / 宫崎市定著；张学锋，马云超译. 上海：上海古籍出版社，2018，153 页.（宫崎市定亚洲史论考）

5340 从城市国家到中华：殷周春秋战国 / 平势隆郎著；周洁译. 桂林：广西师范大学出版社，2014，476 页.（讲谈社·中国的历史；2）

5341 从理学到朴学：中华帝国晚期思想与社会变化面面观 / 艾尔曼著；赵刚译 .2 版. 南京：江苏人民出版社，2018，218 页.（海外中国研究丛书 / 刘东主编）

> 从理学到朴学：中华帝国晚期思想与社会变化面面观 / 艾尔曼著；赵刚译. 南京：江苏人民出版社，2018，218 页.（海外中国研究丛书精品系列 / 刘东主编. 第二辑）

> 从理学到朴学：中华帝国晚期思想与社会变化面面观 / 艾尔曼著；赵刚译. 南京：江苏人民出版社，2012，217 页.（海外中国研究丛书 / 刘东主编）

> 从理学到朴学：中华帝国晚期思想与社会变化面面观 / 艾尔曼著；赵刚译. 南京：江苏人民出版社，1995，236 页.（海外中国研究丛书）

5342 从神话到历史：神话时代夏王朝 / 宫本一夫著；吴菲译. 桂林：广西师范大学出版社，2014，416 页.（讲谈社·中国的历史；1）

5343 大契丹国：辽代社会史研究 / 岛田正郎著；何天明译. 呼和浩特：内蒙古人民出版社，2007，250 页.（蒙古历史文化文库）

5344 大清帝国 / 增井经夫著；程文明译. 北京：社会科学文献出版社，2017，11+503 页.

5345 大清帝国的衰亡 / 魏斐德著；廖彦博译 .2 版. 台北：时报文化出版企业股份有限公司，2017，351 页.（历史与现场；248）

> 中华帝国的衰落 / 魏斐德著；梅静译. 北京：民主与建设出版社，2017，277 页.

> 大清帝国的衰亡 / 魏斐德著；廖彦博译. 台北：时报文化出版企业股份有限公司，2011，351 页.（历史与现场；202）

> 中华帝制的衰落 / 魏斐德著；邓军译. 合肥：黄山书社，2010，254 页.

5346 大清帝国与中华的混迷：现代东亚如何处理内亚帝国的遗产 / 平野聪著；林琪祯译. 新北：八旗文化出版社，2018，415 页.（兴亡的世界史；18）

5347 大唐帝国：隋乱唐盛三百年 / 陈舜臣著；廖为智译. 北京：新星出版社，2007，381 页.（学而文库. 名家观史：陈舜臣系列）

5348 当中国称霸海上 / 李露晔著；邱仲麟译. 桂林：广西师范大学出版社，2004，248 页.

> 当中国称霸海上 / 李露晔著；邱仲麟译. 台北：远流出版事业公司，2000，356 页.（实用历史丛书；150）

5349 地北天南叙古今 / 黄仁宇著. 北京：生活·读书·新知三联书店，2015，12+276

页.（黄仁宇作品系列）
- 地北天南叙古今 / 黄仁宇著. 2版. 北京：九州出版社，2012，189页.（黄仁宇全集；8）
- 地北天南叙古今 / 黄仁宇著. 北京：九州出版社，2007，164页.（黄仁宇全集；8）
- 地北天南叙古今 / 黄仁宇著. 2版. 北京：生活·读书·新知三联书店，2007，276页.（黄仁宇作品系列）
- 地北天南叙古今 / 黄仁宇著. 北京：生活·读书·新知三联书店，2001，11+260页.（黄仁宇作品系列）
- 地北天南叙古今 / 黄仁宇著. 台北：时报文化出版企业公司，1991，1992重印，316页.（历史与现场；17）

5350 "地域社会"视野下的明清史研究：以江南和福建为中心 / 森正夫著. 南京：江苏人民出版社，2017，405页.（凤凰文库·海外中国研究系列）

5351 帝国掠影：英国使团画家笔下的中国 / 刘潞，吴芳思编译. 香港：中华书局（香港）有限公司，2007，22+186页.
- 帝国掠影：英国访华使团画笔下的清代中国 / 刘潞，吴芳思编译. 北京：中国人民大学出版社，2006，186页.（国家清史编纂委员会·图录丛刊）

5352 帝国夕阳：道光时代的清帝国 / 郭士立著；赵秀兰译. 长春：吉林出版集团股份有限责任公司，2017，232页.

5353 东洋的古代 / 宫崎市定著；张学锋等译. 上海：上海古籍出版社，2018，203页.（宫崎市定亚洲史论考）
- 东洋的古代：从都市国家到秦汉帝国 / 宫崎市定著；砺波护编；马云超等译. 北京：中信出版集团股份有限公司，2018，299页.（观潮丛书）

5354 东洋的近世 / 宫崎市定著；张学锋译. 上海：上海古籍出版社，2018，119页.
- 东洋的近世：中国的文艺复兴 / 宫崎市定著；砺波护编；张学锋等译. 北京：中信出版集团股份有限公司，2018，264页.（观潮丛书）

5355 番鬼在中国 / 杜哥德·唐宁著；李国庆整理. 影印本. 桂林：广西师范大学出版社，2014，3册（22+991页）.（"中国研究"外文旧籍汇刊·中国记录，第二辑；1/ 李国庆，何林夏主编）

5356 分裂的帝国：南北朝 / 陆威仪著；李磊译. 北京：中信出版集团股份有限公司，2016，17+355页.（哈佛中国史；2/ 卜正民主编）

5357 宫崎市定解读《史记》/ 宫崎市定著；马云超译. 北京：中信出版集团股份有限公司，2018，179页.（观潮丛书）

5358 古代中国：尘封的王朝 / 戴尔·布朗主编；贺慧宇译. 北京：华夏出版社南宁：广西人民出版社，2002，197页.（失落的文明）

5359 古代中国与皇帝祭祀 / 金子修一著；肖圣中等译. 上海：复旦大学出版社有限公司，

2017，252 页．（日本学者古代中国研究丛刊/徐冲主编）

5360 古老的中国：中国古代文明（至唐朝）/ 毛里齐奥·斯卡尔帕里著；陈昕译．北京：中国水利水电出版社，2006，286 页．（古文明之光丛书）

5361 古史异观 / 夏含夷著．上海：上海古籍出版社，2005，490 页．

5362 龟之谜：商代神话、祭祀、艺术和宇宙观研究 / 艾兰著，汪涛译．增订版．北京：商务印书馆，2010，288 页．（艾兰文集）
- 龟之谜：商代神话、祭祀、艺术和宇宙观研究 / 艾兰著，汪涛译．成都：四川人民出版社，1992，269 页．

5363 国外早期西夏学论集．一 / 孙伯君编．北京：民族出版社，2005，299 页．（西夏学译丛）
- 国外早期西夏学论集．二 / 孙伯君编．北京：民族出版社，2005，263 页．（西夏学译丛）

5364 海外夷坚志：古史异观二集 / 夏含夷著；张淑一等译．上海：上海古籍出版社，2016，283 页．

5365 海与帝国：明清时代 / 上田信著；叶韦利译．新北：台湾商务印书馆股份有限公司，2017，527 页．（中国·历史的长河；9）
- 海与帝国：明清时代 / 上田信著；高莹莹译．桂林：广西师范大学出版社，2014，509 页．（讲谈社·中国的历史；9）

5366 汉代行政记录 / 迈克尔·鲁惟一著；于振波，车今花译．桂林：广西师范大学出版社，2005，613 页．（简帛研究丛书）

5367 汉唐神威的中国 / 斯特凡尼娅·斯塔法蒂，费代里卡·罗马尼奥利编著；孙庆译．石家庄：河北教育出版社，2013，207 页．（世界古文明书系）
- 汉唐神威的中国 / 斯特凡尼娅·斯塔法蒂著；孙庆译．台北：阁林国际图书有限公司，2009，207 页．（世界古文明之旅．亚洲区）

5368 赫逊河畔谈中国历史 / 黄仁宇著．北京：生活·读书·新知三联书店，2015，238 页．（黄仁宇作品系列）
- 赫逊河畔谈中国历史 / 黄仁宇著．北京：九州出版社，2015，13+203 页．（黄仁宇全集）
- 赫逊河畔谈中国历史 / 黄仁宇著．2 版．北京：生活·读书·新知三联书店，1997，2013 重印，238 页．（黄仁宇作品系列）
- 赫逊河畔谈中国历史 / 黄仁宇著．2 版．北京：九州出版社，2012，208 页．（黄仁宇全集；10）
- 赫逊河畔谈中国历史 / 黄仁宇著．台北：时报文化出版企业公司，1998，324 页．（历史与现场；6）
- 赫逊河畔谈中国历史 / 黄仁宇著．北京：生活·读书·新知三联书店，1992，1997 重印，215 页．（黄仁宇作品系列）

> 赫逊河畔谈中国历史 / 黄仁宇著 . 北京：生活·读书·新知三联书店，1992，226 页 .（海外学人丛书）

5369 洪业：清朝开国史 / 魏斐德著；陈苏镇，薄小莹译 . 增订版 . 北京：新星出版社，2017，33+829 页 .

> 洪业：清朝开国史 / 魏斐德著；陈苏镇，薄小莹译 . 北京：新星出版社，2013，851 页 .

> 洪业：清朝开国史 / 魏斐德著；陈苏镇，薄小莹等译 . 南京：江苏人民出版社，2008，2 册（785 页）.（凤凰文库·海外中国研究系列）

> 洪业：满清外来政权如何君临中国 . 上中下册 / 魏斐德著；陈苏镇等译 . 台北：时英出版社，2003，3 册（1427 页）.（说古论今）

> 洪业：清朝开国史 / 魏斐德编著；陈苏镇等译 . 南京：江苏人民出版社，1992，1100 页 .（海外中国研究丛书）

5370 话说太监 / 寺尾善雄著；黄伟民，余藻编译 . 上海：上海文化出版社，1987，91 页 .（五角丛书；第六辑）

5371 宦官史话 / 寺尾善雄著；王仲涛译 . 北京：商务印书馆，2011，227 页 .

5372 皇帝与秀才：皇权游戏中的文人悲剧 / 史景迁著；邱辛晔译 . 上海：上海远东出版社，2005，321 页 .（美国史学大师史景迁中国研究系列）

5373 疾驰的草原征服者：辽、西夏、金、元 / 杉山正明著；郭清华译 . 新北：台湾商务印书馆股份有限公司，2017，380 页 .（中国·历史的长河；8）

> 疾驰的草原征服者：辽西夏金元 / 杉山正明著；乌兰，乌日娜译 . 桂林：广西师范大学出版社，2014，17+365 页 .（讲谈社·中国的历史；8）

5374 嘉定忠臣：十七世纪中国士大夫之统治与社会变迁 / 邓尔麟著；宋华丽译 . 北京：中央编译出版社，2012，385 页 .（国家清史编纂委员会·编译丛刊）

5375 剑桥中国辽西夏金元史：907—1368 年 / 傅海波，崔瑞德编；史卫民等译 . 北京：中国社会科学出版社，1998，2007 重印，23+822 页 .（剑桥中国史；6）

> 剑桥中国辽西夏金元史：907—1368 年 / 傅海波，崔瑞德编；史卫民等译 . 北京：中国社会科学出版社，1998，12+11+935 页 .（剑桥中国史；6）

5376 剑桥中国明代史：1368—1644 年 . 上卷 / 牟复礼，崔瑞德编；张书生等译 . 北京：中国社会科学出版社，1992，2007 重印，851 页 .（剑桥中国史；7）

> 剑桥中国明代史：1368—1644 年 . 下卷 / 崔瑞德，牟复礼编；杨品泉等译 . 北京：中国社会科学出版社，1992，2007 重印，1134 页 .（剑桥中国史；8）

> 剑桥中国明代史 / 牟复礼，崔瑞德编；张书生等译 . 北京：中国社会科学出版社，1992，945 页 .（剑桥中国史；7）

5377 剑桥中国秦汉史：公元前 221 至公元 220 年 / 崔瑞德，鲁惟一编；杨品泉等译 . 北京：中国社会科学出版社，1992，2007 重印，13+919 页 .（剑桥中国史；1）

> 剑桥中国史 . 第一册，秦汉篇（前 221—220）/ 特威切特，洛伊编；韩复智

译.台北：南天书局，1996，332页.

> 剑桥中国史.第一卷，剑桥中国秦汉史：公元前221—公元220年/崔瑞德，费正清主编；鲁惟一编；杨品泉等译.北京：中国社会科学出版社，1992，1020页.

5378 剑桥中国隋唐史：589—906年/崔瑞德编；中国社会科学院历史研究所西方汉学研究课题组译.北京：中国社会科学出版社，1990，2007重印，10+731页.（剑桥中国史；3）

> 剑桥中国隋唐史：589—906年/崔瑞德编；中国社会科学院历史研究所西方汉学研究课题组译.北京：中国社会科学出版社，1990，1994重印，804页.

> 剑桥中国史.第三册，隋唐篇（589—906）.（上）/张荣芳译.台北：南天书局，1987，873页.

5379 江南一劫：清人笔下的庄氏史案/白亚仁著.杭州：浙江古籍出版社，2016，169页.

5380 金朝史研究/外山军治著；李东源译.牡丹江：黑龙江朝鲜民族出版社，1988，496页.（中国古代北方民族文化史译著丛书）

5381 金代女真研究/三上次男著；金启琮译.哈尔滨：黑龙江人民出版社，1984，526页.

5382 金文的世界：殷周社会史/白川静著；温天河，蔡哲茂译.台北：联经出版事业公司，1989，246页.

5383 经学·科举·文化史：艾尔曼自选集/本杰明·艾尔曼著；复旦大学文史研究院译.北京：中华书局，2010，252页.

5384 开放的帝国：1600年前的中国历史/芮乐伟·韩森著；梁侃，邹劲风译.北京：社会科学文献出版社，2016，386页.（社科文献学术译库）

> 开放的帝国：1600年前的中国历史/韩森著；梁侃，邹劲风译.南京：江苏人民出版社，2009，13+394页.（凤凰文库·海外中国研究系列）

> 开放的帝国：1600年前的中国历史/芮乐伟·韩森著；梁侃，邹劲风译.南京：江苏人民出版社，2007，391页.（海外中国研究丛书/刘东主编）

5385 开放的中华：一个番鬼在大清国/老尼克著；奥古斯特·波尔杰插画；钱林森，蔡宏宁译.济南：山东画报出版社，2004，290页.

5386 历史的严妆：解读道学阴影下的南宋史学/蔡涵墨著.北京：中华书局，2016，538页.

5387 两汉魏晋南北朝的坞壁/具圣姬著；北京：民族出版社，2004，154页.

5388 两宋史研究汇编/刘子健著.台北：联经出版事业公司，1987，369页.

5389 六朝贵族制社会研究/川胜义雄著；李济沧，徐谷芃译.上海：上海古籍出版社，2018，313页.（海外汉学丛书）

> 六朝贵族制社会研究/川胜义雄著；徐谷芃，李济沧译.上海：上海古籍出版社，2007，313页.（日本中国史研究译丛）

5390 六朝文明/丁爱博著；李梅田译.北京：社会科学文献出版社，2013，18+562页.（国家社科基金后期资助项目）

5391 六国表订误及其商榷：外二种 / 武内义雄著；王古鲁译. 影印本. 太原：山西人民出版社，2015，51页.（近代海外汉学名著丛刊 / 郑培凯主编）

5392 龙的故乡：中华帝国：公元960—1368/ 时代—生活图书公司编著；老安译. 济南：山东画报出版社；北京：中国建筑工业出版社，2003，143页.（生活在遥远的年代）

> 龙的故乡：中华帝国：公元960—1368/ 时代—生活编辑部编著；老安译. 济南：山东画报出版社；北京：中国建筑工业出版社，2001，143页.（生活在遥远的年代丛书）

5393 美术、神话与祭祀 / 张光直著；郭净译. 北京：生活·读书·新知三联书店，2013，146页.（张光直作品系列）

> 美术、神话与祭祀 / 张光直著；郭净译. 沈阳：辽宁教育出版社，2002，141页.（张光直学术作品集）

> 美术·神话与祭祀 / 张光直著；郭净，陈星译. 沈阳：辽宁教育出版社，1988，155页.（当代大学书林. 史学书系）

5394 蒙古的欧洲远征 / 岩村忍著. 影印本. 呼和浩特：内蒙古大学出版社，2017，235页.（内蒙古外文历史文献丛书. 第十九辑. 历史系列. 四；8/ 内蒙古大学内蒙古近现代史研究所，内蒙古自治区图书馆学会主编）

5395 明代宦官 / 蔡石山著；黄中宪译. 台北：联经出版事业股份有限公司，2011，325页.（历史大讲堂）

5396 明季党社考 / 小野和子著；李庆，张荣湄译. 上海：上海古籍出版社，2013，409页.（海外汉学丛书）

> 明季党社考 / 小野和子著；李庆，张荣湄译. 上海：上海古籍出版社，2006，409页.（域外汉学名著译丛）

5397 明清社会和礼仪 / 科大卫著；曾宪冠译. 北京：北京师范大学出版社，2016，2017重印，344页.（新史学&多元对话系列）

> 明清社会和礼仪 / 科大卫著；曾宪冠译. 北京：北京师范大学出版社，2016，324页.（新史学&多元对话系列）

5398 明清社会史论，1368—1911/ 何炳棣著；徐泓译注. 台北：联经出版事业股份有限公司，2013，425页.（现代名著译丛）

5399 明清时代东亚海域的文化交流 / 松浦章著；郑洁西等译. 南京：江苏人民出版社，2009，364页.（海外中国研究丛书）

5400 明清时代史的基本问题 / 森正夫等编；周绍泉，栾成显等译. 北京：商务印书馆，2013，579页.（中国史学的基本问题）

5401 明清史丛说 / 汪荣祖著. 桂林：广西师范大学出版社，2013，268页.

5402 明清以来东亚海域交流史 / 松浦章编著. 台北：博扬文化事业有限公司，2010，355页.（关西大学东亚海域交流史研究丛刊；1）

> 明清以来东亚海域交流史 / 松浦章编著 . 台北：博扬文化事业有限公司，2010，355 页 . （关西大学东亚海域交流史研究丛刊；1）

5403 明史散论 / 李焯然著 .3 版 . 台北：允晨文化公司，1991，220 页 . （允晨丛刊，17）

5404 南明史：1644—1662/ 司徒琳著；李荣庆等译 . 上海：上海人民出版社，2017，349 页 .

> 南明史：1644—1662/ 司徒琳著；李荣庆等译 . 上海：上海人民出版社，2015，349 页 .

> 南明史：1644—1662/ 司徒琳著；李荣庆等译 . 上海：上海书店出版社，2007，15+364 页 .

> 南明史：1644—1662/ 司徒琳著；李荣庆等译 . 上海：上海古籍出版社，1992，343 页 . （海外汉学丛书 / 王元化主编）

5405 葡萄牙人在华见闻录：十六世纪手稿 / 费尔南·门德斯·平托等著；王锁英译；艾思娅评介 . 海口：三环出版社：海南出版社；澳门：澳门文化司署：东方葡萄牙学会，1998，246 页 . （康乃馨译丛 . 文学系列）

5406 千年末世之乱：1813 年八卦教起义 / 韩书瑞著；陈仲丹译 . 南京：江苏人民出版社，2012，322 页 . （海外中国研究丛书 / 刘东主编）

> 千年末世之乱：1813 年八卦教起义 / 韩书瑞著；陈仲丹译 . 南京：江苏人民出版社，2010，322 页 . （凤凰文库·海外中国研究系列）

5407 乾隆英使觐见记 / 濮兰德，白克好司著；李广生整理 . 珠海：珠海出版社，1995，144 页 . （外国人笔下的清宫秘闻）

5408 遣唐使眼里的中国 / 古濑奈津子著；郑威译 . 武汉：武汉大学出版社，2007，149 页 . （东亚文化研究书系）

5409 秦汉帝国：中国古代帝国之兴亡 / 西嶋定生著；顾姗姗译 . 北京：社会科学文献出版社，2017，606 页 .

5410 清朝全史 / 稻叶君山（稻叶岩吉）著；但焘译 .5 版 . 台北：台湾中华书局股份有限公司，2015，1 册 . （中华史地丛书）

> 清朝全史 / 稻叶君山编著 . 西安：三秦出版社，2012，382 页 .

> 清朝全史：珍藏版 / 稻叶君山著 . 长春：吉林大学出版社，2011，346 页 .

> 清朝全史 / 稻叶君山著；但焘编译；《国学典藏书系》丛书编委会主编 . 长春：吉林出版集团有限责任公司，2010，12+307 页 . （国学典藏书系：青花典藏）

> 清朝全史：精编插图双色版 / 稻叶君山著；吕晓滨注释 . 呼和浩特：内蒙古人民出版社，2009，358 页 .

> 清朝全史 / 稻叶君山著；但焘译 . 北京：中国社会科学出版社，2008，2 册（861 页）. （民国学术经典丛书）

> 清朝全史 / 稻叶君山著；但焘译订 . 影印本 . 上海：上海社会科学院出版社，2006，2 册 . （上海社会科学院传统中国研究中心文献整理研究丛书）

5411 清代帆船与中日文化交流 / 松浦章著；张新艺译 . 上海：上海科学技术文献出版社，

2012，345 页.

5412 清代风俗人物图鉴 / 乔治·亨利·梅森等著；赵省伟，于洋洋编译. 北京：台海出版社，2017，159 页.（西洋镜）

5413 清代西人见闻录 / 杜文凯编. 北京：中国人民大学出版社，1985，324 页.

5414 清代中国的若干问题 / 石桥秀雄编；杨宁一，陈涛译. 济南：山东画报出版社，2011，12+332 页.（国家清史编纂委员会·编译丛刊）

5415 清帝国图记：古代中国的风景、建筑与社会生活 / 怀特文；托马斯·阿鲁姆图；刘佳，马静译. 天津：天津教育出版社，2011，304 页.

5416 清宫秘史. 第二卷 / 马灿杰编，北京：团结出版社，1999，17+837-1692 页.（含清代帝王传略 /A.W. 恒慕义主编；汤若望在清宫 / 魏特著；康熙帝传 / 白晋著等）
- 清宫秘史. 第五卷 / 马灿杰编. 北京：团结出版社，1999，10+3401-4254 页.（含清宫二年记 / 德龄著；慈禧写照记 / 卡尔著；御苑兰馨记·慈禧太后私生活实录 / 德龄著；慈禧外纪 / 濮兰德，白克好司著等）

5417 清史译丛. 第一辑 / 于沛主编；国家清史编纂委员会编译组编. 北京：中国人民大学出版社，2004，247 页.
- 清史译丛. 第二辑 / 于沛主编；国家清史编纂委员会编译组编. 北京：中国人民大学出版社，2005，425 页.
- 清史译丛. 第三辑 / 于沛主编；国家清史编纂委员会编译组编. 北京：中国人民大学出版社，2005，307 页.
- 清史译丛. 第四辑 / 于沛主编；国家清史编纂委员会编译组编. 北京：中国人民大学出版社，2005，321 页.
- 清史译丛. 第五辑 / 于沛主编；国家清史编纂委员会编译组编. 北京：中国人民大学出版社，2006，292 页.
- 清史译丛. 第六辑 / 于沛主编；国家清史编纂委员会编译组编. 北京：中国人民大学出版社，2007，295 页.
- 清史译丛. 第七辑 / 于沛主编；国家清史编纂委员会编译组编. 北京：中国人民大学出版社，2008，311 页.
- 清史译丛. 第八辑 / 于沛主编；国家清史编纂委员会编译组编. 北京：中国人民大学出版社，2010，291 页.
- 清史译丛. 第九辑（罗威廉专辑）/ 于沛主编；国家清史编纂委员会编译组编. 杭州：浙江古籍出版社，2010，372 页.
- 清史译丛. 第十辑 / 于沛主编；国家清史编纂委员会编译组编. 济南：齐鲁书社，2011，346 页.
- 清史译丛. 第十一辑，中国与十七世纪危机 / 国家清史编纂委员会编译组编. 北京：商务印书馆，2013，348 页.

5418 求古编 / 许倬云著. 北京：商务印书馆，2014，515 页.

> 求古编 / 许倬云著. 北京：新星出版社，2006，515 页.

> 求古编 / 许倬云著. 再版. 台北：联经出版事业公司，1984，690 页.

> 求古编 / 许倬云著. 台北：联经出版事业公司，1982，690 页.

5419 热河日记 / 朴趾源著；朱瑞平校点. 上海：上海书店出版社，1997，389 页.

> 热河日记：外一种 / 朴趾源撰. 影印本. 北京：北京图书馆出版社，1996，790 页.

5420 日本中青年学者论中国史，上古秦汉卷 / 刘俊文主编. 上海：上海古籍出版社，1995，601 页.

> 日本中青年学者论中国史，六朝隋唐卷 / 刘俊文主编. 上海：上海古籍出版社，1995，553 页.

> 日本中青年学者论中国史，宋元明清卷 / 刘俊文主编. 上海：上海古籍出版社，1995，708 页.

5421 儒家统治的时代：宋的转型 / 迪特·库恩著；李文锋译. 北京：中信出版集团股份有限公司，2016，17+364 页.（哈佛中国史；5/ 卜正民主编）

5422 三国史秘本 / 陈舜臣著；崔学森，朱俊华译. 石家庄：花山文艺出版社，2016，2 册（712 页）.

5423 三国志的世界：东汉与三国时代 / 金文京著；林美琪译. 新北：台湾商务印书馆股份有限公司，2018，347 页.（中国·历史的长河；4）

> 三国志的世界：后汉三国时代 / 金文京著；何晓毅，梁蕾译. 桂林：广西师范大学出版社，2014，16+375 页.（讲谈社·中国的历史；4）

5424 三国志群雄大百科 / 渡边义浩监修；林子杰译. 台北：台湾东贩股份有限公司，2010，303 页.

5425 三国智慧的启示 / 狩野直祯著；杨耀禄，李星译. 兰州：兰州大学出版社，1990，130 页.

5426 山东叛乱：1774 年王伦起义 / 韩书瑞著；刘平，唐雁超译. 南京：江苏人民出版社，2009，186 页.（海外中国研究丛书 / 刘东主编）

> 山东叛乱：1774 年王伦起义 / 韩书瑞著；刘平，唐雁超译. 南京：江苏人民出版社，2008，186 页.（凤凰文库·海外中国研究系列）

5427 商文明 / 张光直著；张良仁等译. 北京：生活·读书·新知三联书店，2013，451 页.（张光直作品系列）

> 商文明 / 张光直著；张良仁等译. 沈阳：辽宁教育出版社，2002，466 页.（张光直学术作品集）

> 商代文明 / 张光直著；毛小雨译. 北京：北京工艺美术出版社，1999，354 页.

5428 圣立义海研究 / Е.И. 克恰诺夫等著. 银川：宁夏人民出版社，1995，94 页.

5429 十八世纪中国社会 / 韩书瑞，罗友枝著；陈仲丹译. 南京：江苏人民出版社，2009，249 页.（海外中国研究丛书 / 刘东主编）

> 十八世纪中国社会 / 韩书瑞，罗友枝著；陈仲丹译. 南京：江苏人民出版社，

2008，249 页．（凤凰文库·海外中国研究系列）

5430 十二国 / 索罗宁著；粟瑞雪译．银川：宁夏人民出版社，2012，136 页．（西夏研究丛书．第五辑）

5431 十六世纪葡萄牙文学中的中国 / 巴洛斯．中华帝国概述 / 艾斯加兰蒂等著；何高济译．北京：中华书局，2013，295 页．（中外关系史名著译丛）

5432 十三世纪中国政治与文化危机 / 戴仁柱著；刘晓译．北京：中国广播电视出版社，2003，305 页．（汉学名著译丛）

5433 始皇帝的遗产：秦汉帝国 / 鹤间和幸著；李彦桦译．新北：台湾商务印书馆股份有限公司，2018，519 页．（中国·历史的长河；3）
> 始皇帝的遗产：秦汉帝国 / 鹤间和幸著；马彪译．桂林：广西师范大学出版社，2014，508 页．（讲谈社·中国的历史；3）

5434 《史记》人物四十五讲 / 山崎正著；许云鹰译．北京：中华书局，2018，481 页．

5435 《史记》战国史料研究 / 藤田胜久著；曹峰，广濑薰雄译．上海：上海古籍出版社，2008，497 页．（早期中国研究丛书）

5436 世界帝国的形成：后汉—隋·唐 / 谷川道雄著；耿立群译．台北：稻乡出版社，1998，2005 重印，185 页．（史学丛书系列；31）

5437 世界时间与东亚时间中的明清变迁．上卷，从明到清时间的重塑 / 司徒琳主编；赵世玲译．北京：生活·读书·新知三联书店，2009，361 页．（国家清史编纂委员会·编译丛刊）
> 世界时间与东亚时间中的明清变迁．下卷，世界历史时间中清的形成 / 司徒琳主编；赵世瑜等译．北京：生活·读书·新知三联书店，2009，540 页．（国家清史编纂委员会·编译丛刊）

5438 世界性的帝国：唐朝 / 陆威仪著；张晓东，冯世明译．北京：中信出版集团股份有限公司，2016，17+342 页．（哈佛中国史；3/ 卜正民主编）

5439 书经中的神话 / 马伯乐著；冯沅君译述．台中：文听阁图书有限公司，2008，96 页．

5440 丝路岁月：从历史碎片拼接出的大时代和小人物 / 苏珊·惠特菲尔德著；李淑珺译．海口：三环出版社，2006，259 页．

5441 宋元史学的基本问题 / 近藤一成主编．北京：中华书局，2010，305 页．

5442 隋唐帝国形成史论 / 谷川道雄著；李济沧译．上海：上海古籍出版社，2018，428 页．（大家国史）
> 隋唐帝国形成史论 / 谷川道雄著；李济沧译．上海：上海古籍出版社，2011，362 页．（日本中国史研究译丛）
> 隋唐帝国形成史论 / 谷川道雄著；李济沧译．上海：上海古籍出版社，2004，362 页．（域外汉学名著译丛）

5443 唐代的外来文明：189 幅绘图精品 106 件文物珍宝解读：彩色插图珍藏本 / 爱德华·谢弗著；吴玉贵译．西安：陕西师范大学出版社，2005，423 页．（发现中国）

> 唐代的外来文明 / 谢弗著；吴玉贵译 . 北京：中国社会科学出版社，1995，727 页 .

5444 唐代官修史籍考 / 杜希德著；黄宝华译 . 上海：上海古籍出版社，2015，19+247 页 .（剑桥中华文史丛刊）

> 唐代官修史籍考 / 杜希德著；黄宝华译 . 上海：上海古籍出版社，2010，19+247 页 .（剑桥中华文史丛刊）

5445 唐史论文选集 / 芮沃寿等著；陶晋生等译 . 台北：幼狮文化事业公司，1990，339 页 .（学术丛书）

5446 唐研究论文选集 / 池田温著；孙晓林等译 . 北京：中国社会科学出版社，1999，28+519 页 .（唐研究基金会丛书）

5447 图解三国志 / 塩沢裕仁，土岐秋子著；扈敏译 . 西安：陕西师范大学出版总社有限公司，2012，222 页 .

5448 万古江河：中国历史文化的转折与开展 / 许倬云著 . 台北：英文汉声出版股份有限公司，2006，457 页 .

5449 万历十五年 / 黄仁宇著 . 北京：生活·读书·新知三联书店，2015，320 页 .（黄仁宇作品系列）

> 万历十五年 / 黄仁宇著 . 增补本 . 北京：九州出版社，2015，313 页 .（黄仁宇全集）

> 万历十五年 / 黄仁宇著 . 北京：生活·读书·新知三联书店，2014，414 页 .（图书馆经典文库）

> 万历十五年 / 黄仁宇著 . 北京：中华书局，2014，387 页 .

> 万历十五年 / 黄仁宇著 . 2 版 . 北京：生活·读书·新知三联书店，2006，2013 重印，320 页 .（黄仁宇作品系列）

> 万历十五年 / 黄仁宇著 . 2 版 . 北京：九州出版社，2012，318 页 .（黄仁宇全集；3）

> 万历十五年 / 黄仁宇著 . 北京：生活·读书·新知三联书店，2008，378 页 .（中学图书馆文库）

> 万历十五年 / 黄仁宇著 . 北京：九州出版社，2007，266 页 .（黄仁宇全集；3）

> 万历十五年：增订本 / 黄仁宇著 . 北京：中华书局，2007，286 页 .

> 万历十五年：增订纪念本 / 黄仁宇著 . 北京：中华书局，2006，264 页 .

> 万历十五年 / 黄仁宇著 . 北京：生活·读书·新知三联书店，2004，2006 重印，281 页 .（中国文库 . 史学类）

> 万历十五年 / 黄仁宇著 . 北京：生活·读书·新知三联书店，1997，281 页 .（黄仁宇作品系列）

> 万历十五年 / 黄仁宇著 . 海拉尔：内蒙古文化出版社，1995，279 页 .

> 万历十五年 / 黄仁宇著 . 增订版 . 台北：食货出版社，1995，357 页 .

> 万历十五年 / 黄仁宇著 . 北京：中华书局，1982，1995 重印，274 页 .

> 万历十五年 / 黄仁宇著 . 再版 . 台北：食货出版社，1985，289 页 .

> 万历十五年 / 黄仁宇著 . 北京：中华书局，1982，250 页 .

5450 西辽史 / 布莱资须纳德著；梁园东译 . 影印本 . 太原：山西人民出版社，2015，74 页 .（近代海外汉学名著丛刊 . 中外交通与边疆史）

5451 西夏物质文化 /A·Л·捷连吉耶夫—卡坦斯基著；崔红芬，文志勇译 . 北京：民族出版社，2006，309 页 .（西夏学译丛）

5452 西周的灭亡：中国早期国家的地理和政治危机 / 李峰著；徐峰译 . 增订本 . 上海：上海古籍出版社，2016，469 页

> 西周的灭亡：中国早期国家的地理和政治危机 / 李峰著；徐峰译 . 上海：上海古籍出版社，2007，451 页 .（早期中国研究丛书）

5453 西周史 / 许倬云著 .2 版，增补版 . 北京：生活·读书·新知三联书店，2018，388 页 .

> 西周史 / 许倬云著 . 增订本 . 北京：生活·读书·新知三联书店，1994，344 页 .（海外学人丛书）

> 西周史 / 许倬云撰 . 台北：联经出版事业公司，1984，376 页 .

5454 西周史略 / 白川静著；袁林译 . 西安：三秦出版社，1992，1995 重印，150 页 .

5455 兴与象：中国古代文化史论集 / 夏含夷著 . 上海：上海古籍出版社，2012，345 页 .（中华学术丛书）

5456 绚烂的世界帝国：隋唐时代 / 气贺泽保规著；郭清华译 . 新北：台湾商务印书馆股份有限公司，2017，425 页 .（中国·历史的长河；6）

> 绚烂的世界帝国：隋唐时代 / 气贺泽保规著；石晓军译 . 桂林：广西师范大学出版社，2014，463 页 .（讲谈社·中国的历史；6）

5457 颜色与祭祀：中国古代文化中颜色涵义探幽 / 汪涛著；郅晓娜译 . 上海：上海古籍出版社，2018，299 页 .（早期中国研究丛书）

> 颜色与祭祀：中国古代文化中颜色涵义探幽 / 汪涛著；郅晓娜译 . 上海：上海古籍出版社，2013，299 页 .（早期中国研究丛书）

5458 洋教士看中国朝廷 / 朱静编译 . 上海：上海人民出版社，1995，19+255 页 .

5459 艺术、神话与祭祀 / 张光直著；刘静，乌鲁木加甫译 . 北京：北京出版社，2017，20+151 页 .（大家小书）

> 艺术、神话与祭祀 / 张光直著；刘静，乌鲁木加甫译 . 北京：北京出版社，2016，19+138 页 .（大家小书）

5460 印中搜闻：1817—1822/ 马礼逊，米怜主编 . 影印本 . 北京：国家图书馆出版社，2009，23+28+1061 页 .

5461 雍正王朝之大义觉迷 / 史景迁著；温洽溢，吴家恒译 . 台北：时报文化出版企业股份有限公司，2015，319 页 .（史景迁作品集；1）

> 雍正王朝之大义觉迷 / 史景迁著；温洽溢，吴家恒译 . 桂林：广西师范大学出

  版社，2011，14+273 页．
- 雍正王朝之大义觉迷 / 史景迁著；温洽溢，吴家恒译．台北：时报文化出版企业公司，2002，261 页．（历史与现场；143）

5462 宇宙・神谕与人论：中国古典信念 / 罗维著；郭净，孙澄译．沈阳：辽宁教育出版社，1991，87 页．（当代大学书林・历史学书系 / 贾非贤主编）

5463 元朝怯薛及斡耳朵考 / 箭内亘著；陈捷，陈清泉译．影印本．太原：山西人民出版社，2015，160 页．（近代海外汉学名著丛刊 / 郑培凯主编）

5464 元代蒙汉色目待遇考 / 箭内亘著；陈捷，陈清泉译．影印本．太原：山西人民出版社，2015，101 页．（近代海外汉学名著丛刊 / 郑培凯主编）

5465 元史・诸王表笺证 / 韩百诗著；张国骥译．长沙：湖南大学出版社，2005，356 页．（岳麓书院文库・中国古代史研究系列）

5466 在大清帝国的航行：英国人眼中的乾隆盛世 / 爱尼斯・安德逊著；费振东译．北京：电子工业出版社，2015，300 页．
- 英国人眼中的大清王朝 / 爱尼斯・安德逊著；费振东译．北京：群言出版社，2002，273 页．

5467 早期中国历史、思想与文化 / 艾兰著；杨民等译．北京：商务印书馆，2011，316 页．
- 早期中国历史思想与文化 / 艾兰著；杨民等译．沈阳：辽宁教育出版社，1999，318 页．（当代汉学家论著译丛）

5468 早期中华帝国秦：与汉 / 陆威仪著；王兴亮译．北京：中信出版集团股份有限公司，2016，17+342 页．（哈佛中国史；1/ 卜正民主编）

5469 征服王朝的时代：宋・元 / 竺沙雅章著；吴密察译．台北：稻乡出版社，1998，中华民国 87 年，2005（中华民国 94 年）重印，171 页．（史学丛书系列；32）

5470 郑和下西洋 / 上杉千年著；台北：商周出版社，2005，232 页．（映像纪实系列；1）
- 郑和下西洋：1421 中国发现世界 / 上杉千年著；大陆桥翻译社译．上海：上海社会科学院出版社，2003，193 页．（探索 / 大旅行家游记：插图典藏）

5471 郑和下西洋考　交广印度两道考 / 伯希和撰；冯承钧译．上海：上海古籍出版社，2014，304 页．（冯承钧译著集）
- 郑和下西洋考　交广印度两道考 / 伯希和著；冯承钧译．北京：中华书局，2003，308 页．（世界汉学论丛）

5472 挣扎的帝国：元与明 / 卜正民著；潘玮琳译．北京：中信出版集团股份有限公司，2016，17+333 页．（哈佛中国史；6/ 卜正民主编）

5473 中古中国门阀大族的消亡 / 谭凯著；胡耀飞，谢宇荣译．北京：社会科学文献出版社，2017，12+319 页．

5474 中国的传统：插图珍藏本 / 吴国桢著；陈博译．北京：东方出版社，2006，392 页．（发现中国）
- 中国的传统 / 吴国桢著；陈博译．北京：东方出版社，2000，584 页．

5475 中国古代的家族与国家/守屋美都雄著；钱杭，杨晓芬译.上海：上海古籍出版社，2010，498 页.（日本中国史研究译丛）

5476 中国古代的社会与国家/增渊龙夫著；吕静译.上海：上海古籍出版社，2017，429 页.（日本中国史研究译丛）

5477 中国古代社会史论：春秋战国时期的社会流动/许倬云著；邹水杰译.南宁：广西师范大学出版社，2006，236 页.（许倬云作品）

5478 中国古代史论稿/五井直弘著；姜镇庆，李德龙译.北京：北京大学出版社，2001，272 页.

5479 中国古代王朝的形成：以出土资料为主的殷周史研究/伊藤道治著；江蓝生译.北京：中华书局，2002，233 页.

5480 中国古代文化的特质/许倬云著.厦门：鹭江出版社，2016，167 页.
  ➢ 中国古代文化的特质/许倬云著.北京：北京大学出版社，2013，135 页.

5481 中国古代文化研究：君臣观、道家思想与文学/清宫刚著.北京：九州图书出版社，1997，249 页.

5482 中国古代文明：从商朝甲骨刻辞看中国上古史/安东尼奥·阿马萨里著；刘儒庭等译.修订版.北京：社会科学文献出版社，1997，240 页.
  ➢ 中国古代文明：从商朝甲骨刻辞看中国史前史/阿马萨里著；刘儒庭等译.北京：社会科学文献出版社，1990，203 页.

5483 中国古典文化景致/兴膳宏著；李寅生译.北京：中华书局，2005，315 页.（日本中国学文萃/王晓平主编）

5484 中国觉醒：国家地理、历史与炮火硝烟中的变革/丁韪良著；沈弘译.北京：世界图书出版公司北京公司，2010，14+237 页
  ➢ 中国之觉醒/丁韪良著；李国庆整理.影印本.桂林：广西师范大学出版社，2009，336 页.（"中国研究"外文旧籍汇刊·中国记录.第一辑.9/李国庆，何林夏主编）
  ➢ 中国觉醒/丁韪良著；沈弘译.香港：中华书局（香港）有限公司，2008，300 页.

5485 中国近事报道：1687—1692/李明著；郭强等译.郑州：大象出版社，2004，395 页.（国家清史编纂委员会·编译丛刊）

5486 中国漫记/尼古拉·斯帕塔鲁·米列斯库著；蒋本良，柳凤运译.北京：中国工人出版社，2000，263 页.（海外中国报告）
  ➢ 中国漫记/尼·斯·米列斯库著；蒋本良，柳凤运译.北京：中华书局，1990，22+215 页.（中外关系史名著译丛）

5487 中国思想与宗教的奔流：宋朝/小岛毅著；游韵馨译.新北：台湾商务印书馆股份有限公司，2017，398 页.（中国·历史的长河；7）
  ➢ 中国思想与宗教的奔流：宋朝/小岛毅著；何晓毅译.桂林：广西师范大学出版社，2014，384 页.（讲谈社·中国的历史；7）

5488 中国通商图：17—19世纪西方人眼中的中国 / 詹姆士·奥朗奇编著；何高济译. 北京：北京理工大学出版社，2008，415页.

5489 中国图说 / 阿塔纳修斯·基歇尔著；张西平等译. 郑州：大象出版社，2010，526页.（大象国际汉学研究书系. 西方早期汉学经典译丛）

5490 中国五千年历史奇趣录 / 冈本隆三著；袁日新译. 长沙：湖南出版社，1991，198页.

5491 中国早期叙事文研究 / 王靖宇著. 上海：上海古籍出版社，2003，2006重印，229页.

5492 中国中世社会与共同体 / 谷川道雄著；马彪译. 上海：上海古籍出版社，2013，336页.（日本中国史研究译丛）

> 中国中世社会与共同体 / 谷川道雄著；马彪译. 北京：中华书局，2002，335页.（世界汉学论丛）

5493 中国转向内在：两宋之际的文化转向 / 刘子健著；赵冬梅译. 南京：江苏人民出版社，2012，174页.（海外中国研究丛书 / 刘东主编）

> 中国转向内在：两宋之际的文化内向 / 刘子健著；赵冬梅译. 南京：江苏人民出版社，2002，197页.（海外中国研究丛书 / 刘东主编）

5494 中国最后的帝国：大清王朝 / 罗威廉著；李仁渊，张远译.2版. 台北：台湾大学出版中心，2016，14+337页.

> 最后的中华帝国大清 / 罗威廉著；李仁渊，张远译. 北京：中信出版集团股份有限公司，2016，17+341页.（哈佛中国史；7/ 卜正民主编）

> 中国最后的帝国：大清王朝 / 罗威廉著；李仁渊，张远译. 台北：台湾大学出版中心，2013，369页.（人文研究；7）

5495 中华大帝国史 / 胡安·冈萨雷斯·德·门多萨编撰；孙家堃译. 南京：译林出版社，2014，2016重印，28+330页.（汉译经典）

> 中华大帝国史 / 门多萨撰；何高济译.2版. 北京：中华书局，2013，10+47+382页.（中外关系史名著译丛）

> 中华大帝国史 / 胡安·冈萨雷斯·德·门多萨编撰；孙家堃译. 北京：北京联合出版公司，2013，28+330页.（汉译文库. 历史·地理类）

> 中华大帝国史 / 胡安·冈萨雷斯·德·门多萨编撰；孙家堃译. 南京：译林出版社，2011，28+330页.

> 中华大帝国史 / 门多萨撰；何高济译. 北京：中华书局，1998，2004重印，13+411页.（中外关系史名著译丛）

5496 中华的崩溃与扩大：魏晋南北朝 / 川本芳昭著；李彦桦译. 新北：台湾商务印书馆股份有限公司，2018，355页.（中国·历史的长河；5）

> 中华的崩溃与扩大：魏晋南北朝 / 川本芳昭著；余晓潮译. 桂林：广西师范大学出版社，2014，341页.（讲谈社·中国的历史；5）

5497 中华帝国史：从上古部落到大清王朝 / 勒内·格鲁塞著；张勇译. 北京：新华出版社，2016，295页.（新华史海镜鉴丛书；9）

5498 中华人民共和国的明清史研究 / 魏斐德等著；孙卫国译. 上海：上海辞书出版社，2008，141页.（海外中国学史研究丛书）

5499 忠贞不贰？：辽代的越境之举 / 史怀梅著；曹流译. 南京：江苏人民出版社，2015，296页.（凤凰文库·海外中国研究系列）

5500 《竹书纪年》解谜 / 倪德卫著；魏可钦等译. 上海：上海古籍出版社，2018，403页.（早期中国研究丛书）
  ➢ 《竹书纪年》解谜 / 倪德卫著；魏可钦等译. 上海：上海古籍出版社，2015，403页.（早期中国研究丛书）

5501 紫禁城的荣光：明清全史 / 冈田英弘，神田信夫，松村润著；王帅译. 北京：社会科学文献出版社，2017，401页.

5502 走向没落的"天朝"：德国人看大清 / 苏芙等编译. 北京：国家图书馆出版社，2013，467页.（亲历中国丛书 / 李国庆，郭又陵主编）

5503 《左传》的书写与解读 / 李惠仪著；文韬，许明德译. 南京：江苏人民出版社，2016，373页.（凤凰文库·海外中国研究系列）

5504 左传真伪考及其他 / 高本汉著；陆侃如译. 影印本. 太原：山西人民出版社，2015，194页.（近代海外汉学名著丛刊 / 郑培凯主编）

5505 佐竹靖彦史学论集 / 佐竹靖彦著. 北京：中华书局，2006，318页.（世界汉学论丛）

（二）研究著作

5506 18世纪中国文化在西欧的传播及其反应 / 严建强著. 杭州：中国美术学院出版社，2002，393页.（学术史丛书）

5507 当诺亚方舟遭遇伏羲神农：启蒙时代欧洲的中国上古史论争 / 吴莉苇著. 北京：中国人民大学出版社，2005，686页.（新生代学人文丛）

5508 第六届齐文化国际学术研讨会论文集 / 杨培玉主编. 北京：中国文史出版社，2006，11+707页.（淄博社会科学文库）

5509 第三届中国南宋史国际学术研讨会论文集 / 沈翔，何忠礼主编. 杭州：浙江大学出版社，2017，2册（736页）.

5510 第一届国际清代学术研讨会论文集 / 台湾中山大学中国文学系中国文学研究所编. 高雄：台湾中山大学中国文学系中国文学研究所，1993，765页.

5511 第一届中日学者中国古代史论坛文集 / 中国社会科学院历史研究所，日本东方学会，大东文化大学编. 北京：中国社会科学出版社，2010，463页.
  ➢ 第三届中日学者中国古代史论坛文集 / 中国社会科学院历史研究所，日本东方学会，武汉大学中国三至九世纪研究所编. 北京：中国社会科学出版社，2012，441页.
  ➢ 第五届中日学者中国古代史论坛文集 / 中国社会科学院历史研究所，日本东方

➢ 第七届中日学者中国古代史论坛文集 / 中国社会科学院历史研究所，日本东方学会，首都师范大学历史学院编．北京：中国社会科学出版社，2016，389 页．

➢ 第九届中日学者中国古代史论坛文集 / 中国社会科学院历史研究所，日本东方学会，黄河文明传承与现代文明建设河南省协同创新中心编．郑州：河南大学出版社，2018，317 页．

5512 多维视域：商王朝与中国早期文明研究 / 荆志淳，唐际根，高嶋谦一编．北京：科学出版社，2008，290 页．

5513 抚顺清前史暨满族文化国际学术研讨会论文集 / 迟安臻主编．沈阳：辽宁民族出版社，1999，347 页．

5514 古史新声：《剑桥中国上古史》的编撰与反响 / 夏含夷编．北京：生活·读书·新知三联书店，2020，355 页．

5515 故宫博物院八十华诞暨国际清史学术研讨会论文集 / 故宫博物院，国家清史编纂委员会编．北京：紫禁城出版社，2006，714 页．

5516 国际宋代文化研讨会论文集 / 北京大学古文献研究所，四川大学古籍整理研究所编．成都：四川大学出版社，1991，548 页．

5517 国际宋史研讨会论文集 / 国际宋史研讨会秘书处编辑．台北：中国文化大学史学研究所史学系，1988，900 页．

5518 国际宋史研讨会论文选集 / 邓广铭，漆侠主编．保定：河北大学出版社，1992，570 页．

5519 国外关于中国古代史的研究述评 / 金应熙著．呼和浩特：内蒙古人民出版社，1994，1995 印，537 页．

5520 韩国文集中的明代史料．一——十三 / 杜宏刚等主编．影印本．桂林：广西师范大学出版社，2006，13 册．

5521 韩国文集中的清代史料．一—十七 / 杜宏刚等主编．影印本．桂林：广西师范大学出版社，2008，17 册．

5522 汉代文明国际学术研讨会论文集 / 北京市大葆台西汉墓博物馆编．北京：北京燕山出版社，2009，571 页．

5523 今本竹书纪年论集 / 邵东方，倪德卫主编．台北：唐山出版社，2002，24+378 页．（人文书会丛书；1）

5524 康雍乾三帝与西学东渐 / 吴伯娅著．北京：宗教文化出版社，2002，506 页．

5525 论宋元时期的中日文化交流及相互影响 / 李寅生著．成都：巴蜀书社，2007，386 页．

5526 论唐代文化对日本文化的影响 / 李寅生著．成都：巴蜀书社，2001，216 页．（中国古典文献学研究丛书）

5527 马可波罗眼中的中国 / 党宝海著．北京：中华书局；上海：上海古籍出版社，2010，101 页．（《文史中国》丛书）

5528 美国新清史三十年：拒绝汉中心的中国史观的兴起与发展 / 党为著．上海：上海人

民出版社，2012，275 页．（华东政法大学政治理论部学术研究丛书）

5529 孟席斯著《1421：中国发现世界》中外评论集 / 苏明阳编．台北：台湾海洋大学，2003，242 页．

5530 明末清初中西文化冲突 / 林仁川，徐晓望著．上海：华东师范大学出版社，1999，12+410 页．

5531 明清时期的中国与西班牙国际学术研讨会论文集 / 李向玉，李长森主编．澳门：澳门理工学院中西文化研究所，2009，377 页．

5532 明清史国际学术讨论会论文集 / 明清史国际学术讨论会秘书处论文组编．天津：天津人民出版社，1982，1169 页．

> 第二届明清史国际学术讨论会论文集 / 明清史国际学术讨论会论文集编辑组编．天津：天津人民出版社，1993，734 页．

> 明史论文集：第六届明史国际学术讨论会 / 陈怀仁主编；中国名师学会朱元璋研究会编．合肥：黄山书社，1997，842 页．

> 第七届明史国际学术讨论会论文集 / 赵毅，林凤萍主编．长春：东北师范大学出版社，1999，800 页．

> 第八届明史国际学术讨论会论文集 / 龙西斌，余学群主编．长沙：湖南人民出版社，2001，679 页．

> 第九届明史国际学术讨论会暨傅衣凌教授诞辰九十周年纪念论文集 / 陈支平主编．厦门：厦门大学出版社，2003，414 页．

> 第十一届明史国际学术讨论会论文集 / 田澍，王玉祥，杜常顺主编．天津：天津古籍出版社，2007，974 页．

> 第十二届明史国际学术研讨会论文集 / 赵毅，秦海滢主编．大连：辽宁师范大学出版社，2009，585 页．

> 第十四届明史国际学术研讨会论文集 / 中国明史学会，中共文成县委，文成县人民政府编．昆明：云南人民出版社，2013，757 页．

> 第十六届明史国际学术研讨会暨建文帝国际学术研讨会论文集．I/ 中国明史学会，宁远县人民政府编．北京：九州出版社，2017，146 页．

> 第十七届明史国际学术研讨会暨纪念明定陵发掘六十周年国际学术研讨会论文集 / 中国明史学会，北京市昌平区十三陵特区办事处编．北京：北京燕山出版社，2018，2 册（895 页）．

5533 明清研究：现状的探讨与方法的反思 / 李焯然主编．香港：香港教育图书公司，2006，240 页．（新加坡国立大学中文系汉学论丛；3）

5534 明清之际欧洲人与中西文化交流 / 刘亚轩著．郑州：中州古籍出版社，2017，336 页．

5535 明清之际西学东渐与中国社会 / 黄见德著．福州：福建人民出版社，2014，426 页．

5536 明清之际中外文化交流史研究新进展 / 张西平，耿昇，武斌编．北京：外语教学与研究出版社，2013，21+236 页．（中外关系史论丛．第 20 辑．中国与世界：16—

19 世纪 / 郝平，张西平主编）

5537　明清之际中西文化交流史：明季：趋同与辨异 / 沈定平著．北京：商务印书馆，2012，2 册（827 页）．
> 明清之际中西文化交流史：明代：调适与会通 / 沈定平著．增订本．北京：商务印书馆，2007，640 页．
> 明清之际中西文化交流史：明代：调适与会通 / 沈定平著．北京：商务印书馆，2001，750 页．

5538　清初士人与西学 / 徐海松著．北京：东方出版社，2000，11+404 页．（大航海时代）

5539　清代皇族人口行为和社会环境 / 李中清，郭松义主编．北京：北京大学出版社，1994，236 页．

5540　清代王府及王府文化国际学术研讨会论文集 / 恭王府管理中心编．北京：文化艺术出版社，2006，378 页．

5541　清帝国性质的再商榷：回应新清史 / 汪荣祖主编．桃园：中央大学出版中心，2014，221 页．（人文研究丛书；2）

5542　清史国际学术讨论会论文集 / 白寿彝主编．沈阳：辽宁人民出版社，1990，627 页．（清史研究丛书）

5543　日本的尚书学与其文献 / 刘起釪著．北京：商务印书馆，1997，245 页．

5544　十至十三世纪东亚史的新可能性：首届中日青年学者辽宋西夏金元史研讨会论文集 / 余蔚，平田茂树，温海清主编．上海：中西书局，2018，437 页．

5545　世界大变迁视角下的明代中国：国际学术研讨会论文集 / 赵轶峰，万明主编．长春：吉林人民出版社，2012，536 页．

5546　世界的郑和：第二届昆明郑和研究国际会议论文集 / 高发元主编；云南省郑和研究会编．昆明：云南大学出版社，2005，344 页．

5547　首届国际《尚书》学学术研讨会论文集 / 林庆彰，钱宗武主编；廖名春等著．台北：万卷楼图书股份有限公司，2012，575 页．（台湾高等经学研讨论集丛刊；1）
> 第二届国际《尚书》学学术研讨会论文集 / 林庆彰，钱宗武主编．台北：万卷楼图书股份有限公司，2014，696 页．（台湾高等经学研讨论集丛刊；4）
> 第三届国际《尚书》学学术研讨会论文集 / 傅永聚，钱宗武主编．北京：线装书局，2015，784 页．
> 第四届国际《尚书》学学术研讨会论文集 / 钱宗武，卢鸣东主编．扬州：广陵书社，2017，2 册（997 页）．

5548　唐代的历史与社会：中国唐史学会第六届年会暨国际唐史学会研讨会论文选集 / 朱雷主编；中国唐史学会，武汉大学中国三至九世纪研究所编．武汉：武汉大学出版社，1997，580 页．

5549　晚明中西文化的碰撞与融合：以利玛窦时代为中心．上下 / 张宗鑫著．新北：花木兰文化出版社，2017，2 册（301 页）．（古代历史文化研究辑刊·十七编；15-16）

5550 魏晋南北朝隋唐史学的基本问题 / 谷川道雄主编 . 北京：中华书局，2010，385 页 .（中国史学的基本问题）

5551 文献与学术：宋代典籍海外流传与欧美学界宋史研究 / 孙健著 . 北京：学苑出版社，2018，214 页 .（中国文化在世界书系 / 张西平主编）

5552 西文文献中的中国 / 复旦大学文史研究院编 . 北京：中华书局，2012，339 页 .（复旦文史专刊之五）

5553 相遇与对话：明末清初中西文化交流国际学术研讨会文集 / 卓新平主编 . 北京：宗教文化出版社，2003，642 页 .

5554 想象异域：读李朝朝鲜汉文燕行文献札记 / 葛兆光著 . 北京：中华书局，2014，302 页 .

5555 行观中国：日本使节眼中的明代社会 / 朱莉丽著 . 上海：复旦大学出版社，2013，291 页 .（亚洲艺术、宗教与历史研究丛书）

5556 "燕行录"研究论集 / 张伯伟编 . 南京：凤凰出版社，2016，514 页 .

5557 殷周秦汉史学的基本问题 / 佐竹靖彦主编 . 北京：中华书局，2008，334 页 .（中国史学的基本问题）

5558 远方的时习：《古代中国》精选集 / 夏含夷主编 . 上海：上海古籍出版社，2008，376 页 .（早期中国研究丛书）

5559 中国古代文化在世界：以 20 世纪为中心 / 张西平，孙健主编 . 郑州：大象出版社，2017，23+371 页 .（20 世纪中国古代文化经典域外传播研究书系 / 张西平总主编）

5560 中国前近代史理论国际学术研讨会论文集 / 武汉大学中国三至九世纪研究所编 . 武汉：湖北人民出版社，1997，865 页 .

5561 中国三国历史文化国际学术讨论会论文集 / 李凭，梁满仓，叶植主编 . 武汉：湖北人民出版社，2012，279 页 .

5562 中国魏晋南北朝史学会第十届年会暨国际学术研讨会论文集 / 中国魏晋南北朝史学会，山西大学历史文化学院编 . 太原：北岳文艺出版社，2012，612 页 .

5563 走向多元文化的全球史：郑和下西洋（1405—1433）及中国与印度洋世界的关系 / 陈忠平主编 . 北京：生活·读书·新知三联书店，2017，388 页 .

5564 走向海洋的中国人：郑和下西洋 590 周年国际学术研讨会论文集 / 南京郑和研究会编 . 北京：海潮出版社，1996，360 页 .

四、近现代史

（一）译著

5565 1860：圆明园大劫难 / 贝尔纳·布里赛著；高发明等译 . 修订版 . 上海：上海世纪

> 1860：圆明园大劫难 / 伯纳·布立赛著；高发明等译. 杭州：浙江古籍出版社，2005，411 页.

5566 1860 年的中国战争：信札与日记 / 乔治·奥尔古德著；沈弘译. 上海：中西书局，2013，25+178 页.（圆明园丛书. 圆明园劫难记忆译丛. Ⅱ）

5567 1860 年对华战争纪实 / 加内特·沃尔斯利著；江先发，叶红卫译. 上海：中西书局，2013，25+236 页.（圆明园丛书. 圆明园劫难记忆译丛. Ⅱ）

5568 1860 年对华战争纪要：外交史、照会及公文 / 亨利·柯迪亚著；刘曦，李爽译. 上海：中西书局，2013，25+369 页.（圆明园丛书. 圆明园劫难记忆译丛. Ⅱ）

5569 1860 年华北战役纪要 / 斯温霍著；邹文华译. 上海：中西书局，2011，21+220 页.（圆明园丛书. 圆明园劫难记忆译丛）

5570 1860 年征战中国记 / 布隆戴尔著；赵珊珊译. 上海：中西书局，2011，21+130 页.（圆明园丛书. 圆明园劫难记忆译丛）

5571 1860 年中国战事 / 夏尔·于贝尔·拉佛莱著；应远马译. 上海：中西书局，2013，25+85 页.（圆明园丛书. 圆明园劫难记忆译丛. Ⅱ）

5572 1897 年的中国 / 约翰·斯塔德著；李涛译. 济南：山东画报出版社，2004，101 页.

5573 1900—1901 年俄国在华军事行动资料 / 吉林省社会科学院历史研究所编；董果良译. 济南：齐鲁书社，1981—1982，3 册.

5574 1900 年：西方人的叙述：义和团运动亲历者的书信、日记和照片 / 弗雷德里克·A. 沙夫，彼德·哈林顿编著；顾明译注. 天津：天津人民出版社，2010，297 页.

5575 1904—1905，洋镜头里的日俄战争 / 徐广宇编译. 福州：福建教育出版社，2009，226 页.

5576 1905 年抵制美货运动：中国城市抗争的研究 / 黄贤强著；高俊译. 上海：上海辞书出版社，2010，183 页.（海外中国城市史研究译丛）

5577 1927—1937 年国民党统治下的中国流产的革命 / 劳埃德著；陈红民等译. 北京：中国青年出版社，1992，393 页.

5578 1937—1945 日本在中国沦陷区的经济掠夺 / 浅田乔二等著；袁愈佺译. 上海：复旦大学出版社，1997，385 页.

5579 1943：中国在十字路口 / 周锡瑞，李皓天主编；陈骁译. 香港：中文大学出版社，2018，19+367 页.

> 1943：中国在十字路口 / 周锡瑞，李皓天主编；陈骁译. 北京：社会科学文献出版社，2016，396 页.（汉唐阳光·近代史系列）

5580 安源：发掘中国革命之传统 / 裴宜理著；阎小骏译. 香港：香港大学出版社，2014，17+315 页.

5581 八国联军目击记 / 德米特里·扬切韦次基著；许崇信等译. 福州：福建人民出版社，1983，455 页.（中国近代史译丛）

K 历史、地理

5582 八国联军侵华时期照片集 / 小川一真摄影 . 北京：学苑出版社，2008，264 页 .（北京旧闻故影书系；43）

5583 八国联军占领实录：天津临时政府会议纪要 / 倪瑞英等译；汪寿松，郝克路，王培利编校 . 天津：天津社会科学院出版社，2004，2005 重印，2 册（16+869 页）.（国家清史编纂委员会·编译丛刊）

5584 八路军内日本兵 / 香川孝志，前田光繁著；赵安博，吴从勇译 . 北京：解放军出版社，2015，160 页 .（反战斗争史话丛书）
  ➢ 八路军内日本兵 / 香川孝志，前田光繁著；赵安傅，吴从勇译 . 北京：解放军出版社，1985，168 页 .
  ➢ 八路军中的日本兵 / 香川孝志，前田光繁著；蔡静译 . 北京：时事出版社，1985，136 页 .
  ➢ 八路军中的日本兵延安日本工农学校纪实 / 香川孝志，前田光繁著；张惠千，韩风琴译 . 北京：长征出版社，1985，137 页 .

5585 百年凝视：西方镜头下的变革中国，社会经济学家甘博 1917—1932 记录的历史瞬间 / 邢文军，陈树君文字；西德尼·甘博摄影 . 新北：野人文化股份有限公司，2017，413 页 .（地球观；35）

5586 鲍罗廷在中国的有关资料 / 李玉贞译 . 北京：中国社会科学出版社，1983，314 页 .（中国现代革命中资料丛刊）

5587 北京信札：特别是关于慈禧太后和中国妇女 / 萨拉·康格著；沈春蕾等译 . 南京：南京出版社，2006，14+311 页 .（"西方人看中国"文化游记丛书）

5588 北洋之始 / 约翰·斯图亚特·汤姆森著；朱艳辉，叶桂红译 . 济南：山东画报出版社，2008，367 页 .

5589 崩溃前的大清帝国：第二任港督的中国笔记 / 约翰·弗朗西斯·戴维斯著；易强译 . 北京：光明日报出版社，2013，297 页 .

5590 冰冻大地之歌 / 古川万太郎著；张斌等译 . 北京：解放军出版社，1986，248 页 .（中国革命纪实译丛）

5591 伯克利专家讲"民国"往事 / 陈治平著 . 北京：东方出版社，2017，232 页 .

5592 步入中国清廷仕途：赫德日记（1854—1863）/ 凯瑟琳·F·布鲁纳等编；傅曾仁等译 . 北京：中国海关出版社，2003，554 页 .

5593 财阀与帝国主义：三井物产与中国 / 坂本雅子著；徐曼译 . 北京：社会科学文献出版社，2011，391 页 .（中日历史问题译丛）

5594 采访中国：《纽约时报》驻华首席记者阿班的中国岁月：1926—1941/ 哈雷特·阿班著；杨植峰译 . 台北：远流出版事业股份有限公司，2011，429 页 .（实用历史丛书）

5595 长征：前所未闻的故事 / 哈里森·索尔兹伯里著；朱晓宁译 . 北京：北京联合出版公司，2015，424 页 .

- 长征：前所未闻的故事 / 哈里森·索尔兹伯里著；过家鼎等译 .3 版 . 北京：解放军出版社，2007，437 页 .
- 长征：前所未闻的故事 / 哈里森·索尔兹伯里著；过家鼎等译 .2 版 . 北京：解放军出版社，2001，476 页 .
- 长征 / 沙兹伯里著；文林译 . 台北：麦田出版公司，1995，469 页 .（历史选书；2）
- 长征—前所未闻的故事 / 索尔兹伯里著；过家鼎等译 . 北京：解放军出版社，1986，452 页 .

5596 长征：中国纪行 / 西蒙娜·德·波伏瓦著；胡小跃译 . 北京：作家出版社，2012，22+421 页 .（世界人文参考丛书）

5597 长征日记—中国史诗 / 夏洛特·索尔兹伯里著；王之希，许丽霞译 . 北京：国际文化出版公司，1987，261 页 .

5598 彻底检证：南京大屠杀 / 东中野修道著；邱振瑞译 . 台北：前卫出版社，2001，382 页 .（历史大公案；2）

5599 重构近代中国：中国历史写作中的想象与真实 / 李怀印著；岁有生，王传奇译 . 北京：中华书局，2013，332 页 .

5600 重庆大轰炸 / 前田哲男著；李泓，黄莺译 . 成都：成都科技大学出版社，1989，372 页 .

5601 穿蓝色长袍的国度 / 阿绮波德·立德著；陈美锦译 . 南京：译林出版社，2016，192 页 .
- 穿蓝色长袍的国度：关于晚清社会的真实生活记录 / 立德夫人著；方悄悄等译 . 北京：电子工业出版社，2016，199 页 .
- 穿蓝色长袍的国度 / 阿绮波德·立德著；陈美锦译 . 南京：译林出版社，2014，192 页 .
- 蓝衫国度：英国人眼中的晚清社会：图文版 / 阿绮波德·立德著；钱峰译 . 北京：新华出版社，2014，220 页 .（新华史海镜鉴丛书）
- 蓝色的国度：外国人看中国 / 阿绮波德·立德著；曾献译 . 北京：金城出版社，2011，199 页 .
- 穿蓝色长袍的国度 / 阿绮波德·立德著；刘云浩，王成东译 . 北京：中华书局，2006，216 页 .（西方的中国形象）
- 穿蓝色长袍的国度 / 阿绮波德·立德著；王成东，刘云浩译 . 北京：时事出版社，1998，345 页 .（五谷田文化译丛 . 西方视野里的中国形象）

5602 闯关东的爱尔兰人：一位传教士在乱世中国的生涯（1897—1942）/ 马克·奥尼尔著；牟京良译 . 北京：生活·读书·新知三联书店，2013，284 页 .
- 闯关东的爱尔兰人：一位传教士在乱世中国的生涯 / 马克·奥尼尔著；牟京良编译 . 香港：三联书店（香港）有限公司，2012，270 页 .

5603 刺刀指向拉萨 / 彼得·弗莱明著；向红笳，胡岩译. 拉萨：西藏人民出版社，1987，1997重印，300页.

5604 从巴黎到八里桥 / 皮埃尔·马蒂埃著；陈丽娟，陈泌译. 上海：中西书局，2013，25+107页.（圆明园丛书. 圆明园劫难记忆译丛. II）

5605 从韩国看的中华民国史 / 裴京汉著. 北京：社会科学文献出版社，2004，306页.（海外中国近代史研究文库）

5606 从加尔各答到北京：一名军官写于两地的日记 / 约翰·H.唐恩著；陈洁华译. 上海：中西书局，2013，25+84页.（圆明园丛书. 圆明园劫难记忆译丛. II）

5607 从甲午到抗战 / 唐德刚等著. 北京：台海出版社，2016，270页.（传记文学书系 / 彭明哲，曾德明主编）

5608 从民族国家拯救历史：民族主义话语与中国现代史研究 / 杜赞奇著；王宪明等译. 南京：江苏人民出版社，2009，260页.（海外中国研究丛书 / 刘东主编）
- ➢ 从民族国家拯救历史：民族主义话语与中国现代史研究 / 杜赞奇著；王宪明等译. 南京：江苏人民出版社，2008，260页.（凤凰文库·海外中国研究系列）
- ➢ 从民族国家拯救历史：民族主义话语与中国现代史研究 / 杜赞奇著；王宪明等译. 北京：社会科学文献出版社，2003，16+278页.（喜玛拉雅学术文库·阅读中国系列）

5609 从日本老兵战时书信与日记看——南京大屠杀 / 松冈环编著；彭曦等译. 南京：南京出版社，2007，189页.（南京大屠杀史研究与文献系列丛书；21）

5610 从晚清到民国：晚清七十年折射中国转型困境 / 唐德刚著. 北京：中国文史出版社，2015，390页.（传记文学书系 / 彭明哲，曾德明主编

5611 从鸦片战争到解放 / 伊斯雷尔·爱泼斯坦著；鞠方安等译. 香港：和平图书有限公司，2016，225页.（爱泼斯坦作品集）
- ➢ 从鸦片战争到解放 / 伊斯雷尔·爱泼斯坦著；鞠方安等译. 北京：新星出版社，2015，225页.
- ➢ 从鸦片战争到解放 / I.爱泼斯坦著；符家钦译. 北京：今日中国出版社，1997，224页.（国际友人丛书）

5612 从重庆通往伦敦、东京、广岛的道路：二战时期的战略大轰炸 / 前田哲男著；王希亮译. 重庆：重庆出版社，2015，404页.（中国抗战大后方历史文化丛书. 学术著作 / 章开沅总主编）
- ➢ 从重庆通往伦敦东京广岛的道路：二战时期的战略大轰炸 / 前田哲男著；王希亮译. 北京：中华书局，2007，431页.

5613 出征中国和交趾支那来信 / 阿道尔夫·阿尔芒著；许方，赵爽爽译. 上海：中西书局，2011，21+481页.（圆明园丛书. 圆明园劫难记忆译丛）

5614 大江东流：川畑一子与解放军一起走过的青春道路 / 川畑一子著；马黎明译. 天津：天津社会科学院出版社，2000，194页.

5615 当代日本中国研究. 第一辑, 历史·社会 / 日本人间文化研究机构现代中国区域研究项目编. 北京：社会科学文献出版社，2013，297 页.
- 当代日本中国研究. 第二辑, 法律·对外关系 / 日本人间文化研究机构现代中国区域研究项目编. 北京：社会科学文献出版社，2014，249 页.
- 当代日本中国研究. 第三辑, 经济·环境 / 日本人间文化研究机构现代中国区域研究项目编. 北京：社会科学文献出版社，2014，335 页.
- 当代日本中国研究. 第四辑, 历史·社会 / 日本人间文化研究机构现代中国区域研究项目编. 北京：社会科学文献出版社，2015，274 页.
- 当代日本中国研究. 第五辑, 政治·对外关系 / 日本人间文化研究机构现代中国区域研究项目编. 北京：社会科学文献出版社，2016，220 页.
- 当代日本中国研究. 第六辑, 经济·环境 / 日本人间文化研究机构现代中国区域研究项目编. 北京：社会科学文献出版社，2017，322 页.

5616 德国公使夫人日记 / 海靖夫人著；秦俊峰译. 福州：福建教育出版社，2012，17+235 页.（中德文化丛书 / 叶隽主编）

5617 帝国的回忆：《纽约时报》晚清观察记：1854—1911/ 郑曦原编；李方惠等译. 北京：当代中国出版社，2018，392 页.（《纽约时报》中国观察记）
- 帝国的回忆：《纽约时报》晚清观察记（1854—1911）. 上下册 / 郑曦原编；李方惠等译. 2 版，增订本. 北京：当代中国出版社，2011，2 册（195；453 页）.
- 帝国的回忆：《纽约时报》晚清观察记：1857—1911. 上下 / 郑曦原编；李方惠等译. 2 版，增订版. 台北：远流出版事业股份有限公司，2011，2 册（729 页）.（实用历史丛书）
- 帝国的回忆：《纽约时报》晚清观察记：1854—1911/ 郑曦原编；李方惠等译. 修订本. 北京：当代中国出版社，2007，384 页.
- 帝国的回忆：《纽约时报》晚清观察记 / 郑曦原编；李方惠等译. 北京：生活·读书·新知三联书店，2001，469 页.

5618 帝国的回忆：《泰晤士报》晚清改革观察记 /《泰晤士报》著；方激编译. 重庆：重庆出版社，2014，396 页.

5619 帝国旧影：雕版画里的晚清中国 / 托马斯·阿洛姆图；乔治·N. 赖特文；秦传安译. 北京：中央编译出版社，2014，275 页.

5620 帝国政改：改革需要顶层设计 / 雪珥著. 北京：线装书局，2012，298 页.

5621 帝国政改：恭亲王奕䜣与自强运动/雪珥著. 台北：台湾商务印书馆股份有限公司，2015，15+307 页.（历史. 中国史）

5622 滇缅公路：二战"中缅印战场"的壮丽史诗 / 多诺万·韦伯斯特著；朱靖江译. 北京：九州出版社，2015，363 页.
- 滇缅公路：第二次世界大战"中国－缅甸－印度战场"的壮丽史诗 / 多诺万·韦伯斯特著；朱靖江译. 北京：作家出版社，2006，353 页.

5623 谍报记 / 石光真清著；赵连泰，靳桂英编译 . 长春：吉林文史出版社，1989，307 页 .（晚清民国逸史丛书）

5624 东北抗日义勇军 / 朴宣泠著 . 北京：中国友谊出版公司，1998，418 页 .

5625 东京审判 / 日本《朝日新闻》东京审判记者团著；吉佳译 . 石家庄：河北人民出版社，1988，552 页 .

5626 东京"左联"重建后留日学生文艺活动 / 小谷一郎著；王建华译 . 上海：上海社会科学院出版社，2012，279 页 .（上海鲁迅纪念馆奔流丛书）

5627 东史郎对日本军国主义的批判 / 东史郎著；彭曦，汪平译 . 南京：南京出版社，2007，202 页 .（南京大屠杀史研究与文献系列丛书）

5628 东史郎日记 / 东史郎著；本书翻译组译 .2 版 . 南京：江苏凤凰教育出版社，2014，505 页 .

> 战地日记 / 史东郎著 . 香港：商务印书馆（香港）有限公司，2006，117 页 .

> 东史郎战地日记：1938.10—1939.9/ 东史郎著；纪廷许等译 . 北京：世界知识出版社，2000，280 页 .

> 东史郎日记 / 东史郎著；本书翻译组译 . 南京：江苏教育出版社，1999，505 页 .

5629 独行中国：一九三三年的中国之行 / 彼得·弗莱明著；侯萍，宋苏晨译 . 南京：南京出版社，2006，14+230 页 .（"西方人看中国"文化游记丛书）

5630 段祺瑞政权 / 唐德刚著 . 桂林：广西师范大学出版社，2015，259 页 .（中国近代口述史学会丛书）

> 民国史军阀篇：段祺瑞政权 / 唐德刚著；中国近代口述史学会编译 . 台北：远流出版事业股份有限公司，2012，315 页 .（唐德刚作品集）

5631 额尔金书信和日记选 / 额尔金，沃尔龙德著；汪洪章，陈以侃译 . 上海：中西书局，2011，21+252 页 .（圆明园丛书 . 圆明园劫难记忆译丛）

5632 二十世纪中国的社会与文化 / 石川祯浩主编；袁广泉译 . 北京：社会科学文献出版社，2013，496 页 .（日本京都大学中国研究系列；3）

5633 发生在黄土村庄里的日军性暴力：大娘们的战争尚未结束 / 石田米子，内田知行主编；赵金贵译 . 北京：社会科学文献出版社，2008，371 页 .（中日历史问题译丛）

5634 法国画报记录的晚清 1846—1885/ 张霞，李小玉译 . 广州：广东人民出版社，2018，2 册（525 页）.（西洋镜）

5635 翻身：中国一个村庄的革命纪实 / 韩丁著；韩倞等译 . 北京：北京出版社，1980，718 页 .

5636 翻译官手记 / 埃利松著；应远马译 . 上海：中西书局，2011，21+308 页 .（圆明园丛书 . 圆明园劫难记忆译丛）

5637 反潮流的中国 / 白瑞琪；王丹妮等译 . 北京：中共中央党校出版社，1999，347 页 .

5638 飞虎的咆哮："二战"中美飞行员讲述在中国战场的亲身经历 / 杰夫瑞·B. 格林编著；徐帆译 . 昆明：云南教育出版社，2005，397 页 .

5639 费正清论中国：中国新史 / 费正清著；薛绚译. 台北：正中书局, 1994, 493 页.（当代学术思潮译丛）

5640 改良与革命：辛亥革命在两湖 / 周锡瑞著；杨慎之译. 南京：江苏人民出版社, 2007, 338 页.（海外中国研究丛书 / 刘东主编）

> 改良与革命：辛亥革命在两湖 / 周锡瑞著；杨慎之译. 台北：华世出版社, 1986, 395 页.

> 改良与革命：辛亥革命在两湖 / 周锡瑞著；杨慎之译. 北京：中华书局, 1982, 391 页.

5641 冈村宁次回忆录 / 冈村宁次著；稻叶正夫编. 北京：中华书局, 1981, 471 页.

5642 高升号的沉没：甲午第一战微观史 / 雪珥著. 北京：生活·读书·新知三联书店, 2015, 311 页.

5643 格兰特私人日记选 / 霍普·格兰特, 诺利斯著；陈洁华译. 上海：中西书局, 2011, 21+112 页.（圆明园丛书. 圆明园劫难记忆译丛）

5644 革命中的中国：延安道路 / 马克·赛尔登著；魏晓明, 冯崇义译. 北京：社会科学文献出版社, 2002, 317 页.（喜玛拉雅学术文库. 阅读中国系列）

5645 庚子使馆被围记 / 普特南·威尔著；张启耀译. 北京：电子工业出版社, 2012, 13+287 页.（寻路中国系列）

> 庚子使馆被围记 / 普特南·威尔著；冷汰, 陈诒先译. 上海：上海书店出版社, 2000, 196 页.

5646 庚子事变摄影图集：原名《北清事变写真帖》/ 小川一真摄影. 影印本. 北京：学苑出版社, 2000, 132 页.

5647 庚子闻见录：奥匈使团驻华纪实 / 卡明斯基, 温特里德著；申文林译. 天津：百花文艺出版社, 1981, 190 页.（奥地利历史文化丛书 / 杜文棠主编）

5648 共产国际、联共（布）与中国革命文献资料选辑：1917~1925/ 中共中央党史研究室第一研究部编. 北京：北京图书馆出版社, 1997, 17+753 页.（共产国际、联共（布）与中国革命档案资料丛书. 第二卷）

> 共产国际、联共（布）与中国革命文献资料选辑：1926—1927/ 中共中央党史研究室第一研究部编. 北京：北京图书馆出版社, 1998, 2 册（610；605 页）.（共产国际、联共（布）与中国革命档案资料丛书. 第 5、6 卷）

> 共产国际、联共（布）与中国革命文献资料选辑：1927—1931/ 中共中央党史研究室第一研究部译. 北京：中央文献出版社, 2002, 2 册（736；709 页）.［共产国际、联共（布）与中国革命档案资料丛书；11—12］

5649 共产国际与中国革命：一九二四——一九二七年：中国共产党和国民党统一战线 / 郭恒钰著；李逵六译. 北京：生活·读书·新知三联书店, 1985, 384 页.

5650 共和十年：《纽约时报》民初观察记 1911—1921/ 郑曦原编；蒋书婉等译. 北京：当代中国出版社, 2018, 475 页.（《纽约时报》中国观察记）

> 共和十年：《纽约时报》民初观察记（1911—1921），政治篇 / 郑曦原编；蒋书婉等译．北京：当代中国出版社，2011，264页．

> 共和十年：《纽约时报》民初观察记（1911—1921）．上下 / 郑曦原编；蒋书婉等译．台北：远流出版事业股份有限公司，2011，2册（889+11页）．（实用历史丛书）

5651 孤军：满人一家三代与清帝国的终结 / 柯娇燕著；陈兆肆译；董建中校．北京：人民出版社，2016，281页．

5652 关于江东六十四屯的问题 / 黑龙江省社会科学院历史研究所编．哈尔滨：黑龙江人民出版社，1981，102页．

5653 广州番鬼录旧中国杂记 / 亨特著；冯树铁，沈正邦译．广州：广东人民出版社，2009，487页．（岭南文库）

5654 国外中国近代史研究．第一辑 / 中国社会科学院近代史研究所《国外中国近代史研究》编辑部编．北京：中国社会科学出版社，1980，286页．

> 国外中国近代史研究．第二辑：辛亥革命七十周年纪念专辑 / 中国社会科学院近代史研究所《国外中国近代史研究》编辑部编．北京：中国社会科学出版社，1981，362页．

> 国外中国近代史研究．第三辑—第十七辑 / 中国社会科学院近代史研究所近代史资料编辑组编．北京：中国社会科学出版社，1982—1991，15册．

> 国外中国近代史研究．第十八辑，辛亥革命八十周年纪念专辑 / 中国社会科学院近代史研究所编．北京：中国社会科学出版社，1991，334页．

> 国外中国近代史研究．第十九辑—第二十七辑 / 中国社会科学院近代史研究所《国外中国近代史研究》编辑部编．北京：中国社会科学出版社，1992—1995，9册．

5655 国外中共党史中国革命史研究论点摘编，新民主主义革命时期 / 中共中央党史研究室科研局编译处编．北京：中共党史资料出版社，1990，368页．（国外中共党史中国革命史研究丛书）

5656 国外中共党史中国革命史研究译文集．第二集 / 中共中央党史研究室第三研究部编译研究处编．北京：中共党史出版社，1999，613页．

> 国外中共党史中国革命史研究译文集．第一集 / 中共中央党史研究室科研局编译处编．北京：中共党史出版社，1991，561页．

5657 哈尔滨档案 / 玛拉·穆斯塔芬著；李尧，郁忠译．北京：生活·读书·新知三联书店，2018，411页．

> 哈尔滨档案 / 玛拉·穆斯塔芬著；李尧，郁忠译．北京：中华书局，2008，353页．

5658 海门薇医生在中国 1924—1941 / 茹丝·V.海门薇著；张天润译．北京：社会科学文献出版社，2013，199页．

5659 海外华人的抗争：对美抵制运动史实与史料 / 黄贤强著．新加坡：新加坡亚洲研究

学会,2001,11+282 页.(新加坡亚洲研究学会丛书;11)

5660 海外南京大屠杀史料集 / 朱成山主编;桂奋权,卢彦名译.南京:南京出版社,2007,402 页.(南京大屠杀史研究与文献系列丛书;10)

5661 和华人同居:内地,沿岸和海上 / 罗伯特·福钧著;吴宪整理.影印本.桂林:广西师范大学出版社,2013,460 页.("中国研究"外文旧籍汇刊·中国记录.第五辑;1/ 李国庆,何林夏主编)

5662 何谓中日战争? / 纐缬厚著;申荷丽译.北京:商务印书馆,2012,262 页.
> 何谓中日战争? / 纐缬厚著;申荷丽译.台北:人间出版社,2010,163 页.

5663 红都延安采访实录 / 海伦·福斯特·斯诺著;张士义,张香存译.北京:中国社会出版社,2004,384 页.(国际友人丛书)

5664 红都延安秘录:西行访问记 / 尼姆·韦尔斯著;华侃译.北京:中国青年出版社,1994,240 页.(国际友人丛书.第四辑)

5665 红色中国的挑战 /G·斯坦因著;李凤鸣译.上海:上海科学技术文献出版社,2015,16+248 页.(外国记者眼里的抗日战争)
> 红色中国的挑战 / 冈瑟·斯坦著;马飞海等译.上海:上海译文出版社,1999,458 页.
> 红色中国的挑战 / 斯坦因著;李凤鸣译.北京:新华出版社,1987,356 页.(外国人看中国抗战丛书)
> 红色中国的挑战 /G.斯坦因著;李凤鸣译.上海:希望书店,1946,1980 重印,313 页.

5666 红色中国内幕 / 尼姆·韦尔斯著;马庆平,万高潮译.济南:济南出版社,2006,31+448 页.(第三只眼睛看中国)
> 红色中国内幕 / 韦尔斯著;马庆平,万高潮译.北京:华文出版社,1991,291 页.

5667 红色中华散记:1936—1945/ 埃德加·斯诺著;奚博铨译.南京:江苏人民出版社,1991,328 页.(国际友人丛书)

5668 红星照耀中国 / 埃德加·斯诺著;胡愈之,胡仲持等译.北京:人民教育出版社,2018,403 页.(名著阅读课程化丛书 / 温儒敏,王本华主编)
> 红星照耀中国:新译本 / 埃德加·斯诺著;王涛译.武汉:长江文艺出版社,2018,400 页.
> 红星照耀中国:青少版 / 埃德加·斯诺著;董乐山译.2 版.北京:人民文学出版社,2017,388 页.
> 红星照耀中国 / 埃德加·斯诺著;董乐山译.北京:人民文学出版社,2016,2017 印,475 页.(博文全本经典名著系列:传世经典·完美珍藏)
> 西行漫记 / 埃德加·斯诺著;董乐山译.2 版.北京:东方出版社,2010,2013 重印,461 页.

> 红星照耀中国 / 埃德加·斯诺著；董乐山译.北京：作家出版社，2012，338页.
> 西行漫记 / 爱特伽·斯诺著；胡仲持等译.北京：生活·读书·新知三联书店，2012，2册（738页）.（三联经典文库；34）
> 红星照耀中国 / 埃德加·斯诺著；董乐山译.北京：作家出版社，2008，338页.
> 前西行漫记 / 埃德加·斯诺等著；王福时等译.北京：解放军文艺出版社，2006，326页.（外国人笔下的红色中国丛书）
> 西行漫记 / 埃德加·斯诺著；董乐山译.北京：东方出版社，2005，461页.
> 西行漫记：英汉对照 / 埃德加·斯诺著；董乐山译.北京：外语教学与研究出版社，2005，17+767页.
> 西行漫记 / 埃德加·斯诺著；董乐山译.北京：解放军文艺出版社，2002，10+388页.（外国人笔下的红色中国丛书）
> 红星照耀中国 / 埃德加·斯诺著；李方准，梁民译.北京：中国少年儿童出版社：中国青年出版社，1996，509页.（希望书库；5-18（总322））
> 西行漫记 / 埃德加·斯诺著；董乐山译.北京：生活·读书·新知三联书店，1979，1995重印，406页.
> 红星照耀中国 / 埃德加·斯诺著；李方准，梁民译.石家庄：河北人民出版社，1992，509页.
> 红星照耀中国 / 埃德加·斯诺著；董乐山译.北京：新华出版社，1984，424页.（斯诺文集）
> 西行漫记 / 埃德加·斯诺著；董乐山译.北京：生活·读书·新知三联书店，1979，406页.

5669 花冈事件记闻 / 野添宪治著；张友栋等译.增订版.保定：河北大学出版社，1992，222页.（日本强掳华工研究与翻译丛书）

5670 华北的暴力和恐慌：义和团运动前夕基督教传播和社会冲突 / 狄德满著；崔华杰译.南京：江苏人民出版社，2011，489页.（凤凰文库·海外中国研究系列）
> 华北的暴力和恐慌：义和团运动前夕基督教传播和社会冲突 / 狄德满著；崔华杰译.南京：江苏人民出版社，2011，489页.（海外中国研究丛书）

5671 华北的叛乱者与革命者：1845—1945/ 裴宜理著；池子华，刘平译.增订本.北京：商务印书馆，2017，15+308页.（中国秘密社会研究译丛 / 刘平，孙江主编）
> 华北的叛乱者与革命者：1845—1945/ 裴宜理著；池子华，刘平译.北京：商务印书馆，2007，11+340页.（中国秘密社会研究译丛）

5672 华北前线 / 勃脱兰著；伍叔民译.上海：上海科学技术文献出版社，2015，254页.（外国记者眼里的抗日战争）
> 华北前线 / 詹姆斯·贝特兰著；林淡秋等译.北京：新华出版社，1986，339页.（外国人看中国抗战）
> 不可征服的人们：一个外国人眼中的中国抗战 / 贝特兰著；李述一等译.北京：

求实出版社，1988，339 页．

> 北线巡回 / 贝特兰著；方琼凤译．重庆：重庆出版社，1986，176 页．（中国现代掌故丛书）

5673 华北治安战 / 日本防卫厅防卫研修所战史室编；樊友平，朱佳卿译；傅羽弘校．北京：团结出版社，2015，2 册（990 页）．

> 华北治安战 / 日本防卫厅战史室编；天津市政协编译组译．天津：天津人民出版社，1982，2 册．

5674 华英会通：1895—1905/ 麦士尼著．影印版．北京：国家图书馆出版社，2012，4 册．

5675 皇帝的密约：满州国最高的隐秘 / 日本 NHK 广播协会编；天津编译中心译．北京：中国文史出版社，1989，160 页．

5676 黄皮书日记 / 葛罗著；赵勤华译．上海：中西书局，2011，21+168 页．（圆明园丛书．圆明园劫难记忆译丛）

5677 黄色的神祇黄色的人民 / 李盖提·拉约什著；刘思岳译．北京：国家图书馆出版社，2015，24+12+442 页．（亲历中国丛书）

5678 加伦在中国：1924—1927/ 卡尔图诺娃著；中国社会科学院近代史研究所翻译室译．北京：中国社会科学出版社，1983，234 页．

5679 甲午战争：一个意大利人的记述 / 弗拉基米尔著；孔祥文译．北京：商务印书馆，2018，306 页．

5680 检证战争责任：从九一八事变到太平洋战争 / 日本读卖新闻战争责任检证委员会撰稿；郑钧等译．北京：新华出版社，2007，338 页．

5681 简明中国现代史：1912—1949/ 冯客著；陈瑶译．北京：九州出版社，2016，185 页．

5682 见证中国：巨人的崛起 / 恩里克·波萨达·卡诺著；谷音译．北京：五洲传播出版社，2017，206 页．

5683 见证中国百年：一个外国家族的中国情结 / 皮特·斯特斯伯格著；李巍等译．北京：民族出版社，2006，209 页．（中国—加拿大交流丛书）

5684 见证中国近代史变迁：齐赫文斯基汉学论集 / 齐赫文斯基著；孙玉华编选．北京：北京大学出版社，2018，23+245 页．（俄罗斯汉学文库）

5685 剑桥中国晚清史：1800—1911 年 / 费正清，刘广京编；中国社会科学院历史研究所编译室译．北京：中国社会科学出版社，1985，2007 重印，2 册（689；711 页）．（剑桥中国史；10-11）

> 剑桥中国史．第十册，晚清篇（1800—1911）．上 / 费正清主编；张玉法主译．台北：南天书局，2000，798 页．

> 剑桥中国史．第十一册，晚清篇（1800—1911）．下 / 费正清主编；张玉法主译．台北：南天书局，2000，780 页．

> 剑桥中国晚清史：1800—1911 年 / 费正清，刘广京编；中国社会科学院历史

研究所编译室译. 北京：中国社会科学出版社，1985，1993 重印，2 册（775；828 页）.

> 剑桥中国史. 第十册，晚清篇（1800—1911）.（上）/ 费正清编；张玉法译. 台北：南天书局，1987，798 页.

> 剑桥中国史. 第十一册，晚清篇（1800—1911）.（下）/ 费正清编；张玉法译. 台北：南天书局，1987，780 页.

> 剑桥中国晚清史：1800—1911/ 费正清编；中国社会科学院历史研究编译室译. 北京：中国社会科学出版社，1985，2 册（757；808 页）.

5686 剑桥中华民国史：1912—1949 年. 上卷 / 费正清编；杨品泉等译. 北京：中国社会科学出版社，1994，2007 重印，986 页.（剑桥中国史；12）

> 剑桥中华民国史：1912—1949 年. 下卷 / 费正清，费维恺编；刘敬坤等译. 北京：中国社会科学出版社，1994，2007 重印，1124 页.（剑桥中国史；13）

> 剑桥中国史. 第十二册，民国篇（1912—1949）.（上）/ 费正清主编；刘敬坤等译. 台北：南天书局，1999，1137 页.

> 剑桥中华民国史：1912—1949 年. 上卷 / 费正清编；杨品泉等译. 北京：中国社会科学出版社，1994，1106 页.（剑桥中国史）

> 剑桥中华民国史：1912—1949 年. 下卷 / 费正清，费维恺编；刘敬坤等译. 北京：中国社会科学出版社，1994，1259 页.（剑桥中国史）

> 剑桥中华民国史. 第二部 / 费正清主编；章建刚等译. 上海：上海人民出版社，1992，1167 页.

> 剑桥中国史. 第 12 卷，剑桥中华民国史. 第一部 / 费正清主编；章建刚等译. 上海：上海人民出版社，1991，1033 页.

5687 剑桥中华人民共和国史. 上卷，革命的中国的兴起：1949—1965/R. 麦克法夸尔，费正清编；谢亮生等译. 北京：中国社会科学出版社，1990，2007 重印，664 页.（剑桥中国史；14）

> 剑桥中华人民共和国史. 下卷，中国革命内部的革命：1966—1982/R. 麦克法夸尔，费正清编；俞金尧等译. 北京：中国社会科学出版社，1992，2007 重印，1113 页.（剑桥中国史；15）

> 剑桥中华人民共和国史，中国革命内部的革命：1966—1982/ 麦克法夸尔，费正清编；俞金尧等译. 北京：中国社会科学出版社，1992，1170 页.（剑桥中国史）

> 剑桥中华人民共和国史：1966—1982/ 麦克法夸尔，费正清主编；金光耀等译. 上海：上海人民出版社，1992，2 册（1206 页）.

> 剑桥中华人民共和国史：1949—1965/ 费正清，麦克法夸尔主编；王建朗等译. 上海：上海人民出版社，1990，707 页.

5688 蒋介石与南京国民政府 / 家近亮子著；王士花译. 北京：社会科学文献出版社，

2005，224 页．（海外中国近代史研究文库）

5689 解读中日全面战争 / 藤原彰著；陈鹏仁译．台北：水牛出版社，1996，434 页．（文史丛书；89）

5690 解析中国：观察 / 古德诺著；蔡向阳，李茂增译．北京：国际文化出版公司，1998，271 页．（认识中国系列）

5691 进军北京 / 乔治·德·克鲁勒著；陈丽娟等译．上海：中西书局，2013，25+180 页．（圆明园丛书．圆明园劫难记忆译丛．Ⅱ）

5692 近代中国的出路 / 黄仁宇著．香港：中华书局（香港）公司，1995，166 页．

5693 镜里看中国：从鸦片战争到毛泽东时代的驻华外国记者 / 保罗·法兰奇著；张强译．北京：中国友谊出版公司，2011，317 页．

5694 "九·一八"事变：奉天总领事林久治郎遗稿 / 林久治郎著；王也平译．沈阳：辽宁教育出版社，1987，177 页．

5695 旧日影像：西方早期摄影与明信片上的中国 / 何伯英著；张关林译．上海：东方出版中心，2008，165 页．

5696 旧中国的洋人 / 卡尔·克劳著；张珂等译．西安：陕西师范大学出版总社有限公司，2012，218 页．

5697 旧中国素描：1928—1929：[摄影集] / 望月睦幸主编：伍金贵编译．昆明：云南美术出版社，2002，2003 印，166 页．

5698 旧中国杂记 / 威廉·亨特著；李国庆整理．影印本．桂林：广西师范大学出版社，2011，289 页．（"中国研究"外文旧籍汇刊·中国记录．第二辑；5 / 李国庆，何林夏主编）

> 旧中国杂记 / 亨特原著；沈正邦译．2 版．台北：台湾书房出版有限公司，2010，14+277 页．（域外丛书；3）

> 旧中国杂记 / 亨特著；沈正邦译；章文钦校．广州：广东人民出版社，2008，324 页．

> 旧中国杂记 / 亨特著；沈正邦译．广州：广东人民出版社，1992，294 页．（岭南文库 / 黄浩主编）

5699 救国十人团运动研究 / 小野信尔著；殷叙彝，张允侯译．北京：中央编译出版社，1994，136 页．

5700 绝版甲午：全新修订终极版 / 雪珥著．北京：民主与建设出版社，2014，302 页．

> 绝版甲午：从海外史料揭秘中日战争 / 雪珥著．台北：大地出版社，2010，275 页．（经典书架；14）

> 绝版甲午：从海外史料揭秘中日战争 / 雪珥著．上海：文汇出版社，2009，216 页．

5701 军旅回忆：1860 年征战中国之私密家信集 / 阿尔芒·吕西著；王眉译．上海：中西书局，2013，25+129 页．（圆明园丛书．圆明园劫难记忆译丛．Ⅱ）

5702 军绅政权：近代中国的军阀时期 / 陈志让著 . 桂林：广西师范大学出版社，2008，192 页

5703 抗日战争前夜的延安之行 / 毕森著；张星星，薛鲁夏译 . 沈阳：东北工学院出版社，1990，129 页 .

5704 抗日战争与中国民众：中国的民族主义与民主主义 / 池田诚编著；中国人民抗日战争纪念馆编研部译 . 北京：求实出版社，1989，270 页 .

5705 抗战时期中国的后方社会：战时总动员与农村 / 笹川裕史，奥村哲著；林敏等译 . 北京：社会科学文献出版社，2013，15+216 页 .（中日历史问题译丛）

5706 抗战中的中共：图文见证八路军抗战史：一个英国人不平凡经历的记述 / 林迈可著；杨重光，郝平译 .2 版 . 北京：解放军文艺出版社，2013，216 页 .
  ➢ 抗战中的红色根据地：一个英国人不平凡经历的记述：图文见证八路军抗战史 / 林迈可著；杨重光，郝平译 . 北京：解放军文艺出版社，2005，216 页 .
  ➢ 八路军抗日根据地见闻录：一个英国人不平凡经历的记述 / 林迈可著；杨重光，郝平译 . 北京：国际文化出版公司，1987，109 页 .

5707 可亲的同学，可爱的中国：一个日本少女眼中的朝鲜战争 / 法村香音子著；张世俊著 . 沈阳：辽宁大学出版社，1995，195 页 .

5708 拉贝日记 / 约翰·拉贝著；本书翻译组译 .2 版 . 南京：江苏人民出版社：江苏教育出版社，2009，2017 重印，591 页 .
  ➢ 南京大屠杀史料集 .13，拉贝日记 / 刘海宁等译 . 南京：江苏人民出版社，2014，598 页 .
  ➢ 拉贝日记 / 埃尔文·维克特选编；周娅，谭蕾译 . 北京：新世界出版社，2009，505 页 .
  ➢ 拉贝日记：精装典藏版 / 约翰·拉贝著；埃尔文·维克特选编；朱刘华译 . 北京：金城出版社，2009，282 页 .
  ➢ 南京大屠杀史料集 .13，拉贝日记 / 张宪文主编；约翰·拉贝著；刘海宁等译 . 南京：江苏人民出版社：凤凰出版社，2006，598 页 .
  ➢ 拉贝日记 / 约翰·拉贝著；本书翻译组译 . 南京：江苏人民出版社：江苏教育出版社，1997，720 页 .

5709 黎明前的洗礼 / 钉崎卫著；鲁佃译 . 长沙：湖南人民出版社，1988，104 页 .

5710 黎明前的中国：中国近代史札记 / 陈舜臣著；于壮译 . 福州：福建人民出版社，2012，290 页 .

5711 李宗仁回忆录 / 李宗仁口述；唐德刚撰写 . 桂林：广西师范大学出版社，2005，2 册（850 页）.（唐德刚作品集）

5712 历史的见证：日军忏悔录 / 日本中国归还者联络会编；袁秋白等译 . 北京：解放军出版社，1994，243 页 .（中国抗日战争史料丛书）

5713 历史的真相：制造"三光"的日本侵华士兵忏悔录 / 日本中国归还者联络会编；

殷占堂等译．南宁：广西人民出版社，1996，180页．

5714 历史三调：作为事件、经历和神话的义和团：典藏版/柯文著；杜继东译．北京：社会科学文献出版社，2015，29+533页．

> 历史三调：作为事件、经历和神话的义和团/柯文著；杜继东译．修订版．北京：社会科学文献出版社，2014，20+382页．（社科文献精品译库）

> 历史三调：作为事件、经历和神话的义和团/柯文著；杜继东译．南京：江苏人民出版社，2000，2005重印，375页．（海外中国研究丛书）

> 历史三调：作为事件、经历和神话的义和团/柯文著；杜继东译．南京：江苏人民出版社，2000，389页．（海外中国研究丛书/刘东主编）

5715 历史上的黑暗一页：英国外交文件与英美海军档案中的南京大屠杀/陆束屏编著/翻译．南京：江苏人民出版社，2017，34+265页．（凤凰文库·海外中国研究系列）

5716 历史现场：西方记者眼中的现代中国/张功臣选编．北京：新世界出版社，2005，323页．（历史现场系列）

5717 立体照片里的中国：义和团运动时期的龙帝国之旅/詹姆斯·利卡尔顿著；李国庆整理．影印本．桂林：广西师范大学出版社，2015，398页．（"中国研究"外文旧籍汇刊·中国记录．第八辑；5/李国庆，何林夏主编）

5718 联共（布）、共产国际与中国国民革命运动：1920—1925/中共中央党史研究室第一研究部译．北京：北京图书馆出版社，1997，14+768页．（共产国际、联共（布）与中国革命档案资料丛书．第一卷）

> 联共（布）、共产国际与中国国民革命运动：1926—1927/中共中央党史研究室第一研究部译．北京：北京图书馆出版社，1998，2册（639；577页）．（共产国际、联共（布）与中国革命档案资料丛书；3—4）

> 联共（布）、共产国际与中国苏维埃运动：1927—1931/中共中央党史研究室第一研究部译．北京：中央文献出版社，2002，4册．（共产国际、联共（布）与中国革命档案资料丛书；7—10）

5719 林钦差与鸦片战争/张馨保著；徐梅芬等译．福州：福建人民出版社，1989，287页．（中国近代史译丛）

5720 另眼看共和：一个德国哲学家的中国日志/赫尔曼·凯泽林著；刘姝，秦俊峰译．福州：福建教育出版社，2015，201页．（中德文化丛书）

5721 另一个世界：瑞典汉学家林西莉眼中的中国1961—1962/林西莉著/摄影；李之义译．台北：猫头鹰出版社，2017，384页．（猫头鹰书房；57）

> 另一个世界：中国记忆1961—1962/林西莉著；李之义译．北京：中华书局，2016，334页．

5722 刘连仁：穴居十三年/野添宪治著；张友栋，白若愚译．石家庄：河北教育出版社，1997，187页．

5723 留学北京：我在二十世纪七十年代中国的经历/吴芳思著；王侃译．桂林：广西师范大学出版社，2015，167 页.

5724 虏囚的记忆 / 野田正彰著；王希亮译. 北京：社会科学文献出版社，2014，217 页.（中日历史问题译丛）

5725 陆军少尉的战争记忆 / 布瓦西厄著；陈建伟译. 上海：中西书局，2011，202-240 页.（圆明园丛书. 圆明园劫难记忆译丛）

5726 鹿地亘的反战思想与反战活动 / 井上桂子著. 长春：吉林大学出版社，2008，276 页.

5727 论中国革命与先烈 / 宫崎滔天等著；陈鹏仁译. 台北：黎明文化事业公司，1979，272 页.

5728 骆驼王的故事：清末民变研究 / 蒲乐安著；刘平等译. 北京：商务印书馆，2014，21+289 页.（中国秘密社会研究文丛 / 刘平，裴宜理主编）

5729 律师之魂 / 土屋公献著；王希亮译. 北京：社会科学文献出版社，2015，178 页.（中日历史问题译丛）

5730 满铁调查部内幕 / 草柳大藏著；刘耀武等译. 哈尔滨：黑龙江人民出版社，1982，562 页.

5731 "满洲国"的终结 / 高卓达之助著；沙福恒等译. 北京：国际文化出版公司，1993，194 页.

5732 满洲：它的人民、资源和最近的历史 / 亚历山大·霍斯著；张士尊，李梅梅译. 沈阳：辽河出版社，2005，196 页.（清末民初外国人眼中的东北社会丛书）

5733 满洲事变 / 关宽治，岛田俊彦著；王振锁，王家骅译. 上海：上海译文出版社，1983，500 页.

5734 贸易战、八国乱与倒霉蛋：再说晚清国运 / 雪珥著. 北京：金城出版社，2018，309 页.

5735 美国的中国近代史研究：回顾与前瞻 / 柯文著，李荣泰等译. 台北：联经出版公司，1991，242 页.

5736 美国画报上的中国：1840—1911/ 张文献编. 北京：北京大学出版社，2017，458 页.

5737 美国记者眼中 20 世纪 20 年代的中国 / 哈雷特·阿班著；王跃如译. 北京：中国文史出版社，2018，162 页.

5738 美国外交官的记载：日军大屠杀与浩劫后的南京城 / 陆束屏编著 / 翻译. 南京：南京出版社，2012，478 页.（南京大屠杀史研究与文献系列丛书；30）

5739 美军观察组在延安 /D. 包瑞德著；万高潮等译. 济南：济南出版社，2006，23+170 页.（第三只眼睛看中国）

> 美军观察组在延安 /D. 包瑞德著；万高潮译. 北京：解放军出版社，1984，124 页.

5740 蒙托邦征战中国回忆录 / 库赞·德·蒙托邦著；王大智，陈娟译. 上海：中西书局，2011，21+10+439 页.（圆明园丛书. 圆明园劫难记忆译丛）

5741 民国采访战:《纽约时报》驻华首席记者阿班回忆录 / 哈雷特·阿班著;杨植峰译. 桂林:广西师范大学出版社,2008,335页.(温故书坊)

5742 民国史抗战篇:烽火八年 / 唐德刚著;中国近代口述史学会编. 台北:远流出版事业股份有限公司,2014,403页.(唐德刚作品集)

5743 莫理循眼里的近代中国,北京的莫里循:[中英文本] / 沈嘉蔚编撰;窦坤等译. 3版. 福州:福建教育出版社,2012,29+132页.
  > 莫理循眼里的近代中国,北京的莫理循:[中英文本] / 沈嘉蔚编撰;窦坤等译. 福州:福建教育出版社,2005,132页.
  > 北京的莫理循 / 西里尔·珀尔著;檀东鍟,窦坤译. 福州:福建教育出版社,2003,2008重印,607页.

5744 莫理循眼里的近代中国,目击变革:[中英文本] / 沈嘉蔚编撰;窦坤等译. 3版. 福州:福建教育出版社,2012,239页.
  > 莫理循眼里的近代中国,目击变革:[中英文本] / 沈嘉蔚编撰;窦坤等译. 福州:福建教育出版社,2005,235页.

5745 莫理循眼里的近代中国,世纪之交的战乱:[中英文本] / 沈嘉蔚编撰;窦坤等译. 3版. 福州:福建教育出版社,2012,164页.
  > 莫理循眼里的近代中国,世纪之交的战乱:[中英文本] / 沈嘉蔚编撰;窦坤等译. 福州:福建教育出版社,2005,164页.

5746 末代王朝与近代中国:晚清与中华民国 / 菊池秀明著;廖怡铮译. 新北:台湾商务印书馆股份有限公司,2017,442页.(中国·历史的长河;10)
  > 末代王朝与近代中国:清末中华民国 / 菊池秀明著;马晓娟译. 桂林:广西师范大学出版社,2014,384页.(讲谈社·中国的历史;10)

5747 南京1937:血战危城 / 何铭生著;季大方等译. 北京:社会科学文献出版社,2017,377页.

5748 南京大屠杀 / 洞富雄著. 上海:上海译文出版社,1987,1989重印,422页.

5749 南京大屠杀:第二次世界大战中被遗忘的大浩劫 / 张纯如著;谭春霞,焦国林译. 2版. 北京:中信出版集团股份有限公司,2015,33+271页.
  > 南京大屠杀:第二次世界大战中被遗忘的大浩劫 / 张纯如著;谭春霞,焦国林译. 北京:中信出版社,2013,19+285页.
  > 南京浩劫:被遗忘的大屠杀 / 张纯如著;杨夏鸣译. 北京:东方出版社,2007,313页.
  > 南京大屠杀 / 张纯如著;马志行等译. 北京:东方出版社,2005,21+359页.
  > 南京暴行:被遗忘的大屠杀 / 张纯如著;孙英春等译. 北京:东方出版社,1998,12+238页.

5750 南京大屠杀:日军士兵战场日记 / 小野贤二,藤原彰,本多胜一编;李一杰,吴绍沅译. 北京:社会科学文献出版社,2007,10+277页.

5751 南京大屠杀大疑问 / 松村俊夫著；赵博源等译．北京：新华出版社，2001，300页．（世界冷观察系列）

5752 南京大屠杀的彻底检证 / 东中野修道著；严欣群译．北京：新华出版社，2000，299页．（世界冷观察系列）

5753 南京大屠杀和日本人的精神构造 / 津田道夫著；程兆奇，刘燕译．北京：新星出版社，2005，214页．

5754 南京大屠杀史料新编 / 卜正民编；王了因等译．台北：台湾商务印书馆股份有限公司，2007，329页．

5755 南京大屠杀始末采访录 / 本多胜一著；刘春明等译．太原：北岳文艺出版社，2001，445页．

5756 南京大屠杀与三光作战：记取历史教训 / 森山康平著；天津市政协编译委员会译．成都：四川教育出版社，1984，169页．

5757 南京大屠杀史料集.4，美国传教士的日记与书信 / 章开沅等编译．南京：江苏人民出版社，2014，394页．

- 南京大屠杀史料集.6，外国媒体报道与德国使馆报告 / 张生编．南京：江苏人民出版社，2014，11+505页．

- 南京大屠杀史料集.7，东京审判 / 杨夏鸣编．南京：江苏人民出版社，2014，662页．

- 南京大屠杀史料集.8，日军官兵日记 / 王卫星编．南京：江苏人民出版社，2014，734页．

- 南京大屠杀史料集.9，日军官兵日记与书信 / 王卫星编．南京：江苏人民出版社，2014，541页．

- 南京大屠杀史料集.10，日军官兵与随军记者回忆 / 王卫星编．南京：江苏人民出版社，2014，539页．

- 南京大屠杀史料集.11，日本军方文件 / 王卫星，雷国山编．南京：江苏人民出版社，2014，374页．

- 南京大屠杀史料集.12，英美文书·安全区文书·自治委员会文书 / 张生等编．南京：江苏人民出版社，2014，20+630页．

- 南京大屠杀史料集.29，国际检察局文书·美国报刊报道 / 杨夏鸣，张生编；杨夏鸣，文俊雄，钱彩琴译．南京：江苏人民出版社，2014，13+724页．

- 南京大屠杀史料集.30，德国使领馆文书 / 陈谦平，张连红，戴袁支编；郑寿康译．南京：江苏人民出版社，2014，15+454页．

- 南京大屠杀史料集.31，英国使领馆文书 / 张连红，陈谦平编；仇蓓玲，秦文华等译．南京：江苏人民出版社，2014，14+564页．

- 南京大屠杀史料集.32，日本军方文件与官兵日记 / 王卫星编；叶琳，吴立新等译．南京：江苏人民出版社，2014，467页．

- 南京大屠杀史料集.33，日军官兵回忆／王卫星编；叶琳，刘军，罗文文等译．南京：江苏人民出版社，2014，464页．
- 南京大屠杀史料集.34，日本军国教育·百人斩与驻宁领馆史料／张生，曹大臣，雷国山编；雷国山，李斌等译．南京：江苏人民出版社，2014，17+507页．
- 南京大屠杀史料集.56—57，日军文献／王卫星编；刘军，罗文文等译．南京：江苏人民出版社，2014，2册（885页）．
- 南京大屠杀史料集.58，《东京日日新闻》与《大阪每日新闻》报道／王卫星编；何慈毅，李斌等译．南京：江苏人民出版社，2014，32+482页．
- 南京大屠杀史料集.59，《东京朝日新闻》与《读卖新闻》报道／王卫星编；王卫星，李斌等译．南京：江苏人民出版社，2014，32+469页．
- 南京大屠杀史料集.60—61，日军官兵日记与回忆／张宪文主编；王卫星编；叶琳，李斌等译．南京：江苏人民出版社，2014，2册（819页）．
- 南京大屠杀史料集.62，日军第六师团官兵回忆／曹大臣编；罗文文，谷肖梅等译．南京：江苏人民出版社，2014，18+506页．
- 南京大屠杀史料集.63，美国外交文件／杨夏鸣编；杨夏鸣，张志刚译．南京：江苏人民出版社，2014，25+513页．
- 南京大屠杀史料集.67—68，东京审判日方文献及报道／曹大臣编；雷国山等译．南京：江苏人民出版社，2014，2册（22+815页）．
- 南京大屠杀史料集.69—70，耶鲁文献／张生编；舒建中，龚洪烈，钱彩琴等译．南京：江苏人民出版社，2014，2册（17+942页）．
- 南京大屠杀史料集.71，东京审判书证及苏、意、德文献／张生，杨夏鸣编；吴世民，谈礼英，郑寿康等译．南京：江苏人民出版社，2014，12+505页．
- 南京大屠杀史料集.4，美国传教士的日记与书信／张宪文主编；章开沅编译．南京：江苏人民出版社；凤凰出版社，2005，394页．
- 南京大屠杀史料集.6，外国媒体报道与德国使馆报告／张宪文主编；张生编．南京：江苏人民出版社；凤凰出版社，2005，505页．
- 南京大屠杀史料集.7，东京审判／张宪文主编；杨夏鸣编．南京：江苏人民出版社；凤凰出版社，2005，662页．
- 南京大屠杀史料集.8，日军官兵日记／张宪文主编；王卫星编．南京：江苏人民出版社；凤凰出版社，2005，734页．
- 南京大屠杀史料集.9，日军官兵日记与书信／张宪文主编；王卫星编．南京：江苏人民出版社；凤凰出版社，2006，541页．
- 南京大屠杀史料集.10，日军官兵与随军记者回忆／张宪文主编；王卫星编．南京：江苏人民出版社；凤凰出版社，2006，539页．
- 南京大屠杀史料集.11，日本军方文件／张宪文主编；王卫星，雷国山编．南京：江苏人民出版社；凤凰出版社，2006，374页．

- 南京大屠杀史料集.12，英美文书·安全区文书·自治委员会文书 / 张宪文主编；张生等编.南京：江苏人民出版社；凤凰出版社，2006，20+630 页.
- 南京大屠杀史料集.29，国际检察局文书·美国报刊报道 / 张宪文主编；杨夏鸣，张生编；杨夏鸣，文俊雄，钱彩琴译.南京：江苏人民出版社，2007，13+724 页.
- 南京大屠杀史料集.30，德国使领馆文书 / 张宪文主编；陈谦平，张连红，戴袁支编；郑寿康译.南京：江苏人民出版社，2007，15+454 页.
- 南京大屠杀史料集.31，英国使领馆文书 / 张宪文主编；张连红，陈谦平编；仇蓓玲，秦文华等译.南京：江苏人民出版社，2007，14+564 页.
- 南京大屠杀史料集.32，日本军方文件与官兵日记 / 张宪文主编；王卫星编；叶琳，吴立新等译.南京：江苏人民出版社，2007，467 页.
- 南京大屠杀史料集.33，日军官兵回忆 / 张宪文主编；王卫星编；叶琳，刘军，罗文文等译.南京：江苏人民出版社，2007，464 页.
- 南京大屠杀史料集.34，日本军国教育·百人斩与驻宁领馆史料 / 张宪文主编；张生，曹大臣，雷国山编；雷国山，李斌等译.南京：江苏人民出版社，2007，17+507 页.
- 南京大屠杀史料集.56—57，日军文献 / 张宪文主编；王卫星编；刘军，罗文文等译.南京：江苏人民出版社，2010，2 册（885 页）.
- 南京大屠杀史料集.58，《东京日日新闻》与《大阪每日新闻》报道 / 张宪文主编；何慈毅，李斌等译.南京：江苏人民出版社，2010，32+482 页.
- 南京大屠杀史料集.59，《东京朝日新闻》与《读卖新闻》报道 / 张宪文主编；王卫星，李斌等译.南京：江苏人民出版社，2010，32+469 页.
- 南京大屠杀史料集.60—61，日军官兵日记与回忆 / 张宪文主编；王卫星编；叶琳，李斌等译.南京：江苏人民出版社，2010，2 册（819 页）.
- 南京大屠杀史料集.62，日军第六师团官兵回忆 / 张宪文主编；曹大臣编；罗文文，谷肖梅等译.南京：江苏人民出版社，2010，18+506 页.
- 南京大屠杀史料集.63，美国外交文件 / 张宪文主编；杨夏鸣编；杨夏鸣，张志刚译.南京：江苏人民出版社，2010，25+513 页.
- 南京大屠杀史料集.67—68，东京审判日方文献及报道 / 张宪文主编；曹大臣编；雷国山等译.南京：江苏人民出版社，2010，2 册（22+815 页）.
- 南京大屠杀史料集.69—70，耶鲁文献 / 张宪文主编；张生编；舒建中，龚洪烈，钱彩琴等译.南京：江苏人民出版社，2010，2 册（17+942 页）.
- 南京大屠杀史料集.71，东京审判书证及苏、意、德文献 / 张宪文主编；张生，杨夏鸣编；吴世民，谈礼英，郑寿康等译.南京：江苏人民出版社，2010，12+505 页.
- 南京大屠杀史料集·特辑.75—76，日方史料 / 张宪文主编；张宪文，吕晶编.南京：江苏人民出版社，2010，2册（772页）.
> 南京大屠杀史料集·特辑.77—78，西方史料/张宪文主编；张宪文，吕晶编.南京：江苏人民出版社，2010，2册（766页）.

5758 "南京大屠杀"之虚构/田中正明著；军事科学院外国军事研究部译.北京：世界知识出版社，1985，285页.

5759 南京事件争论史：日本人是怎样认知史实的/笠原十九司著；罗萃萃等译.北京：社会科学文献出版社，2011，316页.（中日历史问题译丛）

5760 南京战·被割裂的受害者之魂：南京大屠杀受害者120人的证言/松冈环编著；沈维藩译.上海：上海辞书出版社，2005，10+11+385页.

5761 南京战·寻找被封闭的记忆：侵华日军原士兵102人的证言/松冈环编著；新内如等译.上海：上海辞书出版社，2002，22+415页.

5762 难民区百日：亲历日军大屠杀的西方人/笠原十九司著；李广廉，王志君译.南京：南京师范大学出版社，2005，241页.（南京大屠杀系列丛书）

5763 七三一部队：日本魔鬼生化的恐怖/藤井志津枝著.台北：文英堂出版社，1997，484页.（中日关系系列；3）

5764 千千万万中国人：1927年中国中部的革命/A.L.斯特朗著；王鹿鹿等译.北京：中国社会科学出版社，1985，216页.

5765 侵华日军的自白/公文逸编.北京：群众出版社，2015，301页.

5766 侵华日军的自白：来自"一·二八"、"八·一三"淞沪战争/廖大伟，陈金龙主编；上海社会科学院历史研究所，上海市宝山区地方志办公室编.上海：上海社会科学院出版社，2002，130页.

5767 侵华日军南京大屠杀日本报刊影印集/朱成山编；彭曦等译.南京：南京出版社，2011，2册（915页）.（南京大屠杀史研究与文献系列丛书；28—29）

5768 侵华日军南京大屠杀外籍人士证言集/朱成山主编.南京：江苏人民出版社，1998，406页.

5769 侵华日军战犯手记/日本中国归还者联络会编；张惠才等译.北京：中共党史出版社，1991，320页.

5770 侵略：日本战犯的自白/日本从中国归国者联络会，日本新读书社编；袁韶莹译.济南：山东人民出版社，1985，150页.

5771 侵略战争/纐缬厚著；杨孟哲译.高雄：高雄复文图书出版社，2007，143页.

5772 亲历晚清四十五年：李提摩太在华回忆录/李提摩太著；李先堂，侯林莉译.南京：江苏人民出版社，2018，348页.
> 在华四十五年：李提摩太回忆录/李提摩太著；吴宪整理.影印本.桂林：广西师范大学出版社，2014，12+397页.（"中国研究"外文旧籍汇刊·中国记录.第七辑；9/李国庆，何林夏主编）
> 亲历晚清四十五年：李提摩太在华回忆录/李提摩太著；李宪堂，侯林莉译.北

京：人民出版社，2011，402 页．（人民·联盟文库．第二辑．译著类）
- ➢ 亲历晚清四十五年：李提摩太在华回忆录 / 李提摩太著；李宪堂，侯林莉译．天津：天津人民出版社，2005，395 页．（国家清史编纂委员会·编译丛刊）

5773 亲历中国革命 / 埃德温·J. 丁格尔著；陈红民等译．杭州：浙江大学出版社，2011，11+289 页．
- ➢ 中国的革命：1911—1912/ 埃德温·J. 丁格尔著；张建军译．北京：中央编译出版社，2011，293 页．
- ➢ 辛亥革命目击记：《大陆报》特派员的现场报道 / 埃德温·丁格尔著；刘丰祥等译．北京：中国青年出版社，2002，219 页．（幼狮世纪风云书系）

5774 亲密接触中国：我眼中的中国人 / 阿绮波德·立德著；杨柏，冯冬，周素平译．南京：南京出版社，2008，290 页．（"西方人看中国"文化游记丛书）

5775 青龙过眼 / 阿林敦著；叶凤美译．北京：中华书局，2011，334 页．（西方的中国形象）

5776 清代鸦片政策史研究 / 井上裕正著；钱杭译；常建华审校．拉萨：西藏人民出版社，2011，237 页．（国家清史编纂委员会·编译丛刊）

5777 清末教案．第四册，法文资料选译 / 陈增辉主编；耿昇，杨佩纯译；中国第一历史档案馆，福建师范大学历史系编．北京：中华书局，2000，13+590 页．
- ➢ 清末教案．第五册，美国对外关系文件选译 / 陈增辉主编；郭舜平译；中国第一历史档案馆，福建师范大学历史系编．北京：中华书局，2000，30+616 页．（中国近代史资料丛刊续编）
- ➢ 清末教案．第六册，英国议会文件选译 / 陈增辉卷主编；俞观型等译；中国第一历史档案馆，福建师范大学历史系合编．北京：中华书局，2006，55+738 页．（中国近代史资料丛刊续编）

5778 清末商业及国情考察记 / 恩司诺著；熊健，李国庆译．北京：国家图书馆出版社，2014，361 页．（亲历中国丛书 / 李国庆，郭又陵主编）

5779 清末驻京英使信札（1865—1866）/ 密福特著；温时幸，陆瑾译．北京：国家图书馆出版社，2010，10+35+250 页．（亲历中国丛书 / 耿昇，李国庆主编）

5780 权谋档案：一个美国人眼中的晚清宫廷 /I.T. 赫德兰著；王秀莉译．北京：团结出版社，2011，201 页．
- ➢ 一个美国人眼中的晚清宫廷 /I.T. 赫德兰著；吴自选，李欣译．天津：百花文艺出版社，2002，208 页．

5781 人民之战 / 伊斯雷尔·爱泼斯坦著；贾宗谊译．香港：香港和平图书有限公司，2016，336 页．（爱泼斯坦作品集）
- ➢ 人民之战 / 伊斯雷尔·爱泼斯坦著；贾宗谊译．北京：新星出版社，2015，336 页．
- ➢ 人民之战 / 爱泼斯坦著；刘涟等译．上海：上海科学技术文献出版社，2015，251 页．（外国记者眼里的抗日战争）

> 人民之战 / 爱泼斯坦著；贾宗谊译. 北京：新华出版社，1991，360 页.（国际友人丛书 / 爱泼斯坦，高梁总主编）

5782 忍辱负重的使命：美国外交官记载的南京大屠杀与劫后的社会状况 / 陆束屏编著 / 翻译. 南京：江苏人民出版社，2018，39+462 页.（凤凰文库·海外中国研究系列）

5783 日本报纸记录的侵华史实 / 牛廷福主编. 济南：黄河出版社，2015，303 页.

5784 日本帝国主义的本质及其对中国的侵略 / 依田憙家著；卞立强等译. 北京：中国国际广播出版社，1993，331 页.

5785 日本帝国主义对中国东北的侵略 / 铃木隆史著；吉林省伪皇宫陈列馆译. 长春：吉林教育出版社，1996，813 页.

5786 日本帝国主义和中国：1868—1945/ 依田憙家著；卞立强等译. 北京：北京大学出版社，1989，399 页.

5787 日本帝国主义史研究：以侵华战争为中心 / 江口圭一著；周启乾，刘锦明译. 北京：世界知识出版社，2002，387 页.

5788 日本帝国主义与满州 / 铃木隆史著；周启乾监译. 台北：金禾出版社，1998，733 页.（国际视野丛书；15）

5789 日本军国主义侵华资料长编. 上中下 /《大本营陆军部》摘译. 成都：四川人民出版社，1987，3 册（801；795；832 页）.

5790 日本侵华内幕 / 重光葵著；齐福霖等译. 北京：解放军出版社，1987，436 页.

5791 日本十五年侵略战争史 1931—1945/ 江口圭一著；杨栋梁译. 南京：江苏人民出版社，2016，280 页.（凤凰文库·历史研究系列）

> 中日十五年战争小史，九一八事变—日本投降 / 江口圭一著；陈鹏仁译. 台北：幼狮文化事业公司，1996，375 页.

5792 日本随军记者见闻录：南京大屠杀…… / 小俣行男著；周晓萌译. 北京：世界知识出版社，1985，225 页.

5793 日本外交文书选译：关于辛亥革命 / 中国社会科学院近代史研究所中华民国史研究室主编；邹念之编译. 北京：中国社会科学出版社，1980，459 页.（中华民国史资料丛稿）

5794 日本在中国的超级大屠杀 / 丹·温著；郝平等译. 北京：北京大学出版社，2005，198 页.

5795 日军侵华的自白 / 日本从中国归还人员联络会编；祖秉和，霍军译. 北京：群众出版社，1985，172 页.

5796 日军侵琼内幕揭秘：海南岛三省联络会议决议事项抄录 / 海南海军特务部编；金山等译. 北京：线装书局，2013，10+192 页.（教育人文书系. 第 6 辑）

5797 日中战争中悲哀的军队：搜寻父亲记忆的旅行 / 加藤克子著；步平译. 北京：中国广播电视出版社，2004，14+229 页.

5798 三光：日本战犯侵华罪行自述 / 日本中国归还者联络会编；李亚一译. 北京：世界

知识出版社，1990，309 页．

5799 上帝与皇帝之争：太平天国的宗教与政治 / 托马斯·H. 赖利著；李勇等译．上海：上海人民出版社，2011，191 页．（世界宗教关系史文丛）

5800 上海 1937：法新社记者眼中的淞沪会战 / 何铭生著；田颖慧，冯向晖译．北京：西苑出版社，2015，303 页．

5801 上海秘密战：第二次世界大战期间的谍战、阴谋与背叛 / 华百纳著；周书垚译．上海：上海社会科学院出版社，2015，340 页．

5802 上海时代 / 松本重治著；曹振威，沈中琦等译．上海：上海书店出版社，2010，42+656 页．

> 上海时代 / 松本重治著；曹振威，沈中琦等译．上海：上海书店出版社，2005，656 页．

5803 深入中国 1943—1945：美军观察组在延安的见闻 / 威尔伯·J. 彼得金著；袁西玲译．北京：北京出版社，2018，214 页．（国际名人看中国 / 孙华主编）

5804 十里店．一，中国一个村庄的革命 / 伊莎白·柯鲁克，大卫·柯鲁克著；龚厚军译．上海：上海人民出版社，2007，11+229 页．

> 十里店．二，中国一个村庄的群众运动 / 伊莎白·柯鲁克，大卫·柯鲁克著；安强，高建译．上海：上海人民出版社，2007，321 页．

> 十里店：中国一个村庄的群众运动 / 柯鲁克，柯鲁克著；安强，高建译，北京：北京出版社，1982，336 页．

5805 十九世纪西方人眼中的中国 / 约·罗伯茨编著；蒋重跃，刘林海译．北京：中华书局，2006，13+178 页．（西方的中国形象 / 黄兴涛，杨念群主编）

> 十九世纪西方人眼中的中国 / 约·罗伯茨编著；蒋重跃，刘林海译．北京：时事出版社，1999，231 页．（西方视野里的中国形象）

5806 使馆馆员在北京 / 密福特著；李国庆整理．影印本．桂林：广西师范大学出版社，2014，27+447 页．（"中国研究"外文旧籍汇刊·中国记录．第六辑；7/ 李国庆，何林夏主编）

> 使馆官员在北京：书信集 / 密福特著；叶红卫译．上海：中西书局，2013，25+21+182 页（圆明园丛书．圆明园劫难记忆译丛．Ⅱ）

5807 司徒雷登日记：美国调停国共争持期间前后 / 司徒雷登著；陈礼颂译．合肥：黄山书社，2009，13+233 页．（中华文史资料丛刊）

5808 斯诺眼中的中国 / 洛易斯·惠勒·斯诺编；王恩光译．北京：中国学术出版社，1982，265 页．

5809 撕裂北京的那一年：一个法国特使 1900 年的北京目击 / 毕耶尔·洛谛著；允若译．北京：九州出版社，2009，246 页．

> 在帝都：八国联军罪行记实 / 贝野罗蒂著；李金发译．北京：人民日报出版社，1990，159 页．

5810 死亡工厂：美国掩盖的日本细菌战犯罪 / 谢尔顿·H. 哈里斯著；王选等译. 上海：上海人民出版社，2000，453 页.

5811 四川1937—1945：外国人眼中的中国抗日战争 / 海外华西文献研究中心编译. 成都：天地出版社，2015，321 页.

5812 苏联《真理报》有关中国革命的文献资料选辑. 第一辑：1919—1927 年 / 安徽大学苏联问题研究所，四川省中共党史研究会编译. 成都：四川省社会科学院出版社，1985，561 页.

> 苏联《真理报》有关中国革命的文献资料选辑. 第二辑：1927—1937 年 / 安徽大学苏联问题研究所，四川省中共党史研究会编译. 成都：四川省社会科学院出版社，1986，624 页.

> 苏联《真理报》有关中国革命的文献资料选编. 第三辑：1937 年 7 月—1949 年 / 安徽大学苏联问题研究所，四川省中共党史研究会编译. 成都：四川省社会科学院出版社，1988，670 页.

5813 苏联顾问在中国：1923—1927 / 中国社会科学院近代史研究所翻译室译. 北京：中国社会科学出版社，1980，136 页.

5814 孙中山廖仲恺与中国革命 / 陈福霖著. 广州：中山大学出版社，1990，324 页.（中山大学学术丛书. 社会科学系列）

5815 台湾抗日秘史：从台北到屏东的壮烈抗日史 / 喜安幸夫著. 再版. 台北：武陵出版社，1989，207 页.

> 台湾抗日秘史：从台北到屏东的抗日壮烈史 / 喜安幸夫著. 台北：武陵出版社，1984，207 页.

> 台湾志士抗日秘史 / 喜安幸夫著；干城译. 台北：聚珍书屋出版社，1982，211 页.

5816 台湾抗日运动史研究 / 若林正丈著；台湾史日文史料典籍研读会译；何义麟等译. 增补版. 台北：播种者出版有限公司，2007，501 页.

5817 太平天国 / 史景迁著；朱庆葆等译. 2 版. 台北：时报文化出版企业股份有限公司，2016，559 页.（史景迁作品集；4）

> 太平天国 / 史景迁著；朱庆葆等译. 桂林：广西师范大学出版社，2011，14+440 页.

5818 太平天国初期纪事 / 加勒利，伊凡原著；徐健竹译. 上海：上海古籍出版社，1982，186 页.

5819 太平天国革命亲历记 / 呤唎著；王维周，王元化译. 上海：上海人民出版社，1997，10+720 页.

> 太平天国革命亲历记 / 呤唎著；王维周译. 上海：上海古籍出版社，1985 年，2 册.

5820 太平天国史译丛 / 北京太平天国历史研究会编. 北京：中华书局，1981—1985，3 册.

5821 太平天国运动与现代中国 / 小岛晋治著；徐曼译. 北京：社会科学文献出版社，2017，230 页.（国家清史编纂委员会·编译丛刊）

5822 天地会的仪式与神话：创造认同 / 田海著；李恭忠译. 北京：商务印书馆，2018，460 页.（学衡社会史丛书 / 孙江主编）

5823 天地会研究 / 施列格著；薛澄清译. 影印本. 上海：上海文艺出版社，1991，281 页.（民俗、民间文学影印资料；51）

5824 天国之秋 / 裴士锋著；黄中宪译. 北京：社会科学文献出版社，2014，21+529 页.

5825 天皇的军队：'衣'师团侵华罪行录 / 本多胜一，长沼节夫著；刘明华译. 北京：警官教育出版社，1996，353 页.

5826 天子脚下：1860—1890 晚清经改始末 / 雪珥著. 北京：中国华侨出版社，2012，235 页.

5827 通敌：二战中国的日本特务与地方菁英 / 卜正民著；林添贵译. 台北：远流出版事业股份有限公司，2015，310 页.（绿蠹鱼；YLC99）

5828 同治中兴：中国保守主义的最后抵抗（1862—1874）/ 芮玛丽著；房德邻等译. 北京：中国社会科学出版社，2001，395 页.（中国近代史研究译丛）

5829 驼峰空运 / 约翰·D. 普雷廷著；张兵一译. 重庆：重庆出版社，2014，292 页.

5830 瓦德西拳乱笔记：八国联军统帅 / 阿尔弗雷德·格拉夫·冯·瓦德西原著；王光祈译；蔡登山主编. 台北：独立作家出版社，2015，218 页.（Do 人物；36）

> 瓦德西庚子回忆录：八国联军统帅拳乱笔录 / 瓦德西著；秦俊峰译. 福州：福建教育出版社，2013，210 页.（中德文化丛书）

> 瓦德西拳乱笔记 / 瓦德西著；王光祈译. 长春：时代文艺出版社，2013，246 页.（名家名译书系）

> 瓦德西拳乱笔记 / 瓦德西著；王光祁译；刘鑫宁整理. 北京：中华书局，2009，356 页.（近代史料笔记丛刊）

5831 外国学者论鸦片战争与林则徐. 上 / 田中正俊等著；武汉大学历史系鸦片战争研究组编. 福州：福建人民出版社，1989，260 页.（中国近代史译丛）

> 外国学者论鸦片战争与林则徐. 下 / 费正清等著；福建省历史学会福州分会编. 福州：福建人民出版社，1991，298 页.（中国近代史译丛）

5832 外人目睹中之日军暴行 / 田伯烈著；杨明译. 南京：南京出版社，2017，228 页.（南京稀见文献丛刊. 第十二辑；53）

> 外人目睹中之日军暴行 / 田伯烈著；杨明译. 上海：上海科学技术文献出版社，2015，16+164 页.（外国记者眼里的抗日战争）

> 侵华日军暴行录 / H. 廷珀利著；马庆平等译. 济南：济南出版社，2006，190 页.（第三只眼睛看中国）

> 外国人目睹中的日军暴行 / 田伯烈著；杨之文译. 天津：天津人民出版社，1992，183 页.

- 外人目睹中之日军暴行 / 田伯烈著；杨明译. 南昌：江西人民出版社，1986，163 页.（历史知识丛书）
- 侵华日军暴行录 / 廷柏利著；马庆平等译. 北京：新华出版社，1986，226 页.
- 外人目睹中之日军暴行 / 田伯烈著；杨明译；中国老年历史研究会编. 北京：中国老年历史研究会，1985，157 页.（中国老年历史研究文库. 第二种. 抗战史丛. 第五卷. 日军暴行录；1）

5833 晚清风云 / 解威廉著；于丽洁译. 北京：新世界出版社，2016，283 页.（人文经典书系；16）

5834 晚清华洋录：美国传教士、满大人和李家的故事 / 多米尼克·士风·李著；李士风译. 上海：上海人民出版社，2004，154 页.

5835 晚清纪事：一个法国外交官的手记：1886—1904/ 奥古斯特·弗朗索瓦著；罗顺江，胡宗荣译. 昆明：云南美术出版社，2001，372 页.（西方学者云南探险译丛）

5836 晚清七十年 / 唐德刚著. 长沙：岳麓书社，1999，627 页.（海外名家名作）
- 晚清七十年. 壹，太平天国 / 唐德刚著. 台北：远流出版事业公司，1998，1999 重印，195 页.（唐德刚作品集. 民国通史晚清导论篇；1）
- 晚清七十年. 贰，太平天国 / 唐德刚著. 台北：远流出版事业公司，1998，1999 重印，195 页.（唐德刚作品集. 民国通史晚清导论篇；2）
- 晚清七十年. 叁，甲午战争与戊戌变法 / 唐德刚著. 台北：远流出版事业公司，1998，1999 重印，247 页.（唐德刚作品集. 民国通史晚清导论篇；3）
- 晚清七十年. 肆，义和团与八国联军 / 唐德刚著. 台北：远流出版事业公司，1999，185 页.（唐德刚作品集. 民国通史晚清导论篇；4）
- 晚清七十年. 伍，袁世凯、孙文与辛亥革命 / 唐德刚著. 台北：远流出版事业公司，1998，247 页.（唐德刚作品集. 民国通史晚清导论篇；5）

5837 晚清中国的光与影：杜德维的影像记忆：1876—1895/ 杜德维摄影；李亚飞译. 北京：北京时代华文书局，2017，215 页.

5838 危险关系：晚清转型期的政商赌局 / 雪珥著. 太原：山西人民出版社，2015，315 页.

5839 围攻北京：中国对抗世界 / 丁韪良著；吴宪整理. 影印本. 桂林：广西师范大学出版社，2013，214 页.（"中国研究"外文旧籍汇刊·中国记录. 第五辑；9/ 李国庆，何林夏主编）

5840 为苏俄而战的中国志愿军 / 刘永安编著；王宜光译. 北京：解放军出版社，1989，149 页.（中国革命纪实译丛）

5841 伟大的中国革命：1800—1985 年 / 费正清著；刘尊棋译. 北京：世界知识出版社，2000，443 页.（费正清文集）
- 伟大的中国革命：1800—1985/ 费正清著；刘尊棋译. 北京：国际文化出版公司，1989，357 页.

5842 魏特琳日记 / 明妮·魏特琳；南京师范大学南京大屠杀研究中心译. 南京：江苏人民出版社，2015，573 页.

> 南京大屠杀史料集.14，魏特琳日记 / 张连红等编译. 南京：江苏人民出版社，2014，584 页.

> 腥风血雨话金陵：明妮·魏特琳一九三七——一九三八年日记、书信和电文 / 陆束屏编著·翻译. 南京：南京出版社，2012，396 页.

> 南京大屠杀史料集.14，魏特琳日记 / 张宪文主编；张连红等编译. 南京：江苏人民出版社：凤凰出版社，2006，584 页.

> 魏特琳日记 / 明妮·魏特琳著；南京师范大学南京大屠杀研究中心译. 南京：江苏人民出版社，2000，774 页.

5843 文明的交锋：一个"洋鬼子"的八国联军侵华实录 / 乔治·林奇著；李国庆整理. 影印本. 桂林：广西师范大学出版社，2014，13+352 页.（"中国研究"外文旧籍汇刊·中国记录. 第六辑；8 / 李国庆，何林夏主编）

> 文明的交锋：一个"洋鬼子"的八国联军侵华实录 / 乔治·林奇著；王铮，李国庆译. 北京：国家图书馆出版社，2011，222 页.（亲历中国丛书）

5844 我的中国四十年：北京记者站前站长吉米口述 / 杨梦雨编著. 北京：北京大学出版社，2016，139 页.（北京大学新中国留华校友口述实录丛书. 第一辑 / 夏红卫，孔寒冰主编）

5845 我的中国岁月 / 哈雷特·阿班著；寿韶峰译. 南京：译林出版社，2015，411 页.

5846 我们如何进入北京：1860 年在中国战役的记述 / 麦吉著；叶红卫，江先发译. 上海：中西书局，2011，21+237 页.（圆明园丛书. 圆明园劫难记忆译丛）

5847 我杀死了张作霖 / 河本大作等著；陈鹏仁译. 长春：吉林文史出版社，1986，2006 重印，2 册（10+12+264 页）.

> 我杀死了张作霖 / 河本大作著；陈鹏仁译. 长春：吉林文史出版社，1986，163 页.

> 我杀死了张作霖 / 河本大作等著；陈鹏仁译. 台北：聚珍书屋，1982，213 页.

5848 无人区·长城线上的大屠杀——兴隆惨案 / 仁木富美子著；邓一民主编校. 哈尔滨：黑龙江美术出版社，2000，252 页.

5849 五四新论：既非文艺复兴，亦非启蒙运动 / 余英时等著. 台北：联经出版事业公司，1999，273 页.

5850 五四与中国 / 周策纵等著. 台北：时报文化出版企业公司，1979，711 页.（文化丛书；21. 文化中国系列）

5851 五四运动史：现代中国的知识革命 / 周策纵著；陈永明等译. 北京：世界图书出版公司北京公司，2016，19+470 页.

> 五四运动：现代中国的思想革命 / 周策纵著；周子平等译. 南京：江苏人民出版社，1999，2005 重印，523 页.（海外中国研究丛书 / 刘东主编）

> 五四运动史 / 周策纵著 . 长沙：岳麓书社，1999，16+542 页 .（海外名家名作）

> 五四运动：现代中国的思想革命 / 周策纵著；周子平等译 . 南京：江苏人民出版社，1996，578 页 .（海外中国研究丛书 . 第三批）

> 五四运动史 . 上册 / 周策纵著 . 台北：桂冠图书公司，1989，672 页 .（中国人丛书；7）

> 五四运动史 / 周策纵著；杨默夫编译 . 再版 . 台北：龙田出版社，1984，518 页 .

5852 武昌起义前后在华日本人见闻集 / 李少军编译 . 武汉：武汉大学出版社，2011，76+736 页 .

5853 武汉，1938：战争、难民与现代中国的形成 / 麦金农著；李卫东，罗翠芳译 . 武汉：武汉出版社，2008，240 页 .（江汉大学城市研究所武汉城市历史研究书系 . 海外武汉研究译丛）

5854 勿忘血写的历史 / 本多胜一等著；晓光等译 . 北京：中国青年出版社，1995，157 页 .

5855 西班牙反法西斯战争时期的国际纵队与中国：1936—1939/ 张至善编译 . 北京：北京大学出版社，2007，335 页 .

5856 西方的中国及中国人观念 /M.G. 马森著；杨德山译 . 北京：中华书局，2006，325 页 .（西方的中国形象）

> 西方的中华帝国观 /M.G. 马森著；杨德山译 . 新竹：理艺出版社，2005，372 页 .（西方视野里的中国形象）

> 西方的中华帝国观：1840—1876/M.G. 马森著；杨德山等译 . 北京：时事出版社，1999，379 页 .（西方视野里的中国形象）

5857 西方的中国影像：1793—1949，恩斯特·奥尔末托马斯·查尔德礼莲荷卷 / 卞修跃主编；詹利萍卷主编 . 合肥：黄山书社，2015，184 页 .

5858 西方的中国影像：1793—1949，恩斯特·柏石曼卷 / 卞修跃主编；卞修跃卷主编 . 合肥：黄山书社，2015，2 册（152；152 页）.

5859 西方的中国影像：1793—1949，亨利·威尔逊卷 / 卞修跃主编；张会芳卷主编 . 合肥：黄山书社，2015，2 册（158；224 页）.

5860 西方的中国影像：1793—1949，威廉·亚历山大托马斯·阿洛姆卷 / 卞修跃主编；知之卷主编 . 合肥：黄山书社，2015，226 页 .

5861 西方的中国影像：1793—1949，约翰·查利斯·奥斯瓦尔德卷 / 卞修跃主编；刘萍卷主编 . 合肥：黄山书社，2015，192 页 .

5862 西文义和团文献资料汇编 / 狄德满编著；崔华杰等译 . 济南：山东大学出版社，2016，13+439 页 .

5863 小小"长征"：一个日本儿童眼中的中国内战 / 法村香音子著；李景秀，张世俊著 . 沈阳：辽宁大学出版社，1992，203 页 .

5864 辛亥：计划外革命：1911 年的民生与民声 / 雪珥著 . 北京：中国画报出版社，2011，312 页 .

5865 辛壬日记一九一二年中国之政党结社 / 宗方小太郎著；冯正宝译 . 北京：中华书局，2007，247 页 .（近代史料笔记丛刊）

5866 新旧中国：三十年的个人回忆和观察 / 慕雅德著；李国庆整理 . 影印本 . 桂林：广西师范大学出版社，2013，346 页 .（"中国研究"外文旧籍汇刊 · 中国记录 . 第四辑；2/ 李国庆，何林夏主编）

5867 新文化史与中国政治 / 洪长泰著 . 台北：一方出版有限公司，2003，19+340 页 .（人文视界；4）

5868 新西行漫记 / 班威廉，克兰尔著；斐然等译 . 北京：新华出版社，1988，407 页 .（外国人看中国抗战）

5869 新政革命与日本：中国 1898—1912/ 任达著；李仲贤译 . 香港：商务印书馆（香港）有限公司，2015，29+267 页 .（读日；2）
> 新政革命与日本：中国，1898—1912/ 任达著；李仲贤译 .2 版 . 南京：江苏人民出版社，2006，234 页 .（海外中国研究丛书 / 刘东主编）
> 新政革命与日本：中国，1898—1912/ 任达著；李仲贤译 . 南京：江苏人民出版社，1998，11+264 页 .（海外中国研究丛书）

5870 新中国评论：1919—1922/ 库寿龄主编 . 影印本 . 北京：国家图书馆出版社，2012，4 册 .

5871 续西行漫记 / 尼姆 · 威尔斯著；陶宜，徐复译 . 北京：解放军文艺出版社，2002，373 页 .（外国人笔下的红色中国丛书）
> 续西行漫记 / 威尔斯著；陶宜，徐复译 . 北京：生活 · 读书 · 新知三联书店，1991，279 页 .（国际友人丛书 / 爱泼斯坦，高梁主编）

5872 血腥恐怖金陵岁月：金陵女子文理学院中外人士的记载 / 陆束屏编著 / 翻译 . 南京：南京出版社，2014，2 册（848 页）.（南京大屠杀史研究与文献系列丛书；32-33）

5873 血证：甲午战争亲历记 / 龟井兹明著；高永学，孙常信译 . 北京：中央民族大学出版社，1997，316 页 .（甲午国耻丛书）

5874 寻求正义：1905—1906 年的抵制美货运动 / 王冠华著；刘甜甜译 . 南京：江苏人民出版社，2008，225 页 .（海外中国研究丛书 / 刘东主编）

5875 鸦片战争：毒品、梦想与中国建构 / 蓝诗玲著；潘勋译 . 新北：八旗文化出版社，2016，463 页 .（MASTER'S；10）
> 鸦片战争 / 蓝诗玲著；刘悦斌译 . 北京：新星出版社，2015，511 页 .

5876 鸦片战争：一个帝国的沉迷和另一个帝国的堕落 / 特拉维斯 · 黑尼斯三世，弗兰克 · 萨奈罗著；周辉荣译 . 北京：生活 · 读书 · 新知三联书店，2005，331 页 .

5877 鸦片战争实录 / 陈舜臣著；卞立强译 . 重庆：重庆出版社，2008，218 页 .
> 鸦片战争实录 / 陈舜臣著；卞立强译 . 北京：中国友谊出版公司，1985，158 页 .

5878 鸦片战争史料选译 / 广东省文史研究馆译 . 北京：中华书局，1983，502 页 .

5879 鸦片战争与林则徐史料选译 / 广东省文史研究馆编 . 广州：广东人民出版社，

1986，458 页 .（广东近代史料丛书）

5880 扬子前线 / 阿特丽著；石梅林译 . 上海：上海科学技术文献出版社，2015，175 页 .（外国记者眼里的抗日战争）

> 战火中的中国 / 弗雷特·厄特利著 . 济南：济南出版社，2006，15+483 页 .（第三只眼睛看中国）

> 扬子前线 / 弗雷达·阿特丽著；石梅林译 . 北京：新华出版社，1988，256 页 .（外国人看中国抗战）

> 蒙难的中国：国民党战区纪行 / 厄特利著；唐亮等译 . 北京：解放军出版社，1987，277 页 .（中国革命纪实译丛）

5881 一个传教士眼中的晚清社会 / 怀礼著；王丽，戴如梅译 . 北京：国家图书馆出版社，2012，213 页 .（亲历中国丛书）

5882 一个德国飞行员镜头下的中国：1933—1936/ 格拉夫·楚·卡斯特摄；赵省伟编译 . 北京：台海出版社，2017，182 页 .（西洋镜）

5883 一个俄国军官的满洲札记 / 谢·阿·多勃隆拉沃夫著；刘秀云，吕景昌译 . 济南：齐鲁书社，1982，163+73 页 .（义和团资料丛编）

5884 一个美国记者眼中的真实民国 / 哈雷特·阿班著；杨植峰译 . 北京：中国画报出版社，2014，350 页

5885 一个美国人看旧中国 / 格兰姆·贝克著；朱启明，赵叔翼译 . 北京：生活·读书·新知三联书店，1987，698 页 .

5886 一个外国人眼中五十年前的中国 / 赫尔鲁夫·比茨特鲁普画并文；王立刚，冯屏译 . 济南：山东画报出版社，2002，178 页 .

5887 一个西方传教士的长征亲历记 / 薄复礼著；严强，席伟译 . 北京：中国画报出版社，2018，272 页 .

> 一个外国传教士眼中的长征 / 薄复礼著；张国琦译 . 2 版 . 北京：昆仑出版社，2006，224 页 .

> 神灵之手：一个西方传教士随红军长征亲历记 /R.A. 勃沙特著；严强，席伟译 . 济南：黄河出版社，2006，240 页 .

> 一个被扣留的传教士的自述 / 薄复礼著；张国琦译 . 北京：昆仑出版社，1989，155 页 .

5888 一个英国战地摄影师镜头下的第二次鸦片战争 / 菲利斯·比托摄；赵省伟编译 . 北京：台海出版社，2017，167 页 .（西洋镜）

5889 壹玖壹壹：从鸦片战争到军阀混战的百年影像史 / 刘香成编著 . 长沙：湖南美术出版社：后浪出版公司，2017，408 页 .

> 壹玖壹壹：从鸦片战争到军阀混战的百年影像史 / 刘香成编著 . 北京：世界图书出版公司北京公司，2014，408 页 .

> 壹玖壹壹：从鸦片战争到军阀混战的百年影像史 / 刘香成编著 . 台北：五南图

书出版股份有限公司，2014，407 页．

> 壹玖壹壹：从鸦片战争到军阀混战的百年影像史 / 刘香成编著．北京：世界图书出版公司北京公司，2011，408 页．

> 壹玖壹壹：从鸦片战争到军阀混战的百年影像史 / 刘香成编著．台北：五南图书出版股份有限公司，2011，413 页．

> 壹玖壹壹：从鸦片战争到军阀混战的百年影像史 / 刘香成编著．香港：商务印书馆（香港）有限公司，2011，413 页．

> 从鸦片战争到军阀混战：清末民初的影像中国 / 刘香成编著；冯国雄等译．北京：外语教学与研究出版社，2011，415 页．

5890 移民与政治：中国留法勤工俭学生（1919—1925）/ 王枫初著；安延等译．北京：北京大学出版社，2016，302 页．（留学史丛书）

5891 遗失在西方的中国史，《伦敦新闻画报》记录的民国 1926—1949/ 沈弘编译．北京：北京时代华文书局，2016，4 册（34+20+1296 页）．

> 遗失在西方的中国史：《伦敦新闻画报》记录的民国 1926—1949.1-10/ 沈弘编译．台北：大地出版社有限公司，2016．（新闻画报丛书．第二辑；2）

5892 遗失在西方的中国史，海外史料看庚子事变 / 赵省伟编；侯芙瑶，邱丽君译．重庆：重庆出版社，2018，2 册（18+661 页）．

5893 遗失在西方的中国史，海外史料看甲午．上下 / 赵省伟编；沈弘，邱丽媛译．重庆：重庆出版社，2018，2 册（477 页）．

5894 遗失在西方的中国史：《伦敦画报》记录的晚清 1842—1873．上下 / 沈弘编译．香港：红出版（青森文化），2015，2 册（602 页）．

> 遗失在西方的中国史：《伦敦新闻画报》记录的晚清 1842—1873/ 沈弘编译．北京：北京时代华文书局，2014，3 册（12+608 页）．

5895 遗失在西方的中国史：法国《小日报》等记录的晚清一八九一——一九一一 / 李红利，赵丽莎编译．新北：暖暖书屋文化事业股份有限公司，2016，291 页．

> 遗失在西方的中国史：法国《小日报》记录的晚清 1891—1911/ 李红利，赵丽莎编译．北京：北京时代华文书局，2015，251 页．

5896 遗失在西方的中国史：法国彩色画报记录的中国 1850—1937/ 赵省伟，李小玉编译．北京：中国计划出版社，2015，2 册（19+537 页）．

5897 义和团的起源及其运动：中国民众 Nationalism 的诞生 / 佐藤公彦著；宋军等译．北京：中国社会科学出版社，2007，13+806 页．（国家清史编纂委员会·编译丛刊）

5898 义和团运动的起源 / 周锡瑞著；张俊义，王栋译．南京：江苏人民出版社，1995，2005 重印，335 页．（海外中国研究丛书 / 刘东主编）

> 义和团运动的起源 / 周锡瑞著；张俊义，王栋译．南京：江苏人民出版社，1994，393 页．（海外中国研究丛书．第三批）

5899 义和团运动时期的山西传教士 /E.H. 爱德华兹著；李喜所等译．天津：南开大学出

版社，1986，202 页．

5900 阴谋与梦想 / 都筑七郎著；赵连泰，靳桂英译．长春：吉林文史出版社，1988，253 页．（晚清民国逸史丛书）

5901 印度对华战争 / 马克斯韦尔著；陆仁译．北京：世界知识出版社，1981，557 页．

5902 英国档案有关鸦片战争资料选译 / 胡滨译．北京：中华书局，1993，2 册（1046 页）．

5903 英国的课业：19 世纪中国的帝国主义教程 / 何伟亚著；刘天路，邓红风译．北京：社会科学文献出版社，2013，356 页．（社科文献精品译库）

> 英国的课业：19 世纪中国的帝国主义教程 / 何伟亚著；刘天路，邓红风译．北京：社会科学文献出版社，2007，442 页．（国家清史编纂委员会·编译丛刊）

5904 英国公使夫人清宫回忆录 / 苏珊·汤丽著；曹磊译．南京：江苏凤凰文艺出版社，2018，216 页．（"亲历中国"第二辑）

5905 英国蓝皮书有关辛亥革命资料选译 / 胡滨译．北京：中华书局，1984，2 册（743 页）．

5906 英国蓝皮书有关义和团运动资料选译 / 胡滨译；丁名楠，余绳武校．北京：中华书局，1980，506 页．

5907 英国外交官和英美海军军官的记载：日军大屠杀与浩劫后的南京城 / 陆束屏编著/翻译．南京：南京出版社，2013，249 页．（南京大屠杀史研究与文献系列丛书；31）

5908 影像中国：早期西方摄影与明信片 / 何伯英著；张关林译．香港：三联书店（香港）有限公司，2008，165 页．

5909 诱和：日本对华谍报工作 / 藤井志津枝著．台北：文英堂出版社，1997，317 页．（中日关系系列；2）

5910 诱降汪精卫秘录 / 犬养健编著；任常毅译．南京：江苏古籍出版社，1996，259 页．（民国春秋丛书）

> 诱降汪精卫秘录 / 犬养健著；任常毅译．南京：江苏古籍出版社，1987，215 页．（民国春秋丛书）

5911 遇见中国：卜力眼中的东方世界 / 亨利·阿瑟·卜力著；莫蒂默·曼培斯绘；李菲译．上海：上海社会科学院出版社，2017，245 页．

5912 袁氏当国 / 唐德刚著．桂林：广西师范大学出版社，2015，214 页．（中国近代口述史学会丛书）

> 袁氏当国 / 唐德刚著．桂林：广西师范大学出版社，2004，209 页．（唐德刚作品集）

> 袁氏当国 / 唐德刚著．台北：远流出版事业股份有限公司，2002，313 页．（唐德刚作品集．民国通史·北京政府篇）

5913 圆明园焚劫犯的自供 / 北京日报出版社编；欧阳采薇等译．北京：北京日报出版社，1984，28 页．

5914 远征中国 / 瓦兰·保罗著；孙一先，安康译．上海：中西书局，2011，21+190 页．（圆

明园丛书.圆明园劫难记忆译丛）

5915 远征中国纪行/帕著；谢洁莹译.上海：中西书局，2011，21+177页.（圆明园丛书.圆明园劫难记忆译丛）

5916 远征中国日记.上下卷/查理·德·穆特雷西著；魏清巍译.上海：中西书局，2013，2册（25+288；326页）.（圆明园丛书.圆明园劫难记忆译丛.Ⅱ）

5917 在北京最后的日子/皮埃尔·绿蒂著；马利红译.上海：上海书店出版社，2010，226页.（"走近中国"文化译丛/钱林森主编）

> 在北京最后的日子/皮埃尔·绿蒂著；马利红译.上海：上海书店出版社，2006，226页.（"走近中国"文化译丛）

> 北京的陷落/绿蒂著；刘和平等译.济南：山东友谊出版社，2005，185页.

5918 在华两年记/邓肯·麦克菲尔森著；李国庆整理.影印本.桂林：广西师范大学出版社，2014，398页.（"中国研究"外文旧籍汇刊·中国记录.第六辑；2/李国庆，何林夏主编）

5919 在华日人反战组织史话/小林清著.北京：社会科学文献出版社，1987，155页.

5920 在华四十年/纪好弼著；李国庆整理.影印本.桂林：广西师范大学出版社，2011，293页.（"中国研究"外文旧籍汇刊·中国记录.第二辑；6/李国庆，何林夏主编）

5921 在华岁月/古列尔玛·艾尔索普著；吴宪整理.影印本.桂林：广西师范大学出版社，2014，288页.（"中国研究"外文旧籍汇刊·中国记录.第七辑；10/李国庆，何林夏主编）

5922 在历史现场：外国记者眼中的中国/李辉著.台北：知书房出版社，2004，238页.

5923 在华一年记/壁阁衔著；李国庆整理.影印本.桂林：广西师范大学出版社，2012，2017重印，294页.（"中国研究"外文旧籍汇刊·中国记录.第三辑；5/李国庆，何林夏主编）

5924 在华一年记/威涵励夫人著；李国庆整理.影印本.桂林：广西师范大学出版社，2014，376页.（"中国研究"外文旧籍汇刊·中国记录.第六辑；3/李国庆，何林夏主编）

5925 在龙旗下：中日战争目击记/詹姆斯·艾伦著；费青，费孝通译.上海：上海人民出版社，2014，146页.

5926 在"模范殖民地"胶州湾的统治与抵抗：1897~1914年中国与德国的相互作用/余凯思著；孙立新译.济南：山东大学出版社，2005，627页.（国家清史编纂委员会·编译丛刊）

5927 在新旧中国间穿行/西默·托平著；原新牧译.北京：中国工人出版社，2003，412页.（东瞧西看丛书）

5928 在战争的阴影下：贝特兰在抗日战争中的经历/詹姆斯·贝特兰著；周苓仲译.北京：中国和平出版社，2001，348页.（国际友人丛书）

5929 在中国发现历史：中国中心观在美国的兴起/柯文著；林同奇译.北京：社会科学

文献出版社，2017，358 页．

> 在中国发现历史：增订本：中国中心观在美国的兴起 / 柯文著；林同奇译．北京：中华书局，2002，2010 重印，60+282 页．（世界汉学论丛）

> 在中国发现历史：中国中心观在美国的兴起 / 柯文著；林同奇译．北京：中华书局，2002，60+232 页．（世界汉学论丛）

> 在中国发现历史：中国中心观在美国的兴起 / 柯文著；林同奇译．台北：稻乡出版社，1991，266 页．

> 在中国发现历史：中国中心观在美国的兴起 / 柯文著；林同奇译．北京：中华书局，1989，228 页．

5930 在中国土地上：苏联顾问回忆录 / 何智涛译．北京：中国社会科学出版社，1981，280 页．

5931 躁动的帝国：从乾隆到邓小平的中国与世界 / 文安立著；林添贵译．新北：八旗文化出版社，远足文化事业股份有限公司，2013，447 页．（Master's；3）

5932 战败前夕 / 木村英夫原著；罗萃萃译．南京：江苏古籍出版社，2001，335 页．

5933 战犯的自白 / 于雷编著；纯厚译．沈阳：春风文艺出版社，1991，210 页．

5934 战后日本的中国现代史研究综述 / 国际历史学会议日本国内委员会编；官长为等译．延吉：延边大学出版社，1988，168 页．

5935 战前华北风云录 / 松本重治著；任常毅，蔡德金编译；中共北京市委党史研究室编译室编．北京：中国文史出版社，1991，209 页．

5936 《战史丛书》武汉会战资料汇编 / 东晓，陈刚编译；日本防卫厅防卫研究所战史室著．武汉：武汉出版社，2012，410 页．（武汉会战日方资料丛编；1/ 杨卫东主编）

5937 战争的记忆：日中两国的共鸣和争执 / 伊香俊哉著；韩毅飞译．北京：社会科学文献出版社，2016，295 页．（中日历史问题译丛）

5938 战争与革命交织的近代中国：1895—1949/ 沙培德著；高波译．北京：中国人民大学出版社，2016，18+466 页．（海外中国研究文库）

5939 战争与罪责 / 野田正彰著；朱春立译．北京：昆仑出版社，2004，313 页．（战争记忆与历史反思）

> 战争罪责：一个日本学者关于侵华士兵的社会调查 / 野田正彰著；朱春立，刘燕译．桂林：广西师范大学出版社，2000，304 页．（"战争反思"丛书）

5940 战中战后：战争体验与日本的中国研究 / 田中正俊著；罗福惠，刘大兰译．广州：广东人民出版社，2005，404 页．

5941 张作霖和王永江：北洋军阀时代的奉天政府 / 薛龙著；徐有威，杨军等译．北京：中央编译出版社，2012，275 页．

5942 这才是真实の满洲史：中日满纠缠不已的东北如何左右近代中国 / 宫胁淳子著；冈田英弘监修；郭妙玉译．新北：八旗文化出版社，2016，316 页．（另眼看历史）

5943 这些从秦国来：中国问题论集 / 赫德著；叶凤美译．天津：天津古籍出版社，

2005，195 页．（国家清史编纂委员会·编译丛刊）

5944 秩序的沦陷：抗战初期的江南五城 / 卜正民著；潘敏译．北京：商务印书馆，2015，2016 重印，12+338 页．

5945 中东铁路护路队参加一九〇〇年满洲事件纪略 / 戈利岑等著；李述笑，田宜耕译．北京：商务印书馆，1984，361 页．

5946 中国，被遗忘的盟友：西方人眼中的抗日战争全史 / 拉纳·米特著；蒋永强等译．北京：新世界出版社，2015，16+397 页．

> 中国，被遗忘的盟友：西方人眼中的抗日战争全史 / 拉纳·米特著；蒋永强等译．北京：新世界出版社，2014，383 页．

5947 中国：前现代化的阵痛：1800 年至今的历史回顾 / 兰比尔著；廖七一等译．沈阳：辽宁人民出版社，1989，429 页．（中国学汉译名著丛书）

5948 中国—长征 / 安东尼·劳伦斯撰稿；布雷克等摄．北京：中国出版对外贸易总公司等，1986，320 页．

5949 中国—我的第二故乡：1933—1939/ 尤恩著；黄诚，何兰译．西安：陕西人民出版社，1992，210 页．

> 在中国当护士的年月：1933—1939/ 尤恩著；黄诚，何兰译．北京：时事出版社，1984，173 页．

5950 中国的军阀政治：1916—1928/ 齐锡生著；杨云若，萧延中译．北京：中国人民大学出版社，2010，15+238 页．（海外中国研究文库）

> 中国的军阀政治：1916—1928/ 齐锡生著；杨云若，萧延中译．北京：中国人民大学出版社，1991，250 页．

5951 中国的内战：1945—1949 年的政治斗争：精装珍藏版 / 胡素珊著；启蒙编译所译．北京：当代中国出版社，2017，19+510 页．

> 中国的内战：1945—1949 年的政治斗争 / 胡素珊著；启蒙编译所译．北京：当代中国出版社，2014，16+458 页．

> 中国的内战：1945—1949 年的政治斗争 / 胡素珊著；王海良等译．北京：中国青年出版社，1997，552 页．（回看 20 世纪中国译丛）

5952 中国的启蒙运动：知识分子与五四遗产 / 施瓦支著；李国英等译．太原：山西人民出版社，1989，381 页．（五四与现代中国丛书 / 张静如主编）

5953 中国的双星 / 卡尔逊著；祁国明，汪杉译．北京：新华出版社，1987，296 页．（外国人看中国抗战）

5954 中国的新生 / 詹姆斯·贝特兰著；林淡秋等译．北京：新华出版社，1986，267 页．（外国人看中国抗战）

5955 中国革命：1925 年 5 月 30 日，上海 / 于尔根·奥斯特哈默著；强朝晖译．北京：社会科学文献出版社，2017，330 页．

> 中国革命：1925 年 5 月 30 日，上海 / 尤尔根·奥斯特哈梅尔著；朱章才译．台

北：麦田出版公司，2000，242 页．（20 世纪的 20 天；4）

5956 中国革命 1911：一位传教士眼中的辛亥镜像 / 阿瑟·贾德森·布朗著；季我努译．重庆：重庆出版社，2018，289 页．

> 辛亥革命：美国远东问题专家写中国 / 亚瑟·贾德森·布朗著；季我努译．台北：黎明文化事业股份有限公司，2015，287 页．（回顾历史）

> 辛亥革命 / 阿瑟·贾德森·布朗著；季我努译．北京：解放军出版社，2011，291 页．

5957 中国革命的历史透视 / 石约翰著；王国良译．北京：中国人民大学出版社，2011，249 页．（海外中国研究文库）

> 中国革命的历史透视 / 石约翰著；王国良译．上海：东方出版中心，1998，11+247 页．

5958 中国革命纪事：1925—1927/A.B. 勃拉戈达托夫著；李辉译．北京：人民出版社，2018，323 页．

> 中国革命札记：1925—1927/ 勃拉戈达托夫著；张开译．北京：新华出版社，1985，263 页．

> 中国革命纪事：一九二五—一九二七年 / 勃拉戈达托夫著；李辉译．北京：生活·读书·新知三联书店，1982，363 页．

5959 中国革命简史：从孙文到毛泽东 / 唐德刚著；谷苍林译．台北：远流出版事业股份有限公司，2014，469 页．（唐德刚作品集）

5960 中国革命中的太行抗日根据地社会变迁 / 大卫·古德曼著；田酉如等译．北京：中央文献出版社，2003，351 页．

5961 中国工人运动史 / 中村三登志著；王玉平译．北京：工人出版社，1989，225 页．

5962 中国国民革命军的北伐：一个驻华军事顾问的札记 / 切列潘诺夫著；中国社会科学院近代史研究所翻译室译．北京：中国社会科学出版社，1981，656 页．

5963 中国和八国联军 / 阿诺德·亨利·萨维奇·兰道尔著；李国庆等译．北京：国家图书馆出版社，2014，2 册（358；408 页）．（亲历中国丛书 / 李国庆，郭又陵主编）

5964 中国和中国人 / 埃斯凯拉克·洛图尔著；应远马译．上海：中西书局，2013，25+103 页．（圆明园丛书．圆明园劫难记忆译丛．Ⅱ）

5965 中国记忆，1966/ 布朗摄影．太原：山西人民出版社，2015，198 页．

5966 中国解放区见闻 / 福尔曼著；朱进译．上海：上海科学技术文献出版社，2015，16+125 页．（外国记者眼里的抗日战争）

> 来自红色中国报告 / 哈里逊·福尔曼著；熊建华译．济南：济南出版社，2006，17+378 页．（第三只眼睛看中国）

> 来自红色中国的报告 /H. 福尔曼著；熊建华译．济南：济南出版社，2006，216 页．（第三只眼睛看中国）

> 北行漫记 / 哈里森·福尔曼著；陶岱译．北京：解放军文艺出版社，2002，260

页 . （外国人笔下的红色中国丛书）

- 北行漫记：红色中国报道 / 福尔曼著；路旦俊，陈敬译 . 长沙：湖南出版社，1993，254 页 .
- 北行漫记 / 福尔曼著；陶岱译 . 北京：新华出版社，1988，276 页 . （外国人看中国抗战）
- 来自红色中国的报告 / 福尔曼著；熊建华译 . 北京：解放军出版社，1985，229 页 . （中国革命纪实译丛）

5967　中国近代历史的表与里 / 石川祯浩著；袁广泉译 . 北京：北京大学出版社，2015，401 页 . （博雅史学论丛 . 海外中国史研究）

5968　中国近代史：1600—2000 中国的奋斗：插图重校第 6 版 / 徐中约著；计秋枫，朱庆葆译 . 2 版 . 北京：世界图书出版公司北京公司，2013，23+627 页 .

- 中国近代史：1600—2000 中国的奋斗 / 徐中约著；计秋枫，朱庆葆译 . 北京：世界图书出版公司北京公司，2008，23+636 页 .
- 中国近代史 . 上册（1600—1923）/ 徐中约著；计秋枫，朱庆葆译 . 香港：中文大学出版社，2002，2011，24+538 页 .
- 中国近代史 . 下册（1911—1998）/ 徐中约著；计秋枫，朱庆葆译 . 香港：中文大学出版社，2002，2011，24+460-1083 页 .

5969　中国近现代论争年表 / 竹内实主编；程麻译补 . 北京：中国文联出版社，2005，978 页 .

5970　中国惊雷：国民政府二战时期的灾难 / 白修德，贾安娜著；林奕慈编译 . 台北：大旗出版社，2018，413 页 . （大旗藏史馆；96）

- 风暴遍中国 / 西奥多·怀特，安娜·雅各布著；王健康译 . 济南：济南出版社，2006，386 页 . （第三只眼睛看中国）
- 中国的惊雷 / 白修德，贾安娜著；端纳译 . 北京：新华出版社，1988，381 页 . （外国人看中国抗战）
- 风暴遍中国 / 雅各布，怀特著；王健康，康元非译 . 北京：解放军出版社，1985，369 页 . （中国革命纪实译丛）

5971　中国抗日战争史 / 石岛纪之著；郑玉纯，纪宏译 . 长春：吉林教育出版社，1990，153 页 . （外国学者研究历史译丛；3）

5972　中国抗战秘闻：白修德回忆录 / 白修德著；崔阵译 . 郑州：河南人民出版社，1988，280 页 .

- 探索历史：白修德笔下的中国抗日战争 / 白修德著；马青槐，方生译 . 北京：生活·读书·新知三联书店，1987 年，241 页 .

5973　中国评论：1872—1901/ 但尼士，欧德理等主编 . 北京：国家图书馆出版社，2010，22 册 .

5974　中国启蒙运动：知识分子与五四遗产 / 舒衡哲著；刘京建译 . 北京：新星出版社，

2007，376 页.

5975 中国人烟稀少的腹地 / 罗伯特·劳根·杰克著；李国庆整理. 影印本. 桂林：广西师范大学出版社，2014，15+326 页.（"中国研究"外文旧籍汇刊·中国记录. 第六辑；9/ 李国庆，何林夏主编）

5976 中国人征服中国 / 斯特朗著；刘维宁译. 北京：北京出版社，1984，264 页.

5977 中国未完成的革命 /H·普拉特著，蒋天佐译. 北京：生活·读书·新知三联书店，2014，218 页.（三联经典文库，144）

5978 中国未完成的革命 / 伊斯雷尔·爱泼斯坦著；张立程，付瑶译. 北京：新星出版社，2015，398 页.

> 中国未完成的革命 / 爱泼斯坦著；陈瑶华等译. 北京：新华出版社，1987，486 页.（外国人看中国抗战）

5979 中国现代国家的起源 / 孔飞力著；陈兼，陈之宏译. 香港：中文大学出版社，2014，231 页.

> 中国现代国家的起源 / 孔飞力著；陈兼，陈之宏译. 北京：生活·读书·新知三联书店，2013，150 页.（孔飞力著作集）

5980 中国与大战：寻求新的国家认同与国际化 / 徐国琦著；马建标译.2 版. 上海：上海三联书店，2013，358 页.（上海三联人文经典书库；31）

> 中国与大战：寻求新的国家认同与国际化 / 徐国琦著；马建标译. 上海：上海三联书店，2008，358 页.（上海三联人文经典书库；31）

5981 中国与东亚崛起：1840—2000：插图本 / 戈特弗里特—卡尔·金德曼著；张莹等译. 北京：社会科学文献出版社，2010，10+602 页.

5982 中国与联军 / 阿诺德·亨利·萨维奇·兰道尔著；李国庆整理. 影印本. 桂林：广西师范大学出版社，2017，2 册（50+994 页）.（"中国研究"外文旧籍汇刊·中国记录. 第九辑；8/ 李国庆，何林夏主编）

5983 中国与中国人影像 / 约翰·汤姆逊著；李国庆整理. 影印本. 桂林：广西师范大学出版社，2017，17+278 页.（"中国研究"外文旧籍汇刊·中国记录. 第九辑；3/ 李国庆，何林夏主编）

> 中国与中国人影像：约翰·汤姆逊记录的晚清帝国 / 约翰·汤姆逊著；徐家宁译.2 版. 增订版. 桂林：广西师范大学出版社，2015，11+610 页.

> 中国与中国人影像：英国著名皇家摄影师记录的晚清帝国 / 约翰·汤姆生著；徐家宁译. 修订版. 香港：香港中和出版有限公司，2014，11+596 页.

> 中国与中国人影像：英国著名皇家摄影师记录的晚清帝国 / 约翰·汤姆生著；徐家宁译. 香港：香港中和出版有限公司，2013，11+591 页.

> 中国与中国人影像：约翰·汤姆逊记录的晚清帝国 / 约翰·汤姆逊著；徐家宁译. 桂林：广西师范大学出版社；2012，11+601 页.

5984 中国战线从军记 / 藤原彰著；林晓光译. 成都：四川人民出版社，2005，217 页.

5985 中国战争纪行 /L.F. 朱以亚著;赵珊珊译. 上海:中西书局,2013,25+203 页.(圆明园丛书.圆明园劫难记忆译丛.Ⅱ)

5986 中国震撼世界 / 杰克·贝尔登著. 北京:中国少年儿童出版社:中国青年出版社,1996,638 页.(希望书库;5-20(总 324))

> 中国震撼世界/杰克·贝尔登著;邱应觉等译.北京:北京出版社,1980,638 页.

5987 中国政坛上的桂系:国外汉学界关于中国民国史研究的一部经典著作 / 戴安娜·拉里著;陈仲丹译. 南京:江苏教育出版社,2010,285 页.(剑桥中华文史丛书)

5988 中国之瓜分 / 贝思福著;李国庆整理. 影印本. 桂林:广西师范大学出版社,2011,17+515 页.("中国研究"外文旧籍汇刊·中国记录.第二辑;8/ 李国庆,何林夏主编)

5989 中国之行 /F. 卡斯塔诺著;张昕译. 上海:中西书局,2013,25+125 页.(圆明园丛书.圆明园劫难记忆译丛.Ⅱ)

5990 中国之役:1859—1861/ 贝齐亚著;陈建伟译. 陆军少尉的战争记忆 / 布瓦西厄著;陈建伟译. 上海:中西书局,2011,21+240 页.(圆明园丛书.圆明园劫难记忆译丛)

5991 中国资产阶级的黄金时代:1911—1937 年 / 白吉尔著;张富强,许世芬译. 上海:上海人民出版社,1994,395 页.

5992 中国总论 / 卫三畏著;陈俱译. 上海:上海古籍出版社,2014,2 册(1138 页).(海外汉学丛书)

> 中国总论 / 卫三畏著. 影印本. 郑州:大象出版社,2013,4 册.(卫三畏文集)
> 中国总论 / 卫三畏著;陈俱译. 上海:上海古籍出版社,2005,2 册(1138 页).(域外汉学名著译丛)

5993 中华帝国晚期的叛乱及其敌人:一七九六——一八六四年的军事化与社会结构 / 孔复礼著;谢亮生等译. 修订版. 台北:时英出版社,2004,363 页.(说古论今)

> 中华帝国晚期的叛乱及其敌人:1796—1864 年的军事化与社会结构 / 孔飞力著;谢亮生等译. 北京:中国社会科学出版社,1990,270 页.(中国近代史研究译丛 / 王庆成主编)

5994 中华民国史资料丛稿:译稿.第二辑,史迪威资料 / 史迪威著;瞿同祖译;中国社会科学院近代史研究所中华民国史组编. 北京:中华书局,1978,155 页.

5995 中华民国史资料丛稿:译稿:土肥原秘录 / 土肥原贤二刊行会编;天津市政协编译组译北京:中华书局,1980,146 页.

5996 中华女儿:晚清帝国家庭生活素描 / 伊莉莎·布里奇曼;李国庆整理. 影印本. 桂林:广西师范大学出版社,2013,239 页.("中国研究"外文旧籍汇刊·中国记录.第四辑;1/ 李国庆,何林夏主编)

5997 紫禁城的黄昏 / 庄士敦著;富强译. 南京:译林出版社,2016,352 页.(西方视野里的中国)

- 紫禁城的黄昏 / 庄士敦著；富强译 . 南京：译林出版社，2014，352 页 .
- 紫禁城的黄昏 / 庄士敦著；张昌丽译 . 武汉：武汉大学出版社，2014，258 页 .
- 外国人眼中的中国人，溥仪 / 庄士敦著；李秀峰，甄正译 . 北京：东方出版社，2014，214 页 .
- 紫禁城的黄昏 / 庄士敦著；秦仲龢译 . 香港：牛津大学出版社，2012，13+389 页 .
- 暮色紫禁城：洋帝师眼中的溥仪与近代中国 / 庄士敦著；耿沫译 . 北京：华文出版社，2011，315 页 .
- 紫禁城的黄昏 / 庄士敦著；惠春琳等译 . 北京：紫禁城出版社，2010，2 册（603 页）.
- 紫禁城的黄昏 / 庄士敦著；李伯宏译 . 天津：南开大学出版社，2010，10+388 页 .
- 我在溥仪身边十三年：末代皇帝师傅的回忆 / 庄士敦著；淡泊，思齐译 . 北京：九州出版社，2009，276 页 .
- 紫禁城的黄昏 / 庄士敦著；陈时传译 . 台北：博雅书屋有限公司，2009，438 页 .（历史回廊；6）
- 紫禁城的黄昏 / 庄士敦著；富强译注 . 北京：中国市场出版社，2007，364 页 .
- 紫禁城的黄昏 / 庄士敦著；陈时伟等译 . 济南：山东画报出版社，2007，18+364 页 .
- 紫禁城的黄昏 / 庄士敦著；众城等译 . 珠海：珠海出版社，1995，390 页 .（外国人笔下的清宫秘闻）
- 紫禁城的黄昏 / 庄士敦著；淡泊，思齐译 . 北京：紫禁城出版社，1991，306 页 .
- 紫禁城的黄昏 / 庄士敦著；孟国祥等编译 . 南京：江苏古籍出版社，1990，347 页 .（民国春秋丛书）
- 紫禁城的黄昏 / 庄士敦著；陈时伟等译 . 北京：求实出版社，1989，365 页 .
- 紫禁城的黄昏 / 庄士敦著；秦仲龢译 . 台北：李敖出版社，1988，359 页 .（真相丛书；15）
- 紫禁城的黄昏 / 庄士敦著；秦仲龢译 . 台北：跃升文化事业公司，1988，383 页 .（历史春秋）

5998 宗方小太郎日记：未刊稿 / 宗方小太郎著；甘慧杰译 . 上海：上海人民出版社，2016，3 册（1240 页）.

5999 走出区域研究：西方中国近代史论集粹 / 董玥主编 . 北京：社会科学文献出版社，2013，438 页 .（中国社会科学院近代史研究所·民国研究丛刊）

6000 走近中国：瑞士人在华见闻录 / 冯铁等编；陈壮鹰译 . 上海：东方出版中心，2000，169 页 .

6001 走向革命：华北的战争、社会变革和中国共产党：1937—1945/ 嘉图著；赵景峰等译 . 北京：中共党史出版社，1987，347 页 .

6002 最后的帝国：沉睡的与惊醒的"满洲国" / 恩斯特·柯德士著；王迎宪译 . 沈阳：辽宁人民出版社，2013，246 页 .

6003 罪恶的自供状：新中国对日本战犯的历史审判 / 袁秋白，杨瑰珍编著 . 2 版 . 北京：解放军出版社，2015，278 页 .

> 罪恶的自供状：新中国对日本战犯的历史审判 / 袁秋白，杨瑰珍编译 . 北京：解放军出版社，2001，278 页 .

6004 作为方法的中国 / 沟口雄三著；孙军悦译 . 北京：生活·读书·新知三联书店，2011，305 页 .

（二）研究著作

6005 不可思议的中国人：二十世纪来华外国人对华印象 / 王正和编著 . 广州：花城出版社，2001，552 页 .

6006 不确定的遗产：哈佛辛亥百年论坛演讲录 / 柯伟林，周言主编；余英时，章开沅等著 . 北京：九州出版社，2012，239 页 .

6007 长沙抢米风潮资料汇编 / 饶怀民，藤谷浩悦编 . 长沙：岳麓书社，2001，12+16+336 页 .

6008 第二届中国近现代社会文化史国际学术研讨会论文集 / 梁景和主编 . 北京：社会科学文献出版社，2013，301 页 .

6009 东北"大讨伐" / 中央档案馆等编 . 北京：中华书局，1991，884 页 . （日本帝国主义侵华档案资料选编；4/ 佟冬等主编）

6010 东北历次大惨案 / 中央档案馆等编 . 北京：中华书局，1989，714 页 . （日本帝国主义侵华档案资料选编；8）

6011 《东史郎日记》案图集：正义与邪恶交锋实录：中日文对照 / 朱成山，山内小夜子主编；侵华日军南京大屠杀遇难同胞纪念馆，日本支援东史郎案审判实行委员会编著 . 北京：新华出版社，2000，286 页 . （南京大屠杀史研究系列丛书）

6012 东亚同文书院中国调查手稿丛刊 . 1—200/ 国家图书馆编 . 影印本 . 北京：国家图书馆出版社，2016，200 册 .

> 东亚同文书院中国调查手稿丛刊，总目索引附录 / 冯天瑜主编；李强，郭传芹编 . 北京：国家图书馆出版社，2016，362 页 .

6013 东亚同文书院中国调查手稿丛刊续编 . 1—250 / 冯天瑜主编 . 影印本 . 北京：国家图书馆出版社，2017，250 册 .

> 东亚同文书院中国调查手稿丛刊续编，总目索引 / 冯天瑜主编；王晓，郭传芹编 . 北京：国家图书馆出版社，2018，17+878+58 页 .

6014 恶魔的吹鼓手与辩护士：战时日本新闻传媒与南京大屠杀 / 经盛鸿著 . 南京：南京出版社，2008，2 册（607 页）. （南京大屠杀史研究与文献系列丛书；22-23）

6015 封面中国：美国《时代》周刊讲述的中国故事（1923—1946）/ 李辉著 . 北京：东方出版社，2007，330 页 .

6016 "共产国际、联共（布）与中国革命"国际学术研讨会论文集 / 黄修荣主编；中共中央党史研究室第一研究部编 . 北京：中共党史出版社，2006，331 页 .

6017 国外研究中国近现代史的进程与评析 / 张注洪著 . 北京：中共党史出版社，2015，280 页 .

6018 国外中共党史研究述评 / 梁怡，李向前主编 . 北京：中共党史出版社，2005，2006 重印，569 页 .

6019 国外中国近现代史研究述评 / 张注洪，王晓秋主编 . 北京：中国文史出版社，1999，396 页 .

6020 海外中国当代史研究理论前沿 / 王健主编 . 上海：上海社会科学院出版社，2018，277 页 .（上海社会科学院哲学社会科学创新工程国际理论前沿丛书 . 第一辑 / 黄仁伟，张兆安主编）

6021 河本大作与日军山西"残留" / 中央档案馆等编 . 北京：中华书局，1995，788 页 .（日本帝国主义侵华档案资料选编）

6022 划时代的历史转折："1949 年的中国"国际学术讨论会论文集 / 中国社会科学院近代史研究所编 . 成都：四川人民出版社，2002，872 页 .

6023 华北大"扫荡" / 中央档案馆等编 . 北京：中华书局，1998，1049 页 .（日本帝国主义侵华档案资料选编；9）

6024 华北经济掠夺 / 曹必宏，庞慧茹编；中央档案馆，中国第二历史档案馆，吉林省社会科学院编 . 北京：中华书局，2004，1155 页 .（日本帝国主义侵华档案资料选编）

6025 华北抗日根据地与社会生态 / 冯崇义，D.S.G. 古德曼编 . 北京：当代中国出版社，1998，278 页 .

6026 华北历次大惨案 / 中央档案馆等编 . 北京：中华书局，1995，721 页 .（日本帝国主义侵华档案资料选编）

6027 华北事变 / 邹明德等编；中央档案馆等合编 . 北京：中华书局，2000，881 页 .（日本帝国主义侵华档案资料选编；2）

6028 华北治安强化运动 / 中央档案馆等编 . 北京：中华书局，1997，1020 页 .（日本帝国主义侵华档案资料选编；10）

6029 黄兴未刊电稿 / 薛君度，毛注青编 . 长沙：湖南人民出版社，1983，127 页 .

6030 火刑：日本战犯供述档案揭秘 / 公安部档案馆编 . 北京：中国人民公安大学出版社，2003，10+411 页 .

6031 纪念五四运动九十周年国际学术研讨会论文集 / 中国社会科学院近代史研究所编 . 北京：社会科学文献出版社，2012，2 册（865 页）.

6032 甲午战争与近代中国和世界：甲午战争 100 周年国际学术讨论会文集 / 戚其章，王如绘主编 . 北京：人民出版社，1995，1198 页 .

6033 津门旧恨：侵华日军在天津市的暴行 / 广濑龟松主编 . 天津：天津社会科学院出版

社，1995，315 页．（历史不能忘记丛书．第二卷）

6034 九·一八事变 / 中央档案馆等编．北京：中华书局，1988，720 页．（日本帝国主义侵华档案资料选编；1）

6035 "九·一八"事变前后的日本与中国东北：满铁秘档选编 / 辽宁省档案馆，辽宁社会科学院编．沈阳：辽宁人民出版社，1991，632 页．（"九·一八"事变丛书 / 王充闾，林声主编）

6036 抗战胜利的代价：抗战胜利四十周年学术论文集 / 许倬云，丘宏达主编．台北：联经出版事业公司，1980，274 页．（联合报丛书）

6037 窥伺中国：20 世纪初日本间谍的镜头 / 乌丙安，李家巍主编；耿瑛等著．沈阳：辽海出版社，2000，2 册（12+744 页）．

6038 老洋人镜头下的旧中国剪影：[中日文本] / 佚名编著．北京：光明日报出版社，2003，147 页．

6039 满铁调查报告．第一辑—第二辑 / 曾凡刚主编；黑龙江省档案馆编．影印本．桂林：广西师范大学出版社，2005，48 册．

> 满铁调查报告．第三辑—第六辑 / 辽宁省档案馆编．影印本．桂林：广西师范大学出版社，2008—2012，100 册．

6040 "满铁"旧影：旅顺博物馆藏"满铁"老照片 / 郭富纯主编；旅顺博物馆编．北京：中国人民大学出版社，2007，265 页（国家清史编纂委员会·图录丛刊）

6041 美国的近现代中国研究 / 韦磊著．北京：北京师范大学出版社，2010，218 页．（马克思主义理论与思想政治教育研究丛书）

6042 美国的中国近现代史研究 / 胡大泽编著．北京：中国社会科学出版社，2004，412 页．

6043 南京大屠杀 / 中央档案馆等编．北京：中华书局，1995，1086 页．（日本帝国主义侵华档案资料选编；12）

6044 南粤割据——从龙济光到陈济棠 / 余炎光，陈福霖主编．广州：广东人民出版社，1989，377 页．

6045 评《剑桥中华人民共和国史》/ 金春明主编．武汉：湖北人民出版社，2001，650 页

6046 蒲安臣使团研究 / 闵锐武著．北京：中国文史出版社，2002，222 页．

6047 侵华日军南京大屠杀史国际学术研讨会论文集：[1997：南京] / 陈安吉主编．合肥：安徽大学出版社，1998，648 页．

6048 侵华日军南京大屠杀史料 /《侵华日军南京大屠杀史料》编委会，南京图书馆编．南京：江苏古籍出版社，1997，485 页．

> 侵华日军南京大屠杀史料：纪实·证言 / "南京大屠杀"史料编辑委员会，南京图书馆编辑．南京：江苏古籍出版社，1985，487 页．

6049 拳民形象在美国：义和团运动的跨国影响 / 姚斌著．北京：世界知识出版社，2010，360 页．

6050 日汪的清乡 / 中央档案馆等合编．北京：中华书局，1995，1005 页．（日本帝国主

义侵华档案资料选编；13）

6051 社会变革比较研究：近代中国社会变革国际学术讨论会论文集 / 中国社会科学院近代史研究所主编 . 北京：社会科学文献出版社，1992，319 页 .

6052 首届中国近现代社会文化史国际学术研讨会论文集 / 梁景和主编 . 北京：社会科学文献出版社，2012，290 页 .

6053 台港及海外五四研究论著撷要 / 刘桂生，张步洲编纂 . 北京：教育科学出版社，1989，266 页 .

6054 太平天国的文献和历史：海外新文献刊布和文献史事研究 / 王庆成著 . 北京：社会科学文献出版社，1993，610 页 .

6055 铁证：日本随军记者镜头下的侵华战争 / 毕英杰，白描编纂 . 北京：昆仑出版社，2000，2册（644页）.

6056 外国人镜头中的八国联军：辛丑条约百年图志（1900—1901）：［中英文本］/ 中国人权发展基金会，中国第一历史档案馆编 . 北京：外文出版社，2001，215 页 .

6057 汪伪政权 / 中央档案馆等编 . 北京：中华书局，2004，971 页 .（日本帝国主义侵华档案资料选编；6）

6058 维多利亚时代的中国图像 / 黄时鉴编著 . 上海：上海辞书出版社，2008，19+407页 .

6059 伪满傀儡政权 / 中央档案馆等编 . 北京：中华书局，1994，784 页 .（日本帝国主义侵华档案资料选编；3）

6060 伪满宪警统治 / 中央档案馆等编 . 北京：中华书局，1993，933 页 .（日本帝国主义侵华档案资料选编；7）

6061 五四：文化的阐释与评价：西方学者论五四 / 王跃，高力克选编 . 太原：山西人民出版社，1989，219 页 .（五四与现代中国丛书 / 张静如主编）

6062 五四研究论文集 / 汪荣祖编 . 台北：联经出版事业公司，1979，402 页 .

6063 西方新闻传媒视野中的南京大屠杀 / 经盛鸿著 . 南京：南京出版社，2008，2册（705 页）.（南京大屠杀史研究与文献系列丛书；24-25）

6064 西学东渐与东亚近代知识的形成和交流 / 北京外国语大学中国海外汉学研究中心，中国近现代新闻出版博物馆编 . 上海：上海人民出版社，2012，484 页 .

6065 细菌战与毒气战 / 中央档案馆等编 . 北京：中华书局，1989，830 页 .（日本帝国主义侵华档案资料选编；5）

6066 辛亥百年：回顾与反思 / 柯伟林，周言主编 . 北京：社会科学文献出版社，2012，317 页 .（博源文库 . 现代性与中国社会转型丛书 / 秦晓，何迪总编）

6067 辛亥革命与近代中国：纪念辛亥革命八十周年国际学术讨论会文集 / 中华书局编辑部编 . 北京：中华书局，1994，2册（1605页）.

6068 辛亥革命与亚洲 / 李廷江，大里浩秋主编 . 北京：社会科学文献出版社，2015，13+415 页 .（清华东方文库 / 李廷江，王中忱主编）

6069 辛亥时期袁世凯秘牍：静嘉堂文库藏档 / 刘路生，骆宝善，村田雄二郎编 . 影印本. 北京：中华书局，2014，854 页.

6070 新桂系史. 第一卷 / 莫济杰，陈福霖主编；李炳东等编著. 南宁：广西人民出版社，1991，398 页.

> 新桂系史. 第二卷 / 莫济杰，陈福霖主编；徐方治等编著. 南宁：广西人民出版社，1995，422 页.

6071 义和团运动与近代中国社会国际学术讨论会论文集 / 中国义和团研究会编. 济南：齐鲁书社，1992，974 页.

6072 中国现代化问题：一个多方位的历史探索 / 汪熙，魏斐德主编. 上海：复旦大学出版社，1994，417 页.（中美关系研究丛书 / 汪熙主编；12）

6073 中华民国史资料丛稿，增刊，台、港及外国对民国史研究的反响 / 中国社会科学院近代史研究所中华民国史研究室编. 北京：中华书局，1982，147 页.

6074 中日学者对谈录：卢沟桥事变 50 周年中日学术讨论会文集 / 刘大年主编；中国人民抗日战争纪念馆编. 北京：北京出版社，1990，371 页.

6075 中日战争国际共同研究. 第一卷，战略·战役 / 杨天石，傅高义主编. 北京：社会科学文献出版社，2015，383 页.

> 中日战争国际共同研究. 第二卷，社会·文化·地区 / 杨天石，傅高义主编. 北京：社会科学文献出版社，2015，386-765 页.

6076 中外学者论抗日根据地：南开大学第二届中国抗日根据地史国际学术讨论会论文集 / 南开大学历史系，中国近现代史教研室编. 北京：档案出版社，1993，685 页.

6077 中外学者纵论 20 世纪的中国：新观点与新材料 / 牛大勇，臧运祜主编. 南昌：江西人民出版社，2003，611 页.

五、民族史

（一）译著

6078 6 至 8 世纪鄂尔浑叶尼塞突厥社会经济制度：东突厥汗国和黠戛斯 / A. 伯恩什达姆著；杨讷译. 乌鲁木齐：新疆人民出版社，1997，289 页.

6079 保禄·维亚尔文集：百年前的云南彝族 / 保禄·维亚尔著；黄建明，燕汉生编译. 昆明：云南教育出版社，2003，462 页.（彼岸的目光）

6080 北方民族史与蒙古史译文集 / 余大钧译. 修订版. 兰州：兰州大学出版社，2012，2 册（825 页）.（欧亚历史文化文库）

> 北方民族史与蒙古史译文集 / 内田吟风等著；余大钧译. 昆明：云南人民出版社，2003，924 页.（欧亚历史文化名著译丛）

6081 北方通古斯的社会组织 / 史禄国著；吴有刚等译 . 呼和浩特：内蒙古人民出版社，1985，753 页 .

6082 被遗忘的王国：英文 / 顾彼得著 . 云南：云南人民出版社，2007，2014 重印，347 页 .
- 被遗忘的王国：丽江 1941—1949/ 顾彼得著；李茂春译 . 昆明：云南人民出版社，2007，322 页 .
- 被遗忘的王国 / 顾彼得著；李茂春译 . 昆明：云南人民出版社，1992，1993 重印，323 页 .

6083 彩云之南 / 比尔·波特著；马宏伟，吕长清译 .3 版 . 成都：四川文艺出版社，2018，282 页 .
- 彩云之南：探访中国西南边陲的神秘之地 / 比尔·波特著；马宏伟，吕长清译 .2 版 . 成都：四川文艺出版社，2017，234 页 .
- 彩云之南 / 比尔·波特著；马宏伟，吕长清译 . 成都：四川文艺出版社，2013，282 页 .

6084 草原帝国：法兰西学院院士的经典代表作 / 勒内·格鲁塞著；刘霞译 . 北京：文化发展出版社，2018，11+269 页 .
- 图解草原帝国 / 勒内·格鲁塞著；李思琪译 . 北京：民主与建设出版社有限责任公司，2018，436 页 .
- アジア游牧民族史 / ルネ・グルセ著；后藤十三雄译 . 影印本 . 呼和浩特：内蒙古大学出版社，2016，3 册（337；456；136 页）.（内蒙古外文历史文献丛书 . 第十七辑 . 历史系列 . 二；6-8/ 内蒙古大学内蒙古近现代史研究所，内蒙古自治区图书馆学会主编）
- 草原帝国 / 勒内·格鲁塞著；蓝琪译 . 北京：商务印书馆，2017，2 册（821 页）.（汉译世界学术名著丛书：120 年纪念版 . 分科本 . 历史）
- 草原帝国 / 勒内·格鲁塞著；何滟编译 .3 版 . 重庆：重庆出版社，2014，321 页（文化伟人代表作图释书系）
- 草原帝国 / 勒内·格鲁塞著；蓝琪译 . 北京：商务印书馆，1998，2014 重印，2 册（821 页）.（汉译世界学术名著丛书）
- 草原帝国 / 勒尼·格鲁塞著；魏英邦译 .2 版 . 西宁：青海人民出版社，2013，418 页 .
- 图解草原帝国 / 勒内·格鲁塞著；陈大为译 . 武汉：武汉出版社，2012，462 页 .
- 草原帝国：缩译彩图本 / 勒内·格鲁塞著；李德谋，曾令先译 . 修订版 . 南京：江苏人民出版社，2011，2012 重印，301 页 .（决定经典书系；4）
- 草原帝国 / 勒内·格鲁塞著；蓝琪译 . 北京：商务印书馆，2011，2 册（821 页）.（汉译世界学术名著丛书：分科本 . 历史）
- 草原帝国：缩译彩图本 / 勒内·格鲁塞著；李德谋，曾令先译 . 修订版 . 南京：江苏人民出版社，2011，329 页 .（决定经典书系；4）
- 草原帝国 / 勒内·格鲁塞著；黎荔等译 .2 版 . 北京：国际文化出版公司，2010，

328 页.

- 草原帝国 / 勒内·格鲁塞著；蓝琪译. 北京：商务印书馆，2009，2 册（821 页）.（汉译世界学术名著丛书：珍藏本）
- 草原帝国：记述游牧民族与农耕世界三千年碰撞史：缩译彩图本 / 勒内·格鲁塞著；李德谋编译. 重庆：重庆出版社，2006，275 页.（文化伟人代表作图释书系）
- 草原帝国 / 勒内·格鲁塞著；黎荔等译. 北京：国际文化出版公司，2003，363 页.
- 草原帝国 / 勒内·格鲁塞著；蓝琪译. 北京：商务印书馆，1998，1999 重印，754 页.（汉译世界学术名著丛书）
- 草原帝国 / 勒尼·格鲁塞著；魏英邦译. 西宁：青海人民出版社，1991，1999 重印，16+705 页.
- 草原帝国 / 格鲁塞著；魏英邦译. 西宁：青海人民出版社，1991，705 页.（西北史地资料译丛）

6085 出使蒙古记 / 道森编；吕浦译. 北京：中国社会科学出版社，1983，292 页.

6086 川甘青藏走廊古部落 / 石泰安著；耿昇译. 成都：四川民族出版社，1992，184 页.

6087 从蒙古到大清：游牧帝国的崛起与承续 / 冈田英弘著；陈心慧，罗盛吉译. 新北：台湾商务印书馆股份有限公司，2016，495 页.（历史. 世界史）

6088 鞑靼千年史 / 巴克尔著. 影印本. 郑州：河南人民出版社，2016，2017 印，282 页.（民国专题史丛书 / 周蓓主编）

- 鞑靼千年史 / 巴克尔著；向达，黄静渊译. 影印本. 太原：山西人民出版社，2015，282 页.（近代海外汉学名著丛刊 / 郑培凯主编）
- 鞑靼千年史 / 向达，黄静渊译著. 影印本. 天津：天津古籍出版社，1987，2 册（282 页）.（蒙古学史料丛编. 初集 / 民族图书馆古籍组辑）

6089 鞑靼征服中国史 / 帕莱福著；何高济，吴翊楣译. 鞑靼中国史 / 鲁日满著；何高济译. 鞑靼战纪 / 卫匡国著；何高济译. 北京：中华书局，2008，398 页.（中外关系史名著译丛）

6090 大月氏：寻找中亚谜一样的民族 / 小谷仲男著；王仲涛译. 北京：商务印书馆，2017，234 页.（世说中国）

6091 颠覆世界史的蒙古 / 杉山正明著；周俊宇译. 新北：八旗文化出版社，2014，315 页.（另眼看历史）

6092 东方风暴：从成吉思汗到忽必烈，挑动欧亚大陆 / 罗伯特·马歇尔著；李鸣飞译. 太原：山西人民出版社，2014，264 页.（汉唐阳光·汉译经典）

6093 东亚南部民族史 / Р.Ф. 伊茨著；冯思刚译. 成都：四川民族出版社，1981，341 页.

6094 多桑蒙古史 / 多桑著；冯承钧译. 北京：商务印书馆，2017，2 册（448；548 页）.（汉译世界学术名著丛书：120 年纪念版. 分科本. 历史）

- 多桑蒙古史 / 多桑著；冯承钧译. 影印版. 上海：上海社会科学院出版社，

2016，2 册．

➢ 多桑蒙古史 / 多桑撰；冯承钧译．上海：上海古籍出版社，2014，2 册（25+977 页）．（冯承钧译著集）

➢ 多桑蒙古史 / 多桑著；冯承钧译．北京：商务印书馆，2013，2 册（445；548 页）．（汉译世界学术名著丛书）

➢ 多桑蒙古史 / 多桑著；冯承钧译．北京：东方出版社，2013，2 册（280；399 页）．（民国大学丛书．历史学）

➢ 多桑蒙古史 / 多桑著；冯承钧译．上海：上海书店出版社，2006，2 册（366；11+439 页）．（世纪人文系列丛书．世纪文库）

➢ 多桑蒙古史 / 多桑著；冯承钧译．北京：中华书局，2004，2 册（10+14+13+1020 页）．（中外关系史名著译丛）

➢ 多桑蒙古史 / 多桑著；冯承钧译．上海：上海书店出版社，2003，451 页．（世纪文库）

➢ 多桑蒙古史 / 冯承钧译．上海：上海书店出版社，2001，2 册（368；461 页）．

6095　法国藏学精粹 / 郑炳林主编；耿昇译．兰州：甘肃人民出版社，2011，4 册．（法国汉学研究丛书；2）

6096　甘青边界蒙古尔人的起源、历史及社会组织 / 许让著；李美玲译．西宁：青海人民出版社，2007，222 页．（青海民族学院学术系列丛书；48）

6097　高昌回鹘王国的生活：850—1250 年 / 冯·佳班著；邹如山译．吐鲁番：吐鲁番市地方志编辑室，1989，299 页．

6098　古代の蒙古 / 内田吟风著．影印本．呼和浩特：内蒙古大学出版社，2017，206 页．（内蒙古外文历史文献丛书．第十八辑．历史系列．三；9/ 内蒙古大学内蒙古近现代史研究所，内蒙古自治区图书馆学会主编）

6099　古代蒙古 / Э.А.诺夫戈罗多娃著；《新疆通史》编撰委员会编；杨军涛译．乌鲁木齐：新疆人民出版社，2017，449 页．(《新疆通史》翻译丛书）

6100　古代中国与其强邻：东亚历史上游牧力量的兴起 / 狄宇宙著；贺严，高书文译．北京：中国社会科学出版社，2010，374 页．（文明历程经典译丛）

6101　国际东巴文化研究集粹 / 白庚胜，杨福泉编译．昆明：云南人民出版社，1993，365 页．（东巴文化丛书）

6102　国外突厥学研究概况：译文集 / 许浩福，陈鹏编译．北京：中国社会科学出版社，1980，199 页．

6103　国外裕固族研究文集 / 钟进文主编．北京：中央民族大学出版社，2008，415 页．

6104　国外藏学研究译文集，第一辑—第二十辑 / 拉萨：西藏人民出版社，1986—2013，20 册．

6105　国外中国边疆民族史著译介 / 高翠莲主编．北京：中央民族大学出版社，2012，406 页．

6106　汉藏走廊古部族 / 石泰安著；耿昇译．北京：中国藏学出版社，2013，11+165

页.（西藏文明之旅）

6107 何谓照叶树林文化：发端于东亚森林的文明/佐佐木高明著；汪洋，何薇译.贵阳：贵州大学出版社，2017，256 页.（日本学者中国西南少数民族研究丛书.第一辑）
  ➢ 照叶树林文化之路：自不丹、云南至日本/佐佐木高明著；刘愚山译.昆明：云南大学出版社，1998，185 页.

6108 黑龙江沿岸的部落/Е.И.杰烈维杨科著；林树山，姚凤译.长春：吉林文史出版社，1987，386 页.

6109 红头屿研究第一本文献/鸟居龙藏原著；李文茹等译注.新北：原住民族委员会，2017，183 页.

6110 卡尔梅克：1943—1957：一个民族被驱逐与回归的真相/B.乌布沙耶夫著；何俊芳译.兰州：甘肃文化出版社，1998，143 页.

6111 卡尔梅克史评注/伯希和著；耿昇译.北京：中华书局，1994，216 页.（法国西域敦煌学名著译丛/王炳华，樊锦诗主编）

6112 卡尔梅克族在俄国境内时期的历史概况/帕里莫夫著；许淑明译.乌鲁木齐：新疆人民出版社，1986，158 页.

6113 客家：华南汉族的族群性及其边界/濑川昌久著；河合洋尚，姜娜译；蔡文高校译.北京：社会科学文献出版社，2013，173 页.（海外客家研究译丛/邱国锋主编）

6114 客家人的力量/松本一男著.台北：新潮社文化事业有限公司，2007，236 页.（智典文库；14）
  ➢ 客家人的力量/松本一男著.台北：国际村文库书店，1996，236 页.（当代作家精品；27）

6115 拉达克王国史/毕达克著；沈卫荣译.上海：上海古籍出版社，2018，228 页.（西域历史语言研究译丛）

6116 倮倮·云南倮倮泼：法国早期对云南彝族的研究/保禄·维亚尔，阿尔弗雷德·李埃达原著；郭丽娜等编译.北京：学苑出版社，2014，411 页.

6117 珞巴族阿迪人的文化/罗伊著；李坚尚，丛晓明译.拉萨：西藏人民出版社，1991，306 页.

6118 満洲に於ける蒙古民族/オウエン・ラテイモア著；后藤富男译.影印本.呼和浩特：内蒙古大学出版社，2013，278 页.（内蒙古外文历史文献丛书.第八辑.综合系列.二；5/内蒙古大学内蒙古近现代史研究所，内蒙古自治区图书馆学会主编）

6119 满族的社会组织：满族氏族组织研究/S.M.史禄国著；高丙中译.北京：商务印书馆，1997，245 页.

6120 蒙哥/伯希和等著；冯承钧译.北京：中国国际广播出版社，2013，159 页.（西北史地丛书）

6121 蒙古的历史与文化：蒙古学论集/二木博史著；呼斯勒译.呼和浩特：内蒙古人民

出版社，2003，414 页.

6122 蒙古的人和神 / 亨宁·哈士纶著；徐孝祥译. 乌鲁木齐：新疆人民出版社，2013，10+336 页.（西域探险考察大系）

  ➢ 蒙古的人和神 / 亨宁·哈士纶著；徐孝祥译. 乌鲁木齐：新疆人民出版社，2010，12+14+348 页.（西域探险考察大系）

  ➢ 蒙古的人和神 / 亨宁·哈士纶著；徐孝祥译. 乌鲁木齐：新疆人民出版社，1999，14+328 页.（西域探险考察大系）

6123 蒙古帝国的兴亡：军事扩张的时代 / 杉山正明著；孙越译. 北京：社会科学文献出版社，2015，207 页.（鲤译丛）

  ➢ 蒙古帝国的兴亡：世界经营的时代 / 杉山正明著；孙越译. 北京：社会科学文献出版社，2015，250 页.（鲤译丛）

6124 蒙古帝国史 / 雷纳·格鲁塞著；龚钺译. 北京：商务印书馆，1989，2018 重印，14+501 页.

  ➢ 蒙古帝国史 / 雷纳·格鲁塞著；龚钺译. 北京：商务印书馆，2017，501 页.（汉译世界学术名著丛书：120 年纪念版. 分科本. 历史、地理类）

  ➢ 蒙古帝国兴亡录 / 勒内·格鲁塞著；王颖编译. 北京：民主与建设出版社有限责任公司，2017，264 页.

  ➢ 蒙古帝国史：活着就为征服世界 / 勒内·格鲁塞著；吕维斌译. 北京：现代出版社，2016，285 页.

  ➢ 活着就为征服世界：蒙古帝国史 / 勒内·格鲁塞著；吕维斌译. 北京：光明日报出版社，2015，238 页.

  ➢ 蒙古帝国史 / 雷纳·格鲁塞著；龚钺译. 北京：商务印书馆，2011，501 页.（汉译世界学术名著丛书：分科本. 历史）

  ➢ 蒙古帝国史 / 雷纳·格鲁塞著；龚钺译. 北京：商务印书馆，2009，501 页.（汉译世界学术名著丛书：珍藏本）

  ➢ 蒙古帝国史 / 雷纳·格鲁塞著；龚钺译. 北京：商务印书馆，1989，1996 重印，418 页.（汉译世界学术名著丛书）

6125 蒙古帝国中亚征服史 /G.D. 古拉提著；刘瑾玉译. 北京：社会科学文献出版社·皮书出版分社，2017，254 页.

  ➢ 蒙古帝国中亚征服史 /G.D. 古拉提著；刘瑾玉译. 北京：社会科学文献出版社，2016，16+254 页.

6126 蒙古颠覆世界史 / 杉山正明著；周俊宇译. 北京：生活·读书·新知三联书店，2016，353 页.

6127 蒙古黄金史 / 小林高四郎译注. 影印本. 呼和浩特：内蒙古大学出版社，2017，218 页.（内蒙古外文历史文献丛书. 第二十一辑. 历史系列. 六；13/ 内蒙古大学内蒙古近现代史研究所，内蒙古自治区图书馆学会主编）

6128 蒙古及满洲 / 鸟居龙藏著.影印本.呼和浩特：内蒙古大学出版社，2016，164页.（内蒙古外文历史文献丛书.第十五辑.综合系列.九；1/ 内蒙古大学内蒙古近现代史研究所，内蒙古自治区图书馆学会主编）

6129 蒙古秘史 / 小林高四郎译注.影印本.呼和浩特：内蒙古大学出版社，2017，350页.（内蒙古外文历史文献丛书.第二十一辑.历史系列.六；11/ 内蒙古大学内蒙古近现代史研究所内蒙古自治区图书馆学会主编）

6130 蒙古民族形成史 / 莉·列·维克托罗娃著；陈弘法译.呼和浩特：内蒙古教育出版社，2008，128页.

6131 蒙古入侵时期的突厥斯坦 / 巴托尔德著；张锡彤，张广达译.上海：上海古籍出版社，2011，2册（21+32+846）页.（西域历史语言研究译丛）

  ➤ 蒙古入侵时期的突厥斯坦 / 巴托尔德著；张锡彤，张广达译.上海：上海古籍出版社，2007，2册（21+32+846）页.（西域历史语言研究译丛）

6132 蒙古社会制度史 / べ・ヤ・ウラヂミルツォフ著；外务省调查部译.影印本.呼和浩特：内蒙古大学出版社，2017，2册（306；208页）.（内蒙古外文历史文献丛书.第十九辑.历史系列.四；4-5/ 内蒙古大学内蒙古近现代史研究所，内蒙古自治区图书馆学会主编）

  ➤ 蒙古社会制度史 / 乌拉吉米索夫著；瑞永译.影印本.台北：南天书局有限公司，1987，407页.（亚洲民族考古丛刊.第六辑）

  ➤ 蒙古社会制度史 / 符拉基米尔佐夫著；刘荣焌译.北京：中国社会科学出版社，1980，438页.

6133 蒙古史略 / 格鲁赛著；冯承钧译.影印本.上海：上海社会科学院出版社，2016，101页.

  ➤ 蒙古史略 / 格鲁塞著；冯承钧译著.影印本.天津：天津古籍出版社，1987，97页.（蒙古学史料丛编.初集 / 民族图书馆古籍组辑）

6134 蒙古史研究 / 箭内亘著；陈捷，陈清泉译.影印本.天津：天津古籍出版社，1987，126页.（蒙古学史料丛编.初集 / 民族图书馆古籍组辑）

6135 蒙古西征研究 / 皮库林等著；陈弘法译.呼和浩特：内蒙古人民出版社，2015，204页.（北方民族史译丛）

6136 苗乡纪实 / 保禄·维亚尔著；燕汉生译.昆明：云南人民出版社，2015，171页.（旧版书系）

6137 苗族史 / 萨维纳著；肖风等译.贵阳：贵州大学出版社，2014，347页.（国际视野中的贵州人类学·苗学辑）

  ➤ 苗族史 / 萨维纳著；立人等译.贵阳：贵州大学出版社，2009，345页.（国际视野中的贵州人类学）

6138 苗族调查报告 / 鸟居龙藏著；国立编译馆译.贵阳：贵州大学出版社，2014，320页.（国际视野中的贵州人类学·苗学辑）

> 苗族调查报告 / 鸟居龙藏著；国立编译馆译 . 贵阳：贵州大学出版社，2009，320 页 .（国际视野中的贵州人类学）

6139 民族的构建：亚洲精英及其民族身份认同 / 卜正民，施恩德编；陈城等译 . 长春：吉林出版集团有限责任公司，2008，313 页 .

6140 明代蒙古史论集 / 和田清著；潘世宪译 . 呼和浩特：内蒙古人民出版社，2015，2 册（778 页）.（北方民族史译丛）

> 明代蒙古史论集 / 和田清著 . 北京：商务印书馆，1984，2 册（823 页）.

6141 明蒙关系 III：贸易关系：马市（1400—1600）/ 亨利·赛瑞斯著；王苗苗译 . 北京：中央民族大学出版社，2011，261 页 .（中国边疆民族地区历史与地理研究文献文料丛书）

6142 纳西、摩梭民族志：亲属制、仪式、象形文字 / 米歇尔·奥皮茨，伊丽莎白·许主编；刘永青等译 . 昆明：云南大学出版社，2010，407 页 .（云南大学民族学文库）

6143 南诏国与唐代的西南边疆 / 查尔斯·巴克斯；林超民译 . 昆明：云南人民出版社，1988，321 页 .

6144 内陆亚洲厄鲁特历史资料 /P.S. 帕拉斯著；邵建东，刘迎胜译 . 昆明：云南人民出版社，2002，223 页 .（欧亚历史文化名著译丛）

6145 平埔族调查旅行：伊能嘉矩《台湾通信》选集 / 伊能嘉矩原著；杨南郡译注 .2 版 . 台北：远流出版事业股份有限公司，2012，303 页 .（台湾调查时代；2）

> 平埔族调查旅行：伊能嘉矩《台湾通信》选集 / 伊能嘉矩著；杨南郡译注 . 台北：远流出版事业公司，1996，303 页 .（台湾调查时代；2）

6146 契丹古代史研究 / 爱宕松男著；邢复礼译 . 呼和浩特：内蒙古人民出版社，2014，201 页 .（北方民族史译丛）

> 契丹古代史研究 / 爱宕松男著；邢复礼译 . 呼和浩特：内蒙古人民出版社，1988，201 页 .

6147 秦始皇是说蒙古话的女真人 / 朱学渊著 . 上海：华东师范大学出版社，2008，225 页 .

> 秦始皇是说蒙古话的女真人：北方诸族源流·华夏戎狄同源·五帝是爱新氏 / 朱学渊著 . 台北：历史智库出版股份有限公司，2006，19+246 页 .（文史丛书）

6148 清代蒙古的历史与宗教 / 若松宽著；马大正等编译 . 哈尔滨：黑龙江教育出版社，1994，372 页 .（边疆史地丛书）

6149 清代蒙古社会制度 / 田山茂著；潘世宪译 .2 版 . 呼和浩特：内蒙古人民出版社，2015，312 页 .（北方民族史译丛）

> 清代蒙古社会制度 / 田山茂著；潘世宪译 . 呼和浩特：内蒙古人民出版社，2014，315 页 .（蒙古族历史文化精品文库 / 艾丽华主编）

> 清代蒙古社会制度 / 田山茂著；潘世宪译 . 北京：商务印书馆，1987，312 页 .

6150 日据时期台湾总督府的理蕃政策：一八九五~一九一五 / 藤井志津枝著 . 台北：台湾师范大学历史研究所，1989，291 页 .（台湾师范大学历史研究所专刊；21）

6151 日治时期台湾总督府理蕃政策 / 藤井志津枝著 . 台北：文英堂出版社，1997，304 页 .

6152 生蕃行脚：森丑之助的台湾探险 / 森丑之助原著；杨南郡译注 .3 版 . 台北：远流出版事业股份有限公司，2012，668 页 .（台湾调查时代；5）

> 生蕃行脚：森丑之助的台湾探险 / 森丑之助原著；杨南郡译注 .2 版 . 台北：远流出版事业股份有限公司，2006，662 页 .（台湾调查时代；5）

> 生蕃行脚：森丑之助的台湾探险 / 森丑之助原著；杨南郡译注 . 台北：远流出版事业股份有限公司，2000，662 页 .（台湾调查时代；5）

6153 十八世纪俄国炮兵大尉新疆见闻录 / 伊·温科夫斯基著；尼·维谢洛夫斯基编；宋嗣喜译 . 哈尔滨：黑龙江教育出版社，1999，282 页 .（边疆史地丛书）

6154 世界历史上的蒙古征服 / 梅天穆著；马晓林，求芝蓉译 . 新北：广场出版社，2018，421 页 .

> 世界历史上的蒙古征服 / 梅天穆著；马晓林，求芝蓉译 . 北京：民主与建设出版社有限责任公司，2017，377 页 .

6155 台湾蕃人事情 / 伊能嘉矩，粟野传之丞撰；傅琪贻译注 . 新北：原住民族委员会，2017，399 页 .

6156 台湾蕃族图谱：一·二合卷 / 森丑之助著；宋文薰编译 .2 版，影印本 . 台北：南天书局有限公司，2014，1 册 +1 中译本（71 页）.

6157 台湾原住民族移动与分布 / 马渊东一著；杨南郡译注 . 新北：原住民族委员会；台北：南天书局有限公司，2014，29+339 页 .

6158 探险台湾：鸟居龙藏的台湾人类学之旅 / 鸟居龙藏著；杨南郡译注 .2 版 . 台北：远流出版事业股份有限公司，2012，442 页 .（台湾调查时代；1）

> 探险台湾：鸟居龙藏的台湾人类学之旅 / 鸟居龙藏著；杨南郡译注 . 台北：远流出版事业公司，1997，442 页 .（台湾调查时代；1）

6159 唐代中国的族群认同 / 班茂燊著；耿协峰译 . 北京：人民出版社，2016，293 页 .（中国战略传统丛书 / 门洪华主编）

6160 田野中的族群关系与民族认同：中国西南彝族社区考察研究 / 斯蒂文·郝瑞著；巴莫阿依，曲木铁西译 . 南宁：广西人民出版社，2000，303 页 .

6161 突厥人、粟特人与娜娜女神 / 马尔夏克著；毛铭译 . 桂林：漓江出版社有限公司，2016，19+210 页 .（丝路译丛 . 第一辑 . 玄奘之旅）

6162 突厥世系 / 阿布尔—哈齐—把阿秃儿汗著；罗贤佑译 . 北京：中华书局，2005，17+317 页 .（中外关系史名著译丛）

6163 文明凝视下的地方生活：鲁凯族社会文化之研究论文集 / 佐佐木高明等著；郑玮宁主编；余万居，黄耀荣译 . 台北："中央研究院"民族学研究所，2013，16+296 页 .

6164 我与撒尼人 / 保禄·维亚尔著；燕汉生译 . 昆明：云南人民出版社，2015，212 页 .（旧版书系）

6165 五代回鹘史料 / 哈密顿著；耿昇，穆根来译 . 乌鲁木齐：新疆人民出版社，1986，218 页 .

6166 五华楼：关于云南大理民家的研究 /C.P. 费茨杰拉德著；刘晓峰，汪晖译 . 北京：民族出版社，2006，10+260 页 .（国外学者中国民族研究文库）

6167 兀良哈及鞑靼考 / 箭内亘著；陈捷，陈清泉译 . 影印本 . 太原：山西人民出版社，2015，55 页 .（近代海外汉学名著丛刊 / 郑培凯主编）

6168 西方的蒙古史研究：十三世纪——二十世纪中叶 / 马·伊·戈尔曼著；陈弘法译 . 呼和浩特：内蒙古教育出版社，2011，2012 印，372 页 .
- 西方的蒙古史研究：十三世纪—二十世纪中叶 / 戈尔曼著；陈弘法译 . 呼和浩特：内蒙古教育出版社，1992，404 页 .

6169 西方的蒙古学研究：中心·人员·社团：二十世纪50年代—90年代中期/马·伊·戈尔曼著；陈弘法译 . 呼和浩特：内蒙古教育出版社，2010，2012 印，452 页 .

6170 西回鹘国史的研究 / 安部健夫著；宋肃瀛等译 . 乌鲁木齐：新疆人民出版社，1986，437 页 .

6171 西突厥史料 / 沙畹著；冯承钧译述 . 影印本 . 上海：上海社会科学院出版社，2016，373 页 .（民国西学要籍汉译文献 / 李天纲主编、历史学）
- 西突厥史料 / 沙畹编著；冯承钧译 . 北京：中华书局，2004，339+60 页 .

6172 喜马拉雅的人与神 / 图齐等著；向红笳译 .2 版 . 北京：中国藏学出版社，2012，366 页 .（西藏文明之旅书系）
- 喜马拉雅的人与神：国外藏学译文集 / 图齐等著；向红笳译 . 北京：中国藏学出版社，2005，366 页 .（西藏文明之旅书系）
- 喜玛拉雅的人与神 / 图齐等著；向红笳译 . 西宁：青海人民出版社，2004，338 页 .

6173 邂逅福尔摩沙：台湾原住民社会纪实：荷兰档案摘要 . 第 1 册（1623—1635）/ 包乐史，Natalie Everts，Evelien Frech 编；林伟盛译 . 台北：原住民族委员会：顺益台湾原住民博物馆，2010，53+202 页 .（顺益台湾原住民博物馆专刊；1）
- 邂逅福尔摩沙：台湾原住民社会纪实：荷兰档案摘要 . 第 2 册（1636—1645）/ 包乐史，Natalie Everts，Evelien Frech 编；康培德译 . 台北：顺益台湾原住民博物馆，2010，69+365 页 .（顺益台湾原住民博物馆专刊；2）

6174 新版中国北方诸族的源流 / 朱学渊著 . 上海：华东师范大学出版社，2010，366 页 .
- 中国北方诸族的源流 / 朱学渊著 .2 版，修订本 . 北京：中华书局，2004，361 页 .（世界汉学论丛）
- 中国北方诸族的源流 / 朱学渊著 . 北京：中华书局，2002，319 页 .（世界汉学论丛）

6175 新疆民族史研究 / 佐口透著；章莹译 . 乌鲁木齐：新疆人民出版社，1993，1994 印，407 页 .

6176 匈奴：古代游牧国家的兴亡 / 泽田勋著；王庆宪，丛晓明译 . 呼和浩特：内蒙古人民出版社，2010，2011 印，238 页 .（蒙古历史文化文库）

6177 匈奴史研究 / 内田吟风著 . 影印本 . 呼和浩特：内蒙古大学出版社，2017，287 页 .（内蒙古外文历史文献丛书 . 第十九辑 . 历史系列 . 四；1/ 内蒙古大学内蒙古近现代史研究所，内蒙古自治区图书馆学会主编）

6178 寻找成吉思汗：骑马横越蒙古大草原 / 提姆·谢韦仑著；刘丽真译 . 重庆：重庆出版社，2005，281 页 .（旅行与探险经典文库）

> 寻找成吉思汗：骑马横越蒙古大草原 / 提姆·谢韦仑著；保罗·哈里斯摄影；刘丽真译 . 台北：马可孛罗文化，2001，284 页 .（当代名家旅行文学；49）

6179 瑶族的历史和文化：华南、东南亚山地民族的社会人类学研究 / 竹村卓二著；金少萍，朱桂昌译 . 北京：民族出版社，2003，307 页 .（国外学者中国民族研究文库）

6180 彝人首领 / 顾彼得著；和锓宇译 . 成都：四川文艺出版社，2004，222 页 .

6181 彝族的社会和文化 / 坪井洋文，高尔迪埃，维亚尔编著 . 贵阳：贵州大学出版社，2014，257 页 .（国际视野中的贵族人类学·彝学辑）

> 彝族的社会和文化：访问贵州省西北地区的少数民族 / 坪井洋文编；黄才贵译 . 贵阳：贵州大学出版社，2011，93 页 .

> 早期传教士彝族考察报告 / 高尔迪埃，维亚尔编著；校真译 . 贵阳：贵州大学出版社，2011，158 页 .（国际视野中的贵州人类学·第二辑）

6182 原住民的山林及岁月：日籍学者台湾原住民族群生活与环境研究论文集 / 伊能嘉矩等著；石村明子等译 . 台北："中央研究院"民族学研究所，2012，11+433 页 .

6183 在中国的西南部落中 / 塞缪尔·克拉克著；苏大龙译 . 苗族纪实 / 塞姆·柏格理著；东人达译 . 贵阳：贵州大学出版社，2014，242 页 .（国际视野中的贵族人类学·苗学辑）

> 在中国西南部落中 / 塞缪尔·克拉克著；李国庆整理 . 影印本 . 桂林：广西师范大学出版社，2013，10+350 页 .（"中国研究"外文旧籍汇刊·中国记录 . 第四辑；10/ 李国庆，何林夏主编）

> 在中国的西南部落中 / 塞缪尔·克拉克著；苏大龙译 . 苗族纪实 / 塞姆·柏格理著；东人达译 . 贵阳：贵州大学出版社，2009，244 页 .（国际视野中的贵族人类学）

6184 藏边人家：关于三代定日人的真实记述 / 阿吉兹著；翟胜德译 . 拉萨：西藏人民出版社，1987，2001 重印，326 页 .

6185 藏人言藏：孔贝康藏闻见录 / 孔贝著；邓小咏译 . 成都：四川民族出版社；北京：中国社会科学出版社，2002，199 页 .（雪域旧旅丛书）

6186 藏族与周边民族文化交流研究 / 罗伯特 B. 埃克瓦尔，波塞尔德·劳费尔著；苏发祥，洛赛编译 . 北京：中央民族大学出版社，2013，251 页 .

6187 中国和犹太民族：新时代中的古文明：战略报告 / 沙洛姆·所罗门·瓦尔德著；张倩红，臧德清译．郑州：大象出版社，2014，138页．（大象学术译丛）

6188 中国华南民族社会史研究 / 冈田宏二著；赵令志，李德龙译．北京：民族出版社，2002，459页．（国外学者中国民族研究文库）

6189 中国历史上的移民与族群性：客家、棚民及其邻居们 / 梁肇庭著；蒂姆·赖特编；王东，孙业山译．台北：南天书局有限公司，2015，14+258页．（客家学术研究；12）

> 中国历史上的移民与族群性：客家人、棚民及其邻居 / 梁肇庭著；冷剑波，周云水译．北京：社会科学文献出版社，2013，31+169页．（海外客家研究译丛 / 邱国锋主编）

6190 中国西南古纳西王国：译校本 / 约瑟夫·洛克著；刘宗岳等译．昆明：云南美术出版社，1999，157页．（西方学者云南探险译丛）

6191 中华民族简史 / 富路德著；吴原元译．西安：西北大学出版社，2017，419页．

6192 柱间史：松赞干布的遗训 / 阿底峡尊者发掘；卢亚军译注．北京：中国藏学出版社，2010，198页．

6193 壮族：他们的历史文化与民族性 / 杰弗里·巴洛著；金丽等译．南宁：广西人民出版社，2011，256页．

6194 准噶尔汗国史 / 伊·亚·兹拉特金著；马曼丽译．修订版．兰州：兰州大学出版社，2013，46+401页．（欧亚历史文化文库）

> 准噶尔汗国史：1635—1758/ 兹拉特金著；马曼丽译．北京：商务印书馆，1980，471页．

6195 最后的游牧帝国：准噶尔部的兴亡 / 宫脇淳子著．呼伦贝尔：内蒙古文化出版社，2013，218页．

> 最后的游牧帝国：准噶尔部的兴亡 / 宫脇淳子著；晓克译．呼和浩特：内蒙古人民出版社，2005，182页．（蒙古历史文化文库）

（二）研究著作

6196 百乐书影印译注 / 藤川信夫，樊秀丽，普学旺主编．昆明：云南民族出版社，2012，552页．（云南民族古籍丛书）

6197 博物馆与客家研究 / 张维安，何金梁，河合洋尚主编．苗栗：客家委员会客家文化发展中心，2018，308页．

6198 第四届国际哈尼 / 阿卡文化学术讨论会论文集 / 李期博主编；红河哈尼族彝族自治州哈尼学学会编．昆明：云南民族出版社，2005，544页．

6199 胡人汉化与汉人胡化 / 汪荣祖，林冠群主编．台北：台湾中正大学台湾人文研究中心，2006，268页．（台湾人文研究丛书；2）

6200 会馆、社群与网络：客家文化学术论集 / 黄贤强主编. 新加坡：新加坡国立大学中文系等，2018，312 页.（客家文化研究丛书；5）

6201 客家传统社会. 上编，民俗与经济 / 劳格文主编. 北京：中华书局，2005，473 页.（《中国民俗文献史纲要》丛书）

> 客家传统社会. 下编，民俗与宗族社会 / 劳格文主编. 北京：中华书局，2005，475-1009 页.《中国民俗文献史纲要》丛书）

6202 客家与中原文化国际学术研讨会论文集 / 崔灿，刘合生主编. 郑州：中州古籍出版社，2003，437 页.

6203 跨域研究客家文化 / 黄贤强编著. 新加坡：新加坡国立大学中文系等，2015，298 页.（客家文化研究丛书；4）

6204 丽江第二届国际东巴艺术节学术研讨会论文集 / 和自兴，郭大烈，白庚胜主编. 昆明：云南民族出版社，2005，662 页.

6205 南诏大理历史文化国际学术讨论会论文集 / 林超民，杨政业，赵寅松主编. 北京：民族出版社，2006，623 页.

6206 全球化背景下客家文化景观的创造：环南中国海的个案 / 夏远鸣，河合洋尚主编. 广州：暨南大学出版社，2015，212 页.（客家学研究丛书 / 邱国锋主编）

6207 石壁与客家世界：第三届宁化石壁与客家世界学术研讨会论文集 / 刘日太，何正彬主编. 太原：山西人民出版社，2009，19+488 页.

6208 世界客属第 25 届恳亲大会国际客家文化学术研讨会论文集 / 袁德俊主编；世界客属第 25 届恳亲大会组委会编. 福州：福建教育出版社，2012，549 页.

6209 首届回族历史与文化国际学术讨论会论文集 / 杨怀中等主编. 银川：宁夏人民出版社，2003，549 页.

6210 四川与客家世界：第七届国际客家学研讨会论文集 / 陈世松主编. 成都：天地出版社，2005，2 册（997 页）.（四川客家文化研究丛书）

6211 吐鲁番学研究：第三届吐鲁番学暨欧亚游牧民族的起源与迁徙国际学术研讨会论文集 / 李肖主编；新疆吐鲁番学研究院编. 上海：上海古籍出版社，2010，926 页.

6212 外国学者中国民族研究文库 / 高建中，郝时远主编. 北京：民族出版社，2002，

6213 影印在老照片上的文化：鸟居龙藏博士的贵州人类学研究 / 黄才贵编著. 贵阳：贵州民族出版社，2000，13+18+606 页.

6214 中国·德宏·云南四江流域傣族文化比较国际学术研讨会论文集 / 刀保尧主编；德宏州傣学学会编. 潞西：德宏民族出版社，2005，557 页.

6215 中国客家地方社会研究. 一，闽西客家社会，长汀 / 劳格文，谭伟伦主编. 北京：中国人民大学出版社，2017，269 页.（"跨文化研究"丛书. 第二辑 / 金丝燕，董晓萍总主编）

> 中国客家地方社会研究. 二，闽西客家社会，宁化 / 劳格文，谭伟伦主编. 北京：中国人民大学出版社，2017，308 页.（"跨文化研究"丛书. 第二辑 / 金丝燕，

董晓萍总主编）
- 中国客家地方社会研究.三，江西客家与非客的社会/劳格文，谭伟伦主编.北京：中国人民大学出版社，2017，293页.（"跨文化研究"丛书.第二辑/金丝燕，董晓萍总主编）
- 中国客家地方社会研究.四，粤东粤北社会/劳格文，谭伟伦主编.北京：中国人民大学出版社，2017，293页.（"跨文化研究"丛书.第二辑/金丝燕，董晓萍总主编）

6216 族群、历史与文化：跨域研究东南亚和东亚.上下册/黄贤强主编.新加坡：新加坡国立大学中文系：八方文化创作室，2011，2册（16+687页）.（东南亚华人研究丛书；11）

六、地方史

（一）译著

6217 1910，莫理循中国西北行/莫理循图/文；窦坤，海伦编译.福州：福建教育出版社，2008，2册（186；147页）.

6218 澳门编年史：十九世纪/施白蒂著；姚京明译.澳门：澳门基金会，1998，341页.（澳门译丛）
- 澳门编年史：二十世纪（1900—1949）/施白蒂著；金国平译.澳门：澳门基金会，1999，346页.（澳门译丛）
- 澳门编年史：二十世纪（1950—1988）/施白蒂著；思磊译.澳门：澳门基金会，1999，228页.（澳门译丛）
- 澳门编年史/施白蒂著；小雨译.澳门：澳门基金会，1995，237页.（澳门译丛）

6219 澳门史：1557—1999/杰弗里·C.冈恩著；秦传安译.北京：中央编译出版社，2009，300页.

6220 澳门问题明清珍档荟萃/郭美兰著，金国平译.澳门：澳门基金会，2000，349页.

6221 澳门与共和体制在中国的建立：孙逸仙致若塞·卡洛斯·米那总督的一封信/卡洛斯·高美士·贝萨著；崔维孝等译.澳门：澳门基金会，1999，2册（157；165页）.

6222 巴蜀老照片：[中德英本文]：德国魏司夫妇的中国西南纪行/塔玛拉·魏司编著；周枫然等译.成都：四川大学出版社，2009，255页.

6223 白雅特城：法兰西帝国鸦片销售时代的记忆/伯特兰·马托著；李嘉懿，惠娟译.广州：暨南大学出版社，2016，247页.（法国租借地广州湾学术译丛/王钦峰，

余伟民主编）

6224 百万农奴站起来 / 安娜·路易斯·斯特朗著；孟黎莎译 . 北京：中国藏学出版社，2009，204 页 .
   ➤ 西藏农奴站起来 / 斯特朗著；孟黎莎译 . 拉萨：西藏人民出版社，1991，223 页 .

6225 北京 / 丸山昏迷著；卢茂君译 . 北京：北京联合出版公司，2016，21+385 页 .（日文北京文史资料翻译丛刊）

6226 北京繁昌记 / 中野江汉著；韩秋韵译 . 北京：北京联合出版有限责任公司，2017，18+411 页 .（日文北京文史资料翻译丛刊）

6227 北京纪事北京纪游 / 小栗栖香顶著；陈继东，陈力卫整理 . 北京：中华书局，2008，10+20+247 页 .（近代日本人中国游记）

6228 北京纪胜 / 裴丽珠著；王慕飞译 . 北京：中国文史出版社，2018，346 页 .（近代世界对华印象 / 韩淑芳主编）
   ➤ 北京纪胜 /Juliet Bredon 著 . 北京：外语教学与研究出版社，2008，346 页 .（京华往事 / 欧阳哲生主编）

6229 北京历史漫步 / 竹中宪一著；天津编译中心译 . 北京：中国文史出版社，1991，211 页 .

6230 北京名所览记 / 胁川寿泉编著；李蕊，卢茂君译 . 北京：知识产权出版社，2017，174 页 .（民国时期北京日文文史资料翻译丛书）

6231 北京日记——革命的一年 / 德克·博迪著；洪菁耘，陆天华译 . 上海：东方出版中心，2001，11+251 页 .（走向中国丛书）

6232 北京与北京人：1861/ 芮尼著；李绍明译 . 北京：国家图书馆出版社，2008，464 页 .（亲历中国丛书 / 耿昇，李国庆主编）

6233 北平表情：荷兰女摄影师镜头里的民国世相 /E. 托尔贝克摄影；张远航编译 . 桂林：广西师范大学出版社，2009，1 册 .

6234 北魏洛阳城市风貌研究：以《洛阳伽蓝记》为中心 / 金大珍著 . 北京：中国社会科学出版社，2016，239 页 .

6235 北洋北京：摄影大师的视界 / 唐纳德·曼尼摄影；帕特南·威尔撰文；张远航编译 . 北京：中央编译出版社，2013，182 页 .

6236 伯希和北京日记 / 萧菁译 . 桂林：广西师范大学出版社，2017，12+160 页 .（晚清稀见中外关系史料丛书 / 周振鹤主编）

6237 长安向西，罗马向东：骏马、丝路与探索者 / 爱德华·伯曼著；纪永滨，齐渭波译 . 西安：陕西人民出版社，2016，270 页 .（外国人眼中的陕西）

6238 长安之春 / 石田干之助著；钱婉约译 . 北京：清华大学出版社，2015，243 页 .
   ➤ 长安之春 / 石田干之助著；张鹏译 . 西安：三秦出版社，2013，154 页 .（长安文化国际研究译丛 / 高兵兵主编）

6239 长城外的中国西部地区 / 尼·维·鲍戈亚夫连斯基著；新疆大学外语系俄语教研室

译．北京：商务印书馆，1980，312页．

6240 长江旧影：1910年代长江流域城市景观图录：[中英文本] / 山根倬三原著；《建筑创作》杂志社改编．北京：中国建筑工业出版社，2008，253页．

6241 朝阳门外的彩虹：崇贞女学校的人们 / 山崎朋子著；邢丽荃等译．上海：上海人民出版社，2007，284页．

6242 重返喀什噶尔 / 贡纳尔·雅林著；崔延虎，郭颖杰译．乌鲁木齐：新疆人民出版社，2013，10+10+254页．（西域探险考察大系）

> 重返喀什噶尔 / 贡纳尔·雅林著；崔延虎，郭颖杰译．乌鲁木齐：新疆人民出版社，2010，12+12+281页．（西域探险考察大系）

> 重返喀什噶尔 / 贡纳尔·雅林著；崔延虎，郭颖杰译．2版．乌鲁木齐：新疆人民出版社，1999，12+360页．（西域探险考察大系．瑞典东方学译丛）

> 雅林文集，重返喀什噶尔 / 贡纳尔·雅林著；崔延虎，郭颖杰译．乌鲁木齐：新疆人民出版社，1994，238页．（瑞典东方学译丛）

6243 出卖上海滩 / 霍塞著；越裔译．上海：上海书店出版社，2000，226页．

6244 穿过月洞门：一个美国女摄影师眼中的老北京 / 多萝西·格雷著；龙薇译．北京：金城出版社，2012，315页．（文化生活经典译丛）

6245 穿越不为人知的陕西 / 弗朗西斯·亨利·尼可斯著；李国庆整理．影印本．桂林：广西师范大学出版社，2009，21+415页．（"中国研究"外文旧籍汇刊·中国记录．第一辑；7/ 李国庆，何林夏主编）

> 穿越神秘的陕西 / 弗朗西斯·亨利·尼科尔斯著；史红帅译．西安：三秦出版社，2009，163页．（历史环境与经济社会发展研究丛书；7）

6246 穿越遥远的时空：一位日本老人对西安的追忆 / 加地有定著；翁建文译．西安：西安地图出版社，2004，22+170页．

6247 闯入世界屋脊的人 / 彼得·霍普柯克著；向红笳译．拉萨：西藏人民出版社，1989，1997重印，257页．

6248 大门口的陌生人：1839—1861年间华南的社会动乱 / 魏斐德著；王小荷译．2版，增订版．北京：新星出版社，2017，24+241页．

> 大门口的陌生人：1839—1861年间华南的社会动乱 / 魏斐德著；王小荷译．北京：新星出版社，2014，257页．

> 大门口的陌生人：1839—1861华南的社会动乱 / 魏斐德著；王小荷译．台北：时英出版社，2004，334页．（说古论今）

> 大门口的陌生人：1839—1861年间华南的社会动乱 / 魏斐德著；王小荷译．北京：中国社会科学出版社，1988，256页．（中国近代史研究译丛 / 王庆成主编）

6249 德国孔夫子的中国日志：卫礼贤博士一战青岛亲历记 / 卫礼贤著；秦俊峰译．福州：福建教育出版社，2012，112页．（中德文化丛书 / 叶隽主编）

6250 德西迪利西藏纪行 / 依波利多·德西迪利撰；菲利普·费立比编；杨民译．拉萨：

西藏人民出版社，2004，424 页 .（"洋人眼中的西藏"译丛 / 王启龙主编）

6251 德语文献中晚清的北京 / 艾林波，巴兰德等著；王维江，吕澍辑译 . 福州：福建教育出版社，2012，362 页 .（中德文化丛书 / 叶隽主编）

6252 地方在中央：晚期帝都内的同乡会馆、空间和权力 / 白思奇著；秦兰珺，李新德译 . 北京：中国社会科学出版社，2018，238 页 .（北京文化研究译丛）

6253 帝国晚期的江南城市 / 林达·约翰逊主编；成一农译 . 上海：上海人民出版社，2005，270 页 .

6254 帝国主义在满洲 / 阿瓦林著；北京对外贸易学院俄语教研室译 . 北京：商务印书馆，1980，481 页 .

6255 东北侦探记 / 菊地节藏等著；张小兰译 . 广州：暨南大学出版社，2018，10+10+173 页 .（日本近代对中国边疆调查及其文献研究 / 袁向东，张明杰主编）

6256 俄国解密档案：新疆问题 / 沈志华编译；《新疆通史》编撰委员会编 . 乌鲁木齐：新疆人民出版社，2013，18+557 页 .（《新疆通史》翻译丛书）

6257 法国西域史学精粹 / 郑炳林主编；耿昇译 . 兰州：甘肃人民出版社，2011，3 册（35+1112 页）.（法国汉学研究丛书；3）

6258 奉天三十年（1883—1913）：杜格尔德·克里斯蒂的经历与回忆 / 杜格尔德·克里斯蒂著；伊泽·英格利斯编；张士尊，信丹娜译 . 武汉：湖北人民出版社，2007，245 页 .（国家清史编纂委员会·编译丛刊）

6259 腹地的构建：华北内地的国家、社会和经济（1853—1937）/ 彭慕兰著；马俊亚译 . 上海：上海人民出版社，2017，427 页 .

> 腹地的构建：华北内地的国家、社会和经济（1853—1937）/ 彭慕兰著；马俊亚译 . 北京：社会科学文献出版社，2005，28+369 页 .（喜玛拉雅学术文库·阅读中国系列）

6260 共产主义下的广州：一个省会的规划与政治：1949—1968/ 傅高义著；高申鹏译 . 广州：广东人民出版社，2008，378 页 .（傅高义中国研究译丛）

6261 古代高昌王国物质文明史 / 莫尼克·玛雅尔著；耿昇译 . 北京：中华书局，1995，312 页 .（法国西域敦煌学名著译丛）

6262 广州城内：法国公使随员 1840 年代广州见闻录 / 伊凡著；张小贵，杨向艳译 . 广州：广东人民出版社，2008，170 页 .（广州史志丛书）

6263 广州素描 / 米谢尔·伊凡著；李国庆整理 . 影印本 . 桂林：广西师范大学出版社，2017，228 页 .（"中国研究"外文旧籍汇刊·中国记录 . 第九辑；1/ 李国庆，何林夏主编）

6264 国外藏学研究选译 / 王尧编 . 兰州：甘肃民族出版社，1983，135 页 .

6265 海南岛志 / 萨维纳著；辛世彪译注 . 桂林：漓江出版社，2012，12+137 页 .

6266 海上画梦录：一位外国画家笔下的旧上海 / 希夫作画；卡明斯基著文；钱定平译述 . 修订新版 . 北京：中国人民大学出版社，2005，216 页 .（朗朗书房）

- 海上画梦录：一位外国画家笔下的旧上海 /F. 希夫绘；G. 卡明斯基著；钱定平编译. 沈阳：辽宁教育出版社，1998，190 页.

6267 汉口，一个中国城市的冲突和社区（1796—1895）/ 罗威廉著；鲁西奇，罗杜芳译. 北京：中国人民大学出版社，2016，429 页.（海外中国研究文库）

- 汉口：一个中国城市的冲突和社区（1796—1895）/ 罗威廉著；鲁西奇，罗杜芳译. 北京：中国人民大学出版社，2008，473 页.（国家清史编纂委员会·编译丛刊）

- 汉口：一个中国城市的商业和社会（1796—1889）/ 罗威廉著；江溶，鲁西奇译. 北京：中国人民大学出版社，2005，20+460 页.（国家清史编纂委员会·编译丛刊）

6268 河南—发现中国历史：英汉对照 / 盖瑞·李·陶德著；董秋敏译. 郑州：河南大学出版社，2012，99 页.

6269 荷兰联合东印度公司台湾长官致巴达维亚总督书信集. Ⅰ（1622—1626）/ 江树生主译 / 注. 南投：台湾文献馆；台南：台湾历史博物馆，2010，38+350 页.（台湾史料集成）

- 荷兰联合东印度公司台湾长官致巴达维亚总督书信集. Ⅱ（1627—1629）/ 江树生主译 / 注. 南投：台湾文献馆；台南：台湾历史博物馆，2010，36+388 页.（台湾史料集成）

- 荷兰联合东印度公司台湾长官致巴达维亚总督书信集. Ⅲ（1629—1636）.1/ 江树生主译 / 注. 南投：台湾文献馆；台南：台湾历史博物馆，2015，41+282 页.（台湾史料集成）

- 荷兰联合东印度公司台湾长官致巴达维亚总督书信集. Ⅳ（1629—1636）.2/ 江树生主译 / 注. 南投：台湾文献馆；台南：台湾历史博物馆，2015，283—619 页.（台湾史料集成）

- 荷兰联合东印度公司台湾长官致巴达维亚总督书信集. Ⅴ（1629—1636）.3/ 江树生主译 / 注. 南投：台湾文献馆；台南：台湾历史博物馆，2015，621-1011 页.（台湾史料集成）

- 荷兰联合东印度公司台湾长官致巴达维亚总督书信集，原文篇.（1622—1638）/ 江树生主编. 台北：台湾历史博物馆：台南市政府文化局；南投：台湾文献馆，2018，4 册.（台湾史料集成）

6270 荷兰时代台湾史论文集 / 村上直次郎等著；许贤瑶译. 台北：佛光人文社会学院，2001，326 页.

6271 荷兰时代台湾史研究. 上卷，概说·产业 / 中村孝志著；吴密察，翁佳音编著. 台北：稻乡出版社，1997，342 页.（台湾文化系列；8）

- 荷兰时代台湾史研究. 下卷，社会·文化 / 中村孝志著；吴密察，翁佳音编著. 台北：稻乡出版社，2002，296 页.

6272 荷兰台湾长官致巴达维亚总督书信集.1.1622—1626/台湾文献馆主编；江树生译/注.台北：南天书局有限公司，2007，48+296页.

6273 黑水城两千年历史研究/井上充幸，加藤雄三，森谷一树编；乌云格日勒译.北京：中国人民大学出版社，2013，254页.（西域历史语言研究丛书）

6274 红雨：一个中国县域七个世纪的暴力史/罗威廉著；李里峰等译.北京：中国人民大学出版社，2014，414页.（海外中国研究文库）

6275 湖南人与现代中国/裴士锋著；黄中宪译.北京：社会科学文献出版社，2015，292页.

> 湖南人与现代中国/史蒂芬·普拉特著；黄中宪译.新北：卫城出版，2015，299页.（蓝书系.知识共同体；15）

6276 虎、米、丝、泥：帝制晚期华南的环境与经济/马立博著；王玉茹，关永强译.2版.南京：江苏人民出版社，2012，403页.（凤凰文库·海外中国研究系列）

> 虎、米、丝、泥：帝制晚期华南的环境与经济/马立博著；王玉茹，关永强译.南京：江苏人民出版社，2011，403页.（凤凰文库·海外中国研究系列）

6277 华南客家十五年/卫英士著；丁立隆译.厦门：厦门大学出版社，2017，193页.

6278 华西印象：一个美国人1910—1913在西部中国/路得·那爱德著、摄影；王虎，毛卫东译.成都：四川人民出版社，2003，144页.

6279 辉煌的北京/林语堂著.北京：北京联合出版公司：群言出版社，2012，236页.（林语堂作品集）

> 辉煌的北京：林语堂文集/林语堂著；赵沛林等译.北京：群言出版社，2010，236页.

6280 家乡、城市和国家：上海的地缘网络与认同，1853—1937/顾德曼著；宋钻友译.上海：上海古籍出版社，2004，266页.（上海史研究译丛）

6281 嘉定县事：14至20世纪初江南地域社会史研究/吴滔，佐藤仁史著.广州：广东人民出版社，2014，22+316页.

6282 嘉峪关外：1759—1864年新疆的经济、民族和清帝国/米华健著；贾建飞译.香港：中文大学出版社，2017，36+421页.（边疆研究）

6283 近代上海的公共性与国家/小浜正子著；葛涛译.上海：上海古籍出版社，2003，311页.（上海史研究译丛）

6284 近代外国人记述的天津/刘海岩主编.天津：天津人民出版社，2018，13+558页.（天津通史编译丛书/万新平主编）

6285 九个世纪的悲歌：湘湖地区社会变迁研究/萧邦齐著；姜良芹，全先梅译.北京：社会科学文献出版社，2008，289页.（喜玛拉雅学术文库·阅读中国系列）

6286 旧京影像：持久的幻影？/法国阿尔贝·肯恩博物馆编；邱治平译.北京：中国林业出版社，2001，124页.

6287 喀什噶尔/库罗帕特金著；中国社会科学院近代史研究所翻译室译.北京：商务印

书馆，1982，346 页．

6288 扛龙旗的美国大兵：美国第十五步兵团在中国：1912—1938/ 阿尔弗雷德·考尼比斯著；刘悦译．北京：作家出版社，2011，273 页．

6289 跨界的台湾史研究：与东亚史的交错 / 若林正丈，吴密察主编；岸本美绪等著．台北：播种者文化有限公司，2004，440 页．

6290 拉萨真面目 / 埃德蒙·坎德勒著；尹建新，苏平译．拉萨：西藏人民出版社，1989，1996 重印，232 页．

6291 喇嘛王国的覆灭 / 梅·戈尔斯坦著；杜永彬译．2 版．北京：中国藏学出版社，2015，33+782 页．（西藏文明之旅）

> 喇嘛王国的覆灭 / 梅·戈尔斯坦著；杜永彬译．北京：中国藏学出版社，2005，740 页．（西藏文明之旅书系）

> 喇嘛王国的覆灭 / 戈尔斯坦著；杜永彬译．北京：时事出版社，1994，890 页．

6292 老照片长江旧影：1920/ 金丸健二摄影．南京：南京出版社，2014，179 页．

6293 利邦上尉东印度航海历险记：一位佣兵的日志：1617—1627/ 艾利·利邦著；伊弗·纪侯编注；赖慧芸译．台北：财团法人曹永和文教基金会：远流出版事业股份有限公司，2012，224 页．（台湾史与海洋史；10）

6294 历史的凝眸：清末民初昆明社会风貌摄影纪实：1896—1925/ 奥古斯特·弗朗索瓦等摄影．昆明：云南美术出版社，2000，280 页．

6295 另眼相看：晚清德语文献中的上海 / 王维江，吕澍辑译．上海：上海辞书出版社，2009，10+268 页．

6296 乱世中的信任：民国时期天津的货币、银行及国家—社会关系 / 史瀚波著；池桢译．上海：上海辞书出版社，2016，272 页．（海外中国城市史研究译丛）

6297 马继业在喀什噶尔：1890—1918 年间英国、中国和俄国在新疆活动真相 /C.P. 斯克莱因，P. 南丁格尔著；贾秀慧译．乌鲁木齐：新疆人民出版社，2013，247 页．（《新疆通史》翻译丛书）

6298 漫步广州城内 / 约翰·亨利·格雷著；李国庆，邓赛整理．影印本．桂林：广西师范大学出版社，2018，765 页．（"中国研究"外文旧籍汇刊·中国记录．第十辑；1/ 李国庆，何林夏主编）

6299 魔都上海：日本知识人的"近代"体验 / 刘建辉著；甘慧杰译．上海：上海古籍出版社，2003，157 页．（上海史研究译丛）

6300 漂移的视线：两个法国人眼中的贵州：[摄影集] / 菲利普·法丹，佚名摄影；辛维光主编；贵阳市对外文化交流协会编．贵阳：贵州人民出版社，2001，128 页．

6301 七河史 / 巴透尔德著；赵俪生译．北京：中国国际广播出版社，2013，92 页．（西北史地丛书）

6302 亲历龙国：外国人眼中的民国丽水 / 威廉·塞西尔·麦格拉思著；陈鸿斌主编；任莺，周率，浙江省丽水市档案局（馆）编译．武汉：武汉出版社，2014，210 页．

6303 青岛的故人们 / 卫礼贤著；鲁海注；王宇洁等译. 青岛：青岛出版社，2007，167页.（旧梦重温书系）

6304 清初扬州文化 / 梅尔清著；朱修春译. 上海：复旦大学出版社，2004，250页.（国家清史编纂委员会·编译丛刊）

6305 清代北京皇城写真帖 / 小川一真摄影；杨文举撰文. 北京：学苑出版社，2009，233页.

6306 日本帝国主义下之台湾 / 矢内原忠雄著；林明德译. 2版. 台北：财团法人吴三连台湾史料基金会，2014，10+288页.

> 日本帝国主义下之台湾 / 矢内原忠雄著；林明德译. 台北：财团法人吴三连台湾史料基金会，2004，326页.（台湾史学名著译丛；2）

> 日本帝国主义下之台湾 / 矢内原忠雄著；周宪文译. 台北：海峡学术出版社，1999，318页.

> 日本帝国主义下之台湾 / 矢内原忠雄著；周宪文译. 台北：帕米尔书店，1985，265页.（帕米尔文丛；9）

6307 日本统治时期台湾原住民抗日历史研究：以北台湾泰雅族抗日运动为例 / 傅琪贻著. 北京：团结出版社，2015，334页.（《抗日战争与中华民族复兴》丛书 / 步平、沈强、邵铭煌总主编）

6308 日本统治台湾秘史 / 喜安幸夫著. 再版. 台北：武陵出版社，1989，243页.

6309 日军占领时期的上海：中日文对照版 / 上海市档案馆编. 上海：上海人民出版社，2010，224页.

6310 十九世纪末南京风情录：一个德国人在南京的亲身经历 / 骆博凯著；郑寿康译. 南京：南京出版社，2008，276页.（"西方人看中国"文化游记丛书）

6311 山西大观 / 山西省史志研究院编译；山冈师团编. 太原：山西古籍出版社，1998，1117页.

6312 山西抗日民族统一战线和民众动员 / 内田知行著；田酉如译. 北京：中共党史出版社，1992，119页.

6313 上海：1842—2010：一座伟大城市的肖像 / 刘香成，凯伦·史密斯编著. 北京：世界图书出版公司，2010，502页.

6314 上海：东方的巴黎 / 贝尔纳·布里赛著；刘志远译. 上海：上海远东出版社，2014，466页.

6315 上海大众的诞生与变貌：近代新兴中产阶级的消费、动员和活动 / 岩间一弘著；葛涛，甘慧杰译. 上海：上海辞书出版社，2016，458页.（海外中国城市史研究译丛）

6316 上海歹土：战时恐怖活动与城市犯罪 / 魏斐德著；芮传明译. 北京：人民出版社，2011，12+254页.

> 上海歹土：战时恐怖活动与城市犯罪 / 魏斐德著；芮传明译. 上海：上海古籍

出版社，2003，184 页.（上海史研究译丛）

6317 上海道台研究：转变社会中之联系人物，1843~1890/ 梁元生著；陈同译. 上海：上海古籍出版社，2003，200 页.（上海史研究译丛）

6318 上海的法国人：1849—1949/ 居伊·布罗索莱著；牟振宇译. 上海：上海辞书出版社，2014，409 页.（海外中国城市史研究译丛）

6319 上海的美国人：社区形成与对革命的反应（1919—1928）/ 何振模著；张笑川等译. 上海：上海辞书出版社，2014，218 页.（海外中国城市史研究译丛）

6320 上海的外国人：1842~1949/ 熊月之等选编. 上海：上海古籍出版社，2003，322 页.（上海史研究译丛）

6321 上海故事 / 朗格等著；高俊等译. 北京：生活·读书·新知三联书店，2017，257 页.（上海地方志外文文献丛书 / 熊月之主编）

6322 上海和周边地区见闻录 / 开乐凯著；吴宪整理. 影印本. 桂林：广西师范大学出版社，2014，195 页.（"中国研究"外文旧籍汇刊·中国记录.第七辑；3/ 李国庆，何林夏主编）

6323 上海简史：国际租界的成长与发展 / 波特著. 北京：五洲传播出版社，2008，347 页.

6324 上海警察：1927—1937/ 魏斐德著；章红等译. 北京：人民出版社，2011，12+473 页.

> 上海警察，1927—1937/ 魏斐德著；章红等译. 上海：上海古籍出版社，2004，376 页.（上海史研究译丛）

6325 上海史：走向现代之路 / 白吉尔著；王菊，赵念国译. 上海：上海社会科学院出版社，2014，15+365 页.

> 上海史：走向现代之路 / 白吉尔著；王菊，赵念国译. 上海：上海社会科学院出版社，2005，432 页.

6326 上海下海：上海生活 35 年 / 内山完造著；杨晓钟等译. 西安：陕西人民出版社，2012，194 页.

6327 上海—现代中国的钥匙 / 墨菲著；上海社会科学院历史研究所编译. 上海：上海人民出版社，1986，283 页.（上海史资料丛刊）

6328 上海犹太难民社区，1938—1945/ 戴维·克兰茨勒著；许步曾译. 上海：生活·读书·新知三联书店上海分店，1991，438 页.（犹太文化丛书 / 顾晓鸣主编）

6329 上海租界及老城厢素描 / 麦克法兰等著；王健译. 北京：生活·读书·新知三联书店，2017，248 页.（上海地方志外文文献丛书 / 熊月之主编）

6330 圣教入川记 / 古洛东著. 成都：四川人民出版社，1981，139 页.（四川历史资料丛书）

6331 盛京三十年（1883—1913）：司督阁的经历和回忆录 / 司督阁著；吴宪整理. 影印本. 桂林：广西师范大学出版社，2014，10+342 页.（"中国研究"外文旧籍汇

刊·中国记录.第七辑；8/ 李国庆，何林夏主编）

6332 狮龙共舞：一个英国人笔下的威海卫与中国传统文化/庄士敦著；刘本森译.南京：江苏人民出版社，2014，317页.（凤凰文库·海外中国研究系列）

6333 十八世纪前期的中原和西藏/伯戴克著；周秋有译.拉萨：西藏人民出版社，1987，333页.

6334 十八至十九世纪新疆社会史研究/佐口透著；凌颂纯译.乌鲁木齐：新疆人民出版社，1983，2册.

6335 十至十四世纪回鹘王国的经济和社会制度/姬增禄译.乌鲁木齐：新疆人民出版社，2012，315页.（《新疆通史》翻译丛书）

6336 时间的质量：40年，一个美国人的无锡缘/约瑟夫著；徐林译.北京：外文出版社，2013，107页.

6337 说扬州：1550—1850年的一座中国城市/安东篱著；李霞译.北京：中华书局，2007，331页

6338 丝绸之路史前史/叶莲娜·伊菲莫夫纳·库兹米娜著；梅维恒英文编译；李春长译.北京：科学出版社，2015，22+261页.（新疆文物保护研究丛书.丙种本；2）

6339 宋代开封研究/久保田和男著；郭万平译.上海：上海古籍出版社，2010，296页.（日本宋学研究六人集.第二辑）

6340 台湾百年曙光：学术开创时代调查实录/移川子之藏等原著；杨南郡译著.台北：南天书局有限公司，2005，21+391页.（台湾调查时代；7）

6341 台湾的历史与民俗/国分直一著；邱梦蕾译.台北：武陵出版公司，1991，228页.

6342 台湾惯习记事/台湾惯习研究会著；台湾省文献委员会译编.台北：台湾省文献委员会，1984—1993，13册.

6343 台湾年表/小林里平，伊能嘉矩辑.影印本.台北：成文出版社有限公司，1985，108页.（台湾方志丛书）

6344 台湾人和日本人：基隆中学F-man事件/田村志津枝著；汪平，林雅婷译.台北：玉山社出版事业公司，1999，228页.（本土新书；41）

6345 台湾四百年的历史/喜安幸夫著.台北：海信图书公司，2006，405页.（人物传奇系列；2）

6346 台湾踏查日记：伊能嘉矩的台湾田野探勘.上册/伊能嘉矩原著；杨南郡译注.2版.台北：远流出版事业股份有限公司，2011，342页.（台湾调查时代；3）

> 台湾踏查日记：伊能嘉矩的台湾田野探勘.下册/伊能嘉矩原著；杨南郡译注.2版.台北：远流出版事业股份有限公司，2012，344-633页.（台湾调查时代；4）

> 台湾踏查日记/伊能嘉矩著；杨南郡译注.台北：远流出版事业公司，1996，2册.（台湾调查时代；3—4）

6347 台湾文化志：全新审订版.上中下卷/伊能嘉矩著；台湾文献馆编译.新北：大家

出版社，2017，3 册（822；734；791 页）.

> 台湾文化志：中译本. 上中下卷 / 伊能嘉矩著；台湾文献馆编译. 修订版. 台北：台湾书房出版有限公司，2011，3 册（23+565；559；576 页）.

> 台湾文化志 / 伊能嘉矩著；台湾省文献委员会编译. 台中：台湾省文献委员会编译出版，1991，3 册.

6348 台湾志 / 伊能嘉矩著. 影印本. 台北：成文出版社有限公司，1985，2 册（228；298 页）.（中国方志丛书. 台湾地区）

6349 天津工人：1900—1949/ 贺萧著；许哲娜，任吉东译. 天津：天津人民出版社，2016，349 页.（天津通史编译丛书）

6350 天津租界史：插图本 / 雷穆森著；许逸凡，赵地译. 天津：天津人民出版社，2009，337 页.（天津通史编译丛书）

6351 天堂与现代性之间：建设苏州（1895—1937）/ 柯必德著；何方昱译. 上海：上海辞书出版社，2014，390 页.（海外中国城市史研究译丛）

6352 图说烟台：1935—1936/ 阿美德著；陈海涛，刘惠琴译注. 济南：齐鲁书社，2007，186 页.

6353 吐蕃在中亚：中古早期吐蕃、突厥、大食、唐朝争夺史 / 白桂思著；付建河译. 乌鲁木齐：新疆人民出版社，2012，226 页.（《新疆通史》翻译丛书）

6354 我在广州的春花秋月：一个英国外交官的广州日记 / 摩根著；黄千懿，摩根译. 广州：花城出版社，2016，252 页.

6355 外国人看古都大同历史文化指南 / 亨特·戈登著；欧俐摄影；权新颖译. 北京：北京工艺美术出版社，2014，351 页.

6356 晚清上海史 / 裴昔司著；孙川华译. 上海：上海社会科学院出版社，2012，223 页.

6357 晚清余晖下的西南一隅：法国里昂商会中国西南考察纪实：1895—1897/ 法国里昂商会编著；里沃执笔；徐枫，张伟译注. 昆明：云南美术出版社，2008，263 页.

6358 王氏之死：大历史背后的小人物命运 / 史景迁著；李孝恺译. 桂林：广西师范大学出版社，2011，17+189 页.

> 妇人王氏之死 / 史景迁著；李孝恺译. 2 版. 台北：麦田出版社，2011，261 页.（纯智历史名著译丛；3）

> 王氏之死：大历史背后的小人物命运 / 史景迁著；李璧玉译. 上海：上海远东出版社，2005，148 页.（美国史学大师史景迁中国研究系列）

> 妇人王氏之死 / 史景迁著；李孝恺译. 台北：麦田出版社，2001，261 页.（纯智历史名著译丛；3）

6359 我的老北京印象：荷兰大使夫人镜头里的民国世相 / 爱伦·凯特林著；费里德里希·希夫绘；张春颖译. 北京：中央编译出版社，2017，127 页.

> 我的老北京印象：荷兰大使夫人之民国见闻 / 爱伦·凯特林摄影·撰文；费里德希·希夫漫画；张春颖翻译. 北京：中央编译出版社，2011，127 页.

6360 我的灵都：一位奥地利学者的北京随笔 / 雷立柏著 . 北京：新星出版社，2017，11+262 页 .

6361 我眼中的北京 / 约翰·拉贝著；邵京辉等译 . 北京：东方出版社，2009，20+215 页 .（拉贝日记 . 北京卷）

6362 午夜北平：英国外交官女儿喋血北平的梦魇 / 保罗·法兰奇著；晏向阳译 . 合肥：安徽人民出版社，2013，256 页 .
  ➢ 午夜北平：一桩 19 岁英国女子的谋杀案如何纠缠著摇摇欲坠的旧中国 / 保罗·法兰奇著；陈荣彬译 . 台北：英属盖曼群岛商网路与书股份有限公司台湾分公司，2013，319+16 页 .（Spot；6）

6363 西北古地研究 / 藤天丰八等著；杨链译 . 影印本 . 兰州：兰州古籍书店，1990，573 页 .（中国西北文献丛书 . 第三辑 . 西北史地文献 . 第三十八卷；113）
  ➢ 西北古地研究 / 藤田丰八等撰；杨链译 . 影印本 . 天津：天津古籍出版社，1987，1 册 .（西北开发史料丛编）

6364 西方传教士眼中的厦门 / 约翰·麦嘉湖著；龙金顺，许玉军译 . 北京：当代中国出版社，2015，181 页 .

6365 西方人眼里的杭州 / 路易吉·布雷桑编著；姚建根译 . 上海：学林出版社，2010，170 页 .

6366 西洋镜看中国：阿兜仔在广州 / 威廉·亨特著；冯树铁译 . 台北：台湾古籍出版有限公司，2006，172 页 .（域外丛书）

6367 西域文化史 / 羽田亨著；耿世民译 . 北京：华文出版社，2017，128 页 .
  ➢ 西域文明史概论（外一种）/ 羽田亨著；耿世民译 . 北京：中华书局，2005，189 页 .（世界汉学论丛）
  ➢ 西域文化史 / 羽田亨著；耿世民译 . 乌鲁木齐：新疆人民出版社，1981，104 页 .

6368 西域文明史 / 鲁保罗著；耿昇译 . 北京：中国藏学出版社，2014，13+631 页 .
  ➢ 西域的历史与文明 / 鲁保罗著；耿昇译 . 北京：人民出版社，2012，15+10+647 页 .
  ➢ 西域的历史与文明 / 鲁保罗著；耿昇译 . 乌鲁木齐：新疆人民出版社，2006，10+13+606 页 .（中亚历史文化翻译丛书）

6369 西域文明史概论等五种 / 羽田亨等著；耿世民等译 . 乌鲁木齐：新疆人民出版社，2015，514 页 .（新疆文库 . 丁部）

6370 西域研究 / 藤田丰八著；杨炼译 . 影印本 . 太原：山西人民出版社，2015，185 页 .（近代海外汉学名著丛刊 / 郑培凯主编）
  ➢ 西域研究 / 藤田丰八著；杨炼译 . 台 2 版 . 台北：台湾商务印书馆，1985，182 页 .（人人文库；1594—1595）

6371 西藏的文明 / 石泰安著；耿昇译 .2 版 . 北京：中国藏学出版社，2005，2012 重印，354 页 .（西藏文明之旅书系）
  ➢ 西藏的文明 / 石泰安著；耿昇译 . 北京：中国藏学出版社，1999，398 页 .（发

现西藏书系 / 班果主编）

> 西藏的文明 /R.A. 石泰安著；耿昇译 .2 版 . 北京：西藏社会科学院西藏学汉文文献编辑室，1981，458 页 .（西藏参考丛书；6）

6372 西藏中世纪史 / 杜齐著；李有义，邓锐龄译 . 北京：中国社会科学院民族研究所民族史室：中国社会科学院民族研究所民族学室，1980，200 页 .

6373 厦门的兴起 / 吴振强著；詹朝霞，胡舒扬译 . 厦门：厦门大学出版社，2018，281 页 .（海上丝绸之路研究丛书 / 王日根主编）

6374 厦门纵横：一个中国首批开埠城市的史事 / 毕腓力著；何丙仲译 . 厦门：厦门大学出版社，2009，211 页 .（鼓浪屿申报世界文化遗产系列丛书）

6375 闲置的皇城：20 世纪 30 年代德国记者眼中的老北京 / 恩斯特·柯德士著；王迎宪译 . 北京：北京大学出版社，2014，277 页 .

6376 现代西藏的诞生 / 戈伦夫著；伍昆明，王宝玉译 . 北京：中国藏学出版社，1990，374 页 .（汉译国外藏学名著丛书）

6377 香港史：从鸦片战争到殖民终结 / 法兰克·韦尔许著；王皖强，黄亚红译 . 香港：商务印书馆（香港）有限公司，2015，510 页 .

> 香港史 / 弗兰克·韦尔什著；王皖强，黄亚红译 . 北京：中央编译出版社，2007，677 页 .

6378 香港史新编 . 上下册 / 王赓武主编；增订版 . 香港：三联书店（香港）有限公司，2017，2 册（1103 页）.

> 香港史新编 . 上下册 / 王赓武主编 . 香港：三联书店（香港）公司，1998，2 册（903 页）.

6379 消失的天府：美国教师路得·那爱德摄影作品集：1910—1913/ 路得·那爱德摄影；王玉龙撰述 . 桂林：广西师范大学出版社，2009，176 页 .（温故影像）

6380 辛亥革命前后的延安 / 欧内斯特·波尔斯特—史密斯著；刘蓉译 . 西安：陕西人民出版社，2011，278 页 .

6381 辛亥革命与上海：上海公共租界工部局档案选译 / 上海市档案馆编 . 上海：中西书局，2011，365 页 .（上海档案史料丛编）

6382 寻找老北京 /L.C. 阿灵敦，威廉·卢因森著；赵晓阳译 ., 北京：清华大学出版社，2012，11+322 页 .

6383 洋镜头里的老北京 / 赫达·莫里逊著；董建中译 . 北京：北京出版社，2001，246 页 .

6384 一个美国人难忘的云南印象：1943—1994/ 伯特·克拉夫奇克著；中国云南国际文化交流中心编 . 昆明：云南美术，1994，141 页 .

6385 一个英国军医的中国观察实录 / 查尔斯·亚历山大·戈登著；孙庆祥，计莹芸译 . 上海：学林出版社，2018，10+447 页 .（欧美汉学·史地风俗 系列）

6386 一个犹太人的上海记忆：1927—1952/ 丽莲·威伦斯著；刘握宇译 . 北京：生活·读书·新知三联书店，2018，335 页 .

6387 伊犁纪行 / 日野强著；华立译 . 哈尔滨：黑龙江教育出版社，2006，488 页 .(《边疆史地》丛书)

6388 英国收藏新疆出土古藏文文书选译 / 杨铭，贡保扎西，索南才让编译 . 乌鲁木齐：新疆人民出版社，2014，562 页 .(《新疆通史》翻译丛书)

6389 英国驻华使馆设馆第一年间的北京和北京人 / 芮尼著；李国庆整理 . 影印本 . 桂林：广西师范大学出版社，2011，2 册（16+719 页）.("中国研究"外文旧籍汇刊·中国记录 . 第二辑；3/ 李国庆，何林夏主编)

6390 英属印度的北部边疆：1869—1895 年 / 董志勇等译 . 乌鲁木齐：新疆人民出版社，2014，509 页 .(《新疆通史》翻译丛书)

6391 元代经略东北考 / 箭内亘著；陈捷，陈清泉译 . 影印本 . 太原：山西人民出版社，2015，144 页 .(近代海外汉学名著丛刊 / 郑培凯主编)

6392 元代西藏史研究 / 伯戴克著；张云译 . 昆明：云南人民出版社，2002，210 页 .(欧亚历史文化名著译丛)

6393 云南：联结印度和扬子江的链环 /H·R. 戴维斯著；和少英等译 . 昆明：云南大学出版社，2017，272 页 .(云南民族文化丛书 . 民族传统文化与现代化卷)

➢ 云南：联结印度和扬子江的锁链：19 世纪一个英国人眼中的云南社会状况及民族风情 /H.R. 戴维斯著；李安泰等译 .2 版 . 昆明：云南教育出版社，2000，325 页 .(彼岸的目光)

6394 筼筜那边 / 约翰·麦嘉湖著；龙金顺，韩存新译 . 厦门：鹭江出版社，2015，220 页 .

6395 在广州的十四个月 / 格雷夫人著；李国庆整理 . 影印本 . 桂林：广西师范大学出版社，2017，458 页 .("中国研究"外文旧籍汇刊·中国记录 . 第九辑；5/ 李国庆，何林夏主编)

6396 早期澳门史 / 龙思泰著；吴义雄等译 . 北京：东方出版社，1997，366 页 .

6397 战后台湾政治史 / 若林正丈著；洪郁如等译 .2 版 . 台北：台湾大学出版中心，2016，13+509 页 .

➢ 战后台湾政治史 / 若林正丈著；洪郁如，陈培丰等译 . 台北：台湾大学出版中心，2014，20+562 页 .(台湾研究丛书；2)

6398 战时上海：1937—1945/ 高纲博文主编；陈祖恩等译 . 上海：上海远东出版社，2016，15+303 页 .(战时上海丛书)

6399 中部西藏与蒙古人：元代西藏历史 / 伯戴克著；张云译 . 增订本 . 兰州：兰州大学出版社，2010，174 页 .(欧亚历史文化文库)

6400 中村孝志教授论文集：日本南进政策与台湾 / 中村孝志著；卞凤奎译 . 台北：稻乡出版社，2002，356 页 .(台湾文化系列；25)

6401 中国的城市变迁：1890—1949 年山东济南的政治与发展 / 鲍德威著；张汉等译 . 北京：北京大学出版社，2010，12+248 页 .(培文书系·社会科学译丛)

6402 中国的十八省府 / 威廉·埃德加·盖洛著；李国庆整理 . 影印本 . 桂林：广西师范

大学出版社，2013，16+530 页.（"中国研究"外文旧籍汇刊·中国记录.第四辑；7/ 李国庆，何林夏主编）

> 中国十八省府 / 威廉·埃德加·盖洛著；沈弘等译.济南：山东画报出版社，2008，430 页.（国家清史编纂委员会·编译丛刊）

6403 中国人的日常生活：福建河流及道路沿途风光 / 陆一约著；张跃军，刘为洁译.厦门：厦门大学出版社，2018，23+315 页.（同文书库 / 何瑞福主编）

6404 中世纪初期吐鲁番绿洲的物质生活 / 莫尼克·玛雅尔著；耿昇译.北京：中国国际广播出版社，2012，256 页.（西北史地丛书）

6405 朱雀：唐代的南方意象 / 薛爱华著；程章灿，叶蕾蕾译.北京：生活·读书·新知三联书店，2014，21+579 页.（薛爱华作品）

6406 租界生活：一个英国人在天津的童年 / 布莱恩·鲍尔著；刘国强译.天津：天津人民出版社，2007，12+12+204 页.（天津通史编译丛书）

（二）研究著作

6407 2002·绍兴越文化国际学术研讨会论文集 / 连晓鸣，李永鑫主编.杭州：浙江古籍出版社，2006，536 页.（当代浙学论丛）

6408 澳门编年史.第一卷—第六卷 / 吴志良，汤开建，金国平主编.广州：广东人民出版社，2009，6 册.

6409 澳门学引论：首届澳门学国际学术研讨会论文集 / 郝雨凡，吴志良，林广志主编.北京：社会科学文献出版社，2012，2 册（721 页）.（澳门学论丛）

> 全球视野下的澳门学：第三届澳门学国际学术研讨会论文集 / 澳门大学澳门研究中心编.北京：社会科学文献出版社，2014，630 页.（澳门学论丛）

6410 巴达维亚城日记 / 李汝和主编.再版.台北：台湾省文献委员会，1989，3 册.

6411 百年沧桑：法国军官从热气球看中国 / 邱举良编著.上海：上海远东出版社，2016，343 页.

6412 彼岸的目光：晚清法国外交官方苏雅在云南 / 李开义，殷晓俊著.昆明：云南教育出版社，2002，340 页.（彼岸的目光）

6413 潮州学国际研讨会论文集 / 郑良树主编.广州：暨南大学出版社，1994，2 册（1061 页）.

> 潮学研究.6：第二届潮学国际研讨会论文专辑 / 潮汕历史文化研究中心，汕头大学潮汕文化研究中心编.汕头：汕头大学出版社，1997，631 页.

> 第三届潮学国际研讨会论文集 / 陈三鹏主编.广州：花城出版社，2000，696 页.

6414 从印度洋到太平洋：16—18 世纪的果阿与澳门 / 顾卫民著.上海：上海书店出版社，2016，640 页.

6415 档案与北京史国际学术讨论会论文集 / 北京市档案馆编.北京：中国档案出版社，

2003，2 册（659；567 页）.

6416 登州港与中韩交流国际学术讨论会论文集 / 陈尚胜主编. 济南：山东大学出版社，2005，606 页.（韩国学研究丛书）

6417 登州与海上丝绸之路：登州与海上丝绸之路国际学术研讨会论文集 / 耿昇，刘凤鸣，张守禄主编. 北京：人民出版社，2009，375 页.

6418 东方帝都：西方文化视野中的北京形象 / 吕超著. 济南：山东画报出版社，2008，322 页.

6419 东方文明之韵：吴文化国际学术研讨会论文集 / 徐湖平主编. 广州：岭南美术出版社，2000，335 页.

6420 福建与中西文化交流史论 / 林金水，吴巍巍，崔军锋等著. 北京：海洋出版社，2015，340 页.

6421 根在河洛：第四届河洛文化国际研讨会论文集 / 陈义初主编；河南省河洛文化研究中心编. 郑州：大象出版社，2004，2 册（836 页）.（大象学术书坊）

6422 国外西藏研究概况：1949—1978/ 冯蒸著. 北京：中国社会科学出版社，1979，389 页.（外国研究中国丛书）

6423 海外上海学 / 熊月之，周武主编. 上海：上海古籍出版社，2004，503 页.

6424 近代日本文化人与上海：1923—1946/ 徐静波著.2 版. 上海：上海人民出版社，2017，463 页.

> 近代日本文化人与上海：1923—1946/ 徐静波著. 上海：上海人民出版社，2013，463 页.（复旦日本研究丛书）

6425 近代日本人对上海的认识：1862—1945 年 / 徐青著. 上海：上海人民出版社，2012，238 页.

6426 近代西方人眼中的杭州 / 褚树青等编. 杭州：杭州出版社，2004，191 页.（《外国人眼中的杭州》丛书）

6427 跨域青年学者台湾史研究论集 / 若林正丈，松永正义，薛化元主编. 台北：稻乡出版社，2008，14+498 页.

> 跨域青年学者台湾史研究续集 / 若林正丈，松永正义，薛化元主编. 台北：台湾政治大学台湾史研究所，2009，12+492 页.

> 跨域青年学者台湾史研究. 第三集 / 若林正丈，松永正义，薛化元主编. 台北：台湾政治大学台湾史研究所，2010，12+388 页.

6428 岭南宋史论丛 / 戴仁柱，曹家齐，韦祖松主编. 广州：南方日报出版社，2016，709 页.

6429 领台十年史 / 伊能嘉矩编. 影印本. 台北：成文出版社有限公司，1985，108 页.（台湾方志丛书）

6430 马可波罗游历过的城市：Quinsay：元代杭州研究文集 / 中国元史研究会，杭州文史研究会编. 杭州：杭州出版社，2012，589 页.（元代杭州研究丛书）

6431 欧洲与杭州：相识之路 / 龚缨晏著．杭州：杭州出版社，2004，200 页．(《外国人眼中的杭州》丛书)

6432 琼粤地方文献国际学术研讨会论文集 / 周伟民主编．海口：海南出版社，2002，653 页．

6433 日本藏中国罕见地方志丛刊续编．第 1 册—第 20 册 / 殷梦霞选编．影印本．北京：北京图书馆出版社，2003，20 册．

6434 日本帝国主义侵略上海罪行史料汇编 / 上海市档案馆编．上海：上海人民出版社，1997，2 册．(上海档案史料丛编)

6435 日本在华中经济掠夺史料：1937~1945 / 上海市档案馆编．上海：上海书店出版社，2005，540 页．(上海档案史料丛编)

6436 上海史国际论丛．第 1 辑—第 4 辑 / 熊月之主编．北京：生活·读书·新知三联书店，2014—2017，4 册．

6437 神话祭祀与长江文明：长江文明的探求 / 安田喜宪主编．北京：文物出版社，2002，284 页．

6438 首届国际徽学学术讨论会文集：[1994：黄山市] / 赵华富编．合肥：黄山书社，1996，315 页．

> '95 国际徽学学术讨论会论文集：[1995：屯溪] / 周绍泉，赵华富主编．合肥：安徽大学出版社，1997，325 页．

> '98 国际徽学学术讨论会论文集 / 周绍泉，赵华富主编．合肥：安徽大学出版社，2000，657 页．

6439 唐代的长安与洛阳：资料 / 平冈武夫编．上海：上海古籍出版社，1989，1 册．(唐代研究指南；6)

6440 "唐代江南社会"国际学术研讨会暨中国唐史学会第十一届年会第二次会议论文集 / 冻国栋，李天石主编．南京：江苏人民出版社，2015，581 页．

6441 透视老上海：中日青年学人的上海史研究 / 熊月之，高纲博文主编．上海：上海社会科学院出版社，2004，332 页．

6442 吐鲁番学研究：第二届吐鲁番学国际学术研讨会论文集 / 新疆吐鲁番地区文物局编．上海：上海辞书出版社，2006，13+450 页．

> 吐鲁番学研究：第三届吐鲁番学暨欧亚游牧民族的起源与迁徙国际学术研讨会论文集 / 新疆吐鲁番学研究院编．上海：上海古籍出版社，2010，926 页．

> 吐鲁番学研究：吐鲁番与丝绸之路经济带高峰论坛暨第五届吐鲁番学国际学术研讨会论文集 / 吐鲁番学研究院，吐鲁番博物馆编．上海：上海古籍出版社，2016，235 页．

6443 外国人眼中的四川，唐·元卷 / 四川省作家协会主编．成都：四川人民出版社，2015，326 页．

6444 晚清西方人士笔下的北京与中西文化交流研究 / 孙琼著．北京：北京出版社，

2018，211 页．

6445 吴越文化的越海东传与流布 / 蔡丰明主编．上海：学林出版社，2006，384 页．

6446 西方人眼中的民国南通 / 南通市档案局（馆）编．济南：山东画报出版社，2012，195 页．

6447 西学与汉学：中外交流史及澳门史论集 / 林广志，夏泉，林发钦主编．上海：上海古籍出版社，2009，499 页．

6448 燕赵悲歌：侵华日军在河北省的暴行 / 广濑龟松主编．天津：天津社会科学院出版社，1995，368 页．(《历史不能忘记》丛书)

6449 "宜兰研究"第二届国际学术研讨会论文集 / 李素月编辑．宜兰：宜兰文化中心，1997，407 页．(宜兰文献丛刊；13)

6450 粤澳公牍录存：1749—1847. 第一卷—第八卷 / 金国平，吴志良主编 / 校注．澳门：澳门基金会，2000，8 册．

6451 战后东北接收交涉纪实：以张嘉璈日记为中心 / 伊原泽周编注．北京：中国人民大学出版社，2015，226 页．

> 战后东北接收交涉纪实：以张嘉璈日记为中心 / 伊原泽周编注．北京：中国人民大学出版社，2012，226 页．(海外中国研究文库)

6452 中国和世界历史中的重庆：重庆史研究论文选编 / 王希主编．重庆：重庆大学出版社，2013，404 页．

6453 中外学者论澳门历史 / 黄启臣，邓开颂著．澳门：澳门基金会，1995，387 页．(澳门论丛)

6454 中西交流下的清末民初广州社会变迁 / 邢照华著．北京：线装书局，2013，195 页．(教育人文书系. 第6辑)

七、传记

（一）译著

6455 10 位杰出的加拿大华人 / 曾铭著．北京：华文出版社，2008，253 页．

6456 "4·29 上海义举"英雄——梅轩尹奉吉 / 金学俊著；韩万圣译．上海：上海社会科学院出版社，2008，157 页．

6457 19 世纪槟城华商五大姓的崛起与没落 / 黄裕端著；陈耀宗译．北京：社会科学文献出版社，2016，295 页．(海上丝绸之路与中国海洋强国战略丛书 / 苏文菁总主编)

6458 阿里郎之歌：中国革命中的一个朝鲜共产党人 / 威尔士，金山著；赵仲强译．北京：新华出版社，1993，263 页．(国际友人丛书. 第三辑 / 爱泼斯坦，高梁主编)

6459 埃德加·斯诺传 / 汉密尔顿著；柯为民等译. 沈阳：辽宁大学出版社，1990，341 页.
> 埃德加·斯诺传 / 汉密尔顿著；沈蓁等译. 北京：学苑出版社，1990，276 页.

6460 艾青：太阳的使者 / Л.Е. 切尔卡斯基著；宋绍香译. 北京：中国文史出版社，2007，28+313 页.（百家论丛）

6461 爱的绊 / 山中晴子著. 沈阳：辽宁人民出版社，2011，331 页.

6462 爱上中国的人：李约瑟传 / 赛门·温契斯特著；潘震泽译. 台北：时报文化出版企业股份有限公司，2010，309 页.（历史与现场；191）

6463 安禄山：皇帝宝座的觊觎者 / 藤善真澄著；张恒怡译. 上海：中西书局，2017，271 页.

6464 安娜·路易斯·斯特朗回忆录：俄国人1949年为什么逮捕我？它可能与中国的关系 / 斯特朗著；陈裕年译. 北京：生活·读书·新知三联书店，1982，147 页.

6465 澳新军团中的华裔军人：1885—1919 / 康爱德著；潘一宁，费晟译. 广州：广东人民出版社，2018，197 页.（广东华侨史文库 / 张应龙主编）

6466 巴夏礼在中国 / 斯坦利·莱恩—普尔，弗雷德里克·维克多·狄更斯著；金莹译. 上海：中西书局，2011，473 页.（圆明园丛书. 圆明园劫难记忆译丛）
> 巴夏礼在中国 / 斯坦利·莱恩—普尔，弗雷德里克·维克多·狄更斯著；金莹译. 桂林：广西师范大学出版社，2008，405 页.（晚清驻华外交官传记丛书）

6467 霸权争夺战：项羽、刘邦 / 崛诚，真锅吴夫著；邓伊茜译. 台北：培真文化企业有限公司，2002，255 页.（人物史记；9）

6468 霸者之道：晋文公、吴王夫差、越王句践、秦始皇赢政 / 尾崎秀树，陈舜臣编集；蔡尔健译. 台北：培真文化企业公司，2001，251 页（人物史记；5）

6469 白居易 / 花房英树著；王文亮，黄玮译；滕颖校. 北京：社会科学文献出版社，1991，136 页.

6470 白乐天的世界 / 下定雅弘著；李寅生译. 南京：凤凰出版社，2017，336 页.

6471 百年金山：我的美籍华人家族奋斗史 / 泗丽莎著；王金凯译. 桂林：广西师范大学出版社，2010，432 页.

6472 百世门风：历史变革中的沈·陶家族 / 沈宁著. 2 版. 北京：中国青年出版社，2007，260 页.
> 百世门风：历史变革中的沈·陶家族 / 沈宁著. 北京：中国青年出版社，2006，284 页.

6473 北京的隐士：巴克斯爵士的隐蔽生活 / 特雷费—罗珀著；胡滨，吴乃华译. 济南：齐鲁书社，1986，349 页.（义和团资料丛编）

6474 北京苦住庵记：日中战争时代的周作人 / 木山英雄著；赵京华译. 北京：生活·读书·新知三联书店，2008，298 页.（日本 二周研究经典选辑）

6475 贝聿铭谈贝聿铭 / 波姆著；林兵译. 上海：文汇出版社，2004，179 页.（大艺术书房）

6476　本色陈冲 / 严歌苓著 . 沈阳：春风文艺出版社，1998，297 页 .（严歌苓作品系列）

6477　别了，北平：奥地利修士画家白立鼐在1949/ 雷立柏编注 . 北京：新星出版社，2017，219 页 .（传记文库）

6478　冰花：一个满蒙开拓青少年义勇军队员的自述 / 中田庆雄著；苗琦，刘兴才译 . 北京：生活·读书·新知三联书店，1982，146 页 .

6479　拨云雾而见青天：陈立夫英文回忆录 / 陈立夫著；张绪心，马若孟编述；卜大中译 . 台北：近代中国出版社，2005，771 页 .

6480　伯驾与中国的开放 / 爱德华·V. 吉利克著；董少新译 . 桂林：广西师范大学出版社，2008，326 页 .（晚清驻华外交官传记丛书）

6481　蚕丝：钱学森传 / 张纯如著；鲁伊译 . 北京：中信出版社，2011，258 页 .

6482　仓石武四郎中国留学记 / 仓石武四郎著；荣新江，朱玉麒辑注 . 北京：中华书局，2002，12+14+331 页 .

6483　沧海波澄：我的诗词与人生 / 叶嘉莹著 . 北京：中华书局，2017，204 页 .

6484　曹操 / 川合康三著；周东平译 . 西安：三秦出版社，1989，177 页 .（风云人物丛书 / 张玉良主编）

6485　曹操的魅力不是传说 / 松本一男著 . 新北：二十一世纪出版有限公司，2014，252 页 .（历史经典；1）

6486　曹操新传 / 松本一男著 . 台北：新潮社，1995，237 页 .（传记文学之旅；22）

6487　曹寅与康熙：一个皇帝宠臣的生涯揭秘 / 史景迁著；温洽溢译 . 桂林：广西师范大学出版社，2014，18+314 页 .（史景迁作品）

> 曹寅与康熙：史景迁史学研究起始之作 / 史景迁著；温洽溢译 . 台北：时报文化出版企业股份有限公司，2012，358 页 .（历史与现场；208）

> 曹寅与康熙：一个皇室庞臣的生涯揭秘 / 史景迁著；陈引驰等译 . 上海：上海远东出版社，2005，352 页 .（美国史学大师史景迁中国研究系列）

6488　长安春秋 / 驹田信二编著 . 台北：万象图书公司，1991，244 页 .（人物中国史；6）

6489　超越东西方：天才奇才吴经熊自传 / 吴经熊著；黄美基，梁伟德译 . 台北：财团法人圣保禄孝女会附设上智文化事业，2017，445 页 .（文学系列；4）

> 超越东西方：吴经熊自传 / 吴经熊著；周伟驰译 . 北京：社会科学文献出版社，2013，11+294 页 .

> 超越东西方 / 吴经熊著；周伟驰译 . 北京：社会科学文献出版社，2002，12+420 页 .（思想文库 . 宗教与思想丛书）

6490　朝阳门外的清水安三：一个基督徒教育家在中日两国的传奇经历 / 清水安三著；清水畏三编；李恩民等译 . 北京：社会科学文献出版社，2012，337 页 .

6491　陈嘉庚：华侨传奇人物著 / 杨进发著；李发沉译 . 新泽西：八方文化企业公司，1990，405 页 .

6492　陈嘉庚研究文集 / 杨进发著 . 北京：中国友谊出版公司，1988，234 页 .

6493 陈美龄歌坛生涯 / 艾格妮丝·陈著 . 北京：中国文史出版社，1991，192 页 .

6494 陈美龄自述：虞美人之花语 / 陈美龄著；何平华译 . 成都：四川人民出版社，1985，130 页 .

6495 陈纳德 / 萨姆森著；石继成，许忆宁译 . 北京：东方出版社，1990，387 页 .

6496 陈纳德将军与我：爱情与婚姻的自述 / 陈香梅著 . 武汉：武汉出版社，1993，254 页 .（陈香梅的书香世界丛书 .3 / 郭友中，李建丰主编）
  ➢ 陈纳德将军与我 / 陈香梅著 . 成都：四川文艺出版社，1987，264 页 .
  ➢ 陈纳德将军与我 / 陈香梅著 . 台北：传记文学出版社，1978，224 页 .

6497 陈纳德将军与中国 / 陈纳德著；陈香梅译 . 新北：传记文学出版社股份有限公司，2014，464 页 .（传记系列；14）
  ➢ 陈纳德将军与中国 / 陈纳德著；陈香梅译 . 台北：传记文学出版社，1978，393 页 .

6498 陈纳德与飞虎队 / 陈香梅著；石源华，金光耀译 . 上海：学林出版社，1988，201 页 .

6499 陈纳德与飞虎队：独行其是的战争 / 舒尔茨著；于力译 . 昆明：云南人民出版社，1989，365 页 .

6500 陈香梅自传 / 陈香梅著 . 济南：山东人民出版社，2003，617 页 .
  ➢ 陈香梅自传：永远的春天 / 陈香梅著 . 海口：海南国际新闻出版中心，1998，261 页 .
  ➢ 春秋岁月：陈香梅自传 / 陈香梅著 . 北京：中国妇女出版社，1997，404 页 .
  ➢ 永远的春天—陈香梅自传 / 陈香梅著 . 台北：天下文化出版公司，1996，332 页 .（社会人文；72）

6501 陈寅恪研究：反思与展望 / 余英时，汪荣祖著 . 台北：崧博出版事业有限公司，2018，177 页 .
  ➢ 陈寅恪研究：反思与展望 / 余英时，汪荣祖等著；周言编 . 北京：九州出版社，2013，225 页 .（《知识人》丛书 / 周言主编）

6502 陈云 / 大卫·M. 贝奇曼著；孙业礼等译 . 北京：中央文献出版社，2002，373 页 .

6503 成吉思汗：一位统帅及其遗产 / 额邻真·哈拉—达旺著；陈弘法译 . 呼和浩特：内蒙古教育出版社，2008，228 页 .

6504 成吉思汗：英汉对照 / 雅各布·艾博特原著；Bessie Edmond 改编；张杨译注 . 北京：航空工业出版社，2008，293+15 页 .

6505 成吉思汗传 / ウラヂーミルツォフ著；小林高四郎译注 . 影印本 . 呼和浩特：内蒙古大学出版社，2017，218 页 .（内蒙古外文历史文献丛书 . 第二十一辑 . 历史系列 . 六；2/ 内蒙古大学内蒙古近现代史研究所，内蒙古自治区图书馆学会主编）
  ➢ 成吉思汗传：详注版 / 符拉基米尔佐夫著；郭廷春，蔡传亮译注 . 北京：中国长安出版社，2015，218 页 .（人物系列；9）

> 成吉思汗传 / 符拉基米尔佐夫著；余元盦译注 . 上海：上海三联书店，2007，169 页 .

6506 成吉思汗传 / 勒内·格鲁塞著；周瑛译 . 武汉：长江文艺出版社，2015，294 页 .

> 成吉思汗传 / 勒内·格鲁塞著；李迪译 . 北京：人民日报出版社，2013，295 页 .

> 成吉思汗传 / 格鲁塞著；李飞，孙胜杰译 . 武汉：华中科技大学出版社，2012，209 页 .

> 成吉思汗传 / 勒内·格鲁塞著；张弛译 . 长春：吉林出版集团有限责任公司，2012，230 页 .（中外经典名人传记系列丛书）

> 成吉思汗 / 勒内·格鲁塞著；谭发瑜译 . 北京：国际文化出版公司，2011，289 页 .

> 成吉思汗传 / 勒内·格鲁塞著；周瑛译 . 武汉：长江文艺出版社，2011，295 页 .

> 成吉思汗 / 勒内·格鲁塞著；谭发瑜译 . 西安：陕西师范大学出版社，2009，320 页 .

> 成吉思汗：最新版插图本 / 勒内·格鲁塞著；谭发瑜译 .3 版 . 北京：国际文化出版公司，2008，300 页 .

> 成吉思汗 / 勒内·格鲁塞著；谭发瑜译 . 北京：国际文化出版公司，2003，348 页 .

> 成吉思汗 / 勒内·格鲁塞著；谭发瑜译 . 北京：国际文化出版公司，2002，444 页 .

> 马上皇帝 / 格鲁塞著；谭发瑜译 . 石家庄：河北人民出版社，1987，370 页 .

6507 成吉思汗传 / 小林高四郎著；艾奇尔译 . 台北：国际文化事业公司，1985，227 页 .（中国名人传记；115）

> 成吉思汗 / 小林高四郎著；阿奇尔译 . 呼和浩特：内蒙古人民出版社，1983，261 页 .

6508 成吉思汗传 / 约阿西姆·布克汉森著；王剑译 . 北京：新世界出版社，2018，10+269 页 .

> 成吉思汗传 / 约阿西姆·布克汉森著；王剑译 . 北京：新世界出版社，2016，216 页 .

> 苍狼帝国：成吉思汗与现代世界格局的形成 / 约西莫·布克汉森著；陈松林译 . 北京：新世界出版社，2012，10+216 页 .（名家名传系列）

6509 成吉思汗传：历史上最大帝国的创建者 / 小保罗·洛科科著；沈占春译 . 长春：吉林文史出版社，2013，150 页 .

6510 成吉思汗传：弯弓射下的帝国 / 雅各布·阿博特著；李敏译 . 南昌：江西教育出版社，2012，166 页 .

6511 成吉思汗及其显赫家族 / 博尔济吉特·白莹著 . 北京：中国社会科学出版社，2014，472 页 .

6512 成吉思汗与今日世界之形成 / 杰克·威泽弗德著；温海清，姚建根译 . 重庆：重庆出版社，2017，429 页 .
- 成吉思汗与今日世界之形成 / 杰克·威泽弗德著；温海清，姚建根译 . 修订版 . 重庆：重庆出版社，2014，11+24+301 页 .
- 成吉思汗与今日世界之形成 .2，最后的蒙古女王 / 杰克·威泽弗德著；赵清治译 . 重庆：重庆出版社，2014，232 页 .
- 成吉思汗与今日世界之形成 / 杰克·威泽弗德著；温海清，姚建根译 . 重庆：重庆出版社，2009，14+27+333 页 .
- 成吉思汗与今日世界之形成 / 杰克·威泽弗德著；温海清，姚建根译 . 重庆：重庆出版社，2006，23+286 页 .

6513 成吉思汗与今日中国之形成 / 约翰·曼著；姚建根译 . 重庆：重庆出版社，2018，445 页 .

6514 成龙 100%：完全写真集 / 理查德·库柏，麦克·利德编著；邵科励译 . 北京：金城出版社，2006，210 页 .

6515 丞相世家：南宋四明史氏家族研究 / 戴仁柱著；刘广丰，惠冬译 . 北京：中华书局，2014，304 页 .

6516 重读中国女性生命故事 / 游鉴明，胡缨，季家珍主编；曼素恩等著 .2 版 . 台北：五南图书出版股份有限公司，2015，451 页 .（五南文库；33）
- 重读中国女性生命故事 / 游鉴明，胡缨，季家珍主编 . 南京：江苏人民出版社，2012，346 页 .（凤凰文库·海外中国研究系列）
- 重读中国女性生命故事 / 游鉴明，胡缨，季家珍主编；曼素恩等著 . 台北：五南图书出版股份有限公司，2011，451 页 .（五南文库；33）

6517 重寻胡适历程：胡适生平与思想再认识 / 余英时著 . 增订版 . 台北：联经出版事业股份有限公司，2014，320 页 .（院士丛书）
- 重寻胡适历程：胡适生平与思想再认识 / 余英时著 . 上海：上海三联书店，2012，274 页 .
- 重寻胡适历程：胡适生平与思想再认识 / 余英时著 . 桂林：广西师范大学出版社，2004，274 页 .
- 重寻胡适历程：胡适生平与思想再认识 / 余英时著 . 台北：联经出版事业股份有限公司，2004，296 页 .（院士丛书）

6518 出路：新加坡华裔企业家的成长 / 陈国贲，张齐娥著；王业龙译 . 北京：中国社会科学出版社，1996，430 页 .

6519 穿行在东西方文化之间：一位海外华人学者兼社会活动家的回忆录 / 颜清湟著 . 香港：香港社会科学出版社有限公司，2008，12+395 页 .（北京大学华侨华人研究中心丛书；44）

6520 传奇一世纪：张学良传 / 松本一男著 . 台北：新潮社文化事业有限公司，2007，

286 页.（智典传记系列；5）

6521 慈禧：一个外国记者眼中的大清帝国 / 濮兰德著；王顺勇译.北京：北京燕山出版社，2018，265 页.

> 慈禧统治下的中国 / 约翰·奥特维·布兰德，艾特豪德·拜克豪斯著；房新侠，杨丹译.南京：江苏凤凰文艺出版社，2018，277 页.

> 太后治下的中国 / 约翰·濮兰德，埃蒙德·贝克豪斯著；周晓丹译.哈尔滨：哈尔滨出版社，2014，316 页.

> 外国人眼中的中国人．慈禧 / 布兰德，白克浩斯著；刘晓，李宁译.北京：东方出版社，2014，297 页.

> 慈禧秘闻 / 约翰·奥特维·濮兰德，艾特蒙德·白克豪斯著；秦晶，李宁译.武汉：华中科技大学出版社，2013，266 页.

> 慈禧全传．第一部，太后治下的中国 / 濮兰德，贝克豪斯著；周晓丹译.北京：新世界出版社，2013，310 页.

> 慈禧传：两个英国人清代北京见闻录 / 约翰·奥特维·布兰德，埃特蒙德·白克浩斯著；郭松译.合肥：安徽人民出版社，2012，260 页.

> 政治强人：慈禧 / 约翰·奥特维·布兰德，埃特蒙德·白克浩斯著；王纪卿译.长沙：湖南人民出版社，2012，256 页.

> 慈禧外纪 / 濮兰德，白克好司著；陈冷汰译.北京：紫禁城出版社，2010，306 页.

> 老佛爷的一生：慈禧外纪 / 濮兰德，巴克斯著；秦传安，虞丽琦译.北京：华文出版社，2009，324 页.

> 慈禧统治下的大清帝国 / 濮兰德，贝克豪斯著；牛秋实，杨中领译.天津：天津人民出版社，2008，323 页.

> 慈禧外纪 / 濮兰德，白克好司著；陈冷汰译.台北：建宏出版社，1995，516 页.（古道系列；70）

> 慈禧外记 / 濮兰德，白克好司著；陈冷汰等整理.珠海：珠海出版社，1995，273 页.（外国人笔下的清宫秘闻）

> 慈禧外纪 / 濮兰德，白克好司著；陈冷汰译.沈阳：辽沈书社，1994，410 页.（慈禧纪实丛书；5/ 王树卿，徐彻主编）

6522 慈禧和她的亲人们：美国人眼中的晚清宫廷 / 艾萨克·泰勒·黑德兰著；王婷婷译.北京：新华出版社，2014，192 页.（新华史海镜鉴丛书）

> 慈禧与光绪：中国宫廷中的生存游戏 / 何德兰著；汪春译.南昌：江西人民出版社，2014，194 页.

> 晚清宫廷见闻录 / 何德兰著；李国庆整理.影印本.桂林：广西师范大学出版社，2013，385 页.（"中国研究"外文旧籍汇刊·中国记录.第四辑；6/ 李国庆，何林夏主编）

➢ 慈禧与光绪：中国宫廷中的生存游戏 / 何德兰著；晏方译. 北京：中华书局，2004，239 页.

6523 慈禧太后 / 菲利普·威廉姆斯·萨金特著；曹磊译. 南京：江苏凤凰文艺出版社，2018，218 页.（"亲历中国". 第二辑）

➢ 慈禧全传. 第三部，伟大的统治者慈禧太后 / 菲利普著；卢彦蓉译. 北京：新世界出版社，2013，197 页.

6524 此生名为李香兰 / 李香兰（山口淑子）著；程亮译. 上海：上海文化出版社，2012，238 页.

➢ 李香兰 / 山口淑子，藤原作弥著；萧志强译. 台北：商周出版社，2008，356 页.（Icon 人物；26）

➢ 战争、和平与歌：李香兰传 / 山口淑子著；陈鹏仁译. 台北：台湾商务印书馆股份有限公司，2005，245 页.（人物志）

➢ 我的半生 / 山口淑子著；李骥良等译. 长春：吉林文史出版社，1990，356 页.

➢ 李香兰—我的前半生：假冒中国人的自白 / 山口淑子，藤原作弥著；巩长金，孟瑜译. 北京：解放军出版社，1989，408 页.

➢ 她是国际间谍吗？：日本歌星、影星李香兰自述 / 山口淑子，藤原作弥著；天津编译中心译. 北京：中国文史出版社，1988，359 页.

➢ 李香兰之谜 / 山口淑子，藤原作弥著；陈喜儒，林晓兵译. 沈阳：辽宁人民出版社，1988，267 页.

➢ 在中国的日子：李香兰，我的半生 / 山口淑子，藤原作弥著；金若静译. 香港：百姓文化事业公司，1988，334 页.

6525 从大历史的角度读蒋介石日记 / 黄仁宇著. 2 版. 北京：九州出版社，2012，475 页.（黄仁宇全集；6）

➢ 从大历史的角度读蒋介石日记 / 黄仁宇著. 增订本. 北京：九州出版社，2011，350 页.

➢ 从大历史的角度读蒋介石日记 / 黄仁宇著. 北京：九州出版社，2008，342 页.

➢ 从大历史的角度读蒋介石日记 / 黄仁宇著. 北京：九州出版社，2007，331 页.（黄仁宇全集；6）

➢ 从大历史的角度读蒋介石日记 / 黄仁宇著. 台北：时报文化出版企业公司，1994，447 页.（历史与现场；42）

6526 从"红色青年"到职业外交官：冰岛驻华全权公使鲍德松口述 / 项佐涛编著. 北京：北京大学出版社，2018，162 页.（北京大学新中国留华校友口述实录丛书. 第一辑 / 夏红卫，孔寒冰主编）

6527 从"绝望"开始 / 竹内好著；靳丛林编译. 北京：生活·读书·新知三联书店，2013，429 页.（日本二周研究经典选辑）

6528 从化学博士到驻华大使：阿尔巴尼亚校友塔希尔·埃莱兹口述 / 孔寒冰编著. 北京：

北京大学出版社，2018，214 页 .（北京大学新中国留华校友口述实录丛书 . 第一辑 / 夏红卫，孔寒冰主编）

6529 从历史看人物 / 许倬云著 . 北京：新星出版社，2017，235 页 .
- 从历史看人物：在台湾洪建全基金会敏隆讲座上的讲演 / 许倬云著 .2 版 . 桂林：广西师范大学出版社，2011，250 页 .（许倬云历史智慧丛书）
- 从历史看人物 / 许倬云著 . 台北：财团法人洪建全教育文化基金会，2005，2006 重印，226 页 .（人文丛书）

6530 从莱文沃思到拉萨：经历大变革年代 / 罗伯特·斯卡拉皮诺著；刘春梅，胡菁菁译 . 北京：北京大学出版社，2010，16+236 页 .

6531 从美国军官到华文翻译家：葛浩文的半世纪台湾情 / 葛浩文著；林丽君编 . 台北：九歌出版社有限公司，2015，269 页 .（九歌文库；1207）

6532 从牛津到山丹：乔治·何克的故事 / 艾黎著；段津，高建译 . 北京：北京出版社，1984，181 页 .

6533 从秦始皇到苏东坡 / 松本一男著 . 新北：新潮社文化事业有限公司，2011，239 页 .（历史の趣味；5）

6534 从上海市长到"台湾省主席"（1946—1953 年）：吴国桢口述回忆 / 裴斐，韦慕庭访问整理；吴修垣译 . 上海：上海人民出版社，2015，217 页 .
- 从上海市长到"台湾省主席"：吴国桢口述回忆：1946—1953 年 / 吴国桢口述；裴斐，韦慕庭访问整理；吴修垣译 . 上海：上海人民出版社，1999，282 页 .

6535 从异教徒到基督徒 / 林语堂著；谢绮霞等译 . 长沙：湖南文艺出版社，2016，280 页 .
- 我这一生：林语堂口述自传：精装典藏新善本 / 林语堂著 . 南京：江苏人民出版社，2014，307 页 .（含章文库·林语堂集）
- 我这一生：林语堂口述自传 / 林语堂著 . 沈阳：万卷出版公司，2013，342 页 .（含章文库·林语堂集）
- 林语堂自传 / 林语堂著；工爻等译 . 北京：群言出版社，2010，251 页 .
- 从异教徒到基督徒：林语堂自传 / 林语堂著；谢绮霞等译 . 西安：陕西师范大学出版社，2007，278 页 .（林语堂文集）
- 林语堂自传 / 林语堂著；工爻，张振玉译 . 西安：陕西师范大学出版社，2005，146 页 .（林语堂文集；22）
- 林语堂自传 / 林语堂著 . 南京：江苏文艺出版社，1995，369 页 .（名人自传丛书）
- 林语堂名著全集 . 第十卷，林语堂自传从异教徒到基督徒八十自叙 / 林语堂英文原著；工爻等译 . 长春：东北师范大学出版社，1994，318 页 .
- 林语堂自传 / 林语堂著 . 北京：中国华侨出版社，1994，124 页 .（中国现代作家自述文丛 / 陈漱渝，刘天华主编）
- 林语堂作品选 . 一，林语堂自传 / 林语堂著；刘志学主编 . 石家庄：河北人民出

版社，1991，318 页．

6536 大国作手：清末政改与革命中的 40 人 / 萨苏，雪珥著．北京：金城出版社，2013，312 页．

6537 大汉学家高罗佩传 /C.D. 巴克曼，H. 德弗里斯著；施辉业译．海口：海南出版社，2011，12+315 页．

6538 大统帅成吉思汗兵略 / 布鲁丁，伊万宁著；都固尔扎布，巴图吉尔嘎拉译．呼和浩特：内蒙古人民出版社，1989，1991 印，457 页．

6539 带着爱来中国：戴德生自传：插图珍藏本 / 戴德生著；陆中石译．北京：人民日报出版社，2004，205 页．

6540 戴名世年谱 / 戴廷杰著．北京：中华书局，2004，16+11+1228+49 页．

6541 道一风同：湘雅医院创始人胡美先生自传 / 爱德华·胡美著；张庆镒，陈慕竹，李传斌译．长沙：岳麓书社，2014，239 页．
   ➢ 道一风同：一位美国医生在华 30 年 / 爱德华·胡美著；杜丽红译．北京：中华书局，2011，207 页．（西方的中国形象）

6542 帝国的相遇：美国驻广州首任领事山茂召实录 / 乔西亚·昆西编；常征译．北京：人民出版社，2015，377 页．

6543 典瑞流芳：民国大出版家夏瑞芳 / 赵俊迈著．北京：商务印书馆，2017，125 页．
   ➢ 典瑞流芳：民国大出版家夏瑞芳 / 赵俊迈著；汪班，袁晓宁译．台北：台湾商务印书馆股份有限公司，2014，179 页．

6544 凋谢的花朵 / 韩素音著；金坚范译．上海：上海人民出版社，2012，399 页．
   ➢ 凋谢的花朵：1928—1938/ 韩素音著；殷书训译．北京：生活·读书·新知三联书店，1982，303 页．

6545 丁玲和她的母亲：人文心理学研究 / 丁淑芳著；范宝慈译．厦门：厦门大学出版社，2006，209 页．（丁玲研究丛书）

6546 丁谓研究 / 池泽滋子著．成都：巴蜀书社，1998，348 页．

6547 丁文江：科学与中国新文化 / 费侠莉著；丁子霖等译．北京：新星出版社，2006，235 页．
   ➢ 丁文江：科学与中国新文化 / 弗思著；丁子霖等译．长沙：湖南科学技术出版社，1987，245 页．

6548 东北西医的传播者：杜格尔德·克里斯蒂 / 伊泽·英格利斯著；张士尊译．沈阳：辽海出版社，2005，355 页．（清末民初外国人眼中的东北社会丛书）

6549 东渡谋生记 / 郭光甲著；刘师征整理．北京：中国妇女出版社，1992，265 页．

6550 东方之鹰 / 五十岚由人著；丛林春等译．北京：中国国际广播出版社，1999，22+338 页．

6551 东亚女性的起源：从女性主义角度解析《列女传》/ 郑在书主编；崔丽红译．北京：人民文学出版社，2005，294 页．

6552 东洋魔女川岛芳子 / 楳本捨三著；赵连泰，靳桂英译. 长春：吉林文史出版社，1986，174 页.（晚清民国逸史丛书）
> 川岛芳子其人 / 楳本捨三著；丹东译. 北京：世界知识出版社，1984，236 页.

6553 动荡的近代中国 / 尾崎秀树编著. 台北：万象图书公司，1991，228 页.（人物中国史；9）

6554 读史阅世六十年 / 何炳棣著. 北京：中华书局，2012，486 页.
> 读史阅世六十年 / 何炳棣著. 2 版. 桂林：广西师范大学出版社，2009，481 页.
> 读史阅世六十年 / 何炳棣著. 桂林：广西师范大学出版社，2005，481 页.
> 读史阅世六十年 / 何炳棣著. 台北：允晨文化实业股份有限公司，2004，494 页.（允晨丛刊；99）

6555 杜甫：中国最伟大的诗人 / 洪业著；曾祥波译. 上海：上海古籍出版社，2014，441 页.（海外汉学丛书）
> 杜甫：中国最伟大的诗人 / 洪业著；曾祥波译. 上海：上海古籍出版社，2011，441 页.

6556 端纳回忆录：我在孙中山张学良蒋介石身边的日子 / 端纳口述；泽勒撰. 北京：东方出版社，2013，191 页.（名人回忆录）
> 神秘顾问——端纳在中国 / 泽勒著；林本椿，陈普译. 南京：译林出版社，2001，430 页.
> 端纳与民国政坛秘闻 / 端纳口述；泽勒记录整理；符致兴编译. 长沙：湖南出版社，1991，371 页.

6557 朵云封事 / 李在中著. 北京：北京出版社，2018，11+489 页.（"述往"系列）

6558 发现成吉思汗：出生、死亡与复活 / 约翰·曼著；黄煜文译. 台北：麦田出版社，2008，390 页.（ReNew；25）
> 成吉思汗：生死与复活 / 约翰·曼著；陈一鸣译. 北京：中国青年出版社，2007，336 页.

6559 番薯人的故事：张光直早年生活自述 / 张光直著. 北京：生活·读书·新知三联书店，2013，100 页.（张光直作品系列）

6560 飞虎将军陈纳德回忆录 / 陈纳德著；王湄等译. 杭州：浙江文艺出版社，1998，490 页.（陈香梅·陈纳德回忆录系列）

6561 费孝通传 / 大卫·阿古什著；董天民译. 郑州：河南人民出版社，2006，271 页.
> 费孝通传 / 大卫·阿古什著；董天民译. 北京：时事出版社，1985，236 页.

6562 费正清的中国世界：同时代人的回忆 / 保罗·柯文，默尔·戈德曼主编；朱政惠等译. 上海：东方出版中心，2000，256 页.

6563 费正清评传 / 邓鹏著. 成都：天地出版社，1997，325 页.

6564 费正清中国回忆录 / 费正清著；阎亚婷，熊文霞译. 2 版. 北京：中信出版集团股份有限公司，2017，534 页.

- 费正清中国回忆录 / 费正清著；闫亚婷，熊文霞译. 台北：五南图书出版股份有限公司，2014，575 页.（博雅文库；80）
- 费正清中国回忆录 / 费正清著；闫亚婷，熊文霞译. 北京：中信出版社，2013，464 页.
- 费正清对华回忆录 / 费正清著；陆惠勤等译. 北京：知识出版社，1991，561 页.
- 中国之行 / 费正清著；赵复三译. 北京：新华出版社，1988，188 页.（外国人看中国抗战）
- 中华民国史资料丛稿：译稿，中国之行：五十年回忆录. 第四部分 / 费正清著；赵复三译. 北京：中华书局，1983，121 页.

6565 费正清自传 / 费正清著；黎鸣等译. 天津：天津人民出版社，1993，616 页.

6566 风云际会：陈香梅回忆录. Ⅰ / 陈香梅著. 台北：未来书城公司，2002，269 页.（文学书；40）
- 继往开来：陈香梅回忆录. Ⅱ / 陈香梅著. 台北：未来书城公司，2002，265 页.（文学书；41）
- 陈香梅回忆录 / 陈香梅著；王樟生，屈毓秀选编. 杭州：浙江文艺出版社，1996，625 页.（陈香梅·陈纳德回忆录系列）
- 陈香梅回忆录 / 陈香梅著. 北京：中国友谊出版公司，1993，150 页.
- 香梅之路：陈香梅回忆录 / 陈香梅著；郭友中，李建丰译. 武汉：武汉出版社，1992，188 页.
- 春水东流：陈香梅回忆录 / 陈香梅著. 济南：山东人民出版社，1992，423 页.
- 留云借月：陈香梅回忆录 / 陈香梅著. 台北：时报文化出版企业公司，1991，293 页.（历史与现场；15）

6567 风中玫瑰：回忆我家与孙夫人宋庆龄的友情 / 高醇芳著. 上海：东方出版中心，2011，144 页.（宋庆龄文献资料与研究系列丛书）

6568 冯玉祥的一生 / 薛立敦著；丘权政等译. 杭州：浙江教育出版社，1988，348 页.

6569 冯玉祥与国民军：一个志愿兵的札记：1925—1926/ 普里马科夫著；曾宪权译. 北京：中国社会科学出版社，1982，218 页.

6570 傅兰雅档案：第 1 卷. 在中国的第一个十年（1861—1871）/ 戴吉礼主编；弘侠中文提示. 桂林：广西师范大学出版社，2010，491 页.
- 傅兰雅档案：第 2 卷. 在上海江南制造局（1872—1896）/ 戴吉礼主编；弘侠中文提示. 桂林：广西师范大学出版社，2010，708 页.
- 傅兰雅档案：第 3 卷. 伯克莱岁月（1896—1928）/ 戴吉礼主编；弘侠中文提示. 桂林：广西师范大学出版社，2010，407 页.

6571 傅斯年：中国近代历史与政治中的个体生命 / 王汎森著；王晓冰译. 北京：生活·读书·新知三联书店，2017，2018 重印，385 页.（当代学术）
- 傅斯年：中国近代历史与政治中的个体生命 / 王汎森著；王晓冰译. 北京：生

活·读书·新知三联书店，2012，385页.

6572 戈登在中国/伯纳特·M.艾伦著；孙梁编译.上海：上海古籍出版社，1995，300页.

6573 革命先驱——孙中山传/史扶林著.长春：时代文艺出版社，2002，247页.（20世纪军政巨人百传）

6574 格蕾丝：一个美国女人在中国：1934—1974/爱丽诺·麦考利·库珀，刘维汉著；傅志爱译.北京：生活·读书·新知三联书店，2006，327页.

6575 各在天一涯：二十位港台海外知识人谈话录/叶嘉莹，白先勇等口述；李怀宇采写.北京：中华书局，2016，462页.

6576 耿谆传：一位中国劳工大队长的苦难经历/野添宪治著；白若愚译.保定：河北大学出版社，2000，141页.（平民传记丛书）

6577 功夫大玩家：天皇巨星成龙传/瑞内·威特斯特尔著；黄强，张韦译.北京：华艺出版社，1998，216页.

6578 宫崎市定人物论/宫崎市定著；砺波护编；林千早译.杭州：浙江人民出版社，2018，281页.

6579 宫崎市定说隋炀帝：传说的暴君与湮没的史实/宫崎市定著；杨晓钟等译.西安：陕西人民出版社，2008，188页.

6580 宫崎滔天书信与年谱：辛亥革命之友的一生/宫崎滔天著；陈鹏仁译.台北：台湾商务印书馆，1982，280页.

6581 恭亲王奕䜣传/托尼·邓著；王纪卿译.长沙：湖南人民出版社，2013，232页.

6582 谷崎润一郎与东方主义：大正日本的中国幻想/西原大辅著；赵怡译.北京：中华书局，2005，11+296页.（日本中国学文萃/王晓平主编）

6583 关羽：神化的《三国志》英雄/渡边义浩著；李晓倩译.北京：北京联合出版公司，2017，215页.

6584 光与盐.第一卷/李可柔，毕乐思编著；单传航等译.北京：团结出版社，2014，15+259页.

> 光与盐.第二卷/李可柔，毕乐思编著；彭萃安等译.北京：团结出版社，2014，12+321页.

> 光与盐：探索近代中国改革的十位历史名人/李可柔，毕乐思编；单传航等译.北京：中国档案出版社，2009，17+277页.

6585 归来的燕子：影视歌星陈美龄自述/陈美龄著；逍遥译.北京：国际文化出版公司，1990，208页.

6586 国父与他的日本友人：一段被封印的史实/小坂文乃著；谢育容译.台北：商周出版社，2011，286页.（普罗米修斯系列；39）

6587 国之枭雄：曹操传/张磊夫著；方笑天译.南京：江苏人民出版社，2018，460页.（凤凰文库·海外中国研究系列）

6588 海外回响：国际友人忆鲁迅/史沫特莱等著.石家庄：河北教育出版社，2000，

263 页 .（回望鲁迅 . 散文部分）

6589　海外杰出华人 .1/ 黄文湘著 . 香港：南粤出版社，1989，216 页 .（南粤系列）

6590　韩国鲁迅研究精选集 . 第二辑 / 朴宰雨主编；金英明等译 . 北京：中央编译出版社，2016，302 页 .（鲁迅文化基金会丛书）

6591　韩愈研究新论：思想与文章创作 / 市川勘著 . 台北：文津出版社有限公司，2004，264 页 .（文史哲大系；178）

6592　汉武帝：雄才大略的封建帝王 / 福岛吉彦著；韩升译 . 西安：三秦出版社，1988，160 页 .（风云人物丛书 / 张玉良主编）

6593　汉武帝传 / 吉川幸次郎著；丘引译 . 台北：国际文化出版社，1987，179 页 .（中国名人传记 . 第五辑 . 第三种；143）

6594　汉学家花之安（Ernst Faber）思想研究 / 张硕著 . 北京：知识产权出版社，2013，283 页 .（贵州大学东盟研究院、延边大学民族研究院研究系列丛书）

6595　汉学家理雅各传 / 理雅各著；马清河译 . 北京：学苑出版社，2011，252 页 .

6596　合肥四姊妹 / 金安平著；凌云岚，杨早译 .2 版 . 北京：生活·读书·新知三联书店，2015，327 页 .

　　➢ 合肥四姊妹 / 金安平著；凌云岚，杨早译 . 北京：三生活·读书·新知联书店，2007，327 页 .

6597　何廉回忆录 / 何廉著；朱佑慈等译 . 北京：中国文史出版社，2012，284 页 .（文史资料百部经典文库）

　　➢ 何廉回忆录 / 何廉著；朱佑慈等译 . 北京：中国文史出版社，1988，306 页 .

6598　荷花五讲 / 叶嘉莹著 . 北京：商务印书馆，2015，182 页 .（多闻多思华林文丛 . 第一辑 / 湛如，陈洪主编）

6599　赫德传 / 卢汉超著 . 上海：上海人民出版社，1986，312 页 .

6600　赫德与中国早期现代化：赫德日记（1863—1866）/ 理查德·J. 司马富，约翰·K. 费正清，凯瑟林·F. 布鲁纳编；陈绛译 . 北京：中国海关出版社，2005，18+826 页 .（中国海关历史学术研究丛书）

6601　赫特夫妇的中国岁月 / 凯思林·C. 格林，斯坦利·克劳福德等著；慕星，慕德华译 . 南昌：江西高校出版社，2015，118 页 .（"故乡在中国"丛书）

6602　红墙内的泰国公主 / 常媛著；袁瑾等译 . 上海：上海远东出版社，2000，316 页 .

6603　红蕖留梦：叶嘉莹谈诗忆往 / 叶嘉莹口述；张候萍撰写 . 台北：大块文化出版股份有限公司，2014，476 页 .（叶嘉莹作品集；20）

　　➢ 红蕖留梦：叶嘉莹谈诗忆往 / 叶嘉莹口述；张候萍撰写 . 北京：生活·读书·新知三联书店，2013，20+427 页 .

6604　洪秀全 / 小岛晋治著；成之平，罗宇译 . 西安：三秦出版社，1990，177 页 .（风云人物丛书 / 张玉良主编）

6605　洪业传 / 陈毓贤著 . 北京：商务印书馆，2013，20+331 页 .（人物）

> 洪业传 / 陈毓贤著 . 北京：北京大学出版社，1996，180 页 .

> 洪业传 / 陈毓贤著 . 台北：联经出版事业公司，1992，267 页 .

6606 忽必烈的挑战：蒙古帝国与世界历史的大转向 / 杉山正明著；周俊宇译 . 北京：社会科学文献出版社，2017，268 页 .

> 忽必烈的挑战：蒙古帝国与世界历史的大转向 / 杉山正明著；周俊宇译 . 北京：社会科学文献出版社，2015，271 页 .

> 忽必烈的挑战：蒙古与世界史的大转向 / 杉山正明著；周俊宇译 . 新北：八旗文化出版社，2014，251 页 .（另眼看历史）

> 忽必烈的挑战：蒙古帝国与世界历史的大转向 / 杉山正明著；周俊宇译 . 北京：社会科学文献出版社，2013，279 页 .

> 忽必烈的挑战：蒙古与世界史的大转向 / 杉山正明著；周俊宇译 . 新北：广场出版社，2012，252 页 .（全球纪行；9）

6607 忽必烈汗 / 爱宕松男著 . 影印本 . 呼和浩特：内蒙古大学出版社，2017，214 页 .（内蒙古外文历史文献丛书 . 第二十一辑 . 历史系列 . 六；5/ 内蒙古大学内蒙古近现代史研究所，内蒙古自治区图书馆学会主编）

6608 忽必烈汗 / 约翰·曼著；陈一鸣译 . 北京：中国青年出版社，2009，287 页 .

6609 忽必烈和他的世界帝国 / 莫里斯·罗沙比著；赵清治译 . 重庆：重庆出版社，2008，222 页 .

6610 胡适口述自传 / 胡适口述；唐德刚译 .2 版 . 桂林：广西师范大学出版社，2015，313 页 .（中国近代口述史学会丛书）

> 胡适口述自传 / 胡适口述；唐德刚译注 .2 版 . 台北：远流出版事业股份有限公司，2010，364 页 .（唐德刚作品集）

> 胡适口述自传 / 胡适口述；唐德刚译注 . 桂林：广西师范大学出版社，2005，268 页 .（唐德刚作品集）

> 胡适口述自传 / 胡适口述；唐德刚译注 . 台北：远流出版事业股份有限公司，2005，364 页 .（唐德刚作品集）

> 胡适口述自传 / 胡适口述；唐德刚整理翻译 .2 版 . 合肥：安徽教育出版社，2005，296 页 .（马头墙人文馆；1）

> 胡适口述自传 / 胡适口述；唐德刚译注 . 上海：华东师范大学出版社，1993，276 页 .

> 胡适口述自传 / 胡适口述；唐德刚译 . 北京：华文出版社，1989，315 页 .

> 胡适口述自传 / 胡适口述；唐德刚译注 . 台北：传记文学出版社，1981，281 页 .（传记文学丛书；58. 美国哥伦比亚大学口述历史译稿）

6611 胡适与近代中国 / 周策纵等著 . 台北：时报文化出版企业公司，1991，349 页 .（时报文教基金会丛书；3）

6612 胡适与中国现代知识分子的选择 / 周明之著；雷颐译 . 桂林：广西师范大学出版社，

2005，245 页.

6613 胡适杂忆 / 唐德刚著 . 2 版 . 桂林：广西师范大学出版社，2015，269 页.（中国近代口述史学会丛书）

> 胡适杂忆 / 唐德刚 . 2 版 . 台北：远流出版事业股份有限公司，2011，330 页.（唐德刚作品集）

> 胡适杂忆 / 唐德刚著 . 桂林：广西师范大学出版社，2005，231 页.（唐德刚作品集）

> 胡适杂忆 / 唐德刚著 . 台北：远流出版事业股份有限公司，2005，330 页.（唐德刚作品集）

> 胡适杂忆：增订本 / 唐德刚著 . 上海：华东师范大学出版社，1999，343 页.（唐德刚作品珍藏本系列）

> 胡适杂忆 / 唐德刚著 . 长春：吉林文史出版社，1994，232 页.（海外华人作家名作系列）

> 胡适杂忆 / 唐德刚译 . 北京：华文出版社，1990，283 页.

> 胡适杂忆 / 唐德刚著 . 再版 . 台北：传记文学出版社，1981，237 页.（传记文学丛刊；47）

6614 胡适之评传 / 贾祖麟著；张振玉译 . 海口：南海出版公司，1992，307 页.

6615 胡耀邦 / 和气弘编著；吴晓等译 . 北京：世界知识出版社，1989，88 页.

6616 胡耀邦传 / 杰斯·布莱恩著；潘叔平译 . 北京：国防大学出版社，1989，107 页.

6617 胡耀邦传略 / 杨中美著；倪克勤，商富才译 . 北京：新华出版社，1989，160 页.

6618 华语电影明星：表演、语境、类型 / 张英进，胡敏娜主编；西飔译 . 北京：北京大学出版社，2011，322 页.（明星研究丛书）

6619 画家生涯：传统中国画家的生活与工作 / 高居翰著 . 北京：生活·读书·新知三联书店，2012，199 页.（高居翰作品系列）

6620 槐聚心史：钱钟书的自我及其微世界 / 汪荣祖著 . 修订版 . 台北：台湾大学出版中心，2016，369 页.（全球在地视野丛书；8）

> 槐聚心史：钱钟书的自我及其微世界 / 汪荣祖著 . 台北：台湾大学出版中心，2014，367 页.（全球在地视野丛书；8）

6621 皇帝亦凡人：乾隆·世史中的满洲皇帝 / 欧立德著；青石译 . 新北：八旗文化，2015，321+14 页.（另眼看历史）

> 乾隆帝 / 欧立德著；青石译 . 北京：社会科学文献出版社，2014，275 页.

6622 黄河青山：黄仁宇回忆录 / 黄仁宇著；张逸安译 . 北京：生活·读书·新知三联书店，2015，583 页.（黄仁宇作品系列）

> 黄河青山：黄仁宇回忆录 / 黄仁宇著；张逸安译 . 2 版 . 北京：九州出版社，2012，480 页.（黄仁宇全集；15）

> 黄河青山：黄仁宇回忆录 / 黄仁宇著 . 北京：九州出版社，2007，408 页.（黄

仁宇全集；14）

> 黄河青山：黄仁宇回忆录 / 黄仁宇著；张逸安译 .2 版 . 北京：生活·读书·新知三联书店，2007，583 页 .（黄仁宇作品系列）

> 黄河青山：黄仁宇回忆录 / 黄仁宇著 . 台北：联经出版事业公司，2001，615 页 .

> 黄河青山：黄仁宇回忆录 / 黄仁宇著；张逸安译 . 北京：生活·读书·新知三联书店，2001，534 页 .（黄仁宇作品系列）

6623 黄柳霜：从洗衣工女儿到好莱坞传奇 / 郝吉思著；王旭等译 . 北京：北京联合出版公司，2016，19+339 页 .

> 黄柳霜：从洗衣工女儿到好莱坞传奇 / 郝吉思著；王旭等译 . 香港：香港大学出版社，2013，26+269 页 .

6624 黄兴与中国革命 / 薛君度著；杨慎之译 . 长沙：湖南人民出版社，1980，284 页 .

> 黄兴与中国革命 / 薛君度著；杨慎之译 . 香港：三联书店香港分店，1980，254 页 .

6625 回到天安门：俄罗斯著名汉学家齐赫文斯基回忆录 / С.Л. 齐赫文斯基著；马贵凡等译 . 北京：中共党史出版社，2004，390 页 .

6626 回家的路我与中国：美国历史学教授舒衡哲口述 / 贺桂梅，倪文婷访谈 . 北京：北京大学出版社，2018，196 页 .（北京大学新中国留华校友口述实录丛书 . 第一辑 / 夏红卫，孔寒冰主编）

6627 回首四十年一个女汉学家的逐梦之旅：德国校友罗梅君教授口述 / 臧健访谈 / 整理 . 北京：北京大学出版社，2018，322 页 .（北京大学新中国留华校友口述实录丛书 . 第一辑 / 夏红卫，孔寒冰主编）

6628 嫁给革命的中国 / 王安娜著；李良健，李希贤校译 . 台北：人间出版社，2010，28+387 页 .（现代中国回忆录丛刊；1）

> 嫁给革命的中国 / 王安娜著；李良健，李希贤校译 . 北京：生活·读书·新知三联书店，2009，408 页 .

> 中国—我的第二故乡 / 王安娜著；李良健，李希贤校译 . 北京：生活·读书·新知三联书店，1980，414 页 .

> 嫁给革命的中国 / 王安娜著；龙翔译 . 香港：广角镜出版社，1978，454 页 .

6629 坚毅：认定自我、坚持到底的林书豪精神 / 西恩·德维尼原著；蔡自青译 . 台北：美商麦格罗·希尔国际股份有限公司台湾分公司，2012，121 页 .（沟通励志；CS058）

6630 间谍王：戴笠与中国特工 / 魏斐德著；梁禾译 .2 版，增订版 . 北京：新星出版社，2017，562 页 .

> 间谍王 / 魏斐德著；梁禾译 . 北京：新星出版社，2013，568 页 .

> 间谍王：戴笠与中国特工：特别版 / 魏斐德著；梁禾译 . 南京：江苏人民出版社，2007，604 页 .（海外中国研究丛书 / 刘东主编）

> 间谍王：戴笠与中国特工 / 魏斐德著；梁禾译 . 北京：团结出版社，2004，

10+418 页.

6631 缄默50余年—张学良开口说话：日本NHK记者专访录/管宁，张友坤译注.沈阳：辽宁人民出版社，1992，196页.（张氏父子与奉系历史研究丛书）

6632 见证中国：爱泼斯坦回忆录/伊斯雷尔·爱泼斯坦著；沈苏儒等译.香港：和平图书有限公司，2016，21+426页.（爱泼斯坦作品集）

> 见证中国：爱泼斯坦回忆录/伊斯雷尔·爱泼斯坦著；沈苏儒等译.北京：新星出版社，2015，426页.

> 见证中国：爱泼斯坦回忆录/伊斯雷尔·爱泼斯坦著；沈苏儒等译.北京：新世界出版社，2004，415页.

6633 江青全传/特里尔著；刘路新译.石家庄：河北人民出版社，1994，364页.

> 江青正传/特里尔著；张宁等译.北京：世界知识出版社，1988，322页.

6634 蒋介石传/布赖恩·克罗泽著；封长虹译.北京：国际文化出版公司，2014，445页.

> 蒋介石传：最新插图珍藏本/布赖恩·克罗泽著；封长虹译.北京：国际文化出版公司，2011，388页.

> 蒋介石传：最新版全译本/布赖恩·克罗泽著；封长虹译.北京：国际文化出版公司，2010，314页.

> 蒋介石：全译本/布赖恩·克罗泽著；封长虹译.呼和浩特：内蒙古人民出版社，1995，405页.

> 蒋介石/克罗泽著；封长虹译.呼和浩特：内蒙古人民出版社，1992，310页.

6635 蒋介石的美国顾问：欧文·拉铁摩尔回忆录/矶野富士子整理；吴心伯译.上海：复旦大学出版社，1996，269页.（中美关系研究丛书；14）

6636 蒋介石秘录/古屋奎二执笔；木吉雨等编译.南宁：广西人民出版社，1989，2册（623页）.

> 蒋介石秘录：全译本.第一卷—第四卷/日本《产经新闻》社撰；古屋奎二主笔；《蒋介石秘录》翻译组译.长沙：湖南人民出版社，1988，4册.

6637 蒋介石评传/李敖，汪荣祖著.吉林：时代文艺出版社，2012，2册，（366；280页）.

> 蒋介石评传：李敖作品/李敖，汪荣祖著.北京：中国友谊出版公司，2004，2册（19+735页）.

> 蒋介石评传/汪荣祖，李敖著.北京：中国友谊出版公司，2000，2册（18+743页）.

> 蒋介石评传/汪荣祖，李敖著.台北：商周文化事业公司，1995，884页.（商业周刊人物；11）

6638 蒋介石与现代中国/陶涵著；林添贵译.北京：中信出版社，2012，11+546页.

> 蒋介石与现代中国的奋斗.上下卷/陶涵著；林添贵译.台北：时报文化出版企

业股份有限公司，2010，2 册（781 页）.（历史与现场；186-187）

6639　蒋经国传 / 江南著 . 北京：中国友谊出版社，1984，496 页 .

6640　蒋经国传：台湾民主与现代化的推手 / 陶涵著；林添贵译 . 北京：华文出版社，2010，2016 重印，365 页 .

> 蒋经国传：最新全译插图本 / 陶涵著；林添贵译 .2 版 . 北京：华文出版社，2012，14+407 页 .

> 蒋经国传 / 陶涵著；林添贵译 . 北京：华文出版社，2010，14+399 页 .

> 蒋经国传 / 陶涵著；林添贵译 . 北京：新华出版社，2002，466 页 .

6641　蒋经国先生传 / 小谷豪冶郎著；陈鹏仁译著 . 台北：兰台出版社，2018，503 页 .（中国现代史研究；2）

> 蒋经国先生传 / 小谷豪冶郎著；陈鹏仁译 . 台北：中央日报出版部，1990，337 页 .

6642　近代中国的文化危机：清遗老的精神世界 / 周明之著 . 济南：山东大学出版社，2009，277 页 .（新史学沙龙）

6643　救世：陈宏谋与十八世纪中国的精英意识 / 罗威廉著；陈乃宣等译 . 北京：中国人民大学出版社，2016，625 页 .（海外中国研究文库）

> 救世：陈宏谋与十八世纪中国的精英意识 / 罗威廉著；陈乃宣等译 . 北京：中国人民大学出版社，2013，699 页 .（国家清史编纂委员会·编译丛刊）

6644　绝版恭亲王：风口浪尖上的晚清改革舵手 / 雪珥著 . 北京：中国青年出版社，2018，19+449 页 .（雪珥—中国改革史系列 . 人物卷）

> 绝版恭亲王 / 雪珥著 . 上海：文汇出版社，2010，281 页 .（绝版晚清系列）

6645　卡尔逊与中国：美国人的军官，八路军的朋友 / 布兰克福特著；刘山等译 . 北京：生活·读书·新知三联书店，1985，328 页 .

6646　康成与石美玉在中国的行医生涯：论性别、种族与民族的跨文化边界 / 施康妮著；程文，涂明华译 . 北京：科学出版社，2017，252 页 .

6647　康熙：重构一位中国皇帝的内心世界 / 史景迁著；温洽溢译 . 台北：时报文化出版企业股份有限公司，2015，255 页 .（史景迁作品集；2）

> 康熙：重构一位中国皇帝的内心世界 / 史景迁著；温洽溢译 . 桂林：广西师范大学出版社，2011，14+194 页 .

> 康熙：游·治·思·寿·阿哥·谕：重构一位中国皇帝的内心世界 / 史景迁著；温洽溢译 . 台北：时报文化出版企业股份有限公司，2005，221 页 .（历史与现场；166）

6648　康熙传 / 高阳著 . 孙中山传 / 史扶林著 . 北京：中共中央党校出版社，2000，471 页 .（世界名人名家名传 . 政治家卷；30）

6649　莱布尼茨和中国 / 安文铸等编译 . 福州：福建人民出版社，1993，235 页 .

6650　蓝·中国 / 何韵竹著；张朝霞译 . 广州：花城出版社，2010，321 页 .

6651　朗朗，千里之行：我的故事 / 郎朗，里兹著 . 桂林：广西师范大学出版社；

2008，277 页．

6652 朗宁回忆录：从义和团到人民共和国 / 切斯特·朗宁著；孙法理译．北京：中国工人出版社，2008，248 页．

6653 浪迹：一位美籍华人的经历 / 陈慰中著．北京：人民教育出版社，1992，170 页．

6654 老上海浮世绘：奥地利画家希夫画传 / 卡明斯基著；希夫绘；王卫新译．上海：上海文艺出版社，2003，174 页．

6655 李白的客寓意识及其诗思：李白评传 / 松浦友久著；刘维治等译．北京：中华书局，2001，327 页．（世界汉学论丛）

6656 李大钊思想研究 / 后藤延子著；王青等编译．北京：中国社会出版社，1999，167 页．

6657 李鸿章传 / 布兰德著；王纪卿译．太原：山西人民出版社，2018，213 页．
- 李鸿章传 / 布兰德，梁启超著；高山译．北京：新世界出版社，2016，320 页．
- 外国人眼中的中国人，李鸿章 / 布兰德著；周传和，崔金英译．北京：东方出版社，2014，201 页．
- 李鸿章大传 / 布兰德著；陶艳丽译．武汉：华中科技大学出版社，2013，215 页．
- 李鸿章全传．第一部，李鸿章传 / 濮兰德，梁启超著；黄橙译．北京：新世界出版社，2013，270 页．
- 李鸿章传：一个英国记者四十年中国生活札记 / 约翰·奥特维·布兰德著；徐志晶译．合肥：安徽人民出版社，2012，278 页．（图珍版海外经典传记）
- 李鸿章传 / 布兰德著；王纪卿译．长沙：湖南文艺出版社，2011，244 页．
- 李鸿章传：西人眼中的李鸿章 / 约翰·奥特维·坡尔西·布兰德著；王纪卿译．香港：香港中和出版有限公司，2011，260 页．
- 李鸿章传 / 约翰·濮兰德著；张启耀译．天津：天津人民出版社，2008，271 页．

6658 李鸿章传：西方世界的第一部李鸿章传记 / 罗伯特·道格拉斯著；李静韬等译．杭州：浙江大学出版社，2015，267 页．
- 李鸿章传 / R.K. 道格拉斯著；张维军译．北京：法律出版社，2014，163 页．
- 李鸿章传：一位晚清在华外交官笔下的帝国"裱糊匠" / 罗伯特·道格拉斯著；李静韬等译．杭州：浙江大学出版社，2013，199 页．（蓝狮子财经丛书）

6659 李鸿章回忆录 / 曼尼克思著；韩利利，陶林译．南京：江苏凤凰文艺出版社，2018，10+234 页．
- 李鸿章回忆录 / 威廉·法兰西斯·曼尼克思著；赵文伟译．台北：五南图书出版股份有限公司，2015，274 页．（博雅文库；119）
- 谋略高手李鸿章 / 威廉·弗朗西斯·曼尼克思著；李飞等译．贵阳：贵州人民出版社，2014，238 页．
- 李鸿章回忆录 / 威廉·弗兰西斯·曼尼克思著；崔珊珊译．哈尔滨：哈尔滨出版社，2013，179 页．
- 李鸿章全传．第二部，李鸿章回忆录 / 威廉·弗朗西斯·曼尼克思著；崔珊珊译.北京:新世界出版社,2013,175页.

> 李鸿章回忆录 / 威廉·弗朗西斯·曼尼克思编著;赵文伟译.北京:中国书店,2012,235页.

6660 李鸿章年(日)谱 / 窦宗仪编著.影印本.北京:国家图书馆出版社,2011,29+474页.

> 李鸿章年(日)谱:近代中国血泪史实纪要 / 窦宗一(仪)编著.再版.香港:友联出版社,1986,474页.

6661 李鸿章评传:中国近代化的起始 / 刘广京,朱昌峻编;陈绛译校.上海:上海古籍出版社,1995,403页.

6662 李鸿章一生与他的时代 / 阿奇博尔德·立德夫人著;翟娜娜等译.哈尔滨:哈尔滨出版社,2013,262页.

> 李鸿章全传.第三部,李鸿章一生与他的时代 / 阿奇博尔德·立德夫人著;张冉等译.北京:新世界出版社,2013,240页.

6663 李香兰的恋人:电影与战争 / 田村志津枝著;王建康,石观海译.台北:台湾书房出版有限公司,2010,259页.

6664 李小龙 / 雷切尔·格拉克著;孙赟译.上海:上海交通大学出版社,2012,216页.

6665 李小龙:功夫之王的另一面 / 李小龙,小约翰编;尧俊芳译.北京:中国友谊出版公司,2011,199页.

6666 李小龙—功夫巨星 / 布洛克著;高原译.桂林:漓江出版社,1986,1992重印,162页.(艺苑人物丛书)

6667 李约瑟:揭开中国神秘面纱的人 / 文思淼著;姜诚等译.上海:上海科学技术文献出版社,2011,269页.

> 李约瑟:揭开中国神秘面纱的人 / 文思淼著;姜诚等译.上海:上海科学技术文献出版社,2009,269页.

6668 李约瑟游记 / 李约瑟,李大斐编著;余廷明等译.贵阳:贵州人民出版社,1999,356页.(李约瑟研究著译书系)

6669 李宗仁回忆录:唐德刚作品集 / 李宗仁口述;唐德刚撰写.2版.桂林:广西师范大学出版社,2015,2册(11+798页).(中国近代口述史学会丛书)

> 李宗仁回忆录.上下 / 李宗仁口述;唐德刚撰写.台北:远流出版事业股份有限公司,2010,2册(1033页).(唐德刚作品集)

> 李宗仁回忆录 / 李宗仁口述;唐德刚撰写.上海:华东师范大学出版社,1995,2册(820页).

> 李宗仁回忆录 / 李宗仁口述;唐德刚撰写.台北:李敖出版社,1995,2册(李敖主编求是丛书;4—5).

> 李宗仁回忆录 / 李宗仁口述;唐德刚撰写.南宁:广西人民出版社,1988,783页.

- 李宗仁回忆录 / 李宗仁口述；唐德刚撰写 . 香港：南粤出版社，1986，717 页 .
- 李宗仁回首话当年 / 李宗仁口述；唐德刚整理 . 武汉：湖北人民出版社，1981，335 页 .
- 李宗仁回忆录 / 李宗仁口述；唐德刚撰写 . 南宁：广西人民出版社，1980，2 册（1052 页）.

6670 历年出国 / 回国科技人员总览 1840—1949/ 马祖圣编著 . 北京：社会科学文献出版社，2007，605 页 .（中国科技工业企业发展史丛书）

6671 历史不应忘记 / 伊斯雷尔·爱泼斯坦著；沈苏儒，贾宗谊译 . 北京：北京出版社，2018，223 页 .（国际名人看中国 / 孙华主编）
- 历史不应忘记 / 伊斯雷尔·爱泼斯坦著；沈苏儒，贾宗谊译 . 北京：北京出版社，2016，229 页 .（国际名人看中国 / 孙华主编）
- 历史不应忘记：爱泼斯坦的抗战记忆：英文 / 伊斯雷尔·爱泼斯坦著 . 北京：五洲传播出版社，2015，257 页 .
- 历史不应忘记 / 伊斯雷尔·爱泼斯坦著；沈苏儒，贾宗谊等译 . 北京：五洲传播出版社，2005，230 页 .

6672 历史人物考辨 / 余英时著；沈志佳编 .2 版 . 桂林：广西师范大学出版社，2014，386 页 .（余英时文集；9）
- 历史人物考辨 / 余英时著；沈志佳编 . 桂林：广西师范大学出版社，2006，318 页 .（余英时文集；9）

6673 历史侦探：从鸦片战争到辛亥革命 / 黄宇和著 . 广州：广东人民出版社，2018，13+654 页 .
- 历史侦探：从鸦片战争到辛亥革命 / 黄宇和著 . 香港：中华书局（香港）有限公司，2016，14+718 页 .
- 孙中山：从鸦片战争到辛亥革命 / 黄宇和著 . 台北：联经出版事业股份有限公司，2016，825 页 .

6674 梁山泊：《水浒传》一〇八名豪杰 / 佐竹靖彦著；韩玉萍译 . 北京：中华书局，2005，142 页 .（日本中国学文萃 / 王晓平主编）

6675 两广总督叶名琛 / 黄宇和著 . 修订版 . 上海：上海书店出版社，2004，251 页 .（黄宇和院士系列）
- 两广总督叶名琛 / 黄宇和著；区鉷译 . 北京：中华书局，1984，220 页 .

6676 两位中国艺术品收藏家的交汇：端方与福开森 / 罗覃著；苗巍译 . 济南：山东画报出版社，2013，183 页 .

6677 廖仲恺年谱 / 陈福霖，余炎光著 . 长沙：湖南出版社，191，454 页 .

6678 林徽因画传 / 林南著 . 北京：新世界出版社，2012，248 页 .

6679 林徽因与梁思成 / 费慰梅著；成寒译 .2 版 . 北京：法律出版社，2016，256 页 .
- 林徽因与梁思成 / 费慰梅著；成寒译 . 北京：法律出版社，2010，256 页 .

> 中国建筑之魂：一个外国学者眼中的梁思成林徽因夫妇 / 费慰梅著；成寒译. 上海：上海文艺出版社，2003，2004 重印，251 页.

> 林徽音与梁思成：一对探索中国建筑的伴侣 / 费慰梅著；成寒译. 台北：时报文化出版企业公司，2000，313 页.（历史与现场；121）

> 梁思成与林徽因：一对探索中国建筑史的伴侣 / 费慰梅著；曲莹璞等译. 北京：中国文联出版公司，1997，10+251 页.

6680　林书豪：疯者为王 / 肖恩·德文尼著；史锐译. 北京：清华大学出版社，2013，191 页.

6681　林书豪"疯狂"NBA / 艾野著. 北京：人民出版社，2012，178 页.

6682　林书豪画传 / 亚当·费格曼著；谢泽畅，陈璐译. 南京：译林出版社，2012，123 页.

6683　伶人·武士·猎手：后唐庄宗李存勖传 / 戴仁柱，马佳著. 北京：中华书局，2009，220 页.

6684　凌云壮志：李陵、三藏法师 / 蜂屋邦夫，一海知义著. 台北：培真文化企业公司，2002，185 页.（人物史记；6）

6685　刘少奇 / 洛厄尔·迪特默著；萧耀先等译. 北京：华夏出版社，1989，308 页.

6686　刘松龄：旧耶稣会在京最后一位伟大的天文学家 / 斯坦尼斯拉夫·叶茨尼克著；周萍萍译. 上海：上海三联书店，2014，202 页.（上海三联人文经典书库）

6687　留美杂忆：六十年来美国生活的回顾 / 钱存训著. 安徽：黄山书社，2008，332 页.（中华文史资料丛刊）

> 留美杂忆：六十年来美国生活的回顾 / 钱存训著. 台北：传记文学出版社股份有限公司，2007，300 页.（传记文学）

6688　龙夫人：慈禧故事 / 斯特林·西格雷夫著；秦传安译. 北京：中央编译出版社，2005，402 页.

6689　漏船载酒忆当年 / 杨宪益著；薛鸿时译. 北京：北京十月文艺出版社，2018，246 页.

> 漏船载酒忆当年 / 杨宪益著；薛鸿时译. 北京：北京十月文艺出版社，2001，258 页.（百年人生丛书）

6690　卢芹斋传 / 罗拉著；卞婉钰译. 北京：中国文联出版社，2015，236 页.

> 卢芹斋传 / 罗拉著；卞婉钰译. 香港：新世纪出版社，2013，242 页.

6691　鲁迅：无意识的存在主义 / 山田敬三著；秦刚译. 北京：北京大学出版社，2012，20+333 页.（文学史研究丛书）

6692　鲁迅的生命和创作 / 秦乃瑞著；王家平，张素丽译. 北京：中国国际广播出版社，2014，401 页.

6693　鲁迅回忆录，专著. 下册 / 鲁迅博物馆等选编. 北京：北京出版社，1999，1083-1587 页.

> 鲁迅的印象 / 增田涉著；钟敬文译. 长沙：湖南人民出版社，1980，140 页.

6694　鲁迅救亡之梦的去向：从恶魔派诗人论到《狂人日记》/ 北冈正子著；李冬木译. 北京：生活·读书·新知三联书店，2015，262 页.（日本二周研究经典选辑）

6695 鲁迅评传 / 波兹德涅耶娃著；吴兴勇，颜雄译 . 长沙：湖南教育出版社，2000，12+716 页 .

6696 鲁迅评传 / 横松宗著；王海龙译 . 沈阳：辽宁大学出版社，1992，235 页 .

6697 鲁迅与终末论：近代现实主义的成立 / 伊藤虎丸著；李冬木译 . 北京：生活·读书·新知三联书店，2008，403 页 .（日本二周研究经典选辑）

6698 鲁迅挚友内山完造的肖像：上海内山书店的老板 / 吉田旷二著；村尾沙耶佳，李恒伟译 . 北京：新华出版社，1996，214 页 .

6699 乱世奸雄袁世凯 / 陈志让著；傅志明，鲜于浩译 . 长沙：湖南人民出版社，1988，299 页 .

6700 论范曾 / 季羡林，叶嘉莹等著 . 北京：北京大学出版社，2007，231 页 .

6701 论学谈诗二十年：胡适杨联陞往来书札 / 胡适纪念馆编 . 合肥：安徽教育出版社，2001，476 页 .

6702 罗生特传 / 格尔德·卡明斯基著；李传松等译 . 北京：旅游教育出版社，1995，230 页 .（国际友人丛书）

6703 落日大帝国 / 陈舜臣编著 . 台北：万象图书公司，1991，227 页 .（人物中国史；8）

6704 马步芳在青海：1931—1949/ 默利尔·亨斯博格著；崔永红译 . 西宁：青海人民出版社，1994，174 页 .

6705 马海德传 / 沙博理著；郑德芳译 . 北京：中国青年出版社，1997，218 页 .

6706 马可·孛罗 / 佐口透著；康岚译 . 再版 . 台北：名人出版事业公司，1982，177 页 .（名人伟人传记全集；43）

6707 马可·波罗 / 劳伦斯·贝尔格林著；周侠译 . 海口：海南出版社，2014，342 页 .
   ➢ 大旅行家马可·波罗传 / 劳伦斯·贝尔格林著；周侠译 . 海口：海南出版社，2010，297 页 .

6708 马可·波罗 / 木暮正夫著；清水耕藏绘；蔡鸣雁译 . 武汉：长江少年儿童出版社，2016，31 页 .

6709 马可·波罗：英汉双语 /Struan Reid 著；彭彦译 . 北京：外语教学与研究出版社，2005，81 页 .（名人风景线：英汉双语）

6710 马可·波罗与中世纪的探险家 / 丽贝卡·斯蒂福夫著；刘桂珍译 . 北京：世界知识出版社，1998，153 页 .（探索者丛书）

6711 马可·波罗真的到过中国吗？/ 吴芳思著；张学治译 . 南京：江苏人民出版社，2015，284 页 .
   ➢ 马可·波罗到过中国吗？/ 弗朗西丝·伍德著；洪允息译 . 北京：新华出版社，1997，14+221 页 .

6712 马中欣·三毛之谜 / 马中欣著 . 台北：旗林文化出版社有限公司，2009，285 页 .（马中欣之经典之旅 . 撒哈拉之旅）

6713 马仲英逃亡记 / 斯文·赫定著；凌颂纯，王嘉琳译 .2 版 . 银川：宁夏人民出版社，

2003，282 页．

> 马仲英逃亡记 / 斯文·海定著；凌颂纯，王嘉琳译．银川：宁夏人民出版社，1987，1988 重印，271 页．（西北史地资料译丛）

6714 毛晋交游研究 / 三浦理一郎著．上海：华东师范大学出版社，2012，238 页．（三浦文库）

6715 毛理尔和他热爱的中国 / 毛理尔资料编译委员会编译．天津：天津大学出版社，2013，317 页．

6716 冒险的岁月：埃德加·斯诺在中国 / 伯纳德·托马斯著；吴乃华等译．北京：世界知识出版社，1999，19+550 页．

6717 没有不散的筵席：顾维钧夫人回忆录 / 黄蕙兰著．北京：中国文史出版社，2018，271 页．

> 没有不散的筵席：顾维钧夫人回忆录 / 黄蕙兰著．北京：中国文史出版社，2012，272 页．

> 没有不散的筵席：外交家顾维钧夫人自述 / 黄蕙兰著；天津编译中心译．北京：中国文史出版社，1988，12+341 页．

6718 美国女画师的清宫回忆 / 凯瑟琳·卡尔著；陈述，陶林译．南京：江苏凤凰文艺出版社，2018，219 页．

> 与慈禧太后在一起 / 凯瑟琳·卡尔著；李国庆整理．影印本．桂林：广西师范大学出版社，2012，2017 重印，15+351 页．（"中国研究"外文旧籍汇刊·中国记录．第三辑；7/ 李国庆，何林夏主编）

> 美国女画师的清宫回忆 / 凯瑟琳·卡尔著；王和平译．2 版．北京：故宫出版社，2011，261 页．（晚清宫廷见闻录丛书）

> 美国女画师的清宫回忆 / 凯瑟琳·卡尔著；王和平译．香港：三联书店（香港）有限公司，2011，311 页．

> 美国女画师的清宫回忆 / 凯瑟琳·卡尔著；王和平译．北京：紫禁城出版社，2009，247 页．（晚清宫廷见闻录丛书）

> 一个美国女画师眼中的慈禧 / 凯瑟琳·卡尔著；晏方译．北京：中国工人出版社，2008，222 页．

> 禁苑黄昏：一个美国女画师眼中的西太后 / 凯瑟琳·卡尔著；晏方译．上海：百家出版社，2001，244 页．

> 慈禧写照记 / 卡尔著；陈霆锐译．珠海：珠海出版社，1995，225 页．（外国人笔下的清宫秘闻）

> 慈禧与美国女画家 / 卡尔著；张宽编．沈阳：春风文艺出版社，1993，211 页．

> 慈禧写照记 / 卡尔著；陈霆锐译．天津：天津市古籍书店，1989，186 页．

6719 美玉生烟：叶嘉莹细讲李商隐 / 叶嘉莹著．北京：北京大学出版社，2018，247 页．（迦陵讲演集）

6720 孟小冬 / 花映红著 . 北京：人民音乐出版社，2009，274 页 .

6721 梦，在路上：美国堪萨斯大学东亚系前主任马克梦口述 / 孟繁之编著 . 北京：北京大学出版社，2018，181 页 .（北京大学新中国留华校友口述实录丛书 . 第一辑 / 夏红卫，孔寒冰主编）

6722 梦醒子：一位华北乡居者的人生（1857—1942）/ 沈艾娣著；赵妍杰译 . 北京：北京大学出版社，2013，162 页 .（博雅史学论丛·海外中国史研究）

6723 明治的汉学家 / 町田三郎著；连清吉译 . 台北：台湾学生书局，2002，356 页 .（日本汉学丛刊）

6724 末代皇弟溥杰传 / 船木繁著；战宪斌译 . 北京：民族出版社，1998，199 页 .

> 末代皇弟—溥杰昭和风云录：纪实传记文学 / 船木繁著；战宪斌译 . 北京：中国卓越出版公司，1990，243 页 .

6725 男装女谍 / 上坂冬子著；巩长金译 . 北京：解放军出版社，1985，248 页 .

6726 南怀瑾的理念 / 侯承业著 . 上海：复旦大学出版社，1996，153 页 .

6727 内山完造传：献身于日中友好事业的伟大公民 / 小泽正元著；赵宝智，吴德烈译 . 天津：百花文艺出版社，1983，226 页 .

6728 内藤湖南：政治与汉学（1866—1934）/ 傅佛果著；陶德民，何英莺译 . 南京：江苏人民出版社，2016，363 页 .（凤凰文库·海外中国研究系列）

6729 内藤湖南的世界：亚洲再生的思想 / 内藤湖南研究会编著；马彪等译 . 西安：三秦出版社，2005，380 页 .

6730 鸟居龙藏：纵横台湾与东亚的人类学先驱 / 中薗英助著；杨南郡译 . 台北：晨星出版社，1998，554 页 .（台湾历史馆；7）

6731 聂耳——闪光的生涯 / 齐藤孝治著；庄丽译 . 上海：上海音乐出版社，2003，11+255 页 .

6732 弄潮儿向涛头立：马耳他前驻华大使克俚福口述 / 赵昀晖编著 . 北京：北京大学出版社，2018，182 页 .（北京大学新中国留华校友口述实录丛书 . 第一辑 / 夏红卫，孔寒冰主编）

6733 女间谍川岛芳子 / 渡边龙策著；本山，孙望译 . 2 版 . 南京：江苏人民出版社，1985，186 页 .

> 川岛芳子 / 渡边龙策著；本山，孙望译 . 南京：江苏人民出版社，1982，185 页 .

6734 蒲寿庚考 / 桑原骘藏著；陈裕菁译订 . 北京：中华书局，2009，187 页 .（日本学者中国史研究丛刊）

6735 蒲松龄传 / 前野直彬著；傅赖会译 . 台北：国际文化事业公司，1986，215 页 .（中国名人传记；132）

6736 溥仪的另一种真相：秘藏日本的伪满皇宫最高机密 / 中田整一著；喜入影雪译 . 上海：上海人民出版社，2009，189 页 .

6737 谱写虎标传奇：胡文虎及其创业文化史 / 沈仪婷著 . 新加坡：新加坡国立大学中文

系等，2013，10+288 页 .（客家文化研究丛书；3）

6738　奇士风云录：56 位影响中国历代风潮的奇人异士 / 井波律子著；吕理州译 . 台北：商周出版社，2006，242 页 .

6739　前朝梦忆：张岱的浮华与苍凉 / 史景迁著；温洽溢译 .2 版 . 台北：时报文化出版企业股份有限公司，2016，271 页 .（史景迁作品集；6）

  ➢ 前朝梦忆：张岱的浮华与苍凉 / 史景迁著；温洽溢译 . 桂林：广西师范大学出版社，2010，14+212 页 .（史景迁作品）

  ➢ 前朝梦忆：张岱的浮华与苍凉 / 史景迁著；温洽溢译 . 台北：时报文化出版企业股份有限公司，2009，259 页 .（历史与现场；183）

6740　钱穆与七房桥世界 / 邓尔麟著；蓝桦译 .2 版 . 北京：社会科学文献出版社，1998，169 页 .

  ➢ 钱穆与七房桥世界 / 邓尔麟著；蓝桦译 . 北京：社会科学文献出版社，1995，147 页 .

6741　钱穆与现代中国学术 / 余英时著 . 桂林：广西师范大学出版社，2006，217 页 .

6742　钱穆与中国文化 / 余英时著 . 上海：上海远东出版社，1994，315 页 .（学术集林丛书；Ⅲ）

6743　切问与近思：当代公共知识人访谈录 / 丁果著 . 北京：世界知识出版社，2012，19+319 页 .

6744　亲炙记幸 / 陈毓贤著 . 杭州：浙江大学出版社，2017，234 页 .（六合丛书 / 吕大年，高峰枫主编）

6745　秦始皇 / 吉川忠夫著；纪太平译 . 西安：三秦出版社，1989，171 页 .（风云人物丛书 / 张玉良主编）

6746　秦始皇传 / 吴芳思著；王纪卿译 . 长沙：湖南人民出版社，2014，213 页 .

6747　秦氏千年史 . 上下 / 秦家骢著；舒逊，曼予译 . 台北：远流出版事业公司，2001，2 册（663 页）.（实用历史丛书；147）

6748　青山一发 . 上，孙文崛起 / 陈舜臣著；许锡庆译 . 台北：远流出版事业股份有限公司，2007，324 页 .（实用历史丛书）

  ➢ 青山一发 . 下，辛亥之路 / 陈舜臣著 . 台北：远流出版事业股份有限公司，2007，325-655 页 .（实用历史丛书）

  ➢ 青山一发：从孙文崛起看大清日落 / 陈舜臣著；许锡庆译 . 桂林：广西师范大学出版社，2007，377 页 .

6749　清代名人传略 /A.W. 恒慕义编著；中国人民大学清史研究所《清史名人传略》翻译组译 . 西宁：青海人民出版社，1995，3 册（817；506；536 页）.

  ➢ 清代名人传略 . 上中下 / 恒慕义主编；中国人民大学清史研究所《清代名人传略》翻译组译 . 西宁：青海人民出版社，1990，3 册（817；506；536 页）.

6750　清中叶学者大臣阮元生平与时代 / 魏白帝著；朱已泰等译 . 扬州：广陵书社，

2017，15+381 页 .（江苏学术文化译丛 / 曾学文主编）

6751 丘濬评传 / 李焯然著 . 南京：南京大学出版社，2011，368 页 .（中国思想家评传丛书 / 匡亚明主编）

> 丘濬评传 / 李焯然著 . 南京：南京大学出版社，2005，368 页 .（中国思想家评传丛书 / 匡亚明主编）

6752 秋瑾：竞雄女侠传 / 永田圭介著；闻立鼎译 . 北京：群言出版社，2007，350 页 .

6753 求生朝圣 / 海伦·斯诺著；杨金梅译 . 北京：北京出版社，2018，153 页 .

> 求生朝圣 / 海伦·斯诺著；杨金梅译 . 北京：北京出版社，2016，159 页 .（国际名人看中国 / 孙华主编）

6754 人境庐内：黄遵宪其人其诗考，1848—1905/ 施吉瑞著；孙洛丹译 . 上海：上海古籍出版社，2015，19+282 页 .（剑桥中华文史丛刊）

> 人境庐内：黄遵宪其人其诗考，1848—1905/ 施吉瑞著；孙洛丹译 . 上海：上海古籍出版社，2010，19+282 页 .（剑桥中华文史丛刊）

6755 日本冲绳华裔中的阮氏族群 / 山川静香著 . 厦门：厦门大学出版社，2018，213 页 .（海上丝绸之路研究丛书 / 王日根主编）

6756 日本近代汉语名师传 / 六角恒广著；王顺洪编译 . 北京：北京大学出版社，2002，186 页 .

6757 日本鲁迅研究精选集 / 藤井省三主编；林敏洁主译 . 北京：中央编译出版社，2016，362 页 .（鲁迅文化基金会丛书）

6758 日本幕末以来之汉学家及其著述 / 町田三郎著；连清吉译 . 台北：文史哲出版社，1992 年，272 页 .（文史哲学集成；248）

6759 日本难忘李德全 / 程麻，林振江著，北京：中国社会科学出版社，2017，219 页 .

6760 日本人心目中的周恩来 / 日本纪念周恩来出版发行委员会编；刘守序等译 . 北京：中共中央党校出版社，1991，357 页 .

6761 日本人眼中的慈禧 / 田原祯次郎著；董丹译 . 北京：故宫出版社，2013，216 页 .

6762 日本异文化中的鲁迅：从弘文学院入学到"退学"事件，青年鲁迅的东瀛启蒙 / 北冈正子著；王敬翔，李文卿译 . 台北：麦田出版社，2018，445 页 .（麦田人文；167）

6763 日籍华人：我的人生旅途 / 龙昇著 . 北京：国际文化出版公司，1997，470 页 .

6764 塞纳河畔的中国凤凰 / 阿芙德·格琳德著；杜青钢，菁菁译 . 北京：中国民族摄影艺术出版社，2012，175 页 .

6765 三国志的世界：群雄逐鹿的纷争 / 驹田信二编著 . 台北：万象图书公司，1991，251 页 .（人物中国史；5）

6766 三国志之乱世英雄：曹操、孙权 / 伴野朗，伊藤桂一著；王诗怡译 . 台北：培真文化企业公司，2001，251 页 .（人物史记；3）

6767 三国志之义薄云天：关羽荀彧 / 尾崎秀树，陈舜臣编集；立间祥介，春名彻著；

蔡尔健译.台北：培真文化企业有限公司—思文堂，2001，185页.（人物史记；2）

6768 三国志之英雄抬头：诸葛孔明刘备/尾崎秀树，陈舜臣编集；守屋洋，立间祥介著；蔡尔健译，台北：培真文化企业有限公司—思文堂，2001，251页.（人物史记；1）

6769 三毛之谜/马中欣著.上海：东方出版中心，2010，17+277页.
- 三毛真相：一位女作家沉隐三十年的虚幻/马中欣文/摄影.台北：华文网公司，2001，255页.（集思书城系列；2）
- 三毛真相/马中欣著.北京：西苑出版社，1998，344页.

6770 三十三年落花梦/宫崎滔天著；宋越伦译.再版.台北：中华书局，2018，10+12+279页.（中华史地丛书）
- 三十三年之梦/宫崎滔天著；林启彦译注.桂林：广西师范大学出版社，2011，21+284页.
- 三十三年之梦：宫崎滔天自传/陈鹏仁译.台北：水牛图书出版事业公司，1989，263页.（文史丛书；68）
- 三十三年之梦/宫崎滔天著；启彦译.台北：帕米尔书店，1984，385页.（帕米尔文丛；8）
- 三十三年之梦：回忆录/宫崎滔天著；佚名初译，林启彦攻译注释.广州：花城出版社，1981，322页.

6771 三十岁前的孙中山：翠亨、檀岛、香港：1866—1895/黄宇和著.北京：生活·读书·新知三联书店，2012，12+713页.
- 三十岁前的孙中山：翠亨、檀岛、香港：1866—1895/黄宇和著.香港：中华书局（香港）有限公司，2011，10+726页.

6772 山茂召少校日记及其生平：美国第一任驻广州领事/乔西亚·昆西编著；褚艳红译.桂林：广西师范大学出版社，2015，304页.（晚清驻华外交官传记丛书/周振鹤主编）

6773 闪亮的篮球新星：林书豪/詹姆斯·巴克利文；陈威达图；区国强译.台北：天下远见出版股份有限公司，2012，2013重印，166页.（人物馆；101）

6774 伤残的树/韩素音著；董乐山，孟军译.上海：上海人民出版社，2011，12+466页.
- 韩素音自传，残树/韩素音著；祝珏等译.北京：中国华侨出版公司，1991，1994重印，514页.（海外炎黄精英丛书）
- 韩素音自传，寂夏/韩素音著；邱雪艳，梅仁毅译.北京：中国华侨出版公司，1991，1994重印，411页.（海外炎黄精英丛书）
- 韩素音自传，凡花/韩素音著；杨光慈，钱蒙译.北京：中国华侨出版公司，1991，446页.（海外炎黄精英丛书）
- 韩素音自传，吾宅双门/韩素音著；陈德彰，林克美译.北京：中国华侨出版公司，1991，505页.（海外炎黄精英丛书）

- 韩素音自传，再生凤凰 / 韩素音著；杨适华，庄绎传译．北京：中国华侨出版公司，1991，316 页．（海外炎黄精英丛书）
- 伤残的树：我的父母和童年 / 韩素音著；董乐山译．北京：生活·读书·新知三联书店，1983，317 页．

6775 上场！林书豪的跃起：从哈佛宿舍的近身对谈开始，第一手完整深入的林书豪传记 / 提摩西·戴伦波著；江坤山等译．台北：远流出版事业股份有限公司，2012，268 页．

6776 上海的女儿 / 周采芹著；何毅华译．南宁：广西人民出版社，2002，328 页．
- 上海的女儿：麒麟童之女周采芹著．自传 / 周采芹著．台北：时报文化出版公司，1990，275 页．（历史与现场；11）
- 上海的女儿：周采芹自传 / 周采芹著；陈钧润译．香港：博益出版集团公司，1989，227 页．

6777 邵武四十年：美国传教士医生福益华在华之旅，1892—1932/ 小爱德华·布里斯著；安雯译．北京：中央编译出版社，2015，10+297 页．

6778 神奇小子林书豪 / 迈克·约基著；刘如菁译．北京：中国书籍出版社，2012，224 页．
- 神奇小子林书豪：为荣耀上帝打球 / 游迈克著；刘如菁译．台北：雅歌出版社，2012，224 页．（云彩丛书；8）

6779 神堂记忆：一个中国乡村的历史、权力与道德 / 景军著；吴飞译．福州：福建教育出版社，2013，212 页．

6780 生活的艺术家 / 李小龙著；约翰·里特编辑整理；刘军平译．北京：北京联合出版公司，2013，174 页．
- 李小龙：生活的艺术家 / 李小龙著；约翰·力图编；刘军平译．香港：三联书店（香港）有限公司，2010，2011 重印，330 页．
- 李小龙：生活的艺术家 / 约翰·里特编著；刘军平译．海口：南海出版公司，2008，268 页．

6781 施密特：与中国为邻 / 赫尔穆特·施密特，弗朗克·西伦著；梅兆荣等译．海口：海南出版社，2014，17+266 页．

6782 时代之子——秦始皇 / 陈舜臣著；张玲玲译．2 版．台北：远流出版事业股份有限公司，2004，172 页．（陈舜臣作品集；10）
- 秦始皇 / 陈舜臣著；张玲玲译．台北：远流出版事业公司，1997，172 页．（陈舜臣作品集；10）

6783 时光飞逝：中国空军先驱林福元 / 帕蒂·哥莉著；张朝霞译．广州：花城出版社，2013，273 页．

6784 时光之翼 / 秦昭华著；韩良忆译．台北：圆神出版社，2002，386 页．（当代文学；10）

6785 史迪威抗战日记 / 约瑟夫·史迪威著；骆伯鸿编译．长沙：湖南人民出版社，

2013，206 页．

6786 史迪威与美国在中国的经验：1911—1945/ 巴巴拉·W. 塔奇曼著；万里新译．北京：中信出版社，2015，655 页．
- 史迪威与美国在中国的经验 / 巴巴拉·W. 塔奇曼著；万里新译．北京：新星出版社，2007，558 页．
- 逆风沙：史迪威与美国在华经验 / 塔奇曼著；汪溪等译．重庆：重庆出版社，1994，722 页．（国际友人丛书．第三辑 / 爱泼斯坦，高梁总主编）
- 史迪威与美国在华经验：1911—1945/ 塔奇曼著；陆增平译．北京：商务印书馆，1985，2 册（772 页）．

6787 史家陈寅恪传 / 汪荣祖著 .3 版．增订版．台北：联经出版事业股份有限公司，2016，318 页．
- 陈寅恪评传 / 汪荣祖著 .2 版．南昌：百花洲文艺出版社，2015，235 页．（国学大师丛书）
- 陈寅恪评传 / 汪荣祖著 .2 版．南昌：百花洲文艺出版社，2010，221 页．（国学大师丛书）
- 史家陈寅恪传 / 汪荣祖著．北京：北京大学出版社，2005，275 页．
- 陈寅恪评传 / 汪荣祖著．南昌：百花洲文艺出版社，1997，277 页．（国学大师丛书；2）
- 史家陈寅恪传 / 汪荣祖著．增订版．台北：联经出版事业公司，1997，318 页．
- 陈寅恪评传 / 汪荣祖著．南昌：百花洲文艺出版社，1992，1996 重印，277 页．（国学大师丛书．第一辑；2）
- 史家陈寅恪传 / 汪荣祖著．台北：联经出版事业公司，1984，291 页．
- 史家陈寅恪传 / 汪荣祖撰．影印本．台北：文海出版社，1978，1 册．（近代中国史料丛刊续编．第五十辑；497）

6788 史可法年谱 / 史元庆著．修订本．北京：中国友谊出版公司，1991，266 页．

6789 史沫特莱：一个美国激进分子的生平和时代 / 麦金农著；汪杉等译．北京：中华书局，1991，476 页．（国际友人丛书 / 爱泼斯坦，高梁主编）
- 史沫特莱传 / 麦金农，麦金农著；江枫等译．沈阳：辽宁人民出版社，1991，476 页．

6790 是从中国，我给你写信……/ 博里斯·马尔坦著；张宇凌译．长沙：岳麓书社，2005，245 页．

6791 蜀国飘流记 / 川口孝夫著；张建国，段小丁译．成都：四川人民出版社，1999，165 页．（四川国际友城丛书；3）

6792 水流云在：英若诚自传 / 英若诚，康开丽著；张放译 .2 版．北京：中信出版社，2016，18+319 页．
- 水流云在：英若诚自传 / 英若诚，康开丽著；张放译．北京：中信出版社，

2009，19+288 页.

6793 说古道今赤子心：张学良访谈录 / 长井晓等著；王智新译. 北京：华文出版社，1993，160 页.

6794 司空图新论 / 王润华著. 台北：东大图书公司，1989，281 页.（沧海丛刊文学）

6795 思想肖像：中国知名教育家的故事 / 许美德著；周勇等译. 北京：教育科学出版社，2008，271 页.（中国教育叙事研究丛书）

6796 斯洛文尼亚在中国的文化使者——刘松龄 / 米加主编；朱晓珂，褚龙飞译. 郑州：大象出版社，2015，248 页.（著名汉学家研究丛书）

6797 斯坦因：考古与探险 / 珍妮特·米斯基著；田卫疆等译. 乌鲁木齐：新疆美术摄影出版社，1992，574 页.

6798 宋朝的太祖和太宗：变革时期的帝王 / 竺沙雅章著；方建新译. 杭州：浙江大学出版社，2006，222 页.

6799 宋徽宗 / 伊沛霞著；韩华译. 桂林：广西师范大学出版社，2018，20+596 页.

6800 宋家王朝 / 斯特林·西格雷夫著. 呼伦贝尔：内蒙古文化出版社，2010，467 页.
- 宋家王朝：支配现代中国的华丽家族. 上篇，革命传奇.1/ 史特林·西格雷夫原著. 台北：风云时代出版股份有限公司，2006，350 页.（风云名人传记系列）
- 宋家王朝：支配现代中国的华丽家族. 下篇，豪门沧桑.2/ 史特林·西格雷夫原著. 台北：风云时代出版股份有限公司，2006，362 页.（风云名人传记系列）
- 宋家王朝：本世纪最杰出的家族传记 / 斯特林·西格雷夫著. 海拉尔：内蒙古文化出版社，2001，14+501 页.
- 宋家王朝：一个掌握近代中国权力与财富的王朝 / 斯特林·西格雷夫著. 海拉尔：内蒙古文化出版社，1998，2 册（16+670 页）.
- 宋家王朝. 上，革命传奇 / 西格雷夫著. 台北：风云时代出版公司，1995，350 页.（风云名人传记系列；18）
- 宋家王朝. 下，豪门沧桑 / 西格雷夫著. 台北：风云时代出版公司，1995，362 页.（风云名人传记系列；19）
- 宋氏家族秘闻 / 斯特林·西格雷夫著；考天译. 成都：四川省社会科学院出版社，1988，560 页.
- 宋家王朝 / 西格雷夫著；丁中青等译. 北京：中国文联出版公司，1986，667 页.
- 宋家王朝 / 西格雷夫著. 澳门：星光书店，1985，445 页.

6801 宋美龄：一个世纪女人的梦想、辉煌和悲剧 / 李台珊著；齐仲里，郭骅译. 北京：华文出版社，2012，386 页.
- 宋美龄：走在蒋介石前头的女人 / 李台珊著；黄中宪译. 台北：五南图书出版股份有限公司，2010，503 页.（世界名人传；1）

6802 宋美龄传 / 汉娜·帕库拉著；林添贵译. 北京：东方出版社，2012，518 页.
- 宋美龄新传：风华绝代一夫人 / 汉纳·帕库拉著；林添贵译. 台北：远流出版事

业股份有限公司，2011，678 页．（绿蠹鱼丛书；YLC53）

6803 宋美龄传 / 李桓编译．台湾：海峡文艺出版社，1984，309 页．

6804 宋美龄传 / 龙流编译．北京：农村读物出版社，1988，272 页．

6805 宋庆龄：20 世纪的伟大女性 / 伊斯雷尔·爱泼斯坦著；沈苏儒译．香港：香港和平图书有限公司，2016，609 页．（爱泼斯坦作品集）
- 宋庆龄：20 世纪的伟大女性 / 伊斯雷尔·爱泼斯坦著；沈苏儒译．北京：新星出版社，2015，2 册（301；307）页．
- 宋庆龄：二十世纪的伟大女性 / 伊斯雷尔·爱泼斯坦著；沈苏儒译．北京：人民出版社，2008，15+709 页．
- 宋庆龄：二十世纪的伟大女性 / 爱泼斯坦著；沈苏儒译．北京：人民出版社，1992，709 页．

6806 宋沈休文先生约年谱 / 铃木虎雄著；马导源编译．影印本．台北：台湾商务印书馆，1980，64 页．（新编中国名人年谱集成．第九辑）

6807 宋氏家族：父女·婚姻·家庭 / 哈恩著；李豫生等译．北京：新华出版社，1985，329 页．

6808 宋氏家族：一场历史的"华丽悲剧" / 斯特林·西格雷夫著；孙文龙译．北京：中信出版集团股份有限公司，2017，22+600 页．

6809 宋氏三姐妹 / 罗比·尤恩森原著；林玉山等改编；沈尧伊绘画．西安：陕西人民美术出版社，2007，353 页．
- 宋氏三姐妹：宋蔼龄，宋庆龄，宋美龄 / 尤恩森著；赵云侠译．北京：世界知识出版社，1984，121 页．

6810 宋太祖与宋太宗 / 竺沙雅章著；方建新译．西安：三秦出版社，1988，153 页．

6811 苏东坡传 / 林语堂著；张振玉译．长沙：湖南文艺出版社，2018，356 页．
- 苏东坡传：中国文人从政的标志性人生 / 林语堂著；张振玉译．长沙：湖南人民出版社，2018，10+337 页．
- 苏东坡传：经典新版 / 林语堂著．台北：风云时代出版股份有限公司，2017，365 页．（林语堂作品精选；4）
- 苏东坡传：中英双语独家珍藏版 / 林语堂著；张振玉译．长沙：湖南文艺出版社，2017，2 册（15+827 页）．
- 苏东坡传 / 林语堂著；张振玉译．长沙：湖南文艺出版社，2016，356 页．
- 苏东坡传 / 林语堂著；张振玉译．北京：新世界出版社，2015，322 页．
- 苏东坡传 / 林语堂著．武汉：长江文艺出版社，2015，318 页．
- 苏东坡传 / 林语堂著；宋碧云译．南京：江苏人民出版社，2015，310 页．
- 苏东坡传 / 林语堂著．北京：北京联合出版公司，2014，276 页．（中小学生必读丛书）
- 苏东坡传 / 林语堂著．北京：北京联合出版公司，2014，354 页．（新课标必读

丛书）

- 苏东坡传 / 林语堂著；张振玉译. 杭州：浙江文艺出版社，2014，10+336 页.（名家·名人传）
- 苏东坡传：精装典藏新善本 / 林语堂著；宋碧云译. 南京：江苏人民出版社，2014，324 页.
- 苏东坡传 / 林语堂著. 北京：北京联合出版公司：群言出版社，2013，354 页.
- 苏东坡传 / 林语堂著；宋碧云译. 沈阳：万卷出版公司，2013，308 页.
- 苏东坡传：知识阶层传承千年的理想人格 / 林语堂著；宋碧云译. 武汉：武汉出版社，2013，310 页.（含章文库）
- 苏东坡传：中国文人从政的标志性人生 / 林语堂著；张振玉译. 长沙：湖南人民出版社，2013，10+337 页.
- 苏东坡传 / 林语堂著. 武汉：长江文艺出版社，2012，320 页.
- 苏东坡传 / 林语堂著；张振玉译. 北京：外语教学与研究出版社，2012，237 页.
- 苏东坡传：最新修订精装典藏版 / 林语堂著. 长沙：湖南文艺出版社，2012，356 页.
- 苏东坡传 / 林语堂著. 台北：风云时代出版股份有限公司，2011，365 页.（林语堂精品集；9）
- 苏东坡传 / 林语堂著. 北京：群言出版社，2010，354 页.
- 苏东坡传 / 林语堂著. 北京：群言出版社，2009，258 页.
- 苏东坡传 / 林语堂著. 北京：外语教学与研究出版社，2009，17+518 页.（林语堂英文作品集）
- 苏东坡传 / 林语堂著；张振玉译. 北京：东方出版社，2009，333 页.（名从名传系列）
- 苏东坡传 / 林语堂著；张振玉译. 西安：陕西师范大学出版社，2009，341 页.
- 苏东坡传：图文版 / 林语堂著；张振玉译. 武汉：长江文艺出版社，2009，318 页.（林语堂精品书系）
- 苏东坡传 / 林语堂著. 2 版. 天津：百花文艺出版社，2008，327 页.（二十世纪四大传记）
- 苏东坡传 / 林语堂著；张振玉译. 北京：现代教育出版社，2007，289 页.（林语堂经典著作）
- 苏东坡传 / 林语堂著；张振玉译. 香港：天地图书有限公司，2006，13+409 页.（林语堂经典选读）
- 苏东坡传 / 林语堂著；张振玉译. 西安：陕西师范大学出版社，2006，338 页.（林语堂文集）
- 苏东坡传 / 林语堂著；张振玉译. 西安：陕西师范大学出版社，2005，10+326 页.（林语堂文集；20）

> 苏东坡传 / 林语堂著 . 海口：海南出版社，2002，441 页（名人名传丛书：插图本 . 第一辑）

> 苏东坡传 / 林语堂著 . 海口：海南出版社，2001，441 页 .（名人名传丛书：插图本 . 第一辑）

> 苏东坡传 / 林语堂著；张振玉译 . 天津：百花文艺出版社，2000，381 页 .（二十世纪四大传记丛书）

> 苏东坡传 / 林语堂著；宋碧云译 . 海口：海南出版社，1992，1993 重印，281 页 .

> 苏东坡传 / 林语堂著；张振玉译 . 上海：上海书店，1989，1992 重印，10+417 页 .（林语堂小说集）

> 苏东坡传 / 林语堂著；张振玉译 . 长春：时代文艺出版社，1988，353 页 .（拿来参考丛书）

> 苏东坡传 / 林语堂著；张振玉译 . 台北：金兰文化出版社，1986，417 页 .（林语堂经典名著；4）

6812 苏曼殊传 / 柳无忌著；王晶囅译 . 北京：生活·读书·新知三联书店，1992，202 页 .（文化生活译丛）

6813 苏门答腊的郁达夫 / 铃木正夫著；李振声译 . 2 版 . 上海：上海远东出版社，2004，256 页 .（火凤凰文库）

> 苏门答腊的郁达夫 / 铃木正夫著；李振声译 . 上海：上海远东出版社，1996，256 页 .（火凤凰文库；18）

6814 隋炀帝：生平、时代与遗产 / 熊存瑞著；毛蕾，黄维玮译 . 厦门：厦门大学出版社，2018，367 页 .

6815 孙文革命：《圣经》和《易经》/ 黄宇和著 . 广州：广东人民出版社，2016，11+619 页 .

> 孙文革命：《圣经》和《易经》/ 黄宇和著 . 香港：中华书局（香港）有限公司，2015，571 页 .

6816 孙逸仙 / 白吉尔著；温洽溢译 . 台北：时报文化出版企业股份有限公司，2010，481 页 .（历史与现场；189）

6817 孙逸仙传记：美国人眼中的孙中山 / 林百克著；徐植仁译 . 香港：香港中和出版有限公司，2014，207 页 .（二十世纪中国）

> 孙中山与中华民国：美国顾问眼中的孙中山 / 林百克著；高敬，范红霞译 . 北京：东方出版社，2013，273 页 .

> 外国人眼中的中国人，孙中山 / 保罗·林百克著；赵拴科，孙小芳译 . 北京：东方出版社，2013，243 页 .

> 总统誓言：孙逸仙传记 / 林百克著；徐植仁译 . 北京：红旗出版社，2012，198 页 .

> 孙逸仙传记 / 林百克著；徐植仁译 . 桂林：广西师范大学出版社，2011，173 页 .

6818 孙逸仙伦敦蒙难真相 / 黄宇和著 . 修订版 . 上海：上海书店出版社，2004，296 页 .（黄宇和院士系列）

> 孙逸仙伦敦蒙难真相：从未披露的史实 / 黄宇和著 . 台北：联经出版事业公司，1998，315 页 .

6819 孙中山：勉为其难的革命家 / 史扶邻著；丘权政，符致兴译 . 北京：中国华侨出版社，1996，248 页 .

6820 孙中山：壮志未酬的爱国者 / 韦慕庭著；杨慎之译 . 北京：新星出版社，2006，385 页 .

> 孙中山：壮志未酬的爱国者 / 韦慕廷著；杨慎之译 . 广州：中山大学出版社，1986，435 页 .

6821 孙中山与广东：广东省档案馆库藏海关档案选译 / 广东省档案馆编译 . 广州：广东人民出版社，1996，721 页 .（孙中山基金会丛书 . 译作）

6822 孙中山与吕运亨比较研究 / 李京来著 . 合肥：合肥工业大学出版社，2007，251 页 .（李良玉教授与其博士生文丛）

6823 孙中山与中国革命 / 史扶邻著；丘权政，符致兴译 . 太原：山西人民出版社，2010，2 册（518 页）.

> 孙中山与中国革命的起源 / 史扶邻著 . 北京：中国少年儿童出版社：中国青年出版社，1996，12+342 页 .（希望书库；5—16（总 320））

> 孙中山与中国革命的起源 / 史扶邻著；丘权政，符致兴译 . 北京：中国社会科学出版社，1981，343 页 .

6824 他从凤凰来：沈从文传 / 金介甫著；符家钦译 . 北京：新星出版社，2018，406 页 .（雅众·人物传记系列）

> 沈从文传：全译本 / 金介甫著；符家钦译 . 2 版 . 北京：国际文化出版公司，2009，375 页 .

> 沈从文传：全译本 / 金介甫著；符家钦译 . 北京：国际文化出版公司，2005，307 页 .

> 凤凰之子·沈从文传 / 金介甫著；符家钦译 . 北京：中国友谊出版公司，2000，11+457 页 .

> 沈从文传：全译本 / 金介甫著；符家钦译 . 长沙：湖南文艺出版社，1992，435 页 .

> 沈从文传 / 金介甫著；符家钦译 . 北京：时事出版社，1990，385 页 .

6825 他改变了中国：江泽民传 / 罗伯特·劳伦斯·库恩著；谈峥等译 . 上海：上海译文出版社，2005，670 页 .

6826 他选择了中国：大东沟海战亲历者、北洋海军洋员马吉芬传 / 李·马吉芬著；张黎源译 . 济南：山东画报出版社，2013，179 页 .（中国海军史料丛书 / 陈悦主编）

6827 唐代的诗人研究 / 芳村弘道著；秦岚等译 . 北京：中华书局，2014，421 页 .（日本唐代文学研究十家 / 蒋寅主编）

6828 "天国之子"和他的世俗王朝：洪秀全与太平天国 / 史景迁著；朱庆葆等译 . 上海：上海远东出版社，2001，15+561 页 .（远东海外中国学研究 . 史景迁系列）

6829 图说三国群英 / 日本雷克社编著；扈敏，芦茜译 . 西安：陕西师范大学出版总社有限公司，2012，10+259 页 .

6830 外国人眼中的蒋介石和宋美龄 / 岳渭仁等编 . 西安：三秦出版社，1994，2 册（279；297 页）

6831 外国人眼中的李登辉 / 松本一男著 . 台北：国际村文库书店，1994，219 页 .

6832 外国人眼中的中共将领 / 武原，曹爽编 . 成都：四川人民出版社，1996，306 页 .
➢ 外国人眼中的中共将领 / 武原，曹爽编 . 成都：四川人民出版社，1992，321 页 .

6833 外国人眼中的中共群星 / 武原，曹爽编 . 成都：四川人民出版社，1991，448 页 .

6834 外国人眼中的中国人，费起鹤及孔祥熙 / 麦美德著；郭晓霞译 . 北京：东方出版社，2014，140 页 .

6835 外国人眼中的中国人，康熙大帝 / 白晋等著；黄慧婷，卢浩文译 . 北京：东方出版社，2013，175 页 .
➢ 老老外眼中的康熙大帝 / 白晋等著；徐志敏，路洋译 . 北京：人民日报出版社，2008，214 页 .
➢ 康熙帝传 / 白晋著；春林，广建编 . 珠海：珠海出版社，1995，362 页 .（外国人笔下的清宫秘闻）
➢ 康熙皇帝 / 白晋著；赵晨译 . 哈尔滨：黑龙江人民出版社，1981，92 页 .

6836 外国人眼中的中国人，诸葛亮 / 内藤湖南著；崔金英，李哲译 . 北京：东方出版社，2014，142 页 .

6837 亡国之君：隋炀帝、宋徽宗、明崇祯帝 / 高岛俊男等著；尾崎秀树，陈舜臣编集；王诗怡译 . 台北：培真文化企业有限公司，2003，223 页 .（人物史记；12）

6838 王安石传 / 三浦国雄著；杨自译 . 台北：国际文化事业公司，1989，179 页 .（中国名人传记；135）

6839 王维研究：节译本 / 入谷仙介著；卢燕平译 . 北京：中华书局，2005，334 页 .（日本中国学文萃 / 王晓平主编）

6840 忘年之交：海伦与安危两地书 / 马珂译 . 西安：陕西旅游出版社，2003，13+477 页 .

6841 为什么去中国：1923—1950 年在中国的回忆 / C・P・菲茨杰拉尔德著；郁忠，李尧译 . 济南：山东画报出版社，2004，256 页 .

6842 为友谊架桥四十年：岛田政雄回忆 / 岛田政雄著；田家农，李兆田译 . 北京：新华出版社，1992，203 页 .（国际友人丛书 . 第三辑 / 爱泼斯坦，高梁主编）

6843 为中国蒙难：美国外交官谢伟思传 / 琳・乔伊纳著；张大川译 . 北京：当代中国出版社，2014，333 页 .

6844 为中国着迷：一位汉学家的自传 / 傅吾康著；欧阳甦译 . 北京：社会科学文献出版社，2013，24+491 页 .

6845 伟大的道路：朱德的生平和时代 / 艾格妮丝·史沫特莱著；梅念译 . 北京：东方出版社，2005，25+552 页 .
> 伟大的道路：朱德的生平和时代 / 史沫特莱著；梅念译 . 北京：生活·读书·新知三联书店，1979，539 页 .

6846 未尽的才情：从《日记》看顾颉刚的内心世界 / 余英时著 .2 版 . 台北：联经出版事业股份有限公司，2017，185 页 .
> 未尽的才情：从《日记》看顾颉刚的内心世界 / 余英时著 . 台北：联经出版事业股份有限公司，2007，185 页 .

6847 温德先生：亲历中国六十年的传奇教授 / 伯特·斯特恩著；马小悟，余婉卉译 . 北京：北京大学出版社，2016，371 页 .
> 温德先生：亲历中国六十年的传奇教授 / 伯特·斯特恩著；马小悟，余婉卉译 . 香港：香港中和出版有限公司，2016，351 页 .（21 世纪中国）

6848 文幼章传：出自中国的叛逆者 / 文忠志著；李国林等译 . 成都：四川人民出版社，1983，529 页 .

6849 翁同龢与戊戌维新 / 萧公权著；杨肃献译 . 北京：中国人民大学出版社，2014，123 页 .（萧公权文集；5）
> 翁同龢与戊戌维新 / 萧公权著；杨肃献译 . 台北：联经出版事业股份有限公司，1983，2005 重印，143 页 .（萧公权全集；5）

6850 我の朋友鲁迅 / 内山完造著；何花等译 . 香港：香港中和出版有限公司，2013，270 页 .（20 世纪中国）
> 我的朋友鲁迅 / 内山完造著；何花等译 . 北京：北京联合出版公司，2012，231 页 .

6851 我的老师高本汉：一位学者的肖像 / 马悦然著；李之义译 . 长春：吉林出版集团有限责任公司，2009，330 页 .

6852 我的老师顾随先生 / 叶嘉莹著 . 保定：河北大学出版社，2017，208 页 .

6853 我的长征：韩国学兵在中国抗日斗争记录 / 金俊烨著；紫荆，力求译 . 北京：东方出版社，1995，455 页 .
> 我的长征：金俊烨回忆录之五 / 金俊烨著；沈定昌译 . 沈阳：辽宁民族出版社，2002，412 页 .

6854 我的中国 / 沙博理著；宋蜀碧译 .2 版 . 北京：中国画报出版社，2006，374 页 .
> 我的中国 / 沙博理著；宋蜀碧译 . 北京：北京十月文艺出版社，1998，445 页 .

6855 我的中国妻韦唯：［中英文本］/ 迈克尔·史密斯著；黄炳琦译 . 上海：上海文艺出版社，2002，238 页 .

6856 我的中国世界：美国著名女作家赛珍珠自传 / 赛珍珠著；尚营林等译 . 长沙：湖南文艺出版社，1991，468 页 .

6857 我的中国往事：世界桥牌皇后自述 / 杨小燕著；陈厚铭，杨慧林译 . 北京：文化艺术出版社，2010，233 页 .

> 桥牌皇后杨小燕/杨小燕，奎宁著；杨枕旦译.北京：人民体育出版社，1988，280页.（体育名人列传）

6858 我的祖父孙中山/孙穗芳著.南京：南京大学出版社，2011，327页.
> 我的祖父孙中山/孙穗芳著.北京：人民出版社，1996，520页.
> 我的祖父孙中山/孙穗芳著.台北：禾马文化事业公司，1995，2册.（禾马风云人物；3—4）

6859 我和李敖一起骂：有其父更有其女/李文口述；吉颖新整理.海口：海南出版社，2004，225页.

6860 我们从何处来？：梁漱溟晚年口述/艾恺，梁漱溟著.北京：外语教学与研究出版社，2018，226页.
> 吾曹不出如苍生何：梁漱溟晚年口述/梁漱溟，艾恺著.北京：外语教学与研究出版社，2010，226页.

6861 我们的父亲柳亚子/柳无忌等著.北京：中国友谊出版公司，1989，179页.

6862 我们的朋友胡适之/唐德刚，夏志清，周策纵等著.长沙：岳麓书社，2015，372页.

6863 我们一见钟情：我与萧三/叶华著；祝彦等译.北京：中国青年出版社，2011，377页.

6864 我热爱中国：在斯诺生命的最后日子里/斯诺著；董乐山译.北京：生活·读书·新知三联书店，1978，197页.

6865 我所认识的孙逸仙：童年朋友陆灿的回忆/陆灿，泰勒著；黄健敏译.北京：文物出版社，2008，221页.（孙中山与翠亨历史文化丛书）

6866 我为中国飞行：蒋介石、张学良私人飞行员自述/罗亚尔·伦纳德著；刘万勇等译.北京：昆仑出版社，2011，10+288页.

6867 我眼中的周恩来/基辛格等著；郭思敏，天羽编.石家庄：河北人民出版社，1993，406页.

6868 我与中国/陈香梅著.北京：中国青年出版社，1999，329页.

6869 我在东西方的奋斗：从MBA到外交官、新华商/王辉耀著.北京：作家出版社，1998，342页.

6870 我在中国的记者生涯：1902—1933/伍海德著；张珂等译.北京：线装书局，2013，211页.

6871 无鸟的夏天/韩素音著；陈尧光，黄育馥，孟军译.上海：上海人民出版社，2012，370页.
> 无鸟的夏天：1938—1948/韩素音著；陈尧光译.北京：生活·读书·新知三联书店，1984，291页.

6872 吴清源回忆录：以文会友/吴清源著；陈翰希译.北京：北京联合出版公司，2017，254页.
> 吴清源回忆录/吴清源著；李中南等译.北京：人民体育出版社，1990，210

页.(体育名人列传)

6873 吴清源与他的兄弟:吴家百年史/桐山桂一著;计丽屏译.北京:中信出版社,2005,239页.

6874 武则天传/奈吉尔·考索恩著;王纪卿译.长沙:湖南人民出版社,2013,236页.

6875 武则天传:经典新版/林语堂著.2版.台北:风云时代出版股份有限公司,2018,252页.(林语堂作品精选;8)

> 武则天正传/林语堂著;张振玉译.长沙:湖南文艺出版社,2016,232页.
> 武则天传/林语堂著.北京:新世界出版社,2015,231页.
> 武则天传/林语堂著;宋碧云译.南京:江苏人民出版社,2015,241页.
> 武则天传/林语堂著;张振玉译.杭州:浙江文艺出版社,2014,189页.(名家·名人传)
> 武则天正传:精装典藏新善本/林语堂著;张振玉译.南京:江苏人民出版社,2014,218页.
> 武则天传/林语堂著.北京:北京联合出版公司:群言出版社,2013,232页.(林语堂作品集)
> 武则天传/林语堂著;宋碧云译.武汉:武汉出版社,2013,241页.
> 武则天正传/林语堂著;张振玉译.修订本.沈阳:万卷出版公司,2013,234页.
> 武则天正传:最新修订精装典藏版/林语堂著.长沙:湖南文艺出版社,2012,232页.
> 武则天传/林语堂著.台北:风云时代出版股份有限公司,2011,252页.(林语堂精品集;8)
> 武则天传/林语堂著.北京:群言出版社,2010,232页.
> 武则天正传/林语堂著;张振玉译.南京:江苏文艺出版社,2009,230页.
> 武则天传/林语堂著.北京:群言出版社,2009,234页
> 武则天传/林语堂著;张振玉译.北京:东方出版社,2009,304页.(名人名传系列)
> 武则天传/林语堂著.北京:外语教学与研究出版社,2009,15+254页.(林语堂英文作品集)
> 武则天传:图文版/林语堂著;张振玉译.武汉:长江文艺出版社,2009,214页.(林语堂精品书系)
> 武则天传:唐邠王回忆录/林语堂著.香港:天地图书有限公司,2007,270页.(林语堂经典选读)
> 武则天正传/林语堂著;张振玉译.北京:现代教育出版社,2007,235页.(林语堂经典著作)
> 武则天正传/林语堂著;张振玉译.西安:陕西师范大学出版社,2006,218页.(林语堂文集)

- 武则天传 / 林语堂著；宋碧云译. 台北：远景出版事业有限公司，2006，222页.（林语堂作品集；8）
- 武则天传 / 林语堂著. 西安：陕西师范大学出版社，2005，205页.（林语堂文集；21）
- 武则天传 / 林语堂著.2版.海口：海南出版社，2001，333页.（名人名传丛书：插图本.第一辑）
- 武则天正传 / 林语堂著；张振玉译.2版.海口：海南出版社，1993，172页.
- 武则天正传 / 林语堂著；张振玉译. 海口：海南出版社，1992，172页.
- 武则天正传：林语堂小说集 / 林语堂著；张振玉译. 上海：上海书店，1989，1992重印，226页.
- 女皇武则天：唐邰王回忆录 / 林语堂著. 北京：人民文学出版社，1989，189页.
- 武则天正传 / 林语堂著. 上海：上海书店，1989，226页.（林语堂小说集）
- 武则天正传 / 林语堂著. 长春：时代文艺出版社，1988，177页.（拿来参考丛书）
- 武则天正传 / 林语堂著；张振玉译. 台北：金兰文化出版社，1986，235页.（林语堂经典名著；6）

6876 武曌：中国唯一的女皇帝 / 罗汉著；冯立君，葛玉梅译. 北京：社会科学文献出版社，2018，10+264页.

6877 雾峰林家：台湾拓荒之家1729—1895/麦斯基尔著；王淑琤译. 台北：文镜出版社，1986，438页.（文镜文库；56）

6878 西方建筑师的中国传奇 / 付瑞柯·斯克洛齐口述；李宁玉，胡亦南整理；胡亦南译. 北京：五洲传播出版社，2009，114页.

6879 西方人看周恩来 / 方钜成，姜桂侬编译. 北京：中国和平出版社，1989，466页.

6880 西太后：大清帝国最后的光芒 / 加藤彻著；董顺擘译. 北京：社会科学文献出版社，2015，253页.（鲤译丛）

6881 西藏是我家 / 扎西次仁口述；梅尔文·戈尔斯坦，威廉木·司本石初英文执笔；杨和晋译. 北京：中国藏学出版社，2006，253页.
- 西藏是我家：扎西次仁的自传：一个西藏人告诉你一个真实的西藏 / 扎西次仁口述；梅尔文·戈尔斯坦，威廉木·司本石初英文执笔；杨和晋译. 香港：明镜出版社，2000，330页.（《浮华世界》系列；20）

6882 现代中国的诞生 / 尾崎秀树编著. 台北：万象图书公司，1991，234页.（人物中国史；10）

6883 香港名门：李氏家族传奇 / 秦家骢著；蒙宁，蒙钢译. 香港：明窗出版社有限公司，2002，239页.（传记系列）

6884 项羽 / 村松暎著；杨友庭，廖泉文译. 西安：三秦出版社，1989，160页.（风云人物丛书 / 张玉良主编）

6885 萧红传 / 葛浩文著 . 上海：复旦大学出版社，2011，174 页 .（中国文化名人传记丛书）

6886 小脚与西服：张幼仪与徐志摩的家变 / 张邦梅著；谭家瑜译 . 台北：足智文化有限公司，2018，245 页 .（两性系列；1）
- ➢ 小脚与西服：张幼仪与徐志摩 / 张邦梅著；谭家瑜译 . 北京：中信出版集团股份有限公司，2017，252 页 .
- ➢ 小脚与西服：张幼仪与徐志摩的家变 / 张邦梅著；谭家瑜译 . 合肥：黄山书社，2011，227 页 .
- ➢ 小脚与西服：张幼仪与徐志摩的家变 / 张邦梅著；谭家瑜译 .2 版 . 台北：智库股份有限公司，2003，245 页 .（女性；2）

6887 小说家老舍 / 保尔·巴迪著；吴永平编译 . 武汉：长江文艺出版社，2005，325 页 .

6888 新见欧阳修九十六篇书简笺注 / 东英寿考校；洪本健笺注 . 上海：上海古籍出版社，2014，116 页 .

6889 兴国之君：汉武帝、唐太宗、成吉思汗、明太祖 / 尾崎秀树等著；蔡尔健编译 . 台北：培真文化企业有限公司，2002，251 页 .（人物史记；11）

6890 徐福集团东渡与古代日本 / 壹岐一郎著 . 天津：天津人民出版社，1996，225 页 .

6891 徐继畬及瀛寰志略 / 德雷克著；任复兴译 . 北京：文津出版社，1990，206 页 .

6892 徐志摩：在梦幻与现实中飞行 / Л.Е. 切尔卡斯基著；宋绍香译 . 天津：天津大学出版社，2015，24+287 页 .

6893 许倬云谈话录 / 许倬云口述；李怀宇撰写 . 桂林：广西师范大学出版社，2010，267 页 .（许倬云作品）

6894 学人丛说 / 汪荣祖著 . 北京：中华书局，2008，325 页 .（汪荣祖人物书系）

6895 血路：革命中国中的沈定一（玄庐）传奇 / 萧邦奇著；周武彪译 . 南京：江苏人民出版社，2010，329 页 .（海外中国研究丛书 / 刘东主编）
- ➢ 血路：革命中国中的沈定一（玄庐）传奇 / 萧邦奇著；周武彪译 . 南京：江苏人民出版社，1999，334 页 .（海外中国研究丛书 / 刘东主编）

6896 寻找鲁迅·鲁迅印象 / 钟敬文著译；王得后编 . 北京：北京出版社，2002，391 页 .

6897 寻找我的外公：中国电影皇帝金焰 / 朴圭媛著；石美玉，赵学美译 .2 版，修订版 . 上海：上海文艺出版社，2009，2010 重印，352 页 .
- ➢ 寻找我的外公：中国电影皇帝金焰 / 朴圭媛著；石美玉，赵学美译 . 修订版 . 上海：上海文艺出版社，2009，346 页 .
- ➢ 寻找我的外公：中国电影皇帝金焰 / 朴圭媛著；朴松鹤译 . 上海：上海文艺出版社，2006，275 页 .

6898 阎锡山研究：一个美国人笔下的阎锡山 / 季林著；牛长岁等译 . 哈尔滨：黑龙江教育出版社，1990，326 页 .

6899 颜惠庆日记 / 颜惠庆著；上海市档案馆译 . 北京：中国档案出版社，1996，3 册

（957；1017；1107 页）（上海档案史料丛编）

6900 颜惠庆自传 / 颜惠庆著；姚崧龄译 . 北京：中华书局，2015，459 页 .（中国社会科学院近代史研究所·民国文献丛刊）

> 颜惠庆自传：一位民国元老的历史记忆 / 颜惠庆著；吴建雍等译 . 北京：商务印书馆，2003，396 页 .

> 颜惠庆自传 / 颜惠庆著；姚嵩龄译 . 台北：传记文学出版社，1982，300 页 .（传记文学丛刊；29）

6901 扬威西域：张骞、冒顿单于 / 池上正治，狩野直祯著 . 台北：培真文化企业公司，2002，183 页 .（人物史记；8）

6902 杨贵妃 / 小尾郊一著；刘健英译 . 西安：三秦出版社，1989，172 页 .（风云人物丛书 / 张玉良主编）

6903 杨振宁——20 世纪一位物理大师及其心路历程 / 丘成桐编辑 . 新竹：台湾交通大学出版，2001，478 页 .（智慧丛书；2）

> 杨振宁：20 世纪一位伟大的物理学家 / 丘成桐，刘兆玄编；甘幼玶译 . 桂林：广西师范大学出版社，1996，212 页 .

6904 姚之道：［中英文本］/Douglas Choi 著；Jiovanni Valenti，成都语言桥翻译社译 . 北京：光明日报出版社，2003，141 页 .

6905 耶鲁中国人：容闳自传 / 容闳著；王志通，左滕慧子译注 . 南京：江苏凤凰文艺出版社，2018，216 页 .

> 西学东渐记 / 容闳著；徐凤石，恽铁樵译 . 北京：朝华出版社，2017，147 页 .（清末民初文献丛刊）

> 西学东渐记 / 容闳著 . 长沙：岳麓书社，2015，145 页 .（周读书系；Vol.41）

> 容闳自述 / 容闳著；文明国编 . 合肥：安徽文艺出版社，2014，195 页 .（晚清名人自述系列）

> 容闳回忆录：我在中国和美国的生活 / 容闳著 . 北京：东方出版社，2012，126 页 .

> 西学东渐记 / 容闳著；王蓁译 . 北京：中国人民大学出版社，2011，155 页 .（历史回眸）

> 西学东渐记 / 容闳著；徐凤石等译 . 北京：生活·读书·新知三联书店，2011，122 页 .（中国文库 . 第五辑 . 哲学社会科学类）

> 西学东渐记：容纯甫先生自叙 / 容闳著；徐凤石，恽铁樵译 . 广州：新世纪出版社，2011，242 页 .

> 我在中国和美国的生活：容闳回忆录：插图珍藏本：［中英文本］/ 容闳著；恽铁樵等译 . 北京：东方出版社，2006，177 页 .（"名人回忆录"系列）

> 西学东渐记 / 容闳著；恽铁樵，徐凤石译 . 珠海：珠海出版社，2006，157 页 .（珠海历史文化书系 . 珠海历史名人著作丛书）

> 容闳自传：我在中国和美国的生活：[中英文本] / 容闳著；恽铁樵，徐凤石译 . 北京：团结出版社，2005，124 页 . （名人名传）

> 容闳自传：我在中国和美国的生活 / 容闳著；石霓译注 . 上海：百家出版社，2003，389 页 .

> 西学东渐记：中国留学生之父的足迹与心迹 / 容闳著；沈潜，杨增麒评注 . 郑州：中州古籍出版社，1998，237 页 . （醒狮丛书）

> 西学东渐记 / 容纯甫著 . 影印本 . 上海：上海书店，1992，148 页 . （民国丛书 . 第四编 . 文化·教育·体育类；40）

> 我在美国和在中国生活的追忆 / 容闳著；王蓁译 . 北京：中华书局，1991，155 页 .

> 西学东渐记 / 容闳等著 . 长沙：岳麓书社，1985，9-182 页 . （走向世界丛书）

> 西学东渐记 / 容闳原著；徐凤石，恽铁樵原译 . 长沙：湖南人民出版社，1981，125 页 . （走向世界丛书）

6906 耶律楚材 / 岩村忍著 . 影印本 . 呼和浩特：内蒙古大学出版社，2017，133 页 . （内蒙古外文历史文献丛书 . 第二十一辑 . 历史系列 . 六；4/ 内蒙古大学内蒙古近现代史研究所，内蒙古自治区图书馆学会主编）

6907 叶：百年动荡中的一个中国家庭 / 周锡瑞著；史金金等译 . 太原：山西人民出版社，2014，425 页 . （汉唐阳光·个人·家族史经典）

6908 一个家庭两个世界：顾毓琇自传 / 顾毓琇著；张遇，杨波译 . 南京：江苏文艺出版社，2011，340 页 . （现代文化名人自传丛书）

> 一个家庭—两个世界：英文 / 顾毓琇著 . 南京：南京大学出版社，2000，12+432 页 . （凤凰台丛书）

> 一个家庭两个世界 / 顾毓琇著；张遇，杨波译 . 上海：上海人民出版社，2000，346 页 .

6909 一个美国人在中国 / 沙博里著；程应瑞译 . 北京：生活·读书·新知三联书店，1984，280 页 .

6910 一个女记者的传奇 / 海伦·福斯特·斯诺著；汪溪等译 . 北京：新华出版社，1986，331 页 .

6911 一个女人的自传 / 杨步伟著 . 长沙：岳麓书社，2017，413 页 . （传记文学书系 / 彭明哲，曾德明主编）

> 一个女人的自传 / 杨步伟著 . 桂林：广西师范大学出版社，2014，271 页 .

> 一个女人的自传 / 杨步伟著 . 长沙：岳麓书社，1987，480 页 . （凤凰丛书 / 钟叔河主编）

> 一个女人的自传 / 杨步伟著 . 台北：传记文学出版社，1983，217 页 . （传记文学丛刊；7）

6912 一个女人的自传 附记杂记赵家 / 杨步伟著 . 长沙：岳麓书社，2017，193-413 页 .

(传记文学书系 / 彭明哲，曾德明主编）

- 杂记赵家 / 杨步伟著 . 桂林：广西师范大学出版社，2014，351 页 .
- 杂记赵家 / 杨步伟著 . 北京：中国文联出版公司，1999，32+11+423 页 .（名人传记）
- 杂记赵家 / 杨步伟著 . 沈阳：辽宁教育出版社，1998，234 页 .（新世纪万有文库 . 近世文化书系）
- 一个女人的自传 附记杂记赵家 / 杨步伟著 . 长沙：岳麓书社，1987，213-480 页 .（凤凰丛书）
- 杂记赵家 / 杨步伟著 . 台北：传记文学出版社，1978，206 页 .（传记文学丛刊；24）

6913 一个日本人眼中的邓颖超 / 西园寺一晃著；石云艳等译 . 天津：天津人民出版社，2011，194 页 .

6914 一个日籍老兵的回忆 / 武村泰太郎著；姜鹤译 . 哈尔滨：黑龙江人民出版社，1992，125 页 .

6915 一位藏族革命家：巴塘人平措汪杰的时代和政治生涯 / 梅•戈尔斯坦，道帏喜饶，威廉•司本石初著；黄潇潇译 . 香港：香港大学出版社，2011，406 页 .

6916 伊思平在中国：1947—1950 年 / 伊思平著；顾希春，叶煦琳译 . 上海：中国福利会出版社，2009，226 页 .

6917 艺术的逃难：丰子恺传（1898—1975）/ 白杰明著；贺宏亮译 . 杭州：浙江人民出版社，2015，371 页 .

6918 雍正皇帝——中国的独裁君主 / 宫崎市定著；马云超，张学锋译 . 上海：上海古籍出版社，2018，264 页 .（宫崎市定亚洲史论考）

- 雍正帝：中国的独裁君主 / 宫崎市定著；孙晓莹译 . 北京：社会科学文献出版社，2016，219 页 .

6919 永恒的桥梁：柯棣华大夫传记 /M.S. 柯棣尼斯著；任鸣皋，皮美艳译 . 石家庄：河北人民出版社，1985，172 页 .

6920 永乐帝：华夷秩序的完成 / 檀上宽著；王晓峰译 . 北京：社会科学文献出版社，2015，287 页 .（鲤译丛）

6921 勇者无畏：裘法坦传记 / 爱德华•胡美著 . 武汉：武汉大学出版社，2016，241 页 .（湘雅文化传承丛书）

6922 犹记风吹水上鳞：钱穆与现代中国学术 / 余英时著 .2 版 . 台北：三民书局股份有限公司，2015，276 页 .（三民丛刊；33）

- 犹记风吹水上鳞：钱穆与时代中国学术 / 余英时著 . 台北：三民书局，1991，266 页 .（三民丛刊；33）

6923 虞美人漫语 / 陈美龄著；杨昭，叶梅译 . 北京：中国电影出版社，1987，168 页 .

6924 与贝聿铭对话 / 盖罗•冯•波姆著；林兵译 . 台北：联经出版事业股份有限公司，

2003，199 页．

6925 郁达夫：悲剧性的时代作家 / 铃木正夫著；李振声译．南宁：广西教育出版社，2000，190 页．（现代中国文学研究书系．第一辑）

6926 郁达夫别传 / 温梓川著；钦鸿编．银川：宁夏人民出版社，2006，2007 印，245 页．
- 郁达夫别传 / 温梓川著；钦鸿编．新加坡：新加坡青年书局，2006，261 页．(《新马文学丛书》系列)

6927 郁达夫传记两种 / 小田岳夫，稻叶昭二著；李平等译．杭州：浙江文艺出版社，1984，305 页．

6928 袁枚 / 阿赛·瓦别著；李福德等译．合肥：安徽文艺出版社，1993，180 页．

6929 袁世凯传 / 陈志让著；王纪卿译．长沙：湖南人民出版社，2013，300 页．

6930 袁世凯传：一个日本记者三十年中国、朝鲜生活札记 / 佐藤铁治郎著；吴小娟译．台北：大地出版社有限公司，2014，267 页．（历史人物；3）
- 外国人眼中的中国人，袁世凯 / 佐藤铁治郎著；李宁，卢浩文译．北京：东方出版社，2013，193 页．
- 袁世凯传：一个日本记者三十年中国、朝鲜生活札记 / 佐藤铁治郎著；吴小娟译．合肥：安徽人民出版社，2012，267 页．（图珍版海外经典传记）
- 一个日本记者笔下的袁世凯 / 佐藤铁治郎著；孔祥吉，村田雄二郎整理．天津：天津古籍出版社，2005，398 页．（国家清史编纂委员会·文献丛刊）

6931 袁世凯——左右近代中国的俗吏与强人 / 冈本隆司著；李雨青译．新北：八旗文化出版社，2016，255 页．（另眼看历史）

6932 圆满：一个加拿大学者的中国情愫 / 许美德著；周勇译．北京：教育科学出版社，2007，229 页

6933 远东国际舞台上的风云人物郑成功 / 白蒂著；庄国土等译．南宁：广西人民出版社，1997，143 页．

6934 约翰·拉贝画传 / 托马斯·拉贝编著；郑寿康译．南京：江苏人民出版社，2009，141 页．

6935 在华五十年 / 司徒雷登著；李晶译．南京：译林出版社，2015，237 页．
- 原来他乡是故乡：司徒雷登回忆录 / 司徒雷登著；杜智颖译．南京：江苏人民出版社，2014，253 页．
- 在华五十年：从传教士到大使：司徒雷登回忆录 / 司徒雷登著；陈丽颖译．上海：东方出版中心，2012，239 页．
- 在华五十年 / 司徒雷登著；常江译．海口：海南出版社，2010，13+298 页．
- 在华五十年：司徒雷登回忆录 / 司徒雷登著；程宗家译．北京：北京出版社，1982，301 页．

6936 在历史与现实间探寻中国：法兰西科学院院士巴斯蒂口述 / 孔寒冰编著．北京：北京大学出版社，2017，154 页．（北京大学新中国留华校友口述实录丛书 / 夏红卫，

孔寒冰主编）

6937 在中国的奇遇 / 今村匡平著 . 南宁：广西人民出版社，1987，181 页 .
> 在中国的奇遇 . 续篇，重访中国 / 今村匡平著；王文浩，王丕迅译 . 南宁：广西人民出版社，1989，109 页 .

6938 在中国的日子里：一个外交官的亲身经历 / 穆斯塔法·萨法日尼著 . 北京：外文出版社，2007，200 页

6939 在中国的岁月：贝特兰回忆录 / 詹姆斯·贝特兰著；何大基等译 . 北京：中国对外翻译出版公司，1993，177 页 .（国际友人丛书 . 第三辑 / 爱泼斯坦，高梁主编）

6940 在中国的童年 / 浦爱德著；张放译 . 沈阳：辽宁人民出版社，1996，179 页 .（国际友人丛书）

6941 在中国的土地上：一个"日本八路"的自述 / 小林清著 . 北京：解放军出版社，1985，298 页 .

6942 再生凤凰：中国·自传·历史 / 韩素音著 . 北京：中共中央党校出版社，1991，281 页 .

6943 早期中华帝国的贵族家庭：博陵崔氏个案研究 / 伊沛霞著；范兆飞译 . 上海：上海古籍出版社，2015，220 页 .（剑桥中华文史丛刊）
> 早期中华帝国的贵族家庭：博陵崔氏个案研究 / 伊沛霞著；范兆飞译 . 上海：上海古籍出版社，2011，19+220 页 .

6944 则天武后 / 泽田瑞穗著；李天送译 . 西安：三秦出版社，1989，204 页 .（风云人物丛书 / 张玉良主编）

6945 曾国藩与太平天国 / 黑尔著；王纪卿译 . 太原：山西人民出版社，2018，303 页 .
> 曾国藩：儒雅的血性 / 黑尔著；杨欢编译 . 南昌：江西教育出版社，2016，322 页 .
> 曾国藩与太平天国 / 解维廉著；王甜译 . 哈尔滨：哈尔滨出版社，2014，246 页 .
> 曾国藩传：经典传记版本 / 黑尔著；王纪卿译 . 台北：五南图书出版股份有限公司，2014，401 页 .（博雅文库；75）
> 外国人眼中的中国人，曾国藩 / 黑尔著；李宁，李辰扬译 . 北京：东方出版社，2013，248 页 .
> 曾国藩传 / 黑尔著；王纪卿译 . 长沙：湖南文艺出版社，2011，271 页 .

6946 战国智者：孙子、苏秦、张仪、韩非子 / 市井宏等著；王诗怡译 . 台北：培真文化企业公司，2002，207 页 .（人物史记；7）

6947 张爱玲：爱·人生·文学 / 池上贞子著；赵怡凡译 . 西安：陕西师范大学出版总社有限公司，2013，231 页 .

6948 张衡，科学与宗教 / 雷立柏著 . 北京：社会科学文献出版社，2000，297 页 .（思想文库 .《宗教与思想》丛书）

6949 张骞西征考 / 桑原骘藏著；杨炼译 . 台 2 版 . 台北：台湾商务印书馆，1979，131 页 .（人人文库；1036）

6950 张申府访谈录 / 舒衡哲著；李绍明译. 北京：北京图书馆出版社，2001，257 页.

6951 张学良 / 西村成雄著；史桂芳等译. 北京：中国社会科学出版社，1999，193 页.

6952 张学良："满洲"与日中之霸权 / 西村成雄著；曾淑卿译. 台北：台湾编译馆，1998，229 页.（世界学术译丛）

6953 张学良：西安事变主角的命运 / 松本一男著；吴常春译. 北京：中国青年出版社，1992，257 页.
 ➢ 张学良与中国：西安事变主事者的命运 / 松本一男著；林敏生译. 台北：林白出版社，1990，257 页.（岛屿文库；104）

6954 张学良传奇：中国近代史上最具有传奇色彩的人物 / 松本一男著. 台北：新潮社文化事业有限公司，2011，286 页.（人物传奇；8）

6955 张学良的政治生涯：图文全译本 / 傅虹霖著；王海晨，胥波译. 杭州：浙江大学出版社，2013，36，344 页.（民国人物传记丛书）
 ➢ 张学良的政治生涯：一位民族英雄的悲剧 / 傅虹霖著；王海晨，胥波译. 沈阳：辽宁大学出版社，1988，401 页.

6956 张学良访谈录 / 日本广播协会（NHK）采写；周季华，蒋立峰译. 呼和浩特：内蒙古人民出版社，1992，1993 印，159 页.

6957 张学良口述历史 / 张学良口述；唐德刚撰写. 太原：山西人民出版社，2013，257 页.
 ➢ 张学良口述历史：一部未完成的回忆录 / 张学良口述；唐德刚著. 台北：远流出版事业股份有限公司，2009，493 页.（唐德刚作品集）
 ➢ 张学良口述历史 / 张学良口述；唐德刚撰写. 北京：中国档案出版社，2007，205 页.
 ➢ 张学良世纪传奇：口述实录 / 唐德刚访录；王书君著述. 济南：山东友谊出版社，2002，2 册（16+1213 页）.

6958 张学良世纪传奇：1901—2001. 上下册 / 王书君著. 2 版. 香港：明镜出版社，2002，2 册（1174 页）.（《真相》系列；22）

6959 张学良与日本 / 臼井胜美著；陈鹏仁译. 台北：联经出版事业公司，1996，242 页.

6960 张学良与西安事变 / 傅虹霖著；王海晨，胥波译. 香港：中华书局（香港）有限公司，2014，24+412 页.（中华说史；15）
 ➢ 张学良与西安事变 / 傅虹霖著；王海晨，胥波译. 台北：利文出版社，1988，402 页.

6961 张学良与中国 / 松本一男著；王枝忠，鲁忠慧译. 北京：北京师范学院出版社，1991，1992 印，172 页.

6962 张作霖传 / 加文·麦考马克著；毕万闻译. 长沙：湖南人民出版社，2014，26+349 页.（外国人眼中的中国人. 第 1 辑）

6963 章太炎研究 / 汪荣祖著. 台北：李敖出版社，1991 年，333 页.

6964 赵元任传 / 罗斯玛丽·列文森采访；焦立为译. 石家庄：河北教育出版社，2010，

243 页.

6965 赵元任全集. 第 15 卷 / 赵元任著. 北京：商务印书馆，2007，2 册（14+933 页）.

6966 赵元任全集. 第 16 卷 / 赵元任著. 北京：商务印书馆，2007，14+422 页.

6967 赵元任早年自传 / 赵元任著. 长沙：岳麓书社，2017，196 页.（传记文学书系 / 彭明哲，曾德明主编）

> 赵元任早年自传 / 赵元任著；季剑青译. 北京：商务印书馆，2014，241 页.（碎金文丛. 第二辑）

> 赵元任早年自传 / 赵元任著. 桂林：广西师范大学出版社，2013，10+205 页.

> 赵元任生活自传 / 赵元任著. 北京：中国华侨出版公司，1989，207 页.（海外炎黄精英丛书）

> 赵元任早年自传 / 赵元任著. 台北：传记文学出版社，1984，189 页.（传记文学丛刊；76）

6968 赵紫阳：从地方干部到总理 / 戴维·桑鲍著；陈玮译. 北京：中国广播电视出版社，1988，112 页.

6969 这个世界会好吗？：梁漱溟晚年口述 / 梁漱溟，艾恺著. 增订本. 北京：生活·读书·新知三联书店，2015，339 页.

> 这个世界会好吗？梁漱溟晚年口述英汉对照 / 梁漱溟，艾恺著；艾恺译. 北京：外语教学与研究出版社，2013，295 页.

> 这个世界会好吗？梁漱溟晚年口述 / 梁漱溟口述；艾恺采访；一耽学堂整理. 天津：天津教育出版社，2011，362 页.

> 这个世界会好吗？：梁漱溟晚年口述 / 梁漱溟，艾恺著；艾恺译. 北京：外语教学与研究出版社，2010，375 页.

> 这个世界会好吗？：梁漱溟晚年口述双语精选本 / 梁漱溟，艾恺著；艾恺译. 北京：外语教学与研究出版社，2010，295 页.

> 这个世界会好吗？：梁漱溟晚年口述 / 梁漱溟口述；艾恺采访. 2 版. 台北：博雅书屋有限公司，2009，317 页.（博闻志；1）

> 这个世界会好吗？梁漱溟晚年口述 / 艾恺采访；梁漱溟口述；一耽学堂整理. 上海：东方出版中心，2006，343 页.

6970 郑和：联结中国与伊斯兰世界的航海家 / 寺田隆信著；庄景辉译. 北京：海洋出版社，1988，155 页.

6971 知识帝国：清代在华的英国博物学家 / 范发迪著；袁剑译. 北京：中国人民大学出版社，2018，249 页.（海外中国研究文库）

> 清代在华的英国博物学家：科学、帝国与文化遭遇 / 范发迪著；袁剑译. 北京：中国人民大学出版社，2011，283 页.（国家清史编纂委员会·编译丛刊）

6972 执着的汉语史学家：法国著名汉语语法学家阿兰·贝罗贝教授口述 / 孔寒冰编著. 北京：北京大学出版社，2018，260 页.（北京大学新中国留华校友口述实录

丛书.第一辑/夏红卫,孔寒冰主编)

6973 直面战后:活在中日之间的人生/仁木富美子著;周颖昕译.北京:社会科学文献出版社,2017,279页.(中日历史问题译丛)

6974 中的精神:吴清源自传/吴清源著;桐三桂一日文执笔;王亦青译.2版.北京:中信出版社,2010,24+203页.

> 中的精神:吴清源自传/吴清源著;桐三桂一执笔;王亦清译.北京:中信出版社,2003,10+221页.

6975 中国,我的第二故乡:巴勒斯坦前驻华大使穆斯塔法·萨法日尼口述/孔寒冰编著.北京:北京大学出版社,2016,195页.(北京大学新中国留华校友口述实录丛书.第一辑/夏红卫,孔寒冰主编)

6976 中国霸者列传/守屋洋著;吴天保,周哲毅译.再版.台北:久大文化股份有限公司,1991,177页.(《历史》丛刊;4)

6977 中国的大时代:罗生特在华手记:1941—1949/格·卡明斯基主编;杜文堂等译.北京:中国社会科学出版社,2003,246页.

6978 中国的莫理循/彼得·汤普森,罗伯特·麦克林著;檀东鍟译.福州:福建教育出版社,2007,333页.(莫理循书系)

6979 中国的文艺复兴/陈舜臣编著.台北:万象图书公司,1991,233页.(人物中国史;7)

6980 中国帝王图/田中芳树美等著;皇明月绘;陈致中译.台北:风云时代出版股份有限公司,2005,101页.

6981 中国第一客卿:鹭宾·赫德传/卢汉超著.上海:上海社会科学院出版社,2009,250页.

6982 中国归来的战犯/岛村三郎著;金源译.北京:群众出版社,1985,187页.

6983 中国皇帝:康熙自画像/史景迁著;吴根友译.上海:上海远东出版社,2005,213页.(美国史学大师史景迁中国研究系列)

> 中国皇帝康熙自画像/史景迁著;吴根友译.上海:上海远东出版社,2001,213页.(远东海外中国学研究.史景迁系列)

6984 中国皇帝列传/守屋洋著.台南:王家出版社,1986,242页.

6985 中国杰物传/陈舜臣著;谢文文译.台北:远流出版事业公司,1997,314页.

6986 中国近代海关高级职员年表/孙修福编译.北京:中国海关出版社,2004,837页.(中国海关历史学术研究丛书)

6987 中国近代思想史上的胡适/余英时著.台北:联经出版事业公司,1984,1998重印,110页.

6988 中国经济学教育与经济改革:邹至庄先生访问纪录/邹至庄,刘素芬著.新加坡:八方文化创作室,2007,19+280页.(杰出华人系列)

6989 中国老一辈革命家:自传/海伦·福斯特·斯诺著;江山碧译.香港:万源图书公

司，1978，283 页．

6990 中国历史上的关中士人：907—1911/ 王昌伟著；刘晨译．杭州：浙江大学出版社，2017，196 页．（海外中国思想史研究前沿译丛 / 彭国翔主编）

6991 中国乱世人际学 / 松本一男著．台北：新潮社，1995，270 页．（人间智慧文库；24）

6992 中国末代皇帝 / 贝尔著；勒革，黄群飞译．北京：中国建设出版社，1989，260 页．

6993 中国末代皇帝溥仪：1906—1967/ 维克多·尼古拉耶维奇·乌索夫著；张晓东译．北京：群众出版社，2018，320 页．

6994 中国奇人传 / 陈舜臣著；张力薇，徐茜译．福州：福建人民出版社，2011，304 页．
  ➢ 中国奇人传 / 陈舜臣著；洪碧娟译．台北：远流出版事业公司，1996，238 页．（实用历史丛书；108）

6995 中国人民之友：著名女记者史沫特莱 / 米尔顿著；陈文炳，苗素群译．北京：新华出版社，1984，117 页．

6996 中国书家名鉴 / 铃木洋保，弓野隆之，菅野智明编；王丹丹译．济南：山东画报出版社，2012，13+330 页．

6997 中国岁月：赫德爵士和他的红颜知己 / 玛丽·蒂芬著；戴宁，潘一宁译．桂林：广西师范大学出版社，2017，476 页．（海关洋员传记丛书 / 李爱丽主编）

6998 中国我的第二祖国：森川和代未完成的遗稿集 / 森川和代，森川忍著；汪晓志译．北京：中国广播电视出版社，2009，32+201 页．

6999 中国武将列传 / 守屋洋著；林祖德，许富美译．再版．台北：久大文化公司，1992，265 页．（历史丛刊；6）

7000 中国现代化的先驱 / 爱泼斯坦著；孟胜德译．北京：中国和平出版社，1987，54 页．

7001 中国之友—史沫特莱集 / 米尔顿著；张一凡，李宁译．武汉：华中工学院出版社，1984，94 页．

7002 中华帝国晚期的权力与政治：袁世凯在北京与天津：1901—1908/ 斯蒂芬·R. 麦金农著；牛秋实，于英红译．天津：天津人民出版社，2013，266 页．（国家清史编纂委员会·编译丛刊）

7003 中华抗战第一堰 / 郑碧贤著．北京：生活·读书·新知三联书店，2015，377 页．
  ➢ 郑泽堰：民国县长郑献徵传奇 / 郑碧贤著．北京：生活·读书·新知三联书店，2012，373 页．

7004 中华民国史资料丛稿：译稿：民国名人传记辞典．第一分册 / 包华德主编；沈自敏译．北京：中华书局，1979，115 页．
  ➢ 中华民国史资料丛稿，译稿．第八辑，民国名人传记辞典．第二分册：征求意见稿 / 包华德主编；沈自敏译．北京：中华书局，1980，115 页．
  ➢ 中华民国史资料丛稿：译稿：民国名人传记辞典．第三分册 / 包华德主编；沈自敏译．北京：中华书局，1981，91 页．

- 中华民国史资料丛稿，译稿，民国名人传记辞典．第四分册 / 包华德主编；沈自敏译．北京：中华书局，1983，132 页．
- 中华民国史资料丛稿，译稿，民国名人传记辞典．第九辑．第五分册 / 包华德主编；沈自敏译．北京：中华书局，1980，142 页．
- 中华民国史资料丛稿，译稿，民国名人传记辞典．第六、七、八分册．上 / 包华德主编；沈自敏译．北京：中华书局，1986，161 页．
- 中华民国史资料丛稿，译稿，民国名人传记辞典．第六、七、八分册．下 / 包华德主编；沈自敏译．北京：中华书局，1986，164 页．
- 中华民国史资料丛稿：译稿．第十二辑：民国名人传记辞典．第九分册 / 中国社会科学院近代史研究所中华民国史研究室编．北京：中华书局，1980，143 页．
- 中华民国史资料丛稿：译稿：民国名人传记辞典．第十分册 / 包华德主编；沈自敏译．北京：中华书局，1981，96 页．
- 中华民国史资料丛稿：译稿：民国名人传记辞典．第十一分册 / 包华德主编；沈自敏译．北京：中华书局，1981，100 页．

7005　中华民国珍贵史料：民初议员列传 / 井上一叶，佐藤三郎编著．台北：新锐文创，2012，1 册．（血历史；30）

7006　中流砥柱各有千秋：周恩来与邓小平 / 张大卫著；王宏国等译．北京：中国广播电视出版社，1990，216 页．

7007　中美关系中的"中国男孩"：卜励德回忆录 / 卜励德著；李轶海等译．上海：上海人民出版社，2013，371 页．

7008　中山先生与英国：1883—1925/ 黄宇和著．台北：台湾学生书局有限公司，2005，10+708 页．（中华民国中山学术文化基金会中山丛书）

7009　中唐文人之文艺及其世界 / 赤井益久著；范建明译．北京：中华书局，2014，267 页．（日本唐代文学研究十家 / 蒋寅主编）

7010　周恩来传 / 迪克·威尔逊著；封长虹译．北京：国际文化出版公司，2013，483 页．
- 周恩来传/迪克·威尔逊著；封长虹译．北京：国际文化出版公司，2011，392 页．
- 周恩来/迪克·威尔逊著；封长虹译．2 版．北京：中央文献出版社，2008，294 页．
- 周恩来：最新版插图本 / 迪克·威尔逊著；封长虹译．北京：中央文献出版社，2003，324 页．
- 周恩来 / 迪克·威尔逊著；封长虹译．北京：中央文献出版社，2000，19+440 页．
- 周恩来传 / 迪克·威尔逊著；封长虹译．北京：解放军出版社，1999，326 页．
- 周恩来传：1898—1976/ 威尔逊著；李维周等译．北京：中共中央党校出版社，1989，1992 重印，318 页．
- 周恩来传/威尔逊著；封长虹译．北京：解放军出版社，1990，1991 印，308 页．

7011　周恩来一生 / 松本一男著．台北：新潮社文化事业有限公司，2011，314 页．（人物传奇；16）

> 周恩来传奇：周恩来之路 / 松本一男著.台北：新潮社文化事业有限公司，2004，314页.（世界大人物系列；9）

> 周恩来之路 / 松本一男著；台北：新潮社，1993，314页.（传记文学之旅；14）

7012 周恩来与现代中国：1898—1976/ 韩素音著；张连康译.台北：丝路出版社，1995，476页.（大时代传奇.4.社会人文丛书；14）

> 周恩来与他的世纪：1898—1998/ 韩素音著.王弄笙等译，北京：中央文献出版社，1992，546页.

7013 周恩来与中国的独立和统一 / 谢·列·齐赫文斯基著；何宏江，张祖武等译.北京：中央文献出版社，2000，604页.

7014 周作人：中国现代性的另类选择 / 苏文瑜著；康凌译.上海：复旦大学出版社，2013，366页.

> 周作人：自己的园地 / 苏文瑜著；陈思齐，凌曼苹译.台北：麦田出版社，2011，358页.（麦田人文；133）

7015 朱镕基新政：中国改革的新模式 / 郑永年著.新泽西：八方文化企业公司，1999，276页.

7016 诸葛孔明.壹，飞龙在天之卷 / 陈舜臣著；东正德译.台北：远流出版事业公司，1992，342页.（实用历史丛书；35）

> 诸葛孔明.贰，万古云霄之卷/陈舜臣著；东正德译.台北：远流出版事业公司，1992，1册.（实用历史丛书；36）

7017 诸葛亮 / 林田慎之助著；李天送译.西安：三秦出版社，1989，175页.（风云人物丛书 / 张玉良主编）

7018 抓住龙尾：戴维斯在华回忆录 / 约翰·佩顿·戴维斯著；罗清，赵仲强译.北京：商务印书馆，1996，439页.（国际友人丛书.第三辑）

7019 追寻历史：一个记者和他的20世纪 / 白修德著；石雨晴，柯育辰译.北京：中信出版集团股份有限公司，2017，10+623页.

7020 走进中国：美国记者的冒险与磨难 / 彼得·兰德著；李辉，应红译.北京：文化艺术出版社，2001，13+420页.

7021 走向世界的挫折：郭嵩焘与道咸同光时代 / 汪荣祖著.北京：中华书局，2006，370页.（汪荣祖人物书系）

> 走向世界的挫折：郭嵩焘与道咸同光时代 / 汪荣祖著.长沙：岳麓书社，2000，340页.（海外名家名作）

> 走向世界的挫折：郭嵩涛与道咸同光时代 / 汪荣祖著.台北：三民书局，1993，431页.（沧海丛刊）

7022 族谱：华南汉族的宗族·风水·移居 / 濑川昌久著；钱杭译.上海书店出版社，1999，292页.

7023 祖先：一个家族的千年故事/秦家骢著；舒逊，曼予译.北京：北京联合出版公司，

2016，521 页．
- 宗族之恋：一个中国家族的九百年繁衍史 / 秦家骢著；舒逊，曼予译．北京：中国文学出版社，1993，442 页．

7024 祖荫下：中国乡村的亲属，人格与社会流动 / 许烺光著；王芃，徐隆德译．台北：南天书局有限公司，2001，20+333 页．（许烺光著作集；2）

7025 最后的大队：蒋介石与日本军人 / 野岛刚著；芦荻译．北京：社会科学文献出版社，2016，404 页．
- 最后的帝国军人：蒋介石与白团 / 野岛刚著；芦荻译．台北：联经出版事业股份有限公司，2015，2016 重印，425 页．（联经文库．人文；24）

7026 最后的儒家：梁漱溟与中国现代化的两难 / 艾恺著；王宗昱，冀建中译．北京：外语教学与研究出版社，2018，373 页．
- 最后的儒家：梁漱溟与中国现代化的两难 / 艾恺著；王宗昱，冀建中译．北京：外语教学与研究出版社，2013，373 页．
- 最后的儒家：梁漱溟与中国现代化的两难 / 艾恺著；王宗昱，冀建中译．2 版．南京：江苏人民出版社，2003，279 页．（海外中国研究丛书 / 刘东主编）
- 最后的儒家：梁漱溟与中国现代化的两难 / 艾恺著；王宗昱，冀建中译．南京：江苏人民出版社，1993，394 页．（海外中国研究丛书）
- 梁漱溟传 / 艾恺著；邓大华等译．2 版．长沙：湖南出版社，1992，395 页．
- 最后一个儒家：梁漱溟与现代中国的困境 / 艾恺著；郑大华等译．长沙：湖南人民出版社，1988，376 页．

7027 左宗棠传 /W.L. 贝尔斯著；邹命贵译．南京：江苏人民出版社，2014，275 页．
- 左宗棠传 / 贝尔斯著；赵欣译．哈尔滨：哈尔滨出版社，2014，248 页．
- 左宗棠传 /W.L. 贝尔斯著；王纪卿译．南京：江苏文艺出版社，2011，274 页．

7028 坐在两张椅子之间：北京歌德学院前院长阿克曼口述 / 梁晶晶编著．北京：北京大学出版社，2018，250 页．（北京大学新中国留华校友口述实录丛书．第一辑）

（二）研究著作

7029 2004 年闻一多国际学术研讨会论文选 / 陆耀东，李少云，陈国恩主编．武汉：武汉大学出版社，2005，462 页．
- 2016 年闻一多国际学术研讨会论文集 / 陈国恩，方长安，张园主编．北京：中国社会科学出版社，2018，489 页．

7030 埃德加·斯诺研究 / 孙华，王芳著．长沙：湖南师范大学出版社，2012，284 页．（斯诺研究丛书．第二卷）

7031 澳大利亚汉学家李瑞智之研究：中华传统思想文化的当代价值 / 李书仓著．北京：中国人民大学出版社，2018，16+234 页．

7032 巴拉第与晚清中俄关系 / 陈开科著. 上海：上海书店出版社，2008，559 页.（中国社会科学院近代史研究所专刊）

7033 鲍大可及其中国研究 / 李增田著. 北京：国家行政学院出版社，2014，191 页.

7034 北美汉学家辞典 / 安平秋，安乐哲主编. 北京：人民文学出版社，2001，19+486 页.

7035 边疆的背影：拉铁摩尔与中国学术 / 袁剑著. 北京：社会科学文献出版社，2016，259 页.

7036 蔡锷新论：'96 邵阳纪念蔡锷逝世 80 周年国际学术研讨会论文集 / 郭汉民，严农主编. 长沙：湖南人民出版社，1997，529 页.

7037 "此子生中国"：朝鲜文人许筠研究 / 左江著. 北京：中华书局，2018，488 页.（域外汉籍研究丛书. 第三辑）

7038 当代已然成史：我（们）与黄专 / 巫鸿主编. 广州：岭南美术出版社，2018，2 册（610；367 页）.

7039 到"西方"写中国大历史：黄仁宇的微观经验与他的中国学社群 / 孟祥瑞著. 台北：台湾大学政治学系中国大陆暨两岸关系教学与研究中心，2009，155 页.（中国学的知识社群欧美系列；5）

7040 邓演达诞辰一百周年国际学术研讨会论文集 / 梅日新等主编. 广州：广东高等教育出版社，1996，446 页（邓演达研究丛书）

7041 东西方科学文化之桥：李约瑟研究：二〇〇三年号 / 王钱国忠主编；李约瑟文献中心，沪杏科技图书馆编. 北京：科学出版社，2003，268 页.

7042 杜甫千年之后的异国知己：吉川幸次郎 / 连清吉著. 台北：台湾学生书局有限公司，2015，320 页.（日本汉学丛刊）

7043 俄罗斯汉学家李福清研究 / 张冰著. 北京：北京大学出版社，2015，251 页.（北京大学比较文学学术文库）

7044 范仲淹一千年诞辰国际学术研讨会论文集 / 台湾大学院编. 台北：台湾大学院，1990，2 册.

7045 费孝通研究. 第一集 / 王斯福，常向群，周大鸣主编. 英国：全球中国出版社北京：新世界出版社，2015，127 页.（中国社会科学全球化系列丛书；1）

> 费孝通研究. 第二集 / 王斯福，常向群，周大鸣主编. 英国：全球中国出版社北京：新世界出版社，2016，145 页.（中国社会科学全球化系列丛书；2）

7046 傅兰雅与近代中国的科学启蒙 / 王扬宗著. 北京：科学出版社，2000，139 页.（西学东传人物丛书）

7047 顾随研究 / 叶嘉莹，张清华主编. 天津：南开大学出版社，2011，418 页.

7048 国父孙中山先生纪念集：一个开创世纪奇迹的伟人 / 孙穗芳主编. 香港：秋海棠文化企业，2000，288 页.

7049 国际柳宗元研究撷英：'93 柳宗元国际学术讨论会论文选 / 梁超然，谢汉强主编. 南宁：广西人民出版社，1994，506 页.（桂苑书林丛书）

7050 函电里的人际关系与政治：读哈佛—燕京图书馆藏"胡汉民往来函电稿"/ 陈红民著．北京：生活·读书·新知三联书店，2003，350页．（教育部人文社会科学重点研究基地南京大学中华民国史研究中心研究丛书）

7051 荷兰汉学家高罗佩研究 / 施晔著．上海：上海古籍出版社，2017，477页．

7052 赫德与旧中国海关论文选 / 中国海关学会编．北京：中国海关出版社，2004，278页．（中国海关历史学术研究丛书）

7053 黄兴新论 / 薛君度，萧致治编．武汉：武汉大学出版社，1988，347页．

7054 吉川幸次郎研究 / 张哲俊著．北京：中华书局，2004，12+10+378页．（北京大学20世纪国际中国学研究文库）

7055 纪念张舜徽百年诞辰国际学术研讨会暨中国历史文献研究会第32届年会论文集 / 董恩林主编．武汉：湖北人民出版社，2012，505页．

7056 架设东西方的桥梁：英国汉学家理雅各研究 / 岳峰著．福州：福建人民出版社，2004，370页．（福建师范大学外国语言与文学研究中心学术研究丛书）

7057 津田左右吉研究 / 刘萍著．北京：中华书局，2004，12+353页．（北京大学20世纪国际中国学研究文库）

7058 近代来华外国人名辞典 / 中国社会科学院近代史所翻译室编．北京：中国社会科学出版社，1981，642页．

7059 开拓者：著名历史学家访谈录 / 王希，卢汉超，姚平主编．北京：北京大学出版社，2015，290页．

7060 拉铁摩尔与边疆中国 / 唐晓峰，姚大力等著；黄达远，袁剑主编．北京：生活·读书·新知三联书店，2017，286页．

7061 郎世宁传 / 苏立群著．北京：中国文学出版社，1998，357页．

7062 李约瑟画传 / 王钱国忠编著．贵阳：贵州人民出版社，1999，203页．（李约瑟研究著译书系）

7063 李约瑟文献50年：1942—1992/ 王钱国忠编．贵阳：贵州人民出版社，1999，2册（1098页）．（李约瑟研究著译书系）

7064 李约瑟与中国古代文明图典 / 王钱国忠，钟守华主编．北京：科学出版社，2005，411页．

7065 李约瑟研究．第1辑，开拓李约瑟研究兼及东亚科学史 / 李约瑟文献中心编．上海：上海科学普及出版社，2000，347页．

7066 李约瑟传 / 王钱国忠著．上海：上海科学普及出版社，2007，460页．

7067 理想·道德·大同：孙中山与世界和平国际学术研讨会论文集 / 林家有，高桥强著．广州：中山大学出版社，2001，613页．（孙中山与近代中国学术系列）

7068 临时大总统和他的支持者：孙中山英文藏档透视 / 邓丽兰编著．北京：中国文史出版社，1996，209页．

7069 柳亚子年谱 / 柳无忌编．北京：中国社会科学出版社，1983，171页．

7070 龙虫并雕一代宗师：中外学者论王力 / 张谷，王辑国编. 南宁：广西教育出版社，1993，266 页.

7071 鲁桂珍与李约瑟 / 王钱国忠著. 贵阳：贵州人民出版社，1999，260 页.（李约瑟研究著译书系）

7072 鲁迅在东南亚 / 王润华，潘国驹主编. 新加坡：八方文化创创作室，2017，20+448 页.

7073 罗高寿与中国 / 张德广主编. 北京：世界知识出版社，2014，155 页.

7074 马达汉：穿行丝绸古道的沙皇近卫 / 王家骥著. 北京：中国民族摄影艺术出版社，2002，335 页.（《走进中国西部的探险家》系列丛书）

7075 马可·波罗的中国传奇 / 蓝凡主编；阳光文化系列丛书编辑委员会编. 上海：上海文化出版社，2001，111 页.（阳光文化系列丛书）

7076 马可波罗介绍与研究 / 余士雄主编. 北京：书目文献出版社，1983，446 页.（文献百科知识丛书）

7077 曼殊大师纪念集 / 柳无忌编. 影印本. 上海：上海书店，1996，528 页.（民国丛书. 第五编. 综合类；93）

7078 美国第一批留学生在北京 / 顾钧著. 郑州：大象出版社，2015，205 页.（著名汉学家研究丛书）

7079 明义士和他的藏品 / 方辉著. 济南：山东大学出版社，2000，260+20 页.

7080 莫理循与清末民初的中国 / 窦坤著. 福州：福建教育出版社，2005，272 页.

7081 南社人物传 / 柳无忌，殷安如编. 北京：社会科学文献出版社，2002，663 页.（南社丛书）

7082 内山完造：魔都上海 / 康桥主编. 上海：上海辞书出版社，2014，155 页.（亲历中国丛书 / 康桥，秦悦主编）

7083 内山完造纪念集 / 王锡荣主编；上海鲁迅纪念馆编. 上海：上海文艺出版社，2009，256 页.（上海鲁迅纪念馆《朝华文库》纪念丛书）

7084 内藤湖南研究 / 钱婉约著. 北京：中华书局，2004，12+297 页.（北京大学 20 世纪国际中国学研究文库）

7085 齐白石国际研讨会论文集 / 王明明主编. 北京：文化艺术出版社，2010，2 册（660 页）.

7086 清代宫廷中的外国人 / 余三乐著. 香港：香港中和出版有限公司，2011，126 页.（文史中国. 世界的中国）

  ➢ 清代宫廷中的外国人 / 余三乐著. 北京：中华书局；上海：上海古籍出版社，2010，101 页.（《文史中国》丛书）

7087 裘开明年谱 / 程焕文编. 桂林：广西师范大学出版社，2008，1012 页.（哈佛燕京图书馆学术丛刊；9）

7088 日本的中国学家 / 严绍璗著. 北京：中国社会科学出版社，1980，708 页.（国外

研究中国丛书）

7089 日本近代的文化史学家——内藤湖南 / 连清吉著. 台北：台湾学生书局有限公司，2004，264 页.

7090 日本文化视域中的周作人 / 刘军著. 上海：上海文艺出版社，2010，301 页.

7091 日中友好的先驱者"文求堂"主人田中庆太郎 / 田中壮吉编. 东京：泛极东物产株式会社，1987，80 页.

7092 赛珍珠与中国：中西文化冲突与共融 / 陈敬著. 天津：南开大学出版社，2006，282 页.（南开人文库.南开博士文丛）

7093 史华慈学谱：1916—1999/朱政惠编著. 上海：上海辞书出版社，2006，20+227 页.

7094 世界文化中的鲁迅 / 刘中树主编. 长春：吉林大学出版社，1997，138 页.

7095 世界中国学家名录 / 中国社会科学院文献信息中心、外事局编. 北京：社会科学文献出版社，1994，446 页.

7096 斯坦因：戈壁大漠中贪婪的寻宝人 / 巫新华著. 北京：中国民族摄影艺术出版社，2002，311 页.（《走进中国西部的探险家》系列丛书）

7097 斯文·赫定：楼兰古城的第一个拜访者 / 李军，邓淼著. 北京：中国民族摄影艺术出版社，2002，301 页.（《走进中国西部的探险家》系列丛书）

7098 宋美龄及其时代国际学术研讨会论文集 / 胡春惠，陈红民主编. 香港：香港珠海书院亚洲研究中心，2009，712 页.（亚洲研究丛书）

7099 宋庆龄及其时代国际学术研讨会论文集 / 许德馨，薛晓峰主编；上海宋庆龄研究会等编. 上海：中国福利会出版社，2011，615 页.

7100 苏轼研究史：纪念苏轼逝世九百周年 / 曾枣庄等著. 南京：江苏教育出版社，2001，806 页.

7101 孙中山与少年中国：从美国当年的报纸看辛亥革命 / 方李邦琴主编. 北京：北京大学出版社，2012，300 页.

7102 "孙中山与亚洲"国际学术讨论会论文集 / 广东省孙中山研究会编. 广州：中山大学出版社，1994，1165 页.

7103 孙中山与中国近代化：纪念孙中山诞辰130周年国际学术研讨会文集 / 张磊主编. 北京：人民出版社，1999，2 册（681；799 页）.

7104 "孙中山与中华民族崛起"国际学术研讨会论文集 / 侯杰主编. 天津：天津人民出版社，2006，479 页.

7105 天才的史学家：追忆张荫麟 / 陈润成，李欣荣编. 北京：清华大学出版社，2009，13+636 页.（学林忆往）

7106 外国人眼中的袁世凯 / 汤伏祥著. 广州：广东人民出版社，2008，171 页.

7107 外国友人忆鲁迅 / 武德运著. 北京：北京图书馆出版社，1998，252 页.（鲁迅研究遗珠；2）

7108 晚清一个外交官的文化历程 / 李华川著. 北京：北京大学出版社，2004，254

页.（北京大学比较文学学术文库）

7109 韦卓民与中西方文化交流："第二届珠澳文化论坛"论文集 / 珠海市委宣传部，澳门基金会，华中师范大学主编. 澳门：澳门基金会；北京：社会科学文献出版社，2011，512页.（澳门研究丛书）

7110 魏斐德：壮阔人生远航者 / 梁禾编. 北京：人民出版社，2018，206页.

7111 闻一多诞辰110周年纪念暨国际学术研讨会论文集 / 陈国恩，方精华主编. 武汉：武汉大学出版社，2011，395页.

7112 闻一多国际学术研讨会论文选 / 陆耀东等主编. 武汉：武汉大学出版社，2002，509页.

7113 闻一多殉难60周年纪念暨国际学术研讨会论文集 / 陆耀东，李少云，陈国恩主编. 武汉：武汉大学出版社，2007，596页.

7114 我的九条命：王念祖回忆录 / 王念祖著. 北京：中国财政经济出版社，2002，211页.

7115 我的祖父孙中山先生纪念集：一位开创世纪奇迹的伟人 / 孙穗芳主编. 南京：南京大学出版社，2001，245页.

7116 谢阁兰与中国百年：从中华帝国到自我帝国 / 黄蓓主编. 上海：华东师范大学出版社，2014，381页.

7117 许寿裳日记：1940—1948 / 北冈正子等编. 台北：台湾大学出版中心，2010，485页.（台湾文学与文化研究丛书. 文献篇；1）

7118 英语世界的胡适 / 郑澈著. 北京：中国社会科学出版社，2016，421页.（21世纪北美中国文学研究著译丛书 / 张健，刘洪涛，石江山主编）

7119 岳飞研究. 第四辑：岳飞暨宋史国际学术研讨会论文集（1993：杭州）/ 岳飞研究会编. 北京：中华书局，1996，513页.

7120 再见大师 / 梁实秋，许倬云等著. 长沙：岳麓书社，2015，292页.

7121 遭遇史景迁 / 王海龙著. 上海：上海书店出版社，2007，171页.

7122 张居正国际学术研讨会论文集 / 南炳文，商传主编；中国明史学会，荆州市人民政府编. 武汉：湖北人民出版社，2013，562页.

7123 张学良生涯论集：海内外专家论文精选 / 澳笛编. 北京：光明日报出版社，1991，312页.（新编张学良资料丛书 / 扬子浪主编）

7124 郑和·历史与现实：首届郑和研究国际会议集萃 / 昆明郑和研究会编. 昆明：云南人民出版社，1995，464页.

7125 中华谱牒研究：迈入新世纪中国族谱国际学术研讨会论文集 / 王鹤鸣等主编；上海图书馆编. 上海：上海科学技术文献出版社，2000，392页.

7126 中日友好的先驱：鲁迅与内山完造图集 / 上海鲁迅纪念馆，上海国际友人研究会编. 上海：上海人民美术出版社，1995，119页.

7127 中外学者论池田大作：和谐社会与和谐世界 / 华中师范大学池田大作研究所，日本创价大学编. 武汉：华中师范大学出版社，2007，453页.

7128 中外学者论蒋介石：蒋介石与近代中国国际学术研讨会论文集 / 陈红民主编. 杭州：浙江大学出版社，2013，515 页.（蒋介石与近代中国研究丛书 / 陈红民主编）

7129 中外学者论宋玉 / 吴广平主编；临澧县人大常委会编撰. 长沙：湖南人民出版社，2016，454 页.

7130 中外学者论张学良杨虎城和阎锡山 / 相从智主编. 北京：人民出版社，1995，471 页.

7131 中外学者论周恩来：周恩来研究国际学术讨论会文集 / 刘焱主编. 天津：南开大学出版社，1990，618 页.

  ➢ 中外学者再论周恩来：第二届周恩来国际学术讨论会论文集 / 南开大学周恩来研究中心编. 北京：中央文献出版社，1999，904 页.

  ➢ 二十一世纪周恩来研究的新视野：第三届周恩来研究国际学术研讨会论文集 / 徐行主编；南开大学周恩来研究中心编. 北京：中央文献出版社，2009，2 册（1292 页）.

  ➢ 周恩来与二十世纪的中国和世界：第四届周恩来研究国际学术研讨会论文集 / 南开大学周恩来研究中心编. 北京：中央文献出版社，2015，3 册（1639 页）.

7132 中西文化交流先驱：从利玛窦到郎世宁 / 许明龙主编. 北京：东方出版社，1993，375 页.

7133 中西文化交流先驱：马可·波罗 / 陆国俊等主编；中国国际文化书院编. 北京：商务印书馆，1995，379 页.

7134 紫禁城里的洋天文学家刘松龄：中英文对照 / 王惠琴著. 北京：北京语言大学出版社，2014，1 册.

八、文物考古

（一）译著

7135 白金汉所藏中国铜器图录：汉英对照 / 查尔斯·法本斯·凯莱，陈梦家著；田率译. 北京：金城出版社，2015，334 页.

7136 宝山辽墓：材料与释读 / 巫鸿，李清泉著. 上海：上海书画出版社，2013，212 页.

7137 伯希和敦煌石窟笔记 / 伯希和著；耿昇译. 兰州：甘肃人民出版社，2007，94+476 页.

  ➢ 伯希和敦煌石窟笔记 / 伯希和著；耿昇，唐健宾译. 兰州：甘肃人民出版社，1993，415 页.

7138 池田知久简帛研究论集 / 池田知久著；曹峰译. 北京：中华书局，2006，409 页.（世界汉学论丛）

7139 重返和田绿洲 / 奥雷尔·斯坦因著；刘文琐译. 桂林：广西师范大学出版社，2000，300 页.（西域游历；1）

7140 穿越塔克拉玛干 / 奥雷尔·斯坦因著；巫新华等译. 桂林：广西师范大学出版社，2000，325 页.（西域游历；6）

7141 从波斯波利斯到长安西市 / 乐仲迪著；毛铭译. 桂林：漓江出版社有限公司，2017，12+148 页.（丝路译丛. 第一辑. 玄奘之旅）

7142 大英博物馆大维德爵士藏中国陶瓷精选 / 康蕊君，霍吉淑著；黄薇，李宝平等译. 北京：文物出版社，2013，174 页.

7143 大月氏都城考 / 沙畹等著；冯承钧译. 北京：中国国际广播出版社，2013，154 页.（西北史地丛书）

7144 东蒙古辽代旧城探考记 / 闵宣化撰. 帖木儿帝国 / 布哇撰. 上海：上海古籍出版社，2014，228 页.（冯承钧译著集）
- 帖木儿帝国 / 布哇著；冯承钧译. 北京：中国国际广播出版社，2013，141 页.（西北史地丛书）
- 东蒙古辽代旧城探考记：外二种 / 闵宣化等著；冯承钧译. 北京：中华书局，2004，291 页.（世界汉学论丛）

7145 东突厥汗国碑铭考释：骨咄禄、默啜和毗伽可汗执政年间（680—734 年）/ 勒内·吉罗著；耿昇译. 乌鲁木齐：新疆社会科学院历史研究所，1984，321 页.

7146 东魏北齐庄严纹样研究：以佛教石造像及墓葬壁画为中心 / 苏铉淑著. 北京：文物出版社，2008，284 页.（考古新视野丛书）

7147 读懂中国青铜器：文化、形式、功能与图案 / 戴克成著. 南京：译林出版社，2016，215 页.

7148 敦煌·民族·语言 / 高田时雄著；钟翀等译. 北京：中华书局，2005，495 页.（世界汉学论丛）

7149 敦煌的光彩：畅谈美与人生 / 常书鸿，池田大作著；台湾创价学会编译. 台北：财团法人创价文教基金会，2018，196 页.（对谈集；4）
- 敦煌的光彩：池田大作与常书鸿对谈录 / 池田大作，常书鸿著；台湾创价学会译. 修订版. 香港：三联书店（香港）有限公司，2015，216 页.
- 敦煌的光彩：畅谈美与人生 / 常书鸿，池田大作著. 台北：正因文化事业有限公司，2014，220 页.（对谈集；26）
- 敦煌的光彩：常书鸿、池田大作对谈录 / 常书鸿，池田大作著. 北京：人民日报出版社，2011，216 页.（人民日报名家长篇对谈录系列：我的历史就是中国历史）
- 敦煌的光彩：池田大作与常书鸿对谈录 / 池田大作，常书鸿著；高屹，张同道编译，香港：三联书店香港分店，1994，185 页.

7150 敦煌汉文文书 / Л.И. 丘古耶夫斯基著；王克孝译. 上海：上海古籍出版社，2000，

293+73 页.

7151 敦煌吐蕃历史文书考释 /A. 麦克唐纳著；耿昇译. 西宁：青海人民出版社，2010，23+406 页.

> 敦煌吐蕃历史文书考释 / 麦克唐纳著；耿昇译. 西宁：青海人民出版社，1991，354 页.

7152 敦煌文书的世界 / 池田温著；张铭心，郝轶君译. 北京：中华书局，2007，313 页.（日本中国学文萃 / 王晓平主编）

7153 敦煌文薮. 上下 / 池田温，姜伯勤等著. 台北：新文丰出版公司，1999，2 册（288；220 页）.（香港敦煌吐鲁番研究中心丛刊；8）

7154 敦煌西域古藏文社会历史文献 /F.W. 托玛斯编著；刘忠，杨铭译注. 北京：民族出版社，2003，526 页.

7155 敦煌学·日本学：续编 / 石塚晴通编；唐炜译. 上海：上海辞书出版社，2013，459 页.

> 敦煌学·日本学：石塚晴通教授退职纪念论文集 / 石塚晴通编. 上海：上海辞书出版社，2005，404 页.

7156 敦煌学五十年 / 神田喜一郎著；高野雪等译. 北京：北京大学出版社，2004，179 页.

7157 敦煌译丛. 第一辑 / 敦煌文物研究所编. 兰州：甘肃人民出版社，1985，258 页.

7158 敦煌学译文集：敦煌吐鲁番出土社会经济文书研究 / 周藤吉之等著；姜镇庆，那向芹译. 兰州：甘肃人民出版社，1985，1233 页.（敦煌吐鲁番学研究译丛）

7159 敦煌遗书 / 羽田亨辑. 敦煌秘籍留真. 敦煌秘籍留真新编 / 神田喜一辑. 影印本. 台北：新文丰出版公司，1985，546.（敦煌丛刊初集；13）

7160 俄罗斯科学院东方研究所圣彼得堡分所藏敦煌汉文写卷叙录 / 孟列夫主编；М.И. 沃罗比耶娃—捷霞托夫斯卡娅等编撰；袁席箴，陈华平译. 上海：上海古籍出版社，1999，2 册（760；602 页）.

7161 发现藏经洞 / 奥雷尔·斯坦因著；姜波，秦立彦译. 台北：台湾书房出版有限公司，2007，228 页.（域外丛书；1）

> 发现藏经洞 / 奥雷尔·斯坦因著；姜波，秦立彦译. 桂林：广西师范大学出版社，2000，320 页.（"西域游历"丛书）

7162 法国敦煌学精粹 / 郑炳林主编；耿昇译. 兰州：甘肃人民出版社，2011，3 册（53+888 页）.（法国汉学研究丛书；1）

7163 法国学者敦煌学论文选萃 / 谢和耐等著. 北京：中华书局，1996，636 页.（法国西域敦煌学名著译丛）

> 法国学者敦煌学论文选萃 / 谢和耐等著；耿昇译. 北京：中华书局，1993，636 页.（法国西域敦煌学名著译丛 / 王炳华，樊锦诗主编）

7164 枫丹白露城堡：欧仁妮皇后的中国博物馆 / 萨莫佑，戴浩石，贝甘著；王眉译. 上海：中西书局，2011，21+75 页.（圆明园丛书. 圆明园劫难记忆译丛）

7165 甘肃考古记 / 安特生著；乐森璕译. 北京：文物出版社，2011，1 册.

7166 高昌故城及其周边地区的考古工作报告：1902~1903 年冬季 / 阿尔伯特·格伦威德尔著；新疆文物考古研究所，吐鲁番学研究院编著；管平译. 北京：文物出版社，2015，248 页.（新疆文物考古研究所丛刊；6）

7167 高昌—吐鲁番古代艺术珍品 / 勒柯克著；赵崇民译. 乌鲁木齐：新疆人民出版社，1998，181 页.

7168 古代和田：中国新疆考古发掘的详细报告 / 奥雷尔·斯坦因著；巫新华等译. 济南：山东人民出版社，2009，2 册（683；119 页）.

7169 古代西藏碑文研究 / 李方桂，柯蔚南著；王启龙译. 北京：清华大学出版社，2007，39+316 页.（李方桂全集；9）
- 古代西藏碑文研究 / 李方桂，柯蔚南著；王启龙译. 拉萨：西藏人民出版社，2006，364 页.
- 古代西藏碑文研究 / 李方桂，柯蔚南合著. 影印 1 版. 台北：重宝彩艺印刷股份有限公司，1996，486 页.（"中央研究院"历史语言研究所专刊；91）

7170 古代中国考古学 / 张光直著；印群译. 北京：生活·读书·新知三联书店，2013，14+25+504 页.（张光直作品系列）
- 古代中国考古学 / 张光直著；印群译. 沈阳：辽宁教育出版社，2002，15+24+546 页.（张光直学术作品集）

7171 古书新辨：先秦出土文献与传世文献相对照研究 / 西山尚志著. 上海：上海古籍出版社，2015，324 页.（山东大学文史哲研究专刊）

7172 龟兹寻幽：考古重建与视觉再现 / 何恩之，魏正中著；王倩译. 上海：上海古籍出版社，2017，285 页.（亚欧丛书）

7173 国外敦煌吐蕃文书研究选译 / 中国敦煌吐鲁番学会主编. 兰州：甘肃人民出版社，1992，399 页.（敦煌吐鲁番学研究译丛 / 中国敦煌吐蕃学会主编）

7174 汉简研究 / 大庭脩著；徐世虹译. 桂林：广西师范大学出版社，2001，298 页.

7175 黄泉下的美术：宏观中国古代墓葬 / 巫鸿著；施杰译. 北京：生活·读书·新知三联书店，2016，270 页.（开放的艺术史丛书）
- 黄泉下的美术：宏观中国古代墓葬 / 巫鸿著；施杰译. 北京：三联书店，2010，270 页.（开放的艺术史丛书）

7176 甲骨文与殷商人祭 / 王平，顾彬著. 郑州：大象出版社，2007，269 页.

7177 简牍研究译丛 / 中国社会科学院历史研究所战国秦汉研究室编. 北京：中国社会科学出版社，1983，2 册.

7178 简帛研究译丛. 第一辑 / 中国社会科学院简帛研究中心编. 长沙：湖南出版社，1996，328 页.
- 简帛研究译丛. 第二辑 / 中国社会科学院简帛研究中心编. 长沙：湖南人民出版社，1996，331 页.

7179 金文通释选译 / 白川静通释;曹兆兰选译.武汉:武汉大学出版社,2000,244 页.

7180 近代日本的中国艺术品流转与鉴赏 / 富田升著;赵秀敏译.上海:上海书画出版社,2014,296 页.
> 近代日本的中国艺术品流转与鉴赏 / 富田升著;赵秀敏译.上海:上海古籍出版社,2005,12+337 页.(中日文化研究文库 / 王勇主编)

7181 考古人类学随笔 / 张光直著.北京:生活·读书·新知三联书店,2013,247 页.(张光直作品系列)
> 考古人类学随笔 / 张光直著.北京:生活·读书·新知三联书店,1999,244 页.(张光直作品系列)
> 考古人类学随笔 / 张光直著.台北:联经出版事业公司,1995,157 页.

7182 考古学专题六讲 / 张光直著.增订本.北京:生活·读书·新知三联书店,2013,179 页.
> 考古学专题六讲 / 张光直著.增订本.北京:生活·读书·新知三联书店,2010,179 页.(张光直作品系列)
> 考古学专题六讲 / 张光直著.北京:文物出版社,1986,1992 重印,132 页.(北京大学考古系专题讲座之一)
> 考古学专题六讲 / 张光直著.台北:稻乡出版社,1988,133 页.

7183 刻在石头上的世界:画像石述说的古代中国的生活和思想 / 林巳奈夫著;唐利国译.北京:商务印书馆,2010,239 页.(世说中国书系)

7184 另一种古史:青铜器纹饰、图形文字与图像铭文的解读 / 杨晓能著;唐际根,孙亚冰译.2 版.北京:生活·读书·新知三联书店,2017,20+14+499 页.(开放的艺术史丛书 / 尹吉男主编)
> 另一种古史:青铜器纹饰、图形文字与图像铭文的解读 / 杨晓能著;唐际根,孙亚冰译.北京:生活·读书·新知三联书店,2008,20+499 页.(开放的艺术史丛书)

7185 六朝帝陵:以石兽和砖画为中心 / 曾布川宽著;傅江译.南京:南京出版社,2004,190 页.(六朝文化译著)

7186 楼兰 / 阿尔伯特·赫尔曼著;姚可崑,高中甫译.乌鲁木齐:新疆人民出版社,2013,10+116 页.(西域探险考察大系)
> 楼兰 / 阿尔伯特·赫尔曼著;姚可崑,高中甫译.乌鲁木齐:新疆人民出版社,2006,12+138 页.(探险与发现丛书)

7187 路经楼兰 / 奥雷尔·斯坦因著;肖小勇,巫新华译.桂林:广西师范大学出版社,2000,320 页.("西域游历"丛书)

7188 满鲜原始坟墓研究.1-2/ 三上次男著.影印本.韩国:景仁文化社,2012,2 册(384;392 页).(韩国地理风俗志丛书;238-239)

7189 蒙古高原考古研究 / 普·巴·科诺瓦洛夫等著;陈弘法译.呼和浩特:内蒙古人民

出版社，2016，377 页．（北方民族史译丛）

7190　蒙古鹿石 / Б.Б. 沃尔科夫著；王博，吴妍春译．北京：中国人民大学出版社，2007，266 页．（文明的中介：汉译亚欧文化名著 / 巫新华主编）

7191　茗壶图录 / 奥玄宝撰；杜斌校注．济南：山东画报出版社，2010，20+96 页．

7192　木简竹简述说的古代中国：书写材料的文化史 / 富谷至著；刘恒武译．北京：人民出版社，2007，156 页．

7193　欧洲所藏中国青铜器遗珠 / 李学勤，艾兰编著．北京：文物出版社，1995，16+428 页．

7194　秦始皇石刻：早期中国的文本与仪式 / 柯马丁著；刘倩译．上海：上海古籍出版社，2018，200 页．（早期中国研究丛书）

　　➤ 秦始皇石刻：早期中国的文本与仪式 / 柯马丁著；刘倩译．上海：上海古籍出版社，2015，200 页．（早期中国研究丛书

7195　青花瓷的故事 / 罗伯特·芬雷著；郑明萱译．2 版．台北：猫头鹰出版社，2016，503 页．（猫头鹰书房；425）

　　➤ 青花瓷的故事：中国瓷的时代 / 罗伯特·芬雷著；郑明萱译．海口：海南出版社，2015，495 页．

　　➤ 青花瓷的故事 / 罗伯特·芬雷著；郑明萱译．台北：猫头鹰出版社，2012，503 页．（猫头鹰书房；425）

7196　青铜鉴容："今昔居"青铜藏镜鉴赏与文化研究 / 张错著．台北：艺术家出版社，2015，255 页．

7197　庆祝潘石禅先生九秩华诞敦煌学特刊 / 柳存仁等著．台北：文津出版社有限公司，1996，608 页．

7198　区段与组合：龟兹石窟寺院遗址的考古学探索 / 魏正中著．上海：上海古籍出版社，2013，195 页．

7199　沙井遗址 / 安特生著；李勇杰译；陈星灿校．兰州：甘肃人民出版社，2017，115 页．

7200　沙埋和阗废墟记 / 马尔克·奥莱尔·斯坦因著；殷晴，张欣怡译．兰州：兰州大学出版社，2014，12+383 页．

　　➤ 沙埋和阗废墟记 / 马克·奥里尔·斯坦因著；殷晴等译．乌鲁木齐：新疆美术摄影出版社，1994，317 页．（西域佛教文化艺术译丛）

7201　上博等楚简战国逸书纵横览 / 顾史考著．上海：中西书局，2018，458 页．

7202　神与兽的纹样学：中国古代诸神 / 林巳奈夫著；常耀华等译．北京：生活·读书·新知三联书店，2016，259 页．（细节阅读）

　　➤ 神与兽的纹样学：中国古代诸神 / 林巳奈夫著；常耀华等译．北京：生活·读书·新知三联书店，2009，259 页．（微观文化）

7203　谁在收藏中国：美国猎获亚洲艺术珍宝百年记 / 卡尔·梅耶，谢林·布莱尔·布里萨克著；张建新，张紫微译．北京：中信出版集团股份有限公司，2016，

23+543 页.

7204 睡虎地秦简所见秦代国家与社会 / 工藤元男著；广濑薰雄，曹峰译. 上海：上海古籍出版社，2018，429 页.（早期中国研究丛书）

> 睡虎地秦简所见秦代国家与社会 / 工藤元男著；广濑薰雄，曹峰译. 上海：上海古籍出版社，2010，429 页.（早期中国研究丛书）

7205 丝绸之路的 99 个谜：埋没在流沙中的人类遗产 / 前岛信次著；胡德芬译. 天津：天津人民出版社，1981，231 页.

7206 丝绸之路——尼雅遗址之谜 / 中井真孝，小岛康誉编；周培彦校译；佛教大学尼雅遗迹学术研究机构编；中国历史文化遗产保护网译. 天津：天津人民美术出版社，2005，204 页.

7207 斯坦因第三次中亚考古所获汉文文献：非佛经部分 / 沙知，吴芳思编著. 上海：上海辞书出版社，2005，2 册（17+336；20+353 页）.

7208 斯坦因西域盗宝记 / 马克·奥利尔·斯坦因著；海涛编译. 北京：西苑出版社，2009，256 页.

7209 斯坦因西域考古记 /Aurel Stein 著；向达译. 5 版. 台北：中华书局，2017，300 页.（中华史地丛书）

> 西域考古记 / 斯坦因著；向达译. 北京：商务印书馆，2017，424 页.（汉译世界学术名著丛书：120 年纪念版. 分科本. 历史、地理类）

> 西域考古记 / 斯坦因著；向达译. 北京：商务印书馆：中国旅游出版社，2017，10+43+373 页.（世界著名游记丛书 / 李金早主编. 第三辑）

> 斯坦因西域考古记 / 奥里尔·斯坦因著；向达译. 乌鲁木齐：新疆人民出版社，2013，10+340 页.（西域探险考察大系）

> 西域考古记 / 斯坦因著；向达译. 北京：商务印书馆，2013，424 页.（汉译世界学术名著丛书）

> 斯坦因西域考古记 / 奥里尔·斯坦因著；向达译. 乌鲁木齐：新疆人民出版社，2010，12+11+327 页.（西域探险考察大系）

> 沿着古代中亚的道路：斯坦因哈佛大学讲座 / 奥里尔·斯坦因著；巫新华译. 桂林：广西师范大学出版社，2008，358 页.（斯坦因中亚考古探险系列）

> 斯坦因中国探险手记 / 奥里尔·斯坦因著；巫新华，伏霄汉译. 沈阳：春风文艺出版社，2004，4 册（32+1068 页）.

> 亚洲腹地考古图记 / 奥雷尔·斯坦因著；巫新华等译. 桂林：广西师范大学出版社，2004，4 册.

7210 从罗布沙漠到敦煌 / 奥雷尔·斯坦因著；赵燕等译. 桂林：广西师范大学出版社，2000，331 页.（西域游历；4）

> 西域考古图记 / 奥雷尔·斯坦因著；巫新华等译. 桂林：广西师范大学出版社，1998，5 册.（海外遗珍：国外西域考古经典论著译丛）

> 斯坦因西域考古记 / 斯坦因著；向达译. 影印本. 兰州：兰州古籍书店，1990，300 页.（中国西北文献丛书. 第三辑. 西北史地文献. 第三十七卷；112）

> 斯坦因西域考古记 / 斯坦因著，向达译. 影印本. 香港：中华书局；上海：上海书店，1987，300 页.

> 斯坦因西域考古记 / 斯坦因著；向达译. 北京：中华书局；上海：上海书店，1987，300 页.

7211 踏勘尼雅遗址 / 奥雷尔·斯坦因著；刘文锁等译. 桂林：广西师范大学出版社，2000，307 页.（西域游历；2）

7212 唐风吹拂撒马尔罕：粟特艺术与中国、波斯、印度、拜占庭 / 康马泰著；毛铭译. 桂林：漓江出版社有限公司，2016，12+207 页.（丝路译丛第一辑·玄奘之旅）

7213 陶磁路 / 三上次男著；宋念慈译. 台北：艺术家出版社，1980，158 页.（艺术家丛书；14）

7214 天、人、性：读郭店楚简与上博竹简 / 陈慧，廖名春，李锐著. 上海：上海古籍出版社，2014，284 页.（早期中国研究丛书）

7215 吐峪沟石窟壁画与禅观 / 宫治昭著；贺小萍译. 上海：上海古籍出版社，2009，212 页.（吐鲁番学研究丛书. 丙种本；3）

7216 文房古玩鉴赏指南 / 宇野雪村著；刘晓方译. 北京：北京燕山出版社，1999，378 页.

7217 文书行政的汉帝国 / 富谷至著；刘恒武，孔李波译. 南京：江苏人民出版社，2013，369 页.（凤凰文库·海外中国研究系列）

7218 武梁祠：中国古代画像艺术的思想性 / 巫鸿著；柳扬，岑河译. 北京：生活·读书·新知三联书店，2015，369 页.（开放的艺术史丛书）

> 武梁祠：中国古代画像艺术的思想性 / 巫鸿著；柳扬，岑河译. 北京：生活·读书·新知三联书店，2006，369 页.（开放的艺术史丛书）

7219 西藏考古 / G. 杜齐著；向红笳译. 2 版. 拉萨：西藏人民出版社，2004，86 页.

> 西藏考古 / 杜齐著；向红笳译. 拉萨：西藏人民出版社，1987，78 页.

7220 西藏寺庙珍藏佛教造像 108 尊 / 乌尔里希·冯·施罗德著；罗文华译. 北京：文化艺术出版社，2010，203 页.

7221 西观汉记：西方汉学出土文献研究概要 / 夏含夷著. 上海：上海古籍出版社，2018，659 页.

7222 西宁朱家寨遗址 / 安特生著；刘竞文译. 西宁：青海人民出版社，1992，111 页.

7223 销往欧洲的宜兴茶壶 / 帕特里斯·万福莱著；施云乔译. 杭州：西泠印社出版社，2015，24+269 页.（华夏紫砂博物馆研究丛书）

7224 新疆地下文化宝藏 / 阿尔伯特·冯·勒柯克著；陈海涛译. 乌鲁木齐：新疆人民出版社，2013，10+10+242 页.（西域探险考察大系）

> 新疆的地下文化宝藏 / 阿尔伯特·冯·勒柯克著；陈海涛译. 乌鲁木齐：新疆人

民出版社,1999,229+61 页.(西域探险考察大系)

7225 新疆古佛寺:1905—1907 年考察成果 / 格伦威德尔著;赵崇民,巫新华译.北京:中国人民大学出版社,2007,15+634 页.(文明的中介:汉译亚欧文化名著 / 巫新华主编)

7226 新疆考古记 / 沃尔克·贝格曼著;王安洪译.乌鲁木齐:新疆人民出版社,2013,12+397 页.(西域探险考察大系)

> 新疆考古记 / 贝格曼著;王安洪译.乌鲁木齐:新疆人民出版社,1997,14+378+135 页.(西域探险考察大系.瑞典东方学译丛)

7227 殷商甲骨文形义关系研究 / 朴仁顺著.北京:中国社会科学出版社,2006,301 页.

7228 殷墟卜辞研究 / 岛邦男著;濮茅左,顾伟良译.影印本.上海:上海古籍出版社,2006,2 册(1343 页).

7229 殷周青铜器综览:殷周时代青铜器之研究.第一卷 / 林巳奈夫著;广濑薰雄,近藤晴香译;郭永秉润文.上海:上海古籍出版社,2017,489 页.

> 殷周青铜器综览:殷周时代青铜器之研究.第一卷,图片 / 林巳奈夫著;广濑薰雄,近藤晴香译;郭永秉润文.上海:上海古籍出版社,2017,12+444 页.

7230 元上都:马可·波罗以及欧洲对东方的发现 / 约翰·曼著;陈一鸣译.呼和浩特:内蒙古人民出版社,2014,234 页.

7231 英国维多利亚和阿尔伯特国立博物院藏中国清代瓷器:[摄影集] / 柯玫瑰著.南宁:广西美术出版社,1995,237 页.

7232 岳麓秦简复原研究 / 陶安著.上海:上海古籍出版社,2016,422 页.

7233 粤东考古发现:麦兆良考古专著 / 麦兆良著;刘丽君译.汕头:汕头大学出版社,1996,236 页.

7234 云冈日记:战争时期的佛教石窟调查 / 长广敏雄著;王雁卿译.北京:文物出版社,2009,186 页.

7235 云冈日录 / 木下杢太郎著;赵晖译.北京:中国画报出版社,2017,264 页.(近代以来海外涉华艺文图志系列丛书 / 张明杰卷主编)

7236 中国北方边疆地区的史前社会:公元前一千年间身份标识的形成与经济转变的考古学观察 / 吉迪著;余静译.北京:中国社会科学出版社,2012,220 页.(文明历程经典译丛)

7237 中国壁画 / 怀履光著;孟芸亦,姜帅译.石家庄:河北美术出版社,2015,236 页.

7238 中国出土文献研究:上博楚简与银雀山汉简 / 汤浅邦弘著.新北:花木兰文化出版社,2012,157 页.(古典文献研究辑刊·十五编;22)

7239 中国当十铜元 / 伍德华著;钱屿,钱律编译.上海:上海人民出版社,2005,230 页.(钱币鉴定丛书)

7240 中国的旧石器时代 / 布勒等著;李英华,邢路达译.北京:科学出版社,2013,12+122 页.(宁夏文物考古研究所丛刊;23)

7241 中国古玉 / 劳费尔著 . 影印本 . 上海：中西书局，2018，370 页 .

7242 中国考古学论文集 / 张光直著 . 北京：生活·读书·新知三联书店，2013，440 页 .（张光直作品系列）
- 中国考古学论文集 / 张光直著 . 北京：生活·读书·新知三联书店，1999，445 页 .（张光直作品系列）
- 中国考古学论文集 / 张光直著 . 台北：联经出版事业公司，1995，332 页 .

7243 中国（洛阳）古墓砖图考：公元前三世纪西汉墓砖考古学研究 / 怀履光著；徐婵菲译；沈辰校 . 郑州：中州古籍出版社，2014，248 页 .

7244 中国青铜时代 / 张光直著 . 北京：生活·读书·新知三联书店，2013，510 页 .（张光直作品系列）
- 中国青铜时代 / 张光直著 . 台北：联经出版事业股份有限公司，1983，2005 重印，387 页 .
- 中国青铜时代 . 第二集 / 张光直著 . 台北：联经出版事业公司，1990，2001 重印，143 页 .
- 中国青铜时代 / 张光直著 . 北京：生活·读书·新知三联书店，1999，496 页 .（张光直作品系列）
- 中国青铜时代 . 二集 / 张光直著 . 北京：生活·读书·新知三联书店，1990，142 页 .
- 中国青铜时代 / 张光直著 . 北京：生活·读书·新知三联书店，1983，342 页 .
- 中国青铜时代 / 张光直著 . 香港：中文大学出版社，1982，219 页 .（香港中文大学中国文海研究所中国考古艺术研究中心专刊；2）

7245 中国外销瓷 / 甘雪莉著；张关林译 . 上海：东方出版中心，2008，173 页 .
- 中国外销瓷 / 甘雪莉著；张关林译 . 香港：三联书店（香港）有限公司，2008，173 页 .（梓夷丛书）

7246 中国文化史迹，北中国考古图录 / 沙畹著 . 影印版 . 杭州：浙江人民美术出版社，2018，2 册（571 页）.

7247 中国文化史迹，敦煌石窟 / 伯希和著 . 影印版 . 杭州：浙江人民美术出版社，2018，2 册（421 页）.

7248 中国文明的起源问题 / 瓦西里耶夫著；郝镇华等译 . 北京：文物出版社，1989，427 页 .（外国考古学译丛）

7249 中国西部考古记 / 色伽兰著；冯承钧译 . 西域考古记举要 / 郭鲁柏著；冯承钧译 . 郑州：中州古籍出版社，2017，114 页 .
- 中国西部考古记 / 色伽兰撰 . 西域考古记举要 / 郭鲁柏撰 . 上海：上海古籍出版社，2014，121 页 .（冯承钧译著集）
- 西域考古记举要 / 郭鲁柏，格鲁赛撰；冯承钧译 . 中国西部考古记 / 色伽兰撰；冯承钧译 . 北京：国家图书馆出版社，2011，110 页 .

7250 中国西部考古记 / 谢阁兰著；冯承钧译 . 吐火罗语考 / 伯希和，列维著；冯承钧

译.北京：中华书局，2004，174 页.（世界汉学论丛）

7251 中国新疆的建筑遗址 /C.M. 杜丁著；何文津，方久忠译.北京：中华书局，2006，88 页.（吐鲁番学研究丛书丙种本之一）

7252 中国新疆的土地和人民 / 勒柯克著；齐树仁译.北京：中华书局，2008，212 页.（吐鲁番学研究丛书丙种本之二）

7253 中国新石器时代：迈向早期国家之路 / 刘莉著；陈星灿等译.北京：文物出版社，2007，283 页.

7254 中国早期佛教造像研究 / 李正晓著.北京：文物出版社，2005，10+202 页.（考古新视野丛书）

7255 中国早期考古调查报告，长安史迹考 / 足立喜六著；杨炼译.影印本.北京：线装书局，2006，21+240 页.

7256 中华远古之文化 / 安特生著；袁复礼节译.北京：文物出版社，2011，37+83+29 页.

7257 祖先与永恒：杰西卡·罗森中国考古艺术文集 / 杰西卡·罗森著；邓菲等译.2 版.北京：生活·读书·新知三联书店，2017，12+550 页.（开放的艺术史丛书 / 尹吉男主编）

> 祖先与永恒：杰西卡·罗森中国考古艺术文集 / 杰西卡·罗森著；邓菲等译.北京：生活·读书·新知三联书店，2011，550 页.（开放的艺术史丛书）

7258 祖州城：内蒙古满其格山辽代古城址的考古学历史学发掘调查报告 / 岛田正郎著；李彦朴等译.呼和浩特：内蒙古大学出版社，2016，293+54 页.

（二）研究著作

7259 7—14 世纪中日文化交流的考古学研究 / 苌岚著.北京：中国社会科学出版社，2001，365 页.（日本留学博士丛书）

7260 1994 年敦煌学国际研讨会文集：纪念敦煌研究院成立 50 周年，石窟考古卷 / 敦煌研究院编.兰州：甘肃民族出版社，2000，432 页.

> 1994 年敦煌学国际研讨会文集：纪念敦煌研究院成立 50 周年，石窟艺术卷 / 敦煌研究院编.兰州：甘肃民族出版社，2000，282 页.

> 1994 年敦煌学国际研讨会文集：纪念敦煌研究院成立 50 周年，宗教文史卷.上 / 敦煌研究院编.兰州：甘肃民族出版社，2000，361 页.

> 1994 年敦煌学国际研讨会文集：纪念敦煌研究院成立 50 周年，宗教文史卷.下 / 敦煌研究院编.兰州：甘肃民族出版社，2000，263 页.

7261 2000 年敦煌学国际学术讨论会文集：纪念敦煌藏经洞发现暨敦煌学百年（1900—2000），历史文化卷 / 梁尉英主编；敦煌研究院编.兰州：甘肃民族出版社，2003，2 册（554；545 页）.

> 2000 年敦煌学国际学术讨论会文集：纪念敦煌藏经洞发现暨敦煌学百年

（1900—2000），石窟考古卷 / 梁尉英主编；敦煌研究院编. 兰州：甘肃民族出版社，2003，518 页.

> 2000 年敦煌学国际学术讨论会文集：纪念敦煌藏经洞发现暨敦煌学百年（1900~2000），石窟艺术卷 / 梁尉英主编；敦煌研究院编. 兰州：甘肃民族出版社，2003，277 页.

7262 2004 年龙门石窟国际学术研讨会文集 / 李振刚主编. 郑州：河南人民出版社，2006，685 页.

7263 2005 年云冈国际学术研讨会论文集，保护卷 / 李治国主编；云冈石窟研究院编. 北京：文物出版社，2006，435 页.

> 2005 年云冈国际学术研讨会论文集，研究卷 / 李治国主编；云冈石窟研究院编. 北京：文物出版社，2006，737 页.

7264 2009 年中国重庆大足石刻国际学术研讨会论文集 / 大足石刻研究院编. 重庆：重庆出版社，2013，705 页.

7265 '91 国际岩画委员会年会暨宁夏国际岩画研讨会文集 / 刘长宗主编. 银川：宁夏人民出版社，2000，453 页.

7266 2000 宁夏国际岩画研讨会文集 / 王邦秀主编. 银川：宁夏人民出版社，2001，574 页.

7267 北京内城寺庙碑刻志. 第三卷 / 吕敏主编. 北京：国家图书馆出版社，2013，479 页.

> 北京内城寺庙碑刻志. 第四卷 / 吕敏主编；鞠熙等著. 北京：国家图书馆出版社，2017，2 册（916 页）.

> 北京内城寺庙碑刻志 / 董晓萍，吕敏主编. 北京：国家图书馆出版社，2011，2 册（47+875 页）.

7268 长江流域青铜文化研究 / 高崇文，安田喜宪主编. 北京：科学出版社，2002，358 页.

7269 楚简楚文化与先秦历史文化国际学术研讨会论文集 / 罗运环主编；中国先秦史学会，清华大学出土文献研究与保护中心，武汉大学中国地域文化研究所编. 武汉：湖北教育出版社，2013，1087 页.

7270 从敦煌学到域外汉文献研究 / 王小盾著. 北京：商务印书馆，2013，14+648 页.

7271 岱海考古. 二，中日岱海地区考察研究报告集 / 田广金，秋山进午主编；内蒙古文物考古研究所，日本京都中国考古学研究会编著. 北京：科学出版社，2001，541+68 页.

7272 第二届敦煌学国际研讨会论文集 / 汉学研究中心编. 台北：汉学研究中心，1991，656 页.（汉学研究中心丛刊. 论著类；2）

7273 敦煌壁画艺术继承与创新国际学术研讨会论文集 / 敦煌研究院编. 上海：上海辞书出版社，2008，719 页.（敦煌研究院学术文库）

7274 敦煌佛教艺术文化国际学术研讨会论文集 / 郑炳林主编；兰州大学敦煌学研究所，

南华大学，美国密歇根大学编．兰州：兰州大学出版社，2002，669页．

7275 敦煌文化与唐代文学国际学术研讨会论文集/庆振轩，杨富学主编．北京：民族出版社，2014，739页．

7276 敦煌文献论集：纪念敦煌藏经洞发现一百周年国际学术研讨会论文集：[中英日文本]/郝春文主编．沈阳：辽宁人民出版社，2001，673页．

7277 敦煌学国际研讨会论文集/国家图书馆善本特藏部敦煌吐鲁番学资料研究中心编．北京：北京图书馆出版社，2005，365页．（国家图书馆善本特藏学术文库）

7278 敦煌学国际研讨会论文集：1990，石窟考古编/段文杰主编．沈阳：辽宁美术出版社，1995，22+431页．

> 敦煌学国际研讨会论文集：1990，石窟史地、语文编/段文杰主编．沈阳：辽宁美术出版社，1995，22+642页．

> 敦煌学国际研讨会论文集：1990，石窟艺术编/段文杰主编．沈阳：辽宁美术出版社，1995，22+431页．

7279 敦煌学知识库国际学术研讨会论文集/郝春文主编．上海：上海古籍出版社，2006，205页．

7280 俄藏黑水城汉文非佛教文献整理与研究/孙继民，宋坤，陈瑞青等著．北京：北京师范大学出版社，2012，3册（1193页）．

7281 俄罗斯国立艾尔米塔什博物馆藏敦煌艺术品．I—VII/魏同贤，孟列夫主编；俄罗斯国立艾尔米塔什博物馆，上海古籍出版社编纂．影印本．上海：上海古籍出版社，1997，7册．

7282 俄罗斯科学院东方研究所圣彼得堡分所藏黑水城文献．1—6，汉文部分/史金波，魏同贤，E.N.克恰诺夫主编；李伟国卷主编；俄罗斯科学院东方研究所圣彼得堡分所，中国社会科学院民族研究所，上海古籍出版社编．影印本．上海：上海古籍出版社，1996—2000，6册．

> 俄罗斯科学院东方研究所圣彼得堡分所藏黑水城文献．8—14，西夏文世俗部分/俄罗斯科学院东方研究所圣彼得堡分所，中国社会科学院民族研究所，上海古籍出版社编．影印本．上海：上海古籍出版社，1997—2011，8册．

7283 鄂尔多斯青铜器国际学术研讨会论文集/《鄂尔多斯青铜器国际学术研讨会论文集》编辑组编．北京：科学出版社，2009，766页．

7284 法藏敦煌西夏文文献/李伟，郭恩主编；西北第二民族学院，上海古籍出版社，法国国家图书馆编纂．影印本．上海：上海古籍出版社，2007，33+226页．

7285 法国国家图书馆藏敦煌西夏文文献．精装精印/西北第二民族学院，上海古籍出版社，法国国家图书馆编纂．上海：上海古籍出版社，2007，1册．

7286 法国国家图书馆藏敦煌西域文献．1—34/上海古籍出版社，法国国家图书馆编．影印本．上海：上海古籍出版社，1994—2005，34册．（敦煌吐鲁番文献集成）

7287 法国国家图书馆藏敦煌藏文文献.1—23/金雅声，郭恩主编；西北民族大学，上海古籍出版社，法国国家图书馆编纂.影印本.上海：上海古籍出版社，2006—2018，23册.

7288 法国国家图书馆藏敦煌藏文文献.1—23.精装精印/法国国家图书馆，西北民族大学，上海古籍出版社编纂.上海：上海古籍出版社，2006—2018，23册.

7289 福建宗教碑铭汇编，漳州府分册/郑振满，丁荷生编纂.福州：福建人民出版社，2018，4册.
- 福建宗教碑铭汇编，泉州府分册/郑振满，丁荷生编纂.福州：福建人民出版社，2003，3册（69+1410页）.
- 福建宗教碑铭汇编，兴化府分册/郑振满，丁荷生编纂.福州：福建人民出版社，1995，23+494+39页.

7290 甘肃省第二届简牍学国际学术研讨会论文集/张德芳主编.上海：上海古籍出版社，2012，698页.

7291 古代墓葬美术研究.第一辑/巫鸿，郑岩主编.北京：文物出版社，2011，370页.
- 古代墓葬美术研究.第二辑/巫鸿，朱青生，郑岩主编.长沙：湖南美术出版社，2013，399页.
- 古代墓葬美术研究.第三辑/巫鸿，朱青生，郑岩主编.长沙：湖南美术出版社，2015，309页.
- 古代墓葬美术研究.第四辑/巫鸿，朱青生，郑岩主编.长沙：湖南美术出版社，2017，329页.

7292 古龙泉青瓷文化探究：以民国绅士陈佐汉手稿为例/赵冰，吕鸿编著.北京：中国书店，2012，142页.

7293 古泉大全.丙集/今井贞吉编.天津：天津古籍出版社，1989，410页.

7294 故宫博物院八十华诞古陶瓷国际学术研讨会论文集/吕成龙主编；故宫博物院古陶瓷研究中心编.北京：紫禁城出版社，2007，38+213页.

7295 故宫博物院八十五华诞宋代官窑及官窑制度国际学术研讨会论文集/吕成龙，王光尧主编；故宫博物院古陶瓷研究中心编.北京：故宫出版社，2012，2册（637页）.

7296 郭店楚简国际学术研讨会论文集/武汉大学中国文化研究院编.武汉：湖北人民出版社，2000，707页.

7297 汉代考古与汉文化国际学术研讨会论文集/《汉代考古与汉文化国际学术研讨会论文集》编委会编.济南：齐鲁书社，2006，590页.

7298 汉唐文物与中外文化交流/杨瑾著.西安：陕西人民出版社，2018，2册（320；326页）.

7299 汉藏佛教艺术研究：第二届西藏考古与艺术国际学术研讨会论文集/谢继胜，沈卫荣，廖旸主编.北京：中国藏学出版社，2006，614页.（汉藏佛学研究丛书；1）

7300 纪念城子崖遗址发掘六十周年国际学术讨论会文集 / 张学海主编 . 济南：齐鲁书社，1993，313 页 .

7301 晋侯墓地出土青铜器国际学术研讨会论文集：汉英对照 / 上海博物馆编 . 上海：上海书画出版社，2002，538 页 .

7302 良渚文化研究：纪念良渚文化发现六十周年国际学术讨论会文集 / 浙江省文物考古研究所编 . 北京：科学出版社，1999，345 页 .（考古论文集系列）

7303 流失海外的国宝，图录卷 / 陈文平编著 . 上海：上海文化出版社，2001，399 页 .
> 流失海外的国宝，文字篇 / 陈文平编著 . 上海：上海文化出版社，2001，348 页 .

7304 龙门石窟一千五百周年国际学术讨论会论文集 / 龙门石窟研究所编 . 北京：文物出版社，1996，341 页 .

7305 美国所藏中国铜器集录 / 陈梦家著 . 北京：金城出版社，2016，3 册（2217 页）.

7306 庆贺饶宗颐先生九十五华诞敦煌学国际学术研讨会论文集 / 中央文史研究馆，敦煌研究院，香港大学饶宗颐学术馆编 . 北京：中华书局，2012，1046 页 .

7307 日本宁乐美术馆藏吐鲁番文书 / 陈国灿，刘永增编 . 北京：文物出版社，1997，139 页 .

7308 瑞典斯德哥尔摩远东古物博物馆藏甲骨文字 / 李学勤等编著 . 北京：中华书局，1999，100 页 .

7309 三代文明研究 . 一，1998 年河北邢台中国商周文明国际学术研讨会论文集 /《三代文明研究》编辑委员会编 . 北京：科学出版社，1999，474 页 .

7310 首届国际法门寺历史文化学术研讨会论文选集 / 张岂之，韩金科主编 . 西安：陕西人民教育出版社，1992，358 页 .

7311 斯坦因第四次中国考古日记考释：英国牛津大学藏斯坦因第四次中亚考察旅行日记手稿整理研究报告 / 王冀青著 . 兰州：甘肃教育出版社，2004，18+685 页 .（国际敦煌学丛书）

7312 斯坦因第四次新疆探险档案史料 / 中国新疆维吾尔自治区档案馆，日本佛教大学尼雅遗址学术研究机构编 . 乌鲁木齐：新疆美术摄影出版社，2007，42+109 页 .

7313 斯坦因所获吐鲁番文书研究 / 陈国灿著 . 台北：台湾古籍出版有限公司，2004，18+355 页 .（出土思想文物与文献研究丛书；18）
> 斯坦因所获吐鲁番文书研究 / 陈国灿著 . 2 版（修订本）. 武汉：武汉大学出版社，1997，27+584 页 .（武汉大学学术丛书）
> 斯坦因所获吐鲁番文书研究 / 陈国灿著 . 武汉：武汉大学出版社，1995，27+584 页 .（武汉大学学术丛书）

7314 唐墓壁画国际学术研讨会论文集 / 陕西历史博物馆编 . 西安：三秦出版社，2006，484 页 .

7315 铜鼓和青铜文化研究：中国南方及东南亚地区古代铜鼓和青铜文化第四次国际学术讨论会论文集 / 中国古代铜鼓研究会编 . 贵阳：贵州人民出版社，2001，

230 页.

7316 土耳其、伊朗馆藏元青花考察亲历记 / 许明著；王炜麦摄. 上海：上海人民出版社，2008，150 页.（海外中国文化珍宝探秘书系）

7317 西方传教士与中国甲骨学 / 邹芙都，樊森著. 北京：科学出版社，2015，11+325 页.（西南大学历史文化学院民族学院学术文丛）

7318 西藏考古与艺术：国际学术讨论会论文集 / 霍巍，李永宪主编. 成都：四川人民出版社，2004，514 页.（西藏文明研究丛书）

7319 新出简帛研究：新出简帛国际学术研讨会文集 / 艾兰，邢文编. 北京：文物出版社，2004，479 页.（北京大学震旦古代文明研究中心学术丛书；8）

7320 新世纪的考古学：文化、区位、生态的多元互动 / 许倬云，张忠培主编. 北京：紫禁城出版社，2006，573 页.

7321 性别研究与中国考古学 / 林嘉琳，孙岩主编. 北京：科学出版社，2006，13+289 页.（北京大学震旦古代文明研究中心学术丛书；12）

7322 英藏敦煌社会历史文献释录. 第一卷 / 郝春文等编著. 修订版. 北京：社会科学文献出版社，2018，2 册（12+817 页）.（敦煌社会历史文献释录. 第一编）

7323 英藏敦煌社会历史文献释录. 第一卷—第十五卷 / 郝春文编著. 北京：科学出版社，2001—2017，15 册.（敦煌社会历史文献释录. 第一编）

7324 英国国家图书馆藏敦煌遗书. 1—50 / 方广锠，吴芳思主编；上海师范大学，英国国家图书馆编. 影印本. 桂林：广西师范大学出版社，2011—2017，50 册.
 ➢ 英国国家图书馆藏敦煌遗书. 1—50. 精装精印 / 方广锠，吴芳思主编；上海师范大学，英国国家图书馆编. 影印本. 桂林：广西师范大学出版社，2011—2017，50 册.

7325 英国国家图书馆藏黑水城文献. 1—4 / 谢玉杰中方主编；吴芳思英方主编；西北第二民族学院，上海古籍出版社，英国国家图书馆编纂. 上海：上海古籍出版社，2005，4 册.
 ➢ 英国国家图书馆藏黑水城文献. 5 / 北方民族大学，上海古籍出版社，英国国家图书馆编纂. 上海：上海古籍出版社，2010，380+65 页.

7326 英国国家图书馆藏斯坦因所获未刊汉文简牍 / 汪涛，胡平生，吴芳思主编. 上海：上海辞书出版社，2007，150+125 页.
 ➢ 英国国家图书馆藏斯坦因所获未刊汉文简牍. 精装精印 / 汪涛，胡平生，吴芳思编著. 上海：上海辞书出版社，2007，1 册.

7327 英国收藏敦煌汉藏文献研究 / 宋家钰，刘忠编. 北京：中国社会科学出版社，2000，424 页.

7328 "迎接二十一世纪的中国考古学"国际学术讨论会论文集 / 北京大学考古学系编. 北京：科学出版社，1998，618 页.

7329 越南汉喃铭文汇编. 第二集，陈朝（1226—1400）. 上下 / 潘文阁等总主编；黄文楼，耿慧玲主编；杨氏紃等编撰. 台北：新文丰出版公司，2002，2 册.

7330　正仓院 / 韩昇著. 上海：上海人民出版社，2007，130 页.（海外中国文化珍宝探秘书系）

7331　中国佛教石经，山东省. 第一卷 / 雷德侯总主编；王永波，雷德侯卷主编. 杭州：中国美术学院出版社，2014，26+508 页.

> 中国佛教石经，山东省. 第二卷 / 雷德侯总主编；王永波，温狄娅卷主编. 杭州：中国美术学院出版社，2015，473 页.

> 中国佛教石经，山东省. 第三卷 / 雷德侯总主编；王永波，蔡穗玲卷主编. 杭州：中国美术学院出版社，2017，15+512 页.

7332　中国佛教石经，四川省. 第一卷 / 雷德侯总主编；雷德侯，孙华卷主编. 杭州：中国美术学院出版社，2014，20+441 页.

> 中国佛教石经，四川省. 第二卷 / 雷德侯总主编；蔡穗玲，孙华卷主编. 杭州：中国美术学院出版社，2014，12+448 页.

> 中国佛教石经，四川省. 第三卷，卧佛院 C 区 / 雷德侯总主编；温狄娅，孙华卷主编. 杭州：中国美术学院出版社，2016，11+486 页.

7333　中国古代青铜器国际研讨会论文集 / 苏芳淑等编辑. 上海：上海博物馆；香港：香港中文大学文物馆，2010，307 页.

7334　中国国宝在海外 / 杨剑编著. 北京：中国友谊出版公司，2006，250 页.（《龙图腾》系列）

7335　中国考古学的跨世纪反思 / 许倬云，张忠培主编. 香港：商务印书馆（香港）有限公司，1999，540 页.

7336　中国考古学跨世纪的回顾与前瞻：1999 年西陵国际学术研讨会文集 / 张忠培，许倬云主编. 北京：科学出版社，2000，393 页.

7337　中国流失海外佛教造像总合图目 / 孙迪编著. 北京：外文出版社，2005，8 册.

7338　中国商文化国际学术讨论会论文集 / 中国社会科学院考古研究所编. 北京：中国大百科全书出版社，1998，466 页.（考古学专刊. 甲种；24）

7339　中日交流的考古研究 / 蔡凤书著. 济南：齐鲁书社，1999，276 页.

7340　中日文化交流的考古学研究 / 王维坤著. 西安：陕西人民出版社，2002，443 页.

7341　转型期的敦煌学 / 刘进宝，高田时雄主编. 上海：上海古籍出版社，2007，671 页.

九、风俗习惯

（一）译著

7342　1793：英国使团画家笔下的乾隆盛世：中国人的服饰和习俗图鉴 / 威廉·亚历山大

著；沈弘译. 杭州：浙江古籍出版社，2006，101 页.

7343 北京：寺庙与城市生活：一四〇〇——一九〇〇. 上下 / 韩书瑞原著；朱修春译. 新北：稻乡出版社，2014，2 册（271；575 页）.

7344 缠足："金莲崇拜"盛极而衰的演变 / 高彦颐著；苗延威译. 南京：江苏人民出版社，2009，13+306 页.（凤凰文库·海外中国研究系列）
- ➤ 缠足"金莲崇拜"盛极而衰的演变 / 高彦颐著；苗延威译. 南京：江苏人民出版社，2009，13+306 页.（海外中国研究丛书·女性系列）
- ➤ 缠足"金莲崇拜"盛极而衰的演变 / 高彦颐著；苗延威译. 台北：左岸文化，2007，424 页.（座标. 历史）

7345 缠足史话 / 冈本隆三著；马朝红译. 北京：商务印书馆，2011，250 页.

7346 甘肃土人的婚姻 / 许让神父著；费孝通，王同惠译. 沈阳：辽宁教育出版社，1998，284 页.

7347 古代中国的节日 / 德克·卜德著；吴格非等译. 北京：学苑出版社，2017，418 页.（中国矿业大学国际汉文化比较研究丛书 / 吴格非，孟庆波主编）

7348 红头屿土俗调查报告：兰屿最早的人类学论著 / 鸟居龙藏原著；林琦译. 台北：唐山出版社，2016，110 页.（译丛；18）

7349 华南民俗志 / 劳格文著；王振忠，谭伟伦译. 北京：中国大百科全书出版社，2016，291 页.（"跨文化研究"丛书. 第一辑 / 金丝燕，董晓萍主编）

7350 京都叫卖图：珍藏版：[中英文本] / 塞缪尔·维克多·康斯坦特著；陶立译；陶尚义绘. 北京：北京图书馆出版社，2004，100 页.
- ➤ 京都叫卖图 / 萨莫尔·维克多·康斯坦著；陶立译；陶尚义绘. 北京：书目文献出版社，1994，152 页.

7351 礼物的流动：一个中国村庄中的互惠原则与社会网络 / 阎云翔著；李放春，刘瑜译. 上海：上海人民出版社，2017，298 页.
- ➤ 礼物的流动：一个中国村庄中的互惠原则与社会网络 / 阎云翔著；李放春，刘瑜译. 上海：上海人民出版社，2000，278 页.（社会与文化丛书. 中国人类学田野考察系列）

7352 礼仪的交织：明末清初中欧文化交流中的丧葬礼 / 钟鸣旦著；张佳译. 上海：上海古籍出版社，2009，282 页.（复旦文史丛刊）

7353 龙旗下的臣民：近代中国礼俗与社会 / 吉伯特·威尔士，亨利·诺曼著；刘一君，邓海平译. 北京：光明日报出版社，2000，336 页.（西方人眼中的中国）

7354 满汉礼俗 / 武田昌雄著. 影印本. 上海：上海文艺出版社，1989，370 页.

7355 蒙古及蒙古人 / ポストネェフ著；东亚同文会编纂局译. 影印本. 呼和浩特：内蒙古大学出版社，2016，3 册（280；216；366 页）.（内蒙古外文历史文献丛书. 第十六辑. 综合系列. 一；1—3 / 内蒙古大学内蒙古近现代史研究所，内蒙古自治区图书馆学会主编）

> 东部蒙古（续蒙古及蒙古人）/ ポスト ネエフ著. 影印本. 呼和浩特：内蒙古大学出版社，2017，2 册（466；377 页）.（内蒙古外文历史文献丛书. 第二十一辑. 历史系列. 六；14—15/ 内蒙古大学内蒙古近现代史研究所，内蒙古自治区图书馆学会主编）

> 蒙古及蒙古人 / 波兹德涅耶夫著；刘汉明等译. 呼和浩特：内蒙古人民出版社，1989，821 页.

> 蒙古及蒙古人 / 波兹德涅耶夫著；张梦玲等译. 呼和浩特：内蒙古人民出版社，1983，2 册.

7356 民俗学上所见之蒙古 / 鸟居君子著；娜荷芽译. 广州：暨南大学出版社，2018，10+10+280 页.（日本近代对中国边疆调查及其文献研究 / 袁向东，张明杰主编）

7357 清俗纪闻 / 中川忠英编著；方克，孙玄龄译. 北京：中华书局，2006，2007 重印，35+568 页.

> 清俗纪闻 / 中川子信编述. 台北：兰台出版社，2006，583 页.

> 清俗纪闻 / 中川子信编述. 影印本. 台北：大立出版社，1983，583 页.

7358 身体与笔：18 世纪中国作为文本 / 表演的大祀 / 司徒安著；李晋译. 北京：北京大学出版社，2014，314 页.（博雅同文馆. 历史—人类学译丛）

7359 十二生肖趣谈 / 诸桥辙次著；程曦译. 北京：教育科学出版社，1990，1991 印，151 页.

7360 市井图景里的中国人 / 哥伯播义著；刘犇，邢锋萍译. 上海：学林出版社，2017，216 页.（欧美汉学丛书. 史地风俗 系列）

7361 台湾的王爷信仰 / 康豹著. 台北：商鼎文化出版社，1998，277 页.（论著选粹）

7362 台湾风俗 / 片冈岩著；陈金田译. 再版. 台北：众文图书公司，1987，710 页.

> 台湾风俗志 / 片冈岩著；陈金田译. 台北：大立出版社，1986，710 页.

> 台湾风俗志 / 片冈岩著；陈金田译. 台北：大立出版社，1981，37+710 页.

7363 台湾旧惯习俗信仰 / 铃木清一郎著；高贤治，冯作民编译. 再版. 台北：众文图书公司，1984，541 页.

7364 西藏的地平线 / 罗伯特·彼·埃克瓦尔著；刘耀华译. 拉萨：西藏人民出版社，1992，1999 重印，249 页.

7365 一个外国人眼中的中国民俗 /R.D. 詹姆森著；田小杭，阎苹译. 上海：上海文艺出版社，1995，158 页.（域内外民俗学丛刊）

7366 仪礼疏考正 / 仓石武四郎著. 影印本. 武汉：崇文书局，2018，21+590 页.（东亚汉籍研究丛刊）

7367 永宁摩梭 / 施传刚著；刘永青译. 昆明：云南大学出版社，2008，225 页.（云南大学民族学文库）

7368 中国的宗族与国家礼制：从宗法主义角度所作的分析 / 井上彻著；钱杭译. 上海：上海书店出版社，2008，31+361 页.（《传统中国研究》译丛）

7369 中国古代的祭礼与歌谣/格拉耐著；张铭远译.上海：上海文艺出版社，1989，284页.

7370 中国古代皇帝祭祀研究/金子修一著；徐璐，张子如译.西安：西北大学出版社，2018，437页.（海外中国研究书系·日本学人唐代文史研究八人集/李浩，松原朗主编）

7371 中国古代民俗/白川静著；王巍译.沈阳：春风文艺出版社，1991，211页.
> 中国古代民俗/白川静著；何乃英译.西安：陕西人民美术出版社，1988，235页.

7372 中国民俗文化/直江广治著；王建朗等译.上海：上海古籍出版社，1991，214页.（文化春秋丛书）

7373 中国衣冠举止图解/威廉·亚历山大著；赵省伟，邱丽媛编译.北京：北京理工大学出版社有限责任公司，2016，261页.（西洋镜）

7374 纵谈十二生肖/南方熊楠著；栾殿武译.北京：中华书局，2006，703页.（日本中国学文萃/王晓平主编）

（二）研究著作

7375 保定地区庙会文化与民俗辑录/欧大年，侯杰，范丽珠主编；耿保仓等编著.天津：天津古籍出版社，2007，747页.（华北农村民间文化研究丛书）

7376 邯郸地区民俗辑录/欧大年，范丽珠主编；杜学德，杨英芹，李怀顺编著.天津：天津古籍出版社，2006，308页.（华北农村民间文化研究丛书）

7377 香河庙会、花会与民间习俗/欧大年，范丽珠主编；赵金山，范丽婷，陈建伶等编著.天津：天津古籍出版社，2007，257页.（华北农村民间文化研究丛书）

7378 浙江民俗研究/铃木满男主编；中日越系文化联合考察团撰.杭州：浙江人民出版社，1992，265页.（越系文化新探丛书/王勇主编）

7379 中国·遵义·黔北傩文化国际学术研讨会论文集/遵义市人民政府等编.成都：西南交通大学出版社，2012，395页.

7380 中国三百六十行：美国皮博迪·艾塞克斯博物馆藏品/黄时鉴，沙进编著.上海：上海古籍出版社，2006，25+160页.
> 十九世纪中国市井风情：三百六十行/黄时鉴，沙进主编.上海：上海古籍出版社，1999，284页.

7381 自由中国：伏尔泰、艾田蒲论"中国礼仪之争"/叶潇著.北京：群言出版社，2007，310页.

十、地理

（一）译著

7382　1862 年上海日记 / 日比野辉宽，高杉晋作等著；陶振孝等译. 北京：中华书局，2012，10+13+362 页.（近代日本人中国游记）

7383　1894，中国纪行 / 乔治·厄内斯特·莫理循著；李磊译. 北京：中华书局，2017，418 页.

> 1894，中国纪行 / 乔治·厄内斯特·莫理循著；李磊译. 北京：商务印书馆：中国旅游出版社，2017，10+43+320 页.（世界著名游记丛书. 第三辑）

> 1894 年，我在中国看见的 / 莫理循著；李琴乐译. 南京：江苏文艺出版社，2014，322 页.

> 一个澳大利亚人在中国 / 莫理循著；窦坤译. 福州：福建教育出版社，2007，272 页.（莫理循书系）

7384　1906—1908 年马达汉西域考察图片集 / 马达汉著；王家骥译. 济南：山东画报出版社，2000，149 页.

7385　1907 年中国纪行 / 瓦·米·阿列克谢耶夫著；阎国栋译. 昆明：云南人民出版社，2016，16+233 页.（行走中国丛书 / 张昌山，耿昇主编）

> 1907 年中国纪行 / 米·瓦·阿列克谢耶夫著；阎国栋译. 昆明：云南人民出版社，2001，26+301 页.（中国大探险丛书）

7386　奥古斯特·博尔热的广州散记 / 奥古斯特·博尔热著；钱林森等译. 上海：上海书店出版社，2010，223 页.（"走近中国"文化译丛 / 钱林森主编）

> 奥古斯特·博尔热的广州散记 / 奥古斯特·博尔热著；钱林森等译. 上海：上海书店出版社，2006，223 页.（"走近中国"文化译丛 / 钱林森主编）

7387　百年前走进中国西部的芬兰探险家自述：马达汉新疆考察纪行 / 马达汉著；马大正等译. 乌鲁木齐：新疆人民出版社，2009，187 页.

7388　百万之家：马可·波罗的生平和游历 /A. 莫雷诺著；屈瑞译. 西安：陕西人民出版社，1984，201 页.

7389　柏朗嘉宾蒙古行纪 / 柏朗嘉宾原著；贝凯，韩百诗译注；耿昇译. 鲁布鲁克东行纪，1253—1255/ 鲁布鲁克原著；柔克义译注；何高济译. 北京：商务印书馆：中国旅游出版社，2018，10+21+338 页.（世界著名游记丛书. 第四辑）

> 柏朗嘉宾蒙古行纪 / 贝凯，韩百诗译注；耿昇译. 鲁布鲁克东行纪 / 柔克义译注；何高济译. 北京：中国藏学出版社，2018，307 页.

> 柏朗嘉宾蒙古行纪 / 贝凯，韩百诗译注；耿昇译. 鲁布鲁克东行纪 / 柔克义译注；何高济译. 北京：中华书局，1985，2002 重印，348 页.（中外关系史名著译丛）

7390 北京地名志 / 多田贞一著；张紫晨译. 北京：书目文献出版社，1986，186 页.

7391 北京胡同保护方案：[中英文本] /Andre Alexander 等著. 北京：北京广播学院出版社，2004，61+61 页.

7392 北京胡同变迁与旅游文化开发 / 崔敬昊著；北京：民族出版社，2005，240 页.（中央民族大学中国少数民族研究中心丛书）

7393 北京旅游手册 / 王未江编. 北京：中国旅游出版社，2008，188 页.

7394 北中国纪行：清国漫游志 / 曾根俊虎著；范建明译. 北京：中华书局，2007，10+390 页.（近代日本人中国游记）

7395 彼岸视点：美国《国家地理杂志》中国探险纪实 / 李文斌编译. 北京：中国对外翻译出版公司，2000，2 册（386；392 页）.

7396 别夫佐夫探险记 / 米哈伊尔·瓦西里耶维奇·别夫佐夫著；佟玉泉，佟松柏译. 乌鲁木齐：新疆人民出版社，2013，10+10+337 页.（西域探险考察大系）

7397 伯希和西域探险记 / 伯希和等著；耿昇译. 北京：人民出版社，2011，38+435 页.（人民·联盟文库. 第二辑. 译著类）

> 伯希和西域探险记 / 伯希和等著；耿昇译. 昆明：云南人民出版社，2001，41+487 页.（中国大探险丛书 / 耿昇，马大正主编）

7398 伯希和西域探险日记 1906—1908/ 伯希和著；耿昇译. 北京：中国藏学出版社，2014，774 页.

7399 布鲁克在阿坝 / 福格森著；卓嘎，红音译. 成都：西南交通大学出版社，2018，140 页.

7400 长安 / 佐藤武敏著；高兵兵译. 西安：三秦出版社，2013，236 页.（长安文化国际研究译丛 / 高兵兵主编）

7401 长安史迹研究 / 足立喜六著；王双怀等译. 西安：三秦出版社，2003，338 页.

7402 长城：从历史到神话 / 阿瑟·沃尔德隆著；石云龙，金鑫荣译. 南京：江苏教育出版社，2008，330 页.（剑桥中华文史丛书）

7403 长江流域及其腹地 / 伊莎贝拉·伯德著；李国庆整理. 影印本. 桂林：广西师范大学出版社，2011，10+499 页.（"中国研究"外文旧籍汇刊·中国记录. 第二辑；7/ 李国庆，何林夏主编）

> 长江流域旅行记：1896 年英国女旅行家在长江流域及四川西北部汶川、理县、马尔康梭磨旅行游记 / 伊莎贝拉·伯德著；红音等编译. 成都：四川民族出版社，2010，461 页.

7404 穿过鸦片的硝烟 / 唐可·阿尔梅洛著；郑柯军译. 北京：北京图书馆出版社，2006，293 页.（亲历中国丛书 / 耿昇，李国庆主编）

7405 穿过亚洲 / 斯文·赫定著；王蓓译. 乌鲁木齐：新疆人民出版社，2013，2 册（10+14+925 页）.（西域探险考察大系）

7406 穿越陕甘：1908—1909 年克拉克考察队华北行纪 / 罗伯特·斯特林·克拉克，阿瑟·德·卡尔·索尔比著；史红帅译.上海：上海科学技术文献出版社，2010，292 页.（徐家汇藏书楼汉学译丛.近代西北史地辑）

7407 穿越未知的亚洲 / 威廉姆·詹姆森·瑞德著；李国庆整理.影印本.桂林：广西师范大学出版社，2014，12+485 页.（"中国研究"外文旧籍汇刊·中国记录.第六辑；6/ 李国庆，何林夏主编）

7408 穿越西藏无人区 / 威里璧著；李金希译.拉萨：西藏人民出版社，2003，360 页.（"洋人眼中的西藏"译丛）

7409 春蚕吐丝：鄂多立克东游录 / 卡尔洛·斯戈隆著；吕同六，蔡蓉译.成都：四川人民出版社，2007，284 页.

7410 从北京到曼德勒：末代帝师中国西南纪行 / 庄士敦著；曹磊译.南京：江苏凤凰文艺出版社，2018，225 页.（"亲历中国"系列）

> 从北京到曼德勒：从华北经川藏和云南到缅甸之旅 / 庄士敦著；李国庆整理.影印本.桂林：广西师范大学出版社，2013，503 页.（"中国研究"外文旧籍汇刊·中国记录.第四辑；5/ 李国庆，何林夏主编）

> 北京至曼德勒：四川藏区及云南纪行 /R.F. 约翰斯顿著；黄立思译.昆明：云南人民出版社，2015，175 页.（行走中国丛书 / 张昌山，耿昇主编）

7411 从北京到锡金：穿越鄂尔多斯、戈壁滩和西藏之旅 / 德·莱斯顿著；王启龙，冯玲译.拉萨：西藏人民出版社，2003，211 页.（"洋人眼中的西藏"译丛）

7412 从汕头到广州 / 翟理斯著；李国庆整理.影印本.桂林：广西师范大学出版社，2017，81 页.（"中国研究"外文旧籍汇刊·中国记录.第九辑；4/ 李国庆，何林夏主编）

7413 从圣彼得堡到北京旅行记：1719—1722/ 约翰·贝尔著；蒋雯燕，崔焕伟译.昆明：云南人民出版社，2018，199 页.（行走中国丛书 / 张昌山，耿昇主编）

7414 从紫禁城到楼兰：斯文·赫定最后一次沙漠探险 / 斯文·赫定著；王鸣野译.长春：吉林出版集团有限责任公司，2009，281 页.

7415 鞑靼西藏旅行记 / 古伯察著；耿昇译.2 版.北京：中国藏学出版社，2006，2012 重印，51+13+652 页.（西藏文明之旅书系）

> 鞑靼西藏旅行记 / 古伯察著；耿昇译.北京：中国藏学出版社，1991，689 页.（汉译国外藏学名著丛书）

7416 道里邦国志 / 伊本·胡尔达兹比赫著；宋岘译注.北京：华文出版社，2017，24+243 页.

> 道里邦国志 / 伊本·胡尔达兹比赫著；宋岘译注.北京：中华书局，1991，283 页.（中外关系史名著译丛）

7417 笛荡幽谷：1903—1910 年一位苏黎世工程师亲历的滇越铁路 / 希尔维亚·安吉斯·麦斯特尔，鲍尔·胡格编著；王锦译.昆明：云南人民出版社，2018，114 页.（行走中国丛书 / 张昌山，耿昇主编）

7418 帝国丽影 / 托马斯·霍奇森·利德尔著文 / 绘图；陆瑾，欧阳少春译 . 北京：北京图书馆出版社，2005，181 页 .（亲历中国丛书 / 耿昇，李国庆主编）

7419 帝王之都——热河 / 斯文·赫定著；赵清译 . 北京：中央编译出版社，2011，334 页 .（国家清史编纂委员会·编译丛刊）

> 帝王之都——热河 / 斯文·赫定著；于广达译 . 北京：中信出版社，2008，180 页 .

7420 东方三大旅行记 . 第四册—第五册，马可·波罗行记 / 沙海昂注；冯承钧译 . 郑州：中州古籍出版社，2016，2 册（149 页）.

7421 东方志：从红海到中国 / 多默·皮列士著；何高济译 . 北京：中国人民大学出版社，2012，53+286 页 .（学术思想丛书）

> 东方志：从红海到中国 / 多默·皮列士著；何高济译 . 南京：江苏教育出版社，2005，244 页 .（西方文库·学术译丛）

7422 东方之旅：1882—1885：杰伊·佛洛伊德·科尔日记书信及约翰·科尔·库尔家族捐献文物 / 程存洁等编译 . 广州：岭南美术出版社，2012，407 页 .

7423 东岳庙：中文版 / 安·丝婉·富善著；李锦萍译 . 北京：清华大学出版社，2018，11+279 页 .

7424 发现西藏 / 米歇尔·泰勒著；耿昇译 . 2 版 . 北京：中国藏学出版社，2005，2012 重印，274 页 .（西藏文明之旅书系）

> 发现西藏 / 米歇尔·泰勒著；耿昇译 . 北京：中国藏学出版社，1999，282 页 .（发现西藏书系 / 班果主编）

7425 福，仁者人也：华人约翰和其他人 / 庄延龄著；吴宪整理 . 影印本 . 桂林：广西师范大学出版社，2014，11+418 页 .（"中国研究"外文旧籍汇刊·中国记录 . 第七辑；5/ 李国庆，何林夏主编）

7426 冈底斯山：在西藏的发现和探险 / 斯文·赫定著；李国庆整理 . 影印本 . 桂林：广西师范大学出版社，2011，2 册（22+1181 页）.（"中国研究"外文旧籍汇刊·中国记录 . 第二辑；9/ 李国庆，何林夏主编）

7427 港督话神州 / 亨利·阿瑟·布莱克著；余静娴译 . 北京：北京图书馆出版社，2006，252 页 .（亲历中国丛书 / 耿昇，李国庆主编）

7428 戈壁驼队：中美地质学家西北找油纪实：1937—1938/ 马文·韦勒著；哈莉特·韦勒编；赵辛而译 . 北京：石油工业出版社，1992，2010 重印，352 页 .

7429 戈壁沙漠 / 蜜德蕊·凯伯，法兰西丝卡·法兰屈著；黄梅峰，麦慧芬译 . 北京：中国青年出版社，2002，15+324 页 .（探险与旅行经典文库）

> 戈壁沙漠 / 蜜德蕊·凯伯，法兰西丝卡·法兰屈著；黄梅峰，麦慧芬译 . 台北：马可孛罗文化，2000，48+16+436 页 .（探险与旅行经典文库；7）

7430 戈壁沙漠之路 / 斯文·赫定著；李述礼译 . 乌鲁木齐：新疆人民出版社，2001，168 页 .（探险与发现丛书）

7431 戈壁沙漠之谜 / 斯文·赫定著；许建英译 . 喀什：喀什维吾尔文出版社，2004，

280+26 页.

7432 古代蒙古城市 / C.B. 吉谢列夫等著；孙危译. 北京：商务印书馆，2016，14+474 页.（汉译丝瓷之路历史文化丛书 / 余太山，李锦绣主编）

7433 古代天山历史地理学研究 / 松田寿男著；陈俊谋译. 北京：中央民族学院出版社，1987，475 页.

7434 古老的土地 / 戴安娜·西普顿著；崔延虎译. 乌鲁木齐：新疆人民出版社，2010，207-479 页.

7435 观光纪游观光续纪观光游草 / 冈千仞著；张明杰整理. 北京：商务印书馆：中国旅游出版社，2017，10+43+336 页.（世界著名游记丛书. 第三辑）
  ➢ 观光纪游观光续纪观光游草 / 冈千仞著；张明杰整理. 北京：中华书局，2009，10+13+328 页.（近代日本人中国游记）

7436 光明之城：一个犹太人在刺桐的见闻录 / 雅各·德安科纳著；大卫·塞尔本编译；杨民等译. 台北：台湾商务印书馆，2000，535 页.
  ➢ 光明之城 / 雅各·德安科纳著；大卫·塞尔本编译；杨民等译. 上海：上海人民出版社，1999，550 页.

7437 海南纪行 / 香便文著；辛世彪译注. 桂林：漓江出版社，2012，198 页.

7438 海屯行纪 / 乞剌可思·刚扎克赛著；何高济译. 鄂多立克东游录 / 鄂多立克著；何高济译. 沙哈鲁遣使中国记 / 火者·盖耶速丁著；何高济译. 北京：中华书局，2002，158 页.（中外关系史名著译丛）
  ➢ 海屯行纪鄂多立克东游录沙哈鲁遣使中国记 / 何高济译. 北京：中华书局，1981，150 页.（中外关系史名著译丛）

7439 河西历史地理学研究 / 前田正名著；陈俊谋译. 北京：中国藏学出版社，1993，620 页.（西藏学参考丛书. 第二辑；6）

7440 横穿克里塞：从广州到曼德勒 / 柯乐洪著；张江南译. 昆明：云南人民出版社，2018，509 页.（行走中国丛书 / 张昌山，耿昇主编）

7441 横渡戈壁沙漠 / 斯文·赫定，沃尔克·贝格曼著；李述礼，张鸣译. 乌鲁木齐：新疆人民出版社，2013，10+12+322 页.（西域探险考察大系）
  ➢ 横渡戈壁沙漠 / 斯文·赫定，沃尔克·贝格曼著；李述礼，张鸣译. 乌鲁木齐：新疆人民出版社，2010，12+14+350 页.（西域探险考察大系）

7442 横跨亚洲大陆 / 阿托金逊著；沈青，季元中译. 乌鲁木齐：新疆人民出版社，2000，366 页.（亚洲探险之旅）

7443 横跨中国大陆：游蜀杂俎 / 中野孤山著；郭举昆译. 北京：中华书局，2007，214 页.（近代日本人中国游记）

7444 华西：游历峨眉山佛教中心 / 赫斐秋著；吴宪整理. 影印本. 桂林：广西师范大学出版社，2014，319 页.（"中国研究"外文旧籍汇刊·中国记录. 第七辑；1/ 李国庆，何林夏主编）

7445 幻方——中国古代的城市 / 阿尔弗雷德·申茨著；梅青译 . 北京：中国建筑工业出版社，2009，480 页 .

7446 换了人间：昆明社会风貌摄影纪实（1900—2000）/ 奥古斯特·弗朗索瓦，任琴等摄影 . 昆明：云南美术出版社：晨光出版社，2000，271 页 .

7447 荒漠寻宝 / 费·阿·奥勃鲁切夫著；王沛译 . 乌鲁木齐：新疆人民出版社，2013，10+257 页 .（西域探险考察大系）

> 荒漠寻宝 / 费·阿·奥勃鲁切夫著；王沛译 . 乌鲁木齐：新疆人民出版社，2010，12+285 页 .（西域探险考察大系）

7448 荒原的召唤 / 普尔热瓦尔斯基著；王嘎，张友华译 . 乌鲁木齐：新疆人民出版社，2000，344 页 .（亚洲探险之旅）

7449 皇家园林——颐和园 / 申玹丞编著 . 北京：中国建筑工业出版社，2016，17+316 页 .

7450 几近退色的记录：关于中国人到达美洲探险的两份古代文献 / 默茨著；崔岩峙等译 . 北京：海洋出版社，1993，149 页 .

7451 江南三角洲市镇研究 / 森正夫编；丁韵等译 . 南京：江苏人民出版社，2018，29+247 页 .（凤凰文库·海外中国研究系列）

7452 江行五月 / 托马斯·布莱基斯顿著；马剑，孙琳译 . 北京：中国地图出版社，2013，338 页 .

7453 今日西藏牧民：美国人眼中的西藏 / 戈尔茨坦，比尔著；肃文译 . 上海：上海翻译出版公司，1991，127 页 .

7454 经深峡幽谷走进康藏：一个自然科学家经伊洛瓦底江到扬子江的游历 / 赫伯特·斯蒂文斯著；章汝雯，曹霞译 . 成都：四川民族出版社；北京：中国社会科学出版社，2002，256 页 .（雪域旧旅丛书）

7455 橘瑞超西行记 / 橘瑞超著；柳洪亮译 . 乌鲁木齐：新疆人民出版社，2013，10+11+292 页 .（西域探险考察大系）

> 橘瑞超西行记 / 橘瑞超著；柳洪亮译 . 乌鲁木齐：新疆人民出版社，2010，12+12+300 页 .（西域探险考察大系）

> 橘瑞超西行记 / 橘瑞超著；柳洪亮译 . 乌鲁木齐：新疆人民出版社，1999，12+280 页 .（西域探险考察大系）

7456 考史游记 / 桑原骘藏著；张明杰译 . 北京：中华书局，2007，439 页 .（近代日本人中国游记）

7457 叩响雪域高原的门扉：乔治·波格尔西藏见闻及托马斯·曼宁拉萨之行纪实 / 克莱门茨·R. 马克姆编著；张皓，姚乐野译 . 成都：四川民族出版社；北京：中国社会科学出版社，2002，548 页 .（雪域旧旅丛书）

7458 窥视紫禁城 / 叶·科瓦列夫斯基著；阎国栋等译 . 北京：北京图书馆出版社，2004，272 页 .（亲历中国丛书 / 耿昇，李国庆主编）

7459 昆仑及南海古代航行考；苏门答剌古国考 / 费琅撰；冯承钧译 . 上海：上海古籍出

版社，2014，156 页 .（冯承钧译著集）
> 昆仑及南海古代航行考；苏门答剌古国考 / 费琅著；冯承钧译 . 北京：中华书局，2002，160 页 .（世界汉学论丛）

7460 拉班·扫马和马克西行记 / 佚名著；朱炳旭译 . 郑州：大象出版社，2009，107 页 .（西方早期汉学经典译丛）

7461 拉萨及西藏中部旅行记 / 萨拉特·钱德拉·达斯著；W.W. 罗克希尔编；陈观胜，李培茱译 .2 版 . 北京：中国藏学出版社，2006，12+219 页 .（西藏文明之旅书系）
> 拉萨及西藏中部旅行记 / 萨拉特·钱德拉·达斯著；W.W. 罗克希尔编；陈观胜，李培茱译 . 北京：中国藏学出版社，2004，272 页 .（西藏百年风云丛书）

7462 来华一妇人 / 玛丽·高特著；吴宪整理 . 影印本 . 桂林：广西师范大学出版社，2014，14+470 页 .（"中国研究"外文旧籍汇刊·中国记录 . 第七辑；7/ 李国庆，何林夏主编）

7463 老外看福建：中英对照 / 潘维廉著；王跃宏主编 . 厦门：厦门大学出版社，2005，335 页 .

7464 老外看老鼓浪屿：中英对照 / 郑惠生主编；潘维廉著；潘文功，钟太福译 . 厦门：厦门大学出版社，2010，463 页 .（鼓浪屿申报世界文化遗产系列丛书）

7465 李希霍芬中国旅行日记 / 费迪南德·冯·李希霍芬著；E. 蒂森选编；李岩，王彦会译 . 北京：商务印书馆，2018，2 册（13+824 页）.（汉译世界学术名著丛书 . 第十六辑）
> 李希霍芬中国旅行日记 / 费迪南德·冯·李希霍芬著；E. 蒂森选编；李岩，王彦会译 . 北京：商务印书馆，2017，2 册（11+824 页）.（汉译世界学术名著丛书：120 年纪念版 . 分科本 . 历史、地理类）
> 李希霍芬中国旅行日记 / 费迪南德·冯·李希霍芬著；E. 蒂森选编；李岩，王彦会译 . 北京：商务印书馆：中国旅游出版社，2017，2 册（10+466；296 页）.（世界著名游记丛书 / 李金早主编 . 第三辑编）
> 李希霍芬中国旅行日记 / 费迪南德·冯·李希霍芬著；E. 蒂森选编；李岩，王彦会译 . 北京：商务印书馆，2016，2 册（15+755 页）.（国家清史编纂委员会·编译丛刊）

7466 两个日本汉学家的中国纪行 / 内藤湖南，青木正儿著；王青译 . 北京：光明日报出版社，1999，138 页 .（日本人眼中的近代中国）

7467 两个威廉与长城的故事 / 威廉·林赛著；李竹润译 . 北京：清华大学出版社，2012，363 页 .

7468 领事官在中国西北的旅行 / 台克满著；史红帅译 . 上海：上海科学技术文献出版社，2013，264 页 .（徐家汇藏书楼汉学译丛 . 近代西北史地辑）

7469 罗布泊探秘 / 斯文·赫定著；王安洪，崔延虎译 . 乌鲁木齐：新疆人民出版社，

2013，2 册（10+21+851 页）.（西域探险考察大系）

7470 罗宾博士看陕西 / 罗宾·吉尔班克著；胡宗锋译. 北京：中译出版社，2018，234 页.（外国人写作中国计划丛书）

7471 马达汉西域考察日记：穿越亚洲——从里海到北京的旅行：1906~1908/ 马达汉著；王家骥译. 北京：中国民族摄影艺术出版社，2004，14+603+15 页.

7472 马达汉中国西部考察调研报告合集 / 马达汉著；阿拉腾奥其尔，王家骥译. 乌鲁木齐：新疆人民出版社，2009，15+253 页.

7473 马可·波罗游记 / 马可·波罗著；肖民译. 西安：陕西人民出版社，2012，206 页.（大师经典系列）

> 马可·波罗游记：英汉双语 / 马可·波罗著；罗奈尔得·莱瑟姆英译；苏桂梅汉译. 北京：中国对外翻译出版公司，2012，172 页.

> 马可·波罗游记：中英对照 / 马可·波罗口述；鲁斯蒂谦诺笔录；余前帆译注. 北京：中国书籍出版社，2009，2 册（15+20+553 页）.

> 马可·波罗游记 / 马可·波罗著；梁生智译.2 版. 北京：中国文史出版社，2008，19+302 页.

> 马可波罗游记 / 马可波罗著；大陆桥翻译社译. 台北：商周出版社，2005，269 页.（映像纪实系列；4）

> 马可·波罗游记：最有名的奇书 / 马可·波罗著；大陆桥翻译社译. 呼和浩特：远方出版社，2003，184 页.（探索 / 大旅行家游记：插图典藏）

> 马可·波罗游记 / 马可·波罗口述；鲁斯梯谦笔录；张胜璋编. 福州：海峡文艺出版社，2002，134 页.（海峡青少年文库. 世界百部文学名著速读；33）

> 马可·波罗游记 / 马可·波罗著；傅伟译. 新工具 / 培根著；辛培良译. 延吉：延边人民出版社，2001，506 页.（世界传世名著. 第四辑. 其它国家名著；8）

> 马可·波罗游记 / 马可·波罗著；傅伟译. 新工具 / 培根著；辛培良译. 延吉：延边人民出版社，2001，506 页.（世界名著百部精华；6）

> 马可·波罗游记 / 马可·波罗著；奚源译. 鲁滨逊漂流记 / 笛福著；凌朔译. 海拉尔：内蒙古文化出版社，2000，395 页.（世界文学名著. 第一辑；5）

> 马可·波罗游记 / 马可·波罗著；梁生智译. 北京：中国文史出版社，1998，20+315 页.

> 马可波罗游记 / 马可波罗口述；鲁思梯谦笔录；陈开俊等译. 福州：福建人民出版社，1981，281.

7474 马可·波罗注 / 伯希和著. 影印本. 上海：中西书局，2017，1215 页.

7475 马可波罗行纪 / 沙海昂注；冯承钧译. 北京：商务印书馆，2017，11+494 页.（汉译世界学术名著丛书：分科本.120 年纪念版. 历史，地理类）

> 马可波罗行纪 / 马可波罗口述，沙海昂注；冯承钧译. 北京：中国旅游出版社：商务印书馆，2016，447 页.（世界著名游记丛书）

> 马可波罗行纪 / 马可波罗著,沙海昂注;冯承钧译.上海:上海古籍出版社,2014,11+462页.(冯承钧译著集)
> 马可波罗行纪 / 沙海昂注;冯承钧译.北京:商务印书馆,2012,13+494页.(汉译世界学术名著丛书)
> 马可·波罗游记 / 马可·波罗著;冯承钧译.合肥:安徽人民出版社,2012,261页.(新课标最佳阅读)
> 马可波罗行纪 / 沙海昂注;冯承钧译.北京:商务印书馆,2011,11+494页.(汉译世界学术名著丛书:分科本.历史)
> 图释马可·波罗游记:一口气轻松读懂中世纪欧洲人眼里的中国 / 马可·波罗著;冯承钧译.长春:吉林出版集团有限责任公司,2009,10+321页.
> 马可波罗行纪 / 马可波罗著,沙海昂注;冯承钧译.北京:中华书局,2004,20+865+17页.
> 马可波罗行纪 / 马可波罗著,沙海昂注;冯承钧译.石家庄:河北人民出版社,1999,17+811页.
> 马可波罗游记 / 马可波罗著.北京:外国教学与研究出版社,1997,256页.(大师经典文库)
> 马可·波罗游记 / 赵义编译.北京:中国广播电视出版社,1996,110页.

7476 满蒙探险记 / 深谷松涛,古川狄风著;杨凤秋译.广州:暨南大学出版社,2018,10+194页.(日本近代对中国边疆调查及其文献研究 / 袁向东,张明杰主编)

7477 曼德维尔游记 / 约翰·曼德维尔著;郭泽民,葛桂录译.上海:上海书店出版社,2010,132页.("走近中国"文化译丛 / 钱林森主编)
> 曼德维尔游记 / 约翰·曼德维尔著;郭泽民,葛桂录译.上海:上海书店出版社,2006,16+11+132页.("走近中国"文化译丛)

7478 漫游彩云之南 / 埃米尔·罗歇著.穿越云南的惊奇之旅 / 阿奇博尔德·利特尔著,阿奇博尔德·利特尔太太编;李明强译.昆明:云南人民出版社,2018,210页.(行走中国丛书 / 张昌山,耿昇主编)

7479 魅力福建——我的第二故乡 / 潘维廉著;潘文功等译.福州:海峡文艺出版社,2003,385页.

7480 魅力鼓浪屿:中英对照 / 潘维廉著;厦门日报双语周刊译.厦门:厦门大学出版社,2005,19+355页.

7481 魅力泉州:中英对照 / 潘维廉著;潘文功等译.2版.厦门:厦门大学出版社,2007,21+345页.

7482 魅力厦大:中英对照 / 潘维廉,费菲著;厦门:厦门大学出版社,2006,31+359页.

7483 魅力厦门:厦门指南:中文版 / 潘维廉著;潘文功等译.厦门:厦门大学出版社,2003,454页.

K 历史、地理 | 597

7484 魅力思明：老潘看思明：[中英文本]/潘维廉撰稿；颜文聪主编；厦门市思明区人民政府编．福州：海潮摄影艺术出版社，2004，46 页．

7485 蒙古、安多和死城哈喇浩特：完整版/彼·库·柯兹洛夫著；王希隆，丁淑琴译．兰州：兰州大学出版社，2011，381 页．（欧洲历史文化文库）

> 蒙古、安多和死城哈喇浩特/彼·库·柯兹洛夫著；王希隆，丁淑琴译．兰州：兰州大学出版社，2002，408 页．（中国西部考察探险丛书）

7486 蒙古高原行纪/江上波夫等著；赵令志译．呼和浩特：内蒙古人民出版社，2008，283 页．（蒙古历史文化文库）

7487 蒙古和喀木/П.К.柯兹洛夫著；丁淑琴等译．兰州：兰州大学出版社，2014，12+388 页．（欧亚历史文化文库）

7488 蒙古纪行/格·尼·波塔宁著；B.B.奥布鲁切夫编；吴吉康，吴立珺译．兰州：兰州大学出版社，2013，473 页．（欧亚历史文化文库）

7489 蒙古旅行/鸟居龙藏著；戴玥，郑春颖译．北京：商务印书馆，2018，278 页．（汉译丝瓷之路历史文化丛书/余太山，李锦绣主编）

7490 蒙古新疆旅行日记/野村荣三郎著；董炳月译．乌鲁木齐：新疆人民出版社，2013，10+11+229 页．（西域探险考察大系）

7491 秘密香港：本地人最爱的香港秘密名所/申钟淑编著；陈校语译．汕头：汕头大学出版社，2012，391 页．

7492 鸣鹤园/舒衡哲著；张宏杰译．北京：北京大学出版社，2009，12+239 页．（燕园记忆．第二辑）

7493 漠北と南海：アジア史にぉけゐ沙漠と海洋/松田寿男著．影印本．呼和浩特：内蒙古大学出版社，2016，264 页．（内蒙古外文历史文献丛书．第十七辑．历史系列．二；2/内蒙古大学内蒙古近现代史研究所，内蒙古自治区图书馆学会主编）

7494 南方纪行/佐藤春夫著；胡令远，叶海唐译．杭州：浙江文艺出版社，2018，17+148 页．（东瀛文人·印象中国）

7495 南明行纪：近代欧洲人眼中的中国南方/伯来拉，克路士等原著；何高济译．2版．台北：台湾书房出版有限公司，2010，61+252 页．

> 南明行纪/伯来拉等著；何高济译．北京：中国工人出版社，2000，328 页．（海外中国报告）

7496 女人游香港/冈田和惠著；相川达助摄影；殷环宇译．长春：吉林出版集团有限责任公司，2013，157 页．

7497 帕米尔历险记/扬哈斯本著；任宜勇译．乌鲁木齐：新疆人民出版社，2001，321 页．（亚洲探险之旅）

7498 扁舟过三峡/阿奇博尔德·约翰·利特尔著；黄立思译．昆明：云南人民出版社，2016，173 页．（行走中国丛书/张昌山，耿昇主编）

> 扁舟过三峡 / 阿奇博尔德·约翰·立德著；黄立思译. 昆明：云南人民出版社，2001，219 页.（中国大探险丛书 / 耿昇，马大正主编）

7499 平城历史地理学研究 / 前田正名著；李凭等译. 上海：上海古籍出版社，2012，428 页.（日本中国史研究译丛）

> 平城历史地理学研究 / 前田正名著；李凭等译. 北京：书目文献出版社，1994，468 页.

7500 青康藏区的冒险生涯 /W.W. 福格森著；张文武译. 拉萨：西藏人民出版社，2003，260 页.（"洋人眼中的西藏"译丛）

7501 塞尔登的中国地图：重返东方大航海时代 / 卜正民著；刘丽洁译. 北京：中信出版集团股份有限公司，2015，228 页.

> 塞尔登先生的中国地图：香料贸易、佚失的海图与南中国海 / 卜正民著；黄中宪译. 台北：联经出版事业股份有限公司，2015，279 页.（历史大讲堂）

7502 山、云与蕃人：台湾高山纪行 / 鹿野忠雄著；杨南郡译注. 台北：玉山社出版事业股份有限公司，2000，2009 重印，287 页.（影像·台湾；34）

7503 山东及其门户胶州 / 费迪南·冯·李希霍芬著；青岛市档案馆编译. 青岛：青岛出版社，2014，203 页.（青岛城市档案文献丛刊）

7504 山西古迹志 / 水野清一，日比野丈夫著；孙安邦等译. 太原：山西古籍出版社，1993，277 页.

7505 陕西横山历史地理学研究：10—11 世纪鄂尔多斯南缘白于山区的历史地理学研究 / 前田正名著；杨蕤，尹燕燕译. 北京：中国社会科学出版社，2018，238 页.（北方民族大学文史学院文库）

7506 上海杭州·苏州·14 个水乡古镇 / 日本大宝石出版社编著. 北京：中国旅游出版社，2014，411 页.（走遍全球）

7507 神秘的滇藏河流：横断山脉江河流域的人文与植被 /F. 金敦·沃德著；李金希，尤永弘译. 成都：四川民族出版社北京：中国社会科学出版社，2002，272 页.（雪域旧旅丛书）

7508 神秘的中华：英人游历中国记 / 何耕著；李国庆整理. 影印本. 桂林：广西师范大学出版社，2009，276 页.（"中国研究"外文旧籍汇刊·中国纪录. 第一辑；5/ 李国庆，何林夏主编）

7509 生死大漠 / 斯文·赫定著；田衫编译. 乌鲁木齐：新疆人民出版社，2000，170 页.（探险与发现丛书）

7510 圣城拉萨 / 斯潘塞·查普曼著；向红笳，凌小菲译.2 版. 北京：中国藏学出版社，2006，233 页.（西藏文明之旅书系）

> 圣城拉萨 / 斯潘塞·查普曼著；向红笳，凌小菲译. 北京：中国藏学出版社，2004，296 页.（西藏百年风云丛书）

7511 失踪雪域 750 天 / 斯文·赫定著；包菁萍译；李恺整理. 乌鲁木齐：新疆人民出版

社，2000，343 页．（亚洲探险之旅）

7512　时光追忆：19 世纪一个瑞士商人眼中的江南旧影 / 阿道夫·克莱尔著；陈壮鹰译．上海：东方出版中心，2005，82 页．

7513　十六世纪中国南部行纪 / 博克舍编注；何高济译．北京：中华书局，1990，245 页．（中外关系史名著译丛）

7514　驶向撒马尔罕的金色旅程 / 葛乐耐著；毛铭译．桂林：漓江出版社有限公司，2016，12+210 页．（丝路译丛第一辑·玄奘之旅）

7515　世界屋脊 / 托马斯·爱德华·戈登著；成斌，王曼译．乌鲁木齐：新疆人民出版社，2013，10+244 页．（西域探险考察大系）

7516　树之声：北京的古树名木 / 阿南史代著；曹立华译．北京：生活·读书·新知三联书店，2007，305 页．

7517　丝绸之路 / 斯文·赫定著；江红，李佩娟译．乌鲁木齐：新疆人民出版社，2013，10+13+283 页．（西域探险考察大系）
> 丝绸之路 / 斯文·赫定著；江红，李佩娟译．乌鲁木齐：新疆人民出版社，2010，12+16+309 页．（西域探险考察大系）
> 丝绸之路 / 斯文·赫定著；江红，李佩娟译．乌鲁木齐：新疆人民出版社，1996，296 页．（西域探险考察大系．瑞典东方学译丛）

7518　丝绸之路纪行 / 松田寿男著；金晓宇译．郑州：河南大学出版社，2018，212 页．

7519　丝绸之路西域文献史料辑要．第一辑．324，罗布淖尔考察记 / 斯文·赫定著．影印本．乌鲁木齐：新疆美术摄影出版社：新疆电子音像出版社，2016，343 页．

7520　丝绸之路西域文献史料辑要．第一辑．330，新疆沙漠游记 / 斯文·赫定著；郑超麟译．影印本．乌鲁木齐：新疆美术摄影出版社：新疆电子音像出版社，2016，201 页．
> 新疆沙漠游记 / 斯文·赫定著；郑超麟译．上海：上海人民出版社，2016，159 页．（脉望丛书）

7521　死城之旅 / 科兹洛夫著；陈贵星译．乌鲁木齐：新疆人民出版社，2001，361 页．（亚洲探险之旅）

7522　四大名山的故事 / 镰田茂雄著；关世谦译．台北：圆明出版社，1995，232 页．（生活禅话；41）

7523　苏莱曼东游记 / 苏莱曼著；刘半农，刘小蕙译．北京：华文出版社，2016，119 页．（中外关系史典藏丛书）

7524　苏州耦园之美 / 吉河功摄；孙来庆汉译；张辰毅英译．苏州：苏州大学出版社，2015，91 页．

7525　苏州园林写真集：珍藏版 / 吉河功摄．苏州：古吴轩出版社，2015，107 页．
> 苏州园林写真集：［英日汉文本］/ 吉河功摄；董晓明，孙来庆译．苏州：古吴轩出版社，2002，107 页．

7526　探寻西藏的心灵：图齐及其西藏行迹 / 魏正中，萨尔吉编译．上海：上海古籍出版

社，2009，162 页.（亚欧丛书；2）

7527 唐土名胜图会 / 冈田玉山等著. 杭州：浙江人民美术出版社，2015，2 册（828 页）.（古刻新韵. 五辑. 日本）

> 唐土名胜图会 / 冈田玉山等编绘. 北京：北京古籍出版社，1985，2 册.

7528 天朝大国的景象：西方地图中的中国 / 曼斯缪·奎尼，米歇尔·卡斯特诺威著；安金辉，苏卫国译. 上海：华东师范大学出版社，2015，274 页.

7529 天山游记 / 彼·彼·谢苗诺夫著；李步月译.2 版. 乌鲁木齐：新疆人民出版社，2001，249 页.（西域文化丛书）

> 天山游记 / 谢苗诺夫著；李步月译. 乌鲁木齐：新疆人民出版社，1989，285 页.（西北史地资料译丛）

7530 徒步穿越中国 / 丁乐梅著；李国庆整理. 影印本. 桂林：广西师范大学出版社，2013，11+527 页.（"中国研究"外文旧籍汇刊·中国记录. 第四辑；8/ 李国庆，何林夏主编）

> 徒步穿越中国 / 丁乐梅著；陈易之译. 北京：光明日报出版社，2013，276 页.

7531 徒步游西安：兵马俑 / 弗雷德里克·卡尔·哈纳斯编著. 西安：西安地图出版社，2018，265 页.

7532 徒步中国：从北京走到新疆：一个德国人 4646 公里的文化长路探索 / 雷克著；麻辣 tongue 译. 新北：远足文化事业股份有限公司，2017，476 页.（瞭望；3）

> 徒步中国 / 雷克著；麻辣 tongue 译. 长沙：湖南文艺出版社，2013，320 页.

7533 驼队 / 尼尔斯·安博特著；杨子，宋增科译. 乌鲁木齐：新疆人民出版社，2013，196 页.（西域探险考察大系）

> 驼队 / 尼尔斯·安博特著；杨子，宋增科译. 乌鲁木齐：新疆人民出版社，2010，193 页.（西域探险考察大系）

7534 外国人看厦门：[英汉对照] / 陈奔编译. 厦门：厦门大学出版社，2001，234 页.

7535 外交官夫人的回忆 / 凯瑟琳·马噶特尼，戴安娜·西普顿著；王卫平，崔延虎译. 乌鲁木齐：新疆人民出版社，2013，10+15+438 页.（西域探险考察大系）

> 外交官夫人回忆录 / 凯瑟琳·马嘎特尼著；王卫平，崔延虎译. 乌鲁木齐：新疆青少年出版社，2008，10+221 页.

> 外交官夫人的回忆 / 凯瑟琳·马噶特尼，戴安娜·西普顿著；王卫平，崔延虎译. 乌鲁木齐：新疆人民出版社，1997，450 页.（西域探险考察大系）

7536 晚清河山 / 乔治·N. 赖特文；托马斯·阿洛姆图；秦传安译. 北京：中央编译出版社，2016，330 页.

7537 万里长城百年回望：从玉门关到老龙头 / 威廉·林赛著；李竹润译. 北京：五洲传播出版社，2007，275 页.

7538 万里长城百题问答 / 王雪农，威廉·林赛合著. 北京：五洲传播出版社，2010，221 页.

7539 危险的边疆：游牧帝国与中国 / 巴菲尔德著；袁剑译. 南京：江苏人民出版社，

2011，409 页 .（凤凰文库·海外中国研究系列）

> 危险的边疆：游牧帝国与中国 / 巴菲尔德著；袁剑译 . 南京：江苏人民出版社，2011，409 页 .（海外中国研究丛书 / 刘东主编）

7540 威尔逊在阿坝：100 年前威尔逊在四川西北部汶川、茂县、松潘、小金旅行游记 / 欧内斯特·亨利·威尔逊著；陈刚主编；红音，干文清编译 . 成都：四川民族出版社，2009，106 页 .

7541 威廉：我的长城生活 / 威廉·林赛著 . 北京：清华大学出版社，2014，315 页 .

7542 未完成的探险 / 艾米尔·特林克勒著；赵凤朝译 . 乌鲁木齐：新疆人民出版社，2013，10+14+171 页 .（西域探险考察大系）

> 未完成的探险 / 特林克勒著；赵凤朝译 . 乌鲁木齐：新疆人民出版社，2000，218 页 .（探险与发现丛书）

7543 我的北京花园及其周围 / 阿奇博尔德·立德夫人著；李国庆，邓赛整理 . 影印本 . 桂林：广西师范大学出版社，2018，19+418 页 .（"中国研究"外文旧籍汇刊·中国记录 . 第十辑；5/ 李国庆，何林夏主编）

> 我的北京花园 / 阿奇博尔德·立德夫人著；李国庆，陆瑾译 . 北京：北京图书馆出版社，2004，278 页 .（亲历中国丛书 / 耿昇，李国庆主编）

7544 我的探险生涯．Ⅰ-Ⅱ / 斯文·赫定著；李宛蓉译 . 北京：人民文学出版社，2016，2 册（377；381 页）.（远行译丛）

> 我的探险生涯 / 斯文·赫定著；孙仲宽译 . 乌鲁木齐：新疆人民出版社，2013，10+512 页 .（西域探险考察大系）

> 我的探险生涯 / 斯文·赫定著；孙仲宽译 . 乌鲁木齐：新疆人民出版社，2010，11+11+531 页 .（西域探险考察大系）

> 我的探险生涯：西域探险家斯文·赫定回忆录 . 上下 / 斯文·赫定著；李宛蓉译 . 2 版 . 台北：马可孛罗文化，2010，2 册（12+428；428）.（探险与旅行经典文库；1）

> 我的探险生涯 . 上下 / 斯文·赫定著；李宛蓉译 . 台北：马可孛罗文化事业公司，2004，2 册 .（书房旅行家；10—11）

> 我的探险生涯 / 斯文·赫定著；潘岳，雷格译 . 海口：南海出版公司，2002，574 页 .（新经典文库）

> 我的探险生涯：西域探险家斯文·赫定回忆录 / 斯文·赫定著；李宛蓉译 . 北京：中国青年出版社，2002，2 册（376；394 页）.（探险与旅行经典文库

> 我的探险生涯：西域探险家斯文·赫定回忆录 . 上下 / 斯文·赫定著；李宛蓉译 . 台北：马可孛罗文化事业公司，2000，2 册（876 页）.（探险与旅行经典文库；1）

> 我的探险生涯 / 斯文·赫定著；孙仲宽译 . 乌鲁木齐：新疆人民出版社，1997，471 页 .（百卷文史知识丛书；9）

7545　我独自走过中国 / 多明尼卡·芭兰著；刘轩译 .2 版 . 北京：大众文艺出版社，2007，190 页 .

> 我独自走过中国 / 多明尼卡·芭兰著；刘轩译 . 台北：超越出版社，2000，208 页 .

> 我独自走过中国 / 多明尼卡·芭兰原著；刘轩译 . 北京：大众文艺出版社，1999，151 页 .

7546　我看乾隆盛世 / 约翰·巴罗著；李国庆，欧阳少春译 . 北京：北京图书馆出版社，2007，10+462 页 .（亲历中国丛书 / 耿昇，李国庆主编）

7547　我们在中国的生活 / 海伦·倪维思著；李国庆整理 . 影印本 . 桂林：广西师范大学出版社，2009，510 页 .（"中国研究"外文旧籍汇刊·中国记录 . 第一辑；3/ 李国庆，何林夏主编）

7548　五口通商城市游记 / 施美夫著；温时幸译 . 北京：北京图书馆出版社，2007，426 页 .（亲历中国丛书 / 耿昇，李国庆主编）

7549　西藏黄皮书 / 龙安志著；朱萍译 . 拉萨：西藏人民出版社，2009，237 页 .

7550　西藏探险 / 约翰·麦格雷格著；向红笳译 . 拉萨：西藏人民出版社，1985，1997 重印，346 页 .

7551　西藏札什伦布寺访问记 / 塞缪尔·特纳著；苏发祥，沈桂萍译 . 拉萨：西藏人民出版社，2004，30+340 页 .（"洋人眼中的西藏"译丛）

7552　西藏追踪 / 帕特里克·法兰区著；郑明华译 . 乌鲁木齐：新疆人民出版社，2000，458 页 .

> 西藏追踪：追寻杨赫斯本探险传奇 . 上下 / 派区克·法兰区著；郑明华译 . 台北：马可孛罗文化事业公司，1999，2 册（570 页）.（当代名家旅行文学；17-18）

7553　西极探险：从叶尔羌到藏北 / 斯文·赫定著；王鸣野译 . 乌鲁木齐：新疆人民出版社，2003，255 页 .（新西域文库·穿越昆仑山丛书）

7554　西域南海史地考证译丛 / 伯希和撰；冯承钧译 . 影印版 . 兰州：兰州古籍书店，1990，3 册（548；594；621 页）.（中国西北文献丛书 . 第三辑 . 西北史地文献 . 第三十九卷—第四十一卷；114—116）

7555　香港 / 克鲁切尔著；周婧译 . 上海：上海人民美术出版社，2007.（旅行者环球精选指南 / 岳鸿雁主编）

7556　香港 / 利亚姆·菲兹派瑞克，贾森·加格里亚蒂，安德鲁·斯通著；刘星星译 . 北京：旅游教育出版社，2006，155 页 .（TOP10 全球魅力城市旅游丛书）

7557　香港 / 新加坡 APA 出版有限公司编；何兴译 . 北京：中国水利水电出版社，2008，233 页 .（城市之旅丛书）

7558　香港 / 约瑟夫·利维·史翰著；黎涓，李馨译 . 北京：电子工业出版社，2011，125 页 .

7559　香港 ENJOY/ 崔恩周著；邢心秀译 . 桂林：广西师范大学出版社，2013，318

页.（ENJOY 系列丛书）

7560 香港澳门 / 日本大宝石出版社编著 . 北京：中国旅游出版社，2013，685 页 .
  ➢ 香港澳门：'06-'07/ 大宝石出版社原著；孟琳译 . 北京：中国旅游出版社，2006，495 页 .（走遍全球）

7561 小威廉长城历险记 / 威廉·林赛文；张达绘；李慧婷译 . 北京：中国少年儿童新闻出版总社，2018，1 册 .

7562 新疆地埋宝藏记 / 阿尔伯特·冯·勒·寇克著；刘建台译 . 北京：中国青年出版社，2002，16+194 页 .（探险与旅行经典文库）
  ➢ 新疆地埋宝藏记 / 阿尔伯特·冯·勒·寇克著；刘建台译 . 台北：马可孛罗文化事业公司，2000，240 页 .（探险与旅行经典文库；5）

7563 馨香永溢的"小白花"：庄士敦眼中的普陀山 / 庄士敦著；翁洁静译 . 宁波：宁波出版社，2017，190 页 .

7564 修女西行 / 米德莱·凯伯等著；季理斐译 . 乌鲁木齐：新疆人民出版社，2013，10+234 页 .（西域探险考察大系）

7565 玄华夏：英人游历中国记 / 夏金著；严向东译 . 北京：国家图书馆出版社，2009，274 页 .（亲历中国丛书 / 耿昇，李国庆主编）

7566 寻访北京的古迹：古树·雄石·宝水 / 阿南史代著；赵菲菲等译 . 北京：五洲传播出版社，2004，330 页 .

7567 亚洲的脉搏 / 亨廷顿著；王彩琴，葛莉译 . 乌鲁木齐：新疆人民出版社，2013，10+180 页 .（西域探险考察大系）
  ➢ 亚洲的脉搏 / 亨廷顿著；王彩琴，葛莉译 . 乌鲁木齐：新疆人民出版社，2001，11+228 页 .（探险与发现丛书）

7568 亚洲腹地旅行记 / 斯文·赫定著；周山译 . 南京：江苏凤凰文艺出版社，2017，490 页 .（北斗译丛：精编版）
  ➢ 丝绸之路西域文献史料辑要 . 第一辑 .331-332，亚洲腹地旅行记 / 斯文·赫定著；李述礼译 . 影印本 . 乌鲁木齐：新疆美术摄影出版社：新疆电子音像出版社，2016，2 册 .
  ➢ 亚洲腹地旅行记 / 斯文·赫定著；周山译 . 北京：中国旅游出版社：商务印书馆，2016，13+18+521 页 .（世界著名游记丛书）
  ➢ 亚洲腹地旅行记 / 斯文·赫定著；周山译 .2 版 . 南京：江苏文艺出版社，2014，559 页 .
  ➢ 亚洲腹地旅行记 / 斯文·赫定著；周山译 . 南京：江苏文艺出版社，2011，413 页 .（北斗译丛）
  ➢ 斯文赫定亚洲探险记 / 斯文赫定著；大陆桥翻译社译 . 台北：商周出版，2005，283 页 .（映像纪实系列；5）
  ➢ 亚洲腹地旅行记：最有名的探险 / 斯文·赫定著；大陆桥翻译社译 . 呼和浩特：

远方出版社，2003，194 页.（探索/大旅行家游记：插图典藏）
- ➢ 亚洲腹地旅行记/斯文赫定著；李述礼译.影印本.上海：上海书店，1984，604 页.

7569 亚洲腹地探险八年：1927—1935/斯文·赫定著；徐十周等译.乌鲁木齐：新疆人民出版社，1992，1997 重印，19+776 页.（西域探险考察大系.瑞典东方学译丛）
- ➢ 亚洲腹地探险八年：1927—1935/赫定著；徐十周等译.乌鲁木齐：新疆人民出版社，1992，776 页.

7570 沿着马可·波罗的足迹：从西姆拉到北京之旅/卜禄士著；李国庆整理.影印本.桂林：广西师范大学出版社，2014，415 页.（"中国研究"外文旧籍汇刊·中国记录.第六辑；10/李国庆，何林夏主编）
- ➢ 走出西域：沿着马可·波罗的足迹旅行/C.D. 布鲁斯著；周力译.北京：海潮出版社，2000，268 页.（世界探险家手记）

7571 沿着马可·波罗的足迹前进/鲁茨坦，克罗尔著；黄仲琪译.南京：江苏科学技术出版社，1986，77 页.

7572 燕京胜迹/怀特兄弟著；赵省伟编；赵阳，于洋洋译.广州：广东人民出版社，2018，278 页.（西洋镜）

7573 扬子江上的美国人：从上海经华中到缅甸的旅行记录（1903）/威廉·埃德加·盖洛著；晏奎译.济南：山东画报出版社，200，308 页.（国家清史编纂委员会·编译丛刊）

7574 一〇〇年前西藏独行记/河口慧海著；李立娟译.北京：金城出版社，2014，334 页.
- ➢ 西藏旅行记.上/河口慧海著；吴继文译.台北：马可孛罗文化事业公司，2003，18+339 页.（探险与旅行经典文库；17）
- ➢ 西藏旅行记.下/河口慧海著；吴继文译.台北：马可孛罗文化事业公司，2003，342-746 页.（探险与旅行经典文库；19）
- ➢ 西藏秘行/河口慧海著；孙沈清译.乌鲁木齐：新疆人民出版社，1998，346 页.（亚洲探险之旅）

7575 一个巴黎女子的拉萨历险记/亚历山德莉娅·大卫—妮尔著；耿昇译.北京：中国国际广播出版社，2012，266 页.
- ➢ 一个巴黎女子的拉萨历险记/亚历山德莉娅·大卫—妮尔著；耿昇译.北京：东方出版社，2002，13+343 页.
- ➢ 拉萨之旅/亚历珊卓·大卫—尼尔著；陈玲珑译.台北：马可孛罗文化事业公司，2000，370 页.（探险与旅行经典文库；9）
- ➢ 一个巴黎女子的拉萨历险记/大卫·妮尔著；耿昇译.拉萨：西藏人民出版社，1997，12+328 页.

7576 一个领事官的中国西北之旅/台克满著；李国庆整理.影印本.桂林：广西师范大学出版社，2015，10+311 页.（"中国研究"外文旧籍汇刊·中国记录.第八辑；

9/ 李国庆，何林夏主编）

7577　一个留辫子穿马褂的商业先锋的旅行记 / 汤玛士·桑维尔·库柏；李国庆整理 . 影印本 . 桂林：广西师范大学出版社，2014，489 页 .（"中国研究"外文旧籍汇刊 . 中国记录 . 第六辑；4/ 李国庆，何林夏主编）

7578　一个英国"商人"的冒险：从克什米尔到叶尔羌 / 罗伯特·沙敖著；王欣，韩香译 . 乌鲁木齐：新疆人民出版社，2003，302 页 .（新西域文库 . 穿越昆仑山丛书）

7579　一位美国工程师的中国行纪 / 柏生士著；余静娴译 . 北京：商务印书馆：中国旅游出版社，2017，10+43+197 页 .（世界著名游记丛书 / 李金早主编 . 第三辑）

> 西山落日：一位美国工程师在晚清帝国勘测铁路见闻录 / 柏生士著；余静娴译；李国庆校订 . 北京：国家图书馆出版社，2011，216 页 .（亲历中国丛书 / 耿昇，李国庆主编）

> 一个美国工程师在中国 / 柏生士著；李国庆整理 . 影印本 . 桂林：广西师范大学出版社，2009，320 页 .（"中国研究"外文旧籍汇刊 . 中国记录 . 第一辑；6/ 李国庆，何林夏主编）

7580　伊本·白图泰游记：精编本 / 伊本·白图泰口述；伊本·朱甾笔录；李光斌，李世雄译 . 北京：中国旅游出版社，2016，2 册（18+59+377 页）.（世界著名游记丛书）

> 伊本·白图泰游记 / 伊本·白图泰著；马金鹏译 . 北京：华文出版社，2015，30+14+449 页 .（中外关系 史典藏丛书）

> 异境奇观：伊本·白图泰游记（全译本）/ 伊本·白图泰口述，伊本·朱甾笔录；李光斌译 . 北京：海洋出版社，2008，954 页 .

> 伊本·白图泰游记 / 伊本·白图泰著；马金鹏译 . 银川：宁夏人民出版社，2000，19+619 页 .

> 伊本·白图泰游记 / 伊本·白图泰著；马金鹏译 . 银川：宁夏人民出版社，1985，619 页 .

7581　伊莎贝拉在阿坝：1896 年伊莎贝拉在四川西北部汶川、理县、马尔康梭磨旅行游记 / 伊莎贝拉·伯德著；红音编译；陈钢主编 . 成都：四川民族出版社，2011，110 页 .

7582　遗失在西方的中国史：老北京皇城写真全图 / 喜仁龙著；沈弘，聂书江编译 . 广州：广东人民出版社，2017，2 册（14+533 页）.

7583　彝藏禁区行 / 多隆著；辛玉等译 . 乌鲁木齐：新疆人民出版社，2001，262 页 .（亚洲探险之旅）

7584　永不磨灭的风景：香格里拉：百年前一个法国探险家的回忆 / 弗朗索瓦·巴达让著；郭素芹著译 . 昆明：云南人民出版社，2001，15+263 页 .

7585　勇闯无人区 / 邦瓦洛特著；简明译 . 乌鲁木齐：新疆人民出版社，2001，399 页 .（亚洲探险之旅）

7586　游历中国设领事馆城市暨香港、舟山岛纪事 / 施美夫著；李国庆整理 . 影印本 . 桂林：广西师范大学出版社，2011，13+474 页 .（"中国研究"外文旧籍汇刊·中国记录. 第二辑；2/ 李国庆，何林夏主编）

7587 游移的湖 / 斯文·赫定著；江红译. 乌鲁木齐：新疆人民出版社，2013，10+17+264 页 .（西域探险考察大系）

> 游移的湖 / 斯文·赫定著；江红译. 乌鲁木齐：新疆人民出版社，2010，11+19+268 页 .（西域探险考察大系）

> 游移的湖 / 斯文·赫定著；江红译. 乌鲁木齐：新疆人民出版社，2000，18+265+33 页 .（西域探险考察大系·瑞典东方学译丛 / 宿白主编）

7588 远东漫游：中国事务系列 /F.H. 巴尔福著；王玉括等译. 南京：南京出版社，2006，14+186 页 .（"西方人看中国"文化游记丛书）

7589 远游记 / 费尔南·门德斯·平托著；金国平译. 澳门：葡萄牙航海大发现事业纪念澳门地区委员会等，1999，2 册（718 页）.

7590 云南漫游 / 约翰·帕里斯著；陈玉华，段振培译. 昆明：云南人民出版社，1990，220 页 .

> 云南漫游：续集 .2/ 帕里斯著；中国云南国际文化交流中心，云南省对外文化交流协会编；陈玉华等译. 昆明：云南人民出版社，1992，179 页 .

7591 云南游记：从东京湾到印度 / 亨利·奥尔良著；龙云译. 昆明：云南人民出版社，2016，270 页 .（行走中国丛书 / 张昌山，耿昇主编）

> 云南游记：从东京湾到印度 / 亨利·奥尔良著；龙云译. 昆明：云南人民出版社，2001，353 页 .（中国大探险丛书 / 耿昇，马大正主编）

7592 在北京 / 布里斯著. 北京：外文出版社，2008，151 页 .

7593 在华岁月 / 海伦·倪维思著；温时幸，李国庆译. 北京：国家图书馆出版社，2015，305 页 .（亲历中国丛书）

7594 在天朝子民中间：从满洲穿越戈壁沙漠和喜马拉雅山脉到印度之旅 / 荣赫鹏著；李国庆整理. 影印本. 桂林：广西师范大学出版社，2012，2017 重印，291 页 .（"中国研究"外文旧籍汇刊·中国记录. 第三辑；4/ 李国庆，何林夏主编）

7595 在西藏高原的狩猎与旅游：西藏地质探险日志 / 亨利·海登，西泽·考森著；周国炎，邵鸿译. 成都：四川民族出版社北京：中国社会科学出版社，2002，286 页 .（雪域旧旅丛书）

7596 在中国北方的一个冬天 / 莫里斯著；李国庆整理. 影印本. 桂林：广西师范大学出版社，2009，13+256 页 .（"中国研究"外文旧籍汇刊·中国记录. 第一辑；4/ 李国庆，何林夏主编）

7597 在中国漫长的古道上 / 兰登·华尔纳著；姜洪源，魏宏举译. 乌鲁木齐：新疆人民出版社，2013，10+398 页 .（西域探险考察大系）

> 在中国漫长的古道上 / 兰登·华尔纳著；姜洪源，魏宏举译. 乌鲁木齐：新疆人民出版社，2001，438 页 .（西域探险考察大系）

7598 翟理斯汕广纪行：注释本 / 翟理斯原著；黄秉炜编撰. 上海：复旦大学出版社，2007，121 页.

7599 张骞探险之地 / 瑞德维拉扎著；高原译；敦煌研究院编. 桂林：漓江出版社有限公司，2017，249 页.（丝路译丛第一辑·玄奘之旅）

7600 这就是老香港 / M·萨塞克编绘；张懿译. 合肥：安徽少年儿童出版社，2013，60 页.

7601 中国：悠久帝国 / 伊莉莎·鲁阿玛·溪德沫著；吴宪整理. 影印本. 桂林：广西师范大学出版社，2013，431 页.（"中国研究"外文旧籍汇刊·中国记录. 第五辑；8/ 李国庆，何林夏主编）

7602 中国北方漫游记 / 哈瑞·阿尔弗森·弗兰克著；李国庆，邓赛整理. 影印本. 桂林：广西师范大学出版社，2018，18+618 页.（"中国研究"外文旧籍汇刊·中国记录. 第十辑；9/ 李国庆，何林夏主编）

7603 中国北方游记 / 韦廉臣著；李国庆整理. 影印本. 桂林：广西师范大学出版社，2011，2 册（17+922 页）.（"中国研究"外文旧籍汇刊·中国记录. 第二辑；4/ 李国庆，何林夏主编）

7604 中国长城 / 威廉·埃德加·盖洛著；吴宪整理. 影印本. 桂林：广西师范大学出版社，2013，12+506 页.（"中国研究"外文旧籍汇刊·中国记录. 第五辑；10/ 李国庆，何林夏主编）

　➢ 中国长城 / 威廉·埃德加·盖洛著；沈弘，恽文捷译. 济南：山东画报出版社，2006，326 页.（走读中国·盖洛人文地理丛书）

7605 中国的亚洲内陆边疆 / 拉铁摩尔著；唐晓峰译. 2 版. 南京：江苏人民出版社，2010，2018 重印，431 页.（海外中国研究丛书 / 刘东主编）

　➢ 中国的亚洲内陆边疆 / 拉铁摩尔著；唐晓峰译. 南京：江苏人民出版社，2014，431 页.（海外中国研究丛书精品系列. 第一辑 / 刘东主编）

　➢ 中国的亚洲内陆边疆 / 拉铁摩尔著；唐晓峰译. 南京：江苏人民出版社，2008，431 页（凤凰文库·海外中国研究系列）

　➢ 中国的亚洲内陆边疆 / 拉铁摩尔著；唐晓峰译. 南京：江苏人民出版社，2005，411 页（海外中国研究丛书 / 刘东主编）

7606 中国都市史 / 斯波义信著；布和译. 北京：北京大学出版社，2013，257 页.（博雅史学论丛·海外中国史研究）

7607 中国封建社会晚期城市研究：施坚雅模式 / 施坚雅著；王旭等译. 长春：吉林教育出版社，1991，307 页.（外国学者研究历史译丛；4）

7608 中国古今游 / 陈舜臣著；卞立强译. 长沙：湖南人民出版社，1982，267 页.

7609 中国和东印度群岛旅行记 / 彼得·奥斯贝克著；倪文君译. 桂林：广西师范大学出版社，2006，286 页.

7610 中国纪行 / 阿里·阿克巴尔著；张至善等译. 北京：华文出版社，2016，28+269

页.（中外关系史典藏丛书）

> 中国纪行 / 阿里·阿克巴尔著；张至善编. 北京：生活·读书·新知三联书店，1988，310 页.

7611 中国纪行 / 尼可斯·卡赞扎基斯著；李成贵译. 南京：译林出版社，2007，161 页.

7612 中国纪行：伊东忠太建筑学考察手记 / 伊东忠太著；薛雅明，王铁钧译. 北京：中国画报出版社，2017，291 页.（近代以来海外涉华艺文图志系列丛书 / 张明杰主编）

7613 中国禁地：多伦 1906 年至 1909 年之考察 / 多伦著；李国庆整理. 影印本. 桂林：广西师范大学出版社，2009，11+381 页.（"中国研究"外文旧籍汇刊·中国记录. 第一辑；10/ 李国庆，何林夏主编）

7614 中国聚落形态的变迁 / 宫崎市定著；张学锋等译. 上海：上海古籍出版社，2018，171 页.（宫崎市定亚洲史论考）

7615 中国旅行记 / 约翰·巴罗著；李国庆整理. 影印本. 桂林：广西师范大学出版社，2011，2 册（653 页）.（"中国研究"外文旧籍汇刊·中国记录. 第二辑；1/ 李国庆，何林夏主编）

7616 中国旅行记（1816—1817 年）：阿美士德使团医官笔下的清代中国 / 克拉克·阿裨尔著；刘海岩译. 北京：商务印书馆：中国旅游出版社，2017，10+41+418 页.（世界著名游记丛书 / 李金早主编. 第三辑）

> 中国旅行记（1816—1817 年）：阿美士德使团医官笔下的清代中国 / 克拉克·阿裨尔著；刘海岩译. 上海：上海古籍出版社，2012，10+399 页.（国家清史编纂委员会·编译丛刊）

7617 中国漫游记 / 德富苏峰著；张颖，徐明旭译. 南京：江苏文艺出版社，2014，20+458 页.

7618 中国漫游记　七十八日游记 / 德富苏峰著；刘红译. 北京：中华书局，2008，511 页.（近代日本人中国游记）

7619 中国乃世界花园之母 /E.H. 威尔逊著；包志毅等译. 北京：中国青年出版社，2017，517 页.

7620 中国南方掠影 / 麦嘉湖著；龙金顺，邓庆周译；苏宗文校译. 厦门：鹭江出版社，2015，280 页.

7621 中国南方漫游记 / 哈瑞·阿尔弗森·弗兰克著；李国庆，邓赛整理. 桂林：广西师范大学出版社，2018，19+761 页.（"中国研究"外文旧籍汇刊·中国记录. 第十辑；10/ 李国庆，何林夏主编）

7622 中国南海古代交通丛考 / 藤田丰八著；何健民译. 影印本. 太原：山西人民出版社，2015，3 册（582 页）.（近代海外汉学名著丛刊 / 郑培凯主编）

7623 中国山西风情：［中英文本］/ 古德曼编著；李学谦译. 北京：当代中国出版社，2000，103 页.

7624 中国史乘中未详诸国考证 / 希勒格撰；冯承钧译. 上海：上海古籍出版社，2014，137 页.（冯承钧译著集）

7625 中国台湾 / 菲尔·麦当劳著；闫雅萍译. 北京：旅游教育出版社，2011，259 页.（美国国家地理学会旅行家丛书）

7626 中国台湾 / 克里斯·贝迪斯，玲丽·贝迪斯著；蒋志森，闫雅萍译. 北京：旅游教育出版社，2015，244 页.
➢ 中国台湾 / 克里斯·贝迪斯，玲丽·贝迪斯著；蒋志森，闫雅萍译. 北京：旅游教育出版社，2008，235 页.

7627 中国五十年见闻录 / A.J. 立德著；桂奋权，冯冬译. 南京：南京出版社，2010，135 页.（"西方人看中国"文化游记丛书）

7628 中国五岳 / 威廉·埃德加·盖洛著；彭萍等译. 济南：山东画报出版社，2006，364 页.（走读中国·盖洛人文地理丛书）

7629 中国香港 / 菲尔·麦当劳著；邱岳，徐玉蓉译. 北京：旅游教育出版社，2011，262 页.（美国国家地理学会旅行家丛书）

7630 中国印度见闻录 / 穆根来等译. 北京：中华书局，1983，2001 重印，34+167 页.（中外关系史名著译丛）
➢ 中国印度见闻录 / 穆根来译. 北京：中华书局，1983，167 页.（中外关系史名著译丛）

7631 中国之旅行家 / 沙畹撰；冯承钧译. 摩尼教流行中国考 / 伯希和，沙畹撰；冯承钧译. 上海：上海古籍出版社，2014，19+12+85 页.（冯承钧译著集）

7632 中华帝国纪行：在大清国最富传奇色彩的历险 / 古伯察著；张子清等译. 南京：南京出版社，2006，2 册（14+230；221 页）.（"西方人看中国"文化游记丛书）

7633 中华帝国晚期的城市 / 施坚雅主编；叶光庭等译. 北京：中华书局，2000，11+832 页.（世界汉学论丛）

7634 追寻失落的圆明园：英汉对照 / 汪荣祖著；钟志恒译. 北京：外语教学与研究出版社，2013，490 页.（博雅双语名家名作精选集）
➢ 追寻失落的圆明园：英汉对照 / 汪荣祖著；钟志恒译. 北京：外语教学与研究出版社，2010，490 页.（博雅双语名家名作系列）
➢ 追寻失落的圆明园 / 汪荣祖著；钟志恒译. 2 版. 台北：麦田出版社，2007，335 页.（历史与文化丛书；31）
➢ 追寻失落的圆明园 / 汪荣祖著；钟志恒译. 南京：江苏教育出版社，2005，315 页.（汪荣祖作品系列）
➢ 追寻失落的圆明园 / 汪荣祖著；钟志恒译. 台北：麦田出版社，2004，333 页.（历史与文化丛书；31）

7635 紫禁城 / 贝甘，莫雷尔著；李圣云译. 上海：上海人民出版社，2007，143 页.（发现之旅；89）

7636 走向罗布泊 / 普尔热瓦尔斯基著；黄健民译. 乌鲁木齐：新疆人民出版社，1999，13+298 页.（亚洲探险之旅）

（二）研究著作

7637 "1—6 世纪中国北方边疆·民族·社会国际学术研讨会"论文集 / 吉林大学古籍研究所编. 北京：科学出版社，2008，413 页.

7638 茶马古道研究集刊. 第二辑 / 王士元等主编. 昆明：云南大学出版社，2012，14+293 页.
  ➢ 茶马古道研究集刊. 第三辑 / 王士元等主编. 昆明：云南大学出版社，2013，10+181 页.

7639 大香格里拉洋人秘史：藏彝走廊上的西方探险者 / 史幼波著. 重庆：重庆出版社，2007，200 页.（中国人文地理大发现书系. 藏彝走廊丛书）

7640 第三只眼睛看张掖 / 张兴轩编. 兰州：甘肃文化出版社，2013，223 页.
  ➢ 第三只眼睛看张掖：续 / 张兴轩编. 兰州：甘肃文化出版社，2013，241 页.

7641 蒂皮在中国 /《人与自然》编辑部编. 昆明：云南教育出版社，2003，90 页.（人与自然文库）

7642 东北亚古代聚落与城市考古国际学术研讨会论文集 / 魏坚，吕学明主编；中国人民大学历史学院，中国人民大学北方民族考古研究所编. 北京：科学出版社，2014，10+531 页.（北方民族考古研究丛书；2）

7643 芬兰探险家马达汉新疆考察研究 / 马大正，厉声，许建英主编. 哈尔滨：黑龙江教育出版社，2007，352 页.（《边疆史地》丛书）

7644 葛德石近代中国考察档案文献汇编. 1—4/ 张雷主编. 北京：学苑出版社，2014，4 册.

7645 利玛窦世界地图研究 / 黄时鉴，龚缨晏著. 上海：上海古籍出版社，2004，218 页.

7646 马可·波罗东游记 / 许永璋著. 郑州：河南人民出版社，1981，88 页.（历史小故事丛书）

7647 美国主流报刊中的北京社会形象 / 张颖著. 北京：时事出版社，2015，276 页（北京外国语大学学术著作系列）

7648 面向新世纪的中国历史地理学：2000 年国际中国历史地理学术讨论会论文集 / 复旦大学历史地理研究中心主编. 济南：齐鲁书社，2001，672 页.

7649 南海诸岛图籍录，外国卷 / 国家图书馆中国边疆文献研究中心编著. 北京：国家图书馆出版社，2016，364 页.（国家图书馆中国边疆文献研究文库）

7650 热河旧影：外国人眼中的承德 / 钱树信编著. 北京：中国戏剧出版社，2007，168 页.（启迪丛书. 第 1 辑）

7651 《山海经》世界地理与中国远古文明 / 大卫·布拉德利，裴丽昆编. 北京：外语教学与研究出版社，2016，206 页．

7652 斯特林·克拉克在中国 / 上海博物馆编．上海：上海书画出版社，2013，110 页．

7653 台湾政治大学国际中国边疆学术会议记实 / 林恩显主编．台北：台湾政治大学，1985，181 页．

> 台湾政治大学国际中国边疆学术会议论文集 / 林恩显主编．台北：台湾政治大学，1985，1828 页．

7654 唐代的行政地理 / 平冈武夫，市原亨吉编．影印本．上海：上海古籍出版社，1989，381 页．（唐代研究指南；2）

7655 唐代的长安与洛阳 / 平冈武夫主编．上海：上海古籍出版社，1991，30 幅 +92 页．（唐代研究指南；7）

7656 外国人看北京照北京 / 北京对外文化交流中心编．北京：五洲传播出版社，2009，113 页．

7657 外国人眼中的大运河 / 张环宙，沈旭炜著．杭州：杭州出版社，2013，189 页．（杭州全书 / 王国平总主编）

7658 外国人眼中的钱塘江 / 赖骞宇，周群芳著．杭州：杭州出版社，2014，203 页．（杭州全书·钱塘江丛书 / 王国平总主编）

7659 外国探险家西域游记 / 魏长洪，何汉民编．乌鲁木齐：新疆美术摄影出版社，1994，368 页．

7660 西方人眼中的圆明园 / 张恩荫，杨来运编著．北京：对外经济贸易大学出版社，2000，153 页．（圆明园丛书）

7661 香火新缘：明清至民国时期中国城市的寺庙与市民 / 吕敏，陆康主编．北京：中信出版集团股份有限公司，2018，26+357 页．

7662 伊本·白图泰中国纪行考：从摩洛哥到中国 / 郑淑贤，李光斌著．2 版．北京：海洋出版社，2014，236 页．

> 伊本·白图泰中国纪行考 / 李光斌著．北京：海洋出版社，2009，230 页．

7663 中国·乌珠穆沁边疆考古国际学术研讨会论文集 / 魏坚，朱泓主编；中国人民大学北方民族考古研究所等编．北京：科学出版社，2014，270 页．（北方民族考古研究丛书；1）

7664 中国的旅行 .1，北京 / 中国人民美术出版社，日本国讲谈社编辑．北京：人民美术出版社；东京：日本讲谈社，1979，184 页．

> 中国的旅行 .2：天津和华北·东北 / 中国人民美术出版社，日本国讲谈社编辑．北京：人民美术出版社；东京：日本讲谈社，1979.

> 中国的旅行 .3：敦煌和西北·西南 / 中国人民美术出版社，日本国讲谈社编辑．北京：人民美术出版社；东京：日本讲谈社，1980，180 页．

> 中国的旅行 .4：上海和华东 / 中国人民美术出版社，日本国讲谈社编辑．北京：人民美术出版社；东京：日本讲谈社，1980，180 页．

> 中国的旅行.5：桂林和华中·华南/中国人民美术出版社，日本国讲谈社编辑.北京：人民美术出版社；东京：日本讲谈社，1980，180页.

7665 中国乡村研究.第一辑—第二辑/黄宗智主编.北京：商务印书馆，2003，2册（273；284页）.

> 中国乡村研究.第三辑—第四辑/黄宗智主编.北京：社会科学文献出版社，2005—2006，2册（422；423页）.

> 中国乡村研究.第五辑—第十四辑/黄宗智主编.福州：福建教育出版社，2007—2018，10册.

7666 中日古代城市研究/中村圭尔，辛德勇编.北京：中国社会科学出版社，2004，290页.

7667 中日学者论中国古代城市社会/井上彻，杨振红编.西安：三秦出版社，2007，449页.

7668 中瑞西北科学考察档案史料/许新江主编；中国新疆维吾尔自治区档案馆，日本佛教大学尼雅遗址学术研究机构编.乌鲁木齐：新疆美术摄影出版社，2006，66+188页.

# 自然科学总论

（一）译著

7669 飞翔吧！大清帝国：近代中国的幻想与科学 / 武田雅哉著；任钧华译.北京：北京联合出版公司，2013，239 页.

7670 工开万物：17 世纪中国的知识与技术 / 薛凤著；吴秀杰，白岚玲译.南京：江苏人民出版社，2015，352 页.（凤凰文库·海外中国研究系列）

7671 古代东亚哲学与科技文化：山田庆儿论文集 / 山田庆儿著.沈阳：辽宁教育出版社，1996，364 页.

7672 古代世界的现代思考：透视希腊、中国的科学与文化 / G.E.R. 劳埃德著；钮卫星译.上海：上海科技教育出版社，2015，36+271 页.（世纪人文系列丛书·开放人文）

> 古代世界的现代思考：透视希腊、中国的科学与文化 / G.E.R. 劳埃德著；钮卫星译.上海：上海科技教育出版社，2008，270 页.（哲人石丛书.科学史与科学文化系列）

7673 科学在中国 / 艾尔曼著；原祖杰等译.北京：中国人民大学出版社，2016，24+638 页.（国家清史编纂委员会·编译丛刊）

7674 李约瑟集 / 李约瑟著；段之洪等译；潘吉星主编.天津：天津人民出版社，1998，48+576 页（现代世界社会科学名家学术丛书.中国研究系列）

7675 李约瑟文集：李约瑟博士有关中国科学技术史的论文和演讲集.一九四四——一九八四 / 李约瑟著；潘吉星主编；陈养正等译.沈阳：辽宁科学技术出版社，1986，1097 页.

7676 李约瑟与中国科学 / 胡菊人译著.香港：文化、生活出版社，1978，341 页.

7677 李约瑟中国科学技术史.第一卷，导论 / 李约瑟著；袁翰青等译.北京：科学出版社；上海：上海古籍出版社，2018，26+336 页.

> 李约瑟中国科学技术史.第二卷，科学思想史 / 李约瑟著；何兆武等译.北京：科学出版社；上海：上海古籍出版社，2018，22+739 页.

- 李约瑟中国科学技术史. 第三卷，数学、天学和地学 / 李约瑟著；梅莱照等译. 北京：科学出版社；上海：上海古籍出版社，2018，34+932+95 页.
- 李约瑟中国科学技术史. 第五卷，化学及相关技术. 第一分册，纸和印刷 / 钱存训著. 北京：科学出版社；上海：上海古籍出版社，2018，25+472 页.
- 中国科学技术史. 第六卷，生物学及相关技术. 第六分册，医学 / 李约瑟著. 北京：科学出版社；上海：上海古籍出版社，2013，12+265 页.
- 中国科学技术史. 第五卷，化学及相关技术. 第五分册，炼丹术的发现和发明：内丹 / 李约瑟著. 北京：科学出版社；上海：上海古籍出版社，2011，23+568 页.
- 中国科学技术史. 第五卷，化学及相关技术. 第二分册，炼丹术的发现和发明：金丹与长生 / 李约瑟著；周曾雄译. 北京：科学出版社；上海：上海古籍出版社，2010，28+542 页.
- 中国科学技术史. 第四卷，物理学及相关技术. 第三分册，土木工程与航海技术 / 李约瑟著；汪受琪等译. 北京：科学出版社；上海：上海古籍出版社，2008，37+1030 页.
- 中国科学技术史. 第六卷，生物学及相关技术. 第一分册，植物学 / 李约瑟著；袁以苇等译. 北京：科学出版社；上海：上海古籍出版社，2006，20+672 页.
- 中国科学技术史. 第五卷，化学及相关技术. 第七分册，军事技术：火药的史诗 / 李约瑟著；刘晓燕等译. 北京：科学出版社；上海：上海古籍出版社，2005，24+640 页.
- 中国科学技术史. 第四卷，物理学及相关技术. 第一分册，物理学 / 李约瑟著；陆学善等译. 北京：科学出版社；上海：上海古籍出版社，2003，24+436 页.
- 中国科学技术史. 第五卷，化学及相关技术. 第六分册，军事技术：抛射武器和攻守城技术 / 李约瑟，叶山著；钟少异等译. 北京：科学出版社；上海：上海古籍出版社，2002，21+510 页.
- 中国科学技术史. 第四卷，物理学及相关技术. 第二分册，机械工程 / 李约瑟著；王铃协助. 北京：科学出版社；上海：上海古籍出版社，1999，31+849 页.
- 中国科学技术史. 第一卷，导论 / 李约瑟著. 北京：科学出版社；上海：上海古籍出版社，1990，336 页.
- 中国科学技术史. 第二卷，科学思想史 / 李约瑟著；何兆武等译. 北京：科学出版社；上海：上海古籍出版社，1990，739 页.
- 中国科学技术史. 第五卷，化学及相关技术. 第一分册，纸和印刷 / 李约瑟主编，钱存训著；刘祖慰译. 北京：科学出版社；上海：上海古籍出版社，1990，472 页.
- 中国科学技术史. 第五卷，化学及相关技术纸和印刷 / 李约瑟著. 上海：上海古籍出版社，1990，472 页.

- 中国之科学与文明．第二册，中国科学思想史．上 / 李约瑟著；陈立夫主译；陈维纶等译；中华文化复兴与运动推行委员会《中国之科学与文明》编译委员会编译．修订4版．台北：台湾商务印书馆，1985，567页．
- 中国之科学与文明．第三册，中国科学思想史．下 / 李约瑟著；陈立夫主译；杜维运等译；中华文化复兴与运动推行委员会《中国之科学与文明》编译委员会编译．修订4版．台北：台湾商务印书馆，1985，558页．
- 中国之科学与文明．第四册，数学 / 李约瑟著；陈立夫主译；傅溥译；中华文化复兴与运动推行委员会《中国之科学与文明》编译委员会编译．修订4版．台北：台湾商务印书馆，1985，16+345+12页．
- 中国之科学与文明．第五册，天文学 / 李约瑟著；陈立夫主译；曹谟译；中华文化复兴与运动推行委员会《中国之科学与文明》编译委员会编译．4版．台北：台湾商务印书馆，1985，13+500页．
- 中国之科学与文明．第六—十二册 / 李约瑟著；陈立夫主译．再版．台北：台湾商务印书馆，1985，7册．
- 中国之科学与文明．第六册，气象学地理学地图学地质学地震学矿物学 / 李约瑟著；陈立夫主译；郑子政等译；中华文化复兴与运动推行委员会《中国之科学与文明》编译委员会编译．4版．台北：台湾商务印书馆，1985，10+550页．
- 中国之科学与文明．第七册，物理学 / 李约瑟著；陈立夫主译；吴大猷，李熙谋，张俊彦译；中华文化复兴与运动推行委员会《中国之科学与文明》编译委员会编译．4版．台北：台湾商务印书馆，1985，12+22+651页．
- 中国之科学与文明：节本．第十一册—第十二册 / 李约瑟著；陈立夫主译．台北：台湾商务印书馆，1985，2册．（人人文库；2568—2572）
- 中国之科学与文明．第十一册，航海工艺．上 / 李约瑟著；陈立夫主译；金龙灵，杨传琪译；中华文化复兴与运动推行委员会《中国之科学与文明》编译委员会编译．2版．台北：台湾商务印书馆，1985，511页．
- 中国之科学与文明．第十二册，航海工艺．下 / 李约瑟著；陈立夫主译；金龙灵，杨传琪译；中华文化复兴与运动推行委员会《中国之科学与文明》编译委员会编译．2版．台北：台湾商务印书馆，1985，555页．
- 中国之科学与文明：节本．第十四册，炼丹术和化学．上 / 李约瑟著；陈立夫主译．台北：台湾商务印书馆，1985，137页．（人人文库；2572—2574）
- 中国之科学与文明．第十五册，炼丹术和化学．续 / 李约瑟著；陈立夫主译．台北：台湾商务印书馆，1985，376页．
- 中国之科学与文明．第十四册 / 李约瑟著；陈立夫主译．台北：台湾商务印书馆，1982，762页．
- 中国之科学与文明．第一册，导论 / 李约瑟著；陈立夫主译；黄文山译；中华文化复兴与运动推行委员会《中国之科学与文明》编译委员会编译．修订4

版.台北:台湾商务印书馆,1981,28+10+691页.

➢ 中国之科学与文明.第十册,土木及水利工程学/李约瑟著;陈立夫主译;张一麐,沈百先译;中华文化复兴与运动推行委员会《中国之科学与文明》编译委员会编译.3版.台北:台湾商务印书馆,1980,18+24+527页.

➢ 中国之科学与文明:节本.第十册/李约瑟著;陈立夫主译.台北:台湾商务印书馆,1980,96页.(人人文库;2486—2488)

➢ 中国科学技术史.第三卷,数学/李约瑟著;《中国科学技术史》翻译小组译.北京:科学出版社,1978,466页.

➢ 中国之科学与文明:节本.第八册/李约瑟著;陈立夫主译.台北:台湾商务印书馆,1978,81页.(人人文库;2408)

7678　运河与长城·中国/查理·萨缪尔斯著;张洁译.上海:中国中福会出版社,2016,87页.

7679　中国:发明与发现的国度:中国科学技术史精华/罗伯特·K.G.坦普尔著;陈养正等译.南昌:21世纪出版社,1995,505页.

7680　中国·科学·文明/薮内清著;梁策,赵炜宏译.台北:淑馨出版社,1989,228页.

➢ 中国·科学·文明/薮内清著;梁策,赵炜宏译.北京:中国社会科学出版社,1988,229页.

➢ 中国科学文明/薮内清著;李淳译.高雄:文皇出版社,1979,194页.(科学丛书;1)

7681　中国的创造精神:中国的100个世界第一/R.坦普尔著;陈养正等译.北京:人民教育出版社,2004,24+280页.

➢ 中国的创造精神:中国的100个世界第一/罗伯特·K.G.坦普尔著;陈养正等译.北京:人民教育出版社,2003,17+383页.(语文新课标必读丛书.普通高中部分)

7682　中国古代科学/李约瑟著;李彦译.北京:中华书局,2017,187页.

➢ 中国古代科学/李约瑟著;李彦译.重排本.香港:中文大学出版社,2017,22+189页.

➢ 中国古代科学/李约瑟著;李彦译.贵阳:贵州人民出版社,2009,197页.

➢ 中国古代科学/李约瑟著;李彦译.上海:上海书店出版社,2001,171页.

➢ 中国古代科学/李约瑟著;李彦译.香港:中文大学出版社,1999,140页.

7683　中国古代科学思想史/李约瑟著;陈立夫主译.3版.南昌:江西人民出版社,2006,421页.(东方文化丛书/季羡林等主编)

➢ 中国古代科学思想史/李约瑟著;陈立夫等译.2版.南昌:江西人民出版社,1999,2002重印,428页.

➢ 中国古代科学思想史/李约瑟著;陈立夫等译.南昌:江西人民出版社,1990,

460页.（东方文化丛书/季羡林等主编）

7684 中国近代科学的文化史/本杰明·艾尔曼著；王红霞等译.上海：上海古籍出版社，2009，268页.（复旦文史丛刊）

7685 中华科学文明史/李约瑟原著；柯林·罗南改编；上海交通大学科学史系译.3版.上海：上海人民出版社，2014，2册（1261页）.
- ➢ 中华科学文明史/李约瑟原著；柯林·罗南改编；上海交通大学科学史系译.2版.上海：上海人民出版社，2010，2册（1261页）.
- ➢ 中华科学文明史.第一卷—第五卷/李约瑟原著；柯林·罗南改编；上海交通大学科学史系译.上海：上海人民出版社，2001—2003，5册.

（二）研究著作

7686 第二届中国少数民族科技史国际学术讨论会论文集/中国科学技术史学会少数民族科技史研究会，延边科学技术大学编.北京：社会科学文献出版社，1996，458页.
- ➢ 第三届中国少数民族科技史国际学术讨论会论文集.1998/中国科学技术史学会少数民族科技史研究会，云南农业大学编.昆明：云南科技出版社，1998，475页.

7687 李约瑟博士及其《中国科学技术史》/张孟闻编.上海：华东师范大学出版社，1989，135页.

7688 李约瑟与《中国科学技术史》：挖掘中国科学宝藏/刘景旭编著.北京：中国少年儿童出版社，2001，184页.（人之初名著导读丛书）

7689 中国古代科技对世界的影响/贺占伟，韩吉辰编写.北京：中国少年儿童出版社，1998，134页.（爱国主义教育文库：中国与世界卷）

7690 中国古代四大发明——源流、外传与世界影响/潘吉星著.合肥：中国科学技术大学出版社，2003，24+654页.

7691 中国和变化中世界的科技战略：科技政策、管理、技术引进/拉卡卡主编，吴明瑜主编.北京：气象出版社，1985，468页.

7692 中国科技典籍研究：第三届中国科技典籍国际会议论文集/傅汉思，莫克莉，高宣主编.郑州：大象出版社，2006，300页.

7693 中国科学技术的西传及其影响：1582—1793/韩琦著.石家庄：河北人民出版社，1999，232页.（东学西渐丛书）

7694 中外科学之交流/潘吉星著.香港：中文大学出版社，1993，578页.

数理科学和化学

（一）译著

7695 欧几里得在中国：汉译《几何原本》的源流与影响/安国风著；纪志刚等译.南京：江苏人民出版社，2009，540页.（海外中国研究丛书/刘东主编）
> 欧几里得在中国：汉译《几何原本》的源流与影响/安国风著；纪志刚等译.南京：江苏人民出版社，2008，540页.（凤凰文库·海外中国研究系列）

7696 中国数学史/薮内清著；郑瑞明译.台北：南宏图书公司，1984，178页.（数学丛书）

（二）研究著作

7697 东西方数学文明的碰撞与交融/萨日娜著.上海：上海交通大学出版社，2016，358页.（中外科学文化交流历史文献丛刊.研究之部/江晓原总主编）

天文学、地球科学

（一）译著

7698　给孩子的日历 / 叶嘉莹，林西莉著 . 北京：中信出版社，2016，738 页 .

7699　古突厥社会的历史纪年 / 路易·巴赞著；耿昇译 . 北京：中国藏学出版社，2014，686 页 .

7700　汉语日历 / 兴膳宏著；陈广宏，潘德宝译 . 上海：复旦大学出版社，2012，247 页 .

7701　南怀仁的《欧洲天文学》/ 南怀仁著；高华士英译；余三乐中译 . 郑州：大象出版社，2016，401 页 .（国际汉学经典译丛）

7702　山水之间：生活与理性的未思 / 朱利安著；卓立译 . 上海：华东师范大学出版社，2017，159 页 .

7703　突厥历法研究 / 路易·巴赞著；耿昇译 . 北京：中华书局，1998，774 页 .（法国西域敦煌学名著译丛）

7704　喜马拉雅山深部地质与构造地质 /C.J.Allegre 等著；崔作舟，王休中等译 . 北京：地质出版社，1987，167 页 .

7705　中国的沙漠化 / 吉野正敏著；陈维平等译 . 北京：中国科学技术出版社，2002，254 页 .（爱知大学文学会丛书；I）

7706　中国的天文历法 / 薮内清著；杜石然译 . 北京：北京大学出版社，2017，326 页 .

7707　中国能源战略对海洋政策的影响 / 加布里埃尔·B. 柯林斯等主编；李少彦等译 . 北京：海洋出版社，2015，410 页 .（海洋战略与海洋强国论丛）

7708　中国上古史实揭秘：天文考古学研究 / 班大为著；徐凤先译 . 上海：上海古籍出版社，2008，359 页 .（早期中国研究丛书）

7709　中国通往海洋文明之路 / 郑永年著 . 北京：东方出版社，2018，238 页 .

7710　中国走向海洋 / 安德鲁·S. 埃里克森，莱尔·J. 戈尔茨坦，卡恩斯·洛德主编；董绍峰，姜代超译 . 北京：海洋出版社，2015，409 页 .（海洋战略与海洋强国论丛）

Q

生物科学

（一）译著

7711 古代中国的动物与灵异/胡司德著；蓝旭译.南京：江苏人民出版社，2016，13+382 页.（凤凰文库·海外中国研究系列）

7712 台湾蝶类生态大图鉴/滨野荣次著；张丽琼等译.台北：牛顿出版社，1987，474 页.

7713 西藏生灵/乔治·夏勒著/摄影；张翼飞译.长沙：湖南教育出版社，2008，160 页.
  ➢ 青藏高原上的生灵/乔治·B·夏勒著；康蔼黎译.上海：华东师范大学出版社，2003，15+333 页.

7714 长臂猿考/高罗佩著；施晔译.上海：中西书局，2015，183 页.（高罗佩学术著作集）

7715 中国鸟类野外手册：[中英文本]/约翰·马敬能，卡伦·菲力普斯等著；卢何芬译.长沙：湖南教育出版社，2000，571 页.

7716 中国与达尔文/浦嘉珉著；钟永强译.南京：江苏人民出版社，2014，505 页.（海外中国研究丛书精品系列/刘东主编.第一辑）
  ➢ 中国与达尔文/浦嘉珉著；钟永强译.南京：江苏人民出版社，2009，505 页.（海外中国研究丛书/刘东主编）
  ➢ 中国与达尔文/浦嘉珉著；钟永强译.南京：江苏人民出版社，2008，505 页.（凤凰文库·海外中国研究系列）

7717 最后的熊猫/乔治·夏勒著；张定绮译.上海：上海译文出版社，2015，12+354 页.
  ➢ 最后的熊猫/夏勒著；张定绮译.北京：光明日报出版社，1998，418 页.（五谷田文化译丛.人与自然；1）
  ➢ 最后的猫熊/夏勒著；张定绮译.台北：天下文化出版公司，1994，444 页.（社会人文；46）

R

医药卫生

（一）译著

7718 2000年中国城乡老年人口健康与医疗保健/何莞等编著.北京：中国社会出版社，2009，151页.（老龄科研丛书）

7719 癌症的中医施治/佐藤昭彦著；袁志强译.北京：长虹出版公司，1999，155页.（中医与食疗丛书）

7720 卜弥格文集：中西文化交流与中医西传/卜弥格著；爱德华·卡伊丹斯基波兰文翻译；张振辉，张西平中文翻译.上海：华东师范大学出版社，2013，620页.（国际中国文化研究文库/张西平，李雪涛主编）

7721 不生病的汉方生活/根本幸夫著；羊恩嬿译.台北：方言文化出版事业有限公司，2016，187页.（生活新知馆；12）

7722 禅与汉方医学：从禅宗思想谈医药与卫生/冲本克己等著；江支地译.2版.台北：立绪文化事业公司，1997，236页.（新世纪丛书；4）

7723 促进脑力的汉方与食养/根本幸夫著；联广图书公司编辑部编译.台北：编译者，1991，196页.（汉方医食丛书；1）

7724 道的膳食学：苗条与健美身体的秘诀/张绪通著；王虎译.成都：四川大学出版社，1993，158页.

7725 道的养生学：科学的内功/张绪通著；雷家端译.成都：四川大学出版社，1995，225页.

7726 道教观相导引术与健康/早岛正雄著；郑言译.北京：华文出版社，1990，225页.

7727 对高血压有效的中药疗法/中村实郎编著；彭春美译.台北：汉宇国际文化有限公司，2007，212页.（中医名家；2）

7728 繁盛之阴：中国医学史中的性（960-1665）/费侠莉著；甄橙主译.南京：江苏人民出版社，2006，355页.（海外中国研究丛书·女性系列）

7729 妇科诸症汉方最具疗效/胜田正泰著；联广图书公司编辑部编译.台北：联广图书公司，1991，212页.（汉方医食丛书；4）

7730 感冒汉方最具疗效 / 藤平健著；联广图书公司编辑部编译．台北：联广图书公司编辑部，1991，181 页．(汉方医食丛书；2)

7731 国外对经络问题的研究 / 王本显译．北京：人民卫生出版社，1984，482 页．

7732 汉方辨证治疗学 / 矢数道明，矢数圭堂著；张问渠，刘智壶编译．重庆：科学技术文献出版社重庆分社，1983，214 页．

7733 汉方成人病疗法 / 寺师睦济著；刘接宝译．台南：正言出版社，1980，260 页．

7734 汉方的特质 / 大塚敬节著；何志锋译．台北：中国医药研究所，1991，242 页．

7735 汉方典故与疗法 / 矶公昭著；林怀卿译．台北：金碧图书公司出版社，1985，183 页．(知行文库；2)

7736 汉方决定版：在药房能购买的 210 则中医处方完全解说 / 花轮寿彦监修；李晓雯，张晋菁译．台北：方舟文化出版社，2010，421 页．(健康大百科；0AHE)

7737 汉方疗法：家庭必备中医常识百科：图解 / 杵渊彰，稻木一元著，郑雅云译．台北：商周出版社，2003，247 页．

7738 汉方临床治验精粹 / 矢数道明著；侯召棠编译．北京：中国中医药出版社，2010，28+12+327 页．

> 汉方临床治验精粹：日本矢数道明先生著作选 / 矢数道明著；侯召棠编译．北京：中国中医药出版社，1992，341 页．

7739 汉方美人讲座：药疗＋食补·轻松挥别 30 种常见疾病 / 幸井俊高著；须藤碧梧插画；林洁珏译．台北：日月文化出版股份有限公司，2010，175 页．(健康大师；34)

7740 汉方让你健康活到 100 岁 / 杵渊彰著；陈甚如译．台北：天下杂志股份有限公司，2014，194 页．(日本馆．乐活)

7741 汉方生药学 / 木村孟淳著；李昭莹译．台中：文兴出版事业有限公司，2013，209 页．

7742 汉方王子的美魔法 / 铃木元著；张洪星，田丽珍译．青岛：青岛出版社，2016，110 页．

7743 汉方药理学 / 高木敬次郎监修；木村正康编集；林大桢编译．台北：文光图书有限公司，2007，475 页．

7744 汉方药理学 / 木村正康编著；崔征主译．北京：中国医药科技出版社，2006，311 页．

7745 汉方药学事典 / 幸井俊高著；黄玉宁译．台北：八方出版股份有限公司，2017，247 页．(草本汉方；1)

7746 汉方诊疗便携 / 桑木崇秀著；姚祖培等译．南京：南京大学出版社，1992，279 页．

7747 汉方诊疗三十年 / 大塚敬节著；王宁元，孙文墅译．北京：华夏出版社，2011，419 页．

7748 汉方智慧饮食：利用汉方饮食，任何人都可以变得更健康！ / 古村和子著；关小群译．台北：智慧大学出版公司，2000，237 页．(健康人生；20)

7749 汉方制剂分析技术 / 野口卫编著；胡宝华，吴维江译．北京：人民卫生出版社，

1986，382 页.

7750 汉方粥 / 矶公昭著；郑建元译. 台北：正义出版社；北京：世界图书出版公司，1994，108 页.

7751 汉方自疗百话：临床四十年，治验篇 / 矢数道明著；吴家镜译. 台南：正言出版社，1977，1995 重印，21+584 页.（中国医药丛书；10）

7752 华西书信 / 微雨书细主编；海外华西文献研究中心编译. 成都：天地出版社，2018，287 页.（华西坝文化丛书. 第一辑）

7753 皇汉医学 / 汤本求真编著；周子叙译. 影印本. 北京：人民卫生出版社，1956，2017 重印，24+797 页.
  ➤ 皇汉医学 / 汤本求真著；周子叙译；张立军等整理. 2 版，修订版. 北京：中国中医药出版社，2012，14+460 页.
  ➤ 皇汉医学 / 汤本求真著；周子叙译；张立军等整理. 北京：中国中医药出版社，2007，14+463 页.

7754 绘图解说汉方医学 / 入江祥史著；黄姿玮译. 台中：晨星出版有限公司，2018，183 页.（知的！. 科学）

7755 活用中医对症疗法：吃中药·按穴道·食疗法 / 根本幸夫著；林丽红译. 台北：瑞升文化事业股份有限公司，2010，207 页.

7756 金华养生秘旨与分析心理学 / 卫礼贤，荣格著；通山译. 北京：东方出版社，1993，187 页.

7757 金匮要略研究 / 大塚敬节著；王宁元，孙文墅译. 北京：中国中医药出版社，2018，11+410 页.（中医师承学堂）

7758 经方药论 / 江部洋一郎，和泉正一郎，内田隆一著；徐文波译. 北京：学苑出版社，2010，154 页.

7759 经方医学. 第一卷 / 江部洋一郎，横田静夫著；徐文波译. 北京：学苑出版社，2010，246 页.
  ➤ 经方医学. 第二卷 / 江部洋一郎，横田静夫著；徐文波译. 北京：学苑出版社，2010，169 页.
  ➤ 经方医学. 第三卷 / 江部洋一郎，和泉正一郎著；徐文波译. 北京：学苑出版社，2010，214 页.
  ➤ 经方医学. 第四卷 / 江部洋一郎，和泉正一郎著；徐文波译. 北京：学苑出版社，2010，241 页.

7760 惊异汉方疗法：现代病的古法新疗 / 陈炳昆编译. 台北：大展出版社，1982，209 页.（健康与美容；9）

7761 看中医，我该怎么问问题？：中医不说明或说不清楚的"风、寒、暑、湿、燥、火"症状，怎么医、怎么吃才有效？ / 根本幸夫著；梅屋敷 MITA，SIDERANCH 漫画；罗淑慧译. 台北：大是文化有限公司，2015，268 页.（Easy；29）

7762 栎荫先生遗说 / 多纪元简遗作；多纪元坚辑录．影印版．北京：北京科学技术出版社，2018，471-572 页．

7763 临床应用汉方处方解说：校订版 / 矢数道明著；李文瑞主译．北京：学苑出版社，2008，15+19+601 页．（日本汉方医学丛书）
  ➢ 临床应用汉方处方解说 / 矢数道明著；吴家镜，李莹译．台南：大众书局，2005，26+581 页．（正言医药丛书；10）
  ➢ 临床应用汉方处方解说：增补改订版 / 矢数道明著；李文瑞等译．北京：人民卫生出版社，1983，572 页．

7764 临床应用汉方诊疗医典 / 大塚敬节等著；吴家镜译．台南：正言出版社，1997，674 页．（中国医药丛书；11）
  ➢ 临床应用汉方诊疗医典 / 大塚敬节等著；吴家镜译．台南：大众书局，1979，674 页．（正言医药丛书；13）

7765 临床应用伤寒论解说 / 大塚敬节著；王宁元译．北京：中国中医药出版社，2018，430 页．（中医师承学堂）
  ➢ 临床应用伤寒论解说 / 大塚敬节著；王宁元译．北京：中国中医药出版社，2016，430 页．（中医师承学堂）

7766 每天学点中医对症自疗法 / 根本幸夫著；胡腾飞译．南京：江苏凤凰科学技术出版社，2015，207 页．

7767 女性汉方保健书：让皮肤、身体、心灵神清气爽的食谱 / 天野晓著；陈惠莉译．台北：尖端出版社，2005，157 页．（完全健康；46）

7768 日本汉方典籍辞典 / 小曽户洋著；郭秀梅译．北京：学苑出版社，2008，25+461 页．

7769 日本汉方医学皮肤病治疗辑要 / 任诚编译．北京：学苑出版社，2009，138 页．（日本汉方医学丛书）

7770 日本汉方治疗精华 / 刘接宝编译．台北：立得出版社，2005，317 页．（中医学习指导入门；21）

7771 日医应用汉方释义 / 汤本求真著；华实孚译；徐长卿，伍悦点校．北京：学苑出版社，2008，168 页．（皇汉医学丛书：精编增补版）

7772 伤寒广要·药治通义·救急选方·脉学辑要·医賸 / 丹波元坚编著．北京：人民卫生出版社，1983，1 册．（聿修堂医书选）

7773 伤寒论辨脉法平脉法讲义 / 大塚敬节著；王宁元译．北京：华夏出版社，2011，206 页．（华夏社汉方医学丛书）

7774 伤寒论辑义·伤寒论述义·金匮玉函要略辑义·金匮玉函要略述义 / 丹波元简，丹波元坚编著．北京：人民卫生出版社，1983，1 册．（聿修堂医书选）

7775 神农本经解故 / 铃木良知撰．北京：北京科学技术出版社，2017，936 页．（海外汉文古医籍精选丛书 / 萧永芝主编）

7776 神奇的中药使你更聪明 / 根本幸夫著；崔永译．北京：长虹出版公司，1999，130

页.（中医与食疗丛书）

7777 十九世纪中国的鼠疫 / 班凯乐著；朱慧颖译. 北京：中国人民大学出版社，2015，222 页.（国家清史编纂委员会·编译丛刊）

7778 素问识·素问绍识·灵枢识·难经疏证 / 丹波元简等著. 北京：人民卫生出版社，1984，1024 页.（聿修堂医书选）

7779 素问识 / 丹波元简撰. 北京：中医古籍出版社，2017，20+415 页.（中医典籍丛刊）

7780 速效汉方 / 藤平健著. 台北：青春出版社，1986，160 页.

7781 台湾本土医学丛谈 / 苏益仁编；林仁混等译. 台北：正中书局，1985，153 页.（学生科学丛书）

7782 体弱儿童的中医治疗 / 细川喜代治著；金春苑译. 北京：长虹出版公司，1999，142 页.（中医与食疗丛书）

7783 图解汉方、美人活用全书 / 药日本堂，Kagae Kampo Boutique 监修；游韵馨译. 台北：远足文化事业股份有限公司，2012，159 页.（远足健康 Vita；6）

7784 图解家庭汉方 / 根本光人，根本幸福著；钟东明译. 台北：藤出版图书公司，1984，195 页.

7785 图解药膳、汉方活用全书 / 药日本堂监修；游韵馨译. 台北：远足文化事业股份有限公司，2012，175 页.（远足饮食 Supper；18）

7786 图解中医入门 / 平马直树，濑尾港二，稻田惠子审订；白华译. 2 版. 海口：南海出版公司，2011，220 页.

> 图解中医：你不可不知的基础科学 / 平马直树，濑尾港二，稻田惠子审订；白华译. 海口：南海出版公司，2007，220 页.（新经典智库. 一册通晓；5）

7787 图说中医养生全书 2800 例 / 申载镛著；崔东梅译. 长沙：湖南美术出版社，2011，500 页.

7788 卫生慈善事业在中国 / 阮志贞，陈致和，托尼·赛奇编；魏柯玲译. 北京：商务印书馆，2016，291 页.（美国中华医学基金会百年译丛）

7789 卫生的现代性：中国通商口岸卫生与疾病的含义 / 罗芙芸著；向磊译. 南京：江苏人民出版社，2007，369 页.（海外中国研究丛书 / 刘东主编）

7790 我的第一本汉方中医学 / 根本幸夫著；杨鸿儒译. 台北：三悦文化图书事业有限公司，2008，173 页.（图解入门）

7791 西方的中医五行学说：英汉对照 / 陈慰中著；俞昌正译. 北京：学苑出版社，1990，214 页.

7792 现代日本汉方处方手册 / 日本厚生省药务局监修；顾旭平译. 上海：上海中医学院出版社，1989，260 页.

7793 悬壶济乱世：医疗改革者如何于战乱与疫情中建立起中国现代医疗卫生体系（1928—1945）/ 华璋著；叶南译. 上海：复旦大学出版社，2015，291 页.

7794 一目了然中医方剂图解 / 根本光人，根本幸夫著；魏中海编译. 太原：山西科学教育出版社，1987，194 页．

7795 医方古言 / 吉益东洞撰．瘟疫舆论 / 荻野元凯撰．脉法秘传 / 佚名撰．影印版．北京：北京科学技术出版社，2017，10+368 页．（海外汉文古医籍精选丛书 / 萧永芝主编）

7796 医心方 / 丹波康赖撰．影印本．北京：人民卫生出版社，1955，2017 重印，2 册（714 页）．

> 医心方：白话精译 / 丹波康赖撰；熊建国，倪泰一主译．呼和浩特：内蒙古人民出版社，1997，16+664 页．

7797 治疗高血压中医最有效 / 中村实郎著；张春吉译．北京：长虹出版公司，1999，159 页．（中医与食疗丛书）

7798 痔疮汉方能根治 / 神靖卫著；联广图书公司编辑部编译．台北：联广图书公司编辑部，1991，196 页．（汉方医食丛书；3）

7799 中国古代医学的形成 / 李建民主编；山田庆儿著；廖育群，李建民编译．台北：东大图书股份有限公司，2003，10+521 页．（养生方技丛书）

7800 中国食与性的智慧 / 根本光人著；萧京凌编译．台北：大展出版社，1990，225 页．（家庭生活系列；51）

7801 中国太医养生与现代医学研究：三分治七分养系列（4）医学循证 / 何博纳著；宋晓斌翻译．北京：中医古籍出版社，2012，344 页．

7802 中国医疗卫生事业在二十世纪的变迁 / 吴章，玛丽·布朗·布洛克编；蒋育红译．北京：商务印书馆，2016，470 页．（美国中华医学基金会百年译丛）

7803 中华麦饭石在日本 / 闵连吉等编译．北京：中国食品出版社，1987，71 页．

7804 中药、健康、美容 / 根本幸夫著．台北：正义出版社，1988，148 页．（健康丛书；40）

7805 中药大全 102 选：详说 & 活用 / 西川修著．北京：外文出版社，2011，304 页．

7806 中药组合图解 / 寺师睦宗原编；赵蕴坤编译．太原：山西科学技术出版社，1993，114 页．

7807 中医辨证论 / 符伯华著．新加坡：新育书局，1985，64 页．

7808 中医耳鼻咽喉科治疗手册 / 泽木修二编著；周莉新译．成都：四川科学技术出版社，1998，179 页．

7809 中医方剂病证图解 / 高山宏世原著；赵蕴坤等编译．西安：陕西科学技术出版社，1991，312 页．

7810 中医皮肤美容学 / 佐藤好司著；于淞等译．哈尔滨：哈尔滨出版社，1990，524 页．

7811 中医养生全书：典藏精品版 / 申载镛著；崔冬梅译．哈尔滨：黑龙江科学技术出版社，2012，576 页．

> 中医养生全书：典藏精品版 / 申载镛著；崔冬梅译．长沙：湖南美术出版社，2011，576 页．（金版经典文库）

> 中医养生 / 申载镛著；崔冬梅译 . 长沙：湖南美术出版社，2010，379 页 .

7812 中医之道 / 爱德华·胡美著 . 武汉：武汉大学出版社，2016，141 页 .（湘雅文化传承丛书）

7813 中医治疗方法：31 种常见疑难病的治疗经验 / 大塚敬节著；丁乃乙译 . 邢台：河北省邢台市科技情报研究所：邢台矿务局卫生处，1979，147 页 .

7814 重要汉方处方解说口诀集 / 大塚敬节，矢数道明，清水藤太郎著；邱年永译 . 5版 . 台中：今日轩文化事业有限公司，2016，652 页 .

7815 自医之道：内功：精气在体内运行无阻 / 张绪通著；曾传辉译 . 北京：北京中软电子出版社，2002，198 页 .（生活策略丛书；2）

（二）研究著作

7816 '96 中西医结合、中医与针灸国际学术交流大会论文汇集 / 林志成，洪世忠主编 . 海口：南海出版公司，1997，148 页 .

7817 本草经考注 / 森立之撰；吉文辉等点校 . 上海：上海科学技术出版社，2005，16+55+789 页 .（中医古籍孤本精选）

> 本草经考注 / 森立之著；长春中医学院医古文教研室，北里研究所东洋医学综合研究所医史学研究部编 . 北京：学苑出版社，2002，2 册（15+1160 页）.（中医药典籍与学术流派研究丛书）

> 本草经考注 / 森力之撰 . 影印本 . 台北：新文丰出版公司，1987，3 册 .（故宫珍藏；19—21）

7818 海外回归中医善本古籍丛书 . 第一册—第十二册 / 郑金生主编 . 北京：人民卫生出版社，2002—2003，12 册 .

> 海外回归中医善本古籍丛书（续）. 第一册—第十册 / 曹洪欣主编 . 北京：人民卫生出版社，2010，10 册 .

7819 汉方治疗百话摘编 / 矢数道明著；于天星，王征编 . 北京：科学技术文献出版社，1981，402 页 .

7820 黄帝内经在世界医学史上的地位 / 陈全功著 . 昆明：云南民族出版社，1995，357 页 .

7821 金匮要略集注 / 山田业广著；黄作阵点校 . 北京：学苑出版社，2012，352 页 .（日本江户汉方医中医经典研究丛书；3）

> 金匮要略集注 / 山田业广著；郭秀梅，崔为点校 . 北京：学苑出版社，2009，362 页 .（中医药典籍与学术流派研究丛书）

7822 金匮要略类方金匮要略私考 / 山田业广著；钱超尘主编；付中学点校 . 北京：学苑出版社，2012，12+145 页 .（日本江户汉方医中医经典研究丛书；2）

7823 九折堂读书记 / 山田业广著；郭秀梅，冈田研吉整理 . 北京：学苑出版社，2008，10+717 页 .（中医药典籍与学术流派研究丛书）

7824 康治本·康平本伤寒论/钱超尘主编;付国英,张金鑫点校.北京:学苑出版社,2012,130页.(日本江户汉方医中医经典研究丛书;7)

7825 类聚方、药征及药征续编/吉益东洞,邨井椋嫡,徐长卿,伍悦点校.北京:学苑出版社,2008,288页.(皇汉医学丛书:精编增补版)

7826 难经辑释备考/山田业广著;钱超尘主编;于雷,王育林点校.北京:学苑出版社,2012,202页.(日本江户汉方医中医经典研究丛书;4)

7827 日本汉方医学/潘桂娟,樊正伦编著.北京:中国中医药出版社,1994,676页.

7828 伤寒广要/丹波元坚著;徐长卿点校.北京:学苑出版社,2008,304页.(日本汉方医学丛书)

7829 伤寒论辑义/丹波元简著;林军点校.北京:学苑出版社,2011,12+582页.

7830 伤寒论讲本/伊沢榛轩著;钱超尘主编;黄作阵点校.北京:学苑出版社,2012,231页.(日本江户汉方医中医经典研究丛书;8)

7831 伤寒论解故/铃木良知著;郭秀梅,王少丽点校.北京:学苑出版社,2010,317页.(中医药典籍与学术流派研究丛书)

7832 伤寒论考注:附金匮要略考注残卷/森立之著;郭秀梅等校点.北京:学苑出版社,2001,2册(763;741+17页).(中医药典籍与学术流派研究丛书)

7833 伤寒论新解/杉原德行著;白羊译;郝爱真等点校.北京:学苑出版社,2008,415页.(日本汉方医学丛书)

7834 伤寒论研习指导/张恩勤主编.北京:人民卫生出版社;2012,19+278页.

7835 神农本草经:日森立之辑本/柳长华主编;森立之辑.北京:北京科学技术出版社,2016,15+91页.(珍本中医古籍精校丛书)

7836 素问次注集疏/山田业广著;郭秀梅等校点.北京:学苑出版社,2004,2册(1412页).(中医药典籍与学术流派研究丛书)

7837 素问记闻/丹波元简著;钱超尘,萧红艳校注.北京:学苑出版社,2012,260页.

7838 素问考/鳌城公观著;钱超尘,萧红艳校注.北京:学苑出版社,2012,252页.

7839 素问考注/森立之著;日本内经医学会,北里研究所东洋医学总合研究所医史学研究部共编;郭秀梅,岗田研吉校点.北京:学苑出版社,2002,2册(849;773+27页).(中医药典籍与学术流派研究丛书)

7840 协和百年纪念文集/蒋育红,玛丽·布朗·布洛克主编.北京:中国协和医科大学出版社,2017,15+507页.

7841 新校金匮要略/丰田省吾著;付中学点校.北京:学苑出版社,2012,13+115页.(日本江户汉方医中医经典研究丛书;5)

7842 药征续编/村井椿著;吴昌国校注.北京:中国中医药出版社,2016,95页.(中国古医籍整理丛书.木草;52)

7843 药治通义/丹波元坚编著;徐长卿点校.北京:学苑出版社,2008,284页.(日本汉方医学丛书)

7844 医心方 / 丹波康赖撰；高文铸等校注研究. 北京：华夏出版社，1996，821 页.（历代中医名著文库）
- 医心方 / 丹波康赖撰；翟双庆等校注. 北京：华夏出版社，1993，513 页.
- 医心方 / 丹波康赖撰；王大鹏等校注. 上海：上海科学技术出版社，1998，1335 页.
- 医心方校释 / 丹波康赖编撰；沈澍农等校注. 北京：学苑出版社，2001，3 册（40+1994 页）.（中医药典籍与学术流派研究丛书）

7845 彝族古文献与传统医药开发国际学术研讨会论文集 / 李联会，黄建明主编；彝族古文献与传统医药开发国际学术研讨会组委会编. 昆明：云南民族出版社，2002，632 页.

7846 杂病广要. 上册，外因类内因类气血类 / 丹波元坚著；张立平点校. 北京：学苑出版社，2009，617 页.
- 杂病广要. 下册，脏腑类身体类 / 丹波元坚著；张立平点校. 北京：学苑出版社，2009，11+18+738 页.
- 杂病广要 / 丹波元坚编纂；李洪涛主校. 北京：中医古籍出版社，2002，19+1199 页.（汉方古籍丛书；1）
- 杂病广要 / 丹波元坚编. 2 版. 北京：人民卫生出版社，1983，1228 页.（聿修堂医书选）

7847 杂病广要：比对与新用 / 丹波元坚原著；侯如艳，孙波编著. 贵阳：贵州科技出版社，2016，432 页.（中医古籍临床比对与新用丛书. 第二辑 / 卢祥之，余瀛鳌主编）

7848 杂病广要精要 / 丹波元坚原著；张文平，王静主编. 贵阳：贵州科技出版社，2008，518 页.（中医古籍临床新用丛书）

7849 "杂病广要" 释义 / 丹波元坚原撰；周德生，陈新宇主编；周德生，张超群，陈新宇编著. 太原：山西科学技术出版社，2010，21+945 页.（《传统中医药临床精华读本》丛书）

7850 中国奶粉事件与治理危机 / 郑永年，潘国驹主编. 新加坡：八方文化创作室，2009，148 页.

7851 中国内科医鉴中国儿科医鉴 / 大塚敬节著；徐长卿，伍悦点校. 北京：学苑出版社，2008，351 页（皇汉医学丛书：精编增补版）

7852 中国医籍考 / 丹波元胤编. 2 版. 北京：人民卫生出版社，1983，1100+74 页.

7853 中外医学交流史 / 李经纬主编. 长沙：湖南教育出版社，1998，403 页.（中外文化交流史丛书）

7854 中外医学文化交流史：中外医学跨文化传统 / 马伯英等著. 上海：文汇出版社，1993，648 页.

S

农业科学

（一）译著

7855 不灌而治：山西四社五村水利文献与民俗 / 董晓萍，蓝克利著；北京：中华书局，2003，21+408 页．（陕山地区水资源与民间社会调查资料集；4）

7856 东北水稻旱育苗稀植高产技术 / 原正市著；张矢等译．哈尔滨：黑龙江科学技术出版社，1992，206 页．

7857 黄土与中国农业的起源 / 何炳棣著．北京：中华书局，2017，20+224 页．

7858 跨文化中国农学 / 白馥兰著；董晓萍译．北京：中国大百科全书出版社，2018，91 页．（"跨文化研究"丛书．第三辑 / 金丝燕，董晓萍主编）

7859 四千年农夫：中国、朝鲜和日本的永续农业 / 富兰克林·H. 金著；程存旺，石嫣译．北京：东方出版社，2016，24+379 页．（东方经济文库）

  ➢ 古老的农夫不朽的智慧：中国、朝鲜和日本的可持续农业考察记 / 弗兰克林·哈瑞姆·金著；李国庆，李超民译．北京：国家图书馆出版社，2013，11+11+386 页．（亲历中国丛书）

  ➢ 四千年的农夫：中国、朝鲜和日本的永久性农业 / 弗兰克林·哈瑞姆·金著；李国庆整理．影印本．桂林：广西师范大学出版社，2011，14+450 页．（"中国研究"外文旧籍汇刊·中国记录．第二辑；10/ 李国庆，何林夏主编）

  ➢ 四千年农夫：中国、朝鲜和日本的永续农业 / 富兰克林·H. 金著；程存旺，石嫣译．北京：东方出版社，2011，280 页．

7860 消逝中的荒野：中国西部野生动物保护 / 理查德 B. 哈里斯著；张颖溢编译．北京：中国环境科学出版社，2010，13+280 页．（国际环境译丛·第一辑）

7861 中国古农书考 / 天野元之助著；彭世奖，林广信译．北京：农业出版社，1992，400 页．

7862 中国水稻旱育稀植栽培技术指南 / 原正市著；支西君，赵爱生译．北京：中国农业出版社，1994，76 页．

7863 中国养蚕法：在湖州的实践与观察 / 乔凡·巴蒂斯塔·卡斯特拉尼著；保罗·马蒂

尼英译，楼航燕，余楠楠中译．杭州：浙江大学出版社，2016，341 页．

7864　中国——园林之母 /E.H. 威尔逊著；胡启明译．广州：广东科技出版社，2015，305 页．

7865　中国植物学史 / 李约瑟著；李学勇译．新北：中华科技史学会，2017，646 页．（中华科技史学会丛刊；3）

7866　中日水稻旱育稀植技术协作十六年 / 原正市著；王善本译．北京：中国农业出版社，1998，64 页．

（二）研究著作

7867　黑龙江省水稻低温冷害研究进展 / 矫江，中本和夫，李宁辉等编著．北京：中国农业科学技术出版社，2009，233 页．

7868　中国北方环保型农牧业与循环经济："中国北方地区环保型牧业与循环经济的发展"中日学术研讨会论文集 / 恩和等主编．呼和浩特：内蒙古大学出版社，2005，285 页．

7869　中国黄土高原治山技术研究 / 朱金兆，松冈广雄主编．北京：中国林业出版社，2001，326 页．

T

工业技术

（一）译著

7870 北京门礅 / 岩本公夫著 . 北京：北京语言文化大学出版社，1998，10+40+48 页 .

7871 茶的真实历史 / 梅维恒，郝也麟著；高文海译 . 北京：生活・读书・新知三联书店，2018，270 页 .

> 茶的世界史 / 梅维恒，郝也麟著；高文海译 . 香港：商务印书馆（香港）有限公司，2013，303 页 .

7872 长安的都市规划 / 妹尾达彦著；高兵兵译 . 西安：三秦出版社，2012，267 页 .（长安文化国际研究译丛 / 高兵兵主编）

7873 瓷国游历记 / 路易・艾黎著 . 北京：轻工业出版社，1985，134 页 .

7874 瓷心一片：击壤以歌・埏埴为器 / 张错著 . 台北：艺术家出版社，2010，191 页 .

7875 从大漠到中原：蒙古刀的鉴赏 / 张错著 . 台北：唐山出版社，2006，191 页 .

7876 地标：北京的空间政治 / 洪长泰著 . 香港：牛津大学出版社，2011，20+273 页 .

7877 东食西渐：西方人眼中的中国饮食文化 / 约翰・安东尼・乔治・罗伯茨著；杨东平译 . 北京：当代中国出版社，2008，203 页 .

7878 俄罗斯的中国茶时代：1790—1919 年俄罗斯茶叶和茶叶贸易 / 伊万・索科洛夫编著；黄敬东译；李皖译校 . 武汉：武汉出版社，2016，305 页 .

7879 工程国家：民国时期（1927—1937）的淮河治理及国家建设 / 戴维・艾伦・佩兹著；姜智芹译 . 南京：江苏人民出版社，2011，175 页 .（凤凰文库・海外中国研究系列）

> 工程国家：民国时期（1927—1937）的淮河治理及国家建设 / 戴维・艾伦・佩兹著；姜智芹译 . 南京：江苏人民出版社，2011，175 页 .（海外中国研究丛书 / 刘东主编）

7880 古代中国 / 克里斯多福・泰德格著；胡泽芬译 . 上海：百家出版社，2001，236 页 .（百家建筑之旅；2）

7881 哈尔滨的城市规划：1898—1945/ 越沢明著；王希亮译；哈尔滨市城乡规划局

编.哈尔滨：哈尔滨出版社，2014，178 页.

7882 哈尔滨——俄罗斯人心中的理想城市 / Н.П.克拉金著；张琦，路立新译；哈尔滨市城市规划局编译.哈尔滨：哈尔滨出版社，2007，325 页.

7883 黄河之水：蜿蜒中的现代中国 / 戴维·艾伦·佩兹著；姜智芹译.北京：中国政法大学出版社，2017，333 页.（雅理译丛 / 田雷主编）

7884 建福宫：在紫禁城重建一座花园 / 潘鼐著.上海：上海人民出版社，2013，252 页.

7885 近代青岛的城市规划与建设 / 托尔斯藤·华纳著；青岛市档案馆编译.南京：东南大学出版社，2011，303 页.

7886 乐饮四季茶：一位日本茶人眼中的中国茶 / 黄安希著；孙晓艳译.北京：生活·读书·新知三联书店，2004，188 页.

7887 两访中国茶乡 / 罗伯特·福琼著；敖雪岗译.南京：江苏人民出版社，2016，13+407 页.（凤凰文库·海外中国研究系列）

> 两访中国茶乡 / 罗伯特·福琼著；敖雪岗译.南京：江苏人民出版社，2015，14+415 页.

7888 龙居景观：中国人的空间艺术 / 中野美代子著；吴念圣译.银川：宁夏人民出版社，2007，276 页.

7889 美国流芳园设计：海外中国名园 / 陈劲著.上海：上海人民出版社，2015，27+281 页.

7890 美国龙安中国 81 个项目选集：[中英文本] / 饶及人主编；王丽苑等译；美国龙安建筑规划设计顾问有限公司编.北京：中国建筑工业出版社，2005，16+295 页.

7891 美味方丈记 / 陈舜臣，蔡锦墩著；余晓潮译.桂林：广西师范大学出版社，2010，262 页.

7892 欧洲旧藏中国家具实例 / 莫里斯·杜邦著.北京：故宫出版社，2013，237 页.（中国家具经典图书辑丛）

7893 拼合记忆：澳门历史建筑的发展与保护 / 吴尧，樊飞豪，是永美树著.北京：中国电力出版社，2009，150 页.

7894 普陀山建筑艺术与宗教文化 / 恩斯特·柏石曼著；史良，张希晅译.北京：商务印书馆，2017，13+303 页.（舟山海外档案史料文献译丛）

7895 清代水利与区域社会 / 森田明著；雷国山译.济南：山东画报出版社，2008，359 页.（国家清史编纂委员会·编译丛刊）

> 清代水利社会史研究 / 森田明著；郑樑生译.台北：台湾编译馆，1996，531 页.（世界学术译著）

7896 山水之境：中国文化中的风景园林 / 吴欣主编；柯律格，包华石，汪悦进等著.北京：生活·读书·新知三联书店，2015，251 页.（开放的艺术史丛书）

7897 上海里弄房 / 格雷戈里·布拉肯著；孙娴等译.上海：上海社会科学院出版社，2015，197 页.

7898 手绘清朝 / 伊东忠太著；王二贵等译.太原：山西人民出版社，2015，2 册（243；

258 页）．

7899 手艺中国：中国手工业调查图录 / 鲁道夫·P. 霍梅尔著；戴吾三等译．北京：北京理工大学出版社，2012，14+413 页．

7900 图像中国建筑史：关于中国建筑结构体系的发展及其形制演变的研究 / 梁思成英文原著；费慰梅编；梁从诫译．2 版．香港：三联书店（香港）有限公司，2015，19+189 页．

> 图像中国建筑史：汉英双语版 / 梁思成英文原著；费慰梅编；梁从诫译．天津：百花文艺出版社，2001，523 页．

7901 伪满洲国首都规划 / 越泽明著；欧硕译．北京：社会科学文献出版社，2011，265 页．（阅读日本书系）

7902 味人民服务：从小面摊到五星级餐馆的奇妙历程 / 林留清怡著；韩良忆译．台北：乐果文化事业有限公司，2010，302 页．（乐故事；5）

7903 五味之地：中国的饮食文化 / 贺东劢著；欧晓蕾译．上海：上海文化出版社，2015，163 页．

7904 寻找中国城市魂：前纽约规划局委员 / 局长的规划感悟 / 饶及人著．北京：中国城市出版社，2007，279 页．

> 十年规划中国情：前纽约规划局委员 / 局长的心路历程 / 饶及人著．北京：新华出版社，2005，209 页．

7905 一个德国建筑师眼中的中国：1906—1909 / 恩斯特·柏石曼著；徐原，赵省伟编译．北京：台海出版社，2017，14+297 页．

> 寻访 1906—1909：西人眼中的晚清建筑 / 恩斯特·柏石曼著；沈弘译．天津：百花文艺出版社，2005，187 页．

7906 一针一线：贵州苗族服饰手工艺 / 鸟丸知子著 / 摄影；蒋玉秋译．2 版．北京：中国纺织出版社，2018，166 页．

> 一针一线：贵州苗族服饰手工艺 / 鸟丸知子著 / 摄影；蒋玉秋译．北京：中国纺织出版社，2011，166 页．

7907 遗失在西方的中国史：中国服饰与习俗图鉴 / 乔治·亨利·梅森著；吴志远编译．长春：吉林出版集团有限责任公司，2015，221 页．

7908 饮茶纵横谈 / 陈东达著；甘国材译．北京：中国商业出版社，1986，175 页．

7909 鱼翅与花椒 / 扶霞·邓洛普著；何雨珈译．上海：上海译文出版社有限公司，2018，259 页．（译文纪实）

> 鱼翅与花椒：英国女孩的中国菜历险 / 扶霞·邓洛普著；威尔金森插画；钟沛君译．2 版．台北：猫头鹰出版社，2017，313 页．（猫头鹰书房；52）

> 鱼翅与花椒：英国女孩的中国菜历险记 / 扶霞·邓洛普著；钟沛君译．台北：猫头鹰出版社，2012，313 页．（猫头鹰书房；52）

7910 《园冶》与时尚：明代文人的园林消费与文化活动 / 康格温著．桂林：广西师范大

学出版社，2018，305 页．（海外中国学丛书 / 李焯然主编）

7911　早期中国的食物、祭祀和圣贤 / 胡司德著；刘丰译．杭州：浙江大学出版社，2018，231 页．（海外中国思想史研究前沿译丛 / 彭国翔主编）

7912　直言中国城市化 / 饶及人著．北京：新华出版社；2012，251 页．

7913　中国 / 克里斯多福·泰德格著；胡泽芬译．台北：木马文化事业公司，2001，223 页．（建筑 Look.1. 传统）

7914　中国：保守的传承 / 克里斯多福·泰德格著；胡泽芬译．台北：猫头鹰出版社，2000，271 页．（建筑之旅；1）

7915　中国的建筑与景观：德文 / 恩斯特·柏施曼著．影印版．杭州：浙江人民美术出版社，2018，25+288 页．

　　➢ 中国的建筑与景观：1906—1909 年 / 恩斯特·伯施曼著；段芸译．北京：中国建筑工业出版社，2010，26+288 页．

7916　中国东北都市计画史 / 越泽明著；黄世孟译．台北：大佳出版社，1986，305 页．

7917　中国服装史研究 / 原田淑人著；常任侠等译．合肥：黄山书社，1988，177 页．

7918　中国宫苑园林史考 / 冈大路著；瀛生译．北京：学苑出版社，2008，298 页．

　　➢ 中国宫苑园林史考 / 冈大路著；地景企业公司编辑部编译．台北：地景企业公司出版部，1990，259 页．

　　➢ 中国宫苑园林史考 / 冈大路著；常瀛生译．北京：农业出版社，1988，403 页．

7919　中国古代建筑与艺术 / 关野贞著；胡稹，于珊珊译．北京：中国画报出版社，2017，472 页．（近代以来海外涉华艺文图志系列丛书 / 张明杰主编）

7920　中国古代艺术与建筑中的"纪念碑性" / 巫鸿著；李清泉等译．上海：上海人民出版社，2017，495 页．

　　➢ 中国古代艺术与建筑中的"纪念碑性" / 巫鸿著；李清泉等译．上海：上海人民出版社，2009，21+424 页．

7921　中国古典家具私房观点 / 马科斯·弗拉克斯著；刘蕴芳译．北京：中华书局，2012，277 页．

7922　中国古典家具设计基础 / 姬勇，于德华，玛利亚—西西斯·阿尔伯特编著．北京：北京理工大学出版社，2013，211 页．

7923　中国古典家具设计实务 / 于德华，姬勇，玛利亚—西西斯·阿尔伯特编著．北京：北京理工大学出版社，2013，147 页．

7924　中国古建筑与都市 / 博依德著；谢敏聪，宋肃懿编译．台北：南天书局，1987，1992 重印，161 页．（南天艺术丛书；3）

7925　中国古建筑装饰 / 伊东忠太原著；中国建筑工业出版社改编；刘云俊等译．北京：中国建筑工业出版社，2006，3 册（1208 页）．

7926　中国花梨家具图考 / 艾克·古斯塔夫著；高灿荣译．台北：南天书局有限公司，2014，17+161 页．

> 中国花梨家具图考 / 艾克著；薛吟译. 北京：地震出版社，1991，212 页.

7927 中国建筑史 / 伊东忠太著；陈清泉译补. 影印本. 郑州：河南人民出版社，2016，2017 印，15+324 页.（民国专题史丛书 / 周蓓主编）

> 中国建筑史 / 伊东忠太著；廖伊庄译. 北京：中国画报出版社，2017，325 页.（近代以来海外涉华艺文图志系列丛书 / 张明杰主编）

> 中国建筑史 / 伊东忠太著；陈清泉译补. 长沙：湖南大学出版社，2014，10+223 页.（中国文化艺术名著丛书）

> 中国建筑史 / 伊东忠太著；陈清泉译补. 北京：商务印书馆，1937，1998 影印，15+324 页.（中国文化史丛书）

> 中国建筑史 / 伊东忠太原著；陈清泉译补. 影印本. 上海：上海书店，1984，324 页.（中国文化史丛书. 第二辑；14）

7928 中国结之典雅配饰 / 雄鸡社著；文游译. 沈阳：辽宁科学技术出版社，2009，80 页.

7929 中国结之吉祥配饰 / 雄鸡社著；魏雯译. 沈阳：辽宁科学技术出版社，2009，80 页.

7930 中国民居研究：中国东南地方居住空间探讨 / 茂木计一郎等著；江平，井上聪译，木寺安彦摄. 台北：南天书局出版社，1996，273 页.

7931 中国食谱 / 杨步伟著；柳建树，秦甡译. 2 版. 北京：九州出版社，2017，368 页.

> 中国食谱 / 杨步伟著；柳建树，秦甡译. 北京：九州出版社，2016，367 页.

7932 中国食物 / 尤金·N. 安德森著；马嬿，刘东译. 南京：江苏人民出版社，2003，16+292 页.（海外中国研究丛书 / 刘东主编）

7933 中国食物史研究 / 篠田统著；高桂林等译. 北京：中国商业出版社，1987，269 页.

7934 中国饮食传入日本史 / 田中静一著；霍风，伊永文译. 哈尔滨：黑龙江人民出版社，1991，197 页.

7935 中国原子弹的制造 / 刘易斯，薛理泰编著；李丁等译. 北京：原子能出版社，1991，296 页.（世界原子弹氢弹秘史丛书；2）

> 中国原子弹的制造 / 刘易斯，薛理泰编著；李丁等译. 北京：原子能出版社，1990，299 页.

7936 最受中国人喜爱的三明治 / 旭屋出版社编；赵琪芸译. 济南：山东科学技术出版社，2011，141 页.

（二）研究著作

7937 德国景观设计师在中国 / 董楠楠，斯蒂芬妮·洛夫主编. 大连：大连理工大学出版社，2014，12+305 页.

7938 海外中国水利史研究：日本学者论集 / 钞晓鸿主编. 北京：人民出版社，2014，527 页.

7939 满族建筑文化国际学术研讨会论文集 / 陈伯超主编. 沈阳：辽宁民族出版社，

2001，228 页．

7940 望远镜与西风东渐 / 余三乐著．澳门：澳门特别行政区政府文化局；北京：社会科学文献出版社，2013，298 页．（澳门文化丛书）

7941 文化使节：中国园林在海外：［中英文本］/ 甘伟林，王泽民主编．北京：中国建筑工业出版社，2000，275 页．

7942 西方人眼中的东方丝绸艺术 / 马良著．上海：上海教育出版社，2004，11+255 页．（东方美学对西方的影响丛书）

7943 烟雨楼台：北京大学图书馆藏西籍中的清代建筑图像 / 张红扬，邹新明主编；北京大学图书馆编．北京：中国人民大学出版社，2008，11+313 页．（国家清史编纂委员会·图录丛刊）

7944 中国城市水利问题：'95 中国城市水利问题历史与现状国际学术讨论会论文选集．南京：河海大学出版社，1997，168 页．

7945 中日交流砚作集：中日邦交正常化 30 周年纪念：［中日文本］/ 胡中泰，山本涛石主编．济南：山东教育出版社，2002，207 页．

航空航天

7946 1949年之前的中国飞机与航空百科 /Lennart Andersson 著；许贵运译. 台北：阅读高手工作室出版，2017，304页.

7947 穹苍迹：1909—1949年的中国航空 / 乔治著；杨常修译. 北京：航空工业出版社，1992，86页.

X

环境科学、安全科学

（一）译著

7948 大象的退却：一部中国环境史 / 伊懋可著；梅雪芹等译. 南京：江苏人民出版社，2014，16+23+568 页.（凤凰文库·海外中国研究系列）

7949 废物星球：从中国到世界的天价垃圾贸易之旅 / 亚当·明特著；刘勇军译. 重庆：重庆出版社，2015，10+265 页.

7950 嵌入式行动主义在中国：社会运动的机遇与约束 / 皮特·何，瑞志·安德蒙主编；李婵娟译. 北京：社会科学文献出版社，2012，303 页.

7951 森林和绿色的中国史 / 上田信著；朱海滨译. 济南：山东画报出版社，2013，223 页.

7952 台湾环境问题面面观 / 刘康克编选；谢柏沧等著译. 台北：正中书局，1984，141 页.（学生科学丛书）

7953 万物并作：中西方环境史的起源与展望 / 濮德培著；韩昭庆译. 北京：生活·读书·新知三联书店，2018，268 页.（复旦大学光华人文杰出学者讲座丛书）

7954 一江黑水：中国未来的环境挑战 / 易明著；姜智芹译. 2 版. 南京：江苏人民出版社，2012，275 页.（凤凰文库·海外中国研究系列）

> 一江黑水：中国未来的环境挑战 / 易明著；姜智芹译. 南京：江苏人民出版社，2011，275 页.（凤凰文库·海外中国研究系列）

7955 中国环境史：从史前到现代 / 马立博著；关永强，高丽洁译. 北京：中国人民大学出版社，2015，558 页.（海外中国研究文库）

7956 中国环境问题的解决方法 / 定方正毅著；刘丹译. 北京：北京科学技术出版社，2003，127 页.

7957 中国经济与环境问题研究 / 覃晏，周启星著. 天津：南开大学出版社，2008，301 页.

7958 中国绿色城市的崛起：经济增长与环境如何共赢 / 马修·卡恩，郑思齐著. 北京：中信出版集团股份有限公司，2016，236 页.（CIDEG 文库 / 青木昌彦，吴敬琏主编）

7959 走进西藏：生物多样性与保护事业 / 罗伯特·弗莱明，多吉次仁，刘务林著. 上海：

上海远东出版社，2008，118 页 .

（二）研究著作

7960　地理环境与民俗文化遗产："自然环境与民俗地理学"中日国际学术研讨会论文集 / 王静爱，小长谷有纪，色音主编 . 北京：知识产权出版社，2009，443 页 .

7961　黄河三角洲可持续发展图集 / 刘高焕，汉斯·德罗斯特主编 . 北京：测绘出版社，1997，80 页 .

7962　积渐所至：中国环境史论文集 / 刘翠溶，伊懋可主编 . 台北："中央研究院"经济研究所，1995，2 册 .

7963　经济增长、环境与气候变迁：中国的政策选择 / 宋立刚，胡永泰主编 . 北京：社会科学文献出版社，2009，353 页 .（"中国经济前沿"丛书）

7964　澧县城头山：中日合作澧阳平原环境考古与有关综合研究 / 何介钧，安田喜宪主编；湖南省文物考古研究所，国际日本文化研究中心编 . 北京：文物出版社，2007，187 页 .

7965　外国人看中国的资源问题 / 王正立主编 . 北京：中国大地出版社，2007，216 页 .

7966　雨林啊胶林：西双版纳橡胶种植与文化和环境相互关系的生态史研究 / 尹绍亭，深尾叶子主编 . 昆明：云南教育出版社，2003，305 页 .

7967　中国绿色经济发展机制和政策创新研究 . 上下册 / 杨朝飞，里杰兰德主编 . 北京：中国环境科学出版社，2012，2 册（844 页）.

7968　中国绿色经济发展机制和政策创新研究综合报告 / 杨朝飞，里杰兰德主编 . 北京：中国环境科学出版社，2012，80 页 .

7969　中国与德国的环境治理：比较的视角 / 托马斯·海贝勒，迪特·格鲁诺，李惠斌主编 . 北京：中央编译出版社，2012，19+303 页 .（当代中国治理研究书系 / 俞可平主编）

综合性图书

（一）译著

7970 19世纪中叶俄罗斯驻北京布道团人员关于中国问题的论著/曹天生主编；张琨等译.北京：中华书局，2004，19+675页.（世界汉学论丛）

7971 北京研究外文文献题录/赵晓阳编译.北京：北京图书馆出版社，2007，12+186页.

7972 梵蒂冈图书馆所藏汉籍目录/伯希和编；高田时雄校订/补编；郭可译.北京：中华书局，2006，254页.

7973 国学与中国人文/余英时著；沈志佳编.桂林：广西师范大学出版社，2014，316页.（余英时文集；12）

7974 经籍访古志/森立之撰.2版，影印本.新北：广文书局有限公司，2013，247页.（书目丛编）

> 经籍访古志/森立之撰.再版.台北：广文书局有限公司，1981，246页.（书目丛编）

7975 康·安斯卡奇科夫所藏汉籍写本和地图题录/А·Н麦尔纳尔克斯尼斯著；张芳译.北京：国家图书馆出版社，2010，256页.

7976 李约瑟文录/李约瑟著；王钱国忠编.杭州：浙江文艺出版社，2004，323页.（大科学家文丛）

7977 利玛窦中文著译集/利玛窦著；朱维铮主编.上海：复旦大学出版社，2001，11+46+802页.

7978 伦敦所见中国小说书目提要/柳存仁编著.北京：书目文献出版社，1982，269页.（文史哲研究资料丛书）

7979 美国国会图书馆藏中国方志目录：典藏版/美商汉世纪域外汉学微出版项目编译.再版.美国：美商EHGBooks微出版公司，2016，11+552+21页.

7980 日本学者中国古典诗学研究主要文献目录：1900—2007/胡建次，邱美琼编译.南昌：百花洲文艺出版社，2009，461页.（灯下学术文丛）

7981 书目类编.102，关东现存宋元版书目/严灵峰编辑；长泽规矩也辑.影印本.台北：

成文出版社，1978，1册.

7982 数学典籍索引：秦汉至宋社会经济史料/郭正忠，蓝克利著.沈阳：辽宁教育出版社，2003，12+556页.（新世纪科学史系列；7）

7983 宋代研究工具书刊指南/包弼德原作；魏希德修订.修订版.桂林：广西师范大学出版社，2008，233页.（哈佛燕京图书馆书目丛刊；12）

7984 宋以前医籍考/冈西为人编.影印本.北京：人民卫生出版社，1958，2017重印，1406页.

> 宋以前医籍考/冈西为人著；郭秀梅整理.北京：学苑出版社，2010，2册（47+1407页）.

7985 遐迩贯珍/松浦章，内田庆市，沈国威编著.上海：上海辞书出版社，2005，721页.

7986 先秦经籍考/内藤虎次郎等著；江侠庵编译.影印本.北京：国家图书馆出版社，2010，2册（1123页）.

7987 新编增补清末民初小说目录/樽本照雄编.济南：齐鲁书社，2002，26+981+89页.

7988 元明汉语文献目录/竹越孝，远藤光晓主编.上海：中西书局，2016，13+579页.

7989 中国版本目录学书籍解题/长泽规矩也编著；梅宪华，郭宝林译.北京：书目文献出版社，1990，271页.

7990 中国各民族神话研究外文论著目录：1839—1990/李福清编.北京：北京图书馆出版社，2007，28+223页.

7991 中国古代典籍导读/鲁惟一主编；李学勤等译.沈阳：辽宁教育出版社，1997，578页.（当代汉学家论著译丛）

7992 中国经学史，周代卷：孔子、《六经》与师承问题/韩大伟著；唐光荣译.北京：社会科学文献出版社，2018，435页.

7993 中国经学史/本田成之著；孙俍工译.桂林：漓江出版社，2013，272页.（中国文化通识小丛书/郑纳新，张玉琴主编）

> 中国经学史/本田成之著；孙俍工译.台中：文听阁图书有限公司，2008，12+360页.

> 中国经学史/本田成之著；孙俍工译.上海：上海书店出版社，2001，297页.（古典文史基本知识丛书）

7994 中国民间故事类型索引/丁乃通编著；郑建成等译；李广成校.武汉：华中师范大学出版社，2008，430页.（中国民间文化研究书系）

> 中国民间故事类型索引/丁乃通著；郑建成等译.北京：中国民间文艺出版社，1986，598页.

> 中国民间故事类型索引/丁乃通著；孟慧英译.沈阳：春风文艺出版社，1983，212页.

（二）研究著作

7995　150年中美关系史论著目录：1823—1990/汪熙，田尻利主编．上海：复旦大学出版社，2005，603页．（中美关系研究丛书；23）

7996　1877年版大英博物馆馆藏中文刻本、写本、绘本目录/道格拉斯原编；域外汉籍珍本文库编纂出版委员会编．影印本．重庆：西南师范大学出版社；北京：人民出版社，2010，2011印，344+149页．（域外汉籍珍本文库）

7997　1971—2006年美国清史论著目录：[中英文本]/马钊主编．北京：人民出版社，2007，538页．（国家清史编纂委员会·清史论著目录系列）

7998　20世纪世界满学著作提要/阎崇年主编．北京：民族出版社，2003，34+589页．（北京市社会科学院学术文库）

7999　20世纪以来日本中国史学著作编年/胡宝华编著．北京：中华书局，2012，12+663页．

8000　柏克莱加州大学东亚图书馆中文古籍善本书志/陈先行主编；柏克莱加州大学东亚图书馆编．上海：上海古籍出版社，2005，22+520页．

8001　北京大学图书馆藏日本版汉籍善本萃编．第一册—第二十二册/北京大学图书馆编．影印本．重庆：西南师范大学出版社北京：人民出版社，2014，22册．

8002　北京大学图书馆藏西文汉学珍本提要/张红扬主编．桂林：广西师范大学出版社，2009，456页．

8003　北堂图书馆藏西文善本目录/北京遣使会编．北京：北京图书馆出版社，2009，2册．

8004　朝鲜时代书目丛刊/张伯伟编．北京：中华书局，2004，9册．（南京大学域外汉籍研究所专刊）

8005　大江南北/周仲贤编．长沙：湖南人民出版社，1985，182页．

8006　荻原云来《汉译对照梵和大辞典》汉译词索引/朱庆之，梅维恒编．成都：巴蜀书社，2004，439页．

8007　敦煌吐鲁番学论著目录初编：1886—1992.3：日文部分/敦煌吐鲁番学北京资料中心主编；李德范，方久忠编著．北京：北京图书馆出版社，1999，586+47页．

8008　二十世纪中国少数民族文献分布及学术研究成果：国际性书目之书目/张海惠，王炬编纂．北京：商务印书馆，2006，14+340页．

8009　法藏敦煌藏文文献解题目录/王尧主编．北京：民族出版社，1999，32+300页．

8010　福建省收藏华侨、华人问题中外图书联合目录/陈声贵编．厦门：厦门大学出版社，1988，180页．（华侨、华人资料丛书；1）

8011　国际汉学著作提要/李学勤主编．南昌：江西教育出版社，1996，10+402页．

8012　国际汉语语言学文献索引：1997—2003/潘海华，徐烈炯主编．北京：商务印书馆，2007，15+343页．

8013　国图藏俄罗斯汉学著作目录/陈蕊编著．北京：北京大学出版社，2013，18+254

页.（俄罗斯汉学文库）

8014 国外出版中国近现代史书目：1949—1978/ 杨诗浩，韩荣芳编.上海：上海人民出版社，1980，502页.

8015 国外研究中国问题书目索引：1977—1978/ 北京图书馆，中国社会科学院情报研究所编.北京：书目文献出版社，1981，367页.

8016 国外中共党史中国革命史论著目录大全：1919—1989/ 中共中央党史研究室科研局编译处编.北京：中共党史出版社，1993，631页.

8017 国外中国研究著作选目提要.2012/ 国家图书馆海外中国问题研究资料中心编.北京：国家图书馆出版社，2014，11+252页.
  ➢ 国外中国研究著作选目提要.2013/ 国家图书馆海外中国问题研究资料中心编.北京：国家图书馆出版社，2016，239页.

8018 国学研究论稿/ 陈永栽，黄炳辉著.上海：上海古籍出版社，2007，751页.

8019 海外敦煌吐鲁番文献知见录/ 荣新江著.南昌：江西人民出版社，1996，231页.（东方文化丛书）

8020 海外上海研究书目：1845—2005/ 印永清，胡小菁主编.上海：上海辞书出版社，2009，39+542页.

8021 韩国成均馆大学尊经阁藏汉籍珍本丛刊.1—16/ 韩国成均馆大学东亚学术院，中国社会科学院历史研究所编.影印本.重庆：西南师范大学出版社，2016，11册.（域外汉籍珍本文库）

8022 韩国研究中文文献目录：1912—1993/ 杭州大学图书馆，杭州大学韩国研究所编.杭州：杭州大学出版社，1994，310页.（韩国研究丛书.资料编）

8023 汉籍善本书目提要/ 魏丕信监修；田涛主编.北京：中华书局，2002，182页.

8024 汉学研究中心景照海外佚存古籍书目初编/ 汉学研究中心资料组编.台北：汉学研究中心，1990，62页.

8025 汉语大词典词目音序索引/ 梅维恒主编；汉语大词典编纂处编.上海：汉语大词典出版社，2003，1505页.

8026 和刻本类书集成.第一辑—第六辑/ 长泽规矩也编.上海：上海古籍出版社，1990，6册.

8027 花叶婆娑：华盛顿大学和不列颠哥伦比亚大学古籍珍本新录/ 沈志佳，刘静主编.北京：中华书局，2018，2册（693页）.

8028 加拿大多伦多大学东亚图书馆藏中文古籍善本提要/ 余梁戴光，乔晓勤主编；多伦多大学郑裕彤东亚图书馆编；乔晓勤，赵清治撰稿.桂林：广西师范大学出版社，2009，12+668页.

8029 近代在华日人顾问资料目录/ 卫藤沈吉，李廷江编著.北京：中华书局，1994，532页.

8030 经籍访古志/ 澁江全善，森立之等撰；杜泽逊，班龙门点校.上海：上海古籍出版

社，2017，23+371+21 页．（日藏中国古籍书志）

> 经籍访古志 / 澁江全善，森立之等撰；杜泽逊，班龙门点校．上海：上海古籍出版社，2014，23+362+21 页．（日藏中国古籍书志）

8031　旧版日文山东地方文献提要 / 于婧主编．青岛：中国海洋大学出版社，2013，238 页．

8032　历代著录画目正续编 / 福开森，容庚编．北京：北京图书馆出版社，2007，2 册（1162；444 页）．

8033　鲁迅文言语汇索引 / 丸尾常喜等编．东京：东京大学东洋文化研究所附属东洋学文献センター丛刊委员会，1981，122 页．（东洋学文献センター丛刊；36）

8034　论古代中国：1965—1980 年日文文献目录 / 周迅编．北京：书目文献出版社，1984，561 页．

8035　马礼逊研究文献索引 / 张西平，彭仁贤，吴志良主编．郑州：河南教育出版社，2008，17+148 页．（马礼逊文集·附录）

8036　满铁调查期刊载文目录 / 高书全等主编．长春：吉林文史出版社，2004，3 册（37+1879 页）．

8037　美国柏克莱加州大学东亚图书馆藏宋元珍本图录 / 柏克莱加州大学东亚图书馆编．北京：中华书局，2014，199 页．

8038　美国俄亥俄州立大学图书馆中文古籍目录 / 李国庆编．北京：中华书局，2017，572 页．

> 美国俄亥俄州立大学图书馆中文古籍书录 / 李国庆编著．桂林：广西师范大学出版社，2003，172 页．

8039　美国国会图书馆藏中国方志目录 / 朱士嘉编．影印本．桂林：广西师范大学出版社，2014，620 页．

> 美国国会图书馆藏中国方志目录 / 朱士嘉编．北京：中华书局，1989，552 页．

8040　美国国会图书馆藏中文古地图叙录：[中英文本] / 李孝聪编著．北京：文物出版社，2004，191 页．

8041　美国国会图书馆藏中文善本书续录 / 范邦瑾编著．上海：上海古籍出版社，2011，26+496 页．

8042　美国哈佛大学哈佛燕京图书馆藏晚清民国间新教传教士中文译著目录提要 / 张美兰编．桂林：广西师范大学出版社，2013，15+28+638 页．（哈佛燕京图书馆书目丛刊；16）

8043　美国哈佛大学哈佛燕京图书馆藏中文善本汇刊．1—37 / 美国哈佛大学哈佛燕京图书馆编．影印版．北京：商务印书馆；桂林：广西师范大学出版社，2003，26 册．（中国古籍海外珍本丛刊）

8044　美国哈佛大学哈佛燕京图书馆藏中文善本书志 / 沈津主编．桂林：广西师范大学出版社，2011，6 册．

8045　美国哈佛大学哈佛燕京图书馆中文善本书志 / 沈津著．上海：上海辞书出版社，

1999，17+927 页 .（哈佛燕京图书馆书目丛刊；7）

8046 美国斯坦福大学图书馆藏中文古籍善本书志 / 马月华编著 . 桂林：广西师范大学出版社，2013，18+243 页 .

8047 美国图书馆藏宋元版汉籍图录 / 曹亦冰，卢伟主编 . 北京：中华书局，2015，17+448 页 .

8048 美国图书馆藏中国法律古籍善本书志 / 张蓓蓓编著 . 天津：天津古籍出版社，2018，441 页 .

8049 明代经学国际研讨会论文集 / 林庆彰，蒋秋华主编 . 台北："中央研究院"中国文哲研究所筹备处，1996，626 页 .（"中央研究院"国文哲研究所中国文哲论集；6）

8050 明清之际西学文本：50 种重要文献汇编 / 黄兴涛，王国荣编 . 北京：中华书局，2013，4 册 .

8051 青岛市图书馆馆藏"满铁"资料提要 / 于婧等编译 . 修订本 . 青岛：中国海洋大学出版社，2018，199 页 .

> 青岛市图书馆馆藏"满铁"资料提要 / 于婧主编 . 青岛：中国海洋大学出版社，2013，245 页 .

8052 全面抗战时期中国文化界译介日本"中国研究"文献目录简编 / 马军编纂 . 上海：上海书店出版社，2015，276 页 .

8053 日本藏汉籍善本书志书目集成 . 第一册—第十册 / 贾贵荣辑 . 影印版 . 北京：北京图书馆出版社，2003，6 册 .

8054 日本藏宋人文集善本钩沉 / 严绍璗编撰 . 杭州：杭州大学出版社，1996，375 页 .（日本文化研究丛书）

8055 日本藏先秦两汉文献研究汉籍书目 / 刘毓庆，张小敏编著 . 太原：三晋出版社，2012，421 页 .

8056 日本涉华密档总目录，陆海军省卷：1872—1945/ 郭洪茂，李力主编 . 北京：线装书局，2014，4 册 .

8057 日本涉华密档总目录，外务省卷：1931—1945/ 金成民主编 . 北京：线装书局，2014，5 册 .

> 日本涉华密档总目录，外务省补编卷：1931—1945/ 金成民主编 . 北京：线装书局，2015，3 册（369；351；514 页）.

8058 日本孙子书知见录/苏桂亮，阿竹仙之助合编.济南：齐鲁书社，2009，22+17+321页.

8059 日本五山版汉籍善本集刊 .1—14/ 中国社科院历史研究所主持编纂 . 影印本 . 重庆：西南师范大学出版社北京：人民出版社，2012，14 册 .（域外汉籍珍本文库）

8060 日本研究中国现当代文学论著索引：1919—1989/ 孙立川，王顺洪编 . 北京：北京大学出版社，1991，380 页 .（北京大学日本研究丛书）

8061 日本中国经学研究三种 / 耿素丽，代坤选编 . 影印本 . 北京：国家图书馆出版社，2010，2 册（1208 页）.

8062　日藏汉籍善本书录 / 严绍璗编著 . 北京：中华书局，2007，3 册（2336 页）.

8063　日据时期朝鲜刊刻汉籍文献目录 / 傅德华编 . 上海：上海人民出版社，2011，19+85+615 页 .

8064　日据时期台湾文学杂志总目：人名索引 / 中岛利郎编 . 台北：前卫出版社，1995，150 页 .（台湾文学研究系列；57）

8065　儒学走向世界文献索引 / 朱仁夫，邱绍雄编 . 济南：齐鲁书社，2003，2 册（13+12+871 页）.（中国孔子基金会文库）

8066　宋代经学国际研讨会论文集 / 蒋秋华，冯晓庭主编 . 台北："中央研究院"中国文哲研究所，2006，484 页 .（中国文哲论集；14）

8067　台湾地区汉学论著选目 .1982/ 汉学研究资料及服务中心编 . 台北：汉学研究资料及服务中心，1983，121 页 .

8068　台湾地区汉学论著选目汇编本：1982—1986 年 / 汉学研究资料及服务中心编 . 台北：汉学研究资料及服务中心，1987，552 页 .

　　➢ 台湾地区汉学论著选目汇编本：1987—1991/ 汉学研究中心编 . 台北：汉学研究中心，1992，619 页 .

8069　台湾教育：第 124—497 号：1912—1943：总目录·著者索引 / 中岛利郎，宋子纭编 . 台北：南天书局，2001，778 页 .

8070　台湾史档案·文书目录 . 十，荷兰东印度公司有关台湾档案目录 / 曹永和，荷包乐史，江树生主编 . 台北：台湾大学出版社，1997，32+212 页 .

8071　唐代的长安与洛阳索引 / 平冈武夫，今井清编 . 影印本 . 上海：上海古籍出版社，1991，179+13 页 .（唐代研究指南；5/ 平冈武夫主编）

8072　唐代诏敕目录 / 池田温编 . 影印本 . 西安：三秦出版社，1991，615 页 .

8073　梯航集：日藏汉籍中日学术对话录 / 查屏球编 . 上海：上海古籍出版社，2018，447 页 . 复旦大学古代文学研究书系 / 陈尚君主编）

8074　万国公报总目·索引 / 上海书店出版社编 . 上海：上海书店出版社，2015，576 页 .

8075　文求堂书目 .1—16/ 田中庆太郎编；高田时雄，刘玉才整理 . 影印版 . 北京：国家图书馆出版社，2015，16 册 .（海外中华古籍书志书目丛刊）

8076　翁方纲经学手稿五种 / 周欣平主编；柏克莱加州大学东亚图书馆编 . 影印本 . 上海：上海古籍出版社，2006，7 册 .（柏克莱加州大学东亚图书馆稿抄校本丛刊）

8077　西班牙藏中国古籍书录 / 杜文彬编著 . 北京：国家图书馆出版社，2015，11+20+480 页 .（海外中华古籍书志书目丛刊）

8078　西班牙图书馆中国古籍书志 / 达西安娜·菲萨克主编；马德里自治大学东亚研究中心编 . 上海：上海古籍出版社，2010，14+15+320 页 .

8079　西方汉学书目正续编 / 亨利·考狄，袁同礼编 . 影印本 . 上海：上海社会科学院出版社，2016，3 册（3100 页）.（皮纳克斯丛书）

8080　西人论中国书目：附索引 / 考狄编 . 影印版 . 北京：中华书局，2017，6 册 .

8081 殷墟文字丙编通检 / 高嶋谦一主编 . 台北："中央研究院"历史语言研究所，1985，14+735 页 .（"中央研究院"历史语言研究所专刊；85）

8082 英藏法藏敦煌遗书研究按号索引 / 申国美，李德范编 . 北京：国家图书馆出版社，2009，3 册（3249 页）.（国家图书馆敦煌研究资料丛刊）

8083 英国收藏新疆出土古藏文文献叙录 / 胡静，杨铭编著 . 北京：社会科学文献出版社，2017，274 页 .

8084 英国图书馆藏敦煌汉文非佛教文献残卷目录：S6981—S13624/ 荣新江编著 . 台北：新文丰出版公司，1994，262 页 .（香港敦煌吐鲁番研究中心丛刊；4）

8085 英国图书馆藏敦煌遗书目录：斯 6981 号—斯 8400 号 / 方广锠编著 . 北京：宗教文化出版社，2000，491 页 .

8086 英译中文诗词曲索引：五代至清末 / 汪次昕编 . 台北：汉学研究中心，2000，716 页 .（汉学研究中心丛刊 . 目录类；16）

8087 英译中文新诗索引：1917—1995/ 汪次昕，邱冬银主编 . 台北：汉学研究中心，1997，406 页 .（汉学研究中心丛刊 . 目录类；14）

8088 越南汉喃文献目录提要：中越文本 / 刘春银等主编 . 台北："中央研究院"中国文哲研究所，2002，2 册（50+1199 页）.（中国文哲研究所图书文献专刊；7）

➢ 越南汉喃文献目录提要补遗 . 下册，索引 / 刘春银等主编 . 台北："中央研究院"人文社会科学研究中心亚太区域研究专题中心，2004，695-1039 页 .（中国文哲研究所图书文献专刊；8）

8089 元明汉语文献目录 / 竹越孝，远藤光晓主编 . 上海：中西书局，2016，13+579 页 .

8090 袁同礼著书目汇编 / 袁同礼编著 . 影印本 . 北京：国家图书馆出版社，2010，6 册 .

8091 中国比较文学百年书目 / 唐建清，詹悦兰编著 . 北京：群言出版社，2006，53，761 页 .（比较文学与比较文化丛书）

8092 中国丛报 / 张西平主编；顾钧，杨慧玲整理 . 影印本 . 桂林：广西师范大学出版社，2008，21 册 .

➢ 《中国丛报》篇名目录及分类索引 / 张西平主编；顾钧，杨慧玲整理 . 桂林：广西师范大学出版社，2008，466 页 .

8093 中国法律史研究在日本 / 俞荣根等著 . 重庆：重庆出版社，2002，17+757 页 .

8094 中国古代文学德译纲要与书目 / 詹春花著 . 北京：中国文史出版社，2011，216 页 .

8095 中国古典诗歌英文及其他西文语种译作及索引 / 张海惠，曾英姿，周珞编纂 . 北京：国家图书馆出版社，2009，275 页 .

8096 中国教会文献目录：上海市档案馆珍藏资料 / 上海市档案馆编，美国旧金山利玛窦中西文化历史研究所编 . 上海：上海古籍出版社，2002，407 页 .

8097 中国社科院图书馆民族学分馆馆藏西文涉藏书目提要 / 魏忠著 . 北京：社会科学文献出版社，2013，309 页 .（中国社会科学院老年学者文库）

8098 中国哲学思想之比较研究集 / 唐君毅著 . 影印本 . 上海：上海书店，1989，406+412

页.（民国丛书.第一编；5）

8099　中日学者中国神话研究论著目录总汇/贺学君，蔡大成，樱井龙彦编.北京：中国社会科学出版社，2012，13+23+749页.（中国社会科学院民俗学研究书系.民俗学文献资料丛编）

8100　中外学者文选学论著索引/俞绍初，许逸民主编；郑州大学古籍所编.北京：中华书局，1998，319页.

8101　子海珍本编，海外卷（日本），东京大学图书馆早稻田大学图书馆/西山尚志，王震册主编.影印本.南京：凤凰出版社，2016，654页.

　　➤ 子海珍本编.海外卷（日本），宫内厅书陵部/西山尚志，王震主编.影印本.南京：凤凰出版社，2016，6册.

　　➤ 子海珍本编.海外卷（日本），国立国会图书馆/西山尚志，王震主编.影印本.南京：凤凰出版社，2016，2册（698；509页）.

　　➤ 子海珍本编.海外卷（日本），静嘉堂文库/西山尚志，王震主编.影印本.南京：凤凰出版社，2016，866页.

　　➤ 子海珍本编.海外卷（日本），蓬左文库/西山尚志，王震主编.影印本.南京：凤凰出版社，2016，7册.

主要参考工具书

1. 美国的中国学家 / 中国科学院哲学社会科学部情报研究所编. 北京：中国科学院哲学社会科学部情报研究所，1977 年。

2. 日本的中国学家 / 严绍璗著. 北京：中国社会科学出版社，1980 年。

3. 全国总书目 .1978/ 文化部出版事业管理局版本图书馆编. 北京：中华书局，1982 年。

- 全国总书目 .1979/ 中国版本图书馆编. 北京：中华书局，1983 年。
- 全国总书目 .1980/ 中国版本图书馆编. 北京：中华书局，1984 年。
- 全国总书目 .1981/ 中国版本图书馆编. 北京：中华书局，1985 年。
- 全国总书目 .1982/ 中国版本图书馆编. 北京：中华书局，1985 年。
- 全国总书目 .1983/ 中国版本图书馆编. 北京：中华书局，1986 年。
- 全国总书目 .1984/ 中国版本图书馆编. 北京：中华书局，1988 年。
- 全国总书目 .1985/ 中国版本图书馆编. 北京：中华书局，1988 年。
- 全国总书目 .1986/ 中国版本图书馆编. 北京：中华书局，1990 年。
- 全国总书目 .1987/ 中国版本图书馆编. 北京：中华书局，1991 年。
- 全国总书目 .1988/ 中国版本图书馆编. 北京：中华书局，1992 年。
- 全国总书目 .1989/ 中国版本图书馆编. 北京：中华书局，1994 年。
- 全国总书目 .1990/ 新闻出版署信息中心，中国版本图书馆编. 北京：中华书局，1996 年。
- 全国总书目 .1991/ 新闻出版署信息中心，中国版本图书馆编. 北京：中华书局，1997 年。
- 全国总书目 .1992/ 新闻出版署信息中心，中国版本图书馆编. 北京：中华书局，1998 年。
- 全国总书目 .1993/ 顾永高主编；新闻出版署信息中心，中国版本图书馆编. 北京：中华书局，1999 年。
- 全国总书目 .1994/ 顾永高主编；新闻出版署信息中心，中国版本图书馆编. 北京：中华书局，1999 年。
- 全国总书目 .1995/ 顾永高主编；新闻出版署信息中心，中国版本图书馆编. 北京：

中华书局，2000 年。

- 全国总书目.1996/ 新闻出版署信息中心，中国版本图书馆编. 北京：中华书局，1998 年。
- 全国总书目.1997/ 顾永高主编；新闻出版署信息中心，中国版本图书馆编. 北京：中华书局，2000 年。
- 全国总书目.1998/ 顾永高主编；新闻出版署信息中心，中国版本图书馆编. 北京：中华书局，2001 年。
- 全国总书目.1999/ 顾永高主编；新闻出版署信息中心，中国版本图书馆编. 北京：中华书局，2001 年。
- 全国总书目.2001/ 顾永高主编；新闻出版总署信息中心，中国版本图书馆编. 北京：中华书局，2003 年。
- 全国总书目.2002/ 顾永高主编；新闻出版总署信息中心，中国版本图书馆编. 北京：中华书局，2004 年。
- 全国总书目.2003/ 顾永高主编；新闻出版总署信息中心，中国版本图书馆编. 北京：中华书局，2004 年。
- 全国总书目.2004/ 新闻出版总署信息中心编；北京中新联数码科技股份有限公司制作. 北京：电子出版物数据中心：新闻出版总署信息中心：《全国总书目》编辑部，2005 年。
- 全国总书目.2005/ 新闻出版总署信息中心编；北京中新联数码科技股份有限公司制作. 北京：电子出版物数据中心：新闻出版总署信息中心，2006 年。
- 全国总书目.2006/ 新闻出版总署信息中心，《全国总书目》编辑部编；北京中新联数码科技股份有限公司制作. 北京：电子出版物数据中心：新闻出版总署信息中心，2007 年。
- 全国总书目.2007/ 新闻出版总署信息中心，《全国总书目》编辑部编；北京中新联数码科技股份有限公司制作. 北京：电子出版物数据中心：新闻出版总署信息中心，2008 年。
- 全国总书目.2008/ 新闻出版总署信息中心，《全国总书目》编辑部编；北京中新联数码科技股份有限公司制作. 北京：电子出版物数据中心：中国版本图书馆，2010 年。
- 全国总书目.2009/ 新闻出版总署信息中心，《全国总书目》编辑部编；北京中新联数码科技股份有限公司制作. 北京：电子出版物数据中心：中国版本图书馆，2010 年。
- 全国总书目.2010/ 新闻出版总署信息中心，《全国总书目》编辑部编；北京中新联科技股份有限公司制作. 北京：电子出版物数据中心，2012 年。
- 全国总书目.2011/ 中国版本图书馆，《全国总书目》编辑部编；北京中新联科技股份有限公司制作. 北京：中国版本图书馆：全国总书目编辑部，2012 年。

> 全国总书目.2012：电子版 / 中国版本图书馆，国家新闻出版广电总局出版物数据中心编；艾利贝斯有限公司北京代表处制作 . 北京：中国版本图书馆；国家新闻出版广电总局出版物数据中心：北京希望电子出版社，2017 年。

> 全国总书目.2013：电子版 / 中国版本图书馆，国家新闻出版广电总局出版物数据中心编；艾利贝斯有限公司北京代表处制作 . 北京：中国版本图书馆；国家新闻出版广电总局出版物数据中心：北京希望电子出版社，2017 年。

4. 台湾地区汉学论著选目.1982/ 汉学研究资料及服务中心编 . 台北：汉学研究资料及服务中心，1983 年。

> 台湾地区汉学论著选目汇编本：1982—1986 年 / 台湾汉学研究资料及服务中心编 . 台北：汉学研究资料及服务中心，1987 年。

> 台湾地区汉学论著选目汇编本：1987—1991/ 汉学研究中心编 . 台北：汉学研究中心，1992 年。

5. 中国国家书目.1985/ 北京图书馆《中国国家书目》编委会主编 . 北京：书目文献出版社，1987 年。

> 中国国家书目.1986/ 北京图书馆《中国国家书目》编委会主编；北京图书馆《中国国家书目》编辑组编辑 . 北京：书目文献出版社，1991 年。

> 中国国家书目.1987/ 北京图书馆《中国国家书目》编委会主编 . 北京：书目文献出版社，1994 年。

> 中国国家书目.1991/ 北京图书馆《中国国家书目》编委会主编；北京图书馆图新书目数据中心编辑 . 北京：华艺出版社，1995 年。

> 中国国家书目.1992/ 北京图书馆《中国国家书目》编委会主编；北京图书馆图新书目数据中心编辑 . 北京：华艺出版社，1994 年。

> 中国国家书目.1993/ 北京图书馆《中国国家书目》编委会主编；北京图书馆图新书目数据中心编辑 . 北京：华艺出版社，1996 年。

> 中国国家书目.1994/ 孙蓓欣主编；北京图书馆《中国国家书目》编委会主编；北京图书馆图新书目数据中心编辑 . 北京：华艺出版社，1998 年。

6. 日本研究中国现当代文学论著索引：1919～1989/ 孙立川，王顺洪编 . 北京：北京大学出版社，1991 年。

7. 全国图书书目总汇.1991/ 新闻出版署计划财务司编 . 北京：经济日报出版社，1993 年。

> 全国图书书目总汇.1992/ 新闻出版署计划财务司编 . 北京：经济日报出版社，1994 年。

> 全国图书书目总汇.1993/ 新闻出版署计划财务司编 . 北京：经济日报出版社，1995 年。

> 全国图书书目总汇.1994—95/ 新闻出版署计划财务司编 . 北京：经济日报出版社，1996 年。

8. 中国学术译著总目提要：1978—1987，社会科学卷 / 陈久仁主编 . 长春：吉林教育出版社，1994 年。

➢ 中国学术译著总目提要：1978—1987，自然科学卷 / 陈久仁主编 . 长春：吉林教育出版社，1994 年。

9. 世界中国学家名录 / 中国社会科学院文献信息中心、外事局编 . 北京：社会科学文献出版社，1994 年。

10. 国际汉学著作提要 / 李学勤主编 . 南昌：江西教育出版社，1996 年。

11. 欧洲中国学 / 黄长著，孙越生，王祖望主编 . 北京：社会科学文献出版社，2005 年。

12. 汉译日文图书总书目：1719—2011/ 田雁主编 . 北京：社会科学文献出版社，2015 年。

人名索引

英文

Andre Alexander 7391
Anil Daswani 2325
Arthur Sweetman 2781
Aurel Stein 见 奥雷尔·斯坦因 7209
Bessie Edmond 6504
C.J.Allegre 7704
Colin G.Brown 2654
Douglas Choi 6904
Evelien Frech 61
Gregory Blue 见 格力高利·布鲁 1641
H.A.Jäschke 807
Helmut Matt 见 赫尔姆特·马特 4138
James Riedel 2615
Jerome A.Cohen 见 孔杰荣 2193
John W.Longworth 2654

John Berthrong 见 白诗朗 276
Juliet Bredon 见 裴丽珠 6228
Kagae Kampo Boutique 7783
Lennart Andersson 7946
Linda Marie Matt 4138
Mary Evelyn Tucker 276
Natalie Everts 6173
R.L.Wing 88
Richard Van Ness Simmons 见 史皓元 3230
Ross Garnaut 2780
Russell Buhite 1274
Scott A.Waldron 2654
Simon Cartledge 2325
Struan Reid 6709

俄文

А.В. 勃拉戈达托夫 见 勃拉戈达托夫 5958
А.Д. 罗曼年科（Романенко, Алсксандр Д.）4877
А.И. 麦尔纳尔克斯尼斯（Мелналкснис, Арнольд Иванович）7975
А·Л· 捷连吉耶夫—卡坦斯基（Терентьев-Катанский, Анатолий Павлович）5451
А.М. 列多夫斯基（Ледовский, Андрей Мефодьевич）1959
А. 伯恩什达姆（Бернштам, Александр Натанович）6078
А. 季卡廖夫 2075

Б.Н. 库济克（Кузык, Б. Н.）1804
В.А. 乌瓦罗夫 2298
В.В. 奥布鲁切夫 7488
В.В. 沃尔科夫（Волков, В. В.）7190
В.С. 米亚斯尼科夫 见 弗·斯·米亚斯尼科夫 1803
В. 乌布沙耶夫 6110
Г.П. 图尔莫夫 2805
Д· 卡拉 见 G. 卡拉 3107
Е.А. 别洛夫 1839
Е.А. 谢列布里亚科夫 3716
Е.И. 杰烈维扬科 6108

Е·И·克恰诺夫（Кычанов, Е.И.）312, 5428, 7282
Л.Е. 切尔卡斯基（Черкасский, Л.Е.）6460, 6892
Л.И. 丘古耶夫斯基（Чугуевский, Л.И.）7150
М.И. 沃罗比耶娃—捷霞托夫斯卡娅（Воробьева-Десятовская, М.И.）7160
М.Л. 季塔连科 见 季塔连科 1804
М.С. 贾比才 2026
Н.А. 巴斯卡科夫（Баскаков, Н.А.）3032
Н.Л. 玛玛耶娃 5122
Н.П. 克拉金（Крадин, Н.П.）7882

П.Е. 斯卡奇科夫（Скачков, П.Е.）5123
П.К. 柯兹洛夫 见 彼·库·柯兹洛夫 7487
Р.Ф. 伊茨 6093
С.А. 杜德尼克 2298
С.В. 戈列里克 1800
С.В. 吉谢列夫（Киселёв, Сергей Владимирович）7432
С.Л. 齐赫文斯基 见 齐赫文斯基 6625
С.М. 杜丁（Дудинъ, С.М.）7251
Э.А. 诺夫戈罗多娃 6099

日文

ウラヂーミルツォフ 见 符拉基米尔佐夫 6505
オウエン・ラテイモア 见 拉铁摩尔 6118
ベ・ヤ・ウラヂミルツォフ 见 符拉基米尔佐夫 6132, 6505
ポストネェフ 见 波兹德涅耶夫 7355
ルネ・グルセ 见 格鲁塞 6084

中文

A

A.D. 鲍大可（Barnett, A.Doak）1634
A.D. 洛乌 152
A.J. 立德 见 阿奇博尔德·约翰·立德 7627
A.L. 斯特朗 见 斯特朗 5764
A.W. 恒慕义 见 恒慕义 5416, 6749
A. 古拉蒂（Gulati, Ashok）2722
A. 麦克唐纳 见 麦克唐纳 7151
A. 莫雷诺（Moreno, Adolfo）7388
A. 史沫特莱 见 史沫特莱 4490
阿·盖达尔 4370
阿·克·穆尔（Moule, Arther Christopher）790
阿·科尔萨克（Корсаке, А.）2299
阿巴斯（Abbas, Khwaja Ahmad）1863
阿布尔—哈齐—把阿秃儿汗 6162
阿部肇一 817
阿部正雄 589
阿道尔夫·阿尔芒（Armand, Adolphe）5613
阿道夫·克莱尔（Krayer, Jakob Adolf）7512
阿德莱克·奥拉达波·班沃（Banwo, Adeleke Oladapo）2865
阿德里亚诺·马达罗（Madaro, Adriano）1505
阿底峡尊者（Atisa）6192

阿恩·德凯基泽（Dekeijzer, Arne J.）1886
阿尔伯特·艾廷格（Ettinger, Albert）1477
阿尔伯特·冯·勒·寇克 见 勒柯克 7562
阿尔伯特·冯·勒柯克 见 勒柯克 4670, 7224
阿尔伯特·格伦威德尔 见 格伦威德尔 7166
阿尔伯特·赫尔曼（Herrmann, Albert）7186
阿尔伯特·克雷格（Craig, Albert M.）4854
阿尔伯特·史怀哲（Schweitzer, Albert）344, 389
阿尔弗雷德·格拉夫·冯·瓦德西 见 瓦德西 5830
阿尔弗雷德·考尼比斯（Cornebise, Alfred E.）6288
阿尔弗雷德·李埃达（Liétard, Alfred）6116
阿尔弗雷德·申茨（Schinz, Alfred）7445
阿尔芒·吕西（Lucy, Armand）5701
阿夫拉阿米神父 670
阿芙德·格琳德 6764
阿吉兹（Aziz, Barbara Nimri）6184
阿拉斯塔·莫里森（Morrison, Alastair）2623
阿拉斯泰尔·兰姆（Lamb, Alastair）2058, 2059
阿拉斯泰尔·伊恩·约翰斯顿（Johnston, Alastair Iain）1993
阿兰·鲁林（Roux, Alain）38
阿兰·佩雷菲特 见 佩雷菲特 1965
阿朗·佩雷菲特 见 佩雷菲特 1965

阿里·阿克巴尔 7610
阿里夫·德里克 见 德里克 31，156，1581，4845
阿里·玛扎海里 见 玛扎海里 4913
阿里·谢沃（Tjeldvoll, Arild）2848
阿里·温尼（Wyne, Ali）1324
阿林敦（Arlington, Lewis Charles）5775
阿伦·弗里德伯格（Friedberg, Aaron L.）2049
阿马罗（Amaro, Ana Maria）1034
阿马萨里（Ammassari, Antonio）5482
阿梅龙（Amelung, Iwo）463，3153
阿美德（Ahmed, A. G.）6352
阿纳托尔·盖斯丹（Ghestin, Anatole）601
阿南史代 3805，7516，7566
阿妮达·陈 见 陈佩华 1343
阿诺德·亨利·萨维奇·兰道尔（Landor, A. Henry Savage）5963，5982
阿奇博尔德·立德夫人 见 立德夫人 6662，7543
阿奇博尔德·约翰·立德（Little, Archibald John）7498，7627
阿奇博尔德·约翰·利特尔 见 阿奇博尔德·约翰·立德 7498
阿奇博尔德·利特尔 见 阿奇博尔德·约翰·立德 7478
阿奇博尔德·利特尔夫人 见 立德夫人 7478
阿绮波德·立德 见 立德夫人 5601，5774
阿赛·瓦别（Waley, Arthur）6928
阿瑟·德·卡尔·索尔比（Sowerby, Arthur De C.）7406
阿瑟·恩·杨格（Younng, Arthur N.）2508
阿瑟·亨德森·史密斯 见 明恩溥 1125
阿瑟·贾德森·布朗（Brown, Arthur Judson）5956
阿瑟·克莱格（Clegg, Arthur）2006
阿瑟·史密斯 见 明恩溥 1093，1099，1125，1128
阿瑟·史密斯 见 明恩溥 1125
阿瑟·沃尔德隆（Waldon, Arthur）7402
阿什利·特利斯（Tellis, Ashley J.）2221
阿塔纳修斯·基歇尔（Kircher, Athanasius）5489
阿特丽 见 厄特利 5880
阿托金逊（Atkinson, Thomas Witlam）7442
阿瓦林（Аварин, В.）6254
阿文德·萨勃拉曼尼亚（Subramanian, Arvind）2179
阿谢德（Adshead, Samuel Adrian Miles）5000
阿杨·雷炯（Arjan, Lejour）2718

阿竹仙之助 8058
埃德加·斯诺（Snow, Edgar）36，44，1342，1344，4275，4349，4350，5667，5668
埃德蒙·坎德勒（Edwund, Candler）6290
埃德温·J. 丁格尔（Dingle, Edwin John）5773
埃德温·W. 马丁（Martin, Edwin W.）1887
埃尔钦汗（Eltschinger, Cyrill）2521
埃尔文·维克特（Wickert, Erwin）5708
埃·捷尼舍夫 3138
埃里克·安德森（Anderson, Eric Curt）2666
埃里克·杰·多林（Dolin, Eric Jay）1915
埃里克·伊兹拉莱维奇 见 埃里克·伊兹拉勒维奇 2282
埃里克·伊兹拉勒维奇（Izraëlewicz, Erik）1544，2282
埃里韦托·阿拉伍侯（Araújo, Heriberto）2640
埃里希·蒂斯（Thies, Erich）1124
埃利松（D'Herisson, Le Comte）5636
埃米尔·罗歇（Rocher, Émile）7478
埃蒙德·贝克豪斯 见 白克好司 6521
埃斯凯拉克·洛图尔（Lauture, Escayrac DE）5964
埃特蒙德·白克浩斯 见 白克好司 6521
埃谢里克（Esherick, Joseph W.）2001
埃泽利诺·玛依（Magli, Ezzelino）4514
埃兹拉·沃格尔 见 傅高义 1992
艾伯哈德·桑德施耐德（Sandschneider, Eberhard）2050
艾伯华（Eberhard, Wolfram）3735，4983
艾达·普鲁伊特（Pruitt, Ida）693
艾尔曼（Elman, Benjamin A.）1313，5341，5383，7673，7684
艾格妮丝·陈 见 陈美龄 6493
艾格妮丝·史沫特莱 见 史沫特莱 6845
艾格尼丝·史沫特莱 见 史沫特莱 4488，4513
艾华（Evans, Harriet）1113，1786
艾恺（Alitto, Guy Salvatore）1413，6860，6969，7026
艾克·古斯塔夫（Ecke, Gustav）7926
艾克 见 艾克·古斯塔夫 7926
艾兰（Allan, Sarah）137，284，556，1415，1503，5362，5467，7193，7319
艾朗诺（Egan, Ronald）223，3287
艾黎（Alley, Rewi）4135，4475，6532，7873
艾利·利邦（Ripon, Élie）6293

艾莉莎·马礼逊（Morrison, Eliza）689
艾林波（Eulenburg, Graf Friedrich）6251
艾伦（Wang, Helen H.）1605
艾伦·D. 龙伯格（Romberg, Alan D.）1976
艾伦·拉森（Larsen, H. Allen）1237
艾伦·墨菲（Murphy, Aaron G.）2305
艾梅兰（Epstein, Maram）3422
艾弥尔·伯德（Bard, Emile）1550
艾米尔·特林克勒 见 特林克勒 7542
艾米丽·乔治亚娜·坎普（Kemp, Emily Georgiana）4487
艾米莉·韩尼格 见 韩起澜 1353
艾米莉·洪尼格 见 韩起澜 1303
艾瑞克·罗斯（Rolls, Eric）1184
艾瑞克·瓦利（Valli, Eric）4585
艾萨克·泰勒·黑德兰 见 何德兰 6522
艾斯加兰蒂 5431
艾特豪德·拜克豪斯 见 白克好司 6521
艾特蒙德·白克豪斯 见 白克好司 6521
艾田蒲 见 安田朴 4993
艾野（Lee, Danny）6681
艾溢芳 3218
艾约博（Eyferth, Jan Jacob Karl）1102
艾约瑟（Edkins, Joseph）3070，3126，3127
爱伯哈德（Eberhard, Wolfram）2920
爱宕松男 6146，6607
爱德华（Edwards, Randle R.）2166
爱德华·E. 赖斯（Rice, Edward Earl）26
爱德华·V. 吉利克（Gulick, Edward V.）6480
爱德华·阿尔斯沃斯·罗斯 见 E.A. 罗斯 1196
爱德华·伯曼（Berman, Edward）6237
爱德华·丹尼森·罗斯（Ross, Edward Denison）3159
爱德华·胡美（Hume, Edward Hicks）6541，6921，7812
爱德华·卡伊丹斯基（Kajdanski, Edward）823，7720
爱德华·李孟（Leman, Edward）2517
爱德华·谢弗 见 谢弗 5443
爱德华·约翰·哈代（Hardy, Edward John）4494
爱狄密勒（Addi Millar）4334
爱丽诺·麦考利·库珀（Cooper, Eleanor McCallie）6574
爱丽丝·H. 安士敦 见 安士敦 2261

爱莲心（Allinson, Robert E.）321
爱伦·凯特林（Catleen, Ellen）6359
爱尼斯·安德逊（Anderson, Aeneas）5466
爱泼斯坦（Epstain, Israel）4136，4378，4400，4493，5611，5781，5978，6632，6671，6805，7000
爱特伽·斯诺 见 埃德加·斯诺 5668
安·弗洛里妮（Florini, Ann）2648
安·丝婉·富善（Goodrich, Anne Swan）7423
安·沃特纳（Waltner, Ann Beth）1501
安必诺（Pino, Angel）2936
安部健夫 6170
安德烈·贡德·弗兰克 见 贡德·弗兰克 2249
安德烈·马尔罗 见 马尔罗 4320
安德烈·平可夫（Andrei, Pinkov）1412
安德鲁·S. 埃里克森（Erickson, Andrew S.）2220，2226，7710
安德鲁·卡卡巴德斯（Kakabadse, Andrew P.）2373
安德鲁·内森 见 黎安友 1813
安德鲁·斯通 7556
安德鲁斯（Andrews, Eric Montgomery）1809
安德森（Anderson, Kym）2543
安迪·樊（Fan, Andy）2420，2421
安东篱（Antonia, Finnane）6337
安东尼·怀特（White, Antony）2898
安东尼·劳伦斯（Lawrence, Anthony）5948
安东尼奥·阿马萨里 见 阿马萨里 5482
安东尼奥·科埃略（Coello, Antonio）1193
安东涅塔·皮尼亚泰利·帕拉迪诺（Palladino, Antonietta Pignatelli）4752
安冈昭男 1926
安格尔（Engle, Paul）4510
安格斯·麦迪森（Maddison, Angus）2598
安国风（Engelfriet, Peter M.）7695
安基波夫斯基（Антиповский, Александр Андреевич）3431
安靖如（Angle, Stephen C.）102，281，1386
安居香山 306
安克强（Henriot, Christian）1173，1400
安乐博（Antony, Robert）1262，1376
安乐哲（Ames, Roger T.）83，104，150，153，187，212，226，235，238，257，280，371，436，494，1482，1655，7034
安敏成 3657

安娜—玛丽·拉法兰（Raffarin, Anne-Marie）1565
安娜·林肯（Lincoln, Anna）4366
安娜·路易斯·斯特朗 见 斯特朗 6224
安娜·普鲁伊特（Pruitt, Anna Seward）693
安娜·塞德尔 见 索安 757
安娜·西沃德·普鲁伊特 见 安娜·普鲁伊特 693，750
安娜·雅各布 见 贾安娜 5970
安妮·克莱因（Klein, Anne C.）811
安平秋 7034
安士敦（Amsden, Alice Hoffenberg）2261
安特生（Andersson, Johan Gunnar）7165，7199，7222，7256
安藤拓石 4654
安藤彦太郎 3192，5149
安田朴（Etiemble）699，4993
安田喜宪 2707，6437，7268，7964
安托万·瓦尼亚尔（Vanniere, Antoine）1860
安文思（Magalhães, Gabriel de）4998
安文铸 6649
安晓波 1777
安易 3625
岸本美绪 2403
鳌城公观 7838
奥布拉兹卓夫（Образцов, Сергей）4728
奥村哲 5705
奥戴德·申卡尔（Shenkar, Oded）2567
奥古斯特·博尔热（Borget, Auguste）7386
奥古斯特·弗朗索瓦（Francois, Auguste）5835，6294，7446
奥克兰（Oakland, Sam）4273
奥雷尔·斯坦因（Stein, Aurel）7139，7140，7161，7168，7187，7200，7208，7209，7210，7211
奥里尔·斯坦因 见 奥雷尔·斯坦因 7209
奥利弗·施廷克尔（Stuenkel, Oliver）2043
奥斯汀·腾斯强（Tunsjo, Oaystein）2114
奥斯卡·埃伯利（Ebri, Oscar）2229
奥田硕 2304
奥托·布劳恩（Braun, Otto）1595
奥修（Osho）291
奥玄宝 7191

B

巴巴拉·W. 塔奇曼 见 塔奇曼 6786

巴德利（Baddeley, John Frederick）1835
巴菲尔德（Barfield, Thomas）7539
巴洛斯 5431
巴克尔（Parker, Edward Harper）6088
巴克霍森（Barkhausen, Joachim）5336，6508
巴克斯 见 白克好司 6521
巴拉奇·代内什 见 巴拉奇 5
巴拉奇（Baracs, Dénes）5
巴兰德 6251
巴里·诺顿（Naughton, Barry）2594
巴瑞特（Barrett, Timothy Hugh）735
巴斯卡尔·贝科洛·贝科洛（Bekolo, Pascal Bekolo）1414
巴塔萨里（Bhattasali, Deepak）2664
巴特菲尔德（Butterfield, Fox）4254
巴透尔德 见 巴托尔德 6301
巴托尔德（Бартолвд, Василий Владимирович）6131
白碧波 3246
白彬菊（Bartlett, Beatrice S.）1316
白川静 190，3037，3041，3083，3085，3560，3710，3711，3740，4964，5382，5454，7179，7371
白淳 2936
白蒂（Carioti, Patrizia）6933
白馥兰（Bray, Francesca）1294，1296，7858
白根旭（Paik, Keun Wook）2532
白根滋郎 2527
白庚胜 6101，6204
白桂思（Beckwith, Christopher）6353
白果 2551
白桦 5303
白吉尔（Bergère, Marie-Claire）5991，6325，6816
白杰明（Barme, Geremie R.）6917
白晋（Bouvet, Joachim）5416，6835
白井重范 3808
白凯（Bernhardt, Kathryn）2163，2259
白克好司（Backhouse, Edmund）5407，5416，6521
白克浩斯 见 白克好司 6521
白乐桑（Bellassen, Joël）2837，3045，3222，3234，3261，4394
白礼博（Bernstein, Richard）1872，2013
白露 1144
白露娜（Weissbecker, Laura）4438
白描 6055

白敏祯 114
白谦慎（Bai, Qianshen）129，4530，4558，4687
白瑞华（Britton, Roswell Sessoms）2897，2906
白瑞琪（Blecher, Marc Jeremy）5637
白睿文（Berry, Michael）3427，3588，3837，3998，4564，4664，4753
白若德 1455
白诗朗（Berthrong, John）207，234，276
白寿彝 5542
白思奇（Belsky, Richard David）6252
白松溪 3142
白苏珊（Whiting, Susan H.）2489
白先勇（Pai, Hsien-Yung）6575
白修德（White, Theodore H.）5970，5972，7019
白亚仁（Barr, Allan H.）5379
白佐良（Bertúccioli, Giuliano）1985，3182
百田弥荣子 819，3741
柏格理（Pollard, Samuel）802
柏朗嘉宾（Plan, Carpin J.）7389
柏理安（Brockey, Liam Matthew）620
柏生士（Parsons, William Barclay）7579
柏唯良（Burgers, Willem）2497
柏文莉（Bossler, Beverly）1385
柏夷（Bokenkamp, Stephen R.）614
班大为（Pankenier, David W.）7708
班凯乐（Benedict, Carol）2660，7777
班茂燊（Abramson, Marc S.）6159
班威廉（Band, William）5868
班宗华（Barnhart, Richard）4672，4715
坂本晃 2740
坂本雅子 5593
坂和章平 4621
坂井洋史 3279，3280
坂田辉昭 1894
伴野朗 4134，4245，4332，4361，6766
邦德（Bond, Michael Harris）1126
邦瓦洛特 7585
包弼德（Bol, Peter Kees）199，1420，7983
包凡一 1455
包华德（Boorman, Howard Lyon）7004
包华石（Powers, Martin）7896
包筠雅（Brokaw, Cynthia Joanne）131，2483
包乐史（Blussé, Leonard）1172，2132，2248，2321，2357，6173，8070

包利威（Paulès, Xavier）2502
包拟古（Bodman, Nicholas C.）3168
包义文（Evans, Paul M.）1975
宝森（Bossen, Laurel）1576
保尔·巴迪（Bady, Paul）6887
保尔森（Paulson, Henry Merritt）2520，2746
保禄·维亚尔（Vial, Paul）6079，6116，6136，6164
保腧佳昭 3530
保罗·A. 多伊尔（Doyle, Paul A.）4326
保罗·L. 史万森（Swanson, Paul Loren）741
保罗·S. 芮恩施 见 芮恩施 1981
保罗·埃文斯（Evans, Paul M.）1852
保罗·法兰奇（French, Paul）1238，5693，6362
保罗·弗伦奇 见 保罗·法兰奇 1238
保罗·圭雷利 2703
保罗·怀特（White, Paul）1625
保罗·柯文 见 柯文 6562
保罗·克拉克（Clark, Paul）4538
保罗·李普士 见 李普士 579
保罗·林百克 见 林百克 6817
保罗·芮恩施 见 芮恩施 1981
保罗·希利（Healy, Paul）31
保罗·夏亚松（Chiasson, Paul）1319，1661
保苅佳昭 3579，3664
鲍德威（Buck, David D.）6401
鲍尔·胡格（Hugger, Paul）7417
鲍里斯·罗曼诺夫（Романов, Борис Александрович）1840
鲍若望（Bao, Ruo-Wang）4281
鲍威尔 见 拉尔夫·尔·鲍威尔 2224
鲍威尔（Powell, John Benjamin）4820
鲍吾刚（Bauer, Wolfgang）380
鲍晓兰（Bao, Xiaolan）1219
北奥 4035
北边白血 3157
北村透谷 4305
北冈信夫 4315，4466
北冈正子 3494，6694，6762，7117
贝淡宁（Bell, Daniel A.）397，1368，1483，1738
贝尔（Behr, Edward）6992
贝尔彻（Belcher, Brian）2764
贝尔纳·布里赛（Brizay, Bernard）1849，5565，6314
贝尔斯（Bales, William Leslie）7027

贝尔托·布莱希特 见 布莱希特 4353
贝甘（Beguin, Gilles）7164，7635
贝格曼（Bergman, Folke）7226，7441
贝凯（Becquet, Dom Jean）7389
贝克豪斯 见 白克好司 6521
贝奈特（Bennett, Adrian Arthur）599
贝齐亚（Beziat）5990
贝思飞（Billingsley, Phil）1364，1766
贝思福（Beresford, Charles）5988
贝 特 兰（Bertram, James Munro）4486，5672，5928，5954，6939
贝托尔特·布莱希特 见 布莱希特 4353
贝西尔（Basil, George Chester）4288
贝野罗蒂 见 毕耶尔·洛谛 5809
本村知石 4674
本多胜一 5750，5755，5825，5854
本杰明·I. 史华慈 见 史华慈 54
本杰明·艾尔曼 见 艾尔曼 5383，7684
本杰明·巴顿（Barton, Benjamin）2010
本杰明·霍夫（Holff, Benjamin）323
本杰明·史华慈 见 史华慈 285
本杰明·史华兹 见 史华慈 135
本田成之 7993
本泽二郎 1394，2018
比尔 7453
比尔·波特（Porter, Bill）581，688，4236，4244，4347，4440，4868，4944，6083，
比尔·迪柏（Dibble, William L.）1237
比尔·盖茨（Gates, Bill）2746
比林斯利 见 贝思飞 1364
彼·彼·谢苗诺夫 见 谢苗诺夫 7529
彼·库·柯兹洛夫（Козпов, Петр Кузьмич）7485，7487，7521
彼·伊·卡巴诺夫 1868
彼得·F. 德鲁克 见 彼得·德鲁克 1037
彼得·J. 卡赞斯坦（Katzenstein, Peter J.）1593
彼得·N. 格里高瑞（Gregory, Peter N.）623
彼得·奥斯贝克（Osbeck, Pehr）7609
彼得·德鲁克（Drucker, Peter F.）1037
彼得·弗莱明（Fleming, Peter）5603，5629
彼得·弗兰科潘（Frankopan, Peter）4912
彼得·海斯勒（Hessler, Peter）4241，4243，4308，4439
彼得·汉德克（Handke, Peter）4377
彼得·霍普科克（Hopkirk, Peter）4346，6247
彼得·邝 见 邝治中 1275，1624
彼得·兰德（Rand, Peter）7020
彼得·罗澜 见 彼得·诺兰 2562
彼得·马瑞（Murray, Peter）2181
彼得·诺兰（Nolan, Peter）1388，2562，2625
彼得·琼斯（Jones, Peter）2054
彼得·汤普森（Thompson, Peter A.）6978
彼得·西蒙·帕拉斯（Pallas, Peter Simon）1971
彼德·哈林顿（Harrington, Peter）5574
彼特·真克英斯（Jenkins, Peter）4256
毕达克（Petech, Luciano）1476，6115
毕腓力（Pitcher, Philip Wilson）6374
毕嘉珍（Bickford, Maggie）4614
毕剑横 67
毕克伟（Pickowicz, Paul）1136
毕来德（Billeter, Jean Francois）444
毕乐思（Bieler, Stacey）6584
毕森（Bisson, Thomas Arthur）5703
毕耶尔·洛谛（Loti, Pierre）5809
毕英杰 6055
毕玉杰 1690
壁阁衔（Bigham, Clive）5923
边彦军 81
边燕杰 1742
卞东波 2076，2972，3719，3886，4054
卞浩宇 3262
卞历南（Bian, Morris L.）2531
卞立强 1940
卞修跃 5857，5858，5859，5860，5861
遍照金刚 3632，3633，3634
滨岛敦俊 1371
滨下武志 1486，2348，2506，2536，2587
滨野荣次 7712
波多野乾一 3419
波姆（Boehm, Gero Von）6475
波那维亚（Bonavia, David）6
波塞尔德·劳费尔 见 劳费尔 6186
波特（Pott, Francis Lister Hawks）6323
波西尔（Bushell, Stephen Wootton）4724
波兹德涅耶夫（Позднеев, АлексейМатвеевич）7355
波兹德涅耶娃（Позднеева, ЛюбовьДмнтриевна）6695

伯戴克（Petech, Luciano）6333，6392，6399
伯德 2778
伯德莱（Beurdeley, Michel）709
伯恩·勒夫克（Loeffke, Bernard）2012
伯恩斯（Burns, John P.）1487
伯来拉（Pereira, Galeote）7495
伯兰特·佛尔（Faure, Bernerd）810
伯纳·布立赛 见 贝尔纳·布里赛 5565
伯纳德·阿普沃德 见 余恩思 1271
伯纳德·托马斯（Thomas, S.Bernard）6716
伯纳尔（Bernal, Martin）1507
伯纳特·M. 艾伦（Allen, Bernard Meredith）6572
伯斯坦（Burstein, Daniel）1886
伯特·克拉夫奇克（Krawczyk, Bert A.）6384
伯特兰·罗素（Russell, Bertrand）218，1127，1633
伯特兰·马托（Matot, Bertrand）6223
伯特·斯特恩（Stern, Bert）6847
伯希和（Pelliot, Paul）696，702，1924，3139，5471，6111，6120，7137，7247，7397，7398，7474，7554，7631，7972
勃拉戈达托夫（Благой, Дмитрий Дмитриевич）5958
勃兰德 1836
勃特勒（Butler, David）4278
勃脱兰 见 贝特兰 5672
博艾敦（Bodomo, Adams）2822
博尔济吉特·白莹 4212，4389，6511
博赫 3160
博克舍（Boxer,, Charles Ralph）7513
博拉斯（Bollas, Christopher）1062
博里斯·马尔坦（Martin, Boris）6790
博依德 7924
薄大伟（Bray, David）1035
薄复礼（Bosshardt, Rudolf Alfred）5887
卜道成（Bruce, Joseph Percy）293，424
卜德（Bodde, Derk）2179，6231，7347
卜立德（Pollard , David Edward）3681
卜励德（Platt, Nicholas）7007
卜禄士（Bruce, Clarence Dalrymple）7570
卜弥格（Boym, Michel）7720
卜寿珊（Bush, Susan）4668
卜松山（Pohl, Karl-Heinz）1236，2893，3707
卜正民（Brook, Timothy）751，1045，1369，1641，2153，2503，2694，5472，5754，5827，5944，6139，7501
布迪 见 卜德 2179
布尔努瓦（Boulnois, Luce）2486，4910
布莱德雷（Bradley, David）3163
布莱恩·鲍尔（Power, Brian）6406
布莱恩·卡斯特罗（Castro, Brian）4232
布莱尔（Blair, John G.）2881
布莱希特（Brecht, Bertolt）4353
布莱资须纳德（Bretschneider, Emil）5450
布赖恩·克罗泽 见 克罗泽 6634
布赖恩·马丁（Martin, Brian G.）1401
布兰德 见 濮兰德 6521，6657
布兰克福特（Blankfort, Michael）6645
布兰特利·沃马克（Womack, Brantly）37，1642
布朗（Brand, Solange）5965
布勒 7240
布雷克（Brake, Brian）5948
布雷希特 见 布莱希特 4353
布里斯（Burris, Jon）7592
布隆戴尔（Blondel, Le General）5570
布鲁丁 6538
布鲁克·拉尔默（Larmer, Brook）4450
布鲁诺（Brunero, Donna）2515
布鲁斯·马科恩（Mckern, Bruce）2266
布罗斯纳安（Brosnahan, Leger）3178
布洛菲尔德（Blofeld, John）765
布洛克 6666
布吕格迈耶尔（Brüggemeier, Gert）2173
布哇（Bouvat, Lucien）7144
布瓦西厄（Boissieu）5725，5990
布瓦耶·德·阿尔让（D'argens, Boyer）4497
步德茂（Buoye, Thomas M.）2134，2185
步济时（Burgess, John Stewart）2251

C

C.D. 巴克曼（Barkman, Carl Dietrich）6537
C.D. 布鲁斯 见 卜禄士 7570
C.P. 菲茨杰拉尔德 见 C.P. 费茨杰拉德 4415，6841
C.P. 费茨杰拉德（Fitzgerald, Charles Patrick）6166
C.P. 斯克莱因（Skrine, Clarmont Percival）6297
C. 弗雷格·伯格斯滕（Bergsten, C. Fred）2522
C·莫里斯 见 克拉伦斯·莫里斯 2179
蔡大成 8099

蔡丰明 6445
蔡凤书 7339
蔡光荣 1752
蔡涵墨（Hartman, Charles）5386
蔡鸿生 2074，2124，2321
蔡剑峰 3127
蔡建鑫 3837
蔡锦墩 7891
蔡林海 2354
蔡玲（Chao, Linda）1574
蔡石山（Tsai Shih-Shan, Henry）5395
蔡穗玲 7331，7332
蔡欣怡（Tsai, Kellee S.）2327，2411，2730
蔡毅 3953，4953
蔡永强 3215
蔡真慧 3233
蔡振丰 460
蔡仲德 464
蔡仲娟 4805
蔡子谔 4758
蔡自新 3925
仓石武四郎 2834，3158，5143，6482，7366
曹必宏 6024
曹聪（Cao, Cong）2908
曹大臣 5757
曹广涛 4048
曹洪欣 7818
曹家齐 1755，6428
曹娟 5148
曹青 1729
曹诗弟（Thoegersen, Stig）1106，2877
曹爽 6832，6833
曹顺庆 4122
曹天生 7970
曹卫东 4081
曹星原 4649
曹亦冰 8047
曹永和 8070
曹永任 3831
曹云华 1770
曹志耘 3265
草柳大藏 5730
查德·汉森（Hansen, Chad）292
查尔斯 643

查尔斯·巴克斯（Backus, Charles）6143
查尔斯·本（Benn, Charles）1559
查尔斯·德雷格（Drage, Charles H.）2366
查尔斯·迪钱克（Trenck, Charles de）2325
查尔斯·法本斯·凯莱（Kelley, Charles Fabens）7135
查尔斯·李（Lee, Charles）2367
查尔斯·威维尔（Vevier, Charles）1918
查尔斯·亚历山大·戈登（Gordon, Charles Alexander）6385
查理·德·穆特雷西（Mutrecy, Charles de）5916
查理·萨缪尔斯（Samuels, Charlie）7678
查瓦茨卡娅 4707
柴剑虹 5193
柴田聪 2547
柴田炼三郎 4345
长谷川健二 2581
长谷川庆太郎 2035
长广敏雄 628，7234
长井晓 6793
长野郎 2176，2672
长野朗 见 长野郎 2672
长与善郎 4251
长泽规矩也 1191，2833，2859，3114，4744，7981，7989，8026
长泽和俊 4536，4915
长沼节夫 5825
苌岚 7259
常盘大定 833，4989
常书鸿 7149
常向群 1166，7045
常欣欣 1674
常媛 6602
钞晓鸿 7938
辰巳正明 3624
陈安吉 6047
陈邦炎 3509
陈葆华 63
陈奔 7534
陈彬龢 3761
陈炳昆 7760
陈伯超 7939
陈翀 2827
陈传席 4767

陈春华 1837，1838
陈东达 7908
陈二春 4043
陈访泽 967
陈福霖 5814，6045，6070，6677
陈公博（Chen, Kungpo）1247
陈鼓应 895，896
陈观胜 830
陈光兴 4875
陈广宏 3811
陈国贲（Chan, Kwok Bun）1502，1774，2332，2533，6518
陈国灿 7307，7313
陈国栋 5183
陈国恩 7029，7111，7113
陈汉生（Chad, Hansen）3175
陈翰笙 1870
陈弘昌 569
陈红民 7050，7098，7128
陈洪 3811
陈鸿舜 799
陈怀仁 5532
陈焕章（Chen, Huan-Chang）2358
陈惠龄 3842
陈慧 7214
陈惠云 2533
陈吉荣 3865
陈季同（Tcheng, Ki-tong 或 Ch'ên, Chi-t'ung）1124，1133，4239，4727，4930
陈建 2732
陈建华 4052
陈建明 930
陈捷 1610，2980
陈捷先 5322
陈金龙 5766
陈金鹏 1680
陈锦江（Chan, Wellington K. K.）2404
陈劲 7889
陈景富 1018
陈敬 7092
陈娟安 4804
陈珏 3283
陈君静 5169
陈开科 5157，7032

陈立夫 6479
陈履生 4765
陈美龄（Chan, Agnes）6493，6494，6585，6923
陈梦家（Chen, Mengjia）7135，7305
陈明姿 5266
陈纳德（Chennault, Claire Lee）6497，6560
陈佩华（Chan, Anita）1343
陈鹏 6102
陈鹏仁 1879，2004
陈谦平 5757
陈倩 3855，5048
陈强 3231
陈全功 7820
陈确 3255
陈荣捷 169，288，299，302，326，404，407，419，425，426，427，772
陈蕊 8013
陈瑞青 7280
陈润成 534，1163，7105
陈三鹏 6413
陈尚胜 5086，6416
陈少琪 1055
陈声贵 8010
陈世松 6210
陈书录 3986
陈书梅 5250
陈树君 5585
陈舜臣 266，2806，2856，3482，4130，4143，4144，4145，4149，4153，4155，4158，4189，4202，4207，4235，4242，4260，4263，4265，4266，4276，4295，4323，4343，4359，4422，4427，4432，4435，4443，4451，4464，4498，4501，4521，4956，4972，4977，5335，5347，5422，5710，5877，6468，6703，6748，6767，6768，6782，6979，6985，6994，7016，7608，7891
陈松长 4671
陈籀沅 3686
陈婷 1718
陈万华（Chan, Luke）2359
陈威瑨 512
陈伟 3035
陈玮芬 450，482，486，491，545，934
陈慰中 416，2685，6653，7791

陈文平 7303
陈文新 3363，3364，3365，3938
陈曦子 965
陈霞飞 2766
陈先行 8000
陈 香 梅（Chennault, Anna）1030，1031，1090，4150，4390，4460，6496，6498，6500，6566，6868
陈小法 5044
陈小亮 3926
陈晓 3120，3160
陈燮君 940
陈心洁 929
陈辛仁 5059
陈星灿 5193
陈雄根 3207
陈旭霞 4758
陈铉美 3430
陈学超 5202，5204
陈亚兰 915
陈炎 5032
陈艳霞（Tchen, Ysia）4579
陈耀庭 896
陈业灵（Tan, Yeling）2648
陈依范（Chen, Jack）1349
陈义初 6421
陈益源 3002，3812
陈轶亚 3266
陈颖 3157，3162，3167
陈映岚（Tan, Yinglan）2265
陈永刚 3276
陈永全 2315
陈永祥 3025
陈永栽 8018
陈玉环 4798
陈毓贤（Egan, Susan Chan）6605，6744
陈垣 717
陈约翰 1398
陈在教 3436
陈增辉 5777
陈张富美（Chen, Fu-mei Chang）2166
陈支平 5532
陈志明（Tan, Chee Beng）1380
陈志让（Chen, Jerome）35，5702，6699，6929

陈治平 5591
陈致和 7788
陈忠敏 3266
陈忠平 5563
陈泽平 3113
陈祖恩 1736
成龙 69，1698
成寻 776
成中英（Cheng, Chung—Ying）87，92，93，95，99，151，217，261，262，269，282，327，337，358，394，395，401，402，408，409，442，479，563，565，1028，1086，1140，1159，1336，1635，2813，4935
城山智子 2278
城野宏 4480
程艾蓝（Cheng, Anne）390
程抱一（Cheng, François）3745
程毕凡 2784
程超泽（Cheng, Chaoze）1112，1957，2037，2338，2353，2478，2545，2592，2593，2595，2613，2698
程存洁 7422
程洪 5173
程焕文 7087
程麻 6759
程曼丽 2978
程少轩 3221
程为坤（Cheng, Weikun）1323
程新 3870
程序（Cheng, Xu）2552
程诣证 1682
程章灿 3011
池上贞子 6947
池上正治 1504，6901
池田诚 5704
池田大作 124，125，630，753，778，1465，4821，4922，7149
池田温 1590，5095，5446，7152，8072
池田雄一 1585
池田知久 108，219，7138
池元吉 2793
池泽肇 3186
池泽滋子 3526，3646，6546
迟安臻 5513

迟进之（Chih, Ginger）1305
赤井益久 7009
赤岭守 1962
赤塚忠 3095
冲本克己 7722
重光葵 1815，5790
杵渊彰 7737，7740
楚克·唐斯（Downs, Chuck）1429
褚树青 6426
褚孝泉 3836
川本芳昭 5496
川村康 2050
川岛真 1802，2029
川合康三 3706，3709，3800，6484
川口孝夫 6791
川胜义雄 5389
川畑一子 5614
川西重忠 2405
船木繁 6724
慈道裕治 2800
茨默（Zieme, Peter）633
崔灿 6202
崔恩周 7559
崔根德 145
崔敬昊 7392
崔军锋 6420
崔丕 5159
崔溶澈 3385
崔瑞德 见 杜希德 5375，5376，5377，5378
崔万哲 5030
崔维孝 963
崔希亮 3260
崔晓霞 3818
崔新京 2086
崔英辰 128，146，221
崔宇锡 3630
崔玉军 446
崔珍晳 310
村井椿 7842
村濑裕也 100
村里叔叔 4575
村上春树 4316
村上三岛 4635
村上卫 4857

村上哲见 3575，3610，3684
村上直次郎 6270
村上直树 2557
村石利夫 4205
村松梢风 4299，4499
村松暎 6884
村田雄二郎 1819，1865，2007，6069
村田雄二男 见 村田雄二郎 1819
村田忠禧 1937，1944
邨井䒳啇 7825

D

D.S.G. 古德曼 见 古德曼 6025
D. 包瑞德（Barrett, David D.）5739
D·布迪 见 卜德 2179
达西安娜·菲萨克（Fisac, Taciana）8078
达西娅·维埃荷—罗斯 5280
大宫真人 3518
大谷光瑞 4917
大河内康宪 3122，3188
大久保明男 3627，3629，4014
大里浩秋 2064，2832，6068
大柳胜 2851
大木康 2847，3331，3490
大前研一 2361，2518，2535
大桥毅彦 4630
大庭修 1877，2144，2465，4864，5095，7174
大庭脩 见 大庭修 7174
大卫·M. 贝奇曼（Bachman, David M.）6502
大卫·阿古什（Arkush, Ralph David）6561
大卫·波德威尔（Bordwell, David）4666
大卫·布拉德利（Bradley, David）3246，7651
大卫·布莱德雷 见 大卫·布拉德利 3246
大卫·弗格森（Ferguson, David）2268
大卫·古德曼 见 古德曼 12，56，5960
大卫·霍克尼（Hockney, David）4729
大卫·杰克逊（Jackson, David Paul）4659
大卫·柯鲁克（Crook, David）5804
大卫·蓝普顿 见 戴维·蓝普顿 1966
大卫·妮尔（David-Neel, Alexandra）7575
大卫·史密斯 见 戴维·史密斯 1334
大卫·沃尔（Wall, David）2563
大西广 2795
大塚敬节 7734，7747，7757，7764，7765，7773，

7813，7814，7851
大塚启二郎 2557
代国庆 966
代珂 3629
代坤 8061
戴安娜·拉里（Lary, Diana）5987
戴安娜·西普顿（Shipton, Diana）7434，7535
黛博拉·布罗蒂加姆（Brautigam, Deborah）1905，2300
戴布诺·莱恩·丽爱特（Wright, Debra Lane）4303
戴德生（Taylor, Hudson）6539
戴尔·安德森（Anderson, Dale）4682
戴尔·布朗（Brown, Dale M.）5358
戴浩石（Desroches, Jean-Paul）7164
戴浩一 3219
戴慧思（Davis, Deborah）2546，2571
戴建兵 5041
戴吉礼（Dagenais, Ferdinand）6570
戴俊霞 4127
戴卡琳（Defoort, Carine）165
戴克成（Deydier, Christian）7147
戴莉莉 1454
戴梅可（Nylan, Michael）157
戴密微（Demiéville, Paul）700，746
戴敏 1807，2047
戴琴琴 2761
戴仁（Drege, Jean-Pierre）5124，5125
戴仁柱（Davis, Richard L.）5432，6428，6515，6683
戴瑞坤 548
戴尚贤（Dardel, Jean-Jacques de）2861
戴思博（Despeux, Catherine）777
戴廷杰（Durand, Pierre-Henri）6540
戴维·J. 罗杰森（Rogerson, David J.）2038
戴维·W. 张（Chang, David W.）9
戴维·艾伦·佩兹（Lopez, Jose）7879，7883
戴维·巴特勒 见 勃特勒 4278
戴维·克兰茨勒（Kranzler, David）6328
戴维·蓝普顿（Lampton, David M.）1602，1966
戴维·桑鲍 6968
戴维·史密斯（Smith, David）1334
戴闻达（Duyvendak, Jan Julius Lodewijk）2032
戴小华 4217
戴一峰 2720
戴袁支 5757

戴约 2293
丹·C. 德卡罗（DeCarlo, Dan C.）91
丹·特罗特（Trotter, Dan）4951
丹·温（Winn, Dan）5794
丹波康赖 7796，7844
丹波元坚 7762，7772，7774，7828，7843，7846，7847，7848，7849
丹波元简 7762，7774，7778，7779，7829，7837
丹波元胤 7852
丹尼尔·W. 费舍（Fisher, Daniel W.）617
丹尼尔·伯斯坦 见 伯斯坦 1886
丹尼尔·约瑟夫（Joseph, Daniel）4818
丹尼丝·赫丽（Helly, Denise）1774
但尼士（Dennys, Nicholas Belfield）5973
党宝海 5527
党为 5528
刀保尧 6214
岛邦男 7228
岛村三郎 4402，6982
岛田俊彦 2209，5733
岛田虔次 328，373，392，429
岛田正郎 5343，7258
岛田政雄 2003，6842
道端良秀 712，831，836
道格拉斯（Douglas, Robert Kennaway）7996
道格思（Douglas, Robert K.）1567
道森（Dawson, Christopher）6085
道帏喜饶 6915
稻木一元 7737
稻森信昭 1549
稻田惠子 7786
稻叶君山 5410
稻叶昭二 6927
稻叶志郎 4588
德·莱斯顿（Lesdain, De）7411
德村志成 2579
德富苏峰 7617，7618
德怀特·H. 伯金斯 见 帕金斯 2556
德环特·希尔德·珀金斯 见 帕金斯 2634
德克·博迪 见 卜德 6231
德克·卜德 见 卜德 7347
德克·布迪 见 卜德 2179
德雷克（Drake, F.W.）6891
德里克（Dirlik, Arif）31，154，1581，4845

德　龄（Der Ling, Princess）4159，4160，4161，
　　4213，4246，4314，4401，4411，5416
德龄公主 见 德龄 4411
德龄郡主 见 德龄 4159，4213
德米特里·安洽 1623
德米特里·扬切韦次基（Янчевецкий, Д.）5581
邓恩（Dunne, George Harold）602，787
邓尔麟（Dennerline, Jerry）5374，6740
邓广铭 5518
邓红 508
邓景滨 3207
邓开颂 6453
邓可卉 964
邓肯·麦克菲尔森（MacPherson, Duncan）5918
邓丽兰 7068
邓联健 990
邓淼 7097
邓鹏 6563
邓乔彬 3850
邓赛 4482，4483，6298，7543，7602，7604，7621
邓绍根 2991
邓文宽 5193
邓小南 1694，1755
邓晓华 3174
狄艾里·马尔塞斯（Marchaisse, Thierry）171
狄安涅（Dippner, Anett）463
狄百瑞（De Bary, William Theodore）256，331，
　　368，447，4835
狄伯杰（Deepak, B. R.）4520
狄德满（Tiedemann, RolfGerhard）5670，5862
狄考文（Mateer, Calvin Wilson）3053
狄蒙古霍（Goodhope, Daemon）681
狄培理 见 狄百瑞 368
狄亚尼（DiYanni, Robert）2919
狄宇宙（Di Cosmo, Nicola）6100
迪克·威尔逊（Wilson, Dick）16，39，7010
迪利普·K. 达斯（Das, Dilip K.）2597
迪米克（Dimick, Douglas Roberts）2687
迪尼（Deeney, John J.）3797，4029
迪特·恩斯特（Ernst, Dieter）2693
迪特·格鲁诺（Grunow, Dieter）7969
迪特·海茵茨希（Heinzig, Dieter）2055
迪特·库恩（Kuhn, Dieter）5421
荻野昌弘 1162

荻野元凯 7795
蒂安娜·保尔（Paul, Diana Y.）848
丁爱博（Dien, Albert E.）5390
丁伯成 1823
丁超 4094
丁果 6743
丁荷生（Dean, Kenneth）7289
丁红卫 2417
丁建军 5090
丁乐梅（Dingle, Edwin John）7530
丁乃通 7994
丁声俊 2797
丁淑芳 6545
丁四新 551
丁韪良（Martin, William Alexander Parsons）655，
　　5129，5484，5839
丁晓平 71
丁幸豪 2112
丁云 3007
丁治民 3266
丁子江 505
钉崎卫 5709
定方正毅 7956
东方朔 123
东嘉生 2462
东南光 4788
东山魁夷 4374，4492
东史郎 5627，5628
东英寿 3333，6888
东中野修道 5598，5752
董晨鹏 4131
董恩林 7055
董海樱 3203
董明 3220
董楠楠 7937
董少新 964，970
董双叶 4784
董外平 3574
董向荣 1705
董晓萍 3388，3913，4663，7267，7855
董晓媛 1599，1764
董玥 5999
董志勇 6390
冻国栋 6440

洞富雄 5748
窦坤 7080
窦秀艳 3269
窦永记 2738
窦宗一（仪）见 窦宗仪 6660
窦宗仪（Dou, Zongyi）274，338，6660
都筑七郎 5900
杜艾文 931
杜常顺 5532
杜大伟（Dodwell, David）2493
杜鼎克（Dudink, Adrian）908，1000
杜德兰（Thote, Alain）5193
杜德维（Drew, Edward Bangs）5837
杜恩（Dorn, James A.）2769
杜发春 2745
杜哥德·唐宁（Downing, Charles Toogood）5355
杜格尔德·克里斯蒂（Christie, Dugald）6258
杜浩（Drifte, Reinhard）1896
杜赫德（Du Halde, Jean Baptiste）784
杜宏刚 5520，5521
杜兰（Durant, Will）4832，4905
杜孟（Dumont, Serge）2637
杜明德 3903
杜南（Downen, Robert L.）1963
杜朴 4750
杜齐 见 图齐 6372，7219
杜桑卡·米赛耶维奇（Miscevic, Dusanka）1624
杜维明 103，119，123，124，125，126，203，210，220，233，239，242，246，255，258，260，264，265，271，290，308，309，315，320，415，441，448，462，518，526，535，1038，1039，1040，1101，1739，2917，3454
杜文彬 8077
杜文凯 5413
杜希德（Twitchett, Denis Crispin）2466，5375，5376，5377，5378，5444
杜晓燕 3007
杜恂诚 2762
杜雁芸 1722
杜义朝 66
杜佑 1194
杜赞奇（Duara, Prasenjit）1462，5608
渡边利夫 33，2473，2670
渡边龙策 4449，6733

渡边欣雄 619，651
渡边信一郎 1586
渡边秀方 1123
渡边义浩 5330，5424，6583
渡边与五郎 5057
端纳（Donald, William Henry）6556
段怀清 885，4074
段文杰 7278
段志煌（Tuan, Francis）2742
多和田真 2785
多吉次仁 7959
多纪元坚 见 丹波元坚 7762
多纪元简 见 丹波元简 7762
多丽丝·奈斯比特（Naisbitt, Doris）1228，1551，2262，2443，2550，4282
多隆 7583
多伦（D'Ollone, Vicomte）7613
多萝西·格雷（Graham, Dorothy）6244
多米尼克·士风·李（Lee, Dominic Shi Fong）5834
多明尼卡·芭兰（Baran, Dominika）4198，7545
多明尼克·萨赫森迈尔（Sachsenmaier, Dominic）4840
多默·皮列士（Pilieshi, Duomo）7421
多诺万·韦伯斯特（Webster, Donovan）5622
多桑（Abraham Constantin Mouradgea d'Ohsson）6094
多田贞一 7390

E

E.A. 罗斯（Ross, Edward Alsworth）1196
E.B. 斯莱奇（Sledge, Eugene Bondurant）4257
E.H. 爱德华兹（Edwards, E. H.）5899
E.H. 威尔逊（Wilson, Henry）7619，7864
E. 托尔贝克（Thorbecke, Ellen）6233
E. 于格（Huyghe, Edith）4856
额尔金（Elgin, James Eighth Earl of）5631
额贺章友 867
额邻真·哈拉—达旺 6503
厄特利（Utley, Freda）5880
鄂多立克（Odoric of Pordenone）7438
鄂卢梭（Léonard, Aurousseau）1934
鄂振辉 992
恩和 7868

恩莱特（Enright, Michael J.）2493
恩里克·波萨达·卡诺（Cano, Enrique Posada）5682
恩司诺（Exner, A.H.）5778
恩斯特·柏施曼 见 恩斯特·柏石曼 7915
恩斯特·柏石曼（Boerschmann, Ernst）7894，7905，7915
恩斯特·伯施曼 见 恩斯特·柏石曼 7915
恩斯特·柯德士（Cordes, Ernst）6002，6375
恩斯特·瓦尔德施密特（Waldschmidt, Ernst）4670
二木博史 6121

F

F.-B. 于格（Huyghe, François-Bernard）4856
F.H. 巴尔福（Balfour, Frederic Henry）7588
F.S. 艾贾祖丁（Aijazuddin, Fakir Syed）1955
F.W. 托玛斯 见 托玛斯 7154
F. 金敦·沃德（Ward, Francis Kingdon）7507
F. 卡斯塔诺（Castano, F.）5989
F. 希夫 见 希夫 6266
法宝（Tampalawela, Dhammaratana）637
法村香音子 5707，5863
法兰克·韦尔许（Welsh, Frank）6377
法兰斯瓦·余莲 见 朱利安 102
法兰西斯·威利·韦伯（Webb, Francis Wynne）2494
法兰西丝卡·法兰屈（French, Francesca）7429
樊飞豪 7893
樊洪业 1001
樊胜根 2722
樊森 7317
樊秀丽 6196
樊正伦 7827
范邦瑾 8041
范存忠 5079
范岱克（Van Dyke, Paul Arthur）2309
范丹妮 3009
范发迪（Fan, Fa-ti）6971
范劲 3263
范丽珠 813，7375，7376，7377
范瑞平 1738
范士白 见 万斯白 1393
范勇 1614

范兆飞 1473
范芝芬（Fan, C. Cindy）1065
方长安 7029
方德万 2222
方东美 379，403
方广锠 7324，8085
方豪 1014
方红 1144
方辉 7079
方精华 7111
方钜成 6879
方岚生（Perkins, Franklin）155
方李邦琴 7101
方立天 531
方绍伟（Fang, Frank S.）1548，1618
方生 1913
方秀洁（Fong, Grace S.）3429，3914，3932
方旭东 107
芳村弘道 6827
菲奥雷（Fiore, Ilario）4508
菲尔·麦当劳（MacDonald, Phil）7625，7629
菲尔德（Fielde, Adele M.）1639
菲力普·肖特（Short, Philip）41
菲利浦·米尼尼（Mignini, Filippo）673
菲利普 见 菲利普·威廉姆斯·萨金特 6523
菲利普·安德鲁斯—斯皮德（Andrews-Speed, Philip）2537，2627
菲利普·查德威克·福斯特·史密斯（Smith, Philip Chadwick Foster）2583
菲利普·费立比（De Filippi, Filippo）6250
菲利普·威廉姆斯·萨金特（Sergeant, Philip W.）6523
菲利斯·比托（Beato, Felice）5888
菲欧娜·吉尔摩（Gilmore, Fiona）2637
菲斯（Feis, Herbert）1958，2019
费·阿·奥勃鲁切夫（Обручев, Владимир Афанасьевич）7447
费安玲 2184
费代里卡·罗马尼奥利（Romagnoli, Federica）5367
费德林（Федоренко, Николай Трофимович）34，1850，3327，3505
费迪南·冯·李希霍芬 见 费迪南德·冯·李希霍芬 7503

费尔南·门德斯·平托（Pinto, Fernão Mendes）5405，7589
费迪南德·D. 莱辛（Lessing, Ferdinand Diederich）793
费迪南德·冯·李希霍芬（Richthofen, Wolfgang Von）7465，7503
费尔南德斯（Fernandez, O.P.）743
费菲 7482
费鹤立（Fairbank, Holly C.）4730
费拉尔（Villard, R.A.）2302
费赖之（Pfister, Louis）800
费兰控 1341
费琅（Ferrand, Gabriel）4819，7459
费里德里希·希夫 见 希夫 6359
费梅儿 2410
费南山（Vittinghoff, Natascha）2808
费思棫（Fitz, Gerald G.）2039
费维恺（Feuerwerker, Albert）2668，5686
费慰梅（Fairbank, Wilma）6679，7900
费侠莉（Furth, Charlotte）6547，7728
费小平 3243
费孝通 1628
费约翰（Fitzgerald, John）1286
费正清（Fairbank, John King）367，1851，1859，1917，2022，2223，4843，4952，5377，5639，5685，5686，5687，5831，5841，6564，6565，6600
丰见山和行 1962
丰田省吾 7841
风仪诚（Venture, Olivier）5193
蜂屋邦夫 609，665，666，6684
冯·佳班（Gabain, Annemarie von）6097
冯承钧 6094
冯崇义 504，6025
冯达文 893，894
冯慧芬 4696
冯骥才 4597
冯客（Dikotter, Frank）1059，2136，5681
冯若春 3994
冯天瑜 2818，6012，6013
冯铁 6000
冯为群 3853
冯文（Fong, Vanessa L.）1458
冯晓庭 8066

冯兴元 2744
冯耀明 130
冯兆基（Fung, Edmund S. K.）1500，2200
冯蒸 5238，6422
冯珠娣（Farquhar, Judith）1084
冯佐哲 5097
佛洛姆 见 弗洛姆 590，596
夫马进 1627，1814
弗·彼得罗夫斯基 1841
弗·斯·米亚斯尼科夫（Мясников, Владимир Степанович）2000
弗拉基米尔（Volpicelli, Zenone）5679
弗兰克·基尔曼（Kierman, Frank A.）2223
弗兰克·麦克林恩（Mclynn, Frank）2206
弗兰克·萨奈罗（Sanello, Frank）5876
弗兰克·韦尔什 见 法兰克·韦尔许 6377
弗兰克林·哈瑞姆·金（King, Franklin Hiram）7859
弗朗克·西伦 见 弗郎克·泽林 1327，6781
弗郎克·泽林（Sieren, Frank）1327，1608，2015，2042，2335，6781
弗朗索瓦·巴达让 7584
弗朗索瓦·吉普鲁（Gipouloux, François）2505
弗朗索瓦·于连 见 朱利安 105，171，2892
弗朗索瓦·朱利安 见 朱利安 2892
弗朗西丝·伍德 见 吴芳思 6711
弗朗西斯·亨利·尼科尔斯（Nichols, Francis Henry）6245
弗朗西斯·亨利·尼可斯 见 弗朗西斯·亨利·尼科尔斯 6245
弗朗西斯科·索勒（Soler, Francisco）2524
弗朗西斯科·瓦罗（Varo, Francisco）3090
弗朗西斯·斯奈德（Snyder, Francis G.）1931
弗雷达·阿特丽 见 厄特利 5880
弗雷德里克·A. 沙夫（Sharf, Frederic A.）5574
弗雷德里克·J. 梯加特（Teggart, Frederick John）4881
弗雷德里克·卡尔·哈纳斯（Hunrath, Frederick Karl）7531
弗雷德里克·维克多·狄更斯（Dickins, Frederick Victor）6466
弗雷特·厄特利 见 厄特利 5880
弗雷泽·豪伊 见 侯伟 2326
弗里德里克·M. 艾博特（Abbott, Fredrick M.）2442

弗里曼（Friedman, Edward）1136
弗洛姆（Fromm, Erich）590，596
弗思 见 费侠莉 6547
伏见冲敬 4638，4723，4735
扶霞·邓洛普（Dunlop, Fuchsia）7909
服部健治 1939
服部龙二 1939
服部千春 2214
符伯华 7807
符拉基米尔佐夫（Владимирцов, Борис Яковлевич）3108，6132，6505
符晓晓 3275
福岛吉彦 6592
福尔曼（Forman, Harrison）5966
福格森（Fergusson, W.N.）7399，7500（应为同一种书）
福井康顺 610
福井文雅 650
福开森（Ferguson, John Calvin）4747，4748，8032
福兰阁（Franke, Otto）3442
福满正博 4566
福田殖 571，5020
福永光司 237，432
釜屋修 3692
付瑞柯·斯克洛齐（Scolozzi, Franco）6878
副岛一郎 3503
冨谷至 2145，3058，7192，7217
傅葆石（Fu, Poshek）1289，4640
傅德华 8063
傅德元 902
傅多玛（Fulton, Thomas Cosby）3063
傅佛果（Fogel, Joshua A.）413，6728
傅高义（Vogel, Ezra Feivel）10，1992，2048，2123，2318，2449，2487，6075，6260
傅海波（Franke, Herbert）5375
傅汉思（Vogel, Hans Urich）7692
傅汉思（Frankel, Hans Hans Hermann）3476
傅虹霖 6955，6960
傅立德（Fredet, Jean）1946
傅立民（Freeman, Charles W.）1991
傅利曼（Freadman, M.）1489
傅梦孜 2084
傅马利（Fumagalli, Pier Francesco）2843
傅琪贻 6307

傅吾康（Franke, Wolfgang）4790，6844
傅晓岚（Fu, Xiaolan）2441，2549
傅永聚 5547
傅尧乐（Frolic, Michael）1045，1975
富谷至 见 冨谷至 7192，7217
富华德（Freudmann, Walter）4309
富兰克林·H. 金 见 弗兰克林·哈瑞姆·金 7859
富路德（Goodrich, Luther Carrington）6191
富田升 7180

G

G.E.R. 劳埃德（Lloyd, Geoffrey Ernest Richard）7672
G.A. 凯尔（Kyle, G. A.）2355
G.D. 古拉提（Gulati, G. D.）6125
G.F. 赫德逊（Hudson, Geoffrey Francis）1932
G·F·米勒（Miller, Gerard Fridrikh）1971
G.G. 莱布尼茨（Leibniz, Gottfried Wilhelm, Freiherr von）4971
G.J. 兰司铁 见 兰司铁 3034
G.L. 狄更生（Dickinson, Goldsworthy Lowes）2910
G. 卡拉（Gyorgy Kala）2815
G. 卡明斯基 见 卡明斯基 6266
G. 杜齐 见 图齐 7219
G. 斯坦因 见 冈瑟·斯坦因 5665
盖尔·贺肖（Gail, Hershatter）1353
盖罗·冯·波姆（Boehm, Gero Von）6924
盖瑞·李·陶德（Todd, Gary Lee）6268
盖兆泉 1450
甘博（Gamble, Sidney David）1190，5585，4990
甘浩森（Kamphausen, Roy）2205
甘伟林 7941
甘雪莉（Ganse, Shirley）7245
冈本白涛 4592
冈本隆三 5490，7345
冈本隆司 1632，1956，5490，6931
冈仓天心 4702
冈村繁 3370，3475，3599，3612，3636，3639，3774，3801，4598，5140
冈村宁次 5641
冈大路 7918
冈崎敬 729
冈崎由美 3346，4566
冈千仞 7435
冈瑟·斯坦因（Stein, Gunther）5665

冈田和惠 7496
冈田宏二 6188
冈田文夫 4629
冈田武彦 248，300，303，2215
冈田英弘 4902，4903，4904，4996，5501，6087
冈田英树 3628，3629，3916
冈西为人 7984
冈野诚 2150
冈元凤 3474
冈扎利·别瑞克（Berik, Gunseli）1599
高坂史朗 2831
高本汉（Karlgren, Bernhard）3040，3061，3065，3066，3184，3191，3193，3198，3335，5504
高崇文 7268
高醇芳 6567
高翠莲 6105
高大伦 1614
高岛嘉右卫门 见 高岛吞象 84，349
高岛俊男 6837
高岛吞象 84
高嶋谦一（Takashima, Ken-ichi）3164，5512，8081
高德耀（Cutter, Robert Joe）2819
高登·怀特（White, Gordon）4133
高发元 5546
高尔迪埃 6181
高纲博文 1311，1736，6398，6441
高鸿宾 2538
高华士（Golvers, Noel）707，7701
高家龙（Cochran, Sherman）2275，2253，2678
高嘉谦 3991
高见邦雄 4446
高见泽磨 2159
高建中 6212
高健 2581
高洁 3896
高津孝 3426
高居翰（Cahill, James）4534，4560，4586，4617，4627，4633，4650，4658，4710，4712，4713，4716，4726，6619
高濑武次郎 301
高岚 517
高力克 6061
高立夫（Clough, Ralph）1185
高利克（Galik, Marian）2811，3326，3777，3798，5134
高良仓吉 1962
高梁 4493
高林（Colling John G.）1978
高柳信夫 359
高罗佩（Gulik, Robert Hans van）1588，2845，3786，4148，4151，4172，4173，4174，4175，4176，4177，4178，4179，4180，4181，4183，4184，4185，4186，4187，4188，4200，4214，4223，4228，4233，4237，4238，4247，4264，4294，4307，4354，4362，4372，4376，4424，4470，4472，4473，4523，4618，4678，7714
高明士 5310
高木诚一郎 1591
高木敬次郎 7743
高楠顺次郎 703
高桥芳郎 2156
高桥弘臣 2453
高桥弥守彦 3257
高桥强 7067
高桥稔 3751
高桥智 250，339，341，342，343，4764
高瑞泉 1671，1782
高润至（Gallo, Frank T.）2409，2645
高桑驹吉 4988
高杉晋作 7382
高山宏世 7809
高师宁 986
高士明 4875
高书全 2232，8036
高思曼 3213
高斯坦（Goldstein, Jonathan）2041
高田时雄 1057，7148，7341，7972，8075
高畑常信 350
高伟浓 5034
高文汉 3959
高沃龙（Garver, John W.）1834
高小勇 2479
高雄义坚 730
高宣 7692
高延（Groot, Jan Jakob Maria）826
高彦颐（Ko, Dorothy）1250，1728，7344，585
高阳 6648
高野悦子 4224

高永完 3047
高友工（Kao, Yu-kung）3477，3601，3734
高羽荣 4580
高玉海 4072
高原明生 1939
高阜达之助 5731
高照民（Cochini, Christian）645
高志刚 4478
戈岱司（Coedes, George）4932
戈尔茨坦 见 戈尔斯坦 7453
戈尔曼（Гольман, МаркИсаакович）6168，6169
戈尔斯坦（Goldstein, Melvyn C.）6291，6581，6915，7453
戈雷（Golley, Jane）2723
戈利岑（Голииынъ, B.B.）5945
戈伦夫（Grunfeld, A.Tom）6376
戈特弗里特—卡尔·金德曼（Kindermann, Gottfried-Karl）5981
哥伯播义（Cobbold, Robert Henry）7360
歌川国芳 4555
歌德·霍普斯登·汉森（Hansen, Gard Hopsdal）2525
格·尼·波塔宁 7488
格·卡明斯基 见 卡明斯基 6977
格尔·萨玛费尔德（Summerfield, Gale）1599
格尔德·卡明斯基 见 卡明斯基 4255，6702
格拉夫·楚·卡斯特（Castell, Graf zu）5882
格拉耐（Granet, Marcel）7369
格兰姆·贝克 5885
格兰钦（Granzin, R.）4452
格雷厄姆·艾利森（Allison, Graham）1324
格雷夫人（Gray, John Henry）6298，6395
格雷戈里·布拉肯（Bracken, Gregory）7897
格雷戈里·克劳奇（Crouch, Gregory）2668
格雷姆·约翰森（Johanson, Graeme）1403
格里德 见 贾祖麟 1280
格里德尔 见 贾祖麟 1533
格里芬（Griffin, Keith）2775
格力高利·布鲁（Blue, Gregory）1641，2153
格利克（Glick, C.E.）1481
格鲁塞（Grousset, Rene）4827，4831，4862，4927，4955，4960，4970，5497，6084，6124，6133，6506，7249
格鲁赛 见 格鲁塞 6133，7249

格伦威德尔（Grunwedel, Albert）7166，7225
葛艾儒（Kasoff, Ira E.）352
葛爱萍 3266
葛夫平 3005
葛桂录 3975，3995，4021，4068，4116，4126
葛浩文（Goldblatt, Howard）3472，4211，6531，6885
葛凯（Gerth, Karl）1537，2582，2658
葛兰言（Granet, Marcel）853，3341，4995
葛乐耐（Grenet, Frantz）7514
葛林·马克拉斯（Mackerras, Colin P.）4619
葛罗（Gros, Baron）5676
葛瑞汉（Graham, Angus Charles）209，363
葛饰北斋 4553，4554，4555，4556，4584，4669，4677
葛饰戴斗 见 葛饰北斋 4584，4669
葛松（Gerson, Jack J.）1898
葛文·杨（Young, Gavin）4280
葛兆光 5062，5261，5308，5554
根本光人 7784，7794，7800
根本幸夫 7721，7723，7755，7761，7766，7776，7784，7790，7794，7804
根本幸福 见 根本幸夫 7784
根特·舒伯特 1672
耿慧玲 7329
耿立群 5221，5287
耿龙明 3016，3018，5074
耿强 4011
耿宁（Kern, Iso）243
耿昇 5041，5065，5195，5536，6417
耿素丽 8061
耿引曾 4946
耿幼壮 5282
工藤元男 7204
工藤卓司 481
弓野隆之 6996
公丕祥 2183
公文逸 5765
公庄博 214
宫本雄二 1888
宫本一夫 5342
宫城谷昌光 4157，4225，4269，4270，4358，4371，4479
宫宏宇 4774

宫崎市定 1314，1318，1832，2138，3340，4847，4848，4849，4958，5339，5353，5354，5357，6578，6579，6918，7614
宫崎滔天 5727，6580，6770
宫崎昭（Miyazaki, Akira）2552
宫田登 5095
宫田一郎 3245
宫胁淳子 见 宫脇淳子 5942
宫脇淳子 5942，6195
宫泽真一 954
宫宅洁 2170
宫治昭 7215
龚道运 936
龚浩敏 4807
龚敏律 4058
龚缨晏 6431，7645
龚咏梅 5239
巩涛 2153
贡保扎西 6388
贡德·弗兰克（Frank, Gunder）2249
贡纳尔·雅林（Jarrming,Gunnar）6242
沟口雄三 197，362，364，365，366，376，391，2017，4957，5141，6004
辜鸿铭（Ku, Hung-ming）1099，1120，1128
辜美高（Kow, Mei-Kao）205，3443，3492，3593，3693，3876，3939
古伯察（Huc, Regis-Evariste）7415，7632
古城武司 4536
古川狄风 7476
古川末喜 3315
古川万太郎 5590
古川裕 3044
古村和子 7748
古德曼（Goodman, D. S. G.）12，56，1568，5960，6025，7623
古德诺（Goodnow, Frank Johnson）5690
古濑奈津子 5408
古利克 见 高罗佩 4184，4223，4264
古列尔玛·艾尔索普（Alsop, Gulielma Fell）5921
古洛东（Gourdon）6330
古市雅子 4604
古田和子 2431
古田敬一 3754
古伟瀛 923

古屋奎二 2824，6636
古原宏伸 4794
谷川道雄 5436，5442，5492，5550
谷口规矩雄 5338
谷岚 5193
谷崎润一郎 4311
谷中信一 313
股野琢 4478
顾彼得（Gullart, Pote）3550，6082，6180
顾 彬（Kubin, Wolfgang）480，506，658，3322，3350，3715，3743，3753，4504，4701，5049，5121，5131，5148，7176
顾长声 883，891
顾德曼（Goodman, Bryna）6280
顾国良 1900
顾洁 1684
顾 钧 954，2936，2939，2966，3828，5071，5245，5293，7078，8094
顾力行（Kulich, Steve J.）2965
顾立雅（Creel, Herrlee Glessner）186
顾琳（Grove, Linda）2460
顾明栋（Gu, Mingdong）5132，5229
顾黔 3094，3230
顾史考（Cook, Scott）140，7201
顾诵芬 4764
顾维钧 1858
顾伟列 3815
顾卫民 918，978，980，1012，2105，6414
顾肖荣 2186
顾有信（Kurtz, Joachim）3153
顾毓琇（Ku, Yu Hsiu）585，818，6908
关锋 2773
关捷 5102
关宽治 5733
关满博 2507，2724
关森胜夫 3528
关野贞 4989，7919
管宁 6631
管永前 2941，3016，5075
广部精 3156
广池千九郎 1214
广井良典 1778
广濑龟松 6033，6448
广田律子 4559

龟川教信 656
龟井兹明 5873
桂思卓 96
郭安瑞（Goldman, Andrea Sue）4656
郭冰茹 2957
郭大烈 6204
郭德宏 1689
郭恩 7284，7287
郭福敏 2511
郭富纯 6040
郭光甲 4164，4463，6549
郭汉民 7036
郭恒钰 1826，5649
郭洪茂 8056
郭建斌 964
郭利霞 3167
郭丽娜 973
郭连友 1706
郭梁 1771
郭列洛夫 3142
郭隆岸 964
郭鲁柏 7249
郭美兰 6220
郭士立（Gutzlaff, karl Friedrich）5352
郭思嘉（Constable, Nicole）1291
郭松义 5539
郭泰纳夫（Kotenev, A. M.）1947，1948
郭为桂 24
郭武 895
郭晓春 3840
郭晓明 2289
郭晓鸣 2733
郭颖颐（Kwok, Daniel W.Y.）396
郭正忠 7982
国分良成 2122
国分直一 6341

H

H.R. 戴维斯（Davis, Henry Rodolph）6393
H. 波塞尔 4869
H. 德弗里斯（de Vries, Frits Penning）6537
H. 福尔曼 见 尔曼 5966
H·普拉特（Pratt, Helen）5977
H. 廷珀利 见 田伯烈 5832

H. 裕尔 见 裕尔 4839
哈恩（Hahn, E.）6807
哈雷特·阿班（Abend, Hallett）5594，5737，5741，5845，5884
哈里·哈丁 2113
哈里森·福尔曼 见 福尔曼 5966
哈里森·索尔兹伯里 见 索尔兹伯里 5595
哈里什·卡普尔 见 卡普尔 1890
哈里逊·福尔曼 见 福尔曼 5966
哈立德·拉赫曼 1873
哈利·邓·哈托格（Hartog, Harry den）2432
哈利·弗兰克（Franck, Harry Alverson）1189
哈莉特·韦勒（Weller, Harriet）7428
哈罗德·伊罗生（Isaacs, Harold R.）1346
哈罗德·伊萨克斯 见 哈罗德·伊罗生 1346
哈密顿（Hamilton, James Russell）6165
哈瑞·阿尔弗森·弗兰克（Franck, Harry Alverson）7602，7621
哈萨纳里·梅赫恩（Mehran, Hassanali）2584
海德（Hyde, William F.）2764
海靖夫人（Heyking, Elisabeth von）5616
海伦·福斯特·斯诺 见 海伦·斯诺 25，1201，4306，5663，6910，6989
海伦·倪维思（Nevius, Helen Sanford Coan）7547，7593
海伦·斯诺（Snow, Helen Foster）25，1201，4272，4306，4416，4444，5663，5664，5666，5871，6458，6753，6910，6989
海清文 1666
海瑟·噶尔美 4693
海西希（Hessig, Walther）694，767
韩百诗（Hambis, Louis）5465，7389
韩博天（Heilmann, Sebastian）1278
韩大伟（Honey, David B.）2880，7992
韩德（Hunt, Michael H.）1983
韩德尔·琼斯（Jones, Handel）2246，2564
韩德林（Smith, Joanna Handlin）1495
韩丁（Hinton, William）5635
韩格理（Hamilton, Gary G.）2646
韩吉辰 7689
韩家宝（Heyns, Pol）2322
韩金科 874，7310
韩军学 920
韩敏 1051

韩明士（Hymes, Robert P.）616
韩南（Hanan, Patrick）3296，3367，3702，3729
韩琦 968，7693
韩起澜（Honig, Emily）1303，1353，1425
韩强 5219
韩荣芳 8014
韩瑞（Hayot, Eric）1298
韩森（Hansen, Valerie）577，2264，4916，4918，5384
韩昇 5027
韩石 4279
韩书瑞（Naquin, Susan）5406，5426，5429，7343
韩素音（Han, Suyin）1，3182，6544，6774，6871，6942，7012
韩铁 5196
韩相德 4088
韩振华 538
汉密尔顿（Hamilton, John Maxwell）6459
汉纳·帕库拉 见 汉娜·帕库拉 6802
汉娜·帕库拉（Pakula, Hannah）6802
汉森（Hansen, Holger）1220
汉斯—格奥尔格·梅勒（Moeller, Hans-Georg）118
汉斯·德罗斯特（Drost, H. J.）7961
汉斯·约阿西姆·绍尔曼（Sauermann, Hans Joachim）2444，2445
杭迫柏树 4655，4793
郝春文 7276，7279，7322，7323
郝大维（Hall, David L.）104，150，187，235，238，1482
郝吉思（Hodges, Graham Russell Gao）6623
郝清新 5077
郝仁平 2600
郝时远 6212
郝延平（Hao, Yen-p'ing）2436，2589，2963
郝也麟（Hoh, Erling）7871
郝雨凡 6409
合山究 3940
何·皮特（Peter, Ho）2448
何保山（Samuel,P.S.Ho.）2458
何炳棣（Ho, Ping-ti）152，345，1027，1068，1594，2577，2622，3302，5398，6554，7857
何伯英（Lau, Grace）5695，5908
何博纳 7801
何翠萍 5183

何大安 5183
何大进 989
何德兰（Headland, Isaac Taylor）1259，1619，3536，4517，5780，6522
何恩之 7172
何芳川 5029
何耕 见 夏金 7508
何汉民 7659
何华珍 2952
何辉等 1712
何介钧 7964
何金梁 6197
何菊 884
何俊 1161
何康 2529
何肯（Holcombe, Charles）1519
何廉 6597
何敏 4049
何铭生（Harmsen, Peter）5747，5800
何慕文（Hearn, Maxwell K.）4625
何培忠 5170，5171，5176，5209，5311
何天爵（Holcombe, Chester）1109，1119
何莞 7718
何伟 见 彼得·海斯勒 4243，4308，4439
何伟亚（Hevia, James Louis）1871，5903
何香久 3902
何寅 3017，3018，5074，5210
何永康 3986
何韵竹（Hirst, Bamboo）6650
何增科 1672
何兆武 2925，5112
何振模（Huskey, James L.）6319
何正彬 6207
何智涛 5930
何忠礼 5509
何兹全 2948，5018
河本大作 5847
河村太美雄 4454
河合洋尚 1389，6197，6206
河口慧海 7574
和泉正一郎 7758，7759
河原睦美 3268
河原崎长十郎 4369
和气弘 6615

和田清 6140
和田修倖 2375
和田一夫 2392
河野洋平 1969
和中清 2414
和自兴 6204
贺登崧（Grootaers, Willem A.）3068
贺东劢（Höllmann, Thomas O.）4858，7903
贺桂梅 6626
贺凯（Hucker, Charles O.）1589
贺麦晓（Hockx, Michel）3635
贺美德（Hansen, Mette Halskov）1139
贺文发 1686
贺萧（Hershatter, Gail）1293，1457，6349
贺学君 8099
贺占伟 7689
赫伯特·O. 亚德利 见 雅德利 2202
赫伯特·芬格莱特（Fingarette, Herbert）177
赫伯特·斯蒂文斯（Stevens, Herbert）7454
赫伯特·雅德礼 见 雅德利 2202
赫伯特·雅德利 见 雅德利 2202
赫达·莫里逊（Morrison, Hedda）6383
赫德（Hart, John）334
赫德（Hart, Robert）5943
赫定 见 斯文·赫定 7569
赫尔鲁夫·比茨特鲁普 5886
赫尔曼·费希尔（Fischer, Hermann）598
赫尔曼·黑塞（Hesse, Hermann）3377
赫尔曼·凯泽林（Keyserling, Hermann）5720
赫尔姆特·马特（Matt, Helmut）4138
赫尔穆特·施密特（Schmidt, Helmut）1327，6781
赫斐秋（Hart, Virgil Chittenden）7444
鹤间和幸 5433
黑尔 见 解威廉 6945
黑格尔（Hegel, Georg Wilhelm Friedrich）2925
亨利·阿瑟·卜力（Blake, Henry Arthur）5911
亨利·阿瑟·布莱克（Blake, Henry Arthur）4482，7427
亨利·埃利斯（Ellis, Henry）1805
亨利·奥尔良（Orleans, Henri d'）7591
亨利·保尔森 见 保尔森 2520
亨利·海登（Hayden, Henry Hubert）7595
亨利·基辛格 见 基辛格 1907，1949，2753
亨利·简斯顿（Gunstone, Henry）1422

亨利·考狄 见 考狄 8079
亨利·柯迪亚 见 考狄 5568
亨利·柯蒂埃 见 考狄 5329
亨利·诺曼 7353
亨利·赛瑞斯（Serruys, Henry）6141
亨利·希金斯 3083
亨宁·哈士纶（Haslund, Henning）6122
亨特·戈登 6355
亨特 见 威廉·亨特 5653，5698
亨廷顿（Huntington, Ellsworth）7567
恒慕义（Hummel, Arthur William）5416，6749
横川洋 2797
横光利一 4331
横松宗 6696
横田静夫 7759
弘法大师 见 遍照金刚 3632
弘中喜捷 2791
洪长泰 3308，5867，7876
洪峻峰 50
洪理达（Hong Fincher, Leta）1406，1629
洪世忠 7816
洪涛 3844
洪秀平 1738
洪雅筠 5167
洪永红 2188
洪业（Hung, William）6555
洪再辛 4573
侯承业（Hou, Michael）6726
侯瀚如 4743
侯杰 7104，7375
侯且岸 5174
侯瑞芬 3162
侯伟（Howie, Fraser）2326，2378
侯甬坚 3027
后藤大用 640
后藤富男 1362
后藤延子 6656
後藤昭雄 3527
忽滑谷快天 587，749，755，816
胡艾雯（Mueller, Eva Huber）4293
胡安·安东尼奥·费尔南德斯（Fernandez, Juan Antonio）2306，2644
胡安·巴勃罗·贾勒德纳（Cardenal, Juan Pablo）2640

胡安·冈萨雷斯·德·门多萨 见 门多萨 5495
胡邦炜 3346
胡宝华 7999
胡滨 5056，5902，5905，5906
胡春惠 7098
胡大泽 6042
胡德才 3861
胡逢祥 5263
胡国祥 935
胡继明 3229
胡建次 7980
胡锦山 1685
胡静 8083
胡菊人 7676
胡令远 1772，5323
胡淼森 4022
胡敏娜 6618
胡平生 7326
胡其瑜（Hu-Dehart, Evelyn）1272
胡沈含 964
胡适 6610
胡舒立 2746
胡司德（Sterckx, Roel）7711，7911
胡素萍 937
胡素珊（Pepper, Suanne）5951
胡炜栋 3126
胡文彬 3355，3892
胡小菁 8020
胡小伟 695
胡阳 492
胡耀苏 2755，2770
胡毅华 980
胡缨（Hu, Ying）3325，6516
胡永泰 7963
胡优静 5304
胡志德（Huters, Theodore）3506
胡志宏 5299
胡中泰 7945
胡宗楙 350
胡祖六（Hu, Fred）2308
户部良一 2210
户崎哲彦 3597
户田浩晓 3637，4016
花房英树 3918，6469

花轮寿彦 7736
花映红 6720
华百纳（Wasserstein, Bernard）5801
华大伟 2673
华澜 5193
华莉 5285
华生 1460
华少庠 525
华言 2343
华·扬契维茨基 见 瓦西里·扬 4289
华璋（Watt, John R.）7793
怀礼（Wiley, Isaac William）838，5881
怀履光（White, William Charles）7237，7243
怀特（Wright, George Newenham）5415
怀特 见 白修德 5970
怀特兄弟（White, Herbert Clarence&White, Henry James）7572
荒见泰史 3318，3319（应为同一条目）
荒木见悟 634，697
黄爱民 5096
黄安希 7886
黄保罗（Huang, Paulos）160，161，162，254，604，649，924
黄蓓 7116
黄炳辉 8018
黄秉泰 277
黄才贵 6213
黄长著 5258
黄朝翰（Wong, John）2040，2756
黄承元 4031
黄道立 1020
黄德宽 3205
黄冬柏 3860
黄范章 2791
黄海翔 2240
黄鸿钊 2117
黄华莉 3960
黄华彦 2940
黄华珍 2985
黄蕙兰 6717
黄佳宁 1670
黄见 德 5535
黄剑 3971
黄建明 7845

黄金英（Zin Yu Myint）2829
黄静渊 6088
黄靖容 5168
黄俊杰 445，452，455，456，457，458，459，474，
　　559，1763，3022，5020
黄克武 5183
黄昆章 2998
黄来纪 2194
黄莉 4030
黄霖 3533，3811，3903，3939
黄曼君 3867
黄孟文 3982
黄鸣奋 4050
黄启臣 6453
黄清源 3360
黄仁伟 1703，5212，5316，5318
黄仁宇（Huang, Ray）1043，2380，2437，4141，4147，
　　4297，4829，4842，4885，4929，4934，4937，
　　4954，5349，5368，5449，5692，6525，6622
黄韧 721
黄山 2746
黄少敏 2773
黄绍伦（Wong, Siu-Lun）2510
黄时鉴 2081，2949，5017，5019，5061，6058，
　　7380，7645
黄仕忠 3967，3969
黄树民（Huang, Shu-min）1330，1745
黄涛 953
黄宛婷 1796
黄伟 1704
黄卫总（Huang, Martin W.）3793
黄文欢 1997，1998，1999
黄文楼 7329
黄文湘 6589
黄贤强（Wong, Sin-Kiong）1321，5035，5576，
　　5659，6200，6203，6216
黄晓 4534
黄心川 901
黄心村（Huang, Nicole）3469
黄星桦 3585
黄兴涛 8050
黄修荣 6016
黄雪贞 3247
黄一权 3500

黄怡容 5179
黄宇和（Wong, John Y.）1426，6673，6675，6771，
　　6815，6818，7008
黄育馥 1693
黄裕端 6457
黄振萍 964
黄正德 3072
黄中模 3838，4053，4097
黄卓越 3882，5222
黄宗智（Huang, Philip C. C.）1080，2131，2133，
　　2137，2139，2140，2146，2182，2258，
　　2328，2382，2569，2629，2661，5320，7665
火者·盖耶速丁（Ghiyath al-Din Naqqāsh）606，
　　7438
霍尔顿（Holton, Richard H.）2787
霍尔瓦特·伊莎贝拉（Izabella, Horvath）4420
霍夫曼 583
霍根马滕斯（Hoogmartens, Jan）2174
霍吉淑 7142
霍康（Walter, Carl E.）2378
霍林沃思（Holliugworth, Glare）30
霍姆斯·维慈（Welch, Holmes）667，828
霍普·格兰特（Grant, James Hope）5643
霍塞（Hauser, Ernest O.）6243
霍巍 7318

I

I.A. 唐涅利 2465
I.T. 赫德兰 见 何德兰 5780
I. 爱泼斯坦 见 爱泼斯坦 5611

J

J.J. 克拉克（John James Clarke）116
J.K. 施赖奥克（Shryock, John Knight）668
J.M. 贝特兰 见 贝特兰 4486
矶公昭 7735，7750
矶野富士子 6635
姬勇 7922，7923
姬增禄 6335
基思·迈尔斯（Miles, K.）4278
基希（Kisch, Egon Erwin）4296
基辛格（Kissinger, Henry）1907，1949，2746，
　　2753，6867
吉伯特·威尔士 7353

吉川蕉仙 4533

吉川幸次郎 412，3314，3317，3576，3577，3695，
　　3696，3749，3763，4219，4397，6593

吉川英治 4327，4328，4329，4431

吉川忠夫 204，809，870，6745

吉村怜 4646

吉迪（Shelach, Gideon）7236

吉尔伯特·艾蒂安（Etienne, Gilbert）2439

吉尔伯特·罗兹曼（Rozman, Gilbert）1570

吉冈义丰 573，850

吉河功 7524，7525

吉姆·赫尔姆斯（Holmes, Kim R.）1967

吉姆·罗杰斯（Rogers, Jim）2628

吉瑞德（Girardot, Norman J.）110，597，808

吉田旷二 6698

吉田忠 5095

吉原俊井（Yoshihara, Toshi）2195

吉野正敏 7705

吉益东洞 7795，7825

吉原公平 1359

计壁瑞 3810

计翔翔 5275

纪好弼（Graves, Rosswell Hobart）5920

纪宏 2795

纪建勋 964

纪文勋 1484

纪燕 3923

纪志刚 964

季拜华 953

季家珍（Judge, Joan）1328，2890，6516

季进 3356，4019，4051，5241，5300

季林（Gillin, Donald G.）6898

季南（Kiernan, Victor Gordon）1988

季塔连科（Титаренко, Михаил Леонтьевич）1804，
　　1841，1842，2714，3217，5128

季羡林 4821，6700

冀爱莲 5156

加布里埃尔·B. 柯林斯（Collins, Gabriel B.）7707

加岛润 2649

加德拉（Gardella, Robert）2161

加地有定 734，6246

加地哲定 835

加勒利（Callery, Joseph-Marie）5818

加里·J. 斯密特（Schmitt, Gary J.）2020

加里·克莱德·赫夫鲍尔（Hufbauer, Gary Clyde）
　　2522

加利·H. 杰弗逊（Jefferson, Gary H.）2638

加鲁帕赫那 635

加略利（Callery, Joseph-Marie）1799

加内特·沃尔斯利（Wolseley, Garnet）5267

加斯东·加恩（Cahen, Gaston）1812

加藤彻 1053，1091，6880

加藤繁 2469，2605

加藤弘之 2417，2706，2733

加藤嘉一 1110，1183，1297，1562，1984，2850，
　　4166

加藤克子 5797

加藤幸子 4292

加藤雄三 6273

加藤雅彦 4291

加藤周一 4817

加文·麦考马克（McCormack, Gavan）6962

加文·孟席斯 见 孟席斯 4815，5327

家近亮子 5688

家井真 3561

嘉图 6001

甲柏连孜 3062

甲斐胜二 3271，5317

贾安娜（Jacoby, Annalee）5970

贾贵荣 8053

贾晋华 494

贾菁菁 5236

贾森·加格里亚蒂 7556

贾文娟 2716

贾兴和 4920

贾燕芹 4015

贾玉芹 2232

贾兆平 1746

贾志扬（Chaffee, John W.）1423，1441

贾祖麟（Grieder, Jerome B.）1280，1533，6614

榎本秋 2197，5334

榎本泰子 4660，4690

笕久美子 3609

笕文生 3609

简·亨特（Hunter, Jane）794

简·康德黎·斯图尔特（Stewart, Jean Cantlie）4321

建部正义 2377，2792

箭内亘 2203，5463，5464，6134，6167，6391

菅野智明 6996
江部洋一郎 7758，7759
江村治树 3027
江帆 3993
江宏伟 5285
江口圭一 5787，5791
江岚 3603
江南 6639
江沛 1760
江平 2184
江平（Champion, Steven R.）2459
江庆林 2463
江上波夫 5135，7486
江树生 6269，8070
江文汉 959
江文琦 3017
江文思（Behuniak, James Jr.）226
江文也 182
江学勤 2810
姜伯勤 7152
姜长斌 2065，2070
姜桂侬 6879
姜焕柱 3173
姜林祥 532，1740
姜宁 2785
姜其煌 3944
姜士彬（Johnson, Dacid G.）1541
姜锡东 5090
姜新艳 553
姜燕 3920
姜义华 2955，5025
姜莹基 176
姜智芹 1717，3846，3909，4018，4027，4089，5024
蒋斌 5183
蒋栋元 943
蒋秋华 8049，8066
蒋锐 905，4833
蒋树勇 1154
蒋硕杰 2457，2461
蒋希文 544
蒋向艳 3835，4007
蒋彝 1202，4733
蒋寅 3531

蒋育红 7840
蒋忠新 4821
焦大卫（Jordan, David K.）629
焦瓦尼·法雷塞 2703
矫江 2324，7867
纐纈厚 1308，1904，5662，5771
杰夫·贝克（Baker, Geoff）322
杰夫瑞·B. 格林（Greene, Jeffrey B.）5638
杰弗里·C. 冈恩（Gunn, Geoffrey C.）6219
杰弗里·巴洛（Barlow, Jeffrey G.）6193
杰华（Jacka, Tamara）1226
杰克·贝尔登（Belden, Jack）5986
杰克·伯恩斯（Birns, Jack）2207
杰克·赫贝尔（Hebert, Jacques）1277
杰克·威泽弗德（Weatherford, Jack）6512
杰拉德·A. 迈克尔森（Michaelson, Gerald A.）2454
杰拉尔德 A. 麦克尔森 见 杰拉德·A. 迈克尔森 2454
杰里·诺曼 3180
杰鲁莎·麦科马克（McCormack, Jerusha）1806
杰伦·兰密施（Ramesh, Jairam）1899
杰罗姆 B. 格里德尔 见 贾祖麟 1533
杰斯·布莱恩 6616
杰西卡·罗森（Rawson, Jessica）7257
芥川龙之介 4512
今村匡平 6937
今关寿麿 288
今井清 4002，8071
今井贞吉 7293
金安平（Chin, Annping）179，6596
金柄珉 3833
金伯昀 5317
金灿花 5087
金成民 2099，8057
金成修 701
金程宇 3001
金春明 6045
金大珍 6234
金东柱 576
金兑勇 622
金多士（McIntosh, Gilbert）797
金甫暻 3581
金谷治 222，791

金国平 1972，1973，6408，6450
金惠媛 2927
金介甫（Kinkley, Jeffrey C.）3554，6824
金俊烨 6853
金骏远（Goldstein, Avery）1552
金宽雄 3833
金兰都 2271
金尼阁（Trigault, Nicolas）679
金培懿 483
金秋 4763
金日坤 2422
金瑞荣 2271
金山 6458
金申 915
金胜一 1970
金晟焕 158
金丝燕（Jin, Siyan）637，2878，3000
金斯敦（Kingston, Maxine Hong）4248
金松圭 3115
金台俊 3289
金天鹤 1011
金丸健二 6292
金渭显 2077
金文兵 912
金文亨 914
金文京 3539，3967，5423
金文学 1078
金夏中 1439
金先宏 2097
金学俊 6456
金学勤 500
金雅声 7287
金雅瑛 3046，3047，3051，3052，3115，3130，
　3131，3142，3154，3200
金翼兼 2826
金应熙 5519
金庸 4922
金永平 4766
金永植 422
金勇义（Kim, Hyung I.）2178
金羽 70
金宰贤 1542
金在原 4319
金之平 5028

金志焕 2572
金钟美 3616
金子修一 5359，7370
津上俊哉 2620
津田道夫 5753
津田左右吉 215，253
近藤邦康 21，1315
近藤大介 1617
近藤芳美 4453
近藤摄南 4697
近藤秀实 4631
近藤一成 5441
近藤直子 3687
靳丛林 4128
经盛鸿 6014，6063
荆志淳 5512
井波律子 3727，3736，6738
井口淳二 1049，4700
井上彻 7368，7667
井上充幸 6273
井上聪 314
井上桂子 5726
井上进 2899
井上靖 4142，4201，4249，4252，4268，4368，
　4421，4448
井上谦 4485
井上清 1828
井上晴树 4274
井上厦 4336
井上泰山 4572
井上一叶 7005
井上裕正 5776
景军（Jing, Jun）6779
静慈圆 711
静永健 2827，3281
久保亨 2700
久保田和男 6339
酒井忠夫 384，608，695
臼井胜美 2053，6959
驹田信二 4491，6488，6765
居伊·布罗索莱（Brossollet, Guy）6318
菊池敏夫 2346
菊池秀明 5746
菊地节藏 6255

人名索引 | 683

橘瑞超 7455
具圣姬 149，5387
崛诚 6467
君特·舒耕德（Schubert, Gunter）1207，1795

K

K.E. 福尔索姆（Folsom, Kenneth E.）1378
卡·古普塔（Gupta, Karunakar）2057
卡恩斯·洛德（Lord, Carnes）7710
卡尔（Carl, Katherine A.）5416，6718
卡尔·J. 达尔曼 见 卡尔·达尔曼 2665
卡尔·达尔曼（Dahlman, Carl）2665，2933
卡尔·克劳（Crow, Carl）5696
卡尔·赖希尔（Reichl, Karl）3618
卡尔·梅耶（Meyer, Karl E.）7203
卡尔·皮尔尼（Pilny, Karl）1987
卡尔·沃尔特（Walter, Carl E.）2326
卡尔洛·斯戈隆（Sgorlon, Carlo）7409
卡尔图诺娃（Картунова, Анастасия Ивановна）5678
卡尔逊（Carlson, Evans Fordyce）5953
卡伦·菲力普斯（Phillipps, Karen）7715
卡萝尔·卡特（Carter, Carolle J.）1979
卡洛斯·高美士·贝萨（Bessa, Cralos Gomes）6221
卡门·曼德思（Mendes, Carmen Amado）1649
卡明斯基（Kaminski, Gerd）1808，4255，5647，6266，6654，6702，6977
卡普尔（Kapur, Harish）1878
卡特琳·文慕贝（Van Moppès, Catherine）4283
卡希尔 见 高居翰 4726
开乐凯（Clark, John Dent）6322
凯恩（Kane, Penny）1555
凯恩（Koen, Ross Y.）1356
凯利·布朗（Brown, Kerry）2427
凯丽·西蒙斯·盖勒格（Gallagher, Kelly Sims）2254
凯伦·史密斯（Smith, Karen）4549，4591，6313
凯瑟 4430
凯瑟琳·F. 布鲁纳（Bruner, Katherine F.）5592，6600
凯瑟琳·卡尔 见 卡尔 6718
凯瑟琳·马嘎特尼 见 凯瑟琳·马嘎特尼 7535
凯瑟琳·马嘎特尼（Macartney, K.）7535

凯思林·C. 格林 6601
凯西·詹格兰德（Giangrande, Cathy）2898
凯泽 见 阿恩·德凯基泽 1886
坎贝尔·布朗士（Blanche, K.）1259
康爱德（Kennedy, Alastair）6465
康保成 4566，4567，4568，4569，4570，4571，4572
康豹（Katz, Paul R.）600，624，864，932，1673，7361
康达维（Knechtges, David R.）3425
康格温 7910
康开丽（Conceison, Claire）6792
康拉德·赛茨（Seitz, Konrad）2663
康拉德·希诺考尔（Schirokauer, Miranda）4997
康马泰（Compareti, Matteo）7212
康念德（Kennedy, Thomas Larew）2360
康桥 7082
康蕊君 7142
康绍邦 61
康笑菲（Kang, Xiaofei）727
考狄（Cordier, Henri）4839，5329，5568，8079，8080
考迪埃 见 考狄 4839
柯白 1421
柯必德（Carroll, Peter J.）6351
柯博文（Coble, Parks M.）1659
柯嘉豪（Kieschnick, John）631
柯娇燕（Crossley, Pamela Kyle）5651
柯杰瑞（Cristoforo, Albert J.）2662
柯兰 5193
柯兰霓（Collani, Claudia von）781
柯乐洪（Colquhoun, Archibald R.）7440
柯雷（Crevel, Maghiel van.）3421
柯立思（Schmidt, Christian Y.）4197
柯林义（Clini, E.）2719
柯临清（Gilmartin, Christina Kelley）1525
柯鲁克 见 伊莎白·柯鲁克 5804
柯鲁克 见 大卫·柯鲁克 5804
柯律格（Clunas, Craig）4535，4550，4612，4676，4745，7896
柯马丁（Kern, Martin）5278，7194
柯玫瑰（Kerr, Rose）7231
柯让（Keith, Ronald C.）2060
柯睿（Kroll, Paul William）3435
柯伟林（Kirby, William C.）1827，2107，2393，

6006，6066

柯蔚南（Coblin, W. South）7169

柯文（Cohen, Paul A.）1518，5714，5735，5929，6562

柯雄文（Cua, Antonio S.）172，206

柯雪润 3096

柯毅霖（Criveller, Gianni）747

科大卫（Faure, David）1015，1287，2351，5397

科林·G. 布朗（Brown, Colin G.）2633

科林·科拉克（Clark, Colin）3010

科尼利尔斯·奥斯古德（Osgood, Cornelius）1178

科斯娜·白特兰（Bertrand, Cristina）156

科特勒（Kotler, Milton）2334

科兹洛夫 见 彼·库·柯兹洛夫 7521

克拉克·阿裨尔（Abel, Clarke）7616

克拉伦斯·莫里斯（Morris, Clarence）2179

克莱尔·霍林沃丝 见 霍林沃思 30

克莱门茨·R. 马克姆（Markham, Clements Robert）7457

克莱门德·蒂斯坦尔（Tisdell, Clement）2458

克兰尔（Band, Claire）5868

克劳德·迈耶（Meyer, Claude）1418

克劳丁 1245

克劳婷·苏尔梦（Salmon, Claudine）3704

克里斯·贝迪斯（Bates, Chris）7626，609

克里斯蒂娜·格罗斯—洛（Gross-Loh, Christine）141

克里斯多福·泰德格（Tadgell, Christopher）7880，7913，7914

克里斯托弗·阿南德尔（Arnander, Christopher）1417

克里斯托弗·科克尔（Coker, Christopher）1821

克利斯朵夫·巴克特（Market, Christopher）335

克林凯特（Klimkeit, Hans-Joachim）4909

克留科夫 3180

克鲁切尔 7555

克路士（Cruz, Gaspar da）7495

克罗尔（Kroll J.）7571

克罗泽（Crozier, Brian）6634

肯尼斯·K. 田中（Tanaka, Kenneth K.）843

肯尼斯·金（King, Kenneth）2025

肯尼斯·雷（Rea, Kenneth W.）1811

孔贝（Combe, George Alexander）6185

孔秉德 1920

孔陈焱 5292

孔飞力（Kuhn, Philip Alden）664，1428，5979，5993

孔复礼 见 孔飞力 664，5993

孔诰烽（Hung, Ho-fung）1631

孔海立 3361

孔寒冰 2046，6528，6936，6972，6975

孔汉思（Kung, Hans）865，866

孔华润（Cohen, Warren I.）1914，2082

孔杰荣（Cohen, Jerome Alan）2166，2193

孔令伟 4771

孔佩特（Conner, Patrick）2310

孔庆峰 1156

孔祥吉 1819，1865，2007

孔远志 3019

寇艾伦（Carlson, Allen）1215，1676

堀场一雄 2208

堀和生 2418

堀敏一 1961，2356，4985

堀毅 2143

堀悦夫 2523

库罗帕特金（Куропаткин, Алексей Николаевич）6287

库寿龄（Couling, Samuel）5870

库赞·德·蒙托邦（Montauban, Cousin de）5740

旷敏本 2138

邝健行 3885

邝治中（Kwong, Peter）1275，1377，1492，1624

奎恩（Quinn, Terry）4414，6857

奎宁 见 奎恩 6857

奎斯特德（Quested, R.K.I.）1980

奎因（Wei, Katherine）4191

魁奈（Quesnay, Francois）2675

L

L.C. 阿灵敦（Arlington, Lewis Charles）6382

L.F. 朱以亚（Juillard, L. F.）5985

L. 包乐史 见 包乐史 2248

L. 布尔努娃 见 布尔努瓦 4910

L. 布尔努瓦 见 布尔努瓦 2486，4910

拉布什卡（Rabushka, Alvin）2500

拉尔夫·尔·鲍威尔（Powell, Ralph L.）2224

拉尔松（Larcon, Jean Paul）2776

拉菲尔—欧利阿尼（Oriani, Raffaele）1197

拉斐尔·凯普林斯基（Kaplinsky, Raphael）2621

拉夫卡迪奥·赫恩（Hearn, Lafcadio）3647
拉吉布·班纳 1644
拉卡卡（Lalkaka, Rustam）7691
拉里·戈尼克（Gonick, Larry）4882
拉纳·米特（Mitter, Rana）5946
拉铁摩尔（Lattimore, Owen）6118，7605
拉希德·阿利莫夫 2869
莱昂内尔·弗里德费尔德（Friedfeld, Lionel）2512
莱尔·J. 戈尔茨坦（Goldstein, Lyle J.）2220，7710
莱芒·道逊（Dawson, Raymond）5002
莱斯利 见 李渡南 4962
莱斯特·R. 布朗（Brown, Lester Russell）2447
赖春杏 1675
赖大卫（David, Lai）2205
赖德烈（Latourette, Kenneth Scott）660
赖海榕（Lai, Hairong）2648，2717
赖骞宇 7658
赖肖尔（Reischauer, Edwin Oldfather）4952
赖蕴慧（Lai, Karyn）163
濑川昌久 6113，7022
濑户宏 3544，4714
濑尾港二 7786
兰比尔（Ranbir）5947
兰登·华尔纳（Warner, Langdon）7597
兰司铁（Ramstedt, Gustav John）3034
蓝鼎元 2138
蓝凡 7075
蓝吉富 714
蓝克利（Lamouroux, Christian）2768，7855，7982
蓝莉（Landry-Deron, Isabelle）4886
蓝庆元 3273
蓝诗玲（Lovell, Julia）5875
郎朗（Lang, Lang）6651
郎世宁（Castiglione, Giuseppe）4593，4594
朗格（Lang, H.）6321
朗宓榭（Lackner, Michael）2808，2884，3153，5178
劳埃德（Lloyd, E.Eastman）5577
劳费尔（Laufer, Berthod）3170，4722，4999，6186，7241
劳佛尔 见 劳费尔 4722
劳格文（Lagerwey, John）854，897，910，1015，6201，6215，7349
劳里·安德伍德（Underwood, Laurie）2306，2644

劳丽·安德伍德 见 劳里·安德伍德 2644
劳伦·勃兰特（Brandt, Loren）2477
劳伦斯·贝尔格林（Bergreen, Laurence）6707
劳悦强 496
老尼克（Forgues, Emile Daurand）5385
老舍 3159
勒·比松（Pichon, Alain Le）2953
勒柯克（Le Coq, Albert Von）4670，7167，7224，7252，7562
勒内·格鲁塞 见 格鲁塞 4831，4862，4927，4955，4960，4970，5497，6084，6124，6506
勒内·韩（Han, Rene）4525
勒内·吉罗 7145
勒尼·格鲁塞 见 格鲁塞 6084
雷德侯（Ledderose, Lothar）4587，4609，4652，7331，7332
雷国山 5757
雷嘉·莫汉（Raja Mohan, C.）2238
雷金庆（Louie, Kam）1070
雷克（Rehage, Christoph）7532
雷立柏（Leeb, Leopold）648，723，1008，2807，2820，2828，2830，2836，2841，2853，2882，3099，3100，3101，3102，3143，6360，6477，6948
雷蒙·道森（Dawson,Raymond）1546
雷蒙德·F. 怀利（Wylie, Raymond Finlay）46
雷穆森（Rasmussen, Otto Durham）6350
雷纳·格鲁塞 见 格鲁塞 6124
雷奈·格鲁塞 见 格鲁塞 4831
雷切尔·格拉克 6664
雷小山（Rein, Shaun）2426，2659
雷叙川 1714
雷雨田 933
雷孜智（Lazich, Michael C.）706
雷兹·马利列（Malile R.）1469
冷溶 68
黎安友（Nathan, Andrew J.）1564，1813，1977
黎华伦（Reed, Warren）270
黎汉杰 4036
黎丽安·西格勒（Sichler, Liliane）4360
黎玉琴 1001
李·马吉芬（McGiffin, Lee）6826
李爱德（Jocelyn, Ed）4259
李安光 4047

李敖 6637

李白 3917

李必樟 2429

李炳官 3190

李才 2800

李昌淑 4571

李长铎 492

李长森 3237，5531

李焯然（Lee, Cheuk Yin）2932，5403，5533，6751

李琤 3937

李成（Li, Cheng）1540

李炽昌 977

李崇恺 1715

李春馥 311

李大斐 6668

李丹（Little, Daniel）1326

李德范 8082

李东红 2749

李渡南（Leslis, Donald Daniel）4962

李恩富（Lee, Yan Phou）4417

李范文 5126

李方桂（Li, Fang-Kuei）7169

李丰楙 5183

李峰（Li, Feng）1479，5452

李福清（Рифтин, Борис Львович）857，3344，3349，3372，3437，3540，3548，3720，3742，3881，5145，7990

李复华（Liebenthal, Walter Boris）4548

李盖提·拉约什 5677

李耕 279

李光斌 7662

李光耀（Lee, Kuan Yew）1324

李广良 1744

李国强 5193

李国卿 2329

李国庆 653，685，691，840，1108，1109，1154，1229，1273，1521，1550，1554，1596，1619，1639，4482，4483，4494，5717，5843，5866，5918，5920，5923，5924，5975，5982，5983，5988，6263，6298，6389，6395，6402，7403，7407，7410，7412，7426，7508，7543，7547，7576，7577，7579，7586，7594，7596，7602，7603，7613，7615，7621，8038

李海军 3843

李海燕 4038

李浩 5011

李皓天 5579

李弘祺（Lee, Thomas Hong-Chi）1146，1781，2835，2868，2887，2950，3012，5023

李红利 5895

李华川 7108

李华卿 3768

李华伟 1064

李华元 3683

李桦 1216

李怀印（Li, Huaiyin）1281，2490，5599

李桓 6803

李辉 5922，6015

李惠斌 7969

李惠仪（Li, Wai-yee）5503

李基东 221

李纪祥 5278

李加展 3980

李家巍 6037

李家源 3362

李建民 7799

李今 3820

李锦坤 2069

李京来 6822

李经纬 7853

李静娜（Li, Jingna）1193

李军 7097

李君如 15，75

李均洋 3899

李卡多—斯达亚诺（Stagliano, Riccardo）1197

李开义 6412

李侃如（Lieberthal, Kenneth）1538，1571，2116，2519

李可柔（Hamrin, Carol Lee）6584

李兰琴 984

李丽秋 3813

李力 8056

李莉 1769

李联会 7845

李林甫 1214

李灵 1023

李灵窗 1339
李隆基 1214
李路路 1742
李露晔（Levathes, Louise）5348
李禄兴 3215
李梅花 5007
李梅玲 5284
李明（Le Comte, Louis）5485
李明滨 5078，5083，5191
李明辉 449，450，466，485，545
李明洙 178，417
李明珠（Li, Lillian M.）1282，2347
李木兰（Edwards, Louise）1497，3514
李楠 2220
李宁 3869
李宁辉 2324，7867
李宁玉 2975
李欧梵（Lee, Leo Ou-fan）2888，3084，3356，
　　3438，3547，3617，3781
李平 3881
李平（1955.12~）4024
李平植 11
李萍 4043
李凭 5561
李普士（Reps, Ali Paul）579
李期博 6198
李齐芳 1785
李起馨 3052
李清泉 7136
李庆 5022，5214，5265
李全 2959
李人庆 2730
李仁臣 1453
李荣建 1665
李汝和 6410
李瑞全 462
李瑞智（Little, Reg）270
李锐 7214
李莎 见 李莎·卡尔杜齐 1452，2883
李莎·卡尔杜齐（Carducci, Lisa）1242，1452，
　　2883，4171，4387
李善同 2664，2726
李商隐 3485
李少军 2818，5852

李少云 7029，7113
李绍庚 522
李绍昆（Lee, Cyrus S. K.）227，229
李声凤 4086
李圣权 2312，2674
李实 2619，2721
李守石 1714
李寿葆 4352
李书仓 7031
李书增 537
李树果 3950
李甡平 561
李素月 6449
李台册（Li, Laura Tyson）6801
李太郭（Lay, G. Tradescant）1108
李提摩太（Richard, Timothy）5772
李天纲 1009，1157
李天石 6440
李廷江 2122，6068，8029
李廷举 5095
李庭甫 5279
李威周 5098
李伟 7284
李伟丽 5255
李伟荣 549
李玮 1681
李尉昂 见 黄仁宇 4147
李文 6859
李文斌 7395
李文潮 4869
李文和（Lee, Wen Ho）4396
李无未 3214，3250，3252，3253
李喜所 5055
李香兰 见 山口淑子 6524
李向前 6018
李向平 986
李向玉 2960，3259，5531
李肖 6211
李小龙（Lee, Bruce）6665，6780
李小桃 5192
李小玉 5634，5896
李晓春 2785
李孝聪 8040
李孝迁 5237，5307

李效黎 4445
李榭熙 724
李心纯 566
李新德 960
李欣荣 534，1163，7105
李秀雄 3802
李学君 2075
李学勤 5193，5205，7193，7308，8011
李雪松 2718
李雪涛 2966，5049，5121，5131，5252，5273，5296
李毅 1719
李亚非 3072
李艳慧 3072
李彦姝 5042
李寅生 2984，3794，5525，5526
李盈 2838
李映周 2024
李永春 1705
李永男 3852
李永强 2187
李永宪 7318
李永祥 1162
李永鑫 6407
李勇 1759
李勇先 4478
李岫 4118
李玉 2066，2942
李玉良 3976，3977
李玉贞 5586
李渼（Lee, Ann）1352
李源生 3130
李约翰（Reid, John Gilbert）1935
李约瑟（Needham, Joseph）1087，2866，2895，6668，7674，7675，7677，7682，7683，7685，7865，7976
李岳定 471
李云泉 5109
李在中 6557
李增田 7033
李真 2936，2997，3241
李珍华 4020
李振刚 7262
李正浩 3057

李正晓 7254
李志刚 917
李治国 7263
李中清（Lee, James）1076，5539
李中 58
李钟兰 297
李钟殷 5012
李忠效 4413
李铸 2232
李铸晋 4623，4695，4711，4741，4802
李宗焜 3084
李宗仁 5711，6669
李祖宪 3200
里昂·汉特（Hunt, Leon）4562
里杰兰德（Liljelund, Lars-Erik）7967，7968
里尔·莱博维茨（Leibovitz, Liel）2885
里兹（Ritz, David）6651
理查德·B. 哈里斯（Harris, Richard B.）7860
理查德·H. 托尼（Tawney, Richard Henry）2568
理查德·J. 司马富（Smith, Richard Joseph）6600
理查德·伯恩斯坦 见 白礼博 1872，2013
理查德·楚伟（Chuhue, Richard）1193
理查德·库柏（Cooper, Richard）6514
理查德·罗斯克兰斯（Rosecrance, Richard）1900，1974
理查德·维能·希尔（Hill, Richard Vernon）4409
理查德·伊文思（Richard, Evans）8
理查·伊凡 见 理查德·伊文思 8
理雅各（Legge, James）3730，6595
厉声 7643
厉以宁 1227，2712，2713
立德夫人（Little, Archibald）1416，5601，5774，6662，7478，7543
立间祥介 2211
立石昌广 2555
丽贝卡·弗雷齐（French, Rebecca）1403
丽贝卡·斯蒂福夫（Stefoff, Rebecca）6710
丽莲·威伦斯（Willens, Liliane）6386
利类思（Bugli, Ludovic）4998
利里（Leary, William Matthew）2368
利玛窦（Ricci, Matteo）674，677，678，679，742，785，7977
利亚姆·菲兹派瑞克 7556
莉·列·维克托罗娃 6130

栗原伸治 1049
砺波护 731
笠原十九司 5759，5762
笠原仲二 136
连清吉 511，5014，5267，5268，7042，7089
连晓鸣 6407
连晓鸣 5227
廉亚明（Kauz, Ralph）1994
镰田茂雄 593，607，652，657，661，814，834，1019，7522
良人 4284，4285
梁超然 7049
梁发 898
梁禾 3699，7110
梁会锡 4571
梁继国 4012
梁晶晶 7028
梁景和 6008，6052
梁敬錞 1909
梁林歆 1791
梁满仓 5561
梁启超 6657
梁实秋 7120
梁漱溟 6860，6969
梁思成 7900
梁涛 479
梁尉英 7261
梁怡 1692，5219，6018
梁瑜霞 4013
梁元生（Leung, Yuen-sang）946，6317
梁云祥 1737
梁再赫 55
梁肇庭（Leong, Sow-Theng）6189
梁真惠 3928
廖大伟 5766
廖建裕（Leo, Suryadinata）1530
廖乐柏（Nield, Robert）2651
廖名春 7214
廖钦彬 491
廖旸 7299
列维（Levi, Sylvain）748，760，3139
烈悌（Ready, Oliver George）1521
烈维 见 列维 748
林百克（Linebarger, Paul Myron）6817

林超民 6205
林春城 4034
林达·约翰逊（Johnson, Linda Cooke）6253
林端 2940
林恩显 7653
林发钦 6447
林凤萍 5532
林冠群 6199
林光江 1251
林广志 6409，6447
林和生 566
林华生 2601，2711
林家有 7067
林嘉琳（Linduff, Katheryn M.）7321
林江（Lin, John）2181
林金水 942，983，6420
林久之 3731
林久治郎 5694
林俊相 5317
林立强 950
林留清怡 4441，7902
林迈可（Lindsay, Michael）5706
林满红（Lin, Man-hong）2514
林美莉 1673
林美容 5183
林默涵 4493
林南 6678
林青松 2656，2778
林庆彰 5203，5547，8049
林仁川 2410，5530
林顺夫（Lin, Shuen-fu）3750
林巳奈夫 7183，7202，7229
林田慎之助 7017
林维杰 449，459
林蔚 3031
林文勋 1664，2727，2751，2783
林文月 5206
林汶奎 2729
林西莉（Lindqvist, Cecilia）3087，4563，5721，7698
林新年 3260
林雄 904
林秀一 324，325
林徐典 5228

林耀华（Lin Yueh-hwa）1304
林亦 3207
林毅夫 2280，2713
林语堂（Lin, Yutang）184，194，399，400，437，1092，2924，4221，4484，6279，6535，6811，6875
林玉均 142，225
林毓生（Lin, Yu-sheng）398，1111
林月惠 466
林振江 1954，6759
林正秋 5085
林志成 7816
林中斌（Lin，Chong-Pin）2204
林中泽 543
林忠强 1677
林重庚（Lim, Edwin）2616
琳·乔伊纳（Joiner, Lynne）6843
琳达·甘（Gan, Linda）3141
琳达·岳（Yueh, Linda Y.）2570
凌海成 4527
玲丽·贝迪斯（Bates, Ling-li）7626
铃木大拙 582，588，590，592，596，683，684，744
铃木虎雄 3334，3712，3746，3760，3761，6806
铃木俊 2467
铃木良知 7775，7831
铃木隆史 5785，5788
铃木满男 7378
铃木清一郎 7363
铃木喜一 251
铃木修次 3772
铃木阳一 3660
铃木洋保 6996
铃木元 7742
铃木正夫 6813，6925
令狐萍 1306，1532
呤唎（Lindley, Augustus Frederick）5819
刘岸伟 3659
刘柏青 3532
刘柏林 2818，5323
刘渤 5082
刘长宗 7265
刘琛 2956
刘承相 430

刘程远 5073
刘春银 8088
刘翠溶 5183
刘翠溶 7962
刘达 112
刘大年 6074
刘德强 2557
刘丹 3962
刘登阁 2996
刘恩铭 1025
刘芳亮 3958
刘芳 3866
刘凤鸣 6417
刘富华 3044
刘馥（Liu, Frederick Fu）2228
刘刚 4013
刘高焕 7961
刘广京（Liu, Kwang-Ching）2364，2516，5685，6661
刘桂生 6053
刘海宁 5708
刘海平 3024
刘海善 2609
刘海翔 5047
刘海岩 6284
刘海燕 3251
刘合生 6202
刘宏 3021
刘洪潮 1752
刘洪涛 4031
刘厚琴 510
刘怀荣 3955
刘继南 1712
刘骥 1687
刘家鸣 4119
刘家鑫 1735
刘嘉陵 3222
刘健恒（Lau, Kelvin）2412
刘建辉 6299
刘剑梅（Liu, Jianmei）3337
刘接宝 7770
刘杰 1802，2068
刘介民 4029
刘进宝 7341

刘景福 4799
刘景旭 7688
刘静 8027
刘军 7090
刘俊文 5095，5142，5420
刘康克 7952
刘克伦 1152
刘浪 3974
刘丽霞 3907
刘莉 7253
刘烈 3649
刘林利 1732
刘路生 6069
刘潞 5351
刘美珣 2755
刘梦溪 1168，1169
刘敏元 956
刘霓 1693
刘宁 214
刘宁颜 2151
刘鹏 1156
刘平 4009
刘萍（古文献）501，7057
刘萍 5861
刘起釪 5543
刘日太 6207
刘若愚（Liu, James J. Y.）3284，3725，3747，3758，3771
刘森林 463
刘山 2103
刘珊珊 4534
刘善章 2008
刘韶军 516
刘士安 4384
刘述先 5183
刘顺 3105
刘顺利 3822，5163
刘素芬 6988
刘庭豪 2964
刘务林 7959
刘维汉（Liu, William）6574
刘为 2091
刘伟 3964
刘文品 4382

刘僖俊 3364
刘香成 4606，4725，5889，6313
刘小珊 965
刘晓丽 3916，4014
刘笑敢（Liu, Xiaogan）110
刘笑盈 1686
刘炫 324
刘雪芹 4028
刘亚丁 2970
刘亚辉 3242
刘亚轩 5534
刘岩 4077
刘焱 7131
刘泱泱 1753
刘易斯（Lewis, John Wilson）2225，7935
刘永安 5840
刘永增 7307
刘玉才 3055，5208，8075
刘玉珺 3002
刘玉萍 3208
刘玉珊 2069
刘毓庆 8055
刘岳兵 513，514
刘耘华 975
刘增贵 5183
刘增泉 2078
刘招成 5251
刘兆玄（Liu, C.S.）6903
刘振亚 2719
刘正 5215，5289
刘志彪 2785
刘志强 5116
刘志琴 1710
刘志义 5098
刘中树 7094
刘钟毅 4163
刘忠 7327
刘子健（Liu, James T. C.）5388，5493
柳·波兹涅耶娃（Позднеева, Любовь Дмнтриевна）3580
柳长华 7835
柳承国 147
柳存仁（Liu, Tsun-yan）109，612，1046，1047，3546，4170，7197，7978

柳华阳 967
柳若梅 2966，3202，3224，5200
柳田圣山 591，815
柳廷烈 3154
柳无忌（Liu, Wu-chi）272，3769，6812，6861，7069，7077，7081
柳卸林 2925
柳银珠 140
柳镛泰 1536
六角恒广 2860，3123，6756
龙安志（Brahm, Laurence J.）725，1213，1480，1572，1668，2423，2440，2565，2566，4423，4442，4469，4699，7549
龙巴尔（Lombard, Denys）5193
龙伯格（Lundbæk, Knud）647，708
龙流 6804
龙昇 6763
龙思泰（Ljungstedt, Anders）6396
龙伟华（Hathaikarn Mangkorn Paiboon）3132
龙西斌 5532
楼文 1363
楼宇烈 562，1021
卢茨（Lutz, Jessie Gregory）2905
卢公明（Doolittle, Justus）1620
卢国俊 2289
卢国礼 2492
卢汉超（Lu, Hanchao）1300，1376，1410，2988，6599，6981，7059
卢汉龙 2546
卢卡·左尔丹（Zordan, Luca）4704
卢茂君 3908，4033
卢鸣东 5547
卢其敦（Lewis, Charlton M.）4976
卢仁淑 568
卢睿蓉 473
卢伟 2974，8047
卢苇菁（Lu, Weijing）1411
卢晓（Lu, Pierre）2433
鲁宝元 2983
鲁保罗（Roux, Jean-Paul）6368
鲁比·沃森（Watson, Rubie Sharon）1498
鲁布鲁克（Rubruk, W.）7389
鲁茨坦（Rutstein H.）7571
鲁道尔夫·切尔敏斯基（Chelminski, Rudolph）4281
鲁道夫·P. 霍梅尔（Hommel, Rudolf P.）7899
鲁道夫·特劳普—梅茨（Traub-Merz, Rudolf）2760
鲁桂珍（Lu, Gwei-Djen）2895
鲁纳（Rune, Svarverud）1139
鲁日满（Rogemont, Francisco）6089
鲁曙明 5315
鲁惟一（Loewe, Michael）122，148，1270，5366，5377，7991
鲁晓琨 3147
鲁晓鹏（Lu, sheldon Hsiao-peng）3304，4137，4684，4807
陆奥宗光 1876
陆伯彬（Ross, Robert S.）1813，1853，1993，2065，2070，2102，2114
陆灿 6865
陆道平 3266
陆德明 3254
陆德阳 1549
陆国俊 7133
陆坚 3528
陆坚 5067
陆俭明 3212，3244
陆镜光 3207
陆康（Luca, Gabbiani）5193，7661
陆南泉 2755
陆束屏（Lu, Suping）5715，5738，5782，5842，5872，5907
陆威仪（Lewis, Mark Edward）5356，5438，5468
陆锡兴 3235
陆学艺 2770
陆耀东 7029，7112，7113
陆一约（Dukes, Edwin Joshua）6403
陆忠伟 1723
鹿野忠雄 7502
禄是遒（Henri Doré, S.J.）849
路得·那爱德（Knight, Luther）4583，6278，6379
路康乐（Rhoads, Edward J. M.）1340
路克利 1695，1699
路易·艾黎 见 艾黎 7873
路易·巴赞（Bazin, Louis）7699，7703
路易·贾博乐（Cabral, Luís）1509
路易·帕罗（Palau, Luis）662

路易吉·布雷桑（Bressan, Luigi）6365
路易斯·乔丹·米恩（Miln, Louise Jordan）4456
露丝·海荷（Hayhoe, Ruth）2816
伦道夫·巴克（Barker R.）2636
罗比·尤恩森 见 尤恩森 6809
罗宾·吉尔班克（Gilbank, Robin）4921，7470
罗宾逊 4364
罗伯尔·萨耶（Sailley, Robert）792
罗伯特·K.G. 坦普尔（Temple, Robert K.G.）7679，7681
罗伯特 B. 埃克瓦尔（Ekvall, Robert B.）6186，7364
罗伯特 C. 摩根（Morgan, Robert C.）4686
罗伯特·D·布莱克威尔（Blackwill, Robert D.）1324
罗伯特·S. 罗斯 见 陆伯彬 1853
罗伯特·H. 斯各特（Scott, Robert H.）2250
罗伯特·W. 科普（Koepp, Rob）2295
罗伯特·彼·埃克瓦尔 见 罗伯特 B. 埃克瓦尔 7364
罗伯特·梵·古利克 见 高罗佩 4185，4186，4200，4294，4354，4372，4472
罗伯特·阿普（Arp, Robert）4544，4596（应为同一条目）
罗伯特·艾什（Ash, Robert）1591
罗伯特·比尔（Beer, Robert）805
罗伯特·道格拉斯（Douglas, Robert）6658
罗伯特·芬雷（Finlay, Robert）7195
罗伯特·芬斯特拉（Feenstra, Robert C.）2408
罗伯特·弗莱明（Fleming, Robert）7959
罗伯特·福钧 见 罗伯特·福琼 5661
罗伯特·福琼（Fortune, Robert）5661，7887
罗伯特·京特（Günther, Robert）4634
罗伯特·劳根·杰克（Jack, Robert Logan）5975
罗伯特·劳伦斯·库恩（Kuhn, Robert Lawrence）1543，6825
罗伯特·罗斯 见 陆伯彬 1813，1993，2065，2070，2102
罗伯特·马礼逊 见 马礼逊 3136
罗伯特·马歇尔（Marshall, Robert）6092
罗伯特·麦克林（Macklin, Robert）6978
罗伯特·米尼肯（Minikin, Robert）2412
罗伯特·沙敦（Shaw, Robert B.）7578
罗伯特·沙夫（Sharf, Robert H.）871
罗伯特·斯卡拉皮诺（Scalapino, Robert A.）6530

罗伯特·斯坦利（Stanelle, Robert）4405
罗伯特·斯特林·克拉克（Clark, Robert Sterling）7406
罗伯特·徐（Hsu, Robert）2386
罗伯特·雅各布（Jacob, Robert）2154
罗布·利尔沃（Lilwall, Rob）4380
罗德里克·麦克法夸尔 见 麦克法夸尔 1344
罗夫·华德罗·汤普森 779
罗芙芸（Rogaski, Ruth）7789
罗贯中 4553
罗欢镇 2901
罗光 944
罗汉（Rothschild, N. Harry）6876
罗浩（Roth, Harold David）346
罗红波 2703
罗杰·艾切卡雷（Etchegaray, Roger）872
罗拉（Lenain, Géraldine）6690
罗兰·巴尔特（Barthes, Roland）4509
罗兰德·丹罗伊特（Dannreuther, Roland）2537
罗丽莎（Rofel, Lisa）1331
罗梅君（Leutner, Mechthild）1826
罗明嘉 924
罗纳德·C. 基思 见 柯让 2060
罗纳德·哈里·科斯（Coase, Ronald Harry）2253
罗纳德·麦金农（McKinnon, Ronald I.）2435
罗尼·魏努力 1195
罗溥洛（Ropp, Paul S.）4883
罗其华（Lo, Steven C.）4324
罗群 879
罗森（Rawson, Jessica）4706
罗森塔尔（Rosenthal, Jean-Laurent）2274
罗莎莉（Rosenlee, Li-Hsiang Lisa）275
罗思文（Rosemont, Henry, Jr.）212，280
罗思义（Ross, John）2255，2509
罗斯 见 陆伯彬 2085
罗斯·芒罗 见 孟儒 1872
罗斯·特里尔 见 特里尔 40，4410
罗斯玛丽·列文森（Levenson, Rosemary）6964
罗斯基 见 托马斯·罗斯基 2743
罗素·邓肯（Duncan, Russell）1335
罗素 见 伯特兰·罗素 218，1127，1633
罗素（Blaine, Russell Michael）1996
罗素·史密斯（Smyth, Russell）1403
罗覃（Lawton , Thomas）4581，6676

罗湉 4755
罗威廉（Rowe, William T.）5494，6267，6274，6643
罗维 5462
罗文（Rowen, Henry S.）2281
罗文达（Löwenthal, Rudolf）798，799
罗祥国（Law, Cheung Kwok）2413
罗亚尔·伦纳德（Leonard, Royal）6866
罗伊 6117
罗伊·鲍尔（Bahl, Roy W.）2263
罗莹 519，5021
罗友枝（Rawski, Evelyn Sakakida）1382，1660，5429
罗约翰（Ross, John）691
罗运环 7269
罗哲海（Roetz, Heiner）418
罗宗强 3811
骆宝善 6069
骆博凯（Löbbeke, Robert）3473，6310
骆惠敏（Lo, Huimin）1384
洛厄尔·迪特默（Dittmer, Lowell）
洛丽塔·纳波利奥尼（Napoleoni, Loretta）1553
洛伊 见 鲁惟一 5377
洛伊宁格尔 1217
洛易斯·惠勒·斯诺（Snow, Lois Wheeler）5808，6864
吕超 6418
吕成龙 7294
吕承璁 5162
吕鸿 7292
吕吉·巴津尼 2803
吕立亭（Lu, Tina）3523
吕敏（Bujard, Marianne）5193，7267，7661
吕鹏志 897
吕浦 1288
吕世辰 2180
吕叔湘 4044，4100
吕澍 6295
吕彤邻 1889
吕西安·博达尔（Bodard, Lucien）4261，4262
吕学明 7642
吕元明 4099
吕增奎 1367，1535
绿蒂（Loti, Pierre）5917

M

M.G. 马森（Mason, Mary Gertrude）5856
M.S. 柯棣尼斯 6919
M·萨塞克（Sasek, Miroslav）7600
麻桑 327
马·伊·戈尔曼 见 戈尔曼 6168，6169
马伯乐（Maspero, Henri）1934，3134，5138，5439
马伯良（Mcknight, Brian E.）2155
马伯英 7854
马灿杰 5416
马场公彦 2002
马蒂诺（Martino, Richard de）590
马达汉（Mannerheim, Carl Gustaf）7384，7387，7471，7472
马大正 7643
马丁（Martin, Will）2664
马丁·布劳恩（Brauen, Martin）803，804
马丁·肯尼（Kenney, Martin）2763
马丁·威尔森（Willson, Martin）803，804
马丁·雅克（Jacques, Martin）2276
马尔科·杰尔瓦西（Gervasi, Marco）2288
马尔克·奥莱尔·斯坦因 见 奥雷尔·斯坦因 7200
马尔罗（Malraux, Andre）4320
马尔夏克（Marshak, Boris）6161
马飞聂（Metoudi, Philippe）2512
马戈·塔夫脱·斯蒂弗（Stever, Margo Taft）1891
马歌东 3525，3954
马国南（Ma, Guonan）2413
马国贤（Ripa, Matteo）710
马汉茂（Martin, Helmut）5120
马戛尔尼（Macartney, George）1908
马慧玥 2187，2190
马佳 6683
马金科 3830
马巨 4162，4253，4437
马军 8052
马珂 6840
马科斯·弗拉克斯（Flacks, Marcus）7921
马可·波罗（Marco, Polo）7473，7475
马可波罗 见 马可·波罗 7473，7475
马克（Marc, Kalinowski）5193
马克·L. 克利福德（Clifford, Mark L.）2548
马克·奥里尔·斯坦因 见 奥雷尔·斯坦因 7200

马克·奥利尔·斯坦因 见 奥雷尔·斯坦因 7208
马克·奥尼尔（O'Neill, Mark）2840，5602
马克·霍哲 1783
马克·勒夫克（Loeffke, Marc）2012
马克·力文（Levine, Mark）1466
马克·吕布（Riboud, Marc）4602
马克·赛尔登（Selden, Mark）5644
马克·吐温（Mark Twain）4459
马克博尔·A. 巴蒂 1558
马克林（Mackerras, Colin）1174
马克梦 3445
马克瑞（McRae, John R.）575
马克斯·冯·泽德维茨（Zedtwitz, Max Von）2272
马克斯·韦伯（Weber, Max）713
马克斯韦尔（Maxwell, Neville）5901
马骊（Ma, Li）1510，1652
马礼逊（Morrison, Robert）3089，3136，3137，3194，5460
马礼逊夫人 见 艾莉莎·马礼逊 689
马立安·高利克 见 高利克 2811，3326，5134
马立博（Marks, Roberts）6276，7955
马利克 764
马丽雅 1779
马良 7942
马楠 987
马宁 4539
马普安（McEwen, Andrew）4259
马启民 60，64
马强才 3850
马若斐（MacCormack, Geoffrey）2128
马若孟（Myers, Ramon Hawley）1574，2349，2632
马士（Morse, Hosea Ballou）1995，2045，2294
马思乐 见 莫里斯·迈斯纳 45
马苏第（al-Masudi）4861
马苏玛·法如奇（Farooki, Masuma）2621
马泰来（Ma, Tai-loi）1029，2914
马文·韦勒（Weller, James Marvin）7428
马西尼（Masini, Federico）875，1985，3146
马骁 4603
马小鹤 1154，5173
马兴国 2121，5095
马修·波利（Polly, Matthew）4337
马修·格莱博（Crabbe, Matthew）1238
马修·卡恩（Kahn, Matthew E.）7958

马修·米勒（Miller, Matthew）2885
马燕 4279
马一龙 4408
马渊东一 6157
马远良 4796
马月华 8046
马悦然（Malmqvist, Göran）6851
马札亚尔 2631
马钊 7997
马中欣 6712，6769
马祖圣 6670
马祖毅 3227
玛黑特·里（Lie, Merete）2525
玛拉·穆斯塔芬（Moustafine, Mara）5657
玛利安·高利克 见 高利克 3777
玛丽·E. 加拉格尔（Gallagher, Mary Elizabeth）2407
玛丽·布朗·布洛克（Bullock, Marry Brown）1338，4947，7802，7840
玛丽·蒂芬（Tiffen, Mary）6997
玛丽·高特（Gaunt, Mary）7462
玛丽·伊莎贝拉·布莱森（Bryson, Mary Isabella）1597
玛丽亚（Malcolm, Kari torjesen）786
玛丽亚·海默（Heimer, Maria）1106
玛丽亚·克鲁斯·阿伦索（Alonso, Maria Cruz）2915，4822
玛丽亚·克鲁兹·阿伦所 见 玛丽亚·克鲁斯·阿伦索 4822
玛利亚·雅绍克 852
玛利亚—西西斯·阿尔伯特（Albert, Marie-Theres）7922，7923
玛扎海里（Mazaheri, Aly）4913
迈尔斯 见 基思·迈尔斯 4278
迈珂·苏立文 见 苏立文 4626
迈克·约基（Yorkey, Mike）6778
迈克尔·D. 波顿（Boton, Mickle D.）2484
迈克尔·R. 达顿（Dutton, Micheal R.）2164
迈克尔·巴尔（Barr, Michael）1626
迈克尔·贝尔 2667
迈克尔·赫德森（Hudson, Michael）2652
迈克尔·肯纳（Kenna, Michael）4698
迈克尔·鲁惟一 见 鲁惟一 5366
迈克尔·麦尔（Meyer, Michael J.）4192，4474
迈克尔·佩蒂斯（Pettis, Michael）2277，2596

迈克尔·皮尔斯伯里（Pillsbury, Michael）1355
迈克尔·普鸣（Puett, Michael J.）141
迈克尔·沙勒（Schaller, Michael）1846，1916
迈克尔·史密斯（Smith, Michael J.）6855
迈克尔·斯宾塞（Spence, Michael）2616
迈克尔·斯温（Swaine, Michael D.）2221
迈克尔·苏立文 见 苏立文 4528，4543，4749
迈克尔·谢勒 见 迈克尔·沙勒 1846
迈克尔·雅胡达（Yahuda, Michael）1485
迈克尔·伊科诺米迪斯（Economides, Michael）2385
麦尔考姆·波希（Bosse, Malcolm Malcolm Joseph）4250
麦高登（Mathews, Gordon）1094
麦高温（Macgowan, John）1041，1058，1621，6364，6394，7550，7620
麦葛莱 4461
麦谷邦夫 809，870
麦吉（M'Ghee, Robert John L.）5846
麦嘉湖 见 麦高温 1621，7620
麦嘉温 见 麦高温 1041
麦金农 见 斯蒂芬·R.麦金农 5853，6789
麦金农（Mackinnon, Janice）6789
麦卡林 1472
麦凯（McKay, Huw）2772
麦克·H.普罗斯（Prosser, Michael H.）2965
麦克·贝茨勋爵（Bates, Michael）4379
麦克·利德（Leeder, Mike）6514
麦克·尤辛（Useem, Michael）2624
麦克尔·沙勒 见 迈克尔·沙勒 1846
麦克法夸尔（MacFarquhar, Roderick）1344，1463，5687
麦克法兰（MacFarlane, W.）6329
麦克考迈克（McCormack, Jerusha）2881
麦克唐纳（Macdonald, Ariane）7151
麦礼谦 1718
麦利和（Maclay, Robert Samuel）1404
麦留芳 1493
麦美德 6834
麦美玲（Mark, Diane Mei Lin）1305
麦士尼（Mesny, William）5674
麦斯基尔（Meskill, Johanna Margarete Menzel）6877
麦兆良（Maglioni, Fr Rafael）7233
曼尼克思（Mannix, William Francis）6659

曼涅海姆（Mannerheim, Carl Gustaf Emil von）4605
曼斯缪·奎尼（Quaini, Massimo）7528
曼素恩（Mann, Susan）1528，1658
毛策 5224
毛华奋 3888
毛建华 5033
毛里和子 2052
毛里齐奥·斯卡尔帕里（Scarpari, Maurizio）5360
毛里斯·柯里斯（Collis, Maurice）2676
毛履鸣 3196
毛姆（Maugham, William Somerset）4476
毛寿龙 2744
毛蕴诗 2790
毛泽东 44
毛珍妮 1105
毛注青 6029
茅野裕城子 4218
茂木计一郎 7930
玫瑰（Nieser Roswitha）4661
梅尔清（Meyer-Fong, Tobie）6304
梅·戈尔斯坦 见 戈尔斯坦 6291，6915
梅尔文·戈尔斯坦 见 戈尔斯坦 6881
梅朋（Maybon, Charles B.）1946
梅日新 7040
梅塞德斯·克雷斯波·比利亚特 1285
梅塞德斯·克雷斯波·德格拉 1205
梅斯纳 见 莫里斯·迈斯纳 23
梅天穆 6154
梅维恒（Mair, Victor Henry）3336，3394，3395，3594，6338，7871，8006，8025
梅仪慈 3310
梅原猛 740
梅祖麟 3601
楳本捨三 2174，6552
妹尾达彦 7872
门多萨（Mendoza, Juan Gonzalez de）5495
门镜 2010，2926
蒙曦（Monnet, Nathalie）908
孟旦（Munro, Donald J.）348
孟德斯鸠（Montesquieu, Charles de Secondat）224
孟德卫（Mungello, David E.）191，682，705，5328
孟繁之 6721
孟华 465，3827
孟建煌 914

孟洁梅（Monson, Jamie）2301

孟久丽（Murray, Julia K.）106，4541

孟列夫（Меньшиков, Лев Николаевич）7160，7281

孟儒（Munro, Ross）1872

孟西士 见 孟席斯 5327

孟席斯（Menzies, Gavin）4815，5327

孟祥瑞 7039

孟泽思（Menzies, Nicholas K.）2399

孟昭毅 3990

米·季塔连科 见 季塔连科 1841

米·列·季塔连科 见 季塔连科 1842，5128

米·瓦·阿列克谢耶夫 见 瓦·米·阿列克谢耶夫 7385

米·约·斯拉德科夫斯基（Сладковский, Михаил Иосифович）2297

米德莱·凯伯 7564

米尔顿（Milton, Joyce）6995，7001

米尔恰·伊利亚德（Eliade, Mircea）716

米盖拉 5193

米高·恩莱特 见 恩莱特 2493

米格尔·萨撒托尼尔（Sazatornil, Miguel））2915，4822

米哈伊尔·瓦西里耶维奇·别夫佐夫（Певцов, Михаил Васильевич）7396

米华健（Millward, James A.）4911，6282

米加（Južnič, Stanislav）6796

米兰达·布朗（Brown, Miranda）4997

米里亚姆·克利福德（Clifford, Miriam）2898

米怜（Milne, William）775，5460

米尼克·希珀（Schipper, Mineke）3739

米歇尔·阿格列塔（Aglietta, Michel）2551

米歇尔·奥克森伯格（Oksenberg Michel）2014

米歇尔·奥皮茨（Oppitz, Michael）6142

米歇尔·伯雷（Beuret, Michel）2554

米歇尔·卡斯特诺威（Castelnovi, Michele）7528

米歇尔·泰勒（Taylor, Michael）7424

米歇尔·谢瓦利埃（Chevalier, Michel）2433

米谢尔·伊凡 见 伊凡 6263

宓亨利（MacNair, Harley Fransworth）1995

密福特（Mitford, Bertam Freeman）5779，5806

蜜德蕊·凯伯（Cable, Mildred）7429

苗建时（Miller, James）110

苗绿 1824

妙凡法师 899

闵道安（Mittag, Achim）1248

闵宽东 3363，3364，3365，3714，3722，3723，

闵连吉 7803

闵明我（Navarrete, Domingo Fernandes de）719

闵锐武 6046

闵宣化（Mullie Jos）7144

明茨洛夫（Минцлов, С.Р.）1925

明恩溥（Smith, Arthur Henderson）1093，1099，1114，1125，1128

明妮·魏特琳（Vautrin, Minnie）5842

明兴礼（Monsterleet J.）3278

缪进鸿 1164

缪里尔·德特里（Detrie, Muriel）1848

缪钺 3297，3447，3448

摩根（Morgan, Alastair）6354

莫道明 1687

莫东寅 5184，5223

莫光华著 3871

莫汉·古鲁斯瓦米（Guruswamy, Mohan）2690

莫济杰 6070

莫克莉 7692

莫雷尔（Morel, Dominique）7635

莫里斯 见 克拉伦斯·莫里斯 2179，7596

莫里斯·杜邦（Dupont, Maurice）7892

莫里斯·弗里德曼（Freedman, Maurice）1115

莫里斯·罗沙比（Rossabi, Morris）6609

莫里斯·迈斯纳（Meisner, Maurice）19，23，45，196，2318

莫里斯·迈斯纳 见 莫里斯·迈斯纳 19，23

莫理循（Morrison, George Ernest）4489，6217，7383

莫丽芸 4042

莫砺锋 3552，3850

莫妮卡·德玛黛（Dematte, Monica）4546

莫尼克·玛雅尔（Maillard, Monique）6261，6404

莫提玛·卢丁顿·曼培斯（Menpes, Mortimer）4482

莫宜佳（Monika, Motsch）3351，3791

莫芝宜佳 见 莫宜佳 3351

漠笛 7123

墨菲（Murphey, Rhoads）6327

墨子刻（Metzger, Thomas A.）85

默茨（Mertz, Henriette）7450

默尔·戈德曼（Goldman, M.）6562

默利尔·亨斯博格（Hunsberger, Merrill Ruth）6704
默逊 4959
牟复礼（Mote, Frederick W.）393，4639，5376
牟卫民 1243，1474
姆巴·阿苏梅 1301
木村孟淳 7741
木村英夫 5932
木村正康 7744
木宫泰彦 868，4891，4980
木令耆（Mu, Ling-qi）3357，4216，4522
木暮正夫 6708
木山英雄 3520，3642，6474
木下博民 4168
木下杢太郎 7235
牧田谛亮 754，832，840，945，982，985
牧野文夫 2600，2604，2689，2901
睦礼逊（Morrison, William T.）3116
慕唯仁（Murthy, Viren）353
慕雅德（Moule, Ven. Arthur E.）722，5866
穆黛安（Murray, Dian H.）1283
穆根来（Sīrāfī, Abū Zayd asan ibn Yazīd）7630
穆罕默德·努曼·贾拉勒 1182
穆启乐（Mutschler, Friz-Heiner）1248，4850
穆盛博（Muscolino, Micah S.）2350
穆斯塔法·萨法日尼 6938
穆素洁（Mzaumdar, Sucheta）2540

N

N. 鲍培（Poppe, Nicholas）3033
那体慧（Nattier, Jan）646
纳拉纳拉杨·达斯（Das, Naranarayan）1556
娜·费·杰米多娃（Демидова, Наталья Федоровна）2000
娜达·卡卡巴德斯（Kakabadse, Nada）2373
娜鹤雅 2185
奈仓京子 1255
奈吉尔·考索恩（Cawthorne, Nigel）6874
奈良和夫 4601
南炳文 7122
南方熊楠 7374
南怀仁（Verbiest, Ferdinand）7701
南乐山（Neville, Robert C.）801
南亮进 2459，2600，2604，2689，2901
南茜·派恩（Pine, Nancy）2928

南希·布朗 4532
内森·加德尔斯（Gardels, Nathan）1539
内山嘉吉 4601
内山精也 3295，3486
内山完造 1052，1100，1123，1397，3737，6326，6850
内山雅生 1234
内山知也 3583
内藤湖南 2859，4447，4471，4717，4838，4979，4981，6836，7466，7986
内藤虎次郎 见 内藤湖南 7986
内田道夫 3783
内田隆一 7758
内田庆市 3202，7985
内田吟风 6080，6098，6177
内田知行 5633，6312
内田智雄 1214
尼·费德林 见 费德林 1850
尼·斯·米列斯库 见 尼古拉·斯帕塔鲁·米列斯库 5486
尼·特·费德林 见 费德林 34
尼·维·鲍戈亚夫连斯基（Богоявленский, Ник. Вячеслав）6239
尼尔斯·安博特 7533
尼古拉·阿多拉茨基（Адоратский, Николай）621
尼古拉·班特什—卡缅斯基（Бантыш-Каменский, Николай Николаевич）1844
尼古拉·斯帕塔鲁·米列斯库（Milescu, Nicolae Spataru）5486
尼古拉斯·R. 拉迪 见 尼古拉斯·拉迪 2642，2653
尼古拉斯·伯格鲁恩（Berggruen, Nicolas）1539
尼古拉斯·拉迪（Lardy, Nicholas R.）2379，2614，2642，2653
尼基伏洛夫 4355
尼可斯·卡赞扎基斯（Kazantzakis, Nikos）7611
尼克·奈特（Knight, Nick）31，53，195
尼兰詹·巴塔拉伊（Bhattarai, Niranjan）1928
尼姆·威尔斯 见 海伦·斯诺 5663，5871
尼姆·韦尔斯 见 海伦·斯诺 5664，5666
籾山明 2150，2169
倪德卫（Nivison, David S.）263，356，5500，5523
倪豪士（Nienhauser, William H.）3479，3807，3808
倪培民（Ni, Peimin）181，4395

倪瑞英 5584
倪维思（Nevius, John Livingston）1137
倪文君 964
倪文婷 6626
倪孝铨 2085
倪雅梅（McNair, Amy）1650
倪勇 3030
倪志伟（Nee, Victor）2692
鸟居君子 见 鸟居龙藏 7354
鸟居龙藏 6109，6128，6138，6158，7348，7354，7489
鸟丸知子 7906
鸟越宪三郎 4928
聂崇正 4593
聂德宁 2132
聂鸿音 312
聂丽·米兹 1623
聂婷（Netting, Lara Jaishree）4557
牛大勇 2107，6077
牛岛德次 3121
牛汝极 916
牛廷福 5783
诺埃尔·凯普（Capon, Noel）2497
诺尔 845
诺利斯（Knollys, Henry）5643
诺曼·史密斯（Smith, Norman）3916
诺曼·欣斯代尔·彼特曼（Pitman, Norman Hinsdale）3647

O

区应毓（Au, Peter）3762
欧爱玲（Oxfeld, Ellen）340，1499
欧达伟 3388，4663
欧大年（Overmyer, Daniel L.）629，813，851，3282，7375，7376，7377
欧德理（Eitel, Ernest John）5973
欧乐鹰（Orlik, Tom）2342，2474
欧立德（Elliott, Mark C.）6621
欧内斯特·波尔斯特—史密斯（Smith, Ernest F.Borst）6380
欧内斯特·亨利·威尔逊（Wilson, Ernest Henry）7540
欧内斯特·梅（May, Ernest R.）1921
欧索菲（Opper, Sonja）2692

欧纬伦（Overholt, William H.）2413
欧文 见 宇文所安 3294，3557，3806
欧文·华莱士（Wallace, Irving）1299
欧文·琼斯（Jones, Owen）4737
欧阳莹之（Auyang, Sunny Y.）4878
欧中坦（Ocko, Jonathan）2161

P

P.S. 帕拉斯（Pallas, Peter Simon）6144
P. 安格尔 见 安格尔 4510
P. 南丁格尔（Nightingale, Pamela）6297
P. 史华罗 见 史华罗 3491
帕（Pallu）5915
帕蒂·哥莉（Gully, Patti）6783
帕金斯（Perkins, Dwight H.）2541，2556，2634，2699
帕克斯·M. 小科布尔 见 小科布尔 1402，2340
帕莱福（Mendoza, Juan de Palafox y）6089
帕里莫夫（Патьмов, Н.）6112
帕里斯（Parris, John）7590
帕斯卡尔·修（Siew, Pascale）1436
帕特里克·法兰区（French, Patrick）7552
帕特里斯·万福莱（Valfre, Patrice）7223
帕特丽卡·劳伦斯（Laurence, P.）3439，4258
派区克·法兰区 见 帕特里克·法兰区 7552
潘碧华 3890
潘成鑫（Pan, Chengxin）1862
潘德荣 443
潘富恩 567
潘桂娟 7827
潘国驹 7072，7850
潘海华 8012
潘吉星 3028，7690，7694
潘建国 3832
潘林（Pan, Lynn）1488
潘琳 5161
潘鼐 7884
潘鸣啸（Bonnin, Michel）1407
潘乃谷 5069
潘乃容 2947
潘世伟 1702，1703，5316
潘素英（Wipawee Anujapad）3133
潘维廉（Brown, William N.）7463，7464，7479，7480，7481，7482，7483，7484

潘文阁 7329
潘悟云 3240
潘先军 3225
潘序伦（Pan, Shülun）2374
潘玉田 3276
庞慧茹 6024
庞学铨 5227
裴斐 6534
裴化行（Bernard, R.P.Henri）675
裴京汉 5605
裴丽昆 7651
裴丽珠（Bredon, Juliet）6228
裴士锋（Platt, Stephen R.）5824，6275
裴宜理（Perry, Elizabeth J.）1399，5580，5671
佩德罗·雷诺（Nueno, Pedro）2789
佩雷菲特（Peyrefitte, Alain）1965
彭德（Potter, Pitman）2175，2186，2745
彭国翔 1097，4340
彭定康（Patten, Chris）1221
彭慧萍（Pang, Huiping）4675
彭迈克（Bond, Michael Harris）1070，1130
彭慕兰（Pomeranz, Kenneth）2273，6259
彭仁贤 928，8035
彭萱 3589
彭志恒 4078
皮埃尔·艾略特·特鲁多（Trudeau, Pierre Elliott）1277
皮埃尔·绿蒂 见 绿蒂 5917
皮埃尔·妈尔薄特（Ibos, Pierre Emile Marius）2287
皮埃尔·马蒂埃（Maudiere, Pierre）5604
皮埃尔·皮卡尔（Picquart, Pierre）1176
皮埃尔·夏蒂埃 414
皮埃尔·伊勃（Ibos, Pierre Emile Marius）2286
皮尔·弗里斯（Vries, Peer H. H.）2269，2313
皮库林 6135
皮特·何（Peter, Ho）7950
皮特·柯睿思（Crush, Peter）2307
皮特·斯特斯伯格 5683
皮特曼·B. 彭德 见 彭德 2175
片冈岩 7362
片山智行 3459
朴圭媛 6897
朴慧莉 3221
朴美暻 3075
朴仁顺 7227
朴素晶 192，433，4600
朴宣泠 5624
朴银姬 524
朴尹正 1396
朴元熇 5220
朴宰雨 3984，6590
朴在渊 3046，3047，3051，3052，3115，3130，3131，3142，3154，3200，3832
朴趾源 5419
平川祐弘 680
平川彰 703
平冈武夫 3917，4002，4003，4004，4005，6439，7654，7655，8071
平杰 4776
平马直树 7786
平山久雄 3082
平山周 1607
平势隆郎 5340
平田昌司 3140
平田茂树 1424，1755，5544
平野聪 5346
平野显照 739
坪井洋文 6181
珀金斯 见 帕金斯 2541
葡萄鬼（Ptak, Roderich）1994
蒲嘉锡（Pugach, Noel H.）2472
蒲乐安（Prazniak, Roxann）5728
蒲立本（Pulleyblank, Edwin George）3050，3125，5331
濮德培（Perdue, Peter C.）7953
濮兰德（Bland, John Otway Percy）1554，5407，5416，6521，6657
浦爱德（Pruitt, Ida）6940
浦安迪（Plaks, Andrew H.）3382，3383，3489，3501，3785
浦嘉珉（Pusey, James Reeve）7716
普·巴·科诺瓦洛夫（Коновалов, П.Б.）7189
普尔热瓦尔斯基（Пржевальский, Н. М.）7448，7636
普可仁（Polenske, Karen R.）2337
普拉纳布·巴丹（Bardhan, Pranab K.）2341
普拉沙德（Prasad N.）1982
普拉特（Pratt, Keith）4746

普里马科夫（Примаков, Виталий Маркович）6569
普实克（Průšek, Jaroslav）3502，3571，4506
普特南·威尔（Weale, Putnam）5645
普学旺 6196

Q

漆思 401
漆侠 5518
戚基耶基纽 1960
戚其章 6032
戚印平 2938
齐诚 987
齐赫文斯基（Тихвинский, Сергей Леонидович）1231，1968，5684，6625，7013
齐琳 1253
齐藤孝治 6731
齐锡生 1820，2199，5950
齐小新 933
齐欣 48
乞剌可思·刚扎克赛（Ganjakeci, Kirakos）7438
启尔德（Kilborn, Omar L.）3110，3165
气贺泽保规 5456
千贺一生 193
前岛信次 7205
前田光繁 5584
前田哲男 5600，5612
前田正名 7439，7499，7505
前野直彬 3596，3755，3764，6735
钱超尘 7824
钱存训（Tsien, Tsuen-hsuin）1050，1074，2817，2864，2903，2928，6687，7677
钱法仁（Chieng, André）2641
钱林森 2961，2993，3000，3323，3324，3874，3912，4101，4102，4103，4104，4105，4106，4107，4108，4109，4110，4111，4112，4113，4114，4115，4116，4117
钱满素 439
钱树信 7650
钱婉约 3942，5166，7084
钱新祖（Ch'ien, Edward T.）164
钱宗武 5547
浅见洋二 3424，3631
浅井虎夫 2165
浅田乔二 5578
浅野祐吾 2201
乔宝云 2263
乔得龙（Chauderlot, Charles）4641，4642，4643
乔恩·赫德（Helde, John）4339
乔凡·巴蒂斯塔·卡斯特拉尼 7863
乔基姆 825
乔健 5069
乔纳森·安德森（Anderson, Jonathan）2308，2365
乔纳森·哈根（Haagen, Jonathan）1470
乔纳森·朴赖斯（Price, Jonathan）188
乔纳森·斯潘塞 见 史景迁 1854
乔舒亚·库珀·雷默（Ramo, Joshua Cooper）1638
乔万尼·阿里吉（Arrighi, Giovanni）2504
乔伟 2284
乔西亚·昆西（Quincy, Josiah）6542，6772
乔晓勤 8028
乔秀岩 3967
乔迅（Hay, Jonathan）4607，4636
乔兆红 5217，5316
乔治（Georges, Michel）7947
乔治·B·夏勒 见 夏勒 7713
乔治·N. 赖特（Wright, George N.）5619，7536
乔治·奥尔古德（Allgood, George）5566
乔治·德·克鲁勒（Keriykee, Geirges de）5691
乔治·厄内斯特·莫理循 见 莫理循 7383
乔治·豪尔（Haour, Georges）2272
乔治·亨利·梅森（Mason, George Henry）5412，7907
乔治·卡特莱特·马歇尔（Marshall, George Catlett）1861
乔治·林奇（Lynch, George）5843
乔治·马戛尔尼 见 马戛尔尼 1908
乔治·斯当东 见 斯当东 1990
乔治·夏勒 见 夏勒 7713，7717
乔治·亚历山大·伦森（Lensen, George Alexander）1845
桥本·安妮 3148
桥本敬造 861
切列潘诺夫（Черепанов, А.И.）5962
切斯特·何尔康比 见 何天爵 1119
切斯特·朗宁（Ronning, Chester）6652
芹泽光治良 3522

秦海鹰 3927
秦海滢 5532
秦和平 925
秦家骢（Frank, Ching）6747，6883，7023
秦家懿（Ching, Julia）113，298，423，865，866
秦乃瑞（Chinnery, John Derry）6692
秦悦 502，1741
秦昭华（Tsao, Christina Ching）6784
覃晏 7957
青木昌彦 2611
青木丽子 4290
青木香流 4691
青木正儿 2677，3317，3495，3513，3713，3756，
　　3757，3767，3768，3770，4616，4689，4720，
　　4884，4967，7466
清宫刚 5481
清水安三 6490
清水凯夫 3453
清水茂 5139
清水盛光 1138
清水藤太郎 7814
清水正夫 2867
庆振轩 7275
丘成桐（Yau, Shing-Tung）6903
丘宏达 6036
丘进 2104
丘亮辉 472
丘文明 3104
邱冬银 8087
邱举良 6411
邱岭 3972
邱美琼 7980
邱绍雄 8065
邱霞 4123
邱子修 3428
秋谷裕幸 3056，3111，3112，3113，3265
秋山进午 7271
秋月观暎 841
仇华飞 5243
裘昔司（Jesus, Carlos Augusto Montalto）6356
裘小龙（Qiu, Xiaolong）4227，4229，4231，4341，
　　4388
屈承熹（Qu, Chengxi）3043，3076，3077，3103，
　　3210

瞿同祖（Ch'ü, T'ung-Tsu）1381
瞿宛文 2261
全海宗 2044
犬养健 5910

R

R.A. 勃沙特 见 薄复礼 5887
R.A. 石泰安 见 石泰安 6371
R.D. 詹姆森（Jameson, Raymond De Loy）7365
R.J. 史密斯（Smith, Richard Joseph）2212
R.K. 道格拉斯 见 罗伯特·道格拉斯 6658
R.F. 约翰斯顿 见 庄士敦 7410
R. 麦克法夸尔 见 麦克法夸尔 5687
R. 坦普尔 见 罗伯特·K.G. 坦普尔 7681
R. 特里尔 见 特里尔 40
让·保罗·拉尔松（Larcon, Jean Paul）2749
让·德·米里拜尔（Miribel, Jean de）1370
让—艾立克·奥波特（Aubert, Jean-Eric）2665
让—米歇尔·付东（Frodon, Jean-Michel）4680
让—诺埃尔·罗伯特（Robert, Jean Noël）4826
让—皮埃尔·拉法兰（Raffarin, Jean-Pierre）1565
饶怀民 6007
饶及人（Jao, James）2387，4318，7890，7904，7912
饶美蛟 2711
饶宗颐 4762，5231
仁井田陞 2157，2168
仁木富美子 5848，6973
任（Jen, Theresa）2919
任博克（Ziporyn, Brook）718
任诚 7769
任达（Reynolds, Douglas Robertson）5869
任锋 1739
任继愈 5201
任菁 230
任琴 7446
任荣珍 3227
任斯·理德尔（Riedel, Jens）4840
日比野辉宽 7382
日比野丈夫 7504
日野强 6387
荣格（Jung, Carl Gustav）4866，7756
荣赫鹏（Younghusband, Francis Edward）7497，
　　7594
荣新江 5066，5193，8019，8084

荣振华（Joseph, Dehergne S.J.）572，800，4962
容纯甫 见 容闳 6905
容庚 3183，8032
容闳（Yung, Wing）6905
容乐（Yung, Betty）2495
容世诚 4567
容肇祖 3768
柔克义（Rockhill, William Woodville）7389
茹丝·V. 海门薇（Hemenway, Ruth V.）5658
入谷仙介 6839
入江祥史 7754
入江曜子 4234
入江昭 2082
阮俊强 2952
阮志贞 7788
芮恩施（Reinsch, Paul S.）1981
芮弗（River, Walter Leslie）4195
芮乐伟·韩森 见 韩森 4916，4918，5384
芮玛丽（Wright, Mary Clabaugh）5828
芮尼（Rennie, David Field）6232，6389
芮陶庵（Roy, Andrew）715
芮沃寿（Wright, Arthur F.）847，5445
芮效俭（Roy, J.Stapleton）1688
瑞贝尔·卡尔（Karl, Rebecca E.）42
瑞德维拉扎（Rtveladze, Edvard）7599
瑞格荷德·路德（Lund, Ragnhild）2525
瑞吉娜·艾布拉米（Abrami, Regina M.）2393
瑞那·克拉斯诺（Krasn, Rena）4335
瑞娜·克拉斯诺 见 瑞那·克拉斯诺 4467 应为同一条目
瑞内·威特斯特尔 6577
瑞雪·墨菲（Murphy, Rachel）2388
瑞志·安德蒙（Edmonds, Richard Louis）7950
若埃尔·白乐桑 见 白乐桑 3234
若奥·德·德乌斯·拉莫斯（Ramos, João de Deus）2031
若林正（Wakabayashi, Bob Tadashi）2503
若林正丈 1430，2683，5816，6289，6397，6427
若松宽 6148
若泽·弗雷什（Freches, Jose）1547

S

S.A.M. 艾兹赫德（Adshead, Samuel Adrian Miles）1953

S.M. 史禄国 见 史禄国 6119
S.N. 艾森斯塔德 见 施缪尔·艾森斯塔德 4840
S. 戈登·雷丁（Redding, S. Gordon）2331
S·斯奇巴尼 见 桑德罗·斯奇巴尼 2184
萨安东（de Saldanha, Antonio Vasconcelos）2089，2090
萨布伦 1447
萨尔吉 627，7526
萨拉·康格（Conger, Sarach Pike）5587
萨拉特·钱德拉·达斯（Das, Sarat Chandra）7461
萨米尔·艾哈迈德 1464
萨莫尔·维克多·康斯坦 见 塞缪尔·维克多·康斯坦特 7350
萨莫佑（Samoyault, Colombe）7164
萨默塞特·毛姆 见 毛姆 4476
萨姆森（Samson, Jack）6495
萨日娜 7697
萨苏 6536
萨维纳（Savina, François-Marie）6137，6265
塞尔日·米歇尔（Michel, Serge）2554
塞尔登（Selden, Mark）1136
塞里格·哈里逊（Harrison, Selig S.）1895
塞缪尔·B. 格里菲思（Griffith, Samuel B.）2213，2219
塞缪尔 B. 格里菲斯 见 塞缪尔·B. 格里菲思 2219
塞缪尔·克拉克（Clarke, Samuel R.）6183
塞缪尔·特纳（Turner, Samuel）7551
塞缪尔·维克多·康斯坦特（Constant, Samuel Victor）7350
赛门·温契斯特（Winchester, Simon）6462
赛珍珠（Buck, Pearl）2823，4169，4190，4193，4194，4267，4302，4312，4317，4373，4375，6856
三谷博 2068
三谷孝 1362
三好彻 4209
三浦国雄 578，6838
三浦理一郎 6714
三上次男 4923，5381，7188，7213
三上修平 4536
三石善吉 822，1200
三宅正彦 249
桑兵 5213
桑德罗·斯奇巴尼（Schipani, Sandro）2184

桑迪·莱登（Lydon, Sandy）1598
桑木崇秀 7746
桑田幸三 2608
桑原骘藏 411，1101，1130，2468，2470，4837，4919，6734，6949，7456
色伽兰 见 谢阁兰 7249
色音 7960
涩泽荣一 244，247，2369
澁江全善 8030
森安太郎 3392
森丑之助 6152，6156
森川和代 6998
森川忍 6998
森川裕贯 1531
森村诚一 4203，4300，4301
森岛守人 1986
森谷一树 6273
森舸澜 305
森口恒一 3161
森力之 见 森立之 7817
森立之 7817，7832，7835，7839，7974，8030
森山康平 5756
森时彦 1233，1332，2588
森田明 7895
森哲郎 4721
森正夫 2381，5350，5400，7451
沙百里（Charbonnier, Jean）839
沙伯力（Sautman, Barry）2109
沙博里 见 沙博理 6909
沙博理（Shapiro, Sideny）4968，6705，6854
沙不烈（Chabrié, Robert）696
沙尔瓦托·曼库索（Mancuso, Salvatore）2188
沙 海 昂（Charigon, Antoine Henry Joseph）7420，7475
沙加尔（Sagart, Laurent）3124
沙进（Sargent, William）7380
沙莲香 1155
沙林 1764
沙伦·T. 弗里曼（Freeman, Sharon T.）2009
沙洛姆·所罗门·瓦尔德（Wald, Shalom Salomon）6187
沙培德（Zarrow, Peter Gue）5938
沙 畹（Chavannes, Edouard）702，5144，6171，7143，7246，7631

沙知 7207
沙兹伯里 见 索尔兹伯里 5595
砂冈和子 3236
山岸猛 2394
山本进 2401
山本凯梅尔 1129
山本市朗 4455
山本涛石 7945
山本新 2874
山本玉岭 4805
山川静香 6755
山川丽 1614
山根幸夫 1883，4982
山根倬三 6240
山井涌 237
山口久和 357，1671，1782
山口瑞凤 763，769
山口守 3279
山口淑子 6524
山口益 869
山口盈文 4393
山奇 2850
山崎朋子 6241
山崎荞世 2464
山崎正 5434
山内小夜子 6011
山田宏一 4576
山田晃三 4529
山田敬三 3464，4099，6691
山田留里子 3059，3151
山田庆儿 7671
山田贤 1511，1606
山田业广 7821，7822，7823，7826，7836
山野一美 2180
山中晴子 6461
杉谷隆志 4628
杉浦爽 4333
杉山正明 5373，6091，6123，6126，6606
杉原德行 7833
单纯 468
单忠东 2701
单周尧 3207
商传 7122
上坂冬子 6725

上杉千年 5470
上田信 4834，5365，7951
上原昭一 5095
尚·米榭尔·弗东 见 让—米歇尔·付东 4680
尚平 2708
尚庆飞 65
尚智丛 886
邵东方 1154，5523
邵轩磊 5311
邵玉铭（Shaw, Yu-ming）1817
申国美 8082
申荷永 517
申玹丞 7449
申载镛 7787，7811
申钟淑 7491
深谷松涛 7476
深町英夫 1302，1307
深尾叶子 1049，7966
深泽一幸 3559
深作喜一郎 2673
什克洛夫斯基（Шкловский, Виктор Борисович）4277
神靖卫 7798
神林隆净 704
神田健策 2798
神田喜一郎 7156
神田信夫 5501
沈艾娣（Henrietta, Harrison）6722
沈大伟（Shambaugh, David）1582，1591，1885，2050，2904
沈定平 5537
沈福伟 5111
沈国威 7985
沈禾玲 3233
沈弘 1891，5891，5894
沈嘉蔚 5743，5744，5755
沈洁 1778
沈津 2982，4764，8044，8045
沈立新 5043
沈迈克（Schoenhals, Michael）1344
沈宁 6472
沈清松 890
沈松勤 3850
沈卫荣 7299

沈翔 5509
沈旭炜 7657
沈仪婷 6737
沈已尧（Shen, I-yao）1222，1244，1266，1478
沈益洪 503，1727，1741，1762
沈志华 2083
沈志佳 8027
圣严法师 698
圣祖玄烨 3694
胜田正泰 7729
盛邦跃 2705
师觉月（Bagchi, Prabodh Chandra）4945
师长泰 4013
施阿兰（Gérard, Auguste）1951
施白蒂（Silva, Beatriz Basto da）6218
施传刚（Shih, Chuan-kang）7367
施道安（Scobell, Andrew）1977，2205
施恩德（Schmid, Andre）6139
施吉瑞（Schmidt, Jerry Dean）3563，6754
施坚雅（Skinner, William George）1433，2630，7607，7633
施建业 4083，4811
施康妮（Shemo, Connie A.）6646
施拉姆（Schram, Stuart）20，28
施列格（Schlegel, Gustave）5823
施美夫（Smith, George）7548，7586
施缪尔·艾森斯塔德（Eisenstadt, Shmuel Noah）4840
施奈德（Schneider, Axel）4949，5070，5337
施耐庵 4554
施耐德（Schneider, Laurence A.）4851
施耐德 见 施奈德 4949，5070
施荣华 5105
施如璋 4352
施珊珊（Schneewind, Sarah）294
施叔青 4797
施瓦支 5952
施沃茨 见 史华慈 333
施祥生（Stock, J.）4578
施晔 7051
施友义 1748
施忠连 546
施舟人 1135
石川达三 4240

石川九杨 4667

石川祯浩 1583，3097，5632，5967

石川忠久 3724，4516

石岛纪之 1317，5971

石锋 3226

石光真清 5623

石坚平 1718

石井刚 236

石立善 515

石桥秀雄 5414

石汝杰 3094，3230，3245

石守谦 5183

石泰安（Stein, Rolf Alfred）771，3652，6086，6106，6371

石田干之助 6238

石田米子 5633

石约翰（Schrecker, John E.）5957

石云涛 5054，5117

石泽英太郎 4365

石之瑜 1152，1670，5176，5189，5284，5311

石塚广 4772

石塚晴通 7155

辻听花 4589

辻一彦 1945

辻原登 4363

辻中丰 1192

时钟雯 3776

实藤惠秀 2912

矢吹晋 1829，1830

矢野建一 5011

史黛西·比勒（Bieler, Stacey）2909

史丹利·外因斯坦 见 斯坦利·威斯坦因 737

史迪威（Stilwell, Joseph Warren）5994，6785

史蒂芬·罗奇（Roach, Stephen Samuel）2434

史蒂芬·普拉特 见 裴士锋 6275

史蒂夫·德玛斯科（DeMasco, Steve）789

史蒂夫·塔平（Tappin, Steve）2376

史蒂文·米勒（Miller, Steven E.）1974

史东郎 见 东史郎 5628

史扶邻（Schiffrin, Harold）6573，6648，6819，6823

史扶林 见 史扶邻 6573，6648

史瀚波（Sheehan, Brett）6296

史皓元（Sinmmons, Richard VanNess）3069，3094，3230

史华慈（Schwartz, Benjamin Isadore）54，135，285，329，333，1312

史华罗（Santangelo, Paolo）3733，3790，3491

史华兹 见 史华慈 329

史怀梅（Standen, Naomi）5499

史金波 7282

史景迁（Spence, Jonathan Dermot）654，672，1440，1854，2875，4828，5006，5152，5372，5461，5817，6358，6487，6647，6739，6828，6983

史静寰 2943

史 禄 国（Широкогóров, Сергéй Михáйлович 或 Shirokogorov, Sergei Mikhailovich）6081

史密斯 见 明恩溥 1095

史密斯 见 凯伦·史密斯 4591

史明智（Schmitz, Rob）4146

史沫特莱（Smedley, Agnes）4210，4342，4488，4490，4513，6588，6845

史少博 541

史书美（Shih, Shu-mei）1775，2821，3655，4907

史泰丽 2619

史文 2072

史小军 3903

史特林·西格雷夫 见 西格雷夫 6800

史通文（Steen, Andreas）4692

史彤彤 2191

史维东（Sweeten, Alan Richard）859

史幼波 7639

史元庆 6788

矢内原忠雄 6306

矢崎胜彦 2501

矢崎正见 766

矢数道明 7732，7738，7751，7763，7814，7819

矢数圭堂 7732

士觅威（Smith, William L. G.）1229

市川勘 3038，3152，6591

市川桃子 3441

市川信爱 2720

市村真一 2771

市井宏 6946

市原亨吉 4005，7654

是本信义 2218

是永美树 7893

释大恩 901

释惠洪 4129

守屋美都雄 5475

守屋洋 374，1116，1118，2196，2227，3541，6976，6984，6999

首藤明和 1170

狩野博 2801

狩野直喜 3784

狩野直祯 5425，6901

舒尔茨 6499

舒衡哲（Schwarcz, Vera）5974，6950，7492

舒雨 3004

舒允中（Shu, Yunzhong）3498

舒忠 480，506

水谷幸正 728

水镜君 852

水野靖夫 4204

水野清一 7504

水野卫子 4657

司督阁（Christie, Dugald）6331

司各特（Scott, Edith E.）2493

司礼义（Serruys, Paul L-M.）3164

司马辽太郎 4425

司徒安（Zito, Angela）7358

司徒雷登（Stuart, John Leigton）5807，6935

司徒琳（Struve, Lynn A.）5404，5437

斯·阿·斯塔罗斯金（Старостин, Сергей Анатольевич）3048

斯波六郎 2879，3638

斯波义信 2450，2451，7606

斯丹凝（Simon, Denis Fred）2908

斯当东（Staunton, George Thomas）1990

斯蒂芬·R. 麦金农（MacKinnon, Stephen R.）5853，6789，7002

斯蒂芬·W. 迈克尔森（Michaelson, Steven W.）2454

斯蒂芬·格林（Green, Stephen Paul）2578

斯蒂芬·哈尔西（Halsey, Stephen R.）1657

斯蒂芬·欧文 见 宇文所安 3368

斯蒂芬·斯彭德（Spender, Stephen）4729

斯蒂芬妮·洛夫（Ruff, Stafanie）7937

斯蒂芬斯（Stephens Michael D.）3006

斯蒂文·郝瑞（Harrell, Stevan）6160

斯科克波 见 西达·斯考切波 4852

斯科特（Scott, Ian）1487

斯科特·摩顿（Morton, W. Scott）4976

斯卡尔德志尼（Scartezzini, Riccardo）875

斯诺 见 埃德加·斯诺 36，44，1344，4349，4350

斯诺 见 洛易斯·惠勒·斯诺 6864

斯诺 见 海伦·斯诺 4444

斯潘塞·查普曼 7510

斯塔尔（Starr, John Bryan）29

斯坦利·克劳福德 6601

斯坦利·莱恩—普尔（Lanc-Pool, Stanley）6466

斯坦利·威斯坦因（Weinstein, Stanley）737

斯坦尼斯拉夫·叶茨尼克（Juznic, Stanislav）6686

斯坦因 见 冈瑟·斯坦因 5665

斯坦因 见 奥雷尔·斯坦因 7209，7210

斯特凡尼娅·斯塔法蒂（Stafutti, Stefania）5367

斯特朗（Strong, Anna Louise）4351，4430，5764，5976，6224，6464

斯特林·西格雷夫 见 西格雷夫 1333，6688，6800，6808

斯特林·席格烈夫 见 西格雷夫 1333

斯图尔特（Steward, James Livingstones）824

斯图尔特·R. 施拉姆 见 施拉姆 28

斯图尔特·施拉姆 见 施拉姆 20，28

斯托莫（Stuermer, Ernst Strmer）745

斯温霍（Swinhoe, Robertor）5569

斯文·弗里斯（Frisch, Sven）2229

斯文·海定 见 斯文·赫定 6713

斯文·赫定（Hedin, Sven Anders）6713，7405，7414，7419，7426，7430，7431，7441，7469，7509，7511，7517，7519，7520，7544，7568，7569，7587

斯文赫定 见 斯文·赫定 7568

寺地遵 1372

寺师睦济 7733

寺师睦宗 7806

寺田浩明 2148，2150

寺田隆信 2425，6970

寺尾善雄 1075，5370，5371

泗丽莎（Lisa See）6471

松本盛雄 4503

松本一男 32，1079，2471，2857，3181，3685，6114，6485，6486，6520，6533，6831，6953，6954，6961，6991，7011

松本肇 3366

松本真澄 1611

松本重治 5802，5935

松村俊夫 5751
松村润 5501
松冈广雄 7869
松冈环 5609，5760，5761
松井博光 3432
松浦友久 3417，3433，3434，3535，3558，3604，3744，6655
松浦章 1225，1557，2257，2395，2396，2397，2398，2400，2419，2482，4855，5399，5402，5411，7985
松崎鹤雄 240，2741
松清秀仙 4795
松田隆智 2844，2851，2911，2923
松田寿男 7433，7493，7518
松下忠 3416
松永正义 6427
松原朗 3622，3732
宋柏年 4070
宋宏 5276
宋家珩 927
宋家钰 7327
宋金文 1170
宋坤 7280
宋立刚 2723，2772，2780，7963
宋丽娟 4124
宋莉华 5175
宋莉华 882
宋伦美 3600
宋明信 4709
宋荣培 1133
宋绍香 4079，4090，4091
宋时烈 94，1083
宋伟杰 4061
宋宪奭 3046，3131
宋学智 3863
宋永圭 3149
宋子纮 8069
宋泽宁 2956
薮内清 7680，7696，7706
苏黛瑞（Solinger, Dorothy J.）1522
苏尔 845
苏尔丹诺夫·库阿内什·苏尔丹诺维奇 1257
苏芳淑 7333
苏费翔（Soffel, Christian）307

苏芙 5502
苏桂亮 2245
苏桂亮 8058
苏慧廉（Soothill, William Edward）669，788
苏基朗（So, Billy Billy Kee Long）1165，2158，2267，2349
苏精 919，947，976，1006，1026
苏莱曼 7523
苏里亚迪纳达 见 廖建裕 1530
苏立群 7061
苏立文（Sullivan, Michael）4528，4543，4626，4749
苏明阳 5529
苏品红 2944
苏芹 3826
苏珊 2754
苏珊·惠特菲尔德（Whitfield, Susan）5440
苏珊·汤丽（Townley, Lady Susan）5904
苏珊娜·贝尔纳（Bernard, Suzanne）4496
苏文瑜（Daruvala, Susan）7014
苏铉淑 7146
苏雪林 3602
苏扬 78
苏益仁 7781
苏莹莹 2936
苏源熙（Saussy, Haun）375，4860
宿景祥 1253
素帕猜·巴尼巴滴（Panitchpakdi, Supachai）2548
粟野传之丞 6155
睢萌萌 2684
孙安石 2064，2832
孙伯君 5363
孙迪 7337
孙芳 1680
孙歌 3879
孙虎堂 3957
孙华 7030，7332
孙继民 7280
孙家红 5193
孙健 5551，5559
孙津 5081
孙景涛 3207
孙康宜（Chang, Kang-i Sun）3299，3415，3516，3570，3584，3586，3621，3641，3827，4524

孙立 3963
孙立川 8060
孙立平 1460
孙立新 905
孙丽 3955
孙丽珍 3862
孙亮 2067
孙隆基（Sun, Longji）2916，4874
孙玫 4740
孙琦 3236
孙琼 6444
孙秋 1195
孙尚扬 941
孙穗芳 6858，7048，7115
孙卫国 5254
孙文访 3054
孙小礼 2967
孙修福 6986
孙逊 3832
孙岩 7321
孙延永 3901
孙宜学 3231
孙轶旻 3905
孙有中 1708
孙宇锋 938
孙郁 5282
孙远方 2245
孙越生 5250，5258
索安（Seidel, Anna）756，757
索尔兹伯里（Salisbury, Harrison Evans）5595
索罗宁 5430
索南才让 6388

T

T. 克里斯托弗·杰斯普森（Jespersen, T. Chistopher）1067
塔玛拉·魏司（Wyss, Tamara）6222
塔奇曼（Tuchman, Barbara W.）6786
塔什德简（Taschdjian, Cleeire）4139
台克满（Teichman, Eric）7468，7576
太史文（Teiser, Stephen F.）726，795，863
太田辰夫 3079，3187，3651
太田方 143
泰德·C. 费晓闻（Fishman, Ted C.）2576

泰戈尔（Tagore, Rabindranath）3592
泰勒（Taylor, Betty Tebbetts）6865
泰勒·何德兰 见 何德兰 1259
泰瑞·贝内特（Bennett, Terry）4731
泰韦斯（Teiwes, Frederick）3
谈敏 2715
谭建川 1734
谭凯（Tackett, Nicolas）5473
谭洛非 3821
谭树林 888，948，949
谭伟伦 6215
谭晓丽 477
谭旭虎 1711
谭渊 3848
谭正璧 3760
谭中 1208，2128，4001，4946
檀上宽 6920
汤本求真 7753，7771
汤重南 2066
汤翠兰 3207
汤伏祥 7106
汤开建 939，961，962，6408
汤玛士·桑维尔·库柏（Cooper, Thomas Thornville）7577
汤姆·米勒（Miller, Tom）1134
汤姆·帕尔默 2744
汤尼·白露（Barlow, Tani E.）1616
汤浅邦弘 431，1524，7238
汤森（Townsend, Willian John）690
汤亭亭 见 金斯敦 4248
汤一介 231，441，1017，2870，3680
唐（Tang, Wenfang）1609
唐德刚 1081，1082，1643，3567，4418，4481，4898，5607，5610，5630，5711，5742，5836，5912，5959，6613，6669，6862，6957
唐华俊 2782
唐际根 5512
唐建清 8091
唐津一 2626
唐君毅 8098
唐可·阿尔梅洛（Armero, Nicolas Tanco）7404
唐丽萍 1716
唐纳德·J. 蒙罗 见 孟旦 348
唐纳德·曼尼（Mennie, Donald）4681，6235

唐纳德·斯·洛佩兹（Lopez, Donald S.）1869
唐耐心 1875
唐润华 3021
唐小兵 4599
唐晓峰 7060
唐兴（Wright, Daniel Burton）1468
唐元虎 5091
陶安 7232
陶德民 991，3942
陶飞亚 921
陶涵（Taylor, Jay）6638，6640
陶美心 2111
陶乃侃 3117
陶维新夫人（Davidson, Robert John）644
陶文钊 3025
陶欣尤 2936
陶雪 5028
陶亚兵 4782，4814
特拉维斯·黑尼斯三世（Hanes, William Travis）5876
特雷费—罗珀（Trevor-Roper, Hugh Redwald）6473
特里尔（Terrill, Ross）40，4410，6433
特里夫·苏阿冠（Sue-A-Quan, Trev）1241
特林克勒（Trinkler, Emil）7542
特威切尔（Twitchell, Hannah）1550
特威切特 见 杜希德 5377
滕军 5094
腾维藻 2725
滕文生 469
藤川信夫 6196
藤村俊郎 2796
藤谷浩悦 6007
藤家礼之助 1942
藤井明 3173
藤井省三 3391，3458，3462，3590，4167，4561，6757
藤井志津枝 1311，1884，5763，5909，6150，6151
藤平健 7730，7780
藤善真澄 6463
藤田丰八 2452，6363，6370，7622
藤田恭俊 832
藤田梨那 3782
藤田胜久 5435
藤野岩友 3645

藤原鹤来 4800
藤原彰 5689，5750，5984
藤原作弥 6524
藤枝晃 3086
藤塚邻 216
梯叶里·马尔歇兹 414
提摩西·戴伦波（Dalrymple, Timothy）6775
提姆·克里索德（Clissold, Tim）4502
提姆·谢韦仑（Severin, Timothy）6178
醍醐钦治 4348
笹川裕史 5705
天儿慧 1390，1856
天野晓 7767
天野元之助 7861
田安（Shields, Anna M.）3309
田本相 3359，4119
田边尚雄 4531，4751
田伯烈（Timperley, Harold John）5832
田辰山（Tian, Chenshan）360
田川五郎 2871
田村芳朗 740
田村志津枝 6344，6663
田岛俊雄 2635，2649
田广 1622，2761
田广金 7271
田海（Haar, B. J. ter.）663，846，5822
田浩（Tillman, Hoyt Cleveland）132，232，286，307，421
田尻利 7995
田美永 2271
田赛男 2316
田山茂 6149
田师善 3990
田澍 5532
田晓菲（Tian, Xiaofei）3290，3330，3449，3517，3553
田原史起 1392
田原祯次郎 6761
田中博 4196
田中芳树美 6980
田中芳雄 4645
田中和夫 3369
田中静一 7934
田中明彦 2048

田中庆太郎 8075
田中仁 1179，1760
田中则明 1085，3185
田中正俊 4948，5831，5940
田中正明 4758
田中壮吉 7091
田仲一成 827，3342，4613，4719，4739
廷柏利 见 田伯烈 5832
町田三郎 560，567，5013，6723，6758
仝婉澄 4785
桐山桂一 6873
童岭 2093，2969
童丕（Trombert, Eric）2296
图齐（Tucci, Giaseppe）627，767，770，6172，6372，7219
涂慧 3970
土岐秋子 5447
土田健次郎 111
土屋公献 5729
托尔斯藤·华纳（Warner, Torsten）7885
托济克·阿纳托利·阿法纳西耶维奇 1187
托洛斯基（Троцкий, Лев Давидович）1448
托马斯·G. 罗斯基 见 托马斯·罗斯基 1561，2477
托马斯·H. 赖利（Reilly, Thomas H.）5799
托马斯·阿鲁姆 见 托马斯·阿罗姆 5415
托马斯·阿罗姆（Allom, Thomas）5415，5333，5619
托马斯·阿洛姆 见 托马斯·阿罗姆 5619
托马斯·爱德华·戈登（Gordon, Thomas Edward）7515
托马斯·博克（Bork, Thomas）1823
托马斯·布莱基斯顿（Blakiston, Thomas W.）7452
托马斯·海贝勒（Heberer, Thomas）1207，1662，1672，1777，1795，2362，5147，7969
托马斯·霍奇森·利德尔（Liddell, Thomas Hodgson）4483，7418
托马斯·拉贝（Rabe, Thomas）6934
托马斯·莱昂斯（Lyons, Thomas P.）2580
托马斯·罗宾逊 2112
托马斯·罗斯基（Rawski, Thomas G.）1561，2477，2528，2743
托马斯·威尔森（Wilson, Thomas F.）2603
托玛斯（Thomas, Frederick William）3311，7154

托尼·邓（Teng, Tony）6581
托尼·赛奇（Saich, Anthony）7788

V

V.A. 索高罗夫（Sokoloff, V. A.）2465

W

W.J. 凯特（Cator, Writser Jans）2323
W.L. 贝尔斯 见 贝尔斯 7027
W.L. 芮弗 见 芮弗 4195
W.M. 麦高文 5003
W.T. 霍根（Hogan, William Thomas）2573
W.W. 福格森 见 福格森 7500
W.W. 罗克希尔（Rockhill, William Woodville）7461
W. 科特维奇（Kotwicz, W.）3036
窪德忠 611，613，615
窪添庆文 1461
瓦·米·阿列克谢耶夫（Алексеев, Василий Михайлович）7385
瓦德西（Waldersee, Alfred Graf Von）5830
瓦格纳（Wagner, Rudolf G.）296
瓦兰·保罗（Paul, Varin）5914
瓦伦蒂娜·佩多内（Pedone, Valentina）1475
瓦特·斯图尔特（Stewart, Watt）1194
瓦西里·帕夫洛维奇·瓦西里耶夫 见 瓦西里耶夫 2922
瓦西里·扬（Ян, ВасилийГригорьевич）4289，4385，4386，4574
瓦西里耶夫（Васильев, Василий Павлович）2922，3766，7248
外山军治 5380
丸川知雄 1939
丸桥充拓 2217
丸山昏迷 6225
丸山茂 3598
丸山清子 3698
丸山伸郎 2575
丸山升 3460
丸尾常喜 3292，3524，8033
万成博 2790
万明 2119，5029，5545
万平近 3922
万青力 4741

万斯白（Vespa, Amleto）1393
万燚 3933
万志英（Glahn, Richard von）873，2339
汪次昕 8086，8087
汪德迈（Vandermeersch, Leon）387，2870，2885，4992，5136
汪介之 3912，4052
汪前进 994
汪荣祖（Wong, Young-tsu）97，173，174，295，354，1763，2894，3119，3562，3667，3694，4344，4893，5401，5541，6062，6199，6501，6620，6637，6787，6894，6963，7021，7634
汪润 5187
汪涛 5457，7326
汪熙 2742，2769，2787，6072，7995
汪晓勤 1022
汪雁秋 5216
汪一驹 2927
汪悦进 7896
王爱和 372
王安娜（Wang, Anna）6628
王斑（Wang, Ban）198，2855，4286
王邦维 4001
王邦秀 7266
王本显 7731
王冰 971
王昌伟（Ong, Chang Woei）6990
王次澄 4759
王丹 3102
王丹丹 2956
王德硕 876
王德威（Wang, David Der-wei）3286，4019
王笛（Wang, Di）1198
王东波 498
王栋（Wang, Dong）2016
王铎 4792
王汎森 6571
王芳（美）2889
王芳 7030
王风 3808
王丰（Wang, Feng）1076，2303
王枫初（Wang, Nora）5890
王福民 3446
王福生 73

王福祥 3956
王根礼 1751
王赓武（Wang, Gungwu）361，1284，1442，1471，1512，1592，1640，1798，1831，2384，4846，4870，4926，6378
王冠华（Wang, Guanhua）5874
王光东 4034
王光尧 7295
王广生 2936
王贵 1756
王国安 3533
王国斌（Wong, Roy Bin）2274，5005
王国强 5314
王国荣 8050
王海龙 3128，7121
王鹤鸣 4796，7125
王红 2773
王宏印 3274
王洪钟 3266
王化文 964
王辉 2716
王辉耀 1824，2777，6869
王惠琴 7134
王慧炯 2771
王辑国 7070
王缉思 1754，2116
王继权 3997
王冀青 7311
王家骥 7074
王建民 5093
王建平 5247
王健（1956—）533
王健（加）2838
王健 6020
王瑾（Wang, Jing）2391
王景伦 74，1797
王靖宇 3809，5491
王静爱 7960
王静怡 4806
王炬 8008
王俊英 3934
王开玚 350
王凯凤 4046
王昆吾 1143

王立 4582
王立礼 527，3895
王立新 951
王利民 3850
王利器 3352，3634
王丽娜 4071
王丽萍 878
王丽雅 1721
王丽耘 4017
王良能 1730
王灵桂 2092，2704，2734，2735，2736，2737，2748，2750，2759
王明嘉 3084
王明明 7085
王念祖 2725，7114
王宁（1968？—）2253
王宁（1955—）3975，5072
王平 7176
王钱国忠 909，7041，564，7062，7063，7064，7066，7071，7976
王钦峰 1847
王晴佳（Wang, Q. Edward）4900
王庆成 6054
王庆云 4065
王秋桂 3904
王泉 552
王蓉 5052
王荣华 5186，5318，5321
王如绘 6032
王润华 3249，3305，3358，3386，3390，3467，3555，3556，3661，3689，3982，4036，5133，6794，7072
王山 1218
王珊 2944
王士元（Wang, William S.-Y）3067，3174，3348，7638
王士禛 4020
王守华 5052
王守元 3360
王书君 6958
王书玮 3900
王淑华 2977
王树村 4644
王树文 4087

王水林 2933
王水照 3530，3987
王顺洪 8060
王烁 2746
王思聪 5240
王斯福（Feuchtwang, Stephan）618，1166，7045
王苏娜 2936
王廷信 4810
王维江 6295
王维坤 7340
王伟民 1432
王卫星 5757
王未江 7393
王文兵 903
王西里 见 瓦西里耶夫 3766
王希 6452，7059
王锡荣 7083
王曦 3934
王向华 1170
王向远 4076
王相宝 5172
王小盾 7270
王小英 79
王晓玲 1705
王晓路 3823，4023
王晓平 3864，3878，3929，3965，3966，4008，4037，4056，4082，5271
王晓秋 5036，5037，5092，5095，5099，6019
王晓毅 2730
王新颖 1379
王兴尚 453
王秀丽 1737
王秀文 5102
王雪农 7538
王亚男（Wang, Jane）2181
王燕 3908
王扬宗 7046
王尧 3361，5300，6264，8009
王业键（Wang, Yeh-chien）2402
王一民 4222，4407
王毅 5232
王寅生 1757
王雍刚 3838
王镛 4813

王勇（1955—）499
王勇（1956—）5067，5095
王永波 7331
王玉樑 558
王玉祥 5532
王元化 3534
王元明 4098
王跃 6061
王泽民 7941
王占阳 79，1793
王战 5316
王兆春 2244
王振兴 2798
王震 8101
王正和 1669，6005
王正立 7965
王正伟 4519
王政 1728
王枝忠 3876
王治国 3897
王中田 484
王祖望 5258
冈田玉山 7527
望月睦幸 5697
望月信亨 842
威·伊·邦特库（Bontekoe, Willem Ysbrandsz）1843
威达雷（Vitale, Guido）3073
威尔伯·J. 彼得金（Peterkin, Wilbur J.）5803
威尔士 见 海伦·斯诺 6458
威尔斯 见 海伦·斯诺 5871
威尔逊（Wilson, R.W.）370
威尔逊 见 迪克·威尔逊 39，7010
威涵励夫人（Williams, H. D.）5924
威里壁（Wellby）7408
威廉·W. 凯勒（Keller, William W.）1561
威廉·埃德加·盖洛（Geil, William Edgar）6402，7573，7604，7628
威廉·奥弗霍尔特（Overholt, William H.）2461
威廉·比瑟（Beazer, William F.）2491
威廉·伯德（Byrd, William, A.）2656
威廉·恩道尔（Engdahl, William）1927，2438
威廉·法兰西斯·曼尼克思 见 曼尼克思 6659
威廉·弗兰西斯·曼尼克思 见 曼尼克思 6659
威廉·弗朗西斯·曼尼克思 见 曼尼克思 6659

威廉·亨特（Hunter, William C.）5653，5698，6366
威廉·林赛（Lindesay, William）7467，7537，7538，7541，7561
威廉·卢因森（Lewisohn, William）6382
威廉·司本石初（Siebenschuh, William）6881，6915
威廉·萨默塞特·毛姆 见 毛姆 4476
威廉·塞西尔·麦格拉思（McGrath, Willam C.）6302
威廉·韦（Wei, William）2389
威廉·亚历山大（Alexander, William）7342，7373
威廉姆·詹姆森·瑞德（Reid, William Jameson）7407
威廉木·司本石 见 威廉·司本石初 6881
威妥玛（Wade, Thomas Francis）3155，3167
薇罗妮卡·奥尔贝特索娃（Orbetsova, Veronika）2926
微席叶（Vissière, Arnold Jacques Antoine）3039
微雨书细 7752
韦伯 见 马克斯·韦伯 713
韦尔斯 见 海伦·斯诺 5666
韦克曼 见 魏斐德 17
韦磊 6041
韦黎明 5068
韦廉臣（Williamson, Alexander）7603
韦慕廷 见 韦慕庭 6820
韦慕庭（Wilbur, Clarence Martin）1247，6534，6820
韦思谛 820
韦旭秌 4080
韦祖松 6428
唯慈 见 霍姆斯·维慈 667
维尔·杜伦 见 杜兰 4832
维吉尔·毕诺（Pinot, Virgile）369
维克多·尼古拉耶维奇·乌索夫 见 维克托·乌索夫 6993
维克托·恩瓦奥齐奇·威本杜 1930
维克托·乌索夫 1177，1180，6993
维林吉诺娃（Doleželová-Velingerová, Milena）3568
维亚尔（Vial, Jean）6181
伟烈亚力（Wylie, Alexander）659
尾崎春生 1566
尾崎康 1191，2896
尾崎秀树 3423，3543，6468，6553，6767，6768，6882，6889
尾藤正英 4890
尾形勇 1391，1584

卫斐列（Williams, Frederick Wells）752
卫广益 1261
卫景宜 4026
卫匡国（Martini, Martinus）3182，6089
卫礼贤（Wilhelm, Richard）377，1637，4866，6249，6303，7756
卫茂平 4041，4064
卫三畏（Williams, Samuel Wells）574，3064，5992
卫藤沈吉 8029
卫英士（Wiens, F. J.）6277
未亡人（马礼逊夫人艾思庄）见 艾莉莎·马礼逊 689
魏爱莲（Widmer, Ellen）3429，3481，3619，3914
魏安国（Wickberg, Edgar）1209
魏白帝（Wei, Betty Peh-Ti）6750
魏长洪 7659
魏崇新 3829
魏德安（Wedeman, Andrew Hall）2446
魏定熙（Weston, Timothy B.）2854
魏尔特（Wright, Stantey Fowler）1867
魏斐德（Wakeman, Frederic Evans）17，1279，3699，4865，5345，5369，5498，6072，6248，6316，6324，6630
魏格林 5070
魏根深（Wilkinson, Endymion）4975
魏家海 3887
魏家伦（Weisfogel, Jaret Wayne）294
魏坚 7642，7663
魏克彬（Williams, Crispin）137
魏克德（Wickert, Erwin）1175，4220
魏柳南（Vairon, Lionel）2023
魏丕信（Will, Pierre-Etienne）1409，8023
魏倩倩 3264
魏若望（Witek, John W.）782，881，3248
魏尚进 2408
魏韶华 4088
魏思齐 5197
魏特（Väth, Alfons）732，5416
魏同贤 7281，7282
魏维贤 527
魏伟森（Wilson, Thomas）157
魏希德（Weerdt, Hilde De）1514，7983
魏秀梅 2963
魏正中（Vignato, Giuseppe）627，7172，7198，7526
魏忠 8097

温狄娅 7331，7332
温海明 440
温海清 5544
温特里德（Wengtelider, A.）5647
温梓川 4392，6926
文安立（Westad, Odd Arne）1897，5931
文大一 3662，4032
文贯中（Wen, Guanzhong James）2485
文青云（Vervoorn, Aat）4943
文世荣 3051
文思淼（Winchester, Simon）6667
文晓明 1691
文以诚（Vinograd, Richard Ellis）4750，4754
文镛盛 837
文忠志 6848
翁·基达尼（Kidane, Won）2162
翁特里德（Wengtelider, A.）1808
翁绍裘 4154，4412
我妻荣 2172
沃尔夫（Wolff, Christian）382
沃尔龙德（Walrond, Theodore）5631
沃尔克·贝格曼 见 贝格曼 7226，7441
沃尔特·施德尔（Scheidel, Walter）4880
沃伦·麦克法兰（McFarlan, Warren F.）2393
乌丙安 6037
乌尔里希·冯·施罗德（Schroeder, Ulrich von）7220
乌尔苏拉·克莱谢尔（Krechel, Ursula）4330
乌拉吉米索夫 见 符拉基米尔佐夫 6132
乌利·弗兰茨（Franz, Uli）7
邬枫 2618
吾妻重二 420，428，536
巫鸿（Wu, Hung）2995，4537，4551，4590，4595，4622，4624，4637，4673，4694，4756，4768，4769，4770，4783，4803，7038，7136，7175，7218，7291，7920
巫仁恕 1673
巫新华 7096
吴柏均 2706
吴冰 3895
吴伯娅 5524
吴昌硕 4795
吴承恩 4556
吴春熙 1265
吴芳龄 3972

吴芳思（Wood, Frances）1417, 1563, 1893, 4914, 5351, 5723, 6711, 6746, 7207, 7324, 7325, 7326
吴凤斌 1172, 2132
吴伏生 3060, 3166, 3373
吴福祥 3239
吴光 476
吴光辉 1733
吴光正 899
吴广平 7129
吴国光 1337
吴国桢（Wu, Kuo-Cheng）5474, 6534
吴河清 3850
吴金成 1345
吴经熊（Wu, John Ching-hsiung）410, 580, 3602, 6489
吴静妍 1749
吴敬琏 1227, 1688, 2611, 2657, 2712, 2753
吴俊 3312
吴昆财 1720
吴雷川 922
吴密察 6289
吴丽君 2983
吴莉苇 1010, 5110, 5259, 5507
吴孟雪 1725, 5253
吴南华 3386
吴旻 968
吴平 225
吴启太 3054
吴强 1697
吴清源 2871, 6872, 6974
吴汝钧 934
吴盛青 3991
吴索福（Усов, C.H.）3092
吴滔 6281
吴天颖 2080
吴巍巍 6420
吴伟明 4085
吴宪 1383, 1404, 1416, 1520, 1567, 1620, 5661, 5839, 5921, 6322, 6331, 7425, 7444, 7601
吴小新 974
吴晓丁 4777
吴晓东 3810
吴晓刚 1742

吴欣 7896
吴秀卿 4568
吴学文 2051
吴燕和 1186
吴雁南 544
吴尧 7893
吴一夫 1451
吴一焕 1864
吴义雄 554, 2098
吴应辉 3208
吴雨平 3910
吴元黎（Wu Yuan-Li）1267, 1347, 2330, 2371, 2456, 2534
吴原元 5199, 5326
吴跃军 4383
吴蕴昆 3030
吴泽霖 540
吴章 7802
吴兆路 5317
吴振强（Ng, Chin-Keong）6373
吴震 536
吴志良 928, 2088, 2946, 6408, 6409, 6450, 8035
吴中伟 5198
吴卓瑾 2263
五井直弘 5478
五十岚由人 6550
伍安祖（Ng, On Cho）4900
伍德华（Woodward, A.M.Tracey）7239
伍国用 80
伍海德（Woodhead, Henry George Wandesforde）6870
伍昆明 1004
伍跃 1560
武斌 5088, 5089, 5536
武村泰太郎 6914
武德运 7107
武海军 3850
武闽 1151
武内绍人 2130
武内义雄 267, 388, 406, 3183, 5151, 5391
武上真理子 1427
武田昌雄 7354
武田镜村 2455
武田泰淳 27

武田雅哉 134，3731，7669
武雅士 856
武原 6832，6833
武云 1889

X

西安·凯维尔（Kevill, Siân）2054
西奥多·怀特 见 白修德 5970
西川宁 4662，4761
西川修 7805
西村成雄 6951，6952
西村克己 2455
西村敏夫 2475
西达·斯考切波（Skocpol, Theda）4852
西嶋定生 1581，5332，5409
西德尼·D. 甘博 见 甘博 1191
西德尼·甘博 见 甘博 5585
西恩·德维尼 见 肖恩·德文尼 6629
西尔维奥·贝雷塔（Beretta, Silvio）1513
西格雷夫（Seaglave, Steling）1333，6688，6800，6808
西里尔·珀尔（Pearl, Cyril）5743
西里喜行 1936，1962
西林昭一 4671
西蒙娜·德·波伏瓦（Beauvoir, Simone de）5596
西默·托平（Topping, Seymour）5927
西山尚志 7171，8101
西田龙雄 3145
西田太一郎 2177，3095
西条正 2858
西义显 1939
西园寺一晃 6913
西原大辅 6582
西泽·考森 7595
希尔维亚·安吉斯·麦斯特尔（Meister, Silvia Agnes）7417
希夫（Schiff, Friedrich）6266，6359
希拉里（Clinton, Hillary Rodham）2746
希勒格（Schlegel, Gustave）7624
奚密（Yeh, Michelle Mi-Hsi）3656
奚如谷（West, Stephen H.）4569
席勒（Schiller, Friedrich）4199
喜安幸夫 5815，6308，6345
喜仁龙（Sirén, Osvald）7582

禧在明（Hillier, Walter）3088
系贺了 2415
细川喜代治 7782
狭间直树 120，200，3097
下定雅弘 3795，6470
夏伯嘉（Hsia, R. Po-chia）671
夏德（Hirth, Friedrich）4830
夏尔·于贝尔·拉佛莱（Lavollee, Charles Hubert）5571
夏含夷（Shaughnessy, Edward Louis）189，2809，3177，5361，5364，5455，5514，5558，7221
夏金（Halcombe, Charles J.）7508，7565
夏康达 3864
夏勒（Schaller, George Beals）7713，7717
夏洛特·索尔兹伯里（Salisbury, Charlotte）5597
夏目漱石 3643，4511
夏泉 6447
夏瑞春（Hsia, Adrian）2814
夏维明（Shahar, Meir）720
夏远鸣 6206
夏志清（Hsia, Chih-tsing）3480，3519，3640，3654，3663，3721，3780，4208，6862
香便文（Henry, Benjamin Couch）7437
香川孝志 5584
相从智 7130
向柏霖（Guillaume, Jacques）3093，3273
向达 6088
向东 1780
项佐涛 6526
肖恩·德文尼（Deveney, Sean）6629，6680
肖恩·麦纳（Miner, Sean）2522
肖清和 964
肖瑞峰 3952，4067
肖奚强 3260
肖玉秋 907，5064
萧邦齐（Schoppa, R. Keith）1320，6285，6895
萧邦奇 见 萧邦齐 6895
萧公权（Hsiao, Kung-Chuan）168，1636，6849
萧菁 6236
萧旅 3345
萧三（Siao, Emi）36
萧崴 2315
萧延中 13
萧瑜（Xiao, zisheng）36，49

萧致治 7053
小爱德华·布里斯（Bliss, Edward Jr.）6777
小坂文乃 4356，6586
小保罗·洛科科（Lococo, Paul, Jr.）6509
小浜正子 6283
小查尔斯·沃尔夫（Wolf, Charles Jr.）2363
小长谷有纪 7960
小川贯壹 605
小川环树 3095，3329，3471
小川隆 586，796
小川一真 5582，5646，6305
小岛晋治 5821，6604
小岛康誉 7206
小岛朋之 33
小岛毅 365，5487
小宫隆太郎 2488
小谷豪冶郎 6641
小谷一郎 4009，5626
小谷仲男 6090
小科布尔（Coble, Parks M.）1402，2340
小栗栖香顶 6227
小林爱雄 4511
小林斗盦 4620，4738，4812
小林高四郎 6127，6129，6507
小林里平 6343
小林清 5919，6941
小林实 2247，2370，2657
小林武 355
小林小百合 4419
小林正美 686，687，736，773，821
小鹿青云 4718
小梅（Roseberry, Kim）4398
小南一郎 3595，3708
小山铁郎 3129
小松岚 3038，3152
小松谦 4572
小田岳夫 6927
小尾郊一 3773，6902
小野川秀美 1456
小野和子 5396
小野四平 3728
小野寺史郎 1252
小野贤二 5750
小野信尔 5699

小野泽精一 237
小俣行男 5792
小约翰 见 约翰·里特 6665
小约翰·威尔斯（Wills, John Elliot）4816
小泽正元 6727
小泽重男 3199
小曽户洋 7768
小詹姆斯·涛姆逊（Thomson, James C., Jr.）1921
晓石 4165
筱原令 4304，4428
篠田统 7933
胁川寿泉 6230
谢·阿·多勃隆拉沃夫（Добронравов, С.А.）5883
谢·列·齐赫文斯基 见 齐赫文斯基 1968，7013
谢·叶·雅洪托夫（Яхонтов, С.Е.）3078
谢艾伦（Shai, Aron）2252
谢春平 4045
谢陈秀瑜 2784
谢尔顿·H. 哈里斯（Harris, Sheldon H.）5810
谢尔盖·列昂尼德维奇·齐赫文斯基 见 齐赫文斯基 1231
谢方 2126
谢弗（Schafer, Edward）5443
谢福芸（Hosie, Dorothea Soothill）4298，4310，4477，4500
谢阁兰（Segalen, Victor）7249，7250
谢汉兰（Zia, Helen）4396
谢汉强 7049
谢和耐（Gernet, Jacques）381，699，700，812，860，1361，1373，4978，7163
谢继胜 7299
谢林·布莱尔·布里萨克（Brysac, Shareen Blair）7203
谢马诺夫（Семанов, В.И.）3463，3468
谢曼诺夫 见 谢马诺夫 3463
谢苗诺夫 7529
谢淼 3847
谢婷 3934
谢伟思（Service, John Stewart）1911
谢文郁 1025
谢西娜（Xie, Xina）2385
谢玉冰 3549
谢玉杰 7325
谢周 5192

谢竹艳 3013
解本亮 1149
解威廉（Hail, William James）5833，6945
心笛 3358
辛德勇 7666
辛冠洁 252
辛华 230，1912
忻剑飞 5281，5301
辛普森·吉姆斯（Simpson, James R.）2552
辛维光 6300
辛砚 1701
星彻 4322
星野芳郎 2336
邢广程 2108
邢军（Xing, Jun）638
邢克超 5144
邢文 139，7319
邢文军 5585
邢义田 5183
邢照华 6454
兴那霸润 4969
兴膳宏 3452，3665，3682，3759，5483，7700
幸井俊高 7739，7745
幸田露伴 3569
熊存瑞（Xiong, Victor Cunrui）4367，6814
熊玠（Hsiung, James Chieh）1211
熊培军 471
熊铁基 898
熊文华 5230，5244，5305
熊向东 3989
熊英 5131
熊月之 6320，6423，6436，6441
休·昂纳（Honour, Hugh）4963
休·怀特（White, Hugh）2030
休梅克（Shewmaker, Kenneth E.）1354
朽木寒三 4426
秀村欣二 2874
须藤瑞代 1615
徐宝锋 3825
徐秉琨 5058
徐丹（Xu, Dan）3042，3071，3135，3272
徐广宇 5575
徐国琦（Xu, Guoqi）2033，5980
徐海松 5538

徐浩然 1707
徐鸿 1154
徐湖平 6419
徐晋涛 2764
徐静波 1772，6424
徐觉哉 1702
徐均平 5146
徐珺 3873
徐康宁 2359
徐烈炯 8012
徐朋彪 3056
徐青 6425
徐水生 3020
徐朔方 3418
徐肖南 4130
徐晓东 1273
徐晓慧 3007
徐晓望 5530
徐行 7131
徐訏 3358
徐雪筠 2430
徐艳 5137
徐永明 3686
徐勇 5092
徐有威 1766
徐志啸 3824，3839，3894，3949，4066
徐中约（Hsü, Immanuel Chung-Yueh）2028，5968
徐宗泽 958，1013
许宝友 1674
许德馨 7099
许地山 3183
许杜美 5180
许光华 5194，5210
许浩福 6102
许惠贞 5168
许纪霖 5276
许嘉璐 3212
许建初 1195
许建英 7643
许钧 3863
许烺光（Hsu, Francis Lang Kwang）1351，2842，7024
许里和 见 许理和 636
许理和（Zurcher, Erik）636，4998

许美德（Hayhoe, Ruth）2900，2929，2937，
　　2947，6795，6932
许明　7316
许明龙　5015，5046，5234，7132
许齐雄（Koh, Khee Heong）86
许让（Schram, Louis）6096
许让神父　见 许让　7346
许田波（Hui, Victoria Tin-bor）1526
许妥玛夫人（Hughes, Mrs. Thomas Francis）1520
许韦婷　1726
许惟贤　5172
许新江　7668
许逸民　4121，8100
许永璋　7646
许育铭　1760
许渊冲　4100
许倬云（Hsu, Cho-yun）1033，1042，1044，1054，
　　1061，1095，1096，1121，1438，1444，
　　1527，2270，2320，4429，4436，4585，
　　4824，4825，4844，4859，4871，4872，
　　4894，4901，4908，4925，4940，4941，
　　4942，4950，4965，4974，4986，4987，
　　5181，5418，5448，5453，5477，5480，
　　6036，6529，6893，7120，7320，7335，7336
旭屋出版社　7936
绪方义勋　4271
薛爱华（Schafer, Edward）2425，3551，6405
薛凤生（Hsueh, Fend Sheng）3081，3201，3219
薛凤（Schafer, Dagmar）7670
薛化元　6427
薛君度（Xue, Jundu）531，1710，1723，1740，
　　1770，2087，2103，2108，2183，2755，
　　3483，6029，6624，7053
薛克翘　4125，5115
薛理泰　1405，2225，7935
薛立敦（Sheridan, James E.）6568
薛龙（Suleski, Ronald）5127，5941
薛晓峰　7099
薛晓源　539
薛玉楠　2989
薛昭慧　5173
雪珥　1212，1239，1254，1325，1443，5620，
　　5621，5642，5700，5734，5826，5838，5864，
　　6536，6644

Y

雅德利（Yardley, Herbert Osborn）2202
雅各·德安科纳（D'Ancona, Jacob）7436
雅各布·阿博特　见 雅各布·艾博特　6510
雅各布·艾博特（Abbott, Jacob）6504，6510
雅各布　见 贾安娜　5970
雅克·布罗斯（Brosse, Jacques）4841
雅克·当斯（Downs, Jacques M.）2333
雅克玲·泰夫奈（Thevenet, Jacqueline）758
雅罗斯拉夫·普实克　见 普实克　4506
雅尼丝　1810
雅瑟·亨·史密斯　见 明恩溥　1125
亚·弗·卢金　1230
亚当·巴克曼（Barkman, Adam）4544，4596（应
　　为同一条目）
亚当·费格曼　6682
亚当·明特（Minter, Adam）7949
亚当·瓦尔德（Wilder, Adam）2229
亚德利　见 雅德利　2202
亚历山大·霍斯（Hosie, Alexander）5732
亚历山大·潘佐夫　43
亚历山德莉娅·大卫—妮尔　见 大卫·妮尔　7575
亚历珊卓·大卫—尼尔　见 大卫·妮尔　7575
亚罗斯拉夫·普实克　见 普实克　3571
亚瑟·亨·史密斯　见 明恩溥　1125
亚瑟·贾德森·布朗　见 阿瑟·贾德森·布朗　5956
亚瑟·史密斯　见 明恩溥　1125
鄢华阳（Entenmann, Robert）858
鄢化志　2986
盐入良道　832
闫健　1784
严丹　2095
严斐德（Jensen, Fritz）4309
严歌苓（Yan, Geling）6476
严海蓉　2109
严嘉乐（Slavíček, Karel）844
严建强　5506
严灵峰　7981
严明　3857，3858，3859，3893，3906
严农　7036
严绍璗　2936，2942，2958，2981，4082，4096，
　　5009，5031，5080，5082，5095，5270，
　　5271，7088，8054，8062

严文明 2707
严锡仁 3197
严晓鹏 1789
岩本公夫 7870
岩村忍 5394，6906
岩间一弘 6315
岩见宏 5338
岩井茂树 2585
岩崎育夫 2499
岩崎允胤 558
岩田胜雄 2732
阎崇年 7998
阎纯德 5225
阎广耀 1913
阎国栋 4597，5188，5190
阎云翔（Yan, Yun-Xiang）1132，1419，7351
阎宗临 5165
塩沢裕仁 5447
颜惠庆 6899，6900
颜清湟（Yen, Ching-hwang）1206，1224，1262，1263，1264，1491，1495，1816，6519
晏阳初 2823
燕青山 1408
扬 见 瓦西里·扬 4386
扬哈斯本 见 荣赫鹏 7497
扬契维茨基 见 瓦西里·扬 4574
杨 见 瓦西里·扬 4385
杨保筠 5076
杨炳章（Yang, Bingzhang）2，52
杨步伟（Chao, Buwei Yang）6911，6912，7931
杨朝飞 7967，7968
杨朝明 488
杨大庆 2068
杨代春 2992
杨栋梁 1709
杨凤岗 642，986
杨福泉 6101
杨富学 7275
杨瑰珍 6003
杨国安 3850
杨国昌 2801
杨国伦（Young, Leonard Kenneth）1989
杨鸿烈 2192
杨怀中 6209

杨慧林 5282
杨慧玲 2997，3204，3238，8094
杨建新 1691
杨剑 7334
杨江柱 2971
杨瑾 7298
杨进发 1490，6491，6492
杨静 4779
杨克勤 185，435
杨奎松 2083
杨来运 7660
杨丽君 1601，2011
杨联陞（Yang, Lien-sheng）1100，1647，3189，3354，3440，4853，4994，5130
杨懋春（Yang, Martin C.）1506
杨美惠（Yang, Mayfair Mei-hui）1063
杨梦雨 5844
杨名时 2804
杨铭 6388，8083
杨沐 2756
杨念群 5063
杨培玉 5508
杨平 564
杨茜 4766
杨庆堃（Yang, Ch'ing-k'un）855
杨庆中 99
杨儒宾 5266
杨诗浩 8014
杨松芳 2973
杨涛 1156
杨天石 2123，6075
杨卫华 921
杨文波 3116，3126，3144
杨武能 3871
杨夏鸣 5757
杨宪益（Yang, Hsien-Yi）6689
杨小滨（Yang, Xiaobin）3726
杨小燕（Wei-Sender, Katherine）4414，6857
杨晓能（Yang, Xiaoneng）1258，7184
杨晓山（Yang, Xiaoshan）3573
杨新 4715
杨煦生 5282
杨雪冬 1795
杨一凡 2150

杨义 3778

杨玉英 59，2242，2243，3875，5242

杨再平 1780

杨曾文 1019，5095

杨振红 7667

杨振昆 3983

杨正光 5016

杨政业 6205

杨中美 6617

杨祖汉 462

姚斌 6049

姚大力 7060

姚大勇 964

姚道中 3212

姚建彬 4063

姚军玲 3891

姚平 1434，1435，5119，7059

姚喜明 3116，3126

姚新中 347

姚玉敏 3207

姚中秋 1739

野村浩一 22，1881

野村荣三郎 7490

野岛刚 1431，2513，2825，4608，4683，7025

野口卫 7749

野口元大 3303

野添宪治 5669，5722，6576

野田正彰 5724，5939

叶·彼·巴扎诺夫 1843

叶·科瓦列夫斯基 7458

叶柏川 2073

叶恩华（Yip, George S.）2266

叶国良 5266

叶华 6863

叶嘉莹（Yeh, Chia-ying）3049，3285，3297，3298，3300，3313，3316，3320，3328，3338，3339，3343，3347，3371，3374，3389，3396，3397，3398，3399，3400，3401，3402，3403，3404，3405，3406，3407，3408，3409，3410，3411，3412，3413，3414，3447，3448，3450，3485，3487，3488，3497，3508，3509，3510，3511，3512，3521，3537，3538，3565，3578，3582，3605，3606，3607，3608，3611，3614，3615，3625，3626，3644，3658，3669，3670，3671，3672，3673，3674，3675，3676，3677，3678，3679，3690，3691，3700，3705，3717，3718，3799，4526，6483，6575，6598，6603，6700，6719，6852，7047，7698

叶凯蒂（Yeh, Catherine Vance）2862

叶立群 988

叶莲娜·塔斯金娜（Таскина, Елена）4215

叶莲娜·伊菲莫夫纳·库兹米娜（Kuzmina, Elena Efimovna）6338

叶柳 4092

叶明生 910

叶山 7677

叶石涛 3589

叶天露 4766

叶维丽（Ye, Weili）2873

叶维廉（Yip, Wai-Lim）3748，3779，4458

叶卫平 77

叶文心（Yeh, Wen-Hsin）1365，2428，2846

叶潇 7381

叶植 5561

叶周 4035

一海知义 3613，6684

衣川贤次 595

伊·范朗斯特（Van Ranst, Eric）2782

伊·卡恩（Kahn, Ely Jacques）2034

伊·温科夫斯基 6153

伊·亚·兹拉特金 见 兹拉特金 6194

伊安尼斯（Ioannis, Stathoyiannis）4823

伊本·白图泰 7580

伊本·胡尔达兹比赫 7416

伊东教夫 213

伊东忠太 717，7612，7898，7925，7927

伊凡（Yvan, Melchoir）5818，6262，6263

伊凡·威廉斯（Williams, Ifan）4565

伊弗·纪侯（Giraud, Yves）4565

伊夫斯·德·托玛斯·德·博西耶尔夫人（Bossiere, Yves de Thomaz de）783

伊尔凡·沙赫扎德 1873

伊丽莎白·基思（Keith, Elizabeth）4457

伊丽莎白·纳珀（Napper, Elizabeth）806

伊丽莎白·魏莉莎（Wichmann, Elizabeth）4647

伊丽莎白·许（Hsu, Elisabeth）6142

伊丽莎白·耶茨（Yates, Elizabeth U.）1596
伊利·雅克·卡恩 1910
伊利克 1810
伊莉莎·布里奇曼（Bridgman, Eliza J. Gillett）5996
伊莉莎·鲁阿玛·溪德沫（Scidmore, Eliza Ruhamah）7601
伊莉莎白·埃克诺米 见 易明 2014
伊懋可（Elvin, Mark）7948，7962
伊能嘉矩 3161，6145，6155，6182，6343，6346，6347，6348，6429
伊沛霞（Ebrey, Patricia Buckley）1375，4863，5119，6799，6943
伊萨克·泰勒·何德兰 见 何德兰 1619
伊莎白 见 伊莎白·柯鲁克 1496，1525
伊莎白·柯鲁克（Crook, Isabel）1496，1525，5804
伊莎贝尔·齐默尔曼·梅纳德（Maynard, Isabelle）4515
伊莎贝拉·伯德（Bird, Isabella）1171，7403，7581
伊思平（Easton-Thompson, Isobel）6916
伊斯雷尔·爱泼斯坦 见 爱泼斯坦 4136，4378，4400，5611，5781，5978，6632，6671，6805
伊台斯 1836
伊藤焄平 3461
伊藤道治 4984，5479
伊藤桂一 6766
伊藤虎丸 3455，3466，3968，6697
伊藤清司 3545，3738，4966
伊藤松涛 4653，4792
伊藤正则 2416
伊万·索科洛夫 7878
伊万宁 6538
伊维德（Idema, Wilt L.）1467，3932，4570
伊香俊哉 5937
伊原泽周 1818，1880，6451
伊沢榛轩 7830
伊泽·英格利斯（Inglis, Iza）6258，6548
依波利多·德西迪利（Desideri, Ippolito）6250
依田憙家 1395，4867，4887，4888，4889，5784，5786
依田义贤 4369，4391
壹岐一郎 6890
移川子之藏 6340
佚名 6038
佚名 7460

佚名 见 麦葛莱 4461
佚名 7795
易德波（Børdahl, Vibeke）3668
易劳逸（Eastman, Lloyd E.）1290
易明（Economy, Elizabeth）2014，7954
易飞先 1408
裔传萍 3270
裔锦声（Yi, Jeannie Jinsheng）3375，4230，4507
殷安如 7081
殷敬棠（Inch, Jason）2544
殷梦霞 6433
殷晓俊 6412
殷旭民 3653
尹畅 1668
尹虎彬 3739
尹均生 3814
尹绍亭 7966
尹丝淳 144
尹武学 228，330
尹锡南 1768
尹小林 2945
尹晓煌（Yin, Xiao-huang）1920，3420，3478
尹延安 889，3228
尹兹谋（Mackenzie, Murdoch）653
印晓峰 3943
印永清 8020
英德杰特·辛格（Singh, Inderjit）2638
英若诚（Ying, Ruocheng）6792
樱井龙彦 8099
永田圭介 332，6752
永野信利 1941
尤·米·加列诺维奇 1901，1902，1903，1929，1952
尤·米哈伊洛维奇·加列诺维奇 见 尤·米·加列诺维奇 1902，1903
尤恩森（Eunson, Roby）6809
尤恩（Ewen J.）5949
尤尔根·奥斯特哈梅尔 见 于尔根·奥斯特哈默 5955
尤金·N. 安德森（Anderson, Eugene Newton）7932
尤陈俊 2139，2182
尤莉 4771
尤锐（Pines, Yuri）1523
尤素夫（Yusuf, Shahid）2688

尤西林 1023
柚木学 2793
游鉴明 6516
游迈克 见 迈克·约基 6778
游汝杰 995，3266
游学华 4804
游仲勋 1223
有马赖底 584
俞锡玑 1496
庾良辰 5039
于德华 7922，7923
于得润 2754
于尔根·奥斯特哈默（Oterhammel, Jurgens）5955
于建福 468
于婧 8031，8051
于君方（Yü, Chün-fang）641
于雷 5933
于淼 3225
于沛 5417
于润琦 4069
于述胜 468
于永梅 3951
于语和 5039
余斌华 4527
余大钧 6080
余恩思（Upward, Bernard）1271
余国藩（Yu, Anthony Christopher）3293，3376，3688
余瑾 3207
余凯思 5926
余来明 3938
余莲 2542
余莲 见 朱利安 283
余梁戴光 8028
余明锋 5291
余飘 82
余启新 2971
余瑞先 61
余三乐 996，997，1005，1024，7086，7940
余士雄 7076
余顺标 1794
余蔚 5544
余夏云 4051
余心言 1747

余新忠 4936
余学群 5532
余炎光 6044，6677
余英时（Yu, Ying-shih）117，127，208，211，245，259，287，316，317，318，319，385，386，405，1066，1077，1088，1104，1534，1604，1645，1646，1651，2319，2590，2812，2876，2918，2921，3288，3291，3381，3393，3992，4313，4873，4876，4879，4892，4895，4896，4897，4899，4991，5001，5849，6501，6517，6672，6741，6742，6846，6922，6987，7973
俞可平 1571，1688，1777，1790，2280，2316，2317
俞强 998
俞荣根 8093
俞森林 1007
俞绍初 4121，8100
俞贤民 4222，4407
隅谷三喜男 2460
羽田亨 1359，3106，6367，6369，7159
羽溪了谛 761
宇井柏寿 593
宇井伯寿 见 宇井柏寿 594，762，869
宇田川幸洋 4576
宇文所安（Owen, Stephen）3294，3368，3415，3484，3557，3587，3620，3703，3752，3789，3792，3806
宇野重昭 2731
宇咲冬男 3787
宇野雪村 4732，4736，7216
宇野哲人 175，4505
宇野直人 3451，3794
玉城康四郎 632
郁龙余 3868
裕德龄 见 德龄 4213，4401，4411
裕尔（Yule, H.）4839
御幡雅文 3091
渊在宽 3345
元青 1724，2968
园田茂人 1939
原百代 4495
源了圆 5095
袁德俊 6208
袁殿池 1267

袁剑 7035
袁明 2048，2113
袁南生 80
袁鹏 2084
袁秋白 6003
圆仁 714
原田淑人 7917
原田曜平 2542
原惚兵卫 1123
袁同礼（Yuan, Tung-Li）8079，8090
袁行霈 3578
袁宣萍 4787
原正市 7856，7862，7866
远藤光晓 7988，8088
远藤誉 2290
远藤织枝 3247
约·罗伯茨（Roberts, J. A. G.）5805
约阿西姆·布克汉森 见 巴克霍森 6508
约恩·德尔曼 2390
约翰·D. 普雷廷（Plating, John D.）5829
约翰·H. 霍尔德里奇（Holdridge, John H.）2005
约翰·H. 唐恩（Dunne, John Hart）5606
约翰·K. 费正清 见 费正清 6600
约翰·W. 朗沃斯（Longworth, John W.）2633，2643
约翰·W. 刘易斯 见 刘易斯 2225
约翰·阿代尔（Adair, John）1062
约翰·安德森 见 乔纳森·安德森 2308
约翰·安德森（Anderson, John）4679
约翰·安东尼·乔治·罗伯茨（Roberts, John Anthony George）7877
约翰·奥特维·布兰德 见 濮兰德 6521，6657
约翰·奥特维·坡西·布兰德 见 濮兰德 6657
约翰·奥特维·濮兰德 见 濮兰德 6521
约翰·巴罗（Barrow, John）1908，7546，7615
约翰·贝尔（Bell, John）7413
约翰·彼得·穆尔曼（Murmann, Johann Peter）2763
约翰·布莱恩·斯塔尔 见 斯塔尔 29
约翰·布鲁尔（Brewer, John C.）1811
约翰·布洛菲尔德 见 布洛菲尔德 765
约翰·戴维斯（Davis, John A.）1383
约翰·弗朗西斯·戴维斯（Davis, John Francis）5589
约翰·亨利·格雷 见 格雷夫人 6298
约翰·拉贝（Rabe, John）5708，6361
约翰·朗沃斯（Longworth, John W.）2779
约翰·里特（Little, John）6665，6780
约翰·力图 见 约翰·里特 6780
约翰·马敬能（Mackinnon, John）7715
约翰·麦高恩 见 麦高温 1058
约翰·麦格雷格 见 麦高温 7550
约翰·麦嘉湖 见 麦高温 6364，6394
约翰·曼（Man, John）1032，6513，6558，6608，7230
约翰·曼德维尔（Mandeville, John）7477
约翰·米勒—怀特（Milligan-Whyte, John）1807，2047，2680
约翰·奈斯比特（Naisbitt, John）1228，1551，2262，2443，2550
约翰·尼霍夫（Nieuhof, John）1866
约翰·帕里斯 见 帕里斯 7590
约翰·佩顿·戴维斯（Davies, John Paton）7018
约翰·濮兰德 见 濮兰德 6521，6657
约翰·斯塔德（Stoddard, John L.）5572
约翰·斯图亚特·汤姆森（Thomson, John Stuart）5588
约翰·汤姆生 见 约翰·汤姆逊（Thomson, John）5983
约翰·汤姆逊（Thomson, John）5983
约瑟夫 1292
约瑟夫（Joseph, William A.）6336
约瑟夫·R. 列文森 见 约瑟夫·列文森 268
约瑟夫·阿·勒文森 见 约瑟夫·列文森 201
约瑟夫·艾约瑟 见 艾约瑟 3070
约瑟夫·利维·史翰（Sheehan, Joseph Levy）7558
约瑟夫·列文森（Levenson, Joseph Richmond）201，268
约瑟夫·洛克（Rock, Joseph Francis Charles）6190
约瑟夫·马纪樵（Marchisio, Joseph）2650
约瑟夫·史迪威 见 史迪威 6785
约书亚·科兰兹克（Kurlantzick, Joshua）1358
约斯特·埃尔费尔斯（Elffers J.）2849
约文西摩·巴克霍森 见 巴克霍森 5336
约西莫·布克汉森 见 巴克霍森 6508
乐黛云 2953，3000，3283，3945
乐靖 3268
乐俏俏 4776
乐文睿（Lewin, Arie Y.）2763
乐仲迪（Lerner, Judith）7141

岳峰 555,3023,7056
岳华 518
岳经纶 2760
岳渭仁 6830
越沢明 7881,7901,7916
越泽明 见 越沢明 7901

Z

臧健 6627
臧克和 480,506
臧运祜 2107,6077
臧振华 5183
早岛正雄 7726
泽夫·苏赋特(Sufott, E.Zev)2036
泽井律之 3589
泽勒(Selle, Earl Albert)6556
泽木修二 7808
泽田瑞穗 6944
泽田勋 6176
泽田总清 3788
曾布川宽 7185
曾德昭(Semedo, Alvaro)606
曾凡刚 6039
曾繁健 4043
曾繁仁 3029
曾根俊虎 7394
曾华 5247
曾敬豪 1765
曾丽雅 5253
曾美月 964
曾铭 6455
曾旺达 2602
曾小萍(Zelin, Madeleine)2161,2686,2691
曾艳兵 3911
曾英姿 8095
曾枣庄 7100
曾峥 938
曾智华 2933
增井经夫 5344
增田涉 4931,6693
增田朋洲 4098
增田英树 4399
增野弘幸 3529
增渊龙夫 5476

扎卡里·卡拉贝尔(Karabell, Zachary)2679
扎瓦茨卡娅(Завадская, Е.В.)4651
扎西次仁 6881
札克利·卡拉贝尔(Karabell, Zachary)2260
查屏球 8073
斋藤茂 3643
斋藤谦 4708
翟理思 见 翟理斯 1117
翟理斯(Giles, Herbert Allen)1117,3765,7412,7598
翟赟 3156,3157,3167
詹·卡莱·艾恩(Qien, Jan-Kare)4462
詹伯慧 3207,3211
詹春花 8094
詹杭伦 3924
詹利萍 5857
詹姆森·卡希尔 见 高居翰 4658,4710,4712,4713
詹姆士·奥朗奇(Orange, James)5488
詹姆斯·R·霍尔姆斯(Holmes, James R.)2195
詹姆斯·R·汤森(Townsend, James R.)1642
詹姆斯·艾伦(Allan, James)5925
詹姆斯·巴克利(Buckley Jr.,James)6773
詹姆斯·贝特兰 见 贝特兰 5672,5928,5954,6939
詹姆斯·利卡尔顿 5717
詹姆斯·利雷(Lilley James R.)1429
詹姆斯·麦克雷(McRae, James)4544,4596(应为同一条目)
詹姆斯·门罗·贝特兰 见 贝特兰 4486
詹姆斯·普里斯特(Przystup James J.)1967
詹姆斯·塔夫脱·斯蒂弗(Stever, James Taft)1891
詹姆斯·赵(Zhao, James P.)2639
詹尼·瓜达卢皮(Guadalupi, Gianni)4924
詹乔 3935
詹向红 520
詹悦兰 8091
张柏春 5193
张邦梅(Chang, Pang-Mei Natasha)6886
张宝林 3260
张宝三 5266,5288
张蓓蓓 8048
张冰 7043

张伯伟 2076，2951，2954，3854，3947，5118，5306，5556，8004
张步洲 6053
张成权 520
张承友 2977
张臣雄 2564
张纯如（Chang, Iris）1350，5749，6481
张聪（Zhang, Cong Ellen）4938
张存根 2779
张错 676，3666，4648，4705，7196，7874，7875
张大卫 7006
张道惠（Parsons, Harry）759
张德芳 7290
张德福 475
张德广 7073
张登及 1682，1726
张恩勤 7834
张恩荫 7660
张风雷 1011
张富强 2311
张功臣 5716
张谷 451，7070
张冠梓 1256
张光直（Chang, Kwang-chih）5393，5427，5459，6559，7170，7181，7182，7242，7244
张广保 625
张广达 1438
张广信 64
张广智 448
张国刚 892，957，4936，5110，5113，5177，5259
张海花（Zhang, Helen）322
张海惠 5160，5173，8008，8095
张海林 5038
张海晏 471
张灏（Chang, Hao）202，304，1107，1515，1516，1656，2839
张恒军 3021
张弘 3915，4084
张红 4039
张红扬 7943，8002
张洪年 3207
张鸿声 3984
张环宙 7657
张会芳 5859

张嘉星 3211
张建德（Teo, Stephen）4545，4577，4665
张建业 495
张锦池 4120
张劲夫 1268
张静河 5274
张军（1963—）2781
张军（1975—）3996
张峻维 1773
张铠 969，5297
张克雷（Chang, Vincent）2063
张琨 3080
张雷 7644
张磊夫（De Crespigny, Rafe）6587
张磊 7103
张鹂（Zhang, Li）1199
张礼洪 1513
张立慧 3820
张立文 490，560，561，571，5013
张丽娜 3948
张丽珍 3890
张连 4794
张连红 5757，5842
张良春 5211
张美兰 8042
张孟闻 7687
张梦中 1783
张明 4791
张鸣 1749
张柠 3574
张朋朋 3234
张平 489
张普 2977
张齐娥 6518
张岂之 7310
张强 2708
张清华 7047
张泉 3507
张日铭 1964
张荣芳 5378
张如飞 2517
张瑞夫 4939
张少书（Chang, Gordon H.）1933
张升余 5045

张生 5757
张施娟 877
张士杰 547
张士梅 4287
张世明 2185
张守连 3363
张守禄 6417
张首映 1454
张树德 62
张双庆 3207
张顺洪 2094
张硕 6594
张斯珉 401
张颂仁 4802，4875
张素华 81
张绥 906，1003
张天泽（Chang, T'ien-tsê）2681，2682
张铁夫 3946
张廷杰 3850
张彤禾（Chang, Leslie T.）4168
张沱生 2072，2113
张旺熹 3260
张巍 5193
张维安 6197
张文献 5736
张小敏 8055
张晓慧 3223
张西平 493，529，562，875，928，981，992，1016，2935，2936，2939，2941，3015，3016，3202，3223，3224，3238，3258，3259，3267，3828，5021，5026，5042，5071，5075，5077，5108，5164，5178，5185，5201，5235，5256，5257，5286，5295，5298，5309，5536，5559，8035，8092
张锡禄 3271
张霞 5634
张宪文 5708，5757，5842
张向晨 2067
张向东 3006
张晓川 964
张晓峰 66
张晓慧 3223
张晓凌 4773
张晓武 4413

张欣 5121
张馨保 5719
张信（Zhang, Xin）1232
张信传 2788
张兴轩 7640
张秀琴 2990
张旭东 1678
张绪通 90，159，351，603，1036，1048，7724，7725，7815
张学海 7300
张学良 6957
张雪 2765
张亚军 3260
张杨 3206
张一心 73
张亦春 2792
张英进（Zhang, Yingjin）4542，4547，4611，4632，4685，4742，6618
张颖 7647
张永奋 5303
张勇伟 15
张友坤 6631
张玉 1731
张毓纯 3845
张园 7029
张占荣 1758
张钊贻（Zhang, Zhaoyi）3301，3457，3499
张哲俊 7054
张振华 5291
张至善 5855
张志安 4092
张志刚 1021
张志清 5193
张志尧 5010
张志勇 2079
张中良 3778
张中秋 2167
张忠培 7320，7335，7336
张仲礼 2586，2647
张注洪 6017，6019
张子清 2994
张宗鑫 5549
章玖 1788
章开沅 880，3031，5757

章英华 1745
赵保禄（Reynaud, Paui-Marie）685
赵冰 7292
赵秉志 2193
赵长江 3256
赵春梅 5290
赵纯均 2776
赵德光 3817
赵东一 4836
赵福海 4059
赵华富 6438
赵江林 2734
赵金铭 3216
赵俊迈 4057，6543
赵括 1451
赵克生 900
赵丽莎 5895
赵龙跃 2574
赵梅 2111
赵敏俐 3899，4093
赵苗 3961
赵启正 662，1228
赵清治 8028
赵人伟 2775
赵省伟 5892，5893，5896
赵淑侠 4325
赵万里 2834
赵晓阳 923，7971
赵雁君 4786
赵耀贵 1276
赵铁峰 5545
赵毅 5532
赵毅衡 3978
赵寅松 6205
赵莹 3973
赵永茂 76
赵永新 3259
赵元任（Chao, Yuen Ren）3074，3171，3172，3179，6965，6966，6967
赵岳 2285
赵昀晖 6732
赵哲镐 4206
赵子勋 1767
折敷濑兴 3158

哲·彻旺 3877
贞兼绫子 807
珍妮·克莱格（Clegg, Jenny）2021
珍妮特·埃利奥特（Elliott, Jeannette S.）2904
珍妮特·米斯基（Mirsky, Jeannette）6797
真锅吴夫 6467
真人元开 733
真田但马 4736
正木义也 4152
郑保国 2976
郑碧贤 3321，3384，4404，4434，7003
郑炳林 6095，6257，7162，7274
郑澈 7118
郑定国 5155
郑定欧 3215
郑飞石 4357
郑光 3109
郑海霞 3856
郑惠生 7464
郑金生 7818
郑巨欣 4772
郑力人 1154
郑利华 3811
郑良树 2972，5158，6413
郑念（Cheng, Nien）4338
郑判龙 5012
郑彭年 5050
郑仁在 474
郑僧一 635
郑淑贤 7662
郑思齐 7958
郑铁生 5087
郑婷 1789
郑曦原 5617，5650
郑宪 1446
郑岩 7291
郑永邦 3054
郑永年 24，361，1071，1203，1210，1227，1240，1249，1295，1337，1366，1445，1459，1460，1517，1569，1573，1577，1578，1600，1601，1612，1613，1648，1664，1687，1822，2011，2027，2256，2280，2406，2476，2480，2481，2712，2713，2727，2751，2753，2783，2872，2902，7015，7709，7850

郑玉歆 2743
郑毓煌 2497
郑元祉 4571
郑云山 1164
郑在书 6551
郑振满 7289
郑子瑜 3277
知之 5860
织田万 2147
直江广治 7372
纸屋正和 1269
志村良治 3195
志费尼（Joveynī, 'Alā' al-Dīn 'Aṭā Malek）4906
秩名 4187
智信 3160
中本和夫 2324，7867
中川谕 3542
中川忠英 7357
中川子信 见 中川忠英 7357
中村不折 4688，4718
中村公辉 3255
中村圭尔 7666
中村三登志 5961
中村实郎 7727，7797
中村孝志 6271，6400
中村新太郎 1943
中村元 115，383，829
中村哲 2291，2292，2344，2418，2728
中村哲夫 5091
中岛利郎 3461，3589，3591，3999，4040，8064，8069
中岛乐章 2141
中井德太郎 2701
中井真孝 7206
中井政喜 3465，3778
中内功 1037
中田敬义 3162
中田庆雄 1874，6478
中田勇次郎 4734
中田整一 6736
中西进 3572，3623，3697，3701，5095
中野孤山 4226，7443
中野江汉 6226
中野美代子 278，378，3306，3593，3650，4961，7888
中薗英助 3564，6730
钟柏生 5183
钟敬文 2948，5018，6103，6896
钟玲 3936，3981，4062
钟鸣旦（Standaert, Nicolas）780，908，1000，7352
钟启禄 336
钟守华 7064
钟秀芝（Grainger, Adam）3144
钟雪萍 4286
钟宜铮 5302
塚本善隆 628
塚本幸司 4132
周 见 邹至庄 2612
周宝林 2376
周斌 515
周采芹（Tsai Chin）6776
周策纵（Chow, Tse-tsung）639，1072，1073，1089，1103，3098，3118，3288，3358，3378，3379，3380，3386，3387，3470，3504，3985，3992，5153，5850，5851，6611，6862
周大鸣 1166，7045
周德波 988
周殿富 4555
周发祥 3796，4025
周发祥 4118
周瀚光 1140
周弘 2050
周积寅 4631
周佳荣 2962
周浩 3010
周金波 3591
周雷 3355
周蕾（Chow, Rey）3332
周俐玲 4074
周力农 1329
周珞 8095
周敏（Zhou, Min）1348，1437
周明之 6612，6642
周宁 1143，1144，1145，1147，1148，1150，1153，1158，1160，1743，2127，4101，4102，4103，4104，4105，4106，4107，4108，4109，4110，4111，4112，4113，4114，4115，4116，4117，5008

周萍萍 979
周其仁 1227
周启荣（Chow, Kai-wing）241
周启星 7957
周荃 2008
周群芳 7658
周荣耀 2087
周榕芳 3997
周汝昌 3582，3992
周绍泉 6438
周思源 5106
周藤吉之 7158
周天珍 1751
周维强 2239
周伟民 6432
周文萍 4778
周武 5316，6423
周锡瑞（Esherick, Joseph W.）5579，5640，5898，6907
周宪 1144，5229
周小川 2352
周欣平 4757，8076
周迅 8034
周言 6006，6066
周岩 955
周彦 4006，6006
周彦文 2796
周艳辉 2526
周燕 887
周一良 738，5107
周永明（Zhou, Yongming）1167，1181，1630
周勇 2063
周虞农 3233
周裕锴 3850
周云芳 2996
周振鹤 964
周振英 3591
周政毅 2283
周仲贤 8005
朱爱岚（Judd, Ellen R.）1545
朱伯崑 472
朱昌峻 6661
朱成山 5660，5767，5768，6011
朱达秋 5285

朱凡 1857
朱锋 2102
朱汉民 3014
朱泓 7663
朱鸿林 4639
朱骅 3931
朱徽 4095
朱纪华 1449，4000
朱建荣 2304
朱杰勤 2125
朱金兆 7869
朱静 5458
朱雷 5548
朱利安（Jullien, Francois）98，101，105，133，166，171，283，4540，2542，2892，7702
朱丽娅·克里斯蒂娃（Kristeva, Julia）1575
朱莉丽 5555
朱勇 2184
朱彭年 1787
朱谦之 507，509，557
朱青生 7291
朱庆之 8006
朱仁夫 527，8065
朱睿达 550
朱士嘉 8039
朱通华 2731
朱万曙 5193
朱文斌 4035
朱显平 2714，3217
朱小雪 1750
朱晓明 2789
朱学渊 4933，6147，6174
朱岩 2173
朱雁冰 1002
朱音尔 3116
朱荫贵 2649
朱永生 3212
朱振武 3889，3921
朱政惠 5159，5218，5246，5248，5249，5263，5277，5319，7093
诸桥辙次 170，181，3176，3566，7359
竹村牧男 1011
竹村则行 4572
竹村卓二 6179

竹内好 167，3456，6527
竹内实 4，27，57，1653，1654，2062，2934，3803，3804，5004，5154，5969
竹添光鸿 497
竹添进一郎 4478
竹添井井 见 竹添进一郎 4478
竹田晃 862
竹越孝 3120，3160，7988，8089
竹中宪一 6229
竺沙雅章 5469，6798，6810
住吉朋彦 3055，3169
祝大勇 1700
庄容 1761
庄士敦（Johnston, Reginald Fleming）273，5997，6332，7410，7563
庄雪婵（Capdeville-Zeng, Catherine）4552
庄延龄（Parker, Edward Harper）7425
卓南生 2051，2907，2978
卓新平 1008，5553
兹拉特金 6194
资华筠 4801
滋贺秀三 2142，2171
子安宣邦 121，183
姊齿松平 2135，2152
宗方小太郎 1508，5865，5998
邹爱莲 974
邹谠（Tsou, Tang）1235，1580，1919
邹芙都 7317
邹红 3359
邹进先 4120
邹明德 6027
邹萍 983
邹新明 7943

邹雅艳 1663
邹颖 3930
邹至庄（Chow, Gregory）1387，2591，2609，2612，2617，2695，2696，2697，6988
足立喜六 626，7255，7401
祖艳馥 5280
樽本照雄 3444，3515，7987
左东岭 3811
左江 3919，7037
左拉瓦·多利特·辛格（Singh, Zorawar Daulet）2690
左天觉 2529
佐口透 774，6175，6334，6706
佐藤春夫 4433，7494
佐藤公彦 5897
佐藤贡悦 3197
佐藤好司 7810
佐藤宏 2619，2721
佐藤坚司 2216
佐藤利行 3648，3899，4093
佐藤仁史 1056，1204，6281
佐藤三郎 1882，7005
佐藤慎一 1310
佐藤铁治郎 6930
佐藤武敏 7400
佐藤一郎 3775
佐藤昭彦 7719
佐藤正光 3496
佐藤忠男 4615，4703
佐野袈裟美 4973
佐竹靖彦 5505，5557，6674
佐佐木高明 6107，6163
佐佐木信彰 2655，2774

团体索引

93 中国古代小说国际研讨会学术委员会 3816
94 中日《市场经济与文化》学术研讨会论文集编委会 2702

A

爱知大学现代中国学会 5312
爱默蕾大学图书馆善本部 692
安徽大学苏联问题研究所 5812
澳门大学澳门研究中心 6409
澳门基金会 7109
澳门理工学院中西文化研究所 993
澳门《文化杂志》3979

B

柏克莱加州大学东亚图书馆 8037，8076
北方民族大学 7325
北京大学对外汉语教育学院 4406
北京大学古文献研究所 5516
北京大学国际汉学家研修基地 5208
北京大学考古学系 7328
北京大学汉语国际推广工作办公室 4406
北京大学图书馆 8001
北京大学中国传统文化研究中心 5294
北京对外文化交流中心 7656
北京遣使会 8003
北京日报出版社 5913
北京日报总编室 4381
北京市昌平区十三陵特区办事处 5532
北京市大葆台西汉墓博物馆 5522
北京市档案馆 6415
北京市中日文化交流史研究会 5101
北京太平天国历史研究会 5820
北京图书馆 8015
北京外国语大学国际汉语教学信息中心 3223
北京外国语大学中国海外汉学研究中心 6064
北京行政学院 974
本书编辑委员会 3212
本书编委会 478
彼得森国际经济研究所 1359，1529

C

茶山学术文化财团 89
潮汕历史文化研究中心 6413
出版博物馆 2999

D

大宝石出版社 7560
大本营陆军部 5789
大东文化大学 5511
大足石刻研究院 7264
大藏经学术研究会 605
德国艾伯特基金会 1776
第二届国际汉语教学讨论会组织委员会 3212
《第六届国际汉语教学讨论会论文选》编辑委员会 3212
《第七届国际汉语教学讨论会论文选》编辑委员会 3212
第三届国际汉语教学讨论会会务工作委员会 3212
《第十届国际汉语教学研讨会论文选》编辑委员会 3212
《第四届国际汉语教学讨论会论文选》编辑委员会 3212
《第五届国际汉语教学讨论会论文选》编辑委员会 3212
第五届中琉历史关系学术会议筹备委员会 2071
《丁玲与延安》选编小组 3851

敦煌吐鲁番学北京资料中心 8007
敦煌文物研究所 7157
敦煌研究院 7260，7273
多伦多大学郑裕彤东亚图书馆 8028

E

俄罗斯科学院东方研究所圣彼得堡分所 7282
《鄂尔多斯青铜器国际学术研讨会论文集》编辑组 7283

F

法国阿尔贝·肯恩博物馆 6286
法国国家图书馆 7285，7286，7288
《法国汉学》丛书编辑委员会 5193
法国里昂商会 6357
法兰西学院汉学研究所 1683
《法律史研究》编委会 2189
逢甲大学中国文学系 3209
佛山市三水区档案局 2752
佛山市三水区人民政府地方志办公室 2752
福建省台湾香港澳门暨海外华文文学研究会 3841
福建省严复研究会 438
福建师范大学中琉关系研究所 2071
辅仁大学 966
复旦大学古籍整理研究所 5060
复旦大学历史地理研究中心 5040，7648
复旦大学文史研究院 5313，5552
复旦大学中国语言文学研究所 3872

G

公安部档案馆 6030
恭王府管理中心 5540
故宫博物院 5515
关西大学文化交涉学教育研究中心 2999
关西中国书画收藏研究会 2913
广东省档案馆 6821
广东省孙中山研究会 7102
广东省文史研究馆 5878，5879
广西师范大学出版社 2115
广州市地方志编纂委员会办公室 2345
广州海关志编纂委员会 2344
《国际汉学》编委会 5201
国际汉语教学讨论会 3212
国际孔学会议大会秘书处 467

国际历史学会议日本国内委员会 5150，5934
国际儒学联合会 468，470，523
国际宋史研讨会秘书处 5517
国际退溪学会 542
国家国有资产管理局外经领导小组 2767
国家清史编纂委员会 5515
国家清史编纂委员会编译组 5417
国家图书馆 6012
国家图书馆海外中国问题研究资料中心 8017
国家图书馆善本特藏部敦煌吐鲁番学资料研究中心 7277
国家图书馆中国边疆文献研究中心 7649
国外中国学（文学）研究组 3880
国务院新闻办公室 4518

H

哈佛燕京学社 444
海南海军特务部 5796
海外华西文献研究中心 5811
韩国成均馆大学东亚学术院 8021
《汉代考古与汉文化国际学术研讨会论文集》编委会 7297
《汉学研究通讯》编辑部 5226
汉学研究中心 5207，7272，8068
汉学研究中心资料组 8024
汉学研究资料及服务中心 8067，8068
杭州大学东亚经济研究所 2794
杭州大学韩国研究所 8022
杭州大学日本文化研究所 5103
杭州大学图书馆 8022
杭州文史研究会 6430
河北省董仲舒研讨会 461
黑龙江省社会科学院历史研究所 5652
胡适纪念馆 6701
湖南大学岳麓书院 4809，5511
户川芳郎先生古稀纪念论文集 5100
沪友会 2863
花山文艺出版社 3819
"华学"编辑委员会 5231
华中师范大学 7109
华中师范大学池田大作研究所 7127
黄河文明传承与现代文明建设河南省协同创新中心 5511

J

吉林大学古籍研究所 7637
吉林省社会科学院历史研究所 5573
吉林省社会科学院日本问题研究所 2237
纪录片《纽带》团队 2979
暨南大学台港暨海外华文文学研究中心 3883
教育部语言文字应用管理司 3232
《经济研究》编辑部 2314
静宜大学汉字研究中心 3209
静宜大学中国文学系 3209
静冈大学人文学部 3026
君塚大学 1679

K

昆明郑和研究会 7124

L

李约瑟文献中心 7065
利玛窦国际学术会议秘书处 926
联合报文化基金会国学文献馆 5322
联合国教科文组织 5053
联合国教科文组织海上丝绸之路综合考察泉州国际学术讨论会组织委员会 5084
辽宁省档案馆 6035,6039
辽宁社会科学院 6035
龙门石窟研究所 7304
鲁迅博物馆 6693

M

马鞍山《中国李白研究》编辑部 4073
毛里尔资料编译委员会 6715
美国哥伦比亚大学史带东亚图书馆 4780
美国国会技术评估办公室 1322
美国国会联合经济委员会 2372,2496
美国哈佛大学哈佛燕京图书馆 8043
美国众议院特别委员会 1892
美商汉世纪域外汉学微出版项目 7979
明清史国际学术讨论会论文集 5532
明清史国际学术讨论会秘书处论文组 5532

N

《南方日报》佛山新闻部 2752
"南京大屠杀"史料编辑委员会 6048

南京师范大学南京大屠杀研究中心 5842
南京师范大学中文系 4075
南京图书馆 6048
南京郑和研究会 5564
南开大学历史系中国近现代史教研室 6076
南开大学周恩来研究中心 7131
南通市档案局（馆）6446
内藤湖南研究会 6729
宁远县人民政府 5532
农业部农村经济研究中心 2799

Q

《侵华日军南京大屠杀史料》编委会 6048
秦风老照片馆 4789
庆祝莆田黄锦鋐教授八秩日本町田三郎教授七秩嵩寿论文集编委会 5262
全日本在职中国留学人员联谊会 2802

R

人民邮电出版社 2987
《人与自然》编辑部 7641
日本 NHK 采访组 2061
日本 NHK 广播协会 见 日本广播协会（NHK）5675
日本《产经新闻》社 6636
日本创价大学 7127
日本从中国归还人员联络会 5795
日本大宝石出版社 7506,7560
日本东方学会 5511
日本读卖新闻战争责任检证委员会 5680
日本法政大学大学史资料委员会 2852
日本防卫厅防卫研究所战史室 2230,2231,2234,2235,2236,2237,5936
日本防卫厅防卫研修所战史室 见 日本防卫厅防卫研究所战史室 5673
日本防卫厅战史室 见 日本防卫厅防卫研究所战史室 5673
日本佛教大学尼雅遗址学术研究机构 7312
日本广播协会（NHK）6956
日本国际农林水产业研究中心 2747
日本国际协力机构（JICA）2671
日本国讲谈社 7664
日本厚生省药务局 7792
日本纪念周恩来出版发行委员会 6760
日本京都大学人文科学研究所 5264

日本雷克社 6829
日本人间文化研究机构现代中国区域研究项目 5615
日本日中民族科学研究所 1603
日本神奈川大学人文学研究所 5103
日本新读书社 5770
日本《朝日新闻》东京审判记者团 5625
日本政府参谋本部 2233
日本中国归还者联络会 4403，4465，5712，5713，5769，5770，5798
《日本中国史研究年刊》刊行会 5269
日本种智院大学密教学会 768
日中经济协会 2599

S

《三代文明研究》编辑委员会 7309
山东大学儒学高等研究院 521
山西大学历史文化学院 5562
山西省女作家联谊会 3834
山西省社会科学院 3834
山西省史志研究院 6311
陕西历史博物馆 7314
汕头大学潮汕文化研究中心 6413
商业兵法研究会 2530
上海博物馆 7301，7652
上海古籍出版社 7282，7285，7286，7288，7325
上海国际友人研究会 7126
上海鲁迅纪念馆 7126
上海社会科学院世界中国学研究所 5182，5283，5316
上海市档案馆 1855，2739，4000，6309，6381，6434，6435，8096
上海市语文学会 3266
上海书店出版社 8074
上海图书馆 5233
绍兴博物馆 4776
神奈川大学经济贸易研究所 2794
时代—生活编辑部 5392
时代—生活图书公司 5392
世界汉语教学学会秘书处 3212
世界银行 3008
世界银行 1984 年经济考察团 2758
世界银行经济考察团 2539，2758
世界中国学论坛 5316

首都师范大学历史学院 5511
首届元曲国际研讨会组委会 3988
斯科特出版公司 2987
四川大学古籍整理研究所 5516
四川省中共党史研究会 5812
四川省作家协会 6443
苏联科学院远东研究所 1950

T

台湾成功大学中国文学系 454
台湾大学 7044
台湾惯习研究会 6342
台湾韩国研究学会 2110
台湾文献馆 6272
台湾"行政院"文化建设委员会 4808
台湾中华文化复兴运动推行委员会 3353
台湾中山大学中国文学系中国文学研究所 5510
台湾中正大学中文系、语言与文学研究中心 4010
《泰晤士报》5618
天津编译中心 1858
天津社会科学院历史研究所 1801
天主教辅仁大学历史学系 2101
土肥原贤二刊行会 5995
吐鲁番博物馆 6442
吐鲁番学研究院 6442

W

温州市文化局 3941
文化部对外文化联络局，中外文化交流中心 5260
文物出版社 4809
武汉大学中国三至九世纪研究所 5548，5511，5560
武汉大学中国文化研究院 7296
武夷山朱熹研究中心 570

X

西北第二民族学院 7285
西北民族大学 7288
西安碑林博物馆 4809
夏威夷大学中国研究中心 521
现代国际关系研究所 1579，1825，1923
香港中国语文学会 3266
辛亥革命百周年纪念活动日本执行委员会 1667

新加坡 APA 出版有限公司 7557
新加坡东亚哲学研究所 528
《新疆通史》编撰委员会 6256
新疆吐鲁番地区文物局 6442
新疆吐鲁番学研究院 6442
雄鸡社 7928，7929
学苑出版社 4610

Y

亚洲开发银行技术援助项目 3970 咨询专家组 2709
延边科学技术大学 7686
研讨会中方筹备组 4760
药日本堂 7783，7785
印度驻上海总领事馆 4000
英国国家图书馆 7325
远东国际军事法庭 2160
岳飞研究会 7119
云南农业大学 7686
云南省文学艺术界联合会 5051

Z

战略与国际研究中心 1359，1529
张哲瑞联合律师事务所 1188
章培恒先生学术基金 5060
赵淑敏作品国际研讨会组委会 4060
浙江大学日本文化研究所 3026
浙江省博物馆 4776，4781，4809
浙江省文物考古研究所 7302
中共文成县委，文成县人民政府 5532
中共中央党史研究室第三室编译处 51
中共中央党史研究室第三研究部 5656
中共中央党史研究室第一研究部 5648，5718
中共中央党史研究室科研局编译处 5655，5656，8016
中共中央马克思恩格斯列宁斯大林著作编译局 18
中共中央文献研究室《国外研究毛泽东思想资料选辑》编辑组 14，47
中共中央宣传部《党建》杂志社 2891
中国第二历史档案馆 2100
中国第一历史档案馆 2096，2118，6056
中国敦煌吐鲁番学会 7173
中国古代铜鼓研究会 7315
中国古典文学会 4055
中国海关学会 7052

中国（海南）改革发展研究院 1792，2786
中国《红楼梦》学会秘书处 3898
中国金瓶梅学会 3903
中国《金瓶梅》研究会（筹）3903
中国近代经济史资料丛刊编辑委员会 2498
中国近现代新闻出版博物馆 6064
中国科学技术史学会少数民族科技史研究会 7686
中国孔子基金会 487，521，523，528
中国李白研究会 4073
中国毛泽东诗词研究会 72
中国明史学会 5532
中国农村发展信托投资公司 2799
中国农业科学院农业自然资源和农业区划研究所 2747
中国人民大学 542
中国人民美术出版社 7664
中国人民银行研究局 2671
中国人权发展基金会 1776，6056
中国社会科学研究会 2106
中国社会科学院简帛研究中心 7178
中国社会科学院近代史所翻译室 7058
中国社会科学院近代史研究所 1858，5654，6022，6031，6051
中国社会科学院近代史研究所翻译室 1246，1861，5813
中国社会科学院近代史研究所《国外中国近代史研究》编辑部 5654
中国社会科学院近代史研究所近代史资料编辑组 5654
中国社会科学院近代史研究所中华民国史研究室 5793，6073，7004
中国社会科学院考古研究所 5053，7338
中国社会科学院历史研究所 911，5511，8021
中国社会科学院历史研究所战国秦汉研究室 7177
中国社会科学院美国研究所编译组 1922
中国社会科学院民族研究所 7282
中国社会科学院情报研究所 5250，8015
中国社会科学院文献信息中心、外事局 7095
中国社会科学院文学研究所 3880，3884
中国社科院历史研究所 8059
中国诗经学会 3849
中国孙子兵法研究会 2241
中国唐史学 5548
中国文学艺术界联合会 5051

中国文字学会 3209
中国魏晋南北朝史学会 5562
中国新疆维吾尔自治区档案馆 7312
中国亚洲太平洋地区经济研究所 2383
中国义和团研究会 6071
中国元史研究会 6430
中国政法大学法律史学研究院 2149
中国中外关系史学会 2056，2126
中华孔子学会 530
中华日本学会 2120
中华诗词研究院 3307
中华书局编辑部 6067
《中流》月刊编辑部 1696
中琉文化经济协会 2071
中日友好协会 2120
中央编译局海外当代中国学研究中心 1713
中央档案馆 2710，6009，6010，6021，6023，6026，6028，6034，6043，6050，6057，6059，6060，6065
中央文史研究馆，敦煌研究院，香港大学饶宗颐学术馆 7306
"中央研究院"第二届国际汉学会议论文集编辑委员会 5324
"中央研究院"院国际汉学会议论文集编辑委员会 5325
中印联合编审委员会 5114
《中印文化交流百科全书》（详编）编辑委员会 5114
珠海市委宣传部 7109
遵义市人民政府 7379
佐藤保先生古稀纪念论文集编辑委员会 5104

后 记

国家图书馆（以下简称"国图"）前身是筹建于1909年9月9日的京师图书馆。2009年我进入国图工作，恰逢国图建馆100周年，更为有幸的是我被分入立法决策服务部的中国学文献组[①]工作。为庆祝百年华诞，国图组织了一系列庆典活动，其中与我工作相关的有两件大事，一个是召开"互知·合作·分享——首届海外中国学文献研究与服务学术研讨会"，海内外七十余名学者参加了此次会议；另一个是向公众开放海外中国学文献研究中心阅览室，时任馆长詹福瑞与北京大学教授汤一介（1927—2014）为中心的成立共同揭牌，这也是中心发展史上颇为高光的时刻。

进入国图的前两年，我只负责诸如文献资讯的编制，网站信息的收集与发布等工作，并未对中国学文献的发展做过深入思考。2012年，立法决策服务部进行内设机构调整，由于中国学文献组被裁撤，我所负责的科组承担起中国学文献组之前的业务工作。虽然科组长这个职务非常不起眼，但对我而言却多了份责任，中国学文献究竟从何而来、为何而在、将向何方，这些成为我思考的主要问题。

2022年是我进入国家图书馆工作的第十三个年头。回首这十三年，自己身份几多变化，不时面临新业务的规划与建设，繁琐的事务性工作，任务性的科研工作也耗费不少精力，因此对中心的工作并未做到潜心于此。聊以欣慰的是，我在努力做好本职工作之余，内心一直坚守着中心的业务和学术领域。这份坚守，既是出于对这份工作的责任感，更是出于对国图先贤前辈百年来在此领域工作的敬意，国图中国学能形成今日之规模，离不开他们的艰辛付出和精心耕耘，这份事业有待我们续写新的篇章！

如今呈现在读者面前的这部书目，只是这份坚守的成果之一。我深知编辑一部书目的难度：一是专业方面。书目编纂是极具专业性的工作，我并非图书馆学出身，虽在学习阶段使用过书目索引之类的工具书，但投身实践自己动手去做则是另外一回事，专业能力不足令我时时心虚；二是时间方面。在图书馆外界看来，图书馆是个令人羡慕的地

[①] 2008年7月7日，国家图书馆正式成立海外中国学文献研究中心，由立法决策服务部中国学文献组负责中心日常业务，后经2011年28次馆务会研究决定，将其更名为——海外中国问题研究资料中心，由立法决策服务部加挂，原中国学文献组被撤销。需要特别指出的是，在国家图书馆内，"中国学"一词在20世纪80年代便已普遍使用，1989年还专门设立了"中国学文献研究室"，至今仍用中国学文献作为内部交流的词汇，但"中国学文献"的含义与学术界的认识存有差异。

方，图书馆员平常似乎做一下图书借还，无事便可以捧着书去阅读，去做自己喜欢的研究，可实际情况却与人们想象差距甚大，业务分工的精细化以及服务工作的创新发展，都对图书馆员的发展提出新的挑战。我能够利用做研究的时间仅仅是下班后或者周末、假期，能否在规定的时间实现规定的目标，心底毫无把握。幸运的是，我得到多位良师益友的支持、启迪与激励，终能如期完成此书的编撰。

此书的出版首先要感谢张西平先生的鼎力支持。张先生不仅是我海外中国研究领域的前辈，也是我在国图的前辈。他在自己的学术回忆文章中多次提及在国图的经历，对于任继愈先生、王丽娜先生对其的帮助一直念念不忘，或许正是这份国图的渊源与学术情缘，让他对于国图海外中国研究的建设和发展格外关注，也给予了特别多的支持，我便是受益者之一。2019年11月，受广东外语外贸大学陈彦辉教授的邀请，我参加了"国际汉学与中国经典翻译"国际学术研讨会暨国际汉学研究口述史工作坊。会议期间，张先生约我在酒店的大厅里畅谈了海外汉学研究需要做的工作，其中便提到希望国图能够编纂一部《海外汉学中文书目》，而且表达了强烈支持的意愿。因为近几年我一直将精力放在民国时期国立北平图书馆与汉学研究方面，所以这次会谈并未完全答应张先生的提议。我也深知此事意义重大，回京之后便利用闲暇时间开始着手准备。

时隔一年，2020年11月，张先生受国图之邀参加法文本《论语导读》典藏仪式暨展览开幕式。会后，他主动要求参观海外中国问题研究资料中心，我陪同他进行参观。当他看到中心收藏的丰富中外文图书时，感到无比的喜悦，再次表达了希望我能够编辑书目的想法。我自知能力尚不足以完成这项艰巨的任务，但张先生的期待与嘱托却给予我无限的勇气。我暂时放下手中的书稿，加快了对书目的整理。张先生让我整理出书目的编辑说明和样例，便旋即联系出版社，在经历两家出版社的拒绝之后，我内心有些失望，以为此事可能会无疾而终。好在张先生最后敲定了学苑出版社，此后我便将全部的业余时间投入到编纂的过程中。正是张先生的关心、帮助与鞭策，让我能鼓足勇气完成这项任务。张先生在百忙之中不吝为本书作序，亦至为铭感。

能够完成这一书目，离不开国图领导的高度重视和大力支持。2019年时任国家图书馆馆长的饶权提出编制海外中国学研究中心发展规划，编制此书目被列入国家图书馆十四五规划重要工作内容，在参与编制规划的过程中，让我对海外中国学领域的发展有了全方位的思考。熊远明馆长得知我编纂此书后，给予我莫大的鼓励。陈樱副馆长一直关注中心的业务发展，勉励我在此领域深耕细作，加强与学术界的交流合作，多出研究性的成果，不断提升中心的影响力。詹福瑞、陈力、孙一钢、魏大威、张志清、汪东波几位馆长也在我中国学业务的探索之路上给予了关心支持。卢海燕、李春明、毛雅君几位主任在各自任内都推动了中心业务的发展，对我悉心栽培与大力提携，让我在中国学研究领域不断进步。顾犇主任、张红霞书记在我业务成长过程中给予了许多关心与指导。

书目的完成同样离不开国图众多同事的支持和帮助。李嘉老师从我进馆起，就一直给予我无私的帮助和勉励。她是海外中国学文献研究中心的第一任主任，对于中心的建设规划付出过巨大的心血，也深刻地影响了我的学术选择。这次书目编撰过程中，她帮助我校对了全稿，条目的归类、编排、书目信息的核对、检索补充、索引的编制等方面，都提供了大量中肯的建议，在此我对她表示深深的谢意！

向辉研究馆员得知我编纂此书，不仅经常向我提供此类书目的信息，而且每逢周末中午与我共进午餐之际，总会询问书稿的进度，我也会将碰到的难题向他请教，感谢他毫无保留地提供指导和建议，让我获益匪浅。每当我遇到图书分类和图书信息不准确时，中文采编部的张涛总是第一时间去辨认核查，帮助我解决了许多"疑难杂症"，朱芊老师堪称图书分类的"活字典"，为我提供了不少有益的建议。每当遇到国图缺藏图书，于菲菲、张新宇两位同事总会积极与书商沟通，为我核查图书信息提供了及时的帮助。由于2012—2013年全国总书目的光盘版不能在线浏览，典藏阅览部的韩晔瞳和袁皓两位同事，在不影响读者使用的情况下，为我借出使用提供了极大的方便。梁婧、李东屹、孙圆、荆倩金、王芬、王安、何念伦、崔明明作为与我并肩战斗的同事，帮助我分担了许多工作上的压力，在此一并致谢！

感谢我的导师张雄先生，在北大的学习时光里，他以自身的实践为榜样，培养我形成跟踪最新研究动态，收集新书目信息，向图书馆推荐缺藏图书的良好习惯，此做法并不仅为己，而为学术资料的积累与发展，为学术的建设与传承。感谢北京外国语大学的韩振华教授，他邀请我加入北京外国语大学中央高校基本科研业务费专项资金资助的"域外汉学与近代中外学术交流的多维开展"项目，为我编纂书目提供了交流研讨的团队。

感谢军事科学院图书馆王璇老师，得知国图馆藏1999年书目无法借出阅览的情况下，她帮助我专门复印一册，从而弥补了该年书目数据可能缺漏的遗憾。感谢北京联合大学梁怡教授，中央党史和文献研究院翟亚柳编审，北京外国语大学的管永前教授，华东师范大学吴原元教授，中国社会科学院国际中国学研究中心唐磊研究员，上海社会科学院世界中国学研究所沈桂龙所长、吴雪明副所长、褚艳红研究员、陈筝老师，广东外语外贸大学陈恩维教授，洛阳师范学院王国强教授，同门师弟谢明光博士，他们在我编撰的过程中都给予我诸多帮助和鼓励。

感谢编辑李媛女士，她在此书编辑过程中费神费力，提出了不少积极的建议，指正了我的一些失误，令我获益良多。感谢曾梅女士，她为本书的编辑排版工作付出许多心血，尤其是编者在制作索引的过程中，不厌其烦地帮助修改条目编号，保证了该书的如期出版。感谢学苑出版社肯出版此书，支持书目编纂研究的用心令人敬佩。

书目能够在较短时间内能够编撰完成，与内子的无私支持是分不开的。最近几年，由于"沉迷"海外中国学的研究，我不仅平时加班很晚回家，而且几乎每个周末和假期都到单位看书写作，未能留出时间陪她。她对此毫无怨言，只是善意"抱怨"我用眼过度，坐的太久，为此还经常拉我做眼睛保健操，练习八段锦。正是她的无私支持，让我免去工作的紧张压力和生活琐事的烦扰，心无旁骛地在海外中国学研究道路上稳步前行。

  本书是我作为图书馆员编制专题书目的学步之作，加之海外中国研究著作甚多，内容广泛，个人才能有限，时间仓促，应有许多不尽人意之处。敬祈海内外前辈学者不吝赐教，便于今后继续完善。

尹汉超
写于国家图书馆总馆南区 E6-3
2022 年 4 月